रैपिडैक्स कंप्यूटर कोर्स

विंडोज 7/ऑफिस 2007 संस्करण

रैपिडैक्स सम्पादक मंडल

"रैपिडैक्स"®
पब्लिकेशंस

प्रकाशक
यूनीकॉर्न बुक्स

F-2/16, अंसारी रोड, दरियागंज, नई दिल्ली-110002
☎ 23275434, 23262683 • Fax: 011-23257790
E-mail: info@unicornbooks.in • *Website:* www.unicornbooks.in

शाखा : मुम्बई

23-25, जाओबा वाड़ी, ठाकुरद्वार, मुम्बई-400002

☎ 022-22010941, 022-22053387

E-mail: unicornbooksmumbai@gmail.com

पुस्तक महल के सहयोग से प्रकाशित

रैपिडैक्स ट्रेड मार्क रजिस्ट्रेशन नंबर : 318345 दिनांक : 6.9.76
ISBN: 978-81-7806-279-2
पूर्णतया संशोधित एवं परिवर्द्धित संस्करण : 2023

मुद्रक : परम ऑफसेटर्स, ओखला, नई दिल्ली-110020

आमुख *(Preface)*

रैपिडैक्स कंप्यूटर कोर्स (विंडोज 7/ऑफिस 2007 संस्करण) का मुख्य उद्देश्य कंप्यूटर के ज्ञान को जन सामान्य में प्रसारित करना और उन्हें आज के युग की इस विलक्षण सुविधा का अधिक-से-अधिक उपयोग करने में समर्थ बनाना है. इस पुस्तक के पिछले संस्करणों को अपार लोकप्रियता प्राप्त हुई है, लेकिन कंप्यूटर की प्रगति जितनी तेजी से हो रही है, लगभग उतनी ही तेजी से कंप्यूटर सॉफ्टवेयर और हार्डवेयर में भी परिवर्तन हो रहे हैं. इसलिए इस विषय को सुधारने और नवीनतम आवश्यकताओं के अनुसार ढालने की आवश्यकता निरन्तर अनुभव की जाती है. इसी को ध्यान में रखते हुए इस पुस्तक का यह संस्करण विंडोज 7 के आधार पर तैयार किया गया है.

इस पुस्तक में प्रस्तुत सामग्री विंडोज 7 के साथ ही विंडोज XP के लिए भी उतनी ही उपयोगी है, क्योंकि मूलतः इन विंडोज संस्करणों में कोई अन्तर नहीं है. केवल उनके डायलाग बॉक्सों में ही अन्तर है. अतः आपके कंप्यूटर में चाहे विंडोज XP हो या विंडोज 7, यह पुस्तक सबके लिए बराबर उपयोगी है.

इसी प्रकार हमने एमएस-ऑफिस के संस्करण 2007 को अपनी पुस्तक का आधार बनाया है और इसमें दिए गए सभी चित्र और उदाहरण इसी के अनुसार हैं. यह संस्करण अपने पूर्ववर्ती संस्करणों से अधिक विकसित है.

इस पुस्तक का लेखन इस प्रकार किया गया है कि कंप्यूटर विषय और मशीन के लिए एकदम नए होने पर भी यदि आपको हिन्दी और अंग्रेजी का साधारण ज्ञान है, तो आप इस पुस्तक की सहायता से कंप्यूटर का भरपूर लाभ ले सकते हैं और अपने मनचाहे काम करा सकते हैं. इस पुस्तक में न केवल भाषा शैली को सरल से सरल रखा गया है, बल्कि स्थान-स्थान पर सैकड़ों वास्तविक चित्रों द्वारा विषय को अधिक-से-अधिक स्पष्ट किया गया है, फिर भी सामान्य कंप्यूटर उपयोगकर्ताओं को प्राथमिकता देते हुए जटिल विषयों से बचा गया है, ताकि साधारण उपयोगकर्ता बोझिलता महसूस न करें. लेकिन यह बात भी नहीं है कि यह पुस्तक केवल नए और साधारण उपयोगकर्ताओं के लिए ही हो. वास्तव में यह पुस्तक पुराने और अनुभवी उपयोगकर्ताओं के लिए भी एक अच्छी संदर्भ पुस्तक का लाभ दे सकती है.

हमें आशा ही नहीं, पूर्ण विश्वास है कि यह पुस्तक पाठकों की अपेक्षाओं पर खरी उतरेगी. इसकी उपयोगिता और अधिक बढ़ाने और त्रुटियों को दूर करने के लिए पाठकों के सुझावों का हम हार्दिक स्वागत करेंगे.

– प्रकाशक

सादर समर्पित

स्व. लाला मूलचंद जी

(1920-1994)

संस्थापक : रैपिडैक्स प्रकाशन

क्रम

विषय-क्रम (Table of Contents)

भाग 4 : एमएस-एक्सेल (MS-Excel)

ME 1-64

भाग 7 : डेस्कटॉप पब्लिशिंग (Desktop Publishing)

भाग 8 : टैली (Tally) ...... TY 1-20

परिशिष्ट (Appendices) APX 1-12

वस्तुनिष्ठ कम्प्यूटर प्रश्नोत्तरी (MCQs on Basic Computer Knowledge)

रैपिडैक्स®
कंप्यूटर
कोर्स
भाग-1
पर्सनल कंप्यूटर
परिचय
(Introduction to
Personal Computers)

कंप्यूटर क्या है?
(What is a Computer?)

संसार में शायद ही कोई ऐसा पढ़ा-लिखा व्यक्ति होगा, जिसने कंप्यूटर का नाम न सुना हो. ज्यादातर लोग कंप्यूटर को एक ऐसी मशीन मानते हैं, जो सब कुछ कर सकती है. हालांकि यह कहना तो सही नहीं होगा कि कंप्यूटर सब कुछ कर सकता है, परन्तु इसमें संदेह नहीं कि वह बहुत कुछ कर सकता है और वह भी बहुत तेजी से तथा सही-सही. यही कारण है कि दुनिया में कंप्यूटर की संख्या बढ़ती ही जा रही है. इस पुस्तक में आप पढ़ेंगे कि कंप्यूटर वास्तव में क्या है, वह क्या-क्या काम कर सकता है और उसके द्वारा काम किस प्रकार कराए जाते हैं.

सबसे पहले तो यह समझना जरूरी है कि कंप्यूटर (Computer) एक इलेक्ट्रॉनिक मशीन है, जैसे कि इलेक्ट्रॉनिक कैलकुलेटर होते हैं. कैलकुलेटर पर हम जोड़ना, घटाना आदि अंकगणितीय क्रियाएं करते हैं, जबकि कंप्यूटर पर हम इन क्रियाओं के अलावा भी बहुत से काम करते या कराते हैं. इस प्रक्रिया को **डाटा प्रोसेसिंग (Data Processing)** कहा जाता है. डाटा प्रोसेसिंग को समझने के लिए डाटा को समझना जरूरी है.

डाटा (Data)

किसी वस्तु के बारे में किसी तथ्य या जानकारी को 'डाटा' कहा जाता है. उदाहरण के लिए, जिस पेन से हम लिखते हैं, उसके बारे में कई जानकारियां दी जा सकती हैं, जैसे पेन का वजन, उसका रंग, उसकी लम्बाई, उसकी कीमत, बनाने वाली कम्पनी का नाम आदि. इसी प्रकार किसी विद्यार्थी (Student) के बारे में ये बातें जानी जा सकती हैं- नाम, रोल नं., जन्मतिथि, पिता का नाम, कक्षा, लिए गए विषय, घर का पता आदि. ये सभी बातें डाटा के उदाहरण हैं.

डाटा मुख्य रूप से दो प्रकार के होते हैं- **संख्यात्मक (Numeric)** तथा **चिह्नात्मक (Alpha-numeric)**. अंकों (Digits) से बने हुए डाटा को संख्यात्मक डाटा कहा जाता है, जैसे रोल नं., लम्बाई, प्राप्तांक, मूल वेतन आदि. संख्यात्मक डाटा में हम केवल 0, 1, 2, 3, 4, 5, 6, 7, 8 तथा 9 इन दस अंकों का प्रयोग करते हैं और इनके साथ दशमलव बिन्दु (.), धन (+) और ऋण (–) चिह्नों का भी प्रयोग कर सकते हैं. जोड़ना, घटाना, गुणा करना, भाग देना आदि गणितीय क्रियाएं केवल संख्यात्मक डाटा पर की जा सकती हैं. चिह्नात्मक डाटा उस डाटा को कहा जाता है जिसमें अक्षरों तथा अंकों सहित किसी भी चिह्न का प्रयोग किया जा सकता है, जैसे घर का पता, किसी पुस्तक का शीर्षक, कोई पत्र या लेख, किसी कम्पनी का नाम आदि. चिह्नात्मक डाटा पर जोड़ना, घटाना आदि गणितीय क्रियाएं नहीं की जा सकतीं, परन्तु हम उनकी जांच या तुलना (Comparison) कर सकते हैं.

उपयोग के अनुसार डाटा अन्य प्रकार के भी होते हैं, जिनके बारे में आप आगे पढ़ेंगे. कंप्यूटर में सभी प्रकार के डाटा को पढ़ा जा सकता है, उसे स्टोर किया जा सकता है और छापा भी जा सकता है.

सूचना (Information)

यूं तो हमारे पास बहुत प्रकार के डाटा का भंडार होता है, परन्तु वह सारा हमारे लिए हमेशा उपयोगी नहीं होता, क्योंकि डाटा अलग-अलग बिखरे हुए अव्यवस्थित तथ्य हैं, जिनसे कोई निर्णय नहीं लिया जा सकता. उदाहरण के लिए, किसी कक्षा में पढ़ने वाले लड़कों की अलग-अलग उम्र हमारे लिए डाटा है, परन्तु हमें उस कक्षा की औसत उम्र (Average Age) की जरूरत है. यह हमारे लिए उपयोगी है. उपयोगी डाटा को कंप्यूटर की भाषा में 'सूचना' कहा जाता है. हम डाटा इकट्ठा ही इसलिए करते हैं कि उसमें से सूचना निकाल सकें. इसके लिए हमें डाटा पर कुछ विशेष क्रियाएं

करनी पड़ती हैं. जैसे विद्यार्थियों की अलग-अलग उम्र में से औसत उम्र पता करने के लिए पहले हम उन सबकी उम्र को जोड़ेंगे, फिर सभी विद्यार्थियों को गिनेंगे और अन्त में उम्र के योग में विद्यार्थियों की संख्या (या गिनती) से भाग देंगे. इससे उनकी औसत उम्र निकल आएगी. अलग-अलग विद्यार्थियों की उम्र हमारे लिए केवल डाटा है. इसकी तुलना में औसत उम्र हमारे लिए अधिक उपयोगी है, इसलिए यह सूचना है.

डाटा प्रोसेसिंग (Data Processing)

अलग-अलग उम्र से औसत उम्र निकालने के लिए हमें जोड़ना, गिनना, भाग देना आदि जो कार्य करने पड़े, उन्हें प्रोसेसिंग' कहा जाता है. इसी प्रकार डाटा से सूचना निकालने के लिए हमें बहुत सी क्रियाएं करनी पड़ती हैं. उन सब क्रियाओं को 'डाटा प्रोसेसिंग' कहा जाता है. डाटा प्रोसेसिंग हम कागज-कलम लेकर हाथ से भी कर सकते हैं, परन्तु आजकल हम यह काम कंप्यूटर की सहायता से करते हैं. लेकिन क्योंकि कंप्यूटर एक इलेक्ट्रॉनिक मशीन है, इसलिए इस सारी क्रिया को **'इलेक्ट्रॉनिक डाटा प्रोसेसिंग' (Electronic Data Processing)** या संक्षेप में ई.डी.पी. (E.D.P.) कहा जाता है.

कंप्यूटर का महत्त्व (Importance of Computers)

आजकल हर आदमी जिसने कंप्यूटर का नाम सुन रखा है, इसका महत्त्व जानता है. बड़ी-बड़ी कम्पनी और सरकारी दफ्तरों में डाटा को स्टोर करने और उसकी देखभाल करने में तो कंप्यूटर का प्रयोग होता ही है, बिजली और टेलीफोन के बिल बनाने, रेलों में बर्थ या सीट का आरक्षण (Reservation) करने जैसे आम जनता के कार्यों में भी कंप्यूटर का बहुत उपयोग होने लगा है. यह दिन पर दिन बढ़ता ही जा रहा है. शिक्षा तथा मनोरंजन के क्षेत्रों में भी कंप्यूटर का प्रयोग बड़े पैमाने पर किया जा रहा है. वर्तमान व्यस्त दिनचर्या के समय में जीवन के लगभग प्रत्येक क्षेत्र में कंप्यूटर का प्रयोग अनिवार्य हो गया है, क्योंकि कंप्यूटर से हमारे अमूल्य समय की बचत होती है. दूसरी ओर, आंकड़ों की बढ़ती हुई मात्रा के कारण उनका मानव द्वारा रखरखाव करना जटिल होता है. कंप्यूटर का उपयोग इसीलिए और भी आवश्यक हो गया है.

कंप्यूटर बनाम मनुष्य (Computer vs Human Being)

कंप्यूटर के बहुत से कामों को देखकर आप सोचते होंगे कि इनमें बुद्धि होती होगी, परन्तु वास्तव में कंप्यूटर में एक छोटे कीड़े के बराबर भी बुद्धि नहीं होती. वह केवल दिए गए आदेशों का पालन करता है. इतने से ही वह बहुत से काम कर लेता है. हमें उससे छोटे से छोटा काम कराने के लिए भी पूरे आदेश देने पड़ते हैं. बिना आदेश दिए वह कुछ नहीं कर सकता. यदि हमारे दिए गए आदेश सही होंगे, तो काम भी सही-सही होगा और अगर आदेश गलत होंगे, तो काम भी गलत हो जाएगा. कंप्यूटर को सही आदेश देना और उससे बड़े-बड़े कार्य करा लेना भी एक कला है. आप इस किताब से यही कला सीखेंगे.

कंप्यूटर के काम करने के तरीके की तुलना हम खुद अपने काम करने के तरीके से कर सकते हैं. हम अपने कानों से सुनकर तथा आंखों से देखकर कोई बात समझते हैं, अपने दिमाग से उस पर विचार करते हैं और उसे याद रखते हैं तथा अपने हाथ-पैर या मुंह से उसका उत्तर देते हैं यानी एक्शन (Action) लेते हैं. कंप्यूटर भी लगभग इसी तरह काम करता है. अपनी इनपुट यूनिट (input unit)से वह डाटा और आदेश लेता है, मेमोरी में उन्हें स्टोर करता है, प्रोसेसर पर उनका पालन करता है और आउटपुट यूनिट (output unit)पर परिणाम दे देता है. परन्तु मनुष्य और कंप्यूटर में सबसे बड़ा अन्तर यह है कि हमारे काम करने की गति बहुत धीमी होती है, जबकि कंप्यूटर के काम करने

की गति बहुत तेज होती है. इसीलिए हिसाब-किताब का जो काम हम घंटों में कर पाते हैं, कंप्यूटर उसे सैकिण्ड में कर डालता है. दूसरा मुख्य अंतर यह है कि एक जड़ मशीन होने के कारण कंप्यूटर न तो मनुष्य की तरह थकान अनुभव करते हैं और न ही बोरियत. यही कारण है कि वे एक-सा कार्य कितनी ही बार उसी गति एवं शुद्धता से बिना एकाग्रता खोए कर सकते हैं.

कंप्यूटर बनाम कैलकुलेटर (Computer vs Calculator)

कुछ लोग कंप्यूटर को एक अच्छी क्वालिटी का कैलकुलेटर ही समझते हैं. ऐसा सोचना सही नहीं है. कैलकुलेटर में हम केवल जोड़ना, घटाना, गुणा करना, भाग देना आदि गणित की क्रियाएं ही कर सकते हैं, परन्तु कंप्यूटर में हम इससे कहीं ज्यादा काम कर सकते हैं. दूसरी बात, कैलकुलेटर हमारे डाटा को स्टोर करके नहीं रख सकता, जबकि कंप्यूटर में डाटा का भण्डार रखा जा सकता है. तीसरी और सबसे महत्त्वपूर्ण बात यह है कि कैलकुलेटर हमारे आदेशों को याद नहीं रख सकता. जितनी बार भी हमें जोड़ने की क्रिया करनी हो, उतनी ही बार हमें '+' वाला बटन दबाना पड़ता है. लेकिन कंप्यूटर में हम अपने ढेर सारे आदेश (अर्थात प्रोग्राम) भर सकते हैं और ऑटोमैटिक तरीके से उनका पालन करा सकते हैं.

कंप्यूटर बनाम टाइपराइटर (Computer vs Typewriter)

बहुत से लोग कंप्यूटर को टाइपराइटर का बड़ा भाई या कोई छोटी-मोटी प्रिंटिंग मशीन ही मानते हैं. यह बात भी सही नहीं है. टाइपराइटर में हम एक बार टाइप करके अधिक से अधिक पेज छपवा सकते हैं, जिसकी 4 या 5 कार्बन कापी भी निकल सकती हैं. परन्तु कंप्यूटर में हम एक बार में सैकड़ों पन्नों की रिपोर्ट छपवा सकते हैं और उसे दोबारा टाइप किए बिना जितनी बार चाहें उतनी बार छपवाया जा सकता है. इससे भी बड़ी बात यह है कि कंप्यूटर में हम किसी रिपोर्ट में अपनी इच्छा से कैसा भी सुधार करके उसे फिर से छपवा सकते हैं. यह कार्य टाइपराइटर में कभी भी नहीं किया जा सकता.

कंप्यूटर के गुण (Characteristics of Computer)

अब तक आप कंप्यूटर के बहुत से गुणों के बारे में जान गए होंगे. इन्हीं गुणों के कारण कंप्यूटर आजकल मनुष्य का सबसे बड़ा और विश्वास करने योग्य मित्र बन गया है. उसके कुछ मुख्य गुण इस प्रकार हैं- किसी भी काम को बहुत तेज गति से करना, जो और जितना काम बताया जाए वह और उतना ही काम करना, हर काम को पूरी तरह सही-सही करना, अपनी ओर से कोई भूल या गलती न करना, अपना काम बिना रुके बिना किसी मदद के करते रहना, आंकड़ों के भंडार को कम जगह में संग्रह करके रखना तथा आवश्यकता पड़ने पर उन्हें सरलता से तुरन्त उपलब्ध कराना आदि.

कंप्यूटर कैसे कार्य करता है? (How does Computer Work?)

कंप्यूटर कोई भी कार्य स्वयं नहीं करता, बल्कि हमारे निर्देश पर किसी प्रोग्राम के अनुसार ही कार्य करता है. प्रत्येक प्रोग्राम को कोई कार्य करने के लिए **इनपुट (Input)** डाटा की आवश्यकता होती है. हम इनपुट साधनों जैसे की-बोर्ड, माउस, स्कैनर आदि के द्वारा अपना इनपुट डाटा तथा प्रोग्राम कंप्यूटर को देते हैं या भेजते हैं.

कंप्यूटर की सी.पी.यू. अथवा **प्रोसेसर (Processor)** द्वारा हमारे दिए गए आदेशों अर्थात प्रोग्राम का पालन किया जाता है. यह प्रोग्राम इस तरह से लिखा होता है कि उसका ठीक-ठीक पालन करने से कोई काम पूरा हो जाता है.

प्रोग्राम का पालन पूरा हो जाने पर अथवा बीच में ही प्रोग्राम का परिणाम अर्थात **आउटपुट (Output)** किसी

इनपुट के साधनों जैसे की-बोर्ड, माउस, स्कैनर आदि के द्वारा हम अपने निर्देश, प्रोग्राम तथा इनपुट डाटा प्रोसेसर को भेजते हैं.

प्रोसेसर हमारे निर्देश तथा प्रोग्रामों का पालन करके कार्य सम्पन्न करता है.

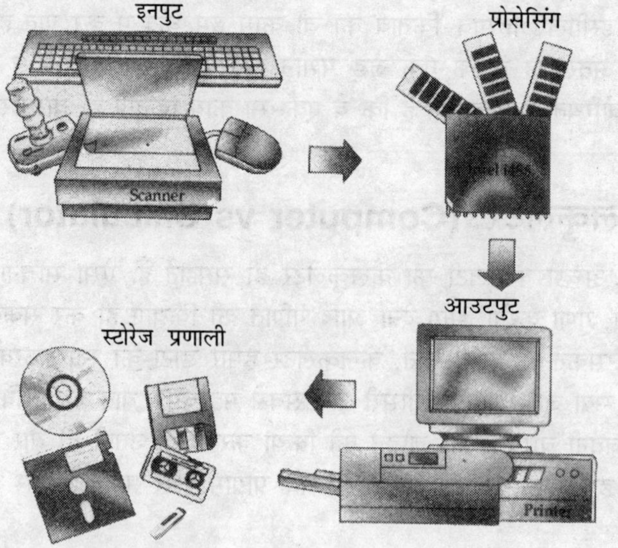

भविष्य के प्रयोग के लिए सूचनाओं को भंडारण के माध्यमों जैसे हार्ड डिस्क, फ्लापी डिस्क, पैन ड्राइव आदि पर एकत्र किया जा सकता है.

प्रोग्राम का पालन हो जाने पर आउटपुट को स्क्रीन, प्रिंटर आदि साधनों पर दिखा या छाप दिया जाता है.

चित्र C-1.1 : कंप्यूटर की कार्यप्रणाली

आउटपुट साधन जैसे स्क्रीन या प्रिंटर पर भेज दिया जाता है, जिसे हम देख तथा पढ़ सकते हैं.

यदि आप प्रोग्राम या आउटपुट या दोनों को भविष्य में प्रयोग करने के लिए सुरक्षित रखना चाहते हैं, तो उन्हें सूचना संचित करने के विशेष साधनों जैसे फ्लापी डिस्क या हार्ड डिस्क या पैन ड्राइव पर भेज कर सुरक्षित कर सकते हैं.

इस प्रक्रिया को चित्र C-1.1 में भली प्रकार समझाया गया है.

कंप्यूटर की संरचना
(Structure of Computer)

कोई भी कंप्यूटर कुछ भागों से मिलकर बनता है, जो अलग-अलग प्रकार के कार्य करते हैं. कंप्यूटर चाहे छोटा हो या बड़ा, चाहे वह नया हो या पुराना, उसके पांच मुख्य भाग होते हैं- इनपुट, आउटपुट, प्रोसेसर, मेमोरी तथा प्रोग्राम. इन सब भागों का आपसी सम्बन्ध चित्र C-2.1 में दिखाया गया है. इनके बारे में आगे विस्तार से बताया गया है.

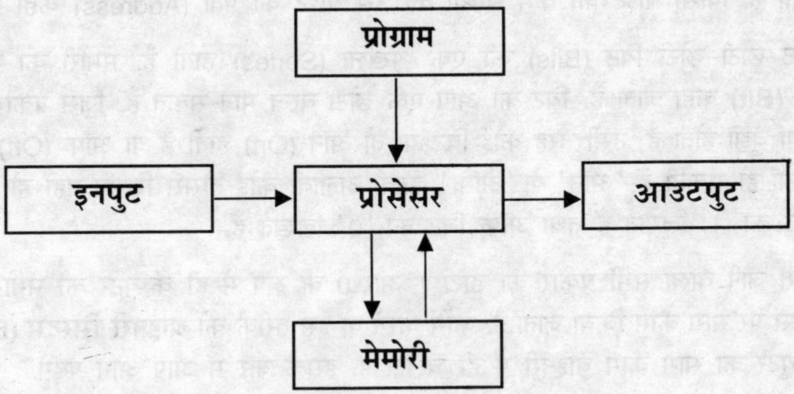

चित्र C-2.1 : कंप्यूटर के मुख्य भाग

प्रोसेसर (Processor)

कंप्यूटर में जो भी कार्य किए जाते हैं, उन्हें करने वाले भाग या मशीन को 'प्रोसेसर' कहा जाता है. वास्तव में प्रोसेसर ही असली कंप्यूटर है. कंप्यूटर के बाकी भाग उसकी सहायता करते हैं. प्रोसेसर ही कंप्यूटर का दिमाग है. इसका काम है - किसी व्यक्ति (या उपयोगकर्ता) द्वारा दिए गए आदेशों को समझ कर उनका ठीक-ठीक पालन करना, जोड़ना, घटाना आदि गणितीय क्रियाएं करना, दो संख्याओं की तुलना (Comparison) करना तथा किसी विशेष बात या शर्त (Condition) की जांच करना. ये सभी कार्य प्रोसेसर द्वारा ही किए जाते हैं.

प्रोसेसर को प्राय: **सेन्ट्रल प्रोसेसिंग यूनिट (Central Processing Unit)** या सी.पी.यू. (C.P.U.) कहा जाता है. इसके तीन भाग होते हैं- मेमोरी, ए.एल.यू. तथा कन्ट्रोल. मेमोरी कंप्यूटर की भीतरी मेमोरी (Internal Memory) है. इसमें किसी भी समय किये जा रहे काम से सम्बन्धित डाटा आवश्यक समय के लिए रखा जाता है. यह मेमोरी वैसे तो प्रोसेसर का ही भाग होती है, परन्तु इसका बहुत महत्त्व होने के कारण हम इसके बारे में अलग से पढ़ते हैं. **ए.एल.यू. (Arithmetic Logic Unit)** में सभी तरह की गणना और तुलना की जाती है. **कन्ट्रोल (Control)** इकाई का काम होता है-हमारे आदेशों को समझकर उनका सही-सही पालन कराना तथा कंप्यूटर के सभी भागों पर नजर रखना और उन्हें नियंत्रित करना.

छोटे कंप्यूटर, जैसे माइक्रो कंप्यूटर, पी.सी. आदि में प्रोसेसर या सी.पी.यू. को **माइक्रो-प्रोसेसर (Micro Processor)** कहा जाता है. यह पुस्तक मुख्य रूप से छोटे या पर्सनल कंप्यूटर तथा उन पर चलाये जाने वाले सॉफ्टवेयर के बारे में है. इसलिए हम इस पूरी पुस्तक में प्रोसेसर को 'माइक्रो प्रोसेसर' ही कहेंगे. कोई माइक्रो प्रोसेसर अपने आप में एक पूरा कंप्यूटर होता है, जिसमें सभी प्रकार के कार्यों के लिए इलेक्ट्रॉनिक सर्किट बने होते हैं. आजकल इंटेल कम्पनी के माइक्रो प्रोसेसर बहुत प्रचलित और लोकप्रिय हैं.

मेमोरी (Memory)

जिस प्रकार हम अपनी स्मृति (Memory) में बहुत-सी बातें याद रखते हैं, उसी तरह कंप्यूटर के जिस भाग में सभी डाटा, प्रोग्राम आदि रखे जाते हैं, उसे कंप्यूटर की मेमोरी कहते हैं. हालांकि मनुष्य के दिमाग और कंप्यूटर की मेमोरी में बहुत अन्तर है.

कंप्यूटर की मेमोरी लाखों छोटे-छोटे खानों में बंटी हुई होती है. ऐसे हर खाने को एक लोकेशन (Location) या **बाइट (Byte)** कहा जाता है. जिस प्रकार मकानों पर नंबर पड़े होते हैं, उसी प्रकार मेमोरी की बाइट पर क्रम संख्याएं पड़ी हुई मानी जाती हैं. किसी बाइट की क्रम संख्या को उस बाइट का पता (Address) कहा जाता है.

हर बाइट आठ छोटी-छोटी बिट (Bits) की एक शृंखला (Series) होती है. मेमोरी का सबसे छोटा हिस्सा (या टुकड़ा) **बिट (Bit)** कहा जाता है. बिट को आप एक छोटा बल्ब मान सकते हैं. जिस प्रकार कोई बल्ब या तो जल रहा होता है या बुझा होता है, उसी तरह कोई बिट या तो ऑन (On) होती है या ऑफ (Off). इस प्रकार किसी बिट की दो स्थितियां हो सकती हैं-'ऑन' या 'ऑफ'. इनके अलावा कोई तीसरी स्थिति नहीं हो सकती. सुविधा के लिए हम ऑन बिट को '1' लिखते हैं तथा ऑफ बिट को '0' लिखते हैं.

कंप्यूटर में भरा जाने वाला सभी प्रकार का डाटा 1 और 0 के रूप में ही कंप्यूटर की मेमोरी में रखा जाता है और उसी रूप में उस पर सारा काम किया जाता है. काम करने के इस तरीके को **बाइनरी सिस्टम (Binary System)** कहा जाता है. कंप्यूटर का सारा काम बाइनरी में ही चलता है. इसके बारे में आप आगे पढ़ेंगे.

किसी कंप्यूटर की मेमोरी का आकार (Size) बाइट की संख्या में नापा जाता है. कंप्यूटर की मेमोरी जितनी बड़ी होती है, वह उतना ही तेज और शक्तिशाली (Powerful) माना जाता है. 1024 बाइट को किलोबाइट (Kilobyte या KB) कहते हैं. 1024 किलोबाइट को 1 मेगाबाइट (Megabyte या MB) कहा जाता है. 1024 मेगाबाइट को 1 गीगाबाइट (Gigabyte या GB) कहते हैं. कंप्यूटर की मेमोरी प्रायः मेगाबाइट या गीगाबाइट में नापी जाती है.

कंप्यूटर की मेमोरी दो प्रकार की होती है :

(i) भीतरी (Internal) या मुख्य (Main) मेमोरी

(ii) बाहरी (External) या सहायक (Auxiliary) मेमोरी

भीतरी या **मुख्य मेमोरी** कंप्यूटर की सी.पी.यू. का ही एक भाग होती है. किसी साधारण माइक्रो कंप्यूटर या पी.सी. की मुख्य मेमोरी का आकार 1 गीगाबाइट से 4 गीगाबाइट तक होता है.

बाहरी या **सहायक मेमोरी** डाटा को लम्बे समय के लिए स्थायी रूप से स्टोर (Store) करने के लिए होती है. यह कंप्यूटर की सी.पी.यू. से बाहर होती है. यह चुम्बकीय टेप (Magnetic Tape), हार्ड डिस्क (Hard Disk), फ्लापी (Floppy) आदि से बनी होती है. इसका आकार सैकड़ों-हजारों मेगाबाइट और गीगाबाइट में हो सकता है. इसके बारे में हम आगे बताएंगे.

मुख्य मेमोरी को भी दो भागों में बांटा जाता है - **रैम (RAM)** और **रॉम (ROM)**. रैम का पूरा नाम 'Random Access Memory' है, जिसका अर्थ है कि इस मेमोरी को हम अपनी इच्छा से कैसे भी प्रयोग कर सकते हैं. वास्तव में इसमें ऐसे डाटा और प्रोग्राम को रखा जाता है, जिन्हें थोड़े समय तक रखना हो. यह डाटा तब तक वहीं बना रहता

है, जब तक उसकी जगह पर कोई दूसरा डाटा नहीं रख दिया जाता या कंप्यूटर बन्द नहीं कर दिया जाता. कंप्यूटर बन्द (Off) कर देने पर रैम में रखा हुआ सारा डाटा गायब हो जाता है.

रोम का पूरा रूप है – 'Read Only Memory', जिसका मतलब है कि इस भाग में रखे डाटा को हम केवल पढ़ सकते हैं. वास्तव में इस भाग में कंप्यूटर बनाने वाली कम्पनी द्वारा ऐसी सूचनाएं डाटा और प्रोग्राम रखे जाते हैं, जिनकी हमें ज्यादातर और रोज जरूरत पड़ती है. रोम में रखे हुए डाटा को न तो हम हटा सकते हैं और न उसमें कोई सुधार कर सकते हैं. कंप्यूटर की बिजली बन्द हो जाने पर भी रोम में रखा हुआ डाटा सुरक्षित बना रहता है.

इनपुट (Input)

इनपुट किसी कंप्यूटर का वह भाग है जिसके द्वारा हम अपना डाटा या आदेश या प्रोग्राम कंप्यूटर को देते हैं. इनपुट इकाई में कई मशीनें या साधन (Devices) हो सकते हैं, जिनसे अलग-अलग तरह का इनपुट (डाटा या आदेश) कंप्यूटर को दिया जा सकता है. इनपुट का सबसे अच्छा साधन है-**की-बोर्ड (Keyboard)**. यह अंग्रेजी के सामान्य टाइपराइटर के की-बोर्ड जैसा ही होता है, हालांकि इसमें कुछ ज्यादा बटन होते हैं. हम इसमें लगे बटनों को दबा-दबाकर अपना डाटा तैयार करते हैं और कंप्यूटर में भेज देते हैं.

की-बोर्ड के अलावा **माउस (Mouse)**, **जॉय-स्टिक (Joy Stick)**, **लाइट पेन (Light Pen)**, **माइक (Mike)**, **स्कैनर (Scanner)** आदि भी इनपुट के साधन हैं. इनके बारे में हम आगे बताएंगे.

आउटपुट (Output)

आउटपुट कंप्यूटर के उस भाग को कहा जाता है, जिससे हमें अपने आदेश या प्रोग्राम का परिणाम (Result) या उत्तर प्राप्त होता है. आउटपुट में कई मशीनें या साधन हो सकते हैं, जिनसे हमें अलग-अलग तरह का आउटपुट मिलता है. आउटपुट का सबसे ज्यादा सरल और हर जगह पाया जाने वाला साधन है- **वी.डी.यू. (Visual Display Unit)** या **मॉनीटर (Monitor)**. यह किसी टेलीविजन जैसा होता है, जिसके पर्दे (Screen) पर चिह्न या सूचनाएं दिखाई जाती हैं. सूचनाओं या रिपोर्टों को छापने के लिए कई प्रकार के **प्रिंटर (Printer)** तथा **प्लॉटर (Plotter)** होते हैं. इनके अलावा **स्पीकर (Speaker)** भी आउटपुट का एक साधन है. इनके बारे में आप आगे पढ़ेंगे.

वी.डी.यू. तथा की-बोर्ड को मिलाकर एक ऐसा साधन बनता है, जिससे हम इनपुट और आउटपुट दोनों का काम ले सकते हैं. इसे **टर्मिनल (Terminal)** कहा जाता है. इनपुट-आउटपुट के लिए टर्मिनल से ज्यादा सरल और अच्छा साधन दूसरा नहीं है. दुनिया भर में लगभग हर कंप्यूटर में टर्मिनल अवश्य होता है. इसके बारे में हम आगे विस्तार से बताएंगे.

प्रोग्राम (Program)

आदेशों के किसी समूह (Group) को 'प्रोग्राम' कहा जाता है. ये आदेश इस प्रकार लिखे जाते हैं कि यदि कोई व्यक्ति उनका सही-सही पालन करता जाए, तो कोई काम पूरा हो जाए. कंप्यूटर जो सैकड़ों तरह के काम करता है, वे वास्तव में प्रोग्राम के द्वारा ही कराए जाते हैं. हर काम के लिए एक अलग प्रोग्राम लिखा जाता है. प्रोग्राम से ही कंप्यूटर को ताकत मिलती है. प्रोग्राम के बिना कंप्यूटर केवल कुछ पुर्जों का ढेर है. बिना प्रोग्राम के कंप्यूटर कोई काम नहीं कर सकता.

कंप्यूटर के भेद (Types of Computers)

आकार और सुविधाओं के आधार पर कंप्यूटर मुख्य रूप से तीन प्रकार के होते हैं-

(1) मेनफ्रेम कंप्यूटर (Mainframe Computer)

(2) मिनी कंप्यूटर (Mini Computer)

(3) माइक्रो कंप्यूटर (Micro Computer)

मेनफ्रेम या मुख्य कंप्यूटर आकार में बहुत बड़े और काफी जगह घेरने वाले होते हैं. इनमें सैकड़ों टर्मिनल जुड़े होते हैं. उन पर एक साथ सैकड़ों लोग काम कर सकते हैं. इनकी कीमत भी बहुत ज्यादा होती है. इस कारण बड़ी-बड़ी कम्पनियां ही उन्हें खरीद सकती हैं. आजकल ऐसे कंप्यूटर की संख्या बहुत कम रह गई है.

मिनी कंप्यूटर आकार में मुख्य कंप्यूटर से छोटे होते हैं, परन्तु उनकी ताकत मुख्य कंप्यूटर से बहुत कम नहीं होती. वास्तव में मिनी कंप्यूटर ऐसी कम्पनियों के लिए बनाए गए हैं, जिनके पास कंप्यूटर का काफी काम होता है, परन्तु वे मुख्य कंप्यूटर नहीं खरीद सकतीं. मिनी कंप्यूटर का मूल्य कम्पनियों की पहुंच के भीतर होता है. इन पर एक साथ 10 से 12 व्यक्ति काम कर सकते हैं. ये एक छोटे कमरे में आ जाते हैं. मिनी कंप्यूटर ऐसा हर कार्य कर सकते हैं, जो मुख्य कंप्यूटर पर किया जा सकता है. आजकल मिनी कंप्यूटर की संख्या बहुत है.

सन् 1980 के बाद के वर्षों में ऐसी तकनीक आयी हैं, जिनसे कंप्यूटर का आकार और भी छोटा हो गया है तथा उनकी गति बढ़ गई है. इससे **माइक्रो कंप्यूटर** सामने आए. इनकी कीमत मिनी कंप्यूटर के मुकाबले में बहुत कम होती है और आकार में ये इतने छोटे होते हैं कि एक छोटी सी मेज पर आसानी से आ जाते हैं. इन पर एक बार में केवल एक आदमी काम कर सकता है.

माइक्रो कंप्यूटर का ही दूसरा रूप **पर्सनल कंप्यूटर (Personal Computer)** है. जिसे संक्षेप में 'पीसी' (PC) कहा जाता है. सबसे पहले इन्हें आई.बी.एम. कम्पनी द्वारा बनाया गया था. यह किताब मुख्य रूप से पीसी के बारे में ही है. पीसी के बारे में आप आगे और भी विस्तार से पढ़ेंगे.

इन तीन तरह के कंप्यूटर के अलावा नए कंप्यूटर में **'सुपर कंप्यूटर'** भी हैं. ये गति में बहुत तेज होते हैं. ये अकेले ही कई मुख्य कंप्यूटर के बराबर होते हैं. इनका मूल्य भी करोड़ों में होता है. भारत में भी **'परम'** नामक एक सुपर कंप्यूटर बनाया गया है.

हार्डवेयर तथा सॉफ्टवेयर (Hardware and Software)

कंप्यूटर पर हम अनेक तरह के कार्य कर सकते हैं. कोई भी काम कंप्यूटर से कराने के लिए हमें दो चीजों की जरूरत होती है–

(1) हार्डवेयर

(2) सॉफ्टवेयर

कंप्यूटर के कलपुर्जों, मशीनों आदि को 'हार्डवेयर' कहा जाता है. हार्डवेयर को हम अपनी आंखों से देख सकते हैं और हाथों से छू भी सकते हैं. टर्मिनल, सी.पी.यू., प्रिंटर, हार्ड डिस्क, फ्लापी ड्राइव, टेप ड्राइव, पैन ड्राइव आदि कंप्यूटर के हार्डवेयर हैं.

'सॉफ्टवेयर' उन प्रोग्राम को कहा जाता है, जिनको हम हार्डवेयर पर चलाते हैं और जिनके द्वारा हमारे सारे काम कराए जाते हैं. बिना सॉफ्टवेयर के कंप्यूटर से कोई भी काम करा पाना असंभव है. सॉफ्टवेयर भी मुख्य रूप से दो तरह के होते हैं–

(1) सिस्टम सॉफ्टवेयर (System Software)

(2) ऐप्लीकेशन सॉफ्टवेयर (Application Software)

'सिस्टम सॉफ्टवेयर' ऐसे प्रोग्राम को कहा जाता है, जिनका काम सिस्टम अर्थात् कंप्यूटर को चलाना तथा उसे काम करने लायक बनाए रखना है. सिस्टम सॉफ्टवेयर ही हार्डवेयर में जान डालता है. बिना इसके कंप्यूटर एक बेजान मशीन बनकर रह जाएगा. ऑपरेटिंग सिस्टम (Operating System), कम्पाइलर (Compilers), यूटिलिटी प्रोग्राम (Utilities) आदि सिस्टम सॉफ्टवेयर के मुख्य भाग होते हैं. इसके बारे में आप आगे पढ़ेंगे.

'एप्लीकेशन सॉफ्टवेयर' ऐसे प्रोग्राम को कहा जाता है, जो हमारे असली कामों को करने के लिए लिखे जाते हैं. आवश्यकतानुसार भिन्न-भिन्न प्रकार के कार्यों के लिए भिन्न-भिन्न सॉफ्टवेयर होते हैं. वेतन की गणना, लेन-देन का हिसाब, वस्तुओं का स्टॉक रखने, बिक्री का हिसाब लगाने, पत्र, लेख आदि तैयार करने, चित्र बनाने आदि कामों के लिए लिखे गए प्रोग्राम ही ऐप्लीकेशन सॉफ्टवेयर हैं. ये प्रोग्राम या तो हम खुद तैयार करते हैं या बाजार से लिखे हुए खरीद लेते हैं, जो इन्हीं कामों के लिए होते हैं. बाजार से खरीदे जाने वाले प्रोग्रामों को प्राय: पैकेज या सॉफ्टवेयर पैकेज कहा जाता है, जैसे एमएस-ऑफिस, कोरेलड्रॉ, फॉक्सप्रो, टैली आदि.

प्रोग्रामिंग भाषाएं (Programming Languages)

किसी कार्य के करने की विधि को **प्रोग्राम (Program)** कहा जाता है. प्रोग्राम में हम कोई काम करने का तरीका सही क्रम में आदेशों के रूप में लिखते हैं. उदाहरण के लिए दो संख्याओं क और ख के बीच की संख्या अथवा माध्य (Mean) या औसत (Average) निकालने के लिए हमें नीचे लिखे गए आदेश देने होंगे–

(1) संख्या क को पढ़िए.

(2) संख्या ख को पढ़िए.

(3) क और ख को जोड़िए और उत्तर को ग मानिए.

(4) ग में 2 का भाग दीजिए और भागफल को म मानिए.

(5) म को छाप दीजिए.

क और ख का मान कुछ भी हो, उनका माध्य या औसत निकालने का सही तरीका यही है. यदि कोई भी व्यक्ति

इन आदेशों का इसी क्रम में ठीक-ठाक पालन करेगा, तो वह क और ख का मध्य म ज्ञात कर लेगा. ये आदेश मिलकर एक प्रोग्राम बनाते हैं.

यह प्रोग्राम साधारण बोलचाल की भाषा में लिखा गया है. इसको हम संकेतों के रूप में संक्षेप में निम्न प्रकार भी लिख सकते हैं -

(1) पढ़िए (क)

(2) पढ़िए (ख)

(3) ग = क + ख

(4) म = ग / 2

(5) छापिए (म)

कंप्यूटर मे कोई भी काम कराने के लिए हमें इसी तरह प्रोग्राम लिखने पड़ते हैं. हम बता चुके हैं कि कंप्यूटर एक ऐसी मशीन है जो अपनी ओर से कुछ भी नहीं कर सकती. उससे कोई भी काम प्रोग्राम के द्वारा कराया जाता है. हर प्रोग्राम एक ऐसी भाषा में होना चाहिए, जिसे कंप्यूटर समझ सके.

उसके बाद कंप्यूटर का काम बस इतना होता है कि हमने जो प्रोग्राम लिखा है, उसे पढ़कर अपनी मेमोरी में रख लेता है और उसके एक-एक आदेश का क्रम से पालन करता जाता है. जैसे-जैसे प्रोग्राम के आदेशों का पालन होता जाता है, वह कार्य भी होता रहता है. अंतिम आदेश का पालन होते ही वह कार्य समाप्त हो जाता है.

कंप्यूटर के लिए प्रोग्राम जिन भाषाओं में लिखे जाते हैं, उन्हें **प्रोग्रामिंग भाषाएं (Programming Languages)** कहते हैं. ये भाषाएं अंग्रेजी के कुछ चुने हुए शब्दों और चिह्नों से बनी होती हैं. हर प्रोग्रामिंग भाषा का अपना अलग व्याकरण (Grammar या Syntax) होता है. हमारे प्रोग्राम का हर आदेश या कथन (Statement) उस भाषा के व्याकरण के अनुसार ठीक-ठीक लिखा जाना चाहिए.

प्रोग्रामिंग की बहुत-सी भाषाएं प्रचलित हैं. ऐसी कुछ भाषाएं जो सबसे ज्यादा प्रयोग की जाती हैं, उनके नाम नीचे दिए गए हैं -

(1) बेसिक (BASIC)

(2) सी (C)

(3) सी++ (C++)

(4) जावा (JAVA)

(5) डॉट नेट (DOTNET)

इन भाषाओं को **उच्च स्तरीय भाषाएं (High Level Language)** भी कहा जाता है. इनमें से हर भाषा की अपनी विशेषता होती है और वह एक विशेष प्रकार के कामों के लिए ज्यादा अच्छी रहती है. परन्तु कुछ प्रोग्रामिंग भाषाएं जैसे बेसिक व सी हर तरह के कामों में प्रयोग की जाती हैं. आजकल भाषाओं के लिए सी++ (C++) तथा जावा (JAVA) का प्रयोग सबसे ज़्यादा किया जा रहा है.

कम्पाइलर (Compilers)

आप पहले पढ़ चुके हैं कि कंप्यूटर के लिए प्रोग्राम ऐसी भाषा में होना चाहिए, जिसको कंप्यूटर समझ सके. परन्तु आप यह भी जानते हैं कि कंप्यूटर का सारा काम बाइनरी प्रणाली (Binary System) में होता है, जो 0 तथा 1 से

बनी होती है. बाइनरी प्रणाली की भाषा को कंप्यूटर की मशीनी भाषा (Machine Language) कहा जाता है. कंप्यूटर से कोई भी काम कराने के लिए हमारा प्रोग्राम उसकी मशीनी भाषा में ही होना चाहिए, यानी हमारा प्रोग्राम 0 और 1 के रूप में होना चाहिए. मशीनी भाषा को प्रायः **निम्न स्तरीय भाषा (Low Level Language)** भी कहा जाता है.

परन्तु 0 और 1 की भाषा में प्रोग्राम लिखना हमारे लिए बहुत कठिन है. उसमें गलती होने पर उसे ढूंढ़ना और उसमें सुधार करना तो लगभग असंभव ही है. इसलिए हम अपना प्रोग्राम किसी उच्च स्तरीय प्रोग्रामिंग भाषा में लिखते हैं और उसका अनुवाद कंप्यूटर की मशीनी भाषा में करा लेते हैं. सबसे अच्छी बात यह है कि अनुवाद का यह कार्य हमें स्वयं नहीं करना पड़ता, बल्कि कंप्यूटर द्वारा ही करा लिया जाता है. इसके लिए भी हमें एक प्रोग्राम लिखना पड़ता है. इस प्रोग्राम को **कम्पाइलर (Compiler)** कहा जाता है.

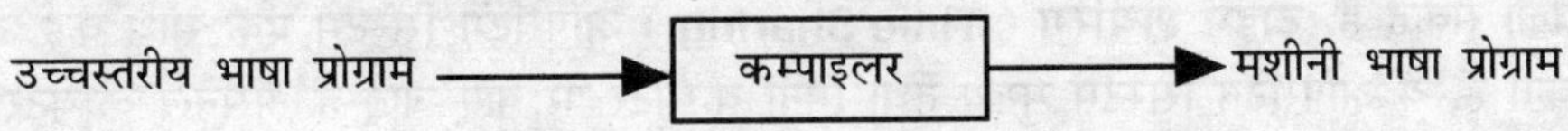

चित्र C-3.1 : कम्पाइलर का कार्य

कम्पाइलर एक ऐसा प्रोग्राम है, जो किसी उच्चस्तरीय भाषा में लिखे गए प्रोग्राम का अनुवाद किसी कंप्यूटर की मशीनी भाषा में कर देता है. चित्र C-3.1 में इस कार्य को दिखाया गया है. कम्पाइलर किसी कंप्यूटर के सिस्टम सॉफ्टवेयर का भाग होता है. यह कंप्यूटर के साथ ही खरीदा जाता है. हर प्रोग्रामिंग भाषा के लिए अलग-अलग कम्पाइलर होता है. किसी कंप्यूटर में एक से ज्यादा कम्पाइलर भी हो सकते हैं.

कम्पाइलर का काम दो भागों में होता है. पहले वह हमारे प्रोग्राम के हर कथन या आदेश की जांच करता है कि वह उस प्रोग्रामिंग भाषा के व्याकरण के अनुसार सही है या नहीं. यदि कोई गलती होती है, तो वह बता देता है कि किस कथन में क्या गलती है. यदि प्रोग्राम में कोई बड़ी गलती पायी जाती है, तो कम्पाइलर वहीं रुक जाता है. तब हम प्रोग्राम की गलतियां ठीक करके उसे फिर से कम्पाइलर को देते हैं.

यदि प्रोग्राम में व्याकरण की कोई गलती नहीं होती, तो कम्पाइलर के काम का दूसरा भाग शुरू होता है. इसमें वह हमारे प्रोग्राम के हर आदेश को कंप्यूटर की मशीनी भाषा के आदेशों में बदल देता है. हमारे एक आदेश के बदले मशीनी भाषा के कई आदेश भी हो सकते हैं. इस तरह पूरा प्रोग्राम मशीनी भाषा में तैयार हो जाता है. कंप्यूटर मशीनी भाषा के प्रोग्राम को समझ सकता है और उसके अनुसार कार्य भी कर सकता है.

ऑपरेटिंग सिस्टम (Operating System)

ऑपरेटिंग सिस्टम किसी कंप्यूटर के सिस्टम सॉफ्टवेयर का सबसे महत्त्वपूर्ण भाग होता है. यह प्रोग्राम वास्तव में कंप्यूटर और उसका उपयोग करने वाले व्यक्ति के बीच की एक कड़ी है. यह कंप्यूटर के उपयोगकर्ता के कार्यों को कंप्यूटर द्वारा बहुत सरलता से करा देता है और उसकी अधिकांश समस्याओं को स्वयं ही संभाल लेता है. ऑपरेटिंग सिस्टम की सहायता के बिना हमारे लिए कंप्यूटर से कोई काम करा सकना असम्भव तो नहीं है, परन्तु बहुत ही कठिन अवश्य है. ऑपरेटिंग सिस्टम कई ऐसे कामों की जिम्मेदारी अपने ऊपर ले लेता है, जिनको करना हमारे लिए बहुत मेहनत का काम होगा.

ऑपरेटिंग सिस्टम के मुख्य काम निम्न प्रकार हैं –

(1) उपयोगकर्ता (User) के आदेशों को कंप्यूटर तक पहुंचाना और उनके परिणाम तथा कंप्यूटर द्वारा दिए गए संदेशों को उपयोगकर्ता तक पहुंचाना.

(2) उपयोगकर्ता द्वारा बनाए गए प्रोग्राम को शुरू करना, पालन कराना तथा खत्म करना.

(3) हार्डवेयर के सभी भागों (अर्थात साधनों) को जरूरत पड़ते ही प्रोग्राम के लिए दिलवाना.

(4) उपयोगकर्ता की फाइलों आदि का हिसाब रखना और उनकी पूरी सुरक्षा करना.

इनसे आप अनुमान लगा सकते हैं कि ऑपरेटिंग सिस्टम के कार्य कितने महत्त्वपूर्ण हैं. यदि ये काम उपयोगकर्ता को खुद करने पड़ें, तो वह बहुत परेशान हो जाएगा, क्योंकि उसका सारा समय तो इन्हीं कामों में लग जाएगा और वह अपना असली काम कभी नहीं करा सकेगा. वास्तव में हमारा सीधा सम्पर्क कंप्यूटर के बजाय ऑपरेटिंग सिस्टम से होता है. हम अपना कार्य ऑपरेटिंग सिस्टम को देकर निश्चिंत हो जाते हैं.

ऑपरेटिंग सिस्टम कई तरह के होते हैं. **मल्टी प्रोग्रामिंग (Multi-Programming)** ऑपरेटिंग सिस्टम एक साथ कई प्रोग्राम को चला सकते हैं. **टाइम शेयरिंग (Time Sharing)** ऑपरेटिंग सिस्टम एक साथ कई उपयोगकर्ताओं का काम करा सकते हैं. ये ऑपरेटिंग सिस्टम मुख्य तथा मिनी कंप्यूटर पर पाए जाते हैं. पर्सनल कंप्यूटर पर एक बार में एक ही आदमी काम कर सकता है और एक समय में प्रायः उसका एक ही प्रोग्राम चलता है. इसलिए इनके ऑपरेटिंग सिस्टम छोटे और सरल होते हैं. लेकिन विंडोज एक मल्टीप्रोग्रामिंग ऑपरेटिंग सिस्टम है, इसलिए विंडोज आधारित कंप्यूटर पर एक साथ कई प्रोग्राम चलाए जा सकते हैं.

ज्यादातर छोटे कंप्यूटर में ऑपरेटिंग सिस्टम पाया जाता था, इसका नाम **एमएस-डॉस (MS-DOS)** था. लेकिन केवल एमएस-डॉस पर चलने वाले कंप्यूटर अब प्रायः समाप्त हो गये हैं. आजकल अधिकांश छोटे कंप्यूटर विंडोज पर आधारित ऑपरेटिंग सिस्टम हैं जिनमें, **विंडोज एक्सपी (Windows XP), विंडोज 7 (Windows 7) अथवा विडोज 8 (Windows 8)** पाया जाता है. इसके बारे में भाग-2 में विस्तारपूर्वक बताया गया है. आजकल **पेंटियम (Pentium)** नामक जो पर्सनल कंप्यूटर सर्वाधिक प्रचलन में हैं, उनमें भी **विंडोज 7 (Windows 7)** या उसका नवीनतम संस्करण **विंडोज 8 (Windows 8)** ही पाया जाता है.

विंडोज के अलावा लाइनक्स ऑपरेटिंग सिस्टम भी बहुत से पर्सनल कंप्यूटर में पाया जाता है. इसमें भी वे सभी कार्य उतनी ही अच्छी तरह किये जा सकते हैं, जितनी अच्छी तरह विंडोज ऑपरेटिंग सिस्टम में किये जाते हैं. लाइनक्स ऑपरेटिंग सिस्टम प्रायः मुफ्त होता है, परन्तु अभी इसका प्रचलन सीमित है.

सॉफ्टवेयर पैकेज (Software Packages)

हम कंप्यूटर से जो कार्य कराते हैं, उनमें कई ऐसे होते हैं, जो हमें बदले हुए डाटा के साथ बार-बार कराने पड़ते हैं. यदि उनके लिए प्रोग्राम छोटा-सा हो तो हम खुद लिख सकते हैं, परन्तु यदि वह काम लम्बा हो तो उसके लिए प्रोग्राम भी बहुत बड़ा होगा, जिसे लिखने में हमें बहुत मेहनत करनी होगी. इसलिए हम ऐसे प्रोग्राम बाजार से लिखे हुए खरीद लेते हैं. तब इनका प्रयोग हम अपनी इच्छा से कभी भी और कितनी भी बार कर सकते हैं. ऐसे प्रोग्राम को सॉफ्टवेयर पैकेज कहा जाता है. ये पैकेज बहुत उपयोगी (Useful) होते हैं, क्योंकि हमारे ज्यादातर काम इनके द्वारा ही हो जाते हैं. साधारण उपयोगकर्ताओं को अपने लिए अलग प्रोग्राम लिखने की कोई जरूरत नहीं होती. ऐसे कुछ मुख्य पैकेज के बारे में आगे बताया गया है.

वर्ड प्रोसेसिंग पैकेज (Word Processing Package) या **वर्ड प्रोसेसर (Word Processor)** : ये ऐसे पैकेज हैं, जिनसे हम एक अच्छे टाइपराइटर की तरह अपने पत्र, रिपोर्ट आदि तैयार कर सकते हैं. पत्रों को सुधार कर दोबारा छपवाना तथा लाइनों को ऊपर से नीचे या नीचे से ऊपर ले जाना भी इन पैकेजों पर हो सकता है. अधिकांश वर्ड प्रोसेसर

द्वारा अक्षरों को कई रूपों (Fonts) और आकारों (Sizes) में भी छपवाया जा सकता है और कई वर्ड प्रोसेसर स्पेलिंग (Spelling) की गलतियां भी ठीक कर देते हैं. विंडोज आधारित पर्सनल कंप्यूटर पर **वर्ड पैड (Word Pad)** भी उपलब्ध होता है, जो ऑपरेटिंग सिस्टम का ही एक भाग है. इसके बारे में हम भाग-2 में विस्तार से बताएंगे.

विंडोज XP या विंडोज 7 आधारित पेंटियम कंप्यूटर पर प्रायः **एमएस-ऑफिस (MS-Office)** नामक एक ऐप्लीकेशन पैकेज का उपयोग किया जाता है, जिसमें **एमएस-वर्ड (MS-Word)** नामक वर्ड प्रोसेसिंग प्रोग्राम भी होता है, जो बहुत शक्तिशाली है. आजकल एमएस-वर्ड का ही सबसे ज्यादा उपयोग वर्ड प्रोसेसिंग के कार्यों में किया जाता है. इसके बारे में आप भाग-3 में विस्तार से पढ़ेंगे.

लाइनक्स ऑपरेटिंग सिस्टम में भी के-वर्ड (K-Word), एबी-वर्ड (AbiWord), ओपिन राइटर (Open Writer) तथा स्टार राइटर (Star Writer) आदि कई वर्ड प्रोसेसिंग पैकेज उपलब्ध हैं, जो क्रमशः के-ऑफिस (K-Office), जीनोम ऑफिस (Gnome Office), ओपिन ऑफिस (Open Office) तथा स्टार ऑफिस (Star Office) नामक विस्तृत पैकेजों के भाग हैं.

स्प्रैडशीट पैकेज (Spreadsheet Package) : ऐसे पैकेज में डाटा को टेबिल के रूप में स्टोर किया जाता है और उनपर गणनाएं भी की जा सकती हैं तथा आवश्यकतानुसार डाटा का विश्लेषण भी किया जा सकता है. ज्यादातर स्प्रैडशीट पैकेज में दिए गए डाटा के आधार पर ग्राफ, चार्ट आदि बनाने की भी सुविधा होती है. आजकल विंडोज आधारित पर्सनल कंप्यूटर पर एमएस-ऑफिस के अन्तर्गत **एमएस-एक्सेल (MS-Excel)** नामक स्प्रैडशीट पैकेज सर्वाधिक प्रचलित है, जो लोटस का ही विशेष संस्करण है. इसके बारे में आप भाग-4 में विस्तारपूर्वक पढ़ेंगे.

लाइनक्स ऑपरेटिंग सिस्टम में भी के-स्प्रैड (K-Spread), जी-न्यूमेरिक (G-Numeric), ओपिन कैल्क (Open Calc) तथा स्टार कैल्क (Star Calc) आदि कई स्प्रैडशीट पैकेज उपलब्ध हैं.

प्रेजेन्टेशन पैकेज (Presentation Package) : ये ऐसे पैकेज होते हैं, जिनके द्वारा सेमिनारों, गोष्ठियों, बैठकों आदि में किसी विषय को स्पष्ट करने के लिए प्रस्तुतीकरण तैयार किये जाते हैं. विंडोज ऑपरेटिंग सिस्टम में चलने वाला ऐसा एक लोकप्रिय पैकेज पॉवरपॉइंट (PowerPoint) है, जिसके बारे में आप भाग-5 में विस्तारपूर्वक पढेंगे.

लाइनक्स ऑपरेटिंग सिस्टम में ऐसे कई पैकेज उपलब्ध हैं, जिनमें प्रमुख हैं- के-प्रेजेंटर (K-Presenter), इम्प्रैस (Impress) तथा स्टार इम्प्रैस (Star Impress).

बाइनरी संख्या प्रणाली (Binary Number System)

पिछले अध्याय में आप पढ़ चुके हैं कि कंप्यूटर का सारा काम 0 और 1 के रूप में होता है. ये 0 और 1 किसी बिट के दो मान हैं. जिस प्रकार किसी स्विच की दो स्थितियां हो सकती हैं–ऑन (On) तथा ऑफ (Off), उसी तरह किसी बिट की भी दो स्थितियां हो सकती हैं–ऑन तथा ऑफ. सुविधा के लिए हम ऑन को 1 तथा ऑफ को 0 लिखते और कहते हैं. इनको ही **बिट** कहा जाता है. बिट डाटा या सूचना की सबसे छोटी इकाई है. यह शब्द **बाइनरी डिजिट (Binary Digit)** का छोटा रूप है.

हम जिस संख्या प्रणाली में अपना काम करते हैं, उसे **दशमलव प्रणाली (Decimal System)** कहा जाता है. इसमें 0 से 9 तक कुल 10 अंकों द्वारा सारी संख्याएं लिखी जाती हैं और इनमें ही जोड़ना, घटाना आदि गणनाएं की जाती हैं. इसी तरह कंप्यूटर में 0 और 1 इन दो अंकों द्वारा सभी संख्याएं लिखी जाती हैं और उनपर गणित की क्रियाएं की जाती हैं. दो अंकों की इस प्रणाली को **बाइनरी संख्या प्रणाली** कहा जाता है. 0 और 1 बाइनरी प्रणाली के 2 अंक हैं.

बाइट (Byte)

अकेली बिट अधिक महत्त्वपूर्ण नहीं होती. दूसरी बिट के साथ मिलकर ही उसका कोई अर्थ निकलता है. हमारे लिए 8 लगातार बिट की श्रृंखला या सीरीज (Series) ज्यादा महत्त्वपूर्ण है. ऐसी सीरीज को **बाइट** कहा जाता है. बाइट सूचना की सबसे ज्यादा महत्त्वपूर्ण इकाई है. कंप्यूटर की मेमोरी के आकार को बाइट में (या किलोबाइट या मेगाबाइट) में नापा जाता है. कंप्यूटर की सारी क्रियाएं बाइट के ऊपर ही की जाती हैं.

कंप्यूटर में स्टोर की जाने वाली हर बाइट उसके लिए कच्चा माल है, जिसे किसी भी रूप में प्रयोग किया जा सकता है. कंप्यूटर में डाटा के साथ हम दो कार्य मुख्य रूप से करते हैं–संख्याओं के साथ गणितीय क्रियाएं तथा अक्षरों और चिह्नों के साथ कुछ दूसरी क्रियाएं. किसी बाइट में दोनों तरह के डाटा स्टोर किए जा सकते हैं–संख्यात्मक और चिह्नात्मक भी. वास्तव में बाइट के लिए दोनों तरह के डाटा में कोई अन्तर नहीं है. अन्तर केवल उसके उपयोग करने का है. किसी बाइट में संख्या है या चिह्न, यह इससे पता चलता है कि आप उसे कैसे प्रयोग कर रहे हैं.

बाइनरी संख्याएं (Binary Numbers)

आप जानते हैं कि दशमलव प्रणाली में कोई संख्या लिखते समय दाईं ओर से बाईं ओर अंकों का स्थान मान दस गुना होता जाता है; जैसे–इकाई (1), दहाई (10), सैकड़ा (100), हजार (1000), दस हजार (10000), लाख (100000), दस लाख (1000000) आदि. इसका कारण यह है कि उस संख्या प्रणाली का आधार (10) है, क्योंकि इसमें 10 अंकों (0, 1, 2, 3, 4, 5, 6, 7, 8 और 9) द्वारा ही सभी संख्याएं लिखी जाती हैं.

परन्तु बाइनरी प्रणाली का आधार 2 है क्योंकि उसमें सभी संख्याएं केवल 2 अंकों (0 तथा 1) द्वारा लिखी जाती हैं. इसलिए बाइनरी संख्या लिखते समय बिटों के स्थान मान दाईं ओर से बाईं ओर दो गुने होते जाते हैं, जैसे–1, 2, 4, 8, 16, 32, 64, 128 आदि. सारणी 1 में किसी बाइट की विभिन्न बिटों का स्थान मान (या संख्यात्मक मान) दिया गया है.

ध्यान दीजिए कि बिटों पर क्रम संख्याएं दाईं ओर से बाईं ओर डाली गई हैं और शुरुआत 0 से की गई है. किसी बिट की क्रम संख्या का उसके मान से सीधा सम्बन्ध है. हर बिट का संख्यात्मक मान 2 पर उसकी क्रम संख्या के घात के बराबर है. उदाहरण के लिए बिट संख्या 3 का मान 2^3 यानी 8 है. इसी तरह आप दूसरी बिट के बारे में समझ सकते हैं.

सारणी C-4.1 : विभिन्न बिट का संख्यात्मक मान

बिट संख्या								मान
7	6	5	4	3	2	1	0	(Value)
.	.	.	.	.	.	.	1	1
.	.	.	.	.	.	1	.	2
.	.	.	.	.	1	.	.	4
.	.	.	.	1	.	.	.	8
.	.	.	1	.	.	.	.	16
.	.	1	.	.	.	.	.	32
.	1	.	.	.	.	.	.	64
1	.	.	.	.	.	.	.	128

कंप्यूटर में सभी संख्याओं को बाइनरी रूप में ही रखा जाता है और इसी रूप में उन पर जोड़ना, घटाना आदि अंकगणितीय क्रियाएं की जाती हैं. इससे हमें कोई फर्क नहीं पड़ता, क्योंकि किसी भी संख्या को बाइनरी में लिखा जा सकता है.

किसी भी दशमलव संख्या को बाइनरी संख्या में बदला जा सकता है. उसका एक विशेष तरीका है. परन्तु यह इस किताब के विषय से बाहर की बात है, इसलिए उसे छोड़ रहे हैं. यहां हम केवल पहली 16 दशमलव संख्याओं के बराबर बाइनरी संख्याएं दे रहे हैं.

दशमलव संख्या	बाइनरी संख्या	दशमलव संख्या	बाइनरी संख्या
0	0	8	1000
1	1	9	1001
2	10	10	1010
3	11	11	1011
4	100	12	1100
5	101	13	1101
6	110	14	1110
7	111	15	1111

किसी बाइनरी संख्या को दशमलव संख्या में बदलने के लिए उसकी सभी बिट का स्थान मान जोड़ लिया जाता है. वास्तव में केवल '1' बिट के स्थान मान जोड़े जाते हैं. क्योंकि '0' बिट का कोई मान नहीं होता. उदाहरण के लिए बाइनरी संख्या 1101 में तीन '1' बिट हैं. इनमें से पहली का मान 8, दूसरी का 4 तथा तीसरी का मान 1 है. इन्हें जोड़ने पर 13 आता है. इसलिए बाइनरी संख्या 1101 दशमलव संख्या 13 के बराबर है.

हम एक बाइट में एक अक्षर या एक चिह्न स्टोर करते हैं. जैसे यदि हम 'ASHOK KUMAR' को स्टोर करना चाहते हैं, तो हमें 11 बाइट की जरूरत होगी, क्योंकि इसमें 10 अक्षर हैं और एक खाली स्थान भी है. हर अक्षर तथा खाली स्थान को भी एक अलग बाइट में स्टोर किया जाता है, जैसा कि दिखाया गया है–

A	S	H	O	K		K	U	M	A	R

आप जानते हैं कि किसी बाइट में 8 बिट होती हैं और हर बिट के 2 मान हो सकते हैं - 0 या 1. इसलिए गणित के सिद्धान्तों के अनुसार एक बाइट में बिटों के कुल 2^8 अर्थात् 256 अलग-अलग समूह (Group) बन सकते हैं. इसका अर्थ यह है कि एक बाइट में 0 से 255 तक कुल 256 संख्याएं दिखाई जा सकती हैं. इसका दूसरा अर्थ यह भी है कि एक बाइट में 256 तरह के चिह्न या अक्षर स्टोर किए जा सकते हैं.

अक्षरों तथा चिह्नों को बाइटों में स्टोर करने का एक विशेष तरीका तय कर लिया जाता है, जिसे कोडिंग सिस्टम (Coding System) कहा जाता है. ऐसे दो सिस्टम आजकल सबसे ज्यादा प्रयोग किए जाते हैं. उनके नाम हैं-आस्की (ASCII) या 'American Standard Code for Information Interchange' तथा एब्सडिक (EBCDIC) या 'Extended Binary Coded Decimal Interchange Code'. कुछ अंग्रेजी अक्षरों के लिए इन दोनों सिस्टमों (प्रणालियों) के कोड साथ में दिए गए हैं.

अक्षर	आस्की कोड	एब्सडिक कोड
A	01000001	11000001
B	01000010	11000010
C	01000011	11000011
D	01000100	11000100
E	01000101	11000101

इन दोनों प्रणालियों में से पर्सनल कंप्यूटरों पर आस्की प्रणाली ही सबसे ज्यादा पाई जाती है. इसलिए पाठकों की सुविधा के लिए सभी चिह्नों के आस्की कोड परिशिष्ट 'ख' में दिये गये हैं.

पर्सनल कंप्यूटर क्या है?
(What is a Personal Computer?)

आप पढ़ चुके हैं कि पर्सनल कंप्यूटर माइक्रो कंप्यूटर का एक रूप है. इसको बोलचाल की भाषा में पीसी (PC) कहा जाता है. इसका निर्माण समय की जरूरत के कारण हुआ. पहले के कंप्यूटर आकार में बहुत बड़े, धीमे और कम विश्वसनीय थे. उससे भी बुरी बात यह थी कि उनकी कीमत बहुत ज्यादा थी, जो साधारण उपयोगकर्ता की पहुंच से बाहर थी. समय के साथ कंप्यूटर के आकार में कमी हुई और उनकी ताकत बढ़ी. कीमत भी नई तकनीकों के कारण कुछ घटी, परन्तु तब भी वे केवल बड़ी-बड़ी कम्पनियों द्वारा खरीदे जाने लायक रहे.

सन् 1970 के बाद के समय में माइक्रो प्रोसेसर (Micro Processor) बनाए गए, जिनसे माइक्रो कंप्यूटर का जन्म हुआ. ये आकार में बहुत छोटे थे, परन्तु इनकी शक्ति बहुत ज्यादा थी. इनकी कीमत भी ऐसी थी कि मध्यम श्रेणी की कम्पनियां भी इन्हें खरीद कर लगा सकती थीं. तभी यह विचार पैदा हुआ कि एक ऐसा कंप्यूटर बनाया जाए जो एक आदमी का अपना कंप्यूटर हो और जिसे एक साधारण आदमी खरीद भी सके.

पीसी का विकास (Development of PC)

इसी उद्देश्य से दुनिया की सबसे बड़ी कंप्यूटर बनाने वाली कम्पनी आईबीएम (IBM : International Business Machine) ने सन् 1981 में अपना पर्सनल कंप्यूटर (PC) बनाने की घोषणा की. इसको **आईबीएम-पीसी (IBM-PC)** कहा गया. इसकी क्षमता (या शक्ति) बहुत कम थी. वास्तव में यह केवल कंप्यूटर के शौकीनों के लिए बनाया गया था. यह आकार में इतना छोटा था कि मेज के एक कोने पर भी रखा जा सकता था. परन्तु यह इतना पसन्द किया गया कि सभी कम्पनियां पीसी बनाने के लिए दौड़ पड़ीं.

प्रारम्भ में प्राय: सभी पीसी एमएस-डॉस ऑपरेटिंग सिस्टम पर चलते थे. विंडोज ऑपरेटिंग सिस्टम का विकास होने पर उन्हें विंडोज पर चलाया जाने लगा. जैसे-जैसे विंडोज का विकास होता गया, वैसे-वैसे अधिक क्षमता के पीसी की आवश्यकता बढ़ती गयी. इससे पेंटियम नाम से पर्सनल कंप्यूटर बाजार में आये, जो कि आजकल सबसे ज्यादा प्रचलित हैं.

शुरू में पीसी में लगाए जाने वाले प्रोसेसर (Processor) 8 बिट के होते थे, परन्तु पीसी-एटी तथा पेंटियम में लगाए जाने वाले प्रोसेसर 32 या 64 बिट के होते हैं. इनकी काम करने की गति बहुत अधिक होती है. आजकल पुराने पीसी, पीसी-एक्सटी तथा पीसी-एटी लगभग समाप्त हो गये हैं, केवल पेंटियम श्रेणी के पीसी अधिक प्रचलन में हैं. इनकी गति बहुत तेज होती है तथा भंडारण क्षमता भी काफी अधिक होती है.

आईबीएम-पीसी कॉम्पैटीबल (IBM-PC Compatible)

पीसी बनाने की शुरुआत आई.बी.एम. ने की थी. आजकल सैकड़ों कम्पनियां पीसी बना रहीं हैं, परन्तु उनके सभी पीसी आईबीएम-पीसी कॉम्पैटीबल हैं. इसका अर्थ यह है कि वे पीसी आकार, संरचना, हार्डवेयर, सॉफ्टवेयर और ताकत में आईबीएम-पीसी जैसे होते हैं. इन पर वे सभी सॉफ्टवेयर चलाए जा सकते हैं, जो आईबीएम-पीसी पर चल सकते हैं. आईबीएम के पास पीसी के सॉफ्टवेयर का बहुत बड़ा भंडार है. उस सॉफ्टवेयर का लाभ उठाने के लिए ही सभी कम्पनियां अपना पीसी आईबीएम-पीसी जैसा ही बनाती हैं. इस तरह आईबीएम-पीसी अपने आप ही कंप्यूटर उद्योग के लिए मानक (Standard) बन गया है.

इस किताब में हम आईबीएम-पीसी तथा उसके कॉम्पैटीबिल पीसी के लिए केवल 'पीसी' शब्द का प्रयोग करेंगे.

पीसी के भेद (Kinds of PC)

पहले पीसी के जन्म के बाद अब तक पीसी की कई पीढ़ियां सामने आ चुकी हैं. उनमें मुख्य हैं-पीसी-पेंटियम

(Personal Computer- Pentium), पीसी-कोर 2 (Personal Computer - core2), तथा इंटेल आइ (i)सीरीज. इनमें मुख्य अंतर प्रोसेसर (Processor) तथा भंडारण क्षमता (Storage Capacity) का होता है. पीसी में लगाए जाने वाले माइक्रोप्रोसेसर इन्टेल-8086 (Intel 8086) परिवार के होते हैं. आई.बी.एम. ने भी अपने पहले पीसी के लिए इन्टेल-8088 माइक्रो प्रोसेसर को पसन्द किया था.

सारणी C-5.1 : तरह-तरह के पर्सनल कंप्यूटर

नाम	रैम (RAM) (आवश्यकता)	माइक्रोप्रोसेसर इंटेल	गणना की गति मेगा हट्र्ज (MHz) में
पेंटियम सीरीज	128-512 मेगाबाइट	32/64 बिट	133-2000
डुअल कोर	1 गीगाबाइट	32/64 बिट	1600-2900
इण्टेल कोर 2	1 गीगाबाइट	64 बिट	1006-3330
इंटेल आई 3	2-4 गीगाबाइट	64 बिट	2400-3400
इंटेल आई 5	2-4 गीगाबाइट	64 बिट	1060-3460
इंटेल आई 7	2-4 गीगाबाइट	64 बिट	1600-3600

सारणी C-5.1 में बाजार में मिलने वाले अलग-अलग तरह के पीसी के बारे में एक तुलनात्मक (Comparative) सूची दी गई है. हर पीसी के बारे में ठीक-ठीक जानकारी उसके साथ मिलने वाले मैनुअल (Manuals) में दी जाती है. आपको अपने पीसी पर काम शुरू करने से पहले सभी मैनुअल अवश्य देख लेने चाहिए और काम करते समय भी मैनुअल साथ रखने चाहिए, जिससे कि यदि बीच में कोई सन्देह हो, तो मैनुअल देखकर उसी समय दूर किया जा सके.

पीसी के मुख्य भाग (Main Parts of PC)

कोई भी पीसी चाहे किसी भी प्रकार का हो (पीसी-एक्सटी, पीसी-एटी या पेंटियम) और किसी भी कम्पनी का बना हो, उसके मुख्य-मुख्य भाग लगभग वही रहते हैं, जिससे पूरा पर्सनल कंप्यूटर बनता है. किसी कंप्यूटर के मुख्य भागों को उसका सिस्टम कानफिगरेशन (System Configuration) कहा जाता है. चित्र C-5.1 में एक पीसी के मुख्य भाग दिखाए गए हैं और उनकी ओर नाम से संकेत किया गया है.

किसी पीसी में निम्नलिखित आवश्यक भाग होते हैं-

(1) सिस्टम यूनिट (System Unit)
(2) वीडीयू या मॉनीटर (Monitor)
(3) की-बोर्ड (Keyboard)
(4) प्रिंटर (Printer)
(5) फ्लापी ड्राइव (Floppy Drive)
(6) हार्ड डिस्क ड्राइव (Hard Disk Drive)
(7) माउस (Mouse)
(8) सीडी रॉम ड्राइव (CD-ROM Drive)

इनके अलावा कंप्यूटरों में आवश्यकता के अनुसार निम्नलिखित भाग भी हो सकते हैं-

(1) जॉय स्टिक (Joystick)
(2) स्कैनर (Scanner)
(3) स्पीकर (Speaker)
(4) माइक (Mike)
(5) सीडी-राइटर (CD-Writer)

इन सभी भागों का परिचय आगे दिया गया है.

चित्र C-5.1 : पीसी के मुख्य भाग

सिस्टम यूनिट (System Unit)

यह भाग ही वास्तव में असली कंप्यूटर है. पीसी में होने वाले सभी काम इसी के द्वारा किए या कराए जाते हैं और यही हमारे प्रोग्राम को ठीक-ठाक चलने की गारंटी देता है. पीसी के अन्य सभी भाग सिस्टम यूनिट के द्वारा ही काम करते हैं. यह एक चौकोर बॉक्स होता है, जिसमें पीसी के मदरबोर्ड (Motherboard) सहित सभी काम करने वाले भाग सुरक्षित रहते हैं. सिस्टम यूनिट का आकार दो प्रकार का होता है- डेस्क टॉप टाइप (Desk Top Type) तथा टावर टाइप (Tower Type). इन दोनों तरह के सिस्टम यूनिट चित्र C-5.2 में दिखाए गए हैं.

सिस्टम यूनिट का आकार कैसा भी हो, उसके सामने वाले भाग में नीचे दी गई चीजें जरूर होती हैं-

(1) **पावर स्विच (Power Switch)** - इस स्विच से कंप्यूटर को ऑन-ऑफ किया जा सकता है.

(2) **रिसेट बटन (Reset Button)** - इस बटन के द्वारा हम अपने पीसी की बिजली बन्द किए बिना उसे शुरू से फिर चला सकते हैं. यह बटन दबाने पर पीसी पर पहले से चल रहे सभी काम खत्म हो जाते हैं.

(3) **फ्लॉपी डिस्क ड्राइव (Floppy Disk Drive)** - हर पीसी की सिस्टम यूनिट में एक फ्लॉपी डिस्क ड्राइव अवश्य होती थी, जिसमें सामने की तरफ से 3½" आकार की फ्लापी डिस्कैट लगाई जाती थी. अब यह उपयोग में नहीं है.

चित्र C-5.2 : दो प्रकार के सिस्टम यूनिट

(4) **सीडी-रॉम ड्राइव (CD-ROM Drive)** - प्राय: सभी पीसी की सिस्टम यूनिट में एक सीडी-रॉम ड्राइव भी होता है, जिसमें सीडी लगायी जा सकती है.

(5) **यूएसबी पोर्ट (USB Port)** यूएसबी पोर्ट सिस्टम यूनिट में आगे या पीछे होता है. इसमें आप पैन ड्राइव या डाटा केबल लगाकर डाटा स्थानांतरित (transfer) कर सकते हैं.

सिस्टम यूनिट के पिछले भाग में उसको पीसी के दूसरे अंगों, जैसे वीडीयू, की-बोर्ड, प्रिंटर, माउस आदि से जोड़ने के लिए पोर्ट (Ports) बने होते हैं. इनके अलावा मुख्य लाइन या यू.पी.एस. से बिजली लेने के लिए उसमें प्लग लगाने के लिए सॉकेट (Socket) भी लगा होता है.

सिस्टम यूनिट में हमारे प्रोग्रामों का पालन करने वाले कई छोटे-छोटे पुर्जे लगे होते हैं. चित्र C-5.3 में एक पीसी के सिस्टम यूनिट का भीतरी भाग दिखाया गया है, हालांकि इसमें लगे पुर्जों का स्थान अलग-अलग पीसी में अलग-अलग हो सकता है. सिस्टम यूनिट का सबसे ज्यादा महत्त्वपूर्ण भाग 'मदरबोर्ड' होता है. इसका परिचय आगे दिया गया है.

मदरबोर्ड (Motherboard) - यह एक छपा हुआ इलैक्ट्रॉनिक सर्किट (Circuit) होता है. इसे सिस्टम बोर्ड (System Board) भी कहा जाता है. इसमें पीसी के सभी इलैक्ट्रॉनिक पुर्जों के लिए जगह बनी होती है, जिन्हें किसी धातु (Metal) की पतली रेखाओं द्वारा एक-दूसरे से इस तरह जोड़ा जाता है कि एक कंप्यूटर का पूरा सर्किट बन जाए. मदरबोर्ड पर निम्नलिखित इलैक्ट्रॉनिक पुर्जों या चिपों के लिए स्थान होता है-

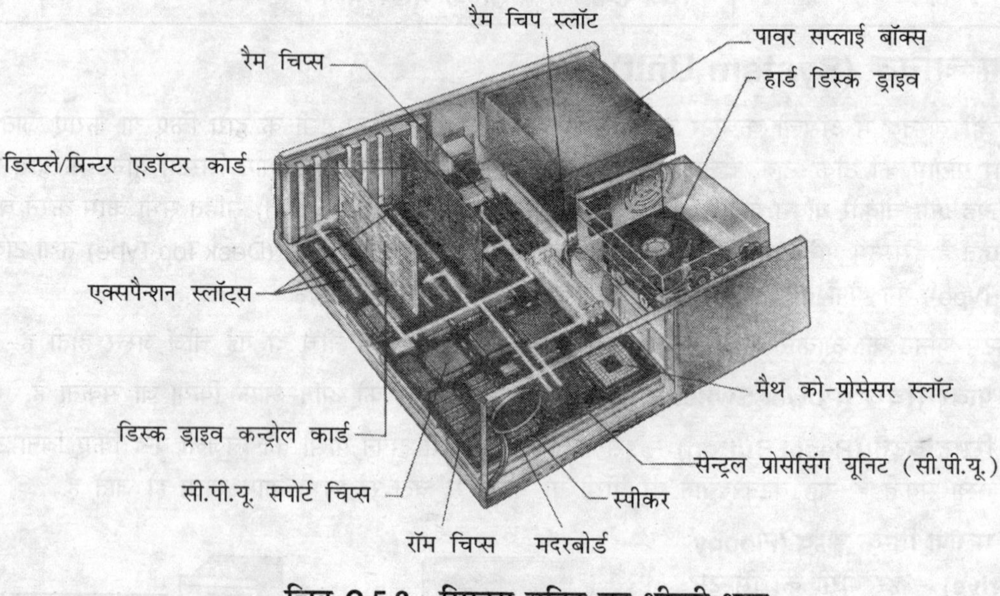

चित्र C-5.3 : सिस्टम यूनिट का भीतरी भाग

(1) **सी.पी.यू. (Central Processing Unit)** - यह पीसी का सबसे ज्यादा महत्त्वपूर्ण अंग है जो हमारे आदेशों का पालन करके सभी काम करता है.

(2) **रैम चिप (RAM Chip)** - यह पीसी के काम करते समय जरूरी डाटा तथा प्रोग्राम को कुछ समय तक रखने के लिए होती है. कंप्यूटर की बिजली बन्द कर देने पर रैम में रखा गया सारा डाटा खत्म हो जाता है.

(3) **रॉम चिप (ROM Chip)** - इस चिप में ऐसे प्रोग्राम और डाटा रखे जाते हैं, जो पीसी की बिजली चालू करते समय ही चलाए जाते हैं. कंप्यूटर की बिजली चले जाने पर भी इसमें भरा डाटा या प्रोग्राम खत्म नहीं होते.

(4) **को-प्रोसेसर का स्थान (Co-Processor Slot)** - किसी-किसी पीसी में गणितीय क्रियाएं करने में सी.पी.यू. की सहायता के लिए एक और छोटा प्रोसेसर लगाया जाता है. इसे सहायक प्रोसेसर कहते हैं, परन्तु यह प्रोसेसर तभी काम में आता है जब आपके प्रोग्राम में इसकी सहायता लेने का आदेश दिया गया हो.

(5) **अतिरिक्त रैम चिप स्थान (Empty RAM Chip Slots)** - रैम मेमोरी को और भी बढ़ाने के लिए ये स्थान छोड़े जाते हैं. यहां हम अलग से एक या अधिक रैम चिप लगाकर पीसी की मेमोरी का आकार बढ़ा सकते हैं.

(6) **पावर सप्लाई बॉक्स (Power Supply Box)** – पीसी के सभी (या ज्यादातर) पुर्जों को लगभग 5 वोल्ट डी.सी. बिजली सप्लाई करने की जरूरत होती है, लेकिन फ्लॉपी ड्राइव तथा हार्ड डिस्क ड्राइव को 12 वोल्ट डी.सी. की बिजली चाहिए. यदि इन पुर्जों को घरेलू लाइन से जोड़ा जाए, तो सभी पुर्जे जल जाएंगे, क्योंकि घरेलू बिजली 220 वोल्ट ए.सी. की होती है. इसलिए पीसी में एक ऐसा पावर सप्लाई बॉक्स लगाया जाता है, जो घरेलू ऊंचे वोल्टेज की बिजली को कम वोल्टेज की डी.सी. बिजली में बदल देता है.

(7) **डिस्क ड्राइव कन्ट्रोल कार्ड (Disk Drive Control Card)** – यह एक ऐसा सर्किट होता है, जो फ्लॉपी तथा हार्ड डिस्क ड्राइव की मोटर तथा उनसे डाटा आने-जाने पर नियंत्रण रखता है.

(8) **आउटपुट एडैप्टर कार्ड (Output Adapter Card)** – यह पीसी की मेमोरी और आउटपुट साधनों (वीडीयू तथा प्रिंटर) के बीच की कड़ी का काम करता है. जब भी कोई सूचना वीडीयू स्क्रीन पर दिखानी हो या प्रिंटर से छपवानी हो, यह कार्ड उस सूचना को मेमोरी से लेकर उसको बाइनरी से असली चिह्नों में बदलकर स्क्रीन या प्रिंटर को भेज देता है.

(9) **स्पीकर (Speaker)** – ज्यादातर पीसी में अलग-अलग तरह की आवाजें निकालने का इंतजाम होता है. उन आवाजों को स्पीकर द्वारा उत्पन्न किया जाता है.

(10) **टाइमर (Timer)** – यह एक तरह की घड़ी का काम करता है.

इसके अलावा मदरबोर्ड में और भी कई छोटे-छोटे पुर्जे लगाने का स्थान बना होता है.

टर्मिनल (Terminal)

ऊपर आप पढ़ चुके हैं कि टर्मिनल एक ऐसा साधन है जो इनपुट और आउटपुट दोनों का काम करता है. वैसे तो टर्मिनल कई तरह के होते हैं, परन्तु हम सबसे ज्यादा पाए जाने वाले टर्मिनल की बात करेंगे. इसके दो मुख्य भाग होते हैं-एक वी.डी.यू. (Visual Display Unit या V.D.U.) और दूसरा की-बोर्ड (Keyboard). ऐसा टर्मिनल चित्र C-5.4 में दिखाया गया है. वी.डी.यू. को मॉनीटर भी कहा जाता है.

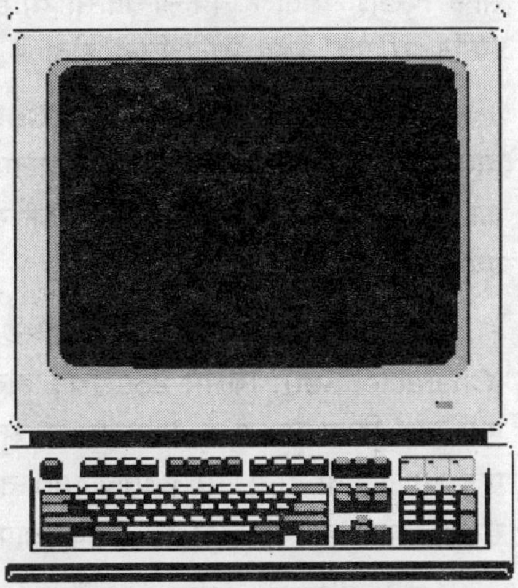

चित्र C-5.4 : टर्मिनल

वी.डी.यू. का आकार एक टेलीविजन जैसा होता है. इसके पर्दे पर प्रोग्राम के परिणाम तथा सन्देश आदि दिखाए जाते हैं.

वी.डी.यू. दो प्रकार की होती है. एक प्रकार की वी.डी.यू. सभी प्रकार के चिह्न (अक्षर, अंक तथा विशेष चिह्न) दिखा सकती है और दूसरी तरह की वी.डी.यू. सभी प्रकार के ग्राफ, चित्र आदि भी दिखा सकती है. वी.डी.यू. एकरंगी (Monochrome) तथा बहुरंगी (Multi Colour) भी होती हैं. एकरंगी वी.डी.यू. पर सूचनाएं या ग्राफ केवल एक रंग में दिखाए जा सकते हैं. बहुरंगी वी.डी.यू. का प्रयोग ज्यादातर ग्राफिक्स के कार्य के लिए किया जाता है.

वी.डी.यू. के पर्दे (Screen) का आकार 8 इंच (203 mm) से लेकर 20 इंच (508 mm) तक होता है. इसमें 25 लाइनें होती हैं. हर लाइन में 80 चिह्न दिखाए जा सकते हैं. इस प्रकार एक बार में स्क्रीन पर एक बार में 2000 चिह्न दिखाए जा सकते हैं. इसमें कुछ ही सेकेंडों का समय लगता है. वी.डी.यू. पर दिखाई जाने वाली हर सूचना या ग्राफ बहुत छोटे-छोटे चमकीले बिन्दुओं से बनी होती है. इन बिन्दुओं को **पिक्सल (Pixel)** कहा जाता है.

वी.डी.यू. के पर्दे पर एक चिह्न के बराबर एक छोटी और चमकीली दोहरी लाइन होती है. इसे **कर्सर (Cursor)** कहा जाता है. टर्मिनल के की-बोर्ड पर जब हम किसी चिह्न वाले बटन को दबाते हैं, तो वह चिह्न कर्सर वाली जगह

पर उभर आता है और कर्सर एक स्थान आगे बढ़ जाता है. इस तरह एक-एक अक्षर या चिह्न टाइप करके हम इनपुट की जाने वाली सूचना या आदेश तैयार कर लेते हैं. यह सूचना तैयार हो जाने पर हम एक विशेष बटन दबाते हैं, जिसका नाम है **रिटर्न (Return)** या **एन्टर (Enter)**. इस बटन को दबाने से स्क्रीन पर तैयार की गई सूचना कंप्यूटर में चली जाती है.

की-बोर्ड पर तीर के चिह्नों वाले भी कुछ बटन होते हैं. इन बटनों की सहायता से हम कर्सर को स्क्रीन पर कहीं भी ले जा सकते हैं. डाटा प्रेषित करते समय हमें तीर के चिह्नों वाले बटनों की जरूरत पड़ती है. इनसे हम कर्सर को ऊपर-नीचे या दाएं-बाएं कहीं भी ले जा सकते हैं.

वी.डी.यू. पर सूचनाएं एक रंग में या कई रंगों में दिखाई जाती हैं. इन दोनों तरह की वी.डी.यू. को कन्ट्रोल करने के लिए अलग-अलग कन्ट्रोलर कार्ड होते हैं, जो इनसे काम लेते हैं. इन दोनों तरह के कन्ट्रोलर कार्डों का परिचय यह है-

(क) मोनोक्रोम ग्राफिक एडैप्टर (Monochrome Graphic Adapter या **MGA)**-यह कार्ड एक रंग की वी.डी.यू. पर टैक्स्ट डाटा (Text Data) या ग्राफिक आउटपुट दिखाने की सुविधा देता है. स्क्रीन पर सूचना (या चित्र) दिखाने का रंग काला-सफेद, हरा-सफेद या आसमानी-सफेद हो सकता है. टैक्स्ट डाटा के समय यह स्क्रीन पर 80-80 चिह्नों की 25 लाइनें दिखा सकता है. इसमें चिह्नों के नीचे लाइन खींचने (Underlining), टिमटिमाने (Blinking), गहरा करने (High Lighting), उलटे रंग में दिखाने (Reverse Video) आदि की भी सुविधा होती है.

ग्राफिक्स स्क्रीन पर 720 x 348 चमकीले बिन्दुओं या पिक्सल (Pixels) को दिखा सकता है. इससे चित्र बहुत साफ दिखाई पड़ता है. किसी-किसी वी.डी.यू. में चमकीले बिन्दुओं की संख्या 640 x 200 होती है. चमकीला बिन्दु स्क्रीन पर एक बहुत छोटा बिन्दु होता है. लगातार कई बिन्दुओं के चमकने से एक रेखा दिखाई पड़ती है.

(ख) कलर ग्राफिक एडैप्टर (Colour Graphic Adapter या **CGA)**-यह कार्ड कई रंगों वाली या एक रंग वाली वी.डी.यू. को कन्ट्रोल करने के लिए प्रयोग किया जाता है. एक रंग की वी.डी.यू. के मामले में यह एक ही रंग को अलग-अलग गहराई या हल्केपन के साथ दिखाता है, जबकि बहुरंगी वी.डी.यू. पर यह 256 अलग-अलग रंगों को एक साथ दिखा सकता है.

यह दो तरह से काम करता है-टैक्स्ट (Text) तथा ग्राफिक्स (चित्र). टैक्स्ट दिखाते समय यह पीसी के पूरे चिह्नों (Character Set), जिसमें 256 चिह्न होते हैं, को दिखा सकता है. यह स्क्रीन पर 40 या 80 चिह्नों वाली 25 लाइनें एक साथ दिखा सकता है. ग्राफिक्स के समय इसमें चमकीले बिन्दुओं (Pixels) की सघनता (Resolution) या संख्या एक रंग की वी.डी.यू. पर 640 x 480 तथा कई रंगों की वी.डी.यू. पर 320 x 200 होती है. चमकीले बिन्दुओं की संख्या ज्यादा होने से चित्र भी ज्यादा साफ नजर आता है.

(ग) वीडियो ग्राफिक एडैप्टर (Video Graphic Adapter या **VGA)**-यह कार्ड हजारों रंगों वाली वी.डी.यू. को कन्ट्रोल करने के लिए प्रयोग किया जाता है. इसमें भी टैक्स्ट (Text) तथा ग्राफिक्स (चित्र) दोनों एक साथ दिखाये जा सकते हैं. टैक्स्ट दिखाते समय यह कलर ग्राफिक एडैप्टर की तरह कार्य करता है. ग्राफिक्स के समय इसमें चमकीले बिन्दुओं (Pixels) की सघनता (Resolution) या संख्या 640 x 480 से लेकर 1024 x 768 तक होती है. इसमें चमकीले बिन्दुओं की संख्या अधिक होने से चित्र भी बहुत साफ नजर आता है.

हमारी वी.डी.यू. कैसी भी हो, उसके आगे की ओर उसकी बिजली (Power), चमक (Lighting) आदि को कन्ट्रोल करने के लिए स्विच या बटन होते हैं. इनमें से एक स्विच स्क्रीन की बिजली जलाने और बुझाने के लिए होता है. दूसरे बटन से स्क्रीन की चमक जरूरत के अनुसार कम या अधिक की जा सकती है. आजकल मोनोक्रोम ग्राफिक एडैप्टर तथा कलर ग्राफिक एडैप्टर का प्रयोग लगभग समाप्त हो गया है और केवल वीडियो ग्राफिक एडैप्टर वाली वी.डी.यू. ही उपलब्ध होती है.

की-बोर्ड (Keyboard)

पीसी के जिस भाग के द्वारा हम उस तक अपनी बात पहुंचाते हैं, वह वी.डी.यू. के साथ जुड़ा हुआ की-बोर्ड है. इस पर हम अपनी उंगलियों से अलग-अलग बटन या कुंजी (Key) दबाकर कोई आदेश या डाटा टाइप करते हैं. जो कुछ भी हम टाइप करते हैं, यदि वह दिखाने लायक होता है तो टाइप करने के साथ ही स्क्रीन पर दिखाया जाता है. आदेश या डाटा पूरी तरह टाइप हो जाने पर एक खास बटन रिटर्न (RETURN) या एंटर (ENTER) को दबाकर वह आदेश या डाटा पीसी में भेज दिया जाता है. की-बोर्ड की सहायता से ही हम कंप्यूटर की सभी शक्तियों और क्षमताओं (Capacity) का प्रयोग कर सकते हैं. इसलिए की-बोर्ड जितना सरल और सुविधाजनक होगा, कंप्यूटर भी उतना ही अधिक मित्रवत् (User-friendly) होगा.

यूं तो की-बोर्ड अलग-अलग तरह के पीसी और उनको बनाने वाली कम्पनी के अनुसार कई तरह के होते हैं, लेकिन मुख्य रूप से दो प्रकार के की-बोर्ड उपलब्ध हैं - 101 कुंजियों वाला अथवा 104 कुंजियों वाला. चित्र C-5.5 में पीसी का एक स्टैन्डर्ड की-बोर्ड दिखाया गया है. इसमें 104 बटन या कुंजियां हैं. इन बटनों को कार्य के अनुसार कई समूहों (Groups) में बांटा गया है. हर समूह तथा मुख्य-मुख्य बटनों का परिचय आगे दिया गया है.

(क) मुख्य की-बोर्ड (Main Keyboard)-यह एक साधारण अंग्रेजी टाइपराइटर के की-बोर्ड जैसा होता है. इसमें रोमन लिपि (अंग्रेजी) के सभी अक्षर, अंक, कुछ विशेष चिह्न (Special Characters), विराम चिह्न (Punctuation Marks) तथा दो शिफ्ट कुंजियां (Shift Keys) होती हैं. मुख्य की-बोर्ड लगभग सभी की-बोर्डों में एक जैसा ही होता है.

(ख) फंक्शन कुंजियां (Function Keys)-इन बटनों पर F1 से F12 तक नाम लिखे होते हैं. किसी-किसी बोर्ड में 20 फंक्शन कुंजियां भी होती हैं. ये बटन वास्तव में एक पूरे आदेश (Command) के बराबर हैं. इन सब में एक-एक ऐसा आदेश भर दिया जाता है, जिसकी हमें बार-बार जरूरत पड़ती है. कई की-बोर्डों में ये आदेश पहले से भरे होते हैं, जिनको बदला नहीं जा सकता, लेकिन ज्यादातर की-बोर्डों में हम अपनी इच्छा से कोई भी आदेश भर सकते हैं और जब भी चाहें बदल भी सकते हैं. इनका उपयोग प्रायः कंप्यूटर पर उस समय चल रहे प्रोग्राम पर भी

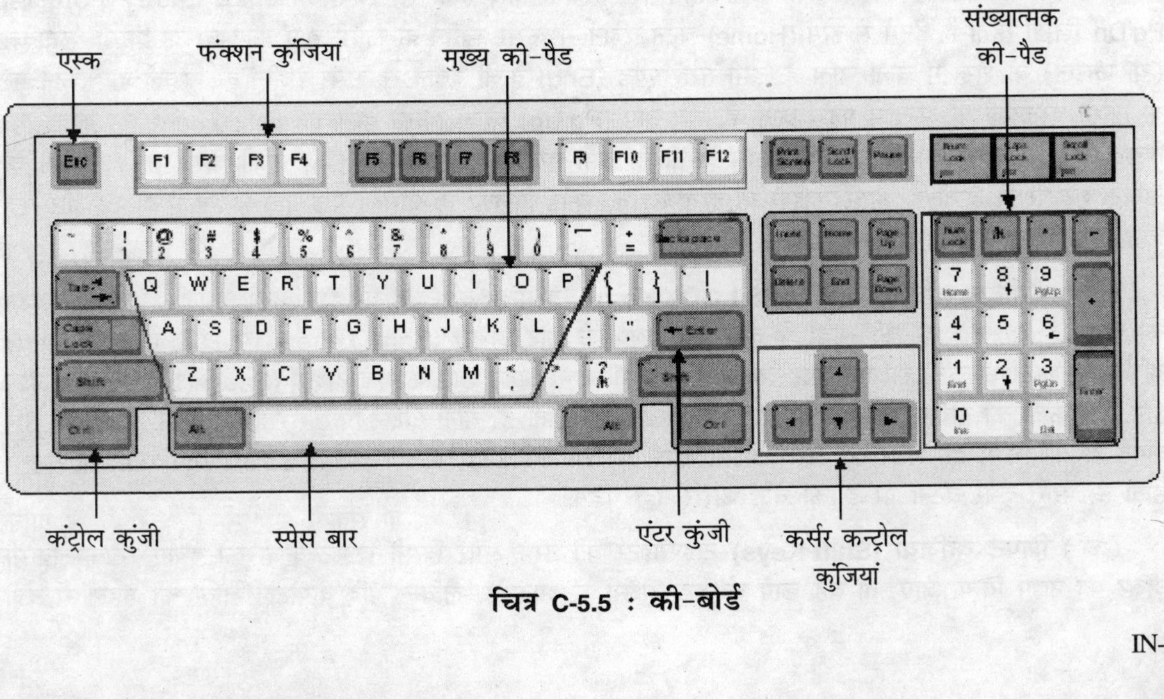

चित्र C-5.5 : की-बोर्ड

निर्भर करता है. दूसरे शब्दों में अलग-अलग प्रोग्रामों के लिए इनका अलग-अलग उपयोग होता है.

इन बटनों को प्रयोग करने से हमारा काफी समय बच जाता है. उदाहरण के लिए, मान लीजिए कि हमें कोई काम बार-बार कराना पड़ता है. उसका एक तरीका तो यह है कि उसके लिए आदेश हर बार टाइप किया जाए. इसमें समय तो लगता ही है, गलतियां होने का भी डर रहता है, जिसमें और ज्यादा समय खराब होता है. अगर हम उस आदेश को किसी फंक्शन कुंजी में भर दें, तो केवल एक बार वह कुंजी दबाने से आदेश टाइप हो जाएगा यानी उस आदेश का पालन शुरू हो जाएगा.

(ग) संख्यात्मक की-पैड (Numeric Keypad)-की-बोर्ड के दाएं भाग में कैलकुलेटर जैसा एक कुंजी समूह होता है. इसमें 0 से 9 तक सभी अंक, दशमलव बिन्दु, धन (+), ऋण (-), तारा (*) तथा स्लैश (/) के बटन भी होते हैं. कुछ बटनों पर अंक के नीचे कुछ और भी छपा होता है, जैसे 1 वाले बटन पर 'End', 2 वाले बटन पर नीचे की ओर जाने वाले तीर का चिह्न (↓) आदि.

इस समूह के बटनों से संख्यात्मक डाटा भरने का कार्य किया जाता है. हम कंप्यूटर में जो डाटा भरते हैं, उनमें 90 प्रतिशत से भी ज्यादा डाटा संख्यात्मक होता है. अतः संख्यात्मक डाटा को जल्दी और अच्छी तरह टाइप करने के लिए अलग की-पैड बनाया गया है. वैसे इनका असर ठीक वही है, जो मुख्य की-बोर्ड में लगी कुंजियों का है.

इस की-पैड से संख्याएं टाइप करने के लिए हमें संख्यात्मक लॉक (NUMLOCK) नामक बटन को दबा देना पड़ता है. जब यह बटन दबा रहता है अर्थात् ऑन (On) होता है, तो इस की-पैड की कुंजियों से उन पर ऊपर लिखे अंक या चिह्न टाइप होते हैं और यदि बटन उठा हुआ अर्थात् ऑफ (Off) हो, तो उन बटनों पर नीचे लिखे हुए कार्य होते हैं. किसी-किसी की-बोर्ड में NUMLOCK के ऑन या ऑफ होने का ज्ञान उसमें लगी एक लाइट से चलता है.

(घ) कर्सर कन्ट्रोल कुंजियां (Cursor Control Keys)-इन बटनों पर तीर के चिह्न बने रहते हैं, जैसे →, ←, ↑ तथा ↓ इनसे कर्सर को क्रमशः दाएं, बाएं, ऊपर तथा नीचे ले जाया जा सकता है. इन बटनों को एक बार दबाने से कर्सर उन पर छपे तीर की दिशा में एक स्थान दाएं या बाएं अथवा एक लाइन ऊपर या नीचे चला जाता है.

इसके अलावा कर्सर को कन्ट्रोल करने की चार कुंजियां और होती हैं, जिनपर Home, End, Pg Up तथा Pg Dn लिखा रहता है. इनमें से होम (Home) बटन दबाने से कर्सर स्क्रीन के ऊपरी बाएं कोने पर या किसी दस्तावेज (या फाइल) के शुरू में चला जाता है. इसी तरह एण्ड (End) कुंजी दबाने से कर्सर स्क्रीन के निचले दाएं कोने पर या किसी दस्तावेज के अन्त में पहुंच जाता है. पेज अप (Pg Up) कुंजी किसी दस्तावेज (Document) या फाइल के पिछले पेज पर कर्सर को ले जाने का काम करती है. इसी तरह पेज डाउन (Pg Dn) कुंजी कर्सर को दस्तावेज के अगले पेज पर ले जाती है. अगर फाइल या दस्तावेज का कोई पिछला या अगला पेज नहीं है, तो पेज अप और पेज डाउन बटनों का कोई प्रभाव नहीं पड़ता.

(ङ) कैपीटल लॉक कुंजी (CAPS LOCK Key)-जब मुख्य की-बोर्ड पर हम किसी अंग्रेजी अक्षर वाले बटन को दबाते हैं, तो ज्यादातर की-बोर्डों में वह अक्षर छापे के छोटे अक्षरों (Small Letters) में टाइप होता है, लेकिन यदि कैपीटल लॉक कुंजी को एक बार दबा दिया जाए तो सभी अक्षर छापे के बड़े अक्षरों (Capital Letters) में टाइप होंगे. इस कुंजी को दोबारा दबा देने पर यह प्रभाव खत्म हो जाता है, यानी अक्षर फिर से छापे के छोटे अक्षरों में आने लगते हैं. वास्तव में इस बटन का असर अक्षरों वाली कुंजियों पर उनके साथ शिफ्ट कुंजी को दबाए रखने के बराबर होता है, परन्तु दूसरे बटनों पर इसका कोई असर नहीं पड़ता.

(च) शिफ्ट कुंजियां (Shift Keys)-टाइपराइटर की तरह अगर किसी शिफ्ट कुंजी को दबाए रखकर किसी अक्षर को टाइप किया जाए, तो वह छापे के बड़े अक्षरों में आता है. लेकिन यदि कैपीटल लॉक की पहले से दबी

हुई है, तो शिफ्ट कुंजी का असर उलटा हो जाता है, यानी इस कुंजी के साथ कोई अक्षर टाइप करने पर छापे के छोटे अक्षर आते हैं.

जिन बटनों पर दो चिह्न लिखे होते हैं, उन्हें शिफ्ट के बिना दबाने पर नीचे लिखा चिह्न आता है और शिफ्ट के साथ दबाने पर ऊपर वाला चिह्न टाइप होता है. ऐसे बटनों पर कैपीटल लॉक कुंजी का कोई प्रभाव नहीं होता.

(छ) टैब कुंजी (Tab Key)–इस बटन की सहायता से हम कर्सर को किसी लाइन में पहले से तय किए हुए स्थानों तक कुदाते हुए ले जा सकते हैं. इसकी सहायता से हम पैराग्राफ, कॉलम आदि बना सकते हैं. कुछ सॉफ्टवेयर पैकेजों में इस कुंजी का प्रयोग किसी मेन्यू में पसन्द चुनने या कोई सहायता लेने के लिए भी किया जाता है. वर्ड प्रोसेसर में इसका उपयोग शब्दों के बीच अधिक स्पेस देने में किया जाता है.

(ज) बैक स्पेस कुंजी (Back Space Key)–इस बटन को दबाने से कर्सर के ठीक बायीं ओर वाला चिह्न गायब हो जाता है और कर्सर एक स्थान पीछे की ओर चला जाता है. इस कुंजी का प्रयोग टाइपिंग में स्पेलिंग वगैरह की गलतियां हो जाने पर उन्हें ठीक करने में किया जाता है.

(झ) रिटर्न या एण्टर कुंजी (RETURN or ENTER Key)–यह कुंजी स्क्रीन पर तैयार किए गए डाटा या आदेश को कंप्यूटर में भेजने का कार्य करती है. रिटर्न या एंटर दबाने से कंप्यूटर को पता चल जाता है कि हमने टाइपिंग का काम पूरा कर लिया है और अब कंप्यूटर अपना काम शुरू कर सकता है, यानी हमारे आदेश का पालन कर सकता है. वर्ड प्रोसेसिंग प्रोग्राम में रिटर्न या एंटर दबाने से नई लाइन या पैराग्राफ प्रारम्भ हो जाता है.

(ञ) डिलीट कुंजी (Delete Key)–यह बटन दबाने से कर्सर वाला चिह्न गायब हो जाता है. इसका उपयोग टाइपिंग की गलतियों को ठीक करने में किया जाता है. इसके दूसरे प्रयोग भी हो सकते हैं.

(ट) प्रिंट स्क्रीन कुंजी (Print Screen Key)–इस बटन को दबाने पर उस समय स्क्रीन पर जो भी डाटा या सूचना हो, वह पीसी के साथ जुड़े प्रिंटर पर ठीक उसी तरह छप जाती है. कभी-कभी यह कुंजी शिफ्ट के साथ दबाई जाती है. अगर पीसी में प्रिंटर नहीं लगा है, तो इसका कोई असर नहीं होता. विंडोज ऑपरेटिंग सिस्टम में कार्य करते समय यह कुंजी दबाने से स्क्रीन पर दिखायी पड़ने वाली समस्त सामग्री एक स्थान पर स्टोर हो जाती है, जिसे क्लिप बोर्ड कहा जाता है. आप क्लिप बोर्ड की सामग्री को किसी फाइल के रूप में भी सुरक्षित कर सकते हैं और छाप सकते हैं.

(ठ) पॉज/ब्रेक बटन (Pause/Break Key)–इस कुंजी को दबाने पर स्क्रीन जहां है, वहीं रुक जाती है. अगर स्क्रीन पर कोई सूचना लम्बी हो और वह इतनी जल्दी-जल्दी आ रही हो कि आप अच्छी तरह देख न पाएं, तो इस बटन को दबाते ही सूचना का आना रुक जाता है, जिससे कि आप उसे पढ़ सकें. कोई दूसरी कुंजी दबा देने पर वह सूचना फिर से आने लगती है. यदि आपके की-बोर्ड में पॉज बटन नहीं है, तो आप कन्ट्रोल कुंजी के साथ 'S' दबाकर भी यही काम कर सकते हैं.

(ड) स्क्रॉल लॉक कुंजी (Scroll Lock Key)–यह कुंजी पॉज बटन जैसा ही काम करती है, परन्तु सूचना आना फिर से शुरू कराने के लिए आपको किसी और बटन के बजाय वही बटन फिर से दबाना पड़ेगा. यह इसलिए किया जाता है कि स्क्रीन पर दिखाई गई सूचना को आप अपने प्रिंटर पर छपवा सकें और दूसरा बटन दबाने से वह गायब न हो जाए.

(ढ) एस्क (ESC), कन्ट्रोल (CTRL) तथा **अल्ट (ALT) कुंजियां**–ये बटन कुछ खास कामों के लिए दूसरे बटनों के साथ प्रयोग में लाए जाते हैं. उदाहरण के लिए कन्ट्रोल के साथ 'C' दबाने पर उस समय चल रहा हमारा प्रोग्राम वहीं खत्म हो जाता है. इन कुंजियों का काम और प्रयोग अलग-अलग पीसी के की-बोर्डों में अलग-अलग होता

है. इसकी पूरी और सही जानकारी के लिए पीसी का मैनुअल देखना चाहिए. इनका उपयोग सॉफ्टवेयर के अनुसार बदलता रहता है.

(ण) रिसेट (Reset)– ज्यादातर कंप्यूटर में एस्क (ESC), कन्ट्रोल (CTRL) और अल्ट (ALT) ये तीन बटन एक साथ दबा देने पर पीसी में चल रहे सभी काम खत्म हो जाते हैं और पीसी अपनी शुरू की हालत में पहुंच जाता है, जैसे आपने उसी समय शुरू किया हो. कभी-कभी कंप्यूटर रुक सा गया मालूम होता है. वास्तव में उस समय कोई ऐसा प्रोग्राम चल रहा होता है जो खत्म नहीं होता. यह प्रोग्राम की गलती से होता है. ऐसी हालत में रिसेट करना जरूरी होता है, नहीं तो कंप्यूटर का स्विच बन्द करके फिर से चालू करना पड़ता है.

104 कुंजियों वाले की-बोर्ड में ऊपर बताई गई कुंजियों के अलावा विंडोज में काम आने वाली तीन और कुंजियां होती हैं, हालांकि उनका कोई विशेष उपयोग नहीं होता. आजकल ऐसे की-बोर्ड भी उपलब्ध हैं, जिन पर इंटरनेट के कार्य से सम्बंधित कई अन्य बटन लगे होते हैं.

प्रिंटर (Printer)

कंप्यूटर द्वारा हमारे प्रोग्राम का पालन करने पर जो परिणाम प्राप्त होते हैं या रिपोर्ट तैयार होती है, उन्हें अपने पास संभाल कर रखने के लिए हम उन परिणामों या रिपोर्ट को कागज पर छपवाना चाहते हैं. यह काम प्रिंटर द्वारा किया जाता है. प्रिंटर आउटपुट का एक महत्त्वपूर्ण साधन है. इसमें एक खास तरह का कागज इस्तेमाल किया जाता है. इस कागज के सैकड़ों पन्ने एक दूसरे से जुड़े हुए होते हैं. इनके दोनों किनारों पर आधा-आधा इंच की दूरी पर गोल छेद बने होते हैं. इन छेदों को प्रिंटर के रोलर के जबड़ों में फंसा दिया जाता है और जबड़े बन्द कर दिए जाते हैं. इससे जब भी रोलर घूमता है, कागज आगे चलने लगता है और एक पन्ने के बाद स्वत: दूसरा पन्ना आ जाता है, क्योंकि सारे पन्ने आपस में जुड़े हुए होते हैं. इसके अलावा एक साथ कई कॉपी निकालने के लिए एक पन्ने के कई भाग भी हो सकते हैं, जिनके बीच में कार्बन पेपर होता है. कागज की मोटाई भी जरूरत के अनुसार अलग-अलग होती है.

प्रिंटर मुख्य रूप से दो तरह के होते हैं- **लाइन प्रिंटर (Line Printer)** तथा **कैरेक्टर प्रिंटर (Character Printer)**. कैरेक्टर प्रिंटर एक बार में केवल एक चिह्न छापता है. एक चिह्न छापने के बाद दाएं हटकर दूसरा चिह्न छापता है. इस तरह एक-एक करके पूरी लाइन छाप देता है. ये एक सैकिंड में 200 से 450 चिह्न तक छाप देते हैं. लाइन प्रिंटर एक बार में पूरी एक लाइन छापता है. इनके छापने की गति बहुत अधिक होती है. ये एक मिनट में 200 से 2000 तक लाइनें छाप सकते हैं. इसलिए इनका प्रयोग लम्बी-लम्बी रिपोर्टें छापने में किया जाता है. चित्र C-5.6 में एक लाइन प्रिंटर दिखाया गया है. इनकी कीमत कैरेक्टर प्रिंटर से बहुत अधिक होती है.

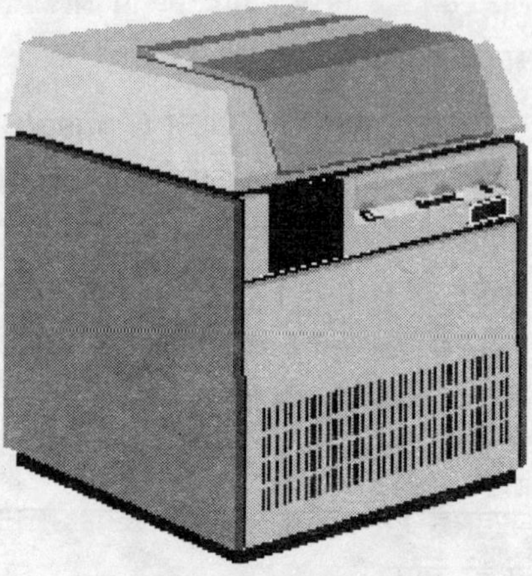

चित्र C-5.6 : लाइन प्रिंटर

दोनों तरह के प्रिंटर एक लाइन में 80 से लेकर 132 तक चिह्न छाप सकते हैं.

आज सबसे ज्यादा काम में आने वाले कैरेक्टर प्रिंटर डॉट मैट्रिक्स प्रिंटर (Dot Matrix Printer) होते हैं. इनकी छपाई बहुत अच्छी नहीं होती, परन्तु इनकी कीमत बहुत कम होने के कारण ये बहुत लोकप्रिय हैं. इसमें हर चिह्न कुछ

छोटे-छोटे बिन्दुओं (Dots) से बना होता है. इस प्रिंटर में सभी चिह्न ऐसे ही बिन्दुओं द्वारा छापे जाते हैं. इसलिए इन्हें डॉट मैट्रिक्स प्रिंटर कहा जाता है.

डॉट मैट्रिक्स प्रिंटर में सारी छपाई बिन्दुओं द्वारा होने के कारण इनसे किसी भी तरह के ग्राफ, चित्र आदि भी छापे जा सकते हैं. अंग्रेजी के अलावा दूसरी भाषाओं तथा लिपियों (Scripts) के अक्षर भी ऐसे प्रिंटर पर छापे जा सकते हैं.

डॉट मैट्रिक्स प्रिंटर से हम सिमटी हुई (Condensed) छपाई (1 इंच में 17 चिह्न), बढ़ी हुई (Enlarged) छपाई (1 इंच में 5 चिह्न), गहरी (Emphasized) छपाई तथा साधारण (Normal) छपाई (1 इंच में 10 चिह्न) आदि कर सकते हैं. इसके अलावा अक्षरों को कई रूपों (Fonts) में छपवाया जा सकता है.

डॉट मैट्रिक्स प्रिंटर दो आकारों में मिलते हैं. छोटे आकार के प्रिंटर पर हम एक लाइन में साधारण छपाई के ज्यादा से ज्यादा 80 चिह्न छपवा सकते हैं, जबकि बड़े आकार के प्रिंटर पर एक लाइन में 132 चिह्न छप सकते हैं. इनकी छपाई की गति 200 से 450 चिह्न प्रति सैकिण्ड होती है. चित्र C-5.7 में एक डॉट मैट्रिक्स प्रिंटर दिखाया गया है. आप जानते ही हैं कि कंप्यूटर में छपाई के लिए एक खास तरह का कागज इस्तेमाल किया जाता है. डॉट मैट्रिक्स प्रिन्टर पर साधारण कटे हुए कागज (Cut Sheet) भी लगाए जा सकते हैं.

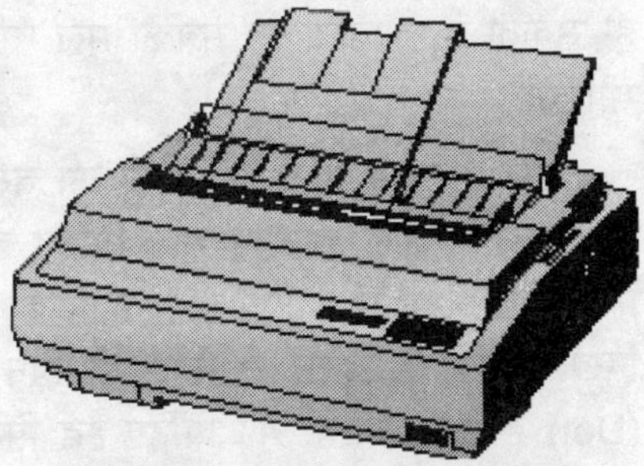

चित्र C-5.7 : डॉट-मैट्रिक्स प्रिंटर

हर प्रिंटर में कुछ स्विच तथा संकेत देने वाली लाइटें भी होती हैं, जिनसे प्रिंटर को कन्ट्रोल किया जाता है. ये प्रिंटर में अलग-अलग जगह लगे हो सकते हैं, परन्तु सबका काम लगभग एक जैसा ही होता है. एक प्रिंटर के कन्ट्रोल पैनल (Control Panel) में लगे मुख्य बटन तथा लाइट का परिचय नीचे दिया गया है-

(क) पॉवर-ऑन लाइट (Power On Light)- जब प्रिंटर का मुख्य पॉवर स्विच ऑन किया जाता है, कन्ट्रोल पैनल पर पॉवर-ऑन लाइट जल जाती है, जिससे पता चल जाता है कि प्रिंटर में बिजली आ रही है.

(ख) ऑन-लाइन स्विच (On-line Switch)- जब प्रिंटर पर कागज और रिबन वगैरह लगाकर उसे छापने के लिए तैयार कर लिया जाता है, तो उसका सम्बन्ध कंप्यूटर से जोड़ने यानी छापना शुरू करने के लिए ऑन लाइन स्विच को दबाया जाता है. अगर प्रिंटर में कोई खराबी नहीं है तो इस स्विच के दबाने से पैनल पर लगी ऑन लाइन लाइट (On-line Light) जल जाती है. इससे पता चल जाता है कि अब प्रिंटर का सम्बन्ध कंप्यूटर से जुड़ गया है. इसके बाद प्रिंटर से तब तक कोई छेड़छाड़ नहीं की जाती जब तक या तो छपाई पूरी न हो जाए या कोई खराबी न आ जाए. प्रिंटर में खराबी होने पर ऑन लाइन लाइट जलती-बुझती रहती है. प्रिंटर का सम्बन्ध कंप्यूटर से तोड़ने के लिए यानी प्रिंटर को ऑफ लाइन (Off-line) करने के लिए ऑन-लाइन स्विच को एक बार फिर दबाया जाता है. इससे प्रिंटर ऑफ-लाइन हो जाता है और ऑन-लाइन लाइट बुझ जाती है.

(ग) लाइन फीड बटन (Line Feed Button)-जब प्रिंटर ऑफ-लाइन हो तो इस बटन को एक बार दबाने पर कागज एक लाइन आगे खिसक जाता है, यानी एक लाइन छोड़ देता है. इसकी जरूरत कागज पर ठीक जगह से छपाई शुरू कराने के लिए पड़ती है. अगर प्रिंटर ऑन-लाइन है, तो इस बटन का कोई असर नहीं होता.

(घ) फार्म फीड बटन (Form Feed Button)- आप जानते हैं कि कंप्यूटर का कागज पन्नों में बंटा होता है, जो एक दूसरे से जुड़े होते हैं. अगर प्रिंटर ऑफ लाइन की हालत में है, तो इस बटन को दबाने से कागज इतना आगे बढ़ जाता है कि पहली लाइन की छपाई अगले पन्ने के ठीक शुरू में हो. इस स्विच का भी ऑन-लाइन की स्थिति में कोई असर नहीं होता.

(ङ) पेपर आउट (Paper Out) या नो पेपर (No Paper) लाइट-जब छापते छापते या वैसे ही कागज खत्म हो जाता है, तो यह लाइट जल जाती है या टिमटिमाने लगती है. साथ ही एक खास आवाज भी सुनाई पड़ती है. इससे पता चल जाता है कि प्रिंटर में कागज खत्म हो गया है. ऐसी हालत में नया कागज लगाकर छपाई फिर से शुरू की जा सकती है.

इन बटन के अलावा अधिकांश नये डॉट मैट्रिक्स प्रिन्टर में फॉण्ट (Fonts) तथा स्टाइल (Style) चुनने के लिए भी बटन लगे होते हैं, जिनका प्रयोग प्रिन्टर को ऑन लाइन करने से पहले छपायी सेट करने के लिए किया जाता है.

प्रिंटर में कागज लगाने तथा रिबन बदलने की विशेष तरकीबें होती हैं, जो अलग-अलग प्रिंटर में अलग-अलग हो सकती है, लेकिन उन सबका मूल तरीका एक ही होता है. कागज लगाने तथा रिबन बदलने के बारे में आप स्वयं सीखिये.

डॉट-मैट्रिक्स प्रिंटर में छापने का तरीका बहुत सरल होता है. इसके छापने वाले छोटे से भाग प्रिंटिंग हेड (Printing Head) में एक सीधी रेखा में 9 पिनें लगी होती हैं, जैसा कि चित्र C-5.8 में दिखाया गया है. इनमें से कोई भी पिन आगे बढ़कर एक बिन्दु (Dot) छाप सकती है. यह प्रिंटिंग हेड प्रिंटर के रोलर के ऊपर बाईं ओर से दायीं ओर तथा दायीं ओर से बाईं ओर चलता है. रोलर तथा प्रिंट हेड के बीच में क्रम से कागज तथा रिबन होते हैं. जब इसे किसी चिह्न को छापना होता है, तो ये पिन ठीक उसी चिह्न के अनुसार आगे-पीछे होकर रिबन से कागज पर दबाव डालकर छपाई कर देती हैं. उदाहरण के लिए, मान लीजिए हमें अंग्रेजी का बड़ा 'A' छापना है. उसका आकार चित्र C-5.8 में दिखाए गए मैट्रिक्स के अनुसार होगा. पहले पिन संख्या 3 से 9 तक कागज पर बिन्दु छाप देंगी और प्रिंटिंग हेड एक बिन्दु आगे खिसक जाएगा. तब पिन संख्या 2 और 5 आगे बढ़कर बिन्दु छापेंगी और प्रिंटिंग हेड फिर एक बिन्दु आगे सरकेगा. इसी तरह एक-एक बिन्दु आगे बढ़ते हुए पूरा अक्षर छाप दिया जाएगा.

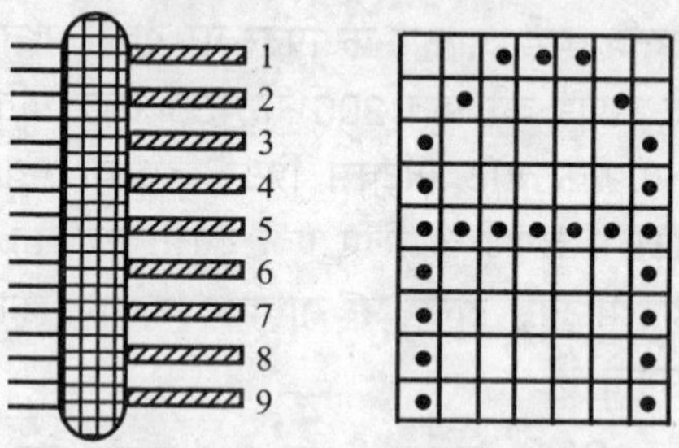

चित्र C-5.8 : डॉट-मैट्रिक्स प्रिंटर द्वारा छपायी

सभी तरह के अक्षरों, टेढ़े अक्षरों (Italics), चित्रों आदि की छपाई इसी तरह होती है. एक-एक चिह्न छापता हुआ प्रिंट हेड बाईं ओर से दाईं ओर बढ़ता जाता है. एक लाइन पूरी हो जाने पर रोलर थोड़ा घूमकर कागज को एक लाइन आगे सरका देता है और अब प्रिंट हेड दाईं ओर से बाईं ओर चलता हुआ छपाई करता है.

आजकल 24 पिनों वाले डॉट-मैट्रिक्स प्रिंटर भी प्रचलन में आ गए हैं, जिनसे सभी प्रकार के चिह्न, अक्षर तथा चित्र अत्यन्त सुन्दर रूप में छापे जा सकते हैं. लेकिन इनकी गति अभी भी कम होती है, जो 300 से 450 चिह्न प्रति सैकिण्ड (CPS) तक होती है.

आजकल लाइन प्रिंटर तथा डॉट-मैट्रिक्स प्रिंटरा के अलावा सुन्दर छपाई के कुछ और प्रिंटर प्रचलन में आ गए हैं, जिन्हें **इंकजेट प्रिंटर (Inkjet Printer)** तथा **लेसर प्रिंटर (Laser Printer)** कहते हैं. इंकजेट प्रिंटर में कागज पर फुहारों द्वारा छोटे-छोटे बिन्दु डालकर छपाई की जाती है. इनकी छापने की गति 1 से 4 पृष्ठ प्रति मिनट होती है. इनका मूल्य डॉट मैट्रिक्स तथा लेसर दोनों प्रकार के प्रिंटर से कम होता है, लेकिन छपाई का खर्च डॉट मैट्रिक्स से अधिक और लेसर प्रिंटर से कम होता है. इनसे रंगीन अर्थात् बहुरंगी छपाई भी की जाती है. इनकी छपाई क्वालिटी भी अच्छी होती है. इसलिए सामान्य लोग भी इनका उपयोग करने लगे हैं. इन प्रिन्टर में साधारण कटे हुए कागजों (Cut Sheets) का ही उपयोग किया जाता है, जो एक मानक आकार के होते हैं, जैसे A4 आकार के.

लेसर प्रिंटर (Laser Printer)-छपाई की क्वालिटी में डॉट-मैट्रिक्स तथा इंकजेट प्रिंटर से कई गुना अच्छा होता है, परन्तु इसकी कीमत अधिक होती है और यह इतनी खर्चीली भी होती है कि सब लोग इसका प्रयोग नहीं

कर सकते. यह सभी तरह की छपाई सभी आकार के अक्षरों में कर सकता है और चित्र भी इतने साफ छाप सकता है, जैसे कि पुस्तकों में छपे होते हैं. ये गति में बहुत तेज और आवाज के बिना काम करने वाले होते हैं. इनकी छपाई की गति 4 से 20 पृष्ठ प्रति मिनट तक होती है. इनमें पेपर लगाना पूरी तरह ऑटोमेटिक होता है और रिबन वगैरह की भी कोई जरूरत नहीं होती. यह पुस्तक भी मूलतः लेसर प्रिंटर पर ही छापी गयी है.

चित्र C-5.9 : लेसर प्रिंटर

किसी पीसी के साथ प्रायः एक ही प्रिंटर जोड़ा जा सकता है, क्योंकि उसमें एक ही प्रिंटर पोर्ट होता है. एक से अधिक प्रिंटर होने पर भी एक बार में एक ही प्रिंटर जोड़ा जा सकता है. एमएस-डॉस ऑपरेटिंग सिस्टम में आप सीधे ही छपाई करा सकते हैं, लेकिन विंडोज ऑपरेटिंग सिस्टम में प्रिंटर को प्रयोग करने से पहले स्थापित (Install) करना पड़ता है.

फ्लॉपी डिस्क ड्राइव (Floppy Disk Drive)

ज्यादातर छोटे कंप्यूटर में डाटा को सुरक्षित रखने के लिए मिनी डिस्क या फ्लॉपी का इस्तेमाल किया जाता था. यह डाटा को लाने-ले जाने तथा रोजाना के काम के लिए एक सस्ता और सरल साधन था. यह मुख्यतः 2 आकारों में मिलती थी 5¼ इंच तथा 3½ इंच. चित्र C-5.10 में 5¼" की एक फ्लॉपी का बाहरी आकार दिखाया गया है.

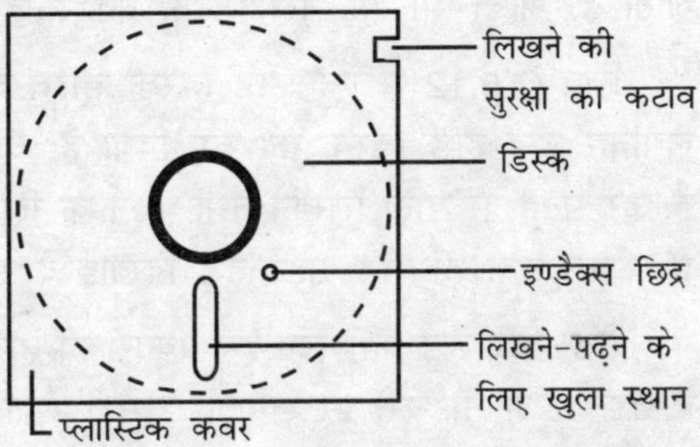

चित्र C-5.10 : 5¼" की एक फ्लॉपी डिस्क

चित्र C-5.11 में 3½" आकार की फ्लॉपी दिखाई गई है. इसे मिनी फ्लॉपी भी कहते थे. यह मूल रूप में 5¼" आकार की फ्लॉपी की तरह ही होती थी, लेकिन इसका बाहरी खोल ठोस प्लास्टिक का बना होता था. इसमें बीच की धुरी (Hub) किसी धातु की बनी होती थी.

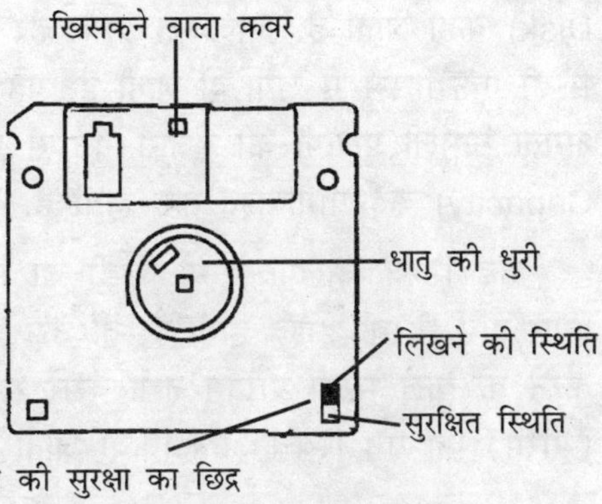

चित्र C-5.11 : 3½" की फ्लॉपी डिस्क

फ्लॉपी पर डाटा कुछ वृत्ताकार पथों पर स्टोर किया जाता था, जिन्हें ट्रैक (Tracks) कहते थे. हर ट्रैक कई भागों में बंटा होता था, जिन्हें सेक्टर (Sector) कहते थे. एक सेक्टर में 128 बाइट होती थी. ड्राइव में लगाने से फ्लॉपी अपने स्थान पर घूमने लगती थी और रीड-राइट हैड आगे-पीछे चल सकता था. जिससे वह फ्लॉपी के किसी भी ट्रैक के किसी भी सेक्टर में डाटा लिख सकता है या उससे पढ़ सकता था. आजकल फ्लॉपी प्रचलन से बाहर हो गयी हैं.

हार्ड डिस्क ड्राइव (Hard Disk Drive)

चित्र C-5.12 : हार्ड डिस्क ड्राइव

हार्ड डिस्क पर फ्लॉपी डिस्क की तरह ही डाटा स्टोर किया जाता है, परन्तु आकार में यह फ्लॉपी डिस्क से बड़ी और भण्डारण क्षमता में सैकड़ों गुना बड़ी होती है. इसमें डाटा लिखने तथा पढ़ने की गति भी बहुत ज्यादा होती है. एक हार्ड डिस्क में 100 गीगाबाइट से लेकर 500 गीगाबाइट तक डाटा स्टोर किया जा सकता है. हार्ड डिस्क या तो अपने ड्राइव के साथ कंप्यूटर की सिस्टम यूनिट में ही लगी होती है या उसे अलग से भी लगाया जा सकता है.

हार्ड डिस्क ड्राइव दो तरह के होते हैं-स्थिर (Fixed) तथा बदलने योग्य (Removable). स्थिर हार्ड डिस्क ड्राइव में डिस्क को बदला नहीं जा सकता, परन्तु बदलने योग्य डिस्क ड्राइव में हार्ड डिस्क को जरुरत पड़ने पर निकाला तथा बदला जा सकता है. हार्ड डिस्क बहुत कीमती और नाजुक होती है, इसलिए बदलने योग्य हार्ड डिस्क बहुत कम पाई जाती है. हार्ड डिस्क को धूल वगैरह से बचाने के लिए एक बन्द डिब्बे के अन्दर रखा जाता है. थोड़ी-सी भी धूल डिस्क की सतह को बुरी तरह खराब कर सकती है.

चित्र C-5.12 में एक हार्ड डिस्क ड्राइव का चित्र दिया गया है. इसमें एक धुरी पर कई फ्लापी जैसी डिस्कें लगाकर उन्हें हार्ड डिस्क का रूप दिया है. धुरी में लगी हर डिस्क की दोनों सतहों पर डाटा लिखा जा सकता है. हर सतह पर डाटा लिखने तथा पढ़ने के लिए एक अलग रीड-राइट हैड (Read-Write Head) होता है. चित्र में केवल एक ही रीड-राइट हैड दिखाई दे रहा है.

रीड-राइट हैड की भुजा इस प्रकार की होती है कि जरूरत के अनुसार वह डिस्क पर आगे-पीछे चल सकती है. डिस्क अपनी धुरी पर लगातार घूमती रहती है. इस तरह रीड-राइट हैड डिस्क के किसी भी ट्रैक के किसी भी सेक्टर पर सीधे पहुंच सकता है.

छोटे कंप्यूटर, जैसे पीसी में हार्ड डिस्क का आकार बहुत छोटा होता है. उसे विन्चेस्टर डिस्क (Winchester Disk) कहा जाता है. आजकल प्रायः हर पीसी में विंचेस्टर डिस्क अवश्य होती है. यह डिस्क सिस्टम यूनिट में ही एक हिस्से में लगा दी जाती है. यह आकार में भले ही काफी छोटी होती है, परन्तु इसमें डाटा भरने की क्षमता मामूली फ्लॉपी की हजारों गुने से भी ज्यादा होती है. विन्चेस्टर डिस्क की भण्डारण क्षमता (Storage Capacity) कई गीगाबाइट तक होती है.

हार्ड डिस्क अलग से भी जोड़ी जा सकती है, लेकिन ज्यादातर उसकी जरुरत नहीं होती. किसी पीसी में अगर हार्ड डिस्क ड्राइव होती है, तो उसे 'ड्राइव C' कहा जाता है. कंप्यूटर को स्टार्ट (Start) या बूट (Boot) करने के वाले मुख्य प्रोग्राम तथा दूसरे सभी आवश्यक प्रोग्राम इसी डिस्क में रखे जाते हैं. जैसे ही कंप्यूटर (पीसी) का मेन स्विच ऑन किया जाता है, वैसे ही ड्राइव C से बूट करने वाला प्रोग्राम चालू हो जाता है.

माउस (Mouse)

किसी भी पीसी में की-बोर्ड के साथ-साथ इनपुट का एक और साधन होता है, जिसे 'माउस' कहा जाता है. यह एक हाथ में पकड़ा जाने वाला एक छोटा सा डिब्बा होता है. यह एक लम्बे तार (या केबिल) के द्वारा सिस्टम यूनिट से जुड़ा होता है, जैसा कि चित्र C-5.13 में दिखाया गया है. इसकी सहायता से हम की-बोर्ड का प्रयोग

किए बिना अपने पीसी पर बहुत से कार्य कर सकते हैं. वास्तव में यह की-बोर्ड का पूरक होता है.

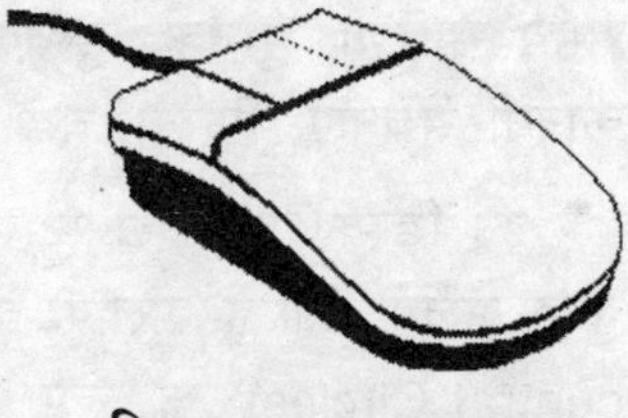

चित्र C-5.13 : माउस

माउस एक समतल (Plain) सतह, जिसे माउस पैड (Mouse Pad) कहते हैं, पर हाथ से पकड़ कर खिसकाया जाता है. इसके निचले तल पर (यानी पैड को छूने वाली सतह पर) एक रबर की गेंद (Ball) होती है, जो सभी ओर स्वतंत्रतापूर्वक घूम सकती है. इसकी ऊपरी सतह पर दो बटन होते हैं. ज्यादातर हम इसके बायें बटन का प्रयोग करते हैं, परन्तु कुछ प्रोग्रामों में दाएं बटन का भी प्रयोग किया जाता है.

वी.डी.यू. स्क्रीन पर माउस की स्थिति को दिखाने वाला एक विशेष कर्सर या चिह्न होता है, जो ऊपर उठे हुए तिरछे (↖) तीर जैसा होता है. इसे माउस पॉइंटर (Mouse Pointer) कहा जाता है. यह पॉइंटर माउस की हलचल (Movement) के अनुसार ही हलचल करता है. जब हम माउस को हाथ से पकड़कर माउस पैड पर इधर-उधर सरकाते हैं, तो माउस पॉइंटर भी उसी के साथ-साथ उसी दिशा में सरकता है. इस प्रकार माउस को सरकाते हुए हम माउस पॉइंटर को मॉनीटर की स्क्रीन पर कहीं भी ले जा सकते हैं.

हम माउस के साथ कई प्रकार की क्रियाएं करते हैं, जिनके बारे मे संक्षेप में नीचे बताया गया है-

पॉइंटिंग (Pointing) : जब हम माउस को इधर-उधर खिसकाकर माउस पॉइंटर को अपने डेस्कटॉप की किसी वस्तु पर लाते हैं, तो उसे पॉइंट करना कहा जाता है.

क्लिकिंग (Clicking) : जब हम माउस पॉइंटर को किसी वस्तु या स्थान पर लाकर माउस के बाएं बटन को एक बार दबाकर छोड़ देते हैं, तो उस क्रिया को क्लिक करना कहा जाता है.

डबल-क्लिकिंग (Double-Clicking) : जब हम माउस के बाएं बटन से जल्दी-जल्दी दो बार क्लिक करते हैं, तो उस क्रिया को डबल-क्लिक करना कहा जाता है.

राइट-क्लिकिंग (Right-Clicking) : जब हम माउस पॉइंटर को किसी वस्तु या स्थान पर लाकर माउस के दाएं बटन को क्लिक करते हैं, तो इस क्रिया को राइट-क्लिक करना कहा जाता है.

ड्रैगिंग (Dragging) : जब हम माउस पॉइंटर को किसी वस्तु पर लाकर माउस के बाएं बटन को दबाकर पकड़ लेते हैं और माउस बटन को दबाए रखकर ही माउस पॉइंटर को इधर-उधर सरकाते हैं, तो इस क्रिया को खींचना या ड्रैग करना कहा जाता है. ऐसा करने पर वह वस्तु भी माउस पॉइंटर के साथ-साथ सरकती है.

माउस का प्रयोग विंडोज आधारित ऑपरेटिंग सिस्टम में अनिवार्य हो चुका है. सभी प्रोग्राम, गेम आदि जो इन ऑपरेटिंग सिस्टम में चलते हैं, उनमें भी माउस का उपयोग किया जाता है. **डेस्क-टॉप प्रकाशन (Desk Top Publishing)** जैसे कार्यों में भी माउस का व्यापक रूप से उपयोग किया जाता है, जिसमें हम कंप्यूटर की सहायता से पुस्तकें, चित्र, बुकलेट आदि तैयार कर सकते हैं.

सीडी-रॉम ड्राइव (CD-ROM Drive)

चित्र C-5.14 : कॉम्पैक्ट डिस्क

सीडी या कॉम्पैक्ट डिस्क (Compact Disk) एक विशेष प्रकार की डिस्क होती है. जिस पर डाटा प्राय: एक ही बार लिखा जाता है और फिर उसे कितनी भी बार पढ़ सकते हैं. यह एक प्रकार की रीड ओनली मेमोरी (Read Only Memory) ही है. इनमें प्राय: ऐसी सूचनाएं स्टोर की जाती हैं जो स्थायी प्रकृति की हों अथवा जिनकी आवश्यकता बार-बार पड़ती हो, जैसे टेलीफोन डायरेक्ट्री, हवाई जहाजों की उड़ानों की

चित्र C-5.15 : सीडी-रॉम ड्राइव

समय सारिणी, पुस्तकें, पुस्तकालय की पुस्तकों की सूची (Catalogue), कानूनी सूचनाएं, फिल्म, बड़े-बड़े प्रोग्राम या पैकेज आदि.

इन डिस्कों पर डाटा स्टोर करने का तरीका फ्लॉपी तथा हार्ड डिस्क से कुछ अलग होता है. फ्लॉपी तथा हार्ड डिस्क में ट्रैक संकेन्द्रीय वृत्तों (Co-central Circles) के रूप में होते हैं, वहीं कॉम्पैक्ट डिस्क के ट्रैक सर्पिलाकार (Spiral) होते हैं. चित्र C-5.14 में एक कॉम्पैक्ट डिस्क दिखायी गयी है. इसमें सभी सेक्टरों की लम्बाई समान होती है. इन पर डाटा पढ़ने-लिखने के लिए लेज़र (Light Amplification by Stimulated Emission of Radiation या LASER) तकनीक का प्रयोग किया जाता है. इसलिए इन्हें **ऑप्टिकल डिस्क (Optical Disk)** भी कहा जाता है.

सीडी पर से डाटा पढ़ने का कार्य एक विशेष उपकरण द्वारा किया जाता है, जिसे सीडी-रॉम ड्राइव कहते हैं. चित्र C-5.15 में एक सीडी-रॉम ड्राइव दिखाया गया है. आजकल प्राय: सभी कंप्यूटर के साथ सीडी-रॉम ड्राइव अवश्य होता है, क्योंकि सभी तरह के सॉफ्टवेयर अब सीडी पर ही उपलब्ध होते हैं.

सीडी पर डाटा लिखने का कार्य भी एक अन्य विशेष उपकरण द्वारा कॉम्पैक्ट डिस्क भी उपलब्ध हैं, जिन पर साधारण फ्लॉपी की तरह डाटा पढ़ा तथा लिखा जा सकता है, लेकिन ये कुछ मंहगी होती हैं और इनका प्रयोग अभी सीमित है.

स्कैनर (Scanner)

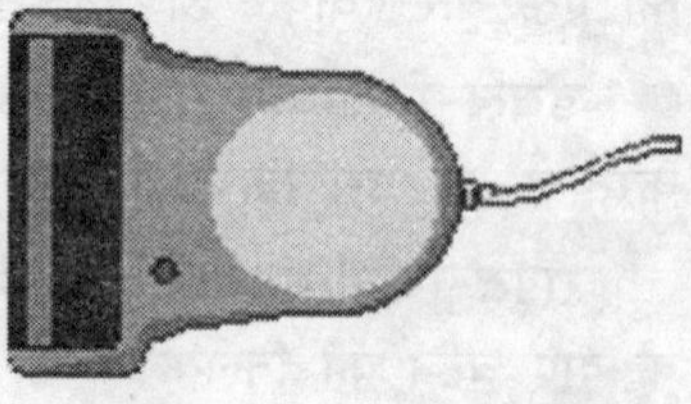

चित्र C-5.16 : हस्तचालित स्कैनर

यह इनपुट का एक ऐसा साधन है, जो किसी कागज या ऐसी ही किसी समतल सतह पर बनी या छपी सूचनाओं या चित्र को अंकीय कोड (Digital Codes) में बदल कर कंप्यूटर में भेज सकता है. जहां उस पर विभिन्न क्रियाएं की जा सकती हैं. स्कैनर चार प्रकार के होते हैं- **हाथ से पकड़े जाने वाले (Hand-held)**, **समतलीय (Flatbed)**, **त्रिआयामी (3-Dimensional)** तथा **फिल्म स्कैनर (Film Scanner)**. चित्र C-5.16 में एक हाथ से पकड़ा जाने वाला या हस्तचालित स्कैनर दिखाया गया है. इसे ऊपर से पकड़ कर उस दस्तावेज के ऊपर धीरे से खिसकाया जाता है, जिसे कंप्यूटर में भरना हो.

चित्र C-5.17 : समतलीय स्कैनर

समतलीय स्कैनर फोटो कापियर के आकार के होते हैं. जिस तरह किसी दस्तावेज की फोटोकापी निकाली जाती है उसी तरह ऐसे स्कैनर में दस्तावेज को रखकर उसकी इमेज (Image) कंप्यूटर में भेजी जाती है. इसमें जिस चित्र को स्कैन करना होता है, उसे नीचे की ओर करके अर्थात् उलटा रखा जाता है. चित्र C-5.17 में एक समतलीय स्कैनर दिखाया गया है.

कंप्यूटर नेटवर्क (Computer Network)

जब दो या दो से अधिक कंप्यूटर को आपस में इस प्रकार जोड़ा जाता है कि उनमें से प्रत्येक कंप्यूटर किसी अन्य कंप्यूटर के साथ डाटा का आदान-प्रदान और साधनों का साझा कर सकता है, तो इस व्यवस्था को कंप्यूटर

नेटवर्क कहा जाता है. किसी नेटवर्क के कंप्यूटर पास-पास भी हो सकते हैं और दूर-दूर भी लगे हो सकते हैं. पास-पास लगे हुए कंप्यूटर को सीधे केबिल द्वारा जोड़ा जाता है और दूर-दूर लगे हुए कंप्यूटर को टेलीफोन तारों या वायरलैस के माध्यम से भी जोड़ा जा सकता है. चित्र C-5.18 में एक सामान्य कंप्यूटर नेटवर्क दिखाया गया है.

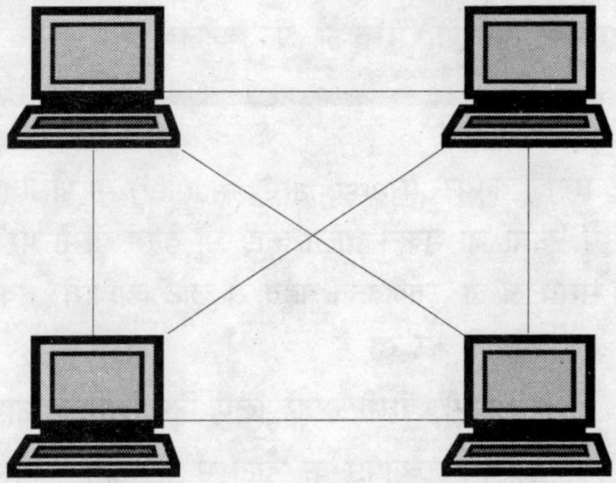

चित्र C-5.18 : एक सामान्य नेटवर्क

मोडेम (Modem)

हमारे कंप्यूटर में जो डाटा भरा होता है वह बाइनरी (Binary) में होता है अर्थात 0 और 1 से बना होता है. इसको आप सामान्य केबिल में होकर एक कंप्यूटर से पास में ही लगे हुए दूसरे कंप्यूटर तक आसानी से और सुरक्षित रूप से भेज सकते हैं. परन्तु उसे काफी दूर लगे कंप्यूटर तक नहीं भेजा जा सकता. जब हमें कोई डाटा काफी दूर भेजना हो तो मोडेम का उपयोग करना पड़ता है.

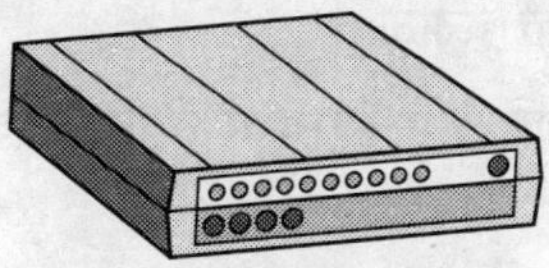

चित्र C-5.19 : मोडेम

मोडेम एक मशीन है, जो कंप्यूटर में भरे बाइनरी डाटा को ऐसे सिग्नल में बदल देता है, जो टेलीफोन तारों से होकर सैकड़ों किलोमीटर दूर तक लगे हुए कंप्यूटर तक भी भेजे जा सकते हैं. साथ ही यह दूर लगे हुए कंप्यूटर से आने वाले संकेतों को पकड़कर उन्हें बाइनरी डाटा में बदल देता है. चित्र C-5.19 में एक मोडेम दिखाया गया है.

दूर-दूर पर लगे हुए दो कंप्यूटर में सम्पर्क बनाने के लिए दोनों कंप्यूटर के साथ एक-एक मोडेम भी लगाया जाता है, जैसा कि चित्र C-5.20 में दिखाया गया है.

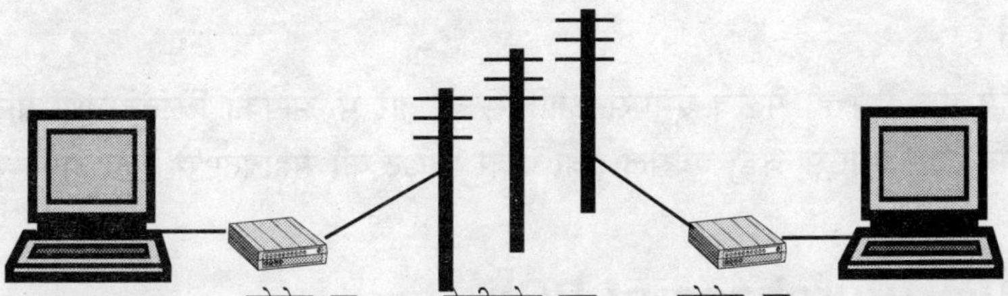

चित्र C-5.20 : मोडेम द्वारा दो कंप्यूटर जोड़ना

मोडेम का उपयोग नेटवर्क आधारित अनेक कार्यों में किया जाता है, जैसे इंटरनेट (Internet), इलेक्ट्रॉनिक मेल (E-mail), बैंकिंग (Banking), रेलवे रिजर्वेशन (Railway Reservation) आदि. मोडेम द्वारा डाटा भेजने व प्राप्त करने की गति किलोबाइट प्रति सेकिण्ड (Kilobyte per second या KBPS) में नापी जाती है.

पीसी की स्थापना
(Installation of PC)

पर्सनल कंप्यूटर (Personal Computer) या पीसी (PC) भी दूसरे कंप्यूटरों की तरह एक कंप्यूटर है. इसलिए किसी कंप्यूटर में किया जा सकने वाला कोई भी काम पीसी पर भी उतनी अच्छी तरह से किया जा सकता है, चाहे वह कुछ ज्यादा समय ले ले. आजकल बहुत से छोटे व्यापारी, वकील, डॉक्टर, इंजीनियर, चार्टर्ड एकाउन्टेन्ट और दुकानदार तक पीसी का उपयोग कर रहे हैं.

संक्षेप में, पीसी हमारे लिए निम्नलिखित मामलों में उपयोगी हो सकता है-

1. हमारे व्यापार के डाटा में से काम की सूचनाएं निकालना.
2. अनेक तरीकों से जांच करके सबसे अच्छा तरीका चुनना.
3. बार-बार किए जाने वाले कामों को कम समय में स्वचालित तरीके से करना.
4. हमारे रोजाना के कार्यों का हिसाब रखकर हमें योजनाएं बनाने का समय देना.
5. हर तरह के लेन-देन का सही-सही हिसाब रखना और तरह-तरह के बही खाते बनाना.
6. सुन्दर छपाई में पत्र तैयार करके तथा एक ही पत्र कई लोगों या कम्पनियों के लिए कम समय में तैयार करके पत्र-व्यवहार (Correspondence) में हमारी सहायता करना.
7. बच्चों की पढ़ाई-लिखाई में मदद करना और खाली समय में वीडियो गेम खिलाकर उनका मनोरंजन करना.
8. हमारे व्यवसाय के कार्यों का कंप्यूटरीकरण करके उसका लाभ उठाना.

वास्तव में पीसी ऐसे हर व्यक्ति के लिए उपयोगी हो सकता है, जो पीसी के लिए प्रोग्राम लिखना या उसे सही आदेश देना जानता हो. हालांकि आजकल ऐसे कई रेडीमेड पैकेज (Readymade Packages) मिलते हैं, जिनकी सहायता से हम प्रोग्राम लिखना जाने बिना अपने ज्यादातर काम पीसी से करा सकते हैं. ऐसे पैकेज मेन्यू आधारित (Menu-based) होते हैं.

इस पुस्तक में हम एक ऐसे ही पैकेज एमएस-आफिस के बारे में आपको विस्तृत तथा प्रैक्टिकल जानकारी देंगे, जिसके विभिन्न प्रोग्रामों, जैसे एमएस-वर्ड, एक्सेल तथा पॉवर प्वाइंट की सहायता से आप अपने सभी कार्य अच्छी तरह करा सकेंगे.

पीसी की खरीद (Purchase of PC)

पीसी की शक्तियों को जान लेने के बाद आपमें यह इच्छा पैदा हुई होगी कि आपको भी एक पीसी ले लेना चाहिए. यह भी हो सकता है कि आपके पास पहले से ही एक पीसी हो और आप उसे बदलने या उसका विस्तार (Enhancement) करने की सोच रहे हों. जो भी बात हो, अगर आपको ऐसा लगता है कि आपको पीसी खरीदने से लाभ होगा और वह लाभ पीसी की कीमत से कहीं ज्यादा होगा, तो आपको पीसी जरूर खरीद लेना चाहिए. लेकिन कंप्यूटर खरीदने से पहले कुछ महत्त्वपूर्ण बातों पर विचार करना जरूरी है, जो मुख्य रूप से निम्नलिखित हैं-

(क) पीसी पर किए जाने वाले कार्य (What you will do on PC?)

सबसे पहले यह तय कर लें कि आपको अपने किन-किन कार्यों का कंप्यूटरीकरण करना है. यदि आप व्यवसायी हैं या किसी छोटी-मोटी कम्पनी के मालिक हैं, तो मुख्य रूप से वेतन की गणना, हिसाब-किताब (Book Keeping),

स्टॉक इन्वेन्ट्री (Stock Inventory), बिक्री का हिसाब (Sales Accounting), पत्र व्यवहार आदि का कंप्यूटरीकरण तो करेंगे ही, इनके अलावा अपनी जरूरत के अनुसार पढ़ाई-लिखाई, ग्राफिक्स, प्रोडक्शन प्लानिंग तथा कन्ट्रोल, डाटाबेस मैनेजमेन्ट आदि भी कंप्यूटर द्वारा किए जा सकते हैं.

जो भी हो, कंप्यूटर खरीदने से पहले आपको यह तय कर लेना चाहिए कि अभी और बाद में आप अपने किस-किस काम का कंप्यूटरीकरण करेंगे, डाटा भंडारण कितना होगा, कितनी रिपोर्टें निकलेंगी आदि आदि. उसी के अनुसार हार्डवेयर व सॉफ्टवेयर खरीदने का निर्णय लेना चाहिए. सामान्यतः नवीनतम श्रेणी और अधिकतम गति का पर्सनल कंप्यूटर (अर्थात् पेन्टियम) ही खरीदना चाहिए. पुराने पीसी को खरीदना उचित नहीं है, क्योंकि वे जल्दी ही खराब हो जाते हैं और उन पर सभी प्रकार के प्रोग्राम भी नहीं चलाए जा सकते.

(ख) सिस्टम कॉनफिगरेशन (System Configuration)

अपनी जरूरतों के हिसाब से आप यह तय कर सकते हैं कि आपके पीसी में क्या-क्या उपकरण (Device) या साधन होंगे और वे किस तरह के होंगे. आपको यह तय करना होगा की पीसी में फ्लॉपी ड्राइव के साथ सीडी-रॉम ड्राइव होगी या सीडी-राइटर होगा, हार्ड डिस्क ड्राइव की क्षमता क्या होगी, मेमोरी का आकार क्या होगा, प्रिंटर 80 कॉलम वाला या 132 कॉलम वाला चाहिए या लेसर अथवा इंकजेट प्रिंटर की जरूरत है, वी.डी.यू. एक रंग की या बहुरंगी चाहिए, ऑपरेटिंग सिस्टम सॉफ्टवेयर कौन सा चाहिए और कौन-कौन से अन्य सॉफ्टवेयर पैकेजों की जरूरत होगी आदि. इसके साथ-साथ इस बात पर भी विचार कर लेना चाहिए कि आगे इस पीसी का विस्तार किया जा सकता है या नहीं.

(ग) यूपीएस (UPS)

यूपीएस (UPS: Uninterrupted Power Supply) एक ऐसा उपकरण होता है, जिससे बिजली की लगातार आपूर्ति की जाती है. इसमें एक बैटरी भी होती है, जो बिजली चले जाने पर कुछ समय तक कंप्यूटर को बिजली देती रहती है, ताकि उतने समय में आप कंप्यूटर पर चल रहे प्रोग्रामों को समाप्त कर सकें और कंप्यूटर को सही विधि से बन्द कर सकें. अचानक बिजली चले जाने पर यदि कंप्यूटर अचानक बन्द हो जाता है, तो उसमें रखे हुए डाटा और प्रोग्रामों के खराब होने की संभावना रहती है. इसलिए आजकल प्रायः प्रत्येक कंप्यूटर के साथ यूपीएस अवश्य लगाया जाता है. आपको भी सही क्षमता का यूपीएस अवश्य लगा लेना चाहिए.

यूपीएस को बिजली की मुख्य लाइन के साथ इस प्रकार जोड़ा जाता है कि कंप्यूटर को बिजली की आपूर्ति यूपीएस के द्वारा ही हो. ऐसी स्थिति में उसके साथ लगी हुई बैटरी अपने आप चार्ज होती रहती है. जैसे ही बिजली चली जाती है, तो यूपीएस तत्काल ही अपनी बैटरी से बिजली लेना प्रारम्भ कर देता है और कंप्यूटर लगातार चलता रहता है. जब यूपीएस की बैटरी में विद्युत की मात्रा कम रह जाती है, तो यूपीएस उचित संकेत या ध्वनि करके उपयोगकर्ता को उसकी सूचना दे देता है, ताकि वह कंप्यूटर तत्काल बन्द कर सके.

(घ) मूल्यांकन (Cost Evaluation)

सिस्टम कॉनफिगरेशन तय कर लेने के बाद आप उसके अनुसार अलग-अलग कम्पनियों के पीसी की कीमत की तुलना करेंगे. कीमत के साथ निम्नलिखित बातों पर भी ध्यान देना होगा-

1. सभी साधनों सहित पीसी का मूल्य.
2. भाड़ा, बीमा, पैकिंग खर्च व बिक्री कर आदि.

3. साइट की तैयारी जैसे यूपीएस के लिए बिजली के केबिल की फिटिंग, आवश्यक फर्नीचर आदि.
4. वारन्टी की अवधि, मरम्मत की स्थानीय सुविधा.
5. देखभाल का वार्षिक खर्च.
6. सॉफ्टवेयर की कीमत, लाइसेंस (यदि जरूरी हो) आदि.
7. सिस्टम के मैनुअल मिलेंगे या नहीं.

सभी कम्पनियों की मशीनों की इन बातों व कीमत के आधार पर तुलना करने के बाद ही अपने बजट व सुविधा के अनुसार पीसी खरीदना उचित रहेगा. यदि उपयोगकर्ता को अनुभव न होने की वजह से इन बातों पर विचार करने में कठिनाई होती है, तो अच्छा यही होगा कि खरीदने से पहले कुछ कंप्यूटर उपयोगकर्ताओं से मिल कर विचार करें या किसी विशेषज्ञ की राय ले लें.

यह आवश्यक नहीं है कि पीसी किसी बड़ी कम्पनी का ही हो. कई लोग असेम्बिल किये हुए कंप्यूटर का भी उपयोग करते हैं. ये थोड़े सस्ते होते हैं, लेकिन किसी अनुभवी और अच्छे जानकार व्यक्ति से ही ऐसे कंप्यूटर बनवाने चाहिए तथा उसके सभी भाग अधिकृत विक्रेताओं से ही खरीदवाने चाहिए, जिनके साथ आवश्यक वारंटी भी हो.

(ङ) स्थापना (Installation)

पीसी की स्थापना के लिए चुनी हुई जगह पर धूल व अधिक तापमान आदि से बचाने का जरूरी इंतजाम होना चाहिए. स्थापना के समय मुख्य रूप से निम्नलिखित बातों को ध्यान में रखा जाना चाहिए-

1. सभी मशीनें ठीक हालत में मिली हैं या नहीं. यदि किसी भी चीज में थोड़ी भी टूट-फूट हो तो उसे तुरन्त बदलने की मांग करनी चाहिए.
2. सभी मशीनों के साथ उनको सिस्टम यूनिट से जोड़ने वाले केबिल आये हैं या नहीं तथा सिस्टम यूनिट को मुख्य पॉवर से जोड़ने वाली केबिल आई है या नहीं.
3. खरीदे गए सभी साधन और उनके मैनुअल आ गए हैं कि नहीं.
4. खरीदे गए सिस्टम सॉफ्टवेयर तथा सॉफ्टवेयर पैकेज की सीडी (CD) मिली है कि नहीं और उसके साथ सभी जरूरी मैनुअल हैं कि नहीं.
5. स्थापना मैनुअल (Installation Manual) अवश्य ले लेना चाहिए.
6. पैकिंग मैटीरियल, डिब्बों आदि को आगे के उपयोग के लिए सुरक्षित रखना चाहिए. कंप्यूटर को स्थानांतरित करने में ये बहुत सहायक होते हैं.

यदि आप इन सब बातों को ध्यान में रखते हुए पीसी खरीदेंगे और लगायेंगे, तो उस पर कार्य करना आपके लिए सन्तोषजनक और आनन्ददायक होगा.

रैपिडैक्स®
कंप्यूटर
कोर्स
भाग-2
विंडोज 7
(Windows 7)

विंडोज क्या है?
(What is Windows)

भाग-1 में आप ऑपरेटिंग सिस्टमों के बारे में संक्षेप में पढ़ चुके हैं. विंडोज XP पर्सनल कंप्यूटरों के लिए विकसित किए गए विंडोज ऑपरेटिंग सिस्टम का अपने समय का सर्वाधिक प्रचलित संस्करण था, जो सन् 2004 में अमरीका की माइक्रोसॉफ्ट कम्पनी द्वारा तैयार करके प्रचलित किया गया था. यह एक 64 बिट आधारित, एकल उपयोगकर्ता तथा मल्टीटास्किंग ऑपरेटिंग सिस्टम था, जिसमें नेटवर्क, फैक्स, इंटरनेट, ई-मेल, मल्टीमीडिया की आधुनिक सुविधाएं भी जोड़ी जा सकती थी. यह इस प्रकार तैयार किया गया था कि व्यापारिक तथा व्यक्तिगत दोनों ही प्रकार के कार्यों में कुशल था तथा अकेले भी पीसी अथवा नेटवर्क में समान रूप से उपयोगी था.

विंडोज Vista इस शृंखला का अगला महत्त्वपूर्ण ऑपरेटिंग सिस्टम था, जो विंडोज XP को सुधार कर और उसमें इंटरनेट तथा सुरक्षा से संबंधित अतिरिक्त सुविधाएं जोड़कर तैयार किया गया था.

विंडोज 7 इस श्रृंखला का अगला महत्त्वपूर्ण ऑपरेटिंग सिस्टम था, जो 2009 में विंडोज Vista में नए तकनीकी बदलाव को लाकर तैयार किया गया है. इस समय यह दुनिया का सबसे अधिक प्रयोग किया जाने वाला ऑपरेटिंग सिस्टम है.

विंडोज 8 माइक्रोसॉफ्ट द्वारा बनाये गए ऑपरेटिंग सिस्टम के परिवार का अगला संस्करण है जो बिल्कुल नए इंटरफेज के साथ आया है. विंडोज 8 विंडोज 7 की ही बुनियाद पर बना है. विंडोज 8 में माइक्रोसॉफ्ट एक नए मेट्रो इंटरफेज स्टाइल को लेकर आया है जो टच (छूने) के लिए बना है. इसमें माउस के साथ-साथ आप अपनी उंगली से स्क्रीन को छूकर भी काम कर सकते हैं. इस पुस्तक में हम विंडोज 7/8 को अपना आधार बनाते हुए इस भाग में आपको पहले विंडोज 7 का और फिर विंडोज 8 का विस्तृत परिचय देंगे.

विंडोज का विकास (Evolution of Windows)

विंडोज ऑपरेटिंग सिस्टम **ग्राफीकल यूजर इंटरफेस (Graphical User Interface या GUI)** पर किए गए शोध कार्यों का परिणाम है. सन् 1980 के दशक के प्रारम्भ में मैसर्स जीरोक्स कॉर्पोरेशन द्वारा इस विषय पर शोध किया गया था. शोध कार्य से यह सिद्ध हुआ कि हाथ में पकड़े जाने वाले किसी संकेतक साधन जैसे **माउस** (Mouse) द्वारा चित्रों के माध्यम से कंप्यूटर के साथ संवाद करना कहीं अधिक सरल है. इस कम्पनी ने इस सुविधा के साथ सबसे पहले **जीरोक्स स्टार** (Xerox Star) नामक कंप्यूटर का विकास किया.

लेकिन ग्राफीकल यूजर इंटरफेज को वास्तविक लोकप्रियता मैसर्स **एप्पिल कंप्यूटर** (Apple Computer) द्वारा बाजार में उतारे गए **मैकिन्तोष** (Macintosh) कंप्यूटर द्वारा प्राप्त हुई. इसमें एक सम्पूर्ण ऑपरेटिंग सिस्टम था, जो ग्राफीकल यूजर इंटरफेज पर आधारित था. यद्यपि यह गति के मामले में बहुत धीमा था, लेकिन व्यावसायिक दृष्टि से यह बहुत सफल रहा.

सन् 1980 के दशक के उत्तरार्ध में माइक्रोसॉफ्ट विंडोज सबसे अधिक लोकप्रिय ऑपरेटिंग सिस्टम बन गया था. यह **आई.बी.एम.** (IBM) कम्पनी द्वारा आधिकारिक रूप से स्वीकृत एवं उपयोग किया गया था. आजकल लगभग सभी आई.बी.एम. एवम् इसके समतुल्य पर्सनल कंप्यूटरों पर विंडोज XP/7 उपलब्ध है.

विंडोज 7 और 8 ऑपरेटिंग सिस्टम को अपने वर्तमान रूप में आने से पहले विकास की एक लम्बी प्रक्रिया से गुजरना पड़ा है. इसके पूर्ववर्ती विभिन्न संस्करणों को आगे दी गयी सारणी W-1 में संक्षेप में बताया गया है.

सारणी - W-1 : विंडोज का विकास

संस्करण का नाम	जारी होने का वर्ष	मुख्य विशेषताएं
विंडोज 1.0	1985	जी.यू.आई. आधारित विंडोज का प्रथम संस्करण, आवश्यकता पर मल्टीटास्किंग
विंडोज 1.2	1987	एक विंडो पर दूसरी विंडो (Overlapping Windows)
विंडोज 2.10	1987	आभासी मशीनें (Virtual Machines)
विंडोज 3.0	1990	प्रोग्राम मैनेजर/फाइल मैनेजर सुविधा
विंडोज 3.1	1992	मल्टीमीडिया क्षमता, नेटवर्क क्षमता, माइक्रोसॉफ्ट मेल
विंडोज 3.11	1993	32 बिट नेटवर्किंग, 32 बिट फाइल सिस्टम
विंडोज 95	1995	पूर्ण 32 बिट ऑपरेटिंग सिस्टम, मल्टीटास्किंग, नेटवर्क क्षमताएं, लम्बे नाम, विस्तारण की सुविधा
विंडोज 98	1998	इंटरनेट पर कार्य करने की विशेष सुविधाएं
विंडोज 2000ME	2000	नेटवर्क बनाने की विशेष सुविधाएं
विंडोज XP	2004	नेटवर्किंग के साथ अन्य विशेष सुविधाएं
विंडोज Vista	2007	नेटवर्किंग के साथ बेहतर सुरक्षा की सुविधाएं
विंडोज 7	2009	बेहतर सुरक्षा, सर्च की बेहतर सुविधा, बेहतर इंटरफेज
विंडोज 8	2012	नया मेट्रो इंटरफेज टच की सुविधा के साथ

विंडोज 7 की विशेषताएं (Features of Windows 7)

विंडोज 7 तथा उनका पूर्ववर्ती संस्करण विंडोज XP सभी विशेषताओं से भरे हुए ऑपरेटिंग सिस्टम हैं. इनमें अधिकांश प्रचलित पीसी ऑपरेटिंग सिस्टमों की सभी श्रेष्ठ विशेषताओं को शामिल किया गया है. इनके अलावा इसमें बहुत सी ऐसी विशेषताएं भी हैं, जो दूसरे ऑपरेटिंग सिस्टमों में उपलब्ध नहीं हैं. विंडोज के पिछले संस्करणों (Versions) की विशेषताओं में भी सुधार किया गया है. यहाँ हम कुछ चुनी हुई विशेषताओं की जानकारी दे रहे हैं.

(क) विंडोज ऐरो (Aero) - विंडोज 7 के नए हार्डवेयर-आधारित ग्राफ़ीकल यूज़र इंटरफ़ेस को विंडोज ऐरो कहा गया है. ऐरो (Aero) Authentic, Energetic, Reflective, Open का लघुरूप है. यह नया इंटरफ़ेस पुराने संस्करणों की अपेक्षा कहीं अधिक सुधरा हुआ और आकर्षक है. इसमें अधिक स्पष्टता, जीवंत लघुचित्र और सजीव आइकॉन हैं. विंडोज 7 में नए एरो विकल्प आए हैं जैसे एरो स्नैप (Aero Snap), एरो पीक (Aero Peek), एरो शेक (Aero Shake) और एरो फ्लिप (Aero Flip).

(ख) स्टार्ट मेन्यू - विंडोज 7 में स्टार्ट मेन्यू में कुछ परिवर्तन आया है. इसमें आपको अपने डेस्कटॉप के निचले बाएं कोने पर 'Start' शब्द के बजाय एक आकर्षक गोलाकार बटन नज़र आएगा, जिस पर विंडोज का आइकॉन अंकित होगा. 7 में XP की भांति झरना मेन्यू नहीं है. किसी विकल्प को क्लिक करने पर सब-मेन्यू दाईं ओर खुलने के बजाय स्टार्ट मेन्यू में ही मुख्य विकल्प के अंतर्गत खुल जाता है. इससे उचित प्रोग्राम और विकल्प खोजना सरल हो गया है.

(ग) इंस्टेंट सर्च - फाइलें खोजना अब और भी आसान है. सर्च बॉक्स स्टार्ट मेन्यू में ही उपलब्ध है. आपके टाइप करने के साथ-साथ ही विंडोज आपको संबंधित फाइलें दिखा देती है.

(घ) विंडोज गेजेट्स – विंडोज गेजेट्स छोटे-छोटे संपूर्ण प्रोग्राम हैं, जो उपभोक्ता की डेस्कटॉप स्क्रीन पर पाये जाते हैं। जैसे कि केलेण्डर, मौसम की जानकारी, विदेशी मुद्रा की जानकारी, आदि. विंडोज विस्टा में यह सुविधा साइडबार पर थी, परंतु विंडोज 7 में साइडबार नहीं है, और इन गेजेट्स को आप डेस्कटॉप स्क्रीन पर कहीं भी सेट कर सकते हैं.

(ङ) विंडोज इंटरनेट एक्सप्लोरर 8 – विंडोज 7 में कंप्यूटर वायरस के विरुद्ध सुरक्षा हेतु अनेक विशेषताएं हैं. इंटरनेट एक्सप्लोरर 8 (IE 8) वायरस और हानिकारक सॉफ्टवेयर से आपके कंप्यूटर की सुरक्षा करता है. इसमें 'टैब्ड ब्राउसिंग' की भी सुविधा है, जिसके जरिए आप कई वेबसाइट एक ही विंडो में खोल सकते हैं.

(च) विंडोज मीडिया प्लेयर 12 – नए विंडोज मीड़िया प्लेयर की मदद से आप अपने मनपसंद संगीत और वीडियो का आनंद उठा सकते हैं. मीडिया लाइब्रेरी का नया ग्राफ़ीकल यूज़र इंटरफ़ेस, फोटो डिस्प्ले, और संगीत लाइब्रेरी का सुविधाजनक आदान-प्रदान करने में सक्षम है.

(छ) बैकअप और रिस्टोर सेन्टर – विंडोज 7 में बैकअप और रिस्टोर ऐप्लीकेशन के जरिए आप आसानी से अपनी फाइलों का बैकअप ले सकते हैं और पुराने बैकअप प्राप्त कर सकते हैं. इतना ही नहीं, आप अपने पूरे कंप्यूटर का बैकअप हार्ड डिस्क या डीवीडी में ले सकते हैं, जिसे आप अपना कंप्यूटर या हार्ड डिस्क खराब होने पर दूसरे कंप्यूटर में उतार सकते हैं.

(ज) विंडोज फोटो गैलरी – इसके जरिए आप अपने डिजीटल कैमरे या मोबाइल से तस्वीरें अपने कंप्यूटर में उतार सकते हैं और तस्वीरों के रंग आदि व्यवस्थित कर सकते हैं. इसके अतिरिक्त आप तस्वीरों का स्लाइड शो बनाकर उसे डीवीडी में भी उतार सकते हैं.

(झ) विंडोज डीवीडी मेकर – डीवीडी मेकर की सहायता से प्रयोगकर्ता अपनी इच्छानुसार वीडियो डीवीडी बना सकते हैं.

(ञ) नए रोचक खेल – विंडोज 7 में चैस टाइटन्स, माह्जोन्ग टाइटन्स और पर्बल प्लेस जैसे नए खेल हैं. इसमें गेम्स एक्सप्लोरर के नाम से एक फोल्डर भी है, जिसमें सभी खेलों के शॉर्टकट और उनसे जुड़ी जानकारी उपलब्ध है.

(ट) विंडोज अपडेट – सॉफ्टवेयर और सुरक्षा अपडेट अब पहले से सरल हो गये हैं, जिन्हें आप सीधे कंट्रोल पैनल से चला सकते हैं. स्पैम फिल्टर आदि विंडोज अपडेट की मदद से स्वयं अपडेट हो जाते हैं. प्रयोगकर्ता ऑटोमेटिक अपडेट का चयन कर सकते हैं, जिसके जरिये कोई नया उपकरण जोड़ने पर उसका ड्राइवर (driver) अपने आप स्थापित (install) हो जाएगा.

(ठ) अभिभावक नियंत्रण (Parental control): इसकी मदद से आप अन्य प्रयोगकर्ताओं या बच्चों द्वारा वेबसाइट, प्रोग्राम और खेलों पर पहुंच (access) नियंत्रित कर सकते हैं.

विंडोज 7 की स्थापना (Installing Windows 7)

सामान्यतया जब भी आप विंडोज 7 के साथ कोई पीसी खरीदते हैं, तो विंडोज उसमें स्थापित किया हुआ मिलता है. लेकिन कई बार कोई सिस्टम फाइल किसी कारणवश भ्रष्ट (Corrupt) हो जाती है, तो हमें विंडोज फिर से स्थापित करना पड़ता है. इसके लिए हम पीसी के साथ प्राप्त हुई सेटअप डिस्कों या सीडी का प्रयोग करते हैं. पहले विंडोज 95 सेटअप फ्लॉपी डिस्कों पर ही दिया जाता था. लेकिन अब सीडी का उपयोग सुविधाजनक होने के कारण फ्लॉपी डिस्कों का उपयोग समाप्त हो गया है और सभी प्रकार के ऑपरेटिंग सिस्टम तथा अन्य प्रकार के सॉफ्टवेयर सीडी पर ही आते हैं.

सीडी द्वारा विंडोज 7 स्थापित करना (Installing Windows 7 by CD)

विंडोज 7 आजकल केवल CD/DVD पर दिए जाते हैं. अतः उनको स्थापित करने के लिए आपके कंप्यूटर में CD/DVD ड्राइव अवश्य होनी चाहिए. ऐसा होने पर उस सीडी को ड्राइव में लगाइए. ऐसा करते ही सीडी प्रायः अपने आप ही खुल जाती है और विंडोज स्थापित करने वाला प्रोग्राम चालू हो जाता है.

यदि ऐसा न हो तो 'Computer' आइकॉन को डबल क्लिक करके खोल लीजिए और उसमें CD/DVD ड्राइव के आइकॉन को डबल क्लिक कीजिए. ऐसा करते ही सीडी अपने आप खुल जाती है और विंडोज 7 को स्थापित करने वाला प्रोग्राम प्रारम्भ हो जाता है.

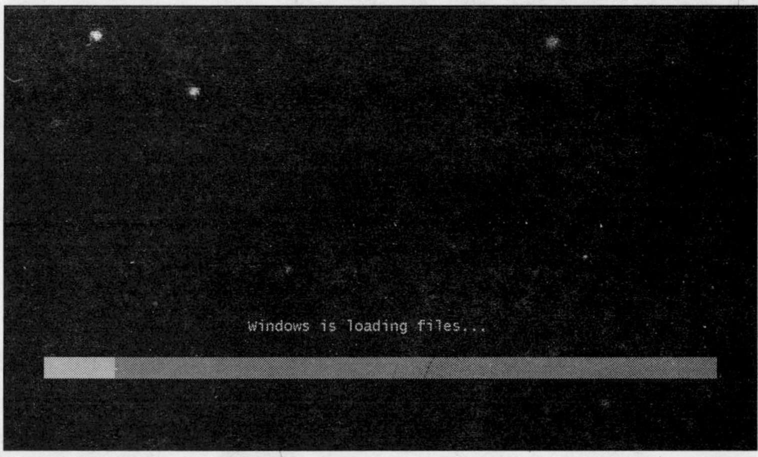

1. प्रोग्राम प्रारम्भ होते ही सबसे पहले आपको अपने कंप्यूटर की स्क्रीन काली नज़र आएगी, जिस पर 'Windows is loading files' संदेश होगा. इसके बाद प्रारंभिक स्क्रीन (Boot Screen) दिखाई पड़ेगी, जो तुरंत सेटअप के प्रथम चरण में बदल जाएगी.
2. अब कंप्यूटर आपसे आपकी भाषा, समय और मुद्रा फार्मेट और की-बोर्ड और इनपुट मैथड पूछेगा. उचित जानकारी भरकर Next बटन पर क्लिक करें.

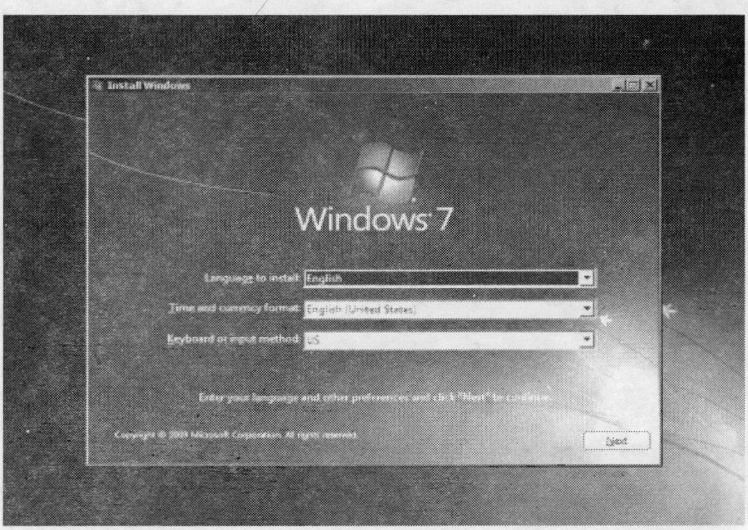

3. विंडोज 7 स्थापित करने के लिए 'Install now' विकल्प पर क्लिक कीजिए.

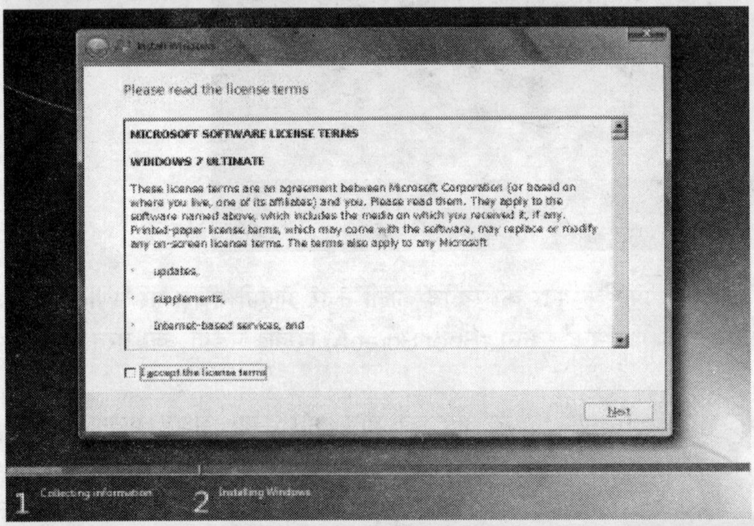

4. इसके बाद आपको 'Windows 7 End User License Agreement (EULA)' को सहमति देनी होगी. इसके लिए 'I accept the license terms' चेक-बॉक्स को क्लिक कीजिए और फिर Next बटन दबाइये.

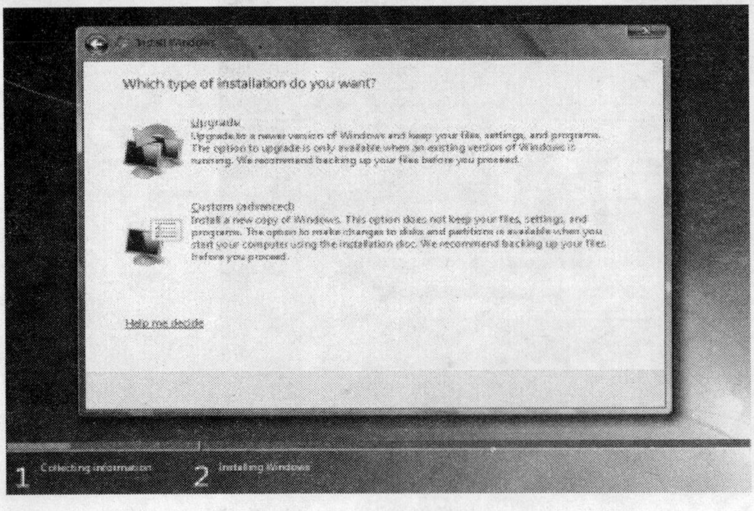

5. कंप्यूटर की हार्ड ड्राइव में विंडोज का पुराना संस्करण स्थापित होने के कारण आपको दो विकल्प दिए जाएंगे 'Upgrade' और 'Custom (advanced)'. नया विंडोज Install करने के लिए 'Custom (advanced)' विकल्प को क्लिक करें.

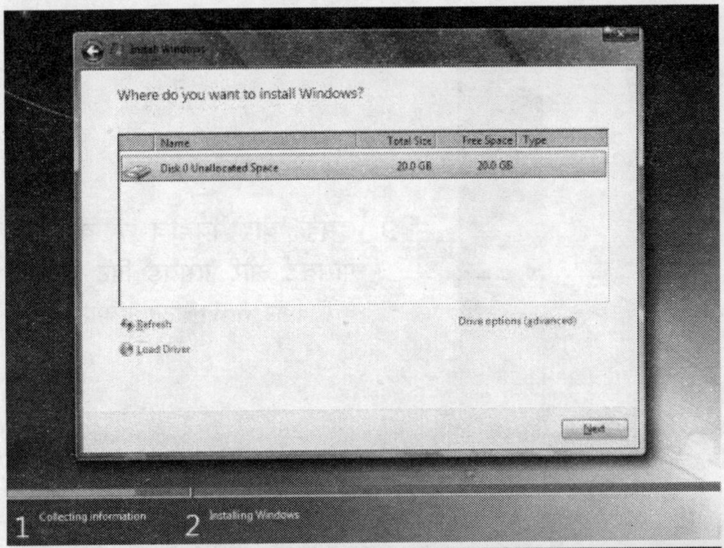

6. इसके बाद आप विंडोज 7 को स्थापित करने के लिए स्थान चुनिए, ज्यादातर, विंडोज C: ड्राइव में ही स्थापित किया जाता है.

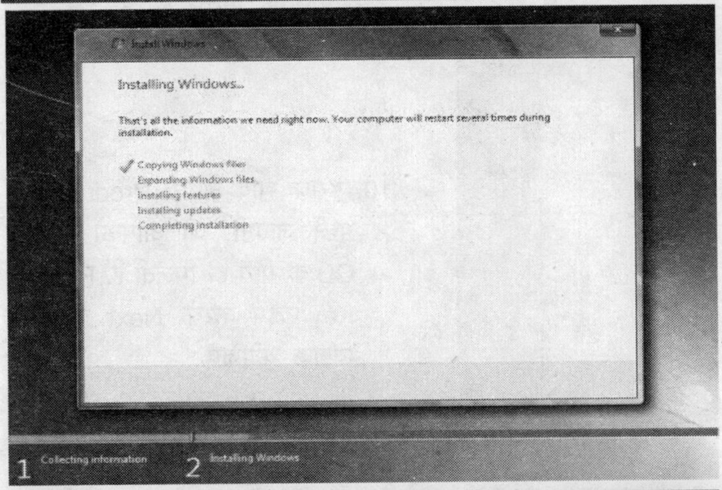

7. इसके बाद विंडोज 7 स्वयं पाँच चरणों में आपके कंप्यूटर में स्थापित हो जाएगी. इस प्रक्रिया के समाप्त होने पर आपका कंप्यूटर रीस्टार्ट होगा.

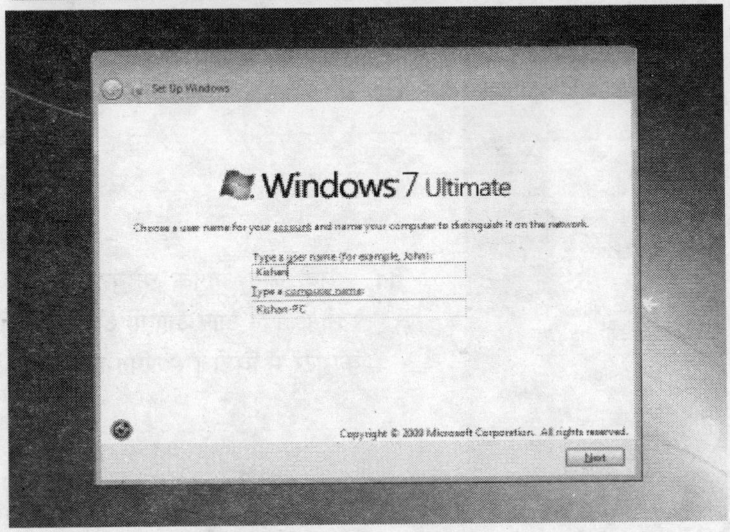

8. इसके बाद खुलने वाली स्क्रीन 'Set Up Windows' के जरिये आप अपना यूजरनेम, कंप्यूटर का नाम, वॉलपेपर, आदि निश्चित कर सकते हैं.

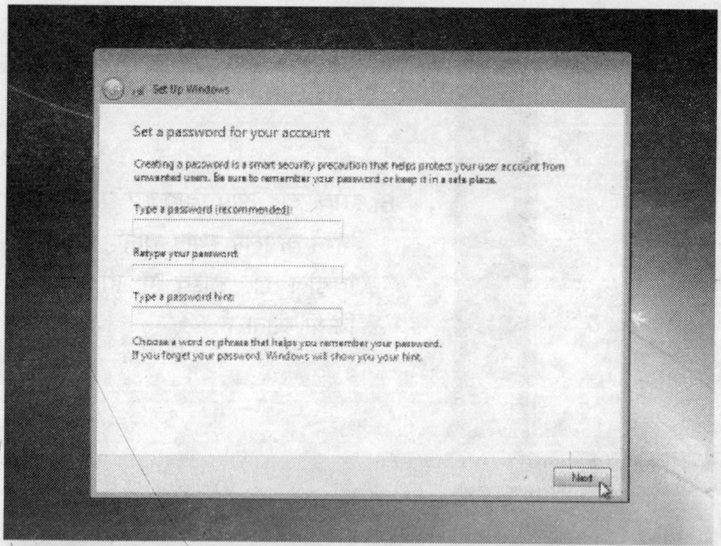

9. इसके बाद विंडोज 7 के लिये पासवर्ड और पासवर्ड हिंट निश्चित करें. फिर next बटन दबायें.

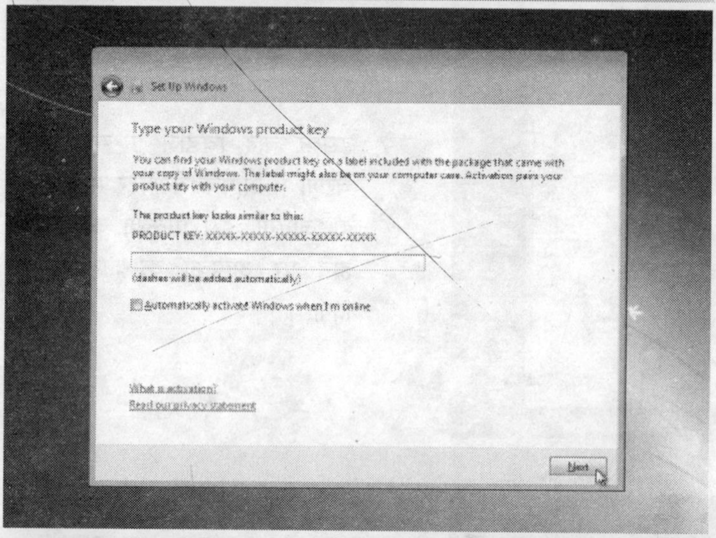

10. इसके बाद आपसे Product Key पूछी जाएगी, जो आपको स्थापना CD के साथ ही मिलती है. Product Key टाइप करके Next बटन पर क्लिक कीजिए.

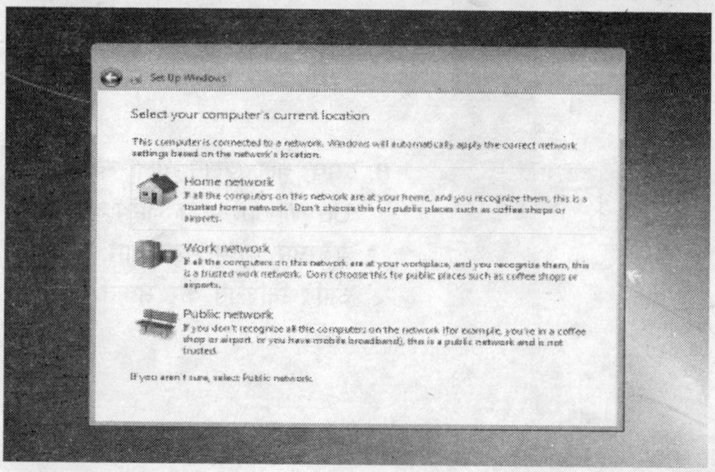

11. इसके बाद आपके कंप्यूटर में कई स्क्रीन अपने आप आएंगी और आपके कंप्यूटर में विंडोज स्थापित हो जाएगा.

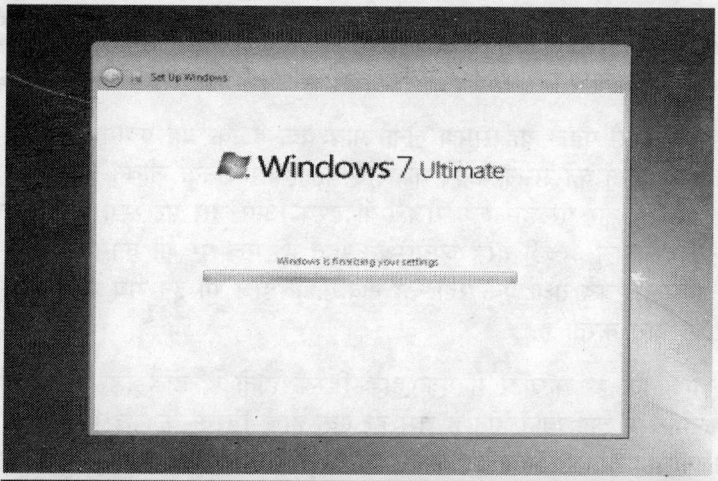

12. विंडोज स्थापित होने के बाद विंडोज डेस्कटॉप अपने आप सामने आ जाता है.

विंडोज पर कार्य का प्रारम्भ
(Getting Started with Windows)

विंडोज पर कार्य प्रारम्भ करने से पहले यह समझ लेना आवश्यक है कि यह प्रयोगकर्ता के साथ किस प्रकार सम्पर्क बनाता है. कंप्यूटर पर कार्य करने को सरल बनाने के लिए यह हमारे दैनिक जीवन की कार्य प्रणाली की नकल करने की कोशिश करता है. सामान्य तौर पर हम एक मेज (या डेस्क)और उस पर रखी फाइलों तथा फोल्डरों के माध्यम से काम करते हैं, जिनमें दस्तावेज अच्छी तरह व्यवस्थित रहते हैं. मेज पर भी काम में आने वाली वस्तुएं रखी होती हैं, जैसे फ़ोल्डर, पेन, पेंसिल, रबड़ तथा एक रद्दी की टोकरी. विंडोज भी इन सब वस्तुओं की नकल आपकी स्क्रीन (Desktop) पर चित्रों के द्वारा करता है.

आप यह जानते ही हैं कि हर कंप्यूटर में एक हार्ड-डिस्क होती है. हार्ड-डिस्क को आप एक अलमारी समझ सकते हैं. जैसे एक अलमारी में कई खाने होते हैं वैसे ही एक हार्ड-डिस्क के कई विभाजन (जिन्हें ड्राइव कहा जाता है) होते हैं. इन विभाजनों को अंग्रेजी भाषा के अक्षरों के अनुसार नाम दिया जाता है जैसे कि C: ड्राइव, D: ड्राइव, E: ड्राइव, आदि. इनमें से C: ड्राइव सबसे सामान्यतः पायी जाती है क्योंकि विंडोज सॉफ्टवेयर (या कोई भी अन्य ऑपरेटिंग सिस्टम) इसी में स्थापित किया जाता है. आपका सभी डाटा जैसे कि दस्तावेज, गाने, फिल्में, गेम्स, सॉफ्टवेयर, आदि इन खानों (ड्राइव्स) के अन्दर फाइलों और फोल्डरों में स्टोर या सुरक्षित करके रखा जाता है. आप आगे के अध्यायों में फाइलों और फोल्डरों के बारे में विस्तार में पढ़ेंगे और जानेंगे कि किसी भी एक फोल्डर के अन्दर विभिन्न फाइल और फोल्डर बनाये तथा स्टोर किये जा सकते हैं.

विंडोज की वस्तुएं (Objects of Windows)

विंडोज में फाइलों, फोल्डरों, प्रोग्रामों आदि को **वस्तु** (Object) कहा जाता है. ये सभी 'वस्तुएं' कंप्यूटर में स्टोर की जाती हैं. उदाहरण के लिए, जिस तरह हम किसी फालतू कागज को नष्ट करने के लिए उसे रद्दी की टोकरी में फेंकते हैं, उसी तरह विंडोज में अनावश्यक या अवांछित दस्तावेज को हम **रिसाइकिल बिन** (Recycle Bin) में डाल देते हैं. वास्तविक रद्दी की टोकरी की तरह यह टोकरी (बिन) भी कभी-कभी पूरी भर जाती है और इसे समय-समय पर खाली करना पड़ता है.

विंडोज में दस्तावेज, टोकरी तथा प्रोग्रामों आदि सबको 'वस्तु' माना जाता है. संक्षेप में निम्नलिखित को विंडोज में वस्तु कहा जाता है-

- फाइल
- फोल्डर
- प्रोग्राम
- प्रिंटर
- मोडेम

सामान्यतया किसी वस्तु को खोला (Open) या प्रारम्भ (Start) किया जाता है. जैसे ही हम किसी प्रोग्राम वस्तु को शुरू करते हैं, उस प्रोग्राम का पालन (Execution) प्रारम्भ हो जाता है.

प्रत्येक वस्तु के अपने गुण (Characteristics) होते हैं. ये गुण हर वस्तु के लिए अलग-अलग होते हैं. प्रत्येक वस्तु के साथ एक गुण सूची (Property Sheet) जुड़ी होती है, जिसमें उसके गुण लिखे या स्टोर किए जाते हैं. हम जब भी चाहें किसी भी वस्तु की गुण सूची में सुधार कर सकते हैं. उदाहरण के लिए, किसी प्रिंटर वस्तु के गुणों में विक्रेता का नाम, पेपर का आकार, पेपर कैसे फीड किया जाएगा, कितनी प्रतियां छापी जाएंगी आदि शामिल होते हैं. इन गुणों के मानों को प्रिंटर की गुण सूची में सेट किया और बदला जा सकता है.

एक जैसी सभी वस्तुओं का व्यवहार एक समान होता है. यदि आप किसी वस्तु का प्रयोग करना जानते हैं, तो वैसी सभी वस्तुओं का भी प्रयोग कर सकते हैं. उदाहरण के लिए, यदि आप एक फोल्डर टाइप की वस्तु का उपयोग करना जानते हैं, तो सभी फोल्डरों का उसी प्रकार से उपयोग कर सकते हैं.

विंडोज लोड करना (Loading Windows)

यदि आपके कंप्यूटर पर विंडोज 7 स्थापित हो चुका है, तो विंडोज को शुरू करना कंप्यूटर की बिजली चालू करने जितना ही सरल है. वास्तव में कंप्यूटर की पावर ऑन करते ही यह विंडोज का प्रोग्राम अपने आप शुरू हो जाता है,

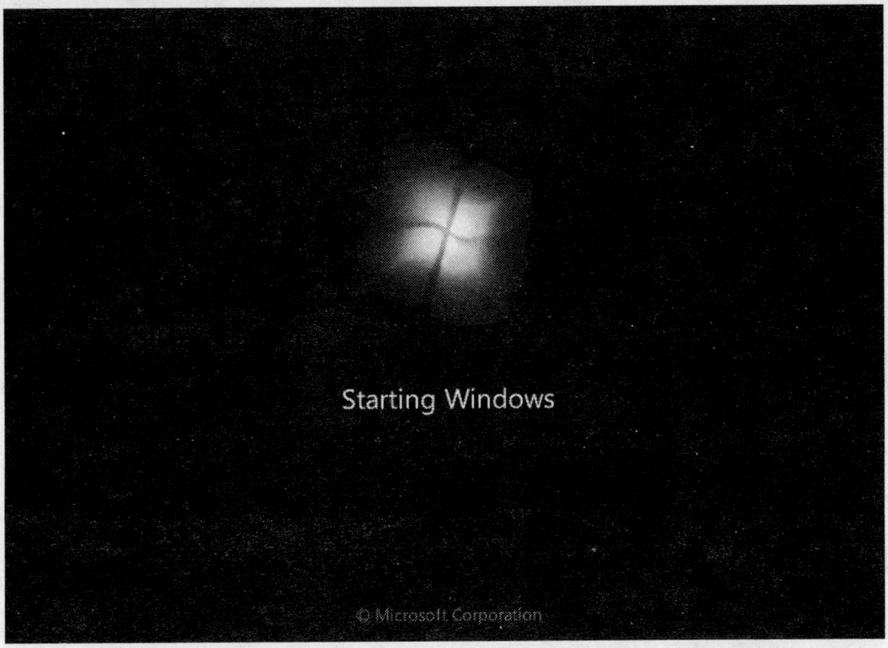

चित्र W-2.1 : विंडोज 7 की बूटिंग स्क्रीन

क्योंकि बूट रिकार्ड सुधारा जा चुका होता है. कंप्यूटर बूट होते ही चित्र W-2.1 की तरह विंडोज 7 की बूटिंग की स्क्रीन दिखाई देती है या इससे मिलती जुलती विंडोज XP की स्क्रीन दिखायी देती है, जिससे पता चलता है कि विंडोज लोड हो रहा है.

इसके कुछ समय बाद ही चित्र W-2.2 की तरह विंडोज का स्वागत डायलाग बॉक्स आपका स्वागत करता है तथा आपसे पासवर्ड प्रविष्ट करने के लिए कहता है, जिससे कि आप विंडोज पर लॉग ऑन (Log On) कर सकें.

चित्र W-2.2 : विंडोज का स्वागत डायलाग बॉक्स

पासवर्ड इसलिए पूछे जाते हैं कि कोई गलत व्यक्ति उसका प्रयोग न करे.

इस बॉक्स से बाहर निकलते ही आपकी स्क्रीन पर चित्र W-2.3 की तरह विंडोज 7 का डेस्कटॉप दिखाई देगा.

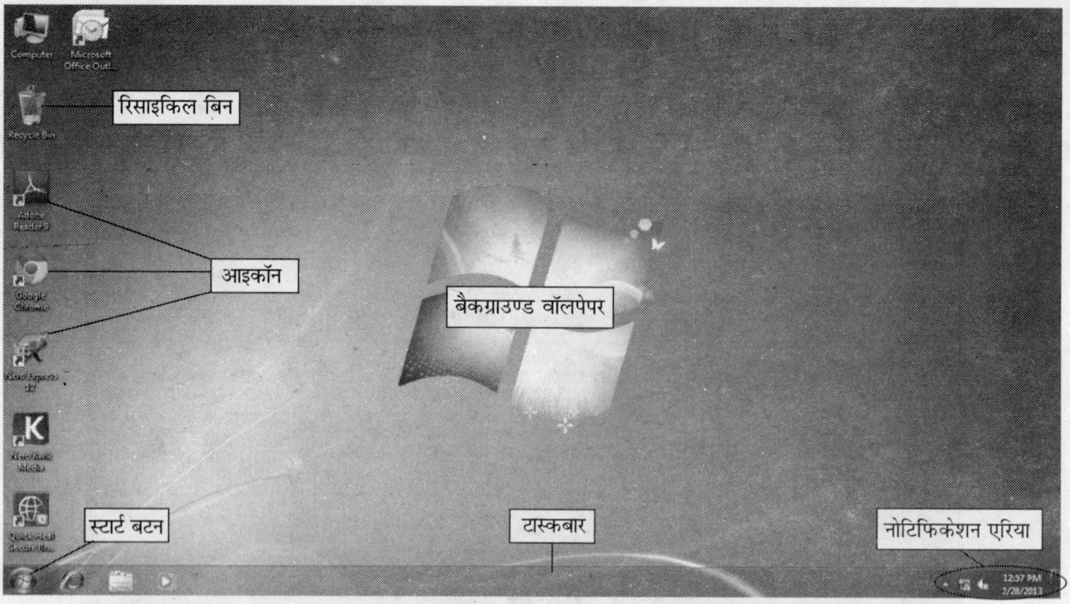

चित्र W-2.3 : विंडोज 7 का डेस्कटॉप

डेस्कटॉप (Desktop)

विंडोज लोड हो जाने के बाद (तथा उपयोगकर्ता लॉग ऑन हो जाने के बाद) वी.डी.यू. पर जो प्रारम्भिक स्क्रीन दिखाई पड़ती है, उसे डेस्कटॉप कहा जाता है. विंडोज का हर काम सामान्यतया डेस्कटॉप से ही शुरू होता है. यह ज्यादातर प्रयोग की जाने वाली वस्तुओं (Objects) को व्यवस्थित करने में काम आता है. जो फोल्डर या दूसरी वस्तुएं बार-बार प्रयोग की जाती हैं, उन्हें डेस्कटॉप पर छोड़ (रख) दिया जाता है. इस प्रकार, जैसा कि हम पहले कह चुके हैं, यह किसी वास्तविक डेस्क या मेज की ही नकल करता है. डेस्कटॉप में कई वस्तुएं होती हैं, जिनमें से प्रमुख निम्नलिखित हैं-

- **Computer**
- **Recycle Bin**
- **Network**
- **Documents**
- **Gadgets**
- **Taskbar**
- **Start Button**
- **Files तथा Folders**
- **Shortcuts**

इन सभी वस्तुओं का डेस्कटॉप पर हर समय होना आवश्यक नहीं है तथा उनका क्रम भी अलग-अलग हो सकता है, क्योंकि हर व्यक्ति अपनी मेज को अपने ही तरीके से लगाता है. लेकिन इनमें से प्रत्येक का उद्देश्य और व्यवहार हमेशा एक समान होता है. डेस्कटॉप में प्रत्येक वस्तु (Object) एक छोटे चित्र द्वारा दिखाई जाती है, जिसके नीचे उस वस्तु का नाम भी लिखा होता है. नाम सहित इस चित्र को उस वस्तु का प्रतीक या **आइकॉन (Icon)** कहा जाता है. इनमें से कुछ वस्तुओं का संक्षिप्त परिचय आगे दिया गया है.

कंप्यूटर (Computer)

यह वस्तु एक छोटे कंप्यूटर के आइकॉन द्वारा दिखायी जाती है. इस वस्तु में आपके कंप्यूटर में स्टोर की गई प्रत्येक वस्तु तथा सूचना की जानकारी होती है. इस वस्तु (Computer) पर कार्य करने के लिए पहले इसे खोला जाता है.

किसी वस्तु को खोलने के लिए माउस से संकेतक (Pointer) को उसके आइकॉन पर ले जाकर 'डबल क्लिक' किया जाता है या एक बार क्लिक करके एंटर कुंजी दबाई जाती है. ऐसा करते ही स्क्रीन पर Computer की विंडो चित्र W-2.4 की तरह दिखाई पड़ती है, जिसमें प्रत्येक ड्राइव का एक आइकॉन होता है.

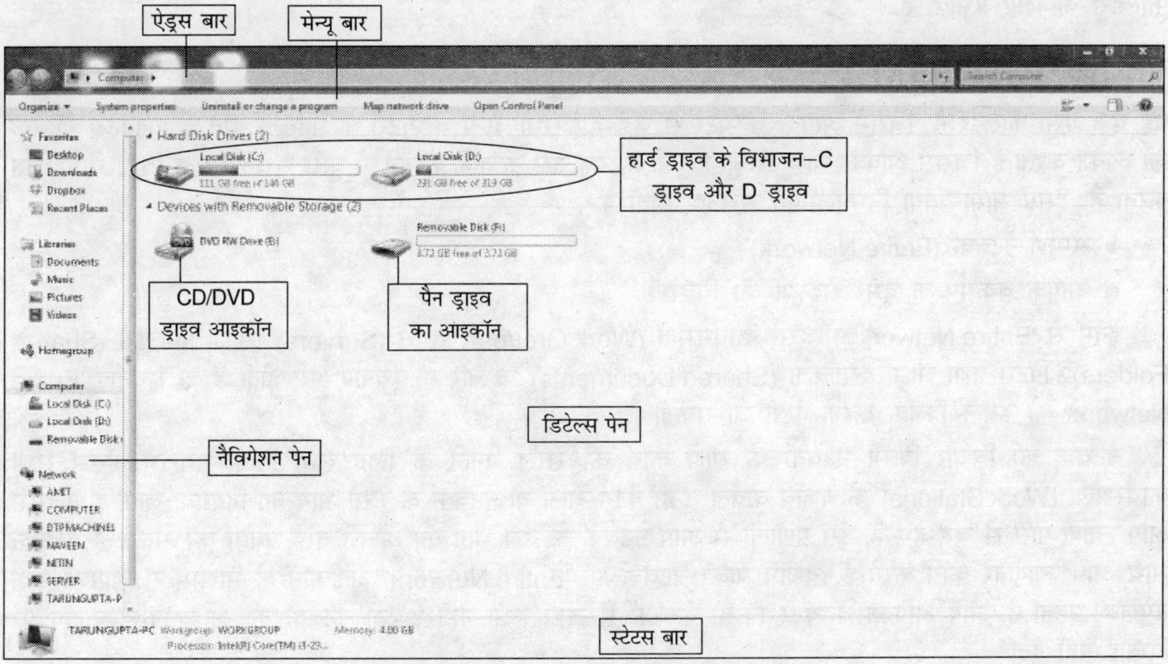

चित्र W-2.4 : Computer की विंडो

इस विंडो के किसी ड्राइव के आइकॉन को डबल-क्लिक करने से उसी विंडो में Computer के बजाय उस ड्राइव की सामग्री दिखाई देने लगती है. उसमें आप फिर किसी फोल्डर के आइकॉन को डबल-क्लिक करके उसकी विंडो को खोल सकते हैं. इस प्रकार फोल्डरों को क्रमशः खोलते हुए आप अपने कंप्यूटर के किसी भी फोल्डर की किसी भी फाइल तक पहुँच सकते हैं और उसका उपयोग कर सकते हैं.

रिसाइकिल बिन (Recycle Bin)

यह विंडोज ऑपरेटिंग सिस्टम का एक विशेष फोल्डर होता है, जिसकी सहायता से आप आपनी हटाई हुई फाइलों तथा फोल्डरों को सरलता से दोबारा बरामद कर सकते हैं. हार्ड डिस्क से हटाई हुई प्रत्येक वस्तु (Object) तुरन्त रिसाइकिल बिन में डाल दी जाती है. इस बिन को आप बाद में कभी भी खोल सकते हैं और यदि आवश्यक हो तो हटाई हुई वस्तु को बरामद कर सकते हैं. रिसाइकिल बिन को पूरी तरह खाली करना भी सम्भव है. इससे बिन में पड़ी हुई वस्तुएं मिटा दी जाती हैं. उन्हें फिर से प्राप्त करना सम्भव नहीं है.

रिसाइकिल बिन का आकार सम्पूर्ण हार्ड डिस्क के आकार या क्षमता के किसी प्रतिशत के रूप में सेट किया जाता है. इस बिन का आकार जितना बड़ा होगा, यह उतनी ही ज्यादा हटाई गई फाइलों का स्टोर करेगा. जब रिसाइकिल बिन पूरी भर जाती है, तो नई हटाई गई फाइलों के लिए जगह बनाने के लिए सबसे पुरानी हटाई गई फाइल को मिटा दिया जाता है.

एक रोचक बात यह है कि यदि रिसाइकिल बिन में कोई फाइल पड़ी है, तो इसके आइकॉन चिह्न की टोकरी में कुछ कूड़ा या कागज रखे दिखाए जाते हैं, नहीं तो टोकरी खाली दिखायी जाती है.

ध्यान रखें कि यदि आप किसी फाइल या फोल्डर को फ्लॉपी डिस्क अथवा पैन ड्राइव (Pen Drive) से हटाते हैं, तो वह सामग्री रिसाइकिल बिन में नहीं डाली जाती. यह केवल विंडोज में हार्ड डिस्क से हटाई गई फाइलों तथा फोल्डरों के लिए प्रभावी है.

नेटवर्क (Network)

यह एक ऐसा फोल्डर है, जिसमें आपके कंप्यूटर से जुड़े हुए सभी अन्य कंप्यूटरों के फोल्डर होते हैं. यह उस नेटवर्क को व्यक्त करता है जिससे आपका कंप्यूटर जुड़ा हुआ है. यह उस नेटवर्क के बारे में कुछ सूचनाएं एक विंडो में प्रदर्शित करता है. इसमें सामान्यतया निम्नलिखित सूचनाएं होती हैं–

- सम्पूर्ण नेटवर्क (Entire Network)
- आपके वर्कग्रुप के दूसरे सदस्यों का विवरण

इनमें से 'Entire Network' में दूसरे कार्यसमूहों (Work Groups), सर्वरों (Servers), साझा फोल्डरों (Shared Folders), प्रिंटरों तथा साझा दस्तावेजों (Shared Documents) के बारे में सूचनाएं भरी होती हैं. ये सूचनाएं 'Entire Network' को डबल-क्लिक करके देखी जा सकती हैं.

नेटवर्क का विचार किसी नेटवर्क के साथ कार्य को सरल बनाने के लिए लागू किया गया है. इससे सभी कार्यस्थलों (Work Stations) के बजाय केवल उन्हीं कार्यस्थलों या नेटवर्क के उसी भाग को दिखाया जाता है, जिससे आप ज्यादा पास से जुड़े हुए हैं. इस प्रणाली से आप नेटवर्क के उस भाग को अच्छी तरह प्रयोग कर सकते हैं, जिनके साथ आप ज्यादातर कार्य करते हैं. यद्यपि बाकी नेटवर्क भी 'Entire Network' आइकॉन के माध्यम से आपको सदा उपलब्ध रहता है. यदि आपका कंप्यूटर किसी नेटवर्क से जुड़ा हुआ नहीं है, तो नेटवर्क का आइकॉन डेस्कटॉप पर दिखाई नहीं देता.

स्टार्ट बटन (Start Button)

विंडोज 7 के डेस्कटॉप के निचले बाएं कोने में गोलाकार 'Start' बटन को क्लिक करके स्टार्ट मेन्यू खोला जाता है. यह मेन्यू वास्तव में पूरे कंप्यूटर का एक सुविधाजनक कंट्रोल बिन्दु है. कंप्यूटर के सभी कार्य या क्रियाकलाप इसी मेन्यू से प्रारम्भ किए जाते हैं. विंडोज 7 में यह मेन्यू चित्र W-2.5 की तरह दिखाई देता है.

विंडोज 7 का स्टार्ट मेन्यू दो ऊर्ध्वाधर भागों में विभाजित होता है. मेन्यू के बाईं ओर उन प्रोग्रामों के आइकॉन दिए जाते हैं, जिनको हाल ही में खोला गया है या उन पर काम किया गया है. बाईं ओर ही निचले भाग में All Programs विकल्प होता है. इस पर क्लिक करने से बाएं भाग में ही उन सभी प्रोग्रामों की सूची खुल जाती है, जो आपके कंप्यूटर में उपलब्ध हैं. इस सूची में इच्छित प्राग्राम चुनकर उसे चालू किया जा सकता है.

स्टार्ट मेन्यू के अन्य विकल्प दाईं ओर होते हैं, जिनको चुनने पर होने वाले प्रभाव निम्न प्रकार हैं–

User Name — सबसे ऊपर कंप्यूटर के प्रयोगकर्ता का नाम (जिसे User Name कहा जाता है) होता है. इस पर क्लिक करने से User Name फोल्डर खुलता है, जिसमें प्रयोगकर्ता के दस्तावेजों, चित्रों, ऑडियो एवं अन्य फाइलों के फोल्डर होते हैं.

Documents — यह आपके दस्तावेजों का फोल्डर होता है, जिसे क्लिक करने पर आप इस फोल्डर में सुरक्षित किये पत्र, रिपोर्ट और अन्य दस्तावेज खोल सकते हैं.

Pictures — इस फोल्डर में चित्र और ग्राफ़िक फाइलें सुरक्षित होती हैं.

Music — इस फोल्डर में ऑडियो फाइलें सुरक्षित होती हैं.

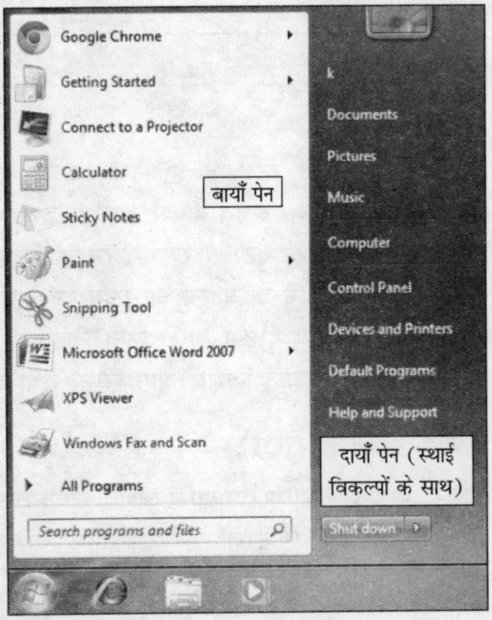

चित्र W-2.5 : स्टार्ट मेन्यू

Games इस फोल्डर को क्लिक करने से आपके कंप्यूटर में पहले से ही सुरक्षित मल्टी-मीडिया खेल (Games) दिखाई पड़ते हैं. आप कोई भी खेल खेलकर अपना मनोरंजन कर सकते हैं.

Computer आपके कंप्यूटर के डेस्कटॉप पर दिए गए Computer के आइकॉन पर डबल-क्लिक करके खोलना और स्टार्ट मेन्यू में Computer की विंडो दिखाई पड़ती है, जिसमें प्रत्येक ड्राइव का एक आइकॉन होता है.

Control Panel इस विकल्प पर क्लिक करने से Control Panel खुलता है, जिसके जरिए आप अपने कंप्यूटर डेस्कटॉप का रूप बदल सकते हैं, प्रोग्राम जोड़ या हटा सकते हैं, नए नेटवर्क जोड़ सकते हैं, प्रयोगकर्ता खाते (User Accounts) बना सकते हैं, आदि.

Devices and Printers इस विकल्प के द्वारा आप उन सभी यन्त्रों को, जोकि आपके कंप्यूटर के साथ किसी तार **(Wired)** अथवा बेतार **(Wireless)** जुड़े हुए हैं, देख सकते हैं और उनके बारे में सारी जानकारी जैसे वे क्या काम कर सकते हैं और आप उनसे क्या काम करा सकते हैं, आदि ले सकते हैं जैसे कि प्रिंटर, कैमरा, पैन-ड्राइव, आदि.

Default Programs इस विकल्प को क्लिक करने से एक विंडो खुलती है, जिसमें आप विभिन्न क्रियाएं, जैसे इंटरनेट में सूचनाएं खोजना, चित्र संपादित करना, ई-मेल भेजना, ऑडियो या वीडियो चलाना, इत्यादि कर सकते हैं.

Help and Support इससे Help and Support प्रोग्राम आरंभ होता है. इससे आप विंडोज में कोई कार्य करने के लिए सहायता ले सकते हैं.

इन सभी विकल्पों के अतिरिक्त स्टार्ट मेन्यू के बाएं भाग के नीचे एक Search बॉक्स होता है, जिसकी मदद से आप कोई भी फाइल, फोल्डर आदि खोज सकते हैं. Search बॉक्स में इच्छित वस्तु का नाम टाइप करके Enter कुंजी दबाएं. खोज परिणाम (Search Results) तुरंत आपकी स्क्रीन पर प्रकट हो जाएंगे.

टास्कबार (Taskbar)

जब भी आप कोई प्रोग्राम चालू करते हैं या कोई विंडो खोलते हैं, तो स्क्रीन पर सबसे नीचे टास्कबार में उस विंडो को प्रदर्शित करने वाला एक बटन दिखाई पड़ता है. इस प्रकार टास्कबार हमें सभी चालू प्रोग्रामों पर तत्काल पहुंचने की सुविधा प्रदान करता है. चित्र W-2.6 में एक टास्कबार दिखाया गया है.

टास्कबार का पहला बटन स्टार्ट बटन होता है. उसके बाद सभी खुले हुए अथवा चालू हुए प्रोग्रामों के लिए एक-एक बॉक्स या बटन होता है. जब भी आप किसी विंडो से किसी दूसरे प्रोग्राम या विंडो में जाना चाहते हों, तो केवल टास्कबार में उस प्रोग्राम या विंडो के बॉक्स को क्लिक कर दीजिए. जब आप किसी विंडो को बन्द (Close) करते हैं, तो टास्कबार से उसका बॉक्स गायब हो जाता है.

चित्र W-2.6 : टास्कबार

आप जो कार्य कर रहे हैं, उस पर निर्भर करते हुए टास्कबार के दाएं कोने (जिसे नोटिफिकेशन एरिया (Notification Area) कहते हैं) में अन्य चिह्न भी दिखाई पड़ सकते हैं, जैसे आपके छपाई कार्य को व्यक्त करने वाला प्रिंटर या पोर्टेबिल कंप्यूटर प्रदर्शित करने के लिए एक बैटरी. अन्तिम सिरे पर एक डिजिटल घड़ी (Clock) दिखाई जाती है. सेटिंग देखने या बदलने के लिए इन आइकॉनों का प्रयोग किया जाता है. उदाहरण के लिए, यदि आप तारीख या समय की सेटिंग देखना या बदलना चाहते हैं, तो सिर्फ घड़ी के चिह्न को डबल क्लिक कर दीजिए. इससे एक डायलाग बॉक्स खुलेगा जिसमें आप समय तथा तारीख की सेटिंग को देख या बदल सकते हैं.

गैजेट (Gadget)

गैजेट्स छोटे-छोटे सम्पूर्ण प्रोग्राम्स अथवा उपकरण हैं जो आपकी डेस्कटॉप स्क्रीन पर पाये जाते हैं. इन उपकरणों के द्वारा आप विभिन्न कार्य जैसे कि घड़ी, कैलेण्डर, न्यूज़रीडर, आदि का प्रयोग कर सकते हैं.

उपकरण जोड़ने के लिए डेस्कटॉप क्षेत्र में माउस का दायां बटन क्लिक कीजिए. ऐसा करने पर एक छोटा मेन्यू खुलेगा. मेन्यू में 'Gadgets' विकल्प पर क्लिक कीजिए. इससे एक गैलरी चित्र W-2.8 की तरह खुलेगी जिसमें उपकरणों के विकल्प उपलब्ध होंगे. आप इनमें से किसी भी उपकरण को डेस्कटॉप में जोड़ सकते हैं.

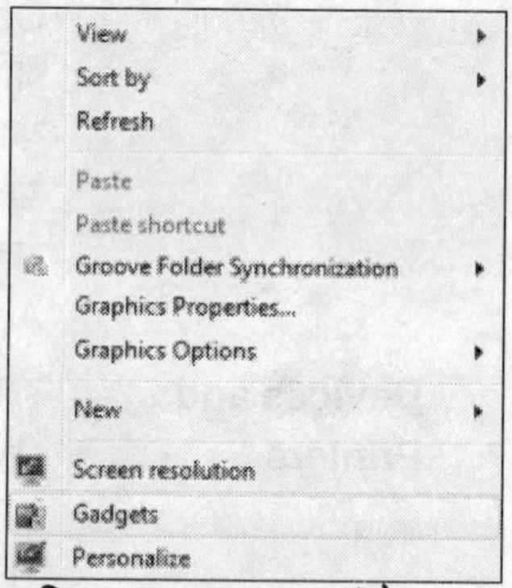

चित्र W-2.7 : कॉन्टैक्स्ट मेन्यू

उदाहरण के लिए, मान लीजिए कि आप 'क्लॉक' या घड़ी उपकरण जोड़ना चाहते हैं. इसके लिए 'क्लॉक' पर माउस का दायां बटन क्लिक कीजिए. आपके सामने दो विकल्प आएंगे Add और Uninstall. Uninstall पर क्लिक करने से यह उपकरण गैलरी से गायब हो जाएगा. परंतु यहां हम इसे डेस्कटॉप में जोड़ना चाहते हैं. इसके लिए Add पर क्लिक कीजिए. उपकरण तुरंत आपके डेस्कटॉप में जुड़ जाएगा.

चित्र W-2.8 : विभिन्न गैजेट्स की विंडो

इन उपकरणों को हटाने के लिए आप इन पर दिया गया (X) बटन दबा सकते हैं. कुछ अन्य प्रकार के उपकरण इस प्रकार हैं :

Calendar: कैलेण्डर देखने के लिए उपकरण.

Contacts: आपके जान-पहचान के लोगों के नाम, पता, तथा ई-मेल आदि रखने के लिए उपकरण.

CPU Meter: यह उपकरण बताता है कि मेमोरी और सी.पी.यू. कितने प्रतिशत प्रयोग में है.

Currency: विदेशी मुद्रा का भाव जानने के लिए उपकरण.

Feed Headlines: समाचार सुर्खियाँ बताने के लिए उपकरण.

Stocks: शेयर बाजार की जानकारी देने के लिए उपकरण.

Weather: मौसम की जानकारी देने के लिए उपकरण.

Picture Puzzle: बच्चों के लिए चित्र पहेलियों वाला उपकरण.

कोई प्रोग्राम प्रारम्भ करना (To Start a Program)

विंडोज 7 में कोई भी प्रोग्राम प्रारम्भ करना बहुत सरल है. आपको बस यह पता होना चाहिए कि वह किस फोल्डर में है. प्रोग्राम चालू करने के लिए निम्नलिखित क्रियाएं कीजिए–

1. डेस्कटॉप में स्टार्ट बटन को क्लिक कीजिए. इससे स्टार्ट मेन्यू खुल जाएगा.
2. स्टार्ट मेन्यू में 'All Programs' विकल्प को क्लिक कीजिए. ऐसा करते ही आपको उसी विंडो में प्रोग्राम फोल्डर में उपलब्ध प्रोग्रामों तथा फोल्डरों की सूची दिखाई पड़ेगी. ऐसी एक सूची W-2.9 में दिखाई गयी है.

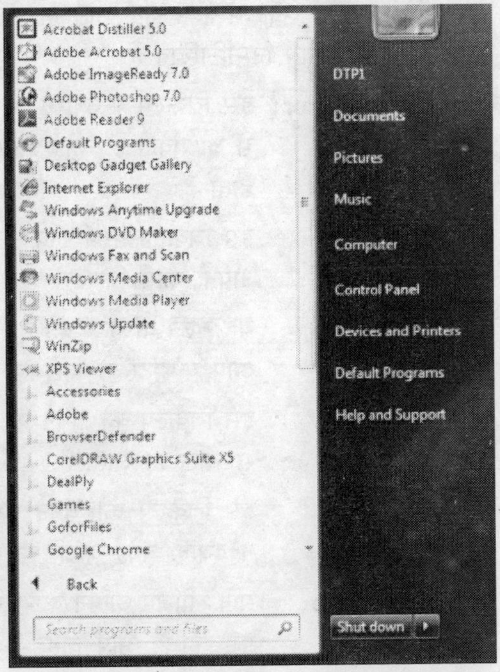

चित्र W-2.9 : उपलब्ध प्रोग्रामों तथा फोल्डरों की सूची

इस सूची में कई प्रोग्राम तथा कई फोल्डर हैं. यदि आपका इच्छित प्रोग्राम इस सूची में है, तो आप उसे क्लिक करके शुरू कर सकते हैं. यदि वह किसी फोल्डर में है तो पहले उस फोल्डर को क्लिक करें जिससे फिर एक नई विंडो में नई सूची आएगी. इसी प्रकार आप किसी भी गहराई तक जाकर अपना जरूरी प्रोग्राम प्रारम्भ कर सकते हैं.

कोई प्रोग्राम समाप्त करना (To Quit a Program)

किसी प्रोग्राम को समाप्त (बंद) करने के कई तरीके हैं. उनमें सबसे सरल तरीका यह है कि उस प्रोग्राम की विंडो में ऊपरी दाएं कोने में 'X' दिखाने वाला जो बटन है, उसे क्लिक कर दें. शेष तरीकों के बारे में आप आगे पढ़ेंगे.

विंडोज को बंद करना (Shutting Down Windows)

विंडोज में कार्य करने के बाद कंप्यूटर की बत्ती बन्द करने से पहले विंडोज से ठीक तरह बाहर आना (अर्थात् उसे बन्द करना) आवश्यक है, नहीं तो आपकी फाइलें खराब हो सकती हैं. जब विंडोज को सही तरीके से बन्द किया जाता है, तो वह सभी चालू प्रोग्रामों को समाप्त करता है तथा सभी खुले हुए फोल्डरों को भी बन्द कर देता है. इसके साथ ही यदि आप किसी नेटवर्क से जुड़े हुए हैं, तो वह सभी कनेक्शनों को हटा देता है.

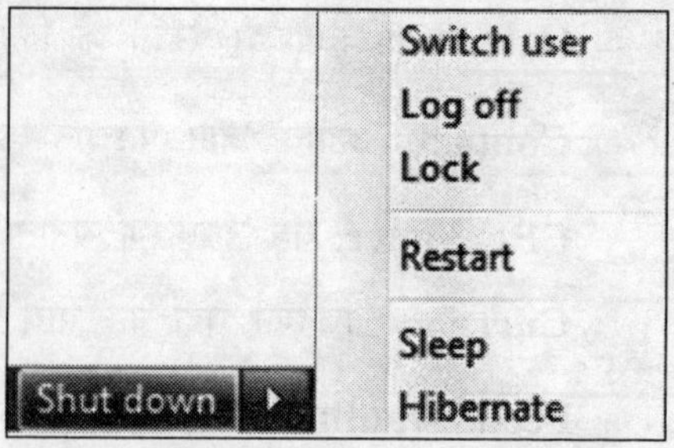

चित्र W-2.10 : Turn off computer का डायलाग बॉक्स

विंडोज 7 को बन्द करना बहुत आसान है इसके लिए निम्नलिखित क्रियाएं कीजिए :

1. स्टार्ट बटन को क्लिक कीजिए.
2. स्टार्ट मेन्यू में दाएं कोने पर दिए गए 'Shut Down' बटन को क्लिक कीजिए. इस विकल्प को क्लिक करने से पहले आपके सभी प्रोग्राम, फिर विंडोज और फिर आपका कंप्यूटर बंद हो जाता है. इसके बाद आप अपने कंप्यूटर की बत्ती ऑफ कर सकते हैं.

विंडोज 7 के स्टार्ट मेन्यू में दाएं कोने पर ऐरो ▶ बटन क्लिक करने पर खुलने वाले मेन्यू में कुल छह विकल्प होते हैं. इनके प्रभाव निम्नलिखित हैं–

Switch User: इस विकल्प के जरिए आप कोई भी प्रोग्राम बंद किये बिना एक प्रयोगकर्ता खाते से दूसरे खाते में जा सकते हैं. कोई प्रयोगकर्ता चुन लेने पर आपको केवल उसी प्रयोगकर्ता की फाइलें उपलब्ध होती हैं.

Log Off: इस विकल्प पर क्लिक करने से केवल आपके प्रोग्राम बंद होते हैं. आप पुनः पासवर्ड डाल कर अपना काम फिर से शुरु कर सकते हैं.

Lock: यह बटन कंप्यूटर को ताला लगाने के लिए है. इस विकल्प को क्लिक करने के बाद जब तक आप कंप्यूटर में पासवर्ड नहीं डालेंगे, तब तक कार्य शुरु नहीं होगा.

Restart: इस विकल्प को चुनने पर कंप्यूटर रिसेट हो जाता है तथा पुराना विंडोज प्रोग्राम बन्द होकर फिर से चालू हो जाता है.

Sleep: इस विकल्प को चुनने पर कंप्यूटर के सभी काम बन्द हो जाते हैं, जब तक आप कोई बटन न दबाएं. कोई कुंजी या बटन दबाने पर कार्य पुनः शुरू हो जाते हैं.

Hibernate: मान लीजिए आपने कंप्यूटर में कोई प्रोग्राम खोला है. किसी कारणवश आपको कंप्यूटर बंद करना पड़ रहा है. आप चाहते हैं कि जब आप कंप्यूटर दोबारा खोलें तो वह प्रोग्राम आपको खुला हुआ मिले. ऐसी जरूरतों के लिए Hibernate विकल्प का उपयोग करें.

विंडोज की प्रारम्भिक बातें (Windows Basics)

आप में से कुछ पाठक ऐसे होंगे, जिन्होंने पहले कभी किसी विंडो आधारित कंप्यूटर पर कार्य नहीं किया है. ऐसे पाठकों को विंडोज के कुछ तकनीकी शब्दों को समझने में कठिनाई हो सकती है, यद्यपि विंडोज नए से नए उपयोगकर्ता के लिए भी बहुत आसान है. इस अध्याय में हम विंडोज के बारे में कुछ मूल बातें बताएंगे, जो प्राय: प्रत्येक विंडो आधारित सिस्टम तथा मुख्य रूप से विंडोज 7 पर लागू होती हैं. यहाँ दिये गये सभी चित्र विंडोज 7 के अनुसार हैं.

किसी विंडो की संरचना (Anatomy of a Window)

ज्यादातर विंडोज में बहुत से तत्व (Elements) समान होते हैं. यहां हम किसी विंडो के भागों का वर्णन करेंगे और उनकी सार्थकता (Significance) अथवा महत्त्व (Importance) बताएंगे.

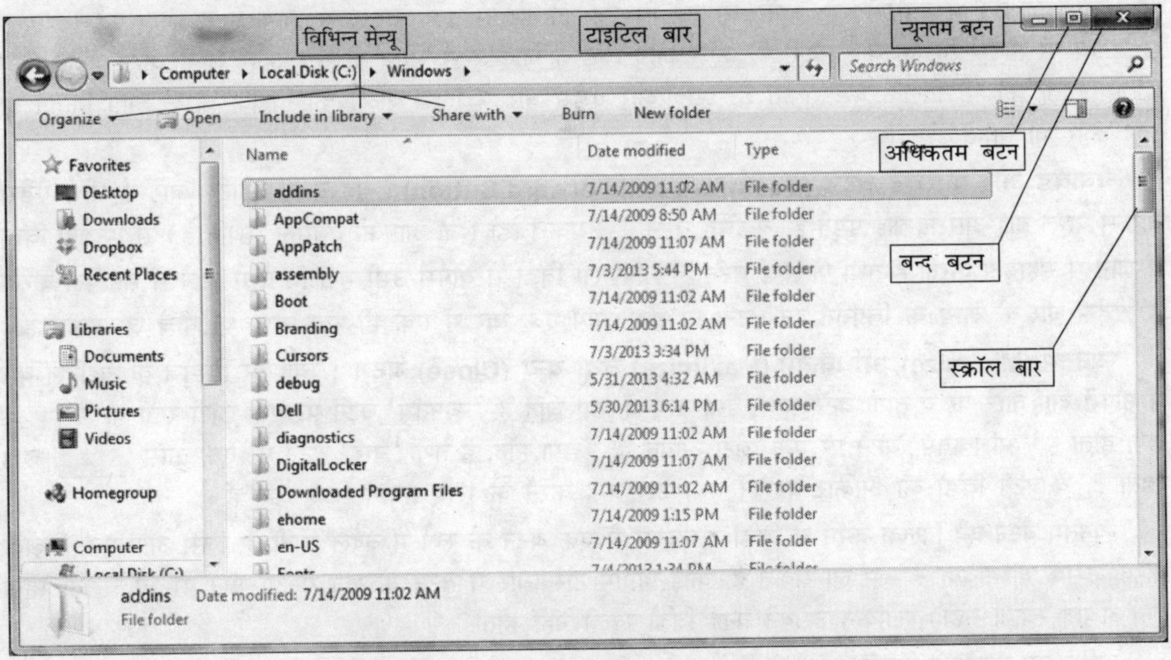

चित्र W-3.1 : एक सामान्य विंडो की संरचना

चित्र W-3.1 में एक साधारण विंडो दिखाई गई है, जिसके कई तत्वों को नाम से संकेत किया गया है. ये तत्व अधिकांश विंडोज में समान रूप से पाए जाते हैं. इन भागों का संक्षिप्त परिचय नीचे दिया गया है.

टाइटिल बार (Title Bar) : लगभग प्रत्येक विंडो का एक विशेष नाम होता है, जो प्राय: उसके सम्बन्धित प्रोग्राम के नाम पर भी हो सकता है. यह नाम विंडो के सबसे ऊपरी भाग में एक क्षैतिज (Horizontal) बार में पाया जाता है. इस बार को ही टाइटिल बार कहते हैं. कभी-कभी किसी प्रोग्राम की विंडो के टाइटिल बार में उस दस्तावेज (या फाइल) का नाम भी दिया होता है, जिस पर कार्य किया जा रहा है यह सूचना उस समय बड़े काम की होती है, जब हम एक साथ कई दस्तावेजों पर कार्य कर रहे होते हैं. सक्रिय (Active) विंडो के टाइटिल बार का रंग अथवा

तीव्रता (Intensity) दूसरे विंडोज के टाइटिल बारों के रंग अथवा तीव्रता से भिन्न होता है.

ऐड्रेस बार (Address Bar) : आप जानते ही हैं कि सभी फाइल और फोल्डर कंप्यूटर की हार्ड डिस्क (Hard Disk) में उपस्थित होते हैं. अगर आप किसी भी फाइल या फोल्डर में जाना चाहते हैं अथवा उसे खोलना चाहते हैं व उसमें काम करना चाहते हैं तो उसका नाम और पता जानना आवश्यक होता है.

ऐड्रेस बार (Address Bar) किसी भी फाइल या फोल्डर का पता बताने के लिए काम आता है और मार्गदर्शन में सहायता करता है. उदाहरण के लिए चित्र W 3.1 और W 3.2 को देखें.

चित्र W-3.2 : ऐड्रेस बार

यह पता (Computer > Local Disk (C:) > Windows) दर्शाता है कि अभी आप एक विंडोज (Windows) नामक फोल्डर में हैं जो C: ड्राइव में उपस्थित है और यह C: ड्राइव हार्ड डिस्क (जिसे विंडोज की भाषा में Computer भी कहा जाता है) में उपस्थित है. अगर आपको विंडोज फोल्डर से एक स्तर ऊपर जाना है तो आप ऐड्रेस बार में C: ड्राइव पर माउस क्लिक कर सकते हैं. अगर आप विंडोज फोल्डर से सीधा दो स्तर ऊपर जाना चाहते हैं तो आप 'Computer' को भी क्लिक कर सकते हैं. इस प्रकार ऐड्रेस बार में लिखे शब्दों को क्लिक करके आप कितने ही स्तर ऊपर जा सकते हैं.

बैकवर्ड और फारवर्ड बटन (Backward and Forward Button) : यह बटन टाइटिल बार के नीचे ऐड्रेस बार से पहले बाईं ओर दिखाई पड़ते हैं. बैकवर्ड बटन  एक विंडो (जो आपकी वर्तमान स्थिति है) से पिछली विंडो में जाने में सहायता करता है तथा फारवर्ड बटन  पिछली विंडो से वापस उसी मूल विंडो में आने में सहायता करता है. ऐड्रेस बार के कार्य के विपरीत इन बटनों के द्वारा आप एक बार में एक ही स्तर ऊपर या नीचे जा सकते हैं.

न्यूनतम (Minimize), अधिकतम (Maximize) तथा बन्द (Close) बटन : ज्यादातर विंडोज के टाइटिल बार में ऊपरी दाएं कोने पर ये तीनों बटन प्राय: इसी क्रम में पाए जाते हैं. 'न्यूनतम' बटन पर एक छोटी रेखा या डैश  छपा होता है, 'अधिकतम' बटन पर एक छोटा आयत  छपा होता है तथा 'बन्द' बटन पर एक क्रास  छपा रहता है. ये बटन विंडो का आकार बदलने तथा उसे बन्द करने के लिए प्रयोग किए जाते हैं.

न्यूनतम बटन को क्लिक करने से विंडो टास्कबार में एक बटन के रूप में बदल जाती है, जिसे आप पुन: क्लिक करके उसके वास्तविक रूप में ला सकते हैं. कोई प्रोग्राम टास्कबार में बटन के रूप में आ जाने पर भी चलता रहता है (अर्थात् रुकता नहीं), लेकिन उसकी कोई विंडो खुली नहीं होती.

अधिकतम बटन को क्लिक करने से विंडो पूरी स्क्रीन के बराबर हो जाती है. ऐसा होते ही अधिकतम बटन रिस्टोर (Restore) बटन के रूप में बदल जाता है, जिस पर छोटे आयतों का एक जोड़ा छपा होता है. रिस्टोर बटन को क्लिक करने से विंडो अपने पुराने आकार में आ जाती है.

स्क्रॉल बार (Scroll Bar) : विंडो का आकार सीमित होने के कारण उसमें सभी सूचनाएं एक बार में दिखाई नहीं पड़तीं, इसलिए स्क्रॉल बार का प्रयोग किया जाता है.

स्क्रॉल बार दो हो सकते हैं – ऊर्ध्वाधर (Vertical) तथा क्षैतिज (Horizontal). ऊर्ध्वाधर स्क्रॉल बार का प्रयोग विंडो में ऊपर से नीचे (या नीचे से ऊपर) जाने के लिए किया जाता है. इसी प्रकार क्षैतिज स्क्रॉल बार का प्रयोग विंडो में दाएं या बाएं जाने के लिए किया जाता है. ये स्क्रॉल बार प्रत्येक विंडो में सामान्यतया क्रमश: दाएं किनारे तथा निचले किनारे पर पाए जाते हैं.

स्क्रॉल बारों में एक-एक छोटा बॉक्स होता है, जिसे थम्ब (Thumb) या एलीवेटर (Elevator) कहा जाता है. इनको बार में इच्छित दिशा में माउस की सहायता से सरकाया जाता है, जिससे उसी दिशा की सूचनाएं विंडो में दिखाई देने लगती हैं. बारों के दोनों सिरों पर एक-एक बटन भी होता है, जिन पर दिशासूचक तीर के चिह्न बने होते हैं. इन बटनों को स्क्रॉल बटन (Scroll Buttons) कहते हैं. इन्हें क्लिक करते हुए आप तीर की दिशा में भरी हुई सूचनाएं देख सकते हैं.

विंडोज में यह व्यवस्था है कि जब भी किसी विंडो या उसके किसी बॉक्स में कोई ऐसी सूची या सामग्री प्रदर्शित की जा रही है, जो एक बार में पूरी नहीं देखी जा सकती, तो उस विंडो या बॉक्स में अपने आप ही स्क्रॉल बार बन जाते हैं.

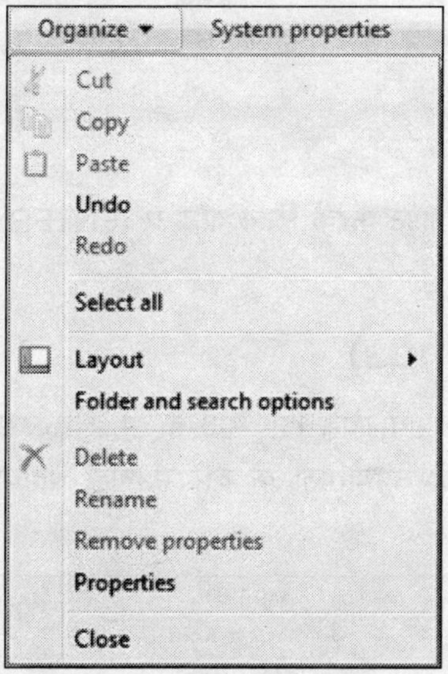

चित्र W-3.3 : पुल-डाउन मेन्यू

मेन्यू (Menu) : कोई मेन्यू कई विकल्पों (या आदेशों) की एक सूची होता है, जिनमें से आवश्यकता के अनुसार कोई एक विकल्प चुना जाता है. प्रत्येक विकल्प सामान्यत: किसी क्रिया (Operation) या सेटिंग (Setting) को व्यक्त करता है.

विकल्पों की संख्या अधिक होने पर उनको समूहों में बांट दिया जाता है और प्रत्येक समूह का एक विशेष नाम रखा जाता है, जिससे वे विकल्प सम्बन्धित होते हैं. ऐसे मेन्यू में ऊपर एक क्षैतिज बार होता है, जिसे मेन्यू बार (Menu Bar) कहा जाता है. मेन्यू बार में सभी मेन्यू समूहों के नाम दिए होते हैं. इनमें से किसी मेन्यू नाम को क्लिक करने पर उस समूह के सभी विकल्प एक मेन्यू के रूप में ऊपर से नीचे की ओर दिखाई पड़ने लगते हैं. ऐसे मेन्यू को पुल-डाउन मेन्यू (Pull-Down Menu) भी कहा जाता है. चित्र W-3.3 में एक पुल-डाउन मेन्यू दिखाया गया है, जो मेन्यू बार के 'Organise' मेन्यू समूह (जो चित्र W-3.1 में दिखाया गया है) से सम्बन्धित है.

सिस्टम कंट्रोल मेन्यू (System Control Menu) : प्रत्येक विंडो में टाइटिल बार के एकदम बाएं किनारे पर एक आइकॉन होता है, जिसे सिस्टम मेन्यू आइकॉन (System Menu Icon) कहा जाता है. इस आइकॉन को क्लिक करने पर एक मेन्यू खुल जाता है, जिसे सिस्टम कंट्रोल मेन्यू कहते हैं. चित्र W-3.4 में ऐसा एक मेन्यू दिखाया गया है. इस मेन्यू में विंडो का आकार बदलने (Resizing), उसे दूसरे स्थान पर ले जाने (Moving) तथा बन्द करने (Closing) के विकल्प होते हैं. इस मेन्यू से बाहर कहीं भी क्लिक करके इस मेन्यू को बन्द किया जा सकता है.

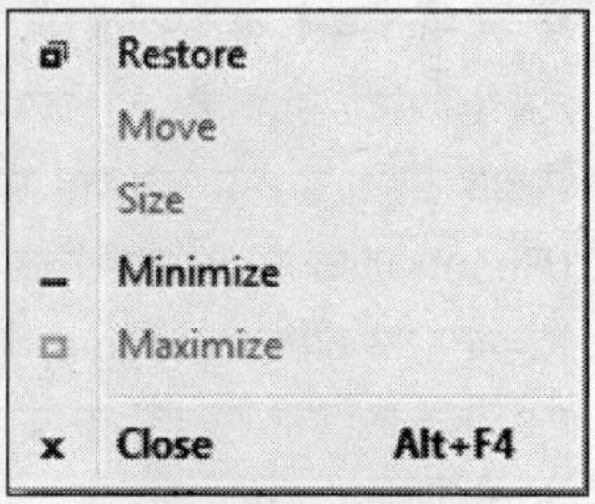

चित्र W-3.4 : सिस्टम कंट्रोल मेन्यू

हल्के रंग में विकल्प नाम (A Greyed Option Name) : किसी-किसी मेन्यू में कुछ या कोई विकल्प किसी दूसरे रंग (सामान्यतया हल्के रंग) में दिखाए जाते हैं. ऐसे विकल्प चुने नहीं जा सकते, क्योंकि किसी कारणवश उनमें भरी गई क्रिया करना सम्भव नहीं होता. उदाहरण के लिए, चित्र W-3.3 में 'COPY' विकल्प को हल्का किया गया है, क्योंकि इस समय Copy करने के लिए कुछ भी उपलब्ध नहीं है. मेन्युओं में केवल उन्हीं विकल्पों को सामान्य या गहरे रंग में दिखाया जाता है, जिनमें भरी गई क्रिया करना उस समय सम्भव हो. मेन्युओं में तत्कालीन परिस्थिति के अनुसार विकल्प गहरे और हल्के होते रहते हैं अर्थात् उनका रंग बदलता रहता है.

मेन्युओं पर कार्य करना (Working with Menus)

किसी मेन्यू पर कार्य करने का अर्थ है उसको सक्रिय करना और उसमें से इच्छित विकल्प चुनना. विंडोज ऑपरेटिंग सिस्टम में इन दोनों कार्यों को करने के कई तरीके उपलब्ध हैं. किसी मेन्यू को सक्रिय करने का सबसे सरल तरीका उसके नाम को क्लिक करना है और मेन्यू के किसी विकल्प को चुनने की सबसे सरल विधि उस विकल्प पर माउस पॉइंटर ले जाकर क्लिक कर देना है.

मेन्यू को कुंजी पटल (Keyboard) की सहायता से भी सक्रिय किया जा सकता है. इसके लिए ALT कुंजी के साथ उस मेन्यू के नाम का रेखांकित (Underlined) अक्षर दबाइए. उदाहरण के लिए यदि मेन्यू का नाम 'Edit' है, तो उसे सक्रिय करने के लिए ALT+E (अर्थात् ALT के साथ E) दबाया जाएगा. एक बार मेन्यू खुल जाने अर्थात् सक्रिय हो जाने पर किसी विकल्प का चुनाव निम्नलिखित में से किसी भी विधि से किया जा सकता है-

1. विकल्प पर माउस पॉइंटर लाकर क्लिक करके,
2. विकल्प का रेखांकित अक्षर टाइप करके, अथवा
3. ऊपर तथा नीचे के तीर वाली कुंजियों को दबाकर उस विकल्प को हाईलाइट करके रिटर्न या एंटर (ENTER) दबाकर.

मेन्यू में विशेष संकेत (Special Indicators in Menus)

किसी-किसी मेन्यू में कुछ विकल्पों (Options) के पहले तथा बाद में कुछ विशेष चिह्न दिए होते हैं. ये चिह्न उस विकल्प के बारे में अतिरिक्त सूचनाएं उपलब्ध कराते हैं. इन चिह्नों तथा उनकी उपयोगिता के बारे में नीचे बताया गया है :

सही का चिह्न (Check Mark) : ये प्राय: किसी विकल्प के ठीक पहले पाए जाते हैं. ऐसे विकल्प वास्तव में किसी स्विच या स्थिति को व्यक्त करते हैं. जब वह स्विच 'सेट' होता है, तो उसके पहले सही का चिह्न दिखाई पड़ता है और जब वह सेट नहीं होता अर्थात् रिसेट (Reset) होता है तो यह चिह्न दिखाई नहीं पड़ता. ऐसे विकल्प को टॉगिल (Toggle) विकल्प भी कहा जाता है. ऐसे विकल्पों को क्लिक करके सेट तथा फिर से क्लिक करके रिसेट किया जाता है.

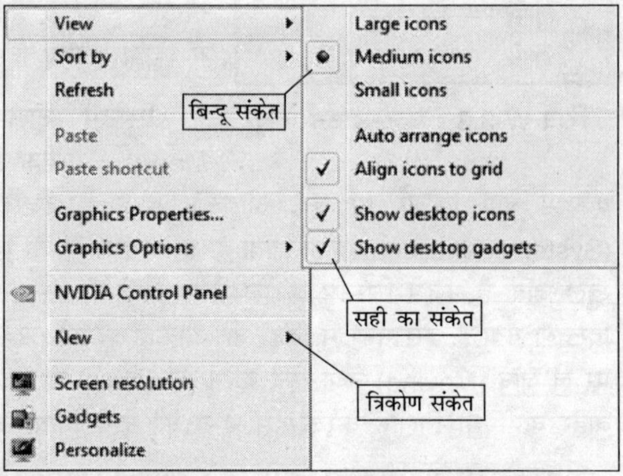

चित्र W-3.5 : एक झरना मेन्यू

त्रिकोण (Triangle) : किसी मेन्यू के किसी विकल्प के दाएं में काले त्रिकोण होने का अर्थ है कि इस विकल्प से एक उप-मेन्यू जुड़ा हुआ है. इस मेन्यू को सब-मेन्यू (Sub-Menu) या झरना मेन्यू (Cascading Menu) भी कहा जाता है. जब भी माउस पॉइंटर ऐसे विकल्प पर आता है, तो उसका झरना मेन्यू सक्रिय हो जाता है और उसके दायीं ओर (अथवा उधर जगह न होने पर बायीं ओर) दिखाई पड़ने लगता है. यह मेन्यू भी दूसरे मेन्युओं की तरह ही कार्य करता है. चित्र W-3.5 में एक झरना मेन्यू दिखाया गया है.

बिन्दु (Dot) : जब किसी मेन्यू में दिए गए कुछ विकल्प परस्पर निषेधक (Mutually Exclusive) अर्थात् ऐसे होते हैं कि किसी समय उनमें से एक और केवल एक ही विकल्प चुना जा सकता है, तो उस चुने हुए विकल्प के सामने एक बड़ा काला बिन्दु (●) दिखाई पड़ता है. इससे यह पता चलता है कि उस समय कौन सा विकल्प लागू है. ऐसे विकल्पों को एक समूह के रूप में अलग से दिखाया जाता है. समूह के किसी अन्य विकल्प को क्लिक करके उसको लागू किया जाता है. यह भी चित्र W-3.5 में दिखाया गया है.

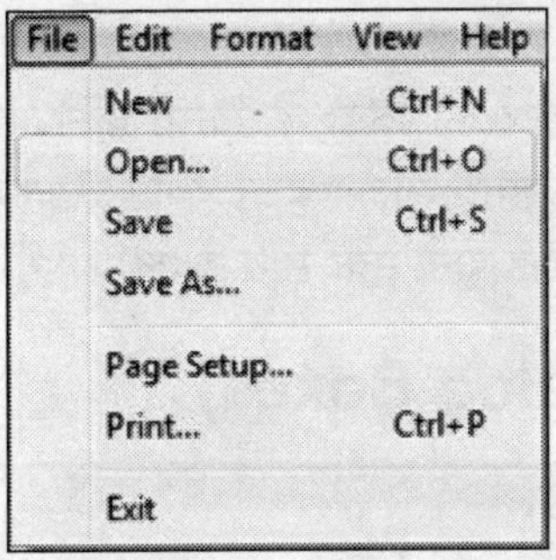

चित्र W-3.6 : File मेन्यू

लोप चिह्न (Ellipsis) : लोप चिह्न किसी विकल्प के तत्काल बाद तीन छोटे लगातार बिन्दुओं (...) के रूप में दिखाई पड़ता है. इसका अर्थ है कि इस विकल्प से सम्बन्धित क्रिया कराने से पहले कुछ अतिरिक्त सूचनाओं की आवश्यकता होनी चाहिए. ऐसे विकल्पों को चुनने पर एक डायलाग बॉक्स खुल जाता है, जिसमें आप आवश्यक सूचनाएं भर सकते हैं. उस डायलाग बॉक्स में OK बटन को क्लिक करके बाहर निकलने पर ही वह विकल्प सक्रिय होता है.

कुंजी संयोग (Key Combination) : अनुभवी उपयोगकर्ता बार-बार माउस से कुंजीपटल तथा कुंजीपटल से माउस पर जाने के बजाय अकेले कुंजीपटल का प्रयोग करना सुविधाजनक समझते हैं. विंडोज में ऐसी सुविधा उपलब्ध है कि किसी-किसी मेन्यू में कुछ विकल्पों को आप बिना मेन्यू सक्रिय किए सीधे ही चुन सकते हैं. ऐसे प्रत्येक विकल्प से एक कुंजी संयोग जुड़ा होता है. उन कुंजियों को एक साथ दबाना उस विकल्प को चुनने के बराबर होता है. ऐसे कुंजी संयोग को शॉर्टकट कुंजी (Shortcut Keys) कहा जाता है. उदाहरण के लिए 'Paste' विकल्प का कुंजी संयोग 'Ctrl+V' है. इसका अर्थ है कि आप कंट्रोल के साथ V दबाकर 'Paste' आदेश दे सकते हैं. दूसरे शब्दों में, 'Ctrl+V' 'Paste' आदेश की शॉर्टकट कुंजी है. उदाहरण के लिए चित्र W-3.6 में देखें.

विंडो को सरकाना (Moving a Window)

आप किसी भी विंडो को अपने डेस्कटाप पर कहीं भी आसानी से ले जा सकते हैं. इसके लिए विंडो के टाइटिल बार को इच्छित स्थान पर खींचकर ले जाया जाता है. उसके साथ ही पूरी विंडो अपने आप वहीं पहुंच जाती है. टाइटिल बार को खींचने की विधि यह है कि माउस पॉइंटर को उस पर लाकर माउस बटन को दबाए रखिए और फिर टाइटिल बार को खींच ले जाइए. इच्छित स्थान पर पहुंच कर माउस बटन को छोड़ दीजिए. आप देखेंगे कि पूरी विंडो नए स्थान पर पहुँच गयी है.

विंडो का आकार बदलना (Resizing a Window)

विंडोज ऑपरेटिंग सिस्टम में किसी विंडो का आकार बदलने के कई तरीके उपलब्ध हैं. इनमें सबसे सरल तरीका न्यूनतम (Minimize) तथा अधिकतम (Maximize) बटनों का प्रयोग करना है, जिनके बारे में आप पीछे पढ़ चुके हैं.

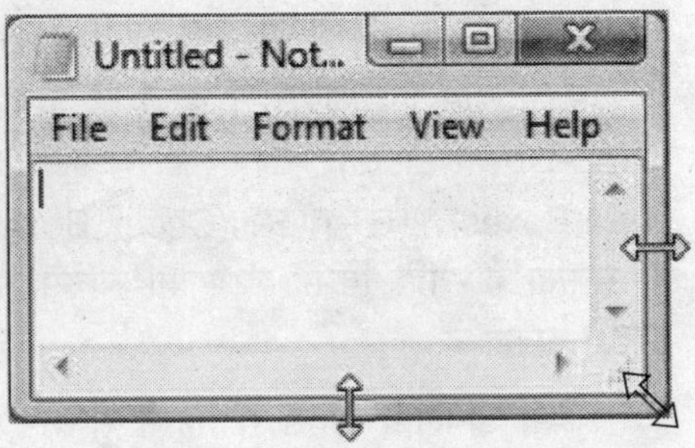

चित्र W-3.7 : विंडो का आकार बदलना

विंडो का आकार बदलने का दूसरा तरीका उसके साइडों को माउस की सहायता से इधर-उधर सरकाना है. इससे विंडो की साइड (Border) नए स्थान तक घट या बढ़ जाती है. जब भी आप माउस पॉइंटर को किसी विंडो के बाएं या दाएं किनारे पर ले जाते हैं, वह एक

क्षैतिज डबल तीर के निशान (⟷) में बदल जाता है. इस समय माउस बटन को दबाकर पकड़े रखने से आप उस साइड को क्षैतिज दिशा में कहीं भी ले जा सकते हैं. जहां ले जाकर आप माउस बटन को छोड़ देंगे, वह साइड वहीं स्थिर हो जाएगा और विंडो की चौड़ाई बदल जाएगी.

इसी तरह माउस पॉइंटर विंडो के ऊपरी या निचले साइड पर आते ही एक ऊर्ध्वाधर डबल तीर (↕) के निशान में बदल जाता है. इस समय आप माउस के द्वारा उस साइड को ऊपर या नीचे कहीं भी ले जा सकते हैं. इससे विंडो की ऊंचाई बदल जाएगी.

किसी विंडो की चौड़ाई और ऊंचाई एक साथ बदलना भी सम्भव है. माउस पॉइंटर को विंडो के किसी कोने पर ले जाते ही वह एक तिरछे डबल तीर के निशान (⤡ या ⤢) में बदल जाता है. इस समय माउस बटन दबाए रखकर आप उस कोने को कहीं भी ले जा सकते हैं. ऐसा करने से विंडो की ऊंचाई तथा चौड़ाई दोनों एक साथ बदल जाएंगी.

डायलाग बॉक्सों पर कार्य करना (Working with Dialog Boxes)

डायलाग बॉक्स एक विशेष प्रकार की विंडो होता है. जैसा कि इसके नाम से स्पष्ट है, इसका उद्देश्य प्रयोगकर्ता के साथ वार्तालाप (Interact) करना होता है. साधारणत: इसमें कोई मेन्यू नहीं होता और न कोई न्यूनतम (Minimize) या अधिकतम (Maximize) का बटन होता है, लेकिन इसमें बन्द (Close) बटन अवश्य होता है. चित्र W-3.8 में एक सामान्य डायलाग बॉक्स दिखाया गया है.

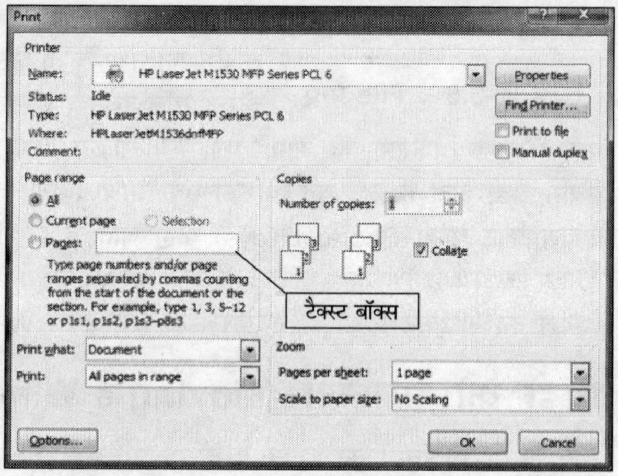

चित्र W-3.8 : एक सामान्य डायलाग बॉक्स

जब भी किसी मेन्यू में कोई ऐसा विकल्प चुना जाता है, जिसमें लोप चिह्न (...) हो, तो उस विकल्प को चुनने पर एक डायलाग बॉक्स खुल जाता है. डायलाग बॉक्स का उपयोग निम्नलिखित कार्यों के लिए किया जाता है–

1. विभिन्न विकल्पों की जांच करना.
2. किसी कार्य को करने या जारी रखने के लिए आवश्यक सूचनाएं देना.
3. दिए हुए विकल्पों की सूची में से एक को चुनना.
4. यदि किसी आदेश का पालन करने में गलती हो गई हो, तो उसकी पुष्टि करना या चेतावनी देना.
5. सिस्टम में कोई समस्या उत्पन्न होने पर आपको सावधान करना.
6. यदि किसी आदेश का पालन नहीं किया जा सकता तो उसका कारण बताना.

किसी डायलाग बॉक्स में बहुत से तत्व होते हैं, जैसे आदेश बटन (Command Buttons), ड्राप-डाउन लिस्ट (Drop-Down Lists), विकल्प बटन (Options Buttons), स्पिन बटन (Spin Buttons), टैक्स्ट बॉक्स (Text Boxes), चेक बॉक्स (Check Boxes) आदि. कोई डायलाग बॉक्स मात्र एक 'OK' आदेश बटन वाला भी हो सकता है. यदि किसी डायलाग बॉक्स में बहुत से ऐसे तत्व हैं, तो वे कई सेक्शनों या टैब शीटों में बंटे हुए भी हो सकते हैं.

किसी डायलाग बॉक्स में किसी सेक्शन, विकल्प, बॉक्स या बटन को निम्नलिखित तीन में से किसी एक तरीके से सक्रिय किया जा सकता है.

1. उस तत्व को माउस पॉइंटर से क्लिक करके.
2. अपने कुंजी पटल पर टैब (Tab) बटन दबाकर. खाली टैब दबाने से घड़ी की चाल की दिशा में (बाएं से दाएं) डायलाग बॉक्स के तत्व क्रमशः सक्रिय होते हैं. शिफ्ट के साथ टैब दबाने से उसकी विपरीत दिशा में तत्व क्रमशः सक्रिय होते हैं.
3. ALT कुंजी के साथ किसी तत्व के नाम (Element Name) का रेखांकित (Underlined) अक्षर दबाकर.

डायलाग बॉक्स का प्रत्येक तत्व आपको कई तरीकों में से किसी एक तरीके से सूचनाएं देने का अवसर देता है. नीचे इन तत्वों के बारे में संक्षेप में बताया गया है-

आदेश बटन (Command Buttons) : इनका चुनाव किसी विशेष कार्य को प्रारम्भ करने के लिए किया जाता है. ओके (OK), रद्द (Cancel) तथा सहायता (Help) बटन सबसे ज्यादा प्रयोग किए जाने वाले आदेश बटन हैं, ये बटन डायलाग बॉक्स में प्रायः सबसे नीचे अथवा दाईं ओर बने होते हैं. 'OK' बटन चुनने का अर्थ है कि डायलाग बॉक्स में आपने जो सूचनाएं भरी हैं, वे ठीक हैं. इसको चुनने से डायलाग बॉक्स बन्द हो जाता है और कार्य, यदि कोई हो, प्रारम्भ हो जाता है. 'रद्द' बटन को चुनने से आपने डायलाग बॉक्स में जो सूचनाएं भरी हैं, वे अवैध हो जाती हैं तथा बॉक्स बिना कुछ किए बन्द हो जाता है. सहायता बटन को चुनकर आप डायलाग बॉक्स के विभिन्न तत्वों के बारे में यह जानकारी प्राप्त कर सकते हैं कि कोई तत्व वास्तव में किस कार्य के लिए है.

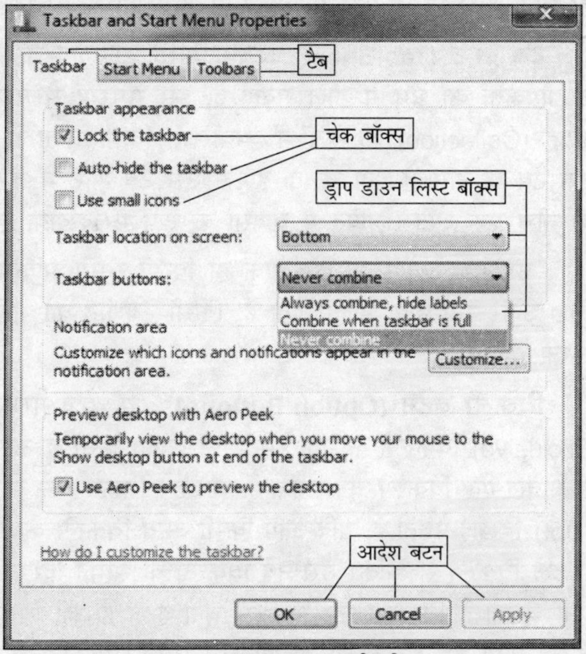

चित्र W-3.9 : विभिन्न तत्वों के साथ एक डायलाग बॉक्स

कई आदेश बटनों के नाम के साथ लोप चिह्न (...) भी होता है. ऐसे आदेश बटनों को क्लिक करने से एक नया डायलाग बॉक्स खुल जाता है.

जो आदेश बटन किसी कारणवश उपलब्ध नहीं होते, उन्हें हल्के रंग में दिखाया जाता है. साथ ही जो आदेश बटन उस समय चुना हुआ होता है, उसकी किनारी अन्य आदेश बटनों की तुलना में कुछ गहरी या मोटी होती है अथवा उसके चारों ओर टूटी रेखाओं (Dotted Lines) वाला घेरा (या आयत) बना होता है.

ड्राप-डाउन लिस्ट बॉक्स (Drop-Down List Boxes) : ये लिस्ट बॉक्स ऐसे अवसर पर दिये जाते हैं, जब आपको कई विकल्पों में से किसी एक का चुनाव करना हो और पूरी सूची देने के लिए बॉक्स में जगह न हो. ड्राप-डाउन लिस्ट बॉक्स साधारण लिस्ट बॉक्स की तरह ही होता है, लेकिन उसके दाएं छोर पर एक तीर के चिह्न वाला बटन होता है, जो नीचे की ओर संकेत करता है. जब आप इस बटन को क्लिक करते हैं, तो उपलब्ध विकल्पों की सूची एक बॉक्स में दिखाई जाती है. यदि विकल्पों की संख्या बॉक्स में समाने लायक संख्या से ज्यादा है, तो एक स्क्रॉल बार भी दिया जाता है. यह सूची ड्राप-डाउन लिस्ट बॉक्स के ठीक ऊपर या ठीक नीचे खोलकर दिखाई जाती है.

ड्राप-डाउन लिस्ट बॉक्स में से विकल्प चुनने की विधि सामान्य लिस्ट बॉक्सों जैसी ही है. इसके लिए आप इच्छित विकल्प पर माउस पॉइंटर लाकर माउस बटन को क्लिक कर दीजिए. ऐसा करते ही आपके द्वारा चुना गया विकल्प

ड्राप-डाउन लिस्ट बॉक्स में भरा हुआ दिखाई पड़ने लगता है और खुली हुई सूची छिप जाती है.

कुछ ड्राप-डाउन लिस्ट बॉक्स आपको यह सुविधा भी देते हैं कि यदि उपलब्ध विकल्पों में से कोई भी आपको नहीं चाहिए तो आप उसमें सीधे कोई टैक्स्ट टाइप कर सकते हैं. ऐसा होने पर आपके द्वारा भरा गया टैक्स्ट विकल्पों की सूची में जुड़ जाता है और अगली बार आप उसे बिना टाइप किए चुन सकते हैं.

चेक बॉक्स (Check Boxes) : कोई चेक बॉक्स ऐसे विकल्पों के समूह को प्रस्तुत करता है, जो परस्पर निषेधक नहीं होते. आप इनमें से एक या अधिक विकल्प एक ही समय चुन सकते हैं. जो विकल्प चुने जाते हैं, उनके आगे वाले खाने में सही का चिह्न (✓) दिखाई पड़ता है. जो विकल्प किसी कारणवश उपलब्ध नहीं होते, उनका रंग हल्का हो जाता है. चित्र W-3.9 में एक ऐसा डायलाग बॉक्स दिखाया गया है, जिसमें चेक बॉक्स हैं.

टैब शीट (Tab Sheet) : जब किसी डायलाग बॉक्स में बहुत से तत्व एक साथ इकट्ठे हो जाते हैं, तो वे उपयोगकर्ता को भ्रम में डाल सकते हैं. इस समस्या से बचने के लिए, विंडोज 7 में डायलाग बॉक्सों को शीटों के संग्रह (Collection) के रूप में व्यवस्थित किया जाता है. प्रत्येक शीट का एक टैब डायलाग बॉक्स में होता है. उस टैब के नाम से पता चलता है कि उस टैब शीट में कैसी सूचनाएं मांगी गई हैं. ऐसे सभी टैबों को टाइटिल बार के नीचे एक क्षैतिज पंक्ति में बाक्सों के रूप में दिखाया जाता है, जैसा कि चित्र W-3.9 में दिखाया गया है.

उपलब्ध टैबों में से कोई एक ही किसी समय सक्रिय (Active) होता है. सक्रिय टैब अन्य टैबों की तुलना में कुछ ऊपर उठा हुआ मालूम देता है. किसी टैबशीट को सक्रिय करने अर्थात् खोलने के लिए उसके नाम को क्लिक करना चाहिए.

विकल्प बटन (Option Buttons) : ये बटन परस्पर निषेधक (Mutually Exclusive) विकल्पों के एक समूह को व्यक्त करते हैं आप किसी भी समय इनमें से केवल एक विकल्प चुन सकते हैं. चुने हुए विकल्प के आगे एक बड़ा काला बिन्दु (Dot) दिखाई पड़ता है. यदि आप किसी अन्य विकल्प को क्लिक करते हैं, तो डॉट पिछले विकल्प से हटकर उस नये विकल्प के सामने दिखायी पड़ने लगता है. इससे पता चलता है कि अब वह विकल्प चुना हुआ है. जो विकल्प उपलब्ध नहीं होते, उनके नामों का रंग हल्का हो जाता है. विकल्प बटनों को रेडियो बटन (Radio Buttons) भी कहा जाता है. चित्र W-3.10 में विकल्प बटन दिखाए गए हैं.

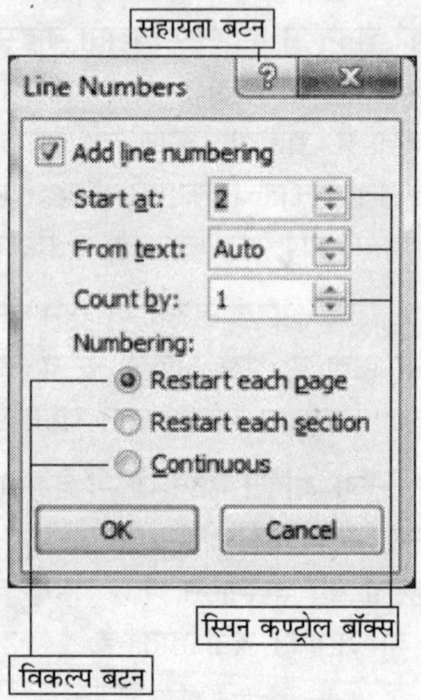

चित्र W-3.10 : विभिन्न तत्वों के साथ एक डायलाग बॉक्स

स्पिन कण्ट्रोल बॉक्स (Spin Control Boxes) : ये ऐसे छोटे बॉक्स हैं, जिनमें कोई संख्या अथवा संख्यात्मक पैरामीटर भरा जाता है. ऐसे बाक्सों के दाएं भाग में दो छोटे तीर के बटन लगे होते हैं, जिनमें ऊपर का बटन ऊपर की ओर तथा नीचे का बटन नीचे की ओर संकेत करता है. जब हम ऊपर के बटन को क्लिक करते हैं, तो उस बॉक्स में भरी हुई संख्या बढ़ जाती है और जब नीचे के बटन को क्लिक करते हैं, तो वह संख्या घट जाती है. इस तरह आप उस बॉक्स की संख्या को इच्छित संख्या तक ले जा सकते हैं. वैसे आप उस बॉक्स में संख्या सीधे भी टाइप कर सकते हैं. चित्र W-3.10 में स्पिन कण्ट्रोल बॉक्स दिखाए गए हैं.

सहायता बटन (Help Button) : विंडोज में अधिकांश डायलाग बॉक्सों में एक ऐसा बटन ऊपरी दाएं कोने पर होता है, जिस पर एक प्रश्नवाचक चिह्न (?) छपा होता है. यह क्लोज बटन (Close button) के बराबर में पाया जाता है. इसे सहायता बटन कहते हैं. चित्र W-3.10 में यह बटन दिखाया गया है.

सहायता बटन का उपयोग किसी डायलाग बॉक्स के किसी तत्व में मांगी गई सूचना भरते समय सहायता सूचनाओं को प्राप्त करने के लिए किया जाता है. यदि आपको किसी तत्व के बारे में सहायता सूचनाएं चाहिए, तो निम्नलिखित क्रियाएं कीजिए–

1. हेल्प बटन (?) को क्लिक कीजिए. इससे माउस पॉइंटर के साथ एक प्रश्नवाचक चिह्न (?) जुड़ जाता है, जिससे पता चलता है कि अब आप सहायता लेना चाहते हैं.
2. इस समय माउस पॉइंटर को उस तत्व पर ले जाकर क्लिक कर दीजिए, जिसके बारे में आप सहायता सूचनाएं चाहते हैं. ऐसा करते ही उस तत्व से सम्बन्धित सहायता सूचनाएं एक बॉक्स में दिखाई पड़ने लगती हैं. यहां आप इनको पढ़ सकते हैं. पढ़ लेने के बाद कहीं भी क्लिक करने से सहायता सूचनाएं गायब हो जाती हैं.

सहायता बटन ऐसे मामलों में बहुत उपयोगी होता है, जिनमें आपको यह निश्चित पता नहीं होता कि डायलाग बॉक्स के किसी तत्व में क्या सूचना भरी जाएगी.

टैक्स्ट बॉक्स (Text Boxes) : ये ऐसे बॉक्स होते हैं, जिनमें आप नाम, शीर्षक आदि सूचनाएं टाइप कर सकते हैं. ये आपको ऐसी सूचनाएं देने का अवसर देते हैं, जो प्रोग्राम के लिए आवश्यक हैं, जैसे किसी फाइल या दस्तावेज का नाम. जब आप किसी टैक्स्ट बॉक्स में कुछ टाइप करते हैं तो उस बॉक्स में एक सीधी खड़ी रेखा (|) दिखाई पड़ती है, जिसे धसान बिन्दु (Insertion Point) या कर्सर (Cursor) कहा जाता है. जो टैक्स्ट आप टाइप करते हैं, वह कर्सर की जगह ही दिखाई पड़ता है अर्थात् जोड़ा जाता है.

टैक्स्ट बॉक्सों में पहले से ही कुछ डिफॉल्ट टैक्स्ट (Default Text) भरा हो सकता है. जब आप उस टैक्स्ट बॉक्स पर आते हैं, तो वह टैक्स्ट उल्टे रंग में उभर आता है. इस समय यदि आप कुछ और टाइप करें तो वह डिफॉल्ट टैक्स्ट की जगह भर दिया जाता है. डिफॉल्ट टैक्स्ट को गायब करने के लिए आप डिलीट (Del) या बैकस्पेस (Backspace) कुंजी दबा सकते हैं.

लिस्ट बॉक्स (List Boxes) : ये ऐसे बॉक्स हैं, जो कुछ उपलब्ध विकल्पों की सूची प्रदर्शित करते हैं. यदि विकल्पों की संख्या बॉक्स के आकार से अधिक है, तो स्क्रॉल बार भी दिया जाता है. उसकी सहायता से आप पूरी सूची को देख सकते हैं. सामान्यतया आप लिस्ट बॉक्स में से किसी एक विकल्प को चुन सकते हैं, लेकिन कभी–कभी आप एक से अधिक विकल्पों भी चुन सकते हैं. लिस्ट बॉक्स आपको कोई सूचना टाइप करने से बचाने के लिए दिए जाते हैं.

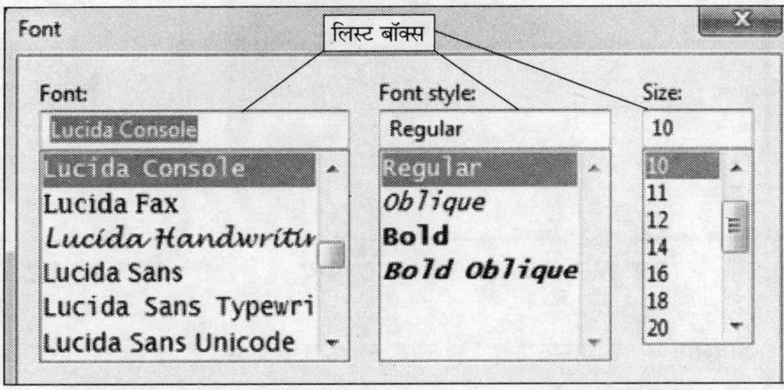

चित्र W-3.11 : लिस्ट बॉक्स वाला डायलाग बॉक्स

विंडोज 7 में सहायता लेना
(Getting Help in Windows 7)

विंडोज 7 ऐसा ऑपरेटिंग सिस्टम है, जो सीखने में बहुत ही सरल और प्रयोग करने में सहज है. विंडोज 7 को सीखने तथा अच्छी तरह प्रयोग करने के लिए विंडोज 7 में ही एक ऑन लाइन सहायता (Online Help) सुविधा उपलब्ध है, जिसका पूरा लाभ उठाना चाहिए. इस सुविधा के द्वारा आप सभी सहायता सामग्रियों तक जा सकते हैं और अपने इच्छित विषय (Topic) के बारे में अधिक से अधिक जानकारी ले सकते हैं.

सहायता प्रोग्राम प्रारम्भ करने के लिए स्टार्ट मेन्यू (Start Menu) में 'Help and Support' विकल्प को क्लिक कीजिए. ऐसा करते ही आपकी स्क्रीन पर विंडोज हेल्प (Windows Help) का डायलाग बॉक्स चित्र W-4.2 की तरह खुल जाएगा.

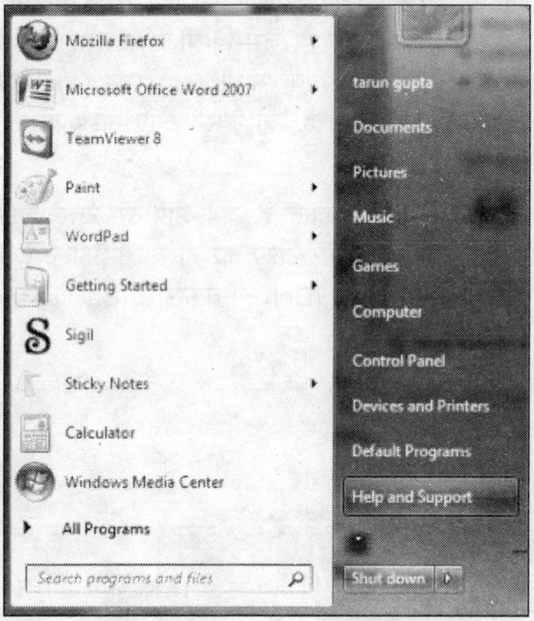

चित्र W-4.1 : (Start) स्टार्ट मेन्यू

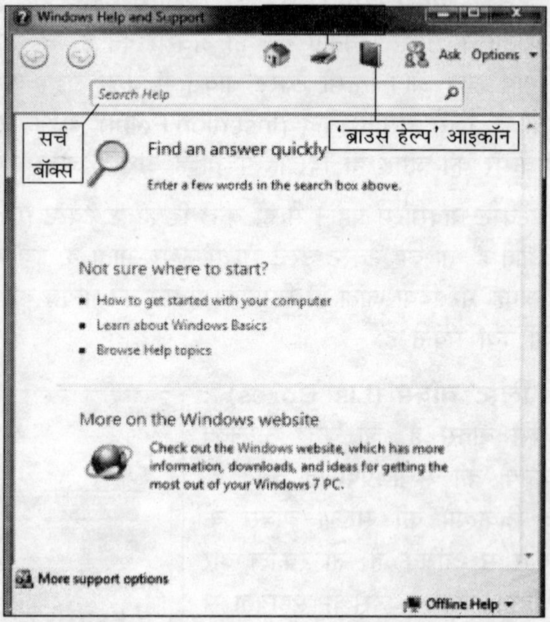

चित्र W-4.2 : (Help) हेल्प डायलाग बॉक्स

डायलाग बॉक्स के मेन्यू बार में चार आइकॉन दिए गये हैं. इनमें से तीसरे आइकॉन, जोकि (Browse Help) दर्शाता है, उसे क्लिक करें.

इसे क्लिक करने से सहायता की सूची संक्षेप में दिखाई पड़ती है. इसमें समस्त सहायता सामग्री को ऊपर से नीचे क्रमानुसार व्यवस्थित किया जाता है. इन सभी के आगे एक बन्द पुस्तक का चिह्न बना होता है, जिसका अर्थ है कि इन विषयों में कुछ उप-विषय भी हैं. आप इन विषयों पर क्लिक करके इनसे सम्बन्धित जानकारी प्राप्त कर सकते हैं. इस विंडो से वापस पिछली विंडो में जाने के लिए 'Back' टूल बटन (←) को क्लिक कीजिए और किसी अगली विंडो में जाने के लिए 'Forward' टूल बटन (→) को क्लिक कीजिए.

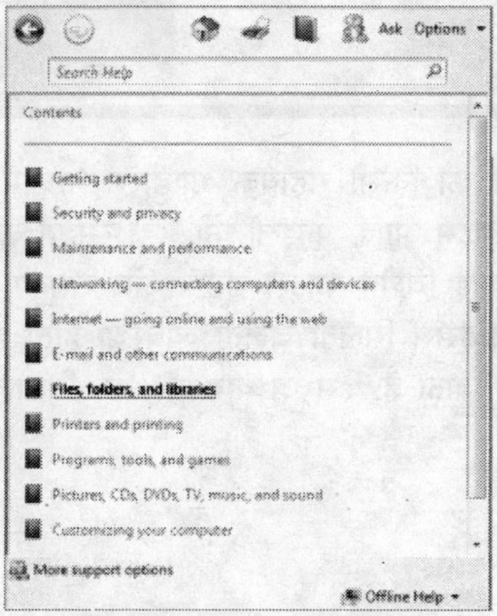

चित्र W-4.3a : हेल्प मेन्यू में विषय सूची

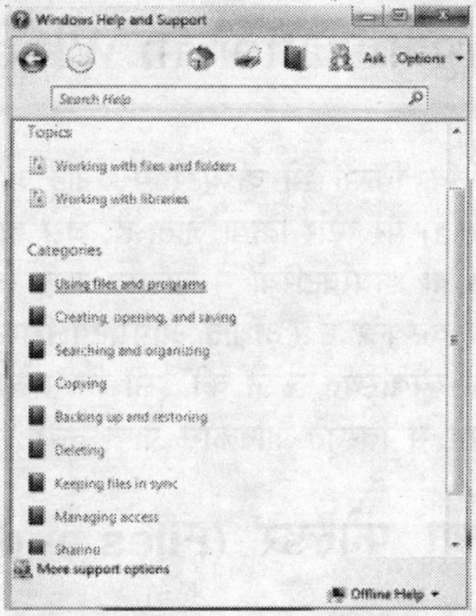

चित्र W-4.3b : उप-विषयों की सूची

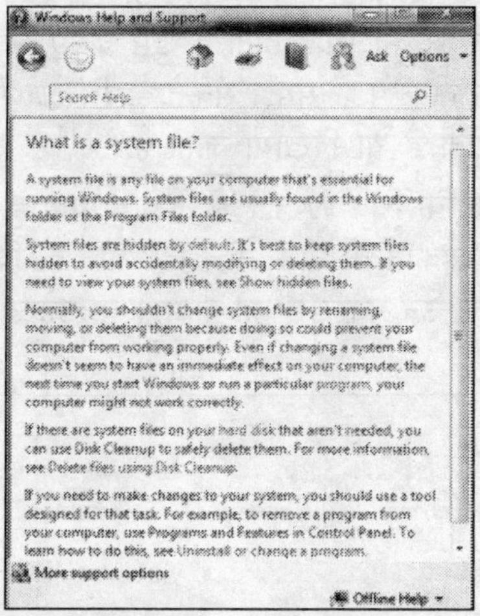

चित्र W-4.3d : हेल्प मेन्यू के जरिये विस्तृत जानकारी प्राप्त करना

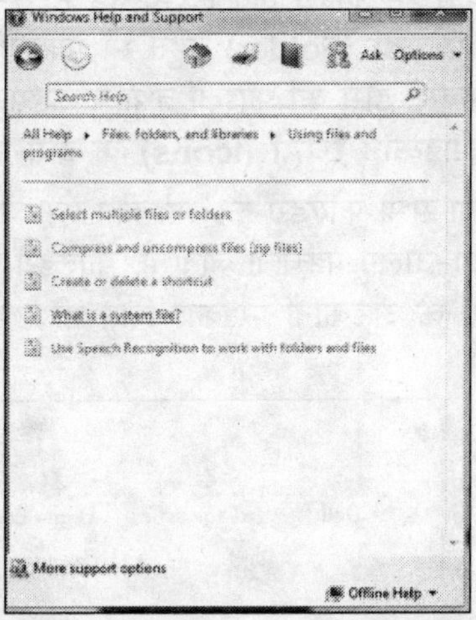

चित्र W-4.3c : उप-विषयों की विस्तृत सूची

जो विस्तृत जानकारी चित्र **W-4.3d** में दिखाई जा रही है, आप मेन्यू बार में प्रिंट आइकॉन दबाकर उस जानकारी का प्रिंट भी ले सकते हैं. मेन्यू बार में होम **(Home)** आइकॉन दबाने से आप फिर से चित्र **W-4.2** की तरह पहली स्क्रीन पर आ जायेंगे.

इस विंडो में सबसे ऊपर एक हेल्प बॉक्स है, जिसमें आप किसी मद (Specific Item) का नाम टाइप करने के बाद Search Help बटन या एन्टर दबाकर उससे संबंधित जानकारी प्राप्त कर सकते हैं.

पाठ्य क्षेत्र में 'Learn about Windows Basics' क्लिक करने पर विंडोज ऑपरेटिंग सिस्टम और आपके कंप्यूटर से जुड़ी जानकारी उपलब्ध होती है. इसके जरिए आप कंप्यूटर के विभिन्न भागों, डेस्कटॉप के तत्वों, प्रोग्रामों, फाइलों, फोल्डरों, इंटरनेट, ई-मेल और नेटवर्क के विषय में जान सकते हैं.

विंडोज 7 में हेल्प सुविधा से बाहर निकलने के लिए बन्द बटन (x) पर क्लिक किया जाता है.

विंडोज 7 में फाइल व्यवस्था
(File Organization in Windows 7)

आप जानते हैं कि किसी भी कंप्यूटर में बनाई जाने वाली फाइलों को किसी सहायक भण्डारण माध्यम (Auxiliary Storage Media) पर स्टोर किया जाता है, जैसे हार्ड डिस्क, पैन ड्राइव आदि. फाइलों की बड़ी संख्या के कारण उन्हें विभिन्न समूहों या डायरेक्टरियों में बांटकर रखा जाता है, ताकि कोई विशेष फाइल ढूंढ़ना और उसका प्रयोग करना आसान हो. हर कंप्यूटर में (अर्थात् ऑपरेटिंग सिस्टम में) ऐसी या इससे मिलती जुलती व्यवस्था होती है. विंडोज में भी फाइलों को व्यवस्थित करने की इसी विधि का उपयोग किया जाता है. इस अध्याय में आप विंडोज की फाइल व्यवस्था के बारे में विस्तृत जानकारी प्राप्त करेंगे.

फाइल तथा फोल्डर (Files and Folders)

कोई **फाइल (File)** किसी सहायक भण्डारण माध्यम पर स्टोर किए गए डाटा या सामग्री का एक संग्रह होती है. विंडोज में डाटा स्टोर करने की मूल इकाई फाइल होती है. आप जो दस्तावेज बनाते और प्रयोग करते हैं, वे भी फाइल हैं. इसी तरह सभी प्रोग्राम भी फाइल होते हैं. वास्तव में सभी प्रकार के डाटा को फाइलों के रूप में ही स्टोर और प्रयोग किया जाता है. कोई **फोल्डर (Folder)** बहुत सी फाइलों तथा अन्य फोल्डरों का संग्रह होता है. इस प्रकार आप विंडोज की फाइलों को एमएस-डॉस की फाइलों तथा फोल्डरों को डायरेक्टरियों के रूप में समझ सकते हैं. विंडोज में फाइलों तथा फोल्डरों को **आइकॉन चिह्नों (Icons)** के द्वारा प्रदर्शित किया जाता है या दिखाया जाता है.

सामान्यतया सभी फोल्डरों का आइकॉन एक जैसा होता है, जैसा कि चित्र W-5.1 में दिखाया गया है. उनको केवल नाम द्वारा अलग-अलग पहचाना जाता है. फोल्डरों के नाम उनके आइकॉन के ठीक नीचे दिए होते हैं. विंडोज के कुछ विशेष फोल्डरों के आइकॉनों पर कोई चित्र भी छपा होता है, जिससे उन फोल्डरों की सामग्री या उद्देश्य का पता चल सकता है.

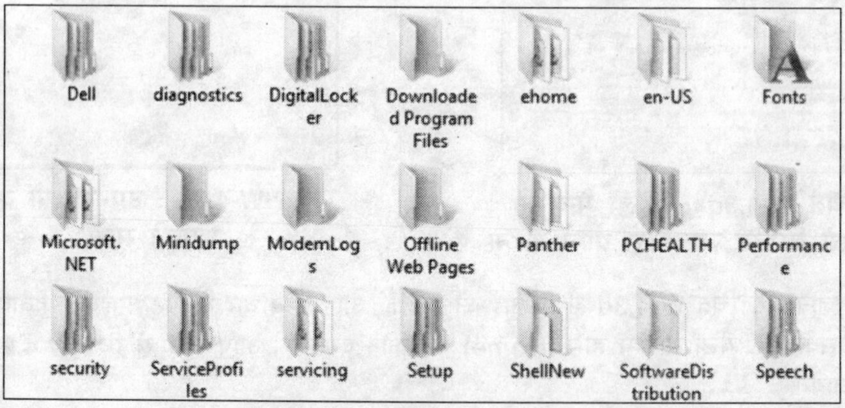

चित्र W-5.1 : कुछ साधारण या विशेष फोल्डरों के प्रतीक चिह्न या आइकॉन

फोल्डरों की तरह फाइलों को भी विंडोज में आइकॉनों द्वारा दिखाया जाता है. अलग-अलग तरह की फाइलों के आइकॉन भी अलग अलग होते हैं. फोल्डरों की ही तरह फाइलों के नाम भी उनके आइकॉनों के नीचे दिए जाते हैं. चित्र W-5.2 में विभिन्न प्रकार की फाइलों के आइकॉन दिखाए गए हैं. फाइलों का आइकॉन इस बात पर निर्भर करता है कि वह फाइल किस प्रोग्राम द्वारा विकसित की गई है. यदि किसी फाइल टाइप का कोई विशेष आइकॉन नहीं होता, तो विंडोज के चिह्न वाला आइकॉन प्रयोग किया जाता है.

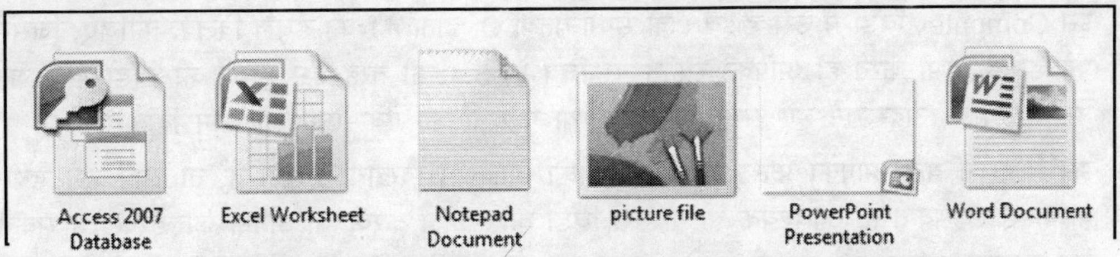

चित्र W-5.2 : विभिन्न प्रकार की फाइलों के आइकॉन

विंडोज पर चलने वाले कंप्यूटरों में 'Windows' नामक एक फोल्डर पहले से ही हार्ड डिस्क में बना होता है. लेकिन आप डेस्कटॉप अथवा किसी दूसरे फोल्डर में अपनी आवश्यकता के अनुसार नए फोल्डर बना सकते हैं. नए फोल्डर बनाने की विधियां आगे बतायी गयी हैं.

किसी फोल्डर को खोलना (Opening a Folder)

विंडोज में फाइलों को इधर-उधर करने, नकल करने या अन्य क्रियाएं करने के लिए हमें प्राय: फोल्डरों को खोलने की आवश्यकता होती है. यदि फोल्डर डेस्कटॉप में बना है, तो उसका एक आइकॉन चिह्न डेस्कटॉप पर दिखायी पड़ेगा. आप उस आइकॉन को डबल क्लिक करके फोल्डर को खोल सकते हैं. लेकिन यदि फोल्डर डेस्कटॉप में नहीं है, किसी और फोल्डर में है, तो उसका आइकॉन डेस्कटॉप पर दिखायी नहीं पड़ेगा. वह आपको ढूंढ़कर खोलना पड़ेगा. ऐसे फोल्डरों को खोलने की विधि निम्न प्रकार है–

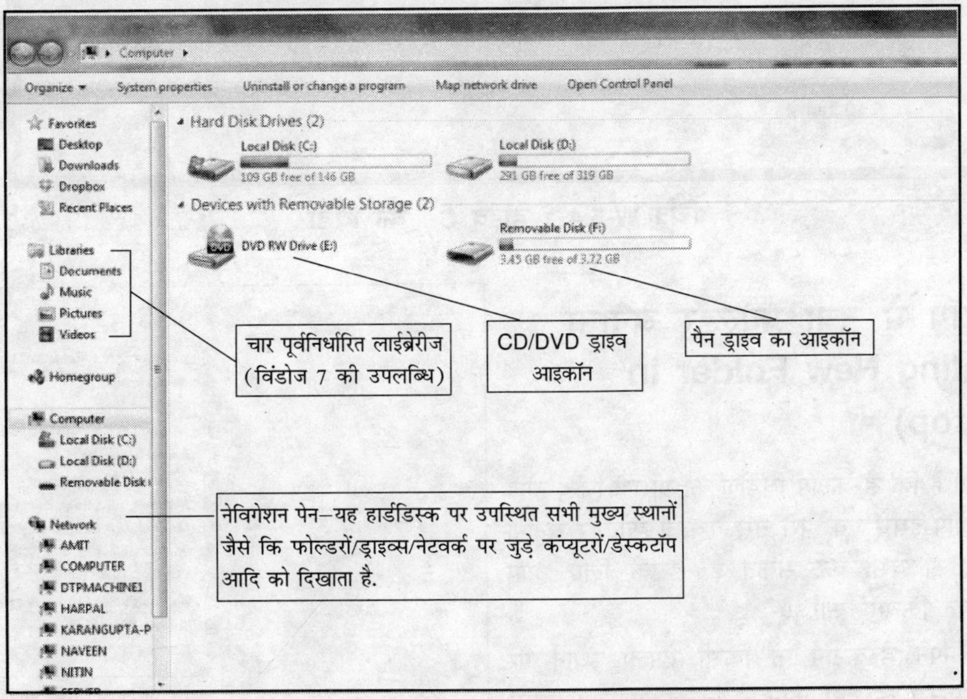

चित्र W-5.3 : Computer की विंडो

1. डेस्कटॉप पर 'Computer' के आइकॉन को डबल क्लिक कीजिए. इससे आपकी स्क्रीन पर चित्र W-5.3 की तरह Computer की विंडो खुल जाएगी, जिसमें आपके कंप्यूटर के प्रत्येक डिस्क ड्राइव (फ्लॉपी तथा हार्ड डिस्क) का एक-एक आइकॉन दिया जाता है.

2. इस Computer विंडो में उस ड्राइव (जो सामान्यतया C: होता है) को डबल क्लिक कीजिए, जिसमें आपका फोल्डर है. ऐसा करते ही आपकी स्क्रीन पर चित्र W-5.4 की तरह उस ड्राइव की विंडो खुल जाएगी और उस ड्राइव के अंदर बने हुए सभी फोल्डरों तथा फाइलों का एक-एक आइकॉन दिखायी देगा.
3. इस विंडो में यदि आपका फोल्डर अर्थात् उसका आइकॉन दिखायी दे रहा है, तो आप उसे डबल क्लिक करके खोल सकते हैं. आवश्यक हो तो उस विंडो को स्क्रॉल करके भी अपना फोल्डर खोज सकते हैं. यदि वह फोल्डर न मिले तो आपको यह अनुमान लगा लेना चाहिए कि वह फोल्डर किसी दूसरी ड्राइव (D: या E: आदि) में सुरक्षित किया होगा.

इस प्रकार फोल्डरों को खोलते हुए आप इच्छित फोल्डर तक पहुंच सकते हैं.

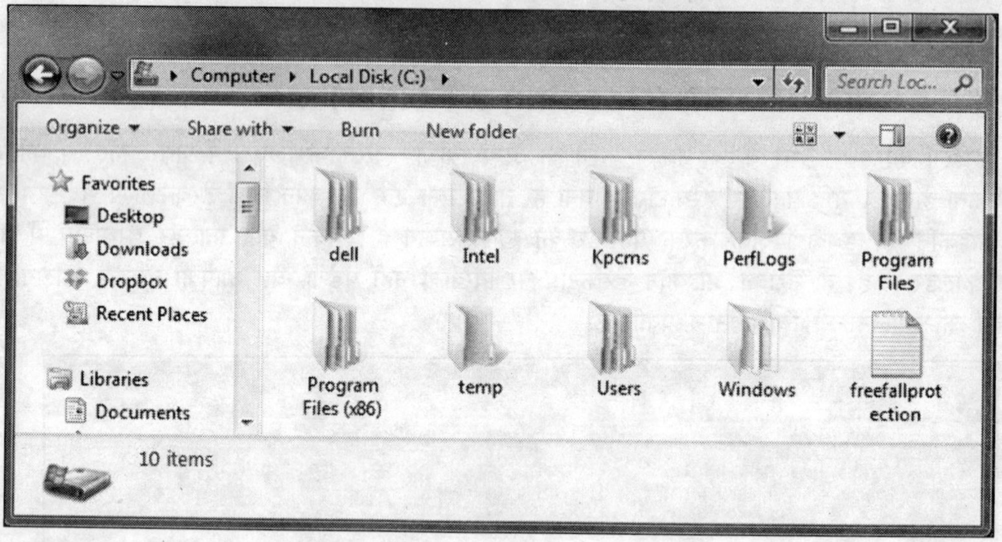

चित्र W-5.4 : ड्राइव C : की विंडो

डेस्कटॉप में नया फोल्डर बनाना (Creating New Folder in Desktop)

आप जानते हैं कि डेस्कटॉप विंडोज का प्रारम्भ बिन्दु होता है. यदि आप इसमें एक पूरी तरह स्वतंत्र फोल्डर बनाना चाहते हैं, तो वैसा कर सकते हैं. इसके लिए आप निम्नलिखित क्रियाएं कीजिए-

1. अपने डेस्कटॉप के किसी खाली स्थान पर माउस के दायें बटन से क्लिक कीजिए. इससे स्क्रीन पर एक कॉन्टैक्स्ट मेन्यू (Context Menu) दिखाई देगा.

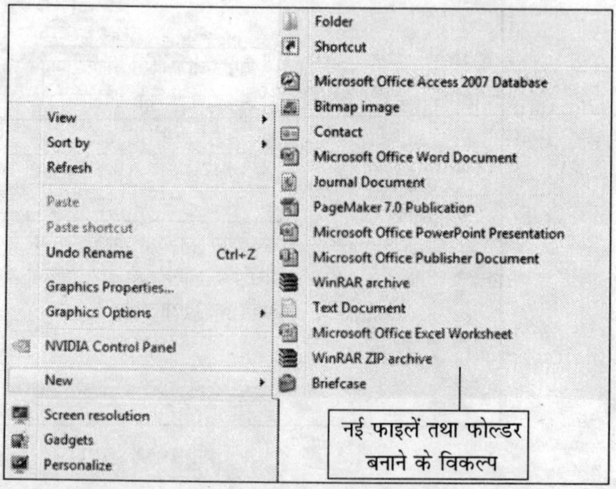

चित्र W-5.5 : डेस्कटॉप का कॉन्टैक्स्ट मेन्यू तथा 'New' विकल्प से जुड़ा का झरना मेन्यू

2. इस मेन्यू में 'New' को क्लिक कीजिए. ऐसा करते ही 'New' विकल्प का झरना मेन्यू (Cascading Menu) चित्र W-5.5 की तरह दिखाई पड़ेगा.
3. इस झरना मेन्यू में 'Folder' विकल्प को क्लिक कीजिए.

आप देखेंगे कि डेस्कटॉप में एक नया आइकॉन चिह्न दिखाई पड़ रहा है, जिसके नीचे 'New Folder' नाम लिखा हुआ है और उल्टे रंग में है. आप इस नाम की जगह कोई दूसरा नाम टाइप करके एंटर दबाइए. इससे आपके द्वारा टाइप किए गए नाम का फोल्डर बन जाएगा. अभ्यास के लिए अपने फोल्डर का नाम 'My Folder' रखिए.

डेस्कटॉप में नई फाइल बनाना (Creating New File in Desktop)

नई फाइल बनाने से पहले यह सोच लेना आवश्यक है कि आप किस प्रकार का कार्य उस पर करना चाहते हैं. अलग-अलग कार्य करने के लिए विभिन्न कम्पनियों ने अपने-अपने सॉफ्टवेयर या प्रोग्राम बना रखे हैं. जो सॉफ्टवेयर आपके कंप्यूटर में स्थापित है, आप उसी सॉफ्टवेयर से संबंधित फाइल बना सकते हैं.

चित्र W-5.5 में आपको नई फाइल बनाने के भी कुछ विकल्प दिखेंगे. आपके कार्यानुसार, आप वर्ड फाइल, ऐक्सल फाइल, पॉवर पाइण्ट फाइल, आदि विकल्पों में से किसी को भी चुन सकते हैं और उसकी फाइल बना सकते हैं. यह सभी फाइलें माइक्रोसॉफ्ट ऑफिस सॉफ्टवेयर की स्थापना करने पर उपलब्ध होती हैं.

किसी फोल्डर में नया फोल्डर बनाना (Creating New Folder within a Folder)

मान लीजिए आप पहले से बने हुए किसी फोल्डर में एक नया फोल्डर बनाना चाहते हैं. इसके लिए निम्नलिखित क्रियाएं कीजिए-

1. जिस फोल्डर में आप नया फोल्डर बनाना चाहते हैं, ऊपर बताए जा चुके तरीके से उस फोल्डर को खोलिए. इससे उस फोल्डर की विंडो स्क्रीन पर खुल जाएगी. (चित्र W-5.6)

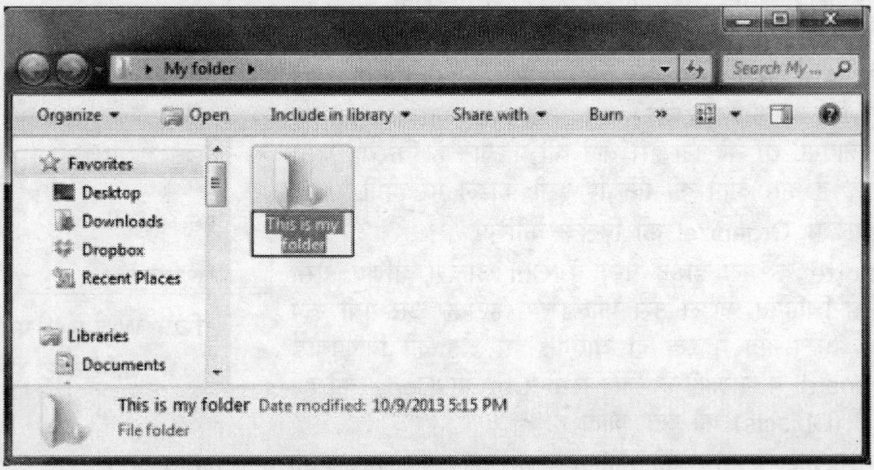

चित्र W-5.6 : किसी फोल्डर में बनाया गया नया फोल्डर

2. इस विंडो के किसी खाली स्थान पर माउस के दायें बटन से क्लिक कीजिए. इससे स्क्रीन पर एक कॉन्टैक्स्ट मेन्यू दिखाई देगा.
3. इस मेन्यू में 'New' विकल्प पर पॉइंटर लाइए. इससे 'New' का झरना मेन्यू दिखाई पड़ने लगेगा. (चित्र W-5.5 की तरह)

4. इस झरना मेन्यू में 'Folder' विकल्प को क्लिक कीजिए. ऐसा करते ही मौजूदा फोल्डर की विंडो में एक नया आइकॉन बन जाएगा, जिसके नीचे 'New Folder' नाम दिखाया जाएगा. इस समय आपकी स्क्रीन चित्र W-5.6 की तरह दिखाई देगा.
5. आप नए फोल्डर का जो नाम रखना चाहते हैं वह टाइप कीजिए और फिर एंटर (Enter) कुंजी दबाइए.

इस प्रकार आप किसी भी फोल्डर में कोई भी और कितने भी नए फोल्डर बना सकते हैं. अभ्यास के लिए आप ऊपर डेस्कटॉप में बनाए गए फोल्डर 'My Folder' में एक नया फोल्डर बनाइए, जिसका नाम 'This is my folder' रख दीजिए.

दूसरी विधि : चित्र W-5.6 और फिर चित्र W-5.7 में आप देखेंगे कि मेन्यूबार में 'न्यू फोल्डर' (New Folder) नामक एक मेन्यू है. इस विकल्प पर क्लिक करने से भी आप नया फोल्डर बना सकते हैं.

नया फोल्डर बनाने का विकल्प

चित्र W-5.7 : विंडो में मेन्यूबार

किसी फाइल या फोल्डर को दूसरे फोल्डर में ले जाना (Moving a File or Folder to another Folder)

आप किसी भी फाइल अथवा फोल्डर को (उसकी सभी फाइलों सहित) किसी भी दूसरे फोल्डर में ले जा सकते हैं. इसके लिए हम मेन्यू बार के 'Organize' विकल्प के पुल डाउन मेन्यू के Cut तथा Paste विकल्पों का प्रयोग करते हैं. उदाहरण के लिए, मान लीजिए कि किसी फोल्डर 'ABC FOLDER' में आपकी एक वर्ड पैड फाइल 'MY FILE 1' है और आप इसे यहां से हटाकर एक दूसरे फोल्डर 'XYZ' में ले जाना चाहते हैं, तो निम्नलिखित क्रियाएं कीजिए–

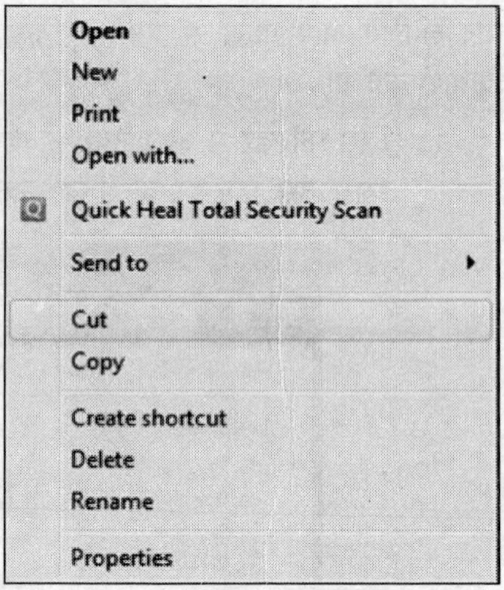

चित्र W-5.8 : फाइल का कॉन्टैक्स्ट मेन्यू

1. फोल्डर 'ABC FOLDER' की विंडो में फाइल 'MY FILE 1' को सिंगल क्लिक कीजिए. इससे उस फाइल के आइकॉन का रंग बदल जाएगा. रंग बदलना इस बात की पहचान है कि यह वस्तु चुनी हुई है और आगे की क्रियाएं इसी फाइल पर होंगी.
2. मेन्यू बार में 'Organize' को क्लिक कीजिए.
3. 'Organize' के पुल डाउन मेन्यू में 'Cut' आदेश दीजिए. ऐसा करने से चिह्नित फाइल उस फोल्डर से हटाकर अस्थायी रूप से एक अन्य क्षेत्र में रख दी जाएगी. इस क्षेत्र को क्लिपबोर्ड (Clipboard) कहा जाता है, जहां सभी 'Cut' या 'Copy' की हुई वस्तुओं (Objects) को रखा जाता है.
4. अब उस फोल्डर XYZ को खोलिए, जहां आप इस फाइल को ले जाना चाहते हैं.
5. इस फोल्डर की विंडो के 'Organize' मेन्यू में 'Paste' आदेश दीजिए. आप देखेंगे कि फाइल 'MY FILE 1' का आइकॉन इस फोल्डर में दिखाई पड़ने लगा है.

आप 'ABC Folder' की विंडो में जाकर इसकी पुष्टि कर सकते हैं कि 'MY FILE 1' वहाँ से हट गयी है.

ऊपर बताई गई विधि से आप किसी फोल्डर को भी उसके पहले फोल्डर से किसी भी दूसरे फोल्डर में ले जा सकते हैं.

दूसरी विधि : ऊपर बताया गया कार्य माउस के दाएं बटन का प्रयोग करके और भी ज्यादा सरलता से किया जा सकता है. यह दूसरी विधि निम्न प्रकार है–

1. फोल्डर 'ABC FOLDER' की विंडो में फाइल 'MY FILE 1' के आइकॉन को माउस के दाएं बटन से क्लिक कीजिए. इससे स्क्रीन पर चित्र W-5.8 की तरह फाइल का कॉन्टैक्स्ट मेन्यू (Context Menu) दिखाई देगा.
2. इस मेन्यू में 'Cut' आदेश को क्लिक कीजिए.
3. अब उस फोल्डर XYZ को खोलिए, जहां आप फाइल को ले जाना चाहते हैं.
4. XYZ फोल्डर की विंडो में किसी खाली स्थान पर माउस के दाएं बटन से क्लिक कीजिए, इससे चित्र W-5.9 की तरह एक और कॉन्टैक्स्ट मेन्यू खुल जाएगा.
5. इस कॉन्टैक्स्ट मेन्यू में 'Paste' विकल्प को चुनिए. ऐसा करते ही 'Cut' द्वारा काटी गई फाइल इस फोल्डर में दिखाई पड़ने लगेगी.

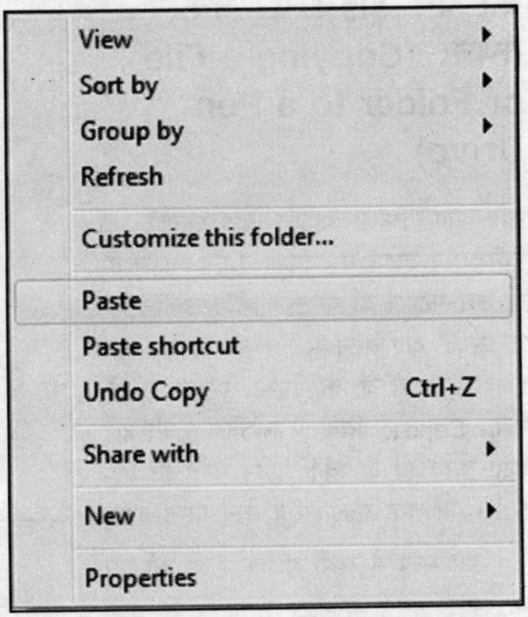

चित्र W-5.9 : फोल्डर का कॉन्टैक्स्ट मेन्यू

किसी फाइल या फोल्डर को दूसरे फोल्डर में नकल करना (Copying a File or Folder to another Folder)

इस कार्य की विधि भी ठीक उसी तरह है, जैसे किसी फाइल या फोल्डर को किसी एक फोल्डर से हटा कर किसी दूसरे फोल्डर में ले जाने की विधि है. यह कार्य ऊपर बताई गई दोनों विधियों से किया जा सकता है. अन्तर केवल इतना है कि ऊपर जहां-जहां 'Cut' विकल्प या आदेश को चुनने (या क्लिक करने) का निर्देश है, वहां-वहां आप 'Cut' के बजाय 'Copy' आदेश को चुनिए या क्लिक कीजिए.

अभ्यास के लिए आप ऊपर बताए किसी तरीके से फाइल 'MY FILE 1' को पहले फोल्डर 'ABC FOLDER' से फोल्डर 'XYZ' में ले जाइए. फिर उसी फाइल को फोल्डर 'XYZ' से फोल्डर 'ABC FOLDER' में नकल (COPY) कर लीजिए.

फाइलों के साथ की गई ये दोनों क्रियाएं ठीक इसी तरीके से किसी फोल्डर के साथ भी की जा सकती हैं. यह बात ध्यान रखने योग्य है कि जब आप किसी फोल्डर को कट या कॉपी करने के लिए चुनते हैं तब उस फोल्डर के अन्दर उपस्थित सभी फाइल और उप-फोल्डर भी मूल फोल्डर के साथ स्वतः चुन लिये जाते हैं तथा स्वतः कट या कॉपी होते हैं.

जब किसी फाइल या फोल्डर को कट किया जाता है तो वह अपने मूल स्थान से हट जाते हैं. इसके विपरीत जब किसी फाइल या फोल्डर को कॉपी किया जाता है, तो दूसरे स्थान पर उसकी केवल नकल बनती है तथा वे अपने मूल स्थान पर पहले की तरह सुरक्षित रहते हैं.

किसी फाइल या फोल्डर को पैन ड्राइव पर नकल करना (Copying a File or Folder to a Pen Drive)

यदि आप किसी फाइल या फोल्डर को किसी पैन ड्राइव पर नकल करना चाहते हैं, तो उस फाइल या फोल्डर के आइकॉन को माउस के दाएं बटन से क्लिक कीजिए और इसके उत्तर में जो कॉन्टैक्स्ट मेन्यू प्राप्त हो, उसमें 'Send to' विकल्प को क्लिक कीजिए. ऐसा करते ही आपकी स्क्रीन पर चित्र W-5.10 की तरह एक झरना मेन्यू प्राप्त होगा.

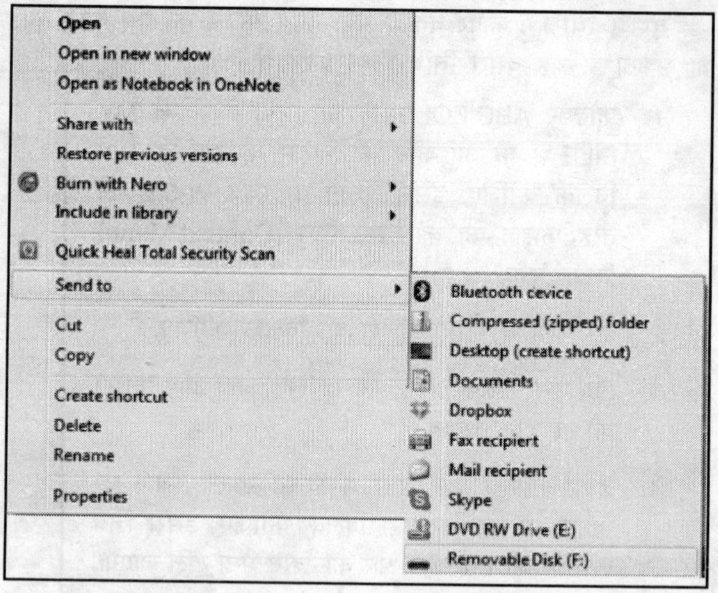

चित्र W-5.10 : 'Send to' विकल्प का झरना मेन्यू

इस मेन्यू में सभी ड्राइव्स (जो कंप्यूटर के अंदर अथवा कंप्यूटर से बाहर से जुड़ी हैं जैसे कि पैन ड्राइव आदि) का एक विकल्प दिया होता है. आप जिस पर अपनी फाइल या फोल्डर नकल करना चाहते हैं, झरना मेन्यू के द्वारा उस ड्राइव के विकल्प को चुन लीजिए. ऐसा करते ही चुनी हुई फाइल की पैन ड्राइव में नकल बनना शुरू हो जाती है. इसके साथ ही आपकी स्क्रीन पर चित्र W-5.11 की तरह एक छोटा डायलाग बॉक्स दिया जाएगा, जिसमें इस कार्य की प्रगति का पता चलता है और यह भी पता चलता रहता है कि इस कार्य में कितना समय और लगेगा.

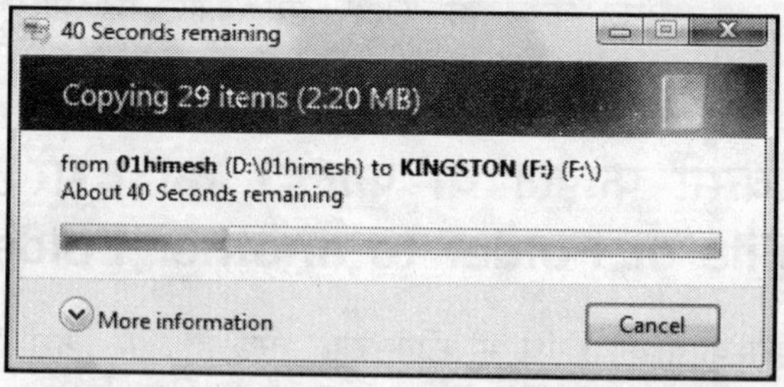

चित्र W-5.11 : फाइल या फोल्डर को पैन ड्राइव पर उतारने की प्रगति का डायलाग बॉक्स

यह डायलाग बॉक्स इसलिए दिया जाता है कि पैन ड्राइव पर डाटा लिखने की गति धीमी होती है. यदि फाइल छोटी है, तो यह कार्य जल्दी हो जाता है, लेकिन यदि फाइल बड़ी है, तो उसे ड्राइव पर उतारने में अधिक समय भी लग सकता है. तब तक आपको धैर्य रखकर कार्य समाप्त होने की प्रतीक्षा करनी चाहिए.

दूसरी विधि : ऊपर बताया गया कार्य निम्न प्रकार भी सरलता से किया जा सकता है–

1. जिस फाइल या फोल्डर को आप पैन ड्राइव पर उतारना चाहते हैं, उसको रखने वाले फोल्डर या ड्राइव की विंडो को खोल लीजिए और उसके आइकॉन को क्लिक करके चुन लीजिए.
2. विंडो के 'Organize' मेन्यू में 'Copy' आदेश दीजिए.
3. पैन ड्राइव को यूएसबी पोर्ट में लगाकर उसकी विंडो को खोलिए.
4. पैन ड्राइव की विंडो में 'Organize' मेन्यू में 'Paste' आदेश दीजिए.

इससे चुनी हुई फाइल या फोल्डर ड्राइव पर लिखना प्रारम्भ हो जाएगा और आपको चित्र W-5.11 की तरह ही इस कार्य की प्रगति दिखाने वाला डायलाग बॉक्स दिया जाएगा.

यह कार्य पूरा होते ही प्रगति का डायलाग बॉक्स गायब हो जाएगा और उस फाइल या फोल्डर का आइकॉन पैन ड्राइव की विंडो में दिखायी पड़ेगा अर्थात् आपकी फाइल या फोल्डर (सभी सब-फोल्डरों तथा फाइलों सहित) उस पैन ड्राइव पर आ जाएगा. इसकी पुष्टि आप उस पैन ड्राइव की विंडो को खोलकर कर सकते हैं.

यदि किसी फाइल का आकार पैन ड्राइव के सम्पूर्ण आकार या उसमें उपलब्ध आकार से बड़ा है, तो उसे सीधे पैन ड्राइव पर उतारना सम्भव नहीं है. ऐसी स्थिति में उस फाइल या फोल्डर को किसी कम्प्रैस या जिप करने वाले प्रोग्राम जैसे WINZIP या WINRAR का उपयोग करके छोटा कर लेना चाहिए.

किसी फाइल या फोल्डर को पैन ड्राइव से हार्ड डिस्क पर उतारना (Copying a File or Folder from a Pen Drive to the Hard Disk)

यदि आप किसी पैन ड्राइव पर स्टोर की हुई फाइल या फोल्डर को हार्ड डिस्क पर डेस्कटॉप या किसी दूसरे फोल्डर में कॉपी करना चाहते हैं, तो उसकी सरल विधि निम्न प्रकार है :

1. पैन ड्राइव को यूएसबी पोर्ट में लगाइए.
2. डेस्कटॉप पर 'Computer' आइकॉन को डबल क्लिक कीजिए, जिससे 'Computer' विंडो खुलती है जिसमें आपके कंप्यूटर के प्रत्येक ड्राइव का एक-एक आइकॉन होता है.
3. इस विंडो में पैन ड्राइव के आइकॉन को डबल-क्लिक कीजिए. इससे स्क्रीन पर चित्र W-5.12 की तरह पैन ड्राइव की विंडो खुल जाएगी. इस विंडो में पैन ड्राइव पर स्टोर की गयी सभी फाइलों और फोल्डरों का एक-एक आइकॉन होता है.
4. इस विंडो में दिखायी गयी फाइलों या फोल्डरों में से जिसको आप हार्ड डिस्क पर उतारना चाहते हैं उसके आइकॉन को क्लिक करके चुन लीजिए.

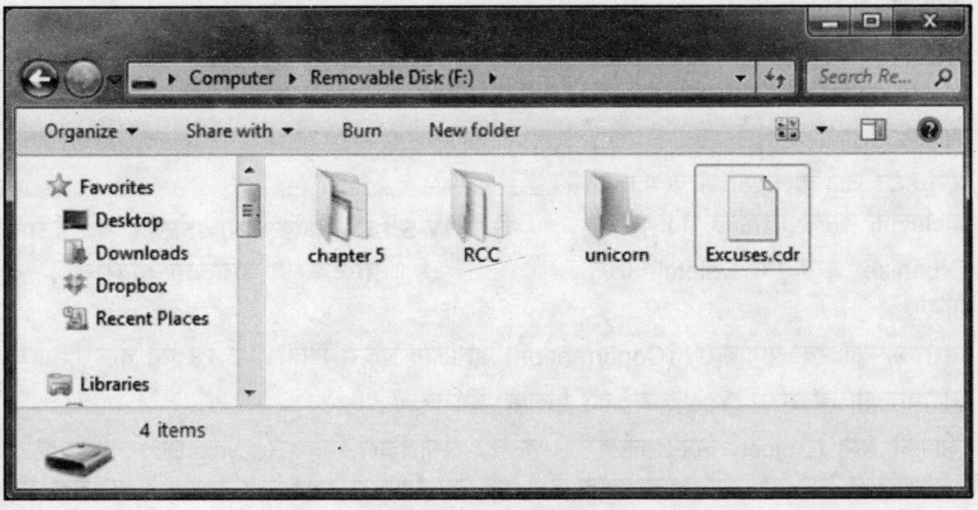

चित्र W-5.12 : पैन ड्राइव की विंडो

5. इसी विंडो में 'Organize' मेन्यू में 'Copy' आदेश दीजिए.
6. जिस फोल्डर में आप उस फाइल या फोल्डर को नकल करना चाहते हैं, उस को पहले बतायी गयी विधि से खोल लीजिए.
7. फोल्डर की विंडो में 'Organize' मेन्यू में 'Paste' आदेश दीजिए.

ऐसा करते ही पैन ड्राइव से फाइलों का हार्ड डिस्क पर उतारना प्रारम्भ हो जाएगा और आपकी स्क्रीन पर चित्र W-5.11 की तरह इसकी प्रगति का डायलाग बॉक्स दिखायी देगा.

ऊपर बताई गई सभी क्रियाओं में यदि आप किसी फाइल या फोल्डर को नये फोल्डर में ले जाना या नकल करना चाहते हैं, तो Paste आदेश देने से पहले ऊपर बतायी जा चुकी विधि से नया फोल्डर बना लीजिए, फिर उस नये फोल्डर को खोलकर Paste आदेश दीजिए. आप पैन ड्राइव में भी नया फोल्डर बना सकते हैं.

किसी फाइल या फोल्डर का नाम बदलना (Renaming a File or Folder)

किसी फाइल या फोल्डर का नाम बदलने के लिए निम्नलिखित क्रियाएं कीजिए–

1. उस फाइल या फोल्डर के आइकॉन को माउस के दाएं बटन से क्लिक कीजिए.
2. जो कॉन्टैक्स्ट मेन्यू प्राप्त हो (चित्र W-5.8 की तरह), उसमें Rename विकल्प को क्लिक कीजिए. इससे उसका नाम उल्टे रंग में आ जाएगा अर्थात् चुना हुआ दिखायी देगा.
3. उस स्थान पर फाइल या फोल्डर का नया नाम टाइप कीजिए और एंटर (Enter) कुंजी दबाइए.

ऐसा करने से फाइल या फोल्डर का नाम बदल जाएगा और नया नाम दिखने लगेगा.

किसी फाइल या फोल्डर को हटाना (Deleting a File or Folder)

यदि कोई फाइल या फोल्डर आपके लिए आगे किसी उपयोग का नहीं रह गया है, तो आप उसे डिस्क से हटा सकते हैं. यह कार्य निम्नलिखित विधि से किया जा सकता है–

1. जिस फोल्डर में हटाई जाने वाली फाइल या उप-फोल्डर है, उस फोल्डर को खोलिए.
2. इसमें हटाई जाने वाली फाइल या फोल्डर को क्लिक करके चिह्नित कीजिए.
3. 'Organize' के मेन्यू में 'Delete' आदेश दीजिए.

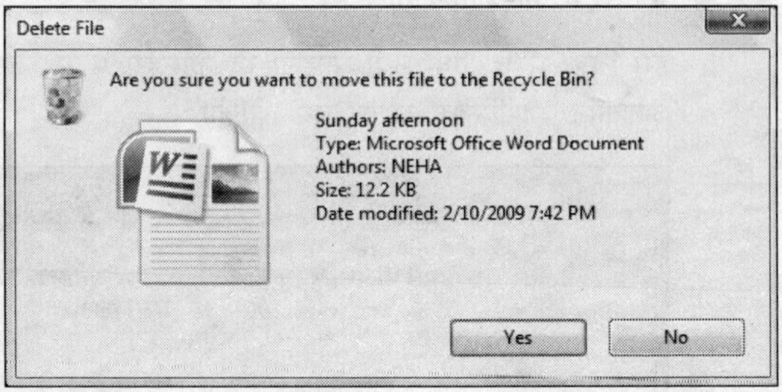

चित्र W-5.13 : फाइल या फोल्डर को हटाने का पुष्टिकरण डायलाग बॉक्स

4. इससे आपको एक पुष्टीकरण (Confirmation) डायलाग बॉक्स चित्र W-5.13 की तरह दिया जाएगा.
5. इस डायलाग बॉक्स में 'Yes' बटन को क्लिक कीजिए.

इससे आपकी वस्तु (Object) अपने फोल्डर से हटाकर रिसाइकिल बिन (Recycle Bin) नामक फोल्डर में रख दी जाएगी, रिसाइकिल बिन से आप आवश्यकता होने पर उसे फिर से प्राप्त कर सकते हैं या सदा के लिए हटा सकते हैं.

दूसरी विधि : किसी फाइल या फोल्डर को हटाने की दूसरी विधि यह है कि कहीं भी रखे उस फाइल या फोल्डर के आइकॉन को माउस के दाएं बटन से क्लिक कीजिए. इससे आपको चित्र W-5.8 की तरह जो कॉन्टैक्स्ट मेन्यू प्राप्त होगा, उसमें Delete विकल्प को क्लिक कर दीजिए. इससे आपको चित्र W-5.13 की तरह ही हटाने की पुष्टि करने का डायलाग बॉक्स दिया जाएगा, जिसमें 'Yes' बटन को क्लिक करके आप फाइल या फोल्डर डिस्क से हटा सकते हैं अर्थात् रिसाइकिल बिन में भेज सकते हैं.

इस विधि में यदि आप Delete आदेश को क्लिक करते समय शिफ्ट कुंजी को भी साथ दबा लेते हैं, तो उस फाइल या फोल्डर को रिसाइकिल बिन में नहीं भेजा जाएगा, बल्कि स्थायी रूप से हटा दिया जाएगा.

रिसाइकिल बिन (Recycle Bin)

इसके बारे में आप पिछले अध्यायों में संक्षेप में पढ़ चुके हैं. यह एक ऐसा फोल्डर है, जिसमें हार्ड डिस्क से विंडोज ऑपरेटिंग सिस्टम द्वारा हटाई हुई फाइलों तथा फोल्डरों को रखा जाता है. इस फोल्डर की अधिकतम क्षमता (या स्थान) पहले से सीमित होता है. उस सीमा तक इसमें कितनी भी फाइलों तथा फोल्डरों को रखा जा सकता है. यह सीमा खत्म हो जाने पर नई वस्तुओं को रखने के लिए सबसे पुरानी वस्तुओं को पूरी तरह मिटा दिया जाता है.

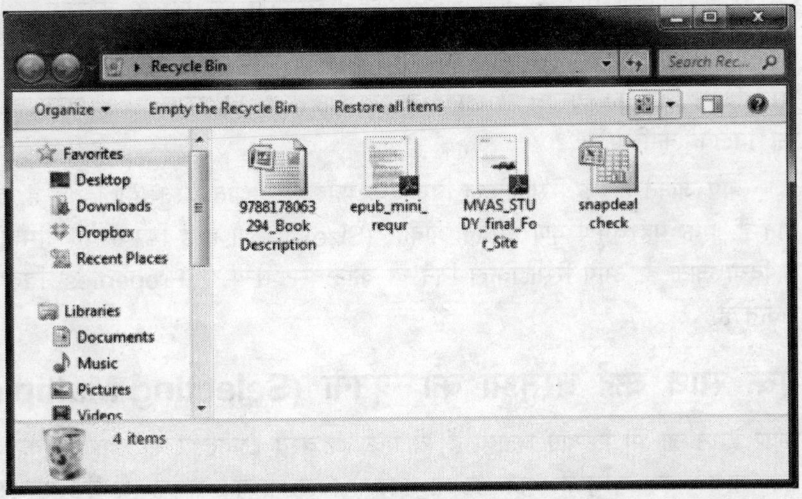

चित्र W-5.14 : रिसाइकिल बिन की विंडो

जब तक कोई फाइल या फोल्डर रिसाइकिल बिन में है, आप उसे मूल रूप में फिर से प्राप्त कर सकते हैं. इसकी विधि बहुत सरल है. मान लीजिए आप किसी हटाई गई फाइल को फिर से प्राप्त अर्थात् रिस्टोर (Restore) करना चाहते हैं, तो इसके लिए निम्नलिखित क्रियाएं कीजिए–

1. डेस्कटॉप में रिसाइकिल बिन के आइकॉन को डबल क्लिक कीजिए. इससे चित्र W-5.14 की तरह रिसाइकिल बिन की समस्त सामग्री (हटाई हुई वस्तुएं) उसकी विंडो में दिखाई देंगी.
2. रिसाइकिल विंडो की रिस्टोर की जाने वाली वस्तु (फाइल या फोल्डर) को माउस के दाएं बटन से क्लिक कीजिए. ऐसा करते ही आपको रिसाइकिल बिन की वस्तु का कॉन्टैक्स्ट मेन्यू चित्र W-5.15 की तरह दिखाई पड़ेगा.

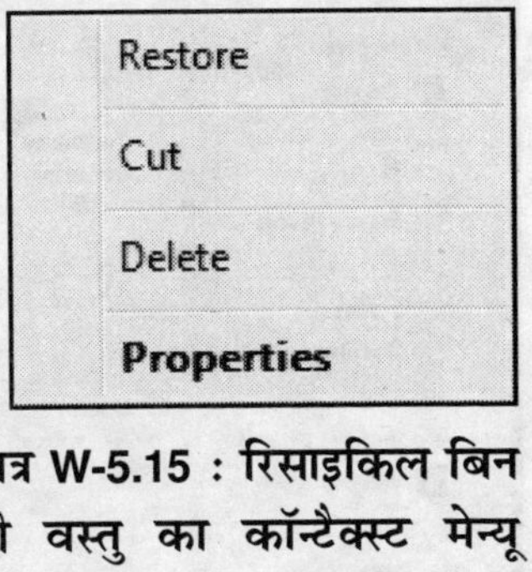

चित्र W-5.15 : रिसाइकिल बिन की वस्तु का कॉन्टैक्स्ट मेन्यू

3. इस मेन्यू में 'Restore' आदेश को क्लिक कीजिए.

ऐसा करते ही आप देखेंगे कि चिह्नित वस्तु रिसाइकिल बिन की विंडो से गायब हो गई है. वास्तव में वह अपने मूल स्थान (फोल्डर) में पहुंच जाती है. इसकी पुष्टि आप उस फोल्डर को खोलकर कर सकते हैं.

रिसाइकिल बिन को खाली करना (Emptying Recycle Bin)

रिसाइकिल बिन को पूरी तरह खाली करना भी सम्भव है. पूरी तरह खाली करने का अर्थ है–उसमें रखी गई सभी वस्तुएं को मिटा देना. इसके बाद उन्हें फिर से प्राप्त करना सम्भव नहीं होता. रिसाइकिल बिन को खाली करने की विधि निम्न प्रकार है–

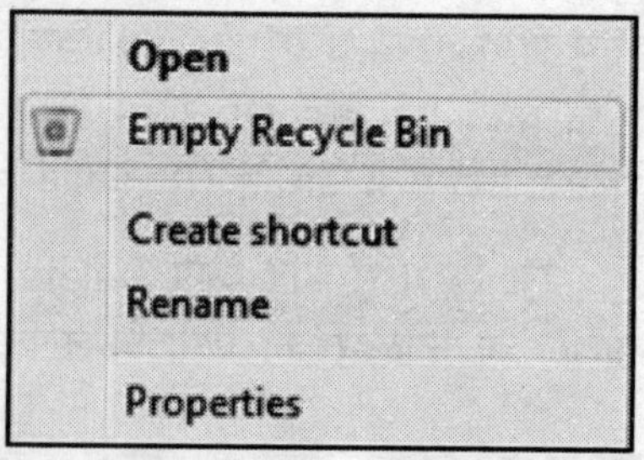

चित्र W-5.16 : रिसाइकिल बिन का कॉन्टैक्स्ट मेन्यू

1. डेस्कटॉप में रिसाइकिल बिन के आइकॉन (Icon) को माउस के दायें बटन से क्लिक कीजिए. इससे आपको इस बिन का कॉन्टैक्स्ट मेन्यू (Context Menu) चित्र W-5.16 की तरह प्राप्त होगा.
2. इस मेन्यू में 'Empty Recycle Bin' विकल्प को क्लिक कीजिए.

यह आदेश देते ही इस कार्य की पुष्टि के लिए चित्र W-5.13 जैसा एक डायलाग बॉक्स दिया जाएगा. यदि आप रिसाइकिल बिन को वास्तव में खाली कराना चाहते हैं, तो उसमें 'Yes' बटन को क्लिक कीजिए, नहीं तो 'No' बटन को क्लिक कीजिए.

आप जानते हैं कि रिसाइकिल बिन एक फोल्डर अर्थात् वस्तु (Object) है. इसलिए इसके भी गुण (Properties) होते हैं. एक महत्त्वपूर्ण गुण इसका आकार (Size) है, जो हार्ड डिस्क की क्षमता के प्रतिशत (Percentage) के रूप में दिया जाता है. आप रिसाइकिल बिन के कॉन्टैक्स्ट मेन्यू में 'Properties' विकल्प को चुनकर इसके गुणों को बदल सकते हैं.

एक साथ कई वस्तुओं को चुनना (Selecting Multiple Objects at a Time)

ऊपर हमने जो भी क्रियाएं बतायी हैं, वे एक ही वस्तु (फोल्डर या फाइल) के बारे में हैं. परन्तु ये सभी क्रियाएं आप एक साथ अनेक वस्तुओं (फोल्डर या फाइलों) पर भी कर सकते हैं, जैसे एक साथ अनेक फाइलों को नकल करना,

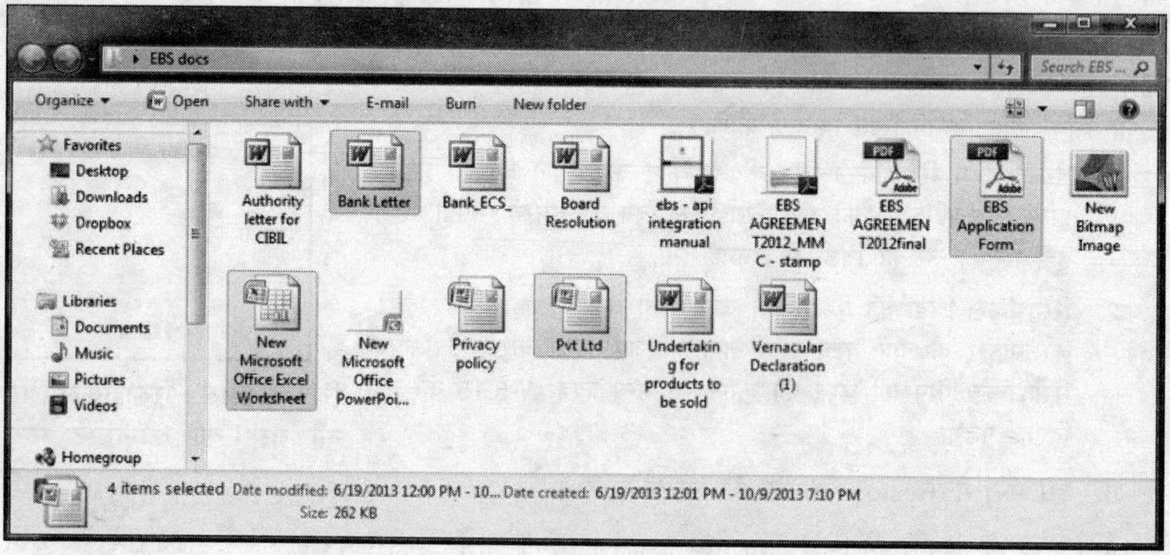

चित्र W-5.17 : एक साथ चुनी हुई विभिन्न वस्तुएं

हटाना या वापस लाना. इसके लिए उन वस्तुओं को एक साथ चुनना पड़ता है. शर्त यह है कि वे सभी वस्तुएं एक ही फोल्डर में होनी चाहिए. अलग-अलग फोल्डरों की वस्तुओं को एक साथ नहीं चुना जा सकता.

यदि चुनी जाने वाली वस्तुएं समूह के रूप में एक साथ हैं, तो उन्हें चुनने के लिए पहले समूह की सबसे पहली वस्तु को क्लिक कर दें. फिर माउस पॉइंटर को समूह की आखिरी वस्तु पर ले जाएं और शिफ्ट (Shift) कुंजी को दबाकर उस वस्तु को क्लिक करें. ऐसा करते ही उन दोनों वस्तुओं के साथ ही उनके बीच की सभी वस्तुओं का रंग बदल जाएगा, जिससे यह पता चलता है कि वे चुन ली गयी हैं. अब आप इन चुनी हुई वस्तुओं पर ऊपर बतायी गई कोई भी क्रिया कर सकते हैं. लेकिन Rename क्रिया केवल एक वस्तु को चुनकर की जा सकती है.

यदि चुनी जाने वाली वस्तुएं एक ही जगह पर अर्थात् एक साथ न हों, तो उन्हें चुनने के लिए प्रत्येक को अलग-अलग क्लिक करना होगा और क्लिक करते समय कंट्रोल कुंजी (CTRL) को दबाए रखना होगा. चित्र W-5.17 में एक फोल्डर में दूर-दूर रखी कई वस्तुएं एक साथ चुनी हुई दिखाई गयी हैं.

यदि आप कई चुनी हुई वस्तुओं में से किसी विशेष वस्तु को चुनाव से निकालना चाहते हैं, तो उसके लिए भी यही आदेश दिया जाता है. किसी चुनी हुई वस्तु को कंट्रोल कुंजी के साथ क्लिक करने पर वह वस्तु चुनाव से बाहर हो जाती है.

फाइलों तथा फोल्डरों को ढूंढ़ना (Searching Files and Folders)

यदि कोई उपयोगकर्ता काफी लम्बे समय तक किसी कंप्यूटर पर कार्य करता है, तो इस अवधि में उसके चाहते या न चाहते हुए भी बड़ी संख्या में फाइलें बन जाती हैं. ये फाइलें विभिन्न स्थानों अर्थात् फोल्डरों में बिखरी रहती हैं. जब तक फाइलों की संख्या कम रहती है, तब तक तो उपयोगकर्ता के लिए प्रत्येक फाइल का नाम और उसका उद्देश्य या सामग्री याद रखना सम्भव होता है, लेकिन जैसे-जैसे फाइलों की संख्या बढ़ती जाती है, वैसे-वैसे उसके लिए ये बातें याद रहना कठिन होता जाता है. यहाँ तक कि उसको यह भी याद नहीं रह पाता कि किसी विशेष सूचना या सामग्री वाली फाइल उसने किस नाम से और किस फोल्डर में बनाई थी. ऐसी स्थिति कंप्यूटर के उपयोगकर्ताओं के सामने प्राय: आती ही रहती है. इसलिए फाइलों तथा फोल्डरों का ढूंढ़ना एक सामान्य गतिविधि है.

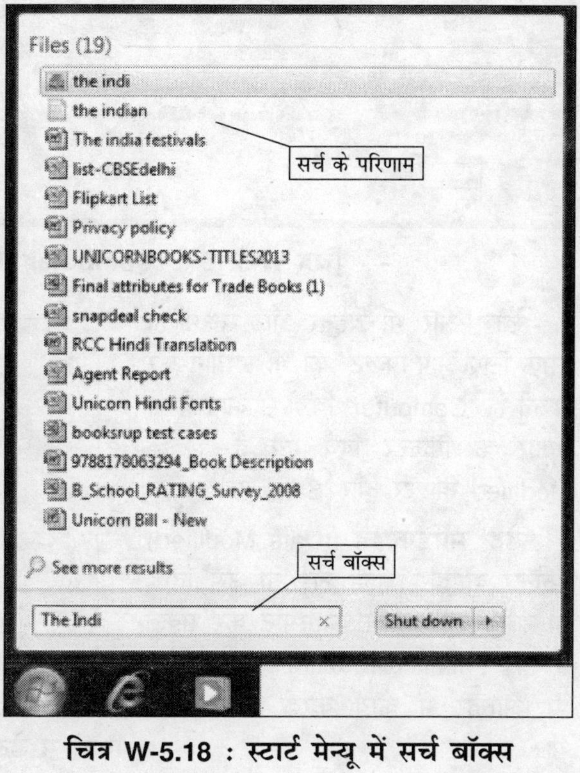

चित्र W-5.18 : स्टार्ट मेन्यू में सर्च बॉक्स

प्राय: प्रत्येक ऑपरेटिंग सिस्टम की तरह विंडोज में भी फाइलों तथा फोल्डरों को ढूंढ़ने की सुविधा उपलब्ध है. यह विंडोज की एक मूल सुविधा है, इसलिए स्टार्ट मेन्यू (Start Menu) में ही 'Search' नाम से दी जाती है. मान लीजिए आपके कंप्यूटर में 'The Indian Festivals' के नाम से एक फाइल है. लेकिन आप उसका स्थान भूल गए हैं. फाइल को ढूँढने के लिए दो विधियां हैं.

पहली विधि: फाइल खोजने की पहली विधि निम्नलिखित प्रकार है-

1. स्टार्ट बटन क्लिक कीजिए, इससे स्टार्ट मेन्यू खुल जाएगा.
2. स्टार्ट मेन्यू में बाईं ओर निचले भाग में दिए गए सर्च बॉक्स में इच्छित फाइल का नाम टाइप कीजिए. आपके द्वारा फाइल का नाम टाइप करते ही खोज शुरु हो जाएगी. आप फाइल का पूरा नाम टाइप भी नहीं कर पाएंगे और फाइल आपके सामने आ जाएगी.

दूसरी विधि:

1. डेस्कटॉप पर 'Computer' के आइकॉन पर डबल क्लिक कीजिए. इससे आपकी स्क्रीन पर चित्र W-5.3 की तरह Computer की विंडो खुल जाएगी. Computer विंडो में ऐड्रेस बार की दायीं ओर दिये गए सर्च बॉक्स में इच्छित फाइल का नाम टाइप कीजिए.
2. टाइप करते ही खोज शुरू हो जाएगी और हार्ड-डिस्क में जिन सभी स्थानों पर फाइल या दस्तावेज से मिलता नाम होगा वे सभी फाइल या फोल्डर स्क्रीन पर आ जायेंगे. (चित्र W-5.19).

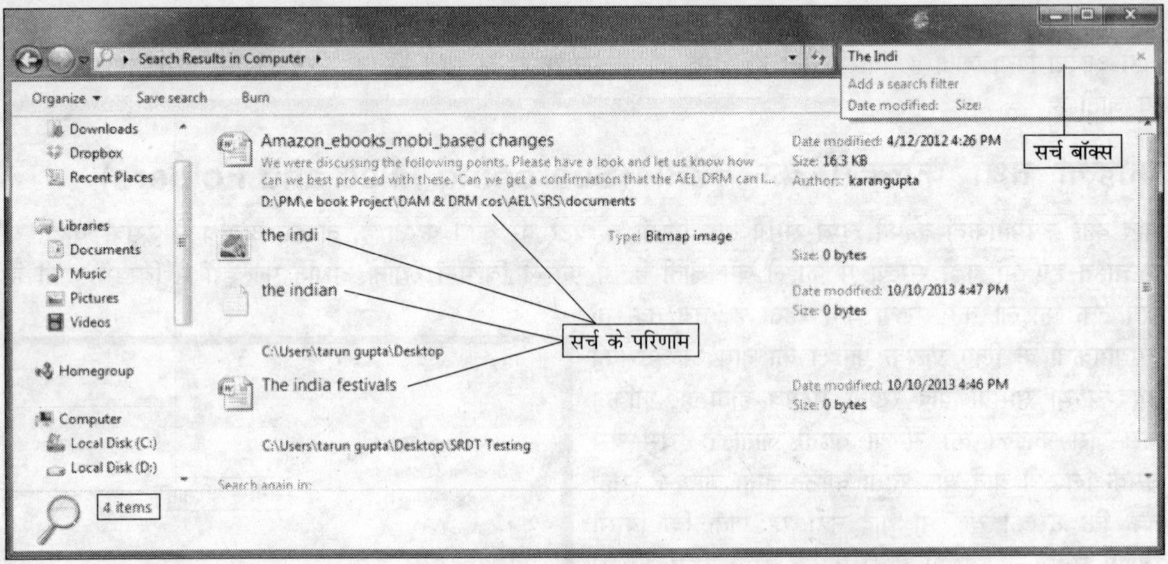

चित्र W-5.19 : 'Computer' विंडो में फाइल खोजने की विधि

खोज और भी बेहतर और सक्षम हो इसके लिए आप फिल्टर का भी उपयोग कर सकते हैं. 'Computer' विंडो में आपको दो प्रकार के फिल्टर दिये गये हैं–'Date Modified' फिल्टर और 'Size' फिल्टर.

डेट मॉडिफाइड (Date Modified) फिल्टर के द्वारा आप कोई भी उस तिथि या समय की अवधि को स्पष्ट कर सकते हैं जब आपने उस दस्तावेज या फाइल पर आखिर में कार्य करके स्टोर किया था.

चित्र W-5.20 : 'Computer' विंडो में डेट मॉडिफाइड फिल्टर

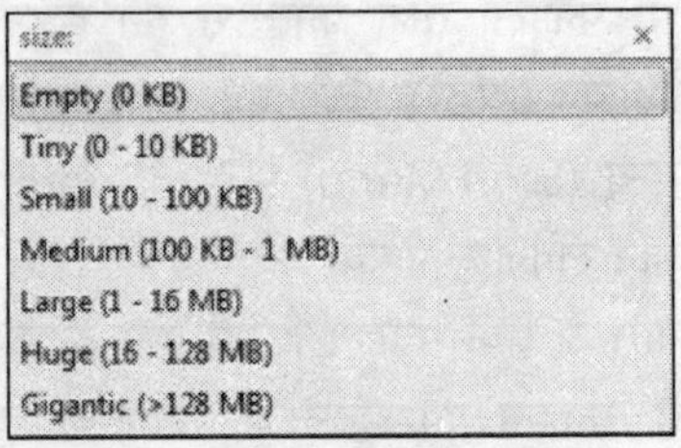

चित्र W-5.21 : 'Computer' विंडो में साइज फिल्टर

साइज (Size) फिल्टर के द्वारा आप फाइल का साइज स्पष्ट कर सकते हैं कि वह आपके अंदाजे से कितनी बड़ी होगी.

इन फिल्टरों को स्पष्ट करने से खोज और भी आसान हो जाती है और कंप्यूटर को लाखों फाइलों में से एक फाइल को खोजने में कम समय लगता है.

विंडोज 7 में लाइब्रेरिज (Libraries in Windows 7)

कोई भी उपयोगकर्ता एक लम्बे समय में बड़ी संख्या में विभिन्न स्थानों पर फाइल और फोल्डर बना लेता है. लाइब्रेरिज **(Libraries)** इन फाइलों और फोल्डरों तक आसानी से पहुँचने और उपयोग करने में मदद करती हैं. विंडोज 7 में चार पूर्व-निर्धारित लाइब्रेरिज **(Libraries)** पाई जाती हैं. यह लाइब्रेरिज **(Libraries)** **'Computer'** विंडो में बाईं ओर के कॉलम (नैविगेशन पेन) में दिखाई पड़ती है (चित्र **W-5.22**). यह लाईब्रेरिज **(Libraries)** हैं—

1. डॉक्यूमेंट लाइब्रेरी **(Document Library)**
2. पिक्चर लाइब्रेरी **(Picture Library)**
3. म्यूजिक लाइब्रेरी **(Music Library)**
4. विडियो लाइब्रेरी **(Video Library)**

यह लाइब्रेरिज **(Libraries)** फोल्डर की तरह काम करती हैं. आप इन लाइब्रेरिज **(Libraries)** पर राइट क्लिक करके इनकी प्रॉपर्टीज में जाकर यह स्पष्ट कर सकते हैं कि सम्पूर्ण हार्ड-डिस्क में अलग-अलग स्थान पर बने विभिन्न फोल्डरों में से कौन-से फोल्डर इन लाइब्रेरिज में दिखाई दें. इस प्रकार से आप उन फोल्डरों का चयन कर सकते हैं जिससे :

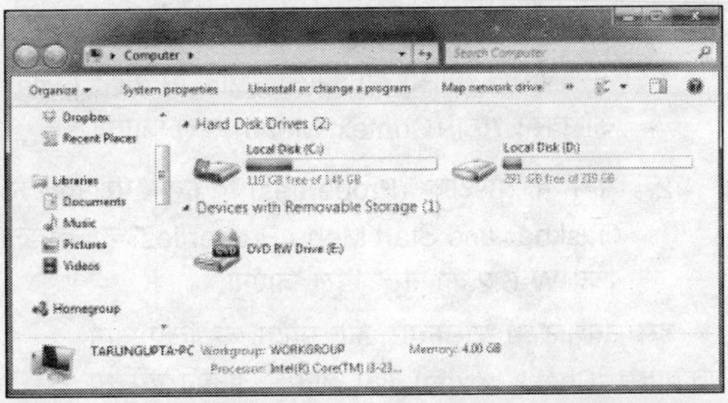

चित्र W-5.22 : 'Computer' विंडो में लाइब्रेरिज विकल्प

— डॉक्यूमेंट लाइब्रेरी **(Document Library)** में केवल दस्तावेजों से संबंधित फाइल और फोल्डर दिखाई दें;

— पिक्चर लाइब्रेरी **(Picture Library)** में केवल चित्र और तस्वीरों से संबंधित फाइल और फोल्डर दिखाई दें;

— म्यूजिक लाइब्रेरी **(Music Library)** में केवल संगीत से संबंधित फाइल और फोल्डर दिखाई दें; और

— विडियो लाइब्रेरी **(Video Library)** में केवल विडियो से संबंधित फाइल और फोल्डर दिखाई दें.

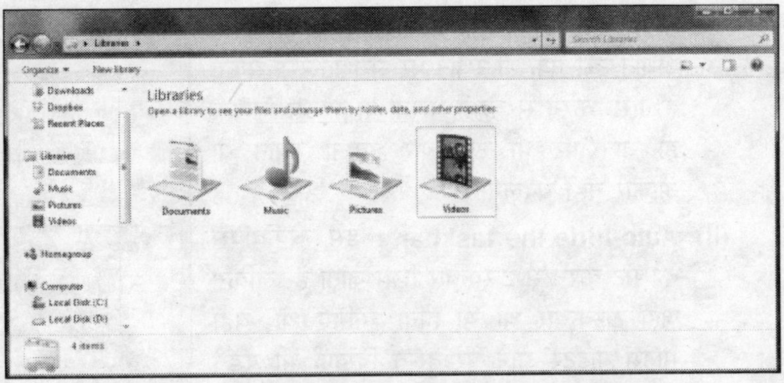

चित्र W-5.23 : विंडोज 7 में पूर्व-निर्धारित लाइब्रेरिज

वास्तव में ये लाइब्रेरिज **(Libraries)** फाइलें और फोल्डरों का संग्रह नहीं होती और केवल इनकी ओर संकेत करती हैं. इसी कारण अगर कभी उपयोगकर्ता भूल से किसी लाइब्रेरी को डिलीट भी कर देता है तब भी उसके अंदर दिखने वाली फाइल तथा फोल्डर अपने मूल स्थान पर सुरक्षित रहती हैं.

विंडोज 7 को अनुकूल बनाना
(Customizing Windows 7)

इस अध्याय में हम विंडोज ऑपरेटिंग सिस्टम को उपयोगकर्ता के लिए अनुकूल बनाने वाली कुछ बातों का परिचय देंगे, जैसे–टास्कबार, डिस्प्ले, माउस आदि की सेटिंग बदलना, शॉर्टकट बनाना, एक ही फाइल में अनेक प्रकार की सूचनाएं भरना आदि.

टास्कबार का रूप बदलना (Changing Appearance of Taskbar)

टास्कबार हमें सभी सक्रिय (Active) प्रोग्रामों पर तुरन्त पहुंचने की सुविधा प्रदान करता है. इसमें सभी खुले हुए प्रोग्रामों का एक-एक बॉक्स दिखाई पड़ता है. हम किसी भी बॉक्स को क्लिक करके तुरन्त उस प्रोग्राम की विंडो में पहुंच सकते हैं. हम इसे अपनी आवश्यकताओं के और अधिक अनुकूल बना सकते हैं इसके लिए हमें टास्कबार की सेटिंग में सुधार करना चाहिए. यह कार्य निम्न प्रकार किया जा सकता है–

1. टास्कबार के किसी भी खाली स्थान पर राइट क्लिक कीजिए. कॉन्टैक्स्ट मेन्यू (Context Menu) खुल जाएगा.
2. मेन्यू में प्रॉपर्टीज (Properties) विकल्प पर क्लिक कीजिए. 'Taskbar and Start Menu Properties' का डॉयलाग बाक्स चित्र W-6.2 की तरह खुल जाएगा.

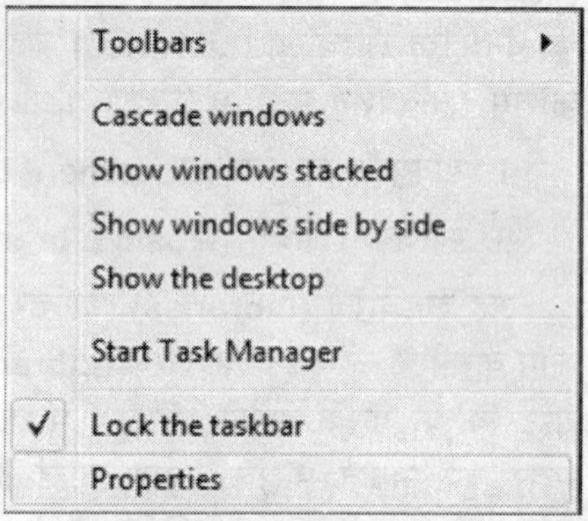

चित्र W-6.1 : टास्कबार का कॉन्टेक्स्ट मेन्यू

इस टैबशीट में टास्कबार की सेटिंग के लिए तीन चेकबॉक्स (Check boxes) दिए जाते हैं. इनका परिचय और उपयोग निम्न प्रकार है–

(i) **Lock the taskbar :** इस चेकबॉक्स में क्लिक करके आप टास्कबार को ताला लगा सकते हैं, अर्थात् उसे एक ही स्थान पर सुरक्षित रख सकते हैं. ऐसा करने से कभी गलती से माउस क्लिक हो जाने पर भी टास्कबार अपना स्थान या आकार नहीं बदलेगा.

(ii) **Auto-hide the taskbar :** इस चेकबॉक्स को सेट करने से टास्कबार छिप जाता है, लेकिन जहां टास्कबार था या होना चाहिए था, वहां माउस पॉइंटर आने पर तुरन्त दिखाई भी पड़ने लगता है. यह सुविधा इसलिए दी गई है कि आप स्क्रीन के अधिक से अधिक भाग का उपयोग कर सकें.

(iii) **Use small icons:** इस चेकबॉक्स को सेट करने से टास्कबार के आइकॉन्स छोटे हो जाते हैं.

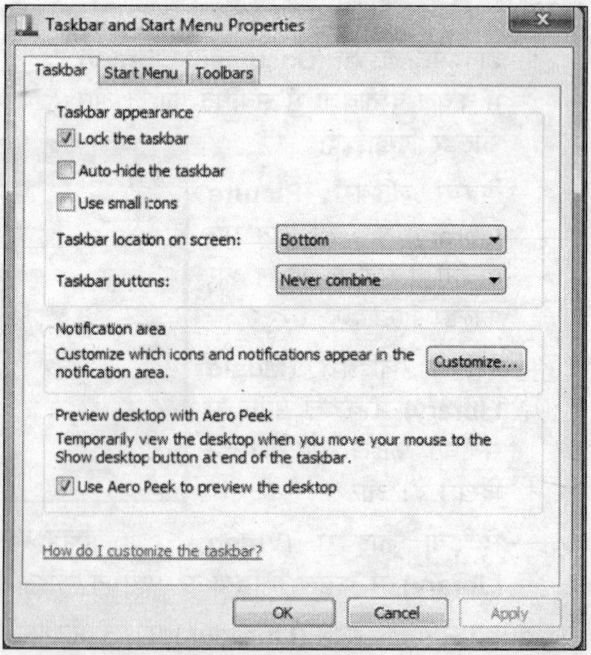

चित्र W-6.2 : टास्कबार प्रापर्टीज का डायलाग बॉक्स

यह सुविधा इसलिए दी गई है कि आप टास्कबार पर अधिक से अधिक आइकॉन्स जोड़ सकें.

इस डॉयलाग बॉक्स में दो ड्रॉप-डाउन लिस्ट बॉक्स भी दिए गए हैं. इस ड्रॉप-डाउन बॉक्स को क्लिक करने पर मेन्यू खुलता है जिसमें से आप कोई भी एक विकल्प चुन सकते हैं.

चित्र W-6.3 : ड्राप-डाउन बॉक्स

(i) **Taskbar Location on Screen :** इस बॉक्स के विकल्पों के द्वारा आप स्क्रीन पर टास्कबार का स्थान बदल सकते हैं, जैसे कि नीचे (Bottom), बाईं ओर (Left), दाईं ओर (Right) या ऊपर (Top).

(ii) **Taskbar Buttons :** यदि एक प्रोग्राम की कई सारी विंडो खुली हों तो उन सभी विंडो के टास्कबार पर अलग-अलग बटन बन जाते हैं. इस बॉक्स में दिये गए विकल्पों के द्वारा आप यह चुन सकते हैं कि एक प्रोग्राम कई विंडो के बटनों का या तो एक समूह बने और समूह का एक ही बटन दिखे या फिर वे सभी बटन अलग-अलग दिखें.

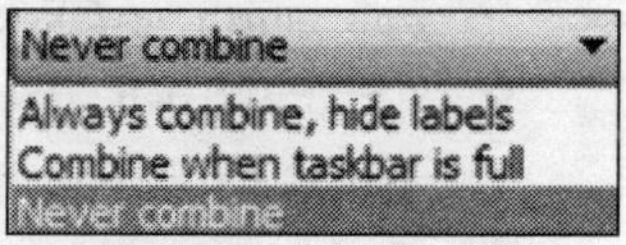

चित्र W-6.4 : ड्राप-डाउन बॉक्स

आप टास्कबार प्रॉपर्टीज के डायलाग बॉक्स में अपनी इच्छा के अनुसार विकल्पों को सेट या रिसेट कीजिए. एक बार क्लिक करने पर विकल्प सेट हो जाता है. दूसरी बार करने पर रिसेट हो जाता है. अन्त में 'OK' बटन को क्लिक कीजिए. आप देखेंगे कि टास्कबार का रूप आपकी पसन्द के अनुसार बदल गया है.

टास्कबार के दाईं ओर के क्षेत्र को नोटिफिकेशन एरिया (Notification Area) कहा जाता है. इस क्षेत्र में कंप्यूटर से जुड़े कई संकेतक दिखते हैं जैसे कि समय और तिथि, इंटरनेट कनेक्शन का संकेत, बैट्री चार्जिंग का संकेत, आदि. चित्र W-6.2 में कस्टॉमाइज (Customize) बटन दबाकर यह चुन सकते हैं कि टास्कबार पर कौनसे संकेतक दिखाई दें.

स्क्रीन का रूप बदलना (Changing Appearance of the Screen)

स्क्रीन आपके कंप्यूटर का वह भाग है, जिस पर आपकी आंखें लगातार स्थिर रहती हैं. आपकी आंखों के लिए यह अच्छा होगा कि उसमें दिखाई जाने वाली सामग्री, चित्र आदि उनके अनुकूल हो. इस कार्य के लिए निम्नलिखित क्रियाएं कीजिए-

1. डेस्कटॉप पर स्टार्ट मेन्यू के आइकॉन को क्लिक करें. स्टार्ट मेन्यू में दाईं ओर पर दिये हुए विकल्पों में से कंट्रोल पैनल (Control Panel) के बटन को क्लिक करें.
2. कंट्रोल पैनल (Control Panel) की विंडो खुल जाएगी. विंडो में दायें भाग में 'Appearance and Personalization' नामक विकल्प पर क्लिक करें.

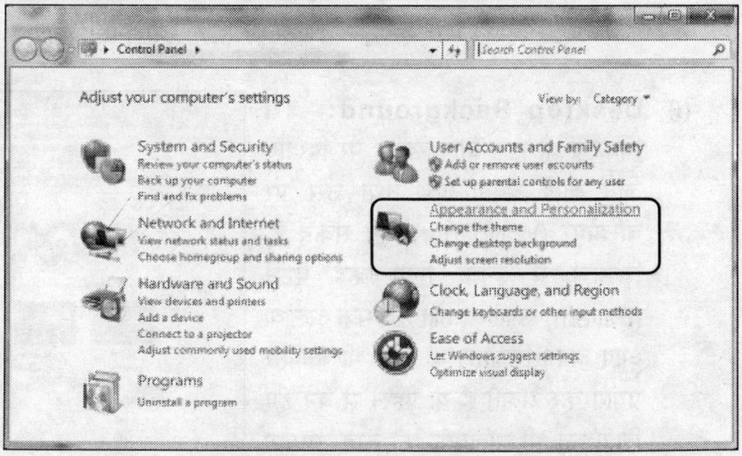

चित्र W-6.5 : कंट्रोल पैनल विंडो

3. Appearance and Personalization विकल्प पर क्लिक करने पर इसी नाम की विंडो खुल जाएगी. इस विंडो में सबसे ऊपर दिये हुए विकल्प–'Personalization' पर क्लिक करें.

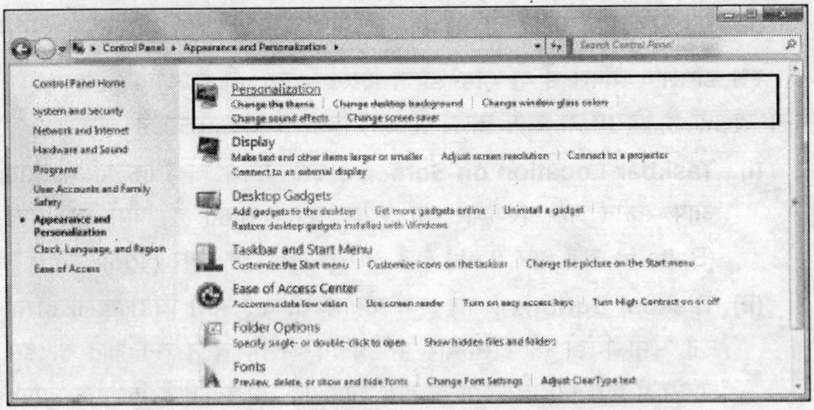

चित्र W-6.6 : अपीयरेन्स और पर्सनलाइजेशन विंडो

4. Personalization विंडो खुल जाएगी. इस विंडो में स्क्रीन का रूप बदलने के विभिन्न विकल्प दिये गए हैं.

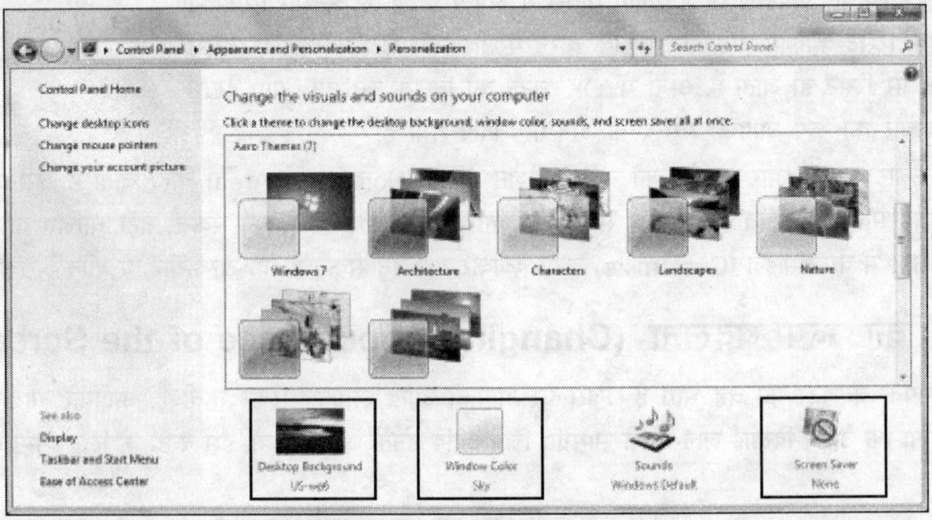

चित्र W-6.7 : पर्सनलाइजेशन विंडो

(i) **Desktop Background :** इस विकल्प के द्वारा आप स्क्रीन पर दिखाए जाने वाले बैकग्राउण्ड तथा उस पर वॉलपेपर (Wallpaper) चुन सकते हैं. विंडोज में इनके लिए कई पैटर्न (Pattern) उपलब्ध होते हैं. इसके अलावा आप अपने डिजाइन या चित्र भी बनाकर प्रयोग कर सकते हैं या पहले से बने हुए चित्रों को भी वॉलपेपर की तरह उपयोग कर सकते हैं. बैकग्राउण्ड बदलने के

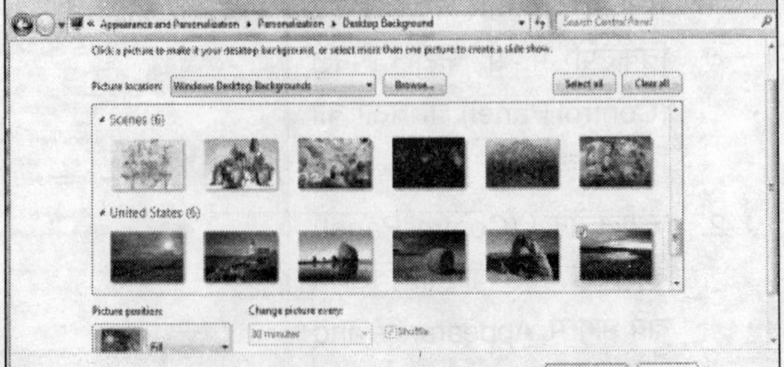

चित्र W-6.8 : डेस्कटॉप बैकग्राउण्ड विंडो

लिए पर्सनलाइजेशन (Personalization) विंडो में डेस्कटॉप बैकग्राउण्ड (Desktop Background) आइकॉन पर क्लिक करें जिससे डेस्कटॉप बैकग्राउण्ड (Desktop Background) विंडो नजर आएगी (चित्र W-6.8). किसी भी इमेज (image) पर क्लिक करें जिसे आप इस्तेमाल करना चाहते हैं. अंत में सेव चेंजिज (Save Changes) बटन पर क्लिक करें. आपके द्वारा चुनी हुई इमेज या तस्वीर डेस्कटॉप पर आ जाएगी.

(ii) Windows Color and Appearance: इस विकल्प में आप विंडो के विभिन्न तत्वों (Components) तथा डेस्कटॉप के रंग रूप की सेटिंग कर सकते हैं. इसके लिए आप दी हुई अनेक योजनाओं में से किसी एक योजना को चुनकर लागू कर सकते हैं या पहले से चुनी हुई योजना में मनचाहा सुधार कर सकते हैं. रंगों की योजना बदलने के लिए पर्सनलाइजेशन (Personalization) विंडो में विंडो कलर (Window Color) के आइकॉन पर क्लिक करें. विंडो कलर और अपीयरेन्स (Window Color and Appearance) विंडो आ जाती है (चित्र W-6.9). विभिन्न रंगों में से किसी भी रंग को चुनते ही सभी विंडो अपना रंग बदल लेती है. सेव चेंजिज (Save Changes) का बटन क्लिक करते ही नये रंगों की योजना सेट हो जाती है. इस विंडो में आप चुने हुए रंग की तीव्रता और पारदर्शिता, दोनों सेट कर सकते हैं.

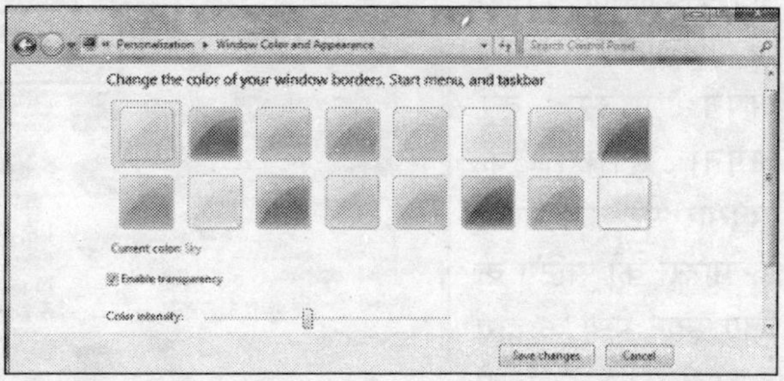

चित्र W-6.9 : विंडो कलर और अपीयरेन्स विंडो

(iii) Screen Saver: मॉनीटर को लम्बे समय तक चालू रखना उसके जीवन की अवधि कम कर देता है. इसलिए जब आप एक निर्धारित समय तक उस पर काम नहीं करते, तो विंडोज उस समय की स्क्रीन सामग्री को साफ करके कोई दूसरा प्रोग्राम चला देता है, जिसे स्क्रीन सेवर कहा जाता है. ऐसे प्रोग्राम प्रायः स्क्रीन पर कम से कम सामग्री रखते हैं, ताकि केवल यह पता चलता रहे कि कंप्यूटर अभी भी काम कर रहा है. स्क्रीन सेवर सेट करने के लिए पर्सनलाइजेशन (Personalization) विंडो में स्क्रीन सेवर (Screen Saver) आइकॉन पर क्लिक करें जिससे स्क्रीन सेवर (Screen Saver) डॉयलाग बॉक्स नजर आएगा (चित्र W-6.10). स्क्रीन सेवर के ड्राप-डाउन बॉक्स को क्लिक करने पर मेन्यू खुलता है जिसमें स्क्रीन सेवर चुनने के विभिन्न विकल्प होते हैं. किसी भी स्क्रीन सेवर को चुनकर आप प्रीव्यू (Preview) का बटन दबा सकते हैं जिससे आप उस स्क्रीन सेवर का पूर्वदर्शन कर पायेंगे. मनचाहा स्क्रीन सेवर चुनने के उपरान्त 'OK' बटन पर क्लिक कीजिए जिससे स्क्रीन सेवर सेट हो जाएगा. वेट (Wait) विकल्प की मदद से आप समय को स्पष्ट कर सकते हैं जिससे उतने समय बाद कंप्यूटर स्क्रीन पर स्क्रीन सेवर दिखाई देने लगेगा.

चित्र W-6.10 : स्क्रीन सेवर डॉयलाग बॉक्स

माउस की सेटिंग बदलना (Changing Settings of Mouse)

आप पढ़ चुके हैं कि विंडोज 7 में माउस के दोनों बटनों का उपयोग किया जाता है. आप अपने माउस को अपनी सुविधा के अनुसार सेट कर सकते हैं. माउस की सेटिंग के लिए स्टार्ट मेन्यू के द्वारा कण्ट्रोल पैनल की विंडो खोलिए (चित्र **W-6.5**) और फिर बाईं ओर दिए गए **'Hardware and Sound'** विकल्प को क्लिक कीजिए. ऐसा करते ही **'Hardware and Sound'** विंडो चित्र **W-6.11** की तरह खुल जाएगी. इस विंडो में सबसे ऊपर **'Devices and Printers'** का विकल्प दिया गया है. इस विकल्प के कई उप-विकल्प भी दिये गए हैं. इनमें से **'Mouse'** नामक विकल्प को क्लिक करें. चित्र **W-6.12** की तरह माउस प्रॉपर्टीज **(Mouse Properties)** का डॉयलाग बॉक्स आ जाएगा.

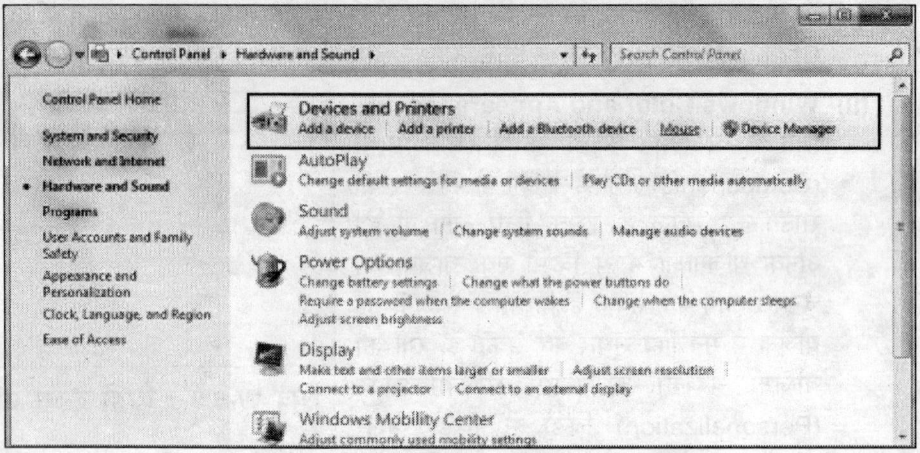

चित्र W-6.11 : हार्ड-वेयर और साउण्ड विंडो

इस डायलाग बॉक्स में पाँच टैबशीट हैं, जिनमें से मुख्यत: तीन को निम्नलिखित सेटिंगों के लिए प्रयोग किया जाता है-

Buttons : इस टैबशीट का प्रयोग माउस के बटनों की सेटिंग बदलने में किया जाता है. सामान्यतया माउस के बाएं बटन का उपयोग सामान्य चयन (Normal Select) तथा सामान्य खिंचाव (Normal Dragging) के लिए तथा दाएं बटन का प्रयोग कॉन्टैक्स्ट मेन्यू (Context Menu) तथा विशेष खिंचाव (Special Dragging) के लिए किया जाता है. यह दाएं हाथ से काम करने वालों की सुविधा के लिए है, क्योंकि उनकी संख्या बहुत ज्यादा होती है, लेकिन यदि कोई उपयोगकर्ता बाएं हाथ से कार्य करता है, तो इस सेटिंग को उलटा भी किया जा सकता है. इसके लिए Button Configuration के अंतर्गत दिए Switch primary and secondary buttons चेक-बॉक्स को क्लिक करना चाहिए. इससे दोनों बटनों का उपयोग आपस में बदल जाता है.

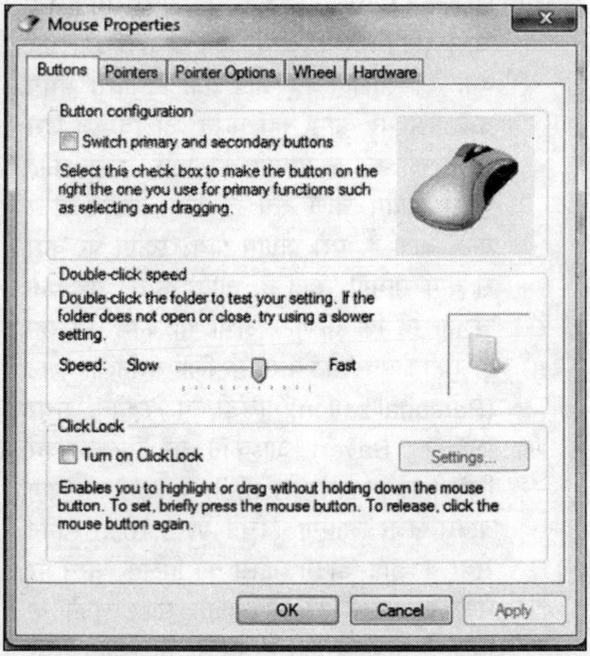

चित्र W-6.12 : माउस प्रॉपर्टीज का डॉयलाग बॉक्स

इस टैब शीट का प्रयोग माउस की डबल-क्लिक करने की गति तय करने में भी किया जाता है. अगर आप जल्दी-जल्दी दो बार क्लिक कर सकते हैं, तो गति तेज 'Fast' रखिए और अगर आराम से क्लिक करते हैं, तो गति धीमी (Slow) रखिए. इस शीट में स्लाइडर (Slider) को सरकाकर अधिकतम प्रतीक्षा (अर्थात् दो क्लिकों के बीच का अन्तराल) का समय तय किया जा सकता है.

Pointers : इस टैबशीट में सेटिंग करके आप विभिन्न पॉइंटरों का रूप बदल सकते हैं. इसमें 'Browse' बटन को क्लिक करके सभी उपलब्ध कर्सरों की लिस्ट देखी जा सकती है, जिनमें से आप अपनी पसन्द के कर्सर विभिन्न उपयोगों हेतु चुन सकते हैं.

Pointer Options : इस टैबशीट का प्रयोग माउस की हलचल (Movement) के साथ-साथ उसके पॉइंटर की हलचल की गति में तालमेल बैठाने के लिए किया जाता है.

शॉर्टकट बनाना (Creating Shortcuts)

शॉर्टकटों का प्रयोग ऐसे दस्तावेजों और प्रोग्रामों तक शीघ्र पहुंचने के लिए किया जाता है, जिनका आप बार-बार (या अधिकता से) उपयोग करते हैं. आप अपने किसी भी प्रोग्राम, दस्तावेज, प्रिंटर, डिस्क ड्राइव और दूसरे कंप्यूटर के लिए भी अपने डेस्कटॉप पर या किसी भी फोल्डर में शॉर्टकट बना सकते हैं. ऐसा करने के बाद जब भी आपको उस वस्तु (Objects) की आवश्यकता हो, आप उसके शॉर्टकट को डबल-क्लिक करके तुरन्त उस वस्तु तक पहुंच सकते हैं.

उदाहरण के लिए, यदि आप किसी ऐसे दस्तावेज को बार-बार खोलते और बन्द करते हैं, जिसकी सूचनाएं रोज ही बदलती रहती हैं, तो आप इसका शॉर्टकट बनाकर अपना काफी समय बचा सकते हैं, क्योंकि तब आपको वह दस्तावेज ढूंढ़ना नहीं पड़ेगा और डेस्कटॉप पर उसके शॉर्टकट को डबल-क्लिक करके उसे खोल सकेंगे.

शॉर्टकट बनाने से किसी फ़ाइल या फोल्डर का स्थान नहीं बदलता, बल्कि उसे शीघ्र खोलने की सुविधा मिल जाती है. यह ज्यादातर (अर्थात् बार-बार) प्रयोग की जाने वाली वस्तुओं तक तुरन्त पहुंचने का सुविधाजनक साधन है.

इसके लिए केवल निम्नलिखित क्रियाएं कीजिए-

1. शॉर्टकट बनाने के लिए पहले उस वस्तु के फोल्डर की विंडो को खोलिए जिसका शॉर्टकट आप बनाना चाहते हैं.
2. फिर उस वस्तु के आइकॉन चिह्न पर दायाँ क्लिक कीजिए जिससे कॉन्टैक्स्ट मेन्यू खुल जाएगा.
3. कॉन्टैक्स्ट मेन्यू में 'Create Shortcut' आदेश को चुनिए. ऐसा करने से उसी स्थान पर में उस वस्तु की एक शॉर्टकट फाइल बन जाएगी. इस वस्तु को खींचकर डेस्कटॉप पर ले आइए. अब आपका शॉर्टकट तैयार है.

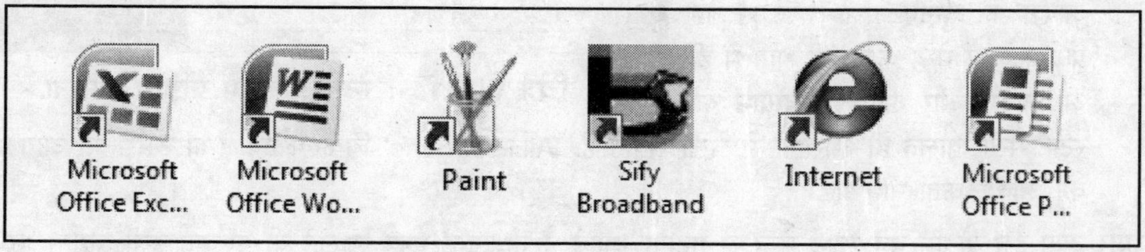

चित्र W-6.13 : कुछ वस्तुओं के शॉर्टकट

शॉर्टकट का आइकॉन उस वस्तु के मूल आइकॉन जैसा ही होता है. लेकिन इसमें बाईं ओर नीचे की ओर एक छोटे तीर का चिह्न भी होता है, जिससे इसे पहचाना जाता है. किसी वस्तु के शॉर्टकट को डबल क्लिक करने से वह वस्तु या फाइल खुल जाती है. यदि शॉर्टकट किसी प्रोग्राम द्वारा बनायी गयी किसी फाइल का है, तो उस शॉर्टकट को डबल-क्लिक करने से वह प्रोग्राम चालू हो जाता है और उसमें वह फाइल खुल जाती है.

डेस्कटॉप के साथ-साथ आप किसी फोल्डर में भी शॉर्टकट बना सकते हैं. उसकी भी विधि यही है जो डेस्कटॉप पर बनाने की है. अन्तर बस इतना है कि वस्तु के आइकॉन को उस फोल्डर के आइकॉन या उसकी विंडो तक खींचा जाता है.

जब आप किसी शॉर्टकट को हटाते (Delete करते) है, तो मूल (Original) फाइल नहीं हटाई जाती. इसी तरह जब आप मूल फाइल को हटाते हैं, तो शॉर्टकट भी स्वत: नहीं हटता. उसे भी अलग से हटाना पड़ता है.

प्रोग्रामों को जल्दी खोलना (Keeping Programs Handy)

आप अपना कार्य और भी जल्दी कर सकते हैं, यदि सबसे ज्यादा प्रयोग किए जाने वाले प्रोग्राम तुरन्त उपलब्ध हों. इसका एक उपाय तो डेस्कटॉप या किसी अन्य फोल्डर में उसका शॉर्टकट बनाना है. दूसरा उपाय नीचे बताया गया है-

स्टार्ट मेन्यू में एक प्रोग्राम को जोड़ना (Pinning a Program in Start Menu) :

1. स्टार्ट बटन पर क्लिक करें जिससे स्टार्ट मेन्यू खुल जाएगा.
2. सबसे नीचे दिए गए विकल्प 'All Programs' के आइकॉन पर क्लिक करें. सभी प्रोग्रामों की सूची आ जाएगी.
3. किसी भी प्रोग्राम (जिसका आप अधिकतम उपयोग करते हैं) पर दायाँ क्लिक कीजिए जिससे उसका कॉन्टैक्स्ट मेन्यू खुल जाएगा.
4. कॉन्टैक्स्ट मेन्यू में 'Pin to Start Menu' आदेश को चुनिए. ऐसा करने से यह प्रोग्राम स्टार्ट मेन्यू के ऊपरी भाग में ही आ जाएगा और आप इस प्रोग्राम को स्टार्ट मेन्यू खोलते ही आसानी से चला सकते हैं. 'All Programs' विकल्प तक (या उससे भी आगे) जाने की आवश्यकता नहीं पड़ेगी.

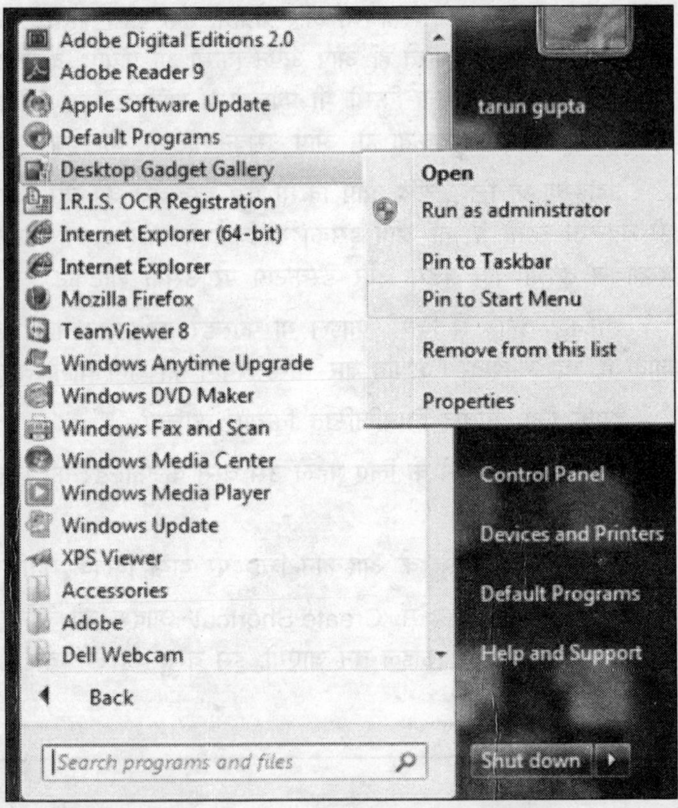

चित्र W-6.14 : स्टार्ट मेन्यू में प्रोग्राम जोड़ना

अगर आप इस प्रोग्राम को स्टार्ट मेन्यू से हटाना चाहते हैं तो स्टार्ट मेन्यू खोलने के पश्चात इसी प्रोग्राम पर दायाँ क्लिक करें. कॉन्टैक्स्ट मेन्यू में 'Unpin from Start Menu' आदेश पर क्लिक करें. इससे यह स्टार्ट मेन्यू से हट जाएगा.

प्रिंटर को स्थापित करना (Installing a Printer)

विंडोज में किसी प्रिंटर को कंप्यूटर के साथ जोड़ना बहुत आसान है. इसमें विंडोज के 'Add a Printer' प्रोग्राम का प्रयोग किया जाता है. प्रिंटर को सेट करने से पहले आपको उसके मॉडल तथा निर्माता का नाम ज्ञात होना चाहिए. प्रिंटर के साथ एक स्थापना सीडी भी दी जाती है. कार्य शुरु करने से पहले प्रिंटर के कनेक्शन का प्लग अपने पीसी में निर्धारित स्थान पर लगा दीजिए.

अब आप प्रिंटर सेट करने के लिए तैयार हैं. इसके लिए निम्नलिखित क्रियाएं कीजिए.

1. स्टार्ट मेन्यू में 'Control Panel' विकल्प पर क्लिक कीजिए. इससे कंट्रोल पैनल की विंडो चित्र W-6.5 की तरह खुलेगी.
2. कंट्रोल पैनल की विंडो में 'Hardware and Sound' विकल्प को क्लिक कीजिए जिससे चित्र W-6.11 के समान 'Hardware and Sound' विंडो खुल जाएगी.
3. 'Hardware and Sound' विंडो में सबसे ऊपर 'Devices and Printers' का विकल्प दिया गया है. इस विकल्प के उप-विकल्प 'Add a Printer' पर क्लिक कीजिए.
4. 'Add a Printer' विकल्प पर क्लिक करने से चित्र W-6.15 की तरह एक नई विंडो में 'Add a Local Printer' विकल्प पर क्लिक कीजिए.
5. इसके पश्चात् आपको अपने पीसी और प्रिंटर के बीच कनेक्शन के प्रकार का चुनाव करना होगा. स्क्रॉल डाउन लिस्ट से उचित विकल्प चुनिये और 'Next' पर क्लिक कीजिए. प्रिंटर का पोर्ट प्राय: 'LPT' होता है. (चित्र W-6.16)

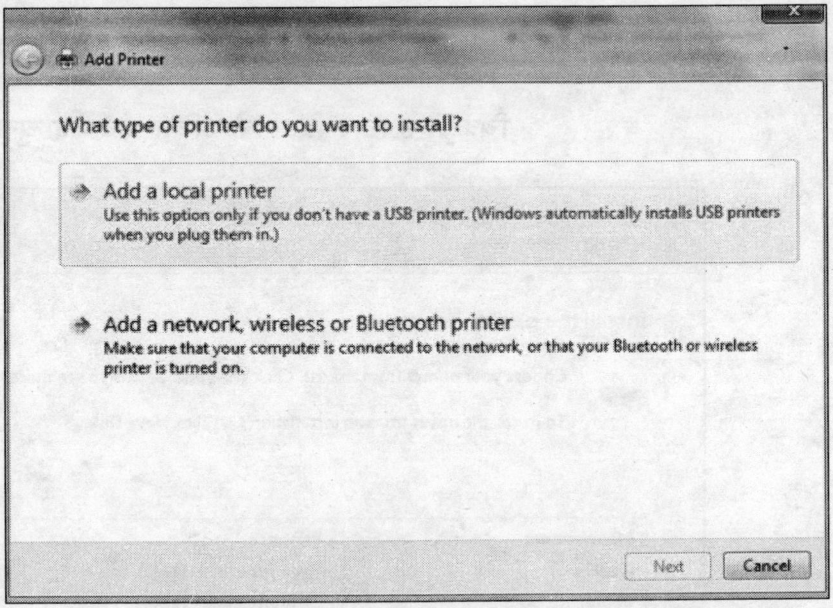

चित्र W-6.15 : 'Add a Printer' विकल्प पर क्लिक करने पर खुली विंडो

6. 'Next' बटन पर क्लिक करने पर आपको 'Add Printer' डायलाग बॉक्स चित्र W-6.17 की तरह दिखाया जाएगा. इस डायलाग बॉक्स में संसार के सभी प्रसिद्ध प्रिंटरों का नाम तथा उनके निर्माता का नाम दिखाया जाता है. दिखाई गई सूची में से सही प्रिंटर का विकल्प चुनकर 'Have Disk' के बटन पर क्लिक करें. प्रिंटर प्रोग्राम CD के द्वारा स्थापित होने लगेगा.

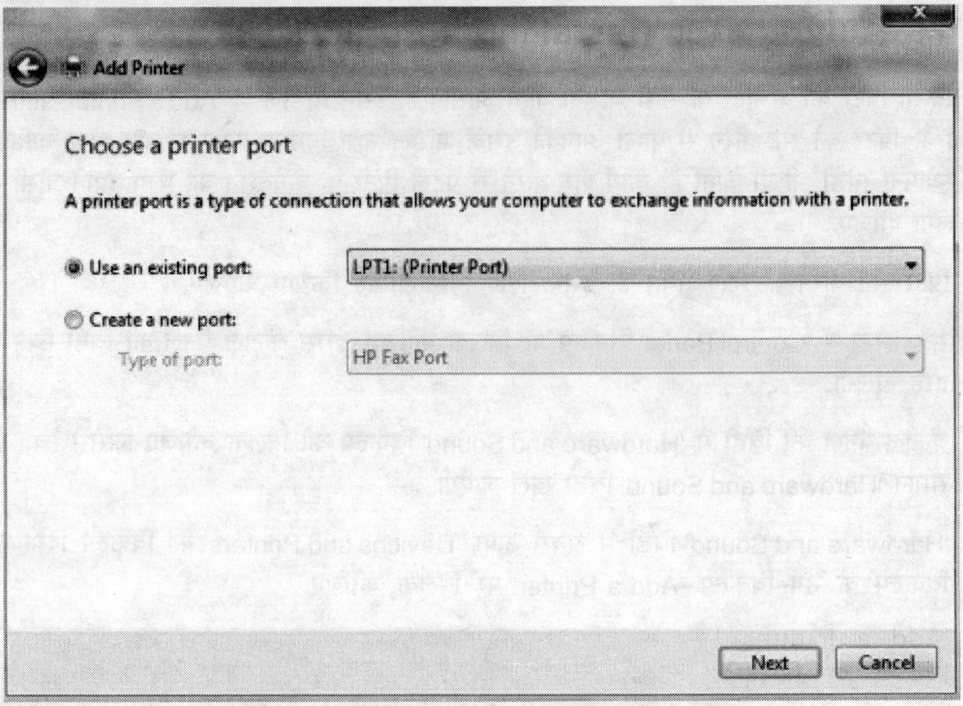

चित्र W-6.16 : प्रिंटर के उचित पोर्ट का चुनाव

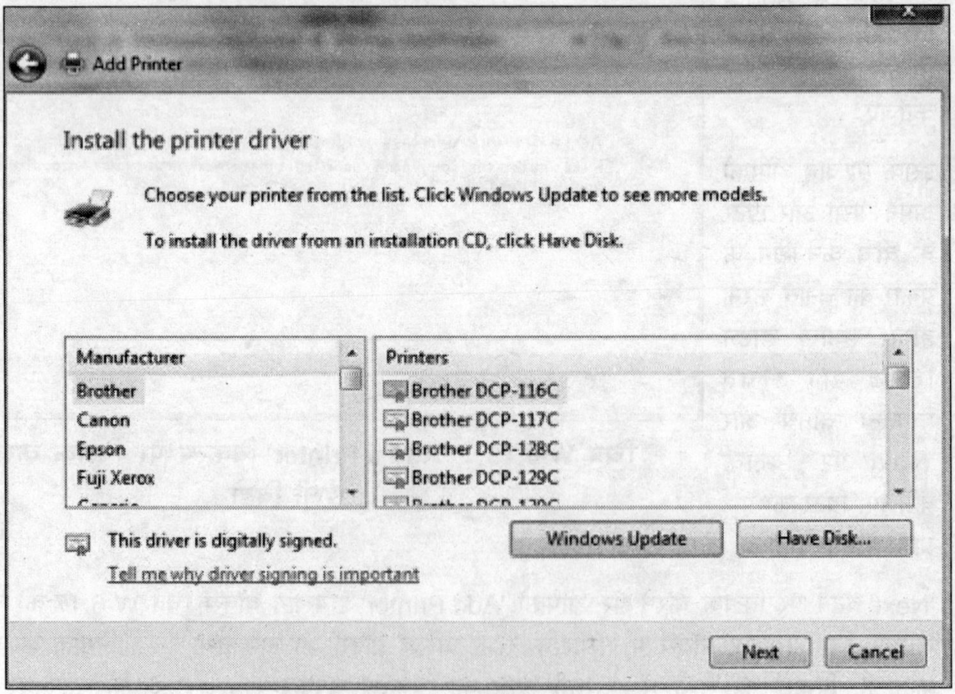

चित्र W-6.17 : इच्छित प्रिंटर चुनना

7. इसके पश्चात् आपका प्रिंटर स्थापित हो जाएगा, जिसका नोटिफिकेशन भी आपको चित्र W-6.18 की तरह दिखाया जाएगा. 'Finish' पर क्लिक कीजिए अथवा प्रिंटर की छपाई देखने के लिए 'Print a test page' पर क्लिक कीजिए.

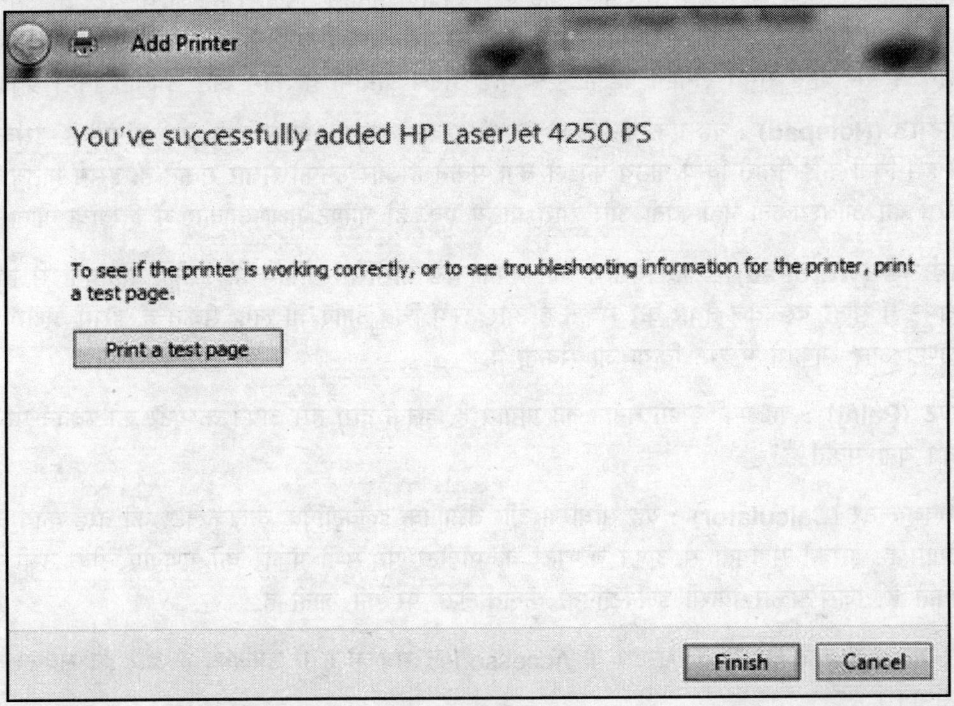

चित्र W-6.18 : प्रिंटर सफलतापूर्वक स्थापित हो जाने पर दिखाया जाने वाला नोटिफिकेशन

आजकल बाजार में यूएसबी प्रिंटर उपलब्ध हैं, जिन्हें स्थापित करने के लिए दी गई विधि के अनुसार चलने की आवश्यकता नहीं पड़ती. प्रिंटर का प्लग यूएसबी पोर्ट में लगाते ही विंडोज स्वयं उसे स्थापित कर देती है.

नोटपैड
(Notepad)

आप पढ़ चुके हैं कि विंडोज ऑपरेटिंग सिस्टम में कई ऐसे उपयोगी प्रोग्राम उपलब्ध हैं, जो कंप्यूटर के उपयोगकर्ताओं के लिए बहुत सहायक होते हैं. इनकी सहायता से हम बहुत से ऐसे काम मिनटों में कर सकते हैं, जिनको अन्य किसी विधि से करने में हमें बहुत समय लगाना पड़ेगा. ऐसे कुछ मुख्य प्रोग्रामों के नाम और उपयोग निम्न प्रकार हैं-

1. **नोटपैड (Notepad) :** यह एक पाठ्य को सम्पादित करने वाला (टैक्स्ट एडिटिंग) प्रोग्राम है. इसकी सहायता से हम बिना कोई तैयारी किये पाठ्य फाइलें बना सकते हैं और उनको सुधार सकते हैं. इसमें पाठ्य को फॉर्मेट करने की आवश्यकता नहीं होती और सारा पाठ्य एक ही फॉण्ट तथा आकार में दिखाया जाता है.

2. **वर्ड पैड (WordPad) :** यह विंडोज का अपना वर्ड प्रोसेसिंग प्रोग्राम है. इसकी सहायता से हम मनचाहे फार्मेट में सुन्दर दस्तावेज तैयार कर सकते हैं और उनमें चित्र आदि भी लगा सकते हैं. इसमें अक्षरों को अनेक फॉण्टों और आकारों में सेट किया जा सकता है.

3. **पेण्ट (Paint) :** यह एक ड्रॉइंग बनाने का प्रोग्राम है. इसके द्वारा हम अपने कंप्यूटर की स्क्रीन पर रंग-बिरंगे चित्र बना सकते हैं.

4. **कैलकुलेटर (Calculator) :** यह साधारण और वैज्ञानिक इलैक्ट्रॉनिक कैलकुलेटर की तरह कार्य करने वाला प्रोग्राम है. इसकी सहायता से अपने कंप्यूटर के मॉनीटर पर सभी प्रकार की गणनाएँ ठीक उसी प्रकार कर सकते हैं, जिस प्रकार किसी इलैक्ट्रॉनिक कैलकुलेटर पर की जाती हैं.

ये सभी प्रोग्राम विंडोज ऑपरेटिंग सिस्टम के Accessories सब-मेन्यू में उपलब्ध हैं और इन सबको चलाने का तरीका भी समान है.

इस अध्याय में आप नोटपैड का उपयोग करने के बारे में विस्तार से पढ़ेंगे. शेष तीनों प्रोग्रामों के बारे में क्रमशः आगे के अध्यायों में विस्तारपूर्वक बताया जाएगा.

नोटपैड प्रारम्भ करना (Starting Notepad)

यदि आपके डेस्कटॉप पर नोटपैड का शॉर्टकट बना हुआ है, तो आप उसे डबल-क्लिक करके तत्काल ही नोटपैड प्रारम्भ कर सकते हैं. इसको चलाने की सबसे सरल विधि स्टार्ट मेन्यू के द्वारा है, जो निम्नप्रकार है-

- स्टार्ट बटन को क्लिक कीजिए. इससे स्टार्ट मेन्यू खुल जाएगा.
- स्टार्ट मेन्यू में 'All Programs' क्लिक कीजिए. इससे स्टार्ट मेन्यू में एक मेन्यू खुल जाएगा.
- इस मेन्यू में 'Accessories' विकल्प पर क्लिक कीजिए. इससे 'Accessories' के अन्तर्गत सब-मेन्यू खुल जाएगा.
- इस सब-मेन्यू में 'Notepad' विकल्प को क्लिक कीजिए. इससे नोटपैड प्रोग्राम प्रारम्भ हो जाएगा.

नोटपैड प्रोग्राम प्रारम्भ होते ही आपकी स्क्रीन पर उसकी विंडो चित्र W-7.1 की तरह खुल जाएगी, जिसमें आप नयी टैक्स्ट फाइल बना सकते हैं या पुरानी टैक्स्ट फाइल को खोल सकते हैं.

नोटपैड की विंडो को तीन भागों में बांटा गया है, जिनकी ओर नाम से संकेत किया गया है. इन भागों का संक्षिप्त परिचय निम्न प्रकार है–

टाइटिल बार (Title Bar) : नोटपैड विंडो में सबसे ऊपर की पंक्ति इसका टाइटिल बार है. इसमें इस दस्तावेज या डॉक्यूमेंट का नाम दिखाया जाता है. यदि कोई डॉक्यूमेंट खुला हुआ है, तो उसका नाम भी इस बार में बाएँ कोने में दिखाया जाता है, नहीं तो 'Untitled' शब्द दिखाई पड़ता है.

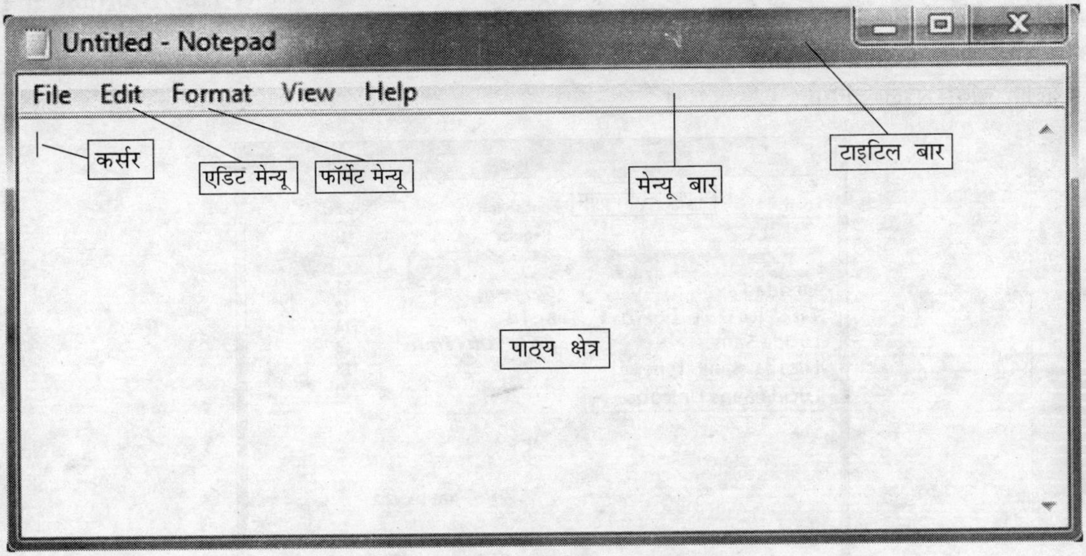

चित्र W-7.1 : नोटपैड की विंडो

मेन्यू बार (Menu Bar) : टाइटिल बार के ठीक नीचे मेन्यू बार होता है, जिसमें कई मेन्यू-नाम शामिल हैं. प्रत्येक मेन्यू-नाम (Menu name) एक पुल-डाउन मेन्यू से सम्बन्धित है, जिसमें कई विकल्प होते हैं.

पाठ्य क्षेत्र (Text Area) : स्क्रीन (विंडो) का अधिकांश भाग एक आयताकार बॉक्स के रूप में मेन्यू बार के नीचे होता है, इसे पाठ्य क्षेत्र कहते हैं. टाइप किया हुआ या भरा हुआ पाठ्य इसी भाग में दिखायी पड़ता है.

कर्सर (Cursor) : पाठ्य क्षेत्र में एक खड़ी लकीर (|) के आकार का कर्सर होता है, जिससे कुंजी पटल पर टाइप किए जाने वाले पाठ्य की स्थिति का संकेत मिलता है, आप तीर के चिह्न वाले बटनों का प्रयोग करके इसको पाठ्य की सीमा में इच्छित स्थान पर कहीं भी ले जा सकते हैं. इसी तरह माउस पॉइंटर को विंडो में कहीं भी क्लिक करके आप कर्सर को एक बार में ही वहां ले जा सकते हैं.

यदि नोटपैड की फाइल में पाठ्य अधिक है, जो एक बार में स्क्रीन पर दिखायी नहीं दे सकता, तो उस विंडो में अपने आप ही ऊर्ध्वाधर (Vertical) स्क्रॉल बार बन जाता है, जिसकी सहायता से आप ऊपर नीचे जा सकते हैं.

नोटपैड पर कार्य का प्रारम्भ (Getting Started with Notepad)

ऊपर बतायी गयी विधि से नोटपैड प्रारम्भ करते ही उसकी खाली विंडो चित्र W-7.1 की तरह खुल जाती है. आप और कुछ किये बिना इसमें सीधे ही अपना पाठ्य टाइप करना प्रारम्भ कर सकते हैं. वह पाठ्य कर्सर के स्थान पर

जुड़ता जाता है. जैसे ही विंडो में एक लाइन भर जाती है, कर्सर अपने आप अगली लाइन में आ जाता है. यदि ऐसा न हो रहा हो, तो 'Format' मेन्यू में 'Word Wrap' विकल्प को क्लिक करके सेट कर दीजिए, जैसा कि चित्र W-7.2 में दिखाया गया है.

चित्र W-7.2 : Format मेन्यू

नोटपैड में पाठ्य क्षेत्र में भरा या टाइप किया हुआ सारा पाठ्य पहले से सेट किये हुए फॉण्ट और आकार में दिखायी पड़ता है. यदि आप इस फॉण्ट या आकार को बदलना चाहते हैं, तो 'Format' मेन्यू में 'Font' विकल्प चुनिए. इससे चित्र W-7.3 की समान 'Font' का डायलाग बॉक्स खुल जाएगा.

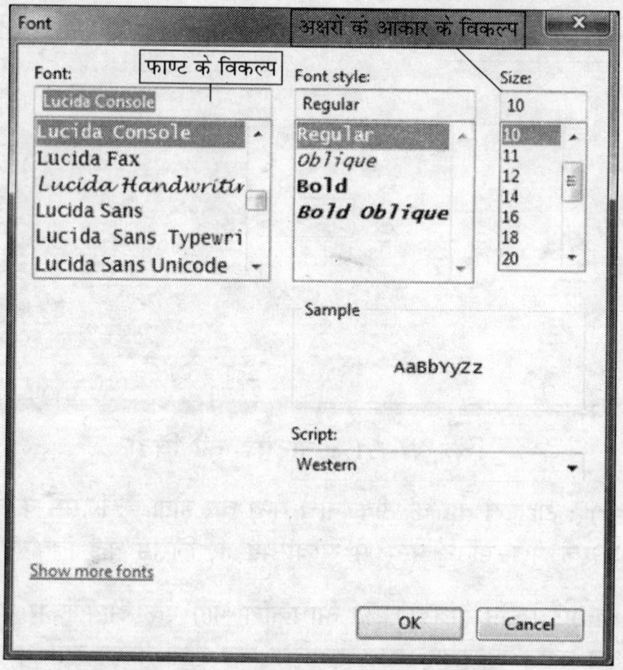

चित्र W-7.3 : Font का डायलाग बॉक्स

इस डायलाग बॉक्स में फॉण्ट, स्टाइल और आकार को चुनने के लिए अलग-अलग लिस्ट बॉक्स होते हैं. आप उनमें से अपनी सुविधा के अनुसार कोई भी विकल्प क्लिक करके चुन सकते हैं. फॉण्ट चुनने के बाद 'OK' बटन को क्लिक करने पर आपके द्वारा चुना हुआ फॉण्ट लागू हो जाएगा और अगली बार फिर से बदलने तक लागू रहेगा. अभ्यास के लिए, नोटपैड में नीचे दिया गया पैराग्राफ टाइप कीजिए–

> These days, there are very few topics hotter than Internet. In fact, Internet has become the talk of the town these days. Even the presidents, vice-presidents and prime ministers of various countries have put a presence on Internet. You may already have an idea about Internet. The simplest definition of Internet is that it is the largest computer network in the world.

जब तक आप नोटपैड विंडो में लगाये गये पाठ्य को डिस्क पर सुरक्षित नहीं कर देते, तब तक वह केवल मेमोरी में ही रहता है. इसलिए इसको सुरक्षित करना आवश्यक है. इसके लिए निम्न प्रकार क्रियाएं कीजिए–

1. मेन्यू बार में 'File' मेन्यू को क्लिक कीजिए.
2. 'File' के पुल डाउन मेन्यू में 'Save As' विकल्प को क्लिक कीजिए. ऐसा करते ही आपकी स्क्रीन पर चित्र W-7.4 की तरह 'Save As' का डायलाग बॉक्स दिखायी देगा. इस डायलाग बॉक्स में उस फोल्डर का नाम बताया जाता है, जहाँ नोटपैड फाइल को स्टोर करना है. साथ ही फाइल का कोई नाम भी रखा जाता है.

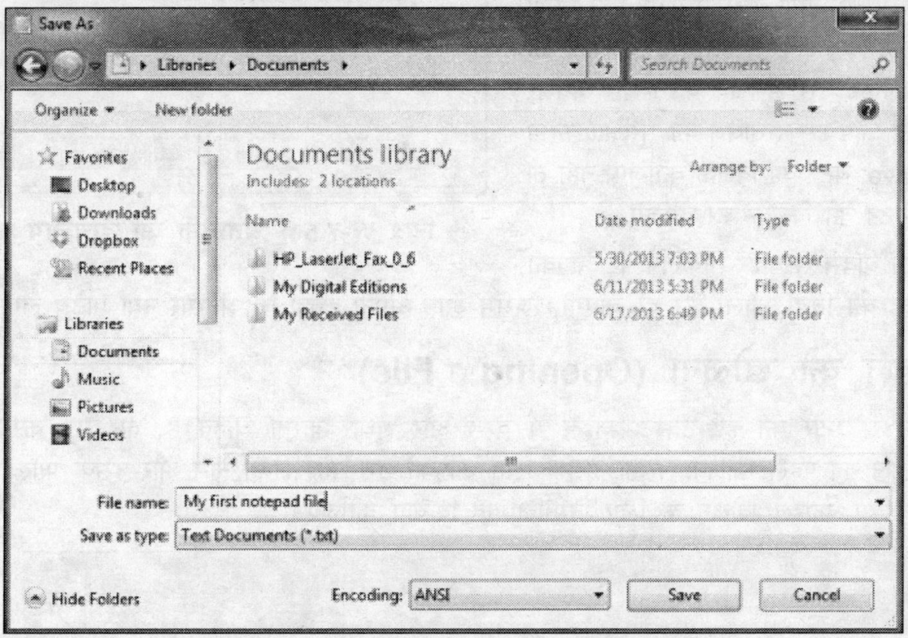

चित्र W-7.4 : Save As का डायलाग बॉक्स

3. इस डायलाग बॉक्स के सबसे ऊपर के लिस्ट बॉक्स में किसी फोल्डर का नाम भरिए. यदि फोल्डर का नाम याद नहीं आ रहा हो, तो इस बॉक्स के बाईं ओर नैविगेशन पेन के अन्तर्गत दिए गए उचित विकल्प पर क्लिक कीजिए. जो भी फोल्डर आप चुनेंगे वह लिस्ट बॉक्स में दिखाई पड़ने लगेगा तथा उस फोल्डर में शामिल फाइलों के नाम बीच में खाली स्थान पर दिखाई देने लगेंगे. यहां हम 'Documents' फोल्डर में ही अपनी फाइल को स्टोर कर रहे हैं.
4. अब नीचे 'File name' के टैक्स्ट बॉक्स में अपनी फाइल का कोई नाम टाइप कीजिए. यह नाम कुछ भी हो सकता है. विंडोज ऑपरेटिंग सिस्टम में किसी फाइल का नाम 255 अक्षरों या चिह्नों तक का हो सकता है तथा उसके बीच में खाली स्थान भी हो सकते हैं. यहां फाइल का नाम आप निम्न प्रकार टाइप कीजिए–

   My first notepad file

5. 'Save' बटन को क्लिक कीजिए.

इससे आपकी फाइल बताए गए नाम से बताए गए स्थान या फोल्डर में स्टोर कर दी जाएगी. फाइल सुरक्षित (स्टोर)

करते ही उसका नाम नोटपैड विंडो के टाइटिल बार में बाईं ओर दिखाई पड़ने लगता है.

यदि आप फाइल को स्टोर किए बिना इस डायलाग बॉक्स से बाहर निकलना चाहते हैं, तो कभी भी 'Cancel' बटन को क्लिक कर दीजिए.

नई फाइल बनाना (Creating a New File)

यदि आप नोटपैड में एक नई फाइल बनाना चाहते हैं, तो 'File' मेन्यू में 'New' आदेश दीजिए. यदि नोटपैड विंडो में ऐसा पाठ्य भरा होगा, जिसे सुरक्षित नहीं किया गया है, तो आपको चित्र W-7.5 की तरह चेतावनी का डायलाग बॉक्स देकर उसे सुरक्षित करने का अवसर दिया जाएगा. यदि आप इस दस्तावेज को सुरक्षित करना चाहते हैं, तो 'Save' बटन को क्लिक कीजिए, नहीं तो 'Don't Save' बटन को क्लिक कर दीजिए.

चित्र W-7.5 : चेतावनी का डायलाग बॉक्स

इस डायलाग बॉक्स से बाहर निकलने पर आपकी स्क्रीन पर नोटपैड की विंडो खाली कर दी जाएगी, जिसमें आप अपनी इच्छा के अनुसार नया पाठ्य लगा सकते हैं.

किसी फाइल को खोलना (Opening a File)

यदि आप पहले से स्टोर की हुई टैक्स्ट फाइल में कुछ और सुधार करना चाहते हैं, तो वैसा करने के लिए आपको उस फाइल को पहले खोलना पड़ेगा. इसके लिए आपको उस फाइल का नाम और उसके फोल्डर का नाम भी ज्ञात होना चाहिए. फाइल खोलने के लिए निम्नलिखित क्रियाएं कीजिए–

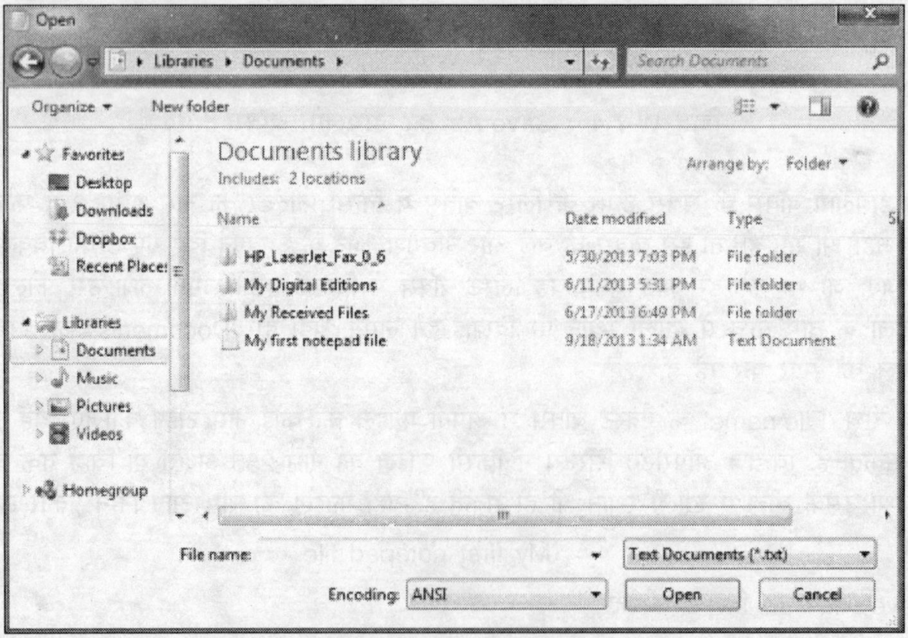

चित्र W-7.6 : Open का डायलाग बॉक्स

1. यदि नोटपैड पहले से नहीं चल रहा है, तो उसे प्रारम्भ कीजिए. इससे नोटपैड की विंडो खुल जाएगी.
2. मेन्यू बार में 'File' मेन्यू के विकल्प को चुनिए.
3. File के मेन्यू में 'Open' विकल्प को चुनिए. इससे Open का डायलाग बॉक्स चित्र W-7.6 की तरह खुल जाएगा. यह डायलाग बॉक्स चित्र W-7.4 के 'Save as' के डायलाग बॉक्स से बहुत मिलता-जुलता है. केवल 'Save' बटन की जगह 'Open' बटन है.
4. लिस्ट बॉक्स में फोल्डर का नाम भरिए या बाईं ओर नैविगेशन पेन में दिए गए विकल्पों में से किसी फोल्डर का नाम चुनिए. ऐसा करने पर आपको उस फोल्डर में शामिल सभी टैक्स्ट फाइलों के नाम बीच के सफेद क्षेत्र में दिखाई देंगे. यदि इस सूची में आपकी इच्छित फाइल का नाम नहीं है, तो इसका मतलब है कि आपने फोल्डर का नाम गलत दिया है या फाइल उसमें नहीं है.
5. जिस फाइल को आप खोलना चाहते हैं, उसके नाम को क्लिक कीजिए.
6. अब 'Open' बटन को क्लिक कीजिए.

ऐसा करते ही आप देखेंगे कि उस फाइल में भरा हुआ पाठ्य नोटपैड की विंडो में दिखाई पड़ने लगा है तथा उसका नाम टाइटिल बार में भी आ गया है.

यहाँ यह बताना आवश्यक है कि नोटपैड में आप किसी भी टैक्स्ट फाइल (अर्थात् ऐसी फाइल जिसके नाम में .txt विस्तार भाग जुड़ा हो) को खोल सकते हैं, भले ही उसे किसी भी प्रोग्राम से बनाया गया हो. आप नोटपैड में ऐसी टैक्स्ट फाइलों को ही खोल सकते हैं, जिनका आकार 64 किलोबाइट से अधिक न हो. यदि इससे बड़ी टैक्स्ट फाइल को खोलना हो, तो वर्ड पैड प्रोग्राम का उपयोग करना चाहिए, जिससे बारे में आप अगले अध्याय में पढ़ेंगे.

नोटपैड प्रोग्राम में एक समय में केवल एक ही फाइल खुली रह सकती है. इसलिए कोई नयी फाइल खोलने के लिए पहले से खुली हुई टैक्स्ट फाइल (यदि कोई हो) को सुरक्षित करना या नोटपैड की विंडो को खाली करना आवश्यक है.

पाठ्य को सम्पादित करना (Editing the Text)

नोटपैड में किसी फाइल में भरे गए पाठ्य (Text) को सुधारने की उपयोगी सुविधाएं उपलब्ध हैं. इसके लिए Edit मेन्यू के विभिन्न आदेशों का उपयोग किया जाता है. यह मेन्यू चित्र W-7.7 में दिखाया गया है. इसमें पाठ्य को सम्पादित करने के लिए चार आदेश हैं. इन आदेशों का प्रभाव निम्न प्रकार होता है–

Cut : यह आदेश देने से चुना हुआ पाठ्य फाइल से हटा कर क्लिपबोर्ड में रख दिया जाता है.

Copy : इस आदेश से चुना हुआ पाठ्य क्लिपबोर्ड में नकल कर दिया जाता है.

Paste : यह आदेश देने से क्लिपबोर्ड में रखा हुआ पाठ्य कर्सर की जगह पर नकल कर दिया जाता है.

Delete : यह आदेश देने से चुना हुआ पाठ्य फाइल से हटा दिया जाता है.

इन आदेशों को आप या तो Edit मेन्यू से दे सकते हैं या उनका शॉर्टकट

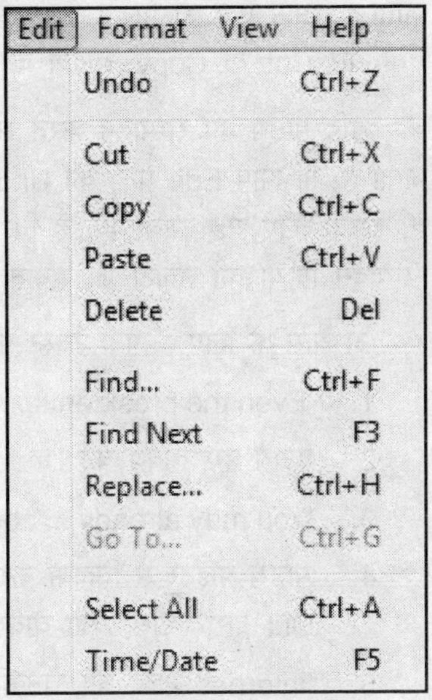

चित्र W-7.7 : Edit मेन्यू

अपने की-बोर्ड से दे सकते हैं. उदाहरण के लिए, Cut आदेश का शॉर्टकट आदेश Ctrl+X है. इसका अर्थ है कि कंट्रोल कुंजी के साथ X कुंजी दबाने से यह आदेश लागू हो जाएगा. इसी प्रकार Copy का शॉर्टकट Ctrl+C, Paste का शॉर्टकट Ctrl+V और Delete आदेश का शॉर्टकट Del या Delete कुंजी है. शॉर्टकट आदेशों के उपयोग से कार्य अधिक तेजी से होता है, इसलिए अनुभवी उपयोगकर्ता मेन्यू के बजाय शॉर्टकट आदेशों का ही उपयोग करते हैं.

इनमें से किसी आदेश का प्रयोग करने के लिए पहले कोई पाठ्य चुना जाता है और फिर वह आदेश दिया जाता है. उदाहरण के लिए, यदि आप किसी पाठ्य को हटाना चाहते हैं, तो पहले वह पाठ्य चुन लीजिए और फिर Delete आदेश दीजिए. इसी तरह दूसरे आदेशों के बारे में समझा जा सकता है.

कोई पाठ्य चुनने की विधि यह है कि उस पाठ्य के प्रारम्भ में माउस पॉइंटर से क्लिक करके माउस बटन को दबा लीजिए और उसे दबाये रखते हुए माउस पॉइंटर को दायीं ओर या नीचे की ओर खींचिए. आप जहाँ तक माउस पॉइंटर को खींच ले जायेंगे, वहाँ तक का पाठ्य चुन लिया जाएगा और वह उल्टे रंग में दिखायी देगा. आवश्यक पाठ्य चुनने के बाद माउस बटन को छोड़ दीजिए.

पाठ्य को आप अपने की-बोर्ड की सहायता से भी चुन सकते हैं. इसके लिए पहले उस स्थान पर कर्सर पहुँचाइये जहाँ से प्रारम्भ करके आप पाठ्य चुनना चाहते हैं. इसके लिए या तो उस स्थान पर माउस पॉइंटर से क्लिक कीजिए या तीर के विभिन्न बटनों का प्रयोग करके उस स्थान तक कर्सर को ले जाइए. अब शिफ्ट कुंजी को दबा लीजिए और उसे दबाए रखकर तीर के बटनों को दबाइए. आप देखेंगे कि कर्सर जहाँ तक जाएगा, प्रारम्भ से वहाँ तक का सारा पाठ्य चुन लिया जाएगा. आवश्यक पाठ्य चुन लेने के बाद शिफ्ट को छोड़ दीजिए.

इन विधियों से आप पाठ्य का कोई भी भाग चुन सकते हैं, जिसमें एक अक्षर से लेकर अनेक पैराग्राफ और सम्पूर्ण पाठ्य तक हो सकता है.

क्लिपबोर्ड एक अस्थायी स्थान है, जहाँ पर अन्तिम बार Cut आदेश से हटाया गया अथवा Copy आदेश से नकल किया गया पाठ्य रखा जाता है. इसके बाद कभी भी Paste आदेश देने पर वह पाठ्य कर्सर की जगह पर जोड़ दिया जाता है. आप एक ही पाठ्य को कई बार और कई जगह Paste कर सकते हैं.यह आदेश देने से पहले कम से कम एक बार Cut या Copy आदेश देना आवश्यक है.

यदि पाठ्य का सम्पादन करते समय कोई गलती हो जाती है, जैसे किसी पाठ्य को गलती से Delete कर दिया जाता है, तो आप Edit मेन्यू का Undo आदेश देकर उस गलती को सुधार सकते हैं अर्थात् पाठ्य को वापस ला सकते हैं. इसके लिए यह आवश्यक है कि आप Delete के तुरन्त बाद Undo आदेश दे दें. इस आदेश से केवल अन्तिम सम्पादन क्रिया को उलटा जा सकता है. इस आदेश का शॉर्टकट (Ctrl+Z) कुंजी के द्वारा है.

अभ्यास के लिए, अपनी टैक्स्ट फाइल My first notepad file को खोलिए और उसमें निम्नप्रकार सम्पादन कीजिए-

1. 'Even the presidents ... on Internet.' वाक्य को चुनिए और उसे Delete आदेश द्वारा हटा दीजिए.
2. हटाये हुए वाक्य को Undo आदेश देकर वापस लाइए.
3. 'You may already ... about Internet.' वाक्य को चुनकर Cut आदेश दीजिए.
4. माउस पॉइंटर से क्लिक करके कर्सर को 'In fact,' शब्दों से पहले लगाइए और Paste आदेश दीजिए. इससे Cut द्वारा हटाया गया वाक्य वहाँ जुड़ जाएगा.
5. 'Internet' शब्द को चुनकर Copy आदेश दीजिए. इससे वह क्लिपबोर्ड में नकल हो जाएगा.
6. कर्सर को पाठ्य में किसी जगह लगाकर Paste आदेश दीजिए. ऐसा तीन-चार बार कीजिए.

किसी पाठ्य को ढूंढ़ना (Searching Text)

नोटपैड में खोली या बनाई हुई किसी फाइल में आप किसी पाठ्य (शब्द या वाक्यांश) को सरलता से खोज सकते हैं. इसके लिए निम्नप्रकार क्रियाएँ की जाती हैं–

1. 'Edit' मेन्यू में 'Find' आदेश दीजिए. इससे आपकी स्क्रीन पर 'Find' का डायलाग बॉक्स चित्र W-7.8 की तरह खुल जाएगा.

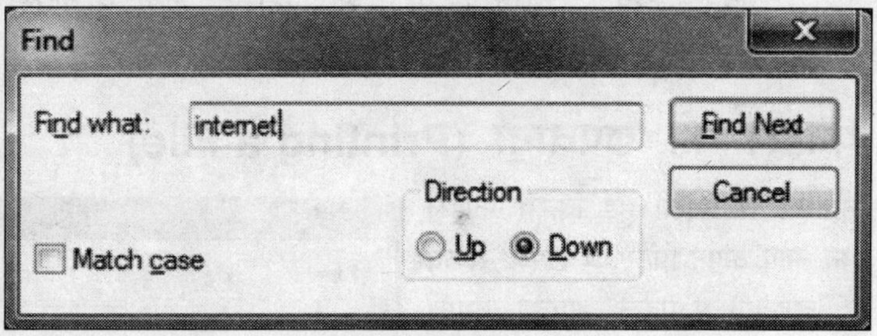

चित्र W-7.8 : Find का डायलाग बॉक्स

2. इस डायलाग बॉक्स के 'Find What' टैक्स्ट बॉक्स में खोजा जाने वाला शब्द या वाक्यांश टाइप कीजिए.
3. यदि आप छोटे (Small) और बड़े (Capital) अक्षरों को अलग-अलग मानना चाहते हैं, तो 'Match Case' चेक बॉक्स को क्लिक करके सेट कीजिए.
4. यदि आप कर्सर की स्थिति से ऊपर की ओर खोजना चाहते हैं, तो 'Up' रेडियो बटन को क्लिक करके सेट कीजिए और यदि नीचे की ओर खोजना चाहते हैं, तो 'Down' रेडियो बटन को सेट कीजिए.
5. अंत में 'Find Next' बटन को क्लिक कीजिए. इससे खोज प्रारम्भ हो जाएगी और यदि वह पाठ्य फाइल में होगा, तो कर्सर वहाँ पहुँच जाएगा और वह पाठ्य चुना हुआ दिखाई देगा. यदि वह पाठ्य नहीं मिलेगा, तो एक छोटा सा डायलाग बॉक्स खुल जाएगा जिसमें 'Cannot find' संदेश दिया जाएगा.
6. खोज जारी रखने के लिए 'Find Next' बटन को फिर क्लिक कीजिए. ऐसा आप तब तक कर सकते हैं, जब तक 'Cannot find' संदेश प्राप्त न हो.
7. खोज पूरी होने पर 'Find' डायलाग बॉक्स को बन्द कर दीजिए.

किसी पाठ्य को बदलना (Replacing Text)

नोटपैड में खोली गई फाइल में आप किसी पाठ्य को ढूंढकर उसे बदल भी सकते हैं. इसके लिए निम्नलिखित क्रियाएं की जाती हैं–

1. Edit मेन्यू में Replace आदेश दीजिए. इससे आपकी स्क्रीन पर Replace का डायलाग बॉक्स खुल जाएगा.
2. इस डायलॉग बॉक्स में 'Find what' टैक्स्ट बॉक्स में बदला जाने वाला शब्द और 'Replace with' में वह पाठ्य टाइप करें जिससे आप Find what में दिया गया शब्द बदलना चाहते हैं.

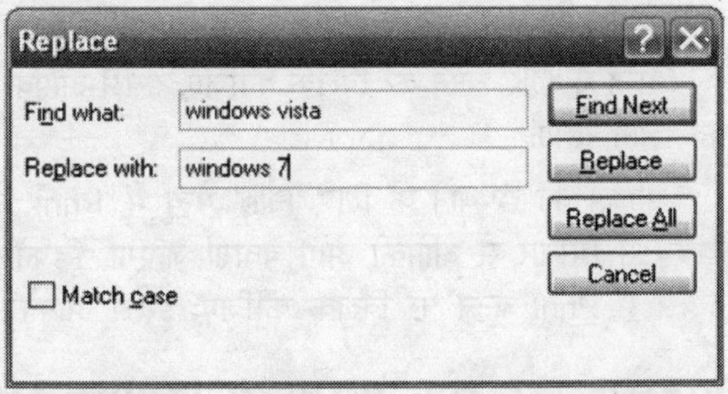

चित्र W-7.9 : Replace का डायलाग बॉक्स

3. आवश्यकतानुसार Match Case चेक बॉक्स को क्लिक करें.
4. यदि आप चाहते हैं कि Find what में दिया गया शब्द पूरी फाइल में जहां भी आए, नए शब्द से बदल जाए तो Replace All पर क्लिक कीजिए. इससे पुराना शब्द पूरी फाइल में नए शब्द से बदल जाएगा.

5. Replace बटन क्लिक करने से वह पाठ्य फाइल में जहां-जहां होगा, कर्सर वहां पहुंचता रहेगा. आप एक-एक करके अपनी इच्छानुसार पुराने शब्द को नए शब्द से बदल सकते हैं.
6. कार्य पूरा हो जाने पर डायलॉग बॉक्स बंद कर दें.

फाइल को छपवाना (Printing a File)

नोटपैड में खोली हुई किसी फाइल को आप अपने प्रिंटर पर छपवा सकते हैं. छपवाने से पहले आपको कागज का आकार, हाशिए आदि सेट कर लेने चाहिए. इसके लिए 'File' मेन्यू में 'Page Setup' आदेश दीजिए, जिससे आपकी स्क्रीन पर चित्र W-7.10 की तरह पेज सेटअप का डायलाग बॉक्स दिया जाएगा.

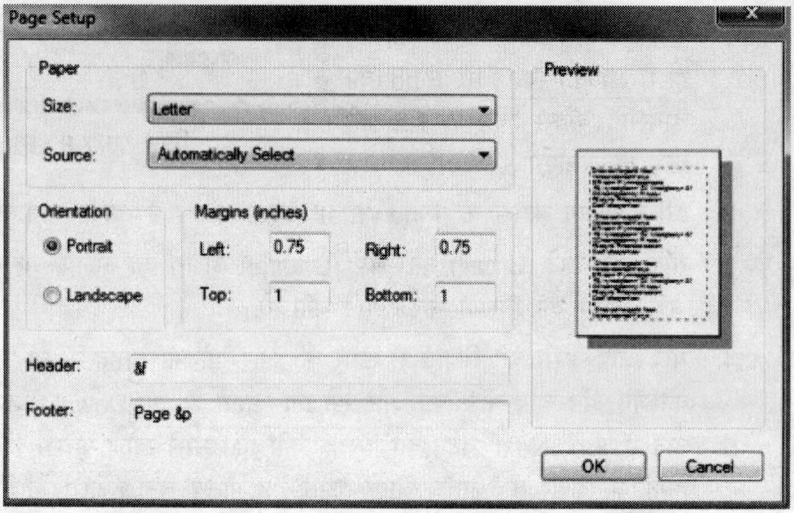

चित्र W-7.10 : पेज सेटअप का डायलाग बॉक्स

इस डायलाग बॉक्स में 'Paper' भाग में 'Size' ड्राप-डाउन लिस्ट के बटन को क्लिक करके उसे खोलिए और उस लिस्ट में से पेपर का सही आकार क्लिक करके चुनिए. इसी प्रकार 'Orientation' भाग में 'Portrait' और 'Landscape' में से किसी विकल्प को सेट कीजिए. जब कागज की ऊँचाई अधिक और चौड़ाई कम होती है, तो उसे पोर्ट्रेट कहा जाता है (जैसा कि इस पुस्तक का एक पेज है) और जब ऊँचाई कम और चौड़ाई अधिक होती है, तो उसे लैंडस्केप कहा जाता है. आप अपनी सुविधा और प्रिंटर के अनुसार कोई भी विकल्प चुन सकते हैं.

इस डायलाग बॉक्स के 'Margins' भाग में पेज पर चारों तरफ छोड़े जाने वाले हाशिए इंचों में सेट किये जाते हैं. आप अपने प्रिंटर के अनुसार हाशिए सेट कर दीजिए.

अन्त में 'OK' बटन को क्लिक कीजिए. इससे आपके द्वारा की गयी सेटिंग लागू हो जाएगी और अगली बार बदलने तक लागू रहेगी.

फाइल को छपवाने के लिए 'File' मेन्यू में 'Print' आदेश दीजिए. इससे Print डायलॉग बॉक्स खुलेगा, जिसके विषय में विस्तार से आपको आगे बताया जाएगा. डिफॉल्ट प्रिंटर से फाइल की एक कॉपी छापने के लिए डायलॉग बॉक्स में Print बटन पर क्लिक कीजिए. इससे आपकी फाइल आपके डिफॉल्ट प्रिंटर पर छाप दी जाएगी.

नोटपैड को बंद करना (Closing Notepad)

नोटपैड प्रोग्राम को बन्द करने के लिए या तो उसकी विंडो के **'X'** बटन को क्लिक कीजिए या 'File' मेन्यू में 'Exit' आदेश दीजिए. यदि कोई फाइल खुली हुई है और उसको सुरक्षित नहीं किया गया है, तो प्रोग्राम बन्द करने से पहले आपको एक डायलाग बॉक्स देकर उसे सुरक्षित करने का अवसर दिया जाएगा और आपके चुने हुए विकल्प के अनुसार ही प्रोग्राम बन्द किया जाएगा.

वर्ड पैड (WordPad)

जिस सॉफ्टवेयर या प्रोग्राम के द्वारा दस्तावेजों का निर्माण, सम्पादन (Editing) तथा छपाई की जाती है, उन्हें **वर्ड प्रोसेसर (Word Processor)** कहा जाता है. विंडोज में एक बहुत शक्तिशाली वर्ड प्रोसेसर उपलब्ध है, जिसे वर्ड पैड (WordPad) कहते हैं. यह वर्ड प्रोसेसर उपयोगकर्ता को एक ही दस्तावेज में पाठ्य (Text), चित्र (Graphics) तथा ध्वनि (Sound) आदि शामिल करने की सुविधा देता है. इस अध्याय में आप वर्ड पैड का प्रयोग करके दस्तावेज बनाने, सुधारने तथा छपवाने के बारे में जानकारी प्राप्त करेंगे.

वर्ड पैड प्रारम्भ करना (Starting WordPad)

दस्तावेजों पर कार्य प्रारम्भ करने से पहले वर्ड पैड प्रोग्राम को प्रारम्भ करना आवश्यक है. ऐसा करने के कई तरीके हैं–

1. यदि आपके डेस्कटॉप पर वर्ड पैड का शॉर्टकट है, तो उसे डबल क्लिक करके आप वर्ड पैड प्रारम्भ कर सकते हैं.
2. नए उपयोगकर्ता के लिए कोई प्रोग्राम चलाने का एक और सरल तरीका यह हैं–
   - स्टार्ट बटन को क्लिक कीजिए. इससे स्टार्ट मेन्यू खुल जाएगा.
   - स्टार्ट मेन्यू में 'All Programs' पर क्लिक कीजिए. इससे स्टार्ट मेन्यू में एक उप-मेन्यू खुल जाएगा.
   - इस उप-मेन्यू में 'Accessories' विकल्प पर क्लिक कीजिए. इससे 'Accessories' का उप-मेन्यू खुलेगा. इस समय आपकी स्क्रीन चित्र W-8.1 की तरह दिखाई देगी.
   - इस उप-मेन्यू में 'WordPad' विकल्प पर माउस पॉइंटर ले जाकर क्लिक कीजिए.

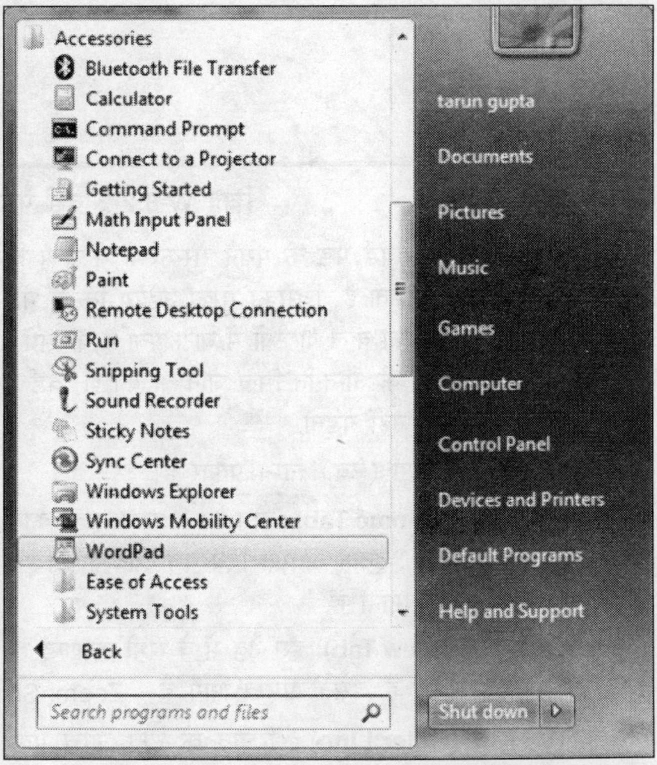

चित्र W-8.1 : 'Accessories' का उप-मेन्यू

वर्ड पैड प्रोग्राम प्रारम्भ होते ही आपकी स्क्रीन पर चित्र W-8.2 की तरह उसकी विंडो दिखाई देने लगेगी, जिसमें आप कोई भी नया डाक्यूमेंट बना सकते हैं या पुरानी डाक्यूमेंट फाइल को खोलकर उसे सुधार सकते हैं.

वर्ड पैड की विंडो को कई भागों में बांटा गया है. इनमें से प्रमुख भागों का संक्षिप्त विवरण निम्नलिखित है–

टाइटिल बार (Title Bar) : इसमें इस प्रोग्राम का नाम दिखाया जाता है. यदि कोई डॉक्यूमेंट खुला हुआ है, तो उसका नाम भी इस बार में बाएँ कोने में दिखाया जाता है, नहीं तो 'Document' शब्द दिखाई पड़ता है.

वर्ड पैड बटन (Wordpad Button) : वर्ड पैड के नए संस्करण में पुराने संस्करणों की अपेक्षा फाइल मेन्यू (File Menu) के स्थान पर वर्ड पैड बटन दिया गया है. इस पर क्लिक करने पर एक मेन्यू खुलता है, जो दो उर्ध्वाधर भागों में विभाजित होता है. मेन्यू के बायें भाग में मुख्य आदेश (Command), जैसे New, Open, Save, Save As, Print, Page Setup, Send, About Wordpad, Exit दिये गये हैं. दायें भाग में उन दस्तावेजों की सूची दी जाती है, जिन पर आपने हाल ही में काम किया है. इन्हें Recent Documents कहा जाता है. **(चित्र W-8.3)**

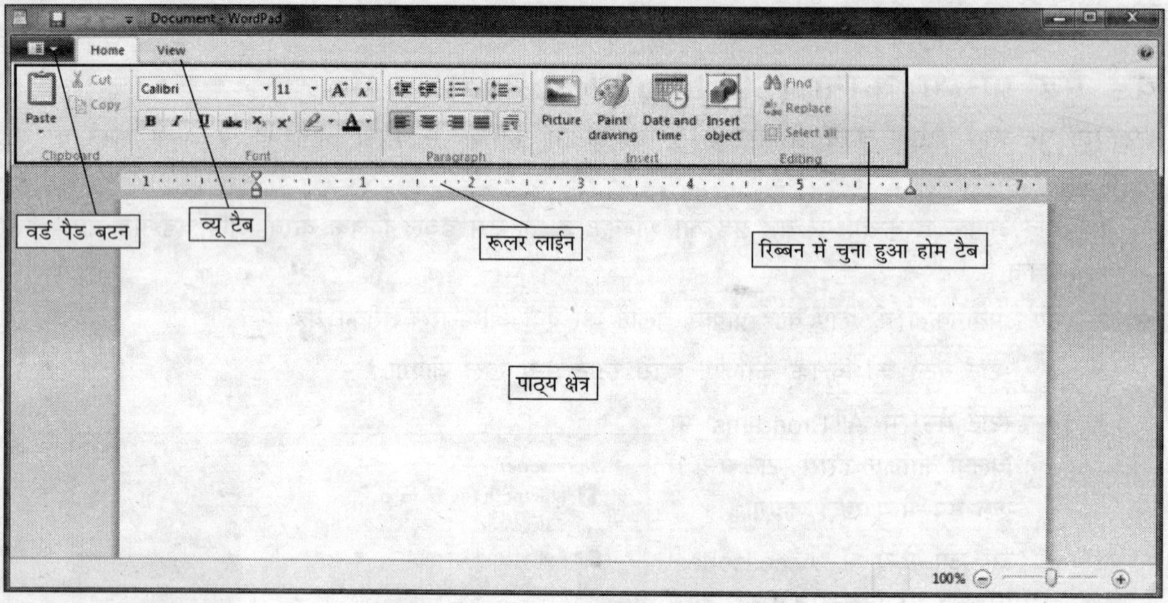

चित्र W-8.2 : वर्ड पैड की विंडो

रिब्बन (Ribbon) : वर्ड पैड के पुराने संस्करणों में मेन्यू बार और टूल बार होता था. विंडोज 7 में इनके स्थान पर अब रिब्बन दिखाई पड़ता है, जिसका मुख्य उद्देश्य किसी भी आदेश को आसानी से और कम माउस-क्लिक द्वारा सक्रिय करना है. रिब्बन को कुल दो टैबों में बांटा गया है, जिसमें प्रत्येक टैब एक विशेष कार्य-समूह को दर्शाता है. सभी मुख्य कमांड एक ही टैब के अन्तर्गत मिल जाने के कारण, वर्ड पैड के पुराने संस्करणों की भांति मेन्यू और सब-मेन्यू खोजने की आवश्यकता नहीं पड़ती.

रिब्बन के मुख्य भाग (टैब) निम्न प्रकार हैं:

- **होम टैब (Home Tab) :** होम टैब में पांच मुख्य कार्य-समूह हैं– Clipboard, Font, Paragraph, Insert और Editing. इनके अंतर्गत दिये गये आदेशों की सहायता से आप टैक्स्ट अपनी इच्छानुसार संपादित और फॉर्मेट कर सकते हैं.
- **व्यू टैब (View Tab):** इस टैब में वे सभी कमाण्ड हैं, जिनके जरिये आप अपनी विंडो या दस्तावेज का रूप बदल सकते हैं. इसके प्रमुख भाग हैं– Zoom, Show/Hide, और Settings.

रूलर लाइन (Ruler Line) : रिब्बन के ठीक नीचे एक रूलर लाइन होती है. इससे आप विभिन्न हाशिए (Margin) देख तथा सुधार सकते हैं.

पाठ्य क्षेत्र (Text Area) : स्क्रीन (विंडो) का अधिकांश भाग एक आयताकार बॉक्स के रूप में रूलर लाइन के नीचे होता है, इसे पाठ्य क्षेत्र कहते हैं. जो भी सामग्री दस्तावेज में टाइप की जाती है या भरी जाती है, वह इसी क्षेत्र में दिखायी पड़ती है.

कर्सर (Cursor) : पाठ्य क्षेत्र में एक खड़ी लकीर (|) के आकार का कर्सर होता है, जिससे कुंजी पटल पर टाइप किए जाने वाले अक्षरों या चिह्नों की स्थिति का संकेत मिलता है, आप तीर के चिह्न वाले बटनों का प्रयोग करके इसको फाइल की सीमा में इच्छित स्थान पर ले जा सकते हैं. इसी तरह माउस पॉइंटर को फाइल में कहीं भी क्लिक करके आप कर्सर को एक बार में ही वहां ले जा सकते हैं.

नया दस्तावेज बनाना (Creating a New Document)

यदि आप वर्ड पैड में बिल्कुल नया दस्तावेज बनाना चाहते हैं तो पहले ऊपर बताए गए तरीके से वर्ड पैड को लोड कीजिए. इससे आपको चित्र W-8.2 की तरह वर्ड पैड की विंडो प्राप्त होगी. यदि आप वर्ड पैड पर पहले से ही कोई दस्तावेज बना रहे हैं और अब एक नया दस्तावेज बनाना चाहते हैं, तो इसके लिए विंडो को खाली करना पड़ेगा. ऐसा करने के लिए पहले पुराने दस्तावेज को सुरक्षित (स्टोर) कर दीजिए (इसकी विधि आपको आगे बताई जाएगी), फिर निम्नलिखित क्रियाएं कीजिए–

1. वर्ड पैड बटन पर क्लिक कीजिए.
2. पुल डाउन मेन्यू में 'New' विकल्प चुनिए.

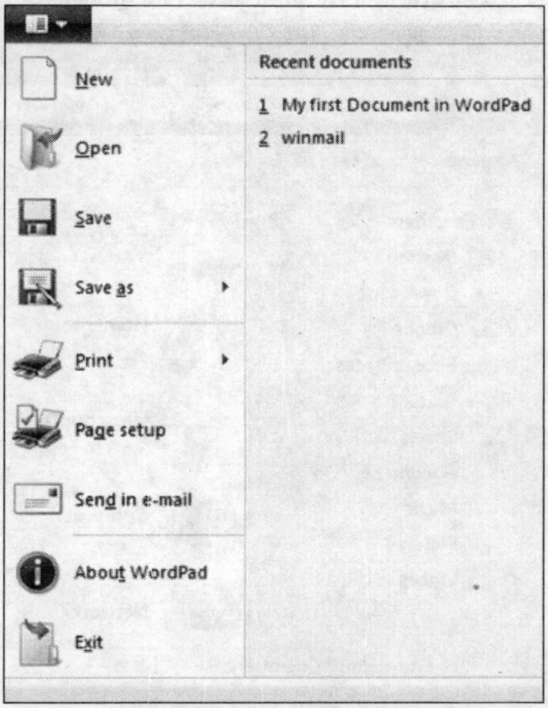

चित्र W-8.3 : वर्ड पैड बटन का पुल डाउन मेन्यू

अब आप इस दस्तावेज में अपनी इच्छा के अनुसार कोई भी सामग्री टाइप कर सकते हैं.

दस्तावेज में आप जो भरना चाहते हैं, उसे टाइप कीजिए. आपको पैराग्राफ खत्म होने से पहले 'Enter' कुंजी दबाने की जरूरत नहीं हैं, क्योंकि एक पंक्ति पूरी भर जाने पर कर्सर अपने आप अगली लाइन पर आ जाता है. आप दाएं हाशिए (Right Margin) से आगे सामग्री टाइप नहीं कर सकते. पाठ्य (Text) को स्वतः ही नई लाइन पर भरते जाने की इस क्रिया को वर्ड रैपिंग (Word Wrapping) कहा जाता है. आपको एंटर कुंजी तभी दबानी चाहिए, जब चालू पैराग्राफ समाप्त हो गया हो और आप नया पैराग्राफ प्रारम्भ करना चाहते हों. एंटर कुंजी तब भी दबायी जाती है, जब आप किसी लाइन को खाली छोड़ना चाहते हैं.

World's Worst Drivers

The record for the world's worst drivers is a toss-up between two candidates: First, a 75-year-old man who received 10 traffic tickets, drove on the wrong side of the road four times, committed four hit-and-run offenses, and caused six accidents, all within 20 minutes on October 15, 1966. Second, a 62-year-old woman who failed her driving test 40 times before passing it in August, 1970. Unfortunately, by that time, she had spent over $700 in lessons, and could no longer afford to buy a car.

अभ्यास के लिए ऊपर दिये हुए बॉक्स में छपे हुए पाठ्य को टाइप कीजिए. इसको पूरा टाइप करने के बाद आगे बताई गयी विधि से सुरक्षित कर लीजिए.

दस्तावेज सुरक्षित करना (Saving a Document)

वर्ड पैड में आप किसी दस्तावेज में जो पाठ्य टाइप करते हैं, वह पहले कंप्यूटर की मुख्य मेमोरी (Main memory) में स्टोर होता है. यह मेमोरी अस्थायी होती है और कंप्यूटर की बत्ती बन्द कर देने पर मुख्य मेमोरी में भरी गई सूचनाएं समाप्त हो जाती हैं. इन सूचनाओं को बचाने के लिए डाक्यूमेंट को किसी सहायक मेमोरी जैसे हार्ड डिस्क पर सुरक्षित या स्टोर करना अनिवार्य होता है. इन साधनों पर स्टोर किया गया डाटा बिजली चले जाने पर भी नष्ट नहीं होता, क्योंकि ये मेमोरी चुम्बकीय होती हैं. इन पर स्टोर किए गए दस्तावेज (या फाइल) को आप बाद में कभी भी खोल सकते हैं, उसको सुधार या सम्पादित कर सकते हैं तथा छाप भी सकते हैं.

चित्र W-8.4 : Save As का डायलाग बॉक्स

यदि आपका डाक्यूमेंट एकदम नया है और अभी तक उसका कोई नाम भी नहीं रखा गया है, तो उसे सुरक्षित करने के लिए निम्नलिखित क्रियाएं कीजिए–

1. वर्ड पैड बटन पर क्लिक कीजिए.
2. पुल डाउन मेन्यू में 'Save as' विकल्प को क्लिक कीजिए. ऐसा करते ही आपकी स्क्रीन पर चित्र W-8.4 की तरह 'Save As' का डायलाग बॉक्स दिखायी देगा. इस डायलाग बॉक्स में आपको उस

फोल्डर का नाम खोजना होगा, जहाँ डॉक्यूमेंट को स्टोर करना है. साथ ही डॉक्यूमेंट का कोई नाम भी भरना होगा.

3. इस डायलाग बॉक्स में सबसे ऊपर जो ऐड्रस बार है उसमें फोल्डर का पता खोजिए. यदि फोल्डर का नाम याद नहीं आ रहा हो, तो इस बॉक्स की बाईं पट्टी में देखिये, जिसमें सभी फोल्डरों के नाम दिखाई पड़ेंगे. आप इनमें से कोई भी चुन सकते हैं. जो भी फोल्डर आप चुनेंगे वह लिस्ट बॉक्स में दिखाई पड़ने लगेगा तथा उस फोल्डर में शामिल फाइलों के नाम बीच में खाली स्थान पर दिखाई देने लगेंगे. यहां हम 'Desktop' फोल्डर में ही अपनी फाइल स्टोर कर रहे हैं.

4. अब नीचे 'File Name' के टैक्स्ट बॉक्स में अपनी नई डॉक्यूमेंट फाइल का कोई नाम टाइप कीजिए. यह नाम कुछ भी हो सकता है. उदाहरण के लिए ऊपर बनाए गए दस्तावेज का नाम आप निम्न प्रकार भरिए–

   My First Document in WordPad

   ध्यान दीजिए कि विंडोज में फाइल के नाम के बीच में खाली स्थान भी हो सकते हैं तथा नाम 255 अक्षरों या चिह्नों तक का हो सकता है.

5. कंप्यूटर में रखी किसी भी फाइल के नाम के दो भाग होते हैं जो एक बिन्दु के द्वारा विभाजित होते हैं. पहले भाग को फाइलनेम (Filename) और दूसरे भाग को एक्सटेंशन (Extension) या फाइल-टाइप (File-Type) कहा जाता है. सभी फाइलों का नाम इस प्रकार से दिखाई पड़ता है–Filename.extension.

   पहले भाग का नाम यानि फाइलनेम को आप अपनी इच्छानुसार कुछ भी रख सकते हैं जैसे कि 'abc', '123', '!@#', आदि और यही बात ऊपर दिये गए चौथे पाइंट में बताई गई है.

   दूसरा भाग यानि एक्सटेंशन तीन या चार अक्षरों से बना होता है और यह दर्शाता है कि फाइल किस प्रकार की है. यह एक्सटेंशन इस बात पर निर्भर करता है कि उस फाइल का निर्माण कंप्यूटर में स्थापित किस प्रोग्राम के द्वारा हुआ है.

   आमतौर पर किसी भी प्रोग्राम में एक से अधिक प्रकार के एक्सटेंशन की फाइल बनाने की सुविधा होती है. कुछ फाइलों के एक्सटेंशन इस प्रकार से हैं–

फाइल	एक्सटेंशन	फाइल टाइप	निर्माता प्रोग्राम
abc.txt	.txt	टैक्स्ट फाइल/दस्तावेज	नोटपैड
123.rtf	.rtf	टैक्स्ट फाइल/दस्तावेज	वर्डपैड
Hello.jpg	.jpg	तस्वीर वाली फाइल	पेण्ट
windows.doc	.doc	टैक्स्ट फाइल/दस्तावेज	माइक्रोसॉफ्ट वर्ड (माइक्रोसॉफ्ट ऑफिस का भाग)
India.xls	.xls	स्प्रेडशीट फाइल	माइक्रोसॉफ्ट एक्सेल (माइक्रोसॉफ्ट ऑफिस का भाग)
unicorn.ppt	.ppt	प्रस्तुतिकरण के लिए स्लाइडों पर आधारित फाइल	माइक्रोसॉफ्ट पावर पॉइंट (माइक्रोसॉफ्ट ऑफिस का भाग)

   चित्र W-8.4 में भी आप यह देख सकते हैं कि फाइल का नाम 'document' रखने के पश्चात् नीचे दिये गये 'Save as type' नामक ड्राप-डाउन बॉक्स में एक्सटेंशन चुनने के आपके पास कई विकल्प हैं. इनमें से दो मुख्य विकल्प हैं, जो निम्नलिखित हैं–

- Rich Text Document (.rtf) – ये ऐसे दस्तावेज होते हैं, जिनमें भरे गए अक्षरों आदि को आप अपनी इच्छा से कैसे भी फार्मेट कर सकते हैं तथा विभिन्न स्टाइलों में सुन्दर बना सकते हैं. साथ ही आप इसमें टैब का भी प्रयोग कर सकते हैं. सामान्यतया आपको यही टाइप चुनना चाहिए. ऐसे टाइप की फाइलों के नाम में एक्सटेंशन .rtf रखा जाता है.
- Text Document (.txt) – ये साधारण टैक्स्ट फाइलें होती हैं, जिनमें कोई सजावट नहीं की जा सकती. इन फाइलों का प्रयोग प्रायः डाटा के तौर पर होता है. इनके नाम में एक्सटेंशन प्रायः .txt रखा जाता है.

6. 'Save' बटन को क्लिक कीजिए. इससे आपका डॉक्यूमेंट बताए गए नाम से बताए गए स्थान या फोल्डर में स्टोर कर दिया जाएगा.

यदि आप डॉक्यूमेंट बिना स्टोर किए इस डायलाग बॉक्स से बाहर निकलना चाहते हैं, तो कभी भी 'Cancel' बटन को क्लिक कर दीजिए. फाइल सुरक्षित (स्टोर) करते ही डॉक्यूमेंट का नाम वर्ड पैड के टाइटिल बार में बाईं ओर दिखाई पड़ने लगता है. यदि आप एक बार स्टोर किए जा चुके डॉक्यूमेंट को सुधार कर दोबारा स्टोर करना चाहते हैं, तो निम्नलिखित में से कोई क्रिया कीजिए-

- वर्ड पैड बटन पर क्लिक करके Save को चुनिए या
- कुंजी पटल पर Ctrl कुंजी के साथ S दबाइए.

इन दोनों मे से कोई क्रिया करने पर डॉक्यूमेंट में किए जा चुके सभी सुधारों के साथ डॉक्यूमेंट फिर से स्टोर कर दिया जाएगा. इसके लिए कोई डायलाग बॉक्स दिखाई नहीं देगा तथा वर्ड पैड का कार्य चलता रहेगा. यदि आप डॉक्यूमेंट को किसी नए नाम से स्टोर करना चाहते हैं, तो ऊपर बताई गई विधि से 'Save as' विकल्प को चुनना पड़ेगा, जिसमें डायलाग बॉक्स खुलने पर नाम आदि बताने होंगे.

दस्तावेज को खोलना (Opening a Document)

यदि आप पहले से स्टोर किए हुए डॉक्यूमेंट में कुछ और बदलाव या सुधार करना चाहते हैं, तो वैसा करने के लिए आपको उस डॉक्यूमेंट को पहले खोलना पड़ेगा. इसके लिए आपको उस दस्तावेज का नाम और वह जिस फोल्डर में है, वह भी ज्ञात होना चाहिए. दस्तावेज खोलने के लिए निम्नलिखित क्रियाएं कीजिए-

1. यदि वर्ड पैड पहले से नहीं चल रहा है, तो उसे प्रारम्भ कीजिए. इससे आप वर्ड पैड की विंडो में होंगे.
2. वर्ड पैड बटन को क्लिक कीजिए जिससे पुल डाउन मेन्यू खुल जाएगा.
3. मेन्यू में 'Open' को चुनिए. इससे Open का डायलाग बॉक्स खुल जाएगा. यह डायलाग बॉक्स चित्र W-8.4 के 'Save As' के डायलाग बॉक्स से बहुत मिलता जुलता है. केवल 'Save' बटन की जगह 'Open' बटन है.
4. ऊपर दिये गये लिस्ट बॉक्स में फोल्डर का नाम भरिए या बाईं पट्टी में फोल्डर का नाम चुनिए. ऐसा करने पर आपको उस फोल्डर में शामिल सभी दस्तावेजों के नाम बीच के सफेद स्थान में दिखाई देंगे.
5. इन दस्तावेजों में से किसी भी नाम को (जिसको आप खोलना चाहते हैं) क्लिक कीजिए. अभ्यास के लिए आप पीछे बनाए गए दस्तावेज के नाम 'My first Document in WordPad' को क्लिक कीजिए.
6. अब 'Open' बटन को क्लिक कीजिए. ऐसा करते ही आप देखेंगे कि वह दस्तावेज वर्ड पैड की विंडो में दिखाई पड़ने लगेगा तथा उसका नाम टाइटिल बार में भी आ जाएगा.

दस्तावेज को सम्पादित करना (Editing a Document)

वर्ड पैड में किसी दस्तावेज में भरी गई पाठ्य सामग्री (Text) को कई प्रकार से अलग-अलग रूपों (Fonts) तथा आकारों (Sizes) में बदलने (या भरने) की सुविधा भी उपलब्ध है.

वर्ड पैड में टैक्स्ट का रूप, आकार, स्टाइल आदि बदलने की क्रियाएं टैक्स्ट ब्लॉकों (Text Blocks) पर की जाती हैं. कोई टैक्स्ट ब्लॉक किसी दस्तावेज में लगातार पाठ्य का एक टुकड़ा या भाग होता है. यह टैक्स्ट ब्लॉक किसी पैराग्राफ का एक अक्षर या एक शब्द या एक पंक्ति भी हो सकती है अथवा कई पैराग्राफों में फैला भी हो सकता है. टैक्स्ट ब्लॉक को चुना हुआ पाठ्य (Selected Text) भी कहते हैं.

टैक्स्ट ब्लॉक को हमें परिभाषित करना या बनाना पड़ता है. इसके लिए हमें ब्लॉक के प्रारम्भ (Beginning) तथा अन्त (End) के बिन्दु बताने पड़ते हैं. इन दोनों बिन्दुओं के बीच आई हुई समस्त पाठ्य सामग्री (Text) का एक ब्लॉक माना जाता है. एक दस्तावेज में एक समय में एक ही टैक्स्ट ब्लॉक बनाया जा सकता है. दूसरा ब्लॉक बनाने पर पहला टैक्स्ट ब्लॉक अपने आप समाप्त हो जाता है. बनाया हुआ ब्लॉक उल्टे रंग (Reverse Colour) में दिखाई पड़ता है.

किसी टैक्सट को सुधारने, उभारने आदि क्रियाओं में टैक्स्ट ब्लॉक बहुत उपयोगी होता है. इससे आप टैक्स्ट ब्लॉक में शामिल सभी अक्षरों तथा चिह्नों पर एक जैसी क्रिया एक साथ कर सकते हैं. आप जो भी क्रिया करने का आदेश देंगे, वह पूरे टैक्स्ट ब्लॉक पर लागू होगा. किसी टैक्स्ट ब्लॉक को पूरा एक साथ किसी दूसरे स्थान पर ले जाना, उसकी नकल करना या हटा देना भी सम्भव है. इन क्रियाओं को ब्लॉक क्रियाएं (Block Operations) कहा जाता है.

टैक्स्ट ब्लॉक बनाने या पाठ्य चुनने की क्रिया निम्न प्रकार है –

1. वर्ड पैड विंडो में टैक्स्ट क्षेत्र (Text Area) में दिखाई पड़ने वाली खड़ी लम्बी लकीर (|) अर्थात् कर्सर को बनाए जाने वाले टैक्स्ट ब्लॉक के शुरुआती बिन्दु पर क्लिक करके पहुंचाइए. इस खड़ी लम्बी लकीर को आई-बीम पॉइंटर (I-beam pointer) या केवल पॉइंटर कहा जाता है. यह कर्सर की तरह कार्य करता है.

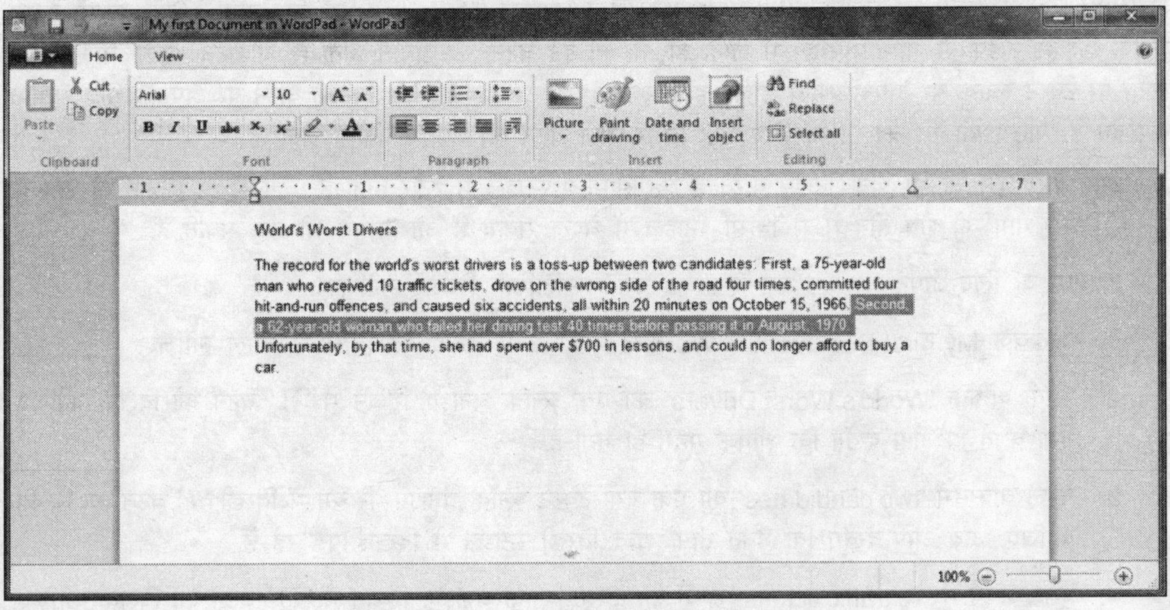

चित्र W-8.5 : वर्ड पैड दस्तावेज में टैक्स्ट

2. अब पॉइंटर को ब्लॉक के अन्त के बिन्दु पर ले जाइए. इसके लिए टैक्स्ट ब्लॉक के प्रारम्भिक बिन्दु पर माउस बटन को दबाकर अन्तिम बिन्दु पर आने तक पकड़े रखिए.
3. अंतिम बिन्दु पर आकर माउस बटन को छोड़ दीजिए.

आप देखेंगे कि दोनों बिन्दुओं के बीच बना हुआ टैक्स्ट ब्लॉक उल्टे रंग में दिखाई पड़ रहा है. अब आप जो भी क्रिया करने का आदेश देंगे वह इसी टैक्स्ट ब्लॉक पर लागू होगा. चित्र W-8.5 में यही दिखाया गया है.

यदि आप बने हुए टैक्स्ट ब्लॉक को खत्म करना चाहते है, तो डॉक्यूमेंट के पूरे भाग में कहीं भी माउस को एक बार क्लिक कर दीजिए. इससे टैक्स्ट ब्लॉक का भाग सामान्य रंग में आ जाएगा और टैक्स्ट ब्लॉक समाप्त हो जाएगा.

यहां हम आपके द्वारा बनाए गए डाक्यूमेंट 'My First Document in WordPad' में टैक्स्ट ब्लॉक बनाकर विभिन्न क्रियाएं करने का अभ्यास करेंगे. इसके लिए मान लीजिए कि प्रारम्भ में आपका दस्तोवज चित्र W-8.5 की तरह है.

किसी ब्लॉक का टाइप स्टाइल बदलना (Changing Type Style)

वर्ड पैड में (तथा अधिकांश वर्ड प्रोसेसरों में) किसी टैक्स्ट को चार स्टाइलों में तैयार किया जा सकता है – सामान्य (Normal), गहरा (Bold), तिरछा (Italic) तथा रेखांकित (Underline). इनके अलावा हम पाठ्य को विभिन्न रंगों में भी रंग सकते हैं. इनके लिए वर्ड पैड विंडो के रिब्बन के होम टैब में फॉण्ट कार्यसमूह के स्टाइल बटनों का प्रयोग किया जाता है, जो दायीं ओर चित्र W-8.6 में दिखाये गये हैं. रिब्बन के बारे में आप इसी अध्याय में पढ़ चुके हैं. इसमें गहरे '**B**' अक्षर वाला बटन किसी टैक्स्ट ब्लॉक को गहरा (Bold) करने के लिए प्रयोग किया जाता है. इसी तरह तिरछे '*I*' अक्षर वाला बटन तिरछे टाइप (Italics) के लिए और रेखांकित 'U' अक्षर वाला बटन रेखांकन (Underline) के लिए होता है. यदि किसी टैक्स्ट ब्लॉक को इन टाइपों से सामान्य टाइप में लाना हो, तो भी इन बटनों का प्रयोग होता है. ये बटन पहली बार क्लिक करने पर टैक्स्ट ब्लॉक पर अपना प्रभाव डालते हैं और उसी टैक्स्ट पर दूसरी बार क्लिक करने पर अपना प्रभाव समाप्त कर देते हैं. पाठ्य का रंग बदलने के लिए '**A**' अक्षर वालें बटन का उपयोग किया जाता है.

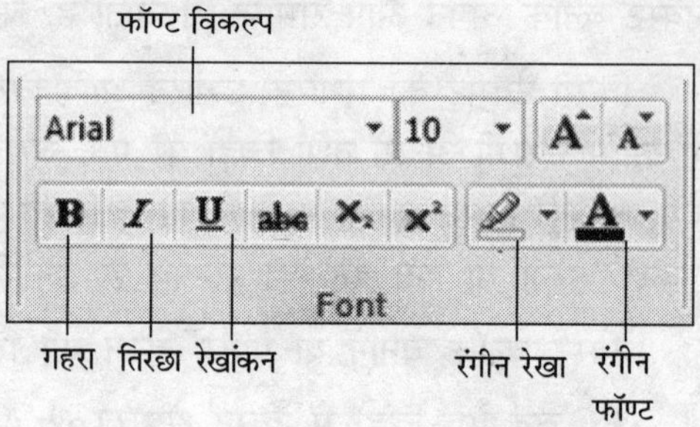

चित्र W-8.6 : फाण्ट कार्यसमूह के विभिन्न बटन

आप प्रारम्भ में जो भी पाठ्य टाइप करते हैं वह सामान्य स्टाइल में स्टोर होता है. बाद में आप चाहें तो उसे या उसके किसी भाग को शेष तीन में से किसी स्टाइल में बदल सकते हैं और रंगीन भी कर सकते हैं.

अभ्यास के लिए अपने नए वर्ड पैड दस्तावेज पर निम्नलिखित क्रियाएं कीजिए –

1. दस्तावेज My First Document in WordPad को ऊपर बताई गई विधि से खोल लीजिए.
2. इसके शीर्षक 'World's Worst Drivers' का एक ब्लॉक बनाइए. रिब्बन में '**B**' बटन को क्लिक कीजिए. ऐसा करते ही आप देखेंगे कि शीर्षक गहरा हो गया है.
3. पहले वाक्य में 'two candidates' का एक नया टैक्स्ट ब्लॉक बनाइए. रिब्बन में तिरछी '*I*' बटन को क्लिक कीजिए. अब आप देखेंगे कि उक्त तीनों शब्द तिरछी स्टाइल में दिखाई पड़ रहे हैं.
4. दूसरे वाक्य में '10 traffic tickets' शब्दों का टैक्स्ट ब्लॉक बनाइए. रिब्बन में 'U' बटन को क्लिक कीजिए. ऐसा करने पर उक्त सभी शब्द रेखांकित हो जाएंगे.

5. चौथे वाक्य में 'Second .... 40 times.' भाग का टैक्स्ट ब्लॉक बनाइए. बोल्ड तथा इटैलिक बटनों को बारी-बारी से क्लिक कीजिए. आप देखेंगे कि ऐसा करने पर पूरा ब्लॉक गहरा हो गया है और तिरछा भी. इस प्रकार आप एक ही टैक्स्ट को एक या अधिक स्टाइलों में बदल सकते हैं.
6. चौथे वाक्य में '40 times' शब्दों का टैक्स्ट ब्लॉक बनाइए. इस समय यह गहरे तथा तिरछे रूप में हैं. अब बोल्ड वाला बटन क्लिक कीजिए. आप देख सकते हैं कि ऐसा करते ही इन शब्दों का गहरापन गायब हो गया है, लेकिन वह अभी भी तिरछी स्टाइल में हैं. इस प्रकार एक ही टैक्स्ट पर दोबारा लगाया गया कोई स्टाइल बटन अपने ही पहले प्रभाव को समाप्त कर देता है.
7. '62-year-old-woman' इन शब्दों का एक टैक्स्ट ब्लॉक बनाइए. रिब्बन में Color बटन को क्लिक कीजिए. इससे नीचे की ओर एक रंग पट्टी खुल जाएगी. उस रंग पट्टी में लाल रंग को क्लिक करके चुनिए. आप देखेंगे कि ऐसा करते ही टैक्स्ट ब्लॉक के पाठ्य का रंग लाल हो गया है. इसी प्रकार इस पाठ्य का रंग फिर से काला कर दीजिए.

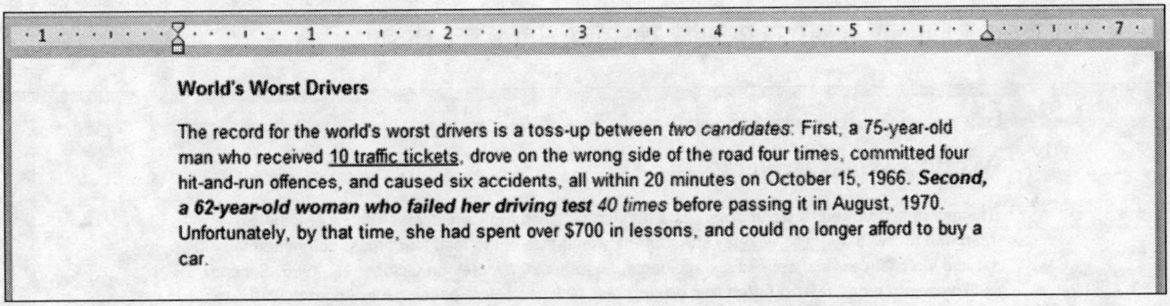

World's Worst Drivers

The record for the world's worst drivers is a toss-up between *two candidates*: First, a 75-year-old man who received <u>10 traffic tickets</u>, drove on the wrong side of the road four times, committed four hit-and-run offences, and caused six accidents, all within 20 minutes on October 15, 1966. ***Second, a 62-year-old woman who failed her driving test*** *40 times* before passing it in August, 1970. Unfortunately, by that time, she had spent over $700 in lessons, and could no longer afford to buy a car.

चित्र W-8.7 : टाइप स्टाइल बदलने के बाद दस्तावेज

इस समय आपकी स्क्रीन की सामग्री चित्र W-8.7 की तरह दिखाई देगी जिसमें अक्षरों की स्टाइल में किए गए सभी परिवर्तन साफ दिखाई पड़ रहे हैं. अब इस दस्तावेज को फिर से स्टोर कर दीजिए.

किसी ब्लॉक का फॉण्ट बदलना (Changing Font)

वर्ड पैड में अक्षरों के बहुत से फॉण्ट (Fonts) उपलब्ध होते हैं. सामान्यतया प्रारम्भ में सभी अक्षर 'Arial' फॉण्ट में होते हैं. यदि आप चाहें तो किसी भी ब्लॉक का फॉण्ट बदल सकते हैं. इसके लिए रिब्बन में होम टैब में फॉण्ट कार्यसमूह में फॉण्ट ड्राप-डाउन लिस्ट का उपयोग किया जाता है.

अभ्यास के लिए आप ऊपर बनाए गए दस्तावेज पर निम्नलिखित क्रियाएं कीजिए-

1. दस्तावेज के शीर्षक 'World's Worst Drivers' का एक टैक्स्ट ब्लॉक बनाइए.
2. फॉण्ट ड्राप-डाउन लिस्ट के तीर वाले बटन को क्लिक कीजिए. इससे फॉण्ट लिस्ट बॉक्स खुल जाएगा. इसमें बहुत से फॉण्टों (Fonts) के नाम दिए होंगे. इसमें से किसी अन्य फॉण्ट, जैसे Times New Roman, को क्लिक करके चुनिए. आवश्यक होने पर स्क्रॉल बार की सहायता लीजिए.

ऐसा करते ही आप देखेंगे कि शीर्षक के अक्षरों का फॉण्ट बदल गया है.

आप किसी भी ब्लॉक के लिए कोई भी फॉण्ट चुन सकते हैं और अलग-अलग फॉण्टों में प्रमुख शब्दों या वाक्यों को उभारकर अपने दस्तावेज को आकर्षक बना सकते हैं.

किसी ब्लॉक के अक्षरों का आकार बदलना (Changing Point Size)

वर्ड पैड के रिब्बन के होम टैब में (फॉण्ट कार्यसमूह में) जो साइज ड्रॉप डाउन लिस्ट है, वह टैक्स्ट का आकार बदलने के लिए प्रयोग की जाती है. प्रारम्भ में सभी अक्षरों का आकार 10 होता है. आप इनके आकार को 72 या और अधिक तक बढ़ा सकते हैं.

इसका अभ्यास करने के लिए अपने नए दस्तावेज पर निम्नलिखित क्रियाएं कीजिए-

1. शीर्षक का एक टैक्स्ट ब्लॉक बनाइए.
2. आकार की ड्रॉप डाउन लिस्ट का तीर वाला बटन क्लिक कीजिए. इससे आकारों का लिस्ट बॉक्स खुल जाएगा. इसमें 10 से लेकर 72 तक विभिन्न आकारों के विकल्प दिए गए हैं. शीर्षक के लिए आकार 16 चुनिए. आप देखेंगे कि शीर्षक काफी मोटे अक्षरों में आ गया है. आप इस बॉक्स में अक्षरों का आकार सीधे भी टाइप करके भर सकते हैं.
3. अब दस्तावेज की अन्तिम लाइन का एक टैक्स्ट ब्लॉक बनाइए.
4. इस टैक्स्ट ब्लॉक का आकार ऊपर बताई गई विधि से 14 चुन लीजिए.

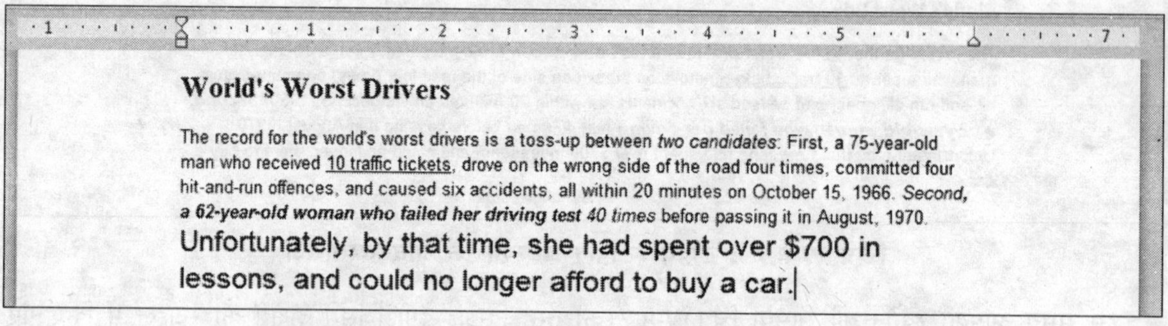

World's Worst Drivers

The record for the world's worst drivers is a toss-up between *two candidates*: First, a 75-year-old man who received 10 traffic tickets, drove on the wrong side of the road four times, committed four hit-and-run offences, and caused six accidents, all within 20 minutes on October 15, 1966. *Second,* ***a 62-year-old woman who failed her driving test 40 times*** before passing it in August, 1970. Unfortunately, by that time, she had spent over $700 in lessons, and could no longer afford to buy a car.

चित्र W-8.8 : आकार तथा रूप बदलने के बाद दस्तावेज

अब आप देखेंगे कि इन ब्लॉकों के सभी अक्षरों का आकार बढ़ गया है तथा आपका दस्तावेज चित्र W-8.8 जैसा नजर आने लगा है. इसको सुरक्षित कर लीजिए. इस प्रकार आप दस्तावेज के विभिन्न भागों की स्टाइल, रूप तथा आकार बदल-बदल कर अपने दस्तावेज को और अधिक सुन्दर बना सकते हैं.

किसी पैराग्राफ की एलाइनमेंट बदलना (Changing Paragraph Alignment)

किसी दस्तावेज की सुन्दरता के लिए यह आवश्यक होता है कि उसके किसी पैराग्राफ की सभी पंक्तियां किसी हाशिए के अनुसार एक सीध में हो. इसे एलाइनमेंट कहा जाता है. वर्ड पैड में चार प्रकार की एलाइनमेंट उपलब्ध है- बायां एलाइनमेंट (Left alignment), मध्य एलाइनमेंट (Center alignment), दायां एलाइनमेंट (Right alignment), तथा जस्टिफाई (Justify). इन चारों के लिए वर्ड पैड के रिब्बन के होम टैब में (पैराग्राफ कार्यसमूह में) इसी क्रम में चार बटन होते हैं. इन बटनों का प्रयोग करके आप पैराग्राफों की एलाइनमेंट बदल सकते हैं.

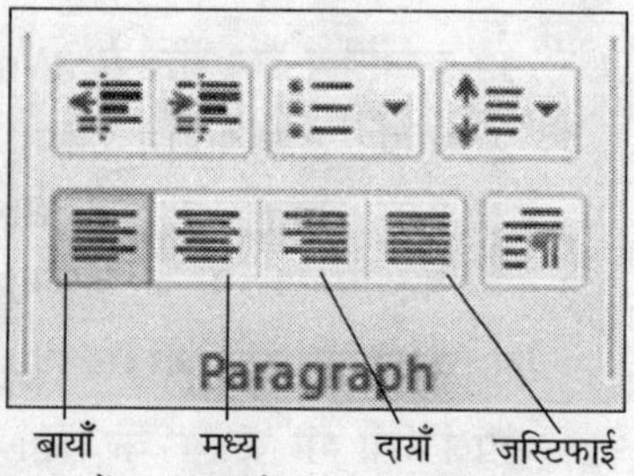

चित्र W-8.9 : पैराग्राफ कार्यसमूह के बटन

इसके अभ्यास के लिए ऊपर बताए गए दस्तावेज पर अग्रलिखित क्रियाएं कीजिए -

1. शीर्षक का एक ब्लॉक बनाइए.
2. पैराग्राफ कार्यसमूह में मध्य एलाइनमेंट वाला बटन क्लिक कीजिए. ऐसा करते ही आप देख सकते हैं कि शीर्षक मध्य में आ गया है.
3. पैराग्राफ का एक ब्लॉक बनाइए.
4. पैराग्राफ कार्यसमूह में दायां एलाइनमेंट वाला बटन क्लिक कीजिए और परिणाम देखिए.

इस प्रकार आप किसी भी पैराग्राफ को मध्य, दाईं या बाईं सीध में सेट कर सकते हैं.

वर्ड पैड में किसी पैराग्राफ को बाएं तथा दाएं दोनों हाशियों में एक साथ सेट करने अर्थात् जस्टिफाई (Justify) की सुविधा भी उपलब्ध है. इसमें दो शब्दों के बीच अपने आप खाली स्थान (Soft Space) जोड़ने की व्यवस्था होती है.

दस्तावेज को छपवाना (Printing a Document)

वर्ड पैड में बनाए गए किसी भी दस्तावेज को छपवाना बहुत ही सरल है. इसके लिए पहले दस्तावेज को ऊपर बताए गए किसी तरीके से खोल लीजिए. फिर वर्ड पैड बटन को क्लिक कीजिए और उसके पुल डाउन मेन्यू में 'Print...' को चुनिए.

ऐसा करते ही आपको Print का डायलाग बॉक्स चित्र W-8.10 की तरह दिया जाएगा. आप इस डायलाग बॉक्स में प्रिंटर का नाम, कौन-कौन से पृष्ठ छपवाना चाहते हैं तथा कितनी प्रतियां (Copies) निकालना चाहते हैं आदि सूचनाएं भरिए. अन्त में 'OK' बटन को क्लिक करते ही छपाई प्रारम्भ हो जाएगी.

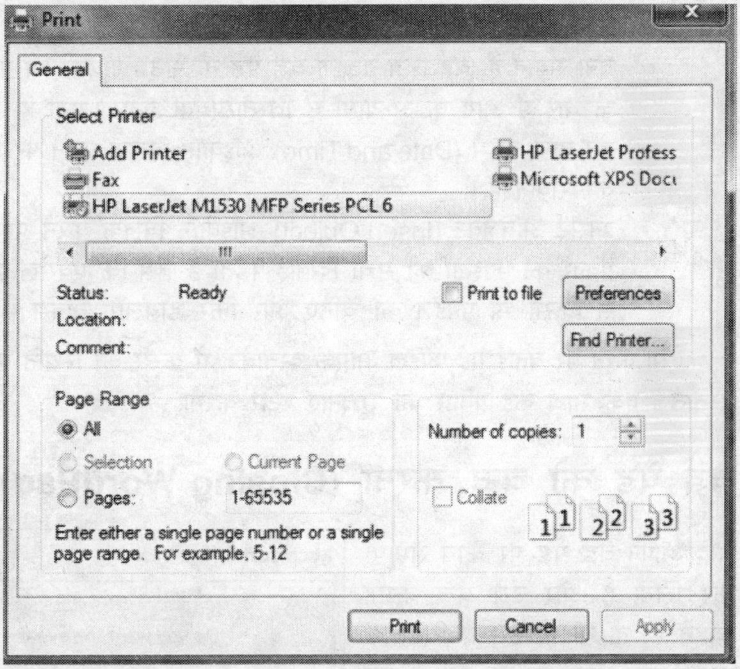

चित्र W-8.10 : वर्ड पैड में प्रिंट का डायलाग बॉक्स

छापते समय आपको एक छोटे डायलाग बॉक्स में छापे जा रहे पृष्ठ की सूचना दी जाएगी. यदि किसी कारण से आप छपाई बीच में ही समाप्त करना चाहते हैं, तो इस बॉक्स में 'Cancel' बटन को क्लिक कर दीजिए.

एक ही दस्तावेज में अनेक तरह की सूचनाएं भरना (Embedding Different Types of Information in a Single Document)

विंडोज 7 की अनेक विशेषताओं में से एक विशेषता (Feature) यह भी है कि आप एक ही दस्तावेज में अलग-अलग प्रकार की सूचनाएं भर सकते हैं. उदाहरण के लिए, किसी दस्तावेज में साधारण पाठ्य (Text), स्प्रैड शीट (Spread Sheet), ग्राफ, ध्वनि (Sound) तथा वीडियो के टुकड़े भी रखे जा सकते हैं. अनेक प्रकार की सूचनाएं एक करने

की इस तकनीक को **आब्जेक्ट लिंकिंग तथा एम्बैडिंग (Object Linking and Embedding या OLE)** कहा जाता है.

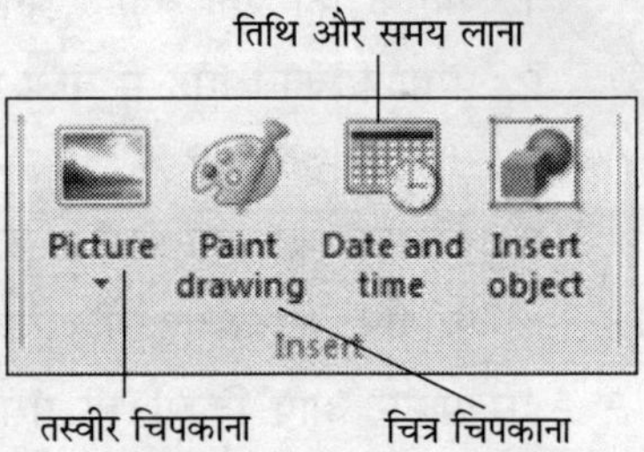

चित्र W-8.11 : इनसर्ट कार्यसमूह के बटन

यह सूचना के प्रस्तुतीकरण का बहुत प्रभावशाली तरीका है, जैसे आप किसी स्प्रैड शीट में बनाए गए ग्राफ को किसी वर्ड प्रोसेसर द्वारा तैयार किए गए दस्तावेज में डाल सकते हैं. यह क्रिया पहले ग्राफ को स्प्रैडशीट से काटकर (Cutting) फिर उसे वर्ड प्रोसेसर द्वारा बताए गए दस्तावेज में चिपकाकर (Pasting) की जाती है. यह कार्य निम्न प्रकार किया जा सकता है–

1. वर्ड पैड (WordPad) को प्रारम्भ कीजिए और उसमें कुछ टैक्स्ट तैयार कीजिए.
2. अब रिब्बन में होम टैब पर इनसर्ट (Insert) कार्यसमूह पर ध्यान दें.
   - पिक्चर (Picture) आइकॉन क्लिक करने पर एक डायलॉग बॉक्स खुलता है जिसके द्वारा आप अपने कंप्यूटर में रखी किसी भी तस्वीर को खोज सकते हैं और यहाँ पाठ्य क्षेत्र में चिपका सकते हैं.
   - पेण्ट-ड्राइंग (Paint Drawing) आइकॉन क्लिक करने पर पेण्ट प्रोग्राम खुलता है जिसमें आप कोई भी चित्र बना सकते हैं. वह चित्र तत्क्षण वर्ड पैड के पाठ्य क्षेत्र में भी प्रकट हो जाता है. पेण्ट प्रोग्राम पर कार्य करने के बारे में आगे के अध्यायों में विस्तारपूर्वक बताया गया है.
   - डेट एण्ड टाइम (Date and Time) आइकॉन क्लिक करने पर आप पाठ्य क्षेत्र में तिथि तथा समय प्रकाशित कर सकते हैं.
   - इनसर्ट ऑबजेक्ट (Insert Object) आइकॉन क्लिक करने पर एक डायलॉग बॉक्स खुलता है जिसमें कई प्रकार की फाइलों की सूची दिखाई पड़ती है जैसे कि एक्सेल फाइल, पॉवर पाइंट फाइल, आदि. आप इनमें से किसी भी फाइल को चुनिए और फिर डायलॉग बॉक्स में 'Ok' बटन दबाकर उसे बन्द कर दीजिए.

ऐसा करने पर बताई गई फाइल आपके दस्तावेज में कर्सर की स्थिति की जगह जोड़ दी जाएगी. इस प्रकार आपका दस्तावेज एक साथ कई प्रकार की सूचनाएं स्टोर करेगा.

वर्ड पैड को बन्द करना (Closing WordPad)

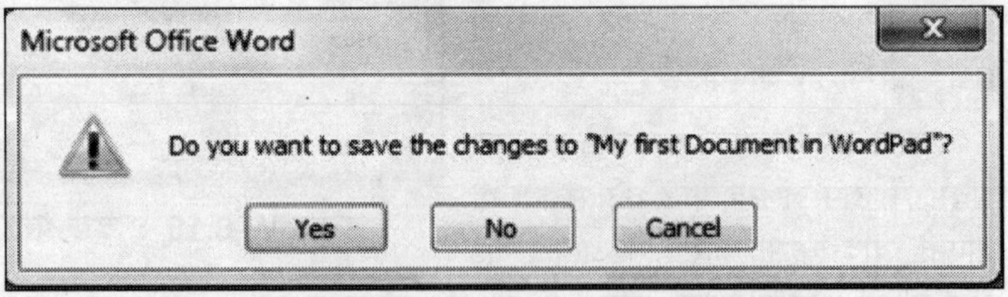

चित्र W-8.12 : फाइल सुरक्षित करने की चेतावनी का डायलाग बॉक्स

यदि आपने वर्ड पैड पर कार्य समाप्त कर लिया है और उसे बन्द करना चाहते हैं, तो या तो उसकी विंडो के क्लोज बटन, जिस पर **'X'** छपा है, को क्लिक कीजिए या वर्ड पैड बटन के पुल डाउन मेन्यू में 'Exit' आदेश दीजिए. यदि वर्ड पैड में कोई ऐसी फाइल खुली होगी, जिसको सुरक्षित न किया गया हो, तो पहले आपको चित्र W-8.12 की तरह चेतावनी का डायलाग बॉक्स देकर उसको सुरक्षित करने का अवसर दिया जाएगा.

यदि आप फाइल सुरक्षित करना चाहते हैं, तो इस डायलाग बॉक्स में 'Yes' बटन को क्लिक कीजिए, नहीं तो 'No' बटन को क्लिक कर दीजिए. इस डायलाग बॉक्स से बाहर निकलने पर आपके आदेश के अनुसार क्रिया करके

9 पेण्ट (Paint)

विंडोज ऑपरेटिंग सिस्टम के सभी संस्करणों में एक्सेसरीज (Accessories) में एक ऐसा प्रोग्राम उपलब्ध है, जिसकी सहायता से आप अपने कंप्यूटर पर ही रंग-बिरंगे चित्र बना सकते हैं और कलाकार बन सकते हैं. इस प्रोग्राम का नाम पेण्ट-ब्रश (Paint-brush) या पेण्ट (Paint) है. यह प्रोग्राम वास्तव में ड्राइंग और पेंटिंग से सम्बन्धित है. इसमें अनेक टूल हैं, जिनके द्वारा आप अनेक सुन्दर रेखाचित्र या रंगीन चित्र बना सकते हैं. इस अध्याय में आप इसके बारे में विस्तार से पढ़ेंगे.

पेण्ट प्रारम्भ करना (Starting Paint)

यह प्रोग्राम एक्सेसरीज के मेन्यू में उपलब्ध होता है. अतः आप निम्न प्रकार इसे प्रारम्भ कर सकते हैं -

1. स्टार्ट बटन को क्लिक कीजिए. इससे स्टार्ट मेन्यू खुल जाएगा.
2. 'ऑल प्रोग्राम्स' को क्लिक कीजिए. इससे प्रोग्रामों का मेन्यू खुल जाएगा.
3. एक्सेसरीज पर क्लिक कीजिए. इससे एक्सेसरीज का मेन्यू खुल जाएगा.
4. एक्सेसरीज के मेन्यू में 'Paint' विकल्प को क्लिक कीजिए. इससे पेण्ट प्रोग्राम प्रारम्भ हो जाएगा.

यदि आपके डेस्कटॉप पर पेण्ट प्रोग्राम का शॉर्टकट बना है, तो आप उसे डबल-क्लिक करके सीधे ही इसे प्रारम्भ कर सकते हैं. प्रोग्राम प्रारम्भ होने पर आपकी स्क्रीन पर चित्र W-9.1 की तरह पेण्ट की मुख्य विंडो खुल जाएगी. चित्र में इस विंडो के विभिन्न भागों की ओर नाम से संकेत किया गया है.

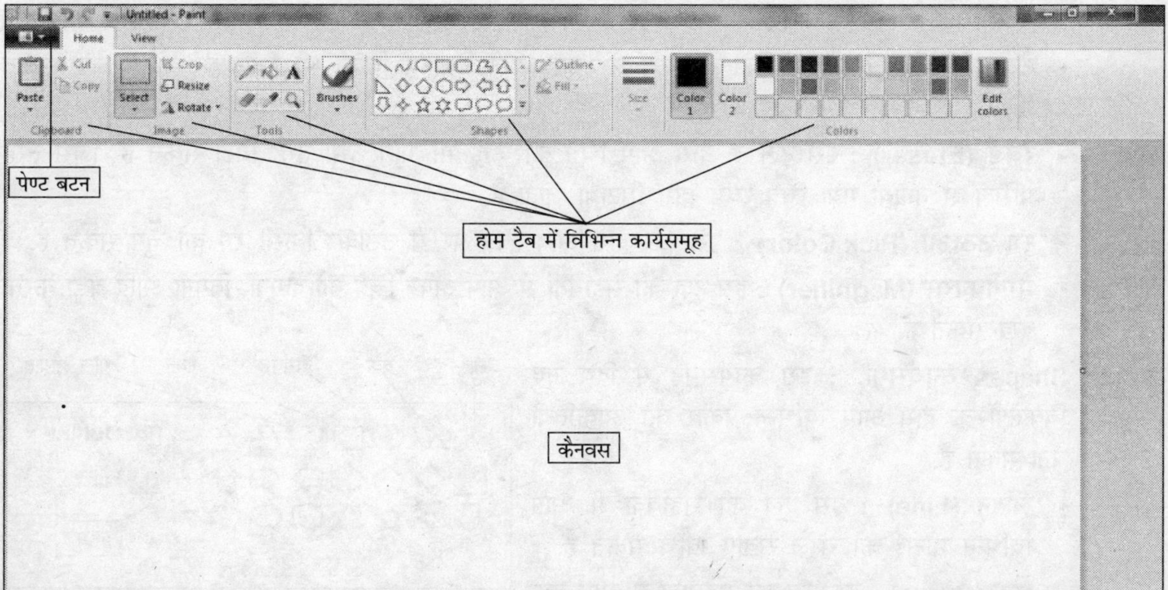

चित्र W-9.1 : पेण्ट की मुख्य विंडो

पेण्ट प्रोग्राम में भी वर्ड पैड के समान टाइटिल बार के नीचे रिब्बन दिया गया है जिसके दो भाग हैं—होम टैब (Home Tab) और व्यू टैब (View Tab). होम टैब में पाँच कार्यसमूह दिये गए हैं. विंडो का शेष भाग खाली होता है और उसके सफेद भाग में आप चित्र बना सकते हैं. यह सफेद भाग जितना बड़ा होगा, चित्र भी उतना ही बड़ा बनेगा. इस भाग का आकार आप अपनी इच्छा से तय कर सकते हैं.

किसी चित्र की चौड़ाई घटाने या बढ़ाने के लिए सफेद भाग के दाएं किनारे पर बीचों-बीच बने बिन्दु को माउस पॉइंटर से पकड़कर क्रमशः बायीं ओर या दायीं ओर खींचिए और इच्छित स्थान पर ले जाकर छोड़ दीजिए. इसी प्रकार चित्र की लम्बाई (या ऊंचाई) घटाने-बढ़ाने के लिए सफेद भाग के निचले किनारे पर बीच में बने बिन्दु को माउस पॉइंटर द्वारा पकड़कर ऊपर-नीचे खींचा जाता है. यदि आप चित्र की लम्बाई तथा चौड़ाई दोनों एक साथ बदलना चाहते हैं, तो सफेद भाग के दाएं निचले कोने पर बने बिन्दु को इसी प्रकार किसी भी दिशा में खींचिए और उचित स्थान पर ले जाकर सेट कर दीजिए.

पेण्ट पर कार्य का प्रारम्भ (Getting Started with Paint)

पेण्ट प्रोग्राम प्रारम्भ करने और बनाए जाने वाले चित्र का आकार तय कर लेने के बाद आप उस पर कार्य प्रारम्भ कर सकते हैं. इसके लिए होम टैब में पांचों कार्यसमूहों के बटनों/आइकॉनों को समझ लेना आवश्यक है. नीचे दिये गए कार्यसमूह महत्वपूर्णता अनुसार लिखे गए हैं.

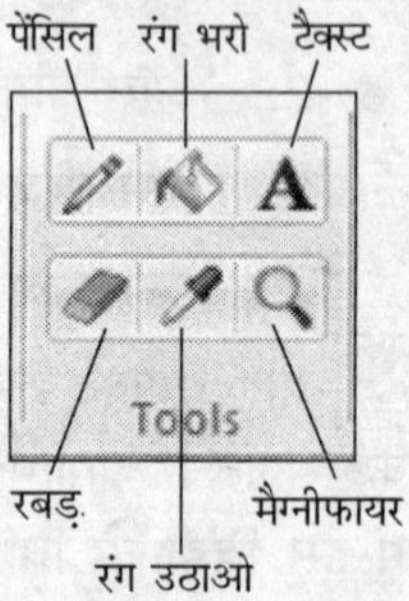

चित्र W-9.2 : होम टैब में Tools कार्यसमूह

1. **Tools कार्यसमूह** : इसमें दिये गए सभी बटन/आइकॉन चित्र की आकृति बनाने, उसमें रंग भरने, उसे हटाने, उसमें पाठ्य लिखने, आदि से संबंधित है.
   - **पेंसिल (Pencil)** : इस टूल की सहायता से आप विभिन्न मोटाई की लकीरें उसी प्रकार खींच सकते हैं, जिस प्रकार पेंसिल द्वारा चित्र बनाया जाता है.
   - **रंग भरो (Fill with Colour)** : इस टूल की सहायता से आप किसी आकृति में मनचाहा रंग भर सकते हैं.
   - **टैक्स्ट (Text)** : इस टूल की सहायता से आप अपने चित्र में किसी भी स्थान पर पाठ्य लगा सकते हैं.
   - **रबड़ (Eraser)** : इस टूल के द्वारा आप चित्र का कोई भी भाग उसी तरह मिटा सकते हैं, जिस तरह पेंसिल से बनाया गया चित्र रबड़ द्वारा मिटाया जाता है.
   - **रंग उठाओ (Pick Color)** : इस टूल द्वारा आप चित्र पर से उठाकर किसी रंग को चुन सकते हैं.
   - **मैग्नीफायर (Magnifier)** : इस टूल की सहायता से आप अपने चित्र को दोगुना, तिगुना आदि बड़ा करके देख सकते हैं.

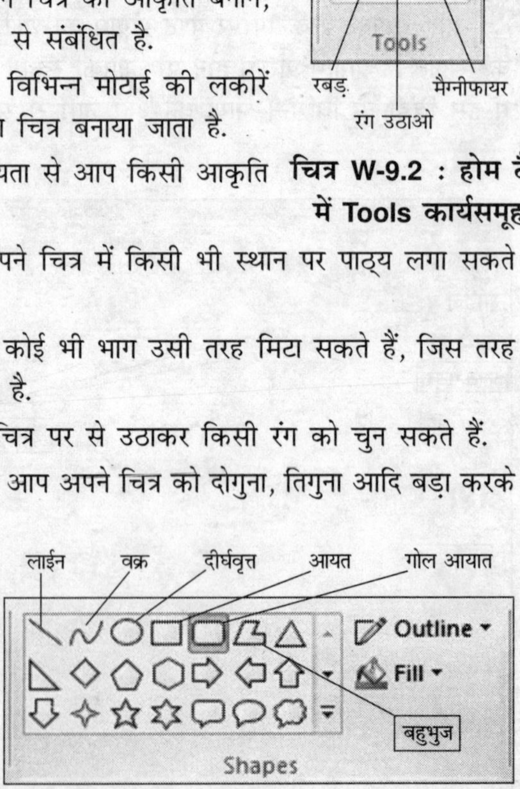

चित्र W-9.3 : होम टैब में Shapes कार्यसमूह

2. **Shapes कार्यसमूह** : इस कार्यसमूह में दिये गए विकल्पों के द्वारा आप विभिन्न प्रकार की आकृतियाँ बना सकते हैं.
   - **लाइन (Line)** : इस टूल की सहायता से आप विभिन्न मोटाई की सरल रेखाएं खींच सकते हैं.
   - **वक्र (Curve)** : इस टूल की सहायता से आप वक्र रेखाएं खींच सकते हैं.
   - **आयत (Rectangle)** : इस टूल द्वारा आप किसी

भी आकार के आयत तथा वर्ग (Square) बना सकते हैं.

- **गोल कोने वाले आयत (Rounded Rectangle)** : इस टूल द्वारा ऐसे आयत तथा वर्ग बना सकते हैं, जिनके कोने गोलाई लिये हुए हों.
- **बहुभुज (Polygon)** : इस टूल द्वारा आप बहुभुज बना सकते हैं.
- **दीर्घवृत्त (Ellipse)** : इस टूल की सहायता से आप किसी भी आकार के दीर्घवृत्त तथा वृत्त (Circle) बना सकते हैं.

इसी प्रकार से आप और भी पूर्वनिर्धारित आकृतियाँ चुन सकते हैं. इस कार्यसमूह में Outline और **Fill** विकल्प के द्वारा आप यह भी निश्चित कर सकते हैं कि आकृति की सीमा-रेखा तथा उसके अन्दर किस तरह के ब्रश द्वारा रंग किया जाएगा.

3. **Colors कार्यसमूह** : पेण्ट प्रोग्राम में किसी भी समय दो रंगों का चुनाव हुआ होता है. आप जो भी रेखाएं, आकृतियाँ आदि बनाते हैं या रंग भरते हैं, तो उन पर वही रंग लागू होता है. रंग का चुनाव करना बहुत सरल है. इसके लिए रंगों की पट्टी में दो मनपसंद रंगों को क्लिक कर दीजिए. चुने हुए रंग इस पट्टी के बायीं ओर दिखाये जाते हैं. माउस के दायें या बायें क्लिक से आप दोनों रंगों का उपयोग कर सकते हैं.

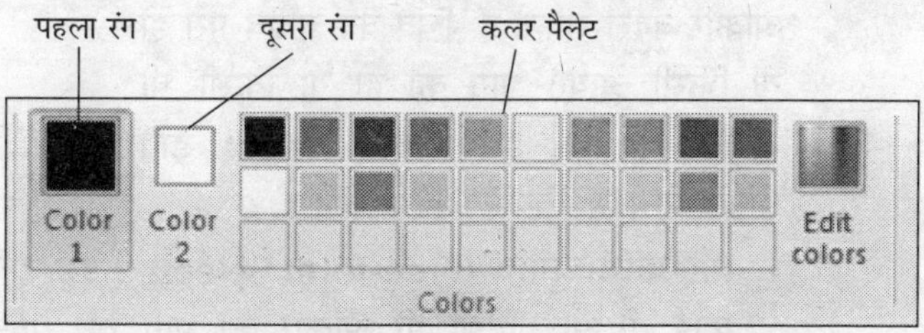

चित्र W-9.4 : होम टैब में Colors कार्यसमूह

रेखाओं की मोटाई चुनना (Selecting Line Width)

पेण्ट में आप जो आकृतियाँ बनाते हैं, या रेखाएं खींचते हैं, उनकी मोटाई आप पहले तय कर सकते हैं. इसके लिए कोई भी आकृति चुनिए और फिर Shapes कार्यसमूह के बाद साइज (Size) ड्राप डाउन बटन को क्लिक कीजिए. पुल डाउन मेन्यू खुल जाएगा. आप इनमें से किसी भी विकल्प को क्लिक करके उस मोटाई की रेखाएं खींच सकते हैं. आपके द्वारा चुनी हुई मोटाई आगे बनायी जाने वाली सभी आकृतियों पर लागू होगी, जब तक कि आप उसे बदल नहीं देते.

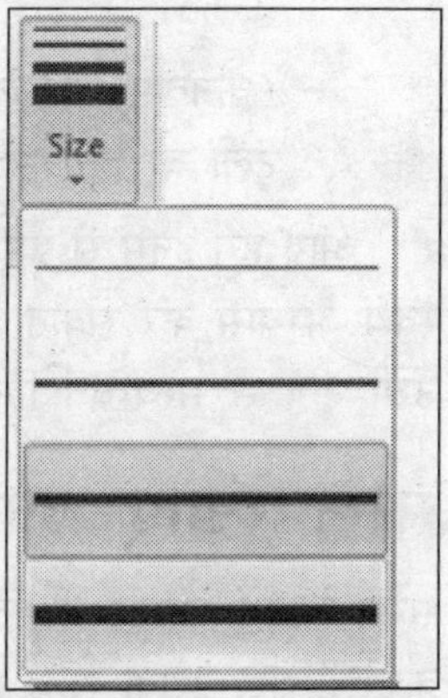

चित्र W-9.5 : रेखाओं की मोटाई चुनना

ब्रश का उपयोग (Using Brush)

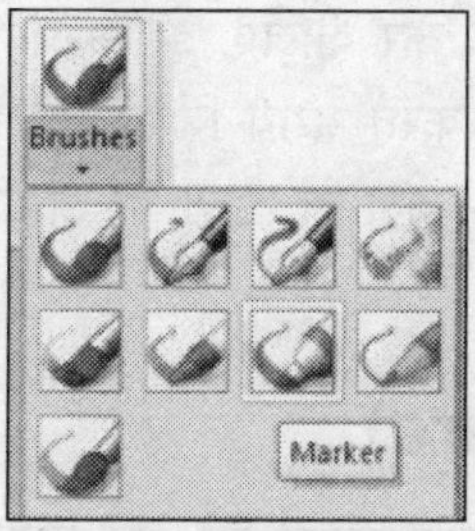

चित्र W-9.6 : विभिन्न प्रकार के ब्रश

ब्रश का प्रयोग करके आप किसी आकृति के किसी भी भाग में मनचाहा रंग भर सकते हैं. Brushes ड्राप डाउन बटन क्लिक करने पर एक मेन्यू खुलता है जिसमें विभिन्न प्रकार के ब्रशों के विकल्प दिये गए हैं जैसे कि एयर ब्रश, ऑयल पेण्ट ब्रश, क्रेयॉन (Crayon), मार्कर (Marker), रंगीन पैंसिल, वाटर कलर ब्रश, आदि. आप इनमें से कोई भी विकल्प चुन सकते हैं. ब्रश के चुनाव के बाद नोक की मोटाई चुनने के लिए साइज (Size) ड्राप डाउन मेन्यू (चित्र W-9.5) का प्रयोग करें. आपके द्वारा चुनी गई या पहले से चुनी हुई मोटाई उल्टे रंग में दिखायी देती है. ब्रश चुनने के बाद उस रंग का भी चुनाव कर लीजिए, जिसको आप भरना चाहते हैं.

अब माउस पॉइंटर को मुख्य क्षेत्र में ले जाइए. आप देखेंगे कि आपके कर्सर का रूप बदल गया है. अब आप जहाँ-जहाँ रंग भरना चाहते हैं, उस कर्सर को वहां-वहां ले जाकर माउस बटन को दबाकर सरकाइए. जब तक माउस बटन दबा रहेगा, तब तक कर्सर के स्थान पर रंग भरता रहेगा. माउस बटन छोड़ देने पर रंग नहीं भरा जाएगा. इस प्रकार आप कहीं भी कोई भी रंग भर सकते हैं.

4. **Image कार्यसमूह :** इसमें दिये गए बटनों के द्वारा आप सफेद भाग (कैनवस) पर लगे चित्र का चुनाव कर सकते हैं और चुने हुए चित्र को किसी भी कोण से घुमा सकते हैं या उसका आकार बदल सकते हैं. चित्र का चुनाव पूरा हो या किसी आयत भाग का हो या किसी भी आकार का हो, इसके लिए Select ड्राप डाउन मेन्यू में विकल्प दिये जाते हैं.

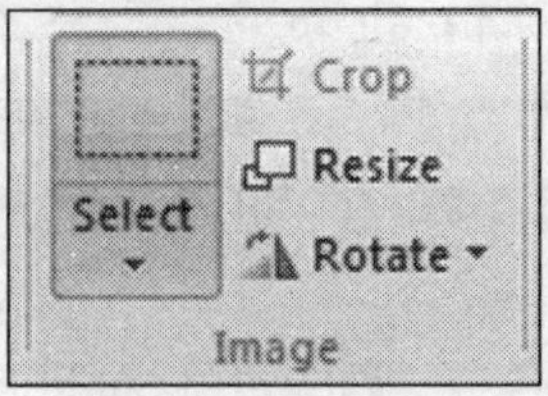

चित्र W-9.7 : होम टैब में Image कार्यसमूह

सिलेक्ट क्लिक करने पर मेन्यू का खुलना

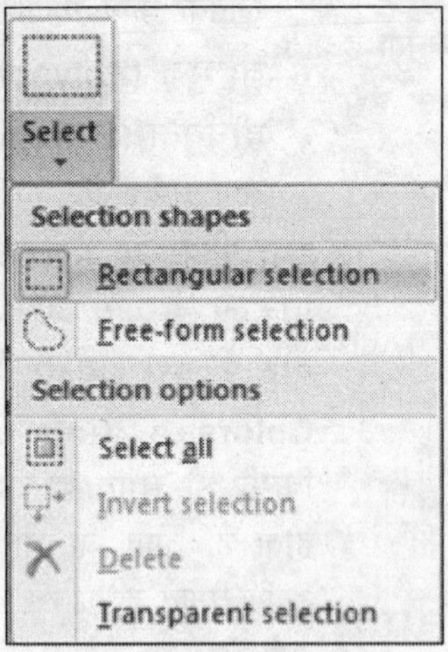

चित्र W-9.8 : चित्र का आकार चुनने के विकल्प

- **फ्री-फॉर्म चुनाव (Free-form Select) :** इस टूल से आप चित्र का कोई भी और किसी भी आकार का भाग चुन सकते हैं.
- **आयत चुनाव (Rectangular Select) :** इस टूल से आप चित्र का केवल आयताकार भाग चुन सकते हैं.

5. **Clipboard कार्यसमूह :** इस कार्यसमूह में दिये गए बटनों के द्वारा आप अपने कंप्यूटर में कोई भी स्टोर की गई तस्वीर को खोज कर यहां पेण्ट के सफेद भाग (कैनवस) पर ला सकते हैं और फिर उस तस्वीर या उसके किसी भाग को दिये गए टूलों के द्वारा संशोधित कर सकते हैं.

चित्र W-9.9 : होम टैब में Clipboard कार्यसमूह

आगे हम इनमें से प्रमुख टूलों के उपयोग के बारे में विस्तार से बताएंगे. शेष के बारे में आप स्वयं अभ्यास कर सकते हैं. किसी समय आप जिस टूल को क्लिक करके चुन लेते हैं, आगे उसी टूल से सम्बंधित क्रियाएं कर सकते हैं.

सरल रेखाएं बनाना (Drawing Straight Lines)

सरल रेखाएं खींचने के लिए पहले लाइन टूल या बटन को क्लिक करके चुन लीजिए और रेखा की मोटाई भी तय कर लीजिए. इसके साथ ही रंग का भी चुनाव कर लीजिए. अब मुख्य क्षेत्र में पॉइंटर उस स्थान पर क्लिक कीजिए जहाँ से रेखा प्रारम्भ होगी और फिर माउस पॉइंटर को रेखा के दूसरे सिरे पर ले जाकर क्लिक कर दीजिए. इससे आप देखेंगे कि उन दोनों स्थानों के बीच एक सरल रेखा बन गयी है. यदि आप दूसरी बार क्लिक करते समय शिफ्ट कुंजी को दबा लेते हैं, तो सरल रेखाएं केवल क्षैतिज (Horizontal), ऊर्ध्वाधर (Vertical) तथा 45 अंश के कोण पर झुकी हुई बनायी जा सकती हैं.

आयत तथा वर्ग बनाना (Drawing Rectangle and Square)

आयत बनाने के लिए पहले Shapes कार्यसमूह में आयत टूल को क्लिक कीजिए. अब माउस पॉइंटर को उस बिन्दु पर ले जाकर माउस बटन को क्लिक करके दबा लीजिए, जहाँ आप आयत का एक कोना रखना चाहते हैं. अब माउस

बटन को दबाए रखकर पॉइंटर को खींचते हुए उस बिन्दु पर ले जाकर छोड़ दीजिए, जहाँ आप आयत का सामने वाला कोना रखना चाहते हैं. माउस पॉइंटर को खींचते हुए आपको आयत बनता हुआ दिखाई देगा. माउस बटन छोड़ देने पर आप देखेंगे कि उस दोनों बिन्दुओं के बीच एक आयत बन गया है.

वर्ग बनाने के लिए ऊपर की क्रिया करते समय शिफ्ट कुंजी को भी दबाए रखते हैं और पहले माउस बटन को फिर शिफ्ट कुंजी को छोड़ते हैं. यदि आप शिफ्ट को पहले ही छोड़ देंगे, तो वर्ग सही नहीं बनेगा.

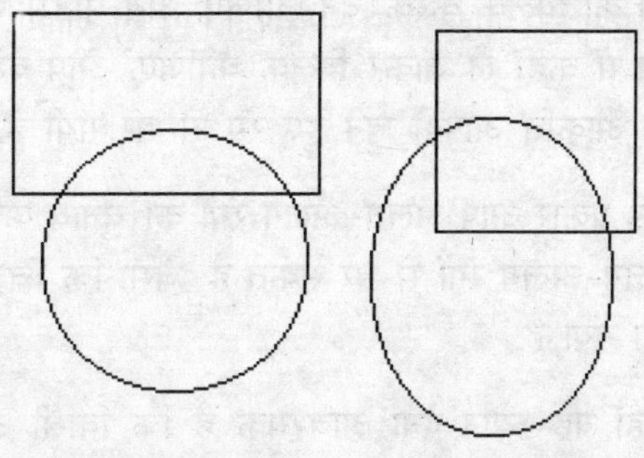

चित्र W-9.10 : पेण्ट में बनायी गयी आकृतियाँ

चित्र W-9.10 में पेण्ट प्रोग्राम द्वारा बनाया हुआ एक आयत और एक वर्ग दिखाया गया है.

गोल कोने वाले आयत और वर्ग बनाने की विधि भी इससे मिलती-जुलती है. अन्तर केवल यह है कि उसमें आयत टूल (Rectangle Tool) के स्थान पर गोल आयत टूल (Rounded Rectangle Tool) को चुना जाता है.

दीर्घवृत्त तथा वृत्त बनाना (Drawing Ellipse and Circle)

दीर्घवृत्त बनाने के लिए पहले Shapes कार्यसमूह में दीर्घवृत्त टूल को क्लिक कीजिए. अब जहाँ आप दीर्घवृत्त बनाना चाहते हैं, वहाँ एक ऐसे आयत की कल्पना कीजिए, जो उस दीर्घवृत्त को पूरी तरह घेर ले. माउस पॉइंटर को उस काल्पनिक आयत के एक कोने पर ले जाकर माउस बटन को क्लिक करके पकड़ लीजिए और उसे खींचते हुए उस काल्पनिक आयत के सामने वाले कोने तक ले जाकर छोड़ दीजिए. ऐसा करते हुए दीर्घवृत्त बनता हुआ दिखाई देगा. माउस बटन छोड़ देने पर आप देखेंगे कि उन दोनों बिन्दुओं के मध्य बड़े से बड़ा दीर्घवृत्त बन गया है.

वृत्त बनाते समय भी ऊपर की क्रिया की जाती है, लेकिन उसके लिए शिफ्ट कुंजी को दबाए रखा जाता है. माउस बटन छोड़ते समय शिफ्ट कुंजी दबी हुई होनी चाहिए.

चित्र W-9.10 में पेण्ट प्रोग्राम द्वारा बनाया गया एक वृत्त और एक दीर्घवृत्त भी दिखाया गया है.

बहुभुज बनाना (Drawing Polygon)

बहुभुज बनाने के लिए पहले Shapes कार्यसमूह में बहुभुज टूल को क्लिक कीजिए. अब किसी बिन्दु से प्रारम्भ करके माउस बटन को दबाये रखकर खींचते हुए बहुभुज की एक भुजा बनाइए. अब अगली भुजा बनाने के लिए माउस पॉइंटर को किसी बिन्दु पर ले जाकर क्लिक कीजिए. आप देखेंगे कि पहली भुजा के दूसरे बिन्दु से उस बिन्दु तक एक भुजा बन गयी है. इसी तरह क्लिक करते हुए अन्तिम भुजा को छोड़कर सभी भुजाएँ बना लीजिए.

अंतिम भुजा बनाने के लिए बहुभुज या किसी अन्य टूल को क्लिक कर दीजिए. इससे बहुभुज पूरा हो जाएगा.

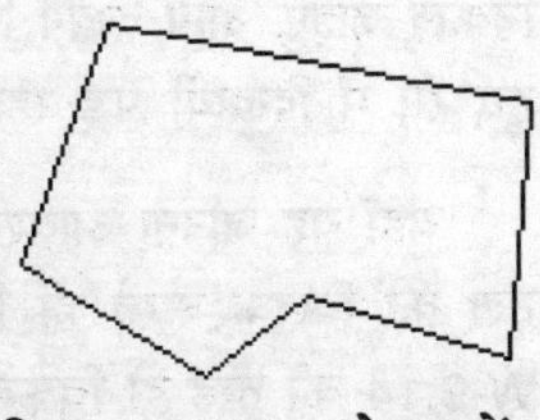

चित्र W-9.11 : पेण्ट में बनाया गया बहुभुज

चित्र W-9.11 में पेण्ट प्रोग्राम द्वारा बनाया गया एक बहुभुज दिखाया गया है.

आकृतियों में रंग भरना (Filling Colours in Shapes)

किसी आकृति में रंग भरना बहुत ही सरल है. इसके लिए पहले रंग भरो (Fill Color) टूल को क्लिक कीजिए. इससे मुख्य क्षेत्र में आपके पॉइंटर का रूप बदल जाएगा. अब आप किसी आकृति में जो रंग भरना चाहते हैं, रंग पट्टी में

उस रंग को क्लिक करके चुन लीजिए. अब माउस पॉइंटर को उस आकृति में कहीं ले जाकर क्लिक कीजिए. आप देखेंगे कि तुरन्त ही वह आकृति आपके चुने हुए रंग से भर गयी है.

इस प्रकार आप अलग-अलग रंगों का चुनाव करके आकृतियों को अलग-अलग रंगों से भर सकते हैं, जैसा कि चित्र W-9.12 में दिखाया गया है.

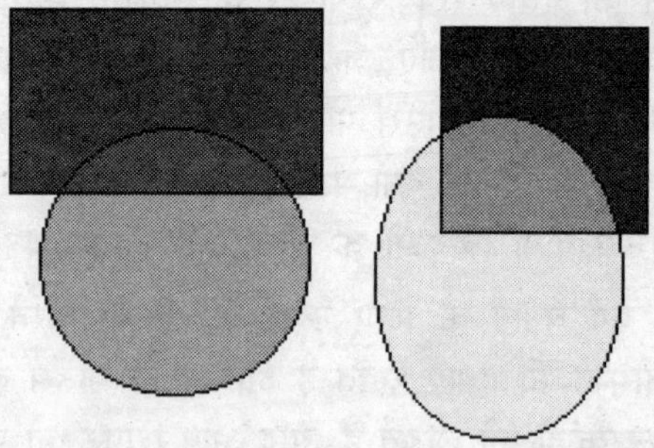

चित्र W-9.12 : रंग भरने के बाद आकृतियाँ

यहाँ यह ध्यान देना आवश्यक है कि किसी आकृति में रंग भरते समय वह आकृति चारों ओर से किसी रेखा द्वारा बन्द होनी चाहिए, अर्थात् उसकी सीमा रेखा (Boundary) कहीं से भी टूटी या खुली नहीं होनी चाहिए, अन्यथा रंग आकृति से बाहर बह कर पूरे चित्र में फैल जाएगा.

टैक्स्ट जोड़ना (Adding Text)

आप अपने चित्र में किसी भी स्थान पर कोई भी पाठ्य जोड़ सकते हैं. इसके लिए पहले Tools कार्यसमूह में टैक्स्ट टूल को क्लिक कीजिए. अब चित्र में उस स्थान पर माउस पॉइंटर दबाकर खींचते हुए एक आयताकार अस्थायी बॉक्स बनाइए, जहां आप पाठ्य जोड़ना चाहते हैं. इसके साथ ही टैक्स्ट का फॉर्मेटिंग बार (Formatting Bar) खुल जाएगा.

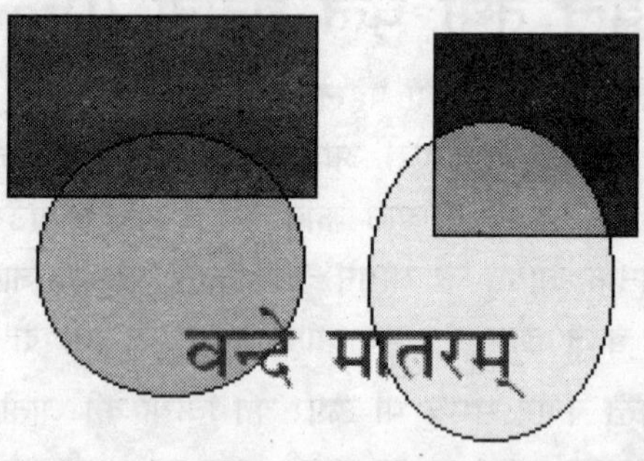

चित्र W-9.13 : टैक्स्ट जोड़ने के बाद आकृतियाँ

फॉरमेटिंग बार में आप भरे जाने वाले पाठ्य का रूप (Font), आकार (Size) और स्टाइल (Style) तय कर सकते हैं. इसके साथ ही रंग पट्टी में क्लिक करके उचित रंग को चुन लेना चाहिए. अब टैक्स्ट टाइप करना प्रारम्भ कीजिए. टैक्स्ट पूरा हो जाने के बाद अगर और भी पाठ्य डालना हो, तो माउस पॉइंटर से उस बॉक्स से बाहर कहीं क्लिक कीजिए नहीं तो कोई दूसरा टूल क्लिक करके टैक्स्ट टूल से निकल जाइए. आप देखेंगे कि अस्थायी बॉक्स गायब हो गया है और आप के द्वारा भरा गया टैक्स्ट उस स्थान पर चुने हुए रंग में दिखायी पड़ रहा है. चित्र W-9.13 में आकृतियों में एक पाठ्य जुड़ा हुआ दिखायी दे रहा है.

यहाँ यह जानना आवश्यक है कि पाठ्य जोड़ते समय टैक्स्ट टूल को क्लिक करते ही रिब्बन के Tools कार्यसमूह में चित्र W-9.14 की तरह दो विकल्प दिए जाते हैं, जिनमें से आप किसी एक का चुनाव कर सकते हैं. पहला (Opaque) विकल्प चुनने पर आपके द्वारा जोड़ा गया पाठ्य उस स्थान पर पहले से बनी सामग्री को हटा देगा. दूसरा (Transparent) विकल्प चुनने पर पहले से बनी सामग्री बैकग्राउण्ड में दिखायी पड़ती रहेगी. चित्र W-9.13 में जोड़ा गया पाठ्य दूसरे विकल्प को चुनकर जोड़ा गया है.

चित्र W-9.14 : टैक्स्ट का फॉर्मेटिंग बार

रबड़ का उपयोग (Using Eraser)

चित्र अथवा आकृति का कोई भाग मिटाने के लिए रबड़ का प्रयोग किया जाता है. इसके लिए पहले रबड़ (Eraser) टूल को क्लिक कीजिए. इसके बाद साइज (Size) ड्राप डाउन मेन्यू (चित्र W-9.5) में आप किसी भी आकार को क्लिक करके चुन सकते हैं जिससे रबड का आकार मोटा या पतला हो जाएगा. आपके द्वारा चुना गया (या पहले से चुना हुआ) आकार उल्टे रंग में दिखायी देता है.

अब माउस पॉइंटर को चित्र के एरिया में ले जाइए. वहां इसका रूप बदलकर एक छोटे वर्ग जैसा हो जाता है. अब इसको चित्र के उस भाग पर ले जाइए, जिसे आप मिटाना चाहते है. अब माउस बटन को दबाये रखकर उस पॉइंटर को सावधानी से चित्र के उस भाग पर सरकाइए, जिसे आप साफ करना चाहते हैं. जब तक माउस बटन दबा रहेगा, तब तक रबड़ कार्य करेगा. माउस बटन छोड़ देने पर उसका कोई प्रभाव नहीं होगा. इस प्रकार माउस बटन को दबाकर पॉइंटर को खींचते हुए आप चित्र का कोई भी भाग साफ कर सकते हैं.

यहाँ यह बताना आवश्यक है कि पेण्ट में कोई आकृति या चित्र का कोई भाग बन जाने के बाद न तो आप उसे सरका सकते हैं और न उसका आकार घटा-बढ़ा सकते हैं. आप केवल 'Undo' आदेश द्वारा (जो Ctrl कुंजी और U कुंजी एक साथ दबाने पर सक्रिय होता है) उसको एकदम हटा सकते हैं. यह आदेश भी केवल पिछली अधिकतम तीन वस्तुओं पर प्रभावी रहता है. Undo के अलावा केवल रबड़ टूल द्वारा ही चित्र का कोई भाग मिटाया जा सकता है.

चित्र को सुरक्षित करना (Saving the Picture)

विंडोज की अन्य फाइलों की तरह आप पेण्ट प्रोग्राम द्वारा बनाए गए चित्र को भी एक फाइल के रूप में सुरक्षित कर सकते हैं. इसके लिए पेण्ट बटन क्लिक करके पुल डाउन मेन्यू में 'Save' अथवा 'Save As' आदेश दीजिए. पहली बार यह आदेश देने पर आपको पिछले अध्यायों की तरह 'Save As' का डायलाग बॉक्स दिया जाएगा.

इस डायलाग बॉक्स में ऊपर वाले लिस्ट बॉक्स में फोल्डर का नाम भरा या चुना जाता है तथा 'File Name' के टैक्स्ट बॉक्स में फाइल का नाम भरा जाता है, जो प्रारम्भ में 'Untitled' होता है. उचित नाम भरकर तथा 'Save' बटन को क्लिक करके चित्र को सुरक्षित कर सकते हैं.

जिस प्रकार से किसी टैक्स्ट दस्तावेज के कई फाइल एक्स्टेंशन होते हैं उसी प्रकार से किसी चित्र या तस्वीर के भी कई फाइल एक्सटेंशन होते हैं. कुछ महत्वपूर्ण और प्रसिद्ध एक्स्टेंशन हैं—.JPEG, .TIFF, .PNG, .BMP, आदि. चित्र को स्टोर करते समय आप इनमें से कोई भी एक्सटेंशन चुन सकते हैं.

चित्र को छपवाना (Printing the Picture)

जिस प्रकार आप वर्ड पैड में बनाए गए दस्तावेजों, पत्रों आदि को अपने प्रिंटर पर छपवाते हैं, उसी प्रकार पेण्ट में बनाए गए चित्रों को भी छपवाया जा सकता है. इसके लिए पहले पेण्ट बटन क्लिक करके पुल डाउन मेन्यू में 'Page Setup' आदेश दीजिए, जिससे आपको पेज सेटअप का डायलाग बॉक्स दिया जाएगा. इसमें कागज का आकार, हाशिये आदि तय कर लीजिए और प्रिंटर पर उसी प्रकार का कागज लगाकर प्रिंटर को ऑन लाइन कर लीजिए.

अब मेन्यू में 'Print...' आदेश दीजिए, जिससे आपको 'Print' का डायलाग बॉक्स दिया जाएगा. छपायी प्रारम्भ करने के लिए इस डायलाग बॉक्स में Print बटन को क्लिक कीजिए. इससे आपका चित्र प्रिंटर पर छाप दिया जाएगा.

10

कैलकुलेटर (Calculator)

आप पढ़ चुके हैं कि कैलकुलेटर विंडोज ऑपरेटिंग सिस्टम के अन्तर्गत प्राप्त होने वाला एक ऐसा सहायक प्रोग्राम है, जिसकी सहायता से आप अपनी स्क्रीन पर ठीक वैसे ही गणनाएँ कर सकते हैं, जैसे किसी इलैक्ट्रॉनिक कैलकुलेटर पर करते हैं. यह प्रोग्राम विंडोज में एक्सेसरीज (Accessories) के अन्तर्गत प्राप्त होता है.

कैलकुलेटर प्रारम्भ करना (Starting Calculator)

कैलकुलेटर को प्रारम्भ करने की विधि नोटपैड, पेण्ट आदि प्रोग्रामों की तरह ही है, जो संक्षेप में निम्नप्रकार है-

1. स्टार्ट बटन को क्लिक कीजिए. इससे स्टार्ट मेन्यू खुल जाएगा.
2. 'ऑल प्रोग्राम्स' पर क्लिक कीजिए. इससे प्रोग्रामों का मेन्यू खुल जाएगा.
3. एक्सेसरीज विकल्प पर क्लिक कीजिए. इससे एक्सेसरीज का मेन्यू खुल जाएगा.
4. एक्सेसरीज के मेन्यू में 'Calculator' विकल्प को क्लिक कीजिए. इससे कैलकुलेटर प्रोग्राम प्रारम्भ हो जाएगा.

यदि आपके डेस्कटॉप पर कैलकुलेटर प्रोग्राम का शॉर्टकट है, तो उसे डबल-क्लिक करके भी आप इसे प्रारम्भ कर सकते हैं.

कैलकुलेटर प्रोग्राम प्रारम्भ होते ही आपकी स्क्रीन पर इसकी विंडो चित्र W-10.1 की तरह खुल जाएगी.

चित्र W-10.1 : कैलकुलेटर विंडो का स्टैण्डर्ड व्यू

यह विंडो एक साधारण इलैक्ट्रॉनिक कैलकुलेटर की तरह दिखाई देती है और उसी प्रकार कार्य करती है. इसमें आप अधिकांश प्रकार की गणनाएँ कर सकते हैं. यह कैलकुलेटर प्रोग्राम का स्टैण्डर्ड व्यू (Standard View) है. इसमें संख्याओं और गणनाओं के परिणामों को दिखाने के लिए एक डिस्प्ले बॉक्स भी है. साथ में सभी अंकों और प्रमुख गणनाओं जैसे योग (+), घटाव (–), गुणा (*), भाग (/), प्रतिशत (%) आदि के लिए बटन भी बने हुए हैं.

आप या तो इसकी विंडो में बटनों को क्लिक करके गणनाएं कर सकते हैं या अपने की-बोर्ड पर सम्बंधित कुंजियों को दबा सकते हैं. कैलकुलेटर का स्टैण्डर्ड व्यू आपके की-बोर्ड के न्यूमेरिक की-पैड से बहुत मिलता-जुलता है. इसमें बने हुए अधिकांश बटनों के लिए इस की-पैड में कुंजियां उपलब्ध हैं. इसलिए आप न्यूमेरिक की-पैड से ही अधिकांश गणनाएं सुविधापूर्वक कर सकते हैं. आवश्यक होने पर बैकस्पेस बटन के बदले में की-बोर्ड की बैकस्पेस कुंजी दबायी जा सकती है और क्लीयर (C) बटन के बदले में 'एस्क' (Esc) कुंजी का उपयोग किया जा सकता है. जिन बटनो के लिए की-बोर्ड पर कोई कुंजी उपलब्ध नहीं है, उन्हें विंडो में क्लिक किया जा सकता है. इसी प्रकार = बटन के बदले एंटर कुंजी का उपयोग किया जाता है.

यदि आप अधिक जटिल और वैज्ञानिक गणनाएँ करना चाहते हैं, तो इसके साइंटीफिक व्यू (Scientific View)

का उपयोग कर सकते हैं, जो चित्र W-10.2 में दिखाया गया है. कैलकुलेटर विंडो के 'View' मेन्यू में साइन्टिफिक (Scientific) विकल्प को क्लिक करके आप इस व्यू को प्राप्त कर सकते हैं. इस व्यू में साधारण गणनाओं के साथ ही त्रिकोणमितीय (Trigonometric) फलनों का मान ज्ञात करने के लिए भी बटन उपलब्ध होते हैं. इसी प्रकार से व्यू मेन्यू में सांख्यिकीय (Statistical) और प्रोग्रामर (Programmer) व्यू को भी प्राप्त कर सकते हैं.

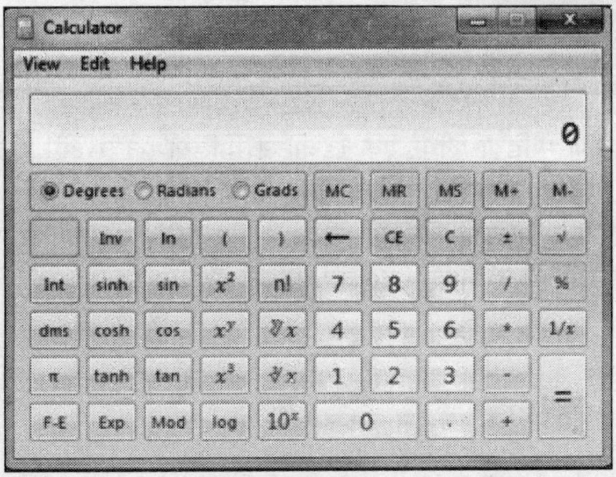

चित्र W-10.2 : कैलकुलेटर विंडो का साइंटीफिक व्यू

गणनाएं करना (Performing Calculations)

कैलकुलेटर की विंडो में गणनाएं करने की विधि साधारण कैलकुलेटर की तरह ही है, जो निम्न प्रकार है–

1. पहली संख्या प्रविष्ट कीजिए. यह संख्या डिस्प्ले बॉक्स में दिखाई देगी.
2. गणना का ऑपरेटर, जैसे +, –, * या /, प्रविष्ट कीजिए.
3. दूसरी संख्या प्रविष्ट कीजिए. इस समय यह संख्या डिस्प्ले बॉक्स में दिखाई देगी.
4. एंटर दबाइये अथवा कोई अन्य ऑपरेटर प्रविष्ट कीजिए. इससे गणना का अंतरिम परिणाम डिस्प्ले बॉक्स में दिखाई देगा.
5. इसी प्रकार गणनाएं जारी रखिए.
6. अंतिम गणना का परिणाम देखने के लिए एंटर दबाइये या '=' बटन को क्लिक कीजिए.

उदाहरण के लिए, मान लीजिए कि आप दो संख्याओं 1234 तथा 56.78 का गुणनफल जानना चाहते हैं. इसके लिए पहले 1234 टाइप कीजिए. फिर * कुंजी दबाइये. अब दूसरी संख्या 56.78 टाइप कीजिए. अन्त में एंटर कुंजी दबाइये, जिससे आपको इसका परिणाम 70066.52 दिखाई देगा.

यदि कभी संख्या टाइप करने में गलती हो जाये, तो बैकस्पेस कुंजी को दबाकर गलती ठीक कीजिए. डिस्प्ले को खाली करने के लिए एस्क (Esc) कुंजी को दबाइए.

साइंटीफिक व्यू में भी गणनाएं इसी प्रकार की जाती हैं. इस बारे में विस्तार से जानने के लिए कैलकुलेटर की हेल्प सुविधा की सहायता लीजिए, जो इसके हेल्प मेन्यू में उपलब्ध है.

कैलकुलेटर को बन्द करना (Closing Calculator)

कैलकुलेटर विंडो को बन्द करने के लिए इसके दायें ऊपरी कोने पर बने बन्द बटन **'X'** को क्लिक कीजिए.

11 विंडोज मीडिया प्लेयर (Windows Media Player)

विंडोज मीडिया प्लेयर एक डिजीटल मीडिया प्लेयर और मीडिया लाइब्रेरी ऐप्लीकेशन है, जिसे माइक्रोसॉफ्ट कॉर्पोरेशन ने विंडोज-आधारित पर्सनल कंप्यूटरों में संगीत चलाने और वीडियो तथा चित्र देखने हेतु तैयार किया था. वास्तव में, यह एक ऑडियो-वीडियो प्लेयर है, जो MP3 फाइलों पर कार्य करता है. इसके जरिये आप अपना मनपसंद संगीत, वीडियो, चित्र आदि स्टोर कर सकते हैं.

विंडोज मीडिया प्लेयर में संगीत को सीडी से निकालने, सीडी या पैन ड्राइव में कॉपी करने, तथा ऑडियो सीडी बनाने की क्षमता होती है. विंडोज मीडिया प्लेयर का नवीनतम संस्करण विंडोज मीडिया प्लेयर 12 है, जिसकी विशेषताओं पर हम इस अध्याय में चर्चा करेंगे.

विंडोज मीडिया प्लेयर प्रारम्भ करना (Starting Windows Media Player)

यदि आपके डेस्कटॉप पर विंडोज मीडिया प्लेयर का शॉर्टकट बना हुआ है, तो आप उसे डबल-क्लिक करके तत्काल ही विंडोज मीडिया प्लेयर प्रारम्भ कर सकते हैं. इसको चलाने की सबसे सरल विधि स्टार्ट मेन्यू के द्वारा है, जो निम्न प्रकार है–

- स्टार्ट बटन को क्लिक कीजिए. इससे स्टार्ट मेन्यू खुल जाएगा.
- स्टार्ट मेन्यू में माउस पॉइंटर को 'All Programs' विकल्प पर ले जाइये. इससे स्टार्ट मेन्यू में ही कंप्यूटर में स्थापित सारे प्रोग्रामों की सूची आ जाएगी.
- इस सूची में से 'Windows Media Player' विकल्प को क्लिक कीजिए. इससे 'Windows Media Player' प्रोग्राम प्रारंभ हो जाएगा.

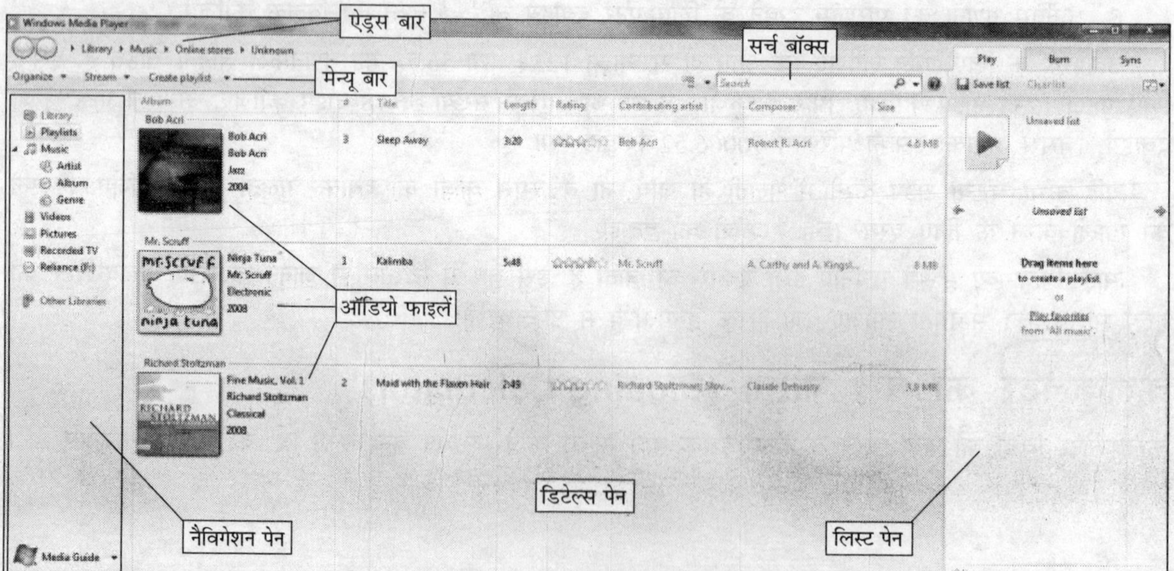

चित्र W-11.1 : विंडोज मीडिया प्लेयर की विंडो

- विंडोज मीडिया प्लेयर 12 प्रारंभ करते ही आपकी स्क्रीन पर उसकी विंडो चित्र W-11.1 की तरह खुल जाएगी.

विंडोज मीडिया प्लेयर का प्रारूप (Design of Windows Media Player)

विंडोज मीडिया प्लेयर 12 में पिछले संस्करण के स्वरूप में सुधार किया गया है और वीडियो फाइलें स्थानांतरित करना और भी अधिक सरल और रोचक बनाया गया है. इस भाग में हम विंडोज मीडिया प्लेयर 12 की कुछ विशेषताओं पर चर्चा करेंगे.

विंडोज 7 में विंडोज मीडिया प्लेयर के दो रूप दिये गए हैं. जो रूप चित्र W-11.1 में दिखाया गया है उस रूप को लाइब्रेरी मोड (Library Mode) कहा जाता है. इस रूप में मीडिया प्लेयर को पाँच भागों में बांटा जा सकता है.

1. **ऐड्रेस-बार (Address Bar) :** विंडोज मीडिया प्लेयर में दूसरी विंडोज के समान सबसे ऊपर ऐड्रेस-बार होता है जो उपयोगकर्ता को संगीत या विडियो फाइल का वर्तमान स्थान बताता है तथा संगीत या विडियो फाइल खोजने के लिए मार्गदर्शन में सहायता करता है.
2. **नैवीगेशन पेन (Navigation Pane) :** कंप्यूटर विंडो के समान विंडोज मीडिया प्लेयर में भी बाईं ओर की पट्टी को नैवीगेशन पेन कहते हैं. इस पट्टी में तीन पूर्वनिर्धारित (Music, Videos और Pictures) तथा उपयोगकर्ता द्वारा बनाई गयी लाईब्रेरिज की सूची दिखाई जाती है. (लाईब्रेरिज के बारे में आप पिछले अध्यायों में पढ़ चुके हैं). नैवीगेशन पेन पर किसी भी लाईब्रेरी को क्लिक करके आप उसमें रखी संगीत तथा विडियो से संबंधित फाइलों की विस्तृत जानकारी प्राप्त कर सकते हैं. लाईब्रेरिज के अलावा यहाँ ड्राइव में लगी CD तथा प्लेलिस्ट की सूची भी दिखाई पड़ती है.
3. **डिटेल्स पेन (Details Pane) :** नैवीगेशन पेन में आप जो भी लाईब्रेरी चुनते हैं उस लाईब्रेरी में रखी सभी संगीत तथा विडियो फाइलों की विस्तृत जानकारी इस क्षेत्र में दिखाई जाती है. इस क्षेत्र में दिख रही फाइलों को चुनकर, प्ले (Play) बटन दबाकर आप इन्हें चला सकते हैं और मनपसंद संगीत या विडियो का आनंद उठा सकते हैं.
4. **लिस्ट पेन (List Pane) :** लिस्ट पेन का क्षेत्र मिडिया प्लेयर के दाईं ओर की पट्टी द्वारा विभाजित दिखाई पड़ता है. यह क्षेत्र तीन टैब (Tabs) के समूह से बना है–प्ले टैब (Play Tab), बर्न टैब (Burn Tab) और सिन्क टैब (Sync Tab).
   - **प्ले टैब (Play Tab) :** इस टैब के अंतर्गत आप डिटेल्स पेन में दिख रही विभिन्न संगीत या विडियो फाइलों में से कुछ फाइलों को चुनकर उनका एक समूह बना सकते हैं. इस समूह को प्लेलिस्ट (Playlist) भी कहा जाता है. उदाहरण के लिए आप एक प्लेलिस्ट बना सकते हैं जिसमें केवल हिन्दी भाषा के गीत की फाइलें हों, एक

चित्र W-11.2 : लिस्ट पेन में प्ले टैब

प्लेलिस्ट जिसमें केवल पुराने गीतों की फाइलें हों, एक प्लेलिस्ट जिसमें केवल नए विडियो (नई फिल्में) की फाइलें हों, आदि. प्लेलिस्ट की मदद से आपको बार-बार अलग-अलग फाइलों को प्रारम्भ करने की आवश्यकता नहीं पड़ती. प्लेलिस्ट में आप किसी भी एक फाइल को अगर प्रारम्भ कर देते हैं तो बाकी की सभी फाइलें भी इस फाइल के खत्म होने के उपरांत एक के बाद एक चलती रहती हैं.

प्लेलिस्ट बनाने के लिए पहले डिटेल्स पेन में दिख रही फाइलों को चुनकर उन्हें ड्रैग करके प्ले टैब के क्षेत्र में छोड़ दीजिए. आपको अपनी मनपसन्द प्लेलिस्ट का समूह बनता दिखाई पड़ेगा. जब ये समूह पूरा बन जाये तब सेव लिस्ट (Save List) का बटन दबा दीजिए. प्लेलिस्ट बन जायेगी.

चित्र W-11.3 : लिस्ट पेन में बर्न टैब

- **बर्न टैब (Burn Tab) :** अपने कंप्यूटर पर रखी फाइलों को सीडी (CD) या डीवीडी (DVD) पर स्थाई रूप से कॉपी (Copy) करने की प्रक्रिया को बर्न करना कहते हैं. इस विधि से आप किसी भी प्रकार की फाइलें (दस्तावेज, संगीत या विडियो) बर्न कर सकते हैं. इसके लिए सबसे पहले एक खाली CD या DVD को सीडी ड्राइव में डालें. फिर डिटेल्स पेन में दिख रही फाइलों को चुनकर उन्हें ड्रैग करके बर्न टैब के क्षेत्र में छोड़ दीजिए. आपको चुनी हुई सभी फाइलों की सूची बनती दिखाई देगी. इस सूची के ऊपर सीडी या डीवीडी की मेमोरी प्रकाशित करता हुआ एक संकेतांक भी दिखाई पड़ेगा जिससे आप यह अनुमान लगा सकते हैं कि सूची में और कितनी फाइलें डाली जा सकती हैं या कितनी फाइलें सूची से हटानी पड़ेंगी जिससे CD/DVD की मेमोरी का प्रर्याप्त मात्रा में उपयोग हो. सूची में सभी फाइलें आ जाने के उपरांत स्टार्ट बर्न (Start Burn) का बटन दबाकर आप बर्न की प्रक्रिया शुरू कर सकते हैं.

  यह बात याद रखना अनिवार्य है कि जब तक यह प्रक्रिया चल रही है उसके दौरान सीडी ड्राइव को खोलना नहीं चाहिए नहीं तो CD/DVD स्थाई रूप से नष्ट हो सकती है.

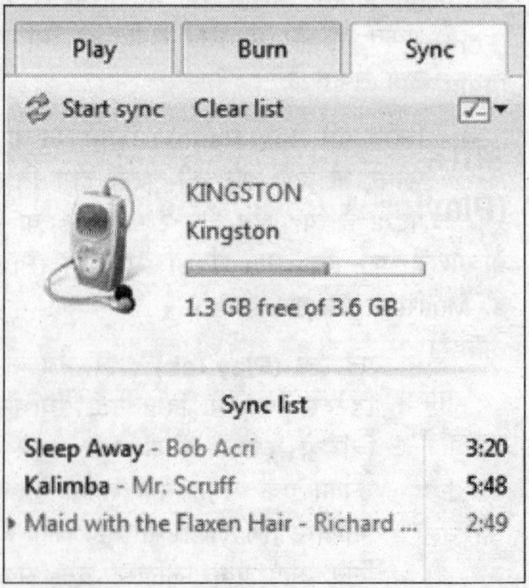

चित्र W-11.4 : लिस्ट पेन में सिन्क टैब

- **सिन्क टैब (Sync Tab) :** इस टैब के द्वारा आप अपने कंप्यूटर में रखी सभी संगीत और विडियो फाइलों को दूसरे उपकरणों जैसे कि मोबाइल/स्मार्ट फोन, पेन ड्राइव, टैबलेट कंप्यूटर, आदि में डाल

सकते हैं. इस प्रक्रिया की विधि भी बर्न प्रक्रिया के समान है. सबसे पहले अपने कंप्यूटर को उपकरण (जैसे मोबाइल/स्मार्ट फोन) से यू.एस.बी. तार के द्वारा जोड़ें. डिटेल्स पेन में फाइलें चुनकर उन्हें सिन्क क्षेत्र में ड्रैग करें. सभी चुनी हुई फाइलों की सूची बन जाने के पश्चात् स्टार्ट सिन्क (Start Sync) बटन पर क्लिक करें. फाइलें सिन्क होना शुरू हो जाती हैं.

यह बात याद रखना अनिवार्य है कि जब तक यह प्रक्रिया चल रही है उसके दौरान अगर आप उपकरण की तार कंप्यूटर से हटा देते हैं या निकाल देते हैं तो इससे फाइलें स्थाई रूप से खराब हो सकती हैं.

5. **प्लेबैक कंट्रोल्स एरिया (Playback Controls Area) :** यह नाम उन बटनों के समूह को दिया गया है जिनके द्वारा आप संगीत या विडियो फाइल प्ले (Play) कर सकते हैं, फाइल को आगे (Forward) या पीछे (Rewind) कर सकते हैं, ध्वनि नियंत्रित कर सकते हैं, आदि.

चित्र W-11.5 : प्लेबैक कंट्रोल्स एरिया

विंडोज मीडिया प्लेयर के दायें निचले कोने के बटन  को क्लिक करने पर मीडिया प्लेयर दूसरे रूप–'Now Playing Mode' में आ जाता है. इस रूप में आप यह देख सकते हैं कि वर्तमान समय में कौन–सी ऑडियो या विडियो फाइल चल रही है.

इस रूप में भी प्लेबैक कंट्रोल्स एरिया (Playback Controls Area) होता है जिसमें विभिन्न बटनों के द्वारा आप फाइल को चला (Play) सकते हैं, फाइल को आगे (Forward) या पीछे (Rewind) कर सकते हैं, ध्वनि नियंत्रित कर सकते हैं, आदि.

चित्र W-11.6 : विंडोज मीडिया प्लेयर का दूसरा रूप

ऑडियो या विडियो फाइल चलाना (Playing Audio or Video File)

नैविगेशन पेन में दिख रही लाईब्रेरिज को क्लिक करने पर ऑडियो या विडियो फाइलें डिटेल्स पेन में दिखने लग जाती हैं. Music लाईब्रेरी में विशेष रूप से Artist, Album तथा Genre जैसे विकल्प भी दिखते हैं जिनको चुनने पर आप ऑडियो (संगीत) की फाइलों को संगीतकार, ऐल्बम या शैली के अनुसार दिखा सकते हैं.

मीडिया प्लेयर की विंडो में ऊपरी दायें कोने के दिये गये सर्च बॉक्स की मदद से आप मनचाही फाइल खोज सकते हैं.

किसी भी ऑडियो या विडियो फाइल को चुनकर, कंट्रोल्स एरिया में प्ले बटन दबाकर आप किसी भी फाइल को चला सकते हैं.

सीडी से संगीत कॉपी करना (Copying Music from the CD)

सीडी से संगीत विंडोज मीडिया प्लेयर लाइब्रेरी में कॉपी करना बहुत आसान है. इस प्रक्रिया को 'रिप' **(Rip)** करना कहते हैं. सीडी से संगीत 'रिप' करके कंप्यूटर में डालने से वह आपके कंप्यूटर में फाइलों का रूप ले लेता है, जिसे आप पोर्टेबल म्यूज़िक प्लेयर, पॉकेट पीसी इत्यादि में स्टोर कर सकते हैं, या उसे एक अलग सीडी में सुरक्षित करके अपने साथ कहीं भी ले जा सकते हैं.

चित्र W-11.7 : विंडोज मीडिया प्लेयर के मेन्यू में रिप सीडी का विकल्प

सीडी से संगीत 'रिप' करने के लिए पहले ऑडियो सीडी को ड्राइव में डाल दें. सीडी के सभी गीतों की सूची डिटेल्स पेन में दिखाई पड़ने लगेगी. फिर एक या एक से अधिक गीतों को चुन लीजिए. अंत में मेन्यू बार पर दिख रहे बटन–'Rip CD' को क्लिक कर दीजिए. प्रक्रिया शुरू हो जाएगी.

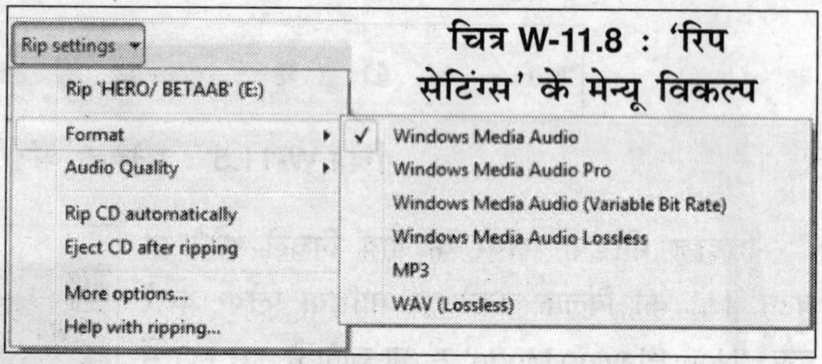

चित्र W-11.8 : 'रिप सेटिंग्स' के मेन्यू विकल्प

(Rip Settings) 'रिप सैटिंग्स' के मेन्यू को क्लिक करने पर ड्राप डाउन मेन्यू खुलता है जिसमें संगीत को रिप या कॉपी करने के कई विकल्प दिए जाते हैं. इनमें से (Format) फॉर्मेट विकल्प और (Audio Quality) ऑडियो क्वालिटी विकल्प की हम विशेष रूप से बात करेंगे.

फॉर्मेट विकल्प क्लिक करने पर उप–मेन्यू खुलता है जिसमें निम्नलिखित विकल्प दिए जाते हैं.

- **विंडोज मीडिया ऑडियो प्रो** – यह फाइल फार्मेट कम स्टोरेज क्षमता वाले उपकरणों, जैसे मोबाइल फोन, में फाइलें सुरक्षित करने में प्रयोग किया जाता है. इस फार्मेट में ऑडियो क्वालिटी बिट रेट कम रखते हुए बढ़ा दी जाती है.
- **विंडोज मीडिया ऑडियो** – इस फार्मेट में फाइल का आकार घटा दिया जाता है. परंतु इसे 'रिप' करने में अधिक समय लगता है.
- **विंडोज मीडिया ऑडियो लॉसलेस** – यह फार्मेट सर्वश्रेष्ठ ऑडियो क्वालिटी देता है, पर साथ ही फाइल का आकार बढ़ा देता है.
- **एमपी 3 और डब्ल्यू.ए.वी. (लॉसलेस)** – यह फाइल फार्मेट अधिक लचीलापन प्रदान करता है.

फाइल फार्मेट चुनने के अतिरिक्त आप बिट रेट भी चुन सकते हैं. बिट रेट चुन कर आप ऑडिया क्वालिटी और फाइल आकार के बीच मनचाहा तालमेल बना सकते हैं. प्रायः बिट रेट कम करने से फाइल आकार कम हो जाता है, परंतु इसके साथ ही ऑडियो क्वालिटी में भी कमी आती है.

इस अध्याय में विंडोज मीडिया प्लेयर की मुख्य विशेषताओं पर प्रकाश डाला गया है. इसके विषय में अधिक जानकारी प्राप्त करने के लिए विंडोज मीडिया प्लेयर हेल्प सुविधा की सहायता लीजिए.

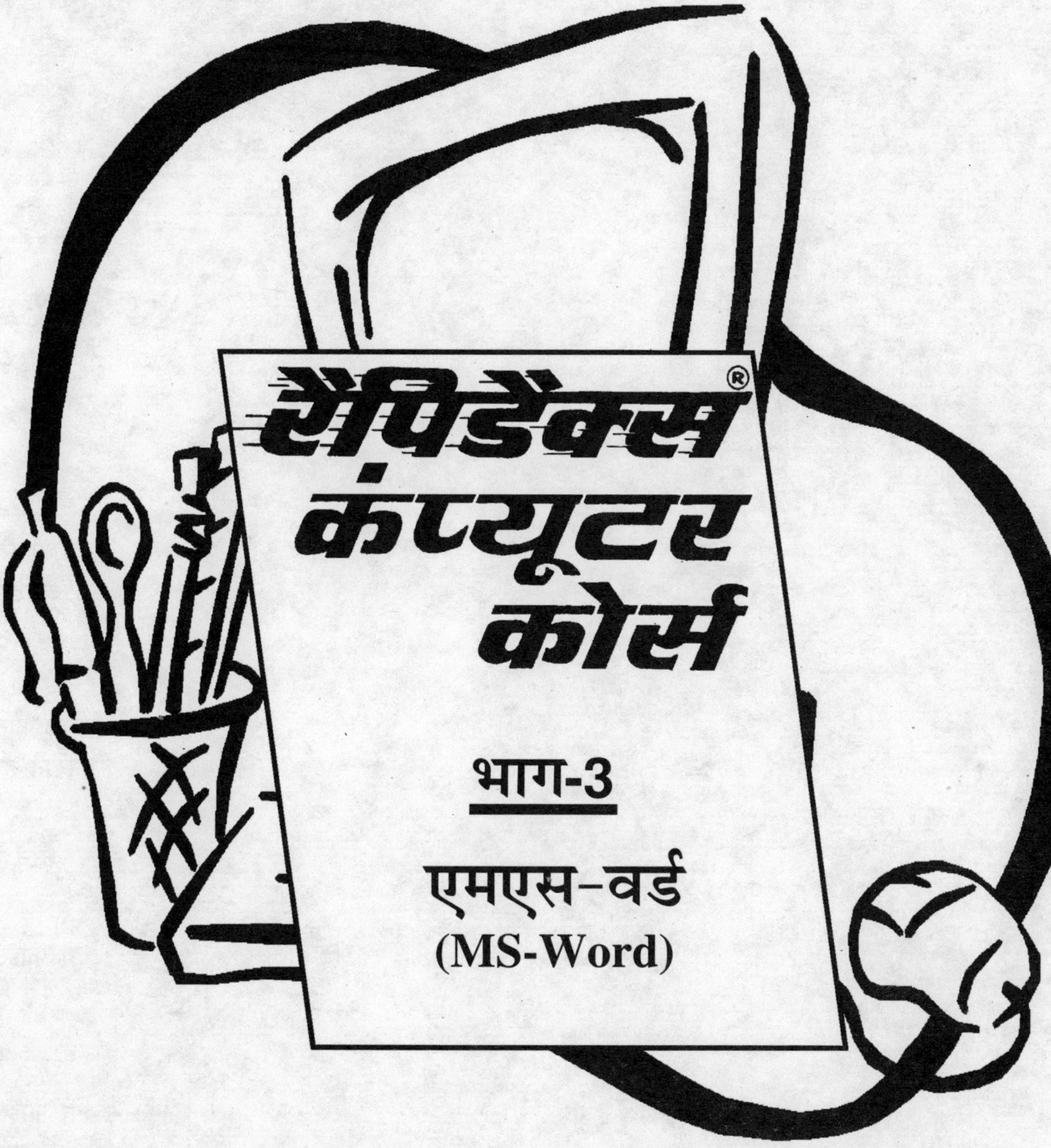
रैपिडैक्स®
कंप्यूटर
कोर्स
भाग-3
एमएस–वर्ड
(MS-Word)

एमएस-ऑफिस क्या है?
(What is MS-Office?)

एमएस-ऑफिस आजकल प्राय: सभी पर्सनल कंप्यूटरों अर्थात् पेंटियमों पर पाया जाने वाला अत्यंत लोकप्रिय ऐप्लीकेशन पैकेज है. इसका पूरा नाम माइक्रोसॉफ्ट ऑफिस प्रोफेशनल (Microsoft Office Professional) है. इसका सबसे अधिक प्रचलित संस्करण एमएस-ऑफिस 2007 (MS-Office 2007) है. इस पुस्तक में हम सभी जानकारी, चित्र आदि एमएस-ऑफिस 2007 संस्करण के अनुसार ही देंगे और इसे संक्षेप में एमएस-ऑफिस कहकर पुकारेंगे.

एमएस-ऑफिस विंडोज के अन्तर्गत कार्य करता है. इसमें किसी कार्यालय के लगभग सभी कार्यों का कंप्यूटरीकरण करने के लिए तीन प्रमुख प्रोग्राम सम्मिलित होते हैं, जो निम्नलिखित हैं -

1. **एमएस-वर्ड (MS-Word) या वर्ड (Word)**
2. **एमएस-एक्सेल (MS-Excel) या एक्सेल (Excel)**
3. **एमएस-पावरपॉइंट (MS-PowerPoint) या (PowerPoint)**

एमएस-ऑफिस के ये सभी प्रोग्राम मूल रूप में अलग-अलग तरह के कार्यों को करने के लिए लिखे गए हैं, लेकिन इन सभी की कार्य प्रणाली लगभग एक जैसी है, जिससे एक प्रोग्राम पर कार्य करना सीखने के बाद दूसरों को सीखना सरल हो जाता है. यही नहीं, एमएस-ऑफिस के एक प्रोग्राम से दूसरे प्रोग्राम में कोई चित्र, सामग्री या सूचनाएं लाना-ले जाना बहुत ही आसान है. इसलिए इनसे हर प्रकार के मिश्रित कार्य का भी कंप्यूटरीकरण किया जा सकता है.

एमएस-ऑफिस के सभी प्रोग्रामों को हार्डडिस्क में स्थापित करने के लिए लगभग 70 मेगाबाइट स्पेस की आवश्यकता होती है. यह आवश्यकता विंडोज की जरूरत के अलावा है. यदि आप इन सभी प्रोग्रामों को स्थापित न करना चाहें तो केवल चुने हुए प्रोग्रामों को स्थापित करके कम स्थान में भी कार्य कर सकते हैं.

एमएस-ऑफिस के उपरोक्त प्रमुख प्रोग्रामों का संक्षिप्त परिचय नीचे दिया गया है -

एमएस-वर्ड (MS-Word)

यह एक वर्ड प्रोसेसिंग पैकेज है, जिसमें साधारण दैनिक पत्र व्यवहार से लेकर डेस्कटॉप पब्लिशिंग स्तर तक के सभी कार्य सुविधापूर्वक किए जा सकते हैं. इसमें आप पाठ्य (Text) ही नहीं, चित्र या ग्राफिक्स (Graphics) भी सरलता से तैयार कर सकते हैं.

एमएस-वर्ड को संक्षेप में वर्ड (Word) भी कहा जाता है. इसमें परम्परागत मेन्युओं तथा कुंजीपटल के शॉर्टकटों (Shortcuts) के साथ ही रिब्बन (Ribbon) की सुविधा भी उपलब्ध है. रिब्बन में सात टैब (Tab) होते हैं- होम (Home), इन्सर्ट (Insert), पेज लेआउट (Page Layout) रेफ़रेन्सेज़ (References), मेलिंग्ज़ (Mailings), रिव्यू (Review) और व्यू (View)- जिनमें से प्रत्येक किसी विशेष आदेश के बराबर होता है. प्रत्येक टैब में एक ही कार्य से संबंधित विकल्प सम्मिलित होते हैं. जैसे Home टैब में टैक्स्ट टाइप करने और पाठ्य सामग्री सजाने के विकल्प हैं, Insert टैब में पाठ्य में चित्र, टेबल, हेडर-फुटर आदि जोड़ने के विकल्प हैं, इत्यादि.

डेस्कटॉप प्रकाशन सम्बन्धी कार्यों में एमएस-वर्ड बहुत उपयोगी होता है, क्योंकि यह शीर्षक (Headings), अनुक्रमणिका (Table of Contents), निर्देशिका (Index) आदि बहुत तेजी से बना सकता है. इसकी विशेषता यह भी

है कि जब भी आप कोई शब्द टाइप करते हैं, तो वह उसके साथ-साथ स्पेलिंग की जांच (Check) करता रहता है तथा गलत पाए गए शब्दों को लाल स्याही से रेखांकित (Underline) कर देता है. यही नहीं यदि कोई शब्द या वाक्यांश (Phrase) वर्तनी (Spelling) की दृष्टि से सही हो लेकिन पंकच्वेशन (Punctuation) की दृष्टि से गलत हो, तो उसे हरी स्याही से रेखांकित कर दिया जाता है. इसमें समान्तरकोष (Thesaurus) की सुविधा भी उपलब्ध है. एमएस-वर्ड की आटोफार्मेट (Autoformat) विशेषता आपकी पाठ्य सामग्री की जांच करके उसे अच्छी प्रकार फार्मेट करके तैयार कर देती है.

एमएस-वर्ड में लिफाफे छापने तथा मेल-मर्ज सुविधाएं भी उपलब्ध हैं, जो आपके कार्य को और अधिक सरल बना देती हैं.

इस भाग में आप एमएस-वर्ड के बारे में विस्तार से पढ़ेंगे.

एमएस-एक्सेल (MS-Excel)

यह एक विंडोज आधारित स्प्रैडशीट पैकेज है. एमएस-ऑफिस का भाग होने के कारण यह एमएस-वर्ड से बहुत समानता रखता है. इसका रिब्बन और अधिकांश टैब भी एमएस-वर्ड से मिलते-जुलते हैं. इसलिए एमएस-वर्ड पर कार्य करना सीखने के बाद इस पर कार्य करना बहुत ही सरल होता है. अन्य स्प्रैडशीट पैकेजों की तरह इसमें फलनों (Function) की एक बड़ी संख्या उपलब्ध है. इसमें विभिन्न प्रकार के चार्ट तथा ग्राफ केवल कुछ बटनों को क्लिक करके बनाए जा सकते हैं. इनके अलावा आप स्प्रैडशीटों में दूसरे प्रोग्रामों द्वारा बनाए गए अथवा आयात (Import) किए गए फोटोग्राफ, ड्राइंग, क्लिपआर्ट, लोगो आदि भी जोड़ सकते हैं.

एमएस-एक्सेल में एक ही फाइल में कई वर्कशीट हो सकती हैं. ऐसा करना तब उपयोगी होता है, जब एक ही प्रकार की वर्कशीट में अनके विभागों या शाखाओं का डाटा भरकर उसे समेकित (Consolidate) करना हो अर्थात् जोड़ना हो. एमएस-एक्सेल में यह कार्य चुटकियों में किया जा सकता है.

एमएस-एक्सेल में सीमित रूप में डाटाबेस की सुविधा भी उपलब्ध है.

एमएस-एक्सेल से स्प्रैडशीट का कोई भी भाग एमएस-वर्ड या पावर पॉइंट के डाक्यूमेंट में सरलता से सम्मिलित किया जा सकता है. इसमें एमएस-एक्सेस के साथ डाटा का आदान-प्रदान भी किया जा सकता है.

एमएस-एक्सेल के बारे में आप भाग 4 में विस्तार से पढ़ेंगे.

एमएस-पावर पॉइंट (MS-PowerPoint)

इस प्रोग्राम के द्वारा सेमिनारों, सभाओं, प्रशिक्षणों आदि में प्रस्तुत करने के लिए स्लाइडों पर आधारित सामग्री तैयार की जा सकती है. इसके द्वारा कई स्लाइडें तैयार की जाती हैं, जिन्हें प्रस्तुतीकरण के लिए किसी भी क्रम तथा स्टाइल में लगाया जा सकता है. स्लाइडों से आप पैम्फलेट या हैंडआउट (Handout) तथा नोट्स (Notes) भी छाप सकते हैं. इस प्रोग्राम में प्रस्तुतीकरण की कई स्टाइलें पहले से उपलब्ध हैं, जिनमें से आप अपनी रुचि के अनुसार कोई भी स्टाइल चुनकर उसका प्रयोग कर सकते हैं या उसको सुधार कर उपयोग में ला सकते हैं. आप इसमें अपनी अलग विशेष स्टाइल भी बना सकते हैं.

पावर पॉइंट में प्रस्तुतीकरण का अभ्यास या रिहर्सल कंप्यूटर पर किया जा सकता है. इसमें आप प्रत्येक स्लाइड का समय भी सेकेण्डों में निश्चित कर सकते हैं, ताकि उतनी देर में आप उस स्लाइड से सम्बंधित विषय पर बोल सकें. आप किसी स्लाइड पर लगायी गयी सामग्री पर अनेक प्रकार के एनीमेशन प्रभाव भी डाल सकते हैं.

पावर पॉइंट का रिब्बन बहुत से टैब एमएस-ऑफिस के दूसरे प्रोग्रामों से बहुत मिलते-जुलते हैं, जिससे इस पर कार्य करना बहुत सरल होता है.

पावर पॉइंट के प्रस्तुतीकरण में आप एमएस-वर्ड, एमएस-एक्सेल, आदि दूसरे प्रोग्रामों से भी सामग्री ला सकते हैं. इसमें ध्वनि (Sound) के प्रस्तुतीकरण की भी सुविधा उपलब्ध है. आप पावर पॉइंट की सामग्री (अर्थात् स्लाइडों) को एमएस-वर्ड के दस्तावेज (Document) में भी भेज सकते हैं.

पावर पॉइंट के बारे में भाग 5 में विस्तारपूर्वक बताया गया है.

एमएस-ऑफिस के प्रोग्राम चलाना (Starting MS-Office Programs)

हम बता चुके हैं कि एमएस-ऑफिस प्राय: विंडोज ऑपरेटिंग सिस्टम के नियंत्रण में चलता है. इस ऑपरेटिंग सिस्टम के बारे में आप भाग 2 में विस्तार से पढ़ चुके हैं. यदि आपके कंप्यूटर में एमएस-ऑफिस स्थापित हो चुका है, तो उसमें एमएस-ऑफिस का भी एक फोल्डर अवश्य होगा, जिसे आप विंडोज एक्सप्लोरर द्वारा देख सकते हैं.

एमएस-ऑफिस के किसी प्रोग्राम को प्रारम्भ करने के लिए स्टार्ट बटन को क्लिक करके स्टार्ट मेन्यू में आइए. इस मेन्यू में 'All Programs' विकल्प पर क्लिक करते ही 'All Programs' के अन्तर्गत मेन्यू दिखायी पड़ता है. इस मेन्यू में 'Microsoft Office' की एक अलग प्रविष्टि होती है, जिस पर क्लिक करते ही एमएस-ऑफिस का मेन्यू चित्र WD-1.1 की तरह दिखायी पड़ता है, जिसमें प्रत्येक प्रोग्राम का आइकॉन दिया होता है.

एमएस-ऑफिस के जिस प्रोग्राम को आप प्रारम्भ करना चाहते हैं, उसके आइकॉन को क्लिक कर दीजिए. इससे वह प्रोग्राम प्रारम्भ हो जाएगा. यदि आपके डेस्कटॉप पर एमएस-ऑफिस के किसी प्रोग्राम का शार्टकट बना हुआ है, तो आप उसको डबल-क्लिक करके सीधे भी वह प्रोग्राम प्रारम्भ कर सकते हैं. एमएस-ऑफिस के सभी प्रोग्राम अपने आप में स्वतंत्र होते हैं, अत: आप अपनी आवश्यकता के अनुसार उनमें से किसी को भी प्रारम्भ कर सकते हैं और उस पर कार्य कर सकते हैं. उन सभी प्रोग्रामों को एक साथ चलाना आवश्यक नहीं है.

एमएस-ऑफिस के किसी प्रोग्राम को बन्द करने के लिए अन्य साधारण प्रोग्रामों की तरह या तो बन्द (Close) बटन **'X'** को क्लिक कीजिए या अन्य प्रकार से बन्द कीजिए.

आगे के अध्यायों में आप एमएस-वर्ड के बारे में विस्तार से पढ़ेंगे.

चित्र WD-1.1 : एमएस-ऑफिस का मेन्यू

एमएस-वर्ड पर कार्य करना
(Working with MS-Word)

पिछले अध्याय में बताया जा चुका है कि एमएस-वर्ड एमएस-ऑफिस का वर्ड प्रोसेसिंग प्रोग्राम या पैकेज है. यह विंडोज पर कार्य करने के लिए तैयार किया गया है. इसकी कार्य प्रणाली विंडोज में शामिल वर्ड प्रोसेसर वर्ड पैड (WordPad) से बहुत मिलती जुलती है, जिसके बारे में आप पिछले भाग (भाग-2) में पढ़ चुके हैं. लेकिन वर्ड पैड में उपलब्ध सुविधाएं बहुत सीमित हैं, जबकि इसमें असंख्य सुविधाएं उपलब्ध हैं. यदि आप पहले वर्ड पैड का उपयोग कर चुके हैं, तो एमएस-वर्ड पर कार्य करना आपके लिए बहुत सरल है. यदि आप विंडोज के लिए बिलकुल ही नए हैं, तो भी इसको सीखना और इस पर कार्य करना कठिन नहीं है.

वर्ड प्रोसेसर का नवीनतम सबसे अधिक प्रचलित संस्करण एमएस-वर्ड 2007 के नाम से पाया जाता है. हम इस अध्याय में एमएस-वर्ड 2007 को ही आधार मानकर चर्चा करेंगे और उसे एमएस-वर्ड कहेंगे.

एमएस-वर्ड प्रारम्भ करना (Starting MS-Word)

एमएस-वर्ड को आप स्टार्ट मेन्यू के 'All Programs' से प्रारम्भ कर सकते हैं, जिसकी विधि पिछले अध्याय में बतायी जा चुकी है. यदि आपके डेस्कटॉप, किसी मेन्यू या फोल्डर में एमएस-वर्ड का शार्ट कट है, तो उसको डबल-क्लिक करके भी एमएस-वर्ड को प्रारम्भ किया जा सकता है. वर्ड प्रारम्भ करते ही आपकी स्क्रीन पर चित्र WD-2.1 की तरह एमएस-वर्ड की मुख्य विंडो दिखायी देगी, जिसमें एक खाली दस्तावेज दिखाया जाता है. यदि आप किसी वर्ड डॉक्यूमेंट फाइल के आइकॉन को डबल-क्लिक करके वर्ड को प्रारम्भ करते हैं, तो प्रोग्राम प्रारम्भ हो जाने के बाद वही दस्तावेज वर्ड की विंडो में खोला जाता है.

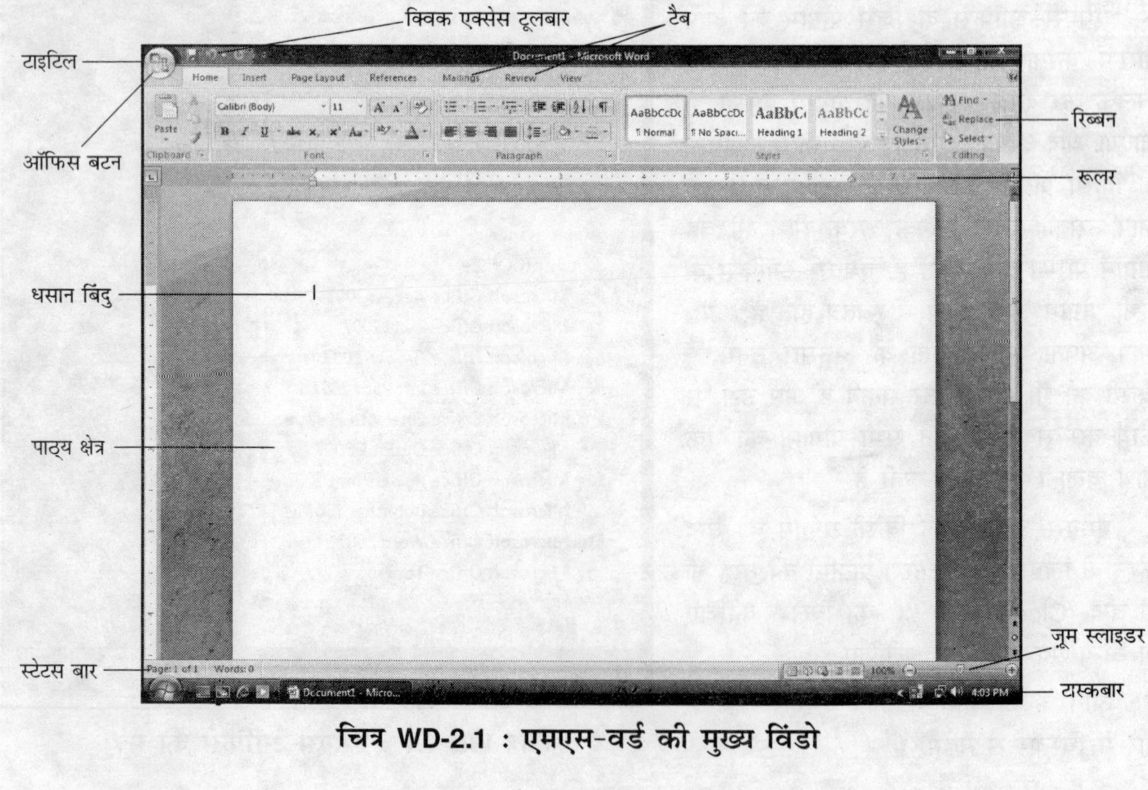

चित्र WD-2.1 : एमएस-वर्ड की मुख्य विंडो

चित्र WD-2.1 में एमएस-वर्ड की मुख्य विंडो के लगभग सभी भाग तथा रिब्बन और टैब दिखाए गए हैं. इन भागों का परिचय निम्न प्रकार है :

टाइटिल बार (Title Bar) : किसी भी साधारण विंडो की तरह इसमें भी प्रोग्राम का नाम और यदि कोई डॉक्यूमेंट खुला हो, तो उसका नाम दिखाया जाता है. यदि उस दस्तावेज का कोई नाम नहीं रखा गया है, तो उसका नाम Document1, Document2... आदि रख लिया जाता है.

ऑफ़िस बटन (Office Button) : एमएस-वर्ड के नए वर्ज़न में पुराने वर्ज़नों के फाइल मेन्यू (File Menu) के स्थान पर ऑफिस बटन दिया गया है. इस पर क्लिक करने पर एक मेन्यू खुलता है, जो दो उर्ध्वाधर भागों में विभाजित होता है. मेन्यू के बायें भाग में मुख्य कमांड, जैसे New, Open, Save, Save As, Print, Prepare, Send, Publish, Close दिये गये हैं. दायें भाग में उन दस्तावेजों की सूची दी जाती है, जिन पर आपने हाल ही में काम किया है. इन्हें Recent Documents कहा जाता है.

आप देखेंगे कि बायें भाग में कुछ कमांडों के दायें नीला त्रिकोण है, जिसका अर्थ है कि इन विकल्पों से एक अन्य मेन्यू (Sub-Menu) जुड़ा हुआ है. जब भी माउस पॉइंटर ऐसे विकल्प पर आता है, तो उसका Sub-Menu सक्रिय हो जाता है और दाईं ओर Recent Documents की सूची के स्थान पर दिखाई पड़ता है.

क्विक एक्सेस टूलबार (Quick Access Toolbar) : स्क्रीन के ऊपरी बायें कोने में क्विक एक्सेस टूलबार होता है, जिसमें वे कमांड होते हैं, जिन्हें हम बार-बार प्रयोग में लाते हैं, जैसे Save, Undo, Redo, आदि. जैसा कि इस टूलबार का नाम है, ये कमांड केवल एक बार क्लिक करने से ही सक्रिय हो जाते हैं. आप इस टूलबार में Customize Quick Access Toolbar बटन के जरिये अपनी इच्छानुसार कमांड जोड़ सकते हैं.

रिब्बन (Ribbon) : एमएस-वर्ड 2007 में वर्ड के पुराने वर्ज़नों के मेन्यू और टूलबार के स्थान पर रिब्बन दिया गया है, जिसका मुख्य उद्देश्य किसी भी कमांड को आसानी से और कम माउस-क्लिक द्वारा सक्रिय करना है. रिब्बन को कुल सात टैबों में बांटा गया है, जिसमें प्रत्येक टैब एक विशेष कार्य-समूह को दर्शाता है. सभी मुख्य कमांड एक ही टैब के अन्तर्गत मिल जाने के कारण, वर्ड के पुराने वर्ज़नों की भांति मेन्यू और सब-मेन्यू खोजने की आवश्यकता नहीं पड़ती.

रिब्बन के मुख्य भाग (टैब) निम्न प्रकार हैं:

- **होम टैब (Home Tab) :** होम टैब में पांच मुख्य कार्य-समूह हैं– Clipboard, Font, Paragraph, Style और Editing. इनके अंतर्गत दिये गये कमांडों की सहायता से आप टैक्स्ट अपनी इच्छानुसार संपादित और फॉर्मेट कर सकते हैं.
- **इन्सर्ट टैब (Insert Tab):** इन्सर्ट टैब पाठ्य सामग्री में टेबल, चित्र, लिंक, विशेष चिह्न आदि जोड़ने के लिए बनाया गया है. इसके सात भाग हैं– Pages, Tables, Illustrations, Links, Header & Footer, Text और Symbols.
- **पेज लेआउट (Page Layout Tab):** पेज लेआउट टैब में पांच मुख्य कार्य-समूह हैं– Themes, Page Setup, Page Background, Paragraph और Arrange. इस टैब की मदद से आप अपने दस्तावेज का नक्शा सेट कर सकते हैं. आप अपनी इच्छानुसार हाशिये (Margins), दस्तावेज का माप (Size), कॉलम, बॉर्डर, इंडेण्ट, पैराग्राफों के बीच दूरी आदि चुन सकते हैं.
- **रेफ़रेन्सेज़ टैब (References Tab):** कभी-कभी आपको दस्तावेज में अनेक प्रकार की विशेष टिप्पणियां जोड़ने की आवश्यकता पड़ती है, जैसे विषय-सूची, फुटनोट, एंडनोट, अनुशीर्षक, संदर्भिका, इत्यादि. इस टैब की सहायता से आप यह कार्य आसानी से कर सकते हैं. Table of Contents, Footnotes, Citations & Bibliography, Captions, Index और Table of Authorities इस टैब में मुख्य भाग हैं.

- **मेलिंग्ज़ टैब (Mailings Tab):** इस टैब में वे कमांड हैं, जो ई-मेल, पत्र या वेब संदेश द्वारा वितरित दस्तावेज बनाने में प्रयोग किए जाते हैं. इसके मुख्य अंग हैं– Create, Start Mail Merge, Write and Insert Fields, Preview Results और Finish.
- **रिव्यू टैब (Review Tab):** दस्तावेज में वर्तनी जांचने और अन्य सुधार से संबंधित सभी कमांड इस टैब में दिये गये हैं. इसके अतिरिक्त रिव्यू टैब में दिये गये कमांडों की मदद से आप अन्य प्रयोगकर्ताओं द्वारा अपने दस्तावेज में सुधार करना बाधित कर सकते हैं.
- **व्यू टैब (View Tab):** इस टैब में वे सभी कमाण्ड हैं, जिनके जरिये आप अपनी विंडो या दस्तावेज का रूप बदल सकते हैं. इसके प्रमुख भाग हैं– Document Views, Show/Hide, Zoom, Window और Macros.
- **अन्य टैब:** इन सभी मुख्य टैबों के अतिरिक्त कुछ अन्य टैब भी होते हैं, जो केवल आवश्यकता पड़ने पर दिखाई देते हैं.
    1. **डिवेलपर टैब (Developer Tab):** डिवेलपर टैब अधिक प्रयोग में न आने के कारण रिब्बन में दिखाई नहीं देता. यह टैब उन प्रयोगकर्ताओं के लिए है, जो वर्ड के लिए फॉर्म और ऐप्लीकेशन बनाते हैं. इसे सक्रिय करने के लिए ऑफिस मेन्यू में Word Options क्लिक करें और Popular के अंतर्गत Show Developer tab in the Ribbon के बॉक्स में क्लिक करें. OK क्लिक करें और आप देखेंगे कि डिवेलपर टैब आपके रिब्बन में आ गया है.
    2. **प्रासंगिक टैब:** इनके अतिरिक्त रिब्बन स्वयं ही आपके कार्यानुसार टैब और सब-टैब जोड़ता रहता है. जैसे, जब आप वर्ड में चित्र जोड़ते हैं, तो एक नया फॉर्मेट टैब (Format Tab) पिक्चर टूल्स (Picture Tools) के शीर्षक के साथ आपके रिब्बन में प्रकट हो जाता है. इसकी सहायता से आप चित्र को संपादित कर सकते हैं.

रूलर (Rulers) : ये दो होते हैं- क्षैतिज (Horizontal) तथा ऊर्ध्वाधर (Vertical). इनका प्रयोग हाशिये देखने और विभिन्न हाशियों को शीघ्रता से सेट करने में किया जाता है. इनकी सहायता से आप एक या अधिक पैराग्राफों का स्वरूप बदल सकते हैं. 'View' टैब में 'Ruler' आदेश से इन्हें दिखाया और छिपाया जा सकता है.

पाठ्य क्षेत्र (Text Area) : रूलर के ठीक नीचे एमएस-वर्ड विंडो का मुख्य क्षेत्र होता है, जिसे पाठ्य क्षेत्र और सामग्री क्षेत्र भी कहा जाता है. आपके द्वारा टाइप किया गया अथवा कहीं से लाया गया पाठ्य तथा अन्य सामग्री इस क्षेत्र में दिखायी जाती है. किसी भी समय इसमें सामग्री का एक भाग ही इसमें दिखायी पड़ता है, लेकिन स्क्रॉल बारों की सहायता से आप ऊपर-नीचे अथवा दाएं-बाएं के भागों को भी देख सकते हैं.

माउस पॉइंटर (Mouse Pointer) : पाठ्य क्षेत्र में माउस पॉइंटर एक पतली और बड़ी आई (I) के आकार का होता हैं. आप इसे स्क्रीन पर कहीं भी ले जा सकते हैं. पाठ्य क्षेत्र के अलावा विंडो के दूसरी भागों में जाने पर माउस पॉइंटर अपना रूप बदलता रहता है.

धसान बिन्दु (Insertion Point) : यह पाठ्य क्षेत्र का कर्सर (Cursor) होता है, जो एक खड़ी लकीर (|) के रूप में होता है. कुंजी पटल पर जो कुछ भी आप टाइप करते हैं या कोई सामग्री डालते हैं, तो वह पाठ्य या सामग्री धसान बिन्दु से प्रारम्भ करके ही पाठ्य क्षेत्र में लगायी जाती है. यह कर्सर माउस पॉइंटर से अलग होता है. आप माउस पॉइंटर को पाठ्य क्षेत्र में किसी स्थान पर क्लिक करके धसान बिंदु को वहां पहुंचा सकते हैं. इसके अलावा तीर के चिह्नों वाले बटनों का प्रयोग करके भी आप धसान बिन्दु को ऊपर-नीचे या दाएं-बाएं कहीं भी ले जा सकते हैं.

स्टेटस क्षेत्र (Status Area) : यह पाठ्य क्षेत्र के ठीक नीचे होता है. इसमें हमारे दस्तावेज के बारे में कई अतिरिक्त सूचनाएं दी जाती है, जैसे पृष्ठ संख्या, कुल शब्द, भाषा, जूम स्लाइडर आदि. यह भाग प्रायः हर समय स्क्रीन पर रहता है, यदि आपने 'Full Screen' का विकल्प चुना न हो.

नया दस्तावेज खोलना (Opening a New Document)

कोई दस्तावेज तैयार करने के लिए सबसे पहले उसे खोलना पड़ता है. सामान्यतया वर्ड प्रारम्भ करने पर एक नया खाली दस्तावेज खोला जाता है. यदि आप किसी अन्य दस्तावेज पर कार्य कर रहे हैं और एक बिल्कुल नया दस्तावेज बनाना चाहते हैं, तो ऑफ़िस बटन क्लिक करें. ऑफ़िस मेन्यू में New बटन क्लिक करें. ऐसा करते ही आपकी स्क्रीन पर चित्र WD-2.2 की तरह 'New' का डायलाग बॉक्स दिखायी देगा. साधारण दस्तावेज बनाने के लिए आपको 'Blank Document' विकल्प को चुनकर 'Create' बटन क्लिक करना चाहिए. ऐसा करते ही आपको अपनी विंडो के पाठ्य क्षेत्र (या सामग्री क्षेत्र) में एक खाली दस्तावेज चित्र WD-2.1 की तरह मिलेगा, जिसमें आप इच्छानुसार पाठ्य तथा सामग्री तैयार कर सकते हैं या लगा सकते हैं.

पुराना दस्तावेज खोलना (Opening an Existing Document)

यदि आप पहले से बने हुए किसी दस्तावेज को खोलना और उसमें सुधार करना चाहते हैं, तो ऑफ़िस मेन्यू को सक्रिय कीजिए. इसमें दाईं ओर उन दस्तावेज फाइलों के नाम दिए गए होंगे, जो आपने आखिरी बार तैयार किए थे अथवा खोले थे. यदि आप इनमें से ही किसी को खोलना चाहते हैं, तो माउस पॉइंटर द्वारा उसे क्लिक कीजिए. इससे उस दस्तावेज (या फाइल) को एमएस-वर्ड द्वारा खोलकर लोड कर दिया जाएगा.

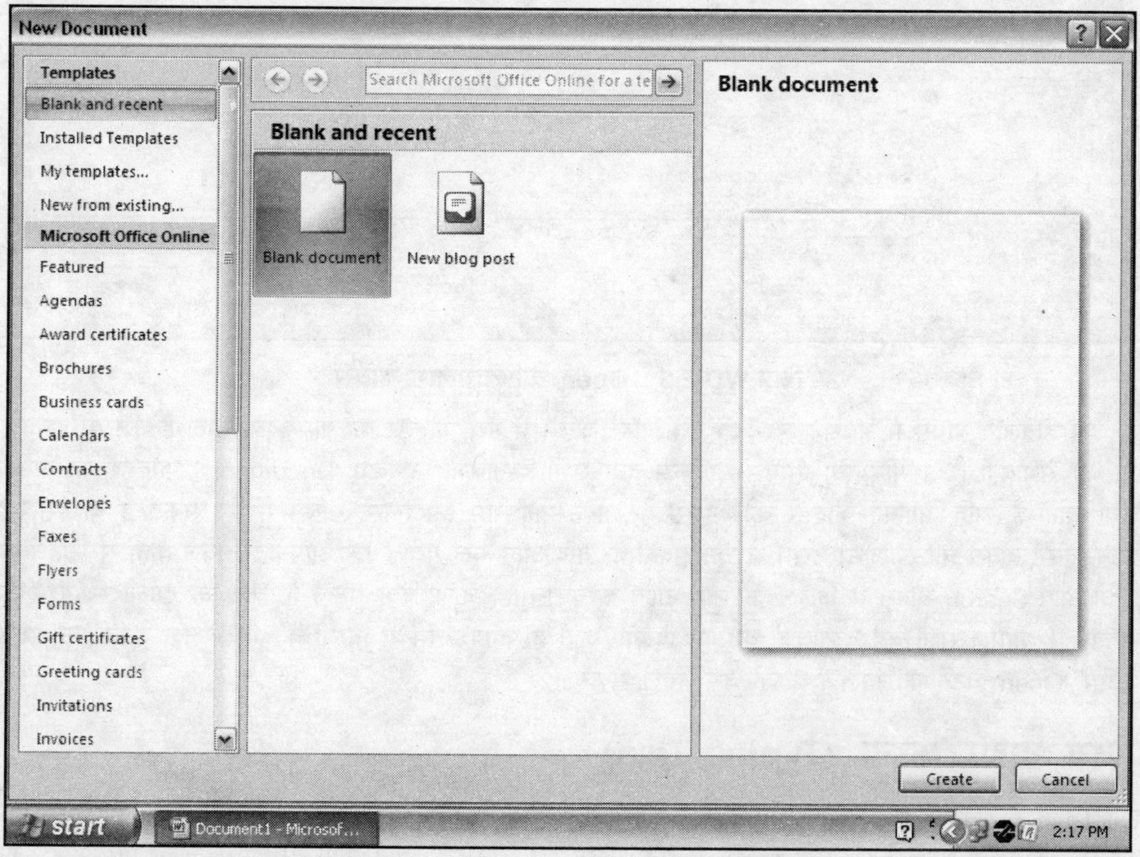

चित्र WD-2.2 : New का डायलाग बॉक्स

यदि आप अधिक पुरानी दस्तावेज फाइल में सुधार करना चाहते हैं, तो ऑफ़िस मेन्यू का 'Open' आदेश दीजिए इससे आप को चित्र WD-2.3 की तरह Open का डायलाग बॉक्स दिया जाएगा.

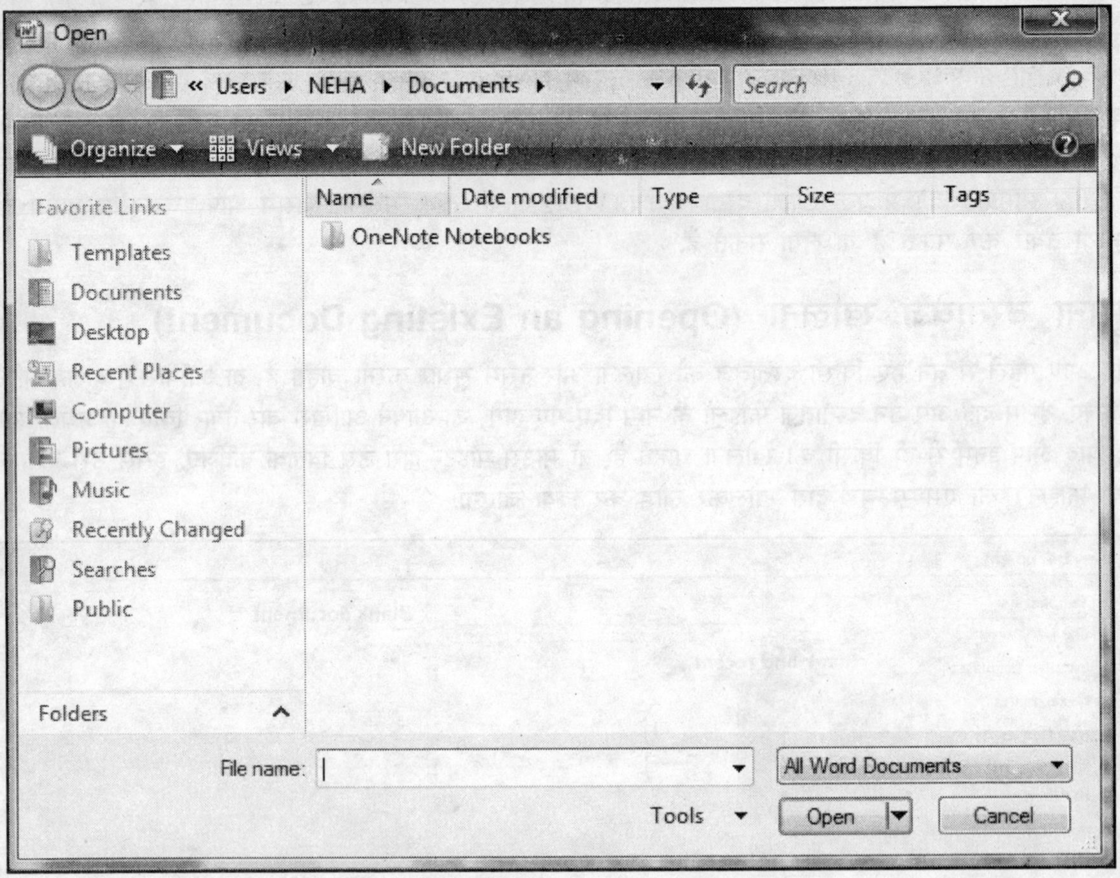

चित्र WD-2.3 : Open का डायलाग बॉक्स

इस डायलॉग बॉक्स में सबसे ऊपर दिये गये लिस्ट बॉक्स में उस फोल्डर का नाम दिया जाता है, जिसमें दस्तावेज होने की संभावना है. सामान्यतया एमएस-ऑफिस द्वारा सभी दस्तावेजों के लिए 'Documents' फोल्डर का उपयोग किया जाता है. यदि आपका फोल्डर कोई दूसरा है, तो उसका नाम इस लिस्ट बॉक्स में भर सकते हैं या इस ड्राप डाउन लिस्ट बॉक्स को खोलकर उसमें से चुन सकते हैं. यदि आप भूल गये हैं कि आपने दस्तावेज कहां सुरक्षित किया है, तो आप Search बॉक्स में फाइल का नाम टाइप करके Enter कुंजी दबा सकते हैं. बीच के खाली स्थान में उस फोल्डर में शामिल सभी वर्ड दस्तावेजों के नाम दिखाए जाते हैं. आप उनमें से किसी को भी क्लिक करके चुन सकते हैं और 'Open' बटन को क्लिक करके उसे खोल सकते हैं.

पाठ्य टाइप करना (Typing Text)

दस्तावेज खुल जाने के बाद आप सामग्री टाइप करना प्रारम्भ कर सकते हैं. आप जो भी टाइप करते हैं वह धसान बिन्दु (कर्सर) के स्थान पर जुड़ता जाता है. वर्ड में एक पंक्ति भर जाने पर अपने आप ही दूसरी लाइन प्रारम्भ हो जाती है. एंटर (Enter) कुंजी को केवल पैराग्राफ पूरा हो जाने पर या कोई लाइन खाली छोड़ने के लिए दबाना चाहिए.

टाइपिंग में होने वाली गलतियों को या तो उसी समय बैक स्पेस (Backspace) कुंजी द्वारा या तीर के बटनों के द्वारा सही स्थान पर कर्सर ले जाकर Delete कुंजी द्वारा ठीक किया जा सकता है. याद रखें, Backspace कुंजी द्वारा धसान बिंदु के बाईं ओर से पहला अक्षर मिट जाता है, जबकि Delete कुंजी द्वारा धसान बिंदु के दाईं ओर से पहला अक्षर मिट जाता है.

अभ्यास के लिए, एमएस-वर्ड प्रारम्भ करके उसमें खाली दस्तावेज में निम्नलिखित पाठ्य टाइप कीजिए-

Health is Wealth
There is nothing so important for a man as health. There is no joy and no job for an unhealthy man. No body likes a sick or a weak person. If we take proper care of our health, we shall always be cheerful.
A healthy man can work hard and enjoy life. So health is our real wealth.
Cleanliness is the first rule of health. We should always get up early in the morning. We should brush our teeth and take bath. We should use soap to clear our body. Cold bath is a tonic. After bath a clean towel should be used to rub and dry up the body. We should wear clean clothes after bath.
Eyes are very important organs in the human body. We cannot see without eyes. We should wash them with fresh water daily.
It is rightly said, "A sound mind resides in a sound body." If we wish to live a happy life, we must be strong and healthy.

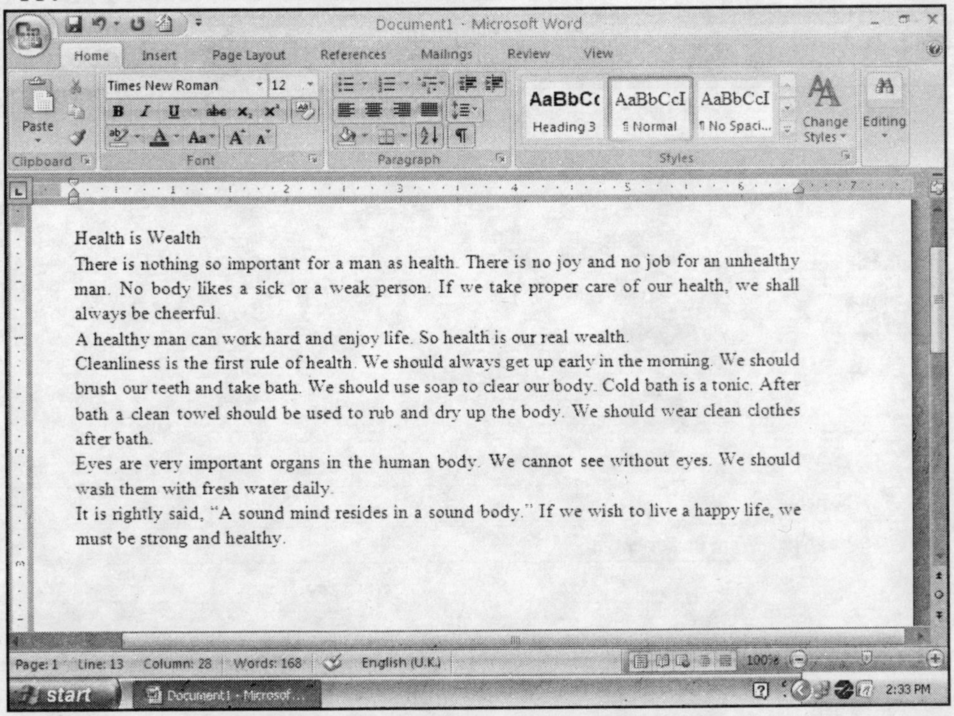

चित्र WD-2.4 : टाइप किया हुआ मूल दस्तावेज

इस पाठ्य को टाइप करते समय कई गलतियां होंगी. उन्हें आप तत्काल ठीक कर लें या बाद में वहां कर्सर ले जाकर ठीक कर दें. इस समय आपका दस्तावेज चित्र WD-2.4 की तरह दिखायी देगा.

दस्तावेज को सुरक्षित करना (Saving the Document)

जब तक किसी दस्तावेज को किसी डिस्क पर सुरक्षित नहीं किया जाता, तब तक वह केवल मुख्य मैमोरी में रहता है और किसी कारण से बिजली चले जाने पर हमेशा के लिए नष्ट हो जाता है. इसलिए प्रत्येक दस्तावेज को सुरक्षित करना आवश्यक है. सुरक्षित करने के बाद कभी भी ठीक उसी स्थिति से कार्य प्रारम्भ कर सकते हैं, जिस स्थिति को आपने सुरक्षित किया था.

यदि कोई दस्तावेज पहली बार सुरक्षित किया जा रहा है, तो आपको उसका कोई नाम रखना होगा. प्रारम्भ में एमएस-वर्ड द्वारा नए दस्तावेजों के नाम Document 1,2,3 आदि रखे जाते हैं. आप इन्हें बदलकर कोई भी नाम रख सकते हैं. सुरक्षित करने के लिए ऑफ़िस मेन्यू में 'Save' आदेश दीजिए या क्विक एक्सेस टूल बार में 'Save' बटन क्लिक कीजिए. ऐसा करने पर आपकी स्क्रीन पर चित्र WD-2.5 की तरह 'Save As' का डायलाग बॉक्स दिया जाएगा.

इस डायलाग बॉक्स में दस्तावेज का नाम 'File name' बॉक्स में तथा उसके फोल्डर का नाम सबसे ऊपर के बॉक्स में दिया जाता है. 'Save as type' लिस्ट बॉक्स में फाइल का टाइप दिया जाता है. यह सामान्यतया 'Word Document' होता है, जिससे फाइल के नाम में .docx एक्सटेंशन जोड़ दिया जाता है. पहली बार कोई फाइल सुरक्षित करने के लिए ये सूचनाएं देना अनिवार्य है. ये बॉक्स भरने के बाद 'Save' बटन को क्लिक करने से फाइल (दस्तावेज) को सुरक्षित कर दिया जाता है.

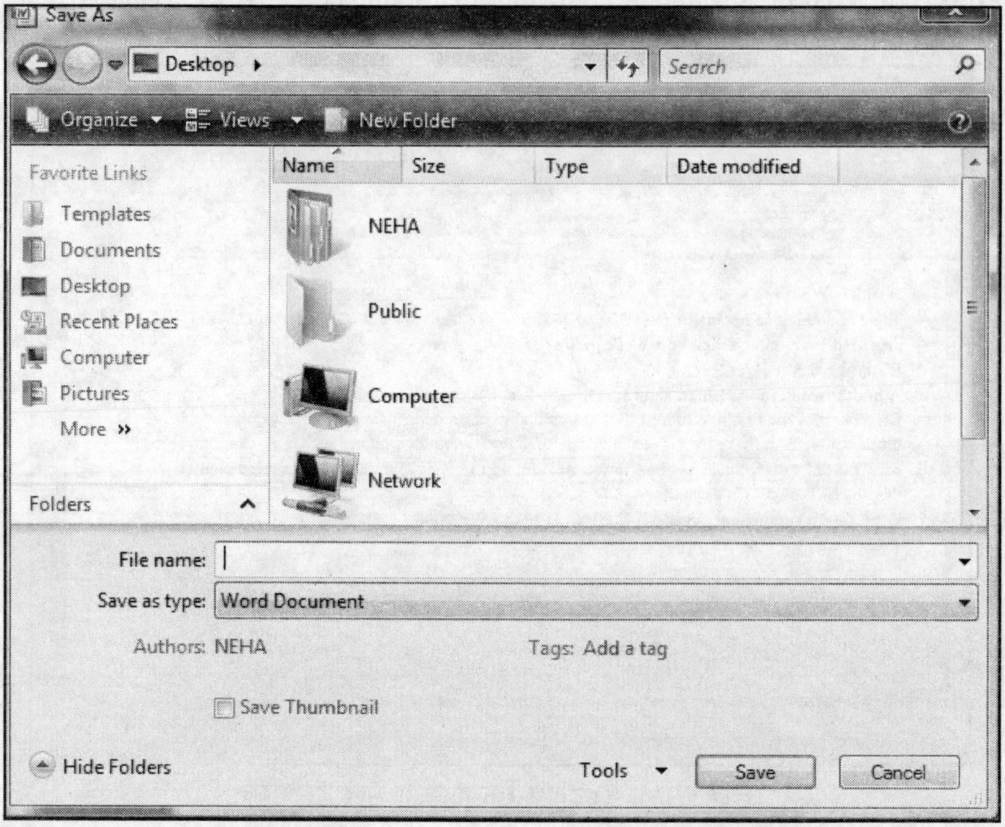

चित्र WD-2.5 : 'Save As' का डायलाग बॉक्स

यदि कोई दस्तावेज पहले भी एक बार सुरक्षित किया जा चुका है, तो 'Save' आदेश देने पर कोई डायलाग बॉक्स नहीं दिया जाएगा, बल्कि पहले ही दी जा चुकी सूचनाओं के अनुसार फाइल सुरक्षित कर दी जाएगी. यदि आप इन सूचनाओं में कोई बदलाव करना चाहते हैं, जैसे नाम बदलना चाहते हैं, तो 'Save' की जगह ऑफ़िस मेन्यू का 'Save As...' आदेश दीजिए. इससे चित्र WD-2.5 का ही डायलाग बॉक्स प्राप्त होगा.

'Save As...' आदेश के द्वारा आप वर्ड की विंडो में खुले हुए किसी दस्तावेज को नये नाम से सुरक्षित करके उस फाइल की एक नकल भी बना सकते हैं. इससे मूल फाइल पर कोई प्रभाव नहीं पड़ता. इतना ही नहीं Save As के ज़रिये आप दस्तावेज को वर्ड के पुराने वर्ज़न में भी सुरक्षित रख सकते हैं. ऐसा करने पर आपको टाइटल बार में Compatibility Mode लिखा हुआ नज़र आएगा.

अभ्यास के लिए इस फाइल को सुरक्षित करने के लिए Office मेन्यू में 'Save' या 'Save As...' आदेश दीजिए. इसके उत्तर में प्राप्त होने वाले डायलाग बॉक्स में 'File Name' के सामने 'My First Word Document' भर दीजिए और 'Save' बटन क्लिक कीजिए. इससे दस्तावेज इस नाम से डिस्क पर स्टोर हो जाएगा और स्क्रीन पर भी टाइटिल बार में यही नाम दिखायी देगा.

पाठ्य चुनना (Selecting Text)

दस्तावेज में कोई सुधार करने के लिए, जैसे किसी शब्द या वाक्य को एक जगह से हटाकर दूसरी जगह ले जाने या उसकी नकल करने, उसका स्वरूप (Format) या आकार (Size) बदलने आदि क्रियाओं के लिए सबसे पहले उस पाठ्य को चुना जाता है. पाठ्य चुनने के लिए प्रायः माउस का प्रयोग किया जाता है. इसके लिए सबसे पहले माउस पॉइंटर को वहाँ ले जाइये, जहाँ से प्रारम्भ करके टैक्स्ट को आप चुनना चाहते हैं. अब माउस बटन को क्लिक करके पकड़े रखिए और उसे दबाये रखते हुए माउस पॉइंटर को दायीं ओर सरकाइये. आप देखेंगे कि जैसे-जैसे माउस पॉइंटर सरकता है, वैसे-वैसे उसके भीतर आया हुआ पाठ्य उल्टे रंग में दिखाई पड़ता जाता है. इसी तरह सरकाते हुए माउस बटन को उस टैक्स्ट के अन्त में ले जाकर छोड़ दीजिए, जहाँ तक आप चुनना चाहते हैं. ऐसा करने पर उन दोनों स्थानों के बीच की सारी सामग्री (लाइनों, पैराग्राफ आदि सहित) चुन ली जाएगी और वह भाग स्क्रीन पर उल्टे रंग (Reverse Video) में दिखायी पड़ेगा.

सामग्री चुनने में और अधिक सरलता के लिए आप निम्नलिखित तकनीकों का भी प्रयोग आवश्यकता के अनुसार कर सकते हैं –

- किसी शब्द को चुनने के लिए उसे डबल क्लिक कीजिए.
- किसी वाक्य को चुनने के लिए कंट्रोल कुंजी (CTRL) को दबाकर वाक्य में कहीं क्लिक कीजिए.
- किसी पंक्ति को चुनने के लिए माउस पॉइंटर उस पंक्ति के बायीं ओर के हाशिये में पंक्ति के ठीक सामने क्लिक कीजिए.
- किसी पैराग्राफ को चुनने के लिए पैराग्राफ में ही कहीं लगातार तीन बार क्लिक कीजिए या पैराग्राफ के बायीं ओर के हाशिये में डबल क्लिक कीजिए.

इन सभी तकनीकों में आप माउस बटन को दबाकर खींच ले जाकर (Dragging करके) पास के दूसरे शब्दों, वाक्यों, लाइनों या पैराग्राफों को भी चुन सकते हैं.

यदि आप पूरे शब्दों के बजाय केवल उनके कुछ भाग को ही चुनना चाहते हैं तो माउस को क्लिक करते तथा खिसकाते समय अल्ट (Alt) कुंजी को दबाए रखिए.

पूरे दस्तावेज को चुनने के लिए Home टैब के Editing विकल्प में Select मेन्यू का 'Select All' आदेश दीजिए.

पाठ्य का चुनाव आप की-बोर्ड की सहायता से भी कर सकते हैं. इसके लिए सबसे पहले कर्सर (धसान बिन्दु) को उस स्थान पर पहुँचाइये, जहाँ से प्रारम्भ करके आप पाठ्य को चुनना चाहते हैं. अब शिफ्ट कुंजी को दबाकर पकड़ लीजिए और उसे दबाये रखते हुए तीर के बटनों से कर्सर को दायीं ओर या नीचे की ओर सरकाइए. ऐसा करते हुए आप देखेंगे कि जहाँ तक कर्सर जाएगा, उसके प्रारम्भिक स्थान से वहाँ तक का सारा पाठ्य चुन लिया जाएगा. इस विधि से आप एक अक्षर से लेकर पूरे दस्तावेज तक को चुन सकते हैं.

प्रत्येक मामले में चुना हुआ पाठ्य या सामग्री उल्टे रंग (Reverse Colour) में दिखायी जाती है. चुनी हुई सामग्री पर आप आगे बतायी गयी क्रियाएं कर सकते हैं. ये क्रियाएं केवल चुनी हुई सामग्री पर ही की जा सकती हैं. यदि कोई चीज चुनी हुई नहीं है, तो ये आदेश निष्क्रिय (Disable) हो जाते हैं.

अभ्यास के लिए, ऊपर स्टोर किये गये दस्तावेज में पाठ्य चुनने की निम्नलिखित क्रियाएं कीजिए-

1. माउस पॉइंटर को पहले पैराग्राफ में 'Nobody' शब्द पर कहीं भी ले आइए और डबल क्लिक कीजिए. आप देखेंगे कि यह शब्द उल्टे रंग में आ गया है, जिससे पता चलता है कि वह चुन लिया गया है. अब माउस को कहीं भी एक बार क्लिक कर दीजिए, जिससे चुना हुआ शब्द फिर से सामान्य हो जाएगा.
2. 'Nobody' शब्द से प्रारम्भ होने वाला वाक्य चुनने के लिए माउस पॉइंटर को उस वाक्य में कहीं ले जाइए और कंट्रोल कुंजी को दबाकर माउस बटन को एक बार क्लिक कीजिए. आप देखेंगे कि 'Nobody likes a sick or weak person.' यह पूरा वाक्य चुन लिया गया है.
3. कोई पूरा पैराग्राफ चुनने के लिए माउस बटन से लगातार तीन बार क्लिक कीजिए. इसका अभ्यास करके माउस बटन को कहीं भी खाली क्लिक कीजिए.
4. माउस पॉइंटर को किसी लाइन के बायीं ओर के हाशिये में लाकर एक बार क्लिक कीजिए. आप देखेंगे कि इससे वह पंक्ति पूरी की पूरी चुन ली गयी है.

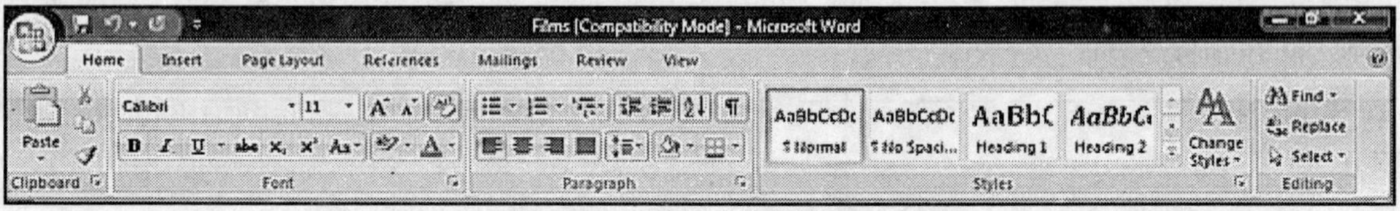

चित्र WD-2.6 : रिब्बन के विभिन्न टैब

5. माउस पॉइंटर को किसी शब्द पर ले जाकर माउस बटन को दबाकर पकड़ लीजिए और उसे दबाए रखकर माउस पॉइंटर को आगे और नीचे सरकाइए. आप देखेंगे कि जैसे-जैसे माउस पाइंटर आगे चलता है, वहां तक का सारा भाग चुन लिया जाता है, चाहे उसमें कितनी भी पंक्तियां या पैराग्राफ हों.

होम टैब (Home Tab)

पाठ्य को सम्पादित करने में होम टैब के विभिन्न बटनों का उपयोग किया जाता है. यह टैब चित्र WD-2.6 में दिखाया गया है और उसके बटनों की ओर नाम से संकेत किया गया है.

इन बटनों को ठीक से पहचान लेना चाहिए, क्योंकि आगे के पृष्ठों पर आवश्यकता के अनुसार इनका सन्दर्भ दिया जायेगा. अब हम इन बटनों की सहायता से पाठ्य को सम्पादित करने की विधियाँ बतायेंगे.

पाठ्य हटाना (Deleting Text)

दस्तावेज के किसी भाग या पाठ्य को हटाने के लिए बतायी गयी विधि से उसे चुनकर की-बोर्ड पर Delete (या Del) कुंजी दबाइए. इससे वह पाठ्य गायब हो जाएगा. सामग्री को चुनकर और Home Tab में Clipboard के अंतर्गत 'Cut' बटन (जिस पर कैंची छपी होती है) को क्लिक करके भी आप उस सामग्री को दस्तावेज से हटा सकते हैं.

धसान बिन्दु (या कर्सर) को हटाए जाने वाले भाग में ले जाकर बैक स्पेस या Del कुंजियों का प्रयोग करके भी आप पाठ्य को हटा सकते हैं.

अभ्यास के लिए, ऊपर बनाये गये दस्तावेज में 'Nobody likes a sick or weak person.' इस वाक्य को चुनिए और 'Delete' अथवा Backspace कुंजी दबाइये. आप देखेंगे कि तत्काल यह वाक्य गायब हो गया है. इसे फिर से प्राप्त करने के लिए क्विक एक्सेस टूलबार में चिह्न से अंकित 'Undo' आदेश दीजिए.

पाठ्य बीच में घुसाना (Inserting Text)

किसी टैक्स्ट के बीच में या प्रारम्भ में नया टैक्स्ट डालने के लिए पहले धसान बिन्दु (I) को उस स्थान पर ले जाइए और जो भी चाहें टाइप करना प्रारम्भ कर दीजिए. ऐसा करने पर आप जो भी टाइप करेंगे, वह धसान बिन्दु वाले स्थान पर घुसता हुआ चला जाएगा तथा उसके बाद के सभी शब्द, वाक्य आदि अपने आप ही दायीं ओर सरककर ठीक से लगते जाएंगे.

पाठ्य की नकल करना या सरकाना (Copying or Moving Text)

किसी पाठ्य को एक स्थान से हटाकर दूसरे स्थान पर ले जाने की दो विधियां हैं. पहली और सरल विधि निम्न प्रकार है-

1. सबसे पहले आप उस पाठ्य को बतायी गयी विधि से चुन लीजिए और हटा दीजिए अर्थात् 'Cut' कर दें. यदि आप पाठ्य की नकल करना चाहते हैं, तो Cut के ठीक नीचे दिया गया Copy बटन पर क्लिक कीजिए. ऐसा करने पर हटायी गयी समस्त सामग्री क्लिप बोर्ड में रख ली जाती है. क्लिप बोर्ड में केवल अंतिम बार 'Cut' या 'Copy' आदेश द्वारा हटायी गयी सामग्री ही रखी जाती है. इस सामग्री को आप कहीं भी चिपका सकते हैं अर्थात् Paste कर सकते हैं.
2. चिपकाने के लिए धसान बिन्दु को उस स्थान पर ले जाकर लगाइए, जहाँ से प्रारम्भ करके आप उसे चिपकाना चाहते हैं.
3. अब Home टैब में Clipboard का 'Paste' बटन (जिस पर गोंद की डिब्बी छपी है) क्लिक कीजिए. ऐसा करते ही आप देखेंगे कि आखिरी बार हटायी गयी सामग्री धसान बिन्दु की जगह नजर आने लगी है. इस विधि द्वारा आप कोई भी सामग्री कहीं भी चिपका सकते हैं. इस सामग्री को आप अनेक जगह भी चिपका सकते हैं.

पाठ्य को सरकाने की दूसरी विधि यह है कि पहले उस पाठ्य को चुन लीजिए. अब चुने हुए भाग में माउस का दायां बटन क्लिक कीजिए. ऐसा करने पर एक मेन्यू खुलेगा. इसमें से अपनी इच्छानुसार Cut या Copy क्लिक कीजिए. अब धसान बिंदु को उस स्थान पर ले जाइये जहां आप उसे चिपकाना चाहते हैं. पुनः माउस का दायां बटन दबाइये और मेन्यू में Paste पर क्लिक कीजिए. आप देखेंगे कि समस्त चुनी हुई सामग्री नये स्थान पर आ गई है और दस्तावेज भी उसी के अनुसार अपने आप सेट हो गया है.

यह ध्यान रखिए कि 'Paste' आदेश केवल आखिरी बार 'Copy' या 'Cut' किए गए पाठ्य या सामग्री पर ही लागू होता है.

पाठ्य बदलना (Replacing Text)

किसी शब्द, वाक्य या अन्य पाठ्य को बदलने की दो विधियां है. सबसे सरल विधि यह है कि जिस पाठ्य को आप बदलना चाहते हैं, पहले उसे बताए गए तरीके से हटा दीजिए. फिर वहां नया पाठ्य टाइप करके डाल दीजिए.

दूसरी विधि में इन दोनों क्रियाओं को एक साथ किया जाता है. सबसे पहले बदले जाने वाले पाठ्य को चुन लीजिए, जिससे वह उल्टे रंग में दिखायी पड़ेगा. अब उसको हटाए बिना सीधे नया पाठ्य टाइप करना प्रारम्भ कर दीजिए. आप जो भी टाइप करेंगे, वह चुने हुए भाग की जगह लग जाएगा.

कार्य को उलटना (Undo)

यदि किसी कारणवश आप अपने कार्य को उलटना चाहते हैं, तो क्विक एक्सेस टूल बार में 'Undo' बटन, जिस पर घड़ी की उल्टी दिशा में जाता हुआ गोल तीर छपा रहता है, क्लिक कीजिए. ऐसा करने पर आपके द्वारा किया हुआ अन्तिम कार्य उलट जाएगा अर्थात् बेकार हो जाएगा और फाइल उससे ठीक पहले के रूप में आ जाएगी. यदि आप इससे भी पहले के कार्यों को उलटना चाहते हैं, तो बार-बार 'Undo' आदेश देकर वैसा कर सकते हैं.

कार्य को फिर करना (Redo)

यदि आप 'Undo' आदेश द्वारा उलटे गए कार्य को फिर से करना चाहते हैं, तो 'Redo' आदेश देकर ऐसा किया जा सकता है. क्विक एकसेस टूल बार में 'Redo' बटन ('Undo' बटन का ठीक उल्टा चित्र) छपा रहता है. आप कई बार 'Redo' आदेश देकर कई उलटे हुए कार्यों को सीधा कर सकते हैं.

दस्तावेज को छपवाना (Printing a Document)

कोई भी दस्तावेज छपवाने के लिए पहले किसी प्रिंटर को डिफॉल्ट प्रिंटर के रूप में स्थापित करना पड़ता है. यदि आपका डिफॉल्ट प्रिंटर स्थापित हो चुका है और आप किसी खुले हुए दस्तावेज के सभी पृष्ठों की केवल एक-एक प्रति छपवाना चाहते हैं, तो ऑफ़िस मेन्यू में Print क्लिक कीजिए. फिर दाईं ओर खुलने वाले मेन्यू में Quick Print क्लिक कीजिए. ऐसा करने पर आपका दस्तावेज डिफॉल्ट प्रिंटर पर छाप दिया जाएगा.

यदि आपके पास कई प्रिंटर हैं और उनमें से किसी एक को चुनना चाहते हैं या आप पूरे दस्तावेज के बजाय कुछ चुने हुए पृष्ठ छपवाना चाहते हैं अथवा एक से अधिक प्रतियां निकलवाना चाहते हैं, तो Quick Print के बजाय Print मेन्यू के 'Print' आदेश का प्रयोग कीजिए. यह आदेश देते ही आपकी स्क्रीन पर चित्र WD-2.7 की तरह प्रिंट का डायलाग बॉक्स दिखायी देगा.

इस डायलाग बॉक्स में कई भाग हैं. 'Printer' वाले भाग में 'Name' लिस्ट बॉक्स में प्रिंटर का नाम दिया जाता है. इस बॉक्स के तीर के चिह्न वाले छोटे बटन को क्लिक करने पर आपके कंप्यूटर में स्थापित हो चुके सभी प्रिंटरों की सूची दी जाती है, जिनमें से किसी भी एक प्रिंटर को आप चुन सकते हैं.

'Page Range' वाले भाग में छापे जाने वाले पृष्ठों को बताया जाता है. यदि आप खुले हुए दस्तावेज के सभी पृष्ठों को छापना चाहते हैं तो 'All' रेडियो बटन को क्लिक करके सेट कर दीजिए. यदि केवल वर्तमान पृष्ठ (अर्थात् दस्तावेज में कर्सर वाले पृष्ठ) को ही छपवाना हो, तो 'Current Page' रेडियो बटन को सेट कीजिए. यदि इनके अलावा किन्हीं विशेष पृष्ठों को छपवाना चाहें, तो पहले 'Pages' रेडियो बटन को सेट करके उसके सामने के टैक्स्ट बॉक्स

में उन पृष्ठों की संख्याएं अर्द्ध विराम (Comma) लगा-लगाकर भर दीजिए. उदाहरण के लिए, यदि आप पृष्ठ संख्या 2, 4 से 8, 10, 14 से 16 तथा 23 को छपवाना चाहते हैं तो बॉक्स में '2,4-8,10,14-16,23' भरना चाहिए.

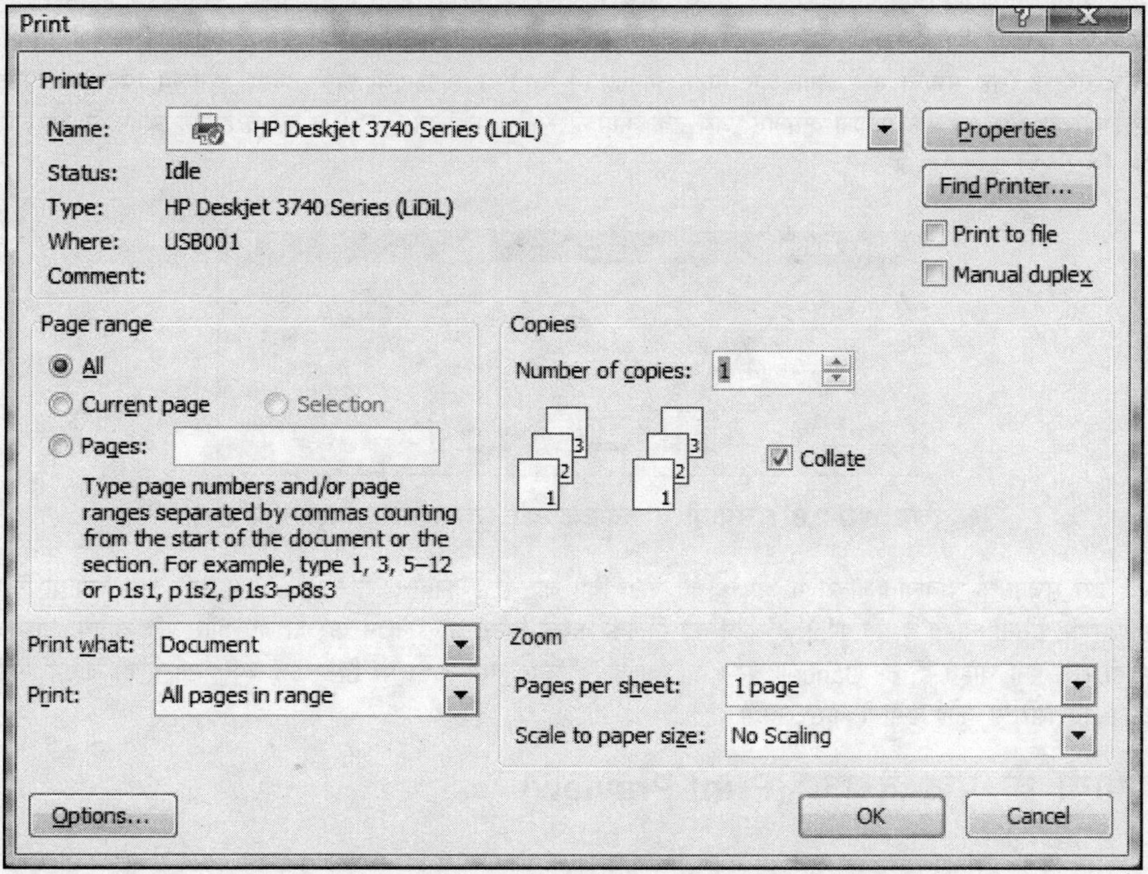

चित्र WD-2.7 : प्रिंट का डायलाग बॉक्स

प्रिंट डायलाग बॉक्स के 'Copies' वाले भाग में छापी जाने वाली प्रतियों की संख्या दी जाती है. इसके लिए 'Number of copies' स्पिन बॉक्स में वह संख्या भर दीजिए या स्पिन बटनों को क्लिक करके सही संख्या सेट कीजिए. इसी भाग में 'Collate' का चेक बॉक्स छपायी का क्रम तय करता है. उदाहरण के लिए, मान लीजिए कि आपके दस्तावेज में 5 पृष्ठ हैं और आप उस दस्तावेज की 4 प्रतियां छपवाना चाहते हैं. अब यदि आपने 'Collate' को सेट किया है, तो पहले एक प्रति के सभी पृष्ठ छापे जाएंगे, फिर दूसरी प्रति के छापे जाएंगे इत्यादि, अर्थात् प्रत्येक प्रति अलग-अलग सेट के रूप में छापी जाएगी. यह विकल्प न चुनने पर प्रत्येक पृष्ठ की 4-4 प्रतियां एक साथ छापी जाएंगी और सेट आपको हाथ से तैयार करने होंगे.

'Collate' विकल्प चुनने पर प्रिंटर थोड़ा धीमा हो जाता है, परन्तु आधुनिक पेंटियम कंप्यूटरों में इससे कोई विशेष अन्तर नहीं पड़ता. इस डायलाग बॉक्स में उपलब्ध अन्य विकल्प उतने महत्त्वपूर्ण नहीं हैं. इनका अर्थ आप स्वयं समझने का प्रयास कीजिए.

प्रिंट डायलाग बॉक्स में सभी आवश्यक सेटिंग करने और प्रिंटर में कागज लगाकर ऑन लाइन करने के बाद 'OK' बटन को क्लिक कीजिए. इससे छपायी प्रारम्भ हो जाएगी.

छपायी को रद्‌द करना (Aborting Printing)

यदि किसी कारणवश आप दस्तावेज की छपायी बीच में ही रद्‌द करना चाहते हैं तो इसका सरल उपाय यह है कि प्रिंटर को तत्काल ऑफ कर दें. ऑफ करने से प्रिंटर रुक तो जाएगा, लेकिन उसकी बफर मैमोरी में जितनी सामग्री पहुंच गयी है, वह समाप्त नहीं होगी और प्रिंटर ऑन करने पर फिर से छपायी होने लगेगी. इसलिए प्रिंटर को ऑफ रहने दीजिए और तब तक प्रतीक्षा कीजिए, जब तक आपकी स्क्रीन पर चित्र WD-2.8 की तरह यह सूचना न आ जाए कि प्रिंटर नहीं चल रहा है.

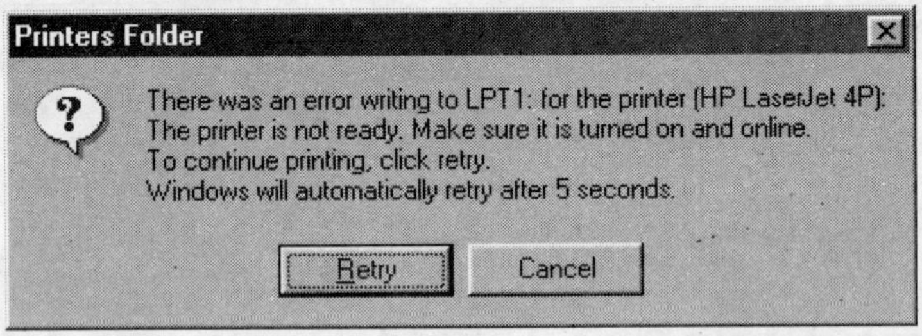

चित्र WD-2.8 : छपायी में रुकावट की सूचना का डायलाग बॉक्स

इस सूचना के डायलाग बॉक्स में आपको दो बटन दिए जाते हैं – 'Retry' तथा 'Cancel'. यदि आप छपायी फिर से प्रारम्भ कराना चाहते हैं, तो 'Retry' बटन को क्लिक करके प्रिंटर ऑन लाइन कर दीजिए और यदि छपायी वास्तव में ही रोक देना चाहते हैं, तो 'Cancel' बटन को क्लिक कीजिए. ऐसा करने पर प्रिंटर का बफर खाली हो जाएगा और आप नए सिरे से कोई छपायी करा सकेंगे.

छपायी के पृष्ठ देखना (Print Preview)

एमएस-वर्ड में 'Print Preview' नाम की एक सुविधा उपलब्ध है, जिससे किसी दस्तावेज को छापने से पहले ही स्क्रीन पर देखा जा सकता है कि छपने पर वह कैसा लगेगा. छापने से पहले इस प्रकार देख लेना हमेशा अच्छा रहता है, ताकि यदि दस्तावेज में हाशिए आदि ठीक न हों, तो पहले ही ठीक किए जा सकें. इस सुविधा में आप एक या अधिक पृष्ठ एक साथ भी देख सकते हैं, लेकिन यदि अधिक पृष्ठ देखेंगे, तो केवल आभास ही मिल पाएगा, इसलिए एक बार में एक या दो पृष्ठ देखना ही अच्छा रहता है.

इस सुविधा के लिए Print मेन्यू के 'Print Preview' बटन को (Quick Print के नीचे) क्लिक कीजिए. ऐसा करते ही खुले हुए दस्तावेज का वर्तमान पृष्ठ आपकी स्क्रीन पर चित्र WD-2.9 की तरह छोटे रूप में दिखायी देगा. इसमें एक पृष्ठ अपने वास्तविक आकार का 34% अर्थात् लगभग एक तिहाई आकार में दिखाई दे रहा है. यदि आप एक से अधिक पृष्ठ एक साथ देखेंगे तो और अधिक छोटे दिखायी देंगे.

इस स्क्रीन में एक नया टैब दिखायी दे रहा है, जिसे प्रिंट प्रिव्यू टैब कहते हैं. इस टैब में कई विकल्प और बटन होते हैं, जिनका उपयोग निम्न प्रकार है–

प्रिंट (Print): इस विकल्प में दिये गये Print बटन के द्वारा आप सीधे दस्तावेज को छाप सकते हैं और Options बटन के द्वारा दस्तावेज में डाले गये खाली स्थानों (Spaces), टैब, पैराग्राफ चिह्न आदि देख सकते हैं.

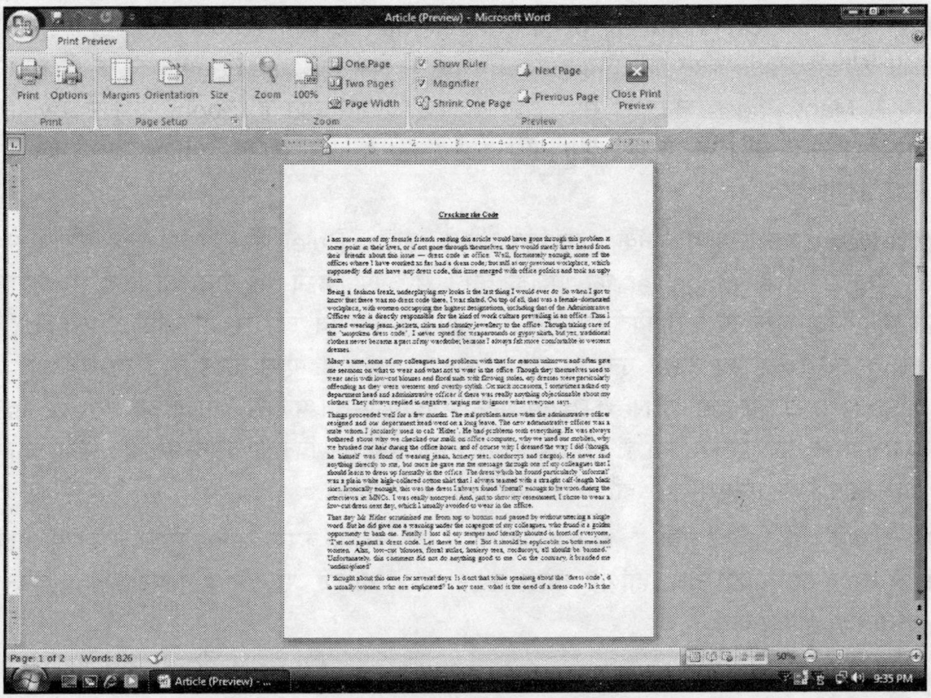

चित्र WD-2.9 : प्रिंट प्रिव्यू

पेज सेटअप (Page Setup): इस विकल्प में दिये गये बटनों के द्वारा आप दस्तावेज में हाशिये और उसका आकार सेट कर सकते हैं. इसके अतिरिक्त आप Page Orientation भी सेट कर सकते हैं. अर्थात् दस्तावेज को अपनी इच्छानुसार लंबाई या चौड़ाई में छाप सकते हैं.

ज़ूम (Zoom): इस विकल्प के जरिये आप अपने दस्तावेज को छोटा या बड़ा करके देख सकते हैं. इसमें दिये गये Zoom बटन को क्लिक करने पर चित्र WD-2.10 की तरह ज़ूम डायलॉग बॉक्स खुलेगा. आप देखेंगे कि आपका दस्तावेज इस समय अपने वास्तविक आकार के 34% आकार में है. आप रेडियो बटनों द्वारा अपने दस्तावेज को उसके वास्तविक आकार के 200% (दूना), 100% (वास्तविक) 75% (तीन-चौथाई) आकार देख सकते हैं, अथवा Percent स्पिन कंट्रोल बॉक्स द्वारा मनचाहा आकार सेट कर सकते हैं. अन्य विकल्पों में Page Width देने पर किसी पेज के बायें तथा दायें दोनों किनारे दिखाई पड़ते हैं. आप यह विकल्प सीधे Zoom मेन्यू में दिये गये Page Width बटन से भी चुन सकते हैं.

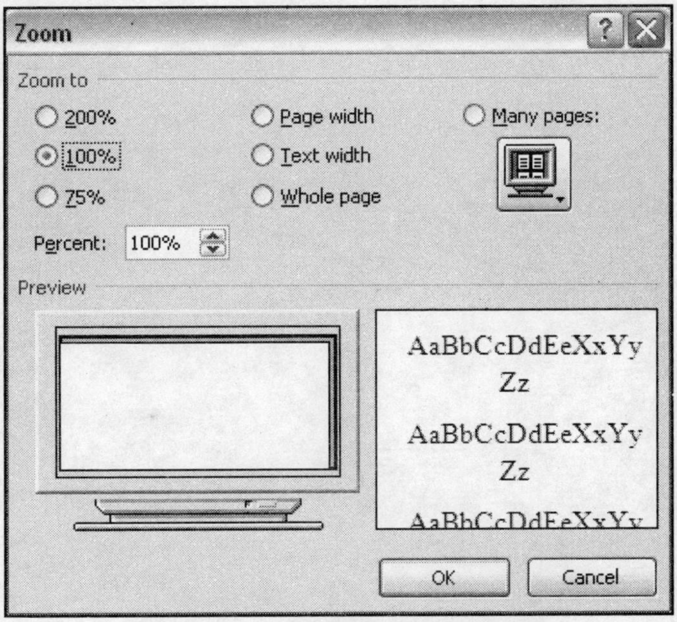

चित्र WD-2.10 : ज़ूम डायलाग बॉक्स

Zoom डायलॉग बॉक्स में Text Width देने पर किनारे दिखाई नहीं पड़ते हैं. Whole Page चुनने पर एक पूरा पेज दिखाई पड़ता है. Whole Page बटन का उपयोग Zoom मेन्यू में दिये गये One Page बटन के ही समान है. Zoom डायलॉग बॉक्स में Many Pages चुनने से साथ-साथ के पेज दिखाये जाते हैं. Zoom मेन्यू में Two Pages बटन की सहायता से आप साथ-साथ के दो पेज एक साथ देख सकते हैं. याद रखें Zooming का छपाई के आकार पर कोई प्रभाव नहीं पड़ता है.

प्रिव्यू (Preview): इस मेन्यू में अनेक बटन दिये गये हैं. Show Ruler में सही का चिह्न लगाने से आप अपनी विंडो में रूलर देख सकते हैं. Magnifier को क्लिक करने से आप किसी भी पृष्ठ का कोई भी भाग बड़े आकार में देख सकते हैं. माउस बटन फिर से क्लिक करने पर स्क्रीन अपने पूर्व रूप में आ जाती है. Shrink One Page बटन से आपके दस्तावेज का पूरा टैक्स्ट एक ही पेज में सेट हो जाता है. ऐसा करने के लिए वर्ड आपके शब्दों का आकार (Font Size) छोटा कर देता है. Next Page बटन से आप प्रस्तुत पेज से अगला और Previous Page बटन से प्रस्तुत पेज से पिछला पेज देख सकते हैं. Close Print Preview को क्लिक करने पर प्रिंट प्रिव्यू की विंडो गायब हो जाती है और आप फिर एमएस-वर्ड की मुख्य विंडों में आ जाते हैं.

यदि आप दस्तावेज से सन्तुष्ट नहीं हैं, तो 'Close' बटन को क्लिक करके वापस मुख्य विंडो में आकर दस्तावेज में आवश्यक सुधार करने चाहिए तथा हाशिए वगैरह ठीक करने चाहिए. सन्तुष्ट होने पर 'Print' बटन को क्लिक करके आप दस्तावेज छाप सकते हैं.

दस्तावेज तथा टैक्स्ट को फार्मेट करना (Formatting Documents and Text) 03

एमएस-वर्ड में आप अपने दस्तावेज को कई प्रकार से फार्मेट करके उसकी सुन्दरता बढ़ा सकते हैं. इसमें आप चिह्नों, शब्दों, पंक्तियों तथा पैराग्राफों को किसी भी तरह से सुधारकर छाप सकते हैं, लाइनों तथा पैराग्राफों के बीच का खाली स्थान अधिक या कम कर सकते हैं तथा और भी बहुत से कार्य कर सकते हैं, जिनके बारे में हम आगे बताएंगे. इतना ही नहीं, आप किसी दस्तावेज की स्टाइल को नोट करके उसी स्टाइल को दूसरे दस्तावेजों पर लागू कर सकते हैं.

दस्तावेज तथा पाठ्य को फार्मेट करने में अधिकतर Home टैब में दिये गये सब-टैबों के विभिन्न विकल्पों का प्रयोग किया जाता है. इनके बारे में आगे बताया जाएगा.

आटोफार्मेट (AutoFormat)

एमएस-वर्ड की आटोफार्मेट सुविधा का उपयोग करके आप एमएस-वर्ड से ही अपने दस्तावेज को फार्मेट करा सकते हैं. एमएस-वर्ड आपके दस्तावेज की जांच करके उसको फार्मेट कर देता है. इसमें यह भी व्यवस्था है कि आटोफार्मेट अपने द्वारा किये गये सुधारों को एक-एक करके आपके सामने रखता है और आपसे पूछता है कि वे सुधार आपको स्वीकार हैं या नहीं. आप उनमें से कुछ या सभी को स्वीकार कर सकते हैं और संतुष्ट न होने पर पूरी तरह रद्द भी कर सकते हैं. इस सुविधा में आप शीर्षकों का फार्मेट बदल सकते हैं तथा अन्य कई कार्य कर सकते हैं.

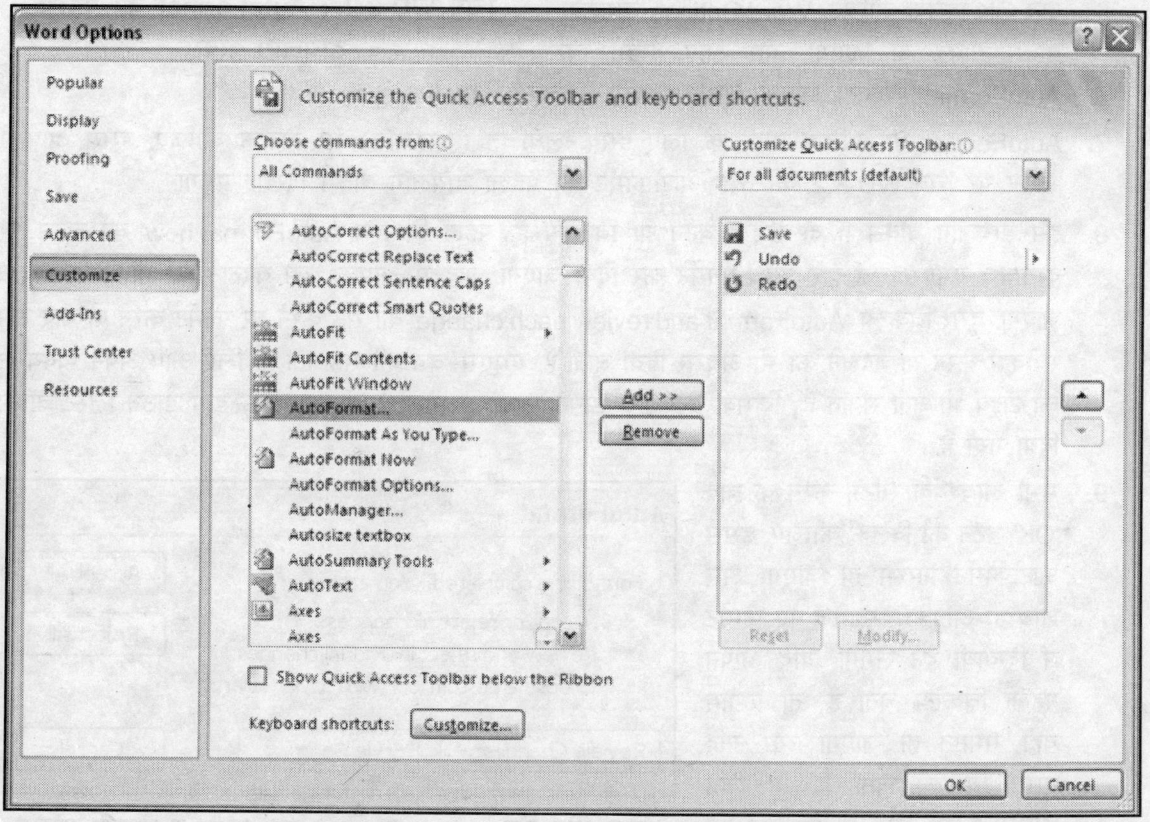

चित्र WD-3.1 : Word Options डायलाग बॉक्स

आटोफॉर्मेट का विकल्प वर्ड के पुराने वर्ज़नों में Format मेन्यू में पाया जाता था. परन्तु इस बात को ध्यान में रखते हुये कि प्रयोगकर्ता सामान्यत: दस्तावेज को स्वयं फार्मेट करना पसंद करते हैं, एमएस-वर्ड 2007 में यह विकल्प रिब्बन में उपलब्ध नहीं है. इस विकल्प को आप क्विक एक्सेस टूलबार में आसानी से जोड़ सकते हैं और केवल एक क्लिक से इसे सक्रिय कर इसका उपयोग कर सकते हैं. इसके लिए निम्नलिखित क्रियाएं कीजिए –

1. अपना बिना फार्मेट किया हुआ दस्तावेज खोल लीजिए.
2. ऑफ़िस मेन्यू में Word Options पर क्लिक कीजिए.
3. Word Options डायलॉग बॉक्स में बाईं ओर दिये गये विकल्पों में से Customize पर क्लिक कीजिए.
4. इससे चित्र WD-3.1 की तरह एक विंडो खुलेगी. Choose Commands From: लिस्ट बॉक्स में ड्रॉप डाउन बटन को क्लिक कीजिए और खुलने वाले मेन्यू में All Commands क्लिक कीजिए.
5. नीचे दिये गये विकल्पों में AutoFormat खोज कर उसे क्लिक कीजिए और दाईं ओर दिये गये Add बटन पर क्लिक कीजिए.
6. अब OK क्लिक कीजिए. Word Options डायलॉग बॉक्स गायब हो जाएगा और आप देखेंगे कि AutoFormat विकल्प आपके क्विक एक्सेस टूलबार में आ गया है.

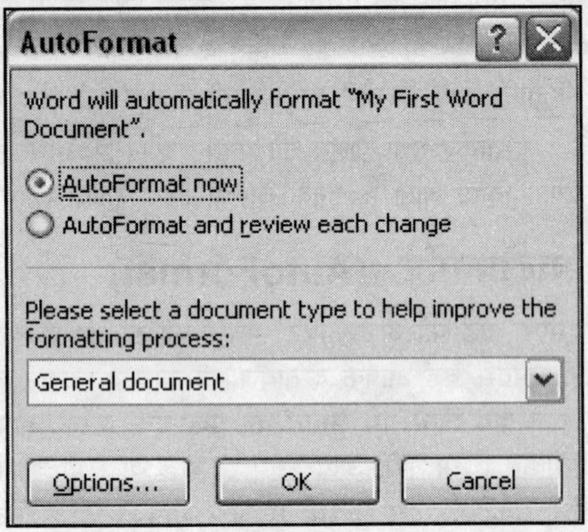

चित्र WD-3.2 : AutoFormat का पहला डायलाग बॉक्स

7. AutoFormat को सक्रिय करने के लिए इसके लघुचित्र (आइकॉन) पर क्लिक कीजिए. इससे आपकी स्क्रीन पर चित्र WD-3.2 की तरह आटोफार्मेट का पहला डायलॉग बॉक्स दिखाई पड़ेगा.
8. इस डायलाग बॉक्स में दो रेडियो बटन या विकल्प हैं. पहले विकल्प 'AutoFormat now' को चुनने पर दस्तावेज एमएस-वर्ड द्वारा सीधे फार्मेट कर दिया जाएगा. बाद में आपको उसे बदलने का मौका नहीं दिया जाएगा. दूसरे विकल्प 'AutoFormat and review each change' को सेट करने पर फार्मेट करने के बाद उसे स्वीकार करने या बदलने का भी अवसर दिया जाता है. एमएस-वर्ड की सहायता के लिए आप अपने डाक्यूमेंट का टाइप भी बता सकते हैं, जिसके लिए इस डायलाग बॉक्स में नीचे की ओर एक ड्राप डाउन लिस्ट बॉक्स दिया गया है.
9. सभी आवश्यक सेटिंग करने के बाद 'OK' बटन को क्लिक कीजिए. इससे आटोफार्मेट प्रारम्भ हो जाएगा और शीघ्र ही आपका दस्तावेज नए फार्मेट में दिखायी देने लगेगा. यदि आपने पहला विकल्प चुना है, तो प्रोग्राम यहीं समाप्त हो जाएगा और यदि दूसरा विकल्प चुना है, तो चित्र WD-3.3 की तरह आटोफार्मेट का दूसरा डायलाग बॉक्स दिया जाएगा.

चित्र WD-3.3 : AutoFormat का दूसरा डायलाग बॉक्स

10. यदि आप सभी परिवर्तनों को स्वीकार करना चाहते हैं, तो इस डायलाग बॉक्स में 'Accept All' बटन को क्लिक कीजिए. यदि सभी परिवर्तनों को रद्द करना चाहते हैं, तो 'Reject All' बटन को क्लिक कीजिए. यदि आप परिवर्तनों को एक-एक करके देखना और उन्हें स्वीकार या अस्वीकार करना चाहते हैं, तो 'Review Changes...' बटन को क्लिक कीजिए.

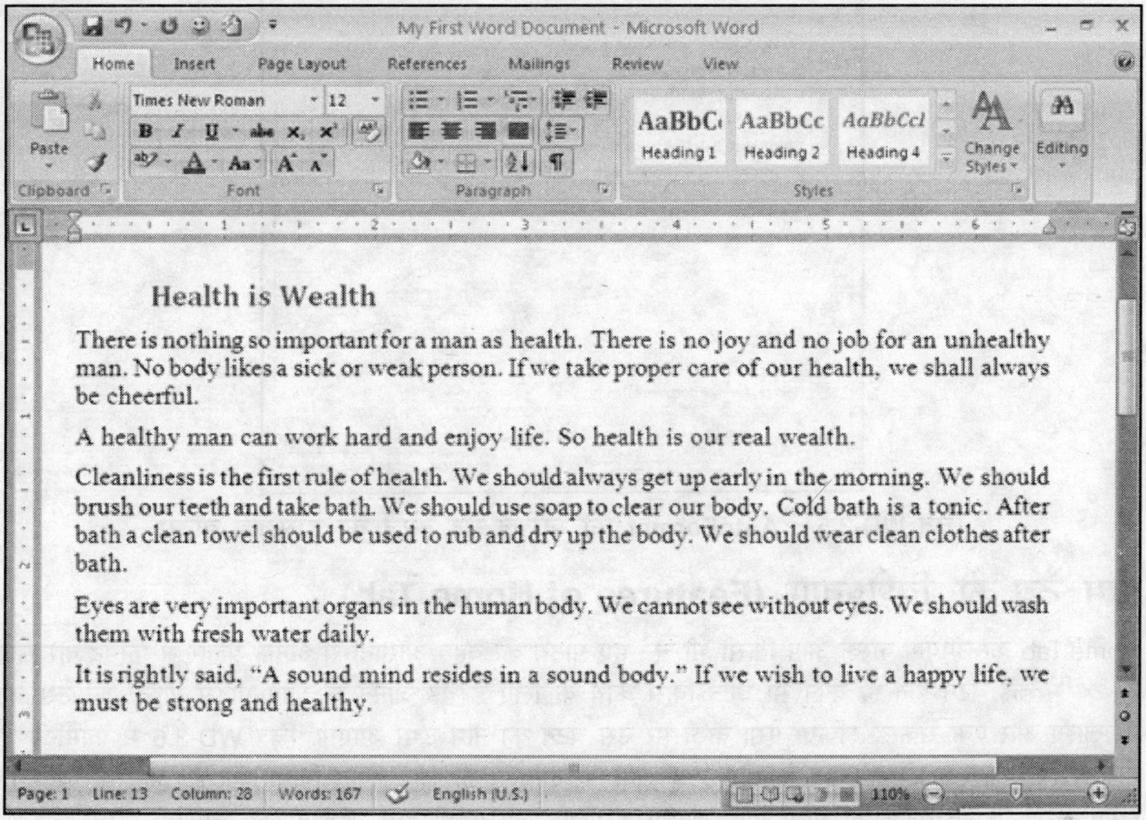

चित्र WD-3.4 : AutoFormat द्वारा फार्मेट किया हुआ दस्तावेज

सभी परिवर्तनों को स्वीकार करने पर डाक्यूमेंट चित्र WD-3.4 की तरह दिखायी देगा.

अगर आप इस प्रकार तैयार हुए दस्तावेज से किसी कारणवश संतुष्ट नहीं हैं, तो आगे बतायी गयी तकनीकों से अपना मनचाहा बदलाव आप स्वयं कर सकते हैं.

यदि आप एमएस-वर्ड की आटोफार्मेट की स्टाइल में कोई परिवर्तन करना चाहते हैं, तो आटोफार्मेट के पहले डायलाग बॉक्स में 'Options...' बटन को क्लिक कीजिए. इससे आपको चित्र WD-3.5 की तरह डायलाग बॉक्स दिया जाएगा.

इस डायलाग बॉक्स में कई चेक बॉक्स दिये जाते हैं, जो आटोफार्मेट के विभिन्न विकल्पों को सेट या रिसेट करते हैं. आप इनमें से जिन विकल्पों को लागू करना चाहते हैं, उन्हें सेट रहने दीजिए और जिनको लागू नहीं करना चाहते उन्हें क्लिक करके रिसेट कर दीजिए. उचित सेटिंग करने के बाद 'OK' बटन को क्लिक कर दीजिए, जिससे आपके द्वारा की गयी सेटिंग लागू हो जाएगी और आप डायलाग बॉक्स से बाहर आ जाएंगे.

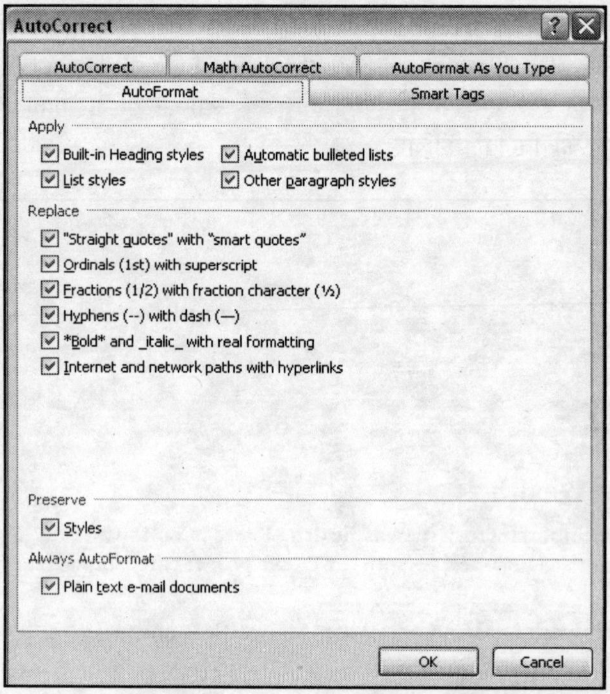

चित्र WD-3.5 : AutoFormat की स्टाइल सेट करने का डायलाग बॉक्स

होम टैब की विशेषताएं (Features of Home Tab)

Home Tab का उपयोग करके आप किसी भी चुने हुए पाठ्य को बहुत आसानी से अनेक प्रकार से फार्मेट कर सकते हैं. टैब में कई बटन होते हैं. कौन सा बटन किस कार्य के लिए है यह जानने के लिए माउस पाइंटर को उस बटन पर लाइए और एक सेकन्ड रुकिए. ऐसा करने पर उस बटन का नाम उभर आएगा. चित्र WD-3.6 में फार्मेटिंग टूल बार के विभिन्न बटन दिखाये गये हैं और उनके नाम या उपयोग की ओर संकेत किया गया है. आगे के विवरण में स्थान-स्थान पर इन बटनों का संदर्भ दिया जाएगा, इसलिए इन्हें अच्छी तरह पहचान लेना चाहिए.

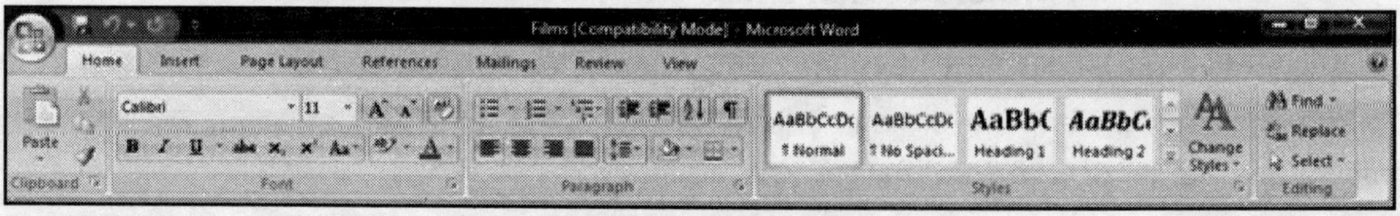

चित्र WD-3.6 : होम टैब

फॉण्ट भाग का उपयोग (Using Font Section)

Home टैब के Font भाग में पाठ्य को संपादित करने के लिए कई बटन और विकल्प दिये गये हैं. इसमें दो ड्रॉप-डाउन लिस्ट बॉक्स हैं- Font और Font Size, जिनके जरिये आप टैक्स्ट का फॉण्ट तथा आकार बदल सकते हैं. इनके अतिरिक्त इस भाग में दिये गये बटन हैं- बोल्ड (Bold), तिरछा (Italic), रेखांकन (Underline), स्ट्राइकथ्रू (Strikethrough), सबस्क्रिप्ट (Subscript), सुपरस्क्रिप्ट (Superscript), क्लिअर फार्मेटिंग (Clear Formatting),

टैक्स्ट हाईलाइट कलर (Text Highlight Color), फॉण्ट कलर (Font Color), केस परिवर्तन (Change Case), फॉण्ट वर्धन (Grow Font) और फॉण्ट संकुचन (Shrink Font). इन सभी बटनों और विकल्पों का उपयोग निम्न प्रकार है–

(i) टैक्स्ट का फॉण्ट तथा आकार बदलना (Changing Font and Size of a Text) : आप किसी चुने हुए पाठ्य का फॉण्ट (रूप) तथा आकार भी बदल सकते हैं. इसके लिए सबसे पहले उस पाठ्य को चुन लीजिए. फॉण्ट बदलने के लिए फॉण्ट भाग में फॉण्ट के ड्राप-डाउन लिस्ट बॉक्स के तीर के बटन को क्लिक कीजिए, जिससे फॉण्ट की लिस्ट चित्र WD-3.7 की तरह खुल जाएगी. आप इसमें से कोई भी फॉण्ट क्लिक करके चुन लीजिए. इस लिस्ट में हाल ही में चुने गए फॉण्ट सबसे ऊपर दिखाए जाते हैं. वैसे आप इस लिस्ट बॉक्स में फॉण्ट का नाम सीधे भी टाइप कर सकते हैं.

इसी तरह किसी पाठ्य के अक्षरों का आकार बदलने के लिए फॉण्ट भाग में आकार (Size) के ड्राप-डाउन लिस्ट बॉक्स में या तो आकार बताने वाली संख्या सीधे टाइप कीजिए या उस लिस्ट को खोलकर उसमें से आकार चुन लीजिए. इस लिस्ट में केवल प्रमुख आकार ही दिखाए जाते हैं. वैसे आप इसमें कोई भी आकार जो आपके कागज पर छापा जा सकता हो, इसमें सेट कर सकते हैं.

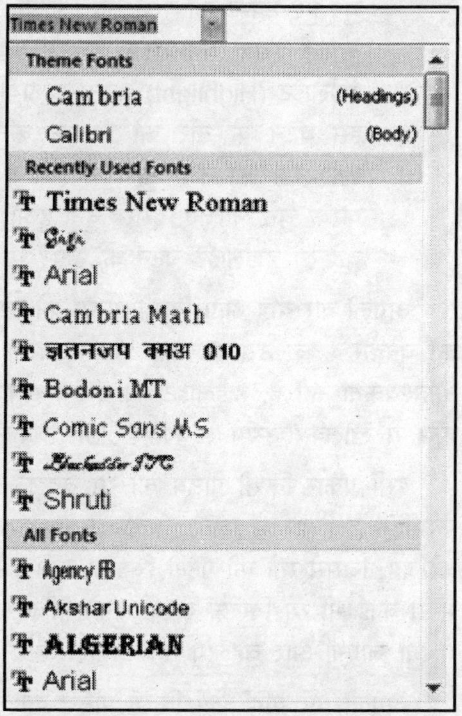

चित्र WD-3.7 : फॉण्ट की ड्रॉप-डाउन लिस्ट

(ii) बोल्ड, तिरछा और रेखांकित करना (Bold, Italic and Underline) : फॉण्ट भाग के बटनों से किसी पाठ्य को बोल्ड, रेखांकित या तिरछा करना बहुत सरल है. सबसे पहले उस पाठ्य को चुन लीजिए. फिर सम्बंधित बटन को क्लिक कीजिए. उदाहरण के लिए, यदि आप किसी शीर्षक को बोल्ड अर्थात् गहरा करना चाहते हैं, तो उस शीर्षक को चुनकर 'Bold' बटन को क्लिक कीजिए. इससे शीर्षक गहरा हो जाएगा. इसी प्रकार 'Italic' और 'Underline' बटनों से किसी पाठ्य को आप क्रमशः तिरछा और रेखांकित कर सकते हैं. वर्ड में रेखांकन के लिए अलग-अलग डिजायन उपलब्ध हैं. Underline के ड्रॉप डाउन लिस्ट बॉक्स के तीर के बटन को क्लिक कीजिए और लिस्ट में से अपना मनपसंद डिजायन चुन लीजिए.

यहां ध्यान देने योग्य बात यह भी है कि कुछ बटनों का प्रभाव उन्हें दोबारा क्लिक करने पर समाप्त हो जाता है. उदाहरण के लिए, यदि आप कोई शीर्षक चुनकर पहले 'Bold' बटन को क्लिक करके उसे गहरा कर देते हैं, तो दूसरी बार वही शीर्षक चुनकर उसी बटन को क्लिक करने पर शीर्षक फिर से सामान्य हो जाएगा अर्थात् उसका गहरापन गायब हो जायेगा. इसी प्रकार आप दूसरे बटनों के बारे में भी समझ सकते हैं. ऐसे बटनों को टॉगिल बटन (Toggle Buttons) कहा जाता है.

विशेष प्रभाव वाले एक से अधिक बटनों को किसी पाठ्य पर एक साथ लागू करके उन सबका सम्मिलित प्रभाव भी उत्पन्न किया जा सकता है. उदाहरण के लिए, यदि आप किसी पाठ्य को चुनकर पहले उसे गहरा करते हैं, फिर तिरछा बटन भी क्लिक करते हैं, तो वह पाठ्य गहरा होने के साथ-साथ तिरछा भी हो जाएगा. इस प्रकार आप विभिन्न बटनों का समूह में प्रयोग करके अनेक प्रकार के प्रभाव उत्पन्न कर सकते हैं.

(iii) फॉण्ट तथा बैकग्राउंड का रंग बदलना (Changing Font and Background Colour) : आप किसी चुने हुए पाठ्य तथा उसके बैकग्राउंड का रंग भी बदल सकते हैं. इससे पाठ्य अधिक सुन्दर लगता है. किसी चुने हुए टैक्स्ट को दूसरे रंगों (पीला, गुलाबी, लाल, हरा आदि) में उभारने अर्थात् उसके बैकग्राउंड का रंग बदलने के लिए फार्मेटिंग टूल बार में हाईलाइट (Highlight) बटन का प्रयोग किया जाता है. रंग चुनने के लिए इस बटन के तीर को क्लिक कीजिए, जिससे रंगों की पट्टी चित्र WD-3.8 की तरह खुल जाएगी. इस पट्टी में से कोई भी रंग क्लिक करके चुन लीजिए. इससे चुना हुआ पाठ्य उसी रंग में उभर आएगा और वह रंग हाईलाइट बटन के ऊपर भी दिखाई देगा.

चित्र WD-3.8 : हाइलाइट बटन की रंग पट्टी

अगली बार यदि आप किसी पाठ्य को उसी रंग में उभारना चाहते हैं, तो पाठ्य को चुनकर केवल उस बटन को क्लिक करना काफी है, रंगों की पट्टी खोलने की आवश्यकता नहीं है. हाईलाइट का प्रभाव समाप्त करने के लिए रंगों की पट्टी को फिर से खोलकर उसमें से 'No Color' विकल्प को चुनिए.

इसी प्रकार किसी पाठ्य का रंग बदलने के लिए उस पाठ्य को चुनकर फार्मेटिंग टूल बार में फॉण्ट कलर (Font Colour) बटन के तीर को क्लिक कीजिए, जिससे रंगों की पट्टी चित्र WD-3.9 की तरह खुल जाएगी. इस पट्टी में से कोई भी रंग क्लिक करके चुन लीजिए. इससे चुना हुआ पाठ्य उसी रंग में आ जाएगा और वह रंग फॉण्ट कलर बटन के ऊपर भी दिखाई देगा.

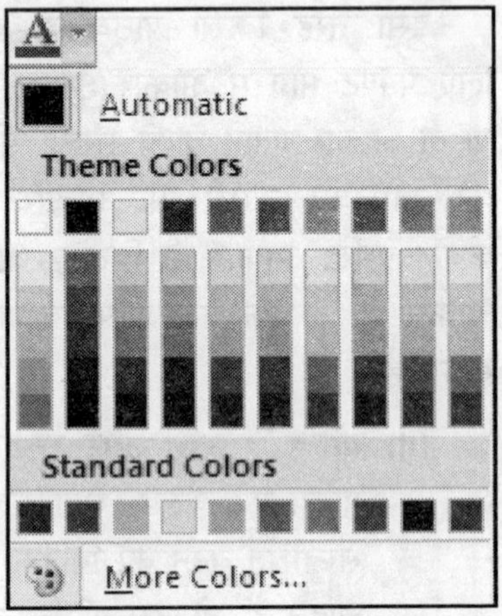

चित्र WD-3.9 : फॉण्ट कलर बटन की रंग पट्टी

अगली बार यदि आप किसी पाठ्य को उसी रंग में लगाना चाहते हैं, तो पाठ्य को चुनकर केवल उस बटन को क्लिक कर दीजिए, रंगों की पट्टी खोलने की आवश्यकता नहीं है. पाठ्य को फिर से काले रंग में लाने के लिए रंगों की पट्टी को फिर से खोलकर उसमें से 'Automatic' विकल्प को चुनिए.

आप ऊपर बतायी गयी सभी स्टाइलों और सुविधाओं का विभिन्न संयोगों (Combinations) में प्रयोग करके सैकड़ों प्रकार के प्रभाव उत्पन्न कर सकते हैं. किसी चुने हुए टैक्स्ट पर उस समय जो फॉण्ट, आकार, स्टाइल, विशेष प्रभाव आदि लागू हो रहे होते हैं, वे टैक्स्ट चुनते ही फार्मेटिंग टूल बार में दिखाए जाते हैं तथा टॉगिल (Toggle) बटन, जैसे बोल्ड, तिरछा आदि, यदि लागू हो रहे हों, तो दबे हुए दिखायी पड़ते हैं, नहीं तो सामान्य दिखायी पड़ते हैं.

अभ्यास के लिए, अपने पिछले दस्तावेज को खोलकर पहले उसे चित्र WD-2.4 की तरह उसके मूल रूप में लाइए अर्थात् आटो फार्मेट का प्रभाव यदि कोई हो, तो उसे समाप्त कर दीजिए और फिर पाठ्य को फॉर्मेट करने की निम्नलिखित क्रियाएं कीजिए–

1. इस समय इस लेख का शीर्षक सामान्य है और अच्छा नहीं लग रहा है. इसे चुनकर पहले गहरा (Bold) कीजिए, फिर इसका आकार बढ़ाकर 14 कर दीजिए.
2. दूसरे पैराग्राफ में 'health is our real wealth.' इस भाग को चुनकर 'Italics' बटन क्लिक कीजिए. इससे यह वाक्यांश तिरछे रूप में आ जाएगा.

3. अंतिम पैराग्राफ में 'A sound mind resides in a sound body.' इस वाक्यांश को चुनिए और फॉण्ट की लिस्ट बॉक्स को खोलिए. इस लिस्ट बॉक्स में 'Arial' फॉण्ट को चुन लीजिए. आवश्यक होने पर स्क्रॉल बार की सहायता लीजिए, क्योंकि यह लिस्ट बहुत लम्बी होती है और फॉण्टों के नाम वर्णमाला के क्रम में होते हैं. फॉण्ट बदलने से यह वाक्यांश नए रूप में आ जाएगा.

4. ऊपर के वाक्य को रेखांकित करने के लिए फार्मेटिंग टूल बार में 'Underline' बटन को क्लिक कीजिए. इस समय आपका दस्तावेज एमएस-वर्ड की विंडो WD-3.10 की तरह दिखायी दे रहा होगा.

इस दस्तावेज में किये गये सुधारों को क्विक एक्सेस टूल बार का 'Save' बटन क्लिक करके या ऑफ़िस मेन्यू का 'Save' आदेश देकर सुरक्षित कर दीजिए.

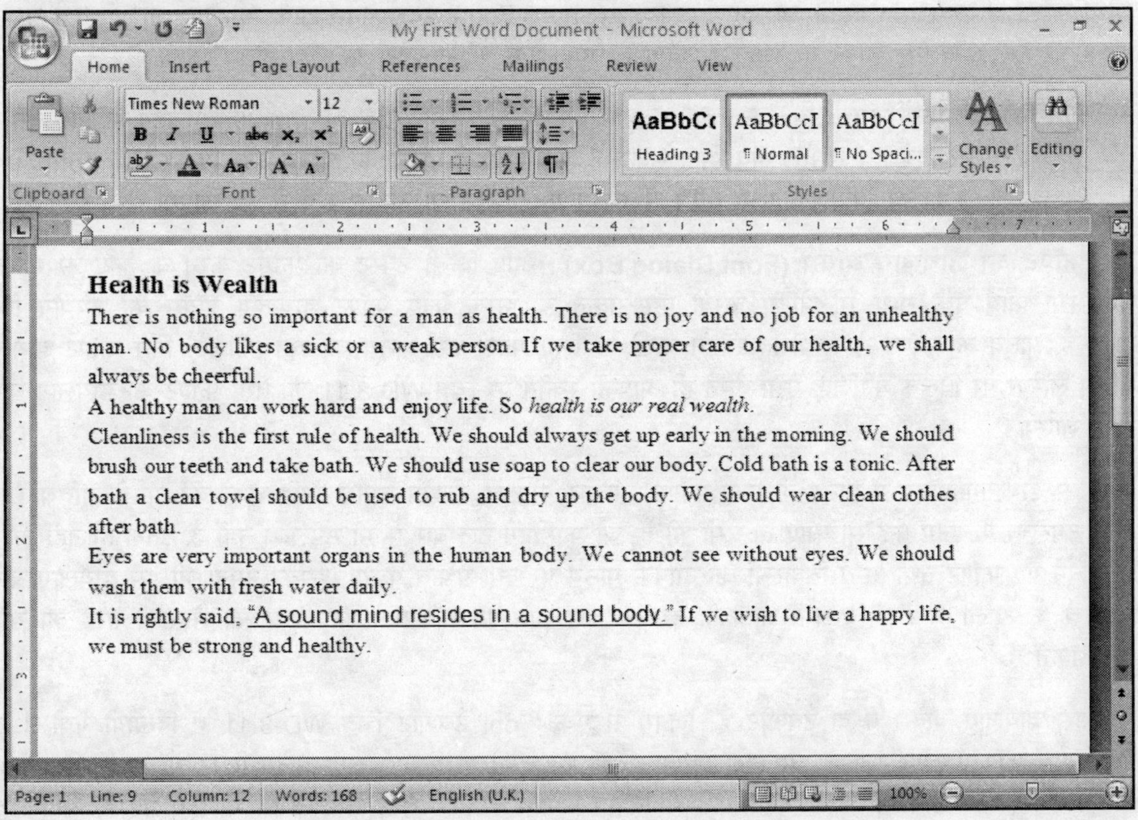

चित्र WD-3.10 : पाठ्य फार्मेट करने के बाद दस्तावेज

(iv) स्ट्राइकथ्रू, सबस्क्रिप्ट और सुपरस्क्रिप्ट (Strikethrough, Subscript and Superscript) : फॉण्ट भाग में उपलब्ध स्ट्राइकथ्रू (Strikethrough) बटन से आप पाठ्य को कटा हुआ प्रभाव दे सकते हैं. इसके लिए सर्वप्रथम टैक्स्ट को चुनिए और फिर स्ट्राइकथ्रू बटन पर क्लिक कीजिए. आप देखेंगे कि टैक्स्ट एक रेखा द्वारा बीच में कटा हुआ प्रतीत होता है.

वर्ड में टैक्स्ट को सबस्क्रिप्ट (Subscript), जैसे H_2O में '$_2$' तथा सुपरस्क्रिप्ट (Superscript), जैसे X^2 में '^{2}' बनाने की भी सुविधा है. ऐसा करने के लिए क्रमशः Subscript और Superscript बटनों पर क्लिक कीजिए.

बोल्ड, तिरछा और रेखांकन बटनों की भांति ये तीन बटन भी टॉगिल हैं.

(v) केस परिवर्तन, फॉण्ट वर्धन और फॉण्ट संकुचन (Change Case, Grow Font and Shrink Font): वर्ड में आप पाठ्य को Sentence Case (वाक्य का पहला अक्षर बड़ा और शेष सभी छोटे), Lowercase (सभी अक्षर छोटे), UPPER CASE (सभी अक्षर बड़े), Capitalize Each Word (वाक्य में प्रत्येक शब्द का पहला अक्षर बड़ा) और tOGGLE cASE (वाक्य में प्रत्येक शब्द का पहला अक्षर छोटा) में बदल सकते हैं. ऐसा करने के लिए सर्वप्रथम टैक्स्ट को चुनिए. अब केस परिवर्तन (Change Case) के ड्रॉप-डाउन लिस्ट बॉक्स के तीर के बटन को क्लिक कीजिए. खुलने वाली लिस्ट में अपना मनपसंद विकल्प क्लिक कीजिए. टैक्स्ट सेट हो जाएगा.

यदि आप चुने हुये टैक्स्ट का आकार छोटा या बड़ा करना चाहते हैं, तो Font Size लिस्ट बॉक्स में जाने के बजाय सीधा फॉण्ट वर्धन (Grow Font) या फॉण्ट संकुचन (Shrink Font) बटनों को क्लिक कीजिए. आप जितनी बार इन बटनों पर क्लिक करेंगे, फॉण्ट का आकार उतना ही एक-एक पॉइन्ट छोटा या बड़ा होता जाएगा.

(vi) क्लिअर फार्मेटिंग (Clear Formatting) : क्लिअर फार्मेटिंग (Clear Formatting) बटन से आप चुने हुये पाठ्य पर दिये हुये सभी प्रभाव मिटा सकते हैं. सबसे पहले पाठ्य को चुनिये और फिर Clear Formatting बटन पर क्लिक कीजिए. ऐसा करने से पाठ्य पुनः अपने वास्तविक रूप में आ जाएगा.

फॉण्ट का डायलाग बॉक्स (Font Dialog Box) : आप किसी टैक्स्ट को फार्मेट करने के लिए ऊपर बताए गए सभी कार्य एक साथ भी सेटिंग करके कर सकते हैं. इसके लिए फॉण्ट डायलॉग बॉक्स का उपयोग किया जाता है. पाठ्य के फॉण्ट से सम्बंधित सेटिंग करने के लिए पहले उस पाठ्य को चुन लीजिए. फिर फॉण्ट डायलॉग बॉक्स लॉन्चर पर क्लिक कीजिए. ऐसा करते ही आपकी स्क्रीन पर चित्र WD-3.11 की तरह फॉण्ट का डायलाग बॉक्स दिया जाएगा.

इस डायलाग बॉक्स में पाठ्य के लिए फॉण्ट, आकार, स्टाइल, विशेष प्रभाव आदि चुनने की अनेक सुविधाएं एक साथ उपलब्ध हैं. इनमें कई सुविधाएं तो ऐसी भी हैं, जो फार्मेटिंग टूल बार में भी उपलब्ध नहीं हैं. इतना ही नहीं आपके द्वारा चुने गए फॉण्ट तथा अन्य विकल्पों का आपके पाठ्य पर क्या प्रभाव पड़ेगा, इसका नमूना भी इस डायलाग बॉक्स में नीचे के खाली भाग में दिखाया जाता है. इसलिए इस डायलाग बॉक्स में आप स्वतंत्रता से सभी तरह की सेटिंग कर सकते हैं.

इस डायलाग बॉक्स में दो टैबशीट हैं, जिनमें से एक 'Font' टैबशीट चित्र WD-3.11 में दिखायी गयी है. इस टैबशीट में फॉण्ट, फॉण्ट स्टाइल, आकार, रेखांकन तथा रंग चुनने के लिए अलग-अलग लिस्ट बॉक्स हैं, जिनमें आप अपनी पसन्द से कोई भी विकल्प चुन सकते हैं. विशेष प्रभावों के लिए कुछ चेक बॉक्स भी दिए गए हैं. आपके द्वारा चुने गए अथवा पहले से ही सेट हो चुके विकल्पों का सम्मिलित प्रभाव नीचे के 'Preview' भाग में एक टैक्स्ट पर दिखाया जाता है.

फॉण्ट डायलाग बॉक्स की 'Character Spacing' टैबशीट अधिक महत्त्वपूर्ण नहीं हैं. इसका प्रयोग कुछ अन्य विशेष प्रभाव उत्पन्न करने के लिए किया जाता है. इनको आप स्वयं समझ लीजिए.

किसी टैक्स्ट को सुपरस्क्रिप्ट (Superscript), जैसे X^2 में '2' तथा सबस्क्रिप्ट (Subscript), जैसे H_2O में '2', बनाने के लिए क्रमशः 'Superscript' तथा 'Subscript' के चेक बॉक्सों को सेट कर देना चाहिए अथवा 'Character Spacing' की टैब शीट के Position लिस्ट बॉक्स में 'Raised' तथा 'Lowered' को चुनना चाहिए.

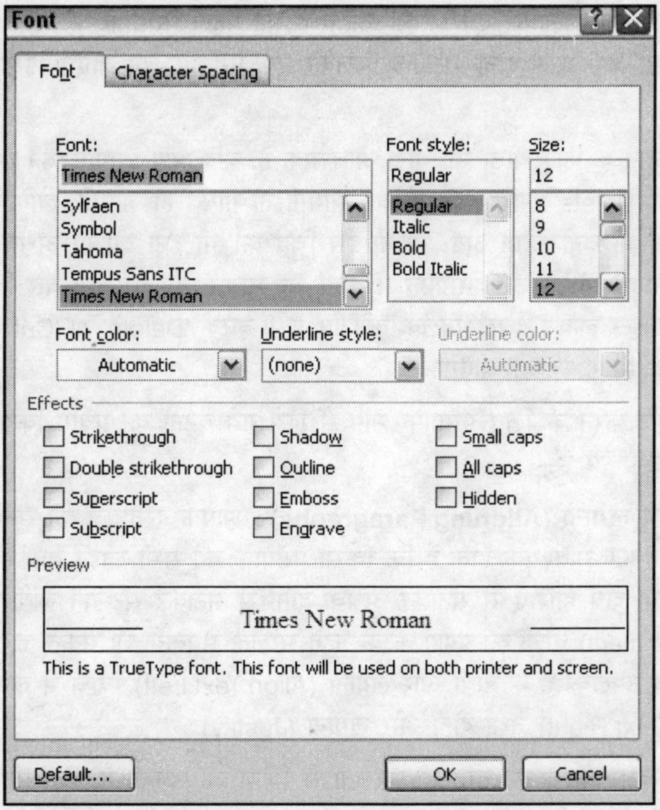

चित्र WD-3.11 : फॉण्ट का डायलाग बॉक्स

सभी प्रकार की सेटिंग करने के बाद इस डायलाग बॉक्स से बाहर आने के लिए 'OK' बटन को क्लिक कीजिए. इससे आपके द्वारा चुने गए सभी विकल्प चुने हुए पाठ्य पर लागू हो जाएंगे. यदि आप सेटिंग रद्द करके फॉण्ट डायलाग बॉक्स से बाहर आना चाहते हैं, तो 'Cancel' बटन को क्लिक कीजिए.

पैराग्राफ भाग का उपयोग (Using Paragraph Section)

आप जानते हैं कि सामान्यतया कोई पैराग्राफ कई वाक्यों (Sentences) का समूह होता है. लेकिन एमएस-वर्ड में पैराग्राफ एक वाक्य, एक शब्द, एक चिह्न या खाली लाइन का भी हो सकता है, यदि उसके अन्त में पैराग्राफ चिह्न (¶) आता हो. पाठ्य टाइप करते समय एण्टर (Enter) कुंजी दबाने से यह चिह्न आ जाता है और एक पैराग्राफ समाप्त होकर नया पैराग्राफ प्रारम्भ हो जाता है. सामान्यतया पैराग्राफ चिह्न दिखायी नहीं पड़ता, परन्तु यदि आप इसे देखना चाहते हैं तो Home टैब के पैराग्राफ भाग में 'शो/हाइड ¶' (Show/Hide ¶) बटन को क्लिक कर दीजिए.

कोई नया पैराग्राफ बनाना बहुत सरल है. इसके लिए आपको केवल एण्टर कुंजी दबानी होगी. इसी तरीके से अर्थात् दो वाक्यों के बीच में एण्टर कुंजी दबाकर आप किसी पैराग्राफ को तोड़कर दो पैराग्राफ भी बना सकते हैं तथा लगातार दो बार एण्टर दबाकर खाली लाइन का पैराग्राफ भी बना सकते हैं.

यदि आप दो पैराग्राफों को मिलाकर एक करना चाहते हैं, तो पहले पैराग्राफ के अन्त में आये पैराग्राफ चिह्न को हटा अर्थात् Delete कर दीजिए. इससे दोनों पैराग्राफ मिलकर एक पैराग्राफ बन जाएगा. इसी प्रकार आप खाली लाइनों को भी हटा सकते हैं.

किसी पैराग्राफ को हटाने के लिए थोड़ी सावधानी आवश्यक है. यदि आप पैराग्राफ की सामग्री को चुनकर 'Delete' बटन दबाएंगे या 'Cut' या 'Delete' आदेश देंगे तो वह सामग्री तो गायब हो जाएगी, लेकिन पैराग्राफ चिह्न बना रहेगा और इसलिए खाली लाइन भी बनी रहेगी अत: या तो इस चिह्न को भी हटा दीजिए अथवा पैराग्राफ पूरा चुनिए. पूरा पैराग्राफ चुनने के लिए माउस पॉइंटर उस पैराग्राफ में कहीं भी लाकर लगातार तीन बार क्लिक कीजिए या पैराग्राफ के बाएं हाशिए में माउस पॉइंटर लाकर डबल-क्लिक कीजिए. ऐसा करके 'Delete' या 'Cut' आदेश देने पर पूरे पैराग्राफ के साथ ही पैराग्राफ चिह्न भी गायब हो जाएगा.

वर्ड में पैराग्राफ फार्मेट करने के लिए पैराग्राफ भाग में दिये गये बटनों का प्रयोग किया जाता है। इन बटनों और विकल्पों के उपयोग निम्न प्रकार हैं–

(i) पैराग्राफ सीध में लगाना (Aligning Paragraphs) : आपके दस्तावेज की सुन्दरता और उपयोगिता बढ़ाने के लिए कई बार यह आवश्यक होता है कि किसी पैराग्राफ की सभी लाइनें बायें हाशिए से सटाकर या लाइन के बीचों बीच या दायें हाशिए से सटाकर अथवा दोनों से सटाकर सेट की जायें. यह कार्य पैराग्राफ भाग के एलाइनमेंट (Alignment) बटनों का प्रयोग करके बहुत सरलता से किया जा सकता है. पैराग्राफ भाग में इस कार्य के लिए 4 बटन उपलब्ध हैं – बायीं ओर लगाना (Align Text Left), बीच में लगाना (Center), दायीं ओर लगाना (Align Text Right) तथा दोनों ओर लगाना (Justify).

इन बटनों का प्रयोग दूसरे बटनों की तरह ही सरलता से किया जा सकता है. जिस पैराग्राफ को आप व्यवस्थित या सेट करना चाहते हैं, उसमें कर्सर ले जाइए. अब अपनी आवश्यकता के अनुसार ऊपर बताए गए चार बटनों में से किसी को क्लिक कीजिए. आप देखेंगे कि उस पैराग्राफ की सभी पंक्तियां आपके द्वारा क्लिक किए गए बटन के अनुसार सेट हो गई हैं. बारी-बारी से सभी बटनों को क्लिक करके आप उनका प्रभाव देख सकते हैं.

एक साथ कई पैराग्राफों या उनके भागों को चुनकर आप यह कार्य उन सब पर एक साथ भी कर सकते हैं.

(ii) इंडेण्ट सेट करना (Setting Indents) : कभी-कभी किसी पैराग्राफ की सभी पंक्तियों को दूसरे पैराग्राफों की अपेक्षा थोड़ा और दायीं ओर हटाकर सेट करने (Indenting) की आवश्यकता होती है. यह कार्य भी पैराग्राफ भाग के बटनों द्वारा सरलता से किया जा सकता है. इस भाग में इसके लिए दो बटन होते हैं –

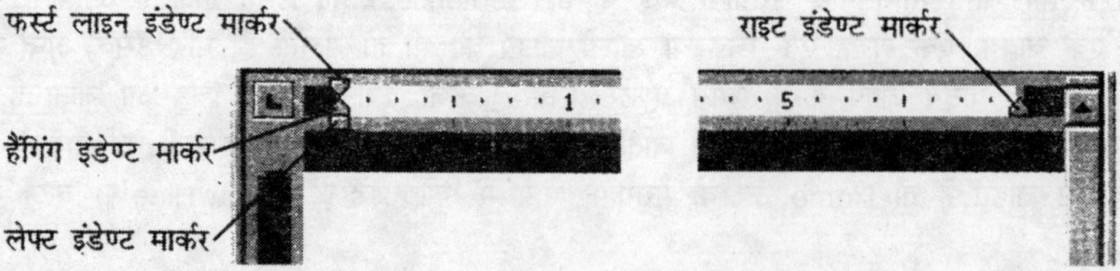

चित्र WD-3.12 : रूलर लाइन में लगे मार्कर

'Increase Indent' तथा 'Decrease Indent', जिनका प्रयोग हाशिए को क्रमश: एक टैब स्टॉप के बराबर अधिक तथा कम करने के लिए किया जाता है. कोई पैराग्राफ चुनकर इन बटनों को बारी-बारी से एक या दो बार क्लिक करके इनका प्रभाव देखिए.

पैराग्राफ को थोड़ा हटाकर सेट करने का कार्य रूलर लाइन की सहायता से भी किया जा सकता है. यदि आपकी वर्ड विंडो में रूलर नजर नहीं आ रहे हैं तो रिब्बन के View टैब के Show/Hide भाग में Ruler चेकबॉक्स में क्लिक कीजिए. एमएस-वर्ड विंडो में क्षैतिज रूलर लाइन को ध्यान से देखिए. इस के बाएं किनारे पर दो छोटे त्रिकोण (Triangle) ऊपर-नीचे बने हुए हैं, उनके नीचे एक छोटा सा आयत बना हुआ है और दायें किनारे पर भी एक त्रिकोण बना हुआ है. इन्हें मार्कर कहा जाता है. चित्र WD-3.12 में ये सभी मार्कर दिखाए गए हैं और उनकी ओर नाम से संकेत किया गया है.

इनमें से फर्स्ट लाइन इंडेण्ट मार्कर का प्रयोग किसी पैराग्राफ की पहली लाइन को दायीं या बायीं ओर हटाकर सेट करने के लिए किया जाता है. इसी प्रकार हैंगिग इंडेण्ट मार्कर का प्रयोग पैराग्राफ की शेष पंक्तियों को दायीं या बायीं ओर हटाकर सेट करने में किया जाता है. कोई पैराग्राफ चुनकर आप इन मार्करों को माउस पॉइंटर से पकड़कर इधर-उधर खींच ले जाइए और इसका प्रभाव देखिए.

लेफ्ट इंडेण्ट तथा राइट इंडेण्ट मार्करों का प्रयोग पूरे पैराग्राफ को अलग हाशिया देने में अर्थात् किसी पैराग्राफ को अन्य पैराग्राफों से कम या अधिक हाशिया देने में किया जाता है. आप इन्हें माउस पॉइंटर से पकड़कर दायें या बायें सरका सकते हैं और पैराग्राफ को उचित स्थान पर ले जाकर सेट कर सकते हैं. जब आप लेफ्ट इंडेण्ट मार्कर को सरकाते हैं, तो फर्स्ट लाइन इंडेण्ट और हैंगिंग इंडेण्ट मार्कर भी उसके साथ ही सरकते हैं. इन मार्करों के प्रयोग का अभ्यास कीजिए.

(iii) लाइन स्पेसिंग (Line Spacing) : एमएस-वर्ड में आप किसी पैराग्राफ की लाइनों की दूरी अर्थात् उनके बीच का स्थान (Line Spacing) भी कम या अधिक कर सकते हैं. लाइन स्पेसिंग तीन प्रकार से की जा सकती है - एकल (Single), डेढ़ (One and Half), तथा डबल (Double). सामान्यतया पैराग्राफों में एकल स्पेसिंग की जाती है, जो डिफॉल्ट मान होता है.

लाइन स्पेसिंग बदलने के लिए या तो धसान बिन्दु (कर्सर) को उस पैराग्राफ में ले जाइए या ऊपर बतायी गयी विधियों से एक या अधिक पैराग्राफ चुन लीजिए. अब पैराग्राफ भाग में Line Spacing के ड्राप डाउन लिस्ट बॉक्स में आवश्यकतानुसार 1.0, 1.15, 1.5, 2.0, 2.5, या 3.0 क्लिक कीजिए. आप देखेंगे कि चुने हुये पैराग्राफों में लाइन स्पेसिंग आपके द्वारा दिये गये आदेश के अनुसार बदल गई है. Add Space Before Paragraph और Add Space After Paragraph विकल्पों की सहायता से आप चुने हुये पैराग्राफ से पहले या बाद में खाली स्थान छोड़ सकते हैं. 'Line Spacing Options...' क्लिक करने पर पैराग्राफ डायलॉग बॉक्स खुलता है, जिसके विषय में हम आगे पढ़ेंगे.

(iv) पैराग्राफ स्पेसिंग (Paragraph Spacing) : एमएस-वर्ड में आप दो पैराग्राफों के बीच का स्थान (Paragraph Spacing) भी कम या अधिक कर सकते हैं. पैराग्राफ स्पेसिंग करने के लिए हमें यह बताना होता है कि किसी पैराग्राफ से पहले और उसके बाद कितना स्थान खाली छोड़ा जाएगा. इस कार्य के लिए किसी टूल बार में कोई बटन उपलब्ध नहीं है. इसलिए यह कार्य पैराग्राफ डायलाग बॉक्स के द्वारा किया जाता है, जिसके बारे में आगे बताया गया है.

पैराग्राफ का डायलाग बॉक्स (Paragraph Dialog Box) : पैराग्राफों के सम्बंध में ऊपर बतायी गयी सभी सेटिंग आप पैराग्राफ डायलाग बॉक्स के द्वारा एक साथ भी कर सकते हैं. यह डायलॉग बॉक्स खोलने के लिए पैराग्राफ भाग में दिये गये पैराग्राफ डायलॉग बॉक्स लॉन्चर पर क्लिक कीजिए. ऐसा करते ही आपकी स्क्रीन पर चित्र WD-3.13 की तरह पैराग्राफ डायलाग बॉक्स खुल जाएगा.

इस डायलाग बॉक्स में दो टैब शीट हैं, जिनमें से पहली, जो अधिक महत्त्वपूर्ण और उपयोगी है, चित्र WD-3.13 में दिखायी गयी है. इस टैब शीट में एलाइनमेंट (Alignment) लिस्ट बॉक्स में पैराग्राफ को एलाइन करने का विकल्प चुना जाता है.

'Indentation' वाले भाग में पैराग्राफ के बायीं ओर तथा दायीं ओर कुछ स्थान छोड़ने के लिए क्रमशः 'Left' तथा 'Right' के स्पिन बॉक्सों में सेटिंग की जाती है. इसी भाग में 'Special' लिस्ट बॉक्स में से 'First Line' को चुनकर और उसके साथ के स्पिन बॉक्स में हाशिया सेट करके आप पहली पंक्ति के लिए विशेष इंडेण्ट सेट कर सकते हैं अथवा इसी लिस्ट में से 'Hanging' विकल्प को चुनकर और उसके साथ के स्पिन बॉक्स में हाशिया सेट करके आप शेष पंक्तियों के लिए इंडेण्ट सेट कर सकते हैं.

'Spacing' वाले भाग में पैराग्राफ से पहले तथा बाद में कुछ खाली स्थान छोड़ने के लिए क्रमशः 'Before' तथा 'After' के स्पिन बाक्सों में सेटिंग की जाती है. इसी भाग में 'Line spacing' लिस्ट बॉक्स में से उचित विकल्प चुनकर आप लाइन स्पेसिंग भी सेट कर सकते हैं.

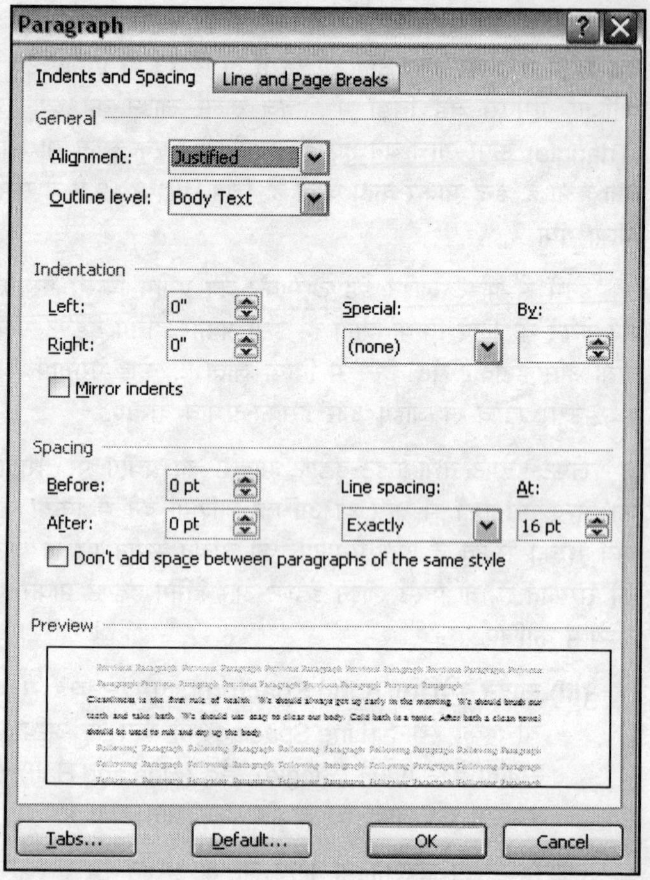

चित्र WD-3.13 : पैराग्राफ का डायलाग बॉक्स

इस डायलाग बॉक्स में 'Preview' नाम वाले आयताकार स्थान में आप अपनी सेटिंग का प्रभाव तत्काल देख सकते हैं. सन्तुष्ट होने पर 'OK' बटन को क्लिक कीजिए, जिससे आपके द्वारा की गयी सेटिंग चुने हुए पैराग्राफ या पैराग्राफों पर लागू हो जाएगी और यह डायलॉग बॉक्स बन्द हो जाएगा.

यहां हम पीछे बनाए हुए अपने दस्तावेज 'My First Word Document' के साथ ऊपर बतायी गयी विभिन्न फार्मेटिंग क्रियाओं का अभ्यास करेंगे. सबसे पहले इस डाक्यूमेंट फाइल को खोल लीजिए और इस दस्तावेज के विभिन्न पैराग्राफों का फार्मेट सुधारने के लिए तैयार हो जाइए.

1. शीर्षक को पंक्ति के बीच में लगाने के लिए सर्वप्रथम शीर्षक को चुनिये और 'Centre' बटन को क्लिक कीजिए. इससे शीर्षक सुन्दर लगेगा.

2. अन्य पैराग्राफों की सेटिंग के लिए, पहले इन्हें चुन लीजिए. चुनने के लिए पहले माउस पॉइंटर को पहले पैराग्राफ के प्रारम्भ में ले जाकर माउस बटन को दबाकर पकड़ लीजिए और दबाए रखकर माउस पॉइंटर को सबसे नीचे के पैराग्राफ के अन्त तक लाइए और छोड़ दीजिए. इससे सभी पैराग्राफ चित्र WD-3.14 की तरह चुन लिए जाएंगे.

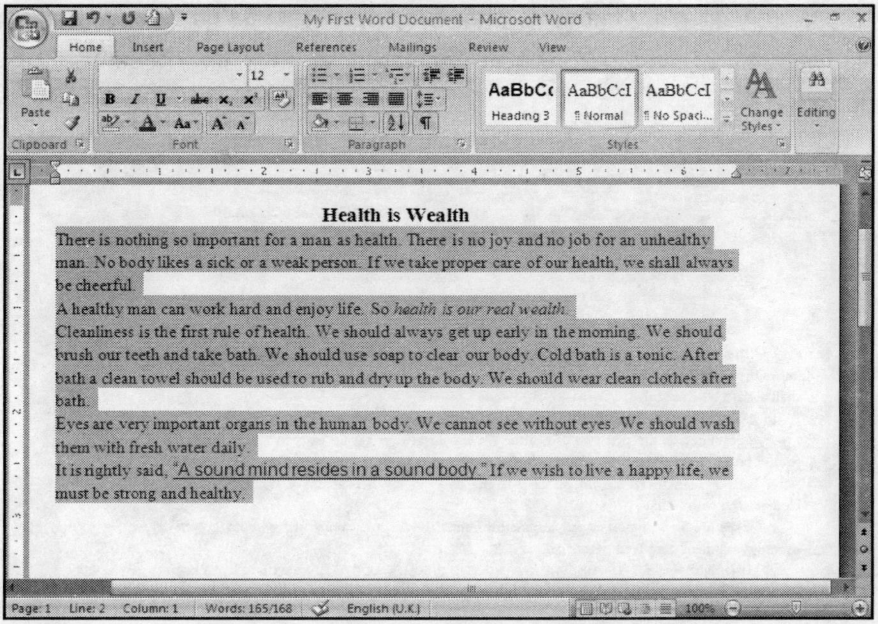

चित्र WD-3.14 : सभी पैराग्राफों को चुनना

3. सामान्यतया हम प्रत्येक पैराग्राफ की पहली पंक्ति को थोड़ा दायीं ओर हटाकर सेट करते हैं. इसके लिए या तो टाइप करते समय ही एक टैब देना चाहिए या सभी की सेटिंग एक साथ करनी चाहिए. पहली लाइन को हटाकर सेट करने के लिए रूलर लाइन पर बायीं ओर बने फर्स्ट लाइन इंडेण्ट मार्कर को माउस पॉइंटर से पकड़कर दायीं ओर खींचिए और थोड़ा खींचकर छोड़ दीजिए. आप देखेंगे कि सभी पैराग्राफों की पहली पंक्ति थोड़ा हटकर प्रारम्भ हो रही है. इस समय दस्तावेज चित्र WD-3.15 की तरह दिखायी देगा.

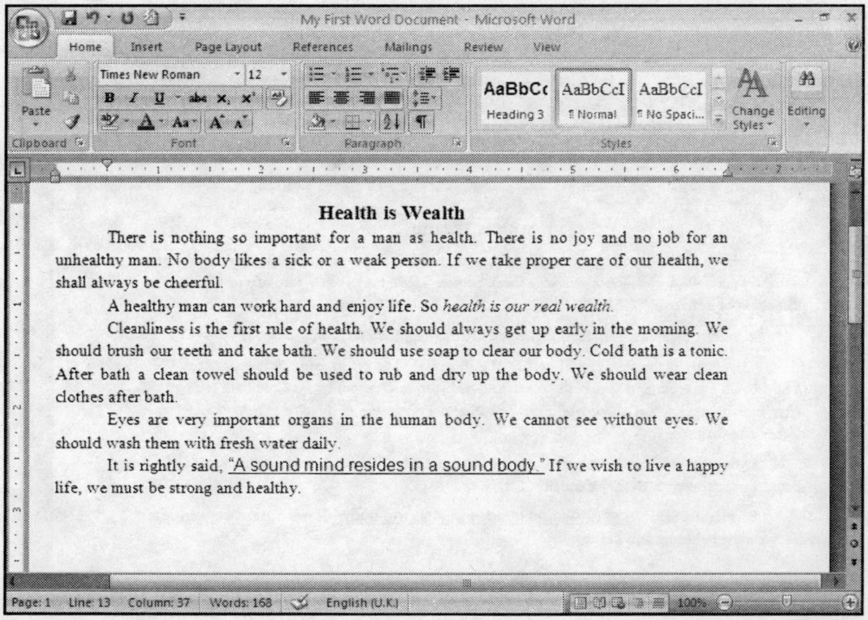

चित्र WD-3.15 : पैराग्राफों की पहली पंक्ति हटाकर लगाने के बाद दस्तावेज

4. अभी पैराग्राफ दायीं ओर से सेट नहीं हुए है. इसके लिए सभी पैराग्राफों को पुनः चुनकर पैराग्राफ भाग में 'Justify' बटन को क्लिक कीजिए. आप देखेंगे कि सभी पैराग्राफ ठीक हो गए हैं और दस्तावेज चित्र WD-3.16 की तरह दिखायी पड़ रहा है.

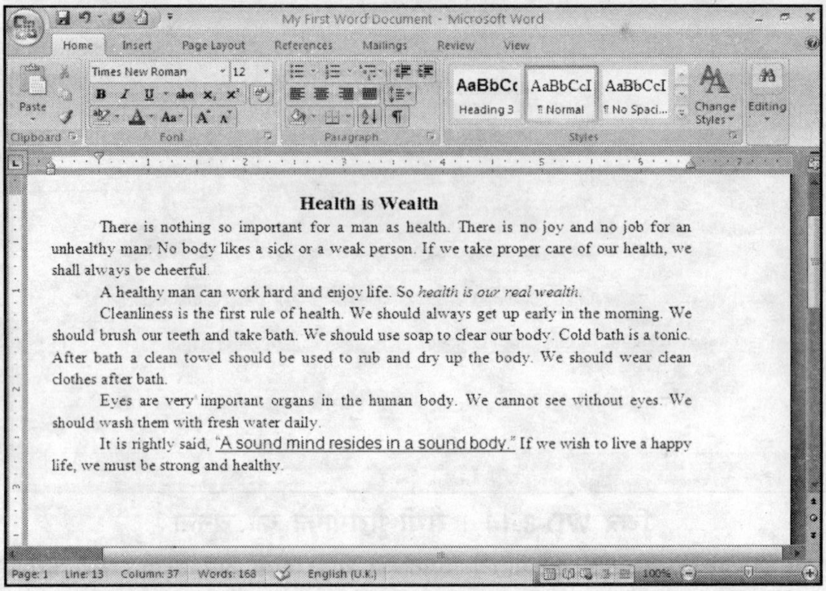

चित्र WD-3.16 : पैराग्राफ जस्टीफाई करने के बाद दस्तावेज

5. लेकिन अभी पैराग्राफों के बीच में खाली स्थान बिल्कुल नहीं है. प्रत्येक पैराग्राफ से पहले थोड़ा खाली स्थान छोड़ने के लिए आपको पैराग्राफ के डायलाग बॉक्स में आना होगा, इस डायलाग बॉक्स को खोलने के लिए पैराग्राफ डायलाग बॉक्स लॉन्चर क्लिक कीजिए. इससे आपको चित्र WD-3.13 की तरह पैराग्राफ डायलाग

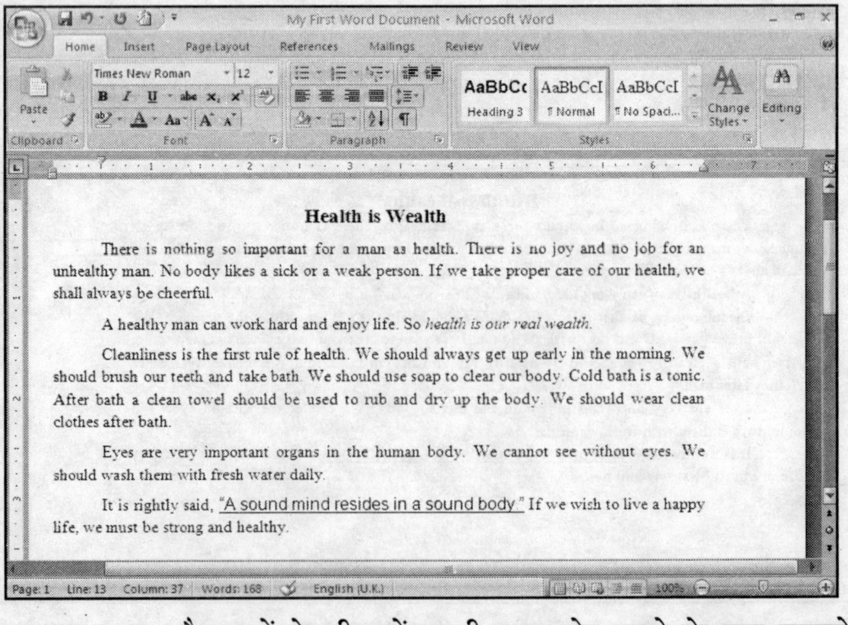

चित्र WD-3.17 : पैराग्राफों के बीच में खाली स्थान सेट करने के बाद दस्तावेज

बॉक्स मिलेगा. इस डायलाग बॉक्स में 'Spacing' भाग के 'Before' स्पिन बॉक्स का ऊपर के तीर का बटन क्लिक कीजिए. इससे इस बॉक्स में '6 pt' शब्द दिखायी देंगे. इसके बाद 'OK' बटन क्लिक करके पैराग्राफ डायलाग बॉक्स से बाहर आते ही आप देखेंगे कि सभी पैराग्राफों से पहले कुछ खाली स्थान आ गया है और प्रत्येक पैराग्राफ चित्र WD-3.17 की तरह औरों से अलग दिखाई दे रहा है.

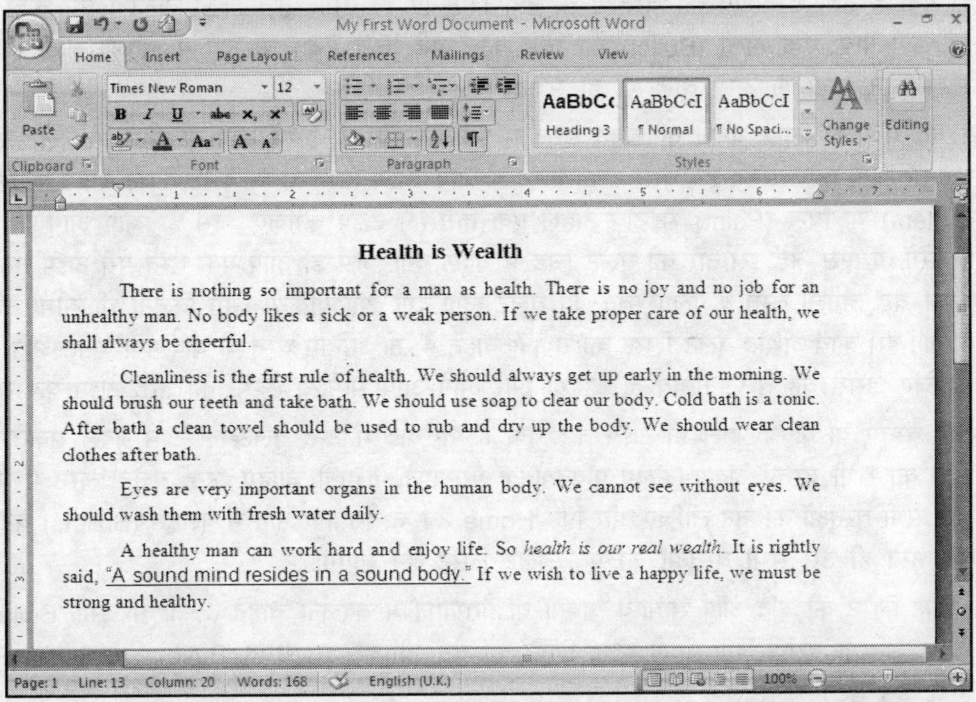

चित्र WD-3.18 : एक पैराग्राफ का स्थान बदलने के बाद दस्तावेज

6. अब हम दूसरे पैराग्राफ 'A healthy man..... real wealth' को अन्तिम पैराग्राफ से ठीक पहले ले जाकर उसमें जोड़ेंगे, क्योंकि यहां यह वाक्य विषम (Odd) लग रहा है. इसके लिए इस अकेले पैराग्राफ को तीन बार क्लिक करके या बाएं हाशिये में डबल क्लिक करके चुन लीजिए और 'Cut' और 'Paste' आदेशों से उसे इच्छित स्थान पर ले जाइए. दोनों पैराग्राफों को एक में मिलाने के लिए अंतिम पैराग्राफ से ठीक पहले कर्सर ले जाकर दो बार बैक स्पेस बटन दबाइए और एक बार स्पेस बार दबाइए. इससे टैब तथा पैराग्राफ चिह्न गायब हो जाएंगे और दोनों पैराग्राफ मिलकर एक हो जाएंगे. इस समय आपका दस्तावेज चित्र WD-3.18 की तरह दिखायी पड़ेगा.

   अब इस दस्तावेज को क्विक एक्सेस टूल बार का 'Save' बटन क्लिक करके या ऑफिस मेन्यू का 'Save' आदेश देकर सुरक्षित कर दीजिए.

(v) **पैराग्राफ भाग के अन्य बटन (Other buttons in Paragraph Section) :** पैराग्राफ भाग में तीन अन्य बटन हैं– शेडिंग (Shading), बॉर्डर (Border) और सॉर्ट (Sort). परन्तु ये बटन ज्यादा प्रयोग में नहीं लाये जाते. इनमें से शेडिंग बटन हाईलाइट बटन की तरह ही कार्य करता है. इसकी मदद से आप चुने हुये पैराग्राफ के बैकग्राउंड में मनचाहा रंग दे सकते हैं. बॉर्डर बटन के ड्राप डाउन लिस्ट बॉक्स के तीर के बटन को क्लिक करने पर बॉर्डर डिजायन के विकल्प खुलते हैं. सॉर्ट बटन से आप चुने हुये पाठ्य की वर्णानुक्रमी (Alphabetical) सूची बना सकते हैं.

बुलेट लिस्ट बनाना (Creating Bullet Lists)

कई बार हमें किसी दस्तावेज या लेख में कुछ वस्तुओं के नामों या तथ्यों को बताना पड़ता है, जिसमें प्रत्येक वस्तु या तथ्य एक अलग लाइन या पैराग्राफ में होता है. उदाहरण के लिए, भाग 2 के अध्याय 2 में विंडोज की वस्तुओं की सूची दी गयी है तथा डेस्कटॉप की वस्तुओं के नाम दिए गए हैं. ऐसी सूचियों को बुलेट लिस्ट कहा जाता है, क्योंकि इनके आगे प्राय: एक गोली (Bullet) का चिह्न काले बड़े बिन्दु (●) के रूप में लगाया जाता है. वैसे यह चिह्न चौकोर, तिकोन, फूल या अन्य कुछ भी हो सकता है.

एमएस-वर्ड में बुलेट लिस्ट बनाने की बहुत सरल सुविधा उपलब्ध है. इसमें आप दो प्रकार से बुलेट लिस्ट बना सकते हैं, एक तो टाइप करते समय ही, दूसरे टाइप करने के बाद. टाइप करते समय बुलेट लिस्ट बनाने के लिए सबसे पहली वस्तु (Item) या बिन्दु (Point) से ठीक पहले एक तारा (*) टाइप कीजिए. जैसे ही आप आगे वह वस्तु या वाक्य टाइप करेंगे. एमएस-वर्ड इस तारे को बुलेट चिह्न में बदल देगा. जैसे ही आप एक वस्तु पूरी टाइप करके एण्टर दबाएंगे, एमएस-वर्ड अगली वस्तु के लिए स्वत: ही बुलेट लगा देगा. यह प्रक्रिया आगे कितनी भी सीमा तक चलती जाएगी. जब आप इस कार्य अर्थात् बुलेट लिस्ट को रोकना चाहते हैं, तो अन्तिम वस्तु के बाद नया बुलेट आते ही खाली एण्टर दबा दीजिए. इससे वह बुलेट गायब हो जाएगी और आगे आप सामान्य टैक्स्ट की तरह टाइप कर सकेंगे.

यदि आप वस्तुएं या वाक्य पहले ही टाइप कर चुके हैं, तो बाद में उन्हें बुलेट लिस्ट में बदल सकते हैं. इसके लिए उस सूची की सभी वस्तुएं अलग-अलग पंक्तियों या पैराग्राफों में होनी चाहिए. उन्हें बुलेट लिस्ट में बदलने के लिए पहले उन सभी वस्तुओं को चुन लीजिए और फिर Home टैब के पैराग्राफ भाग में बुलेट्स (Bullets) बटन क्लिक कीजिए. ऐसा करते ही उस सभी वस्तुओं की एक बुलेट लिस्ट बन जाएगी.

किसी बुलेट लिस्ट को यदि आप सामान्य वाक्यों या पैराग्राफों में बदलना चाहते हैं, तो भी इसी 'Bullets' बटन का प्रयोग किया जाता है. इसके लिए पहले बुलेट लिस्ट को चुन लीजिए. इस समय 'Bullets' वाला बटन सेट (Set) स्थिति में होगा. इस बटन को क्लिक कर देने पर यह रिसैट (Reset) स्थिति में आ जाएगा और बुलेट लिस्ट भी सामान्य पैराग्राफों में बदल जाएगी.

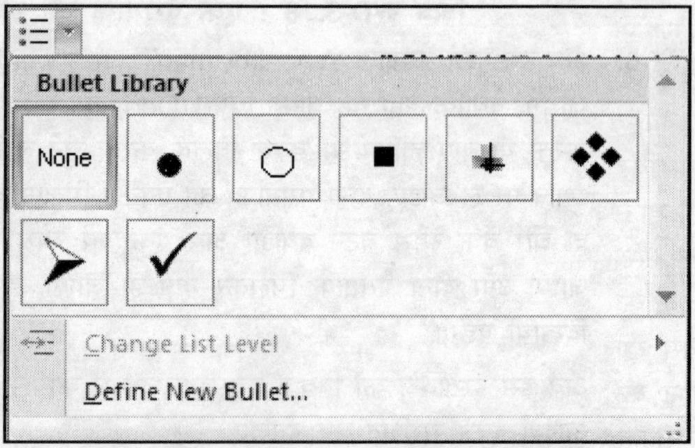

चित्र WD-3.19 : वर्ड में बुलेट लाइब्रेरी

बुलेट लिस्ट की तरह आप क्रम संख्याएं पड़ी हुई सूची (Numbered List) भी बना सकते हैं. ऐसी सूचियों पर क्रम संख्याएं 1,2,3... आदि डाली जाती हैं. टाइप करते समय ऐसी सूची बनाने के लिए पहली वस्तु से ठीक पहले एक संख्या तथा उसके बाद डॉट (.) या दायाँ कोष्ठक चिह्न ')' और टैब टाइप कीजिए. एमएस-वर्ड वहीं से सूची प्रारम्भ कर देगा. आगे की वस्तुओं पर क्रम संख्या उसी स्टाइल में एक बढ़ाकर अपने आप ही आ जाएगी. सूची पूरी होने पर खाली एंटर दबाइए.

बुलेट लिस्ट की ही तरह सामान्य पैराग्राफों को आप बाद में भी क्रमांकित सूची (Numbered list) में बदल सकते हैं. इसके लिए उन पैराग्राफों को चुनकर फार्मेटिंग टूल बार में 'Numbering' बटन को क्लिक कीजिए, जो 'Bullets' बटन के बगल में ही होता है. इससे सभी चुने हुए पैराग्राफ क्रमांकित सूची में बदल जाएंगे. इसी प्रकार 'Numbering'

बटन को रिसैट करके किसी क्रमांकित सूची को साधारण पैराग्राफों में भी बदला जा सकता है. बुलेट और नम्बर लिस्ट की भांति आप मल्टी-लेवल लिस्ट भी तैयार कर सकते हैं, जिसमें शीर्षकों और उप-शीर्षकों के लिए अलग-अलग बुलेट और नम्बर के डिजायन उपलब्ध हों. मल्टी-लेवल लिस्ट का बटन नम्बर लिस्ट के बटन के बगल में होता है.

ऊपर हम बता चुके हैं कि बुलेट लिस्टों के लिए बुलेट चिह्न रूप में सामान्यतया बड़े काले बिन्दु (●) का प्रयोग किया जाता है. आप चाहें तो इसके बजाय दूसरे कई बुलेट चिह्नों में किसी को चुन सकते हैं. इसके लिए पैराग्राफ भाग में बुलेट ड्राप डाउन लिस्ट बटन पर क्लिक करें. इससे आपको चित्र WD-3.19 की तरह बुलेट लाइब्रेरी प्राप्त होगी. लाइब्रेरी में अपना मनपसंद बुलेट चिह्न चुन लें. इसी प्रकार आप नम्बर सूची और मल्टी-लेवल सूची का फार्मेट भी चुन सकते हैं.

स्टाइल भाग का उपयोग (Using Styles Section)

वर्ड 2007 में कुछ स्टाइल दिये गये हैं, जिनके अनुसार आप अपने दस्तावेज को फार्मेट कर सकते हैं. दिये गये स्टाइल देखने के लिए स्टाइल ड्राप डाउन लिस्ट बॉक्स का तीर बटन क्लिक कीजिए. इससे आपको चित्र WD-3.20 की तरह स्टाइल डायलाग बॉक्स प्राप्त होगा. आप देखेंगे कि इसमें Normal, No Spacing, Heading1, Heading3, Title, Subtitle आदि अनेक स्टाइल हैं. आप चुने हुये टैक्स्ट को किसी भी स्टाइल में सेट कर सकते हैं.

Save Selection as a New Quick Style विकल्प के जरिये आप एक नया स्टाइल बना सकते हैं और उसे स्टाइल गैलरी में जोड़ सकते हैं. Clear Formatting विकल्प फॉण्ट भाग में दिये गये बटन की तरह ही काम करता है, और पाठ्य की फार्मेटिंग मिटा कर उसे वास्तविक रूप में ले आता है. आप अपनी आवश्यकतानुसार किसी स्टाइल में परिवर्तन भी ला सकते हैं. इसके लिए स्टाइल लिस्ट बॉक्स में Apply Styles पर क्लिक कीजिए. ऐसा करने पर आपकी वर्ड विंडो में Apply Styles नामक एक अन्य विंडो खुलेगी. Style Name लिस्ट बॉक्स के ड्राप डाउन बटन पर क्लिक कीजिए. परिवर्तन करने वाला स्टाइल चुनिये. अब 'Modify...' बटन पर क्लिक कीजिए. ऐसा करने से Modify Style डायलाग बॉक्स खुलेगा. इसमें आप स्टाइल का नाम, फॉण्ट, फॉण्ट का आकार बदल कर स्टाइल को परिवर्तित कर सकते हैं. जब आप किये गये परिवर्तनों से संतुष्ट हो जायें, तो OK बटन पर क्लिक करें. स्टाइल परिवर्तित हो जाएगा. अब आप अपने दस्तावेज को इस स्टाइल के अनुसार फार्मेट कर सकते हैं.

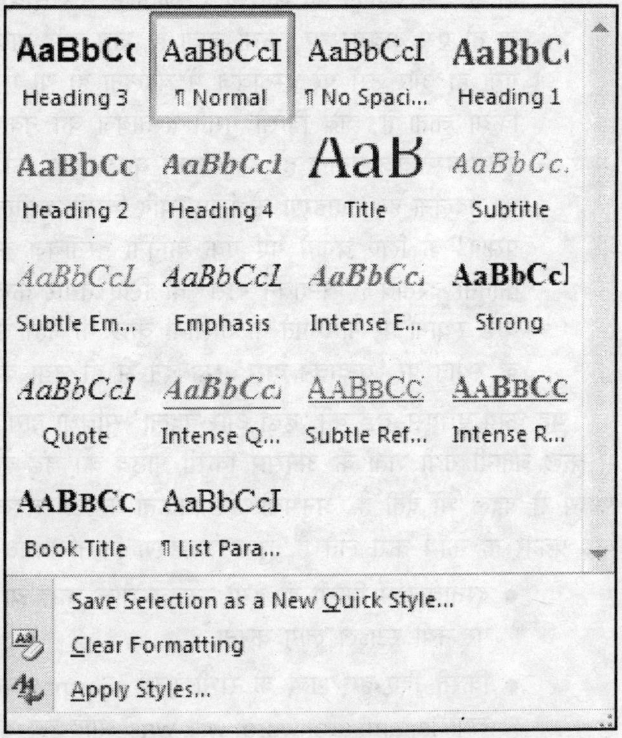

चित्र WD-3.20 : स्टाइल डायलाग बॉक्स

इसी डायलाग बॉक्स में Change Styles के बटन के जरिये आप स्टाइलों का सेट, रंग और फॉण्ट बदल सकते हैं. यह अधिक प्रयोग में नहीं लाया जाता. इसका उपयोग आप स्वयं समझ सकते हैं.

स्टाइल का डायलाग बॉक्स (Style Dialog Box) : यह डायलाग बॉक्स खोलने के लिए स्टाइल्स भाग का डायलाग बॉक्स लॉन्चर क्लिक कीजिए. इससे एक मेन्यू जैसा डायलाग बॉक्स चित्र WD-3.21 खुलेगा, जिसमें अलग-अलग स्टाइल्स दिये होंगे. आप किसी भी विकल्प को चुनकर अपना दस्तावेज आसानी से फार्मेट कर सकते हैं. डायलाग बॉक्स को बंद करने के लिये इसके दायें कोने में दिया गया ग बटन क्लिक करें.

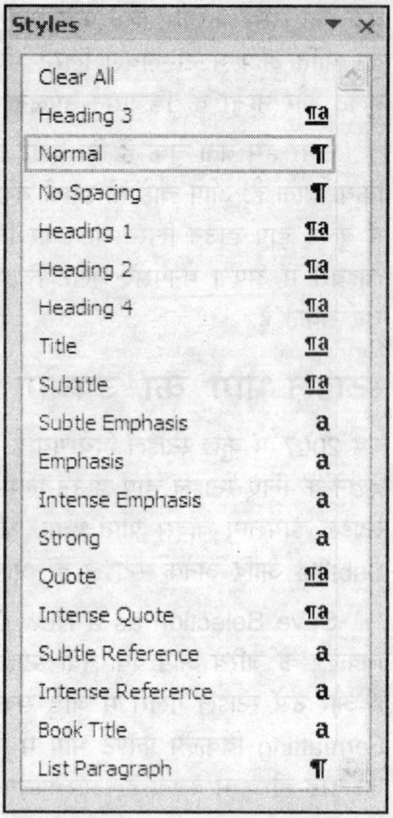

चित्र WD-3.21 : स्टाइल का डायलाग बॉक्स

एडिटिंग भाग का उपयोग (Using Editing Section)

Home टैब में सबसे अंत में दिया गया बहुपयोगी एडिटिंग (Editing) भाग किसी शब्द में ढूंढने, बदलने और दस्तावेज में पाठ्य चुनने का कार्य करता है.

इस भाग के उपयोग निम्नलिखित प्रकार हैं–

(i) ढूंढ़ना और बदलना (Find and Replace) : प्रत्येक वर्ड प्रोसेसर में कोई दिया हुआ पाठ्य या शब्द ढूंढ़ने और उसे किसी दूसरे पाठ्य या शब्द से बदलने की सुविधा दी जाती है. इस सुविधा का उपयोग या तो ऐसे अवसर पर किया जाता है, जब कोई शब्द गलत चला गया हो और उसे पूरे दस्तावेज में बदलना हो या ऐसे अवसर पर किया जाता है, जब किसी पुराने दस्तावेज की नकल करके हमें दूसरा दस्तावेज बनाना हो और उसमें कुछ शब्दों को प्रत्येक स्थान पर बदलना हो. उदाहरण के लिए, यदि किसी वकील को 'गोकुल प्रसाद' के लिए बनाये गए एक कानूनी दस्तावेज की तरह दूसरा कानूनी दस्तावेज 'वृन्दावन दास' के लिए तैयार करना है, जिसमें कुछ स्थानों पर नाम-पते के अलावा कुछ भी नहीं बदलता है, तो पुराने दस्तावेजों में प्रत्येक 'गोकुल प्रसाद' के स्थान पर 'वृन्दावन दास' रख देने से ही नया दस्तावेज तैयार हो जाएगा.

यह कार्य एमएस-वर्ड की 'ढूंढ़ो और बदलो' सुविधा द्वारा सरलता से किया जा सकता है. 'ढूंढ़ो' सुविधा दस्तावेज में कुछ बतायी गयी शर्तों के अनुसार किसी पाठ्य को ढूंढ़ देती है और 'बदलो' सुविधा उसे ढूंढ़ने के साथ ही नये पाठ्य से बदल भी देती है. अनुभवी उपयोगकर्ता केवल 'बदलो' सुविधा का उपयोग करके अन्य कई प्रकार के कार्य करा लेते हैं. कुछ उदाहरण निम्नलिखित हैं –

- दस्तावेज में किसी दी हुयी स्टाइल वाले कुछ या सभी पैराग्राफों को ढूंढ़ना और उन पर नयी स्टाइल लागू करना.
- किसी दिए हुए शब्द के सभी रूपों (Forms) को ढूंढ़ना, जैसे 'Be' क्रिया के सभी रूपों is, am, are, were, will, was आदि को ढूंढ़ना.
- किसी दिये हुए टैक्स्ट को दस्तावेज से हटाना. यदि हम कोई पाठ्य ढूंढ़ें और उसके बदले रखे जाना वाला पाठ्य कुछ भी न देते, तो वह पाठ्य दस्तावेज से हटा दिया जाता है.
- हम पूरे दस्तावेज या उसके किसी भाग में ही नीचे से ऊपर या ऊपर से नीचे यह क्रिया कर सकते हैं.

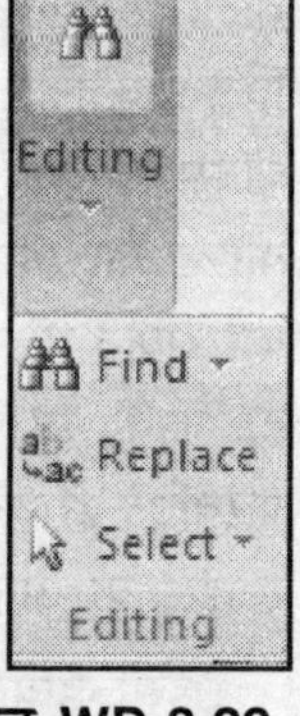

चित्र WD-3.22 : Editing मेन्यू

बदलने की क्रिया का अच्छा उपयोग करने के लिए ढूंढ़ने की कला जानना आवश्यक है. पाठ्य ढूंढ़ने के लिए Home टैब के एडिटिंग (Editing) भाग के ड्राप डाउन बटन को क्लिक करें. अब खुलने वाले मेन्यू चित्र (WD-3.22) में Find आदेश दीजिए. इससे आपकी स्क्रीन पर 'Find and Replace' डायलाग बॉक्स की 'Find' टैबशीट खुलेगी, जिसमें 'More' बटन को क्लिक करने पर पूरा डायलाग बॉक्स चित्र WD-3.23 की तरह दिखायी देगा.

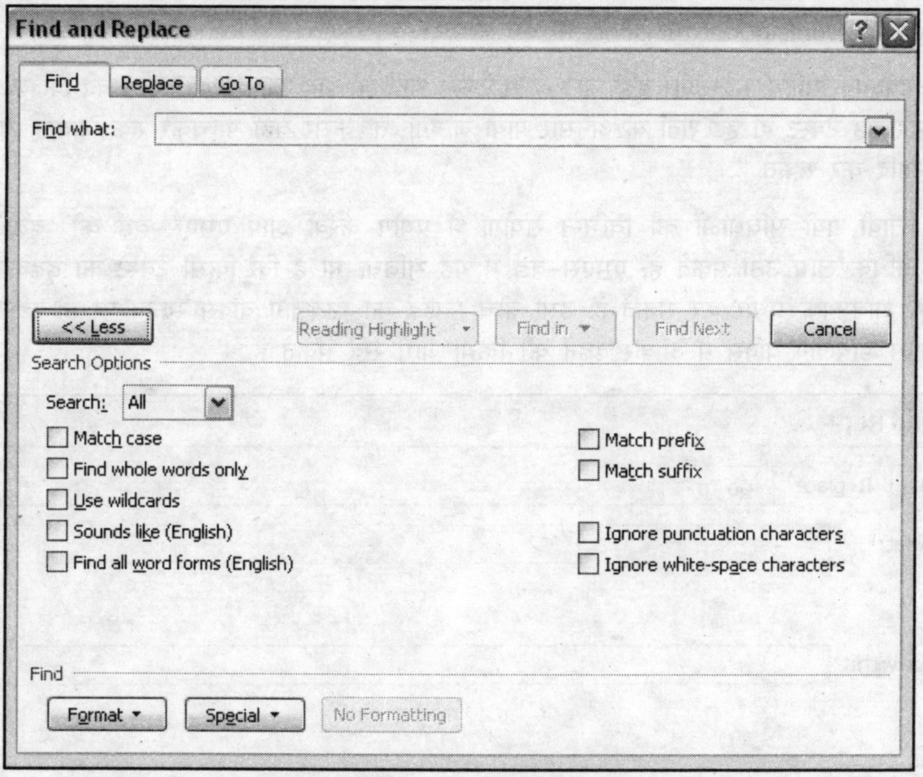

चित्र WD-3.23 : ढूंढ़ो और बदलो डायलाग बॉक्स की 'ढूंढ़ो' टैब शीट

इस टैब शीट में 'Find what' टैक्स्ट बॉक्स में वह टैक्स्ट दिया जाता है, जिसको आप ढूंढ़ना चाहते हैं. 'Search' की ड्राप डाउन लिस्ट बॉक्स में ढूंढ़ने की क्रिया को सीमित करने वाले विकल्प दिये जाते हैं, जिनमें से आप एक को चुन सकते हैं. उसके आगे कुछ चेक बॉक्स बने होते हैं, जो आपकी खोज को निर्देशित करते हैं. इनका प्रभाव निम्न प्रकार है–

- 'Match case' चेक बॉक्स को सेट कर देने पर दिये गये पाठ्य के छोटे और बड़े अक्षरों को अलग-अलग मानकर उनको ठीक-ठीक मिलाया जायेगा, जैसे यदि आप 'Ram' को ढूंढ़ रहे हैं तो 'ram', 'RAM' आदि नहीं ढूंढ़े जायेंगे.
- 'Find whole word only' चेक बॉक्स को सेट कर देने पर केवल पूरे शब्द ही ढूंढ़े जायेंगे. जैसे 'Ram' को ढूंढ़ने पर 'Ramesh' नहीं ढूंढ़ा जायेगा.
- 'Use wild cards' को चेक करने पर दिये गये पैटर्न को ढूंढ़ा जायेगा. किसी भी एक अक्षर के लिए हम '^ ?' का प्रयोग करते हैं, जबकि कई अक्षरों के लिए '^*' का. उदाहरण के लिए B^?t को ढूंढ़ने पर Bat,

Bit, Bet, But आदि सभी ढूंढ़ दिये जायेंगे. इसी प्रकार 'B^*t' ढूंढ़ने पर Best, Boot, Built आदि B से प्रारम्भ और पर समाप्त होने वाले सभी शब्द ढूंढ़े जायेंगे.

- 'Sounds like' को चेक करने पर लगभग एक जैसे उच्चारण वाले शब्दों को ढूंढ़ा जायेगा. उदाहरण के लिए, 'To' को ढूंढ़ने पर Too, Toe, Two आदि सभी शब्द ढूंढ़ दिये जायेंगे.
- 'Find all word Forms' को चेक करने पर एक शब्द के सभी रूप ढूंढ़ दिये जायेंगे. जैसे 'go' को ढूंढ़ने पर going, went, goes तथा gone भी ढूंढ़े जायेंगे.

सभी आवश्यक सेटिंग करने और ढूंढ़ा जाने वाला टैक्स्ट भरने के बाद 'Find Next' बटन को क्लिक कीजिए. ऐसा करने पर यदि वह टैक्स्ट दी हुई शर्तों के अनुसार पाया जायेगा, तो कर्सर वहां पहुंचकर रुक जायेगा. यहां आप कोई भी सुधार आदि कर सकते हैं.

ऊपर बतायी गयी सुविधाओं का विभिन्न संयोगों में प्रयोग करके आप एमएस-वर्ड की 'ढूंढ़ो' सुविधा का अधिक से अधिक लाभ उठा सकते हैं. एमएस-वर्ड में यह सुविधा भी है कि किसी टैक्स्ट को ढूंढ़कर डॉक्यूमेंट में जाकर उसमें आवश्यक सुधार कर सकते हैं. इसी बीच फाइंड का डायलाग बॉक्स स्क्रीन पर ही रहेगा सुधार करने के बाद वापस डायलाग बॉक्स में आकर ढूंढ़ने की क्रिया जारी रख सकते हैं.

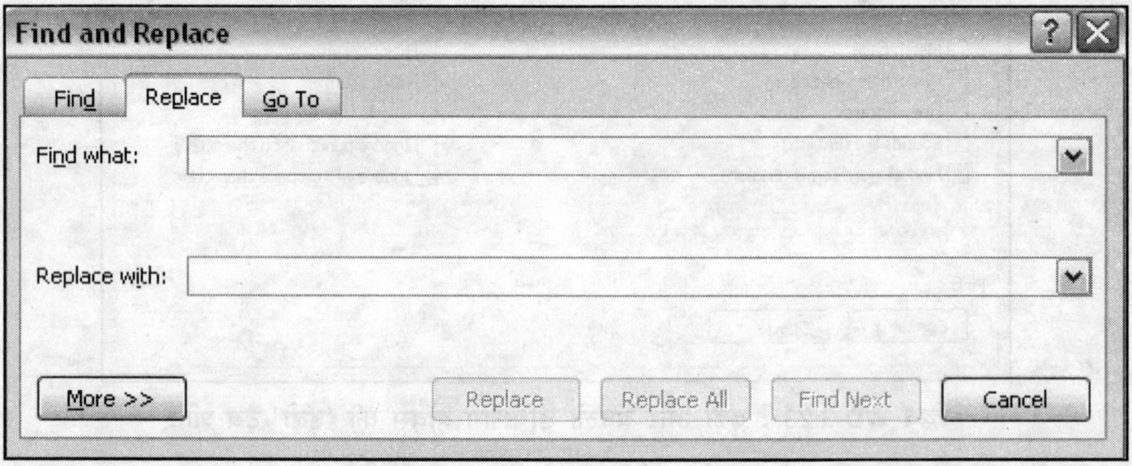

चित्र WD-3.24 : ढूंढो और बदलो डायलाग बॉक्स की 'बदलो' टैबशीट

ढूंढ़ने के साथ ही बदलने का कार्य करने के लिए 'Editing' मेन्यू (चित्र WD-4.6) का ही 'Replace' आदेश दीजिए, जिसके उत्तर में आपकी स्क्रीन पर चित्र WD-3.24 की तरह 'ढूंढ़ो और बदलो' डायलाग बॉक्स की 'Replace' टैब शीट खुलेगी.

इस टैब शीट में 'Find what' तथा 'Replace with' दो टैक्स्ट बॉक्स हैं, जिनमें क्रमशः ढूंढ़ा जाने वाला तथा उसके बदले रखा जाने वाला पाठ्य भरे जाते हैं. 'More' बटन को क्लिक करके ढूंढ़ने की क्रिया को नियंत्रित करने वाले विकल्प दिखाये जाते हैं, जो ठीक चित्र WD-3.23 की 'Find' टैबशीट के अनुसार होते हैं.

दोनों टैक्स्ट बॉक्स भरकर तथा आवश्यक सेटिंग करने के बाद 'Find Next' बटन क्लिक करने से वह टैक्स्ट ढूंढ़ा जायेगा और यदि दस्तावेज में होगा तो कर्सर वहां जाकर रुक जायेगा. इस समय यदि आप 'Replace' बटन क्लिक करते हैं, तो नया टैक्स्ट पुराने की जगह रख दिया जायेगा. नया टैक्स्ट खाली देने पर केवल पुराना हटा दिया जायेगा.

'Find Next' को क्लिक करके यह क्रिया आगे भी जारी रखी जा सकती है. यदि आप चाहते हैं कि पूरे दस्तावेज में (या उसके दिये भाग में) यह बदलाव बार-बार पूछे बिना कर दिया जाय तो 'Replace All' बटन को क्लिक कीजिए.

(ii) पाठ्य चुनना (Select) : एडिटिंग मेन्यू में पाठ्य चुनने की सुविधा भी उपलब्ध है. यदि आप समूचे दस्तावेज को चुनकर उसे फार्मेट करना चाहते हैं, तो एडिटिंग मेन्यू में Select All आदेश दीजिए. आपका पूरा दस्तावेज Select हो जाएगा.

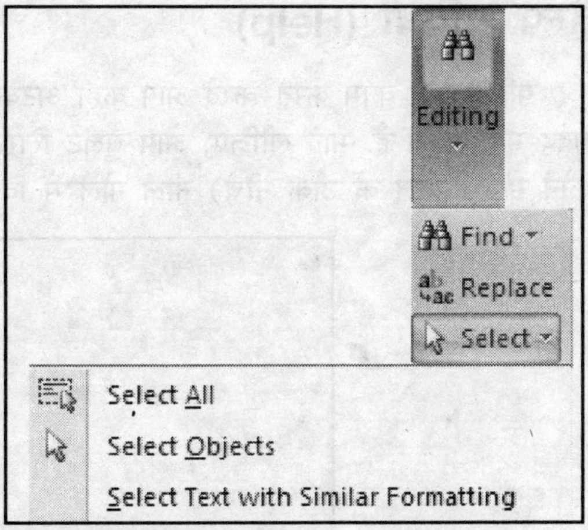

चित्र WD-3.25 : Select मेन्यू

इसी मेन्यू के Select Objects विकल्प की मदद से आप अपने माउस पॉइंटर की आकृति बड़ी आई (I) से तीर के निशान (↖) में बदल सकते हैं और पाठ्य का चुनाव कर सकते हैं.

Select Text with Similar Formatting विकल्प समान फार्मेटिंग वाले पाठ्य के चुनाव में मदद करता है.

मिनी टूलबार और सीधा पूर्वदर्शन (Mini Toolbar and Live Preview)

वर्ड 2007 की दो नई विशेषताएं हैं– मिनी टूलबार (Mini Toolbar) और सीधा पूर्वदर्शन (Live Preview). इन दोनों के विवरण निम्न प्रकार हैं–

मिनी टूलबार (Mini Toolbar) : आप देखेंगे कि जैसे ही वर्ड 2007 में टैक्स्ट चुना जाता है, वैसे ही एक छोटा टूलबार, जिसे Mini Toolbar (चित्र WD-3.26) कहा जाता है, प्रकट होता है. इस टूलबार में Home टैब के चुनिंदा बटन दिये गये हैं, जैसे फॉण्ट लिस्ट बॉक्स, फॉण्ट आकार लिस्ट बॉक्स, Shrink Font, Styles, Bold, Italic, Center-align, Bullet इत्यादि. इस टूलबार में मुख्यत: वे सभी बटन हैं, जिनका प्रयोग बार-बार होता है. यह टूलबार प्रयोगकर्ता की सुविधा के लिये बनाया गया है. इसकी मदद से आप Home टैब के भागों में जाये बिना इन बटनों का प्रयोग कर टैक्स्ट फार्मेट कर सकते हैं.

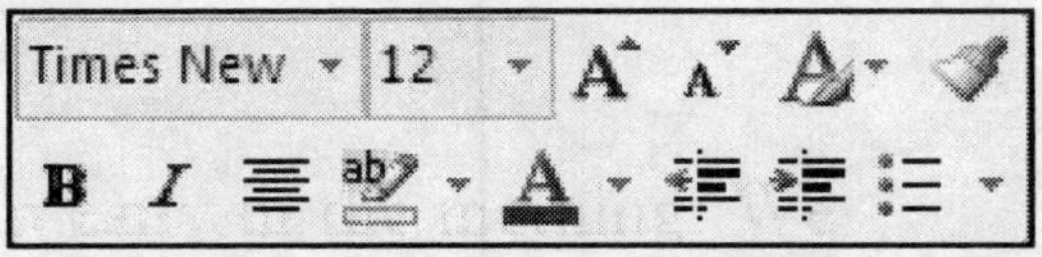

चित्र WD-3.26 : मिनी टूलबार

यदि आपका मिनी टूलबार गायब हो जाये, तो जिस टैक्स्ट को फार्मेट करना है, उसे चुनकर उस पर माउस का दायां बटन क्लिक कीजिए. मिनी टूलबार तुरंत प्रकट हो जाएगा.

सीधा पूर्वदर्शन (Live Preview) : वर्ड 2007 की अन्य विशेषता है – सीधा पूर्वदर्शन. कुछ टैबों के कुछ बटनों से आपको क्लिक किये बिना ही पूर्वदर्शन मिलता है. जैसे, आप अपने टैक्स्ट का फॉण्ट बदलना चाहते हैं. इसके लिये आप पाठ्य को चुनें. फिर फॉण्ट का लिस्ट बॉक्स खोलें. इसके बाद आप जैसे ही किसी फॉण्ट विकल्प पर अपना माउस पॉइंटर लायेंगे, वैसे ही वर्ड आपको पूर्वदर्शन देगा कि वह फॉण्ट पृष्ठ पर कैसे लगेगा. आप पूर्वदर्शन के आधार पर अपना मनपसंद फॉण्ट चुन कर उसे क्लिक कर दीजिए. टैक्स्ट आपके मनचाहे फॉण्ट में बदल जाएगा.

Home टैब में Font, Font Size, Highlight, Font Color, Bullets, Numbering, Styles आदि बटन पूर्वदर्शन देते हैं.

हेल्प सुविधा (Help)

यदि वर्ड में काम करते-करते आप कहीं अटक जायें और आपको सहायता की आवश्यकता हो, तो आप वर्ड से मदद मांग सकते हैं. मान लीजिए, आप बुलेट लिस्ट तैयार करने पर सहायता चाहते हैं. इसके लिए रिब्बन के दायें कोने में (x बटन के ठीक नीचे) नीले गोले में दिये गये प्रश्नवाचक चिह्न (?) पर क्लिक करें. इससे Word Help

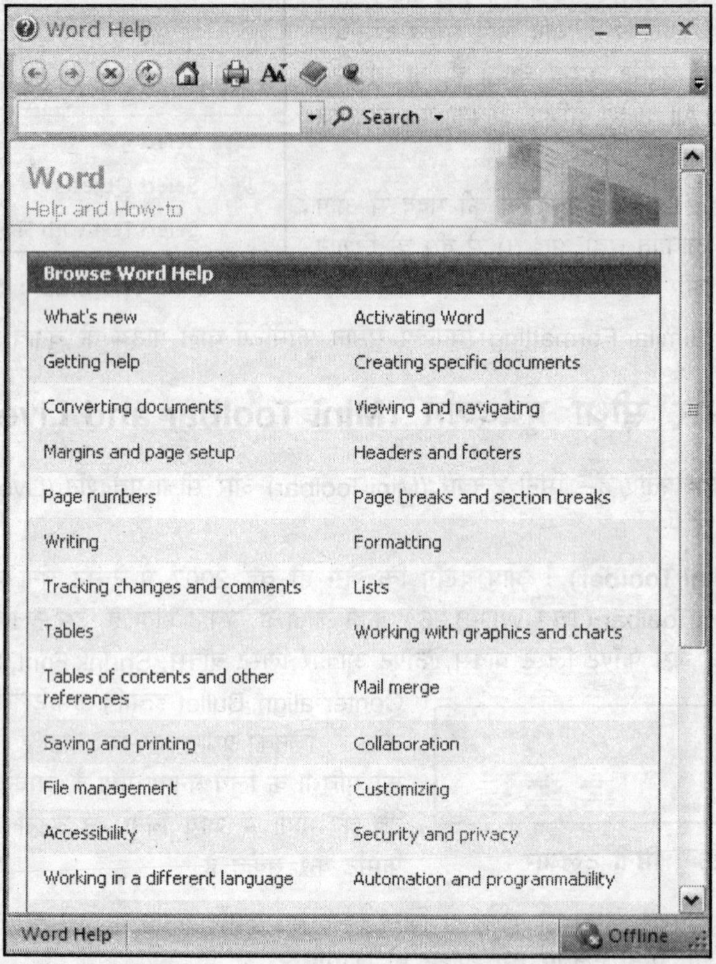

चित्र WD-3.27 : वर्ड में हेल्प सुविधा

डायलाग बॉक्स खुलेगा. इसके टैक्स्ट बॉक्स में Bullet List टाइप करके Search बटन पर क्लिक कीजिए. वर्ड तुरंत ही इस शीर्षक से जुड़े लेखों की सूची दिखा देगा. उचित लेख पर क्लिक करें और उसे पढ़कर अपनी समस्या का समाधान ढूंढें.

सूचियां तथा सारणियां
(Lists and Tables)

एमएस-ऑफिस में सारणियां बनाने या सारणी के रूप में सूचनाएं तैयार करने की कई विधियां हैं. यह कार्य मुख्य रूप से एमएस-एक्सेल प्रोग्राम द्वारा किया जाता है, जिसके बारे में आप भाग 4 में पढ़ेंगे. लेकिन एमएस-वर्ड में भी सारणीकृत सूचनाएं बनाने की सुविधाएं उपलब्ध हैं, जिनके बारे में हम यहां संक्षेप में बतायेंगे. यद्यपि एक साधारण टाइपराइटर की तरह आप एमएस-वर्ड में टैब (Tab) कुंजी को दबाकर साधारण सूचियां (Lists) तैयार कर सकते हैं, लेकिन इनका कहीं और अधिक अच्छा उपयोग भी हो सकता है, जिसके बारे में आगे बताया गया है.

टैब (Tabs)

साधारण सूचियां तैयार करने में टैब बहुत सरल और सुविधाजनक होते हैं. एमएस-वर्ड में टैब के द्वारा आप कुछ ऐसे कार्य भी कर सकते हैं, जो टाइपराइटरों पर नहीं किये जा सकते. उदाहरण के लिए, टैब की सहायता से आप एमएस-वर्ड में ऐसा डाटा तैयार कर सकते हैं, जिसे आप स्प्रैडशीट, डाटाबेस तथा ऐसे ही दूसरे प्रोग्रामों के साथ साझा कर सकें. इतना ही नहीं, आप एमएस-वर्ड दस्तावेज में प्रत्येक पैराग्राफ के लिए उन्हीं अथवा अलग टैबों का उपयोग कर सकते हैं.

एमएस-वर्ड में 5 प्रकार के विशेष टैब स्टाप उपलब्ध हैं-

बायां (Left) : यह साधारण टाइपराइटर की तरह होता है. इसमें टाइप किया गया डाटा इसके दायीं ओर इससे सटाकर लगाया जाता है.

दायां (Right) : इस टैब स्टाप पर टाइप किया गया कोई भी डाटा इसके बायीं ओर इस प्रकार लगाया जाता है कि उसका अंतिम चिह्न इस टैब पर आये. यह टैब संख्याओं की सूची बनाने के लिए अधिक उपयोगी है.

मध्य (Center) : यह आपके डाटा को इस प्रकार लगाता है कि टैब स्टाप ठीक बीच में आये.

दशमलव (Decimal) : इसमें संख्याओं की सूची के सभी दशमलव बिन्दुओं को एक सीध में लगाया जाता है. यह टैब स्टाप रुपयों या राशियों की सूची बनाने में उपयोग किया जाता है.

बार (Bar) : यह विभिन्न कालमों के बीच पतली खड़ी रेखा खींच देता है. यह वास्तव में कोई टैब स्टाप नहीं हैं, लेकिन आप इसे टैब स्टापों की तरह इधर-उधर सरका सकते हैं.

प्रत्येक टैब स्टाप पाठ्य को एक सीध में लगाने में उपयोगी है. इन टैब स्टापों को आप या तो रूलर (Ruler) की सहायता से या टैब डायलाग बॉक्स से सेट कर सकते हैं. बार (Bar) टैब केवल टैब डायलाग बॉक्स से ही लगाया जा सकता है.

रूलर द्वारा टैब स्टाप लगाना (Applying Tab Stops with Ruler)

रूलर की सहायता से टैब स्टाप बनाने के लिए रूलर के बायीं ओर बने हुए टैब स्टाप बटन का प्रयोग किया जाता है. प्रारम्भ में यह 'L' आकार का होता है जो बायां (Left) टैब दिखाता है. जब आप इसे क्लिक करते हैं तो यह क्रमशः दायां, मध्य और दशमलव टैब चिह्नों में बदल जाता है, जैसा कि चित्र WD-4.1 में दिखाया गया है.

आप जिस प्रकार का टैब स्टाप बनाना चाहते हैं, टैब स्टाप बटन को क्लिक करते हुए उसी रूप में लाइए. जब वह इच्छित रूप में आ जाये, तो रूलर में जहां वह टैब स्टाप लगाना हो वहां माउस पॉइंटर से क्लिक कीजिए. इससे

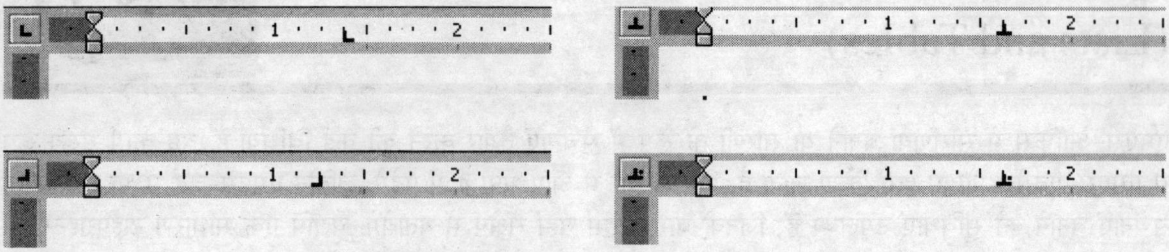

चित्र WD-4.1 : विभिन्न प्रकार के टैब स्टाप

वहां उसी तरह का टैब स्टॉप बन जायेगा. यदि आप चाहें तो माउस से पकड़कर उसे इधर उधर सरका भी सकते हैं. इसी तरह जहां और जैसे टैब स्टाप आवश्यक हों, बना लीजिए.

टैब डायलाग बॉक्स (Tabs Dialog Box) : यद्यपि रूलर द्वारा टैब स्टाप बनाना बहुत सरल है, लेकिन कभी-कभी बार टैब के लिए तथा अन्य सुविधाओं के लिए टैब डायलाग बॉक्स का प्रयोग करना पड़ता है. Home टैब के Paragraph डायलाग बॉक्स (चित्र WD-3.13) में 'Tabs...' आदेश देने पर चित्र WD-4.2 की तरह टैब डायलाग बॉक्स प्राप्त होता है.

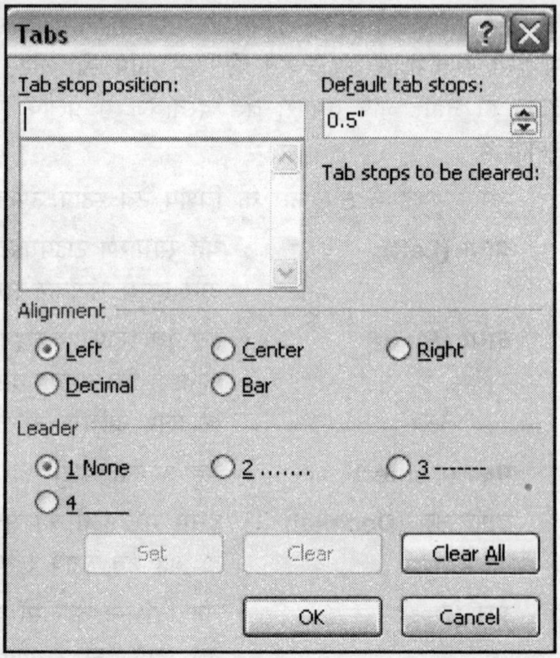

चित्र WD-4.2 : टैब डायलाग बॉक्स

इस डायलाग बॉक्स में टैब की माप सामान्यतया इंचों में दी जाती है. जिन स्थानों पर आप टैब बनाना चाहते हैं, उसकी माप 'Tab stop position' टैक्स्ट बॉक्स में दीजिए और उसका एलाइनमेंट (Alignment) बताने वाले विकल्प बटन को क्लिक करके सेट कीजिए. अन्त में 'Set' बटन को क्लिक कीजिए. इससे उस स्थान पर नया टैब बन जायेगा. इसी प्रकार आप अपनी इच्छानुसार कोई भी और कितने भी टैब बना सकते हैं.

टैब सेट करने के बाद पाठ्य टाइप करते समय हम एक टैब से दायीं ओर के दूसरे टैब में जाने के लिए टैब (Tab) कुंजी को दबाते हैं और बायीं ओर के टैब में जाने के लिए शिफ्ट के साथ टैब दबाया जाता है. एक पंक्ति पूरी हो जाने पर नयी पंक्ति में जाने के लिए उस लाइन के अंत में एण्टर दबाया जाता है, जिससे सूची की प्रत्येक पंक्ति एक पैराग्राफ के रूप में कार्य करती है. हर अगली पंक्ति (अर्थात् पैराग्राफ) पिछली पंक्ति के टैब स्टापों का ही प्रयोग करती है, यदि आप उन्हें बदलना नहीं चाहते.

सारणी (Tables)

सारणियों में हम जटिल कालमों से युक्त सूचनाएं व्यवस्थित करते हैं, जैसे फार्म, आर्थिक रिपोर्ट, मूल्य सूची, बायोडाटा आदि. आप एमएस-वर्ड के दस्तावेजों में सारणी कहीं भी डाल सकते हैं. यह सुविधा स्प्रैडशीट पैकेजों से मिलती-जुलती है, परन्तु उसमें गणनाएं नहीं की जा सकतीं. एमएस-वर्ड की सारणियां क्षैतिज पंक्तियों (Horizontal rows) तथा ऊर्ध्वाधर कालमों (Vertical columns) से बनती हैं. पंक्तियों तथा कालमों से बनने वाले खानों को सैल (Cells) कहा

जाता है. हम सैलों में ही डाटा भरते हैं. इनमें आप साधारण पाठ्य, संख्यायें अथवा चित्र भर सकते हैं. प्रत्येक सेल की सामग्री को आप एमएस-वर्ड की सभी सामान्य फार्मेटिंग सुविधाओं द्वारा फार्मेट कर सकते हैं.

एमएस-वर्ड की सारणियों से सम्बंधित सुविधाओं द्वारा आप सैलों को इच्छित आकार तथा रूप दे सकते हैं. उनमें सीमा रेखाएं खींचने तथा सैलों को छाया युक्त (Shaded) करने की सुविधाएं भी उपलब्ध हैं. किसी भी सारणी में कोई भी पंक्ति या कालम कभी भी हटाया जा सकता है तथा बीच में नयी पंक्तियां या कालम जोड़े जा सकते हैं.

सारणी बनाना (Creating Tables)

एक साधारण सारणी बनाने के लिए पहले धसान बिन्दु या कर्सर को उस स्थान पर ले जाइए जहां आप सारणी डालना चाहते हैं और Insert टैब में 'Table' बटन को क्लिक कीजिए. इससे उस बटन के नीचे एक बॉक्स खुल जायेगा. माउस बटन को दबाये रखकर पॉइंटर को खींचते हुए आवश्यक संख्या में पंक्तियों तथा कालमों को चुन लीजिए, जैसा कि चित्र WD-4.3 में 4 पंक्तियों तथा 3 कालमों वाली अर्थात् 3 X 4 आकार की सारणी चुनी गयी है. माउस बटन को छोड़ते ही कर्सर के स्थान पर उसी आकार की खाली सारणी बन जायेगी, जिसमें रेखाओं से प्रत्येक पंक्ति और कालम को अलग-अलग दिखाया जाता है.

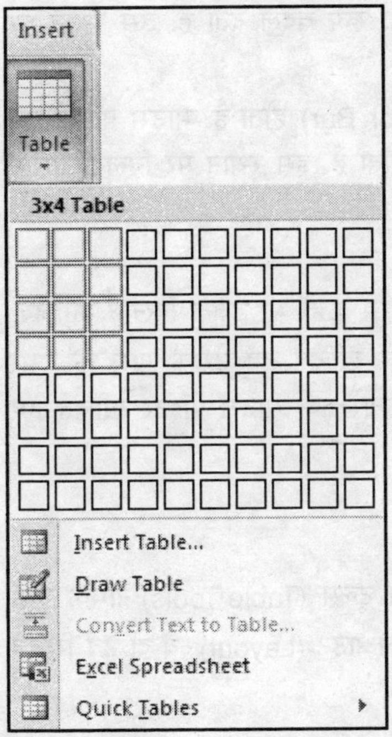

चित्र WD-4.3 : सारणी बनाना

अधिक जटिल मेन्यू सारणियां बनाने के लिए टेबिल मेन्यू का प्रयोग किया जाता है. 'Table' मेन्यू में 'Insert Table...' विकल्प चुनने पर चित्र WD-4.4 की तरह 'Insert Table' का डायलाग बॉक्स प्रकट होता है. इस डायलाग बॉक्स में कालमों तथा पंक्तियों की संख्या उनके स्पिन बॉक्सों में दी जाती है. यदि आप कालमों की चौड़ाई के लिए कुछ सेटिंग नहीं करते तो एमएस-वर्ड आपके दस्तावेज के उपलब्ध स्थान तथा कालमों की संख्या के आधार पर उनकी चौड़ाई तय कर लेता है. प्रारम्भ में सभी कालम बराबर चौड़ाई के होते हैं. लेकिन बाद में आप कभी भी उनकी चौड़ाई बदल सकते हैं, जिसके बारे में आगे बताया जायेगा.

सारणी में डाटा भरना (Entering Text in a Table)

किसी सारणी के सैलों में डाटा भरना सामान्य दस्तावेजों में डाटा भरने के ही बराबर है. किसी सैल में जाने के लिए आप माउस, टैब तथा तीर की कुंजियों का प्रयोग कर सकते हैं. प्रत्येक सैल को आप एक छोटे पेज की तरह मान सकते हैं, जिसकी सीमाएं उनके हाशिये माने जा सकते हैं. जब भी आप सैल में डाटा टाइप करते हैं, तो दायीं सीमा तक पहुंचते ही एमएस-वर्ड उस सैल में नयी लाइन बना लेता है और सैल की पंक्ति की चौड़ाई भी स्वतः बढ़ जाती है.

सैलों में भरे गए डाटा को आप एमएस-वर्ड की सभी सामान्य फार्मेटिंग सुविधाओं द्वारा फार्मेट कर सकते हैं. किसी सैल में एक से अधिक पैराग्राफ भी हो सकते हैं और उनमें से प्रत्येक पैराग्राफ का फार्मेट अलग-अलग हो सकता है. कहने का तात्पर्य है कि प्रत्येक सैल को आप एक स्वतंत्र पेज मान सकते हैं.

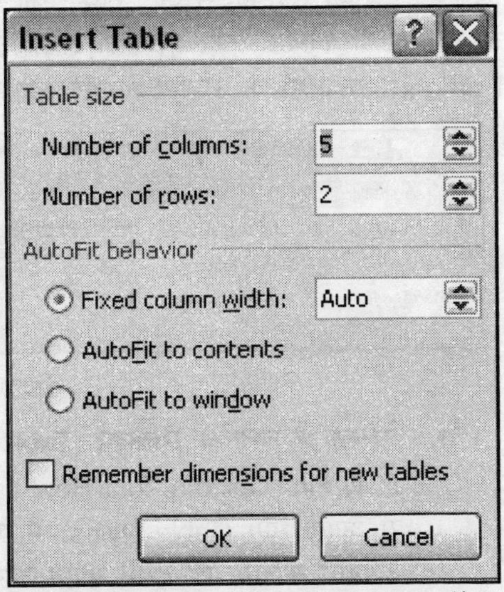

चित्र WD-4.4 : Insert Table डायलाग बॉक्स

सारणी में पाठ्य चुनना (Selecting Text in a Table)

जैसा कि बताया जा चुका है कि एमएस-वर्ड की सामान्य माउस तथा कुंजी पटल विशेषताओं से टेबिल में कोई भी चिह्न, शब्द या पाठ्य चुन सकते हैं. इनके अतिरिक्त एमएस-वर्ड में सैल, पंक्ति, कालम या पूरी सारणी चुनने की विशेष सुविधायें भी उपलब्ध हैं, जिनके बारे में आगे बताया गया है :

- किसी सैल के पहले चिह्न तथा उसकी बायीं सीमा रेखा के बीच का स्थान सैल चुनाव बार (Cell Selection Bar) कहा जाता है. जब माउस पॉइंटर इस स्थान पर आता है तो अपना रूप बदल देता है. इस स्थान पर क्लिक करने से पूरा सैल चुन लिया जाता है.
- प्रत्येक कालम की ऊपरी सीमा पर कालम चुनाव बार (Column Selection Bar) होता है. माउस पॉइंटर इस स्थान पर आने पर नीचे की ओर संकेत करने वाले मोटे तीर में बदल जाता है. इस स्थान पर क्लिक करके आप पूरे कालम को चुन सकते हैं.
- किसी सैल में डबल-क्लिक करके पूरी पंक्ति को चुना जा सकता है.
- सम्पूर्ण सारणी को चुनने के लिए ALT बटन को दबाये रखिये और सारणी में कहीं भी डबल क्लिक कीजिए.

इनके अलावा आप किसी एक सैल को चुनकर और माउस बटन को दबाकर खींचते हुए उसके पास के दूसरे सैलों को एक साथ चुन सकते हैं. एक किनारे के सैलों से प्रारम्भ करके दूसरे किनारे तक माउस पॉइंटर खींचते हुए ले जाकर आप पूरी पंक्ति, पूरा कालम या सम्पूर्ण सारणी को भी चुन सकते हैं.

टेबिल टूल्स (Table Tools)

जैसे ही आप वर्ड में टेबिल बनाते हैं, वैसे ही आपके टाइटिल बार में टेबिल टूल्स (Table Tools) नामक एक शीर्षक प्रकट हो जाता है, जिसके अन्तर्गत दो टैब होते हैं– डिजायन (Design) और लेआउट (Layout). ये दो टैब रिब्बन के अंत में, अर्थात् View टैब के बाद जुड़ जाते हैं.

डिजायन टैब (Design Tab)

डिजायन टैब की सहायता से आप टेबिल का रूप, बॉर्डर, छाया, आदि सेट कर सकते हैं. इस टैब में तीन भाग होते हैं– टेबिल के बनावट विकल्प (Table Style Options), टेबिल की बनावट (Table Styles), सीमायें बनाना (Draw Borders). इन सभी के उपयोग निम्नलिखित प्रकार हैं–

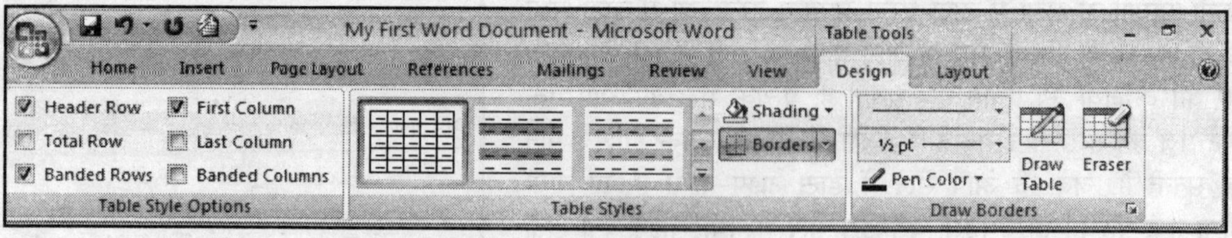

चित्र WD-4.5 : डिजायन टैब

1. **टेबिल के बनावट विकल्प (Table Style Options) :** इस भाग में कुल छः चेक-बॉक्स हैं– Header Row, First Column, Total Row, Last Column, Banded Rows, Banded Column. इन्हें क्लिक करने से अगले भाग (Table Styles) में क्रमशः पहली क्षैतिज पंक्ति, पहला ऊर्ध्वाधर कॉलम, आखिरी पंक्ति, आखिरी कॉलम, हर दूसरी पंक्ति और हर दूसरे कॉलम में विशेष फार्मेटिंग वाले डिजायन दिखाये जाते हैं.

2. **टेबिल की बनावट (Table Styles) :** पहले भाग के क्लिक किये गये चेक-बॉक्सों के आधार पर इस भाग में टेबिल बनाने के स्टाइल दिखाये जाते हैं. आप ड्राप डाउन बटन के जरिये सभी डिजायन देख सकते हैं और अपना मनपसंद स्टाइल चुन सकते हैं.

टेबिल को सजाने का सबसे अच्छा तरीका उसमें छापी जाने वाली सीमा रेखाओं को जोड़ना तथा कुछ विशेष सैलों को छायादार बनाना है. सैलों को छायादार बनाने के लिये सर्वप्रथम आप बताई गई विधि से सैलों का चुनाव करें. फिर Table Styles भाग में Shading के ड्राप डाउन बटन पर क्लिक करें. रंग पट्टी (WD-4.6) में अपना मनपसंद रंग चुनें. चुने हुये सैलों में चुने हुये रंग की छाया आ जायेगी.

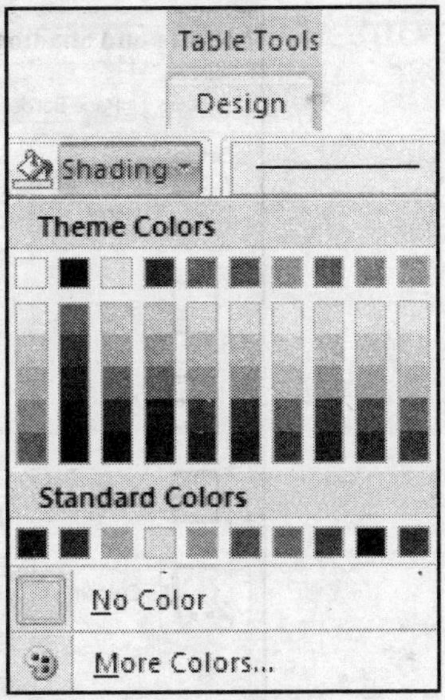

चित्र WD-4.6 : शेडिंग के लिए रंग पट्टी

टेबिल में बॉर्डर बनाने के लिए सबसे पहले उन सैलों को चुन लें जिसमें आप बॉर्डर खींचना चाहते हैं. अब Table Style भाग में Borders के ड्राप डाउन पर क्लिक करें. ऐसा करने पर सीमा रेखाओं के बारह विकल्प प्राप्त होते हैं (WD-4.7), जो क्रमशः निचली, ऊपरी, बाईं, दाईं, कोई नहीं, सभी, बाहरी, भीतरी, भीतरी क्षैतिज, भीतरी उर्ध्वाधर, नीचे की ओर तिरछी और ऊपर की ओर तिरछी सीमा रेखाओं के लिए हैं.

Horizontal Line विकल्प पर क्लिक करने से चुने हुये सैल में एक क्षैतिज रेखा आ जाती है. Draw Table पर क्लिक करने से आपका माउस पॉइंटर एक कलम में बदल जाता है, जिसकी मदद से आप स्वयं अपने हाथ से सीमा रेखाएं खींच सकते हैं. View Gridlines की सहायता से आप टेबिल के अंदर की रेखाएं दिखा या छिपा सकते हैं. यह टॉगिल बटन की तरह काम करता है.

बॉर्डर तथा छाया डायलाग बॉक्स (Borders and Shading Dialog Box) : आप अपने टेबिल के बॉर्डर और सैलों की छाया एक साथ भी सेट कर सकते हैं. इसके लिए Table Styles के Borders मेन्यू (WD-4.7) में अंतिम विकल्प 'Borders and Shading...' पर क्लिक करें. इससे आपकी स्क्रीन पर Borders and Shading डायलाग बॉक्स खुलेगा. इसमें तीन टैबशीट होती हैं– Borders, Page Border और Shading.

Borders टैबशीट में (WD-4.8) बाईं ओर Setting: विकल्प के नीचे बॉर्डर के अलग-अलग स्टाइल दिये गये हैं, जिसमें से आप अपने मनपसंद स्टाइल पर क्लिक कर सकते हैं. इसका पूर्वदर्शन डायलाग बॉक्स के दाईं ओर दिखाई पड़ेगा. Style: विकल्प के नीचे आपको सीमा रेखा के स्टाइल दिखाई पड़ेंगे, जिनमें से आप सीमा रेखा का स्टाइल चुन सकते हैं. Color: और Width: के झरना मेन्युओं द्वारा आप सीमा रेखा का क्रमशः रंग और मोटाई सेट कर सकते हैं.

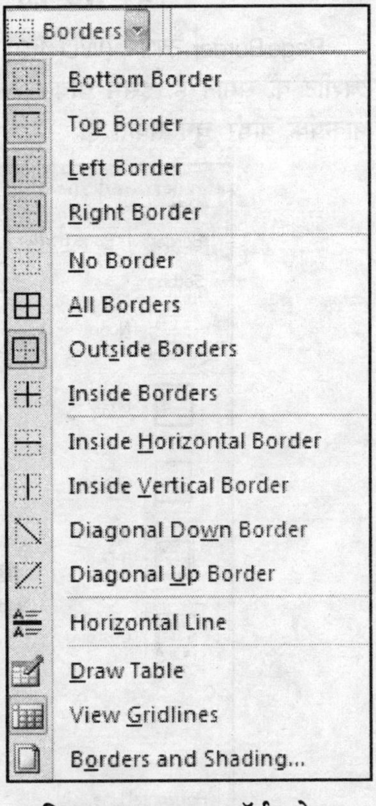

चित्र WD-4.7 : बॉर्डर मेन्यू

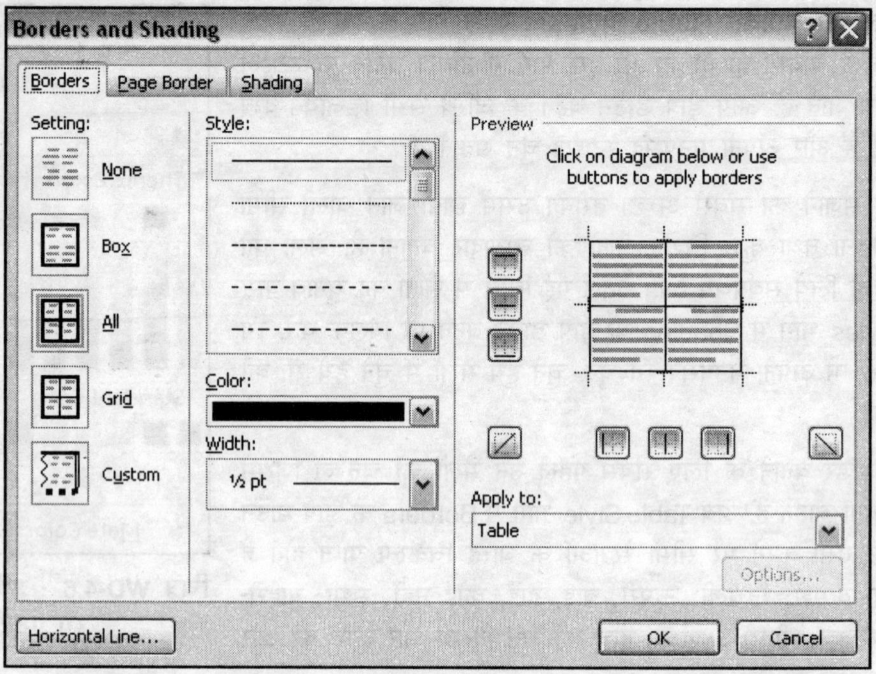

चित्र **WD-4.8 : बॉर्डर तथा छाया डायलाग बॉक्स में बॉर्डर टैबशीट**

Page Border टैबशीट (WD-4.9) के जरिये आप समूचे पेज में बार्डर जोड़ सकते हैं. इसके सभी विकल्प Borders टैबशीट के समान हैं. इसमें केवल Art: का अतिरिक्त विकल्प है, जिसके जरिये आप अपने पेज के लिए मनपसंद आकर्षक बार्डर चुन सकते हैं.

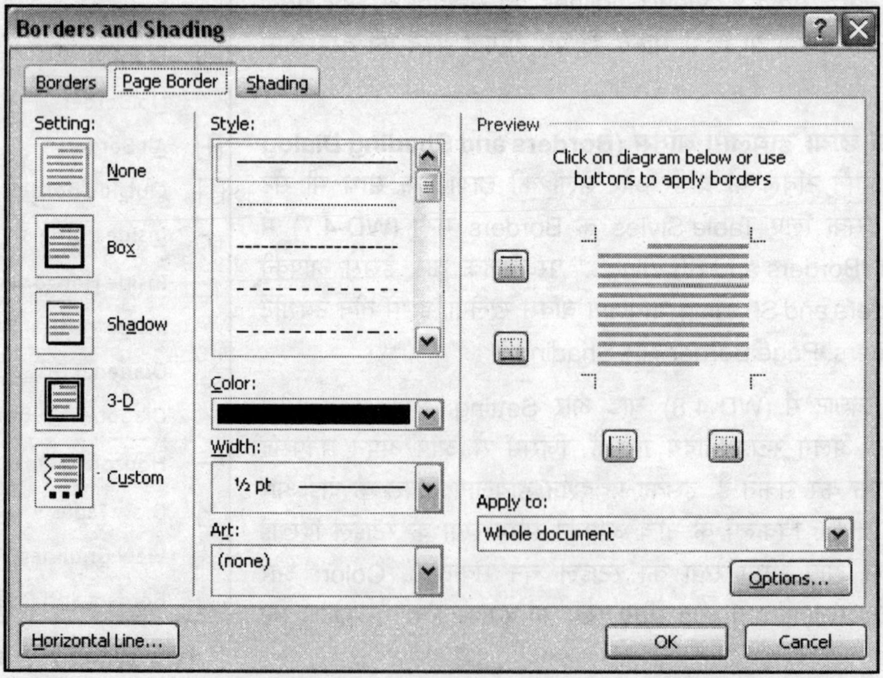

चित्र **WD-4.9 : बॉर्डर तथा छाया डायलाग बॉक्स में पेज बॉर्डर टैबशीट**

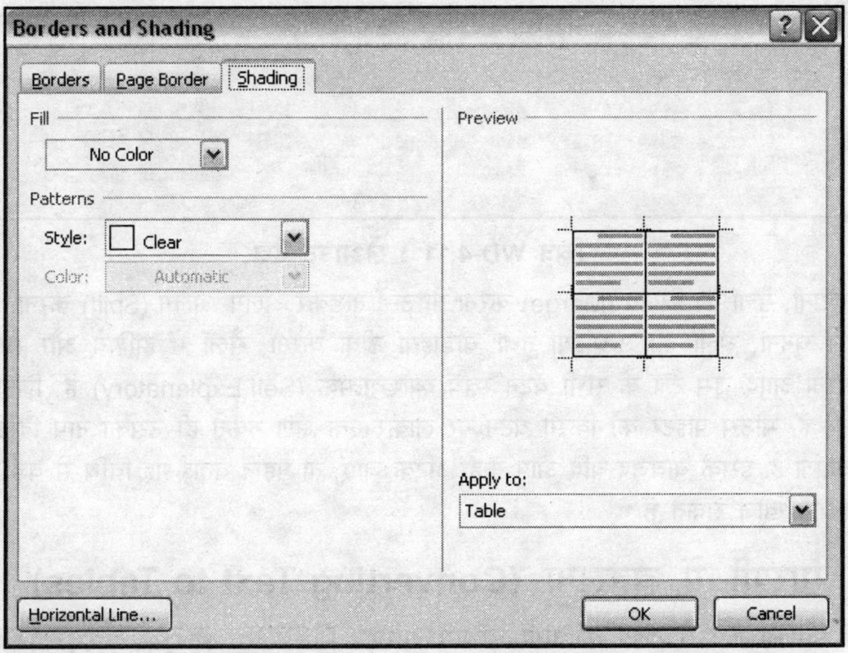

चित्र WD-4.10 : बॉर्डर तथा छाया डायलाग बॉक्स में शेडिंग टैबशीट

Shading टैबशीट (WD-4.10) के जरिये आप टेबिल को या चुने हुये सैलों को छायादार बना सकते हैं. Fill के ड्राप डाउन मेन्यू के जरिये आप सैलों के बैकग्राउंड में मनचाहा रंग भर सकते हैं. Patterns के अन्तर्गत दिये गये Style: के झरना मेन्यू की सहायता से आप छाया का डिजायन चुन सकते हैं, और उसके नीचे दिये Color: के झरना मेन्यू से आप छाया के डिजायन का रंग चुन सकते हैं.

इस डायलाग बॉक्स में Horizontal Line का भी विकल्प है, जिसकी मदद से आप सैल में दी जाने वाली क्षैतिज रेखा का स्टाइल चुन सकते हैं. जब आप अपने द्वारा दिये गय परिवर्तनों से संतुष्ट हो जाएं तो OK बटन पर क्लिक कर दें.

3. **सीमाएं बनाना (Draw Borders) :** इस भाग में दिये गये अधिकांश बटन पिछले भाग में दिये गये Borders and Shading डायलाग बॉक्स में दिये गये विकल्पों के ही समान हैं. Line Style, Line Weight और Pen Colour की सहायता से आप क्रमशः सीमा रेखाओं के स्टाइल, मोटाई और रंग चुन सकते हैं.

Draw Table बटन पर क्लिक करने से आपका माउस पॉइंटर पहले की भांति कलम में बदल जाता है और टेबिल बनाने में मदद करता है.

Eraser बटन पर क्लिक करने से आपका माउस पॉइंटर मिटाने वाली रबड़ में बदल जाएगा. इससे आप टेबिल की जिस सीमा रेखा पर क्लिक करेंगे, वह रेखा तुरंत मिट जाएगी.

Draw Borders के पैराग्राफ डायलाग बॉक्स लॉन्चर पर क्लिकर करने से Border and Shading डायलाग बॉक्स पुनः प्रकट होता है.

लेआउट टैब (Layout Tab)

लेआउट टैब की सहायता से आप अपने टेबिल का नक्शा बदल सकते हैं. संबंधित सैलों को चुनकर इस टैब के बटनों से आप विभिन्न क्रियाएं कर सकते हैं, जैसे चुने हुए सैल, पंक्तियां, कालम हटाना, नई पंक्तियां या कालम जोड़ना,

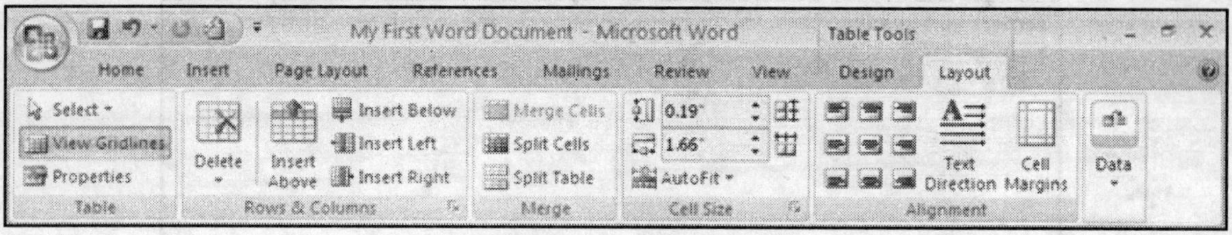

चित्र WD-4.11 : लेआउट टैब

सैल जोड़ना या हटाना, सैलों का विलय (Merge) करना या उन्हें तोड़कर अलग-अलग (Split) करना, विभिन्न पंक्तियां, कालम या टेबिल चुनना, सैलों की ऊंचाइयां तथा चौड़ाइयां ठीक करना, सैलों में हाशिये और सैलों में पाठ्य का एकरेखन सेट करना आदि. इस टैब के सभी बटन स्वयं व्याख्यात्मक (Self Explanatory) हैं, जिनका उपयोग आप स्वयं समझ सकते हैं. माउस पॉइंटर को किसी बटन पर लाकर एक क्षण रुकते ही उसका नाम दिखाई पड़ता है, जो बटन का कार्य बताता है. इसके बावजूद यदि आप कहीं अटक जाएं, तो पहले बताई गई विधि से वर्ड हेल्प द्वारा अपनी समस्या का समाधान खोज सकते हैं.

पाठ्य को सारणी में बदलना (Converting Text to Tables)

कभी-कभी हमें सामान्य रूप से टाइप की गयी सूचियों अथवा बाहर से लाये गये डाटा को एमएस-वर्ड की सारणी के रूप में बदलने की आवश्यकता होती है. एमएस-वर्ड में यह कार्य सरलता से चुटकियों में किया जा सकता है, बशर्ते मूल डाटा साफ-सुथरा हो. पाठ्य को सारणी में बदलने के लिए पहले उस पाठ्य को चुन लीजिए और Insert टैब के 'Table' मेन्यू का 'Convert Text to Table' आदेश दीजिए. इससे जो डायलाग बॉक्स चित्र WD-4.12 की तरह प्राप्त होगा उसमें परितर्वन के लिए तीन विकल्प होंगे. इन विकल्पों का उपयोग और प्रभाव निम्न प्रकार होता है-

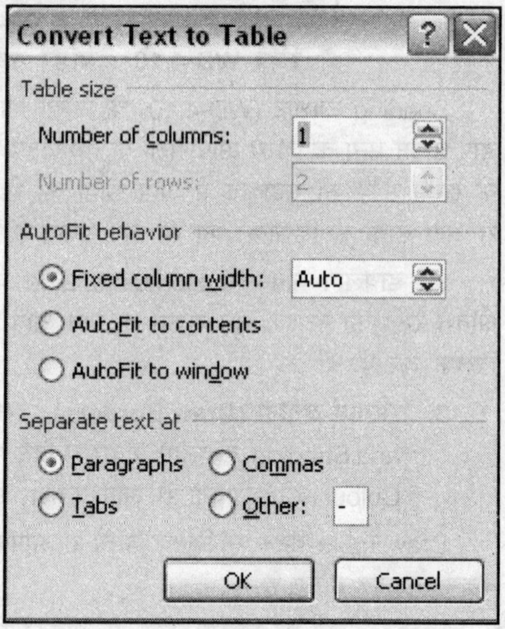

चित्र WD-4.12 : पाठ्य को सारणी में बदलने के लिए डायलाग बॉक्स

Paragraph : इस विकल्प को चुनने से एमएस-वर्ड सामान्यतया एक कालम बनाता है और प्रत्येक पैराग्राफ को एक पंक्ति बना देता है. यदि आप कालमों की संख्या बढ़ाते हैं, तो पैराग्राफों को उनमें क्रमशः बांट दिया जाता है.

Comma : इसमें अर्द्धविराम चिह्न (या कॉमा) द्वारा अलग-अलग किये गये पाठ्य को अलग-अलग सैलों में रख दिया जाता है. किसी एक पंक्ति में अधिकतम कॉमा चिह्नों की संख्या के अनुसार कालमों की संख्या तय की जाती है. शेष कार्य टैब विकल्प की तरह होता है.

Tabs : इससे प्रत्येक पंक्ति, जो पैराग्राफ चिह्न या लाइन ब्रेक से अलग-अलग की गयी हों, आपकी सारणी की एक पंक्ति बन जाती है. टैब चिह्न से अलग-अलग किये गये पाठ्य से अलग- अलग सैल बन जाते हैं. एक लाइन में टैब चिह्नों के आधार पर कालमों की संख्या एमएस-वर्ड स्वयं तय कर लेता है.

इस तीनों विकल्पों का आवश्यकता के अनुसार प्रयोग किया जा सकता है, लेकिन सारणी सही-सही बनाने के लिए आपको ऐसे परिवर्तन से पहले और बाद में कुछ सफाई का कार्य करना पड़ सकता है.

इस सब में कॉमा का विकल्प सबसे सरल है. लेकिन इसमें यह सावधानी रखनी चाहिए कि टैक्स्ट में फालतू कॉमा न हों, ताकि सैलों की संख्या अनावश्यक रूप से न बढ़ जाये. सबसे अच्छी विधि यह है कि पहले आप कालमों की संख्या तय कर लें. फिर यह देख लें कि प्रत्येक पंक्ति में कॉमा चिह्नों की संख्या उससे ठीक एक कम हो. कभी-कभी हमें बीच के कुछ सैल खाली रखने पड़ते हैं. इसके लिए उस पंक्ति के बीच में अतिरिक्त कॉमा डालकर उनकी संख्या पूरी की जा सकती है.

एक्सेल स्प्रैडशीट (Excel Spreadsheet)

सारणी बनाने का कार्य मुख्यत: एमएस-एक्सेल प्रोग्राम का है, जिसके विषय में आप आगे पढ़ेंगे. परन्तु आप चाहें तो एक्सेल की स्प्रैडशीट आपके वर्ड के दस्तावेज में भी लाई जा सकती है. इसके लिए Insert टैब के Table मेन्यू में Excel Spreadsheet आदेश दें. एक्सेल की स्प्रैडशीट तुरंत आपके दस्तावेज में जुड़ जाएगी.

बने-बनाये टेबिल (Quick Tables)

Insert टैब के Table मेन्यू (WD-4.3) के Quick Tables विकल्प में दिये गये तीर के निशान (▶) पर क्लिक करें. इससे दाईं ओर एक झरना मेन्यू खुलेगा (WD-4.13), जिसमें कुछ बने-बनाये टेबिल दिये गये होंगे. आप अपने पसंदीदा टेबिल पर क्लिक कीजिए, वह टेबिल तुरंत आपके दस्तावेज में जुड़ जाएगा.

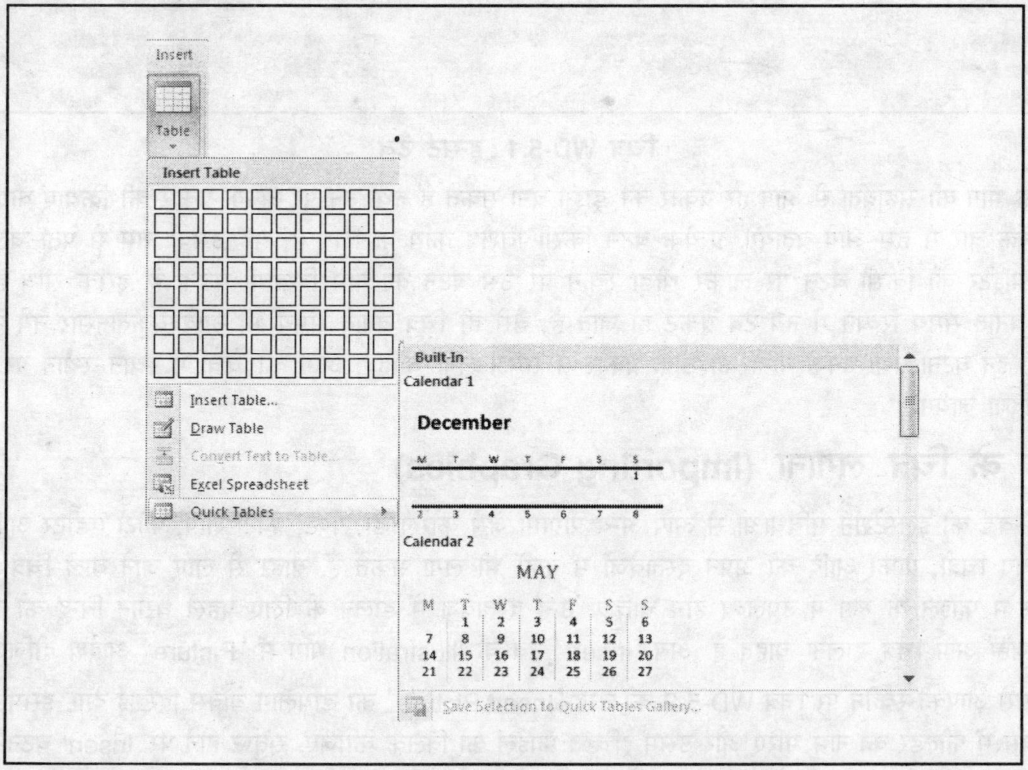

चित्र WD-4.13 : बने-बनाये टेबिलों के नमूने

ग्राफिक्स (Graphics)

एमएस-वर्ड में ग्राफिक्स से सम्बंधित कई सुविधाएं उपलब्ध हैं, जिनकी सहायता से आप चित्र आदि बना सकते हैं, उनका आकार बदल सकते हैं, उन्हें इच्छानुसार कहीं भी लगा सकते हैं तथा सजा सकते हैं. आप अपने बनाये चित्रों के अलावा एमएस-एक्सेल, पावर पॉइंट तथा अन्य पैकेजों के बनाये चार्ट, स्कैनर द्वारा खींचे गये फोटो या कोई भी चित्र आदि, जो कंप्यूटर में स्टोर किया जा सके, इसमें उपयोग कर सकते हैं. वास्तव में एमएस-ऑफिस कई पहले बने चित्रों के साथ भी आता है, जिन्हें क्लिप आर्ट (ClipArt) कहते हैं. आप क्लिप आर्ट गैलरी में से किसी भी चित्र को चुनकर उसका इच्छानुसार उपयोग कर सकते हैं.

इस अध्याय में हम एमएस-वर्ड में चित्र बनाना बतायेंगे. इसके साथ ही क्लिप आर्ट, स्मार्ट आर्ट और चार्ट गैलरी का उपयोग तथा वर्ड आर्ट (WordArt) के बारे में भी बतायेंगे.

एमएस-वर्ड में चित्र लगाना (Illustrations in MS-Word)

एमएस-वर्ड में साधारण रेखाचित्र (Drawing) बनाने का कार्य इसके Insert टैब के Illustrations भाग में उपलब्ध बटनों की सहायता से किया जाता है.

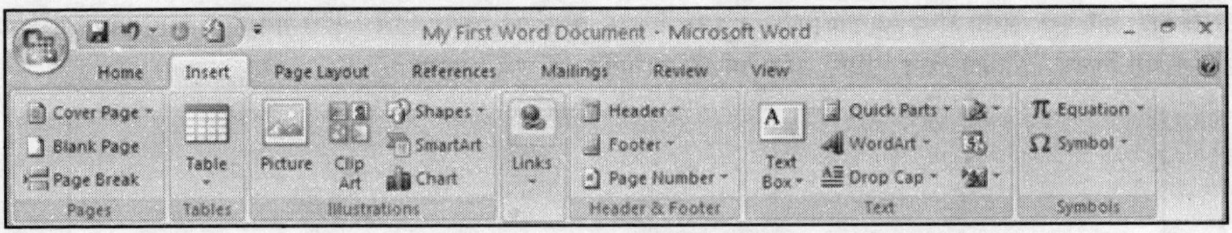

चित्र WD-5.1 : इन्सर्ट टैब

इस भाग की सहायता से आप हर प्रकार की ड्राइंग बना सकते हैं तथा उन पर अनेक प्रकार की क्रियाएं कर सकते हैं, जिनके बारे में हम आगे बतायेंगे. प्रत्येक बटन किसी विशेष कार्य के लिए है, यह उसके नाम से पता चलता है. माउस पॉइंटर को किसी बटन पर लाकर थोड़ा रुकने पर उस बटन का नाम दिखायी पड़ता है. इसके साथ ही जैसे टेबिल बनाते समय रिब्बन में नये टैब प्रकट हो जाते हैं, वैसे ही चित्र बनाते समय भी आवश्यकतानुसार नये टैब आ जाते हैं. इन बटनों तथा उनके नामों को ठीक प्रकार से समझ लेना चाहिए. आगे की चर्चा में स्थान-स्थान पर उनका संदर्भ दिया जायेगा.

बाहर के चित्र लगाना (Importing Graphics)

एमएस-वर्ड की इलस्ट्रेशन सुविधाओं से आप अन्य प्रोग्रामों जैसे कोरेल ड्रा, पेण्ट, फोटो शॉप, फोटो एडीटर आदि द्वारा बनाए गए चित्रों, ग्राफों आदि को अपने दस्तावेजों में कहीं भी लगा सकते हैं. बाहर से लाए जाने वाले चित्र आपके कंप्यूटर में फाइल के रूप में उपलब्ध होने चाहिए. उन्हें दस्तावेज में डालने के लिए पहले धसान बिन्दु को वहां ले जाइए जहां आप चित्र डालना चाहते हैं. अब 'Insert' टैब के Illustration भाग में 'Picture' आदेश दीजिए.

इससे आपकी स्क्रीन पर चित्र WD-5.2 की तरह 'Insert Picture' का डायलाग बॉक्स दिखाई देगा. इसमें 'Look in' बॉक्स में फोल्डर का नाम भरिए और उसमें इच्छित फाइल को क्लिक कीजिए. संतुष्ट होने पर 'Insert' बटन क्लिक कीजिए, जिससे वह चित्र आपके दस्तावेज में लग जाएगा.

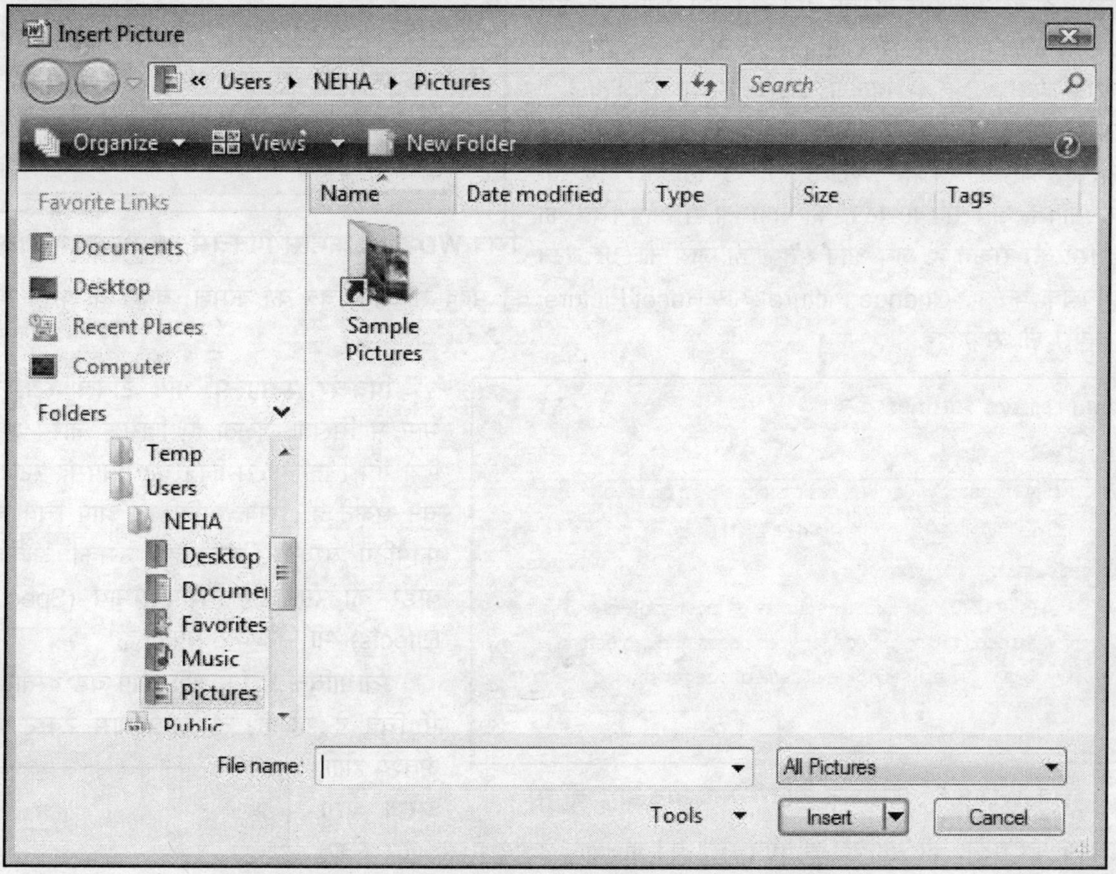

चित्र WD-5.2 : Insert Picture का डायलाग बॉक्स

फार्मेट टैब (Format Tab)

एमएस-वर्ड में कोई भी चित्र जोड़ने पर रिब्बन में Picture Tools शीर्षक के अन्तर्गत फार्मट टैब (Format Tab) जुड़ जाता है, जिसमें चित्र को संपादित करने के लिए बटन दिये गये हैं. इस टैब में कुल चार भाग हैं– व्यवस्थित करना (Adjust), चित्र की बनावट (Picture Styles), अरेंज करना (Arrange) और आकार (Size).

चित्र WD-5.3 : Picture Tools का फार्मेट टैब

एडजस्ट भाग में बाईं ओर दिये गये बटनों की सहायता से आप चित्र की चमक (Brightness), वैषम्य (Contrast) और रंग (Recolor) सेट कर सकते हैं. दाईं ओर दिये गये Compress Picture बटन से आप चित्र का

चित्र WD-5.4 : कम्प्रैस पिक्चर्स का डायलाग बॉक्स

आकार अपनी आवश्यकतानुसार एडजस्ट कर सकते हैं. इस बटन पर क्लिक करने से Compress Pictures डायलाग बॉक्स (चित्र WD-5.4) खुलेगा. इस बॉक्स के 'Options...' बटन पर क्लिक करने से एक अन्य Compression Settings डायलाग बॉक्स (चित्र WD-5.5) खुलता है, जिसके चेक-बॉक्सों और रेडियो बटनों की सहायता से आप चित्र को एडजस्ट कर सकते हैं. जब आप संतुष्ट हो जायें तो OK बटन पर क्लिक कर दें. Change Picture और Reset Picture की मदद से आप चित्र को क्रमशः बदल या पुराने रूप में वापस ला सकते हैं.

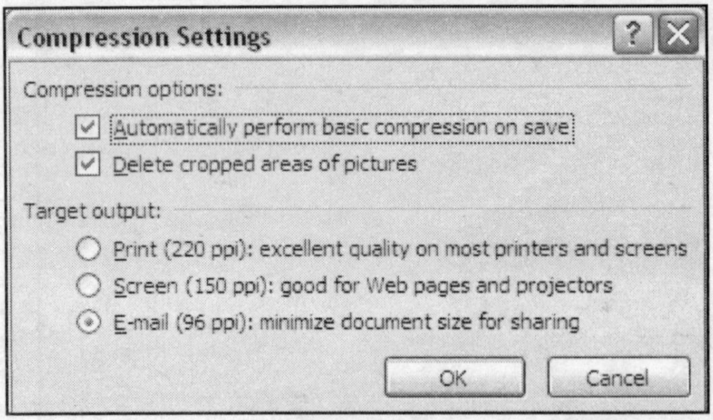

चित्र WD-5.5 : कम्प्रैशन सेटिंग का डायलाग बॉक्स

पिक्चर स्टाइल्स भाग टेबिल स्टाइल्स भाग से मिलता-जुलता है, जिसके जरिये आप दिये गये विकल्पों से चित्र का मनपसंद स्टाइल चुन सकते हैं. इसके अतिरिक्त आप चित्र की फार्मेटिंग बरकरार रखते हुए उसका आकार, बार्डर का रंग और विशेष प्रभाव (Special Effects) भी सेट कर सकते हैं.

स्वाभाविक है कि यदि आप वर्ड दस्तावेज में चित्र दे रहे हैं, तो आस-पास टैक्स्ट भी अवश्य होगा.

अरेंज भाग को दिये गये बटनों की सहायता से आप चित्र की पोजीशन टैक्स्ट में सेट कर सकते हैं. Position के ड्राप डाउन बटन पर क्लिक करने से आपको टैक्स्ट को चित्र के आस-पास सेट करने के लिए अनेक विकल्प नजर आएंगे (चित्र WD-5.6). आप इसमें से कोई भी स्टाइल चुन सकते हैं. 'More Layout Options...' पर क्लिक करने से दो टैबशीट (Picture Position और Text Wrapping) वाला Advanced Layout डायलाग बॉक्स (चित्र WD-5.7) खुलता है, जिसमें आप चित्र की टैक्स्ट में पोजीशन सेट कर सकते हैं.

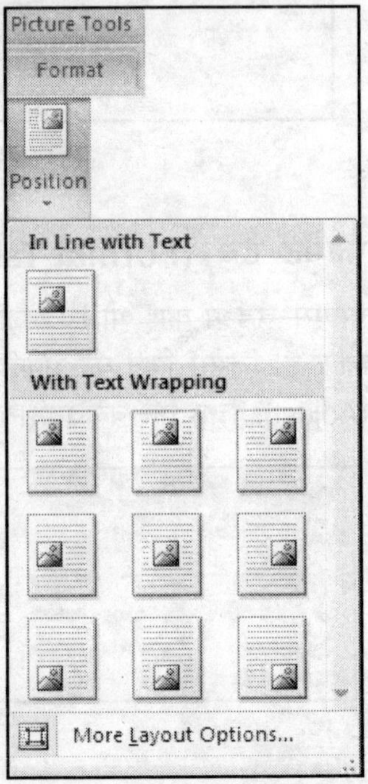

चित्र WD-5.6 : चित्र का स्थान निर्धारित करने का विकल्प

अरेंज भाग में ही Bring to Front बटन से आप चुने हुए चित्र को अन्य सभी चित्रों या पाठ्य से आगे ला सकते हैं, जिससे चुने हुए चित्र का कोई भी भाग छिपा हुआ दिखाई न दे.

Send to Back बटन का कार्य Bring to Front से विपरीत है. यह बटन चुने हुए चित्र को अन्य चित्रों/पाठ्य के पीछे पहुंचा देता है. Text Wrapping बटन से आप टैक्स्ट को चित्र के आस-पास सेट करने का स्टाइल चुन सकते हैं. Text Wrapping मेन्यू के अन्तिम विकल्प 'More Layout Options...' पर क्लिक करने से Advanced Layout डायलाग बॉक्स (चित्र WD-5.8) फिर से खुलता है.

इन सबके अलावा इस भाग के बटनों के कुछ छोटे-मोटे कार्य हैं, जिन्हें आप स्वयं समझ सकते हैं.

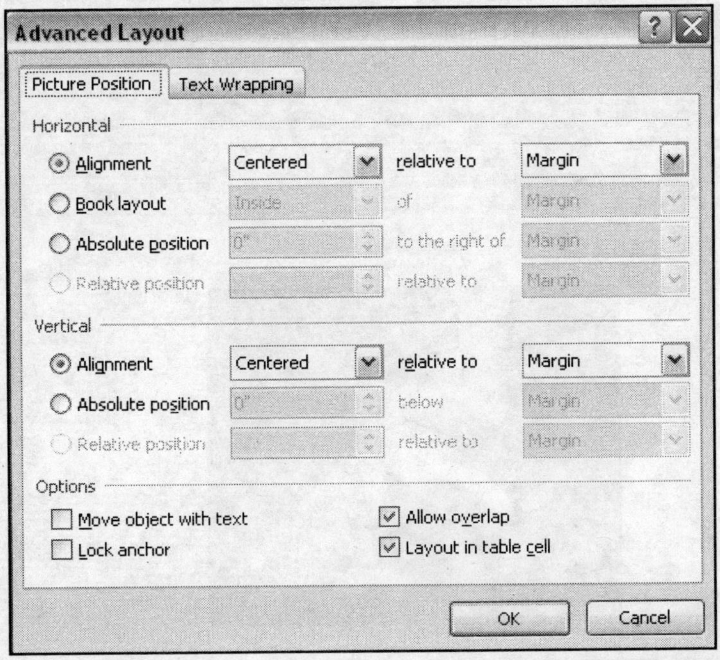

चित्र WD-5.7 : Advanced Layout डायलाग बॉक्स में Picture Position टैबशीट

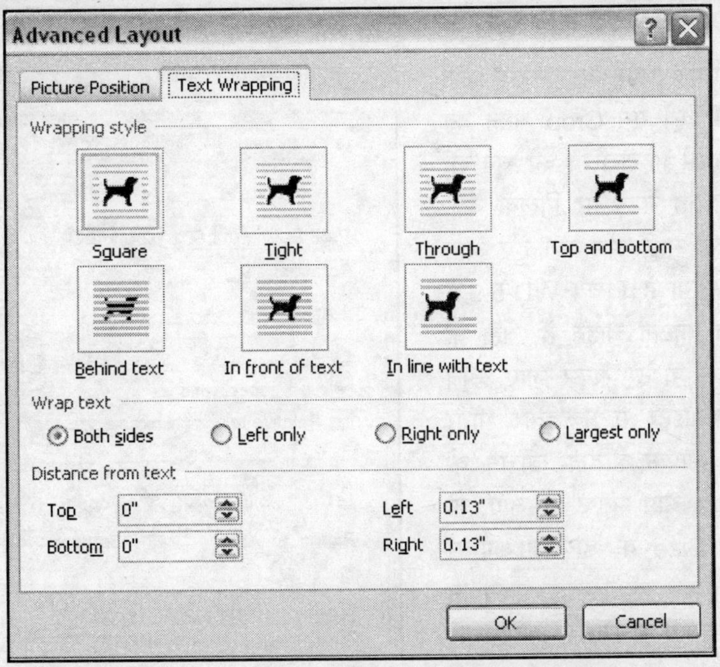

चित्र WD-5.8 : Advanced Layout डायलाग बॉक्स में Text Wrapping टैबशीट

साइज़ भाग का कार्य बहुत महत्त्वपूर्ण है. इसके जरिये आप चित्र की लंबाई (Height) और चौडाई (Width) सेट कर सकते हैं. इसके लिए आपको सिर्फ मनचाहा साइज Height और Width के स्पिन कण्ट्रोल बॉक्स में भरने की आवश्यकता है.

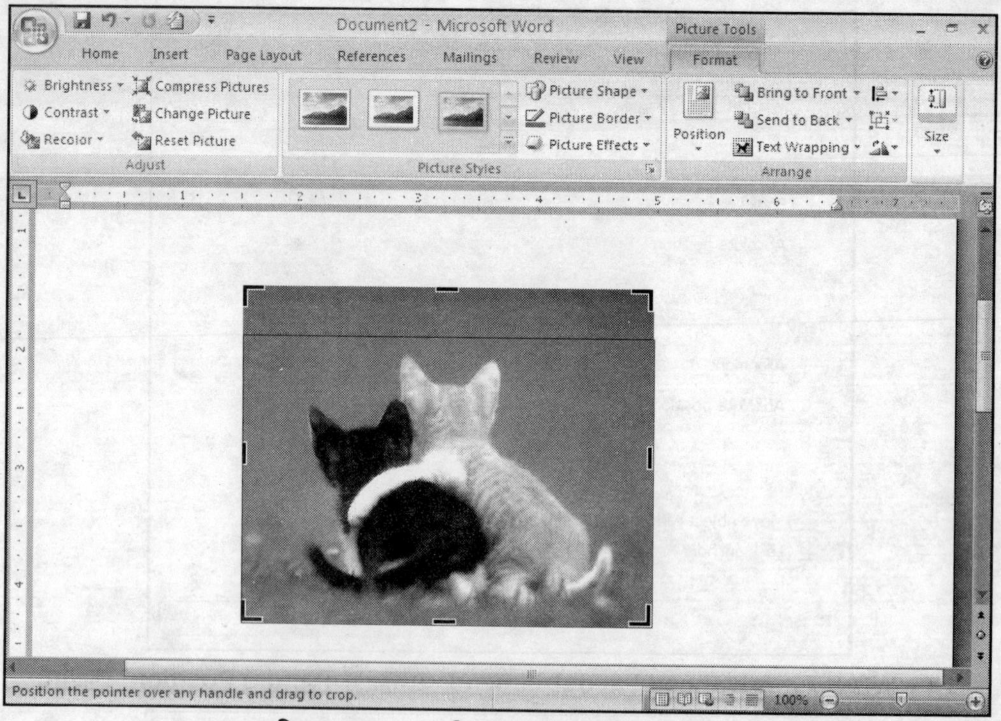

चित्र WD-5.9 : चित्र का काटना-छांटना

चित्र को Crop अर्थात् उसके अनावश्यक अंश काटना, साइज़ भाग में दिये गये Crop बटन का कार्य है. इसके लिए सबसे पहले चित्र को चुन लें. फिर Size भाग के Crop बटन पर क्लिक करें. आप देखेंगे कि चित्र को सभी ओर लगे हुए आठ हैंडिलों का रूप बदल गया है (चित्र WD-5.9). आप जहां से चित्र का काटना चाहते हैं, वहां के हैंडिल पर अपना माउस पॉइंटर लेकर जाएं. अब उस हैंडिल को माउस पॉइंटर से पकड़कर भीतर की ओर खींचें. चित्र आपके हैंडिल खींचने के अनुसार कट जाएगा. जब आप संतुष्ट हो जाएं, तो माउस पॉइंटर छोड़ दें. Size के डायलाग बॉक्स (चित्र WD-5.10) लॉन्चर पर क्लिक करने से Size डायलाग बॉक्स खुलता है, जिससे आप ऊपर बताई गई काटने-छांटने की क्रियाएं एक साथ कर सकते हैं.

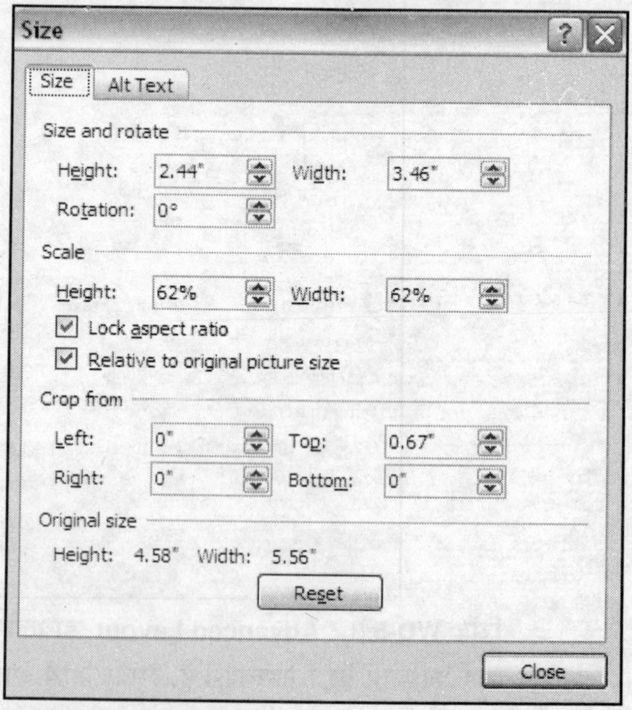

चित्र WD-5.10 : चित्र का आकार निर्धारित करने के लिए साइज का डायलाग बॉक्स

क्लिप आर्ट गैलरी (Clip Art Gallery)

एमएस-ऑफिस में बहुत से चित्र पहले से बने हुए उपलब्ध होते हैं, जिन्हें आप अपने दस्तावेज में कहीं भी डाल सकते हैं. चित्रों के इस समूह को क्लिप आर्ट गैलरी कहते हैं. क्लिप आर्ट गैलरी को देखने या उनमें से कोई चित्र अपने दस्तावेज में डालने के लिए Insert टैब के Illustration भाग में 'Clip Art' आदेश दीजिए. इससे आपकी स्क्रीन की दाईं ओर चित्र WD-5.11 की तरह इंसर्ट क्लिप आर्ट का डायलाग बॉक्स दिखाई देगा.

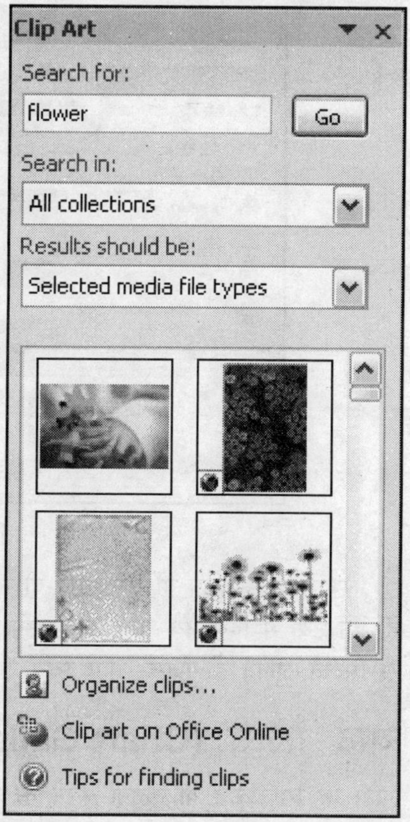

चित्र WD-5.11 : क्लिप आर्ट गैलरी

इसके Search For: टैक्स्ट बॉक्स में आप उस वस्तु का नाम टाइप करते हैं, जिसका चित्र आप दस्तावेज में जोड़ना चाहते हैं. Search in: के ड्राप डाउन मेन्यू के जरिये आप चित्र का स्थान बता सकते हैं. बेहतर होगा कि आप इस बॉक्स में कोई परिवर्तन न करें. Results should be: ड्राप डाउन मेन्यू के जरिये आप क्लिप आर्ट, फोटोग्राफ, वीडियो और ध्वनियों के टुकड़े चुन सकते हैं.

अब मान लीजिए, आपको एक फूल का चित्र चाहिए. इसके लिए आप Search for: बॉकस में 'Folder' टाइप कीजिए, और Results should be: के ड्राप डाउन मेन्यू में Clip Art चेक-बॉक्स को क्लिक कीजिए. अब Search for: के बगल में दिये Go बटन पर क्लिक कीजिए. डायलाग बॉक्स की नीचे की विंडो में फूल के अनेक चित्र आ जाएंगे. आप किसी भी चित्र को चुन लें. इससे आपका चुना हुआ चित्र आपके दस्तावेज में धसान बिंदु कर्जर की तरह जुड़ जाएगा. Clip Art के डायलाग बॉक्स को बंद करने के लिए उसके दायें कोने में दिये गये Close बटन (x) पर क्लिक कीजिए.

आप इस चित्र को चुनकर कहीं भी लगा सकते हैं या छोटा-बड़ा कर सकते हैं. क्लिप आर्ट जोड़ने के बाद भी रिब्बन में फार्मेट टैब जुड़ जाता है, जिसके विषय में हम आपको बता चुके हैं. इन चित्रों पर भी आप साधारण चित्रों की तरह बहुत सी क्रियाएं कर सकते हैं.

स्मार्ट आर्ट गैलरी (Smart Art Gallery)

एमएस-ऑफिस में बहुत से बने-बनाये ग्राफिक्स और डायग्राम दिये गये हैं, जिनकी मदद से आप चित्रों द्वारा किसी भी जानकारी को स्पष्टीकृत कर सकते हैं. स्मार्ट आर्ट गैलरी में ग्राफीकल लिस्ट और प्रोसैस डायग्रामों से लेकर जटिल ग्राफिक्स और चार्ट भी दिये गये हैं.

Insert टैब के Illustrations भाग में Smart Art बटन क्लिक करने से Choose a Smart Art Graphic डायलाग बॉक्स (चित्र WD-5.11) खुलता है. इस बॉक्स में बाईं ओर स्मार्ट आर्ट ग्राफिक्स के प्रकार लिखे होते हैं, जैसे सूची (List), प्रक्रिया (Process) चक्र (Cycle), वर्गीकरण (Hierarchy) संबंध (Relationship), मेट्रिक्स (Matrix) और पिरामिड (Pyramid). किसी भी नाम पर क्लिक करने से उस वर्ग के अन्तर्गत सभी ग्राफिक्स प्रकट हो जाते हैं. हालांकि यदि आप All पर क्लिक करें, तो बारी-बारी से सभी वर्ग अपने-अपने ग्राफिक्स सहित एक के नीचे एक प्रकट हो जाते हैं. किसी भी ग्राफिक पर क्लिक करने से उसका पूर्वदर्शन दाईं ओर दिखाई देता है. आप कोई भी ग्राफिक चुन कर OK बटन पर क्लिक कर दें. चुना हुआ ग्राफिक आपके दस्तावेज में धसान बिंदु (कर्सर) की जगह जुड़ जाएगा.

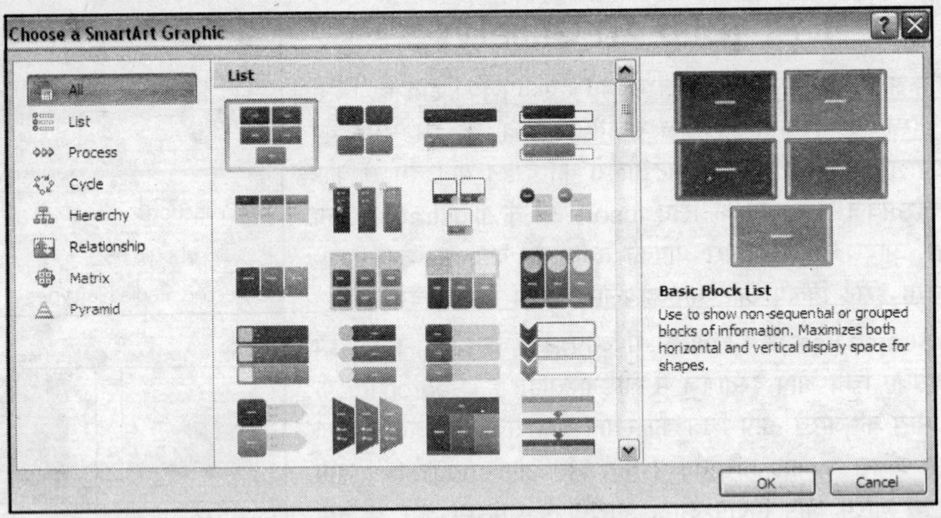

चित्र WD-5.12 : स्मार्ट आर्ट गैलरी

स्मार्ट आर्ट जुड़ने के तुरंत बाद दो नए टैब – डिजायन (Design) और फार्मेट (Format) – रिब्बन में जुड़ जाते हैं. इन टैबों में दिये गये भाग और बटन स्वयं व्याख्यात्मक (Self explanatory) और Picture Tools के फार्मेट टैब से मिलते-जुलते हैं, जिन्हें आप स्वयं समझ सकते हैं.

चार्ट गैलरी (Chart Gallery)

डाटा के स्पष्टीकृत या तुलना करने के लिए चार्ट काम में आते हैं. एमएस-वर्ड में चार्ट गैलरी से आपको पहले से बने चार्ट भी मिल सकते हैं.

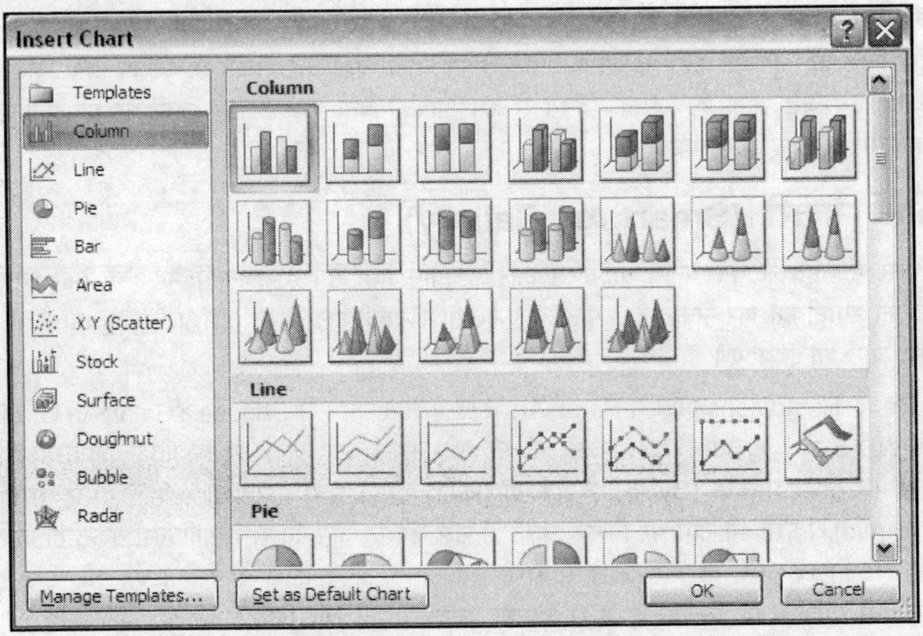

चित्र WD-5.13 : चार्ट गैलरी

Insert टैब के Illustrations भाग में Chart बटन क्लिक करने से Insert Chart डायलाग बॉक्स खुलता है, जो Choose a Smart Art Graphic डायलाग बॉक्स के समान होता है. इसमें भी बाईं ओर चार्ट के प्रकार और दाईं ओर चार्ट दिये होते हैं. आप अपने मनपसंद चार्ट पर क्लिक करके OK बटन पर क्लिक कर दें. चुना हुआ चार्ट आपके दस्तावेज में धसान बिंदु की जगह जुड़ जाएगा.

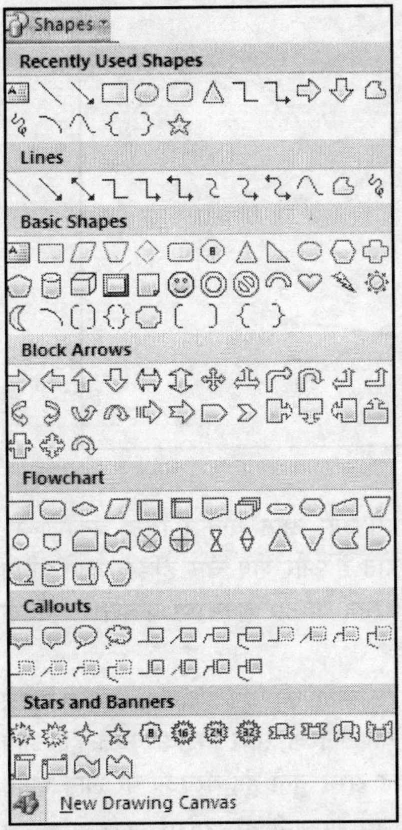

चित्र WD-5.14 : बनी हुई आकृतियां

अन्य चित्रों की भांति चार्ट जुड़ने के बाद भी रिब्बन में तीन नये टैब जुड़ते हैं, जिनके जरिये आप अपने चार्ट को संपादित कर उसे मनचाहा रूप दे सकते हैं. ये तीन टैब Chart Tools के अन्तर्गत डिजायन (Design), लेआउट (Layout) और फार्मेट (Format) के नाम से जुड़ते हैं, जिनके भागों और बटनों का उपयोग Picture Tools और SmartArt Tools के टैबों से मिलता-जुलता है. इन्हें आप स्वयं समझ सकते हैं.

आकृतियां बनाना (Drawing Shapes)

अब तक हमने सीखा कि हम एमएस-वर्ड के दस्तावेज में किस प्रकार बने-बनाये चित्र जोड़ सकते हैं. अब हम दस्तावेज में स्वयं चित्र बनाना सीखेंगे. इसके लिए सर्वप्रथम Insert टैब के Illustrations भाग में Shapes बटन पर क्लिक कीजिए. इससे एक ड्राप डाउन लिस्ट (चित्र WD-5.14) खुलेगी, जिसमें अनेक विकल्पों के नीचे उनसे संबंधित आकृतियां दी होगी. आप अपनी पसंदीदा आकृति पर क्लिक करें. फिर अपने माउस पॉइंटर को खींचते हुए वह आकृति बना लीजिए.

उदाहरण के लिए, कोई रेखा (Line) बनाने के लिए Lines विकल्प के अन्तर्गत मनचाही रेखा पर क्लिक कीजिए, फिर माउस बटन को दबाए रखकर माउस पॉइंटर को एक बिन्दु से दूसरे बिन्दु तक खींचिए. इससे उन दोनों बिंदुओं के बीच उसी नाप की रेखा बन जायेगी. इसी प्रकार आप दस्तावेज में अनेक आकृतियां जैसे आयत, वृत्त, बहुभुज इत्यादि बना सकते हैं.

चित्र WD-5.15 में कुछ आकृतियां या वस्तुएं दिखायी गयी हैं, जिन्हें ऊपर बतायी गयी विधियों से बनाया गया है. इसी प्रकार कुछ दूसरे टूलों का प्रयोग करके आप अन्य आकृतियां बना सकते हैं.

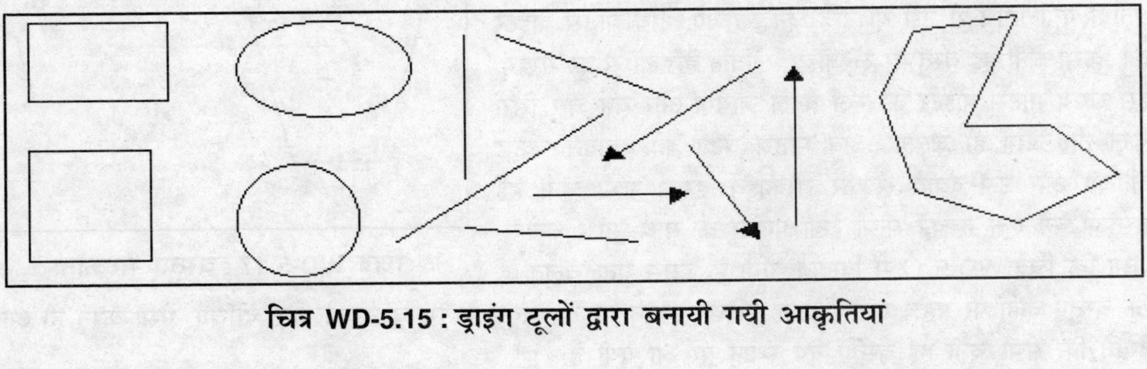

चित्र WD-5.15 : ड्राइंग टूलों द्वारा बनायी गयी आकृतियां

वस्तुएं चुनना (Selecting Objects)

किसी आकृति पर कोई क्रिया करने, जैसे सरकाने, आकार बदलने, हटाने, रंग भरने आदि, के लिए सबसे पहले उस आकृति को चुना जाता है. आगे की क्रिया चुनी हुई आकृति या आकृतियों पर ही की जाती है. कोई आकृति या सरल

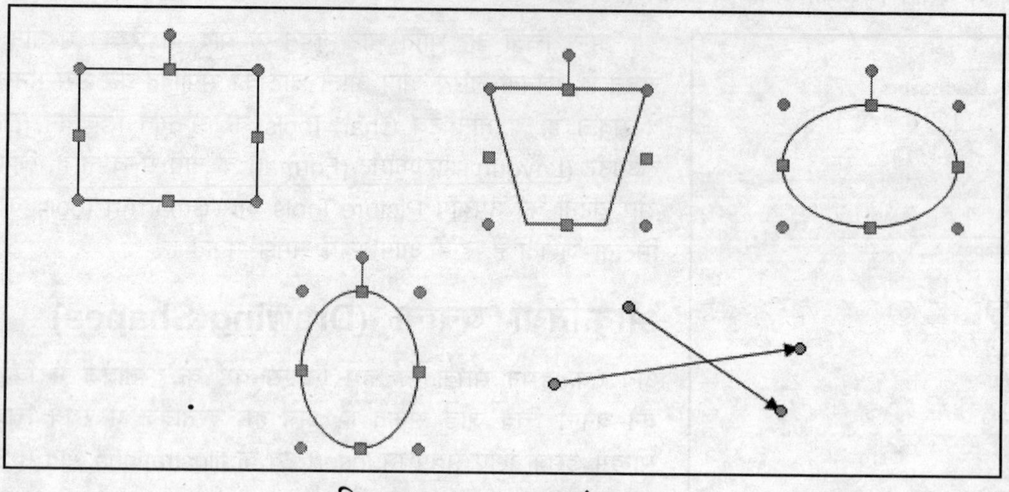

चित्र WD-5.16 : वस्तुएं चुनना

रेखा चुनने के लिए उस पर सिर्फ क्लिक कीजिए. इससे उस आकृति के चारों ओर आठ चौकोर बिन्दु बन जायेंगे, जिन्हें हैंडिल (Handles) कहा जाता है. इनमें से चार हैंडिल चारों कोनों पर होते हैं और शेष चार हैंडिल चारों सीमा रेखाओं के बीच में होते हैं, जैसा कि चित्र WD-5.16 में दिखाया गया है. सरल रेखा या तीर चुनने पर केवल दो हैंडिल उसके दोनों छोरों पर होते हैं.

आप एक साथ कई आकृतियां भी चुन सकते हैं. इसके लिए पहले एक आकृति को चुन लीजिए. अब कण्ट्रोल को दबाकर दूसरी आकृति पर क्लिक कीजिए. इससे वह भी चुन ली जाएगी. कण्ट्रोल के साथ क्लिक करते हुए आप कितनी भी आकृतियां या वस्तुएं चुन सकते हैं. आगे आप जो भी क्रिया करेंगे वह सभी चुनी हुई वस्तुओं पर लागू होगी.

वस्तुओं का चुनाव रद्द करने के लिए माउस पॉइंटर को किसी खाली स्थान पर या चुनी वस्तुओं से बाहर ले जाकर क्लिक कीजिए.

वस्तुओं को सरकाना (Moving Objects)

जिस वस्तु या वस्तुओं को आप सरकाना चाहते हैं, पहले ऊपर बतायी गयी विधि से उसे या उन्हें चुन लीजिए. अब माउस पॉइंटर को किसी चुनी हुई वस्तु पर ले जाइये, लेकिन हैंडिलों से दूर रखिये. इस समय माउस पॉइंटर का रूप बदल जायेगा और वह चार सिरों वाले तीर जैसा हो जायेगा. अब माउस बटन को दबाकर पकड़ लीजिए और उसे दबाये रखकर सरकाइये. इससे सभी चुनी हुई वस्तुओं की एक हल्की सीमा रेखा पाइंटर के साथ-साथ चलेगी, जैसा कि चित्र WD-5.17 में दिखाया गया है. इससे पता चलता है कि वस्तुएं कहां पर पहुंच गयी हैं. उन्हें इच्छित स्थान पर ले जाकर माउस बटन को छोड़ दीजिए. ऐसा करते ही आप देखेंगे कि सभी चुनी हुई वस्तुएं नये स्थान पर आ गयी हैं.

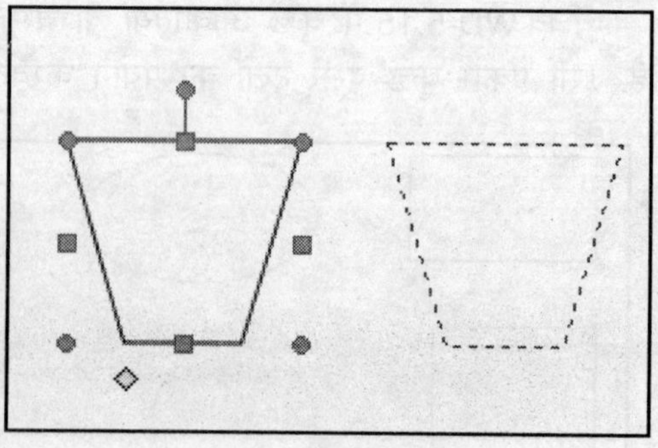

चित्र WD-5.17 : वस्तुएं सरकाना

वस्तुओं का आकार बदलना (Resizing Objects)

किसी वस्तु का आकार बदलने के लिए उसे चुनने पर दिखायी पड़ने वाले हैंडिलों का उपयोग किया जाता है. जैसे ही माउस पॉइंटर किसी हैंडिल पर आता है, वह दो सिरों वाले तीर के चिह्न में बदल जाता है.

यदि आप चुनी हुई वस्तु या आकृति का आकार आनुपातिक रूप से (Proportionally) बदलना चाहते हैं, तो किसी कोने वाले हैंडिल को माउस पॉइंटर से पकड़कर बाहर या भीतर की ओर तिरछा खींचिए. आनुपातिक आकार बदलने का अर्थ है कि वस्तु की लम्बाई तथा चौड़ाई की अनुपात (Proportion) वही रहता है. दूसरे शब्दों में, यदि लम्बाई दो गुनी होगी तो चौड़ाई भी दो गुनी हो जायेगी. इस प्रकार वस्तु के इच्छित आकार के हो जाने पर माउस पॉइंटर को छोड़ दीजिये.

यदि आप आकार अनुपातिक रूप से नहीं बदलना चाहते, तो किनारों (Sides) वाले हैंडिलों में से किसी को इसी प्रकार खींचिए. इससे जिस साइड के हैंडिल को आप खींचेंगे, उसी के अनुसार आकार बदल जाएगा.

यदि आप वस्तु का आकार बदले बिना केवल उसके चारों ओर का खाली स्थान बढ़ाना चाहते हैं, तो शिफ्ट के साथ किसी हैंडिल को माउस पॉइंटर से पकड़कर वस्तु से दूर ले जाइये.

वस्तुओं की नकल करना (Duplicating Objects)

यदि आप किसी आकृति, वस्तु या चित्र की नकल करना चाहते हैं, तो पहले उसे चुन लीजिये. अब Home टैब के Clipboard भाग में मेन्यू में पहले 'Copy', फिर 'Paste' आदेश दीजिए. इससे उसी स्थान पर या उसके नजदीक (जहां कर्सर होगा) उस वस्तु की वैसी ही नकल चित्र WD-5.18 की तरह बन जाएगी. इस नकल को आप कहीं भी ले जाकर लगा सकते हैं.

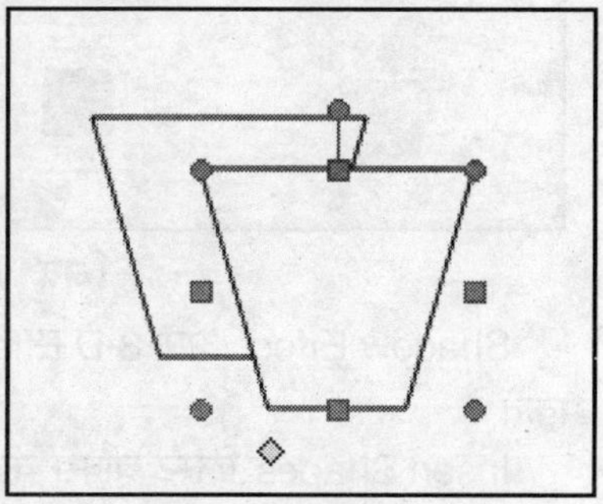

चित्र WD-5.18 : वस्तुओं की नकल करना

वस्तुओं को हटाना (Deleting Objects)

किसी वस्तु या वस्तुओं को हटाने के लिए उन्हें चुनकर Backspace या Delete कुंजी को दबाइये या 'Cut' आदेश दीजिए.

समूह बनाना तथा तोड़ना (Grouping and Ungrouping)

कई बार आप छोटी-छोटी आकृतियों या तत्वों को मिलाकर एक चित्र बनाते हैं. तब आप चाहते हैं कि इस पूरे चित्र को एक ही वस्तु माना जाए, ताकि उसे सरकाने, आकार बदलने, नकल करने आदि में सुविधा रहे. यह कार्य करने के लिए सबसे पहले उन सभी तत्वों को कण्ट्रोल दबाकर एक-एक करके चुन लीजिए. कोई भी आकृति छूटनी नहीं चाहिए. सबको चुन लेने के पश्चात् किसी एक आकृति पर माउस का दायां बटन क्लिक कीजिए और उसमें Grouping क्लिक करके 'Group' आदेश दीजिए. आप देखेंगे कि सभी तत्वों पर अलग-अलग लगे हुए हैंडिल गायब हो गए हैं और उन सबके चारों ओर केवल आठ हैंडिल रह गए हैं, जो इस बात का प्रमाण हैं कि उसे एक वस्तु माना जा रहा है. अब आप इसे चुनकर जो भी क्रिया करेंगे, वह पूरी वस्तु पर की जाएगी.

यदि आप किसी वस्तु, जो 'Group' आदेश द्वारा बनी हो, फिर से अलग-अलग तत्वों में तोड़ना चाहते हैं, तो ऊपर बताई गई विधि से Grouping क्लिक करके 'Ungroup' आदेश दीजिए. इससे सभी तत्व अलग-अलग हो जाएंगे और उनके चारों ओर अलग-अलग हैंडिल बन जाएंगे.

वस्तुओं को घुमाना (Rotating Objects)

किसी वस्तु को घुमाने के लिए उसे चुनकर उसके सबसे ऊपर के हैंडिल पर दिये गये हरे बिंदु पर क्लिक कीजिए. अब इस बिंदु को माउस पॉइंटर द्वारा पकड़कर गोलाई में घुमाइये. ऐसा करने पर उस वस्तु की सीमा रेखा जो टूटी लाइनों से बनी होती है, चित्र WD-5.19 की तरह, साथ-साथ घूमती हुई दिखाई देगी. आवश्यक दिशा में घुमाने के बाद माउस बटन को छोड़ दीजिए. ऐसा करने पर वस्तु नई दिशा में स्थापित हो जाएगी.

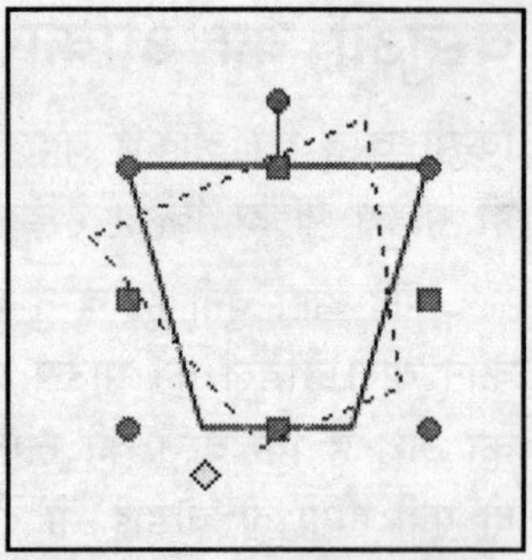

चित्र WD-5.19 : वस्तुओं को घुमाना

ड्राइंग टूल्स का फार्मेट टैब (Format Tab of Drawing Tools)

एमएस-वर्ड में कोई भी आकृति बनाने पर रिब्बन में Drawing Tools शीर्षक के अन्तर्गत फार्मेट टैब (Format Tab) जुड़ जाता है, जिससे आप आकृति में परिवर्तन ला सकते हैं. इस टैब के अधिकांश बटन Picture, Tools, Clipboard Tools, Smart Art Tools और Chart Tools के बटनों से मिलते-जुलते हैं. इसके Arrange और Size भाग Picture Toos के Arrange और Size भाग के ठीक समान हैं, जिनके विषय में हम आपको बता चुके हैं.

चित्र WD-5.20 : ड्राइंग टूल्स के अंतर्गत फार्मेट टैब

Shadow Effect और 3-D Effect बटनों की सहायता से आप आकृति में क्रमशः छाया और 3-D प्रभाव डाल सकते हैं.

Insert Shapes लिस्ट बॉक्स के जरिये आप चुनी हुई आकृति के अंदर एक अन्य आकृति जोड़ सकते हैं. इसी भाग के अन्तर्गत Edit Shape बटन की मदद से आप आकृति का रूप बदल सकते हैं, और Edit Text बटन के जरिये आप आकृति को टैक्स्ट में बदल सकते हैं, जिसके विषय में हम आपको आगे बताएंगे.

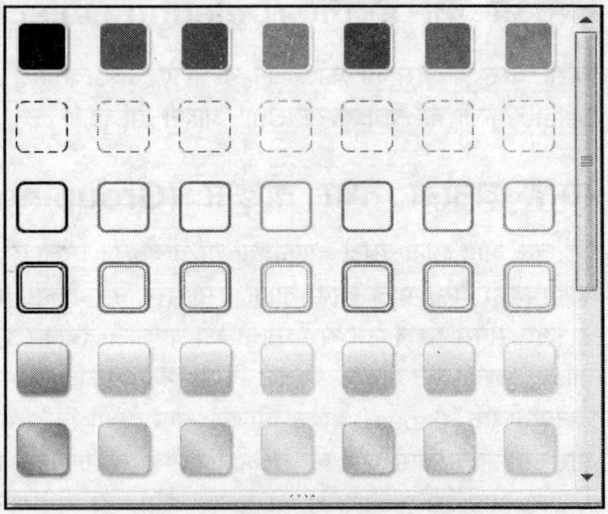

चित्र WD-5.21 : स्टाईल गैलरी

आकृति की बनावट (Shape Style)

Drawing Tools के फार्मेट टैब का सबसे अधिक उपयोगी भाग Shape Style है. इसका उपयोग निम्न प्रकार है–

(i) **आकृति का स्टाइल सेट करना (Setting Style of the Shapes) :** Shape Styles के लिस्ट बॉक्स (चित्र WD-5.21) में अलग-अलग प्रकार के रंगों, बार्डरों और विशेष प्रभावों वाले स्टाइल दिये गये हैं, जिनमें से आप आकृति के लिए कोई भी स्टाइल चुनकर उसे अधिक आकर्षक बना सकते हैं.

(ii) **आकृतियों का रंग बदलना (Changing Colour of Drawings) :** आप किसी भी आकृति, रेखा अथवा तीर को विभिन्न रंगों में बना सकते हैं या उनका रंग बदल सकते हैं. इसके लिए उस आकृति या रेखा को चुनकर Drawing Tools के फार्मेट टैब के Shape Styles भाग में Shape Outline बटन के तीर को क्लिक कीजिए. इससे एक कलर पैलेट चित्र WD-5.22 की तरह खुल जाएगा.

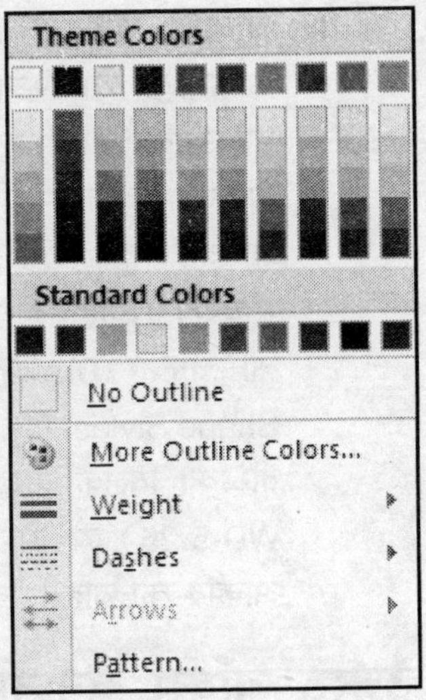

चित्र WD-5.22 : कलर पैलेट

इस कलर पैलेट में कई रंग दिये होते हैं. आप इनमें से किसी भी रंग को क्लिक कीजिए. ऐसा करते ही आपके द्वारा चुनी गई आकृति, रेखा, तीर आदि उसी रंग में बन जाएगी. एक साथ कई वस्तुओं को चुनकर आप उन सबको एक ही रंग में एक बार में बना सकते हैं.

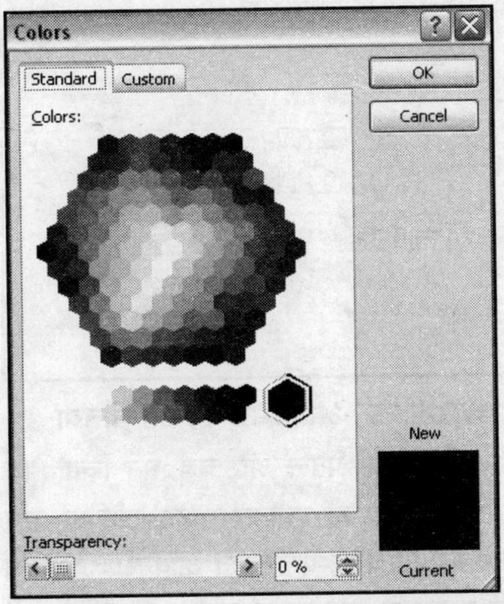

चित्र WD-5.23 : कलर्स का डायलाग बॉक्स

यदि आप कलर पैलेट में दिखाए गए रंगों से संतुष्ट न हों तथा रंगों में विविधता चाहते हों, तो कलर पैलेट के 'More Outline Colors' बटन को क्लिक कीजिए, जिससे आपकी स्क्रीन पर चित्र WD-5.23 की तरह 'Colors' का डायलाग बॉक्स दिया जाएगा.

आप इस डायलाग बॉक्स की स्टैण्डर्ड टैबशीट में दिखाए गए रंगों में से किसी का भी चुनाव कर सकते हैं. क्लिक करके रंग चुनकर 'OK' बटन को क्लिक कीजिए, इससे आपके द्वारा चुनी गयी आकृतियां उसी रंग में बदल जायेंगी. आप कलर पैलेट के Weight, Dashes और Arrows बटनों से आकृति की क्रमशः मोटाई, डैशनुमा बार्डर और तीर का स्टाइल (केवल रेखाओं के लिए) सेट कर सकते हैं. Pattern बटन पर क्लिक करने से Patterned Line डायलाग बॉक्स खुलता है, जिससे आप सीमा रेखा का आकर्षक पैटर्न सेट कर सकते हैं.

(iii) **आकृतियों में रंग भरना (Filling Colours in Drawings) :** आप ऐसी किसी भी आकृति में, जो चारों ओर से बन्द हो, अपनी पसन्द का रंग भर सकते हैं. इसके लिए उस आकृति अथवा आकृतियों को चुनकर Drawing Tools के फार्मेट टैब के Shape Styles भाग में Shape Fill बटन के तीर को क्लिक किया जाता है, जिससे कलर पैलेट खुल जाता है. शेष प्रक्रिया आकृतियों के रंग बदलने की तरह ही है.

इतना ही नहीं, आप चुनी हुई आकृति में कोई चित्र, छाया का ढलान (Gradient), आकर्षक टैक्स्चर (Texture) या पैटर्न भी भर सकते हैं. Pattern पर क्लिक करने से Fill Effects डायलाग बॉक्स (चित्र WD-5.24) खुलता है, जिसके जरिये आप ग्रेडियन्ट, टैक्स्चर, पैटर्न और चित्र विशेष प्रभाव सहित आकृति में भर सकते हैं.

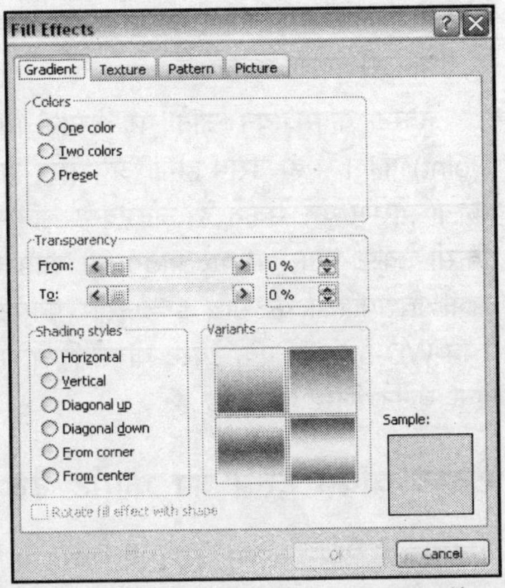

चित्र WD-5.24 : Fill Effects डायलाग बॉक्स

(iv) आकृति बदलना (Changing Shape) : आप आकृति के रंग, पैटर्न और अन्य प्रभाव बनाये रखते हुए उसका बाहरी रूप बदल सकते हैं. मान लीजिए आपने एक वृत्त में नीला रंग भरा है. अब आप नीले रंग को बनाये रखते हुए, आकृति को वृत्त से आयत में बदलना चाहते हैं. इसके लिए दस्तावेज में आकृति को चुनकर Drawing Tools के फार्मेट टैब में Shape Styles भाग के Change Shape बटन के तीर को क्लिक करें और खुलने वाले मेन्यू (चित्र WD-5.25) से अपनी मनपसंद आकृति चुन लें. आकृति का बाहरी रूप तुरंत बदल जाएगा.

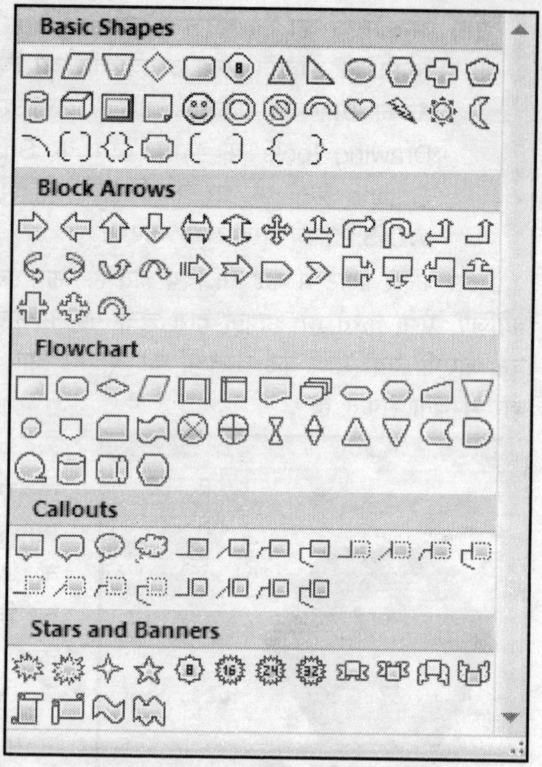

चित्र WD-5.25 : अलग-अलग आकृतियां

टैक्स्ट बॉक्स बनाना (Creating Text Boxes)

आप एमएस-वर्ड में अपने दस्तावेज या रेखा चित्रों पर ऐसे बॉक्स बना सकते हैं, जिनमें कोई पाठ्य स्वतंत्र रूप से भरा गया हो. टैक्स्ट बॉक्स बनाने के लिए 'Insert' टैब के Text भाग में 'Text Box' बटन को क्लिक कीजिए. अपने मनपसंद टैक्स्ट बॉक्स पर क्लिक कीजिए. टैक्स्ट बॉक्स तुरन्त आपके दस्तावेज में जुड़ जाएगा. Draw Text Box आदेश देने पर आपका माउस पाइंटर एक पतले और बड़े धन चिह्न (+) में बदल जाएगा. आप इसे डाक्यूमेन्ट में किसी भी स्थान पर ले जाकर माउस बटन को दबाकर पकड़ लीजिए और जिस प्रकार आयत (Rectangle) बनाया जाता है, उसी प्रकार माउस पॉइंटर को खींचते हुए इच्छित आकार का बॉक्स बना लीजिए. यह बॉक्स प्रारम्भ में मोटी छायादार बाउन्ड्री से बना दिखायी पड़ता है और उसमें चारों और हैंडिल भी होते हैं, जिनकी सहायता से आप उसका आकार बदल सकते हैं तथा उसे सरका सकते हैं.

टैक्स्ट बॉक्स बन जाने पर धसान बिन्दु (Insertion Point) पहले से ही उसमें होगा. अब आप अपना पाठ्य टाइप करना प्रारम्भ कर सकते हैं, जो टैक्स्ट बॉक्स में भर जाएगा. किसी टैक्स्ट बॉक्स में भरे पाठ्य को आप एमएस-वर्ड की सभी विशेषताओं के साथ इच्छानुसार फार्मेट कर सकते हैं. चित्र WD-5.26 में एक टैक्स्ट बॉक्स दिखाया गया है, जिसमें एक बुलेट लिस्ट भरी गई है.

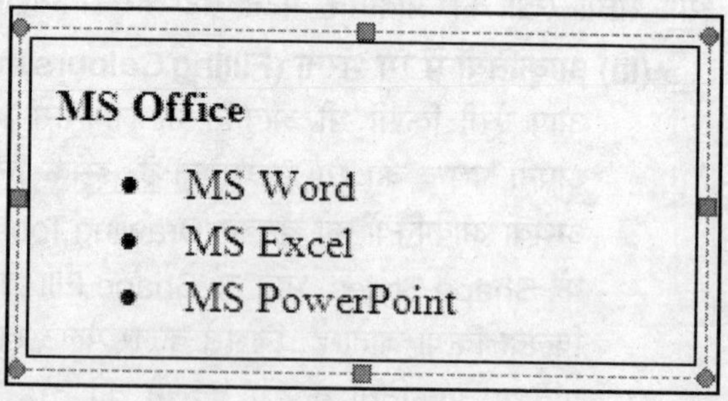

चित्र WD-5.26 : टैक्स्ट बॉक्स

टैक्स्ट बॉक्स टूल्स का फार्मेट टैब (Format Tab of Text Box Tools)

दस्तावेज में टैक्स्ट बॉक्स जुड़ते ही रिब्बन में Text Box Tools शीर्षक के अन्तर्गत फार्मेट टैब (चित्र WD-5.27) जुड़ जाता है, जो Drawing Tools, Picture Tools, Clipart Tools आदि के फार्मेट टैब से मिलता-जुलता है. इसके

अधिकांश भाग, जैसे Text Box Styles, Shadow Effects, 3-D Effects, Arrange और Size शेष Tools के फार्मेट टैबों के भागों के समान हैं, जिनके विषय में हम आपको बता चुके हैं.

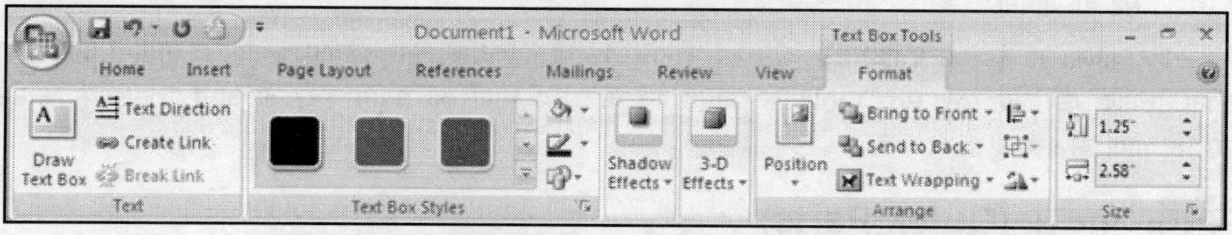

चित्र WD-5.27 : टैक्स्ट बॉक्स टूल्स के अंतर्गत फार्मेट टैब

Text Box Tools के फार्मेट टैब में केवल Text भाग उपलब्ध है, जिसकी विशेषताएं निम्न प्रकार हैं–

(i) टैक्स्ट बॉक्स जोड़ना (Draw Text Box) : यदि आप एक सरल चौकोर टैक्स्ट बॉक्स अपने दस्तावेज में जोड़ना चाहते हैं, तो केवल Text Box Tools के फार्मेट भाग में Draw Text Box बटन पर क्लिक करें. ध सान बिंदु के स्थान पर एक टैक्स्ट बॉक्स तुरंत जुड़ जाएगा. आप इस बटन की मदद से एक टैक्स्ट बॉक्स में दूसरा टैक्स्ट बॉक्स भी जोड़ सकते हैं.

(ii) पाठ्य की दिशा चुनना (Text Direction) : Draw Text Box बटन के बगल में दिये गये Text Direction बटन की सहायता से आप टैक्स्ट बॉक्स में दिये जाने वाले पाठ्य की दिशा बायें से दायें, ऊपर से नीचे, नीचे से ऊपर सेट कर सकते हैं. इस बटन पर क्लिक करने से इस पर दिये गये तीर के निशान (⇒) दक्षिणावर्त (Clockwise) दिशा में घूमते हैं, जिससे आपको पाठ्य की दिशा को बोध होता है.

(iii) दो टैक्स्ट बॉक्सों को आपस में जोड़ना (Create Link) : मान लीजिए, आपने दस्तावेज में दो टैक्सट बॉक्स जोड़े हैं. आप चाहते हैं कि दोनों टैक्स्ट बॉक्स आपस में जुड़ जाएं, अर्थात् पाठ्य टाइप करते समय जब पहले टैक्स्ट बॉक्स में स्थान न बचे, तो पाठ्य स्वयं ही दूसरे टैक्स्ट बॉक्स में सेट हो जाए. यह काम आप Text Direction बटन के नीचे दिये गये Create Link बटन से आसानी से कर सकते हैं.

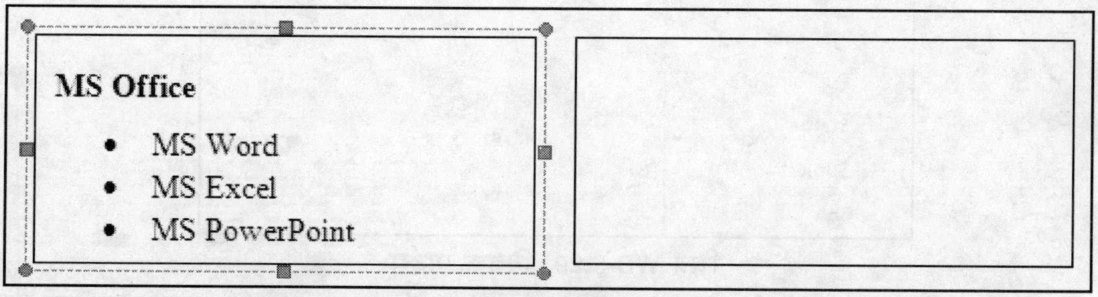

चित्र WD-5.28 : दो टैक्स्ट बॉक्सों को आपस में जोड़ना

इसके लिए आप सर्वप्रथम टैक्स्ट बॉक्स में क्लिक कीजिए. अब Create Link बटन को क्लिक कीजिए. आप देखेंगे कि आपका माउस पॉइंटर टैक्स्ट से भरे कप में बदल गया है. अब आप दूसरे टैक्स्ट बॉक्स में (जिसे आप पहले टैक्स्ट बॉक्स से जोड़ना चाहते हैं) क्लिक कर दें. रोचक बात यह है कि जैसे ही आप टैक्स्ट के कप को दूसरे टैक्स्ट बॉक्स में लेकर जाएंगे, तो वह कप टेढ़ा हो जाएगा, मानो आप टैक्स्ट को कप में भरकर दूसरे टैक्स्ट बॉक्स में उडेल रहे हों.

(iv) टैक्स्ट बॉक्सों के बीच संबंध तोड़ना (Break Link) : Break Link बटन के जरिये आप दो जुड़े हुये टैक्स्ट बॉक्सों का संबंध तोड़ सकते हैं. ऐसा करने से समूचा टैक्स्ट चुने हुए बॉक्स में (जिसमें माउस कर्सर हो) सेट हो जाएगा.

टैक्स्ट बॉक्सों से जुड़ी अन्य क्रियाओं, जैसे रंग भरना, रंग तथा फॉण्ट बदलना, छायाएं बनाना, त्रिआयामी आकृतियां बनाना इत्यादि, के लिए Text Box Tools के फार्मेट टैब के अन्य भागों का प्रयोग करें, जो अन्य Tools के फार्मेट टैबों के भागों के समान हैं.

क्विक पार्ट्स (Quick Parts)

इस बटन का उपयोग अधिक नहीं किया जाता है. Insert टैब के Text भाग में दिये गये Quick Parts नामक बटन की सहायता से आप अपने दस्तावेज में तुरंत पाठ्य के टुकड़े, जैसे सारांश, लेखक का नाम, वर्ग, विशेष टिप्पणियां,

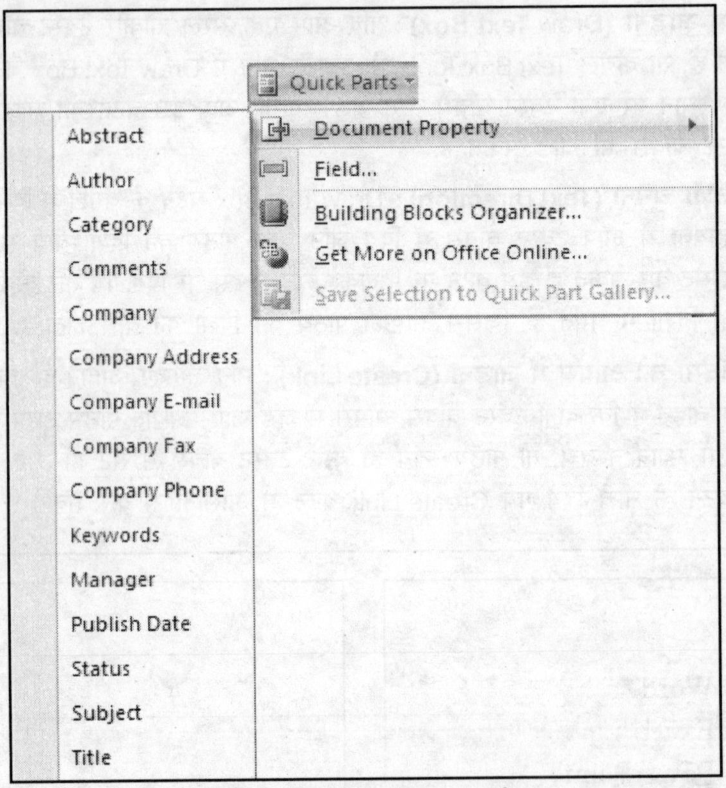

चित्र WD-5.29 : क्विक पार्ट्स

कम्पनी का नाम, कम्पनी का पता आदि जोड़ सकते हैं. इसके बारे में अधिक जानने के लिए एमएस-वर्ड की Help सुविधा की सहायता लें.

वर्ड आर्ट (WordArt)

एसएस-वर्ड में आप शब्दों को कलात्मक ढंग से कई रंगों में भी बना सकते हैं. इसके लिए वर्ड आर्ट गैलरी का उपयोग किया जाता है. इस गैलरी में कोई स्टाइल चुनने के लिए 'Insert' टैब के Text भाग में WordArt के तीर के बटन को क्लिक कीजिए. इससे आपको चित्र WD-5.30 की तरह वर्ड आर्ट गैलरी का मेन्यू दिया जाएगा.

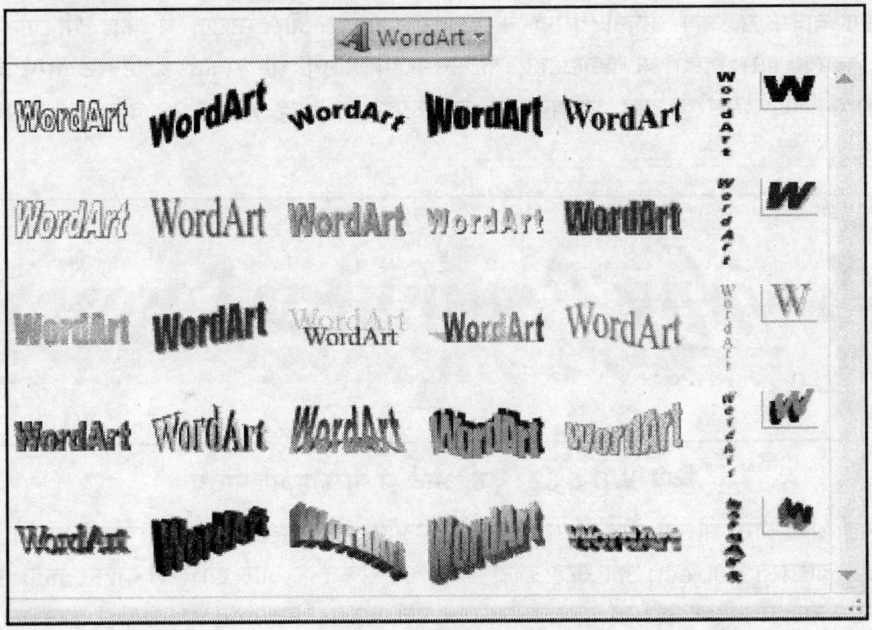

चित्र WD-5.30 : वर्ड आर्ट गैलरी

आप इस गैलरी में से अपनी पसन्द की स्टाइल उसे क्लिक करके चुन सकते हैं. चुनकर 'OK' बटन को क्लिक कीजिए. इससे गैलरी का डायलाग बॉक्स गायब होकर 'Edit WordArt Text' का डायलाग बॉक्स चित्र WD-5.31 की तरह दिया जाएगा.

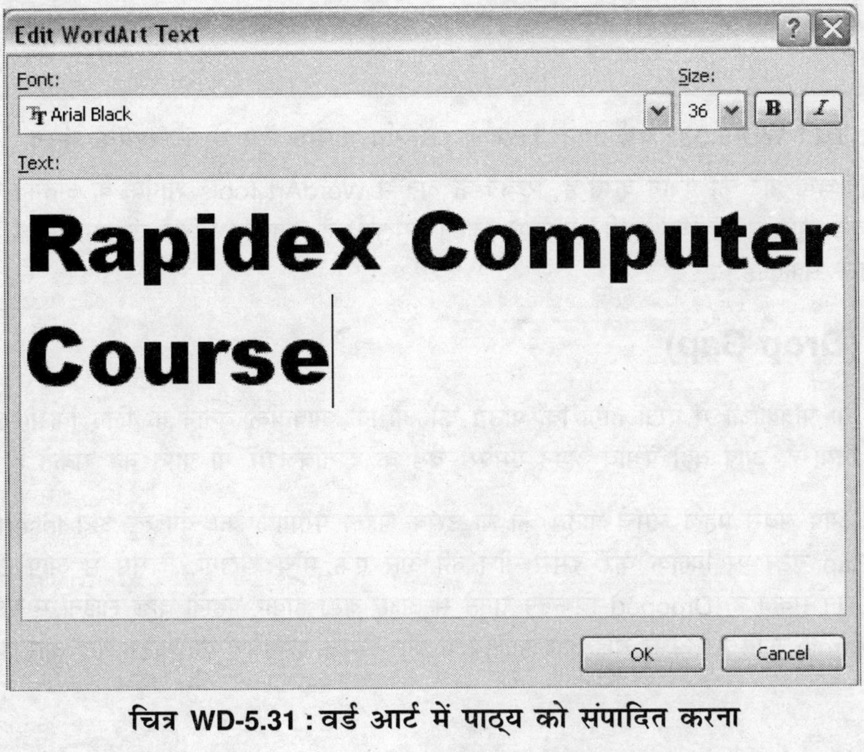

चित्र WD-5.31 : वर्ड आर्ट में पाठ्य को संपादित करना

इस डायलाग बॉक्स में आप अपनी पसन्द के फॉण्ट, आकार और स्टाइल में कोई भी पाठ्य (Text) भर सकते हैं. यदि आपके पास हिन्दी के फॉण्ट हों, तो उनमें भी पाठ्य भर सकते हैं. टैक्स्ट भरने के बाद 'OK' बटन को क्लिक कीजिए. इससे वे शब्द आपकी चुनी हुई स्टाइल में चित्र WD-5.32 की तरह आपके दस्तावेज में जुड़ जाएंगे.

चित्र WD-5.32 : वर्ड आर्ट में भरा हुआ पाठ्य

प्रारम्भ में यह आर्ट चारों ओर से हैंडिलों से घिरी होगी. आप इन हैंडिलों का प्रयोग करके इसको किसी सामान्य चित्र (Graphics) या वस्तु (Object) की तरह छोटा-बड़ा कर सकते हैं और खींच ले जाकर कहीं भी लगा सकते हैं. यदि आप इसके रंगों से संतुष्ट नहीं हों तो वर्ड आर्ट के टूल बार में 'Format WordArt' बटन को क्लिक करके मनचाहे रंगों का चुनाव कर सकते हैं. वर्ड आर्ट आप एक या दो रंगों में बना सकते हैं.

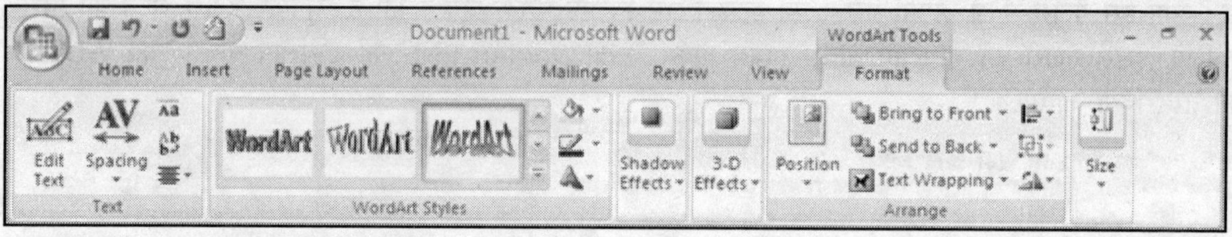

चित्र WD-5.33 : वर्ड आर्ट टूल्स के अंतर्गत फार्मेट टैब में आवश्यक बटन

जब भी आप वर्ड आर्ट का प्रयोग करते हैं, रिब्बन के अंत में WordArt Tools शीर्षक के अंतर्गत फार्मेट टैब जुड़ जाता है. इसमें वर्ड आर्ट से संबंधित सभी आवश्यक बटन उपलब्ध हैं, जिनका उचित उपयोग करके आप वर्ड आर्ट का पूरा लाभ उठा सकते हैं.

ड्राप कैप (Drop Cap)

आपने अखबारों या पत्रिकाओं में देखा होगा कि पाठ्य को अधिक आकर्षक बनाने के लिए किसी लेख का पहला अक्षर बड़ा कर दिया है. आप वही प्रभाव अपने एमएस-वर्ड के दस्तावेज में भी प्राप्त कर सकते हैं.

इसके लिए आप सबसे पहले समूचे पाठ्य को या उसके पहले पैराग्राफ को चुन लें. अब Insert टैब के Text भाग में Drop Cap बटन पर क्लिक करें. इससे नीचे की ओर एक मेन्यू खुलेगा, जिसमें से आप Drop Cap का मनचाहा स्टाइल चुन सकते हैं. Dropped विकल्प चुनने से अक्षर बड़ा होकर पहली कुछ लाइनों में एडजस्ट (Drop) हो जाएगा. In Margin चुनने पर अक्षर बाईं ओर हाशिये में और समूचे दस्तावेज का पाठ्य दाईं ओर हाशिये के बाहर सेट हो जाएगा.

Generally, women are considered to be poor drivers. Be it any city or country, women drivers are feared by everyone. But do you know that there are two people who hold the record for being the worst drivers of the world? The first out of these two is a 75-year-old man who received as many as ten traffic tickets, drove on the wrong side of the road four times, committed four hit-and-run offences, and caused six accidents, all within twenty minutes on October 15, 1966. The second one is a 62-year-old woman, who failed her driving test 40 times before eventually passing it in August, 1970. But the irony is that by that time, she had spent over seven hundred dollars in lessons, and could no longer afford to buy a car.

चित्र WD-5.34 : ड्राप कैप का प्रयोग

Drop Cap Options क्लिक करने पर Drop Cap डायलाग बॉक्स (चित्र WD-5.35) खुलता है, जिसके जरिये आप Dropped या In Margin विकल्प चुन कर बड़े अक्षर का फॉण्ट भी चुन सकते हैं. इतना ही नही, Lines to Drop: स्पिन कण्ट्रोल बॉक्स के जरिये आप यह भी निश्चित कर सकते हैं कि अक्षर बड़ा होकर कितनी लाइनों मे एडजस्ट होगा. Distance from text: स्पिन कण्ट्रोल बॉक्स से आप बड़े अक्षर और पाठ्य के बीच की दूरी निर्धारित कर सकते हैं.

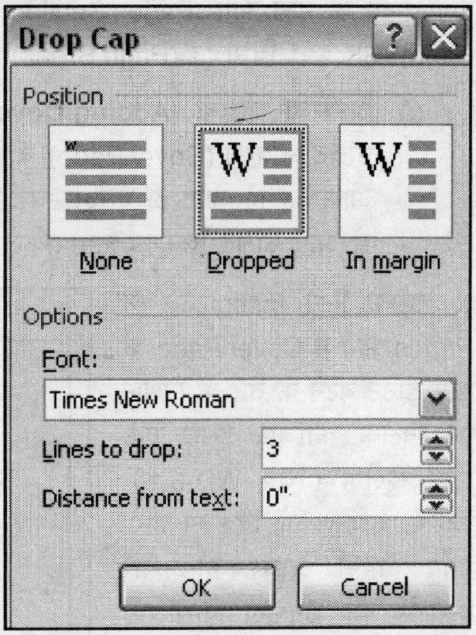

चित्र WD-5.35 : ड्राप कैप डायलाग बॉक्स

जब आप संतुष्ट हो जाएं तो OK बटन पर क्लिक कर दें.

यदि आप Drop Cap का प्रभाव समाप्त करना चाहें, तो पाठ्य को चुनकर Drop Cap मेन्यू में None का आदेश दें.

वर्ड में चित्र, आकृति और सुंदर अक्षरों से संबंधित अनेक विषेशताएं हैं, जिनमें से अधिकांश का विवरण हम दे चुके हैं, परन्तु सभी के विषय में विस्तार से समझाना यहां संभव नहीं है. इसके लिए आप हेल्प सुविधा की मदद ले सकते हैं.

06

दस्तावेज में वस्तुएं जोड़ना
(Adding Elements to the Document)

पिछले दो अध्यायों में आपने सीखा कि किस प्रकार आप एमएस-वर्ड के रिब्बन में इन्सर्ट टैब के जरिये अपने दस्तावेज में सूचियां, सारणियां और ग्राफ़िक्स जोड़ सकते हैं. इस अध्याय में हम इन्सर्ट टैब की कुछ अन्य विशेषताओं पर चर्चा करेंगे, जिसकी मदद से आप दस्तावेज में खाली पेज, हेडर, फुटर, प्रतीक, विशेष चिह्न आदि अनेक वस्तुएं जोड़ सकते हैं.

पृष्ठ भाग (Pages Section)

Insert टैब के पृष्ठ भाग (Pages Section) में कुल तीन बटन हैं– आवरण (Cover Page) खाली पृष्ठ (Blank Page) और पृष्ठ विभाजन (Page Break). इन बटनों की विशेषताएं निम्न प्रकार हैं–

(i) आवरण जोड़ना (Adding Cover Page) : कभी-कभी वर्ड में रिपोर्ट टाइप करते समय आपको एक उचित आवरण (Cover Page) जोड़ने की आवश्यकता पड़ सकती है. इससे आपकी रिपोर्ट/दस्तावेज अधिक आकर्षक हो जाता है. एमएस-वर्ड में कुछ पहले से ही तैयार किये गये Cover Page उपलब्ध हैं, जिनमें से आप उचित विकल्प चुन सकते हैं.

इसके लिए Insert टैब के Pages भाग में Cover Page के ड्राप डाउन बटन के तीर के निशान पर क्लिक कीजिए. इससे एक मेन्यू खुलेगा (चित्र WD-6.1), जिसमें आवरण के विकल्प होंगे. आप अपनी आवश्यकतानुसार दस्तावेज के अनुकूल किसी भी विकल्प पर क्लिक कीजिए, Cover Page तुरंत जुड़ जाएगा. इसमें आपको केवल दस्तावेज का नाम, लेखक का नाम, दिनांक और अन्य जानकारी आदि जोड़ना होगा.

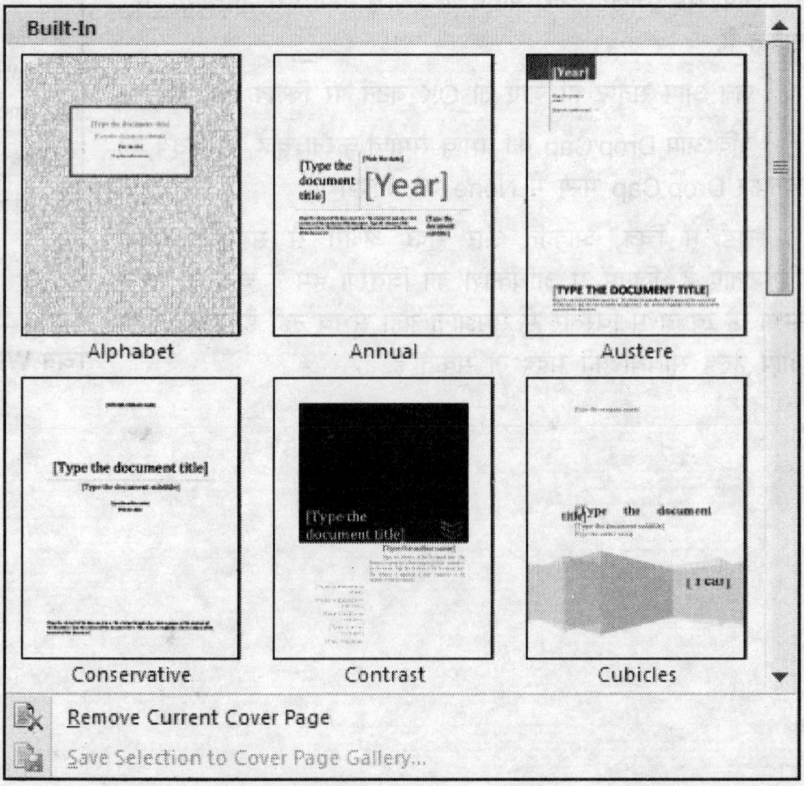

चित्र WD-6.1 : बने-बनाये आवरण

आप देखेंगे कि कुछ Cover Pages को जोड़ने से रिब्बन में Table Tools के अन्तर्गत Design और Layout नामक दो टैब जुड़ जाते हैं (चित्र WD-6.2), जिनके जरिये आप Cover Page को संपादित कर सकते हैं. ये टैब सारणी बनाते समय जुड़ने वाले टैबों के ही समान हैं, जिनका विस्तृत विवरण हम अध्याय-4 में दे चुके हैं.

चित्र WD-6.2 : टेबिल टूल्स में डिजाइन टैब

यदि आप अपने दस्तावेज़ से Cover Page हटाना चाहें, तो Cover Page मेन्यू में Remove Current Cover Page आदेश दें. Cover Page तुरंत गायब हो जाएगा.

(ii) खाली पेज जोड़ना (Adding Blank Page) : यदि आप अपने दस्तावेज में खाली पेज जोड़ना चाहते हैं, तो Cover Page बटन के नीचे दिये Blank Page बटन पर क्लिक कीजिए. इससे धसान बिंदु की जगह एक खाली पेज जुड़ जाएगा.

(iii) पृष्ठ विभाजन (Page Break) : वर्ड में काम करते समय आपको किसी एक पेज को दो पेजों में विभाजित करने की आवश्यकता भी पड़ सकती है. यह कार्य Page Break बटन की सहायता से आसानी से किया जा सकता है. इस बटन को क्लिक करते ही धसान बिंदु के स्थान से एक नया पेज आरम्भ हो जाएगा, अर्थात् वर्तमान पेज विभाजित हो जाएगा.

हेडर और फुटर भाग (Header & Footer Section)

Insert टैब के हेडर और फुटर भाग (Header & Footer Section) में तीन बटन हैं– शीर्षणी (Header), पाद टिप्पणी (Footer) और पृष्ठ संख्या (Page Number). इन सभी की विशेषताएं निम्न प्रकार हैं–

(i) हेडर जोड़ना (Inserting Header): कभी-कभी आपको दस्तावेज में हेडर जोड़ने की आवश्यकता पड़ जाती है. इसके लिए Insert टैब के Header & Footer भाग में Header के ड्राप डाउन बटन पर क्लिक कीजिए. ड्राप डाउन मेन्यू (चित्र WD-6.3) में आपको हेडर के अलग-अलग स्टाइल दिखाई देंगे. आप अपनी इच्छानुसार कोई भी स्टाइल चुनकर उचित हेडर दे सकते हैं. जैसा कि आप मेन्यू में देखेंगे कि वर्ड में सम और विषम पृष्ठ संख्या वाले पेजों के लिए अलग-अलग हेडर देने की सुविधा है.

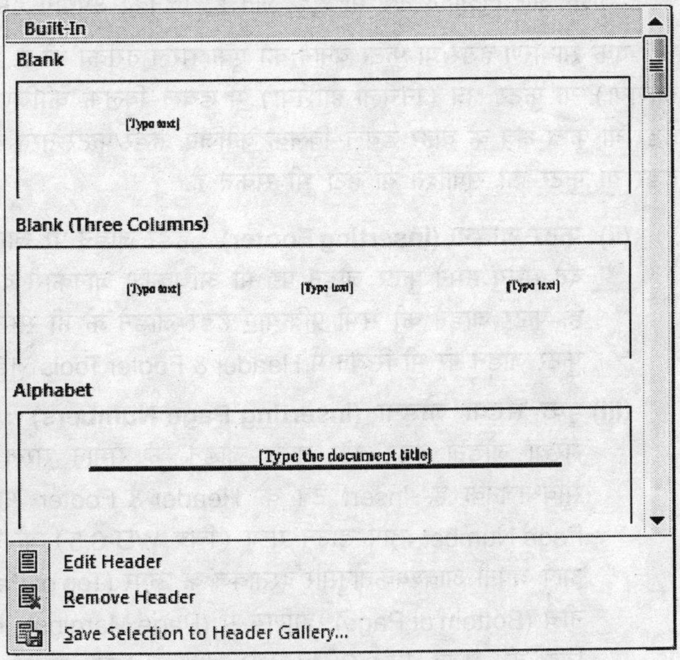

चित्र WD-6.3 : हेडर के स्टाइल

हेडर को संपादित या मिटाने के लिए Header मेन्यू में क्रमशः Edit Header और Remove Header आदेश दें.

हेडर और फुटर टूल्स (Header & Footer Tools)

हेडर या फुटर जुड़ते ही रिब्बन में Header & Footer Tools के अन्तर्गत Design टैब (चित्र WD-6.4) जुड़ जाता है, जिसके जरिये आप हेडर या फुटर क्षेत्र में दिनांक, समय, क्विक पार्ट, चित्र, क्लिप आर्ट जोड़ सकते हैं. इसके अतिरिक्त आप एक हेडर या फुटर से दूसरे पर आसानी से पहुंच सकते हैं, अलग-अलग पेजों के लिए अलग-अलग हेडर बना सकते हैं, और हेडर और फुटर की पोज़ीशन भी निर्धारित कर सकते हैं. इस टैब को बंद करने के लिए Close Header and Footer बटन पर क्लिक करें.

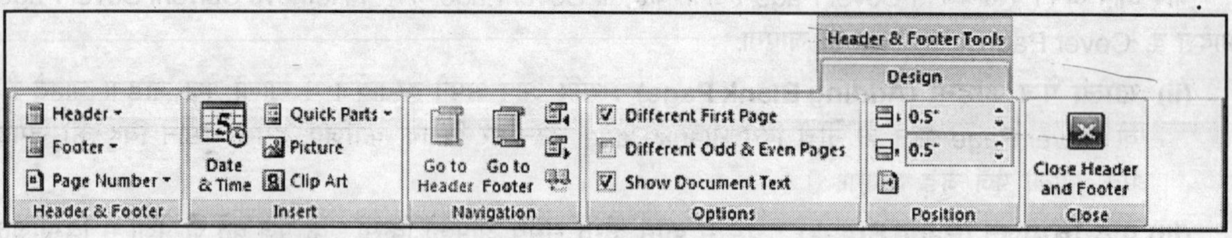

चित्र WD-6.4 : हेडर और फुटर टूल्स के अंतर्गत डिजाइन टैब

हेडर और फुटर टूल्स की विशेषताएं यहां संक्षेप में बताई गई हैं, जिन्हें आप Screen Tip (माउस पॉइंटर के एक क्षण रुकने पर मिलने वाली जानकारी) के जरिये आसानी से समझ सकते हैं.

टेबिल टूल्स (Table Tools)

आप देखेंगे कि टेबिलनुमा हेडर या फुटर जोड़ने पर हेडर और फुटर टूल्स के डिजाइन टैब के अतिरिक्त टेबिल टूल्स के डिजाइन और लेआउट टैब भी जुड़ जाते हैं, जिनका उपयोग हम विस्तार में बता चुके हैं.

एक साधारण हेडर या फुटर बनाने का एक सरल तरीका भी है. आप केवल अपने दस्तावेज के हेडर क्षेत्र (ऊपरी हाशिया) या फुटर क्षेत्र (निचला हाशिया) में डबल-क्लिक कीजिए. अब अपना मनचाहा पाठ्य टाइप कीजिए और हेडर या फुटर क्षेत्र के बाहर डबल-क्लिक कीजिए. हेडर/फुटर तुरंत बन जाएगा. इसी प्रकार आप डबल-क्लिक करके हेडर या फुटर को संपादित या हटा भी सकते हैं.

(ii) फुटर जोड़ना (Inserting Footer) : हेडर जोड़ने पर जानकारी देते समय हमने फुटर जोड़ने पर भी अधिकांश जानकारी दे चुके हैं. फुटर जोड़ने की सभी प्रक्रियाएं हेडर जोड़ने के ही समान है. फुटर जोड़ने पर भी रिब्बन में Header & Footer Tools जुड़ते हैं.

(iii) पृष्ठ संख्या जोड़ना (Inserting Page Numbers) : पृष्ठ संख्या जोड़ना हेडर और फुटर जोड़ने के समान सरल और सुविधाजनक है. Insert टैब के Header & Footer भाग में Page Number ड्राप डाउन मेन्यू (चित्र WD-6.5) के जरिये आप अपनी आवश्यकतानुसार दस्तावेज के ऊपर (Top of Page), नीचे (Bottom of Page), हाशिये में (Page Margins), धसान बिंदु के स्थान पर (Current Position) पृष्ठ संख्या जोड़ सकते हैं.

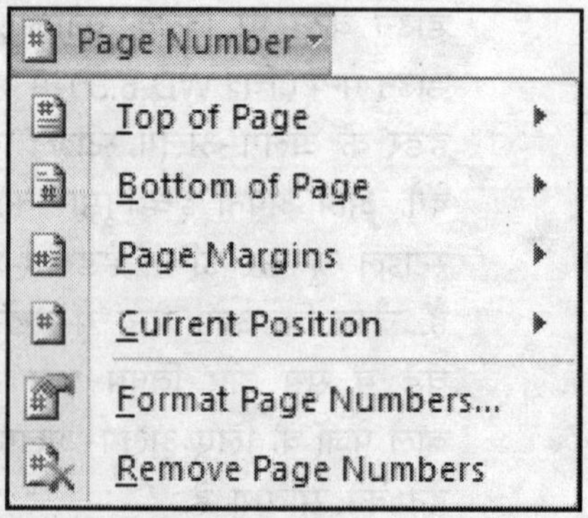

चित्र WD-6.5 : पृष्ठ संख्या का स्टाइल

(iv) पृष्ठ संख्या का फार्मेट सेट करना (Setting the Format of Page Numbers) : आप एमएस-वर्ड में पृष्ठ संख्या का फार्मेट जैसे 1, 2, 3, i, ii, iii,..., a, b, c... आदि, सेट कर सकते हैं. इसके लिए Page Number मेन्यू में Format Page Numbers... आदेश दें. ऐसा करने पर Page Number Format डायलाग बॉक्स (चित्र WD-6.6) खुलता है.

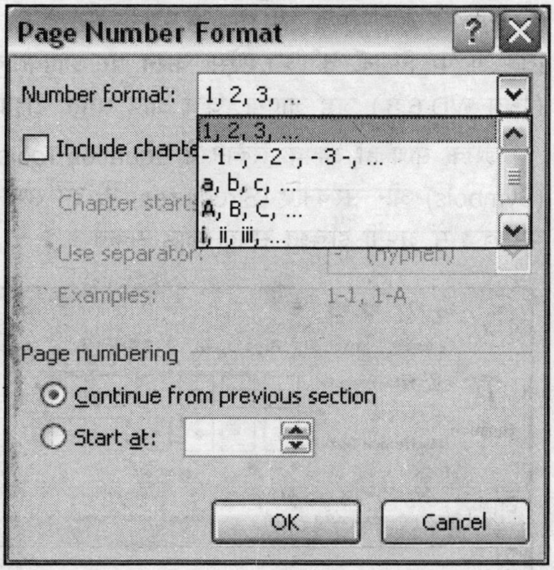

चित्र WD-6.6 : पृष्ठ संख्या का फार्मेट सैट करना

Number Format: ड्राप डाउन मेन्यू की मदद से आप इच्छित फार्मेट सेट कर सकते हैं. Include Number की सहायता से आप अध्याय संख्या भी जोड़ सकते हैं. हालांकि ये विकल्प अधिक प्रयोग में नहीं आते, क्योंकि इनके लिए Home टैब के पैराग्राफ भाग में जाकर मल्टी-लेवल लिस्ट आदि बनाने की आवश्यकता पड़ती है. Page Numbering विकल्प से आप पृष्ठ संख्या एक विशिष्ट पेज से आरम्भ कर सकते हैं या साधारण तरीके से सभी पेजों में जोड़ सकते हैं.

पृष्ठ संख्या मिटाने के लिए Page Number ड्राप डाउन मेन्यू में Remove Page Numbers आदेश दें.

चिह्न भाग (Symbols Section)

Insert टैब के चिह्न भाग (Symbols Section) में कुल दो बटन हैं– गणितीय समता (Equation) और चिह्न (Symbol). इन बटनों की विशेषताएं निम्न प्रकार हैं–

(i) गणितीय समता जोड़ना (Inserting Equation) : एमएस-वर्ड में कुछ आम और बहुप्रचलित गणितीय समाताएं, जैसे वृत्त का क्षेत्रफल (Area of Circle), द्विपद प्रमेय (Binominal Theorem) आदि पहले से ही उपलब्ध हैं. आप Insert टैब के चिह्न (Symbols) भाग में Equation बटन के तीर के निशान पर क्लिक करें. ऐसा करने पर एक मेन्यू खुलेगा (चित्र WD-6.7), जिसमें कुछ आम गणितीय समताएं उपलब्ध होगी. आप इनमें से किसी भी समता पर क्लिक करके उसे धसान बिंदु के स्थान पर जोड़ सकते हैं.

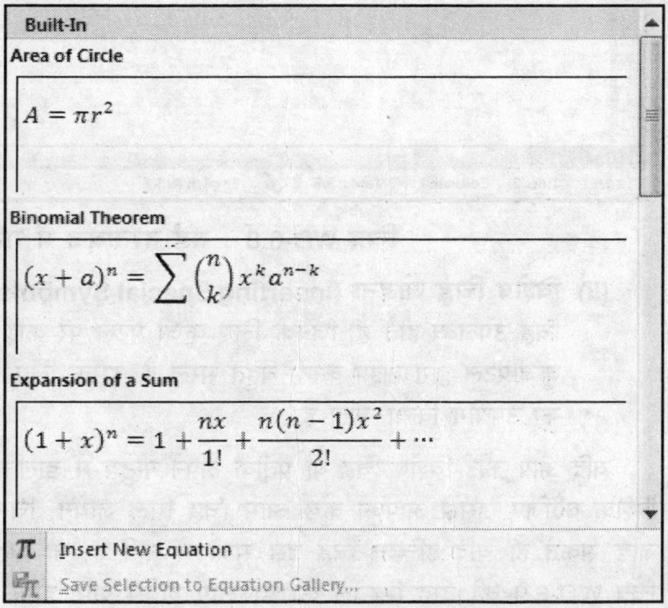

चित्र WD-6.7 : वर्ड में तैयार गणितीय समताएं

यदि इच्छित समता इस मेन्यू में उपलब्ध नहीं है, तो मेन्यू के निचले भाग में दिये गये Insert New Equation विकल्प पर क्लिक कीजिए. ऐसा करने पर आपके दस्तावेज में Type equation here के नाम से अलग स्थान (चित्र WD-6.8) जुड़ जाएगा, जहां आप समता टाइप कर सकते हैं.

इसके साथ ही आपके रिब्बन में Equation Tools शीर्षक के अन्तर्गत होने वाले अनेक उपकरण (Tools), चिह्न (Symbols) और संरचनाएं (Structures) हैं. इन सभी बटनों का प्रयोग आप स्वयं समझ सकते हैं. इनके जरिये आप दस्तावेज में अपनी इच्छित समता जोड़ सकते हैं.

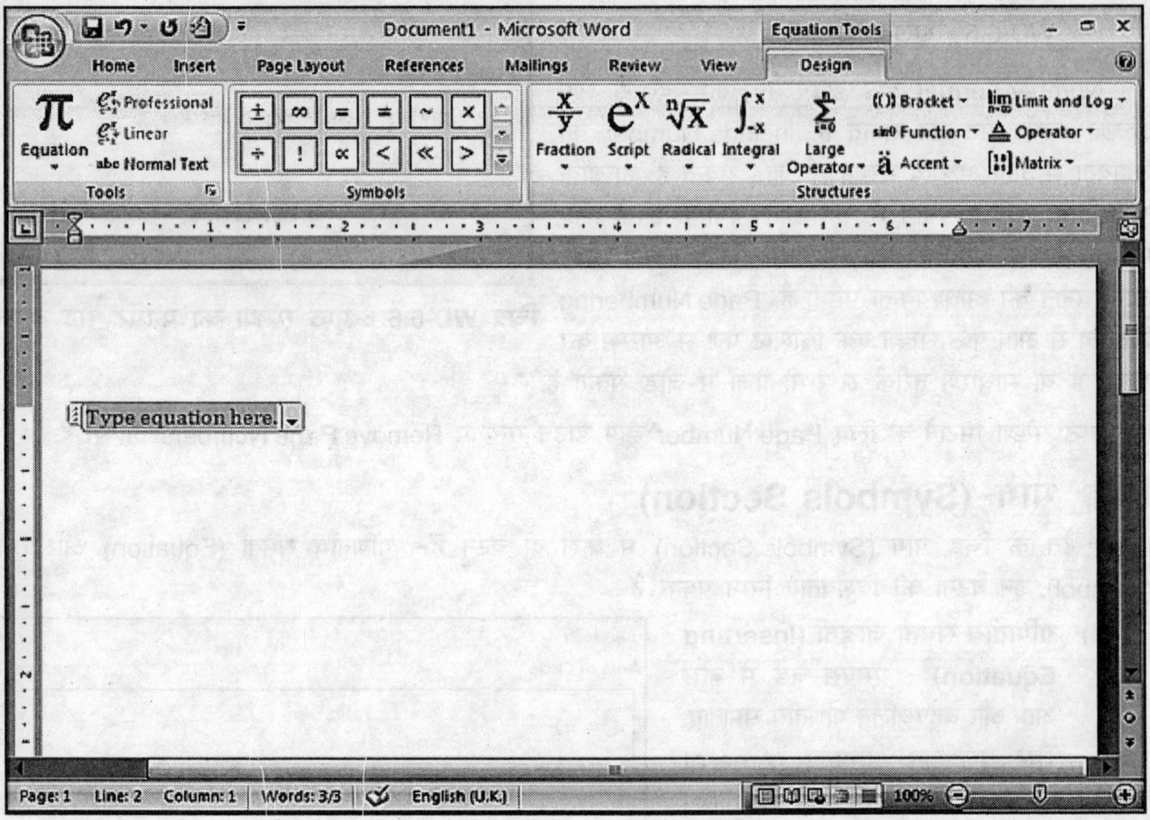

चित्र WD-6.8 : वर्ड दस्तावेज में गणितीय समताएं जोड़ना

(ii) विशेष चिह्न जोड़ना (Inserting Special Symbols) : कई फॉण्टों में बहुत से ऐसे प्रतीक तथा विशेष चिह्न उपलब्ध होते हैं, जिनके लिए कुंजी पटल पर कोई कुंजी नहीं होती. एमएस-वर्ड में ऐसे चिह्नों को भी कुंजीपटल द्वारा टाइप करना बहुत सरल है. इसके लिए या तो सिम्बल डायलाग बॉक्स या शॉर्टकट कुंजियों का उपयोग किया जाता है.

यदि आप कोई विशेष चिह्न या प्रतीक अपने पाठ्य में डालना चाहते हैं, तो 'Insert' टैब में 'Symbol' बटन पर क्लिक कीजिए. इससे आपको कुछ आम चिह्न मिल जायेंगे, जिन पर क्लिक करके आप धसान बिंदु के स्थान पर जोड़ सकते हैं. यदि इच्छित चिह्न इस सूची में नहीं है, तो More Symbols पर क्लिक कीजिए. इससे आपको चित्र WD-6.9 की तरह सिम्बल का डायलाग बॉक्स प्राप्त होगा.

इस डायलाग बॉक्स में दो टैब शीट होती हैं, जिनमें से सिम्बल टैब शीट चित्र WD-6.9 में दिखायी गयी है. इस टैब शीट में 'Font' के ड्राप डाउन लिस्ट बॉक्स में आप कोई भी फॉण्ट चुन सकते हैं. सबसे ज्यादा प्रचलित चिह्न 'Wingdings' तथा 'Webdings' में उपलब्ध होते हैं, जैसा कि चित्र में दिखाया गया है. इसमें आपके द्वारा चुने हुए फॉण्ट में उपलब्ध सभी प्रतीक या चिह्न दिखाये जाते हैं. फॉण्ट बदल कर आप दूसरे उपलब्ध चिह्नों को देख सकते हैं. उदाहरण के लिए, हिन्दी के ह्म, ह्, क्र आदि अक्षरों के शॉर्टकट जानने के लिए आप इस डायलाग बॉक्स का उपयोग कर सकते हैं. Subset के ड्राप डाउन लिस्ट बॉक्स में आप चिह्नों का विशेष वर्ग, जैसे विरामादि चिह्न (General Punctuation Symbols), मुद्रा चिह्न (Currency Symbol) आदि चुन सकते हैं. आप

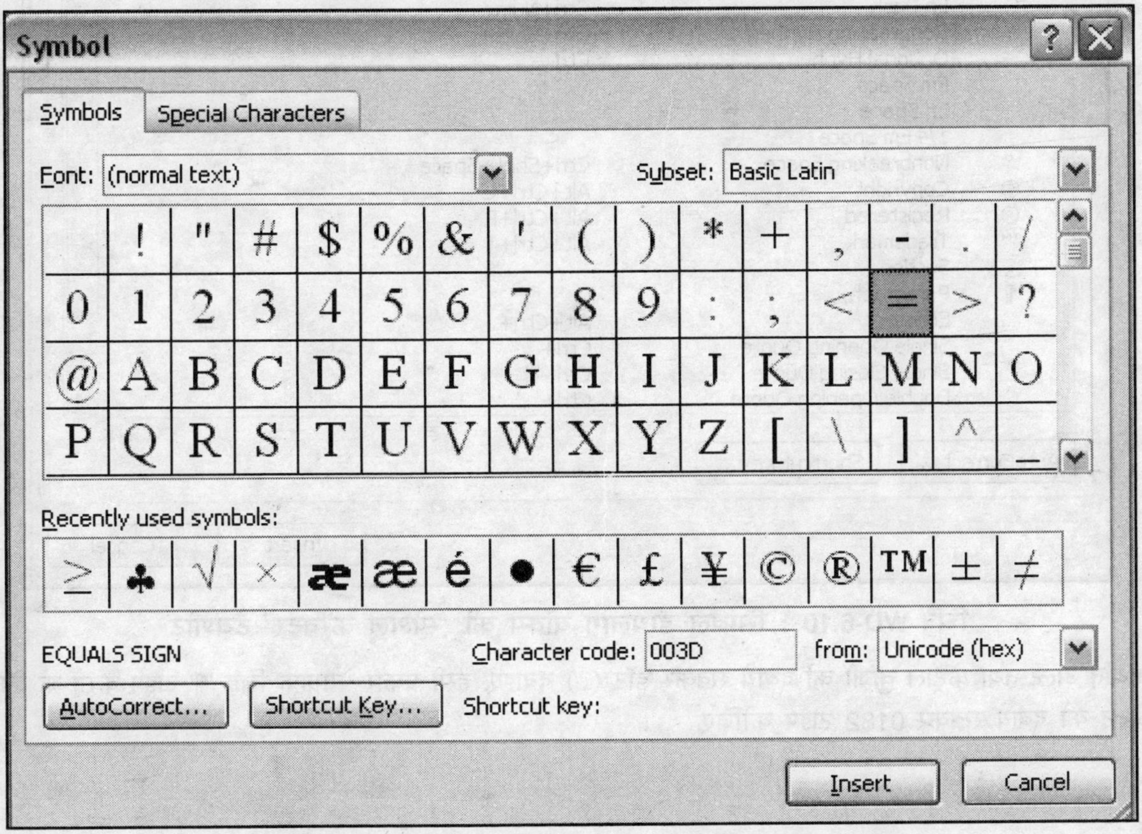

चित्र WD-6.9 : सिम्बल डायलाग बॉक्स की 'सिम्बल' टैबशीट

जिस चिह्न को अपने पाठ्य में शामिल करना चाहते हैं, उसे क्लिक कीजिए. इसको टैक्स्ट में ले जाने के लिए 'Insert' बटन को क्लिक कीजिए या एण्टर दबाइये. आप चिह्न को डबल-क्लिक करके सीधे भी टैक्स्ट में जोड़ सकते हैं.

इसी डायलाग बॉक्स की 'Special Characters' टैब शीट में बहुत से विशेष चिह्नों की सूची तथा उनकी शॉर्टकट कुंजी दी जाती है, जैसा कि चित्र WD-6.10 में दिखाया गया है. यदि आप किसी चिह्न को टैक्स्ट में डालना चाहते हैं, तो या तो उसे इस डायलाग बॉक्स में चुनकर 'Insert' बटन क्लिक कीजिए या एण्टर दबाइए या उस चिह्न को डबल क्लिक कीजिए. वैसे यदि आप उस विशेष चिह्न की शॉर्टकट कुंजी जानते हैं, तो इस डायलाग बॉक्स में

आये बिना सीधे कुंजी पटल से ही उसे टाइप कर सकते हैं. उदाहरण के लिए, Ellipsis (...) की शॉर्टकट कुंजी Alt+Ctrl+ . होती है. अतः इस चिह्न को टाइप करने के लिए आपको ये तीनों कुंजियां एक साथ दबानी होंगी

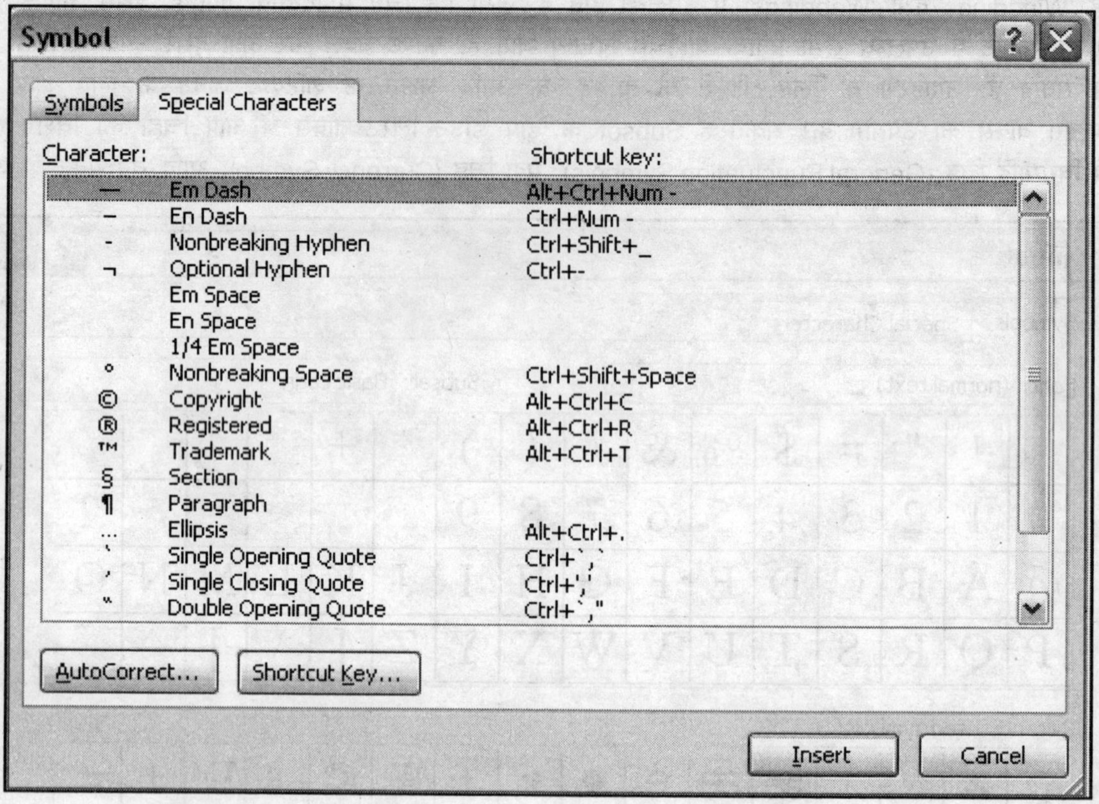

चित्र WD-6.10 : सिम्बल डायलाग बॉक्स की 'स्पेशल करैक्टर' टैबशीट

अर्थात् अल्ट तथा कंट्रोल कुंजी को दबाये रखकर डॉट (.) दबाइए. इसी प्रकार पैराग्राफ चिह्न '¶' टाइप करने के लिए अल्ट को दबाये रखकर 0182 टाइप कीजिए.

दस्तावेज का डिजाइन बनाना
(Designing the Document)

कोई भी दस्तावेज तैयार करना प्रारम्भ करने से पहले उसका डिजाइन बना लेना हमेशा अच्छा रहता है. एमएस-वर्ड के रिब्बन में पेज लेआउट (Page Layout) टैब द्वारा आप दस्तावेज का आवश्यकतानुसार डिजाइन बना सकते हैं. अन्य टैबों की भांति, Page Layout टैब (चित्र WD-7.1) में भी अनेक भाग और बटन होते हैं, जिनके जरिये आप दस्तावेज का डिजाइन सेट कर सकते हैं.

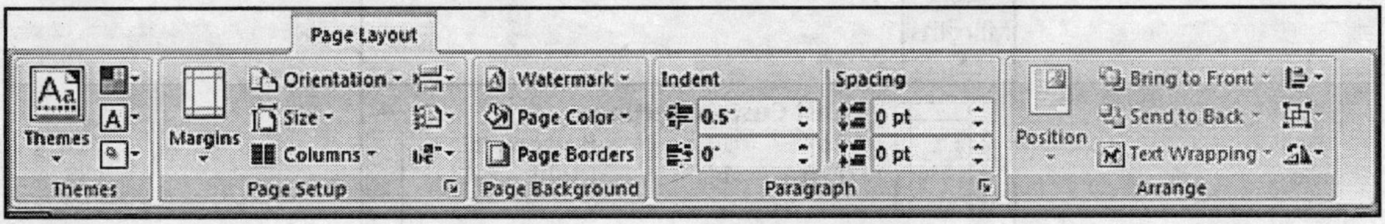

चित्र WD-7.1 : पेज लेआउट टैब

विषय-वस्तु भाग (Themes Section)

किसी दस्तावेज की विषय-वस्तु (Theme), रंग (Colors), फॉण्ट (Fonts) और विशेष प्रभाव (Effects) का समावेश होती है. जैसा कि आप Page Layout टैब के Themes भाग में देखेंगे, Themes विकल्प के बगल में तीन अन्य विकल्प हैं– Colors, Fonts और Effects. आप इन तीनों में से किसी एक या एक से अधिक तत्वों की निजी गैलरी (चित्र WD-7.2) में से मनचाहा विकल्प चुनकर अपने दस्तावेज की Theme सेट कर सकते हैं.

Themes विकल्प द्वारा ये तीनों तत्व एक साथ सेट हो सकते हैं.

Theme का तात्पर्य एक दस्तावेज में फॉण्ट, रंगों आदि का बदलना स्टाइल में कोई परिवर्तन किये बना संभव करना है.

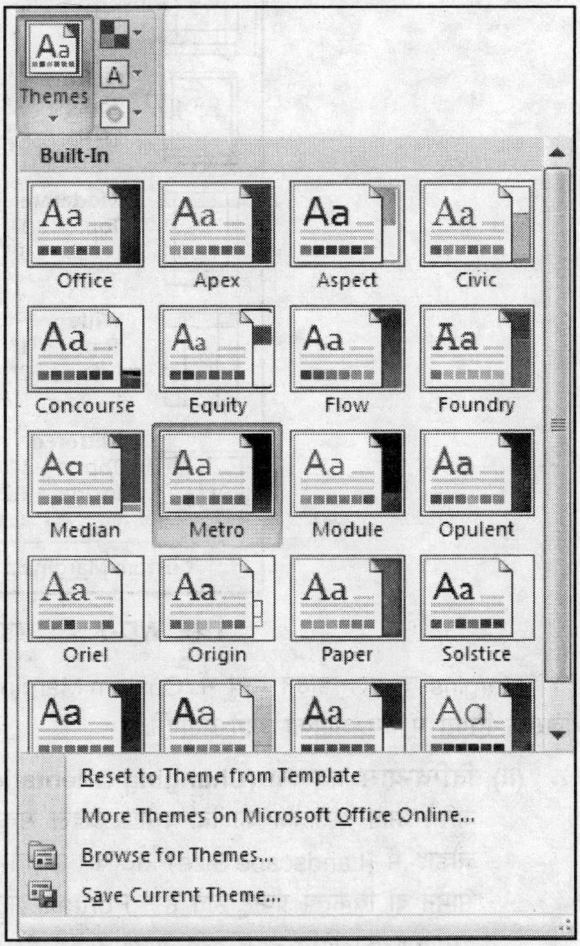

चित्र WD-7.2 : थीम गैलरी

पेज सेटअप भाग (Page Setup Section)

पेज सेटअप भाग के जरिये आप दस्तावेज का खाका (Layout) बना सकते हैं. इस भाग के बटनों की विशेषताएं निम्न प्रकार हैं–

(i) हाशिये सेट करना (Setting Margins) : दस्तावेज मे हाशिये सेट करने के लिए Page Layout टैब के पेज सेटअप भाग में Margins बटन के तीर के निशान पर क्लिक कीजिए. इससे एक पुल-डाउन मेन्यू (चित्र WD-7.3) खुलेगा, जिसमें हाशिये के अलग-अलग स्टाइल होंगे. आप आवश्यकतानुसार अपने दस्तावेज में सामान्य (Normal), छोटे (Narrow), मध्यम (Moderate), चौड़े (Wide) या प्रतिबिम्बित (Mirrored) हाशिये सेट कर सकते हैं. केवल पुल-डाउन मेन्यू में उचित विकल्प पर क्लिक कीजिए.

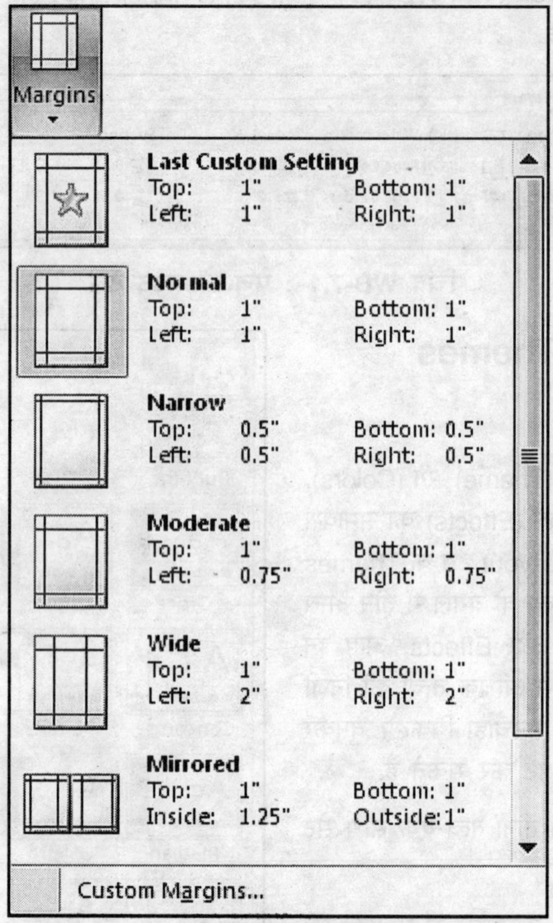

चित्र WD-7.3 : वर्ड में हाशिये सेट करना

Margins के पुल-डाउन मेन्यू में 'Custom Margins...' आदेश देने पर पेज सेटअप डायलाग बॉक्स खुलता है, जिसके विषय में हम आपको आगे बताएंगे.

(ii) दिग्विन्यास बदलना (Changing Orientation) : पेज सेटअप भाग में दिये गये Orientation बटन के जरिये आप दस्तावेज का दिग्विन्यास बदल सकते हैं, अर्थात् उसका खाका लंबाई में (Portrait Size) या चौड़ाई में (Landscape Size) सेट कर सकते हैं. इस बटन में तीर के निशान पर क्लिक करने से आपके सामने दो विकल्प प्रकट होते हैं– Portrait और Landscape. इनमें से किसी पर भी क्लिक करके आप दस्तावेज का दिग्विन्यास तुरंत बदल सकते हैं.

(iii) पृष्ठों का आकार सेट करना (Setting Paper Size) : एमएस-वर्ड में सामान्यत: पृष्ठ को पत्र के आकार में (8½"×11"), सेट किया होता है. इस बटन के जरिये आप कागज का उचित आकार चुन सकते हैं. Orientation के ठीक नीचे दिये गये इस बटन के तीर के निशान को क्लिक करने पर एक मेन्यू खुलता है, जिसमें कागज के आकार से संबंधित कुछ विकल्प होते हैं. आप उचित विकल्प पर क्लिक करके पृष्ठ को पत्र के आकार में (8½"11") A4 आकार में (21cm x 29.7cm), कानूनी दस्तावेज आकार में (8½" x 11"), A3 आकार में (29.7cm x 42cm), B4 आकार में (25cm x 35.4cm) या B5 आकार में (18.2cm x 25.7cm) सेट कर सकते हैं. मेन्यू में 'More Paper Size...' आदेश देने पर पेज सेटअप डायलाग बॉक्स खुलता है, जिसके विषय में हम आपको आगे बताएंगे.

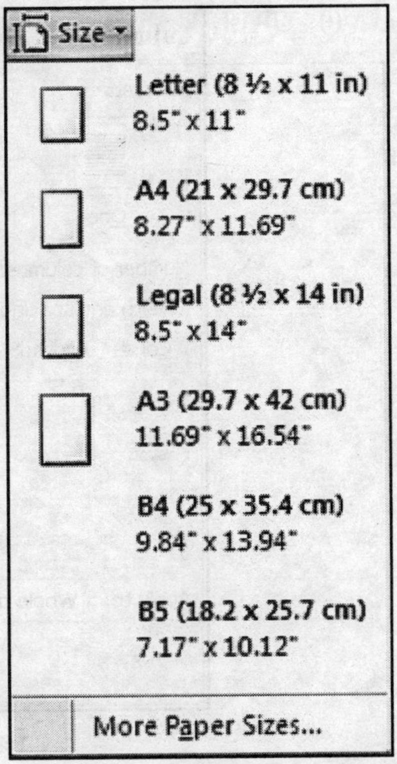

चित्र WD-7.4 : पृष्ठों का आकार सेट करना

(iv) कालम बनाना (Making Columns) : आप अपने दस्तावेज को अखबारों की तरह कई कालमों में भी बांट सकते हैं. इसके लिए Page Layout टैब के पेज सेटअप भाग का 'Columns' बटन क्लिक कीजिए. ऐसा करने पर उस बटन के पास चित्र WD-7.5 की तरह एक ड्रॉप-डाउन मेन्यू खुलेगा, जिसमें उचित विकल्प पर क्लिक करके आप समरूपी कालम बना सकते हैं. जैसे ही आप माउस बटन क्लिक करेंगे, आपका दस्तावेज बराबर चौड़ाई के उतने ही कालमों में बांट दिया जायेगा और उनके बीच का खाली स्थान पेज के आकार के अनुसार एमएस-वर्ड स्वयं तय कर लेगा.

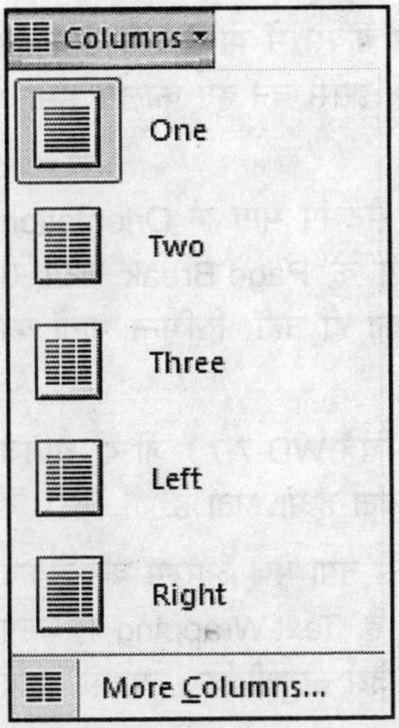

चित्र WD-7.5 : कालम बनाना

यदि आपने यह क्रिया कोई टैक्स्ट चुनकर की होगी तो केवल चुने हुए टैक्स्ट को ही कॉलमों में बांटा जायेगा, नहीं तो पूरे दस्तावेज को इस प्रकार लगाया जायेगा. बनाये गये कालमों की असुविधाजनक चौड़ाई तथा उनके बीच विचित्र अन्तर से बचने के लिए आपको कालम बनाने से पहले ही पृष्ठ का आकार, प्रकार तथा हाशिए सेट कर लेने चाहिए.

इसके लिए कालम डायलाग बॉक्स प्रयोग करना चाहिए, जो कि चित्र WD-7.6 में दिखाया गया है. पुल-डाउन मेन्यू में 'More Columns...' आदेश देने पर यह डायलाग बॉक्स प्राप्त होता है.

इस डायलाग बॉक्स के 'Number of columns' स्पिन बॉक्स में आप कालमों की संख्या तय कर सकते हैं या ऊपर दिये गये उपयोगी विकल्पों में से किसी को चुन सकते हैं. यदि आपने 'Width and spacing' भाग में 'Equal column width' चेक बॉक्स को सेट किया है, तो सभी कालम बराबर आकार के होंगे, अन्यथा आप उनकी चौड़ाई तथा उनके बीच का अन्तर तय कर सकते हैं. 'Line between' चेक बॉक्स को सेट करके आप कालमों के बीच में लाइन भी खींच सकते हैं.

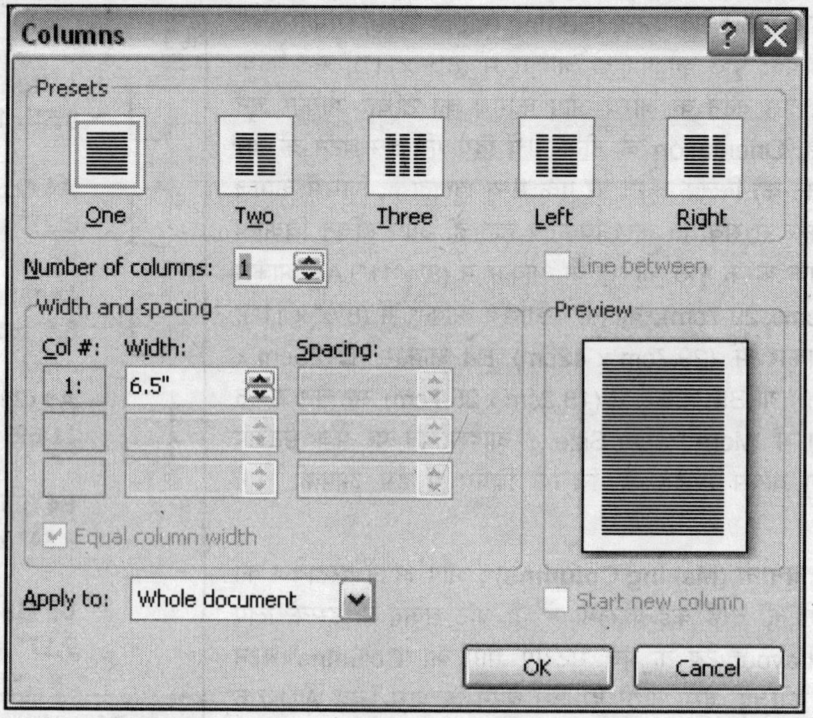

चित्र WD-7.6 : कालम डायलाग बॉक्स

'Apply to ' लिस्ट बॉक्स में आप यह बता सकते हैं कि आपके द्वारा की गयी सेटिंग डाक्यूमेंट के किस भाग पर लागू होगी. इसके लिए लिस्ट को खोलकर अपना विकल्प चुन लीजिए.

आपके द्वारा की गयी सेटिंग का प्रभाव दायें निचले कोने पर दिये गये 'Preview' बॉक्स में दिखाया जाता है. सन्तुष्ट होने पर 'OK' बटन क्लिक कीजिए.

यदि आप बने हुए कालमों को हटा देना चाहते हैं, तो कालम बटन के ड्रॉप-डाउन बॉक्स में या कालम डायलाग बॉक्स में केवल एक कालम चुनिये और उसको 'Whole document' पर लागू कीजिए. इससे बने हुए कालम समाप्त होकर उनका पाठ्य एक कालम के पृष्ठों में सेट कर दिया जायेगा.

(v) पृष्ठ अथवा भाग विभाजन (Page or Section Break) : यह बटन पेज सेटअप भाग के Orientation बटन के बगल में दिया गया है. इसका कार्य Insert टैब के Pages भाग के Page Break बटन से मिलता-जुलता है. अंतर केवल इतना है कि इस बटन के जरिये आप पृष्ठ का ही नहीं, विभिन्न भागों का भी विभाजन कर सकते हैं.

इस बटन के तीर के निशान पर क्लिक करने से एक पुल-डाउन मेन्यू खुलता है (चित्र WD-7.7) जो दो क्षैतिज भागों – पृष्ठ विभाजन (Page Breaks) और भाग विभाजन (Section Breaks) में बंटा हुआ होता है.

Page Breaks भाग के Page विकल्प को चुनने से आप धसान बिंदु के स्थान से नया पेज आरम्भ कर सकते हैं. Column विकल्प धसान बिंदु के स्थान से नया कालम आरम्भ करना संभव करता है. Text Wrapping विकल्प के जरिये आप चित्र, टेबल या अन्य किसी वस्तु (Object) के आस-पास का टैक्स्ट, जैसे अनुशीर्षक, उपनाम आदि को मूल टैक्स्ट से अलग कर सकते हैं.

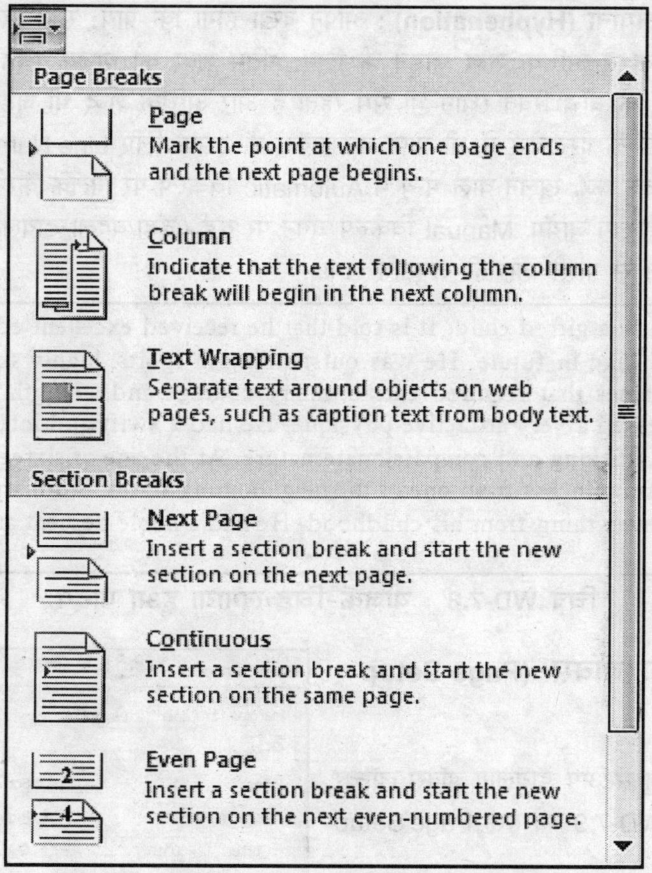

चित्र WD-7.7 : पृष्ठ अथवा भाग विभाजन

Section Breaks भाग के Next Page और Continuous विकल्प चुनने से आप एक भाग को दो भागों में तोड़कर उसे क्रमशः नये पृष्ठ से अथवा उसी पृष्ठ में शुरू कर सकते हैं. इसी प्रकार Even Page और Odd page विकल्प चुनकर आप नये भाग को क्रमशः अगले सम पृष्ठ संख्या वाले पेज या अगले विषम संख्या वाले पेज से शुरू कर सकते हैं.

(vi) लाइनों में नंबर लगाना (Numbering Lines) : यह बटन Page and Section Breaks बटन के ठीक नीचे दिया गया है. इसके जरिये आप दस्तावेज में टाइप की गई लाइनों के आगे नंबर लगा सकते हैं. ये नंबर सामान्यतः हर लाइन के सामने हाशिये में जोड़े जाते हैं.

Line Numbers के पुल-डाउन मेन्यू में लाइनों में नंबर लगाने के लिए अनेक विकल्प उपलब्ध हैं. Continuous पर क्लिक करने से आपके पूरे दस्तावेज की सभी लाइनों के आगे नंबर जुड़ जाते हैं. Restart Each Page चुनने पर हर पेज की पहली लाइन से नंबर दोबारा शुरू होते हैं. उसी प्रकार Restart Each Section Suppress For Current Paragraph पर क्लिक करने से चुने हुए पैराग्राफ की लाइनों से नंबर मिट जाते हैं.

'Line Numbering Options...' आदेश देने पर पेज सेटअप डायलाग बॉक्स खुलता है, जिसके विषय में हम आपको आगे बताएंगे.

(vii) योजक-चिह्न लगाना (Hyphenation) : आपने देखा होगा कि प्रायः समाचार पत्रों और पत्रिकाओं की पंक्तियों में अधिक से अधिक शब्द जोड़ने के लिए अंतिम शब्द को योजक चिह्न द्वारा तोड़ दिया जाता है. इससे सभी शब्दों के बीच रिक्त स्थान भी सम रहता है और अधिक शब्द भी जुड़ जाते हैं. यह प्रभाव आप अपने एमएस-वर्ड के दस्तावेज में भी प्राप्त कर सकते हैं. इसके लिए Line Numbers बटन के नीचे दिए गए बटन पर क्लिक करें. खुलने वाले मेन्यू में Automatic विकल्प पर क्लिक करने से पूरे दस्तावेज में अपने आप योजक-चिह्न लग जायेंगे. Manual विकल्प चुनने पर वर्ड (ढूंढो/बदलो डायलाग बॉक्स की भांति) कहीं भी योजक लगाने से पहले आपकी अनुमति लेगा.

> Siddhartha was greatly a gifted child. It is told that he received excellent education befitting to become a successful king in future. He was outstanding in sports, highly skilful in archery and different physical games that required extraordinary courage and strength. He was amazingly handsome and possessed a very attractive physique. He had a swift and intensified intellect im-plicit with reflective thinking and compassionate nature. At the age of sixteen he was married to Yasodhara, a beautiful princess from one of the neighbouring states. Siddhartha was a lucky per-son who possessed everything from his childhood. He had a noble descent and an attractive per-sonality.

चित्र WD-7.8 : योजक-चिह्न लगाया हुआ पाठ्य

पेज सेटअप डायलाग बॉक्स (Page Setup Dialog Box)

Page Layout टैब के पेज सेटअप डायलाग बॉक्स लॉन्चर पर क्लिक करने से चित्र WD-7.9 की तरह Page Setup डायलाग बॉक्स खुलता है.

इस डायलाग बॉक्स में तीन टैब शीट (Tab Sheets) हैं, जिनमें से दो – Margins तथा Paper – अधिक महत्त्वपूर्ण हैं. चित्र WD-7.9 में Margins टैब शीट दिखायी गयी है. इस टैब शीट में दस्तावेज के हाशियों को सेट किया जाता है. किसी पेज पर आप जितना अधिक हाशिया छोड़ेंगे, पाठ्य सामग्री को लगाने के लिए उतना ही कम स्थान बचेगा. इसलिए हाशिये सीमित मात्रा में ही सेट करने चाहिए. आवश्यक होने पर आप हाशिये कम या अधिक कर सकते हैं. आप इसके साथ में 'Orientation' भाग में 'Portrait' और 'Landscape' में से किसी विकल्प बटन को क्लिक करके सेट कर सकते हैं.

'Paper Size' ड्रॉप-डाउन लिस्ट बॉक्स को खोलकर उसमें से कागज का उचित आकार चुन सकते हैं.

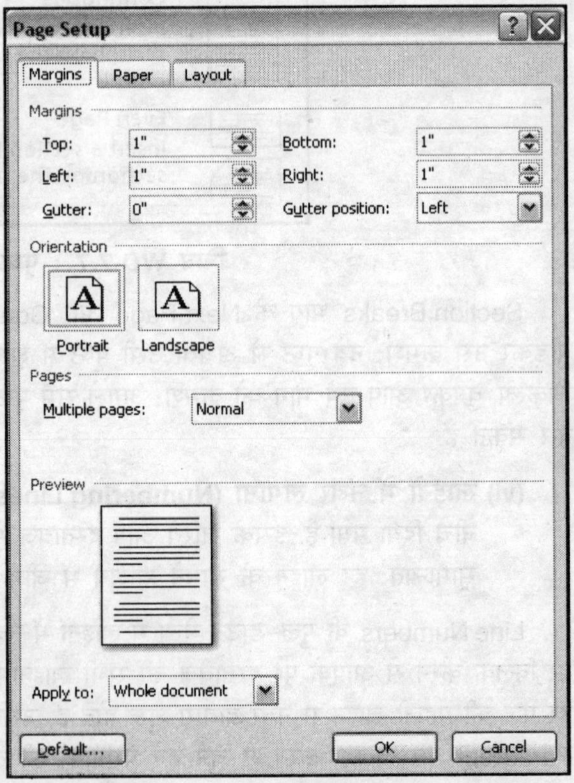

चित्र WD-7.9 : पेज सेटअप डायलाग बॉक्स

'Paper Source' यह बताया जाता है कि दस्तावेज को छापते समय कागज अलग-अलग टुकड़ों में कटा (Cut Sheet) होगा या लगातार (Continuous) स्टेशनरी के रूप में होगा. इसी तरह 'Layout' की टैब शीट में दस्तावेज का खाका तय किया जाता है.

पेज सेटअप के डायलाग बॉक्स में आप अपनी इच्छानुसार सभी आवश्यक सेटिंग करके 'OK' बटन को क्लिक कर दीजिए, इससे आपके द्वारा की गयी सेटिंग के अनुसार एमएस-वर्ड द्वारा स्क्रीन पर दिखायी पड़ने वाला खाका सुधार लिया जाएगा. साथ ही डायलाग बॉक्स भी बन्द हो जाएगा.

पृष्ठभूमि भाग (Page Background Section)

पृष्ठभूमि (Page Background) भाग के जरिये आप अपने दस्तावेज के बैकग्राउण्ड में परिवर्तन ला सकते हैं. इस भाग के बटनों की विशेषताएं निम्न प्रकार हैं–

(i) **जल-चिह्न जोड़ना (Inserting Watermark) :** आपने देखा होगा कि कुछ दस्तावेजों की पृष्ठभूमि में हल्के रंग में 'Confidential' 'Urgent', 'Do Not Copy' जैसे शब्द छपे होते हैं. ऐसे शब्दों को जल-चिह्न कहा जाता है. एमएस-वर्ड के रिब्बन में दिये गये Page Layout टैब की मदद से आप अपने दस्तावेज में आसानी से जल-चिह्न जोड़ सकते हैं.

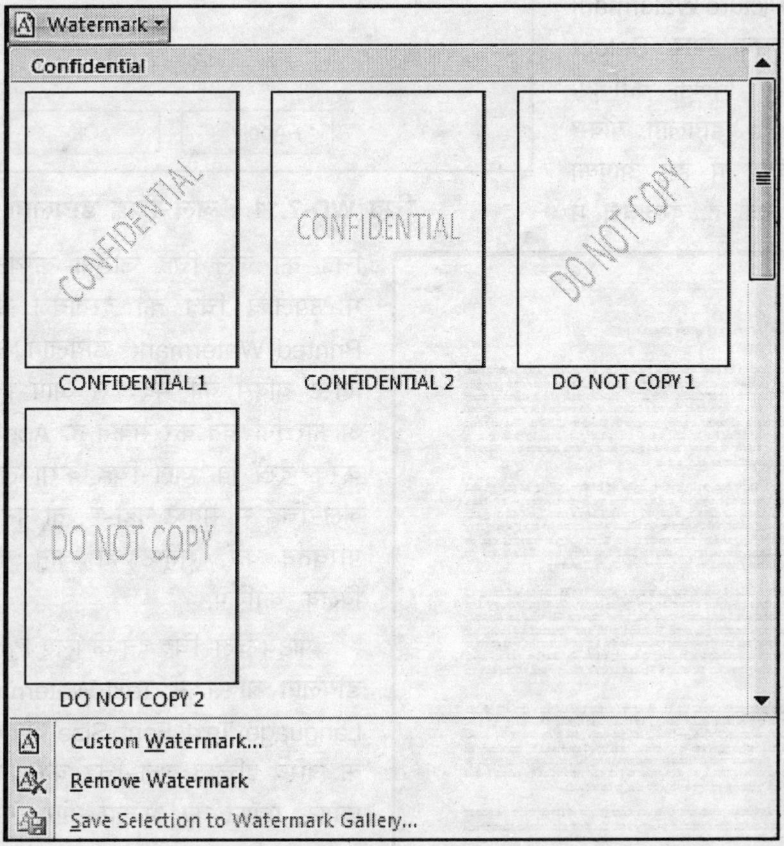

चित्र WD-7.10 : जल-चिह्न

इसके लिए Page Layout टैब के पेज बैकग्राउण्ड भाग में सबसे ऊपर दिये गये वाटरमार्क (Watermark) बटन के तीर के निशान पर क्लिक कीजिए. इससे एक वाटरमार्क गैलरी जिसमें कुछ बहुप्रचलित जल-चिह्न, जैसे 'Confidential, 'Do Not Copy', 'Draft', 'Sample', 'ASAP', 'Urgent' आदि के विकल्प दिये गये हैं. इच्छित विकल्प पर क्लिक करने से वह तुरंत दस्तावेज की पृष्ठभूमि में जुड़ जाता है.

यदि इच्छित जल-चिह्न इन विकल्पों में उपलब्ध नहीं है, तो आप स्वयं भी जल-चिह्न बना सकते हैं. इसके लिए वाटरमार्क गैलरी में 'Custom Watermark...' आदेश दीजिए. ऐसा करने पर Printed Watermark डायलाग बॉक्स चित्र WD-7.11 की तरह खुलेगा. आप रेडियो बटन द्वारा सर्वप्रथम यह निश्चित करें कि आप पृष्ठभूमि के चित्र का अथवा टैक्स्ट का जल-चिह्न देना चाहते हैं. यदि आप पृष्ठभूमि में चित्र का जल-चिह्न जोड़ना चाहते हैं, तो Picture Watermark विकल्प चुनिए. इसके बाद Select Picture... बटन पर क्लिक कीजिए. इससे Insert Picture डायलाग बॉक्स खुलेगा, जिसके विषय में हम आपको अध्याय-5 में बता चुके हैं. दस्तावेज में

चित्र WD-7.11 : जल-चिह्न डायलाग बॉक्स

चित्र का जल-चिह्न जोड़ना कंप्यूटर में फाइल रूप में उपलब्ध चित्र को दस्तावेज में जोड़ सकते हैं. Printed Watermark डायलाग बॉक्स में Scale; लिस्ट बॉक्स की मदद से आप चित्र जल-चिह्न का आकार निश्चित कर सकते हैं. Apply बटन पर क्लिक करके देखें कि जल-चिह्न कैसा लगता है. यदि आप जल-चिह्न से संतुष्ट नहीं है, तो पुनः आवश्यकतानुसार परिवर्तन करें. संतुष्ट हो जाने पर OK बटन पर क्लिक कीजिए.

पाठ्य जल-चिह्न देने के लिए Printed Watermark डायलाग बॉक्स में Text Watermark विकल्प चुनें. Language, Text, Font, Size और Color टैक्स्ट बॉक्सों के जरिये इच्छित जल-चिह्न की क्रमशः भाषा, पाठ्य, फॉण्ट, फॉण्ट का आकार और रंग निर्धारित कीजिए. Layout विकल्प में Diagonal या Horizontal पर क्लिक करके जल-चिह्न का तिरछा या क्षैतिज होना निश्चित कीजिए. संतुष्ट हो जाने पर OK बटन पर क्लिक कीजिए. चित्र WD-7.12 में आप जल-चिह्नित दस्तावेज देख सकते हैं.

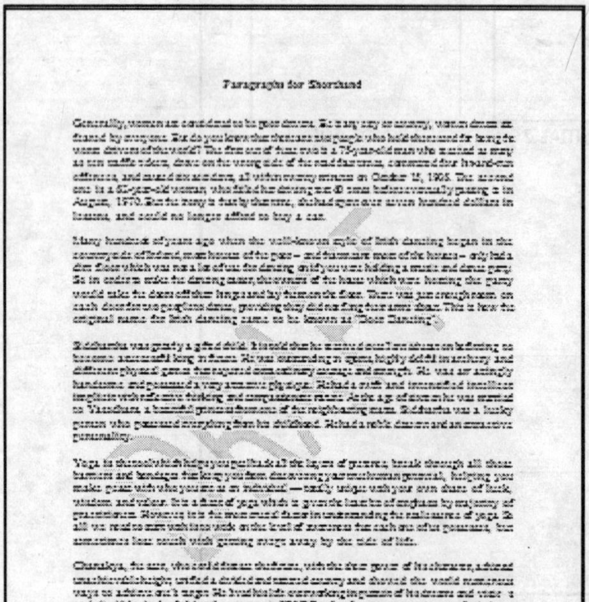
Paragraphs for Shorthand

चित्र WD-7.12 : जल-चिह्न जोड़ने के बाद पृष्ठ

(ii) रंग भरना (Colouring the Background of Page) : Watermark बटन के ठीक नीचे Page Color बटन के जरिये आप अपने दस्तावेज के बैकग्राउण्ड में आकर्षक रंग भर सकते हैं. इस बटन को क्लिक करने पर कलर पैलेट खुलती है, जिसके विषय में हम आपको अध्याय-5 में बता चुके हैं. पृष्ठ में रंग भरने की प्रक्रियाओं के ही समान हैं.

(iii) पेज में बार्डर जोड़ना (Adding Borders around the Page) : Page Color बटन के नीचे दिये गये Page Borders बटन के जरिये आप अपने समूचे पेज में बार्डर जोड़ सकते हैं. इस बटन पर क्लिक करने से Borders and Shading डायलाग बॉक्स खुलता है, जिसके विषय में हम अध्याय-4 में विस्तार से बता चुके हैं.

चित्र WD-7.13 : बॉर्डर जोड़ने के बाद पृष्ठ

पैराग्राफ भाग (Paragraph Section)

Page Layout टैब के पैराग्राफ भाग का कार्य Home टैब के पैराग्राफ भाग से मिलता-जुलता है. इस भाग को दो अन्य भागों में बांटा गया है– Indent और Spacing Indent भाग में ऊपर और नीचे दिये गये टैक्स्ट बॉक्सों की सहायता से आप दस्तावेज में क्रमश: बायां और दायां इंडेण्ट सेट कर सकते हैं. इसी प्रकार Spacing भाग में ऊपर और नीचे दिये गये टैक्स्ट बॉक्सों की मदद से आप चुने हुए पैराग्राफ के क्रमश: पहले और बाद में खाली स्थान छोड़ चुके हैं.

अरेंज भाग (Arrange Section)

आप देखेंगे कि Page Layout टैब का अरेंज भाग हल्के रंग में दिखाई पड़ता है, जिसका अर्थ है कि यह भाग निष्क्रिय है. यह भाग दस्तावेज में चित्र या आकृति जोड़ने पर सक्रिय होता है, और Drawing Tools और Picture Tools के फार्मेट टैब में अरेंज भाग के समान होता है. अध्याय-5 में हम इसके विषय में विस्तृत जानकारी दे चुके हैं.

टिप्पणियां और परिशिष्ट (References)

कभी-कभी आपको अपने दस्तावेज में विशेष टिप्पणियां और परिशिष्ट, जैसे विषय-सूची, फुटनोट, एण्डनोट, इत्यादि जोड़ने की आवश्यकता पड़ती है. एमएस-वर्ड में इसकी भी सुविधा उपलब्ध है. वर्ड के रिब्बन में रेफ़रेन्सेज़ (References) टैब की मदद से आप दस्तावेज में टिप्पणियां आसानी से जोड़ सकते हैं. यूं तो References टैब की मदद से आप अनेक कार्य कर सकते हैं, परंतु उन सभी के विषय में विस्तृत जानकारी देना यहां संभव नहीं है. इसलिए हम इस अध्याय में सिर्फ उन्हीं विकल्पों पर चर्चा करेंगे, जिनका प्रयोग अधिक होता है. अन्य के बारे में जानने के लिए आप हेल्प सुविधा का उपयोग कर सकते हैं.

रिब्बन में References क्लिक करने पर आपको टैब चित्र WD-8.1 की तरह दिखाई पड़ता है. इसमें भी अनेक भाग और बटन हैं, जिनकी सहायता से आप कई विशेष कार्य कर सकते हैं.

चित्र WD-8.1 : रेफ़रेन्सेज टैब

विषय-सूची भाग (Table of Contents Section)

References टैब में सबसे पहले विषय-सूची भाग (Table of Contents Section) दिया गया है. इसमें कुल तीन बटन हैं – विषय-सूची (Table of Contents), पाठ्य जोड़ो (Add Text) और सूची का आधुनिकीकरण (Update Table). इन सभी की विशेषताएं निम्न प्रकार हैं–

(i) **विषय-सूची जोड़ना (Adding Table of Contents) :** References टैब के Table of Contents भाग में Table of Contents बटन के तीर के निशान पर क्लिक कीजिए. ऐसा करने पर एक पुल-डाउन मेन्यू चित्र WD-8.2 की तरह खुलता है, जिसमें Automatic Table 1, Automatic Table 2, और Manual Table नामक तीन विकल्प होते हैं.

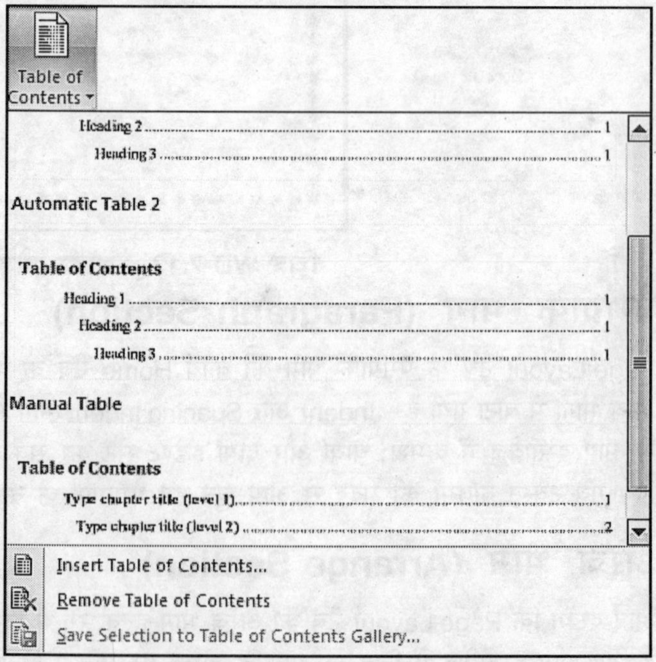

चित्र WD-8.2 : विषय-सूची गैलरी

Automatic Table 1 अथवा Automatic Table 2 को चुनने पर एमएस-वर्ड स्वयं आपके दस्तावेज में हेडिंग और सब-हेडिंग ढूंढकर एक विषय-सूची तैयार कर देता है. परंतु इसके लिए आवश्यक है कि आपने Home टैब के Styles भाग में स्टाइल गैलरी की मदद से अपने दस्तावेज में हेडिंग और सब-हेडिंग का फॉण्ट, रंग, रूप आदि निर्धारित किया हो. एमएस-वर्ड केवल स्टाइल की मदद से जोड़ी गई हेडिंग और सब-हेडिंग को पहचानता है. चित्र WD-8.3 में एक दस्तावेज का पूर्वदर्शन दिखाया गया है, जिसकी हेडिंग और सब-हेडिंग को स्टाइल गैलरी में दिये गये Heading 1, Heading 2, Heading 3, Heading 4 और Heading 5 विकल्पों के अनुसार सेट किया गया है.

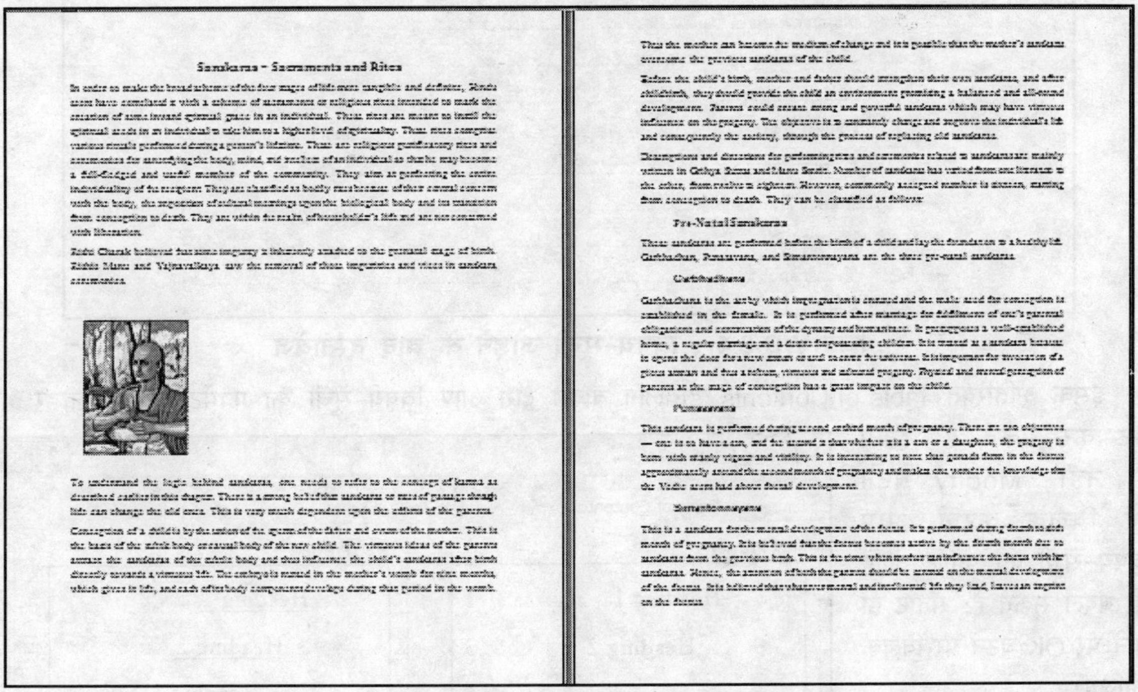

चित्र WD-8.3 : दस्तावेज का पूर्वदर्शन

यदि आप वर्ड से ही विषय-सूची तैयार करवाना चाहते हैं, तो Table of Contents के पुल-डाउन मेन्यू में Automatic Table 1 या Automatic Table 2 विकल्प पर क्लिक कीजिए. विषय-सूची तुरंत आपके दस्तावेज में जुड़ जाएगी.

जैसा कि आप चित्र WD-8.4 में देख सकते हैं, विषय-सूची में प्रायः तीन लेवल, अर्थात् Heading 1, Heading 2 और Heading 3 ही जोड़े जाते हैं. यदि आप Heading 4 और Heading 5 को भी जोड़ना चाहते हैं, तो Table of Contents के पुल-डाउन मेन्यू (चित्र WD-8.2) में 'Insert Table of Contents...' आदेश दीजिए. ऐसा करने पर Table of Contents डायलाग बॉक्स चित्र WD-8.5 की तरह खुलेगा, जिसकी Table of Contents टैबशीट सक्रिय होगी. विषय-सूची में लेवल बढ़ाने के लिए Show Levels: स्पिन-कंट्रोल बॉक्स अथवा 'Options...' बटन के क्लिक करके खुलने वाले Table of Contents Options डायलाग बॉक्स का उपयोग कीजिए.

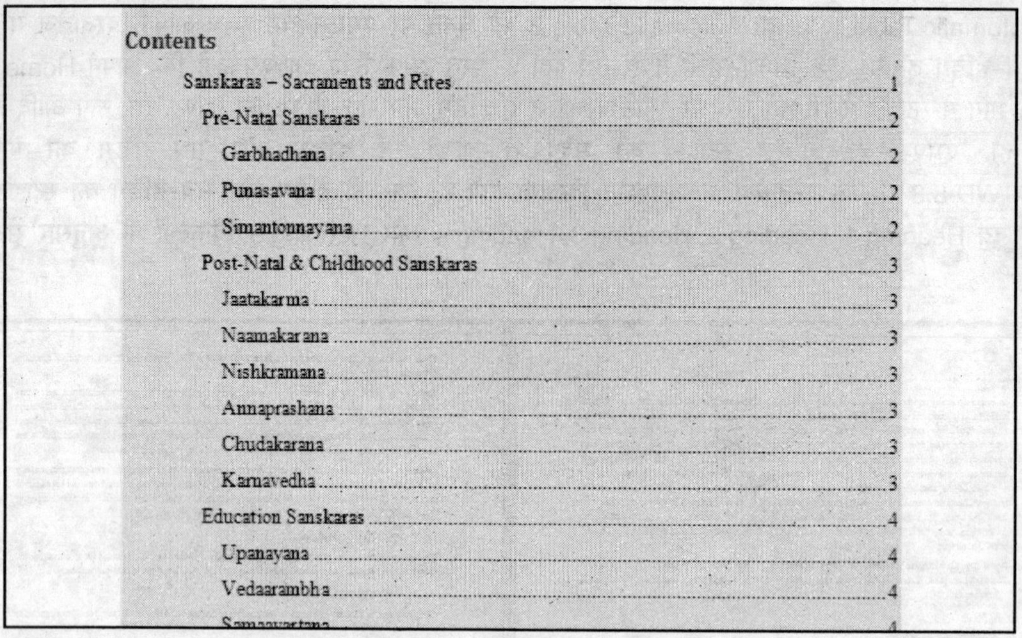

Contents

चित्र WD-8.4 : विषय-सूची जोड़ने के बाद दस्तावेज

इसके अतिरिक्त Table of Contents डायलाग बॉक्स द्वारा आप विषय-सूची का फार्मेट और टैबलीडर भी सेट कर सकते हैं. इतना ही नहीं, Modify बटन पर क्लिक करके आप विषय-सूची का फॉण्ट आदि भी बदल सकते हैं. संतुष्ट हो जाने पर OK बटन पर क्लिक कीजिए.

यदि आपने यह क्रिया विषय-सूची जोड़ने के बाद की है, तो वर्ड पुरानी सूची को नई सूची (जिसके अधिक लेवल हों) से बदलने की अनुमति मांगेगा. Yes बटन पर क्लिक कीजिए. पुरानी सूची नई सूची से तुरंत बदल दी जाएगी.

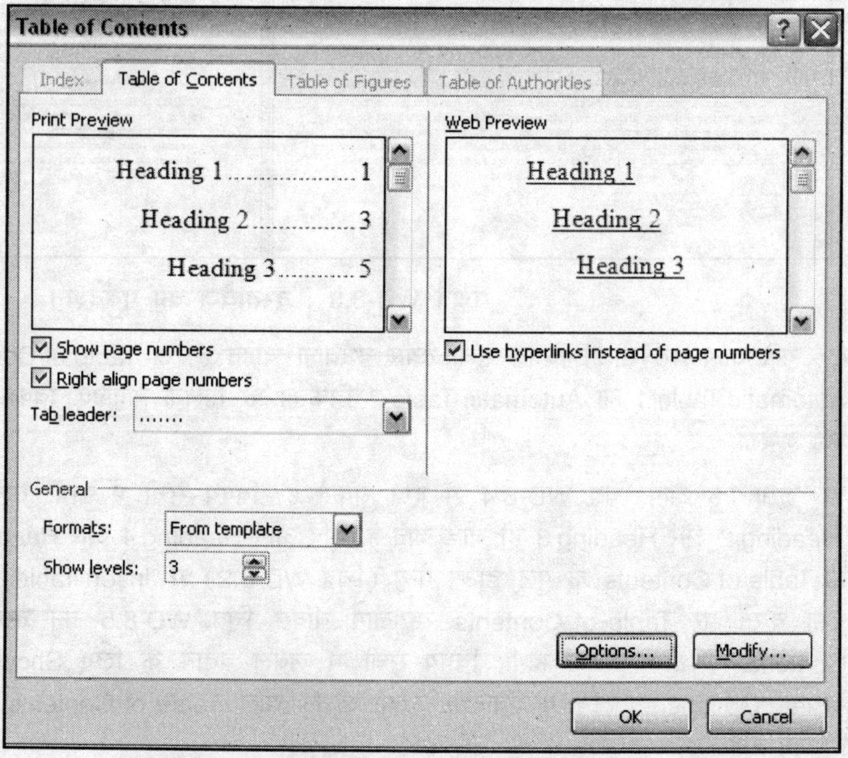

चित्र WD-8.5 : टेबिल ऑफ कॉन्टेन्ट्स डायलाग बॉक्स

यदि आप विषय-सूची वर्ड द्वारा तैयार न करवा कर स्वयं बनाना चाहें तो

Table of Contents के पुल-डाउन मेन्यू में Manual Table विकल्प चुनें. ऐसा करने से चित्र WD-8.6 की तरह विषय-सूची का एक खाका दस्तावेज में जुड़ जाता है, जिसमें आप अपनी आवश्यकतानुसार हेडिंग स्वयं टाइप करते हैं. शेष क्रियाएं Automatic Table के समान ही है.

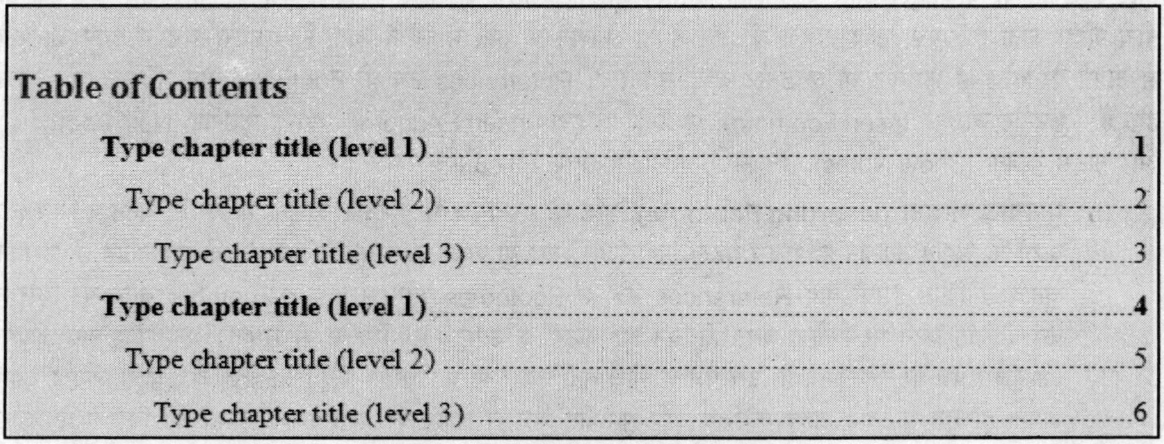
Table of Contents

Type chapter title (level 1) **1**
Type chapter title (level 2) 2
Type chapter title (level 3) 3
Type chapter title (level 1) **4**
Type chapter title (level 2) 5
Type chapter title (level 3) 6

चित्र WD-8.6 : विषय-सूची का खाका

विषय-सूची हटाने के लिए Table of Contents के पुल-डाउन मेन्यू में Remove Table of Contents आदेश दीजिए.

(ii) पाठ्य जोड़ना और सूची अपडेट करना (Adding Text and Updating Table) : यदि आप हेडिंग के अलावा कोई और पाठ्य भी विषय-सूची में जोड़ना चाहें, तो उस पाठ्य को चुनकर Table of Contents बटन के बगल में दिये गये Add Text बटन के तीर के निशान पर क्लिक कीजिए. इसके बार Add Text के नीचे दिये गये Update Table बटन पर क्लिक कीजिए. ऐसा करने पर Update Table of Contents का छोटा डायलाग बॉक्स चित्र WD-8.7 की तरह खुलता है. Update Entire Table विकल्प चुनकर OK बटन पर क्लिक कर दीजिए. सूची स्वयं अपडेट हो जाएगी.

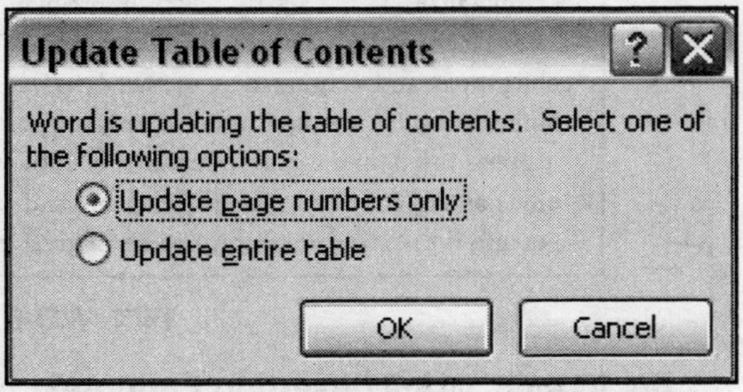

चित्र WD-8.7 : सूची अपडेट करने के लिए डायलाग बॉक्स

इसके अतिरिक्त यदि आप अपने दस्तावेज में हेडिंग का स्थान बदलते हैं, तो विषय-सूची में उसके सामने लिखे पेज नंबर को बदलने के लिए भी Update Table बटन का प्रयोग कीजिए. यहां आपको Update Table of Contents डायलाग बॉक्स में Update page numbers only विकल्प चुनना होगा.

याद रखें, यदि आपने दस्तावेज में Manual Table जोड़ा है, तो उसे अपडेट भी आपको स्वयं करना होगा. इसके लिए आप Add Text और Update Table बटनों का सहारा नहीं ले सकते.

इस विषय-सूची के बारे में एक रोचक बात यह है कि इसमें दी गई हेडिंग और सब-हेडिंग (Entries) हाइपरलिंक का काम करती हैं. अर्थात् जैसे ही आप इन पर क्लिक करते हैं, दस्तावेज में वह प्रसंग (Topic) खुल जाता है.

फुटनोट भाग (Footnote Section)

References टैब के फुटनोट भाग के जरिये आप अपने दस्तावेज में फुटनोट और एण्डनोट जोड़ सकते हैं. यहां फुटनोट और एण्डनोट के बीच मूल अंतर जान लेना चाहिए. फुटनोट पाठ्य के नीचे या जिस पेज पर पाठ्य है, उस पेज के नीचे जोड़ा जाता है. एण्डनोट दस्तावेज के अंत में या सेक्शन के अंत में जोड़ा जाता है. एमएस-वर्ड में आप आसानी से अपने दस्तावेज में फुटनोट या एण्डनोट जोड़ सकते हैं. References टैब के Footnote भाग में कुल चार बटन होते हैं– फुटनोट जोड़ना (Insert Footnote), एण्डनोट जोड़ना (Insert Endnote), अगला फुटनोट (Next Footnote) और नोट्स देखना (Show Notes). इन सभी बटनों की विशेषताएं निम्न प्रकार हैं–

(i) फुटनोट जोड़ना (Inserting Footnote) : वर्ड के दस्तावेज में फुटनोट जोड़ना माउस के बटन को क्लिक करने के समान आसान है. सबसे पहले आप जिस शब्द या शब्दों के समूह में फुटनोट जोड़ना चाहते हैं, उसका चुनाव कीजिए. इसके बाद References टैब के Footnotes भाग में Insert Footnote बटन पर क्लिक कर दीजिए. बटन पर क्लिक करते ही चुने हुए पाठ्य के ऊपर (सुपरस्क्रिप्ट के समान) एक नंबर लग जाएगा और जिस पेज पर वह पाठ्य है, उस पेज के नीचे वही नंबर लग कर धसान बिंदु (Cursor) वहां पहुंच जाएगा. आप अपना इच्छित फुटनोट टाइप कीजिए और फुटनोट क्षेत्र से बाहर पूरे दस्तावेज में कहीं भी क्लिक कीजिए. फुटनोट तुरंत जुड़ जाएगा. एक रोचक बात यह है कि जिस मूल पाठ्य के लिए आपने फुटनोट दिया है, उस पर माउस पॉइंटर ले जाते ही उससे जुड़ा फुटनोट दिखाई पड़ता है, जैसा कि आप चित्र WD-8.8 में देख सकते हैं.

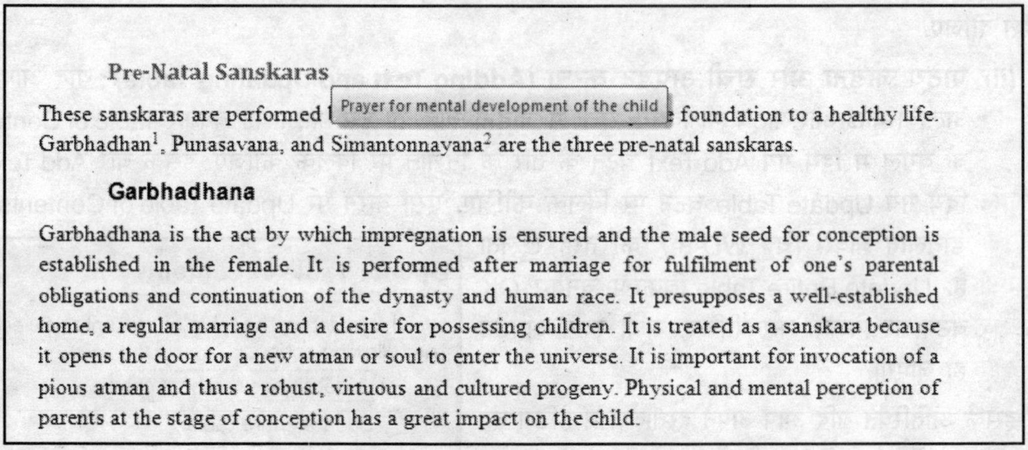

चित्र WD-8.8 : फुटनोट जोड़ना

(ii) एण्डनोट जोड़ना (Inserting Endnote) : एण्डनोट जोड़ना फुटनोट जोड़ने के ही समान है. इसके लिए References टैब के Footnote भाग में Insert Endnote बटन का प्रयोग किया जाता है. अंतर केवल इतना है कि एण्डनोट दस्तावेज के अंत में जुड़ता है. जैसे-जैसे आप दस्तावेज में फुटनोट और एण्डनोट जोड़ते जाते हैं, वैसे-वैसे उनमें स्वयं ही नंबर जुड़ते जाते हैं. आपको अलग से नंबर जोड़ने की आवश्यकता नहीं पड़ती. फुटनोट या एण्डनोट को हटाने के लिए पाठ्य में लगे नंबर (सुपरस्क्रिप्ट) का चुनाव करके Backspace कुंजी दबाएं. नंबर मिटने से उससे जुड़ा फुटनोट या एण्डनोट भी मिट जाता है, और बाकी सभी फुटनोट और एण्डनोट के नंबर अपने आप रिसेट हो जाते हैं.

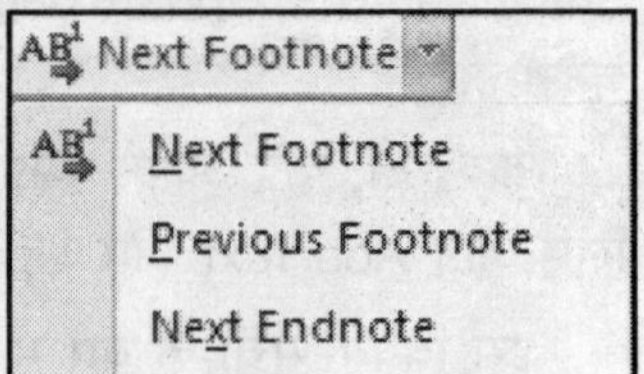

चित्र WD-8.9 : फुटनोट मेन्यू

(iii) नोट्स देखना (Navigating through Notes) : Insert Endnote के नीचे दिये गये Next Footnote बटन के तीर के निशान पर क्लिक करने से एक छोटा पुल-डाउन मेन्यू खुलता है (चित्र WD-8.9), जिसमें Next Footnote, Previous footnote, Next Endnote और Previous Endnote नामक चार विकल्प होते हैं. इन विकल्पों पर क्लिक करके आप क्रमशः अगले फुटनोट, पिछले फुटनोट, अगले एण्डनोट और पिछले एण्डनोट पर जा सकते हैं. Next Footnote बटन के नीचे दिये गये Show Notes बटन पर क्लिक करने से View Footnotes नामक एक छोटा डायलाग बॉक्स (चित्र WD-8.10) खुलता है, जिसमें उचित विकल्प चुनकर आप फुटनोट क्षेत्र या एण्डनोट क्षेत्र देख सकते हैं.

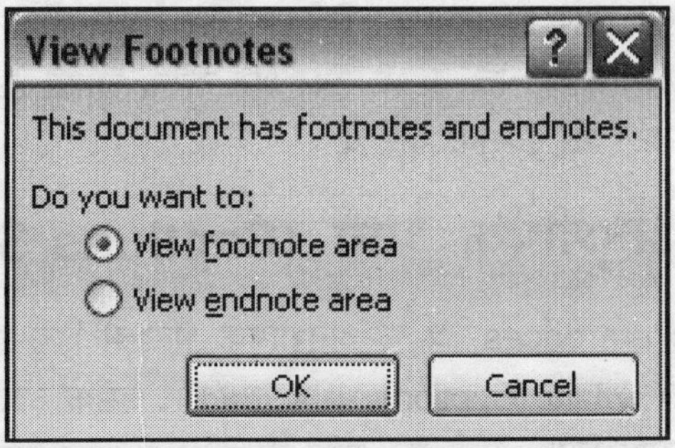

चित्र WD-8.10 : फुटनोट देखने के लिए डायलाग बॉक्स

फुटनोट और एण्डनोट डायलाग बॉक्स (Footnote and Endnote Dialog Box) : References टैब के Footnotes भाग के डायलाग बॉक्स लॉन्चर पर क्लिक करने से Footnote and Endnote डायलाग बॉक्स चित्र WD-8.11 की तरह खुलता है. इसके जरिये आप फुटनोट और एण्डनोट का स्थान और फार्मेट आदि निर्धारित कर सकते हैं.

Footnote and Endnote डायलाग बॉक्स में Location शीर्षक के नीचे Footnotes विकल्प पर क्लिक करने से उसका लिस्ट बॉक्स सक्रिय हो जाता है, जिसके जरिये आप फुटनोट का स्थान पेज के अंत में या उस पाठ्य के अंत में सेट कर सकते हैं. इसी प्रकार Endnotes विकल्प पर क्लिक करके उसके लिस्ट बॉक्स के जरिये आप एण्डनोट का स्थान दस्तावेज या सैक्शन के अंत में सेट कर सकते हैं. Location शीर्षक में ही दिये Convert बटन की मदद से आप सभी फुटनोटों को एण्डनोट, एण्डनोटों को फुटनोट, या फुटनाटों और एण्डनोटों की आपस में बदली कर सकते हैं.

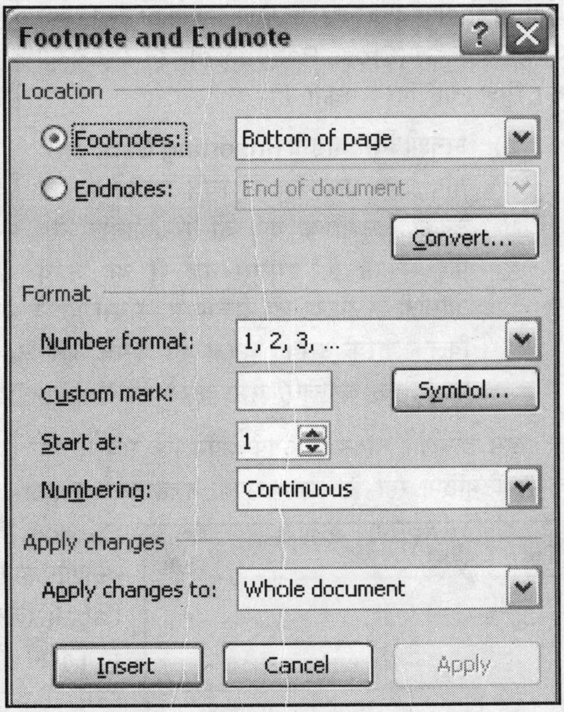

चित्र WD-8.11 : फुटनोट और एण्डनोट डायलाग बॉक्स

इस डायलाग बॉक्स में Format शीर्षक के नीचे दिये गये Number Format लिस्ट बॉक्स के जरिये आप फुटनोट और एण्डनोट के नंबरों का फार्मेट निर्धारित कर सकते हैं. इसके लिए Custom Mark के सामने दिये गये Symbol बटन पर क्लिक कीजिए. इससे Symbol डायलाग बॉक्स खुलता है. आप कोई भी चिह्न चुनकर OK बटन पर क्लिक कर दीजिए. ऐसा करने पर Custom Mark के बगल में दिये गये टैक्स्ट बॉक्स में चुना हुआ चिह्न आ जाता है और आपके दस्तावेज में जुड़ने के लिए तैयार हो जाता है. Start at स्पिन कंट्रोल बॉक्स के जरिये आप यह निर्धारित कर सकते हैं कि आप फुटनोटों और एण्डनोटों के नंबर कहां से शुरु करना चाहते हैं. इसी प्रकार Numbering लिस्ट बॉक्स

की मदद से आप यह निश्चित कर सकते हैं कि आप ये नंबर पूरे दस्तावेज में लगातार देना चाहते है, या हर सेक्शन अथवा हर पेज से नए नंबर शुरु करना चाहते हैं. जब आप अपनी आवश्यकतानुसार सभी परिवर्तन कर लें, तो Apply बटन पर क्लिक कर दें.

अनुशीर्षक भाग (Captions Section)

References टैब के अनुशीर्षक भाग में दिये गये बटनों के जरिये आप अपने दस्तावेज में दिये गये चित्रों को उचित अनुशीर्षक (Caption) भी दे सकते हैं. इसके अतिरिक्त आप विषय-सूची की भांति दस्तावेज में चित्र-सूची भी जोड़ सकते हैं और उनके लिए आसान प्रति-निर्देश दे सकते हैं. References टैब के Captions भाग में चार बटन होते हैं– अनुशीर्षक जोड़ना (Insert Caption), चित्र-सूची डायलाग बॉक्स (Table of Figures Dialog), चित्र-सूची अपडेट करना (Update Table of Figures) और प्रति-निर्देश (Cross-Reference). इन सभी बटनों की विशेषताएं निम्न प्रकार हैं–

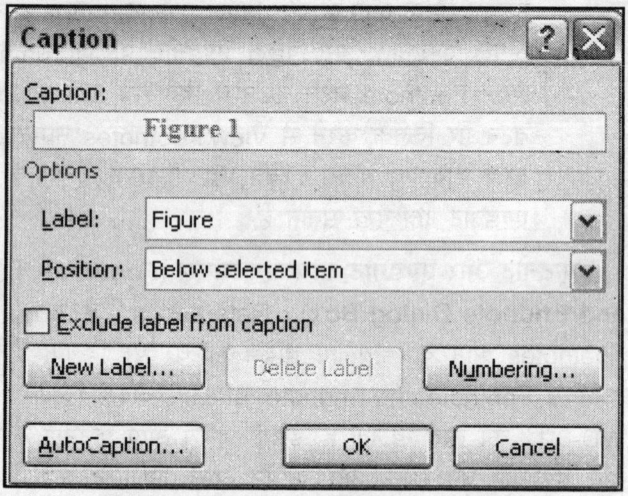

चित्र WD-8.12 : कैप्शन डायलाग बॉक्स

(i) अनुशीर्षक जोड़ना (Inserting Caption): यदि आप दस्तावेज में चित्र जोड़ते हैं, तो उनको अनुशीर्षक देने की भी आवश्यकता पड़ सकती है. एमएस-वर्ड में यह कार्य आसानी से किया जा सकता है. सबसे पहले, आप जिस चित्र के लिए अनुशीर्षक जोड़ना चाहते हैं, उस पर क्लिक करके उसका चुनाव करें. इसके बाद References टैब में Captions भाग के Insert Caption बटन पर क्लिक कीजिए. ऐसा करने पर Caption डायलाग बॉक्स चित्र WD-8.12 की तरह खुलता है.

इस डायलाग बॉक्स में आप देखेंगे कि सबसे ऊपर Caption: टैक्स्ट बॉक्स में Figure 1 लिखा हुआ है और इसमें कर्सर टिमटिमा रहा है. आप अपनी इच्छानुसार Figure 1 के स्थान पर कोई अन्य टैक्स्ट भी टाइप कर सकते हैं. Caption विकल्प के नीचे Options विकल्प है, जिसकी मदद से आप अनुशीर्षक का लेबल और उसका स्थान आदि निर्धारित कर सकते हैं. Label: लिस्ट बॉक्स को क्लिक करने पर एक पुल-डाउन मेन्यू खुलता है, जिसमें तीन विकल्प होते हैं – Equation, Figure और Table. आप इनमें से कोई भी विकल्प चुन कर लेबल सेट कर सकते हैं.

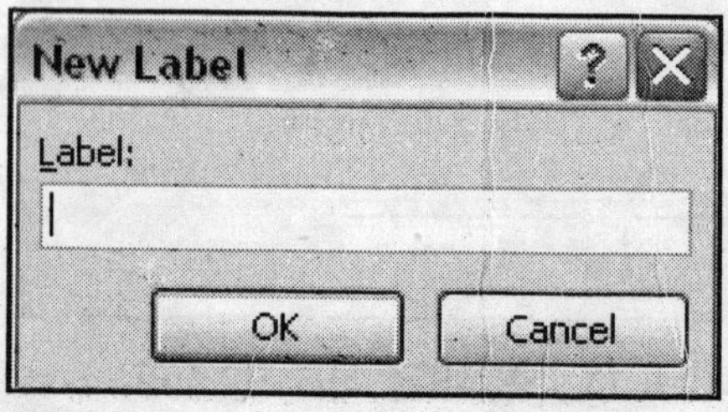

चित्र WD-8.13 : नया लेबल जोड़ने के लिए डायलाग बॉक्स

यदि आप इन तीनों विकल्पों से अलग लेबल सेट करना चाहते हैं, तो New Label... बटन को क्लिक कीजिए. इससे New Label डायलाग बॉक्स चित्र WD 8.13 की तरह खुलेगा.

आप Label: टैक्स्ट बॉक्स में मनचाहा लेबल टाइप करके OK बटन पर क्लिक कर दीजिए. नया लेबल सेट हो जाएगा. Options विकल्प के अन्तर्गत दिये गये Position लिस्ट बॉक्स के जरिये आप अनुशीर्षक को चुने हुए चित्र या टेबिल के ऊपर या नीचे जोड़ सकते हैं. Exclude label from caption चेक-बॉक्स में क्लिक करने से अनुशीर्षकों में कोई लेबल नहीं दिया जाएगा और चित्रों को केवल नंबर दे दिया जाएगा. New Label... बटन के बगल में दिये

गये Delete Label बटन की मदद से आप कोई लेबल हटा भी सकते हैं. इसके लिए Label लिस्ट बॉक्स में इच्छित लेबल भरिये और Delete Label बटन पर क्लिक कर दीजिए. लेबल तुरंत डिलीट हो जाएगा. याद रखें, आप केवल वही लेबल डिलीट कर सकते हैं, जिनको आपने स्वयं बनाया है, वर्ड में पहले से ही उपलब्ध लेबल नहीं.

वर्ड में अनुशीर्षकों का नंबर फार्मेट 1, 2, 3... इस प्रकार सेट किया गया है. आप इस फार्मेट को बदलकर i, ii, iii..., a, b, c... आदि की कर सकते हैं. इसके लिए Caption डायलाग बॉक्स में Numbering... बटन पर क्लिक कीजिए. इससे Caption Numbering डायलाग बॉक्स चित्र WD-8.14 की तरह खुलेगा. Format लिस्ट बॉक्स में उचित फार्मेट चुन कर OK बटन क्लिक कीजिए. फार्मेट सेट हो जाएगा.

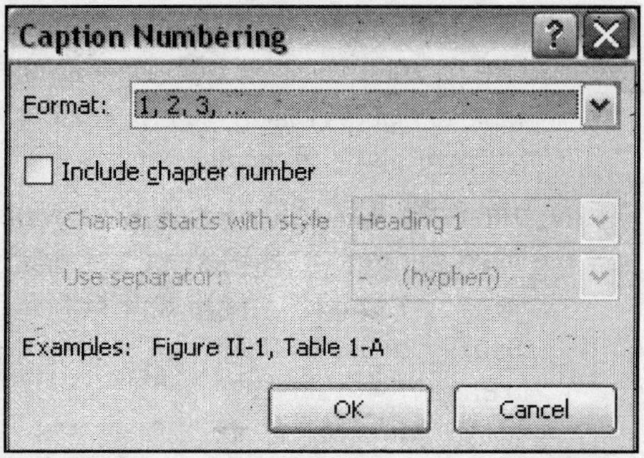

चित्र WD-8.14 : अनुशीर्षक में नम्बर जोड़ने के लिए डायलाग बॉक्स

Caption डायलाग बॉक्स (चित्र WD-8.12) के 'Auto Caption...' बटन की मदद से आप चुने हुए तत्वों (Elements) में वर्ड के द्वारा ही अनुशीर्षक जुड़वा सकते हैं. जब आप संतुष्ट हो जाएं तो OK बटन पर क्लिक कर दीजिए.

(ii) चित्र-सूची डायलाग बॉक्स (Table of Figures Dialog): विषय-सूची की भांति आप दस्तावेज में चित्र-सूची भी बना सकते हैं. चित्र-सूची बनाने के लिए Insert Caption के बगल में दिया गया Table of Figures Dialog बटन पर क्लिक कीजिए. इससे Table of Figures डायलाग बॉक्स चित्र WD-8.15 की तरह खुलेगा, जो Table of Contents डायलाग बॉक्स से काफी मिलता-जुलता होगा. इसमें आप Table of Contents डायलाग बॉक्स की भांति परिवर्तन करके OK बटन पर क्लिक कीजिए. ऐसा करने पर धसान बिंदु के स्थान पर चित्र-सूची जुड़ जाएगी.

याद रखें, यह चित्र-सूची तभी जुड़ सकती है जब आपने Insert Caption बटन द्वारा चित्रों को अनुशीर्षक दिये हों. विषय-सूची की तरह चित्र-सूची की सभी हेडिंग भी हाइपरलिंक का काम करती हैं.

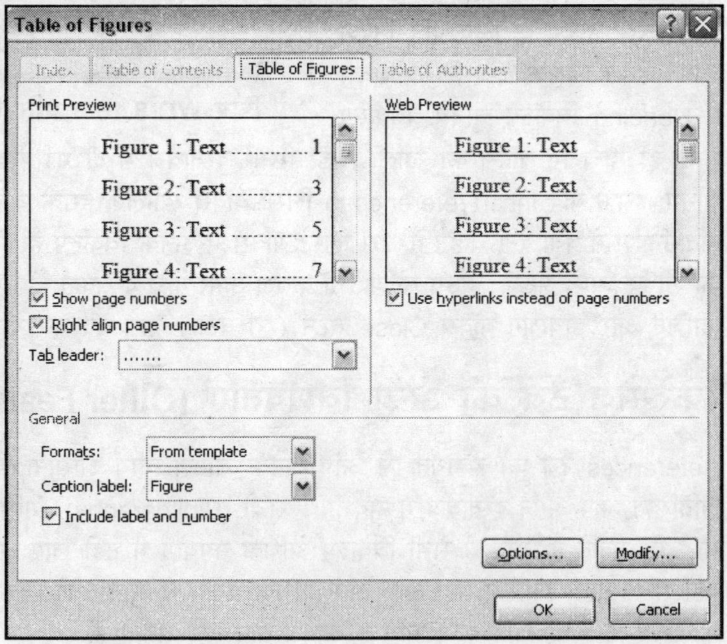

चित्र WD-8.15 : चित्र-सूची जोड़ने के लिए डायलाग बॉक्स

(iii) चित्र-सूची अपडेट करना (Updating Table of Figures) : यदि आप चित्र-सूची जोड़ने के बाद अपने चित्रों का स्थान, अनुशीर्षक आदि बदलते हैं, तो चित्र-सूची को अपडेट करने के लिए केवल सूची को चुनकर Table of Figures Dialog बटन के नीचे दिये गये Update Table of Figures बटन को क्लिक कीजिए. सूची स्वयं अपडेट हो जाएगी.

(iv) प्रति-निर्देश देना (Giving Cross-reference) : दस्तावेज में कभी-कभी आपको प्रति-निर्देश देने की आवश्यकता पड़ती है, जैसे कि जब आप चाहते हैं कि आपके दस्तावेज का पाठक जब एक विशेष पैराग्राफ पढ़े तो उसी दस्तावेज में किसी अन्य पृष्ठ पर दिया गया चित्र भी देखे. इसके लिए आप 'See Picture', 'See Figure Below', 'Turn to Page 7' जैसे प्रति-निर्देश देते हैं. एमएस-वर्ड में यह कार्य References टैब के Captions भाग में Cross-reference बटन द्वारा किया जाता है.

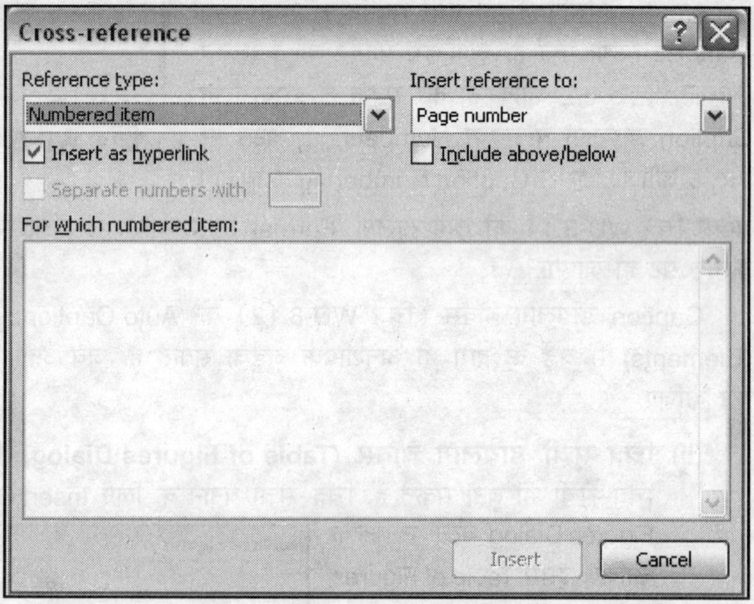

चित्र WD-8.16 : प्रति-निर्देश देने के लिए डायलाग बॉक्स

Reference type लिस्ट बॉक्स में प्रति-निर्देश दिये जाने वाले तत्व (Element) को निर्धारित करें. यह तत्व हेडिंग, फुटनोट चित्र, टेबिल आदि कुछ भी हो सकता है. आप लिस्ट बॉक्स से उचित विकल्प चुन सकते हैं. मान लीजिए, आप किसी हेडिंग के लिए प्रति-निर्देश देना चाहते हैं. इसके लिए लिस्ट-बॉक्स में Heading विकल्प चुनिये. विकल्प चुनते ही डायलाग बॉक्स की खाली विंडो में पूरे दस्तावेज में दी गई हेडिंग आ जाएंगी. आप उनमें से इच्छित हेडिंग चुनिये. इसके बाद Insert reference to लिस्ट बॉक्स खोलिए. इसके जरिये आप यह निधारित कर सकते हैं कि आप प्रति-निर्देश में क्या देना चाहते हैं. इस लिस्ट बॉक्स में अनेक विकल्प हैं, जिनकी सहायता से आप प्रति-निर्देश में हेडिंग का शीर्षक, पृष्ठ संख्या, हेडिंग संख्या, या केवल ऊपर/नीचे दे सकते हैं. उचित विकल्प चुनकर Insert बटन पर क्लिक कीजिए और डायलाग बॉक्स Close बटन (☒ बटन) द्वारा बंद कर दीजिए. प्रति निर्देश जुड़ जाएगा.

रेफ़रेन्सेज़ टैब की अन्य विशेषताएं (Other Features of References Tab)

References टैब की सहायता से आप अनेक जटिल कार्य आसानी से कर सकते हैं. ऊपर बताये गये कार्यों के अतिरिक्त आप अपने दस्तावेज में संदर्भग्रंथ-सूची (Bibliography), प्राधिकार-सूची (Table of Authorities), इत्यादि भी जोड़ सकते हैं. परंतु ये सभी विकल्प अधिक उपयोग में नहीं लाए जाते. सभी विकल्पों पर विस्तृत जानकारी देना यहां संभव नहीं, इसलिए यहां आम और अधिक प्रयोग में आने वाले विकल्प समझाए गए हैं. अन्य विकल्पों के विषय में जानने के लिए आप हेल्प सुविधा का उपयोग कर सकते हैं.

रिव्यू और व्यू
(Review and View)

पिछले कुछ अध्यायों में आपने एमएस-वर्ड की अनेक विशेषताओं के बारे में पढ़ा. परन्तु एमएस-वर्ड की विशेषताएं केवल यहीं समाप्त नहीं होतीं. बताये गये कार्यों के अतिरिक्त आप वर्ड में स्पेलिंग जांच सकते हैं, शब्दों के समानार्थक ढूंढ सकते हैं, पाठ्य का एक भाषा से दूसरी भाषा में अनुवाद कर सकते हैं, दस्तावेज का फॉण्ट आकार छोटा या बड़ा किये बिना उसे छोटा या बड़ा करके देख सकते हैं, आदि. इस अध्याय में हम वर्ड की इन्हीं कुछ विशेषताओं पर चर्चा करेंगे.

दस्तावेज की समीक्षा (Reviewing the Document)

एमएस-वर्ड में दस्तावेज की समीक्षा के लिए रिब्बन में दिये गये रिव्यू (Review) टैब का प्रयोग किया जाता है, जो चित्र WD-9.1 की तरह दिखता है.

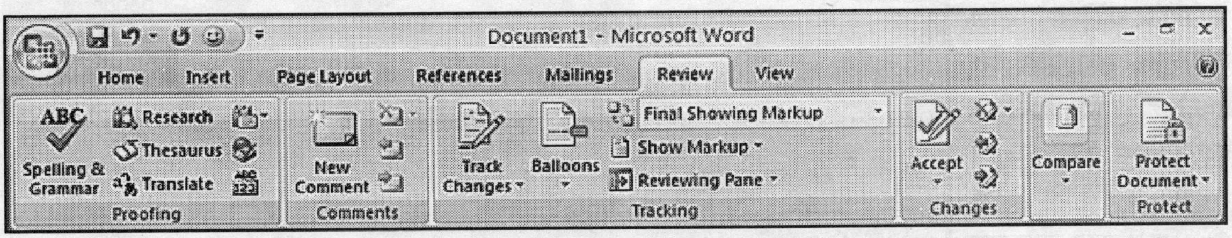

चित्र WD-9.1 : रिव्यू टैब

इस टैब में दिये गये भागों और विकल्पों की मदद से दस्तावेज की समीक्षा से संबंधित अनेक कार्य कर सकते हैं, जैसे स्पेलिंग जांचना, अनुवाद करना, पाठ्य पर टिप्पणी देना, दूसरे लेखक द्वारा आपके दस्तावेज में किये गये परिवर्तन देखना, परिवर्तन स्वीकार या अस्वीकार करना, दो दस्तावेजों की तुलना करना, इत्यादि. परंतु इन सभी कार्यों में से मुख्य और सर्वाधिक उपयोग में लाये जाने वाले विकल्प स्पेलिंग जांचना, समानार्थी ढूंढना, अनुवाद करना आदि हैं, जिन्हें प्रूफ़िंग (Proofing) भाग में दर्शाया गया है. यहां हम केवल Proofing भाग की विशेषताओं और इससे जुड़े कार्यों पर चर्चा करेंगे, क्योंकि शेष भागों के विकल्पों का उपयोग बहुत कम किया जाता है.

Proofing भाग में कुल सात बटन हैं– वर्तनी और व्याकरण (Spelling and Grammar), जांच (Research), शब्दभंडार (Thesaurus), अनुवाद (Translate), अनुवाद स्क्रीन निर्देश (Translation Screen Tip), भाषा (Set Language) और शब्द गणना (Word Count). इन सभी बटनों की विशेषताएं निम्न प्रकार हैं –

(i) स्पेलिंग जांच करना (Checking Spelling) : एमएस-वर्ड में पाठ्य टाइप करते समय यदि आप कोई ऐसा शब्द टाइप करते हैं, जो एमएस-वर्ड की चुनी हुई डिक्शनरी में नहीं होता, तो शब्द पूरा होते ही एमएस-वर्ड उसके नीचे लाल रंग से एक सर्पाकार (~~~) लाइन खींच देता है, ताकि आपको पता चल जाए कि वह शब्द गलत है. यदि वह शब्द वास्तव में गलत टाइप हुआ है, तो उस गलती को आप वहीं ठीक कर सकते हैं. यदि सही स्पेलिंग आपको मालूम नहीं है या आप उसे ठीक मानते हैं, तो उसे ऐसे ही छोड़कर सारा पाठ्य टाइप करने के बाद एमएस-वर्ड का स्पेलिंग चेक करने वाला प्रोग्राम चलाइए.

स्पेलिंग चेकर (Spelling checker) चलाने के लिए पहले कर्सर को दस्तावेज के शुरू में ले जाइए. अब Review टैब में Proofing भाग के 'Spelling and Grammar' बटन को क्लिक कीजिए अथवा फंक्शन कुंजी 7 (F7) दबाइए.

ऐसा करते ही वह प्रोग्राम प्रारम्भ हो जाएगा और पाठ्य में कोई गलत शब्द होने पर चित्र WD-9.2 की तरह स्पेलिंग तथा ग्रामर का डायलाग बॉक्स दिखायी देगा.

इस डायलाग बॉक्स में ऊपर के 'Not in Dictionary' भाग में गलत शब्द दिखाया जाता है और नीचे के 'Suggestions' भाग में उससे मिलते-जुलते सही शब्दों को दिखाया जाता है. यदि आप इन शब्दों में से किसी को सही मानते हैं, तो उसे क्लिक करके चुन लीजिए. अब दायीं ओर के 'Change' बटन को क्लिक करके आप गलत शब्द की जगह अपना चुना हुआ सही शब्द भर सकते हैं. यदि आप यह बदलाव पूरे दस्तावेज में करना चाहते हैं, तो 'Change' बटन के बजाय 'Change All' बटन को क्लिक कीजिए.

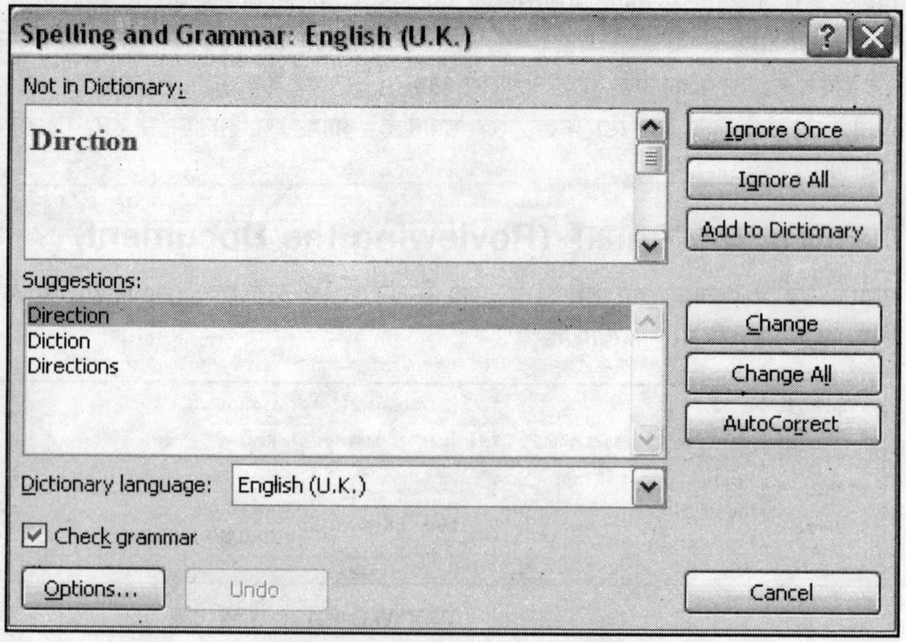

चित्र WD-9.2 : वर्ड में स्पेलिंग जांचना

यदि आप अपने टाइप किए हुए शब्द को सही मानते हैं और उसे ऐसे ही रखना चाहते हैं, तो 'Ignore' बटन को क्लिक कीजिए. पूरे दस्तावेज में यह शब्द ऐसे ही छोड़ देने के लिए 'Ignore All' को क्लिक करना चाहिए. यदि आप इस शब्द को अपनी डिक्शनरी जोड़ना चाहते हैं, ताकि एमएस-वर्ड आगे कभी उस शब्द को गलत न माने, तो 'Add to Dictionary' बटन को क्लिक कीजिए. ऐसा प्राय: व्यक्तियों और स्थानों के नामों के लिए किया जाता है.

इस प्रकार एक गलत शब्द को ठीक करने के बाद या छोड़ देने के बाद अगले गलत शब्द पर भी यही प्रक्रिया दोहराई जाती है. अन्त में अर्थात् सभी शब्दों की स्पेलिंग ठीक कर लेने पर एमएस-वर्ड आपको 'The spelling and grammar check is complete' सन्देश देता है. स्पेलिंग चेकर चलाने पर लेकिन कोई गलती न मिलने पर भी यही सन्देश दिया जाता है.

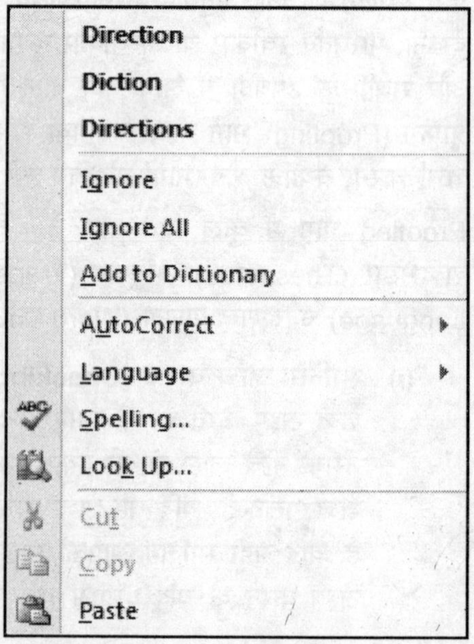

चित्र WD-9.3 : सही स्पेलिंग का कॉन्टैक्स्ट मेन्यू

टाइप करते समय स्पेलिंग ठीक करने की एक विधि और है. यदि किसी शब्द को एमएस-वर्ड ने गलत मानकर उसके नीचे लाल सर्पाकार रेखा खींच दी है और आपको उस शब्द की सही स्पेलिंग मालूम नहीं

है, तो माउस पॉइंटर को उस गलत शब्द पर ले जाकर माउस का दायां बटन क्लिक कीजिए. ऐसा करने पर स्क्रीन पर वहीं चित्र WD-9.3 की तरह एक कॉण्टेक्स्ट मेन्यू खुल जाएगा. इस मेन्यू में सबसे ऊपर उस गलत शब्द से मिलते-जुलते सही शब्द दिखाए जाते हैं (यदि कोई हो) और नीचे विभिन्न कार्यों के आदेश होते हैं. यदि आप उस शब्द के स्थान पर किसी सही शब्द को लाना चाहते हैं तो उसे क्लिक कर दीजिए. इससे गलत शब्द की जगह वह सही शब्द आ जाएगा. इसके बजाय आप नीचे दिये गये आदेशों में से किसी को चुनकर वैसी कार्यवाही कर सकते हैं.

कई बार एमएस-वर्ड कुछ शब्दों या किसी वाक्य के नीचे हरे रंग की सर्पाकार लाइन खींच देता है. ऐसी लाइन का अर्थ है कि उन शब्दों की स्पेलिंग तो सही है, लेकिन उनके व्याकरण या विराम चिह्नों में कोई गलती है. ऐसा प्रायः एक साथ दो स्पेस टाइप हो जाने, कोष्ठक से पहले या बाद में खाली स्थान न देने, वाक्य अधिक लम्बा होने आदि कारणों से होता है. ऐसी स्थिति में पाठ्य की जाँच करके ठीक करना चाहिए और यदि समझ में न आये, तो उसे वैसा ही छोड़ दीजिए.

(ii) आटोकरेक्ट (AutoCorrect) : एमएस-वर्ड में स्पेलिंग की गलतियों को ठीक करने की सुविधा के बारे में आप ऊपर पढ़ चुके हैं. इस सुविधा के द्वारा स्पेलिंग की सभी गलतियों को सरलता से ठीक किया जा सकता है. स्पेलिंग की बहुत सी गलतियां प्रायः टाइपिंग की गति से पैदा होती हैं, जैसे 'the' टाइप करते-करते हम 'teh' टाइप कर जाते हैं और 'is' टाइप करते-करते 'si' टाइप कर जाते हैं. एमएस-वर्ड में टाइपिंग की ऐसी गलतियों को अपने आप ही तत्काल ठीक कर देने की सुविधा उपलब्ध है. इस सुविधा का नाम आटोकरेक्ट (AutoCorrect) है.

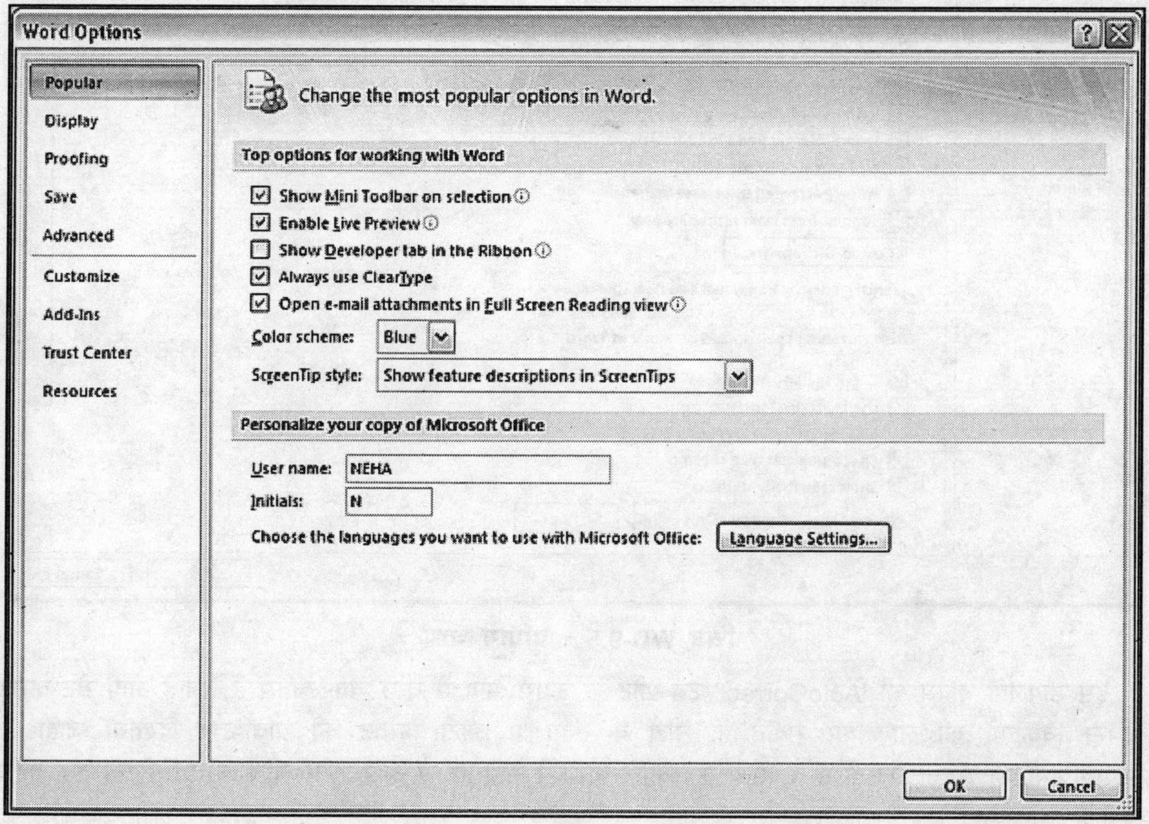

चित्र WD-9.4 : वर्ड ऑप्शन्स डायलाग बॉक्स

इस सुविधा में पहले से ही हजारों प्रविष्टियां (Entries) भरी हुई हैं. प्रत्येक प्रविष्टि में सम्भव गलत शब्द और उसके बदले आने वाला सही शब्द दिया हुआ है. टाइप करते समय जैसे ही आप किसी शब्द या अक्षर के बाद स्पेसबार, टैब या एण्टर कुंजी दबाते हैं, आटोकरेक्ट एक्शन में आ जाता है. यदि आपके द्वारा टाइप किए गए पिछले शब्द की प्रविष्टि आटोकरेक्ट में पहले से भरी हुई है, तो आटोकरेक्ट उसी समय उसके स्थान पर प्रविष्टि के अनुसार सही शब्द रख देता है. यदि उस शब्द की कोई प्रविष्टि नहीं है, तो कुछ भी नहीं किया जाता, बल्कि आगे का कार्य स्पेलिंग चेकर के ऊपर छोड़ दिया जाता है.

आटोकरेक्ट की प्रविष्टियों को देखने के लिए सर्वप्रथम Office बटन पर क्लिक कीजिए. खुलने वाले मेन्यू में Word Options बटन पर क्लिक कीजिए. ऐसा करने पर Word Options विंडो चित्र 9.4 की तरह खुलेगी. इस विंडो की बाईं पट्टी में दिये गये विकल्पों में से Proofing विकल्प चुनें. इससे एक अन्य विंडो चित्र WD-9.5 की तरह खुलेगी. अब इस विंडो में 'AutoCorrect Options...' आदेश दीजिए. इससे स्क्रीन पर चित्र WD-9.6 की तरह आटोकरेक्ट का डायलाग बॉक्स खुल जाएगा.

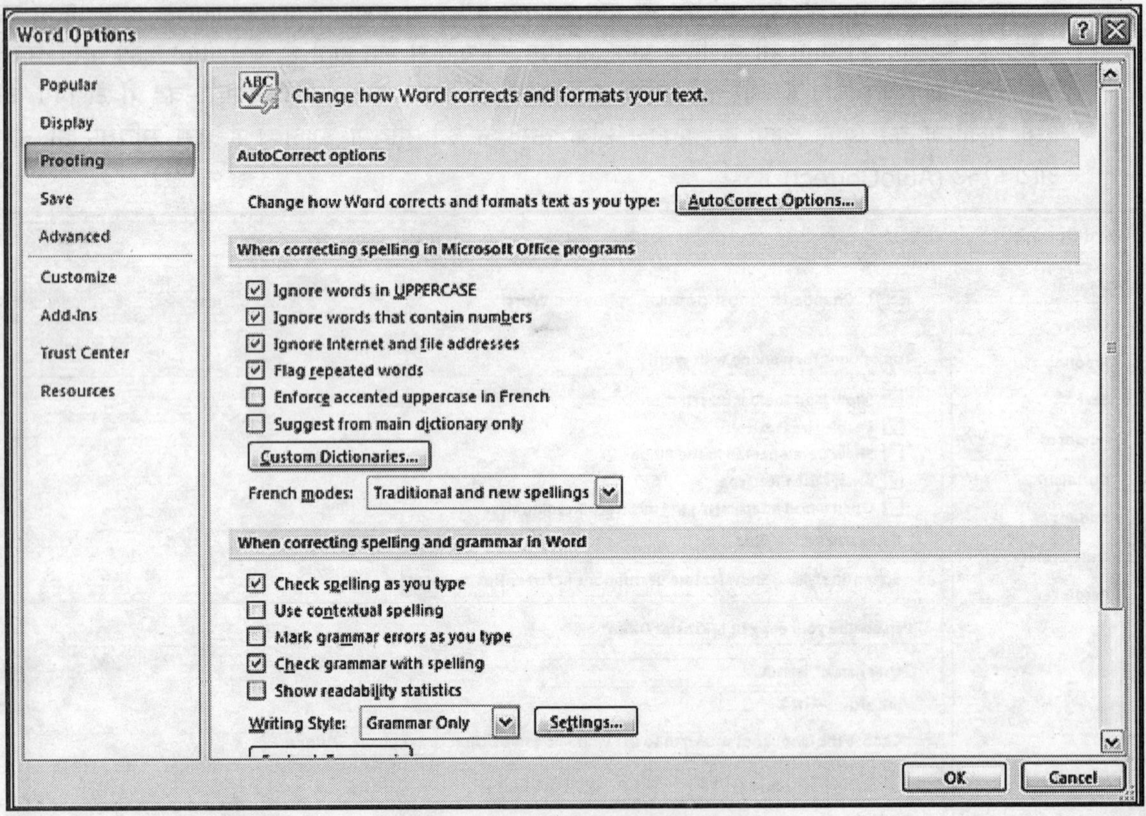

चित्र WD-9.5 : प्रूफिंग भाग

इस डायलाग बॉक्स की 'AutoCorrect' टैब शीट के ऊपरी भाग में कुछ चेक बॉक्स हैं, जिन्हें आप सेट करके विभिन्न विकल्पों को लागू कर सकते हैं. नीचे के भाग में आटो करेक्ट की प्रविष्टियां दिखायी जाती हैं. इन प्रविष्टियों की संख्या सैकड़ों में हैं. साथ के स्क्रॉल बार की सहायता से आप ऊपर-नीचे की प्रविष्टियों तक पहुंच सकते हैं.

यह ध्यान देने में रखने की बात है कि आटोकरेक्ट अपनी प्रविष्टियों की सूची के अनुसार 'गलत' टाइप किए गए सभी शब्दों को बिना कुछ सोचे 'सही' शब्दों से बदल देता है. इससे कई बार बड़ी समस्या उत्पन्न हो जाती है, क्योंकि आप कोई पाठ्य सही-सही टाइप करते हैं और आटोकरेक्ट उसे गलत मानकर दूसरा शब्द भर देता है, जिससे आप परेशान हो जाते हैं. जब हम हिन्दी फॉण्टों का उपयोग करते हैं तब प्राय: ऐसी समस्या उत्पन्न होती है. इसका तात्कालिक समाधान 'Undo' आदेश देना है. यह आदेश आप Ctrl+Z दबाकर दे सकते हैं. यदि आप स्थायी समाधान चाहते हैं, तो गड़बड़ करने वाली प्रविष्टियों को आटोकरेक्ट से निकाल देना चाहिए. यदि आप किसी प्रविष्टि को इस सूची से हटाना चाहते हैं, तो उस प्रविष्टि को क्लिक करके चुन लीजिए और 'Delete' बटन क्लिक कीजिए. इससे वह प्रविष्टि गायब हो जायेगी.

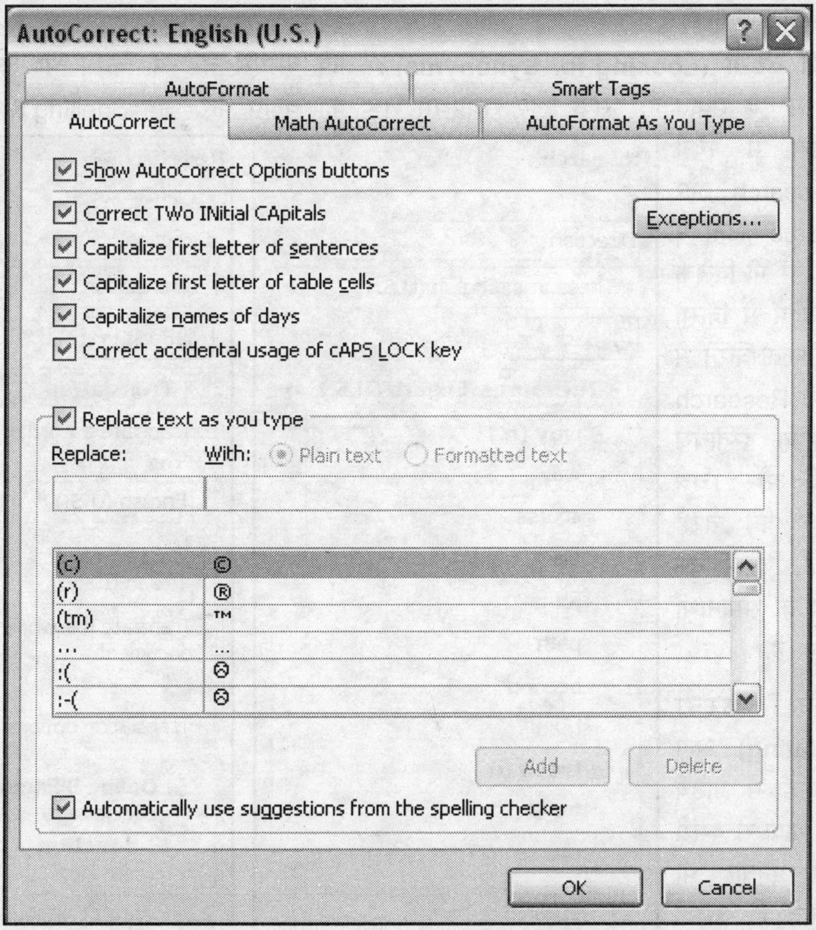

चित्र WD-9.6 : ऑटोकरेक्ट विकल्प

इसी प्रकार यदि आप यह अनुभव करते हैं कि आटोकरेक्ट की प्रविष्टि सूची में कोई प्रविष्टि नहीं है और वह होनी चाहिए थी, तो आप ऐसी प्रविष्टि स्वयं जोड़ सकते हैं. इसके लिए इस डायलाग बॉक्स के बीच के भाग में 'Replace' टैक्स्ट बॉक्स में वह प्रविष्टि टाइप कीजिए. उसके सामने 'With' टैक्स्ट बॉक्स में उसको बदलकर रखा जाने वाला सही पाठ्य (शब्द या वाक्यांश) टाइप करके 'Add' बटन को क्लिक कर दीजिए. इससे वह प्रविष्टि आटोकरेक्ट की सूची में शामिल हो जाएगी.

यदि कभी आपको ऐसा प्रतीत होता है कि आपने शब्द सही टाइप किया था और आटोकरेक्ट ने उसको बदलकर गलत शब्द भर दिया है, तो उसके इस कार्य को उलटने के लिए तुरन्त अनडू (Undo) आदेश देना चाहिए. इसके लिए आप अल्ट (Alt) के साथ बैकस्पेस (Backspace) कुंजी दबाइये या कंट्रोल (Ctrl) के साथ Z दबाइए, जो 'Undo' का शॉर्टकट है. ऐसा करते ही आप देखेंगे कि आपके दस्तावेज में मूल शब्द वापस आ गया है.

आटोकरेक्ट सुविधा द्वारा आप शार्टहैण्ड (Shorthand) का लाभ भी उठा सकते हैं. उदाहरण के लिए, मान लीजिए कि आपको एक नाम 'Vinod Kumar Agrawal' कई बार टाइप करना है. इस पूरे नाम को हर बार टाइप करने से बचने के लिए आप एक संक्षिप्त प्रविष्टि बना सकते हैं, जैसे vka या vk या v. इस प्रविष्टि को यदि आप आटो करेक्ट में जोड़ दें तो मात्र ये अक्षर टाइप करके आप पूरा नाम भर सकते हैं. इस प्रकार आप आटोकरेक्ट सुविधा का अधिक से अधिक लाभ उठा सकते हैं.

(iii) समानार्थी ढूंढना (Looking for Synonyms) : आप एमएस-वर्ड में किसी भी शब्द का समानार्थी आसानी से ढूंढ सकते हैं. इसके लिए सर्वप्रथम शब्द का चुनाव करें. अब Spelling & Grammar बटन के बगल में दिये गये Research और Thesaurus बटनों में से किसी पर भी क्लिक करें. दोनों में से किसी पर भी क्लिक करने से एक जैसी Research विंडो आपके दस्तावेज के दाईं ओर चित्र WD-9.7 की तरह खुलती है, जिसमें चुने हुए शब्द के समानार्थी लिखे होते हैं.

(iv) अनुवाद करना (Translating) : आप एमएस-वर्ड में पाठ्य का एक भाषा से दूसरी भाषा में अनुवाद भी कर सकते हैं. इसके लिए सर्वप्रथम इच्छित शब्द चुनिये. अब Thesaurus बटन के नीचे दिये गये Translate बटन पर क्लिक कीजिए. इससे Research विंडो चित्र WD-9.8 की तरह खुलेगी.

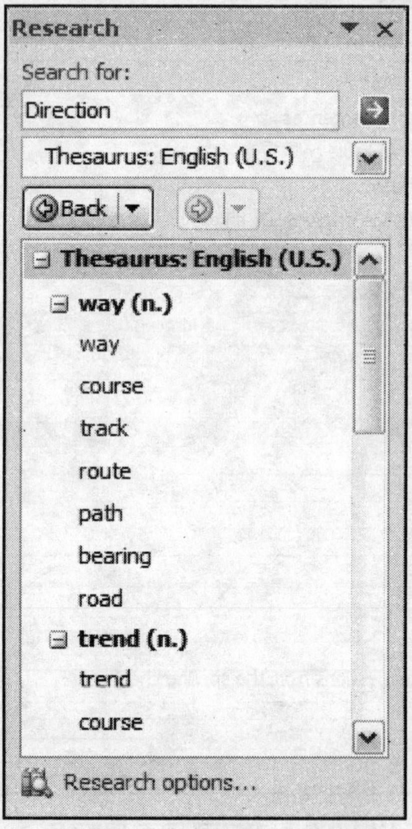

चित्र WD-9.7 : वर्ड में समानार्थी ढूंढना

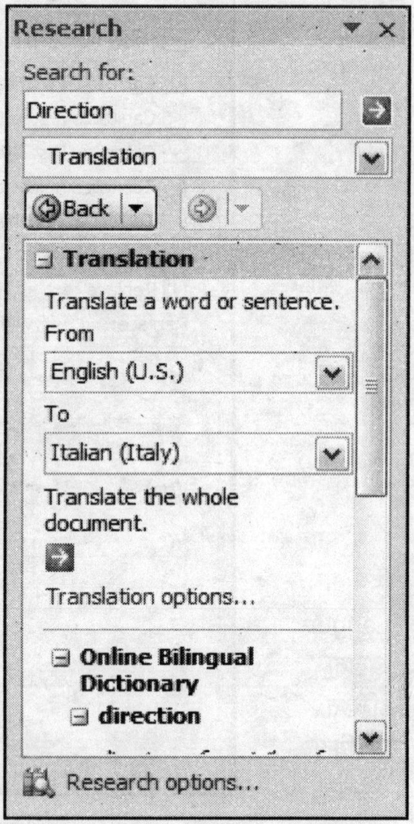

चित्र WD-9.8 : वर्ड में अनुवाद करना

इस विंडों के To लिस्ट बॉक्स में इच्छित भाषा चुनिये और एक क्षण रुकिये. चुने हुए शब्द का अनुवाद Research विंडो के निचले भाग में दिखा दिया जाएगा.

किसी शब्द का विदेशी भाषा में अनुवाद देखने का एक अन्य रोचक विकल्प भी है. Research बटन के बगल में दिये गये Translation Screen Tip बटन के तीर के निशान पर क्लिक कीजिए और इच्छित भाषा चुनिए. ऐसा करने के बाद आप अपने दस्तावेज जिस शब्द भी माउस पॉइंटर लाकर एक क्षण रुकेंगे, उसका इच्छित विदेशी भाषा में अनुवाद तुरंत स्क्रीन पर प्रकट हो जाएगा. चित्र WD-9.9 में शब्द 'Direction' का फ्रेंच भाषा में अनुवाद दिखाया गया है.

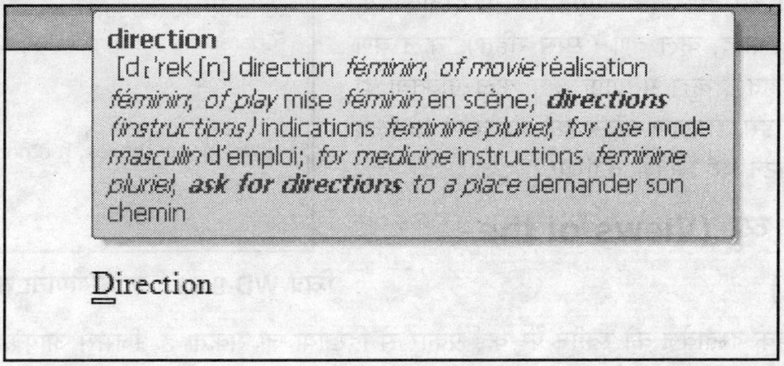

चित्र WD-9.9 : शब्द 'Direction' का अंग्रेजी से फ्रेंच में अनुवाद

(v) भाषा सेट करना (Setting Language) : एमएस-वर्ड में आप अपने दस्तावेज की भाषा भी सेट कर सकते हैं. वर्ड के दस्तावेजों की डिफाल्ट भाषा English (U.S.) अर्थात् अमरीकी अंग्रेजी होती है. परंतु भारत में मुख्यत: English (U.K.) अर्थात् ब्रिटिश अंग्रेजी का प्रयोग किया जाता है. चूंकि दोनों भाषाओं में मामूली अंतर होता है, इसलिए वर्ड कभी-कभी आपकी सही स्पेलिंग को भी गलत बताता है. उदाहरण के लिए, यदि आपने 'कलर' शब्द की स्पेलिंग 'Colour' टाइप की है, तो वर्ड उसे गलत मानेगा, क्योंकि अमेरिकी अंग्रेजी में 'कलर' की सही स्पेलिंग 'Color' है. इस समस्या को सुलझाने के लिए एमएस-वर्ड भाषा सेट करना उपयोगी रहता है.

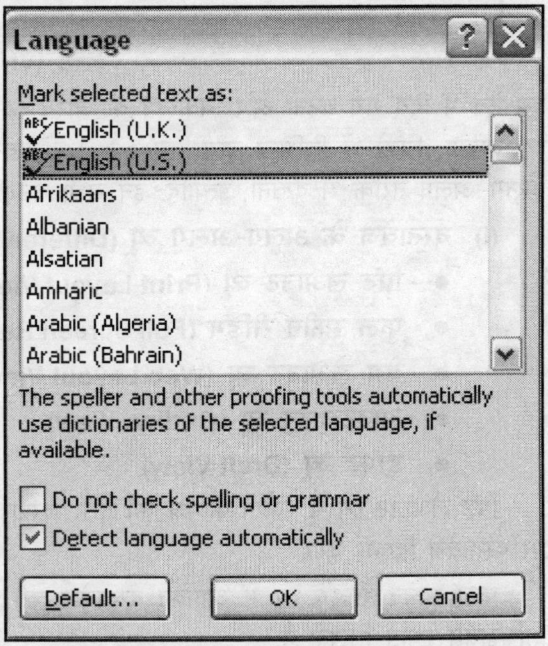

चित्र WD-9.10 : भाषा सेट करने के लिए डायलाग बॉक्स

भाषा सेट करने के लिए Thesaurus बटन के बगल में दिये गये Set Language बटन पर क्लिक कीजिए. इससे Language डायलाग बॉक्स चित्र WD-9.10 की तरह खुलता है. आप डायलाग बॉक्स में दी गई भाषाओं में से इच्छित भाषा पर क्लिक कीजिए और उसके बाद OK बटन पर क्लिक कीजिए. भाषा सेट हो जाएगी. यदि आप वर्ड की डिफाल्ट भाषा बदलना चाहते हैं, अर्थात् इच्छित भाषा वर्ड के सभी दस्तावेजों के लिए सेट करना चाहते हैं, तो Language डायलाग बॉक्स में इच्छित भाषा चुनकर OK बटन के बाईं ओर दिये गये Default बटन पर क्लिक कीजिए. डिफाल्ट भाषा बदलने से पहले कंप्यूटर आपसे अनुमति मांगेगा. Yes बटन पर क्लिक कीजिए और फिर OK बटन पर क्लिक कीजिए. डिफाल्ट भाषा बदल जाएगी.

(vi) शब्द गणना (Word Count) : अपने दस्तावेज में कुल शब्द जानने के लिए केवल Set Language बटन के नीचे दिये गये Word Count बटन पर क्लिक कीजिए. इससे एक छोटा डायलाग बॉक्स चित्र WD-9.11 की तरह खुल जाएगा, जिसमें दस्तावेज के कुल पृष्ठ, शब्द, कुल वर्ण (स्पेस रहित), कुल वर्ण (स्पेस सहित), कुल पैराग्राफ और कुल पंक्तियां दी गई होंगी. इस डायलाग बॉक्स को बंद करने के लिए Close बटन पर क्लिक कीजिए.

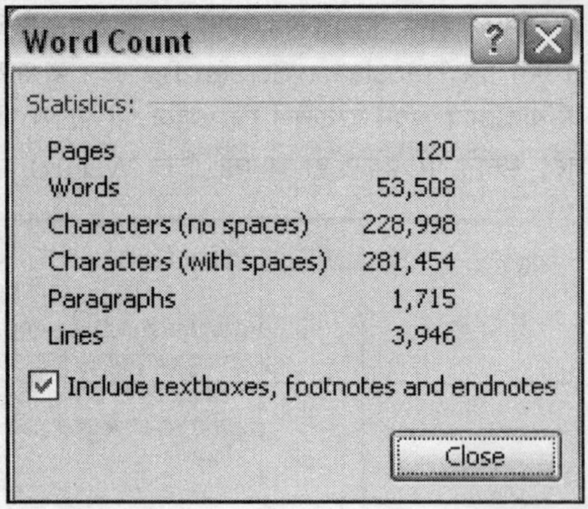

चित्र WD-9.11 : शब्द गणना का डायलाग बॉक्स

दस्तावेज के व्यू (Views of the Document)

एमएस-वर्ड में आपके दस्तावेज को स्क्रीन पर कई प्रकार से दिखाया जा सकता है, जिससे आपको अपना कार्य देखने तथा तेजी से करने में सुविधा होती है. इसके लिए रिब्बन में दिये गये व्यू (View) टैब का प्रयोग किया जाता है. View टैब चित्र WD-9.12 की तरह दिखता है.

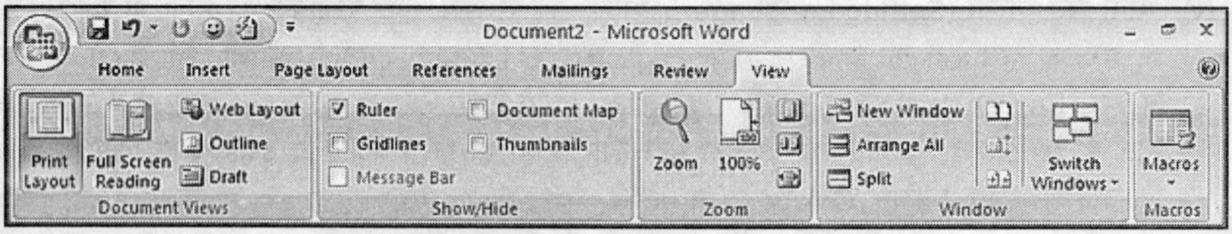

चित्र WD-9.12 : व्यू टैब

इस टैब में दिये गये बटनों और विकल्पो के जरिये आप अनेक कार्य कर सकते हैं, जैसे दस्तावेज के अलग-अलग व्यू देखना, विंडो में विभिन्न तत्व (Elements) देखना, दस्तावेज को ज़ूम करना, दो या अधिक वर्ड विंडो को अलग-अलग तरीके से देखना, इत्यादि. इन सभी बटनों की विशेषताएं निम्न प्रकार है-

(i) दस्तावेज के अलग-अलग व्यू (Different Views) : एमएस-वर्ड में निम्नलिखित व्यू उपलब्ध हैं-

- **प्रिंट लेआउट व्यू (Print Layout View)**
- **फुल स्क्रीन रीडिंग (Full Screen Reading)**
- **वेब लेआउट व्यू (Web Layout View)**
- **आउटलाइन व्यू (Outline View)**
- **ड्राफ्ट व्यू (Draft View)**

प्रिंट लेआउट व्यू में स्क्रीन कागज की तरह दिखाई पड़ती है, अर्थात् ठीक वैसी ही दिखाई पड़ती है जैसा छापने पर दस्तावेज दिखाई देगा.

फुल स्क्रीन रीडिंग व्यू में आपका दस्तावेज पूरी स्क्रीन पर दिखाई देता है और इसमें आपको पढ़ने के लिए अधिकतम स्थान मिलता है.

वेब लेआउट व्यू में स्क्रीन वेबसाइट की तरह दिखाई पड़ती है. इसमें आपके द्वारा टाइप की गई सामग्री, चित्र आदि ठीक उसी तरह दिखाई पड़ते हैं, जैसे कि आपने तैयार किये थे. लेकिन आवश्यक नहीं है कि वे उसी तरह छापे भी जाएं.

आउटलाइन व्यू में आप सारा दस्तावेज या केवल अध्यायों या सेक्शनों के नाम आदि देख सकते हैं. इसमें किसी पुस्तक या दस्तावेज का ढांचा सरलता से बनाया जा सकता है. ड्राफ्ट व्यू में दस्तावेज एक ड्राफ्ट के रूप में दिखाई पड़ता है, जिसे आप तेज़ी से पढ़ और संपादित कर सकते हैं. इसमें दस्तावेज के कुछ तत्व, जैसे हेडर-फुटर आदि दिखाई नहीं पड़ते.

ऊपर बताये गये सभी व्यू विकल्प View टैब के Document Views भाग में उपलब्ध हैं. वैसे इनके लिए स्क्रीन के निचले दाएं कोने पर बटन भी बने होते हैं. इसमें किसी पर भी क्लिक करके आप दस्तावेज का इच्छित व्यू देख सकते हैं.

(ii) विंडो के तत्व (Elements of Window) : View टैब के Show/Hide भाग में अनेक चेक-बॉक्स होते हैं. जिन्हें चेक अथवा अनचेक करके आप विंडो के विभिन्न तत्व देख सकते हैं या गायब कर सकते हैं. उपलब्ध मुख्य तत्व निम्न प्रकार हैं–

- **रूलर (Ruler)**
- **जालीदार रेखाएं (Grid lines)**
- **दस्तावेज मानचित्र (Document Map)**
- **लघुचित्र (Thumbnails)**

Ruler चेक-बॉक्स में क्लिक करने से विंडो में रूलर प्रकट हो जाते हैं, जिनकी मदद से आप दस्तावेज में टैब, हाशिये, इंडेण्ट आदि सेट कर सकते हैं.

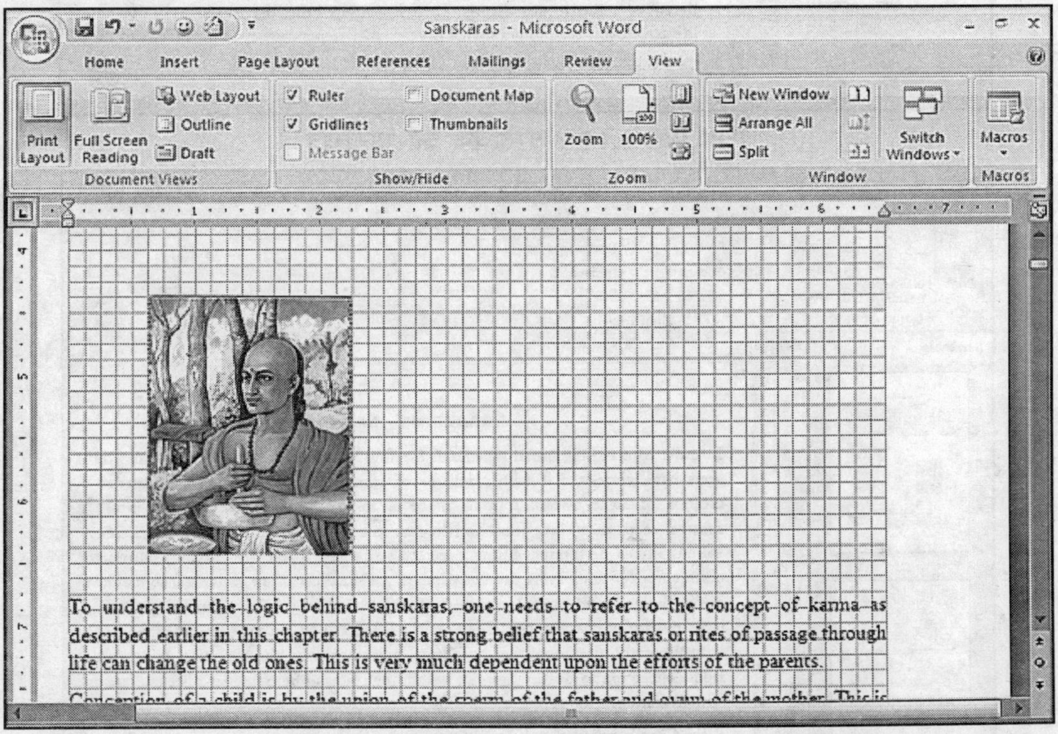

चित्र WD-9.13 : जालीदार रेखाएं डालने के बाद दस्तावेज

Gridlines चेक-बॉक्स में क्लिक करने से समूचे दस्तावेज में जालीदार रेखाएं चित्र WD-9.13 की तरह आ जाती हैं. आप अपने दस्तावेज में जोड़े हुए तत्व, जैसे चित्र, सारणी, आदि, को इन रेखाओं की सीध में ला सकते हैं.

Document Map चेक-बॉक्स में क्लिक करने पर आपके दस्तावेज का मानचित्र चित्र WD-9.14 की तरह आपकी वर्ड विंडो में बाईं ओर दिखाई पड़ता है. इस मानचित्र से दस्तावेज की हेडिंग, सब-हेडिंग आदि होती है. इसके जरिये आप तुरंत दस्तावेज की विषय-वस्तु जान सकते हैं.

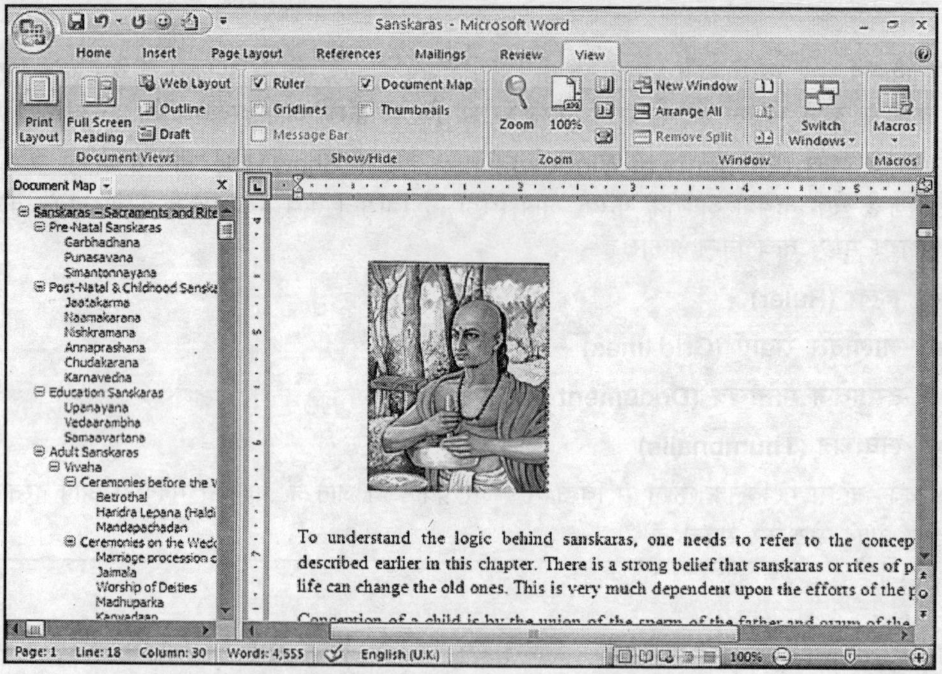

चित्र WD-9.14 : दस्तावेज का मानचित्र

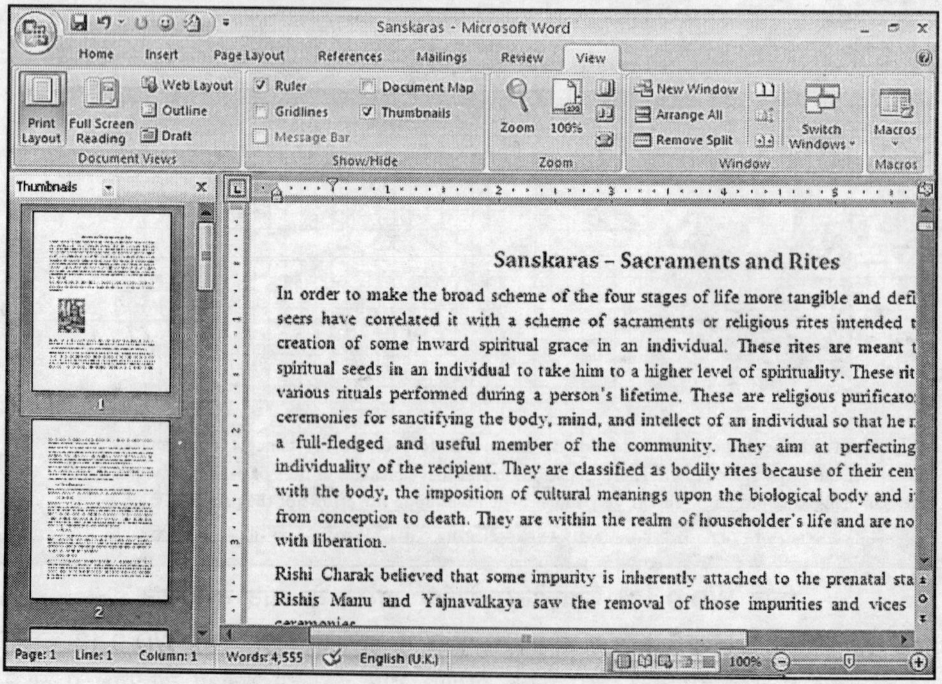

चित्र WD-9.15 : दस्तावेज में पृष्ठों के लघुचित्र

Thumbnails चेक-बॉक्स में क्लिक करने पर आपके दस्तावेज के सभी पृष्ठों के लघुचित्र विंडों में बाईं ओर दिखाई पड़ते हैं. इन लघुचित्रों के जरिये आप सभी पृष्ठों की संरचना देख सकते हैं और आवश्यकता पड़ने पर किसी भी लघुचित्र को क्लिक करके वह पेज खोल सकते हैं.

(iii) ज़ूमिंग (Zooming) : रिब्बन के View टैब में Zoom भाग आपको दस्तावेज स्क्रीन पर छोटा या बड़ा करके देखने की सुविधा देता है. ज़ूमिंग करने से दस्तावेज की छपाई के आकार पर कोई प्रभाव नहीं पड़ता है, यह केवल स्क्रीन पर दिखाने की सुविधा के लिए है.

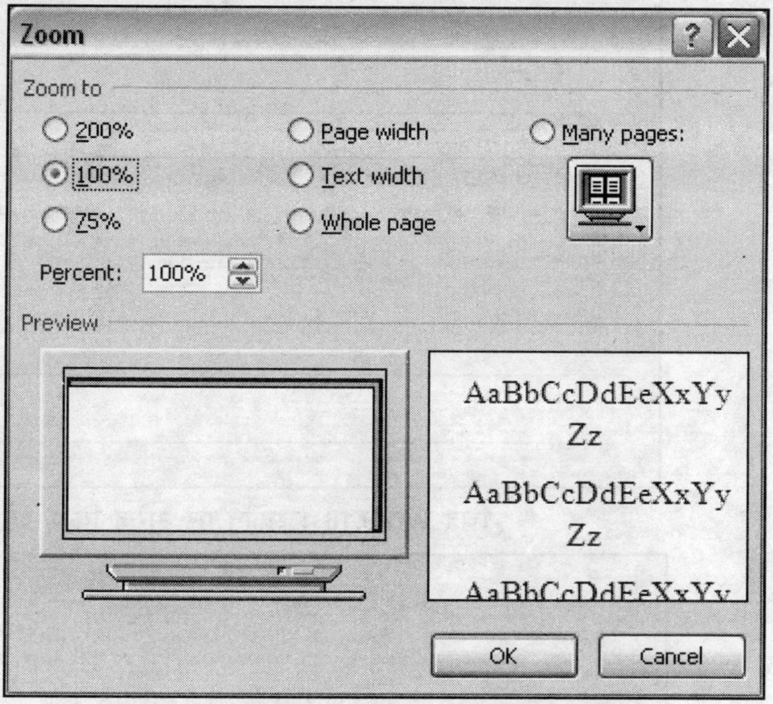

चित्र WD-9.16 : व्यू टैब में ज़ूम विकल्प

View टैब के Zoom भाग में Zoom बटन पर क्लिक करने से ज़ूम डायलाग बॉक्स खुलता है, जिसमें आपको ज़ूमिंग के कई विकल्प दिखाई पड़ते हैं. ज़ूम डायलाग बॉक्स के कई विकल्प दिखाई पड़ते हैं. ज़ूम डायलाग बॉक्स के विषय में हम अध्याय-2 में विस्तृत जानकारी दे चुके हैं.

यदि आपको अपना दस्तावेज वास्तविक आकार से बड़ा या छोटा दिखाई पड़ रहा है और आप उसे वास्तविक आकार (100%) में देखना चाहते हैं, तो Zoom बटन के बगल में दिये गये 100% बटन पर क्लिक करें. दस्तावेज तुरंत 100% आकार में दिखाई पड़ेगा.

100% बटन के बगल में तीन छोटे बटन दिये गये हैं– One Page, Two Pages और Page Width – जिन पर क्लिक करके आप दस्तावेज का क्रमशः एक पेज, साथ-साथ दो पेज और एक पूरा पेज बायें तथा दायें किनारों सहित देख सकते हैं.

ज़ूमिंग के लिए आप अपनी स्क्रीन में दायें कोने पर दिये गये ज़ूम स्लाइडर का भी उपयोग कर सकते हैं. स्लाइडर के बीच के कांटे को माउस पॉइंटर द्वारा पकड़िये और उसे दायीं या बायीं ओर खींचिए. दायीं ओर खींचने पर दस्तावेज का आकार वास्तविक आकार से बड़ा और बायीं ओर खींचने पर छोटा होता जाता है.

चित्र WD-9.17 : ज़ूम स्लाइडर

(iv) अनेक विंडोज (Multiple Windows) : आप कंप्यूटर में अनेक दस्तावेज खोल सकते हैं, परन्तु एक बार में केवल एक पर ही कार्य कर सकते हैं. आप जिस दस्तावेज पर कार्य करते हैं, वही आपकी स्क्रीन पर खुला होता है, अन्य सभी दस्तावेज टास्कबार में Minimize हो जाते हैं. हालांकि आप एक बार में केवल एक दस्तावेज पर कार्य कर सकते हैं, रिब्बन के View टैब में Window भाग में दिये गये बटनों के जरिये आप वर्ड विंडोज को अलग-अलग तरह से देख सकते हैं. इस भाग में दिये गये New Window बटन पर क्लिक करके आप खुले हुए दस्तावेज को एक नई विंडो में देख सकते हैं. New Window के नीचे दिये

Arrange All बटन पर क्लिक करके आप कंप्यूटर में खुले हुए सभी दस्तावेजों को स्क्रीन पर अरेंज किया हुआ देख सकते हैं. इस बटन पर क्लिक करने से स्क्रीन चित्र WD-9.18 की तरह दिखाई पड़ती है.

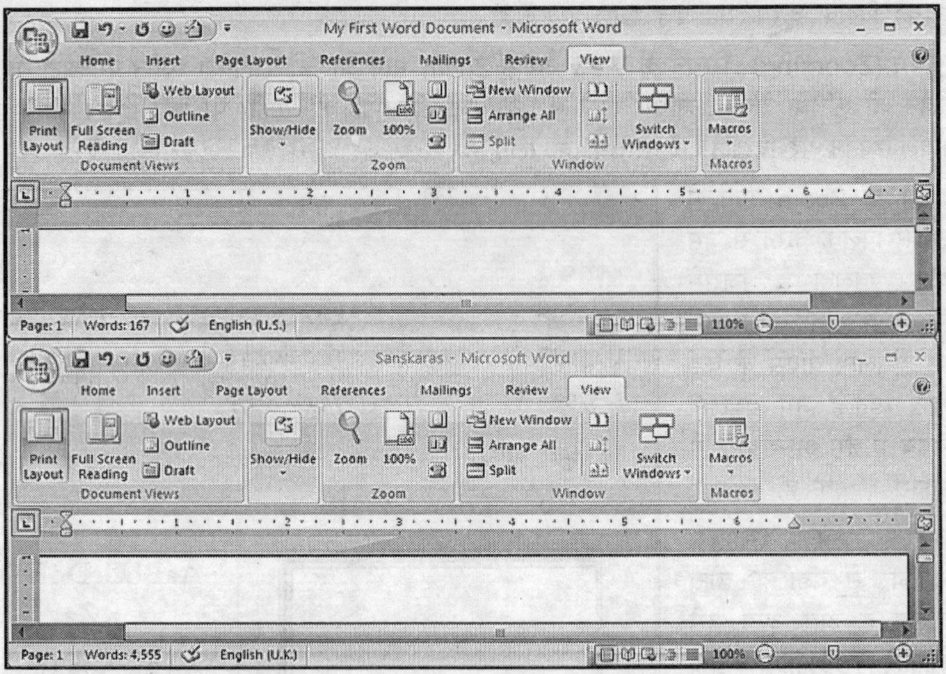

चित्र WD-9.18 : स्क्रीन पर अरेंज किये गये दस्तावेज

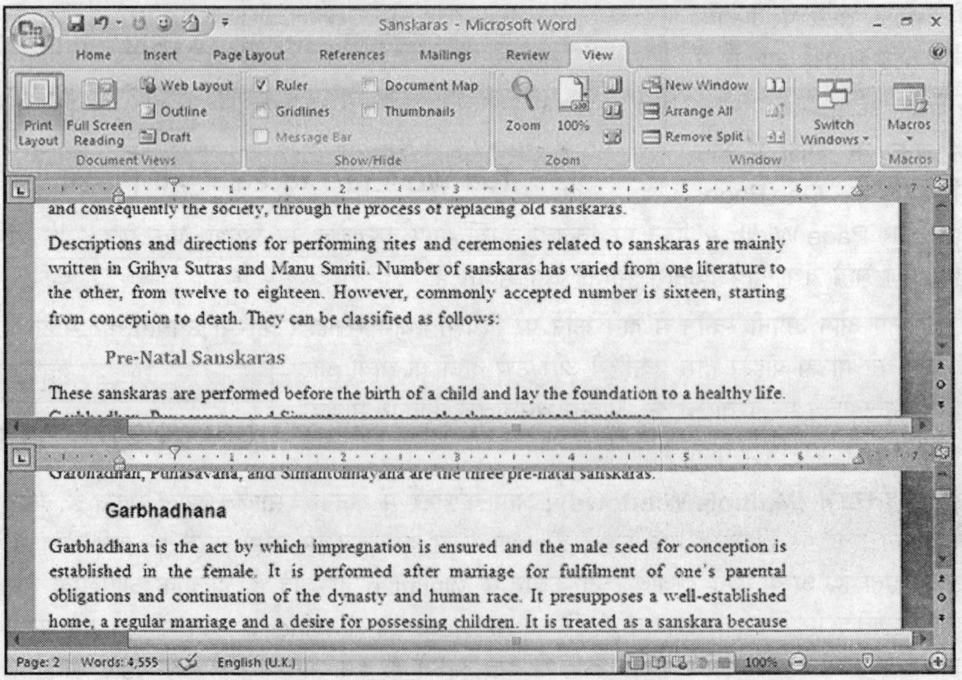

चित्र WD-9.19 : दो स्वतंत्र विंडोज में विभाजित दस्तावेज

Split बटन पर क्लिक करने से आपका माउस पॉइंटर एक लंबी रेखा (Split) में बदल जाता है. आप पूरे दस्तावेज जहां भी क्लिक करेंगे, दस्तावेज उसी स्थान से दो स्वतंत्र विंडोज में विभाजित हो जाएगा. इसके जरिये आप दस्तावेज के दो भाग एक साथ अलग-अलग विंडो में चित्र WD-9.19 की तरह देख सकते हैं.

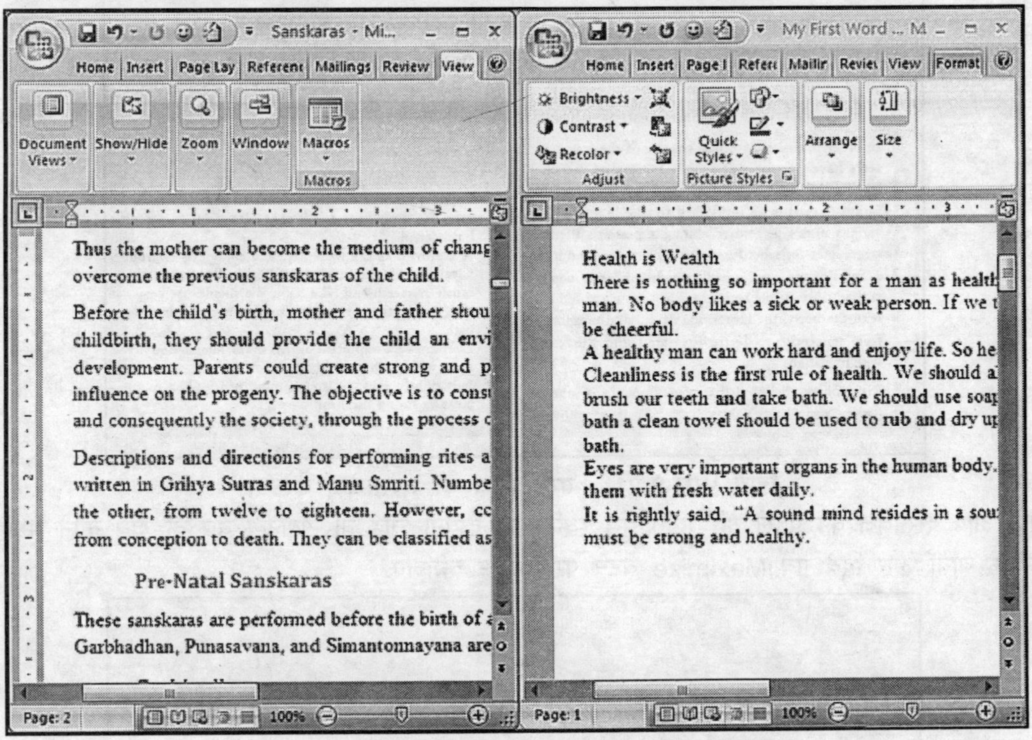

चित्र WD-9.20 : एक साथ दो दस्तावेज खोलना

दस्तावेज में स्प्लिट डालने पर View टैब में Window भाग के Split बटन के स्थान पर Remove Split बटन आ जाता है, जिस पर क्लिक करके आप दस्तावेज से स्प्लिट हटा सकते हैं.

यदि आप दो दस्तावेजों को साथ-साथ देखना चाहें, तो New Window बटन के बगल में दिये गये छोटे View Side by Side बटन पर क्लिक करें. इससे खुले हुए दस्तावेज आपकी स्क्रीन पर चित्र WD-9.20 की तरह साथ-साथ दिखाई पड़ेंगे.

जैसा कि आप चित्र में देख सकते हैं, ऐसा करने पर टैब के सभी मुख्य भाग सिकुड जाते हैं. उनमें छिपे किसी बटन पर क्लिक करने के लिए आपको उस भाग के तीर के निशान पर क्लिक करना होगा. उदाहरण के लिए, यदि आप अपनी स्क्रीन को स्क्रॉल करते हैं, तो आपके साथ-साथ खुले हुए दस्तावेज एक साथ ही स्क्रॉल होते हैं. दस्तावेजों को अलग-अलग स्क्रॉल करने के लिए खुले हुए किसी भी दस्तावेज के Window बटन के तीर के निशान पर क्लिक कीजिए. इससे एक छोटा मेन्यू, जिसमें Window भाग के विकल्प हैं, चित्र WD-9.21 की तरह खुलता है. इन विकल्पों में से Synchronous Scrolling बटन पर क्लिक कीजिए. अब आप दस्तावेजों को अलग-अलग स्क्रॉल कर सकते हैं.

Window बटन के तीर के निशान पर क्लिक करने पर खुलने वाले मेन्यू में Reset Window Position विकल्प पर क्लिक करने से खुली हुई दो वर्ड विंडोज स्क्रीन पर रिसेट हो जाती है, अर्थात् बायीं ओर खुली हुई विंडो दायीं ओर, और दायीं ओर खुली हुई विंडो चली जाती है.

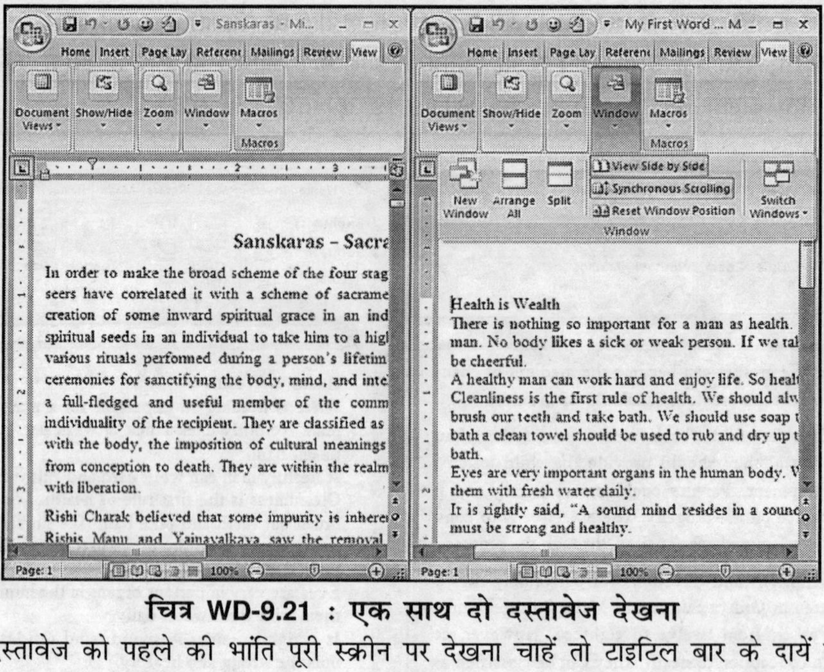

चित्र WD-9.21 : एक साथ दो दस्तावेज देखना

यदि आप दस्तावेज को पहले की भांति पूरी स्क्रीन पर देखना चाहें तो टाइटिल बार के दायें कोने में दिये गये x बटन के बायीं ओर दिये गये Maximize बटन पर क्लिक कीजिए.

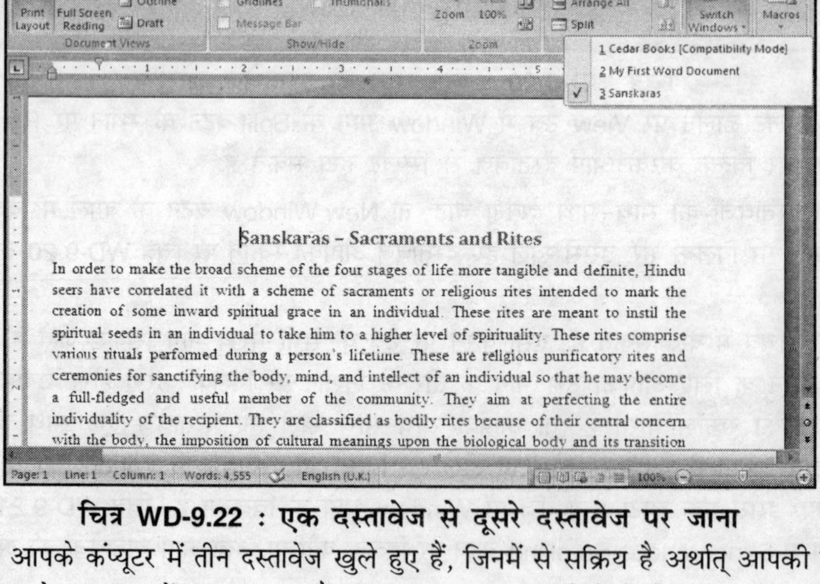

चित्र WD-9.22 : एक दस्तावेज से दूसरे दस्तावेज पर जाना

मान लीजिए, आपके कंप्यूटर में तीन दस्तावेज खुले हुए हैं, जिनमें से सक्रिय है अर्थात् आपकी स्क्रीन पर दिखाई पड़ रहा है और शेष दो टास्कबार में Minimised हैं. इन Minimised दस्तावेजों में से किसी को सक्रिय करने के लिए रिब्बन में View टैब के Window भाग में Switch Windows के तीर के निशान पर क्लिक कीजिए. इससे एक छोटा मेन्यू चित्र WD-9.22 की तरह खुलता है, जिसमें कंप्यूटर में खुले हुए दस्तावेजों की सूची दिखाई जाती है. आप सूची में से इच्छित दस्तावेज के नाम पर क्लिक करके उसे सक्रिय कर सकते हैं.

रैपिडैक्स®
कंप्यूटर
कोर्स
भाग-4
एमएस–एक्सेल
(MS-Excel)

एमएस-एक्सेल क्या है?
(What is MS-Excel?)

पिछले भाग में आप पढ़ चुके हैं कि एमएस-एक्सेल एक स्प्रैडशीट (Spreadsheet) प्रोग्राम है. इसे संक्षेप में एक्सेल (Excel) भी कहा जाता है. एमएस-एक्सेल का नवीन संस्करण (एक्सेल 2007) नए टैबों और विकल्पों से सुसज्जित है, जो एक्सेल के पिछले संस्करणों पर कार्य कर चुके हैं, उनके लिए एमएस-एक्सेल 2007 पर कार्य करना बहुत ही सुविधाजनक है. जिन लोगों के लिए स्प्रैडशीट बिल्कुल नयी चीज है, वे भी इसे सरलता से सीख सकते हैं और कार्य कर सकते हैं.

कोई स्प्रैडशीट, जिसे वर्कशीट (Work Sheet) भी कहते हैं, बहुत से खानों या सैलों (Cells) का एक समूह होता है, जिन्हें पंक्तियों (Rows) तथा कालमों (Columns) में व्यवस्थित किया जाता है. पंक्तियां बाएं से दाएं अर्थात् क्षैतिज (Horizontal) होती हैं, जबकि कालम ऊपर से नीचे अर्थात् ऊर्ध्वाधर (Vertical) होते हैं. पंक्तियों और कालमों के कटान बिन्दुओं से सैल बनते हैं. प्रत्येक सैल में हम कोई एक संख्या (Number), लेबल (Label), तारीख (Date), समय आदि भर सकते हैं या टाइप कर सकते हैं. एक्सेल में पंक्तियों को क्रम संख्याओं से पहचाना जाता है, जैसे 1,2,3... आदि, जबकि कालमों को अक्षरों (Letters) से पहचानते हैं जैसे A,B,C... आदि. किसी सैल का पता (Address) उसकी पंक्ति तथा कालम के नामों का जोड़ा या संयोग (Combination) होता है. उदाहरण के लिए सैल C8 का अर्थ है C कालम (बायीं ओर से तीसरे कालम) का ऊपर से आठवां सेल अथवा आठवीं पंक्ति में बायीं ओर से तीसरा सैल. वर्कशीट में प्रत्येक पंक्ति के बाएं तथा प्रत्येक कालम के ऊपर उनका नाम (Label) लिखा रहता है, जिससे सैल को पहचानने में सुविधा रहती है.

सैलों में हम फार्मूले (Formulas) भी भर सकते हैं. प्रत्येक फार्मूला किसी गणना के लिए भरा जाता है. उदाहरण के लिए हम सैल B1 से B7 तक सात सैलों में सात संख्याएं भर सकते हैं और उनका योग दिखाने के लिए सैल B8 में फार्मूला भर सकते हैं. एक्सेल में की-बोर्ड तथा माउस की सहायता से फार्मूला बनाना बहुत आसान है. इतना ही नहीं, एक्सेल में आप विभिन्न टैबों के टूलों, विकल्पों तथा फलनों (Functions) का उपयोग करके कठिन से कठिन फार्मूले बना सकते हैं और जटिल से जटिल गणनाएं भी कर सकते हैं.

एक्सेल में फार्मेट करने की ढेर सारी सुविधाएं उपलब्ध हैं, जिनके द्वारा आप अपनी वर्कशीट या उसके किसी भाग को सुन्दर रूप में छपवा सकते हैं. एक्सेल के Insert टैब का उपयोग करके आप वर्कशीट में भरी हुयी संख्याओं तथा नामों (Labels) को विभिन्न प्रकार के ग्राफों, जैसे पाई चार्ट, लाइन ग्राफ, बार चार्ट, त्रिआयामी (Three Dimensional) चार्ट आदि के रूप में प्रस्तुत कर सकते हैं.

आप जानते हैं कि एमएस-एक्सेल को विंडोज आपरेटिंग सिस्टमों के साथ प्रयोग करने के लिए बनाया गया है. इसलिए इसमें तथा एमएस-ऑफिस के विंडोज आधारित दूसरे प्रोग्रामों में भारी समानता है. इसमें पाठ्य (Text) को सम्पादित (Edit) करने तथा फार्मेट करने की उन्हीं तकनीकों का प्रयोग किया जाता है, जिनके बारे में आप एमएस-वर्ड वाले भाग (भाग 3) में पढ़ चुके हैं. एक्सेल के बहुत से आदेश और टैबों में उनका स्थान एमएस-वर्ड के आदेशों की तरह ही है. इसके साथ ही एमएस-एक्सेल विंडोज आधारित दूसरे प्रोग्रामों के साथ घनिष्ठ रूप से जुड़ा हुआ है. उदाहरण के लिए, आप दूसरे प्रोग्रामों द्वारा तैयार किए गए चित्रों को एक्सेल की वर्कशीट में ला सकते हैं तथा एक्सेल की वर्कशीट से डाटा तथा चार्टों को एमएस-वर्ड दस्तावेजों तथा पावर पॉइंट की स्लाइडों में भेज सकते हैं.

02 एमएस-एक्सेल पर कार्य प्रारम्भ करना
(Getting Started with MS-Excel)

अधिकांश लोगों के लिए एमएस-एक्सेल का वास्तविक महत्त्व उसको उपयोग करने की सरलता में है. एक्सेल में स्प्रैडशीट बनाने, फार्मेट करने तथा प्रयोग करने की तेज सुविधाएं दी गयी हैं. इस भाग में आप वर्कशीट बनाने, गणनाएं करने, फार्मेट करने, विभिन्न प्रकार के चार्ट बनाने तथा अन्य सुविधाओं के बारे में पढ़ेंगे.

एमएस-वर्ड की तरह एमएस-एक्सेल को भी आप या तो एमएस-ऑफिस के झरना मेन्यू (चित्र WD-1.1) में 'Microsoft Excel' विकल्प को क्लिक करके या डेस्कटॉप में उसके प्रतीक (Icon) को डबल क्लिक करके प्रारम्भ कर सकते हैं. ऐसा करते ही आपकी स्क्रीन पर चित्र E-2.1 की तरह एमएस-एक्सेल की मुख्य विंडो खुल जाएगी, जिसमें बिना नाम की खाली वर्कशीट दिखायी जाएगी.

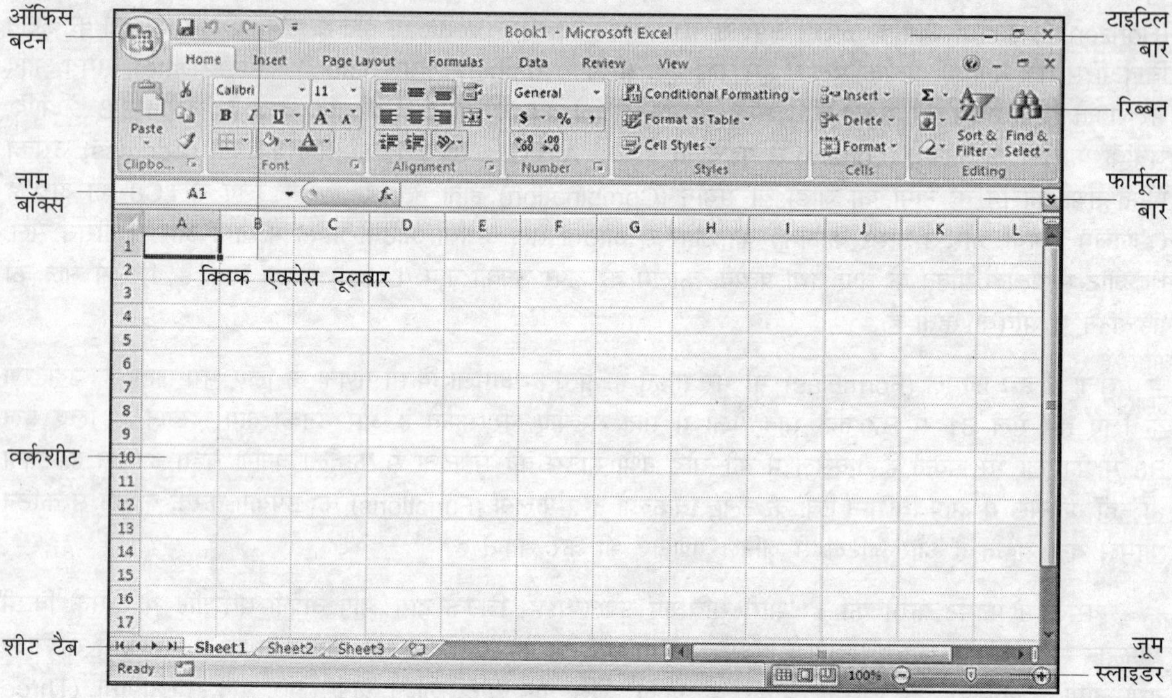

चित्र E-2.1 : एमएस-एक्सेल की सामान्य विंडो में एक खाली वर्कशीट

वैसे आप किसी एक्सेल फाइल के आइकॉन को डबल क्लिक करके भी एक्सेल को प्रारम्भ कर सकते हैं. ऐसा करने पर खाली वर्कशीट के बजाय वही फाइल खुल जाएगी. उसमें नयी खाली वर्कशीट खोलने के लिए ऑफिस मेन्यू में 'New' आदेश देना चाहिए और New Workbook विंडो में Create पर क्लिक करना चाहिए.

जैसा कि आप चित्र E-2.1 में देख सकते हैं, एमएस-एक्सेल भी माइक्रोसॉफ्ट के अन्य विंडोज पर आधारित प्रोग्रामों की परम्पराओं का पालन करता है. इसके लगभग सभी टैब तथा उनके बटन एमएस-वर्ड से बहुत मिलते जुलते हैं. इसमें कुछ नई चीजें भी हैं, जैसे फार्मूला टैब और डाटा टैब. एक्सेल की विंडो में प्रायः सात टैब – Home, Insert, Page Layout, Formulas, Data, Review और View – दिखाई पड़ते हैं.

रिब्बन के नीचे का बड़ा भाग 'वर्कशीट' कहलाता है. इसमें कई क्षैतिज पंक्तियां (Horizontal Rows) तथा ऊर्ध्वाधर कालम (Vertical Columns) होते हैं. पंक्तियों को उनके बाएं पड़ी हुई संख्याओं 1,2,3... आदि से पहचाना

जाता है. जबकि कालमों को उनके ऊपर लिखे हुए अक्षरों A,B,C... आदि से पहचानते हैं. वर्कशीट को पंक्तियों तथा कालमों में बांटने पर जो छोटे-छोटे खाने **(Boxes)** बनते हैं, उन्हें सैल **(Cell)** कहा जाता है. किसी सैल को उसकी पंक्ति संख्या और कालम नाम के जोड़े से पहचाना जाता है, जिसे उस सैल का पता **(Address)** कहा जाता है.

इनमें से जिस सैल पर हम किसी समय कार्य कर रहे होते हैं, उसे **सक्रिय सैल (Active Cell)** कहा जाता है. सक्रिय सैल के चारों ओर एक गहरी काली सीमा रेखा होती है और उसका पता **नाम बॉक्स (Name Box)** में दिखाया जाता रहता है. उदाहरण के लिए, चित्र E-2.1 में A1 सैल सक्रिय सैल है, जिसका पता नाम बॉक्स में दिखाया गया है. जब हम की-बोर्ड पर कोई संख्या, पाठ्य या फार्मूला टाइप करते हैं, तो वह सक्रिय सैल में भरा जाता है और उस सैल के साथ ही साथ **फार्मूला बार (Formula Bar)** में भी दिखायी पड़ता है.

एमएस-एक्सेल के अधिकतर टैब और बटन एमएस-वर्ड से मिलते-जुलते हैं, इसलिए यहां हम टैबों की अपेक्षा उनकी उपयोगिताओं और उनके द्वारा सम्पन्न होने वाले कार्यों पर अधिक चर्चा करेंगे.

वर्कबुक खोलना (Opening a Workbook)

एक्सेल में फाइलों या दस्तावेजों को वर्कबुक कहा जाता है. यदि आपने ऊपर बताए अनुसार एमएस-ऑफिस के मेन्यू से अथवा डेस्कटॉप से एक्सेल प्रारम्भ किया है, तो आपको पहले एक खाली वर्कबुक मिलेगी, जिसका कोई नाम नहीं होगा. प्रारम्भ में ऐसी फाइलों के नाम Book1, Book2, Book3... आदि रखे जाते हैं. उसमें इच्छानुसार डाटा भरकर उसको सुरक्षित (Save) करते समय आप उस वर्कबुक या फाइल का कोई नाम रख सकते हैं. यदि वर्तमान वर्कबुक को छोड़कर आप एक नयी वर्कबुक खोलना चाहते हैं तो ऑफिस मेन्यू का 'New' आदेश दीजिए. इससे आपको चित्र E-2.1 की तरह खाली वर्कबुक मिलेगी.

यदि आप पहले से बनी हुई किसी वर्कबुक (अर्थात् एक्सेल फाइल या दस्तावेज) को खोलना चाहते हैं, तो एमएस-वर्ड की ही भांति ऑफिस मेन्यू का 'Open' आदेश दीजिए. इससे आपको चित्र E-2.2 की तरह Open का डायलाग बॉक्स प्राप्त होगा, जिसमें फोल्डर का नाम भरकर या चुनकर उसमें से किसी एक्सेल फाइल को चुन सकते हैं और 'Open' बटन को क्लिक करके उसे खोल सकते हैं.

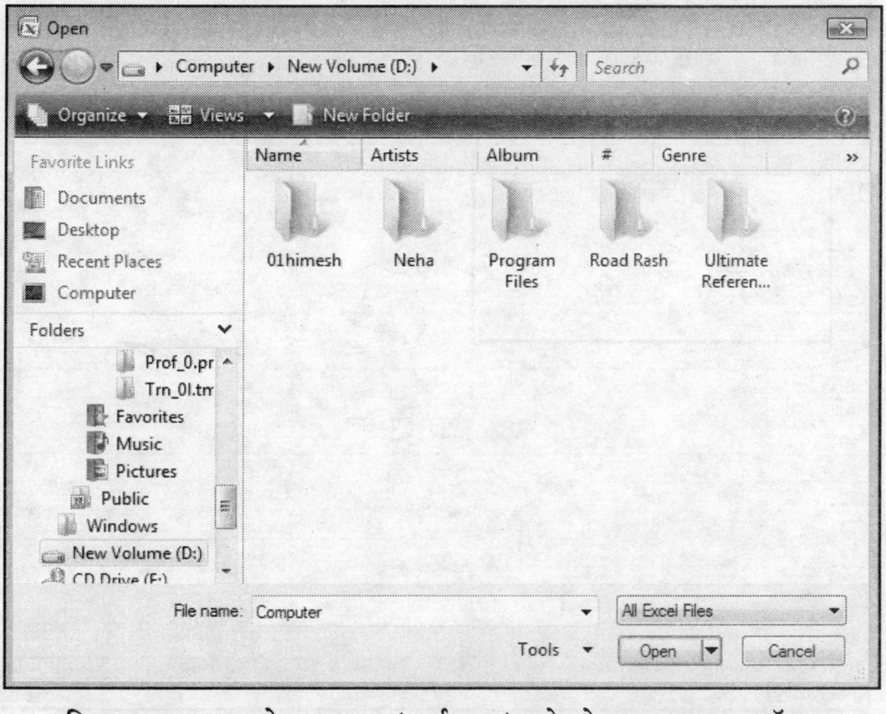

चित्र E-2.2 : एक्सेल फाइल (वर्कबुक) खोलने का डायलाग बॉक्स

सामान्यतया एक वर्कबुक में 3 वर्कशीट होती हैं. प्रारम्भ में इन वर्कशीटों के नाम क्रमशः Sheet1, Sheet2 तथा Sheet3 रखे जाते हैं. प्रत्येक वर्कशीट अपने आप में स्वतंत्र होती है और एक वर्कशीट के कार्य का प्रभाव दूसरी वर्कशीटों पर नहीं पड़ता.

वर्कशीटों के नामों को नीचे शीट टैब बार में टैबों के रूप में दिखाया जाता है. किसी वर्कशीट के टैब को क्लिक करके आप उसे खोल सकते हैं या सक्रिय कर सकते हैं. एक समय में केवल एक वर्कशीट सक्रिय होती है और वही वर्कशीट दिखायी पड़ती है. सक्रिय वर्कशीट का टैब सफेद रंग में दिखाया जाता है और शेष वर्कशीटों के टैब नीले रंग में दिखाये जाते हैं.

सैल चुनना (Selecting Cells)

एक्सेल की वर्कशीट में सैलों पर कोई क्रिया करने जैसे डाटा भरने, नकल करने, हटाने आदि से पहले हमें वे सैल चुनने पड़ते हैं, जिन पर वह क्रिया की जाएगी. आप या तो एक अकेला सैल चुन सकते हैं या सैलों का कोई आयताकार समूह चुन सकते हैं, जिसे **रेंज (Range)** कहते हैं. चुने हुए अकेले सैल या चुनी हुई रेंज के पहले सैल को सफेद रंग में तथा रेंज के अन्य सभी सैलों को भूरे रंग में गहरी काली सीमा रेखा से दिखाया जाता है, जैसा कि चित्र E-2.3 में दिखाया गया है.

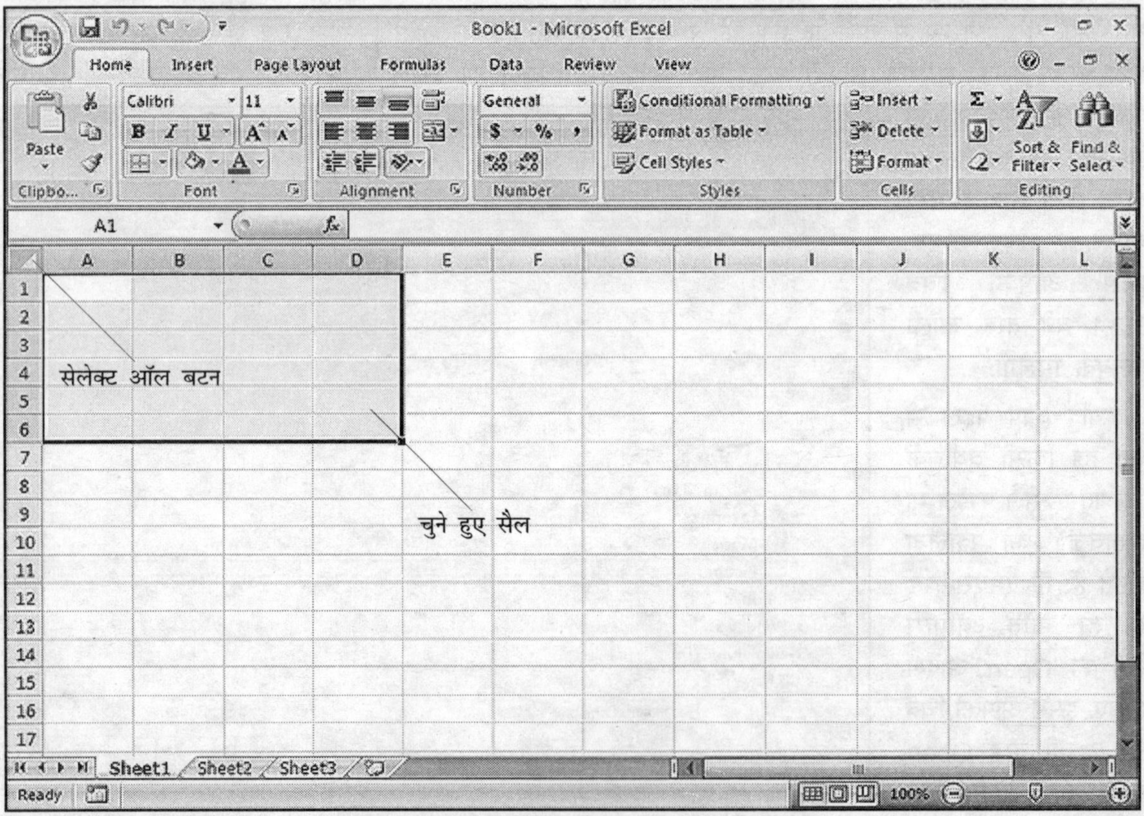

चित्र E-2.3 : एमएस-एक्सेल में चुनी हुई रेंज

वर्कशीट में सैल पॉइंटर एक मोटे सफेद क्रास (✚) के रूप में होता है. किसी अकेले सैल को चुनने के लिए पॉइंटर को उसमें ले जाकर क्लिक कीजिए. किसी पूरी पंक्ति को चुनने के लिए उसके नाम (अर्थात् क्रम संख्या)

को क्लिक कीजिए. इसी प्रकार किसी कालम को चुनने के लिए उसके नाम (या अक्षर) को क्लिक किया जाता है. यदि आप पूरी वर्कशीट को चुनना चाहते हैं तो वर्कशीट के ऊपरी बाएं कोने पर बने खाली बॉक्स (सेलेक्ट ऑल बटन) को क्लिक कीजिए.

सामान्यतया हम सैलों की किसी आयताकार रेंज को चुनते हैं, जो एक या अधिक पंक्तियों और एक या अधिक कालमों में फैली हो सकती है. किसी रेंज को चुनने के लिए सैल पॉइंटर को उसके किसी कोने वाले सैल में ले जाकर क्लिक कीजिए और माउस बटन को दबाए रखकर सैल पॉइंटर को उसके सामने वाले कोने के सैल तक खींच ले जाइए तथा माउस बटन को छोड़ दीजिए. इससे उन दोनों सैलों को कोने के सैल मानकर एक आयताकार रेंज बन जाएगी, जो नीले रंग में उभर आएगी. चित्र E-2.3 में सैलों A1 से D6 तक की रेंज चुनी हुई दिखायी गयी है. रेंज के पहले कोने का सैल (जहाँ से चुनना शुरू किया था) सक्रिय सैल माना जाता है. उसे सफेद रंग में दिखाया जाता है.

एक्सेल में विभिन्न क्रियाओं के लिए आप जो भी आदेश देंगे, वह चुने हुए सैल या सैलों पर लागू होगा. अपने चुनाव को रद्द करने के लिए उस रेंज से बाहर कहीं भी क्लिक कीजिए.

टैक्स्ट भरना तथा सम्पादित करना (Entering and Editing Text)

किसी सैल में भरे गए टैक्स्ट डाटा को हम प्राय: **लेबल (Label)** कहते हैं. यह प्राय: अन्य सैलों में भरे गए डाटा को पहचानने के काम आता है, जैसे किसी कालम का शीर्षक. किसी सैल में लेबल (अर्थात् टैक्स्ट डाटा) भरने के लिए पहले उस सैल पर पॉइंटर ले जाकर क्लिक कीजिए (यानी उसे सक्रिय सैल बनाइए) और फिर अपना टैक्स्ट

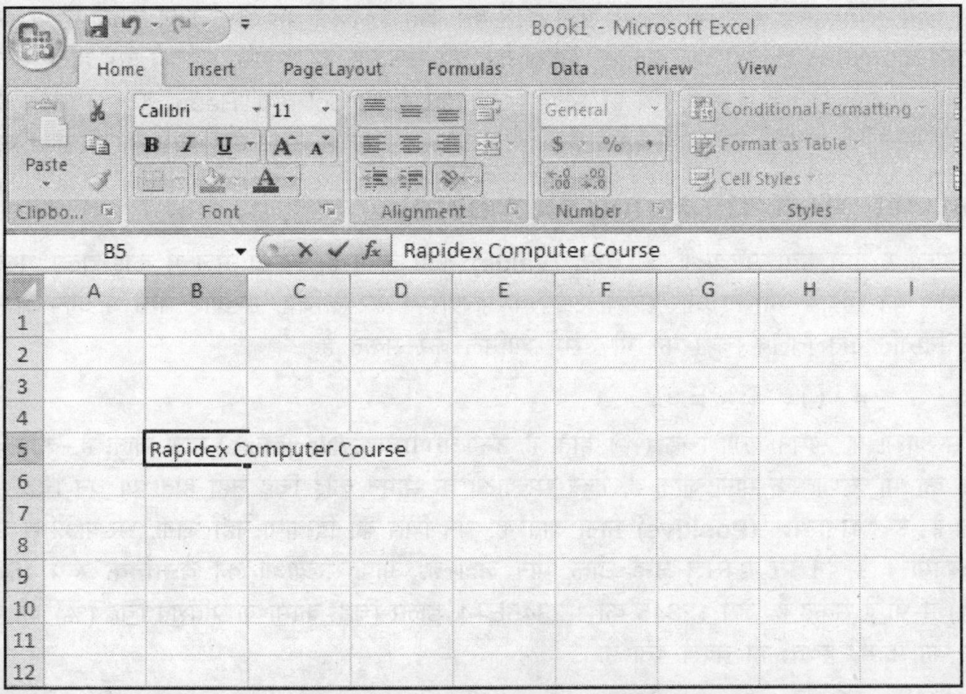

चित्र E-2.4 : किसी सैल में डाटा भरना

टाइप करना शुरू कर दीजिए. जैसे-जैसे आप टाइप करते हैं, वह पाठ्य सक्रिय सैल तथा फार्मूला बार दोनों में दिखायी पड़ता है. इसके साथ ही फार्मूला बार में बायीं ओर तीन नये बटन दिखायी देते हैं, जिनमें से पहले पर कटाव चिह्न 'X' तथा दूसरे पर सही का चिह्न '✓' छपा होता है, जैसा कि चित्र E-2.4 में दिखाया गया है.

सैल में पूरा डाटा भरने के बाद एण्टर कुंजी दबाने से या फार्मूला बार में '✓' बटन को क्लिक करने से वह डाटा सैल में स्थायी हो जाता है. यदि आप किसी कारणवश उस सैल में पाठ्य टाइप करते-करते रुकना चाहते हों अर्थात् उसमें कुछ न भरना चाहते हों, तो या तो एस्क (Esc) कुंजी दबा दीजिए या फार्मूला बार में 'X' बटन को क्लिक कीजिए. इससे सैल में टाइप किया गया नया डाटा रद्द हो जाएगा और उसका पुराना डाटा (यदि कोई हो) बना रहेगा.

यदि आप किसी सैल में पहले से भरे हुए डाटा को बदलकर दूसरा डाटा भरना चाहते हैं तो उस सैल को सक्रिय करके सीधे नया डाटा टाइप कर दीजिए. एण्टर कुंजी दबाते ही या सही का चिह्न '✓' क्लिक करते ही नया डाटा उस सैल में पुराने की जगह ले लेगा.

आप एक सैल में 255 चिह्नों तक का डाटा टाइप कर सकते हैं.

यदि किसी सैल में डाटा टाइप करते समय कोई गलती हो जाती है, तो आप उसी समय बैकस्पेस कुंजी दबाते हुए उसे ठीक कर सकते हैं. यदि आपको गलती का पता प्रविष्टि पूरी हो जाने अर्थात् एण्टर कुंजी दबा देने या '✓' को क्लिक करने के बाद चलता है, तो सैल को सक्रिय करके उस डाटा को फार्मूला बार में सम्पादित (Edit) कर सकते हैं. माउस पॉइंटर से क्लिक करके आप फार्मूला बार में कहीं भी कर्सर या धसान बिन्दु (|) डाल सकते हैं. किसी सैल में भरे हुए डाटा को एमएस-वर्ड के टैक्स्ट की तरह ही सुधारा जा सकता है तथा फार्मेट भी किया जा सकता है.

कार्यों को उलटना तथा दोहराना (Undoing and Repeating Actions)

वर्कशीट में कार्य करते समय कभी-कभी आप ऐसा कार्य कर जाते हैं, जिसे बाद में उलटना चाहते हैं या उसे दोहराना चाहते हैं. ऐसा आप क्रमश: 'Undo' तथा 'Redo' आदेशों द्वारा कर सकते हैं, जो एमएस-वर्ड की तरह ही एक्सेल में क्विक एक्सेस टूलबार में पाए जाते हैं. इसके साथ ही स्टैण्डर्ड टूल बार में 'Undo' तथा 'Redo' बटन उपलब्ध हैं. 'Undo' आदेश किसी कार्य को उलटने का कार्य करता है, जबकि 'Redo' आदेश उलटे हुए कार्य को फिर से कर देता है.

संख्याओं को भरना (Entering Numbers)

एक्सेल में सैलों में भरी गयी संख्याओं को **वैल्यू (Value)** कहा जाता है. किसी सैल में कोई वैल्यू भरने के लिए पहले उस सैल को सक्रिय कीजिए और संख्या टाइप करना प्रारम्भ कर दीजिए. संख्याएं भरने में आप अंकों 0 से 9 के अलावा निम्नलिखित विशेष चिह्नों को भी उसमें शामिल कर सकते हैं -

+ - ( ) , . $ % E e

जिन संख्याओं के सामने ऋण चिह्न (–) होता है उन्हें **ऋणात्मक (Negative)** माना जाता है. कोष्ठक में रखी गयी संख्या को भी ऋणात्मक माना जाता है. जिन संख्याओं के सामने कोई चिह्न नहीं होता या धन चिह्न (+) टाइप किया जाता है, उन्हें **धनात्मक (Positive)** माना जाता है. धन चिह्न को दिखाया नहीं जाता. संख्याओं में डालर चिह्न ($) तथा कॉमा (,) देने पर एक्सेल उन्हें ठीक मान लेता है. आप संख्याओं को **वैज्ञानिक रूप (Scientific Notation)** में भी दे सकते हैं. जैसे 12345 को 1.2345E+4. डालर चिह्न, कॉमा या प्रतिशत चिह्न (%) देने पर एक्सेल उस संख्या का फार्मेट स्वत: ही बदल देता है.

सैलों में जो संख्या टाइप की जाती है, वह सामान्यतया उसी रूप में स्टोर की जाती है, लेकिन सैल में दिखायी पड़ने वाली संख्या थोड़ी अलग हो सकती है. उदाहरण के लिए, यदि आप किसी सैल में 3.141592654 टाइप कीजिए, तो हो सकता है कि उसमें आपको **3.141593** दिखायी पड़े. ऐसा इसलिए होता है कि सैल में उसकी चौड़ाई के अनुसार जितनी अधिकतम शुद्ध संख्या दिखाना सम्भव है, वही दिखायी जाती है और उसे **निकटतम (Round)** कर दिया जाता

है. सैल में दिखायी जाने वाली संख्या उस सैल के फार्मेट पर भी निर्भर करती है, हालांकि गणनाओं में सैल में दिखायी पड़ने वाली संख्या नहीं, बल्कि उसमें वास्तव में भरी गयी संख्या ही ली जाती है. आपके फार्मूला बार में भी वास्तविक संख्या ही दिखाई जाती है.

संख्याओं को फार्मेट करना (Formatting Numbers)

एक्सेल में कोई संख्या सैल में किस प्रकार दिखायी देगी, यह उस सैल के फार्मेट पर निर्भर करता है. यदि आप किसी सैल में भरी गयी संख्या को एक निश्चित फार्मेट में दिखाना चाहते हैं, जैसे दशमलव बिन्दु के बाद केवल 2 स्थान, तो उसके लिए सैल को फार्मेट करना आवश्यक है.

यों तो संख्याओं के लिए अनेक फार्मेट उपलब्ध हैं, लेकिन उनमें से तीन-चार श्रेणियों के फार्मेट ही अधिक महत्त्वपूर्ण हैं. ये श्रेणियाँ निम्न प्रकार हैं-

General : इसमें संख्याओं को किसी विशेष फार्मेट में नहीं दिखाया जाता.

Number : इसमें संख्याओं को दशमलव संख्याओं के रूप में दिखाया जाता है, जिसमें आप दशमलव बिन्दु के बाद के स्थान निश्चित कर सकते हैं.

Date : इसमें संख्याओं को तारीख के रूप में दिखाया जाता है. तारीखों के लिए आप अनेक उपलब्ध फार्मेटों में से किसी का चुनाव कर सकते हैं.

Time : इसमें संख्याओं को समय के रूप में दिखाया जाता है. समय के लिए आप कई उपलब्ध फार्मेटों में से किसी का चुनाव कर सकते हैं.

Text : इसमें संख्याओं को पाठ्य की तरह ठीक उसी रूप में दिखाया जाता है, जैसे वे प्रविष्ट की जाती हैं.

जब भी आप कोई नयी वर्कशीट खोलते हैं, उसके सभी सैल सामान्य (General) श्रेणी में फार्मेट किए जाते हैं. किसी सैल या रेंज का फार्मेट बदलने के लिए उसे चुन लीजिए और Home टैब के Number भाग में सबसे ऊपर दिये Number Format लिस्ट बॉक्स के तीर के निशान पर क्लिक कीजिए. इससे आपकी स्क्रीन पर चित्र E-2.5 की तरह लिस्ट बॉक्स खुल जाएगा. आप इनमें से इच्छित विकल्प को क्लिक करके आप फॉर्मेट सेट कर सकते हैं.

इस लिस्ट बॉक्स में More Number Formats... आदेश देने पर Format Cells डायलाग बॉक्स चित्र E-2.6 की तरह खुलता है.

इस डायलाग बॉक्स की Number टैब शीट में आप चुनी हुई रेंज को जिस श्रेणी (Category) के लिए फार्मेट करना चाहते हैं उसे चुन लीजिए और 'Decimal Places' स्पिन बॉक्स में दशमलव बिन्दु के बाद स्थान भी तय कर दीजिए. आप जो फार्मेट तय करेंगे, संख्या उसी रूप में दिखायी पड़ेगी. लेकिन यह ध्यान रखें कि किसी सैल को फार्मेट करने पर उसमें भरी हुई संख्या के मान पर कोई प्रभाव नहीं पड़ता, केवल उस संख्या को दिखाने की स्टाइल पर प्रभाव पड़ता है. उदाहरण के लिए, यदि आपने सैल में राशि भरी है, जिसमें पैसे भी है, परन्तु फार्मेट में केवल रुपए दिखाए जा रहे हैं (अर्थात् दशमलव बिन्दु के बाद कोई स्थान दिखायी नहीं पड़ता), तो भी गणनाओं में पैसे बने रहेंगे.

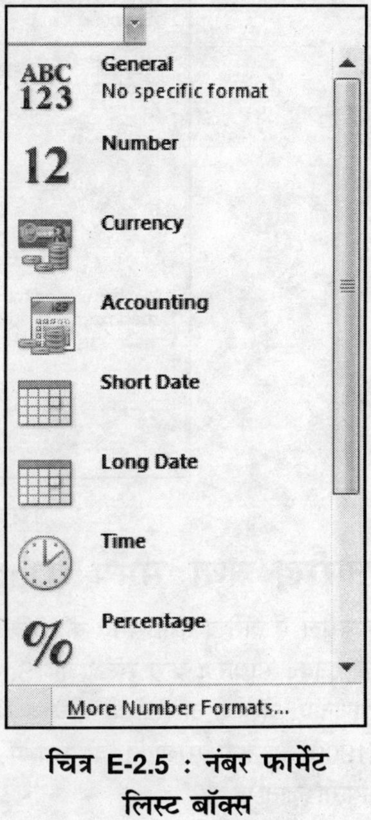

चित्र E-2.5 : नंबर फार्मेट लिस्ट बॉक्स

यदि कोई संख्या इतनी बड़ी है कि उसे सैल में ठीक तरह नहीं दिखाया जा सकता, तो सैल में उस संख्या के बजाय केवल हैश चिह्न (#) भरे हुए दिखायी दीजिएगे. ऐसे सैल की कालम चौड़ाई बढ़ाकर उस संख्या को सही-सही दिखाया जा सकता है. कालमों की चौड़ाई बदलने के बारे में आगे बताया जाएगा.

Number Format लिस्ट बॉक्स के नीचे दिये गये Accounting Number Format, Percent Style और Comma Style बटनों द्वारा आप सीधे क्रमशः मुद्रा चिह्न चुन सकते हैं, सैल में दी गई संख्या को प्रतिशत में बदल सकते हैं और संख्या के आगे .00 जोड़ सकते हैं.

किसी सैल या रेंज में दिखायी पड़ने वाले दशमलव स्थानों की संख्या को बढ़ाने तथा घटाने के लिए इसी भाग के क्रमशः 'Increase Decimal' तथा 'Decrease Decimal' बटनों का भी प्रयोग किया जा सकता है. हर बार इन बटनों को क्लिक करने पर चुनी हुई रेंज के सभी सैलों में दशमलव का एक स्थान या तो बढ़ जाता है या घट जाता है.

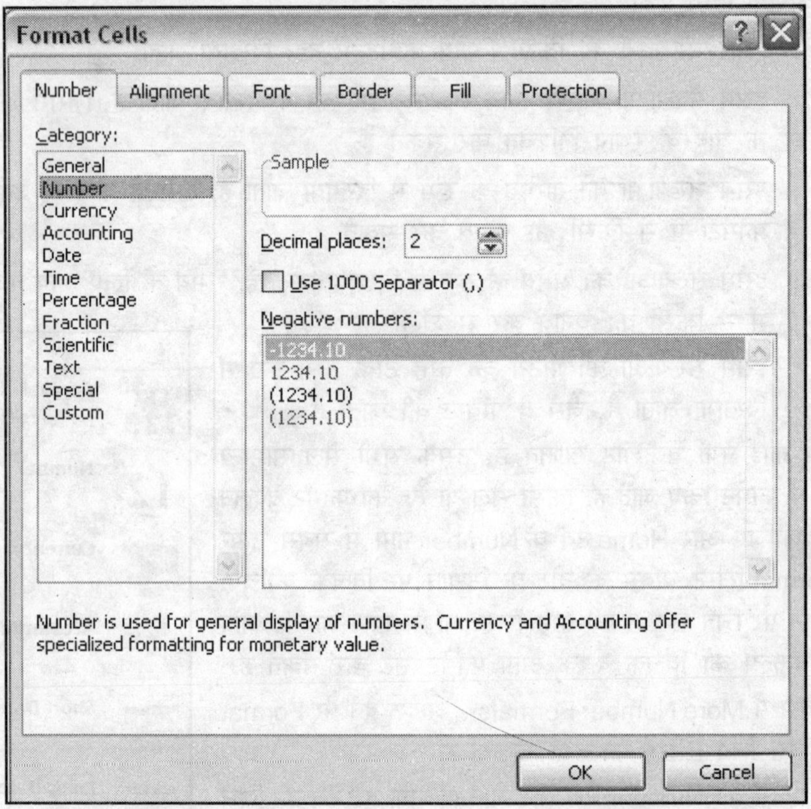

चित्र E-2.6 : फार्मेट सैल का डायलाग बॉक्स

तारीखें तथा समय (Dates and Time)

एक्सेल में तारीख तथा समय की प्रविष्टियां भरना एक उलझाने वाला विषय है. इसका कारण यह है कि एमएस-एक्सेल में इनको साधारण क्रम संख्याओं (Serial Number) की तरह स्टोर किया जाता है, ताकि उसमें तारीख-समय सम्बंधी गणनाएं, जैसे दो तारीखों के बीच के दिन, दो समयों के बीच के मिनट आदि, सरलता से की जा सकें. इसमें 1 जनवरी, 1900 को क्रम संख्या 1 के रूप में, 2 जनवरी 1900 को क्रम संख्या 2 के रूप में तथा इसी तरह आगे भी स्टोर किया जाता है.

किसी सैल में तारीख भरने से पहले आपको उसे तारीख दिखाने के लिए फार्मेट करना पड़ता है. एक बार फार्मेट करने के बाद आप उस सैल में तारीख सामान्य रूप में भी भर सकते हैं. उदाहरण के लिए 20 अक्टूबर, 1999 को आप निम्नलिखित में किसी रूप में भर सकते हैं-

20/10/99

20-10-99

Oct 20, 99

यदि आप तारीख दिखाने वाले सैल को फिर से फार्मेट कीजिए और उसे साधारण संख्या दिखाने के लिए फार्मेट कर दें (अर्थात् तारीख फार्मेट हटा दीजिए), तो उसमें उस तिथि की क्रम संख्या दिखायी देगी.

कभी-कभी इस कारण बड़ी उलझन पैदा हो जाती है, क्योंकि एक्सेल किसी तारीख जैसी लगने वाली प्रविष्टि को तारीख ही मान लेता है. उदाहरण के लिए यदि आप किसी सैल में 10/99 टाइप करें तो एक्सैल इसे 'Oct 99' दिखाएगा. यदि आप चाहते हैं कि संख्याओं को साधारण टैक्स्ट ही माना जाए, तो या तो उस सैल को 'Text' श्रेणी में फॉर्मेट करना चाहिए या उस संख्या से पहले एक सिंगल कोटेशन चिह्न (') लगा देना चाहिए, जो सैल में दिखायी नहीं देगा और छापा भी नहीं जाएगा. इसके अलावा किसी विशेष चिह्न जैसे #, B, स्पेस आदि का प्रयोग करने से भी उसे साधारण टैक्स्ट माना जा सकता है.

फार्मूला भरना तथा सम्पादित करना (Entering and Editing Formulas)

एक्सेल में फार्मूलों का बहुत महत्त्व है. जब हम कोई गणना करना चाहते हैं, जैसे किसी कालम के कुछ सैलों को जोड़ना, एक संख्या का दूसरे में गुणा करना, औसत निकालना आदि, तो हम उस सैल में इसके लिए फार्मूला भरते हैं, जहां हमें गणना का परिणाम देखना है. एमएस-एक्सेल में फार्मूले हमेशा बराबर चिह्न '=' से प्रारम्भ होते हैं.

फार्मूलों में सैलों का सन्दर्भ उनके पते के अनुसार दिया जाता है. उदाहरण के लिए, यदि आप किसी सैल D5 में सैलों A5, B5 तथा C5 का जोड़ दिखाना चाहते हैं, तो उस सैल में आपको फार्मूला '= A5+B5+C5' इस रूप में भरना पड़ेगा.

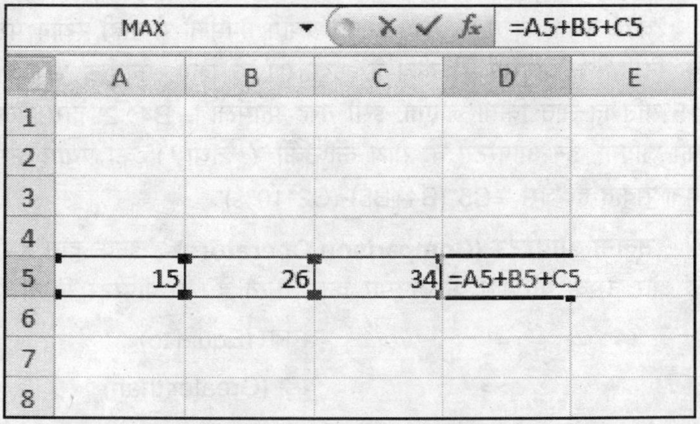

चित्र E-2.7 : सैल में फार्मूला भरना

फार्मूला आप दो प्रकार से भर सकते हैं- एक तो साधारण टैक्स्ट की तरह सीधे टाइप करके, दूसरे माउस और की-बोर्ड की सहायता से. पहली विधि में उस सैल को सक्रिय करके पूरा फार्मूला कुंजी पटल पर टाइप कर दिया जाता है और एण्टर दबा देते हैं या फार्मूला बार के दाईं ओर दिये गये '✓' चिह्न पर क्लिक कर देते हैं. दूसरी विधि में केवल सैलों के पते माउस की सहायता से क्लिक करके भरे जाते हैं और शेष चिह्न टाइप किए जाते हैं. इस विधि से ऊपर बताया गया फार्मूला भरने के लिए सैल D5 को सक्रिय करके पहले '=' चिह्न टाइप कीजिए या फार्मूला बार में '=' बटन को क्लिक कीजिए. फिर माउस से सैल A5 पर पॉइंटर ले जाकर क्लिक कीजिए, फिर '+' चिह्न टाइप कीजिए, फिर सैल B5 को क्लिक कीजिए, फिर '+' चिह्न टाइप

कीजिए, अन्त में सैल C5 को क्लिक करके एण्टर दबा दीजिए, जैसा कि चित्र E-2.7 में दिखाया गया है. यह आपको लम्बा लग सकता है, लेकिन यही सबसे सरल है, क्योंकि इस विधि से सैलों के पते गलत होने की संभावना नहीं रहती.

सामान्यतया किसी सैल में भरा गया फार्मूला हमें दिखायी नहीं पड़ता, बल्कि उस फार्मूले के अनुसार की गयी गणना का परिणाम ही दिखायी देता है. एक्सेल में यह विशेषता है कि फार्मूलों के अनुसार गणना स्वत: ही होती रहती है. ऊपर के उदाहरण में, यदि कभी A5 या B5 या C5 सैलों में भरी कोई संख्या बदल जाती है, तो उनका जोड़ उसी हिसाब से बदल जाएगा. वैसे सैल में भरा गया फार्मूला उस सैल को सक्रिय करने पर फार्मूला बार में दिखायी पड़ता है, जहां पर आप उसे सुधार भी सकते हैं.

फार्मूला आपरेटर (Formula Operators)

फार्मूला बनाने में हम आपरेटरों का उपयोग करते हैं. कोई आपरेटर की जाने वाली क्रिया को बताता है. उदाहरण के लिए, ऊपर बनाए गए फार्मूला में '+' एक आपरेटर है, जो दो संख्याओं को जोड़ने की क्रिया के लिए है. एक्सेल के आपरेटरों को चार सामान्य श्रेणियों में बांटा गया है – अंकगणितीय (Arithmetic), तुलना (Comparison), पाठ्य (Text) तथा संदर्भ (Reference). ज्यादातर हम अंकगणितीय आपरेटरों का प्रयोग करते हैं तथा विशेष कार्यों में शेष का प्रयोग किया जाता है. यहां हम इनके बारे में संक्षेप में बता रहे हैं–

अंकगणितीय आपरेटर (Arithmetic Operators) : इनके द्वारा गणितीय क्रियाएं की जाती हैं. ये निम्न प्रकार हैं–

+	जोड़ना (Addition)
–	घटाना (Subtraction)
*	गुणा करना (Multiplication)
/	भाग देना (Division)
%	प्रतिशत (Percentage)
^	घात (Exponentiation)

कोई गणना करने के लिए इनका प्रयोग फार्मूलों में सही स्थान पर किया जा सकता है. इनका प्रभाव अंकगणित के नियमों के अनुसार ही होता है. उदाहरण के लिए, फार्मूला '= C4*15%' द्वारा सैल C4 में भरी गयी संख्या का 15 प्रतिशत ज्ञात किया जाएगा. इसी तरह फार्मूला '= B4^ 2' द्वारा सैल B4 की संख्या के वर्ग (Square) की गणना की जाएगी. इन आपरेटरों के साथ कोष्ठकों '(' तथा ')' का प्रयोग करके आप अधिक जटिल या मिश्रित फार्मूले भी बना सकते हैं, जैसे '=C5*(B4+B5)-(C2*10%)'.

तुलना आपरेटर (Comparison Operators) : इनके द्वारा हम दो मानों (Values) की आपस में तुलना करते हैं और उसके परिणाम के अनुसार कार्य करते हैं. ये आपरेटर निम्नलिखित हैं :

=	बराबर (Equal to)
>>	बड़ा (Greater than)
>>=	बड़ा या बराबर (Greater than or equal to)
<<	छोटा (Less than)
<<=	छोटा या बराबर (Less than or equal to)
<>	बराबर नहीं (Not equal to)

इन आपरेटरों का प्रयोग सामान्यतया एक्सेल के तार्किक फलनों (Logical Functions) के साथ किया जाता है, जिनके बारे में आगे विस्तार से बताया जाएगा.

पाठ्य आपरेटर (Text Operator) : एक्सेल में केवल एक ऐसा आपरेटर है - '&' (एम्परसेंड). इसका प्रयोग टैक्स्ट को जोड़ने में किया जाता है. उदाहरण के लिए, यदि सैल B4 में 'Aero' भरा है और सैल B5 में 'plane' तो फार्मूला '=B4&B5' उनको मिलाकर पाठ्य 'Aeroplane' बनाएगा.

संदर्भ आपरेटर (Reference Operator) : एक्सेल में सैलों का संदर्भ देने के लिए सन्दर्भ आपरेटरों का प्रयोग किया जाता है. सबसे अधिक प्रचलित आपरेटर ':' (कोलोन) है. इसका प्रयोग किसी रेंज को बताने के लिए किया जाता है. उदाहरण के लिए, रेंज A4:C8 का अर्थ है - सैल A4, सैल C8 तथा इनके बीच आने वाले सभी सैल. रेंजों के बारे में आगे विस्तार से बताया जाएगा.

सैलों का सन्दर्भ देना (Referencing Cells)

फार्मूले लिखते समय हम ज्यादातर अकेले सैलों का और कभी-कभी सैलों की रेंजों का सन्दर्भ देते हैं. अकेले सैल का सन्दर्भ या तो उसका पता सीधे टाइप करके या उस सैल को क्लिक करके दिया जा सकता है, जैसा कि आप पहले पढ़ चुके हैं. सैलों की रेंज का सन्दर्भ उस रेंज के आमने-सामने के कोनों वाले सैलों का पता लिखकर और उनके बीच में कोलोन (:) का चिह्न लगाकर दिया जाता है, जैसे B2:C6. इस तरह के संदर्भ को या तो आप सीधे टाइप कर सकते हैं या माउस से खींचते हुए रेंज बनाकर दे सकते हैं. वैसे आप सीधे रेंज का संदर्भ देने के बजाय उसका कोई नाम भी रख सकते हैं.

जब आप कोई फार्मूला बनाते हैं और फिर उसे कहीं नकल करते हैं, तो एमएस-एक्सेल उस फार्मूले में दिए गए सैल सन्दर्भों के बारे में कुछ नियमों का पालन करता है. आप अपनी सुविधा और आवश्यकता के अनुसार इन नियमों को बदल भी सकते हैं.

सैल सन्दर्भ तीन प्रकार के होते हैं - **निरपेक्ष (Absolute)**, **सापेक्ष (Relative)** तथा **मिश्रित (Mixed)**. निरपेक्ष सैल सन्दर्भों में किसी सैल पते में पंक्ति संख्या और कालम नाम से पहले एक डालर चिह्न लगाया जाता है. जैसे B2 इससे सन्दर्भ को कहीं नकल करते समय यह बदलता नहीं, बल्कि वही रहता है. सापेक्ष सैल सन्दर्भ में पते सीधे दिए जाते हैं. ऐसे सन्दर्भ उस पते को नकल करते समय स्थिति के अनुसार बदल जाते हैं. उदाहरण के लिए, यदि आपने

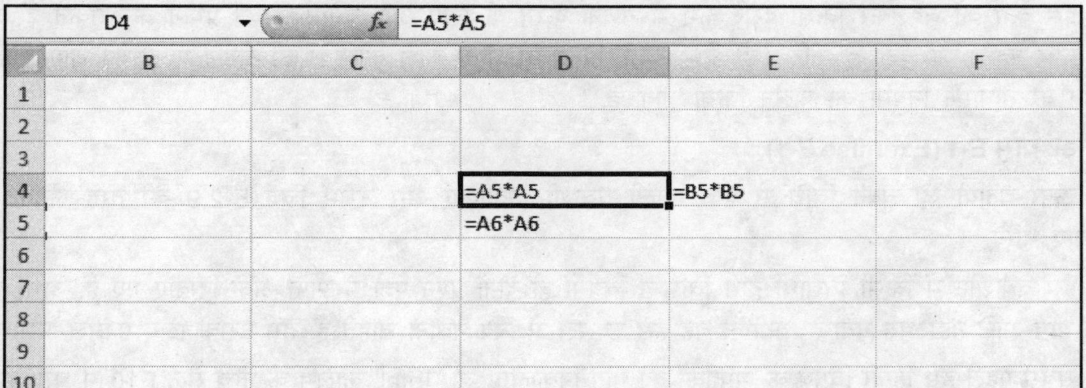

चित्र E-2.8 : सापेक्ष सैल संदर्भ

सैल D4 में कोई फार्मूला A5*A5 भरा है, जिसमें सैल A5 का संदर्भ दिया गया है, तो उसे E4 में नकल करने पर यह फार्मूला B5*B5 हो जायेगा और D5 में नकल करने पर यही A6*A6 हो जाएगा.

मिश्रित सैल सन्दर्भ में या तो केवल पंक्ति की संख्या या केवल कालम का नाम निरपेक्ष होता है, जैसे $B2 या B$2. ऐसे सन्दर्भों को नकल किए जाते समय निरपेक्ष भाग तो वही रहता है, दूसरा भाग सापेक्ष सन्दर्भों की तरह बदल जाता है.

फार्मूलों का गणना क्रम (Order of Evaluation in Formulas)

कोई फार्मूला क्या परिणाम देगा यह इस बात पर निर्भर करता है कि उसमें आपरेटरों का प्रयोग किस प्रकार किया गया है. किस आपरेटर का कार्य पहले किया जाये यह बहुत महत्त्वपूर्ण है. उदाहरण के लिए, गुणा (*) का कार्य हमेशा जोड़ (+) से पहले किया जाता है. इसलिए फार्मूला '=2+3*20' का परिणाम 62 होगा, जबकि फार्मूला '=20*2+3' का परिणाम 43 होगा. यदि आप चाहते हैं कि पहले 2 और 3 को जोड़ा जाये और बाद में 20 से गुणा किया जाये, तो हमें कोष्ठकों का सहारा लेना होगा और फार्मूला इस प्रकार लिखा जाएगा '=20*(2+3)' अथवा '=(2+3)*20' जिनका परिणाम 100 होगा.

ऊपर आप जितने आपरेटरों के बारे में पढ़ चुके हैं, उनके मूल्यांकन का प्राथमिकता क्रम इस प्रकार है–

: रेंज सन्दर्भ

\- ऋणात्मक संख्या (Negative Number)

% प्रतिशत

^ घातांकन (Exponentiation)

* या / गुणा तथा भाग

\+ या – जोड़ तथा घटाव

& पाठ्य का जोड़

= या <> या <= या >= या > या < तुलना

समान प्राथमिकता के आपरेटरों की गणना बायीं ओर से दायीं ओर की जाती है.

इस क्रम को बदलकर किसी दूसरे क्रम में गणना करने के लिए आप कोष्ठकों का प्रयोग कर सकते हैं, जैसा कि ऊपर बताया जा चुका है. यदि कई कोष्ठक हों, तो सबसे भीतर वाले कोष्ठक की गणना पहले की जाएगी. इसमें गणित के साधारण नियमों का पालन किया जाता है.

अभ्यास E-1 (Exercise E-1) :

ऊपर बतायी जा चुकी विधि से एक खाली वर्कशीट खोलिए और उसमें चित्र E-2.9 की तरह लेबल तथा संख्याएं भरिए.

इस वर्कशीट में किसी विद्यार्थी द्वारा विभिन्न विषयों के दोनों प्रश्न पत्रों में प्राप्त अंक दिखाए गए हैं. अभी इसमें कोई योग आदि नहीं भरा गया है, क्योंकि वह हम एक्सेल से निकलवाना चाहते हैं. हमें उसके लिए फार्मूले भरने होंगे.

सबसे पहले हम हिन्दी विषय के प्राप्तांकों का योग निकालेंगे, जो 'Total' कालम के नीचे सैल E10 में भरा जाएगा. पहले उसमें पॉइंटर ले जाकर क्लिक कीजिए. अब उसमें यह फार्मूला भर दीजिए– '=C10+D10'. यह फार्मूला सीधे टाइप करके एण्टर दबाइए. आप देखेंगे कि सैल में फार्मूला के बजाय संख्या '80' दिखायी पड़ रही है, जो कि सैल

	A	B	C	D	E	F	G
1		**D.A.V. Senior Secondary School**					
2			**New Delhi**				
3							
4		**Senior School Examination, 2008**					
5							
6	**Name:**	Richa Sharma			**Roll no.**	4107304	
7	**Father's Name:**	Shri M.K. Sharma					
8							
9	**Subjects**	**Max Marks**	**Theory**	**Practical**	**Total**		
10	English	100	80	0			
11	Hindi	100	72	0			
12	Mathematics	100	73	18			
13	Social Science	100	62	15			
14	Science	100	51	36			
15	Sanskrit	100	94	0			
16	**Total**						
17							

चित्र E-2.9 : वर्कशीट में संख्याएं तथा लेबल

C10 तथा D10 में भरी हुई संख्याओं का योग है. इसका कारण यह है कि वर्कशीट में सामान्यतया फार्मूले दिखायी नहीं पड़ते, बल्कि उनकी गणना के परिणाम दिखाए जाते हैं.

	A	B	C	D	E	F	G
1		**D.A.V. Senior Secondary School**					
2			**New Delhi**				
3							
4		**Senior School Examination, 2008**					
5							
6	**Name:**	Richa Sharma			**Roll no.**	4107304	
7	**Father's Name:**	Shri M.K. Sharma					
8							
9	**Subjects**	**Max Marks**	**Theory**	**Practical**	**Total**		
10	English	100	80	0	80		
11	Hindi	100	72	0	72		
12	Mathematics	100	73	18	91		
13	Social Science	100	62	15	77		
14	Science	100	51	36	87		
15	Sanskrit	100	94	0	94		
16	**Total**	600	432	69	501		
17							

चित्र E-2.10 : फार्मूले भरने के बाद वर्कशीट

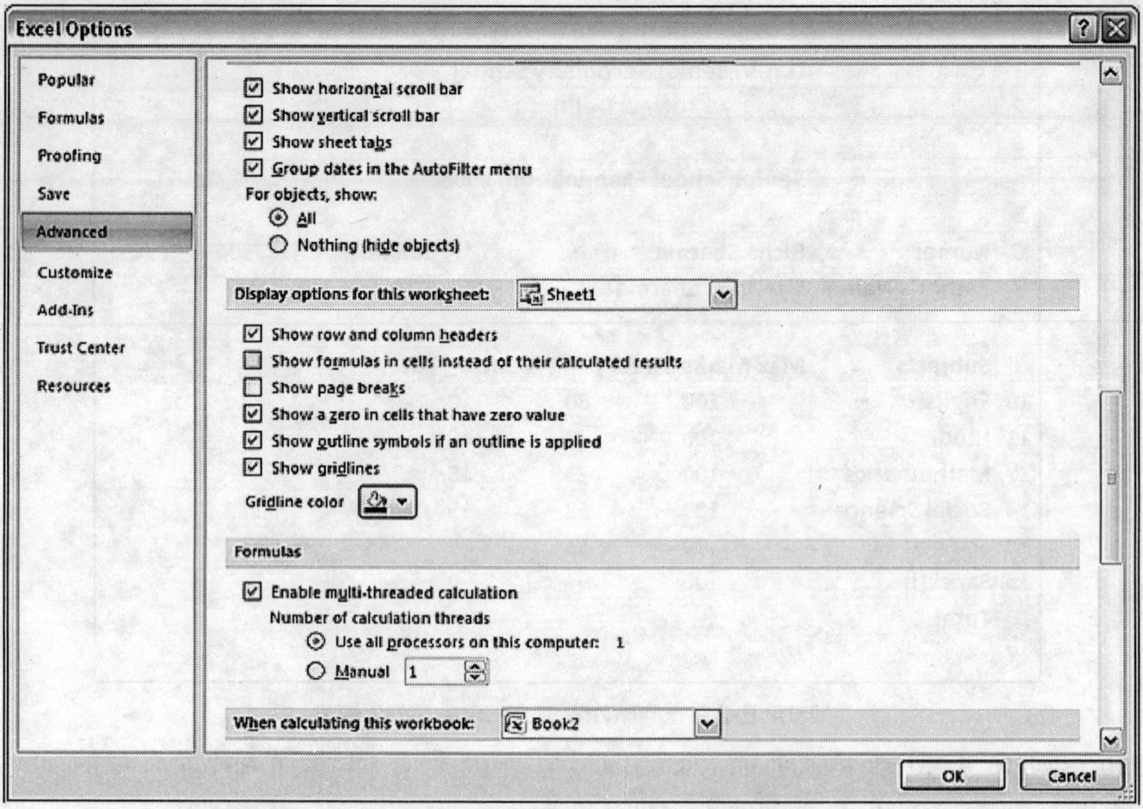

चित्र E-2.11 : Excel Options का डायलाग बॉक्स

इसी प्रकार कालम 'Total' के नीचे सैलों E11 से लेकर E15 तक में दूसरे विषयों के प्राप्तांक ज्ञात करने के लिए फार्मूले भर दीजिए. आप चाहें तो E10 के फार्मूले को E11 से E15 तक कॉपी कर सकते हैं. जिसकी विधि आगे बतायी जाएगी. अभी सबको सीधे टाइप कर दीजिए.

अब हम सभी विषयों के अधिकतम अंकों (Max. Marks) तथा प्राप्तांकों के योग निकालेंगे. इसके लिए पंक्ति 16 में 'Total' के आगे सैल B16 से E16 तक उचित फार्मूले भरे जाएंगे. आप जानते हैं कि सैल B16 में सैलों B10

8					
9	Subjects	Max Marks	Theory	Practical	Total
10	English	100	80	0	=C10+D10
11	Hindi	100	72	0	=C11+D11
12	Mathematics	100	73	18	=C12+D12
13	Social Science	100	62	15	=C13+D13
14	Science	100	51	36	=C14+D14
15	Sanskrit	100	94	0	=C15+D15
16	Total	=SUM(B10:B15)	=SUM(C10:C15)	=SUM(D10:D15)	=SUM(E10:E15)
17					

चित्र E-2.12 : वर्कशीट में भरे हुए फार्मूले

से B15 तक योग भरा जाएगा अतः इस सैल में फार्मूला '= B10+B11+B12+B13+B14+B15' टाइप करना होगा. यह फार्मूला टाइप करने में काफी समय लगेगा. इसे सरल रूप में SUM फंक्शन के साथ इस प्रकार भी भरा जा सकता

है '= SUM (B10:B15)' जिसका अर्थ है- रेंज B10:B15 के सैलों का योग. फार्मूला भरते ही उसका परिणाम संख्या '600' के रूप में दिखायी पड़ेगा.

इसी प्रकार आप सैलों C16, D16, E16 में उचित फार्मूले भर दीजिए या B16 के फार्मूले को कॉपी कीजिए. यदि आपने फार्मूले सही-सही भरे हैं, तो E16 में परिणाम 501 के रूप में दिखायी देगा. इस समय आपकी वर्कशीट चित्र E-2.10 की तरह दिखायी देगी.

यदि आप फार्मूलों को देखना चाहते हैं, तो ऑफिस बटन पर क्लिक कीजिए. इसके बाद खुलने वाले पुल-डाउन मेन्यू में Excel Options आदेश दीजिए. ऐसा करने पर Excel Options डायलाग बॉक्स खुलेगा. डायलाग बॉक्स में बाईं पट्टी में दिये गये विकल्पों में से Advanced विकल्प को क्लिक कीजिए. थोड़ा स्क्रॉल करके Display options for this worksheet: शीर्षक के नीचे दिये गये Show formulas in cells instead of their calculated results चेक-बॉक्स में क्लिक कीजिए (चित्र E-2.11). इससे फार्मूले चित्र E-2.12 की तरह दिखाई पड़ेंगे. संख्याएं फिर से देखने के लिए उसी चेक-बॉक्स को रिसेट कीजिए.

वर्कशीट को व्यवस्थित करना
(Rearranging Worksheet)

आप किसी भी कार्य को चाहे जितनी सावधानी से और पहले से योजना बनाकर प्रारम्भ कीजिए, बीच-बीच में उसमें सुधार करने की आवश्यकता पड़ती ही है. एक्सेल की वर्कशीटों में भी हमें कई प्रकार के सुधार करने पड़ते हैं, जैसे बीच में अतिरिक्त कालम या पंक्तियां जोड़ना, सैलों को इधर-उधर ले जाना, उनकी नकल करना या हटा देना आदि. ये कार्य आप विंडोज तथा एमएस-वर्ड की प्रचलित विधियों से ही सरलता से कर सकते हैं. सामान्यतया इसमें 'काटो और चिपकाओ' (Cut-and-paste) तथा 'खींचो-और-छोड़ो' (Drag-and-drop) तकनीकों का प्रयोग किया जाता है.

कालमों, पंक्तियों या सैलों को हटाने, जोड़ने, सरकाने आदि का प्रभाव वर्कशीटों में भरे हुए फार्मूलों पर पड़ सकता है. इसलिए इसमें थोड़ी सावधानी की आवश्यकता होती है. इसके बारे में हम आगे बताएंगे. यहां हम कुछ प्रमुख क्रियाओं की विधि बता रहे हैं.

सैलों को सरकाना (Moving Cells)

सैलों को सरकाने का अर्थ है - उन्हें चुनकर Home टैब के Clipboard भाग के 'Cut' आदेश से काटना और किसी दूसरी जगह उसी भाग के 'Paste' आदेश से चिपकाना. ऐसा करने से नई जगह पर पहले से जो सामग्री (डाटा या फार्मूले) होगी, वह नष्ट हो जाएगी और उसकी जगह नयी सामग्री आ जाएगी. इसके साथ ही पुराने स्थान के सैल खाली हो जाएंगे. 'Cut' तथा 'Paste' आदेशों के लिए आप शॉर्टकट कुंजियों क्रमशः CTRL+X तथा CTRL+V का भी प्रयोग कर सकते हैं या चुने हुए सैलों पर माउस का दायां बटन क्लिक करके Cut और Paste आदेश दे सकते हैं.

	A	B	C	D	E	F
1						
2						
3		8	1	6		
4		3	5	7		
5		4	9	2		
6						
7						
8						

चित्र E-3.1 : वर्कशीट में भरा हुआ जादुई वर्ग

अभ्यास के लिए, एक खाली वर्कशीट में चित्र E-3.1 की तरह जादुई वर्ग (Magic Square) रेंज B3:D5 में भर लीजिए. अब मान लीजिए कि आप इस जादुई वर्ग को रेंज B3:D5 से हटाकर रेंज C7:E9 में ले जाना चाहते हैं. इसके लिए निम्नलिखित क्रियाएं कीजिए :

1. सैल B3 में क्लिक करके माउस बटन को दबा लीजिए और उसे दबाये रखकर खींचते हुए सैल D5 तक ले जाकर छोड़ दीजिए. इससे रेंज B3:D5 चुन ली जायेगी और बदले रंग में दिखायी पड़ेगी.
2. अब या तो Home टैब के Clipboard भाग का 'Cut' बटन, जिस पर कैंची का चित्र छपा है, को क्लिक कीजिए या चुने हुए सैलों पर माउस का दायां बटन क्लिक करके Cut आदेश दीजिए (चित्र E-3.2) या कन्ट्रोल के साथ X दबाइए. इससे वर्ग के चारों ओर टूटी हुई लाइनों का घेरा बन जाएगा.

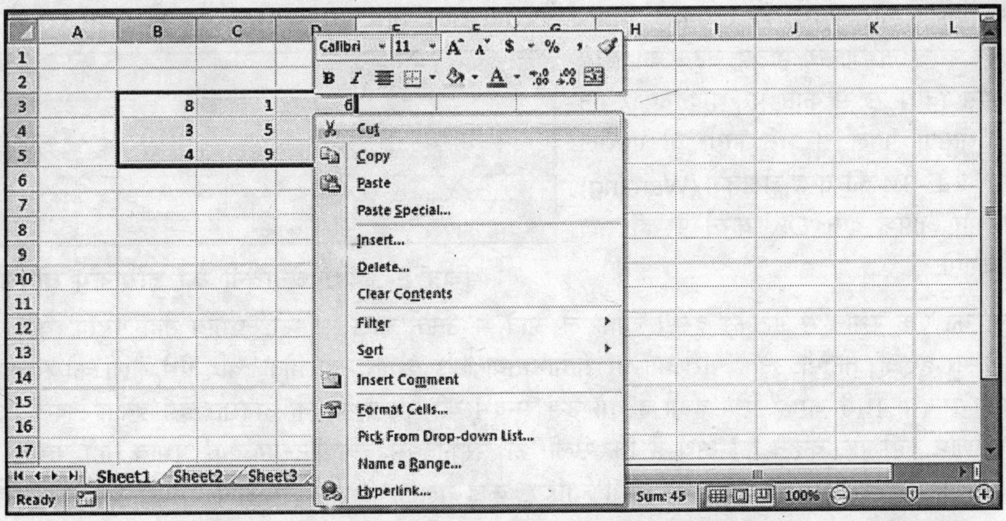

चित्र E-3.2 : 'Cut' आदेश देने के बाद वर्कशीट

3. माउस पॉइंटर को सैल C7 में ले जाकर क्लिक कीजिए, जिससे वह सक्रिय हो जायेगा.
4. काटी हुई सामग्री को सक्रिय सैल में चिपकाने के लिए या Home टैब के Clipboard भाग का 'Paste' बटन, जिस पर गोंद की डब्बी छपी है, क्लिक कीजिए या सक्रिय सैल (C7) में माउस का दायां बटन क्लिक

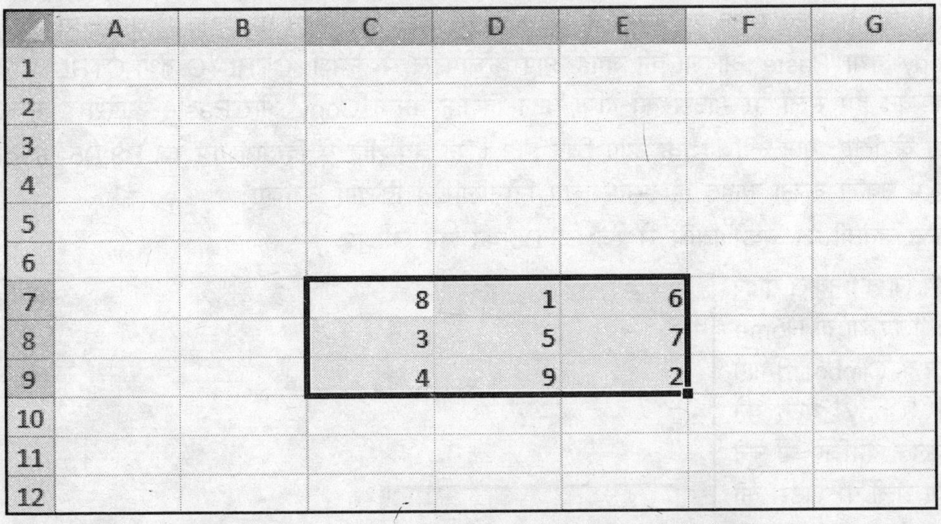

चित्र E-3.3 : 'Paste' आदेश देने के बाद वर्कशीट

करके Paste आदेश दीजिए या कंट्रोल के साथ V दबाइये. ऐसा करते ही आप देखेंगे कि चुनी हुई रेंज की सामग्री अपने स्थान से गायब हो गयी है और रेंज C7:E9 में दिखायी पड़ रही है, जैसा कि चित्र E-3.3 में दिखाया गया है.

सैलों को सरकाने के लिए आप माउस पॉइंटर द्वारा खींचने की क्रिया का भी उपयोग कर सकते हैं. इसके लिए पहले सरकाए जाने वाले सैलों (या रेंज) को चुन लीजिए. अब उस माउस पॉइंटर को उस रेंज की किसी सीमा रेखा पर ले जाइये, जहां उसका रूप बदलकर ऊपर उठे तिरछे तीर (↖) जैसा हो जायेगा. उसी समय माउस बटन को पकड़

कर दबा लीजिए और माउस को सरकाइये. आप देखेंगे कि साथ-साथ पूरी चुनी हुई रेंज भी सरक रही है. इसे नए स्थान तक खींच ले जाकर माउस बटन को छोड़ दीजिए. इस विधि से सरकाने पर यदि नए स्थान पर कोई सामग्री पहले से भरी होगी तो एक्सेल आपको चित्र E-3.4 की तरह चेतावनी (Warning) भी देगा और आपके द्वारा 'OK' करने पर ही सैल सरकाए जाएंगे.

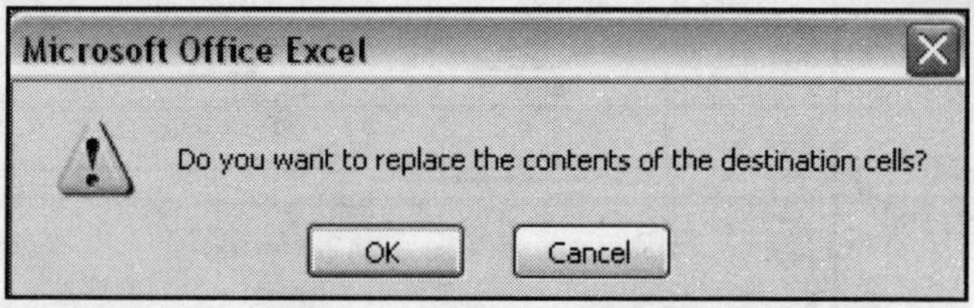

चित्र E-3.4 : चेतावनी का डायलाग बॉक्स

सैलों को एक स्थान से हटाकर दूसरी जगह ले आने से उनके डाटा पर कोई प्रभाव नहीं पड़ता. यदि उन सैलों में फार्मूले भरे हुए हैं, तो भी उनके परिणामों पर सामान्यतया कोई प्रभाव नहीं होता. यदि ऐसे सैलों को सरकाया जाता है, जिनका सन्दर्भ दूसरी जगह दिया हुआ है, तो उस सन्दर्भ को नए स्थान के अनुसार इस प्रकार बदल दिया जाता है कि परिणाम वही रहे. कहने का अर्थ है कि सैलों को सरकाने से वर्कशीट पर कोई प्रभाव नहीं पड़ता. फिर भी अपनी वर्कशीट की अच्छी तरह जांच कर लेनी चाहिए. कोई गलती हो जाने पर आप एमएस-वर्ड की तरह Undo आदेश द्वारा इस कार्य को उलट सकते हैं.

सैलों की नकल करना (Copying Cells)

सैलों को दूसरे स्थान पर नकल करने के लिए उन्हें चुनकर Home टैब के Clipboard भाग के 'Copy' आदेश से नकल कीजिए और नए स्थान पर उसी भाग के 'Paste' आदेश द्वारा चिपका दीजिए. ऐसा करने पर चुनी हुई रेंज के सभी फार्मूले तथा डाटा नए स्थान पर नकल कर दिए जाएंगे. यदि उस स्थान पर पहले से कुछ भरा होगा तो वह खो जाएगा. 'Copy' तथा 'Paste' आदेशों की जगह आप कुंजीपटल से क्रमशः CTRL+C तथा CTRL+V आदेश भी दे सकते हैं या चुने हुए सैलों पर माउस का दायां बटन क्लिक करके Copy और Paste आदेश दे सकते हैं.

अभ्यास के लिए, मान लीजिए कि आप चित्र E 3.1 की वर्कशीट में दिखाये गये रेंज B3:D5 के जादुई वर्ग को रेंज A7:C9 में नकल करना चाहते हैं. इसके लिए निम्नलिखित क्रियाएं कीजिए:

1. ऊपर बतायी जा चुकी विधि से रेंज B3:D5 को चुन लीजिए.
2. इस रेंज की नकल बनाने के लिए या तो Home टैब के Clipboard भाग के 'Copy' बटन को क्लिक कीजिए या चुने हुए सैलों पर माउस का दायां बटन क्लिक करके 'Copy' आदेश दीजिए या कंट्रोल के साथ C दबाइये. ऐसा करने पर उस रेंज के चारों ओर चींटियों जैसी पंक्ति बन जायेगी.

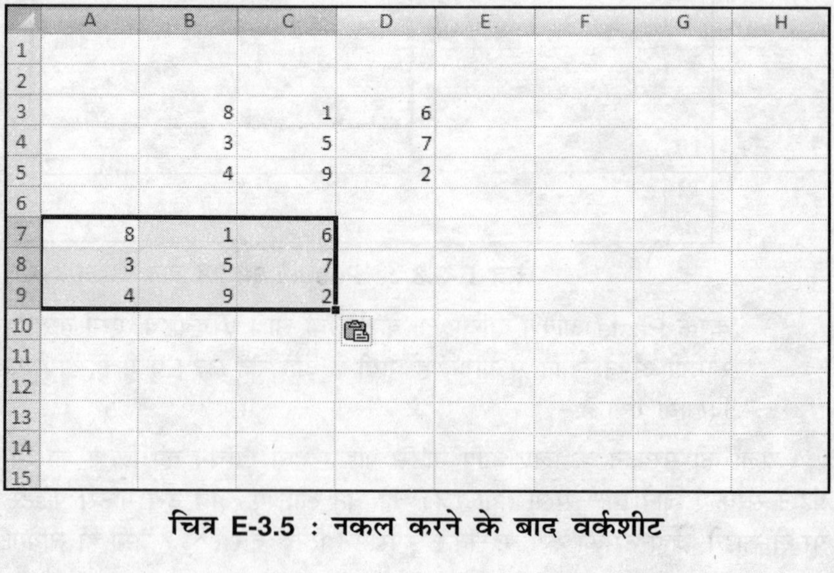

चित्र E-3.5 : नकल करने के बाद वर्कशीट

3. माउस पॉइंटर को सैल A7 में ले जाकर क्लिक कीजिए, जिससे वह सक्रिय हो जायेगा.
4. नकल की हुई सामग्री को सक्रिय सैल में चिपकाने के लिए या तो Home टैब के Clipboard भाग का 'Paste' बटन क्लिक कीजिए या सक्रिय सैल (A7) में माउस का दायां बटन क्लिक करके Paste आदेश दीजिए या कंट्रोल के साथ V दबाइये. ऐसा करते ही आप देखेंगे कि जादुई वर्ग रेंज A7:C9 में भी दिखायी पड़ रहा है, जैसा कि चित्र E-3.5 में दिखाया गया है.

सैलों की नकल माउस द्वारा खींचने की क्रिया से भी की जा सकती है. यह सैल सरकाने की तरह ही है, लेकिन साथ में कंट्रोल कुंजी को भी दबाये रखा जाता है, जिससे माउस पॉइंटर में एक छोटा धन (+) चिह्न जुड़ जाता है. जिस रेंज की नकल आप करना चाहते हैं, पहले उसे चुन लीजिए. अब कंट्रोल कुंजी को दबाकर उस रेंज के किसी किनारे पर माउस पॉइंटर ले जाकर माउस बटन को दबाकर उसे पकड़ लीजिए. अब कन्ट्रोल कुंजी तथा माउस बटन दोनों को दबाये रखकर सैलों को नये स्थान पर खींच ले जाइये तथा पहले माउस बटन को फिर कंट्रोल कुंजी को छोड़ दीजिए. इससे नये स्थान पर सैल नकल कर दिये जायेंगे.

सैलों की नकल करते समय यदि उनमें कोई सन्दर्भ दिया होता है, तो उसे नए स्थान के अनुसार सुधार दिया जाता है. उदाहरण के लिए, यदि सैल C8 में फार्मूला '= SUM (B3:D5)' भरा हुआ है और आप इस सैल को सैल D8 में नकल करते हैं, तो यह फार्मूला बदलकर '=SUM (C3:E5)' हो जाएगा. सैल D10 में नकल करने पर यही फार्मूला '=SUM (C5: E7)' बन जाएगा. फार्मूलों का यह रूपान्तरण केवल सापेक्ष सैल सन्दर्भों (Relative Cell Reference) में होता है. यदि फार्मूले में कोई निरपेक्ष सैल सन्दर्भ (Absolute Cell Reference) है, तो उसमें कोई परिवर्तन नहीं होता. मिश्रित (Mixed) सन्दर्भों में भी केवल सापेक्ष भाग बदला जाता है. इन तीनों प्रकार के सैल सन्दर्भों के बारे में आप पिछले अध्याय में पढ़ चुके हैं.

सैलों में भरे डाटा को छांटना (Sorting Cell Data)

कई बार हमें सैलों के किसी समूह को उसमें भरी किसी सामग्री के अनुसार बढ़ते हुए (Ascending) या घटते हुए (Descending) क्रम में छांटने की आवश्यकता होती है. एक्सेल में यह कार्य सरलता से किया जा सकता है और आप उसमें अधिकतम तीन छांटने की कुंजियां (Sort Keys) दे सकते हैं.

	A	B	C	D	E	F	G	H
1	S.No.	Name	Designation	Scale	P.F. No.			
2	1	Shri S.N.P. Singh	AGM	5	6734			
3	2	Shri M.D.P. Patnaik	Chief Manager	4	6876			
4	3	Dr J.P. Gupta	Senior Manager	3	2982			
5	4	Shri Dharam Lal Arora	Asstt Manager	1	5941			
6	5	Shri Indram Nandrajog	Senior Manager	3	9073			
7	6	Shri J.S. Bajpai	Manager	2	9372			
8	7	Shri R.S. Srivastava	Asstt Manager	1	9269			
9	8	Shri S.K. Sharma	Senior Manager	3	5707			
10	9	Smt Renu Saxena	Manager (EDP)	2	24672			
11	10	Shri Mohd. Ismail	Manager	2	21406			
12	11	Shri S.K. Malhotra	Officer	1	7027			
13	12	Smt Mala Bhatt	EDP Officer	1	8424			
14	13	Shri Shyam Prakash	Manager	2	11018			
15	14	Shri Rajesh Pandit	EDP Officer	1	12539			
16	15	Shri Amar Singh	Officer	1	19775			
17								

चित्र E-3.6 : वर्कशीट में भरा हुआ मूल डाटा

उदाहरण के लिए, मान लीजिए कि आपकी वर्कशीट में चित्र E-3.6 की तरह एक सारणी (Table) में कुछ व्यक्तियों के नाम, पदनाम (Designation), स्केल तथा पी.एफ.नं. भरे हुए हैं और आप इस सामग्री को नामों के वर्णमाला

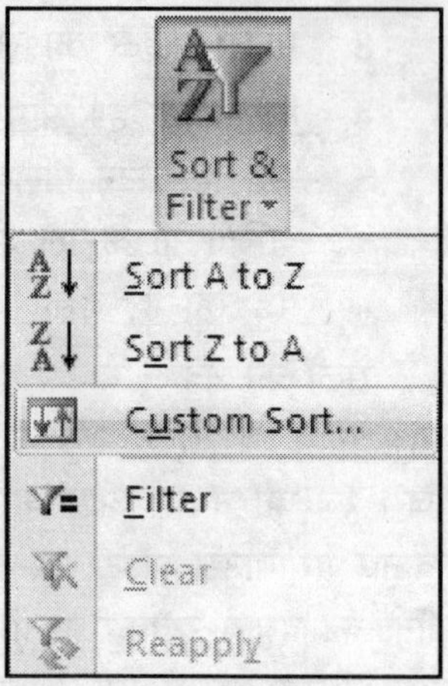

चित्र E-3.7 : डाटा मेन्यू

क्रम (Alphabetic Order) में छांटना चाहते हैं. यह छंटाई इस प्रकार होनी चाहिए कि 'S. No.' कालम में भरी हुई क्रम संख्याएं गड़बड़ न हों.

छांटी जाने वाली सामग्री की पहली पंक्ति में उस कालम का शीर्षक (Header) या परिचय देना अच्छा रहता है, हालांकि यह आवश्यक नहीं. छांटने के लिए सामग्री चुनते समय शीर्षक पंक्ति (Header row) को भी चुना जाता है, लेकिन उसे छांटा नहीं जाता.

चित्र E-3.6 की वर्कशीट को नामों के बढ़ते हुए (अर्थात् वर्णमाला के) क्रम में छांटने के लिए माउस पॉइंटर से रेंज B1: E16 को चुन लीजिए. इसमें क्रम संख्या (S. No.) के कालम को नहीं चुना गया है, क्योंकि उनका किसी व्यक्ति से कोई सम्बन्ध नहीं है. दूसरी ओर यदि आप एक व्यक्ति की पूरी सामग्री नहीं चुनेंगे, तो एक्सेल आपको चेतावनी (Sort Warning) का बॉक्स देकर पूछेगा कि सारी सामग्री शामिल करनी है कि नहीं. सही सामग्री चुनकर Home टैब के Editing भाग में Sort & Filter बटन के तीर के निशान पर क्लिक कीजिए. इससे आपकी स्क्रीन पर चित्र E-3.7 की तरह पुल-डाउन मेन्यू खुलेगा. इसमें Custom Sort विकल्प पर क्लिक कीजिए. इससे आपकी स्क्रीन पर चित्र E-3.8 की तरह 'Sort' का डायलाग बॉक्स दिया जाएगा.

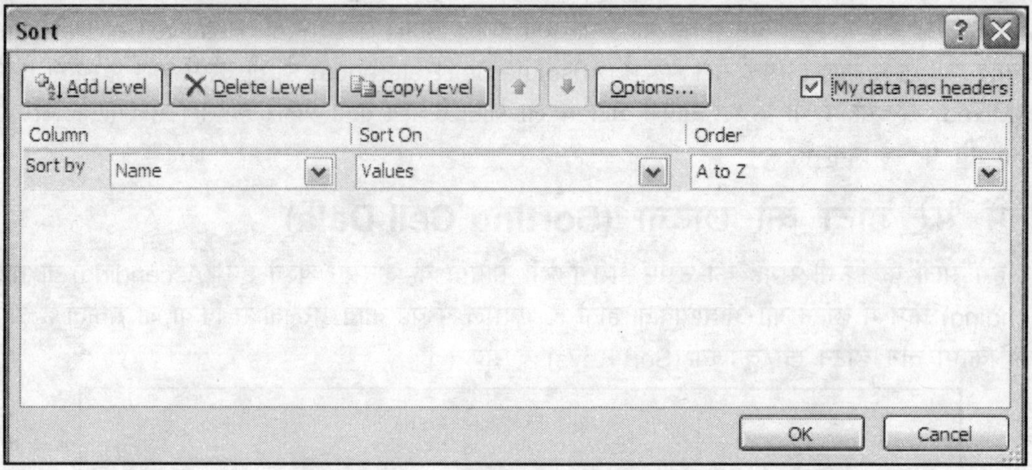

चित्र E-3.8 : सॉर्ट का डायलाग बॉक्स

इस डायलाग बॉक्स में छांटने की कुंजियां (Sort Keys) बतायी जाती हैं. आप अधिक से अधिक तीन कुंजियां बता सकते हैं. डायलॉग बॉक्स के दायें कोने में एक चेक-बॉक्स है, जिससे यह बताया जाता है कि आपकी चुनी हुई सूची या सामग्री में शीर्षक पंक्ति है या नहीं. यदि आप पहले चेक-बॉक्स 'My data has headers' को सेट करते हैं, तो चुनी हुई पहली पंक्ति को शीर्षक पंक्ति माना जाता है और उसमें भरे डाटा का उपयोग शीर्षकों के रूप में किया जाता है, उस पंक्ति को छांटा नहीं जाता. इसके विपरीत यदि आप उसे चेक नहीं करते हैं, तो समस्त सामग्री को छांटा जाता है और कुंजियों की पहचान के लिए कालम नामों का उपयोग किया जाता है.

यहां हमने शीर्षक पंक्ति दी है, इसलिए चेक-बॉक्स को सेट कीजिए. इससे शीर्षक पंक्ति में भरे नाम प्रभावी हो जाएंगे.

छांटने की कुंजी बताने के लिए 'Sort by' ड्राप डाउन लिस्ट बॉक्स को खोलिए. उस लिस्ट में सभी कालमों के शीर्षक दिए होते हैं. हम सूची को नामों के वर्णमाला क्रम में छांटना चाहते हैं, इसलिए उस लिस्ट में से 'Name' को क्लिक कीजिए. 'Sort on' ड्राप डाउन लिस्ट-बॉक्स में 'Values' और 'Order' में 'A to Z' क्लिक कीजिए.

इस प्रकार छांटने की कुंजी बताने के बाद 'OK' बटन को क्लिक कीजिए. इससे वह डायलाग बॉक्स गायब हो जाएगा और पलक झपकते ही समस्त सामग्री नामों के क्रम में छांट दी जाएगी, जो कि चित्र E-3.9 की तरह दिखायी देगी.

	A	B	C	D	E	F	G	H
1	S.No.	Name	Designation	Scale	P.F. No.			
2	1	Dr J.P. Gupta	Senior Manager	3	2982			
3	2	Shri Amar Singh	Officer	1	19775			
4	3	Shri Dharam Lal Arora	Asstt Manager	1	5941			
5	4	Shri Indram Nandrajog	Senior Manager	3	9073			
6	5	Shri J.S. Bajpai	Manager	2	9372			
7	6	Shri M.D.P. Patnaik	Chief Manager	4	6876			
8	7	Shri Mohd. Ismail	Manager	2	21406			
9	8	Shri R.S. Srivastava	Asstt Manager	1	9269			
10	9	Shri Rajesh Pandit	EDP Officer	1	12539			
11	10	Shri S.K. Malhotra	Officer	1	7027			
12	11	Shri S.K. Sharma	Senior Manager	3	5707			
13	12	Shri S.N.P. Singh	AGM	5	6734			
14	13	Shri Shyam Prakash	Manager	2	11018			
15	14	Smt Mala Bhatt	EDP Officer	1	8424			
16	15	Smt Renu Saxena	Manager (EDP)	2	24672			
17								

चित्र E-3.9 : नामों के वर्णमाला क्रम में छांटने के बाद सामग्री

अब मान लीजिए कि आप सामग्री को स्केल के घटते हुए (Descending) तथा पी.एफ.नं. के बढ़ते हुए (Ascending) क्रम में छांटना चाहते हैं. ऐसा करने के लिए पहले ऊपर बताये तरीके से सामग्री चुन लीजिए. फिर सॉर्ट के डायलाग बॉक्स (चित्र E-3.8) में पहली कुंजी 'Sort by' के लिए 'Scale' को चुनकर 'Order' के Largest to Smallest विकल्प को चुनिए. अब डायलाग बॉक्स के बायें कोने में दिये गये Add Level बटन को क्लिक कीजिए. इससे बॉक्स में एक नया लेवल जुड़ जाएगा. दूसरे लेवल में 'Then by' के लिए P.F.No. को चुनकर 'Order' के 'Largest to Smallest'

	A	B	C	D	E	F	G	H
1	S.No.	Name	Designation	Scale	P.F. No.			
2	1	Shri S.N.P. Singh	AGM	5	6734			
3	2	Shri M.D.P. Patnaik	Chief Manager	4	6876			
4	3	Dr J.P. Gupta	Senior Manager	3	2982			
5	4	Shri S.K. Sharma	Senior Manager	3	5707			
6	5	Shri Indram Nandrajog	Senior Manager	3	9073			
7	6	Shri J.S. Bajpai	Manager	2	9372			
8	7	Shri Shyam Prakash	Manager	2	11018			
9	8	Shri Mohd. Ismail	Manager	2	21406			
10	9	Smt Renu Saxena	Manager (EDP)	2	24672			
11	10	Shri Dharam Lal Arora	Asstt Manager	1	5941			
12	11	Shri S.K. Malhotra	Officer	1	7027			
13	12	Smt Mala Bhatt	EDP Officer	1	8424			
14	13	Shri R.S. Srivastava	Asstt Manager	1	9269			
15	14	Shri Rajesh Pandit	EDP Officer	1	12539			
16	15	Shri Amar Singh	Officer	1	19775			
17								

चित्र E-3.10 : स्केल के घटते हुए और पी.एफ.नं. के बढ़ते हुए क्रम में छांटी हुई सामग्री

विकल्प को चुनिए. ऐसा करके 'OK' बटन क्लिक करते ही समस्त सामग्री आपके बताए क्रम में छांट दी जाएगी और आपकी वर्कशीट चित्र E-3.10 की तरह दिखायी पड़ेगी.

यदि कभी भी आप छांटने के परिणामों से संतुष्ट न हों या कुंजी सेट करने में कोई गलती हो जाये, तो उसी समय 'Undo' आदेश देकर अपनी वर्कशीट को छांटने से पहले की स्थिति में ला सकते हैं. गलत सामग्री चुनने से कभी-कभी सूचनाएं अस्त-व्यस्त हो जाती हैं. इसलिए सबसे अच्छा यह है कि 'Sort' आदेश देने से पहले आप वर्कशीट को सुरक्षित (Save) कर लीजिए. इससे यदि कोई गलती हो गयी, तो आप बिना 'Save' किए वर्कशीट को बन्द कर सकते हैं और पुन: खोलकर समस्त डाटा को मूल रूप में ला सकते हैं.

बीच में पंक्तियां डालना (Inserting Rows)

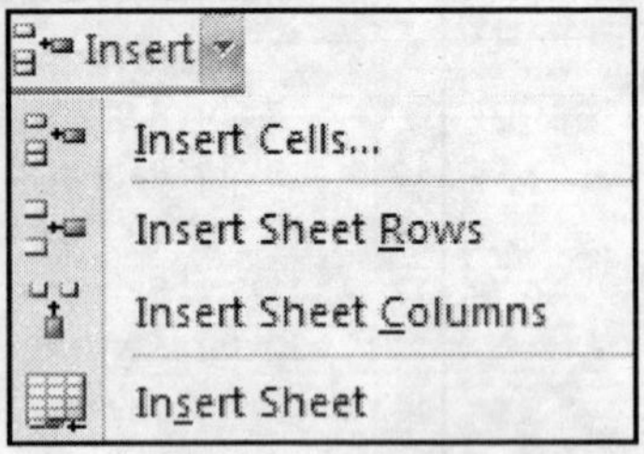

चित्र E-3.11 : 'Insert' मेन्यू

वर्कशीट में कहीं भी नयी पंक्तियां डालना बहुत सरल है. जहां आप पंक्ति डालना चाहते हैं, पहले उसकी क्रम संख्या को क्लिक करके उसे चुन लीजिए. जैसे यदि पंक्ति 5 की जगह खाली पंक्ति डालनी है, तो 5 को क्लिक कीजिए. अब Home टैब के Cells भाग में Insert बटन के तीर के निशान पर क्लिक कीजिए. इससे एक पुल-डाउन मेन्यू चित्र E-3.11 की तरह खुलेगा. इस मेन्यू में Insert Sheet Rows आदेश दीजिए. इससे उस स्थान पर एक खाली पंक्ति जोड़ दी जाएगी और उस बिन्दु से आगे की सभी पंक्तियों में भरी सामग्री को एक-एक पंक्ति आगे (अर्थात् नीचे की ओर) सरका दिया जाएगा.

उदाहरण के लिए, यदि आपने चित्र E-3.10 की वर्क शीट में पंक्ति 5 के स्थान पर एक नयी पंक्ति डाली है, तो पंक्ति 5 का डाटा पंक्ति 6 में, पंक्ति 6 का डाटा 7 में तथा इसी प्रकार आगे की पंक्तियों का डाटा भी सरका

	A	B	C	D	E	F	G	H
1	S.No.	Name	Designation	Scale	P.F. No.			
2	1	Shri S.N.P. Singh	AGM	5	6734			
3	2	Shri M.D.P. Patnaik	Chief Manager	4	6876			
4	3	Dr J.P. Gupta	Senior Manager	3	2982			
5								
6	4	Shri S.K. Sharma	Senior Manager	3	5707			
7	5	Shri Indram Nandrajog	Senior Manager	3	9073			
8	6	Shri J.S. Bajpai	Manager	2	9372			
9	7	Shri Shyam Prakash	Manager	2	11018			
10	8	Shri Mohd. Ismail	Manager	2	21406			
11	9	Smt Renu Saxena	Manager (EDP)	2	24672			
12	10	Shri Dharam Lal Arora	Asstt Manager	1	5941			
13	11	Shri S.K. Malhotra	Officer	1	7027			
14	12	Smt Mala Bhatt	EDP Officer	1	8424			
15	13	Shri R.S. Srivastava	Asstt Manager	1	9269			
16	14	Shri Rajesh Pandit	EDP Officer	1	12539			
17	15	Shri Amar Singh	Officer	1	19775			

चित्र E-3.12 : बीच में पंक्ति डालने के बाद वर्कशीट

दिया जाएगा, जैसा कि चित्र E-3.12 में दिखाया गया है. इस प्रकार सरकायी गयी पंक्तियों में भरे फार्मूलों को भी नए स्थान के अनुसार सुधार दिया जाता है. फिर भी आपको अपने फार्मूले जांच लेने चाहिए.

एक साथ कई पंक्तियों को चुनकर आप एक साथ कई खाली पंक्तियां भी बीच में डाल सकते हैं.

बीच में कालम डालना (Inserting Columns)

पंक्तियों की तरह खाली कालम भी बीच में कहीं भी डाले जा सकते हैं. इसकी विधि भी लगभग वही है, जो पंक्तियां डालने की है. इसके लिए सबसे पहले उस कालम को चुन लीजिए जहां आप नया कालम डालना चाहते हैं. अब 'Insert' मेन्यू (चित्र E-3.11) में Insert Sheet Columns आदेश दीजिए. ऐसा करते ही एक नया कालम उस स्थान पर घुस जाएगा और उसके बाद के सभी कालमों का डाटा एक कालम दायीं ओर सरका दिया जाएगा तथा फार्मूलों को सुधार दिया जाएगा.

उदाहरण के लिए, चित्र E-3.12 की वर्कशीट में कालम B (Name) तथा C (Designation) के बीच में नया खाली कालम डालने के लिए कालम C को चुनकर 'Insert | Insert Sheet Columns' आदेश देने पर वर्कशीट चित्र E-3.13 की तरह दिखायी देगी.

	A	B	C	D	E	F	G	H
1	S.No.	Name		Designation	Scale	P.F. No.		
2	1	Shri S.N.P. Singh		AGM	5	6734		
3	2	Shri M.D.P. Patnaik		Chief Manager	4	6876		
4	3	Dr J.P. Gupta		Senior Manager	3	2982		
5								
6	4	Shri S.K. Sharma		Senior Manager	3	5707		
7	5	Shri Indram Nandrajog		Senior Manager	3	9073		
8	6	Shri J.S. Bajpai		Manager	2	9372		
9	7	Shri Shyam Prakash		Manager	2	11018		
10	8	Shri Mohd. Ismail		Manager	2	21406		
11	9	Smt Renu Saxena		Manager (EDP)	2	24672		
12	10	Shri Dharam Lal Arora		Asstt Manager	1	5941		
13	11	Shri S.K. Malhotra		Officer	1	7027		
14	12	Smt Mala Bhatt		EDP Officer	1	8424		
15	13	Shri R.S. Srivastava		Asstt Manager	1	9269		
16	14	Shri Rajesh Pandit		EDP Officer	1	12539		
17	15	Shri Amar Singh		Officer	1	19775		

चित्र E-3.13 : बीच में कालम डालने के बाद वर्कशीट

इस प्रकार कई कालम चुनकर और 'Insert' मेन्यू में 'Insert Sheet Columns' आदेश देकर आप एक साथ कई कालम भी बीच में डाल सकते हैं.

बीच में सैल डालना (Inserting Cells)

आप किसी वर्कशीट में बीच में खाली सैल (या रेंज) भी डाल सकते हैं. इस प्रकार सैलों को बीच में घुसाने से प्रभावित होने वाले समस्त डाटा को आपकी इच्छा के अनुसार या तो दायीं ओर या नीचे की ओर खिसका दिया जाएगा.

खाली सैल बीच में डालने के लिए पहले एक या अधिक सैलों की उस रेंज को चुनिए जहां आप नए सैल डालना चाहते हैं. फिर 'Insert' मेन्यू का 'Insert Cells...' आदेश दीजिए. ऐसा करते ही आपको चित्र E-3.14 की तरह 'Insert Cells' का डायलाग बॉक्स दिया जाएगा. इस डायलाग बॉक्स में आपसे पूछा जाता है कि प्रभावित होने वाले सैलों को आप दायीं ओर सरकाना चाहते हैं या नीचे की ओर अथवा आप पूरी पंक्ति या कालम जोड़ना चाहते हैं. आपके उत्तर के अनुसार खाली सैल डालकर वर्कशीट को व्यवस्थित कर दिया जाएगा.

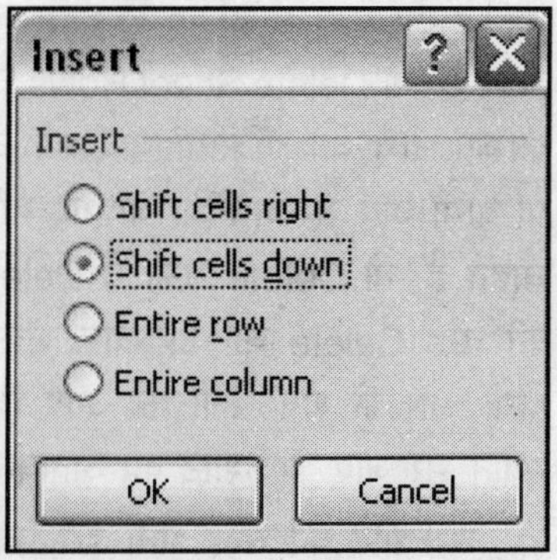

चित्र E-3.14 : 'Insert' का डायलाग बॉक्स

उदाहरण के लिए, यदि आप चित्र E-3.10 की वर्कशीट में सैल D8 की जगह एक नया सैल डालते हैं और प्रभावित होने वाले सैलों को नीचे की ओर सरकाते हैं तो आपकी वर्कशीट चित्र E-3.15 की तरह दिखायी देगी.

इस प्रकार बीच में सैल घुसाने से हो सकता है कि आपकी वर्कशीट का ढांचा बिगड़ गया हो या फार्मूले गलत हो गए हों. ऐसी स्थिति में आप क्विक एक्सेस टूलबार में 'Undo' बटन को क्लिक करके वर्कशीट को पहले की स्थिति में ला सकते हैं.

	A	B	C	D	E	F	G	H	I
1	S.No.	Name	Designation	Scale	P.F. No.				
2	1	Shri S.N.P. Singh	AGM	5	6734				
3	2	Shri M.D.P. Patnaik	Chief Manager	4	6876				
4	3	Dr J.P. Gupta	Senior Manager	3	2982				
5	4	Shri S.K. Sharma	Senior Manager	3	5707				
6	5	Shri Indram Nandrajog	Senior Manager	3	9073				
7	6	Shri J.S. Bajpai	Manager	2	9372				
8	7	Shri Shyam Prakash	Manager		11018				
9	8	Shri Mohd. Ismail	Manager	2	21406				
10	9	Smt Renu Saxena	Manager (EDP)	2	24672				
11	10	Shri Dharam Lal Arora	Asstt Manager	2	5941				
12	11	Shri S.K. Malhotra	Officer	1	7027				
13	12	Smt Mala Bhatt	EDP Officer	1	8424				
14	13	Shri R.S. Srivastava	Asstt Manager	1	9269				
15	14	Shri Rajesh Pandit	EDP Officer	1	12539				
16	15	Shri Amar Singh	Officer	1	19775				
17				1					

चित्र E-3.15 : बीच में सैल डालने के बाद वर्कशीट

वर्कशीट का कोई भाग हटाना (Deleting Parts of a Worksheet)

आप अपनी वर्कशीट का कोई भी भाग (पंक्ति, कालम या रेंज) उसमें से हटा सकते हैं. इसके लिए Home टैब के Cells भाग में दिये गये Delete बटन का उपयोग किया जाता है. आप जिस भाग को हटाना (अर्थात् निकाल देना) चाहते हैं, पहले उसे ऊपर बतायी जा चुकी विधि से चुन लीजिए और Delete के पुल-डाउन मेन्यू में उचित विकल्प चुनिए. यदि आपने पूरी पंक्ति या पूरे कालम हटाए हैं, तो Delete Sheet Rows अथवा Delete Column Rows के परिणाम स्वरूप नीचे की पंक्तियों या दायीं ओर के कालमों को क्रमशः ऊपर की ओर या बायीं ओर सरका दिया जाएगा. यदि आप कोई रेंज अथवा अकेला सैल हटाना चाहते हैं, तो Delete मेन्यू में Delete Cells... आदेश दें. इससे चित्र E-3.16 की तरह Delete का डायलाग बॉक्स देकर आपसे पूछा जाएगा कि नीचे तथा दायीं ओर के शेष सैलों को आप किस प्रकार सरकाना चाहते हैं, ताकि खाली स्थान भर जाए. वर्कशीट को आपके बताए अनुसार व्यवस्थित कर दिया जाएगा.

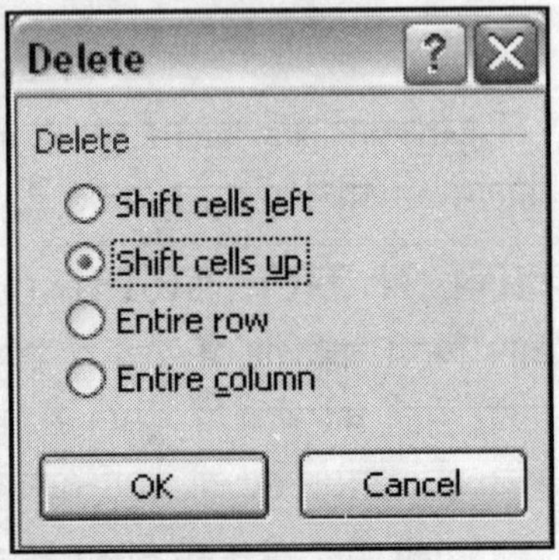

चित्र E-3.16 : 'Delete' का डायलाग बॉक्स

वर्कशीट का कोई भाग इस प्रकार हटाने पर आपके फार्मूलों पर बुरा प्रभाव पड़ सकता है. ऐसा विशेष रूप से तब होता है, जब हटाए गए सैलों का बचे हुए सैलों में कहीं सन्दर्भ दिया गया हो. हर स्थिति में आपको अपने फार्मूलों की जांच कर लेनी चाहिए और परिणाम से संतुष्ट न होने पर 'Undo' आदेश देना चाहिए.

वर्कशीट का कोई भाग साफ करना (Clearing Parts of Worksheet)

वर्कशीट का कोई भाग साफ अर्थात् खाली करने के लिए उस भाग को चुनकर की-बोर्ड पर Delete (या Del) बटन दबाइए. इससे वह भाग खाली हो जाएगा, लेकिन उनका फार्मेट वैसा ही बना रहेगा. यदि आप फार्मेट को भी साफ करना चाहते हैं, तो Home टैब के Editing भाग में Clear बटन के तीर के निशान पर क्लिक कीजिए. इससे वहां चित्र E-3.17 की तरह झरना मेन्यू खुल जाएगा. इस झरना मेन्यू में 'Clear Formats' विकल्प को क्लिक करने से चुने हुए सैलों का केवल फार्मेट साफ कर दिया जाएगा. यदि आप इसमें 'Clear Contents' को क्लिक करते हैं, तो केवल सामग्री साफ की जाएगी. लेकिन यदि आप इसमें 'Clear All' विकल्प को चुनते हैं, तो सामग्री के साथ ही फार्मेट भी हटा दिया जाएगा.

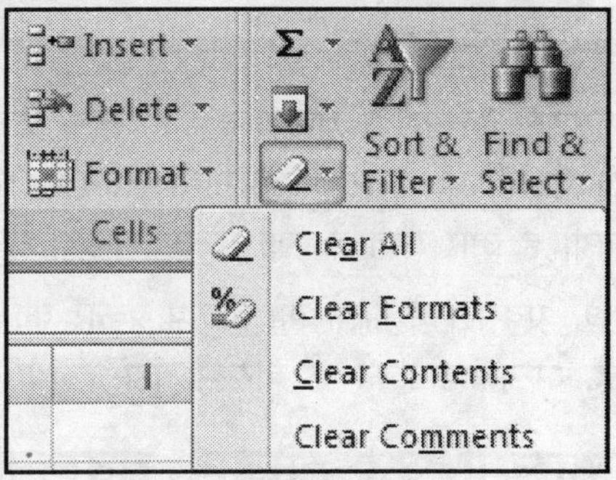

चित्र E-3.17 : Editing I Clear का झरना मेन्यू

वर्कशीट का कोई भाग खाली करने से दूसरे सैलों पर कोई सीधा प्रभाव नहीं पड़ता. लेकिन यदि उन सैलों का सन्दर्भ कहीं और दिया गया हो तो उन सैलों की सामग्री या परिणाम बदल सकता है.

विशेष- कई लोग किसी सैल को खाली करने के लिए उसमें स्पेस भर देते हैं। ऐसे सैल खाली नहीं माने जाते, भले ही उनमें कुछ दिखायी नहीं पड़ रहा हो. ऐसे सैल वर्कशीट को छपवाते समय आपके लिए परेशानी पैदा कर सकते हैं. इसी तरह यदि कोई सैल खाली है, परन्तु उसमें सीमा रेखाओं आदि की फार्मेटिंग है, तो भी उसे खाली नहीं माना जाता. यदि आप चाहते हैं कि कोई सैल या रेंज पूरी तरह खाली हो जाये, तो उसको चुनकर 'Editing' भाग के 'Clear' मेन्यू में 'Clear All' विकल्प को क्लिक करना चाहिए.

अभ्यास E-2 (Exercise E-2) :

अभ्यास E-1 में आपने एक मार्क्सशीट तैयार की थी, जिसमें चित्र E-2.11 के अनुसार कई फार्मूले भी भरे गए थे. इस वर्कशीट को फिर से खोलिए और इस सेक्शन में बतायी गयी विभिन्न क्रियाओं का अभ्यास कीजिए. साथ ही यह भी देखते रहिए कि प्रत्येक क्रिया का फार्मूलों पर क्या प्रभाव पड़ता है. फार्मूले देखने के लिए कंट्रोल के साथ ' (एपोस्ट्रोफ) दबाइए. फिर से परिणाम देखने के लिए एक बार फिर 'CTRL+' दीजिए. किसी परिवर्तन को समाप्त करने के लिए 'Undo' आदेश का प्रयोग करना चाहिए.

अभ्यास करने के बाद वर्कशीट को बिना सुरक्षित (Save) किए बाहर निकल जाइए, ताकि मूल वर्कशीट प्रभावित न हो.

वर्कशीट को सजाना (Enhancing Worksheet)

एमएस-एक्सेल में वर्कशीट को अनेक प्रकार से फार्मेट करने की ऐसी सुविधाएं उपलब्ध हैं, जिनके द्वारा आप का कार्य अधिक सुन्दर और प्रभावी लगेगा. इनमें से बहुत सी सुविधाएं एमएस-वर्ड से मिलती जुलती हैं और शेष एकदम नयी हैं और ऐसी हैं, जो केवल वर्कशीटों पर ही लागू की जा सकती हैं.

एक्सेल में सैलों को विशेष प्रकार का डाटा दिखाने के लिए फार्मेट करने के बारे में आप अध्याय-2 में पढ़ चुके हैं. अन्य तकनीकों के बारे में यहां बताया जा रहा है.

कालमों की चौड़ाई बदलना (Changing Column Width)

वर्कशीट में किसी कालम की चौड़ाई उसमें भरे गए डाटा के अनुसार सेट करनी पड़ती है. कई बार ऐसा होता है कि किसी सैल में भरा गया डाटा उस में पूरा नहीं आता. यदि वह डाटा वर्णात्मक (Character) है, तो शेष डाटा अगले दायीं ओर के सैलों में दिखायी पड़ता है, जैसा कि चित्र E-4.1 में दिखाया गया है. यदि दायीं ओर के सैल खाली हों, तो इसमें कोई कठिनाई नहीं होती. लेकिन यदि वे भी भरे हुए हों, तो बायीं ओर के सैल में डाटा पूरा दिखायी नहीं देगा. ऐसी स्थिति में उस कालम की चौड़ाई बढ़ाने की आवश्यकता होती है.

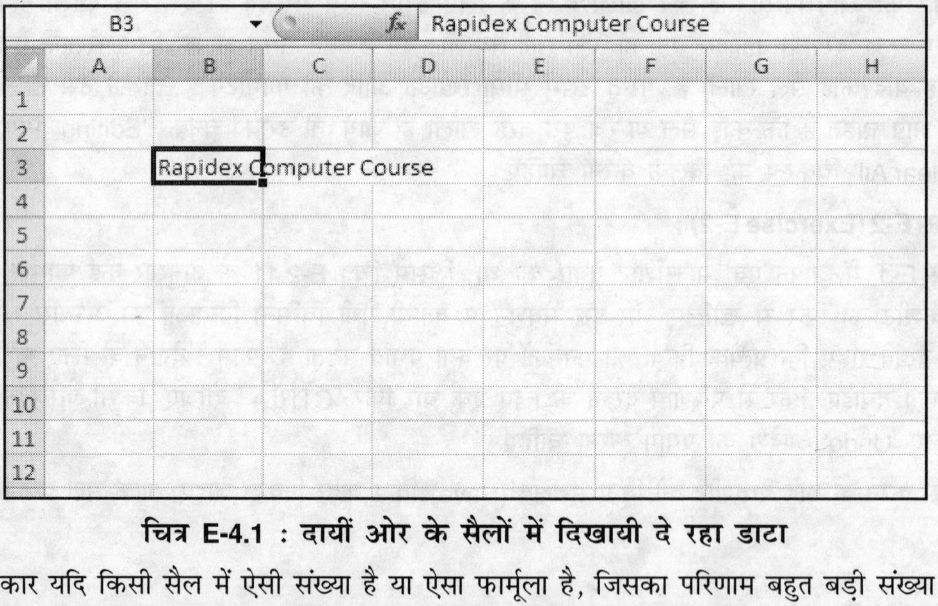

चित्र E-4.1 : दायीं ओर के सैलों में दिखायी दे रहा डाटा

इसी प्रकार यदि किसी सैल में ऐसी संख्या है या ऐसा फार्मूला है, जिसका परिणाम बहुत बड़ी संख्या है, तो वह संख्या सैल में दिखायी नहीं देगी, बल्कि उसके बदले पूरा सैल हैश चिह्नों '######' से भरा होगा. इससे पता चलता है कि उस सैल की चौड़ाई बढ़ाने की आवश्यकता है.

इसी तरह कभी-कभी आवश्यकतावश किसी कालम की चौड़ाई घटानी भी पड़ सकती है.

एक्सेल में किसी कालम की चौड़ाई बदलने की कई विधियां है. इनमें से सरल विधि यह है कि हम कालम के नाम (Label) के दाएं किनारे पर माउस पॉइंटर ले जाएं. वहां पहुचते ही वह पॉइंटर एक खड़ी मोटी रेखा में बदल जाएगा, जिसके बीच में दोनों ओर संकेत करता हुआ तीर का चिह्न होगा. इस स्थिति में माउस बटन को दबाकर पकड़ लीजिए और उस किनारे को कालम की चौड़ाई बढ़ाने के लिए दायीं ओर तथा घटाने के लिए बायीं ओर खींच कर

ले जाइए और इच्छित चौड़ाई सेट करके छोड़ दीजिए. इससे पूरे कालम की चौड़ाई उसी के अनुसार सेट हो जाएगी. यहां ध्यान रखने की बात यह है कि एक्सेल में हम किसी अकेले सैल की चौड़ाई नहीं बदल सकते, बल्कि उसके पूरे कालम की चौड़ाई बदलनी होगी.

यदि आप किसी कालम की चौड़ाई उसकी सबसे लम्बी प्रविष्टि (डाटा) के अनुसार सेट करना चाहते हैं, तो उस कालम नाम के दाएं किनारे पर डबल क्लिक कीजिए. इससे उस कालम की चौड़ाई अच्छी से अच्छी सेट हो

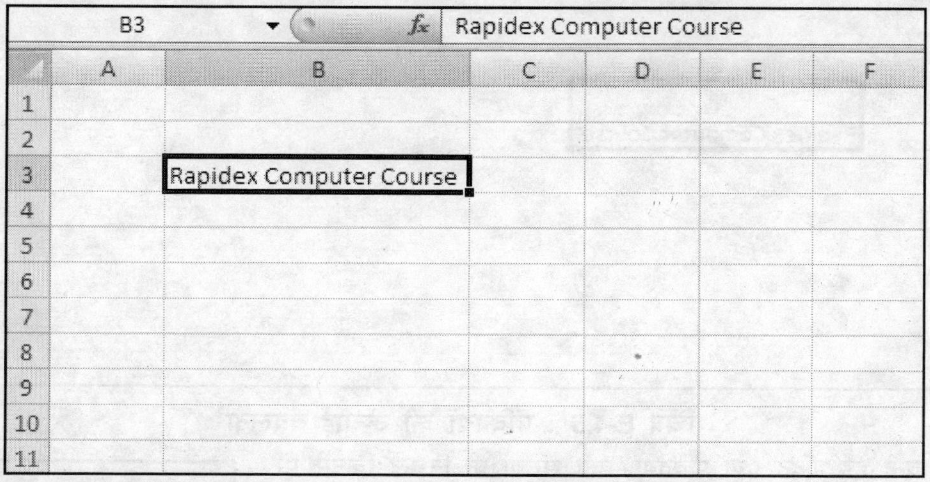

चित्र E-4.2 : कालमों की चौड़ाई बदलना

जाएगी जैसा कि चित्र E-4.2 में दिखाया गया है. आप एक साथ कई कालमों को चुनकर उनमें से किसी के दाएं किनारे को डबल क्लिक करके उन सबकी चौड़ाई भी अच्छी से अच्छी सेट कर सकते हैं.

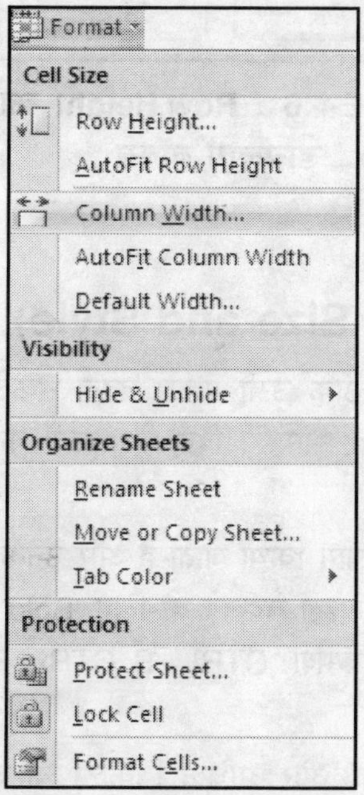

चित्र E-4.3 : फार्मेट मेन्यू

किसी कालम (या कालमों) की चौड़ाई बढ़ाने के लिए एक अन्य तरीका भी है. Home टैब के Cells भाग के Format बटन के तीर के निशान पर क्लिक कीजिए. इससे चित्र E-4.3 की तरह मेन्यू खुलेगा. मेन्यू में Column Width... आदेश दीजिए. यह आदेश देते ही आपको कालम विड्थ का डायलाग बॉक्स चित्र E-4.4 की तरह प्राप्त होगा, जिसमें कालम की चौड़ाई पॉइंटों (Points) में दी जाती है. इस डायलाग बॉक्स में उचित चौड़ाई सेट करके OK बटन को क्लिक कीजिए. इससे चुने हुए कालमों की चौड़ाई उतनी ही सेट कर दी जाएगी.

चित्र E-4.4 : Column Width का डायलाग बॉक्स

पंक्तियों की ऊंचाई बदलना (Changing Row Heights)

एक्सेल में सामान्यतया किसी पंक्ति की ऊंचाई उस पंक्ति के किसी भी सैल में भरे गए सबसे मोटे चिह्न के अनुसार अपने आप बढ़ा ली जाती है. इसके अलावा आप स्वयं भी पंक्तियों की ऊंचाई बदल सकते हैं. इसके लिए वैसी ही तकनीकों का प्रयोग किया जाता है, जो कालम की चौड़ाई बदलने में प्रयोग की जाती हैं. जैसे ही आप माउस

पॉइंटर को किसी पंक्ति संख्या को निचले किनारे पर लाते हैं, वह एक मोटी पड़ी रेखा में बदल जाता है, जिसके बीच में ऊपर नीचे की ओर संकेत करता हुआ दोनों ओर के तीर का चिह्न होता है. इस चिह्न को आप माउस से पकड़कर ऊपर नीचे कहीं भी सेट करके उस पंक्ति की ऊंचाई बदल सकते हैं, जैसा कि चित्र E-4.5 में दिखाया गया है.

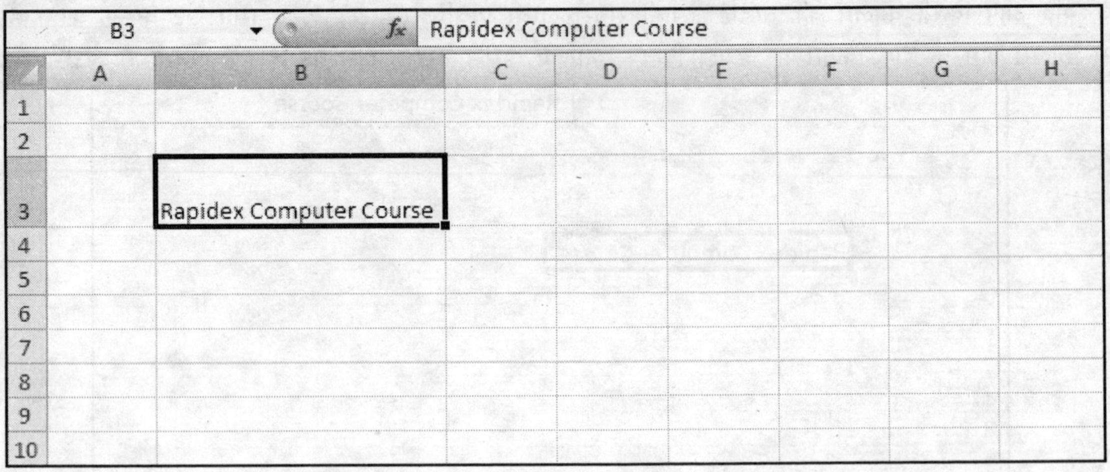

चित्र E-4.5 : पंक्तियों की ऊंचाई बदलना

किसी चुनी हुई पंक्ति (या पंक्तियों) की संख्या के निचले किनारे पर डबल क्लिक करने पर उसकी ऊंचाई सबसे अच्छी सेट हो जाती है.

पंक्तियों की ऊंचाई बदलने का कार्य आप Row Height के डायलाग बॉक्स द्वारा भी कर सकते हैं. इच्छित पंक्ति या पंक्तियों को चुनकर 'Format' मेन्यू के 'Row Height...' आदेश को क्लिक करने से आपको चित्र E-4.6 की तरह रो हाइट का डायलाग बॉक्स प्राप्त होता है, जिसमें पंक्ति की ऊंचाई पॉइंटों (Points) में दी जाती है. इस डायलाग बॉक्स में उचित ऊंचाई सेट करके OK बटन को क्लिक कीजिए, जिससे चुनी हुई पंक्तियों की ऊंचाई उतनी ही सेट कर दी जाएगी.

चित्र E-4.6 : Row Height का डायलाग बॉक्स

फॉण्ट आकार तथा स्टाइल बदलना (Changing Font Size and Style)

आप किसी चुनी हुई रेंज में भरे हुए टैक्स्ट या डाटा का फॉण्ट, आकार तथा स्टाइल ठीक उसी प्रकार बदल सकते हैं, जिस प्रकार एमएस-वर्ड में बदला जाता है. इसमें या तो आप Home टैब के Font भाग में दिए गए बटनों का उपयोग कर सकते हैं या कुंजी पटल की शॉर्टकट कुंजियों का उपयोग कर सकते हैं.

फॉण्ट चुनने के लिए Home टैब के Font भाग में Font ड्राप-डाउन लिस्ट का उपयोग किया जाता है और उनका आकार चुनने के लिए Font Size ड्राप-डाउन लिस्ट का उपयोग करते हैं. इसी प्रकार स्टाइल बदलने के लिए 'Bold', 'Italic' और 'Underline' बटनों का उपयोग कर सकते हैं या कुंजी पटल में उनके बदले क्रमशः CTRL+ B, CTRL+I, और CTRL+ U शॉर्टकट कुंजियों का उपयोग कर सकते हैं.

फार्मेटिंग के अधिकांश फॉण्ट सम्बंधी विकल्प Font भाग में उपलब्ध हैं. यदि आप और अधिक विकल्प चाहते हैं, तो सैलों को चुनकर Cells भाग के Format मेन्यू के 'Format Cells' आदेश से मिलने वाले डायलाग बॉक्स में 'Font' टैब शीट का उपयोग करना चाहिए, जो चित्र E-4.7 में दिखाया गया है.

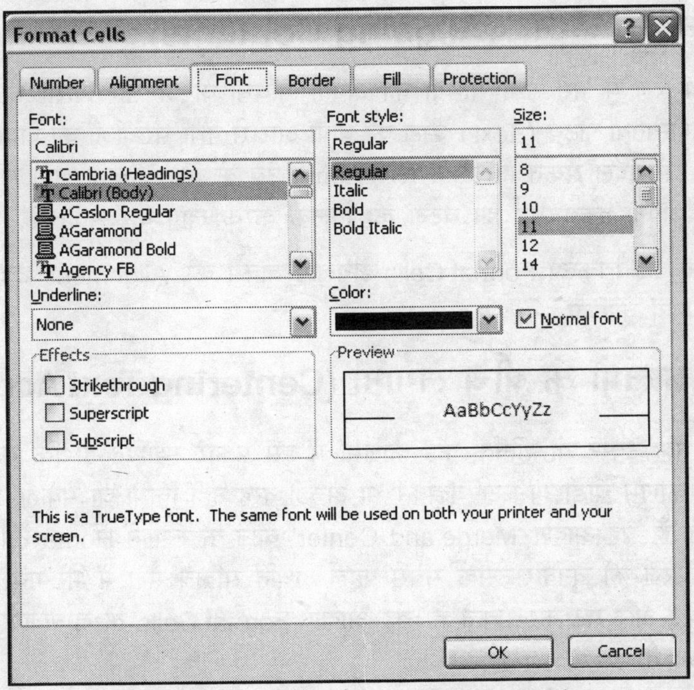

चित्र E-4.7 : फार्मेट सैल का डायलाग बॉक्स

अभ्यास E-3 (Exercise E-3) :

इन क्रियाओं का अभ्यास करने के लिए अभ्यास E-1 में बनायी गयी वर्कशीट को खोल लीजिए और निम्नलिखित क्रियाएं कीजिए –

1. रेंज B1:D2 में भरे स्कूल के नाम को चुनकर फॉण्ट आकार 12 तथा स्टाइल 'Bold' सेट कीजिए.
2. सैल B4 को चुनकर फॉण्ट 'Arial Black', आकार 14 तथा स्टाइल 'Italic' सेट कीजिए.
3. रेंज B6:B7 को चुनकर स्टाइल 'Italic' कर दीजिए. यही क्रिया सैल F6 के साथ भी कीजिए.

इस समय आपकी वर्कशीट का ऊपरी भाग चित्र E-4.8 की तरह दिखायी देगा. ध्यान दीजिए कि किसी टैक्स्ट के फॉण्ट का आकार बढ़ाने पर उस पंक्ति की ऊंचाई अपने आप बढ़ जाती है, जैसे यहां पंक्ति 1 और 4 की बढ़ गई है.

चित्र E-4.8 : फॉण्ट सुधारने के बाद वर्कशीट

सामग्री को एलाइन करना (Aligning Contents)

आप किसी भी सैल या रेंज में भरी गयी सामग्री को अपनी सुविधा के अनुसार किसी भी सीध में लगा सकते हैं. General फार्मेट में सामान्यतया पाठ्य (Text) डाटा को बायीं ओर से तथा संख्याओं को दायीं ओर से लगाकर दिखाया जाता है. आप चाहें तो इसे बदल सकते हैं. इसके लिए Home टैब के Alignment भाग में अनेक बटन उपलब्ध हैं. आप सैलों को चुनकर अपनी इच्छानुसार इन बटनों को क्लिक करके लागू कर सकते हैं.

इनके अलावा अन्य कई विकल्प Format Cells डायलाग बॉक्स की 'Alignment' टैब शीट में उपलब्ध हैं. इन विकल्पों का अभ्यास स्वयं कीजिए.

टैक्स्ट को कई कालमों के बीच लगाना (Centering Text Across Columns)

कई बार हम चाहते हैं कि टैक्स्ट या शीर्षक कई कालमों में इस प्रकार स्थापित हो कि वह सामग्री के बीचों बीच दिखायी पड़े. यह कार्य कालम चौड़ाइयां घटा-बढ़ाकर भी अच्छी तरह नहीं किया जा सकता. इसके लिए विशेष आदेश का उपयोग करना पड़ता है. यह आदेश 'Merge and Center' बटन के रूप में Home टैब के Alignment भाग में उपलब्ध है. आप किसी रेंज को चुनकर उसके सबसे पहले अर्थात् सक्रिय सैल में भरे गये टैक्स्ट को इस बटन द्वारा रेंज के बीचोबीच या बाईं ओर सेट कर सकते हैं. यह आदेश 'Format Cells' के डायलाग बॉक्स की 'Alignment' टैब शीट में भी उपलब्ध है.

इस सुविधा का ठीक-ठीक उपयोग करने के लिए यह आवश्यक है कि वह टैक्स्ट चुनी हुई रेंज के सक्रिय सैल में भरा हो तथा अन्य सभी सैल खाली हों. यदि बाकी सैल खाली नहीं होंगे, तो उनका डाटा नष्ट हो जाएगा.

अभ्यास E-4 (Exercise E-4) :

अभ्यास E-3 में बनायी गयी चित्र E-4.8 की वर्कशीट को खोलिए. हम इसमें ऊपर की पंक्तियों में दिए गए शीर्षकों

	A	B	C	D	E	F	G	H
1		**D.A.V. Senior Secondary School**						
2			**New Delhi**					
3								
4	***Senior School Examination, 2008***							
5								
6	Name:	*Richa Sharma*			Roll no.	*4107304*		
7	Father's Name:	*Shri M.K. Sharma*						
8								
9	Subjects	Max Marks	Theory	Practical	Total			
10	English	100	80	0	80			
11	Hindi	100	72	0	72			
12	Mathematics	100	73	18	91			
13	Social Science	100	62	15	77			
14	Science	100	51	36	87			
15	Sanskrit	100	94	0	94			

चित्र E-4.9 : शीर्षकों को कई कालमों के बीच में सेट करने पर वर्कशीट

को कालमों A से F के बीच सेट करेंगे, क्योंकि हमारी टेबिल इन्हीं कालमों में है. इसके लिए निम्नलिखित क्रियाएं कीजिए–

1. रेंज A1: F1 को चुनिए जिसमें A1 सक्रिय सैल होगा. (इसी सैल में डाटा भरा है.)
2. Alignment भाग के Merge & Center बटन के तीर के निशान को क्लिक कीजिए. इससे एक पुल-डाउन मेन्यू खुलेगा. मेन्यू में Merge & Center विकल्प चुनिए. ऐसा करते ही आप देखेंगे कि वह टैक्स्ट सैलों A1 से F1 तक के बीचोबीच सेट हो गया है.
3. यदि आप Merge Across आदेश देते, तो टैक्स्ट बाईं ओर सेट हो जाता. Merge Cells आदेश देने पर चुने हुए सैल विलय हो जाते हैं और Unmerge Cells आदेश देने पर विलय सैल पूर्व स्थिति में आ जाते हैं.
4. अब सैल C2 में भरे New Delhi टैक्स्ट को रेंज A2:F2 के बीच सेट कीजिए और सैल B4 के डाटा को रेंज A4:F4 में बीच सेट कीजिए.

इस समय आपकी वर्कशीट चित्र E-4.9 की तरह दिखायी पड़ रही होगी, जिसमें सभी शीर्षक टेबिल के ठीक ऊपर बीचोबीच दिखायी दे रहे हैं.

सीमा रेखाएं खींचना (Drawing Borders)

वर्कशीट के किसी भाग को उभारने, दूसरे भागों से अलग दिखाने, योगों (Totals) तथा अनुयोगों (Subtotals) को विशेष तौर पर दिखाने या केवल वर्कशीट में बनायी गई किसी टेबिल की सुन्दरता बढ़ाने के लिए आप सैलों के ऊपर-नीचे, दाएं-बाएं सीमा रेखाएं भी खींच सकते हैं. इस कार्य के लिए हम Home टैब के Font भाग में Bottom Border बटन का प्रयोग करते हैं. इसकी विधि इस प्रकार है –

1. उस सैल या रेंज को चुन लीजिए, जिसकी सीमा रेखा आप खींचना चाहते हैं.
2. फार्मेटिंग टूल बार में Bottom Border बटन के तीर को क्लिक कीजिए। इससे आपकी स्क्रीन पर चित्र E-4.10 की तरह सीमा रेखाओं की पट्टी (Borders Palette) खुल जाएगी, जिसमें सभी उपलब्ध बटन दिए गए होते हैं.
3. सीमा रेखा पट्टी में अपनी इच्छित सीमा रेखा स्टाइल के बटन को क्लिक कीजिए.

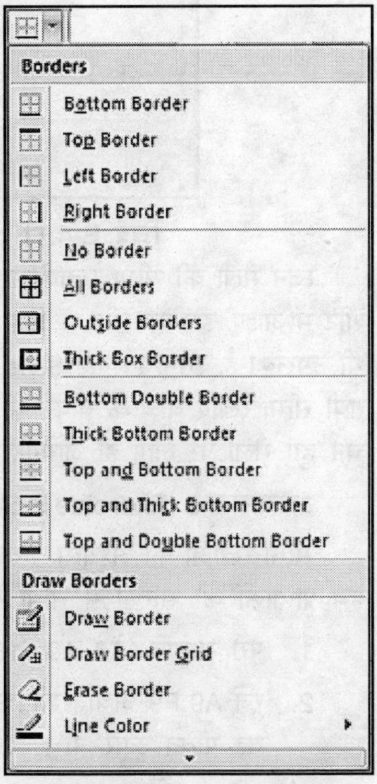

चित्र E-4.10 : सीमा रेखाओं की पट्टी

आप चाहें तो उन्हीं सैलों पर एक से अधिक स्टाइलों को भी लागू कर सकते हैं, जिससे उन सैलों पर दोनों स्टाइलों का सम्मिलित प्रभाव पड़ेगा. यदि आप सीमा रेखा पट्टी में उपलब्ध स्टाइलों से संतुष्ट नहीं हैं, तो आप अपनी अलग स्टाइल भी बना सकते हैं और मन चाही सीमा रेखाएं खींच सकते हैं. इसमें 'Format Cells' डायलाग बॉक्स की 'Border' टैब शीट का उपयोग किया जाता है, जो चित्र E-4.11 में दिखायी गयी है.

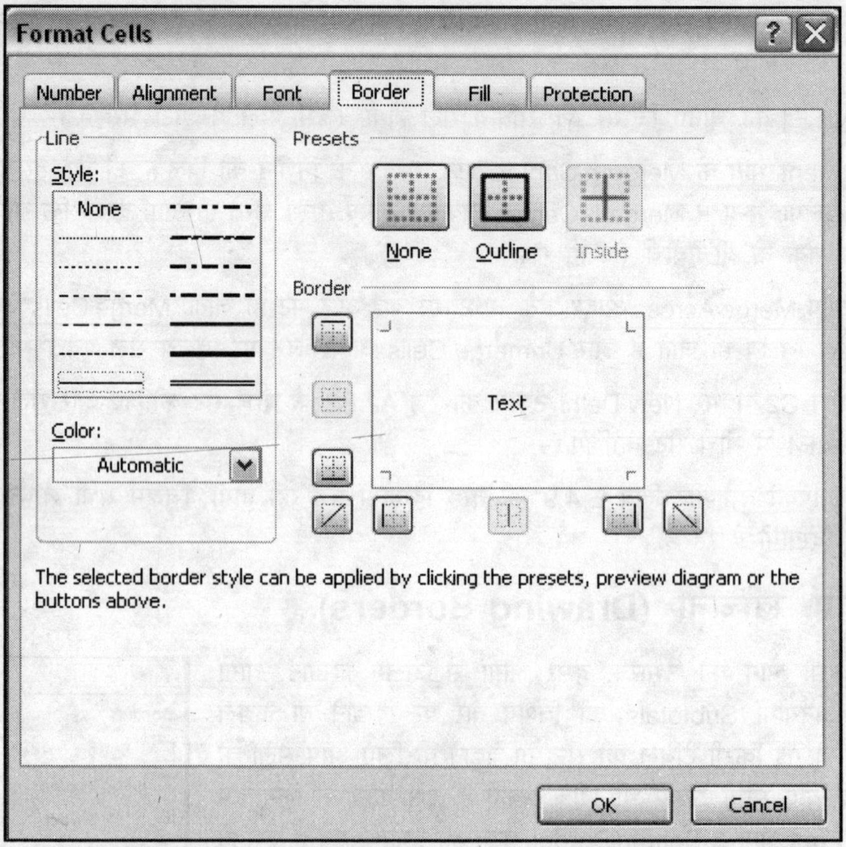

चित्र E-4.11 : Format Cells डायलाग बॉक्स की Border टैब शीट

जिन सैलों की सीमा रेखाएं आप बनाना चाहते हैं, उन्हें चुनकर इस डायलाग बॉक्स को खोलिए और Border टैब शीट में आइए. इस टैब शीट में अन्य कई प्रकार की सीमा रेखाओं के साथ तिरछी (Diagonal) रेखाएं खींचने की सुविधा भी उपलब्ध है. इतना ही नहीं Style बॉक्स में आप रेखाओं का स्वरूप और मोटाई भी चुन सकते हैं. आपके द्वारा बनायी गयी सीमा रेखाएं बीच के बॉक्स में दिखायी देती हैं. सन्तुष्ट होने पर 'OK' बटन को क्लिक कीजिए. इससे वह स्टाइल चुने हुए सैलों पर लागू हो जायेगी.

अभ्यास E-5 (Exercise E-5) :

सीमा रेखाओं का अभ्यास करने के लिए अभ्यास E-4 में बनायी गयी चित्र E-4.9 की वर्कशीट को खोलिए. इसमें हम प्राप्तांकों की सारणी में सीमा रेखाएं बनाएंगे. इसके लिए निम्नलिखित क्रियाएं कीजिए –

1. पूरी सारणी (रेंज A9:F16) को चुनकर उसके चारों बाहरी सीमा रेखा खींचिए.
2. रेंज A9:F9 अर्थात् शीर्षक पंक्ति (Header) को चुनकर उसके नीचे की सीमा रेखा भी खींच दीजिए. इससे वह पंक्ति ऊपर-नीचे दोनों ओर से सीमा रेखा में बंध जाएगी. इस पंक्ति को बोल्ड भी कर दीजिए.
3. इसी प्रकार 'Total' वाली पंक्ति की ऊपरी सीमा रेखा खींचिए और इसे भी बोल्ड कीजिए.
4. रेंज A9:F9 में कालमों की खड़ी सीमा रेखाएं बनाने के लिए इस रेंज को चुनकर 'Format' मेन्यू में 'Format Cells' आदेश दीजिए. इससे Format Cells का डायलाग बॉक्स खुलेगा. इस डायलाग बॉक्स की 'Border'

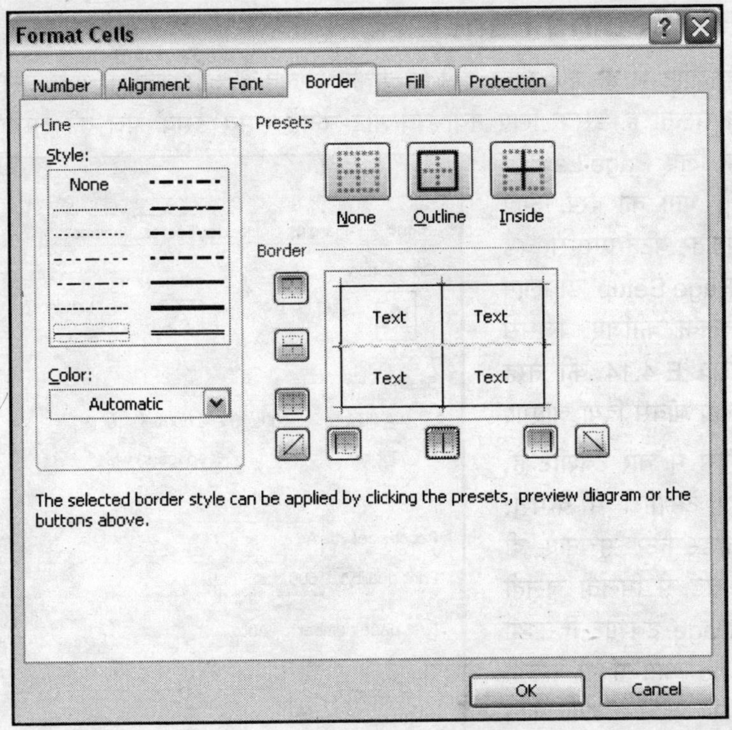

चित्र E-4.12 : Format Cells की Border टैब शीट में कालमों की भीतरी सीमा रेखाएं बनाना

टैबशीट को खोलिए. इस टैबशीट में केवल बीच की खड़ी सीमा रेखा की स्टाइल को क्लिक कीजिए, जैसा कि चित्र E-4.13 में दिखाया गया है. अब OK बटन को क्लिक करते ही सारिणी में सभी कालमों के बीच रेखाएं बन जाएंगी. इस समय आपकी वर्कशीट चित्र E-4.13 की तरह दिखायी दे रही होगी.

	A	B	C	D	E	F	G
1		**D.A.V. Senior Secondary School**					
2			**New Delhi**				
3							
4	***Senior School Examination, 2008***						
5							
6	Name:	*Richa Sharma*			Roll no.	*4107304*	
7	Father's Name:	*Shri M.K. Sharma*					
8							
9	**Subjects**	**Max Marks**	**Theory**	**Practical**	**Total**		
10	English	100	80	0	80		
11	Hindi	100	72	0	72		
12	Mathematics	100	73	18	91		
13	Social Science	100	62	15	77		
14	Science	100	51	36	87		
15	Sanskrit	100	94	0	94		
16	**Total**	**600**	**432**	**69**	**501**		

चित्र E-4.13 : सीमा रेखाएं खींचने के बाद वर्कशीट

पेज सेट करना (Setting Page)

एक्सेल में आपको वर्कशीट में ही पेज खत्म होने के संकेत मिलते हैं और यह भी पता चल जाता है कि एक पेज में कितनी सामग्री जा सकती है. इसके लिए नयी वर्कशीट बनाते समय उसके पेज की लम्बाई-चौड़ाई तय कर देना अच्छा रहता है. इसके लिए Page Layout टैब के Page Setup भाग को देखें. आप देखेंगे कि इसके अधिकतर बटन एमएस-वर्ड से मिलते-जुलते हैं. Page Setup डायलाग बॉक्स लॉन्चर पर क्लिक कीजिए, जिससे आपकी स्क्रीन पर चित्र E-4.14 की तरह पेज सेटअप का डायलाग बॉक्स दिया जाएगा.

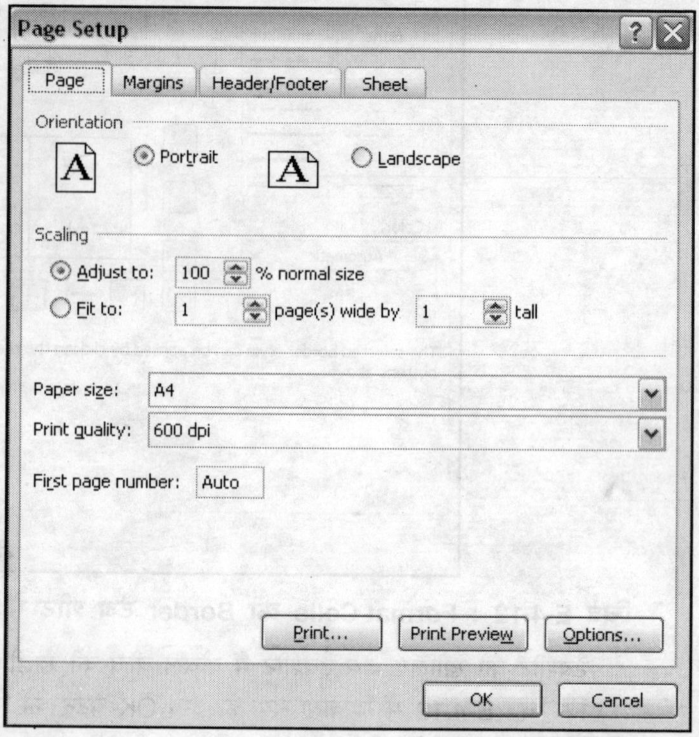

चित्र E-4.14 : पेज सेटअप डायलाग बॉक्स की Page टैब शीट

इस डायलाग बॉक्स में चार टैबशीट हैं, जिनमें से पहली तीन टैबशीटों में क्रमश: पेज, हाशियों तथा हैडर/फुटर सूचनाएं दी जाती हैं, जो एमएस-वर्ड से मिलती जुलती हैं. चित्र E-4.14 में Page टैबशीट दिखायी गयी है. इसके Scaling भाग में दो रेडियो बटन हैं. आप इनमें से पहले रेडियो बटन 'Adjust to ...' को सेट करके और उसके स्पिन बाक्स में प्रतिशत में स्केलिंग फैक्टर सेट करके सामग्री को छाप सकते हैं. 100% स्केलिंग फैक्टर का अर्थ है- समान आकार अर्थात् जितना आपने सेट किया है. 50% का अर्थ है- आधे आकार में अर्थात् छोटे अक्षर. इसी प्रकार आप अन्य प्रतिशतों के बारे में समझ सकते हैं. प्रतिशत घटा देने से एक पृष्ठ पर अधिक सामग्री छापी जा सकती है.

यदि आप चाहते हैं कि सारी सामग्री कुछ निश्चित संख्या में पृष्ठों पर छाप दी जाये, भले ही अक्षर कितने भी छोटे या बड़े आये, तो स्केलिंग भाग के दूसरे रेडियो बटन 'Fit to...' को सेट करके उसके स्पिन बॉक्सों में क्रमश: चौड़ाई और लम्बाई में पृष्ठों की संख्या सेट कीजिए.

सभी आवश्यक सेटिंग करने के बाद 'OK' बटन को क्लिक कीजिए. इससे आपके द्वारा की गयी सेटिंग प्रभावी हो जाएगी.

आप इस डायलॉग बॉक्स में 'Print...' बटन क्लिक करके वर्कशीट को छाप भी सकते हैं तथा 'Print Preview' आदेश देकर उसे पहले देख सकते हैं.

पेज ब्रेक डालना तथा हटाना (Inserting and Removing Page Breaks)

एमएस-एक्सेल में आपके द्वारा सेट किए गए अथवा डिफॉल्ट पेज सेटअप के अनुसार प्रत्येक पृष्ठ पूरा होने पर उनकी सीमा स्वयं ही बता दी जाती है, जो हमें टूटी रेखा (Dashed Line) के रूप में दिखायी देती है. लेकिन कभी-कभी बीच में ही पेज समाप्त करने की आवश्यकता होती है. इसके लिए आपको पेज ब्रेक डालना होगा. ऐसा करने के लिए

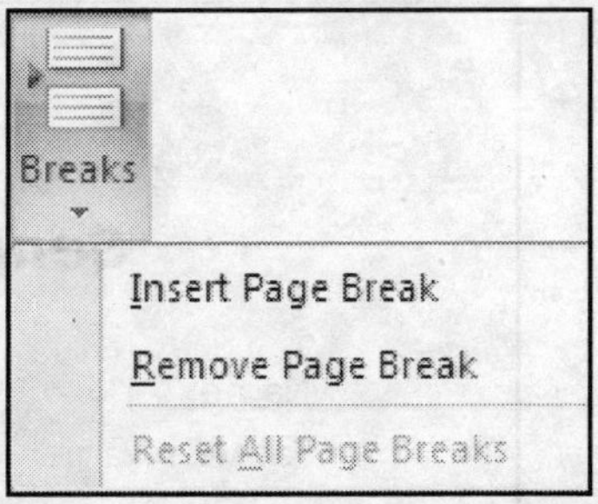

चित्र E-4.15 : Break मेन्यू

उस सैल को सक्रिय कीजिए (अर्थात् क्लिक कीजिए), जो इच्छित सीमा रेखा के ठीक दाएं और ठीक नीचे हो. अब चित्र E-4.15 की तरह Page Layout टैब के Breaks मेन्यू में 'Insert Page Break' आदेश दीजिए. ऐसा करते ही चुने हुए सैल के ऊपर और बायें पृष्ठों की सीमा रेखाओं को बताने वाली टूटी लाइनें दिखायी पड़ेंगी.

पेज ब्रेक को हटाने के लिए उसी सैल को सक्रिय करके 'Breaks' मेन्यू में 'Remove Page Break' आदेश दीजिए.

वर्कशीट को छपवाना (Printing a Worksheet)

एमएस-वर्ड के दस्तावेजों की तरह एक्सेल की वर्कशीटों को भी आप ऑफिस मेन्यू के 'Print...' आदेश द्वारा छपवा सकते हैं. सामान्य तौर पर किसी वर्कशीट का उतना ही भाग छापा जाता है, जितने में डाटा भरा होता है अर्थात् सैल A1 से उस अंतिम पंक्ति और कालम तक जिसमें कोई डाटा भरा होता है.

चित्र E-4.13 की वर्कशीट को छापने के लिए ऑफिस मेन्यू में 'Print' आदेश दीजिए. इसके बाद दाईं पट्टी में दिये गये विकल्पों में से Print विकल्प चुनिये. इससे आपको चित्र E-4.16 की तरह Print का डायलाग बॉक्स दिया जाएगा. इस डायलाग बॉक्स के 'Print what' भाग में 'Active worksheet(s)' रेडियो बटन को सेट कर दीजिए. प्रिंटर और प्रतियों की संख्या आदि के बारे में आवश्यक सेटिंग करने के बाद OK बटन को क्लिक कीजिए. इससे आपकी वर्कशीट चित्र E-4.18 की तरह छाप दी जाएगी. 'Preview' बटन को क्लिक करके आप छपायी से पहले उसे देख भी सकते हैं.

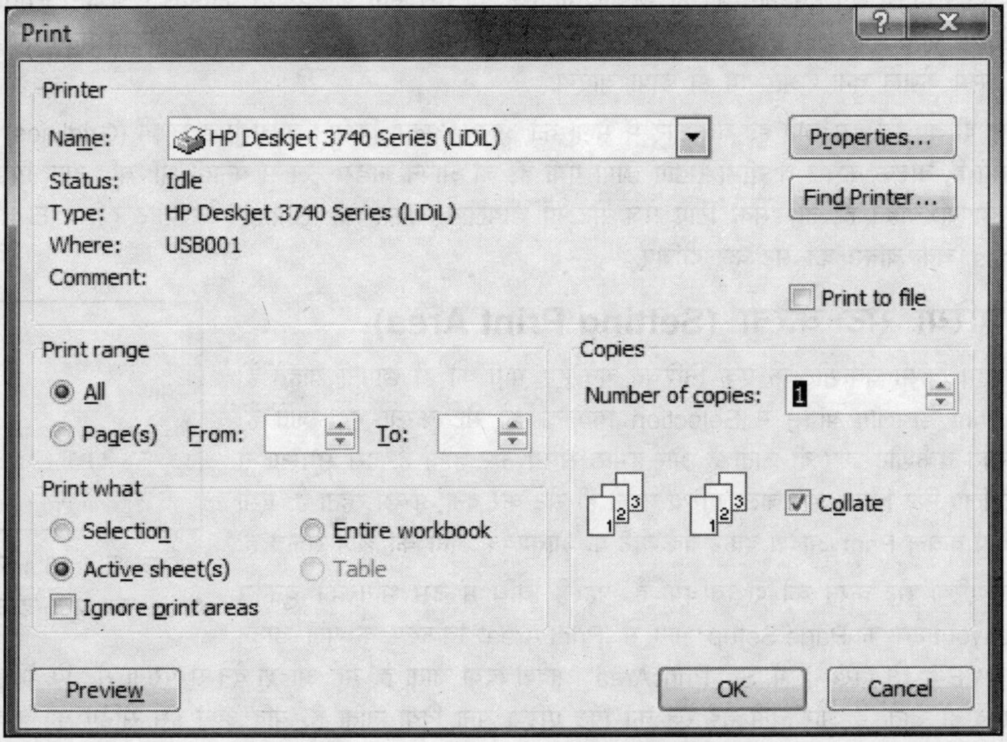

चित्र E-4.16 : प्रिंट का डायलाग बॉक्स

D.A.V. Senior Secondary School
New Delhi

Senior School Examination, 2008

Name:	*Richa Sharma*	Roll no.	*4107304*
Father's Name:	*Shri M.K. Sharma*		

Subjects	Max Marks	Theory	Practical	Total	
English	100	80	0	80	
Hindi	100	72	0	72	
Mathematics	100	73	18	91	
Social Science	100	62	15	77	
Science	100	51	36	87	
Sanskrit	100	94	0	94	
Total	**600**	**432**	**69**	**501**	

चित्र E-4.17 : छपी हुई वर्कशीट

यदि आप किसी चुने हुए भाग को ही छापना चाहते हैं, तो उस भाग को चुनकर ऑफिस मेन्यू द्वारा Print आदेश दीजिए. इससे प्राप्त होने वाले Print डायलाग बॉक्स के 'Print what' भाग में 'Selection' रेडियो बटन को सेट कर दीजिए. इससे केवल चुना हुआ भाग ही छापा जाएगा.

ध्यान दीजिए कि इस छपी हुई वर्कशीट में सैलों को अलग-अलग दिखाने वाली ग्रिड लाइनें (Gridlines) दिखायी नहीं दे रही हैं, बल्कि केवल वे सीमा रेखाएं छापी गयी हैं, जो आपने बार्डर्स टूल से बनायी थीं. यदि आप ग्रिड लाइनों को भी छापना चाहते हैं, तो इसके लिए पेज सेटअप डायलाग बॉक्स की 'Sheet' टैब शीट (चित्र E-4.19) में 'Gridlines' चेक बॉक्स को सेट कर दीजिए.

प्रिंट एरिया सेट करना (Setting Print Area)

कई बार हम किसी वर्कशीट के एक निश्चित चुने हुए भाग को ही छापना चाहते हैं, लेकिन Print डायलाग बॉक्स में Selection विकल्प को सेट करना भूल जाते हैं, जिससे सारी वर्कशीट छाप दी जाती है और हमारा समय नष्ट होता है. इस समस्या से बचने के लिए प्रिंट किया जाने वाला एरिया पहले ही सेट कर देना अच्छा रहता है. ऐसा करके आप केवल Print आदेश देकर वर्कशीट के आवश्यक भाग को छाप सकते हैं.

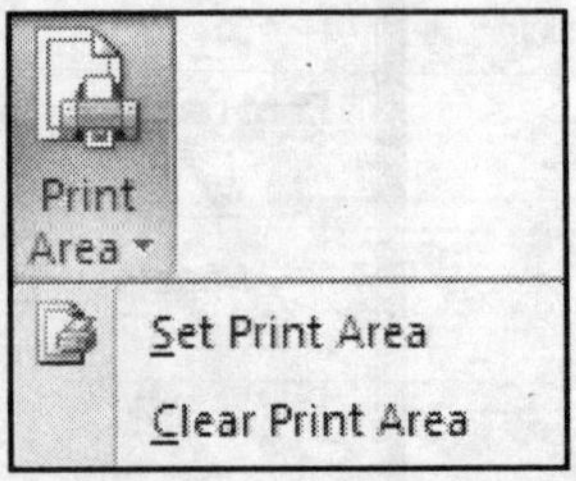

चित्र E-4.18 : Print Area का पुल-डाउन मेन्यू

प्रिंट एरिया सेट करने की दो विधियां हैं. पहली विधि में उस भाग को चुनकर Page Layout टैब के Page Setup भाग में 'Print Area' विकल्प के पुल-डाउन मेन्यू (चित्र E-4.18 देखिये) में 'Set Print Area' आदेश दिया जाता है. यह आदेश देने से पुराना सेट किया हुआ प्रिंट एरिया रद्द हो जाता है और चुनी हुई रेंज को प्रिंट एरिया बना दिया जाता है. यदि आप इस सेटिंग को केवल रद्द करना चाहते हैं अर्थात् सारी वर्कशीट को छपवाना चाहते हैं, तो इस मेन्यू में 'Clear Print Area' आदेश देना चाहिए.

प्रिंट एरिया सेट करने की दूसरी विधि में पेज सेटअप डायलाग बॉक्स का उपयोग किया जाता है. इस डायलाग बॉक्स की 'Sheet' टैबशीट, जो चित्र E-4.19 में दिखायी गयी है, में 'Print Area' टैक्स्ट बॉक्स में आप प्रिंट एरिया की रेंज भर सकते हैं.

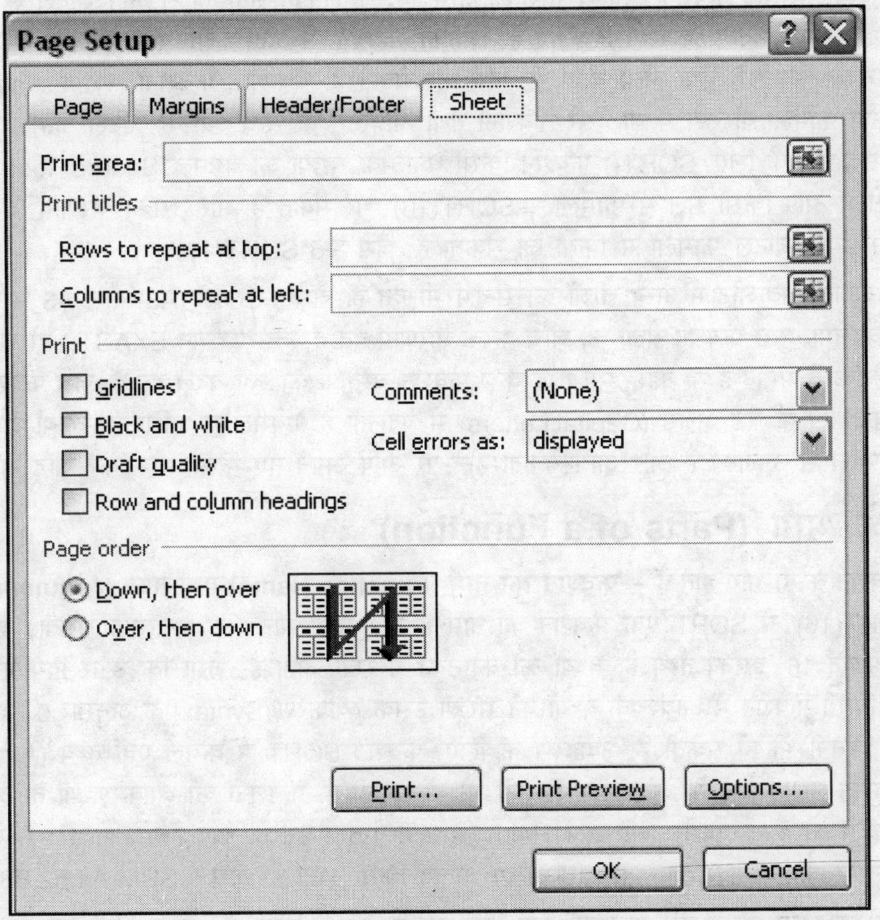

चित्र E-4.19 : पेज सेटअप डायलाग बॉक्स की Sheet टैब शीट

इस टैबशीट में आप वर्कशीट छापने के सम्बन्ध में कुछ अन्य सूचनाएं भी दे सकते हैं, जैसे छपाई के हर पृष्ठ पर दोहराई अर्थात् छापी जाने वाली पंक्तियां तथा कालम, ग्रिड लाइन छापना चाहते हैं या नहीं तथा यदि सामग्री एक पेज में नहीं आ पाती तो छपाई का क्रम आदि. समस्त सेटिंग करके 'OK' बटन को क्लिक करने से आपकी सेटिंग लागू हो जाती है.

05

एमएस-एक्सेल में फंक्शन
(Functions in MS-Excel)

एक्सेल में उपलब्ध वर्कशीट फंक्शन ऐसी शक्तिशाली सुविधाएं हैं, जिनकी सहायता से आप जटिल से जटिल गणनाएं कर सकते हैं. इसमें ऐसे सैकड़ों फंक्शन दिए गए हैं, जिनकी सहायता से आप इंजीनियरिंग की भी गणनाएं कर सकते हैं, पाठ्य को बदल सकते हैं तथा अन्य बहुत से कार्य कर सकते हैं. वर्कशीट फंक्शनों (Worksheet Functions) का प्रयोग अकेले फार्मूला के रूप में या दूसरे फंक्शनों तथा आपरेटरों के साथ अधिक जटिल फार्मूले बनाने में किया जा सकता है. उदाहरण के लिए, SQRT() फंक्शन किसी धनात्मक संख्या का वर्गमूल (Square Root) ज्ञात करता है. सरलतम मामले में आप किसी सैल में फार्मूला '= SQRT(16)' भर सकते हैं और उसका परिणाम '4' देख सकते हैं. या फिर इसका प्रयोग जटिल फार्मूलों में किया जा सकता है, जैसे '=5*SQRT(16)'.

फंक्शन ज्यादातर वर्कशीट में अन्य चीजों का सन्दर्भ भी देते हैं. जैसे '=SQRT(A3) सैल A3 में भरी हुई संख्या का वर्गमूल निकालेगा. कुछ फंक्शन सैलों की जांच करके परिणाम देते हैं, जैसे फंक्शन EXACT() दो पाठ्यों की तुलना करके बताता है कि वे समान हैं या नहीं. इसी तरह कुछ फंक्शन वस्तुओं का रूप बदल देते हैं, जैसे फंक्शन UPPER() किसी पाठ्य को छापे के बड़े अक्षरों (Capital Letters) में बदलता है. एक्सेल में अधिकांश कार्यों और गणनाओं के लिए फंक्शन पहले से उपलब्ध हैं और आवश्यकता होने पर आप अपने नए फंक्शन बनाकर जोड़ सकते हैं.

फंक्शन के भाग (Parts of a Function)

किसी फंक्शन के दो भाग होते हैं - **फंक्शन का नाम (Function Name)** तथा **तथ्य (Arguments)**. उदाहरण के लिए, 'SQRT(16)' में SQRT एक फंक्शन का नाम है और जिस मान (या धनात्मक संख्या) का वर्गमूल यह निकालता है अर्थात् 16, इसका तथ्य है. तथ्यों को कोष्ठकों में रखा जाता है, जैसा कि ऊपर दिये गए उदाहरणों में किया गया है. किसी फंक्शन में आवश्यक तथ्यों की संख्या उसके व्याकरण (Syntax) के अनुसार 0 (शून्य) से लेकर उससे अधिक कितनी भी हो सकती है. उदाहरण के लिए, फंक्शन SQRT में केवल एक तथ्य (Argument) होता है, जबकि फंक्शन SUM में तथ्यों की संख्या कितनी भी हो सकती है. फंक्शनों का व्याकरण या तो आप एक्सेल के मैनुअल में देख सकते हैं या एक्सेल की हेल्प (Help) विंडो में देख सकते हैं. यदि किसी फंक्शन में एक से अधिक तथ्य हैं, तो उन सबको कॉमा (Comma) द्वारा अलग-अलग किया जाता है, जैसे '=SUM(A4,52,B8)'.

हम तथ्य के रूप में दूसरे फंक्शनों का भी प्रयोग कर सकते हैं. जैसे '=SQRT(SUM(C3:C8))', '= ROUND(SQRT(C5),2)' आदि. पहले उदाहरण में सबसे पहले रेंज C3 :C8 की संख्याओं का योग निकाला जाएगा, फिर उस योग का वर्गमूल ज्ञात किया जाएगा. दूसरे उदाहरण में सैल C5 में भरी गयी संख्या का वर्गमूल ज्ञात करके उसे दशमलव बिन्दु के बाद 2 स्थानों तक निकटतम (Round) किया जाएगा. यदि किसी सैल में कोई फार्मूला भरा हुआ है, तो उसमें फार्मूले का अन्तिम मान ही दिखाया जाता है.

एक्सेल में वर्कशीट फंक्शनों की संख्या अधिक होने के कारण सुविधा के लिए उन्हें निम्नलिखित ग्यारह श्रेणियों में बांटा गया है -

1. वित्तीय (Financial)
2. तारीख तथा समय (Date & Time)
3. गणित तथा त्रिकोणमिति (Math & Trig)
4. सांख्यिकी (Statistical)

5. संदर्भ (Lookup & Reference)
6. डाटाबेस (Database)
7. पाठ्य (Text)
8. तार्किक (Logical)
9. सूचना (Information)
10. अभियान्त्रिकी (Engineering)
11. घन (Cube)

इनमें से प्रत्येक श्रेणी में बड़ी संख्या में उपयोगी फंक्शन उपलब्ध हैं. इनमें से कुछ अधिक उपयोगी फंक्शनों के नाम और संक्षिप्त परिचय नीचे दिए गए हैं.

तारीख तथा समय फंक्शन (Date and Time Functions)

Date : दिन की संख्या
Day : किसी तारीख का दिन
Month : किसी तारीख में माह
Now : वर्तमान समय
Today : आज की तारीख
Weekday : किसी तारीख का दिन (या वार)
Year : किसी तारीख में वर्ष

गणितीय फंक्शन (Mathematical Functions)

ABS : किसी संख्या का निरपेक्ष मान
EXP : एक्सपोनेंशियल (Exponential)
FACT : किसी संख्या का फैक्टरियल (Factorial)
INT : किसी संख्या का पूर्णांक भाग
LN : प्राकृतिक लघुगणक (आधार e)
LOG : दिए हुए आधार पर लघुगणक
LOG10 : आधार 10 पर लघुगणक
MOD : किसी भाग का शेषफल (Remainder)
PI : पाई (π) का मान 3.14159265358979
POWER : किसी संख्या का घात
RAND : 0 से 1 के बीच की यदृच्छ संख्या (Random Number)
ROUND : दिये हुए दशमलव अंकों तक निकटतम मान
SQRT : किसी धन संख्या का वर्गमूल (Square Root)
SUM : दी हुई संख्याओं का योग

सांख्यिकीय फंक्शन (Statistical Functions)

AVERAGE : दी हुई संख्याओं का औसत
MAX : सबसे बड़ी संख्या
MIN : सबसे छोटी संख्या
STDEV : मानक विचलन (Standard Deviation)
VAR : प्रसरण (Variance)

पाठ्य फंक्शन (Text Functions)

CHAR : किसी दिए हुए कोड का वर्ण (Character)
CODE : किसी वर्ण का कोड
EXACT : दो पाठ्यों की तुलना करना
LEFT : किसी पाठ्य का बायां भाग
LEN : किसी पाठ्य में वर्णों की संख्या (या पाठ्य की लम्बाई)
LOWER : किसी पाठ्य को छोटे अक्षरों (Small letters) में बदलना
MID : किसी पाठ्य का बीच का भाग
RIGHT : किसी पाठ्य का दायां भाग
TRIM : प्रारम्भ तथा अन्त के सभी खाली स्थान (Spaces) समाप्त करना
TEXT : दी हुई संख्या का पाठ्य बनाना
UPPER : किसी पाठ्य को बड़े अक्षरों (Capital letters) में बदलना
VALUE : केवल संख्या वाले पाठ्य का संख्यात्मक मान

तार्किक फंक्शन (Logical Functions)

AND : तार्किक **'तथा'**
IF : यदि (परिस्थिति की जांच करना)
NOT : तार्किक **'नहीं'**
OR : तार्किक **'अथवा'**
TRUE : तार्किक **'सत्य'** अथवा **'हां'**
FALSE : तार्किक **'असत्य'** अथवा **'नहीं'**

इनमें से किसी भी फंक्शन के बारे में विस्तार से जानने के लिए एक्सेल की हेल्प (Help) सुविधा की सहायता लेनी चाहिए, जिसके बारे में आगे बताया गया है.

फंक्शनों में सहायता लेना (Taking Help in Functions)

एमएस-एक्सेल में फंक्शनों के बारे में कार्य करते समय ही ऑन-लाइन सहायता लेने की सुविधा उपलब्ध है. इससे आपके लिए फंक्शन लिखना बहुत सरल हो जाता है. इसका लाभ लेने के लिए अग्रलिखित क्रियाएं कीजिए :

1. वर्कशीट में उस सैल को सक्रिय कीजिए, जहां फंक्शन भरना है या जोड़ना है.
2. सैल में = से प्रारम्भ करके फंक्शन से पहले तक का फार्मूला (यदि कोई हो) टाइप कीजिए.
3. इन्सर्ट फंक्शन (Insert Function) बटन, जिस पर *fx* छपा रहता है, क्लिक कीजिए. इससे आपको चित्र E-5.1 की तरह 'Insert Function' का डायलाग बॉक्स दिया जाएगा.

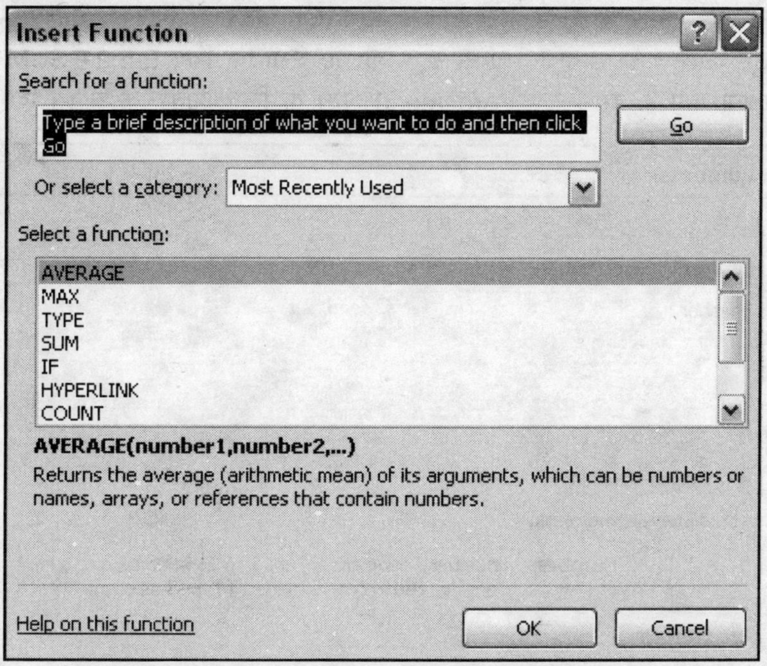

चित्र E-5.1 : इन्सर्ट फंक्शन का डायलाग बॉक्स

4. इस डायलाग बॉक्स में ऊपर बतायी गयी सभी ग्यारह श्रेणियों के अलावा 'Most Recently Used' तथा 'All' की दो नयी श्रेणियां भी दी गयी हैं. इनमें से 'All' में सभी श्रेणियों के सभी फंक्शन अकारादि (वर्णमाला)

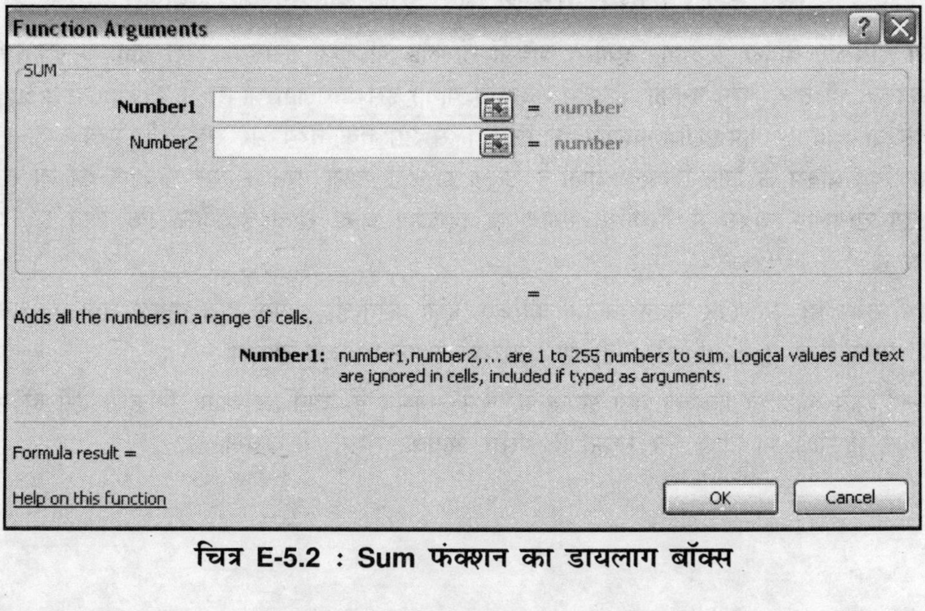

चित्र E-5.2 : Sum फंक्शन का डायलाग बॉक्स

क्रम में दिए जाते हैं और 'Most Recently Used' में आपके द्वारा हाल ही में प्रयोग किए गए फंक्शन दिए जाते हैं, ताकि कोई फंक्शन बार-बार न ढूंढ़ना पड़े.

5. आप किसी भी श्रेणी की सूची में से अपनी आवश्यकता का फंक्शन चुनिए. जब भी आप किसी फंक्शन पर क्लिक करते हैं, उसका संक्षिप्त परिचय इस डायलाग बॉक्स में नीचे के भाग में दिखाया जाता है. जिस फंक्शन को आप चुनना चाहते हैं, उसे क्लिक करके OK बटन पर क्लिक कीजिए. ऐसा करते ही आपके द्वारा चुने हुए फंक्शन का डायलाग बॉक्स खुल जाएगा. जैसा कि चित्र E-5.2 में SUM फंक्शन का डायलाग बॉक्स दिखाया गया है. इसमें तथ्य (Argument) भरने के लिए आवश्यक बॉक्स दिए जाते हैं.

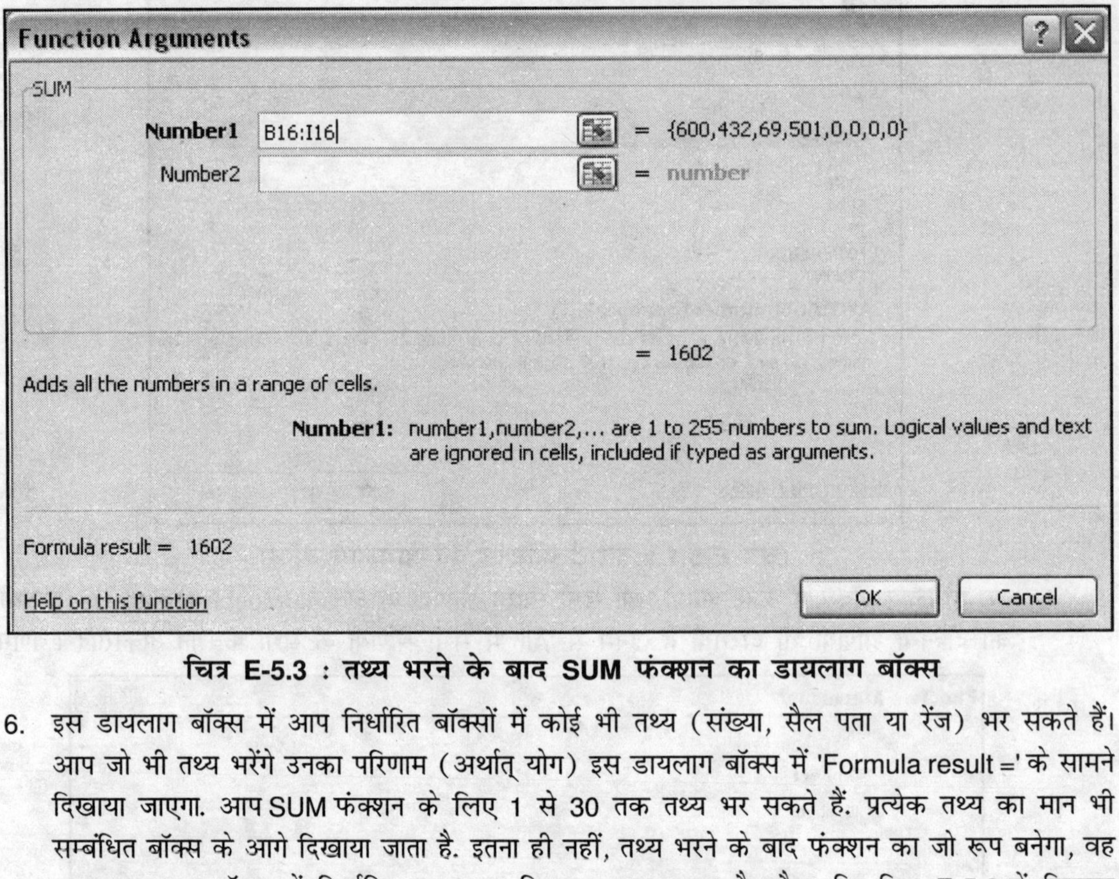

चित्र E-5.3 : तथ्य भरने के बाद SUM फंक्शन का डायलाग बॉक्स

6. इस डायलाग बॉक्स में आप निर्धारित बॉक्सों में कोई भी तथ्य (संख्या, सैल पता या रेंज) भर सकते हैं। आप जो भी तथ्य भरेंगे उनका परिणाम (अर्थात् योग) इस डायलाग बॉक्स में 'Formula result =' के सामने दिखाया जाएगा. आप SUM फंक्शन के लिए 1 से 30 तक तथ्य भर सकते हैं. प्रत्येक तथ्य का मान भी सम्बंधित बॉक्स के आगे दिखाया जाता है. इतना ही नहीं, तथ्य भरने के बाद फंक्शन का जो रूप बनेगा, वह मुख्य डायलाग बॉक्स में निर्धारित स्थान पर दिखाया जाता रहता है, जैसा कि चित्र E-5.3 में दिखाया गया है.

7. सभी तथ्य भर कर 'OK' बटन क्लिक कीजिए. ऐसा करते ही आपके द्वारा बनाया गया फंक्शन सक्रिय सैल में धसान बिन्दु (Insertion Point) या कर्सर के स्थान पर जुड़ जाएगा.

इस प्रकार आप कोई भी फंक्शन बना सकते हैं. वैसे अनुभव हो जाने पर आप यह तथा ऐसे ही फंक्शन किसी सैल या फार्मूले में सीधे भी टाइप कर सकते हैं. इससे आपका समय भी बचेगा.

एक्सेल में चार्ट बनाना
(Drawing Charts in Excel)

एमएस-एक्सेल में किसी वर्कशीट में भरे हुए डाटा के आधार पर अनेक प्रकार के दो या तीन आयामी चार्ट सरलता से बनाए जा सकते हैं. आप Insert टैब के Charts भाग के द्वारा अपनी इच्छा से कैसा भी चार्ट बना सकते हैं. इतना ही नहीं एक बार चार्ट बन जाने के बाद आप उसे छपवा सकते हैं, सुधार सकते हैं और एक्सेल से बाहर के प्रोग्रामों जैसे एमएस-वर्ड या पावर पॉइंट में भी ले जा सकते हैं.

एक्सेल के चार्टों में यह विशेषता भी है कि जब भी आप उस डाटा में कोई परिवर्तन करते हैं, जिस पर चार्ट आधारित है, तो सम्बंधित चार्ट में वह परिवर्तन तत्काल कर दिया जाता है या ऐसा करने के लिए पूछा जाता है.

यहां हम केवल दो-आयामी (Two-dimensional) चार्ट बनाने के बारे में बताएंगे.

प्रत्येक दो-आयामी चार्ट में दो अक्ष (Axis) होते हैं – X-अक्ष तथा Y-अक्ष. चार्टों में सामान्यतया X-अक्ष को क्षैतिज (Horizontal) अर्थात् बाएं से दाएं दिखाया जाता है तथा Y-अक्ष को ऊर्ध्वाधर (Vertical) अर्थात् नीचे से ऊपर दिखाया जाता है. X-अक्ष पर विभिन्न श्रेणियों के नाम (Labels) दिखाए जाते हैं, जैसे विभिन्न वर्ष या माह या सप्ताह के दिन या उम्र समूह आदि. Y-अक्ष पर उन श्रेणियों में किसी डाटा को उसके मान (Value) के अनुसार विशेष प्रकार से चिह्नित (Plot) करके सरल रेखा या बार या बिन्दु या अन्य प्रकार से दिखाया जाता है.

चार्ट बनाना (Preparing Charts)

एक्सेल में चार्ट बनाने के लिए Insert टैब के Charts भाग का उपयोग किया जाता है. इसके बटन एमएस-वर्ड के बटनों से मिलते हैं, जिनके विषय में हम आपको भाग-3 में बता चुके हैं. चार्ट बनाने के लिए निम्नलिखित क्रियाएं कीजिए –

1. सबसे पहले वह वर्कशीट खोल लीजिए, जिसमें आपका डाटा भरा हुआ है. अभ्यास के लिए यहां हम चित्र E-6.1 में दिखायी गयी वर्कशीट के डाटा के आधार पर एक सरल चार्ट बनाएंगे.

	A	B	C	D	E	F
1	**THE XYZ BANK LTD, DELHI**					
2	Deposits and Advances (in Crores)					
3	Year	Deposits	Advances			
4	2004-2005	112.65	87.42			
5	2005-2006	132.24	92.84			
6	2006-2007	144.53	108.54			
7	2007-2008	140.58	101.22			
8	2008-2009	156.18	116.97			
9						
10						
11						

चित्र E-6.1 : चार्ट बनाने के लिए वर्कशीट

2. उन सैलों को चुनिए, जिनमें नाम (Label) सहित डाटा भरा हुआ है. चित्र E-6.1 की वर्कशीट में रेंज A3:C8 में डाटा भरा हुआ है. इस रेंज को चुन लीजिए.

3. Charts भाग में चार्टों के प्रकार पर आधारित अनेक बटन दिये गये हैं, जैसे Column, Line, Pie, Bar, Area, Scatter और Other Charts. आप इनमें से किसी भी बटन पर क्लिक करके चार्ट का प्रकार चुन सकते हैं.

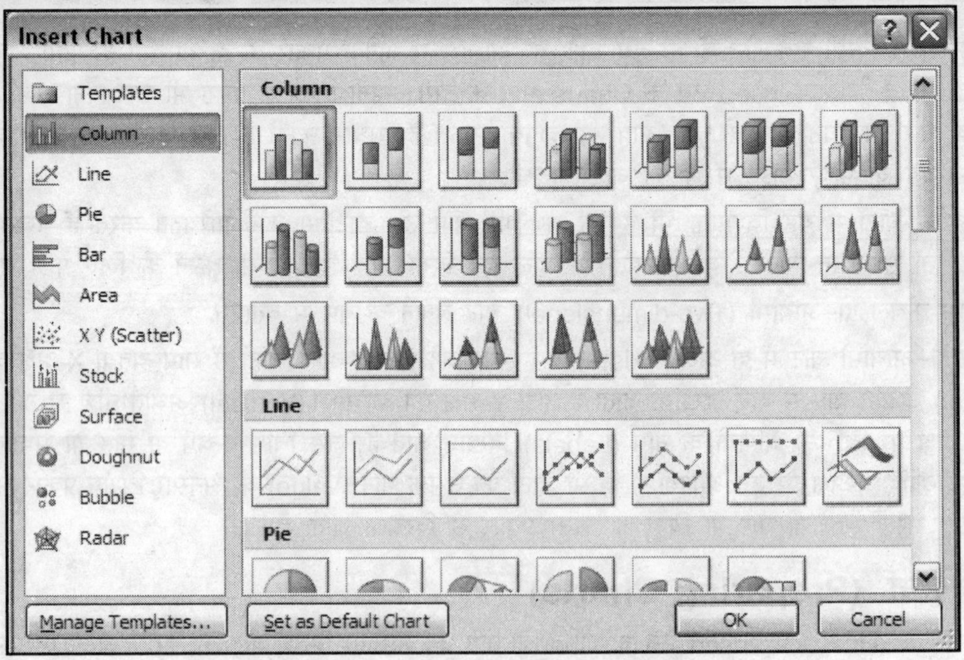

चित्र E-6.2 : इंसर्ट चार्ट डायलाग बॉक्स

चार्ट का प्रकार चुनने का एक अन्य तरीका भी है. Charts डायलाग बॉक्स लॉन्चर पर क्लिक कीजिए. इससे Insert Chart डायलाग बॉक्स चित्र E-6.2 की तरह खुलेगा.

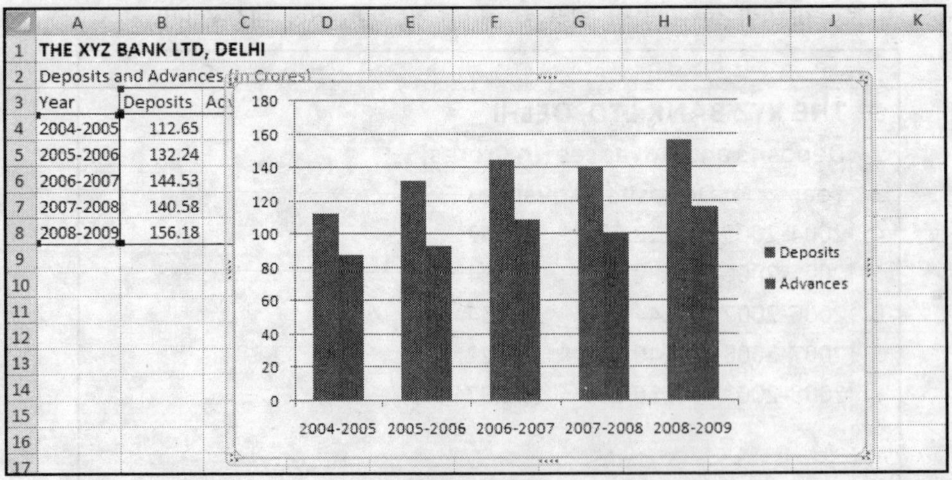

चित्र E-6.3 : वर्कशीट में जोड़ा गया चार्ट

इस डायलाग बॉक्स में हम चार्ट का प्रकार तय करते हैं या चुनते हैं. डायलाग बॉक्स में बायीं ओर विभिन्न प्रकार के चार्टों के नामों की सूची दी जाती है और दायीं ओर उनमें से किसी चुने हुए टाइप के चार्टों के कुछ नमूने दिखाए जाते हैं. आप इनमें से अपनी इच्छा से किसी भी प्रकार का चार्ट बना सकते हैं.

4. अभ्यास के लिए आप कालम (Column) चार्ट टाइप का पहला नमूना चुनकर OK बटन को क्लिक कीजिए. ऐसा करते ही आपकी स्क्रीन पर चित्र E-6.3 की तरह चार्ट आपकी वर्कशीट में जुड़ जाएगा.
5. वर्कशीट में चार्ट जुड़ते ही आपके रिब्बन में Chart Tools शीर्षक के अन्तर्गत तीन नए टैब जुड़ जाते हैं– डिजाइन (Design), लेआउट (Layout) और फार्मेट (Format). इन टैबों के सभी बटन और उनके उपयोग एमएस-वर्ड के समान ही हैं. इनकी मदद से आप आवश्यकतानुसार चार्ट में सुधार कर सकते हैं.

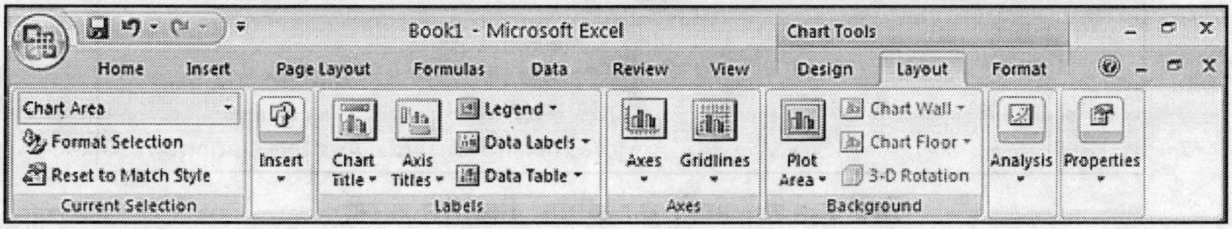

चित्र E-6.4 : Layout टैब

उदाहरण के लिए, मान लीजिए आप चार्ट में शीर्षक (Titles) जोड़ना चाहते हैं. इसके लिए तीन नए जुड़े टैबों में से Layout टैब (चित्र E-6.4) पर क्लिक कीजिए.

6. इस टैब में Labels भाग में दिये गये Chart Title बटन के तीर के निशान पर क्लिक कीजिए. इससे एक पुल-डाउन मेन्यू चित्र E-6.5 की तरह खुलेगा, जिसमें दिये गये विकल्पों के जरिये आप शीर्षक का स्थान निर्धारित कर सकते हैं. अभ्यास के लिए, Above Chart विकल्प पर क्लिक कीजिए. इससे चित्र E-6.6 की तरह आपके चार्ट के ऊपर शीर्षक के लिए स्थान जुड़ जाएगा. फार्मूला बार में THE XYZ BANK LTD, DELHI टाइप करके Enter कुंजी दबाएं. शीर्षक तुरन्त चार्ट में जुड़ जाएगा.

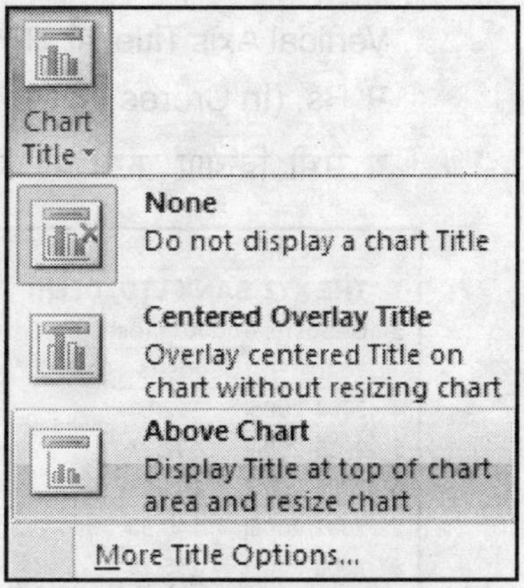

चित्र E-6.5 : चार्ट टाइटिल का झरना मेन्यू

7. अब चार्ट के अक्षों (Axes) में शीर्षक जोड़ने के लिए Chart Title बटन के बगल में दिये गये Axis Titles बटन के तीर के निशान पर क्लिक कीजिए. इसके बाद Primary Horizontal Axis Title पर माउस पॉइन्टर लाइये. इससे झरना मेन्यू चित्र E-6.7 की तरह खुलेगा. Title Below Axis विकल्प पर क्लिक कीजिए. इससे आपके चार्ट में X-अक्ष के नीचे शीर्षक के लिए स्थान जुड़ जाएगा. फार्मूला बार में Financial Year टाइप करके Enter कुंजी दबाएं. शीर्षक तुरन्त चार्ट में जुड़ जाएगा.

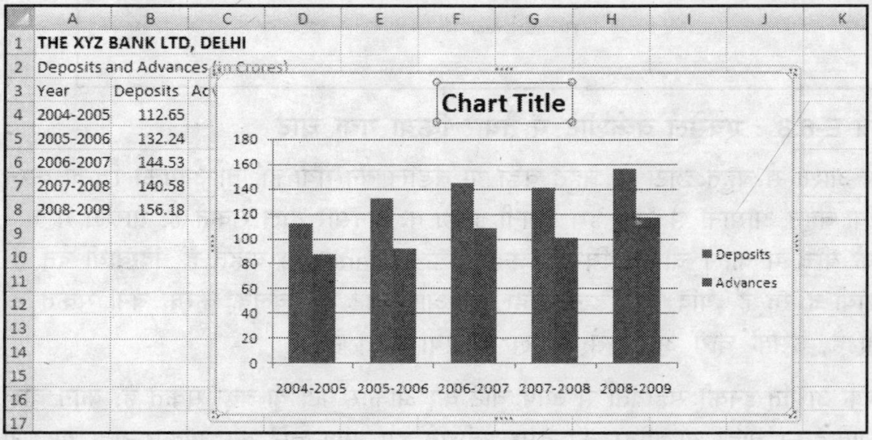

चित्र E-6.6 : एक्सेल में जोड़े गये चार्ट में चार्ट शीर्षक के लिए स्थान

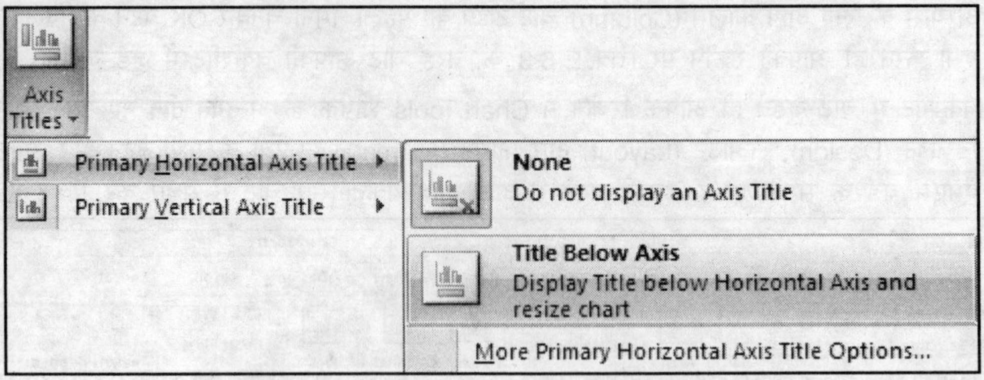

चित्र E-6.7 : अक्षों का शीर्षक निर्धारित करना

8. इसी प्रकार चार्ट के Y-अक्ष में भी शीर्षक जोड़िये. इसके Axis Titles मेन्यू (चित्र E-6.7) में Primary Vertical Axis Title के झरना मेन्यू में Rotated Title विकल्प पर क्लिक कीजिए. इसके बाद फार्मूला बार में Rs. (In Crores) टाइप करके Enter कुंजी दबाएं.

   ये सभी क्रियाएं करने के बाद आपका चार्ट चित्र E-6.8 की तरह खुलेगा.

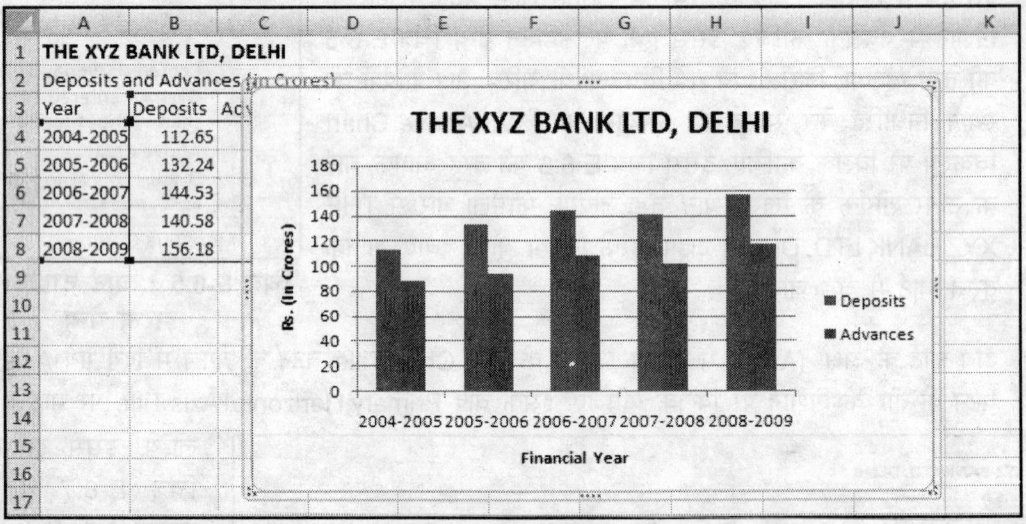

चित्र E-6.8 : एक्सेल वर्कशीट में तैयार किया गया चार्ट

यदि आपका चार्ट आपकी आशा से बहुत छोटा या बहुत बड़ा या बेडौल बन गया हो, तो आपको चिन्ता करने की आवश्यकता नहीं है, क्योंकि बहुत आसानी से आप इसे अपनी इच्छा के अनुसार ढाल सकते हैं. प्रारम्भ में चार्ट के चारों कोनों तथा किनारों के बीच में काले चौकोर बिन्दु, जिन्हें हैंडिल (Handles) कहते हैं, दिखायी देते हैं, जैसे कि चित्र E-6.8 में दिखायी दे रहे हैं. यदि ये हैंडिल न हों, तो आप चार्ट को क्लिक करके बना सकते हैं. वास्तव में जो वस्तु चुनी होती है, उसके चारों ओर ऐसे हैंडिल दिखायी पड़ते हैं.

इन हैंडिलों का प्रयोग करके अर्थात् इनकी सहायता से आप चार्ट का आकार घटा या बढ़ा सकते हैं. कोने वाले हैंडिलों को माउस पॉइंटर से पकड़कर बाहर या भीतर की तरफ खींचते हुए आप चार्ट का आकार बढ़ा या घटा

सकते हैं. इससे चार्ट समान अनुपात में घटता या बढ़ता है. इसी तरह किनारों के बीच वाले हैंडिलों को माउस पॉइंटर से पकड़कर खींचने से आप चार्ट की केवल लम्बाई या केवल चौड़ाई घटा-बढ़ा सकते हैं. यदि आप पूरा चार्ट ही दूसरी जगह सरकाना चाहें तो चार्ट की सीमा रेखा (Boundary Line) को माउस पॉइंटर से पकड़कर कहीं भी खींच ले जाइए. इस प्रकार आप चार्ट को वर्कशीट में कहीं भी स्थिर (Set) कर सकते हैं.

चार्टों में सुधार करना (Editing Charts)

यदि आप चार्ट के किसी विशेष भाग जैसे शीर्षक, संकेत, बार आदि को सरकाना या सुधारना चाहते हैं, तो उसको क्लिक करके चुन लीजिए. इससे उसके चारों ओर हैंडिल बन जाएंगे. अब आप इन हैंडिलों की सहायता से उनका आकार बदल सकते हैं और इधर-उधर सरका सकते हैं. यदि आपको चार्ट में कोई बड़ा सुधार करना हो तो Chart Tools के अन्तर्गत दिये गये Design और Format टैबों का प्रयोग कीजिए. इनके बटन एमएस-वर्ड से मिलते-जुलते है, जिनका उपयोग आप स्वयं समझ सकते हैं.

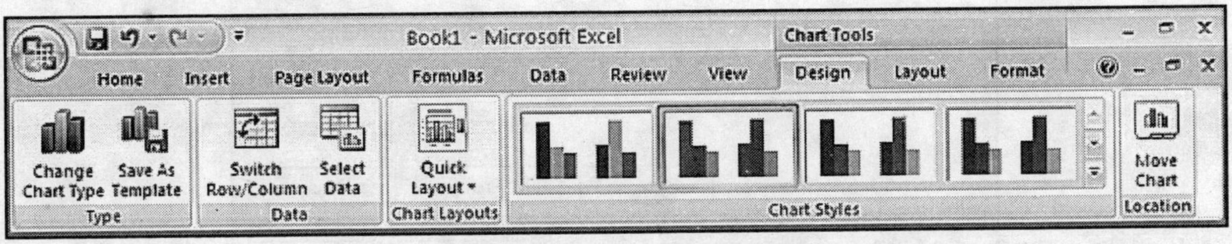

चित्र E-6.9 : Design टैब

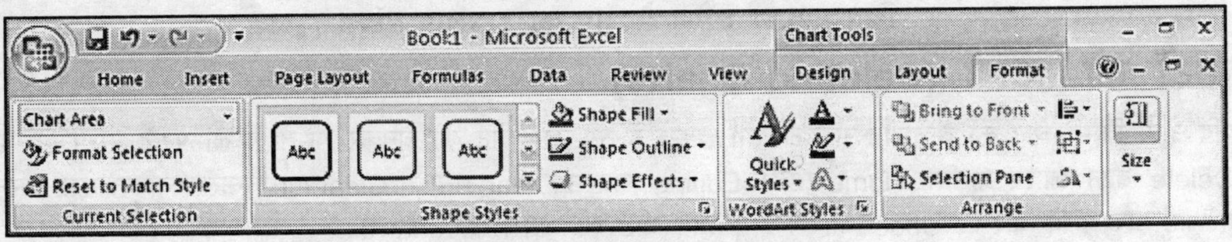

चित्र E-6.10 : Format टैब

चार्ट को छपवाना (Printing Charts)

किसी वर्कशीट को छपवाते समय यदि छापे जाने वाली रेंज में चार्ट या उसका कोई भाग सम्मिलित हो तो वह साथ ही छापा जाता है. यदि आप केवल चार्ट को छपवाना चाहते हैं, तो Page Layout टैब में Page Setup डायलाग बॉक्स लॉन्चर क्लिक कीजिए. इससे Page Setup डायलाग बॉक्स खुलेगा, जिसके विषय में आप पढ़ चुके हैं. आप देखेंगे कि इस डायलाग बॉक्स में अब Sheet टैबशीट के स्थान पर Chart टैबशीट जुड़ गई है (चित्र E-6.11). चेक-बॉक्सों द्वारा Printing Quality सेट करके OK बटन पर क्लिक कीजिए. इस सेटिंग के बाद आप जब भी 'Print' आदेश देंगे, केवल चार्ट ही छापा जाएगा.

यदि आप अपनी वर्कशीट को बिना चार्ट के छपवाना चाहते हैं, तो प्रिंट एरिया में वह रेंज दीजिए, जिसमें चार्ट न आता हो. आवश्यक होने पर चार्ट को दूर सरका दीजिए.

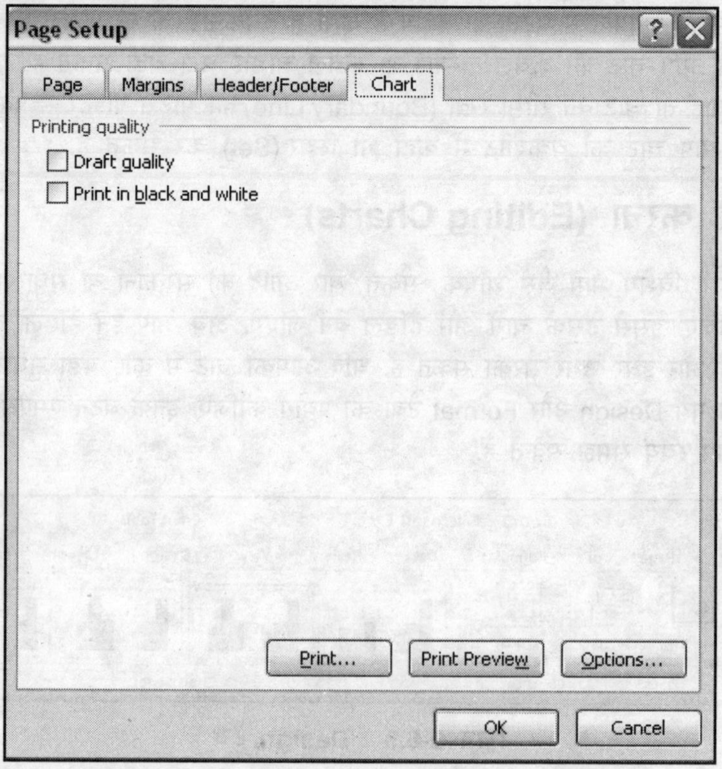

चित्र E-6.11 : पेज सेटअप का डायलाग बॉक्स

चार्टों को हटाना (Deleting Charts)

यदि आप किसी चार्ट को वर्कशीट से हटा देना चाहते हैं, तो उस चार्ट को चुनकर या तो कुंजी पटल पर 'Del' या 'Delete' बटन दबाइए या फिर Home टैब के Editing भाग में Clear मेन्यू में Clear All विकल्प चुनिए. ऐसा करने से चार्ट अदृश्य हो जाएगा. 'Undo' आदेश द्वारा आप चार्ट को वापस ला सकते हैं.

ग्राफिक्स जोड़ना (Adding Graphics)

आप Insert टैब के Illustrations भाग की सहायता से एक्सेल की वर्कशीट के किसी भाग में या चार्ट में भी कोई भी चित्र, आकृति आदि बनाकर जोड़ सकते हैं. Illustrations भाग के उपयोग के बारे में आप एमएस-वर्ड वाले भाग में पढ़ चुके हैं. एमएस-एक्सेल में भी ठीक उसी तरह ग्राफिक्स बनाए जा सकते हैं.

इसके अतिरिक्त आप एमएस-ऑफिस या उससे बाहर के किसी प्रोग्राम द्वारा बनाए गए चित्रों को भी एक्सेल वर्कशीट में ला सकते हैं. इसके लिए Illustrations भाग में Picture आदेश दिया जाता है.

चार्ट या ग्राफिक्स दूसरे प्रोग्रामों में ले जाना (Exporting Charts or Graphics)

आप अपनी वर्कशीट के किसी भी भाग में बने चार्ट, ग्राफिक्स आदि को दूसरे प्रोग्रामों जैसे वर्ड या पावर पॉइंट में ले जा सकते हैं. इसके लिए उस वस्तु को चुनकर Home टैब के Clipboard भाग में 'Copy' बटन को क्लिक कीजिए. इससे वह वस्तु क्लिप बोर्ड में आ जाएगी. अब दूसरे प्रोग्रामों में जाकर उसे 'Paste' कर दीजिए. इस क्रिया का परिणाम उस वस्तु और प्रोग्राम के ऊपर निर्भर करता है.

एक्सेल में डाटाबेस
(Database in Excel)

एमएस-एक्सेल मूलत: एक स्प्रैडशीट पैकेज है और उसी रूप में उसका उपयोग किया जाना उचित होगा. किन्तु हम कुछ सीमा तक एक्सेल में एक डाटाबेस बनाकर उसमें की जाने वाली अधिकांश क्रियाएं करके लाभ उठा सकते हैं. ऐसा करना इसलिए सम्भव है कि एक्सेल वर्कशीट पंक्तियों (Rows) और कालमों (Columns) में बंटी होती है. हम किसी पंक्ति को एक रिकॉर्ड (Record) और किसी कालम को एक फील्ड (Field) मानकर उनमें डाटा भर सकते हैं और डाटाबेस बना सकते हैं.

एक्सेल में बनाए गए डाटाबेस के साथ कई शर्तें लगी होती हैं, जैसे रिकार्डों की संख्या एक सीमा से अधिक नहीं होनी चाहिए, कालमों (फील्डों) की लम्बाई भी 245 चिह्नों से अधिक नहीं होनी चाहिए आदि-आदि. इसलिए एक्सेल का उपयोग हर प्रकार का डाटाबेस बनाने के लिए नहीं किया जा सकता. उसके लिए किसी डाटाबेस पैकेज, जैसे एमएस-एक्सेस (MS-Access) या फॉक्सप्रो (FoxPro) का उपयोग करना चाहिए. फिर भी हम एक्सेल में साधारण डाटाबेस बना सकते हैं और डाटाबेसों पर की जाने वाली कई क्रियाएं भी कर सकते हैं.

इस अध्याय में हम एमएस-एक्सेल में साधारण डाटाबेस बनाने और उन पर विभिन्न क्रियाएं करने के बारे में बताएंगे. इससे पहले डाटाबेस और उनसे सम्बन्धित कुछ शब्दों का अर्थ समझ लेना आवश्यक है.

डाटाबेस क्या है? (What is a Database?)

सरलतम शब्दों में, डाटाबेस सूचनाओं (या डाटा) का एक ऐसा व्यवस्थित संग्रह (Organized Collection) होता है, जिसमें हम किसी भी सूचना को सरलता से प्राप्त कर सकते हैं. कोई टेलीफोन डायरेक्टरी सरल डाटाबेस का एक अच्छा उदाहरण है. इसकी हर पंक्ति में तीन सूचनाएं होती हैं- नाम, पता और टेलीफोन नं. डाटाबेस की शब्दावली में इसकी प्रत्येक पंक्ति को एक रिकॉर्ड (Record) कहा जा सकता है. हर रिकॉर्ड में जितनी सूचनाएं होती हैं, उन्हें डाटा फील्ड (Data Field) या केवल फील्ड (Field) कहा जाता है. प्रत्येक फील्ड का एक निश्चित नाम होता है, जिससे उसे पहचाना जाता है. डाटाबेस में हर रिकॉर्ड का स्थान निश्चित होता है. इस प्रकार टेलीफोन डायरेक्टरी के डाटाबेस में तीन फील्ड तथा हजारों रिकॉर्ड होते हैं.

यों तो डाटाबेस कई प्रकार का होता हैं, परन्तु इसका सबसे सरल और प्रचलित रूप सारणियों (Tables) की तरह होता है. ऐसी प्रत्येक सारणी में एक निश्चित संख्या में फील्ड होते हैं और हर रिकॉर्ड में सभी फील्ड भरे होते हैं, भले ही उसमें शून्य (Zeros) या खाली स्थान (Spaces) भरे हों. एक्सेल वर्कशीट में भी हम केवल इसी तरह के डाटाबेस बना सकते हैं और उनका उपयोग कर सकते हैं. एमएस-एक्सेल डाटाबेसों में प्रयोग किए जाने वाले कुछ शब्द और उनका तात्पर्य इस प्रकार है :

डाटाबेस रेंज (Database Range) : किसी वर्कशीट की जिस रेंज में डाटाबेस बना होता है (अर्थात् डाटा भरा होता है) उसे डाटाबेस रेंज कहा जाता है. उदाहरण के लिए चित्र E-7.1 में बने भविष्य निधि के डाटाबेस में सैल B2 से I17 तक में डाटा भरा हुआ है, अत: डाटाबेस रेंज A2:I17 है. एमएस-एक्सेल ज्यादातर स्वयं ही डाटाबेस रेंज तय कर लेता है. वैसे आप चाहें तो उसे बदल भी सकते हैं. ऐसी स्थिति में केवल रेंज में आने वाले रिकार्डों पर ही क्रियाएं की जाएंगी.

रिकॉर्ड (Record) : एक्सेल में डाटाबेस रेंज की प्रत्येक पंक्ति (Row) को एक रिकॉर्ड माना जाता है. चित्र E-7.1 के डाटाबेस में तीसरी पंक्ति 'Dr. J.P. Gupta' का रिकॉर्ड है, पांचवी पंक्ति 'Shri S.N.P. Singh' का रिकॉर्ड

है और इसी तरह आगे भी समझा जा सकता है. डाटाबेस रेंज की पहली पंक्ति में हमेशा कालमों के शीर्षक (Column Label) भरे जाने चाहिए, जिनका प्रयोग एक्सेल डाटाबेस के फील्ड नामों (Field Names) की तरह करता है. इन फील्ड नामों में बीच में रिक्त स्थान (Space) भी हो सकते हैं. उदाहरण के लिए, ऊपर के डाटाबेस में 'P.F. No.' एक वैध फील्ड नाम होता.

	A	B	C	D	E	F	G	H	I
1									
2	S.No.	Name	Designation	Scale	P.F. No.	PF	VPF	Withdrawn	Pronote
3	1	Dr J.P. Gupta	Senior Manager	3	2982	1032	920		
4	2	Shri M.D.P. Patnaik	Chief Manager	4	6876	1082		750	
5	3	Shri S.N.P. Singh	AGM	5	6734	1095			
6	4	Shri Shyam Prakash	Manager	2	11018	920	805	500	
7	5	Shri Indram Nandrajog	Senior Manager	3	9073	970			625
8	6	Shri Amar Singh	Officer	1	19775	690		1000	
9	7	Shri R.S. Srivastava	Asstt Manager	1	9269	874		500	
10	8	Shri Mohd. Ismail	Manager	2	21406	782		1100	
11	9	Shri Dharam Lal Arora	Asstt Manager	1	5941	920			
12	10	Smt Renu Saxena	Manager (EDP)	2	24672	759			
13	11	Smt Mala Bhatt	EDP Officer	1	8424	897			
14	12	Shri S.K. Sharma	Senior Manager	3	5707	970		750	
15	13	Shri J.S. Bajpai	Manager	2	9372	945			
16	14	Shri S.K. Malhotra	Officer	1	7027	897		1200	1310
17	15	Shri Rajesh Pandit	EDP Officer	1	12539	805			400

चित्र E-7.1 : एक्सेल वर्कशीट में एक डाटाबेस

फील्ड (Field) : एमएस–एक्सेल में किसी डाटाबेस के प्रत्येक कालम को एक फील्ड कहा जाता है. प्रत्येक अकेले सेल को भी फील्ड ही माना जाता है. आप किसी फील्ड में पाठ्य, संख्या, तारीखें, फंक्शन और फार्मूले भर सकते हैं. जब किसी फील्ड में कोई फंक्शन या फार्मूला भरा होता है, तो उसे गणनाकृत फील्ड (Computed Field) कहा जाता है. उदाहरण के लिए, यदि आपने एक फील्ड 'Total Pay' बनाया है और कोई दूसरा फील्ड 'Deduction' है, तो आप 'Net Pay' नाम का एक तीसरा फील्ड भी बना सकते हैं, जिसके मान की गणना उन दो फील्डों के आधार पर की गयी हो.

डाटाबेस बनाना (Creating a Database)

डाटाबेस बनाते समय प्रत्येक मद (Item) या सूचना के लिए एक अलग फील्ड (अर्थात् कालम) बनाना चाहिए, यदि आप उसका अलग सन्दर्भ देना चाहते हैं. उदाहरण के लिए, यदि आप रिकार्डों को 'प्रथम नाम' (First Name) तथा 'कुल नाम' (Surname) के आधार पर छांटना चाहते हैं, तो ये दोनों फील्ड अलग-अलग होने चाहिए. केवल 'नाम' (Name) फील्ड बनाने से ऐसा नहीं किया जा सकता.

डाटाबेस बनाने का सबसे सरल तरीका यही है कि पहले एक पंक्ति (Row) में सभी फील्डों के नाम भर लिये जाएं. फिर उनके नीचे डाटा प्रविष्टि किया जाए. कालमों की चौड़ाई या तो पहले ही तय की जा सकती है या बाद में ठीक कर सकते हैं.

डाटा भरना (Entering Data)

एक्सेल डाटाबेस में डाटा आप उसी तरह भर सकते हैं, सुधार सकते हैं तथा फार्मेट कर सकते हैं, जैसे किसी साधारण वर्कशीट या सैल में करते हैं. इसके अलावा एक्सेल की डाटा फार्म (Data Form) सुविधा का भी उपयोग कर सकते हैं. आप किसी भी विधि से डाटा भर रहे हों, कुछ सावधानियां रखना आवश्यक है.

एक, एक्सेल में फील्ड टाइप (Field Type) जैसी कोई सुविधा नहीं होती, इसलिए किसी भी फील्ड में पाठ्य, संख्याएं या तारीख भरी जा सकती है. इससे कभी-कभी समस्या पैदा हो सकती है, क्योंकि यदि आप किसी संख्या को पाठ्य की तरह दिखाना चाहते हैं और उसके प्रारम्भ में शून्य आते हैं, तो एक्सेल उन शून्यों को नहीं दिखाएगा. उदाहरण के लिए, सभी एस.टी.डी. कोड शून्य से प्रारम्भ होते हैं. उन्हें सही-सही दिखाने के लिए उनको पाठ्य के रूप में भरना पड़ेगा अर्थात् उनसे पहले एक एपोस्ट्रोफी (Apostrophe) टाइप करनी होगी.

दो, यदि आप किसी फील्ड में संख्याएं, पाठ्य, तारीख आदि सभी को मिला देते हैं, तो एक्सेल आपको इसकी कोई चेतावनी नहीं देता. लेकिन आप ध्यानपूर्वक देखकर इस गलती का पता लगा सकते हैं. सामान्यतया एक्सेल में संख्याओं को दाएं से लगाकर और पाठ्य आदि को बायीं ओर से सटाकर दिखाया जाता है. अतः यदि आपने सैलों को विशेष तरह से फार्मेट न किया हो तो मिश्रण की गलती को पहचाना जा सकता है.

रिकॉर्ड जोड़ना (Adding Records)

सामान्यतया आप किसी नए रिकॉर्ड को अपने डाटाबेस के अन्तिम रिकॉर्ड के नीचे जोड़ते हैं. यह कार्य आप या तो साधारण वर्कशीट की तरह करते हैं या डाटा फॉर्म की सहायता से ऐसा करते हैं, जो नए रिकॉर्ड को अन्तिम रिकॉर्ड के ठीक नीचे जोड़ देता है.

इसी तरह यदि आप बीच में कोई नया रिकॉर्ड जोड़ना चाहते हैं, तो उस स्थान पर एक खाली पंक्ति डालकर वैसा कर सकते हैं. इससे आगे के सभी रिकॉर्ड नीचे सरका दिए जाएंगे.

ऊपर की दोनों क्रियाएं करने में तब तक कोई समस्या नहीं होती, जब तक आपका डाटाबेस उसकी पहले से परिभाषित डाटा रेंज के भीतर-भीतर रहता है. लेकिन यदि आप डाटा रेंज के नीचे के सैलों में कुछ भर चुके हैं तो नए रिकॉर्ड जोड़ना असुविधाजनक होगा और डाटा फॉर्म तो ऐसी स्थिति में 'डाटाबेस बढ़ाया नहीं जा सकता' (Cannot Extend Database) सन्देश देगा. ऐसी स्थिति में आपको डाटा रेंज बढ़ानी पड़ेगी अर्थात् अन्तिम रिकॉर्ड के बाद आवश्यक संख्या में खाली पंक्तियां जोड़नी होंगी.

यदि आप कोई नया फील्ड डाटाबेस में जोड़ना चाहते हैं तो सरलता से ऐसा कर सकते हैं. इसके लिए या तो डाटा रेंज के अन्तिम कालम से अगले कालम में वह फील्ड बना लीजिए या फिर बीच में किसी स्थान पर नया कालम डालकर उसमें फील्ड बना सकते हैं. एक्सेल ऐसी स्थिति में डाटा रेंज को स्वयं सुधार लेगा.

डाटा फार्मों का उपयोग (Using Data Forms)

किसी एक्सेल डाटाबेस में डाटा भरने रिकॉर्ड देखने तथा ढूंढ़ने के लिए डाटा फार्म बहुत सुविधाजनक होते हैं. ये ऐसे डायलाग बॉक्स हैं, जिनमें फील्डों के नाम, टैक्स्ट-डाटा भरने के डाटा बॉक्स तथा कुछ बटन होते हैं. डाटा रेंज का कोई सैल चुनकर क्विक एक्सेस टूलबार (चित्र E-7.2) में 'Form' आइकॉन पर क्लिक करने पर डाटा फार्म स्वतः ही बना दिया जाता है और आपकी स्क्रीन पर दिखाया जाता है.

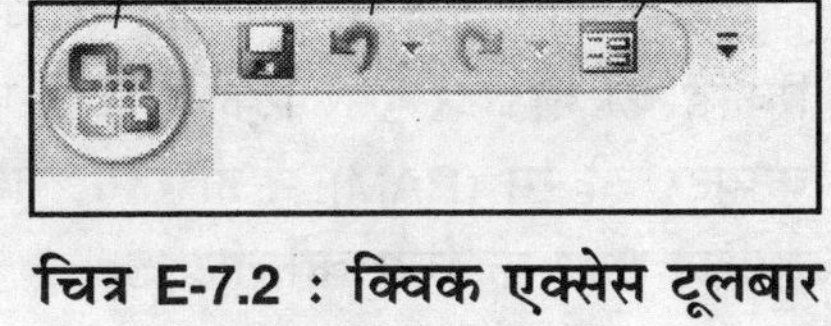

चित्र E-7.2 : क्विक एक्सेस टूलबार

संभव है कि Form का आइकॉन आपके क्विक एक्सेस टूलबार में न हो. परन्तु इसे आसानी से टूलबार में जोड़ा जा सकता है. इसके लिए सभी प्रक्रियाएं वही होती हैं, जिनकी मदद से हमने एमएस-वर्ड के क्विक एक्सेस टूलबार में AutoFormat का आइकॉन जोड़ा था.

चित्र E-7.3 में ऊपर बनाए गए डाटाबेस के लिए डाटा फार्म दिखाया गया है. डाटा फार्म के 'Find Prev' तथा 'Find Next' बटनों का उपयोग क्रमशः पिछले और अगले रिकॉर्ड को देखने में किया जाता है. डाटा फार्म में टैक्स्ट बॉक्स की चौड़ाई और इसी कारण डाटा फार्म की चौड़ाई डाटाबेस के सबसे चौड़े फील्ड (या कालम) पर निर्भर करती है. अतः यदि आपके डाटाबेस में कोई फील्ड बहुत बड़ा है, तो डाटा फार्म भी काफी बड़ा होगा और यह भी हो सकता है कि वह आपकी स्क्रीन पर आए ही नहीं. इसी प्रकार यदि फील्डों की संख्या अधिक है, तो हो सकता है कि सभी फील्ड डाटा फॉर्म पर दिखायी न पड़ें. समस्या यह है कि ऐसी स्थिति में आप फील्डों को स्क्रॉल भी नहीं कर सकते.

डाटा फार्म द्वारा रिकॉर्ड जोड़ना तथा सुधारना (Adding and Editing Records with Data Form)

डाटा फॉर्म के द्वारा एक नया रिकॉर्ड जोड़ने के लिए 'New' बटन क्लिक कीजिए या अन्तिम रिकॉर्ड तक स्क्रॉल कीजिए, जो कि खाली होगा. अब आप इसमें अपनी इच्छानुसार डाटा भर सकते हैं. यह ध्यान रहे कि सही फील्ड में सही प्रकार का डाटा ही भरें. आप चाहें तो किसी फील्ड को खाली भी छोड़ सकते हैं.

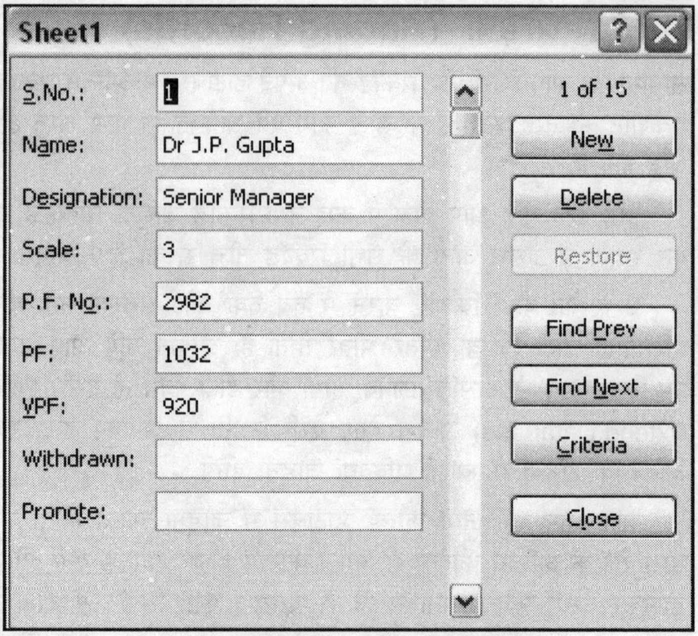

चित्र E-7.3 : डाटा फार्म

किसी रिकॉर्ड को सुधारने के लिए या तो स्क्रॉल करके या अन्य किसी तरह उस रिकॉर्ड को डाटा फार्म में लाइए और सामान्य तकनीकों द्वारा सम्पादित कीजिए. जिन फील्डों की गणना दूसरे फील्डों के मान पर निर्भर है, उन्हें आप सम्पादित नहीं कर सकते. इसी तरह डाटा फार्म में आप किसी फील्ड को बोल्ड या अन्य प्रकार से फार्मेट नहीं कर सकते. यह कार्य केवल वर्कशीट में किया जा सकता है.

डाटा फार्म द्वारा किसी रिकॉर्ड में किए गए परिवर्तन वर्कशीट में तब तक दिखायी नहीं देंगे, जब तक आप उस रिकॉर्ड को छोड़कर दूसरे रिकॉर्ड पर न पहुंच जाए या डाटा फार्म बन्द न कर दीजिए. साथ ही सभी परिवर्तन केवल कंप्यूटर की रैम (RAM) में ही रहेंगे, जब तक आप वर्कशीट को सुरक्षित (Save) न कर दीजिए. इसलिए डाटा को सुरक्षित रखने के लिए वर्कशीट 'Save' कर देनी चाहिए.

डाटा फार्म द्वारा रिकॉर्ड हटाना (Deleting Records with Data Form)

किसी रिकॉर्ड को हटाने के लिए पहले उसे डाटा फार्म में लाइए और फिर 'Delete' बटन क्लिक कीजिए. ऐसा करने पर पहले आपसे रिकॉर्ड हटाने की पुष्टि की जाएगी, जिसके बाद उसे हटा दिया जाएगा. रिकॉर्ड हटाने के कार्य को आप 'Undo' नहीं कर सकते. यह कार्य केवल वर्कशीट में किया जा सकता है.

रिकॉर्ड ढूंढ़ना (Searching Records)

आप डाटा फार्म का उपयोग किसी शर्त को पूरा करने वाले रिकॉर्ड ढूंढ़ने और एक-एक करके देखने या सम्पादित करने में कर सकते हैं. उदाहरण के लिए, यदि आप रिकॉर्ड देखना या सम्पादित करना चाहते हैं, तो पहले डाटा फॉर्म में 'Criteria' बटन क्लिक कीजिए. इसके उत्तर में आपका डाटा फार्म खाली हो जायेगा और Criteria डायलाग बॉक्स का रूप ले लेगा. इस डायलाग बॉक्स में आप अपनी शर्तें भर सकते हैं, जैसे चित्र E-7.4 में Designation के आगे 'Officer' और P.F.No. के आगे '<10000' भरा गया है.

आप निम्नलिखित तुलना आपरेटरों (Comparison Operators) का उपयोग केवल संख्याओं या तिथियों के लिए कर सकते हैं-

= बराबर (Equal to)

> अधिक (Greater than)

< कम (Less than)

>= अधिक या बराबर (Greater than or equal to)

<= कम या बराबर (Less than or equal to)

<> बराबर नहीं (Not equal to)

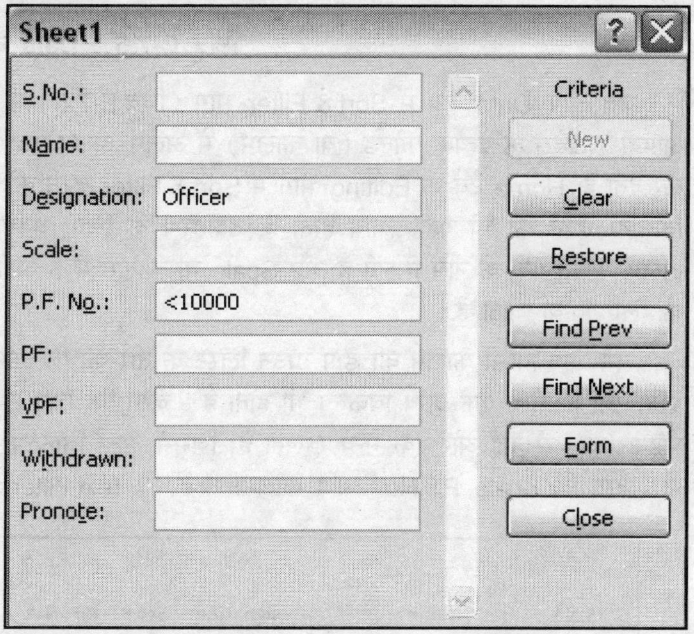

चित्र E-7.4 : Criteria डायलाग बॉक्स में शर्तें भरना

यदि आप किसी फील्ड में बराबर चिह्न (=) भरेंगे और उसके सामने कुछ नहीं भरेंगे, तो ऐसे रिकार्डों को ढूंढ़ा जाएगा, जिसमें वह फील्ड खाली हो.

सभी आवश्यक शर्तें भरने के बाद इस डायलाग बॉक्स के 'Find Prev' और 'Find Next' बटनों को क्लिक करके आप उन शर्तों को पूरा करने वाले अगले-पिछले रिकार्डों को देख सकते हैं. इस डायलाग बॉक्स के 'Close' बटन को क्लिक करने से आप शर्तों वाले डायलाग बॉक्स से वापस डाटा फॉर्म में आ जाते हैं और 'Clear' बटन का उपयोग पहले तय की हुई शर्तें रद्द करने के लिए किया जाता है, ताकि आप नयी शर्तें भर सकें. 'Form' बटन क्लिक करने से Criteria डायलाग बॉक्स समाप्त होकर फिर से डाटा फार्म बन जाता है.

आप शर्तें भरने में वाइल्ड कार्ड '*' तथा '?' का भी प्रयोग कर सकते हैं. इन पर सभी सामान्य नियम लागू होते हैं. ऐसी स्थिति में कोई आपरेटर देने की आवश्यकता नहीं है. यदि आप ठीक-ठीक मिलने वाले टैक्स्ट फील्ड ही चाहते हैं, तो '=' का प्रयोग कर सकते हैं.

फिल्टर का उपयोग (Using Filters)

एक्सेल में डाटाबेस में रिकॉर्ड ढूंढ़ने में फिल्टर की सुविधा बहुत उपयोगी होती है. यह ऊपर बतायी गयी शर्तें भरने की सुविधा से अधिक अच्छी है. फिल्टर की सुविधा दो रूपों में उपलब्ध है – फिल्टर (Filter) तथा एडवांस्ड फिल्टर (Advanced Filter). यहां हम केवल फिल्टर के बारे में बताएंगे.

चित्र E-7.5 : Data टैब

जब आप 'Data' टैब में Sort & Filter भाग (चित्र E-7.5) में 'Filter' को क्लिक करते हैं, तो एमएस-एक्सेल आपके डाटाबेस के प्रत्येक फील्ड (या कालम) में अलग-अलग तरह की प्रविष्टियां ढूंढ़ता है और उन्हें सूचीबद्ध (List) कर देता है. Home टैब के Editing भाग में Sort & Filter बटन को क्लिक करने पर खुले पुल-डाउन मेन्यू में Filter विकल्प चुनने का भी यही प्रभाव होता है. उदाहरण के लिए, वर्तमान डाटाबेस में उसे Designation फील्ड में 8 अलग-अलग पदों के नाम मिलते हैं और Scale के कालम में 5 अलग-अलग मान होते हैं. इसी प्रकार प्रत्येक कालम के लिए किया जाता है.

जब आप किसी कालम की ड्राप डाउन लिस्ट के तीर को क्लिक करके खोलते हैं, तो लिस्ट में सभी अलग-अलग प्रविष्टियों के साथ एक अन्य विकल्प भी होता है– जैसा कि चित्र E-7.6 में दिखाया गया है. Text Filters पर माउस पॉइन्टर लाने से दाईं ओर एक मेन्यू खुलता है, जिसमें अन्य विकल्प होते हैं. यदि कालम में पाठ्य के स्थान पर अंक हो (जैसा कि Scale, P.F.No. आदि कालमों में हैं, तो Text Filters के स्थान पर Number Filters दिखाई देता है

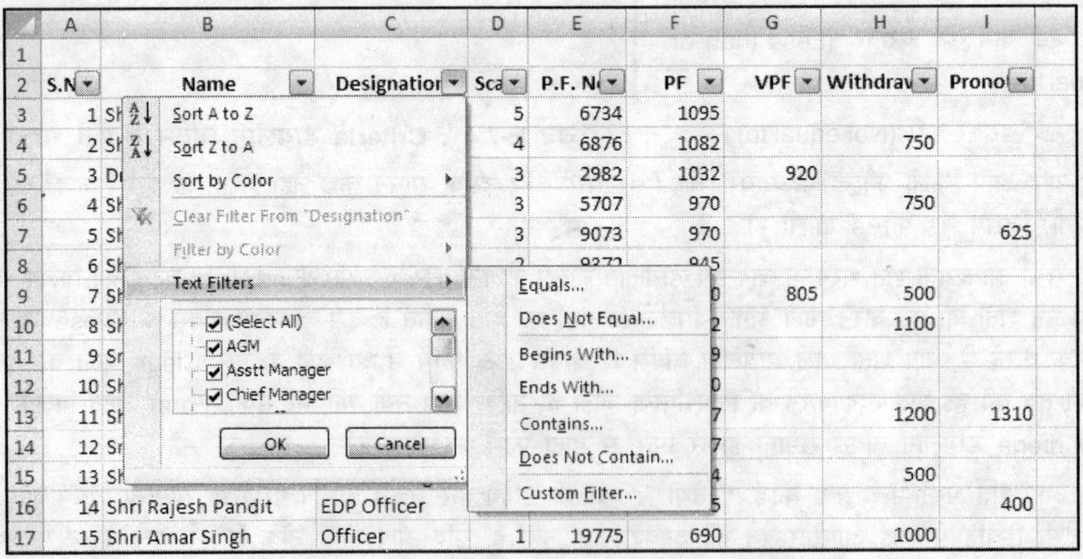

चित्र E-7.6 : एक्सेल में फिल्टर का उपयोग

इस लिस्ट में से कोई विकल्प चुनने पर एक्सेल उस फील्ड में वह मान रखने वाले रिकॉर्ड ही दिखाता है तथा शेष रिकार्डों को छिपा लेता है. उदाहरण के लिए, चित्र E-7.7 में केवल 'Senior Manager' के रिकॉर्ड दिखाए गए हैं.

	A	B	C	D	E	F	G	H	I
1									
2	S.N	Name	Designation	Sca	P.F. No	PF	VPF	Withdraw	Pronot
5	3	Dr J.P. Gupta	Senior Manager	3	2982	1032	920		
6	4	Shri S.K. Sharma	Senior Manager	3	5707	970		750	
7	5	Shri Indram Nandrajog	Senior Manager	3	9073	970			625
18									
19									
20									
21									

चित्र E-7.7 : फिल्टर द्वारा चुने हुए रिकॉर्ड

किसी कालम में '(Select All)' विकल्प चुनने पर उस कालम के आधार पर कुछ भी फिल्टर नहीं किया जाता. अतः यदि आप प्रत्येक कालम में '(All)' विकल्प चुन लें, तो अपने डाटाबेस के सभी रिकॉर्ड देख सकते हैं. प्रारम्भ में सभी कालमों में यह विकल्प चुना हुआ होता है.

फिल्टर सुविधा में एक अन्य विशेषता भी है, वह है '(Custom Filter)' विकल्प. इस विकल्प के द्वारा आप किसी कालम की प्रविष्टियों की रेंज (Range) दे सकते हैं. उदाहरण के लिए, यदि आप चाहते हैं कि 10000 से अधिक किन्तु 15000 से कम P.F.No. वाले रिकॉर्ड ही दिखाए जाएं, तो Text Filters के स्थान पर दिखाई देने वाले Number Filters पर माउस पॉइन्टर लाइये और दाईं ओर खुलने वाले मेन्यू में 'Custom Filter...' विकल्प को चुनिए. इससे आपको चित्र E-7.8 की तरह कस्टम ऑटोफिल्टर का डायलाग बॉक्स दिया जाएगा.

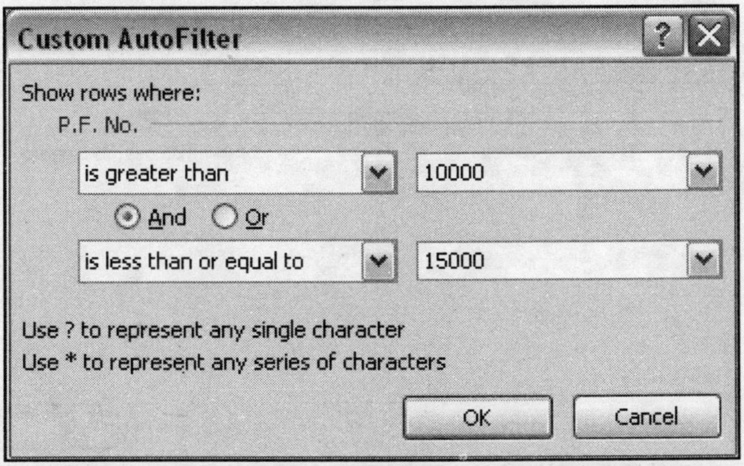

चित्र E-7.8 : कस्टम ऑटोफिल्टर का डायलाग बॉक्स

इस डायलाग बॉक्स में पहले आपरेटर की ड्राप डाउन लिस्ट से 'Is greater than' आपरेटर चुनिए और उसके आगे 10000 टाइप कीजिए. इसी तरह दूसरे आपरेटर की ड्राप डाउन लिस्ट से 'Is less than or equal to' आपरेटर चुनिए और उसके सामने 15000 भरिए. इन दोनों शर्तों के बीच 'AND' रेडियो बटन को सेट कीजिए, जैसा कि चित्र E-7.8 में दिखाया गया है.

सभी सेटिंग करने के बाद 'OK' बटन को क्लिक कीजिए, जिससे आपके डाटाबेस के वे ही रिकॉर्ड दिखाए जाएंगे, जो इन शर्तों को पूरा करेंगे.

इसी प्रकार आप कितनी भी प्रकार की शर्तें बना सकते हैं और अपने इच्छित रिकॉर्ड देख सकते हैं.

ऑटोफिल्टर सुविधा को समाप्त करने के लिए 'Data' टैब के Sort & Filter भाग के Filter बटन को फिर से क्लिक कर दीजिए. इससे ऑटोफिल्टर सुविधा समाप्त हो जाएगी और डाटाबेस के सभी रिकॉर्ड सामान्य रूप में दिखायी पड़ने लगेंगे.

डाटाबेस को छांटना (Sorting Database)

कई बार हमें अपना डाटाबेस किसी विशेष क्रम में छांटने की आवश्यकता होती है. उदाहरण के लिए, ऊपर के डाटाबेस (चित्र E-7.1) को हम नामों के वर्णमाला क्रम (Alphabetic Order) अथवा P.F.No. के बढ़ते हुए क्रम में छांट सकते हैं. यह कार्य एक्सेल में Sort डायलाग बॉक्स द्वारा किया जाता है, जिसके विषय में हम आपको इसी भाग के अध्याय-3 में विस्तृत जानकारी दे चुके हैं. Sort डायलाग बॉक्स चालू करने के निम्नलिखित प्रक्रियाओं में से कोई प्रक्रिया कीजिए.

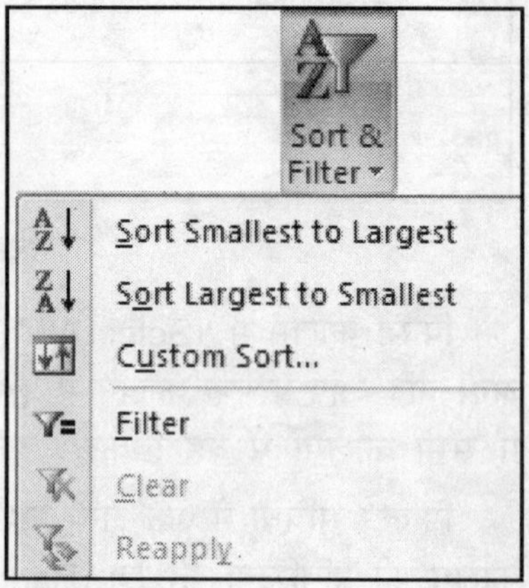

चित्र E-7.9 : सॉर्ट एण्ड फिल्टर मेन्यू

1. Home टैब के Editing भाग में Sort & Filter बटन के तीर के निशान पर क्लिक कीजिए. इससे एक पुल-डाउन मेन्यू चित्र E-7.9 की तरह खुलेगा. मेन्यू में Custom Sort... विकल्प पर क्लिक कीजिए. Sort डायलाग बॉक्स (चित्र E-7.10) तुरन्त आपकी स्क्रीन पर प्रकट हो जाएगा.

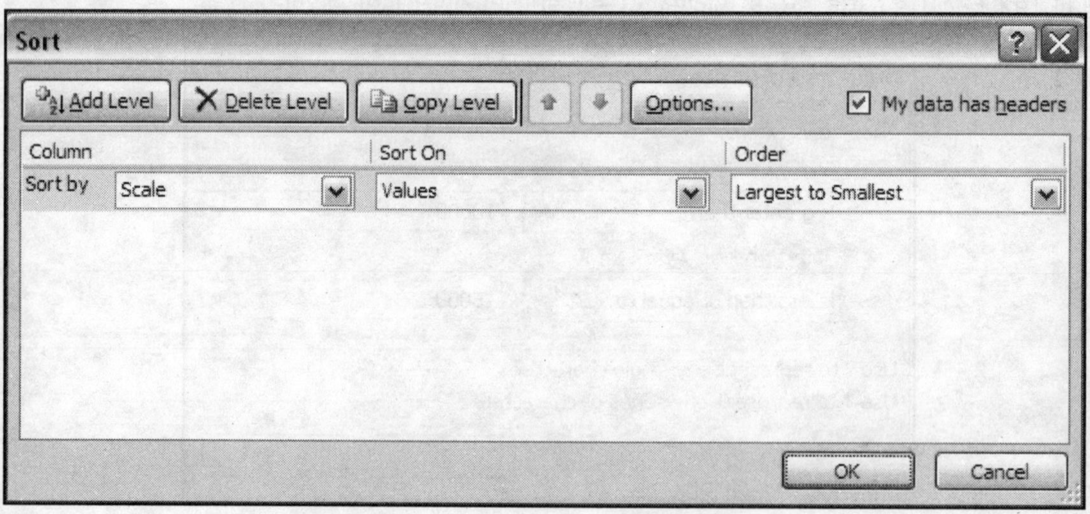

चित्र E-7.10 : सॉर्ट का डायलाग बॉक्स

2. Data टैब के Sort & Filter भाग में Sort बटन पर क्लिक कीजिए. Sort डायलाग बॉक्स (चित्र E-7.10) तुरन्त आपकी स्क्रीन पर प्रकट हो जाएगा.

शेष सभी प्रक्रियाएं वैसी ही रहेंगी जैसी अध्याय-3 में बताई गई हैं.

डाटाबेस में अनुयोग जोड़ना (Adding Subtotals to Database)

यदि आपका डाटाबेस किसी कुंजी फील्ड के अनुसार छांटा हुआ है, तो एक्सेल में आप उसमें आसानी से अनुयोग जोड़ सकते हैं. इसके लिए 'Data' टैब के Outline भाग के 'Subtotal' आदेश का प्रयोग किया जाता है. यह आदेश देते ही आपको चित्र E-7.11 की तरह Subtotal का डायलाग बॉक्स दिया जाएगा. मान लीजिए आप ऊपर के डाटाबेस में स्केल के परिवर्तन पर अनुयोग देना चाहते हैं, तो सबटोटल के डायलाग बॉक्स में पहले ड्राप डाउन लिस्ट बॉक्स में 'Scale' को चुनिये और 'Use function' ड्राप-डाउन लिस्ट बॉक्स में 'Sum' को चुनिए. इसके बाद 'Add Subtotal to' लिस्ट बॉक्स में उन संख्यात्मक फील्डों के सामने क्लिक करके सही का चिह्न लगाइये, जिनका योग आप करना चाहते हैं.

सभी आवश्यक सेटिंग करने के बाद 'OK' बटन को क्लिक कीजिए. ऐसा करते ही आपके डाटाबेस में बताए हुए अनुसार अनुयोग जोड़ दिए जाएंगे, जैसा कि चित्र E-7.12 में दिखाया गया है. सबसे नीचे पूर्ण योग (General Total) भी दिया गया है.

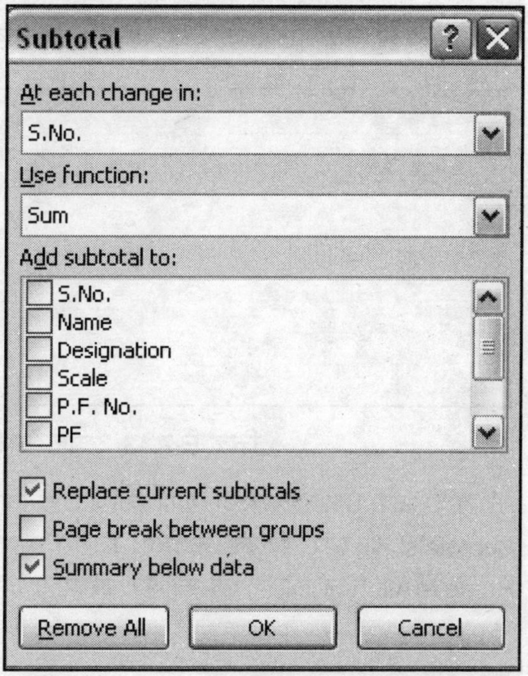

चित्र E-7.11 : सबटोटल का डायलाग बॉक्स

	A	B	C	D	E	F	G	H	I	J
1										
2	S.No.	Name	Designation	Scale	P.F. No.	PF	VPF	Withdrawn	Pronote	
3	1	Shri S.N.P. Singh	AGM	5	6734	1095				
4				5 Total		1095	0	0	0	
5	2	Shri M.D.P. Patnaik	Chief Manager	4	6876	1082		750		
6				4 Total		1082	0	750	0	
7	3	Dr J.P. Gupta	Senior Manager	3	2982	1032	920			
8	4	Shri S.K. Sharma	Senior Manager	3	5707	970		750		
9	5	Shri Indram Nandrajog	Senior Manager	3	9073	970			625	
10				3 Total		2972	920	750	625	
11	6	Shri J.S. Bajpai	Manager	2	9372	945				
12	7	Shri Shyam Prakash	Manager	2	11018	920	805	500		
13	8	Shri Mohd. Ismail	Manager	2	21406	782		1100		
14	9	Smt Renu Saxena	Manager (EDP)	2	24672	759				
15				2 Total		3406	805	1600	0	
16	10	Shri Dharam Lal Arora	Asstt Manager	1	5941	920				
17	11	Shri S.K. Malhotra	Officer	1	7027	897		1200	1310	
18	12	Smt Mala Bhatt	EDP Officer	1	8424	897				
19	13	Shri R.S. Srivastava	Asstt Manager	1	9269	874		500		
20	14	Shri Rajesh Pandit	EDP Officer	1	12539	805			400	
21	15	Shri Amar Singh	Officer	1	19775	690		1000		
22				1 Total		5083	0	2700	1710	
23				Grand Total		13638	1725	5800	2335	

चित्र E-7.12 : अनुयोगों के साथ डाटाबेस

यदि आप केवल अनुयोगों को ही देखना चाहते हैं तथा मूल डाटा को छिपाना चाहते हैं तो चित्र E-7.12 के बायें भाग में 2 नं. के कालम में ऋण चिह्न (–) वाले बॉक्सों को क्लिक कीजिए, जो क्लिक करते ही धन चिह्न (+) में बदल जाएंगे और मूल डाटा छिप जाएगा, जैसा कि चित्र E-7.13 में दिखाया गया है.

	A	B	C	D	E	F	G	H	I	J
1										
2	**S.No.**	**Name**	**Designation**	**Scale**	**P.F. No.**	**PF**	**VPF**	**Withdrawn**	**Pronote**	
4				**5 Total**		1095	0	0	0	
6				**4 Total**		1082	0	750	0	
10				**3 Total**		2972	920	750	625	
15				**2 Total**		3406	805	1600	0	
22				**1 Total**		5083	0	2700	1710	
23				**Grand Total**		13638	1725	5800	2335	
24										
25										

चित्र E-7.13 : मूल डाटा छिपाकर दिखाया गया डाटाबेस

यदि आप डाटाबेस से अनुयोगों को हटाना चाहते हैं, तो सैलों को चुनकर 'Data' टैब के Outline भाग में 'Subtotals' बटन पर क्लिक कीजिए. जिससे आपको उसका डायलाग बॉक्स प्राप्त होगा. उस डायलाग बॉक्स में 'Remove All' बटन को क्लिक कीजिए. इससे सभी अनुयोग हट जायेंगे और आपका डाटाबेस मूल रूप में आ जायेगा.

डाटा का आयात-निर्यात
(Import-Export of Data)

08

एमएस-एक्सेल की एक अन्य विशेषता यह भी है कि इसमें न केवल एमएस-आफिस के दूसरे पैकेजों, बल्कि बाहर के भी कई पैकेजों से डाटा लाया जा सकता है तथा उनमें भेजा जा सकता है. यहां हम एक्सेल से एमएस-वर्ड और फॉक्स प्रो में डाटा भेजने तथा उनसे एक्सेल में लाने के बारे में बताएंगे.

एमएस-वर्ड डाटा को एक्सेल में लाना (Importing Data from MS-Word to Excel)

आप एमएस-वर्ड के सारणी जैसे लगने वाले किसी भी डाटा को सरलता से एक्सेल वर्कशीट में ला सकते हैं. यदि आपने वर्ड में कोई सारणी (Table) बनायी है, जिसके बारे में आप एम.एस. वर्ड के अध्यायों में विस्तार से पढ़ चुके हैं, तो उस सारणी के डाटा को एमएस-एक्सेल में ठीक उसी रूप में ला सकते हैं. यदि वर्ड में सारणी के बजाय साधारण सूचियां हैं या पाठ्य है, तो उसे भी एक्सेल में ला सकते हैं. इसमें निम्नलिखित नियमों का पालन किया जाता है-

1. प्रत्येक एण्टर (Enter) चिह्न से वर्कशीट में एक नयी पंक्ति शुरू होगी.
2. प्रत्येक टैब स्टॉप (Tab Stop) से एक नया कालम बनेगा.

यदि आपने इन नियमों का ध्यान रखते हुए वर्ड दस्तावेज तैयार किया है, तो उसे पूरा अथवा उसके किसी भाग को एक्सेल वर्कशीट में ला सकते हैं. इसके लिए 'Copy' तथा 'Paste' आदेशों का उपयोग किया जाता है, जिनसे आप अच्छी तरह परिचित हो चुके हैं. यहां हम एक उदाहरण से इस क्रिया को स्पष्ट करेंगे.

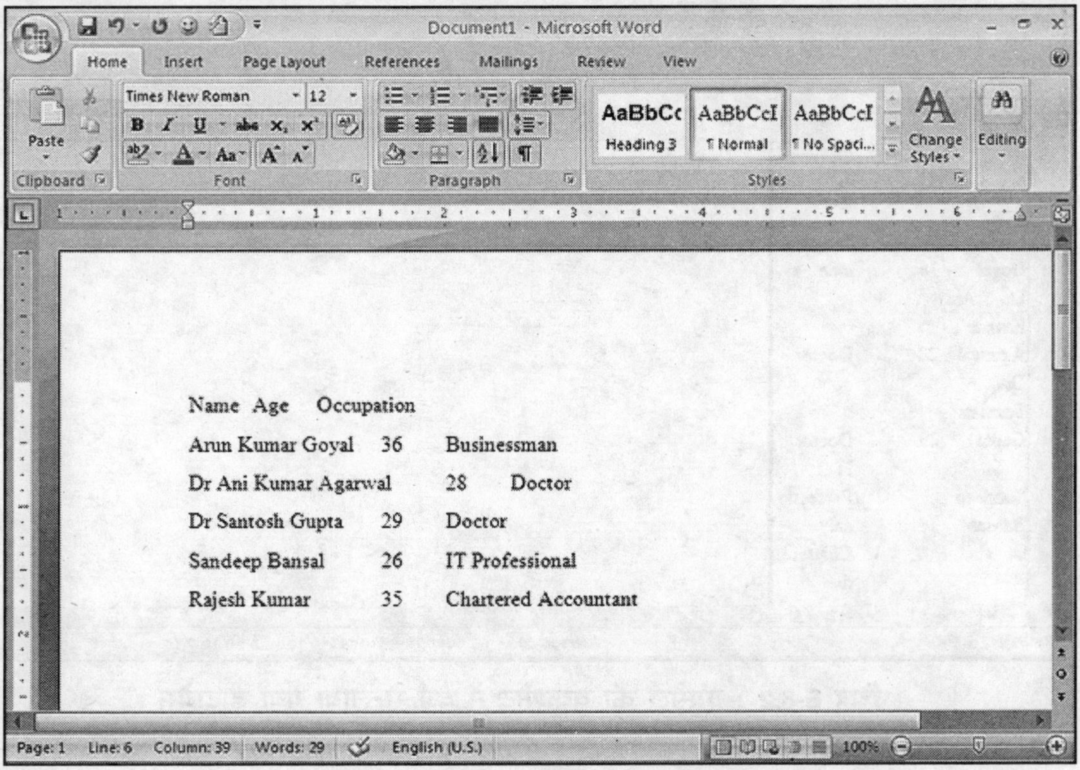

चित्र E-8.1 : एमएस-वर्ड में बनायी गयी एक सूची

मान लीजिए आपने चित्र E-8.1 की तरह एमएस-वर्ड में एक छोटी सी सूची बनायी है, जिसमें फील्डों को अलग-अलग करने के लिए टैबों (Tabs) का उपयोग किया गया है.

इस सूची को वर्ड से एक्सेल में लाने के लिए निम्नलिखित क्रियाएं कीजिए :

1. जितने भाग को आप एक्सेल में ले जाना चाहते हैं, उसको चुन लीजिए.
2. अब Home टैब के Clipboard भाग में Copy बटन पर क्लिक कीजिए या चुनी हुई सामग्री पर माउस का दायां बटन दबाकर मेन्यू में Copy विकल्प चुनिए.
3. एक्सेल प्रोग्राम प्रारम्भ कीजिए और वह वर्कशीट खोलिए, जिसमें आप डाटा लाना चाहते हैं.
4. डाटा को जिस सैल से प्रारम्भ करके जोड़ना चाहते हैं, वर्कशीट में उस सैल को क्लिक करके चुन लीजिए.
5. अब Home टैब के Clipboard भाग में Paste बटन क्लिक कीजिए या माउस का दायां बटन दबाकर मेन्यू में Paste विकल्प चुनिए. ऐसा करते ही आपके द्वारा चुना गया डाटा एक्सेल वर्कशीट में जुड़ जायेगा. यदि आपने सैल A1 को चुनकर Paste आदेश दिया है, तो वर्कशीट चित्र E-8.2 की तरह दिखायी देगी.

इस वर्कशीट में कालमों की चौड़ाई बढ़ाकर आप पूरा डाटा देख सकते हैं और कालमों की सामग्री को सीध में लगा सकते हैं. सुधार लेने के बाद आपकी वर्कशीट चित्र E-8.3 की तरह दिखाई देगी.

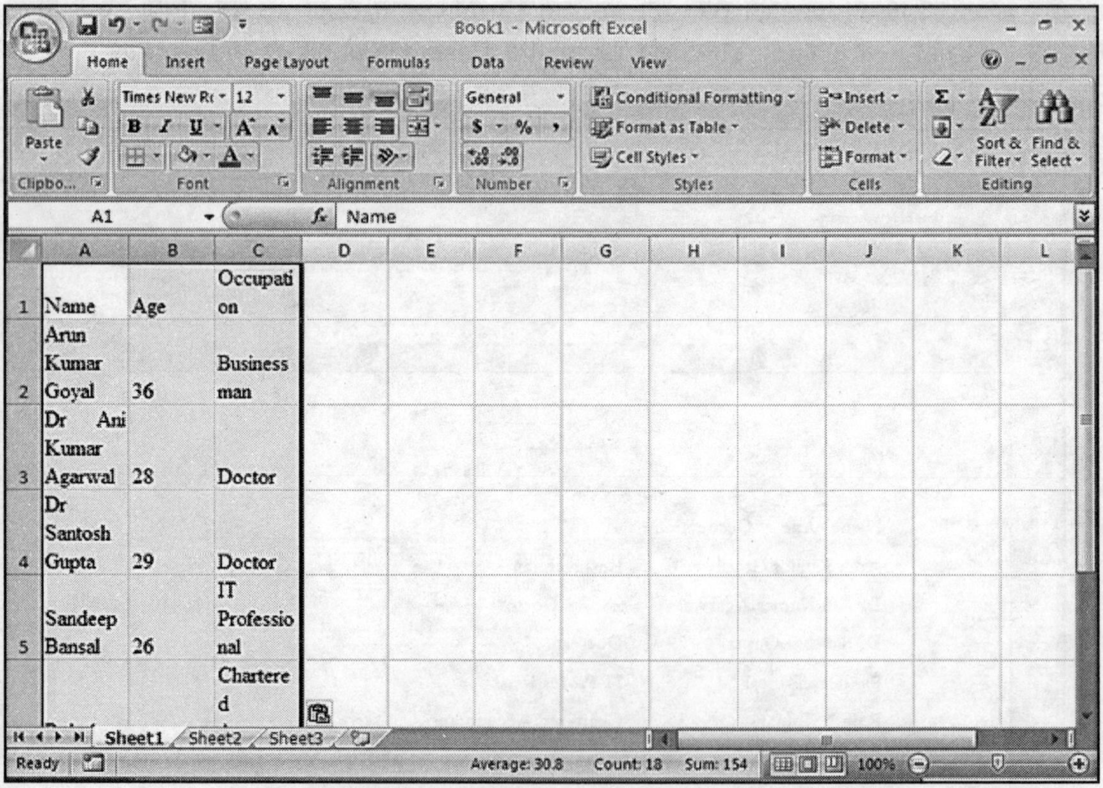

चित्र E-8.2 : एक्सेल की वर्कशीट में वर्ड से लाया गया डाटाबेस

वर्ड में बनायी गयी किसी सारणी का डाटा एक्सेल में लाने के लिए भी इसी तरह क्रियाएं की जाती हैं. उसमें सारणी में की गयी सभी सेटिंग भी उसी तरह बनी रहती हैं. इसका अभ्यास आप स्वयं कीजिए.

एक्सेल से डाटा वर्ड में ले जाना (Transferring Data from Excel to Word)

एक्सेल की किसी वर्कशीट से कोई डाटा एमएस-वर्ड में ले जाना और भी आसान है. इसमें आपको टैब या एण्टर की चिन्ता नहीं करनी पड़ती. इसमें भी 'Copy' और 'Paste' आदेशों का उपयोग किया जाता है. अभ्यास के लिए आप चित्र

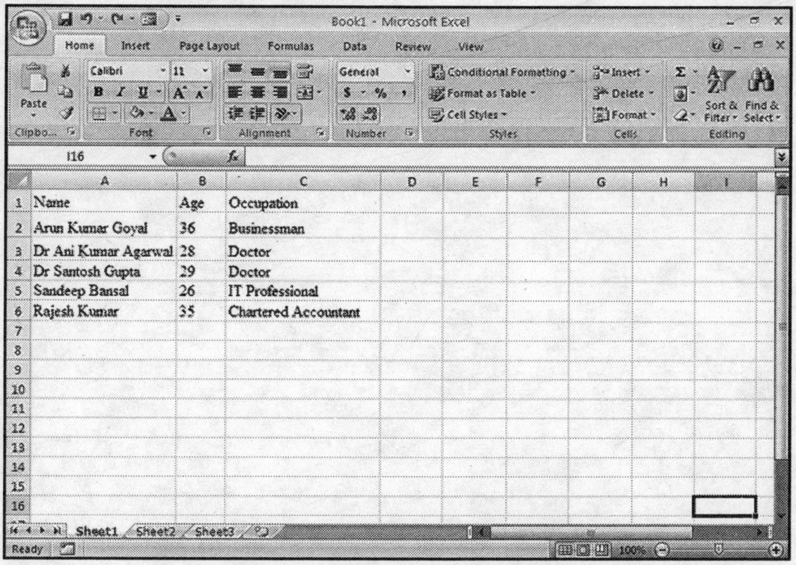

चित्र E-8.3 : वर्कशीट में सुधारा गया डाटा

E-8.3 में दिखाये गये डाटा को चुनकर 'Copy' आदेश दीजिए. फिर एमएस-वर्ड में जाकर कर्सर टैक्स्ट एरिया के किसी खाली स्थान पर ले जाकर 'Paste' आदेश दीजिए, तो यह डाटा वर्ड दस्तावेज में चित्र E-8.4 की तरह दिखायी देगा.

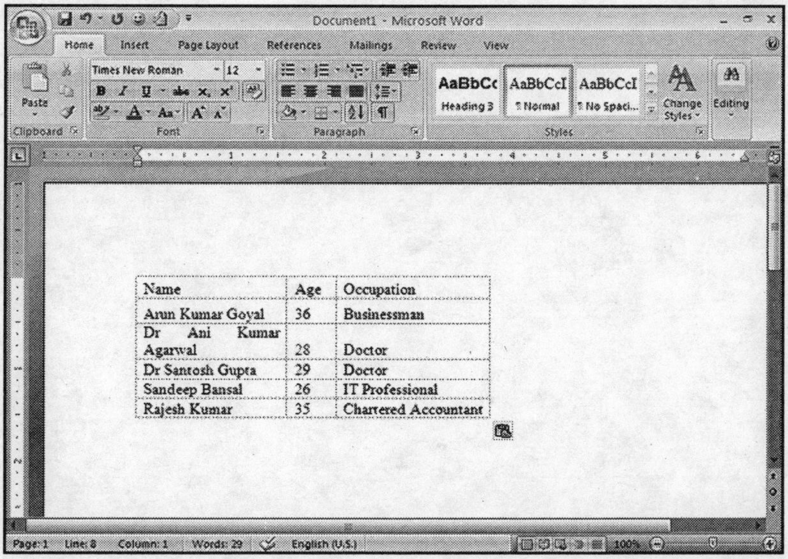

चित्र E-8.4 : एमएस-एक्सेल से एमएस-वर्ड में लाया गया डाटा

चित्र E-8.4 में आप देख सकते हैं कि वर्ड दस्तावेज में यह डाटा एक सारणी (Table) के रूप में जोड़ा गया है और उसमें एक्सेल में की गयी सभी सेटिंग भी प्रभावी हैं.

इस प्रकार आप एक्सेल से कोई भी डाटा वर्ड में ला सकते हैं.

रैपिडैक्स®
कंप्यूटर
कोर्स
भाग-5
पावर पॉइंट
(PowerPoint)

पावर पॉइंट क्या है?
(What is PowerPoint?)

भाग 3 में आप पढ़ चुके हैं कि पावर पॉइंट एमएस-आफिस के अन्तर्गत एक प्रोग्राम है, जिसके द्वारा आप स्लाइडों पर आधारित प्रस्तुतीकरण सामग्री तैयार कर सकते हैं. पावर पॉइंट प्रोग्राम विभिन्न प्रकार के प्रस्तुतीकरण सरलता और शीघ्रता से तैयार करने, उन्हें सुधारने, छांटने तथा प्रस्तुतीकरण का अभ्यास या रिहर्सल करने में आपकी सहायता करता है. इसकी सहायता से आप मुख्यतः निम्नलिखित सामग्री तैयार कर सकते हैं :

- श्वेत-श्याम ओवरहैड पारदर्शी पट्टियां
- रंगीन ओवरहैड पारदर्शी पट्टियां
- 35 मिलीमीटर की स्लाइडें
- कंप्यूटर तथा वीडियो आधारित स्लाइड शो
- बैठकों के लिए छपी हुई सामग्री
- वक्ता के लिए विस्तृत नोट्स आदि

पावर पॉइंट में प्रस्तुतीकरण सामग्री तैयार करने में उन्हीं तकनीकों का प्रयोग किया जाता है, जो एमएस-ऑफिस के सभी प्रोग्रामों में प्रयोग की जाती हैं और जिनके बारे में आप पिछले दो भागों - एमएस-वर्ड तथा एमएस-एक्सेल में पढ़ चुके हैं. इसके साथ ही आप अन्य प्रोग्रामों द्वारा तैयार की गयी सूचनाओं या सामग्री जैसे पाठ्य (Text), चार्ट, वर्क शीट, ग्राफिक्स आदि को भी पावर पॉइंट की स्लाइडों में शामिल कर सकते हैं. इतना ही नहीं, आप प्रस्तुतीकरण का पूर्वाभ्यास (रिहर्सल) भी अपने कंप्यूटर पर कर सकते हैं, ताकि वास्तविक प्रस्तुतीकरण के समय आपको कोई कठिनाई न हो.

पावर पॉइंट को अच्छी तरह समझने और उसका उपयोग करने के लिए उसमें प्रयोग किए जाने वाले कुछ शब्दों को समझ लेना आवश्यक है. इसके मुख्य शब्दों का परिचय नीचे दिया गया है :

स्लाइड (Slide) : प्रस्तुतीकरण के प्रत्येक पृष्ठ को स्लाइड कहा जाता है. प्रस्तुतीकरण में आप स्लाइड बनाते हैं या उसमें सुधार करते हैं. प्रत्येक स्लाइड किसी विशेष बात को उभारने के लिए बनायी जाती है. उदाहरण के लिए, यदि आप किसी प्रोजेक्ट के लिए प्रस्तुतीकरण बना रहे हैं, तो एक स्लाइड में प्रोजेक्ट का नाम आदि, दूसरी स्लाइड में प्रोजेक्ट का उद्देश्य, तीसरी में उसके मुख्य भाग, इसी प्रकार आगे भी स्लाइडें तैयार की जा सकती हैं.

वक्ता के नोट (Speaker's Notes) : ये ऐसी सूचनाएं हैं जो वक्ता को प्रस्तुतीकरण के समय कुछ बातें याद दिलाने के लिए दी जाती हैं. ये सामान्यतया कागज पर छपे हुए साधारण वाक्य या सूचनाएं होती हैं. प्रस्तुतीकरण के समय ये बातें स्लाइडों पर दिखायी नहीं देतीं.

हैंडआउट (Handouts) : ये कुछ ऐसे पर्चे होते हैं, जो श्रोताओं में बांटे जाते हैं. इन पर प्रस्तुतीकरण की सभी या चुनी हुई स्लाइडें छापी जाती हैं. पावर पॉइंट में एक पृष्ठ पर आप एक से लेकर छः तक स्लाइडें छाप सकते हैं.

प्रस्तुतीकरण फाइल (Presentation File) : किसी विशेष विषय पर प्रस्तुतीकरण की सभी स्लाइडों को एक फाइल में रखा जाता है, जिसे प्रस्तुतीकरण फाइल कहते हैं. पावर पॉइंट की इन फाइलों के नाम का विस्तार भाग

सामान्यत: PPTX होता है, जैसे PROJ1.PPTX. प्रत्येक प्रस्तुतीकरण की सभी जानकारियां, वक्ता के नोट्स तथा ध्वनि आदि के प्रभाव, यदि आपने शामिल किये हों, एक ही फाइल में रखे जाते हैं, ताकि उन्हें नकल करना और प्रयोग करना सरल हो.

मास्टर स्लाइड (Master Slide) : यह ऐसी स्लाइड होती है, जिसमें ऐसी सूचनाएं या सामग्री दी जाती हैं, जो प्रस्तुतीकरण की प्रत्येक स्लाइड में शामिल की जाती हैं. उदाहरण के लिए, आप चाह सकते हैं कि आपका या कम्पनी का नाम, लोगो, प्रस्तुतीकरण की तिथि आदि प्रत्येक स्लाइड पर दिखायी पड़े. यह कार्य मास्टर स्लाइड द्वारा किया जाता है.

थीम (Themes) : पावर पॉइंट में आप अपने प्रस्तुतीकरण के सभी अवयवों (Components) के लिए रंग योजना या नियम तय कर सकते हैं जैसे बैक ग्राउण्ड का रंग, विभिन्न शीर्षकों के रंग आदि. पावर पॉइंट में बहुत सी थीम पहले से तैयार उपलब्ध हैं.

लेआउट (Layout) : पावर पॉइंट में पहले से ही परिभाषित अनेक लेआउट उपलब्ध हैं, जिनकी मदद से आप चुनी हुई थीम में स्लाइड की रूपरेखा निर्धारित कर सकते हैं.

व्यू (View)

पावर पॉइंट में स्लाइडों में सूचनाएं भरने, सम्पादित करने तथा उन्हें देखने की कई विधियां होती हैं, जिन्हें व्यू कहा जाता है. इनके द्वारा स्लाइडों में पाठ्य (Text) भरने, सम्पादित करने में तथा उनको सही क्रम देने में बहुत सहायता मिलती है. पावर पॉइंट में निम्नलिखित व्यू होते हैं :

- सामान्य व्यू (Normal View)
- स्लाइड सॉर्टर व्यू (Slide Sorter View)
- नोट्स पेज (Notes Page)
- स्लाइड शो व्यू (Slide Show View)
- स्लाइड मास्टर (Slide Master)
- हैंडआउट मास्टर (Handout Master)
- नोट्स मास्टर (Notes Master)

इन सभी के बारे में नीचे विस्तार से बताया गया है :

सामान्य व्यू (Normal View) : इस व्यू में आप पावर पॉइंट की स्लाइडों पर लगभग सभी क्रियाएं कर सकते हैं. इसमें पावर पॉइंट की विंडो को तीन भागों में बांटकर दिखाया जाता है, जैसा कि चित्र P-1.1 में दिखाया गया है. इसके बाएं भाग में टैक्स्ट पर और दाएं ऊपरी भाग में चित्रों, रंगों आदि पर कार्य किया जा सकता है. इसके साथ ही दाएं नीचे के भाग में आप नोट्स भर सकते हैं. इस व्यू में किसी स्लाइड के लिए नोट्स जोड़ने के लिए आप दायीं ओर नीचे के बॉक्स को क्लिक करके सक्रिय कर सकते हैं. फिर उस बॉक्स में नोट्स उसी तरह टाइप और सम्पादित (Edit) कर सकते हैं, जिस तरह अन्य बॉक्सों में किया जाता है.

चित्र P-1.1 : सामान्य व्यू में एक प्रस्तुतीकरण

स्लाइड सॉर्टर व्यू (Slide Sorter View) : इस व्यू में आप प्रस्तुतीकरण की सभी स्लाइडों को एक साथ छोटे रूप में देख सकते हैं, जिसमें सभी पाठ्य (Text) तथा चित्र (Graphics) भी दिखाए जाते हैं, जैसा कि चित्र P-1.2 में दिखाया गया है.

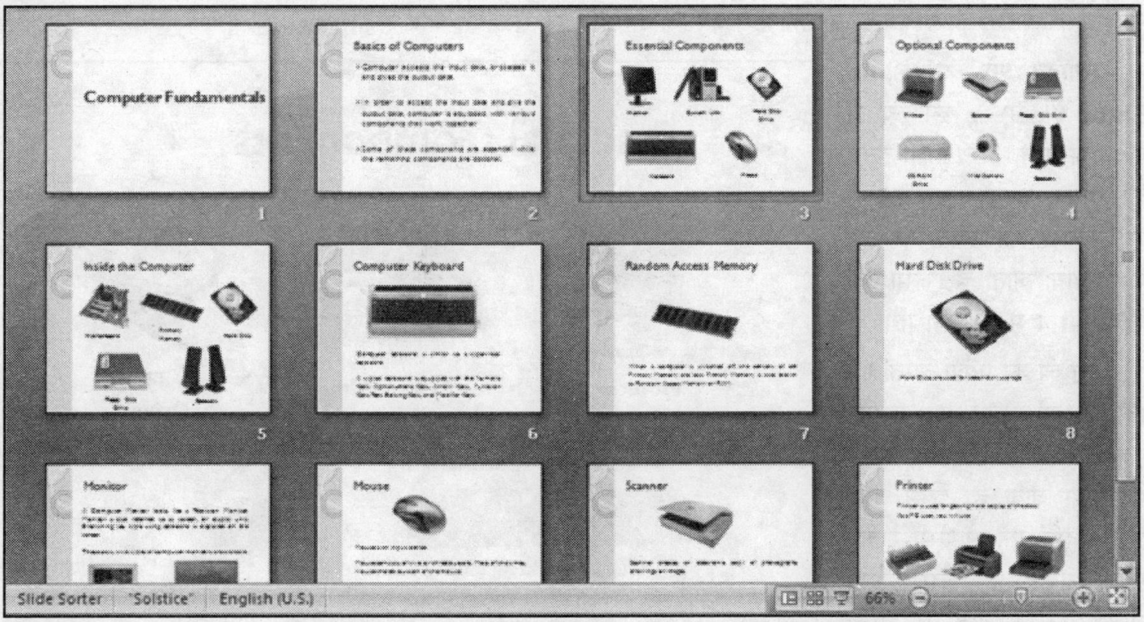

चित्र P-1.2 : स्लाइड सॉर्टर व्यू में एक प्रस्तुतीकरण

स्लाइड सॉर्टर व्यू में आप स्लाइडों को अपनी इच्छानुसार किसी भी क्रम (Order) में लगा सकते हैं. यहां तक कि एक स्लाइड के ऊपर दूसरी स्लाइड भी लगा सकते हैं. इसमें स्लाइड बदलने (Transition) की विधि तथा स्लाइड

बदलते समय एनीमेशन के प्रभाव (Animation effects) भी सेट किये जा सकते हैं. इसके साथ ही ऑटोमेटिक स्लाइड शो के लिए प्रत्येक स्लाइड का समय (Timing) भी तय किया जा सकता है. इतना ही नहीं इसमें आप विभिन्न एनीमेशन प्रभावों का अवलोकन भी कर सकते हैं.

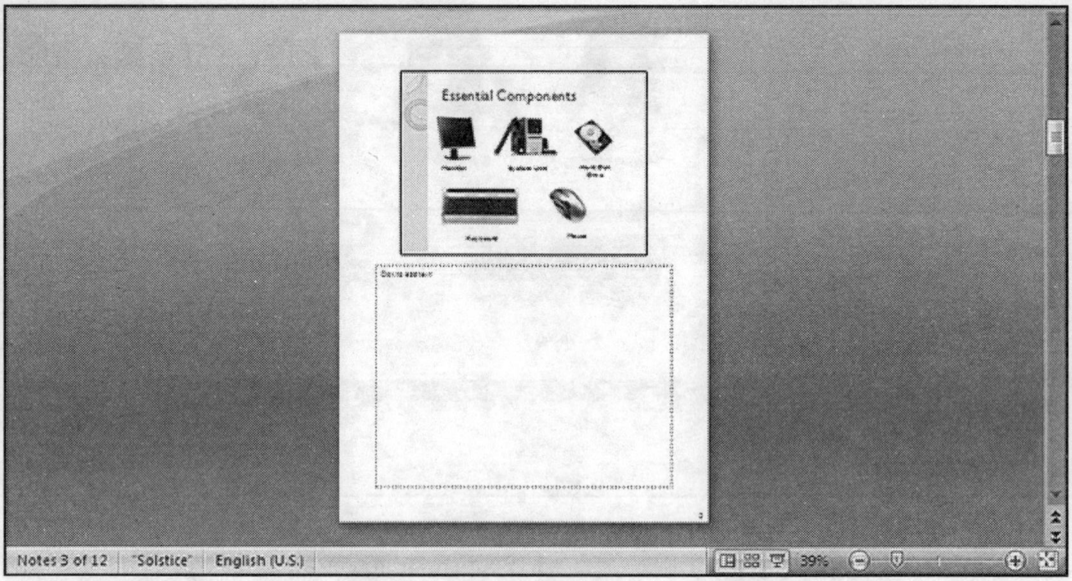

चित्र P-1.3 : नोट्स पेज व्यू में एक प्रस्तुतीकरण

नोट्स पेज व्यू (Notes Page View) : इस व्यू में आप वक्ता के नोट ठीक वैसे देख सकते हैं, जैसे वे छापने पर दिखाई पड़ेंगे. आप वक्ता के नोट इस व्यू में आसानी से संपादित कर सकते हैं.

स्लाइड शो व्यू (Slide Show View) : इस व्यू में पॉवर पाइंट के अन्य सभी तत्वों को गायब करके एक बार में एक स्लाइड को उसके पूरे रूप में दिखाया जाता है, जैसा कि चित्र P-1.4 में दिखाया गया है.

चित्र P-1.4 : स्लाइड शो व्यू में एक स्लाइड

इस व्यू का प्रयोग वास्तविक स्लाइड शो करने या उसका पूर्वाभ्यास (Rehearsal) करने में किया जाता है. इसमें आप एक अदृश्य पेन से ऐसी रेखाएं खींच सकते हैं, जैसे किसी चॉक से ब्लैक बोर्ड पर खींची जाती हैं. ये रेखाएं स्टोर नहीं की जातीं. इस व्यू में स्लाइडों को एक-एक करके निर्धारित क्रम में उनके लिए तय किए गए सभी प्रभावों के साथ देखा जा सकता है.

स्लाइड मास्टर व्यू (Slide Master View) : इस व्यू में आप मास्टर स्लाइड का डिजाइन और लेआउट संपादित कर सकते हैं, जैसा कि चित्र P-1.5 में दिखाया गया है.

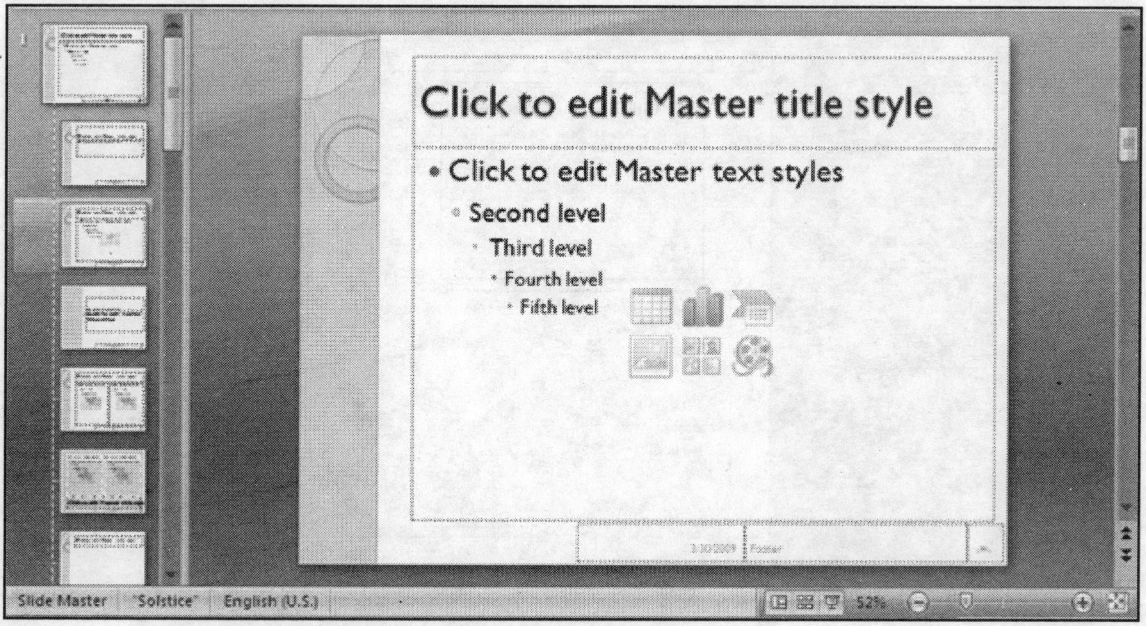

चित्र P-1.5 : स्लाइड मास्टर व्यू

हैंडआउट मास्टर व्यू (Handout Master View) : इस व्यू में आप छपे हैंडआउट का डिजाइन और लेआउट संपादित कर सकते हैं, जैसा कि चित्र P-1.6 में दिखाया गया है.

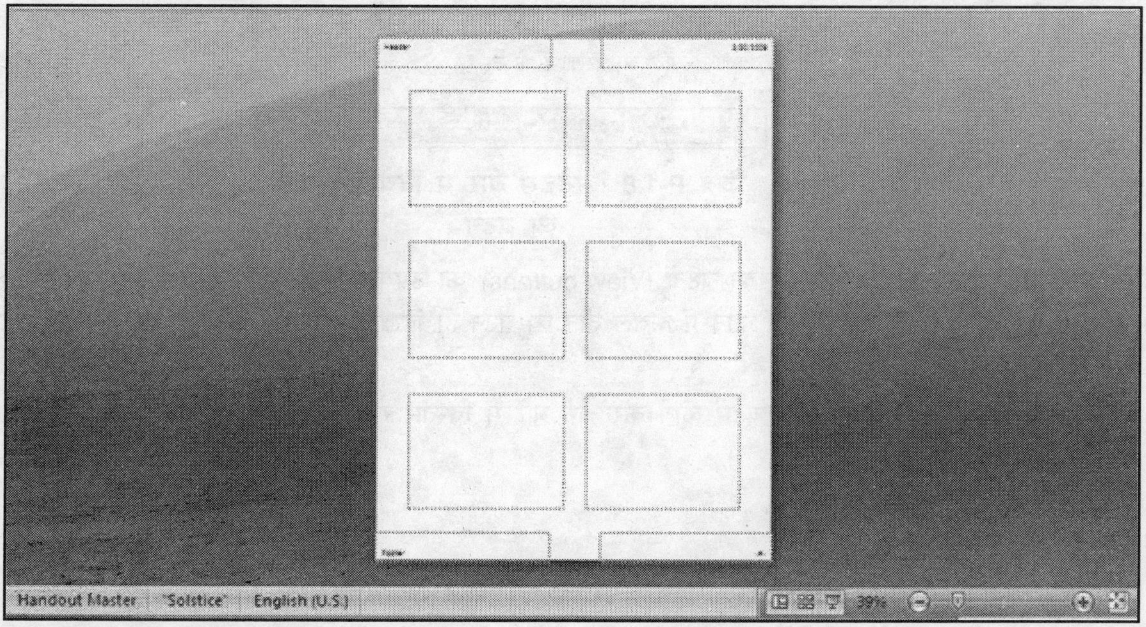

चित्र P-1.6 : हैंउआउट मास्टर व्यू

नोट्स मास्टर व्यू (Notes Master View) : इस व्यू में आप वक्ता के नोट का डिजाइन और लेआउट संपादित कर सकते हैं, जैसा कि चित्र P-1.7 में दिखाया गया है.

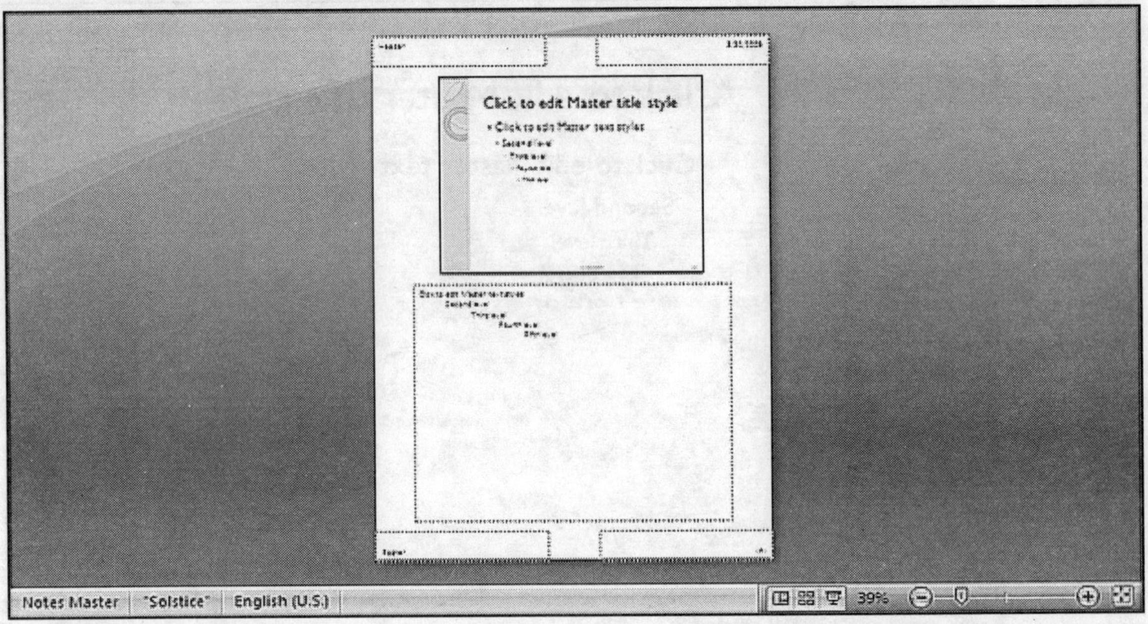

चित्र P-1.7 : नोट्स मास्टर व्यू

पावर पॉइंट में प्रस्तुतीकरण तैयार करते समय किसी विशेष कार्य के लिए उचित व्यू का चुनाव करना आवश्यक है इसके लिए या तो 'View' टैब के Presentation Views भाग में उचित विकल्प चुना जाता है या पावर पॉइंट की

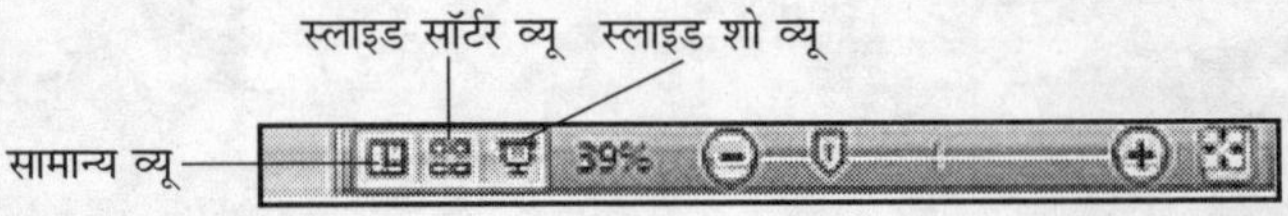

चित्र P-1.8 : स्टेटस बार में दिये गये तीन व्यू बटन

विंडो में निचले बाएं कोने पर दिए गए व्यू बटनों (View buttons) का उपयोग किया जाता है, जो कि चित्र P-1.8 में दिखाए गए हैं. विंडो के निचले बायें कोने में केवल तीन व्यू बटन ही दिखाए जाते हैं– सामान्य व्यू, स्लाइड सॉर्टर व्यू और स्लाइड शो व्यू.

आगे के अध्यायों में हम प्रत्येक व्यू में कार्य करने के बारे में विस्तार से बताएंगे.

पावर पॉइंट पर कार्य प्रारम्भ करना
(Getting Started with PowerPoint)

अन्य सभी प्रोग्रामों की तरह पावर पॉइंट को भी आप उसके आइकॉन (Icon) को डबल क्लिक करके प्रारम्भ कर सकते हैं, यदि वह आपके डेस्कटॉप पर हो. एक अन्य तरीका 'Start' मेन्यू से 'All Programs' में एमएस-आफिस के मेन्यू में जाकर पावर पॉइंट प्रारम्भ करने का भी है. जो भी आपको सुविधाजनक लगती हो, उसी विधि का उपयोग कीजिए.

पावर पॉइंट प्रोग्राम आरंभ करने पर एक खाली प्रस्तुतीकरण (Presentation) आपकी स्क्रीन पर चित्र P-2.1 की तरह दिखाई देगा. डिफाल्ट द्वारा इस प्रस्तुतीकरण में केवल एक ही स्लाइड दिखाई जाती है, जिसकी थीम 'ऑफिस' और लेआउट 'टाइटिल स्लाइड' होता है. जैसा कि आप चित्र में देख सकते हैं, स्लाइड में पाठ्य टाइप करने के लिए दो बॉक्स दिये गये हैं, पहला बॉक्स शीर्षक (Title) और दूसरा बॉक्स उपशीर्षक (Subtitle) के लिए है.

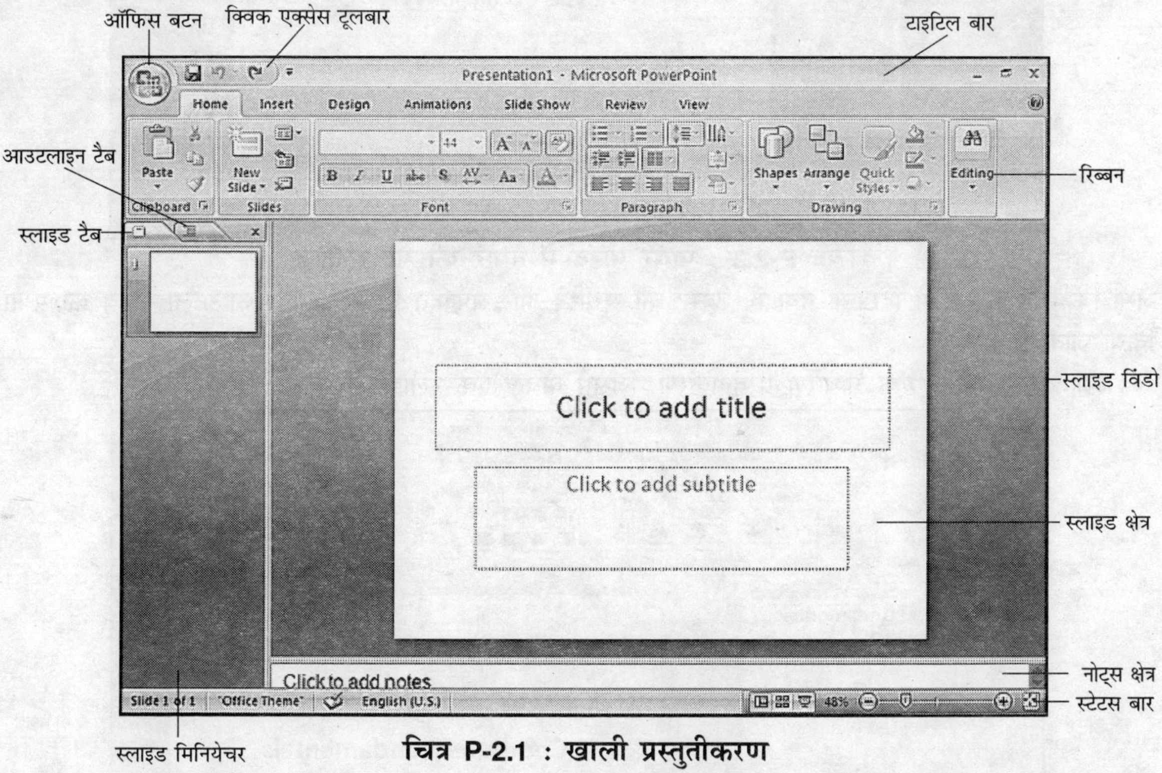

चित्र P-2.1 : खाली प्रस्तुतीकरण

अभ्यास के लिए 'Click to add title' में माउस कर्सर ले जाकर उसमें 'Computer Fundamentals' टाइप करें. इसी प्रकार 'Click to add subtitle' के स्थान पर 'Basics of Computers' टाइप करें. इसके बाद विंडो में कहीं भी क्लिक करें. अब आपकी स्लाइड चित्र P-2.2 की तरह दिखाई देगी.

आप देखेंगे कि विंडो में बाईं ओर एक दो टैबों वाली छोटी स्लाइड मिनियेचर (Slide Miniature) विंडों दिखाई गई है. डिफाल्ट द्वारा इस विंडो में स्लाइड्स (Slides) टैबशीट खुली होती है, जिसमें प्रस्तुतीकरण की सभी स्लाइडों के लघुरूप दिखाये जाते हैं. Slides टैब के बगल में Outline टैब दिया जाता है, जिस पर क्लिक करने से हमें अपने प्रस्तुतीकरण की रूपरेखा या ढांचा दिखाई पड़ता है, जिसमें प्रत्येक स्लाइड का शीर्षक और मुख्य बिंदु दिखाए जाते हैं,

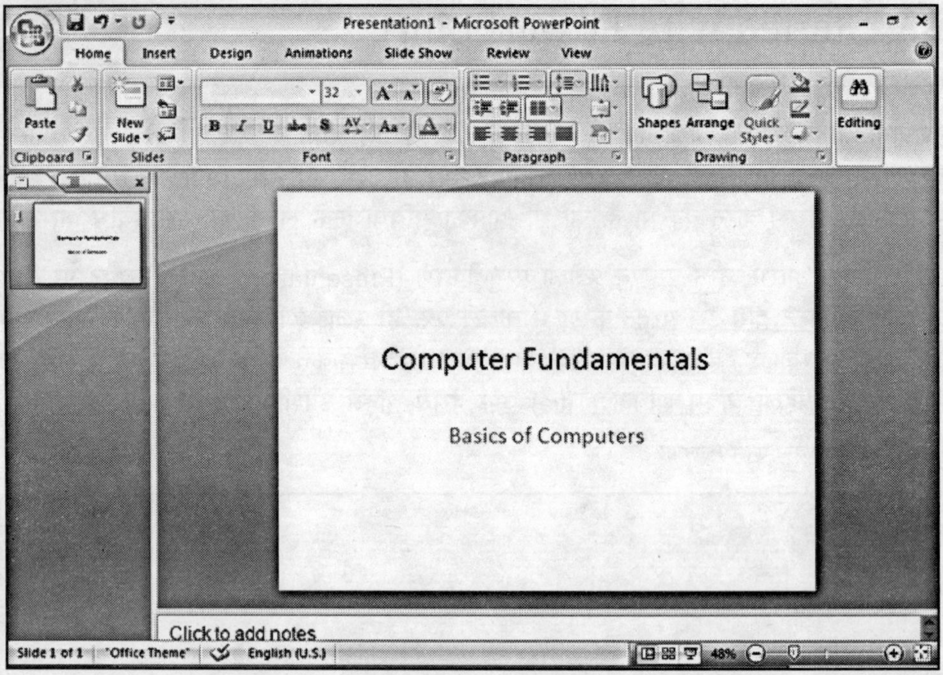

चित्र P-2.2 : पावर पॉइंट में तैयार की गई स्लाइड

जैसा कि चित्र P-2.3 में दिखाया गया है. टैक्स्ट को सुधारने और संपादित करने के लिए आउटलाइन व्यू का प्रयोग किया जाता है.

इस प्रकार आपका एक साधारण प्रस्तुतीकरण, जिसमें केवल एक स्लाइड है, तैयार हो गया है.

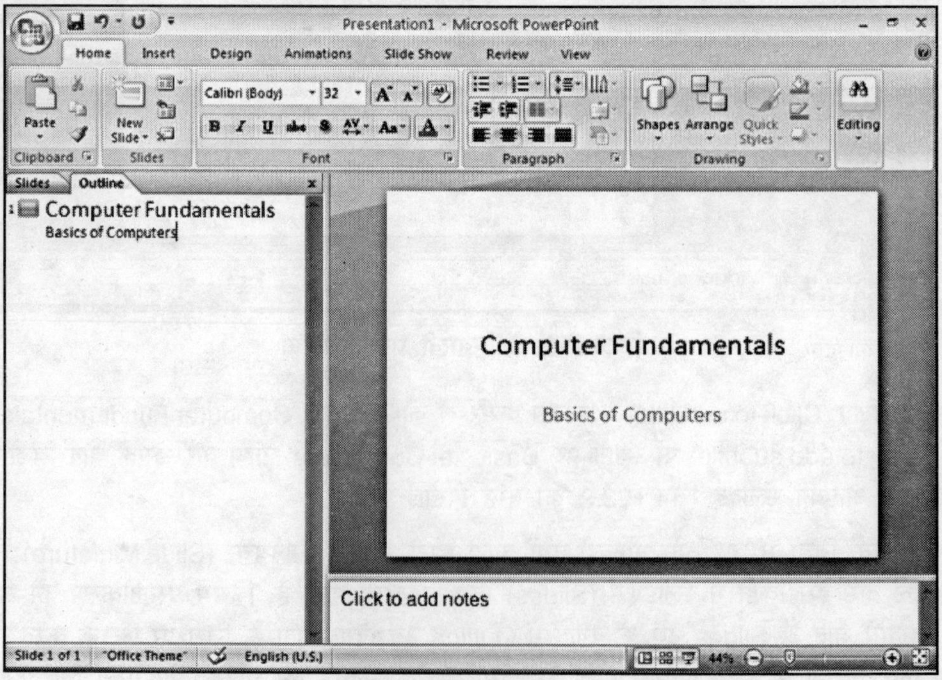

चित्र P-2.3 : पावर पॉइंट में तैयार की गई स्लाइड

प्रस्तुतीकरण को सुधारना (Editing the Presentation)

आप किसी भी प्रस्तुतीकरण में अपनी आवश्यकतानुसार सुधार कर सकते हैं. यह कार्य करने के लिए आउट लाइन व्यू सर्वश्रेष्ठ है. इसमें आप किसी भी टैक्स्ट को एमएस-वर्ड की तरह सामान्य तकनीकों द्वारा सरलता से सुधार या हटा सकते हैं अर्थात् सम्पादित कर सकते हैं. इसमें नया टैक्स्ट या नयी स्लाइडें भी जोड़ी जा सकती हैं.

किसी लाइन को या उसके किसी भाग को सम्पादित करने के लिए उसे माउस पॉइंटर से ड्रैग (Drag) करके चुन लीजिए या डबल क्लिक कीजिए और चुन लेने पर उस पर इच्छानुसार क्रियाएं कीजिए.

आउटलाइन व्यू में कार्य करने के बारे में आगे विस्तार से बताया जाएगा.

थीम का उपयोग (Using Themes)

वैसे तो आप अपने प्रस्तुतीकरण की बैक ग्राउण्ड, टाइप स्टाइल तथा अन्य डिजायन स्वयं बदल सकते हैं, जिनकी तकनीकें आगे बतायी जाएंगी, परन्तु जब आप सभी स्लाइडों का रूप एक साथ बदलना चाहते हैं तो थीम बदलना सबसे अच्छा है. आप स्लाइड थीम किसी भी समय बदल सकते हैं और अपना प्रस्तुतीकरण अलग-अलग रूपों में देख सकते हैं, ताकि आप उनमें से सबसे अच्छा लगने वाला रूप चुन सकें.

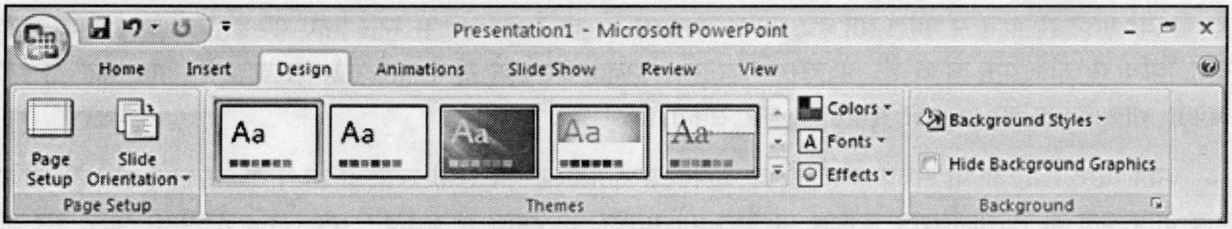

चित्र P-2.4 : डिजाइन टैब

प्रस्तुतीकरण की थीम बदलने के लिए या चुनने के लिए निम्नलिखित क्रियाएं कीजिए-

1. अपना प्रस्तुतीकरण खोलिए.
2. रिब्बन में Design टैब (चित्र P-2.4) के Theme भाग में थीम वाले पेन (Pane) में नीचे की ओर तीर के निशान वाले बटन पर क्लिक कीजिए. ऐसा करने पर आपके सामने सभी उपलब्ध थीम डिजाइन आ जाएंगे, जैसे कि चित्र P-2.5 में दिखाये गये हैं.
3. जो भी डिजायन पसन्द आए उस पर क्लिक कीजिए.
4. ऐसा करते ही आप अपने प्रस्तुतीकरण में लौट आएंगे और देखेंगे कि आपकी सभी स्लाइडों की डिजायन बदल कर आपके द्वारा चुनी हुई डिजायन जैसी हो गयी है.

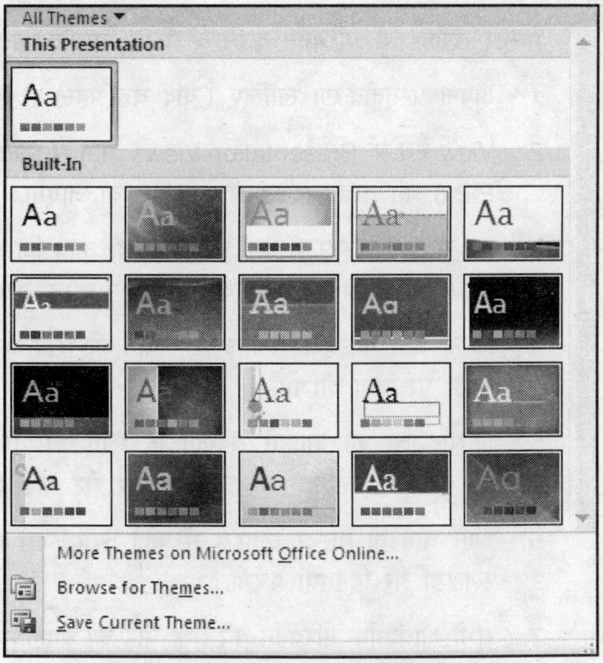

चित्र P-2.5 : थीम स्लाइड प्रस्तुतीकरण

यह भी हो सकता है कि नयी डिजायन लागू करने में आपकी कुछ स्लाइडों का रूप बिगड़ गया हो, जैसे शीर्षक छोटे-बड़े हो गए हों या चित्र मैटर के ऊपर हो गया हो. इससे बचने के लिए आपको प्रत्येक स्लाइड को बड़े आकार में अर्थात् स्लाइड व्यू में ध्यान से देखना चाहिए और जहां आवश्यक लगे सुधार कर लेना चाहिए. आप इसी भाग में दिये गये Colors, Fonts और Effects बटनों द्वारा अन्य परितर्वन भी कर सकते हैं.

मास्टर बनाना (Creating Masters)

यदि आप अपने प्रस्तुतीकरण के लिए अपनी डिजायन बनाना चाहते हैं, तो यह कार्य मास्टरों के द्वारा सरलता से किया जा सकता है. किसी मास्टर में बैक ग्राउण्ड, लोगो (Logo), फॉण्ट, रंग-योजना, समय तथा तिथि, पृष्ठ संख्याएं आदि तत्व शामिल होते हैं. प्रत्येक प्रस्तुतीकरण में निम्नलिखित के लिए अलग-अलग मास्टर होता है-

- स्लाइड
- हैंडआउट
- वक्ता के नोट्स

पावर पॉइंट में बहुत से पहले बने हुए मास्टर उपलब्ध हैं, जो Themes में स्टोर किए गए हैं. जब आप ऊपर बतायी गयी विधि से कोई थीम चुनते हैं, तो उस के अनुसार प्रस्तुतीकरण के सभी मास्टर बदल जाते हैं. आप चाहें तो इनमें अपनी आवश्यकता के अनुसार सुधार भी कर सकते हैं.

आप मास्टरों में जो भी सुधार करते हैं, वे आपके प्रस्तुतीकरण की सभी स्लाइडों या पृष्ठों पर लागू होते हैं. लेकिन यदि आप चाहें तो किसी विशेष स्लाइड या पृष्ठ को मास्टर के प्रभाव से बचाकर रख सकते हैं. पावर पॉइंट इस बात को तब भी याद रखता है, जब आप मास्टर बदल देते हैं.

मास्टर स्लाइड में परिवर्तन करने के लिए निम्नलिखित क्रियाएं कीजिए-

1. अपना प्रस्तुतीकरण खोलिए (यदि वह पहले से ही खुला न हो).
2. View टैब के Presentation Views भाग में Slide Master बटन पर क्लिक कीजिए. इससे स्क्रीन पर चित्र P-2.6 की तरह स्लाइड मास्टर दिखाया जाएगा.
3. इस स्लाइड मास्टर में कई तत्व होते हैं. आप जिस तत्व में सुधार करना चाहते हैं, उसे क्लिक कीजिए और एमएस-आफिस की तकनीकों का प्रयोग करके उसकी स्टाइल, फॉण्ट, रंग, आकार आदि में परिवर्तन कीजिए.
4. किसी तत्व को दूसरे स्थान पर लगाने के लिए उसे माउस पॉइंटर से पकड़कर खींच ले जाइये और उचित स्थान पर लगा दीजिए.
5. किसी तत्व का आकार बदलने के लिए उसे क्लिक करके उसके नीले हैंडिलों को माउस पॉइंटर द्वारा पकड़कर खींचते हुए उचित स्थान पर सेट कर दीजिए, जैसा किसी चित्र आदि के साथ किया जाता है.
6. आप चाहें तो मास्टर स्लाइड में कोई चित्र, जैसे लोगो भी जोड़ सकते हैं. यह चित्र प्रस्तुतीकरण की सभी स्लाइडों पर दिखायी पड़ेगा.
7. सभी आवश्यक परिवर्तन करने के बाद व्यू बदलकर स्लाइड व्यू में आइये और एक-एक करके सभी स्लाइडों को देखिये, ताकि किसी स्लाइड का रूप बिगड़ न गया हो. जहां आवश्यक लगे सुधार कर दीजिए.

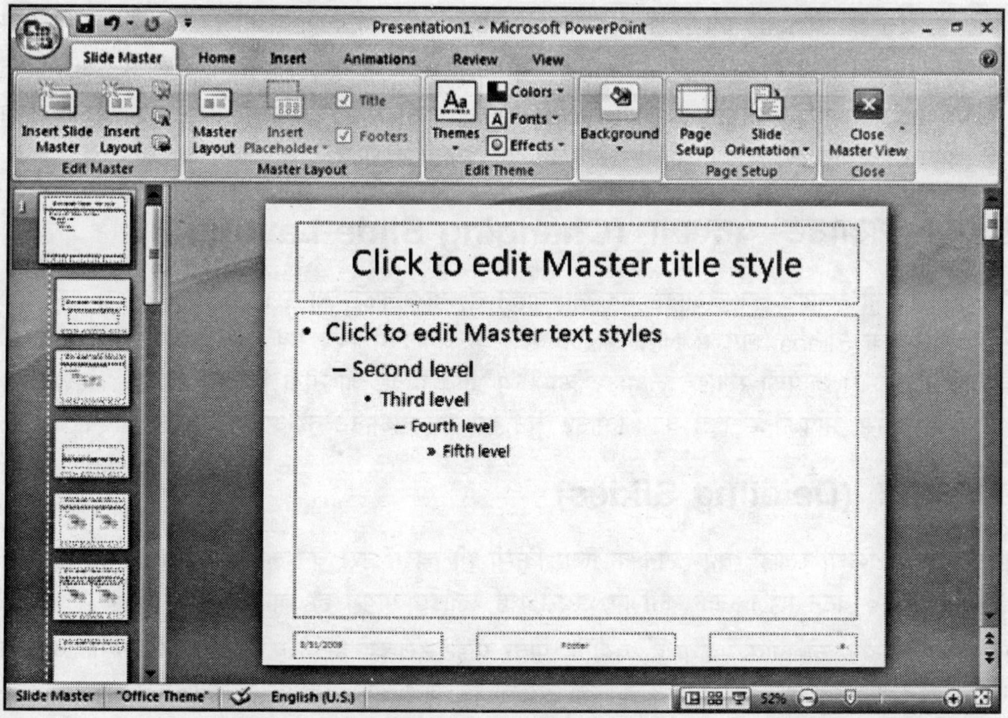

चित्र P-2.6 : स्लाइड मास्टर

इस प्रकार आप अपने प्रस्तुतीकरण के लिए सुन्दर मास्टर स्लाइड तैयार कर सकते हैं. मास्टर व्यू को बंद करने के लिए लाल रंग के Close Master View बटन को क्लिक कीजिए.

नयी स्लाइडें जोड़ना (Adding Slides)

आप आउटलाइन व्यू, स्लाइड व्यू या स्लाइड सॉर्टर व्यू में रहते हुए नयी स्लाइडें जोड़ सकते हैं. नयी स्लाइडें हमेशा वर्तमान स्लाइड के ठीक बाद जोड़ी जाती हैं. इसको स्लाइड सॉर्टर व्यू में अधिक सरलता से देखा जा सकता है, लेकिन तीनों व्यू में प्रक्रिया एक ही है, जो आगे दी गयी है :

1. आउटलाइन व्यू या स्लाइड व्यू या स्लाइड सॉर्टर व्यू में आइये.
2. जहां आप नयी स्लाइड जोड़ना चाहते हैं, उससे ठीक पहले की स्लाइड को क्लिक करके उसे वर्तमान स्लाइड बनाइये.

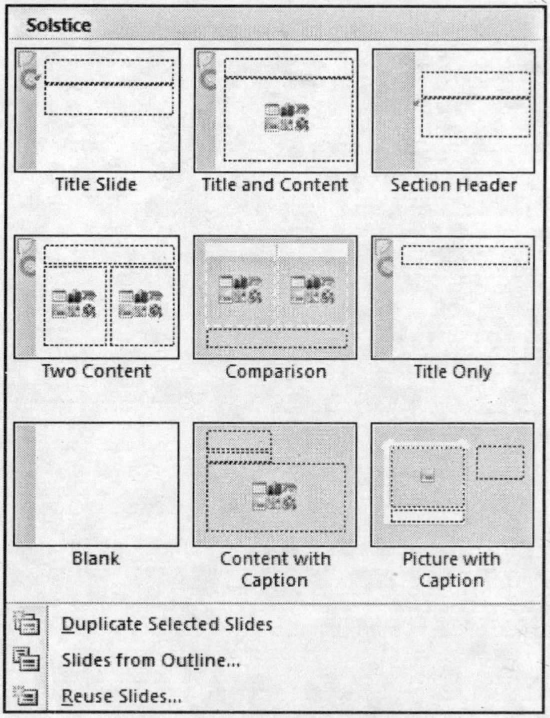

चित्र P-2.7 : पावर पॉइंट में पहले ही दिये गये लेआउट

3. Home टैब के Slides भाग में 'New Slide' बटन के तीर के निशान को क्लिक कीजिए और मनचाहा लेआउट (चित्र P-2.7) चुनिए.
4. सामान्यत: पावर पॉइंट वर्तमान (अर्थात् पिछली) स्लाइड की थीम के आधार पर ही नयी स्लाइड जोड़ लेता है. आपको केवल लेआउट निर्धारित करने की आवश्कता होती है.

स्लाइड का लेआउट बदलना (Changing Slide Layout)

यदि आप अपनी किसी स्लाइड का लेआउट बदलना चाहते हैं, तो स्लाइड या स्लाइड सॉर्टर व्यू में उस स्लाइड को चुनकर Home टैब के Slides भाग में New Slide बटन के बगल में दिये गये Layout बटन के तीन के निशान पर क्लिक कीजिए. इससे आपको स्लाइड लेआउट का मेन्यू प्राप्त होगा, जो ठीक चित्र P-2.7 के 'New Slide' मेन्यू की तरह होता है. इससे आपकी स्लाइड का लेआउट चुने हुए नए लेआउट के अनुसार बदल जाएगा.

स्लाइड हटाना (Deleting Slides)

अपने प्रस्तुतीकरण से किसी स्लाइड को हटाने के लिए किसी भी व्यू में उसे चुन लीजिए और Home टैब के Slides भाग में Delete Slide बटन पर क्लिक कीजिए. इससे वह स्लाइड गायब हो जाएगी.

यहां सावधानी रखने की आवश्यकता है, क्योंकि पावर पॉइंट स्लाइड हटाने की पुष्टि नहीं करता. अत: एक बार हटायी गयी स्लाइड 'Undo' द्वारा तभी प्राप्त की जा सकती है, जब आप तत्काल कार्यवाही करें.

पावर पॉइंट में पाठ्य पर कार्य
(Working with Text in PowerPoint)

यों तो पावर पॉइंट स्वत: ही आपके प्रस्तुतीकरण के पाठ्य को अच्छी तरह लगा देता है, लेकिन यदि आप अपने प्रस्तुतीकरण को और अधिक सुन्दर तथा बाकी से अलग बनाना चाहते हैं, तो पावर पॉइंट की अनेक विशेषताओं का लाभ उठाकर वैसा कर सकते हैं. यहां हम कुछ मुख्य-मुख्य क्रियाओं के बारे में बताएंगे.

पाठ्य सुधारना तथा सरकाना (Editing and Moving Text)

पावर पॉइंट में पाठ्य पर कार्य करना एमएम-वर्ड से बहुत मिलता जुलता है. आप आउटलाइन व्यू, स्लाइड व्यू या सामान्य व्यू में रहते हुए पाठ्य पर कार्य कर सकते हैं. पावर पॉइंट में पाठ्य को टाइटिल ऑब्जेक्ट (Title Objects) तथा बॉडी आब्जेक्ट (Body Objects) में रखा जाता है. ये स्लाइडों पर आयताकार क्षेत्रों के नाम हैं, जो न छापी जाने वाली रेखाओं से घिरे होते हैं. पाठ्य को बदलने, हटाने, जोड़ने या सरकाने के लिए सबसे पहले आप उस क्षेत्र या ऑब्जेक्ट को चुनते हैं, फिर उसमें उस पाठ्य को चुनते हैं, जिस पर कोई क्रिया करनी है.

यदि आप बीच में कोई पाठ्य डालना चाहते हैं, तो माउस पॉइंटर द्वारा या तीर के चिह्न वाले बटनों का प्रयोग करके कर्सर अथवा धसान बिन्दु (I) को वहां ले जाइये जहां पाठ्य डालना है और टाइप करना प्रारम्भ कर दीजिए. नये पाठ्य के लिए स्थान बनाने के लिए इस स्थान से आगे का पाठ्य आगे सरका दिया जाएगा. लेकिन ध्यान रखने की बात यह है कि पावर पॉइंट एक स्लाइड भर जाने पर बचा हुआ पाठ्य दूसरी या नई स्लाइड में नहीं ले जाता. इसके लिए या तो आपको पाठ्य का फॉण्ट या उसका आकार बदलना होगा या फिर एक नयी स्लाइड जोड़नी पड़ेगी.

आपको यह भी सावधानी रखनी होगी कि किसी स्लाइड पर ज्यादा पाठ्य सामग्री न हो, क्योंकि भले ही आप उसका आकार घटा कर एक स्लाइड पर फिट कर सकते हैं, लेकिन अक्षर बहुत छोटे या पास-पास हो जाने पर दर्शकों को उसे पढ़ने में कठिनाई होगी.

नयी बुलेट लाइन डालने के लिए कर्सर को वहां ले जाइये, जहां नयी पंक्ति जोड़नी है और एण्टर (Enter) दबाइये. पावर पॉइंट वहां एक बुलेट डाल देगा, जिसके आगे आप पाठ्य टाइप कर सकते हैं.

कोई पाठ्य हटाने के लिए उसे चुन लीजिए और Delete कुंजी दबाइये. इससे चुना हुआ पाठ्य गायब हो जाएगा और उसके आगे का पाठ्य सरक कर ऊपर आ जाएगा. इसी प्रकार आप किसी बुलेट आइटम को भी हटा सकते हैं. पाठ्य या बुलेट हटाने के लिए आप Home टैब में Clipboard भाग के 'Cut' बटन का प्रयोग भी कर सकते हैं.

पाठ्य सरकाने की तकनीक इस बात पर निर्भर करती है कि आप कितना पाठ्य कहां ले जाना चाहते हैं. यदि आपको एक साथ बहुत सा पाठ्य सरकाना हो, तो आउटलाइन व्यू में कार्य करना अच्छा रहेगा. इसके बारे में इसी अध्याय में आगे बताया गया है. लेकिन छोटे-मोटे परिवर्तनों के लिए आप स्लाइड व्यू में भी कार्य कर सकते हैं. इसके लिए उस पाठ्य को चुनकर नये स्थान तक उसी तरह खींच ले जाइये, जैसे आप एमएस-वर्ड में करते हैं.

कोई पाठ्य एक स्लाइड से दूसरी स्लाइड में ले जाने के लिए स्लाइड व्यू में उसे चुनकर 'Cut' (CTRL+X) आदेश दीजिए या उस पर माउस का दायां बटन दबाकर मेन्यू में Cut विकल्प चुनिए. अब दूसरी स्लाइड में जाकर धसान बिन्दु सही स्थान पर ले जाकर 'Paste' (CTRL+V) आदेश दीजिए या उस पर माउस का दायां बटन दबाकर मेन्यू में Paste विकल्प चुनिए. इससे पाठ्य पुरानी जगह से हटकर नयी जगह आ जाएगा.

आउटलाइन व्यू में कार्य करना (Working in Outline View)

आप पढ़ चुके हैं कि अपने प्रस्तुतीकरण के पाठ्य को अच्छी प्रकार से लगाने या संगठित करने के लिए आउटलाइन व्यू सबसे अच्छा स्थान है. चित्र P-3.1 में आउटलाइन व्यू में एक प्रस्तुतीकरण दिखाया गया है.

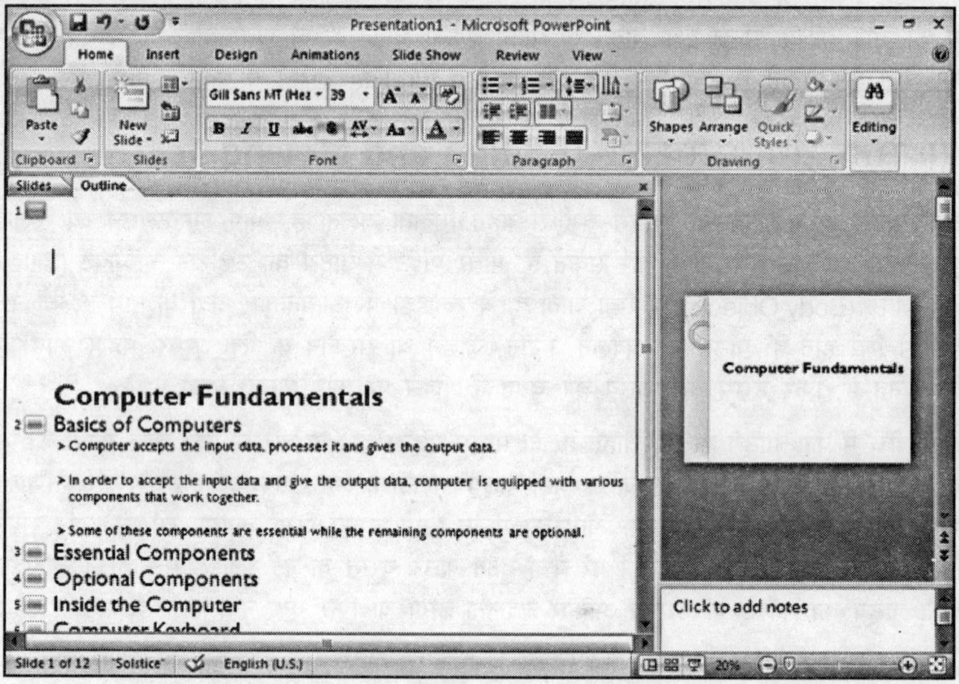

चित्र P-3.1 : आउटलाइन व्यू में एक प्रस्तुतीकरण

इस व्यू में माउस का दायां बटन दबाने पर चित्र P-3.2 की तरह मेन्यू खुलता है, जिसमें अनेक विकल्प होते हैं, आप इनकी सहायता से पाठ्य सामग्री को अच्छी तरह सेट कर सकते हैं. इन विकल्पों के नाम निम्नलिखित हैं–

1. सिमटाना (Collapse)
2. फैलाना (Expand)
3. स्लाइड जोड़ना (New Slide)
4. स्लाइड हटाना (Delete Slide)
5. स्तर बढ़ाना (Promote)
6. स्तर घटाना (Demote)
7. ऊपर ले जाना (Move Up)
8. नीचे लाना (Move Down)
9. हाइपरलिंक जोड़ना (Hyperlink)
10. फार्मेटिंग दिखाना (Show Text Formatting)

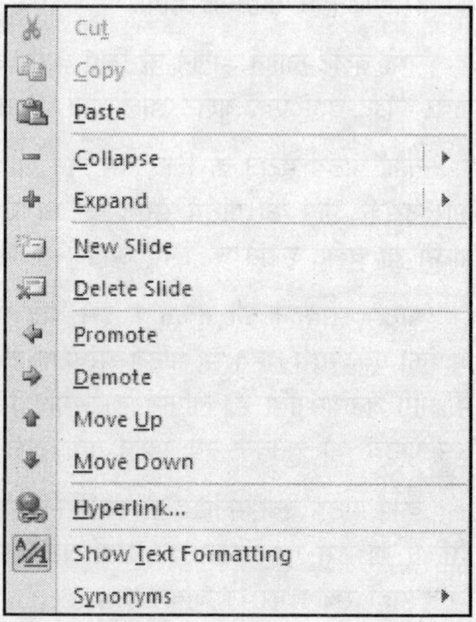

चित्र P-3.2 : माउस का दायां बटन दबाने पर प्राप्त मेन्यू

Collapse और Expand पर माउस पॉइंटर लाने से दाईं ओर मेन्यू खुलते हैं, जिनमें निम्नलिखित नए बटन होते हैं–

1. सबको सिमटाना (Collapse All)
2. सबको फैलाना (Expand All).

इन बटनों के उपयोग के बारे में आगे बताया जाएगा.

इस व्यू में या तो आप सारा पाठ्य देख सकते हैं या फिर केवल शीर्षक देख सकते हैं. किसी स्लाइड के पाठ्य को ऊपर-नीचे खींच ले जाकर आप स्लाइडों को नए क्रम में लगा सकते हैं. साथ ही आप पाठ्य को एक ही स्लाइड में इधर उधर अथवा एक स्लाइड से दूसरी स्लाइड में सरलता से ले जा सकते हैं.

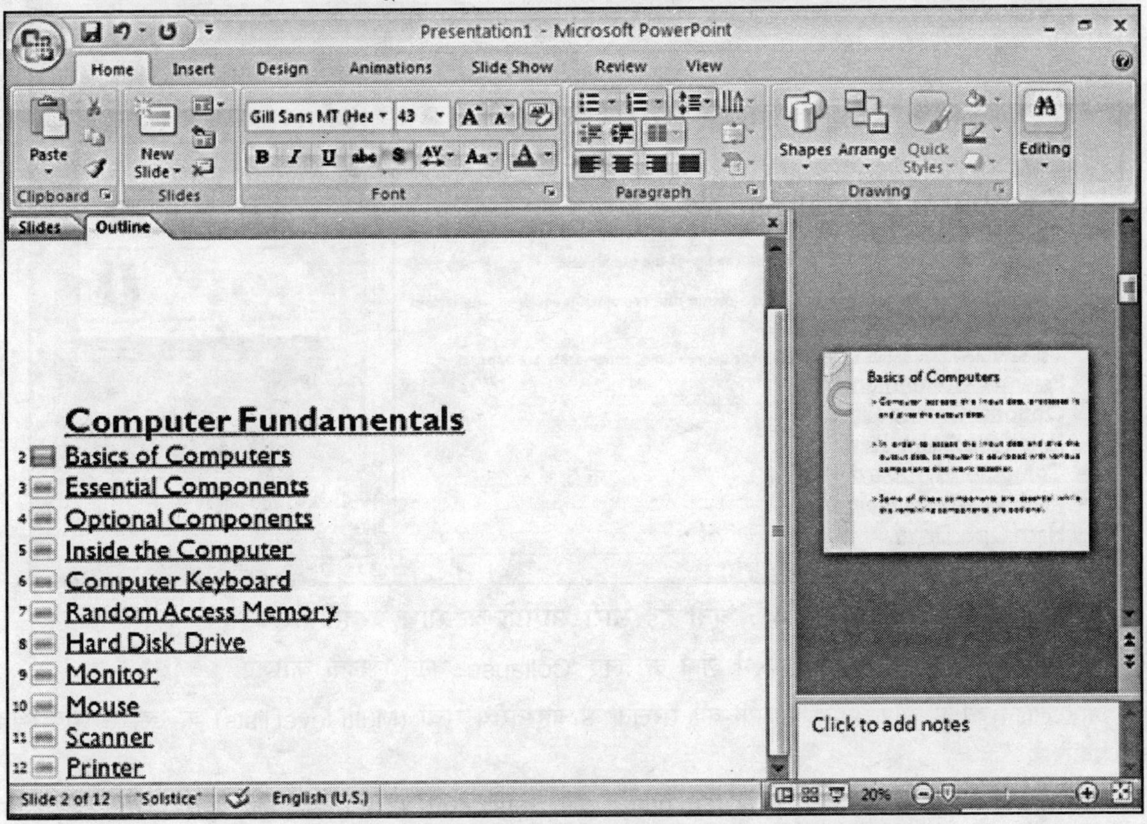

चित्र P-3.3 : केवल स्लाइड शीर्षकों के साथ एक प्रस्तुतीकरण

आउटलाइन व्यू में दिखायी गयी सामग्री की मात्रा कम या अधिक करने के लिए कॉन्टैक्स्ट मेन्यू (चित्र P-3.2) के विकल्पों में से क्रमशः 'Collapse' तथा 'Expand' विकल्पों का प्रयोग किया जाता है. यदि आप सभी स्लाइडों के केवल शीर्षक (Title) देखना चाहते हैं तो Collapse पर माउस पॉइंटर लाइये और दाईं ओर खुलने वाले मेन्यू में 'Collapse All' विकल्प क्लिक कीजिए. ऐसा करते ही आपके प्रस्तुतीकरण की सभी स्लाइडों के केवल शीर्षक नजर आने लगेंगे और शेष पाठ्य छिप जाएगा, जैसा कि P-3.3 में दिखाया गया है.

समस्त पाठ्य को फिर से देखने के लिए Expand पर माउस पॉइंटर लाकर दाईं ओर खुलने वाले मेन्यू में 'Expand All' विकल्प को क्लिक कीजिए.

केवल चुनी हुई स्लाइडों की सामग्री को छिपाने अथवा देखने के लिए 'Collapse' तथा 'Expand' बटनों का प्रयोग किया जाता है. उदाहरण के लिए, यदि आप स्लाइड संख्या 2 की समस्त सामग्री देखना चाहते हैं, तो पहले इसकी शीर्षक लाइन को चुन लीजिए. फिर माउस का दायां बटन दबाकर मेन्यू में 'Expand' विकल्प क्लिक कीजिए. ऐसा करते ही उस स्लाइड की समस्त सामग्री चित्र P-3.4 की तरह दिखायी पड़ने लगेगी.

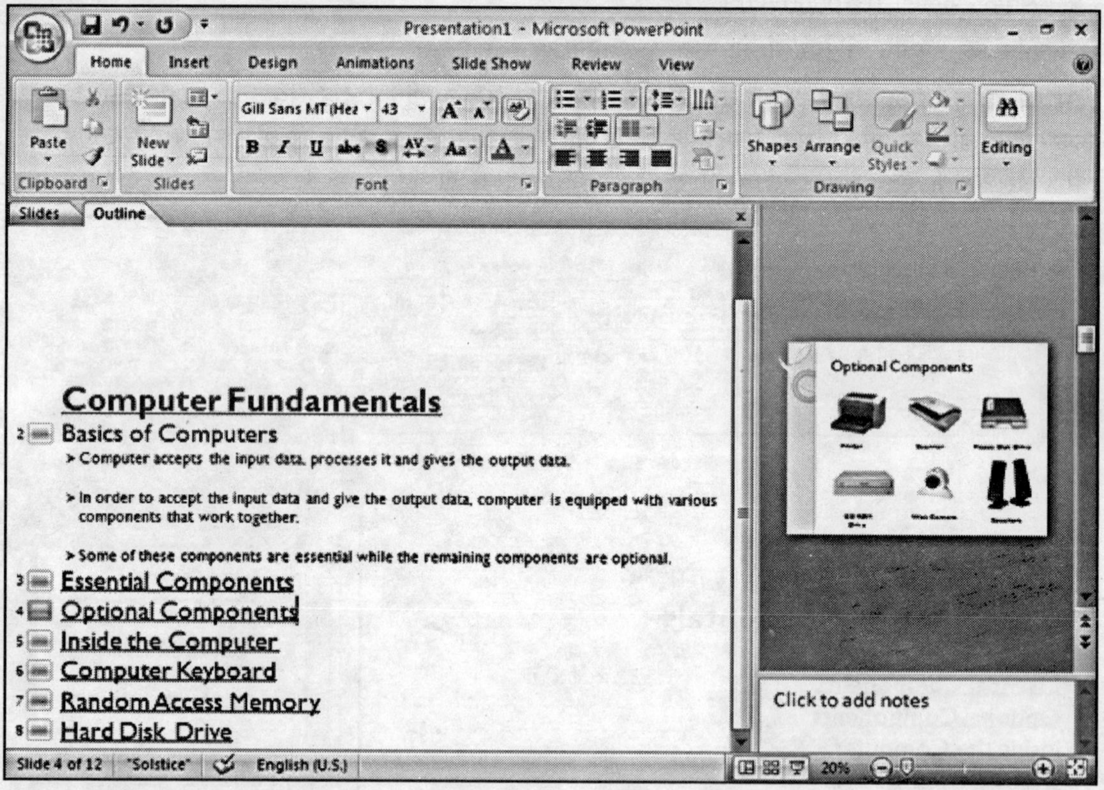

चित्र P-3.4 : चुनी हुई सारी सामग्री के साथ प्रस्तुतीकरण

इस सामग्री को फिर से पहले रूप में लाने के लिए 'Collapse' बटन क्लिक कीजिए.

आउटलाइन व्यू में आप अपनी सामग्री को सरलता से बहुस्तरीय सूची (Multi-level lists) के रूप में व्यवस्थित कर सकते हैं.

ऐसी सूचियां तैयार करने के लिए पहले एक सामान्य बुलेट लिस्ट तैयार कीजिए. अब जिस आइटम या आइटमों का स्तर (Level) घटाना हो उन्हें चुन लीजिए और माउस का दायां बटन दबाकर 'Demote' विकल्प को क्लिक कीजिए. ऐसा करते ही चुने हुए आइटमों का स्तर कम हो जाएगा और उनका बुलेट चिह्न भी बदल जाएगा. इसी तरह 'Promote' बटन का उपयोग चुने हुए आइटमों का स्तर बढ़ाने के लिए किया जाता है.

'Show Text Formatting' विकल्प का प्रयोग सामग्री की फार्मेटिंग दिखाने या छिपाने के लिए किया जाता है. अगर यह विकल्प क्लिक किया हुआ है तो समस्त सामग्री सामान्य पाठ्य के रूप में बिना फार्मेटिंग के दिखायी देगी. फार्मेटिंग फिर से देखने के लिए इस बटन को फिर से क्लिक करके दबा दीजिए.

'Move Up' तथा 'Move Down' का प्रयोग चुनी हुई पंक्तियों को क्रमशः ऊपर और नीचे ले जाने के लिए किया जाता है. इनका अभ्यास स्वयं कीजिए.

स्पेलिंग चेक करना (Spell-Check)

पावर पॉइंट की स्पेलिंग चेक करने की सुविधा एमएस-वर्ड से काफी मिलती-जुलती है, हालांकि उनमें अन्तर भी है. सबसे बड़ा अन्तर तो यह है कि पावर पॉइंट में आप केवल चुने हुए पाठ्य की स्पेलिंग जांच नहीं कर सकते, बल्कि यह सभी स्लाइडों की समस्त सामग्री (नोट्स सहित) की स्पेलिंग की जांच करता है. लेकिन चित्रों पर डाले गए शब्दों की जांच नहीं की जाती.

आप आउटलाइन या स्लाइड व्यू में रहते हुए स्पेलिंग चेक करा सकते हैं. इस प्रोग्राम को प्रारम्भ करने के लिए या तो F7 दबाइये या Review टैब के Proofing भाग में 'Spelling' बटन को क्लिक कीजिए. शेष क्रिया एमएस-वर्ड से मिलती जुलती है, जिसके बारे में आप पढ़ चुके हैं.

स्पेलिंग की जांच का कार्य प्रस्तुतीकरण की समस्त सामग्री भरने के बाद तथा फार्मेटिंग करने या डिजायन टैम्प्लेट चुनने से पहले करना अच्छा रहता है, ताकि किसी शब्द के बदल जाने से स्लाइडों की सामग्री अस्त-व्यस्त न हो जाए.

पाठ्य को फार्मेट करना (Formatting Text)

यूं तो पावर पॉइंट प्रत्येक प्रस्तुतीकरण के लिए फॉण्ट, रंग, आकार आदि स्वयं तय कर लेता है, लेकिन आप चाहें तो किसी भी स्लाइड या सभी स्लाइडों के लिए इसे छोड़कर अपनी अलग स्टाइल तय कर सकते हैं. इस कार्य में Home टैब के Font भाग के बटनों या कुंजी पटल के शॉर्टकट आदेशों का प्रयोग करते हैं. ये सभी साधन एमएस-आफिस के अन्य सभी प्रोग्रामों से मिलते जुलते हैं.

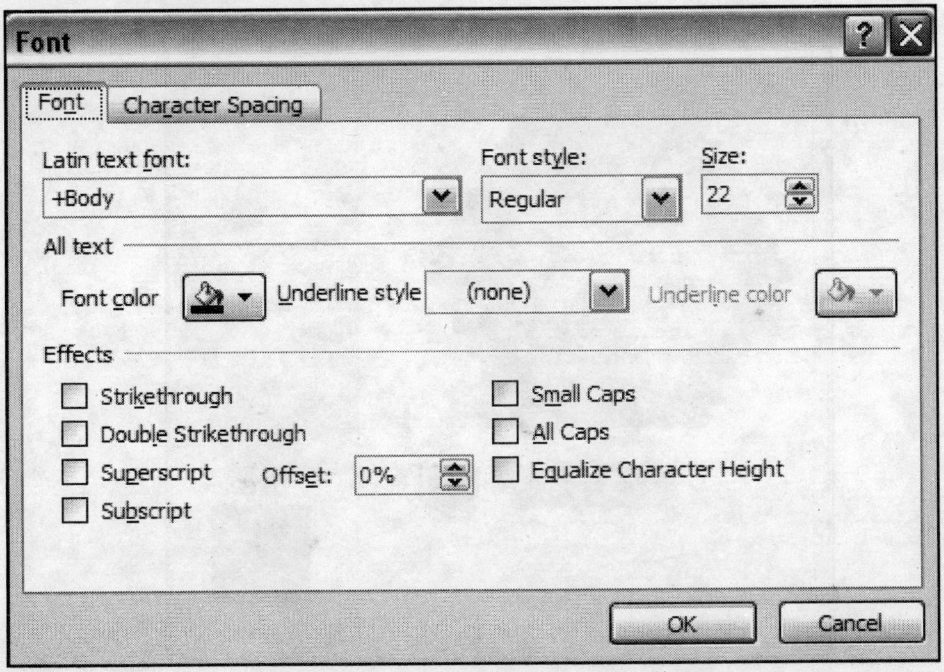

चित्र P-3.5 : फाण्ट का डायलाग बॉक्स

आप जिस पाठ्य को फार्मेट करना चाहते हैं सबसे पहले उसे चुन लीजिए और उचित आदेश जारी कीजिए या उचित बटन क्लिक कीजिए. यह कार्य आप किसी भी व्यू में रहकर कर सकते हैं. यदि आवश्यक हुआ तो पावर पॉइंट आपसे व्यू बदलने के लिए कहेगा.

किसी पाठ्य को फार्मेट करने का सबसे प्रमुख साधन 'Font' डायलॉग बॉक्स लॉन्चर है, जिसमें आप एक साथ सभी सेटिंग कर सकते हैं. पाठ्य चुनने के बाद यह आदेश देने पर आपको चित्र P-3.5 की तरह फॉण्ट का डायलॉग बाक्स प्राप्त होता है.

इस डायलाग बॉक्स में आप फॉण्ट चुनने के अलावा पाठ्य की स्टाइल, आकार, रंग तथा विशेष प्रभावों की सेटिंग एक साथ कर सकते हैं. इसका अभ्यास स्वयं कीजिए.

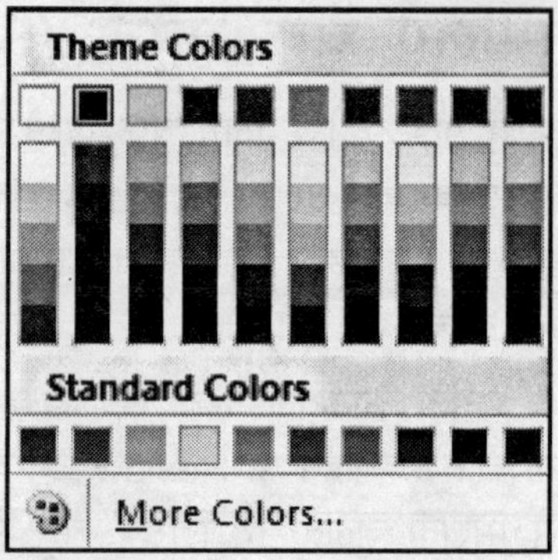

चित्र P-3.6 : कलर पैलेट

रंग बदलना (Changing Colours)

किसी पाठ्य का रंग बदलने के लिए या तो फॉण्ट के डायलाग बॉक्स में 'Font Color' बटन के तीर को क्लिक कीजिए. इसके उत्तर में आपको चित्र P-3.6 की तरह छोटा सा कलर पैलेट (Color Pallet) दिखायी देगा.

अब आप इस कलर पैलेट में दिखाए गए रंगों में से किसी को चुनकर क्लिक कर सकते हैं, जो आपके पाठ्य पर लागू हो जाएगा. यदि आप इन रंगों से सन्तुष्ट न हों, तो अन्य रंग देखने के लिए 'More Colors...' को क्लिक कीजिए, जिससे आपको चित्र P-3.7 की तरह 'Colors' का डायलाग बॉक्स दिया जाएगा.

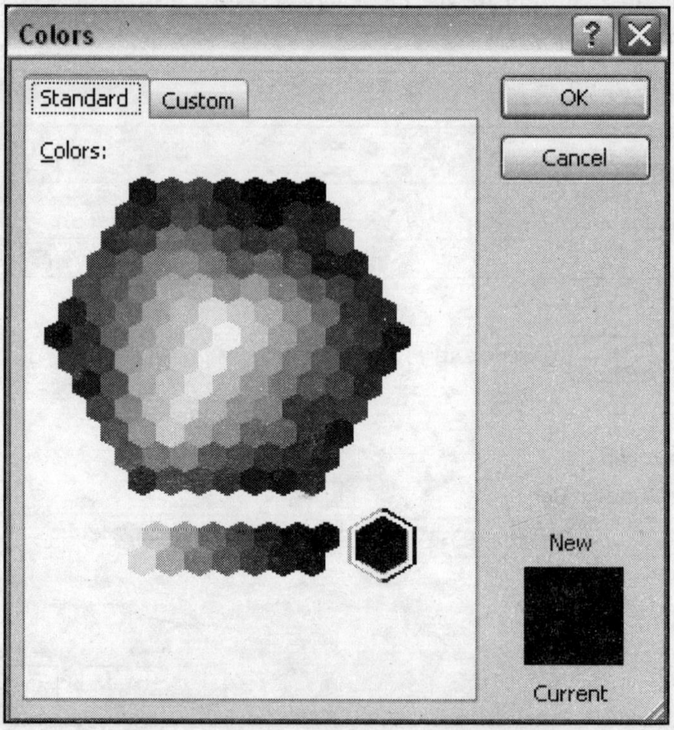

चित्र P-3.7 : कलर्स का डायलाग बॉक्स

इस डायलाग बॉक्स की स्टैण्डर्ड टैब शीट में सैकड़ों रंग दिखाए गए हैं. आप इनमें से कोई भी रंग क्लिक करके चुन सकते हैं. अपना चुनाव करने के बाद 'OK' बटन क्लिक कीजिए, जिससे वह रंग आपके पाठ्य पर लागू हो जाएगा. इसको सही रूप में देखने के लिए पाठ्य को सामान्य रूप में लाइये अर्थात् चुनाव रद्द कीजिए.

छापा बदलना (Changing Case)

पावर पॉइंट में आप किसी भी पाठ्य का छापा बदल सकते हैं अर्थात् छापे के छोटे अथवा बड़े अक्षर चुन सकते हैं. इसके लिए पाठ्य चुनने के बाद Home टैब के Font भाग का 'Change case' बटन क्लिक कीजिए. इसके उत्तर में आपको चित्र P-3.8 की तरह चेंज केस का मेन्यू मिलेगा.

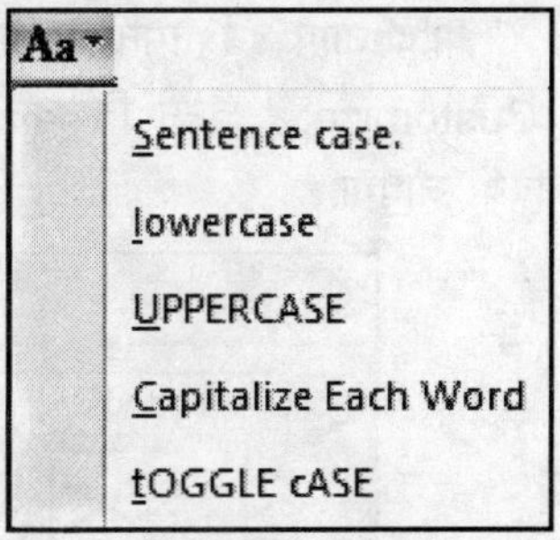

चित्र P-3.8 : चेंज केस का डायलाग बॉक्स

इस डायलाग बॉक्स में 5 विकल्प हैं. आप इनमें से किसी भी विकल्प को क्लिक कर सकते हैं, जो आपके चुने टैक्स्ट पर लागू हो जाएगा. इन सभी विकल्पों के प्रभाव का अध्ययन स्वयं कीजिए.

बुलेट चिह्न चुनना (Selecting Bullets)

पावर पॉइंट में आप किसी बुलेट सूची के लिए बुलेट चिह्न के रूप में किसी भी फॉण्ट का कोई भी चिह्न या प्रतीक चुन सकते हैं और उसका मनचाहा आकार और रंग भी तय कर सकते हैं. इसके लिए पहले उन बुलेट आइटमों को चुनिए, जिनका बुलेट चिह्न आप बदलना चाहते हैं. फिर Home टैब के Paragraph भाग में Bullets बटन के तीर

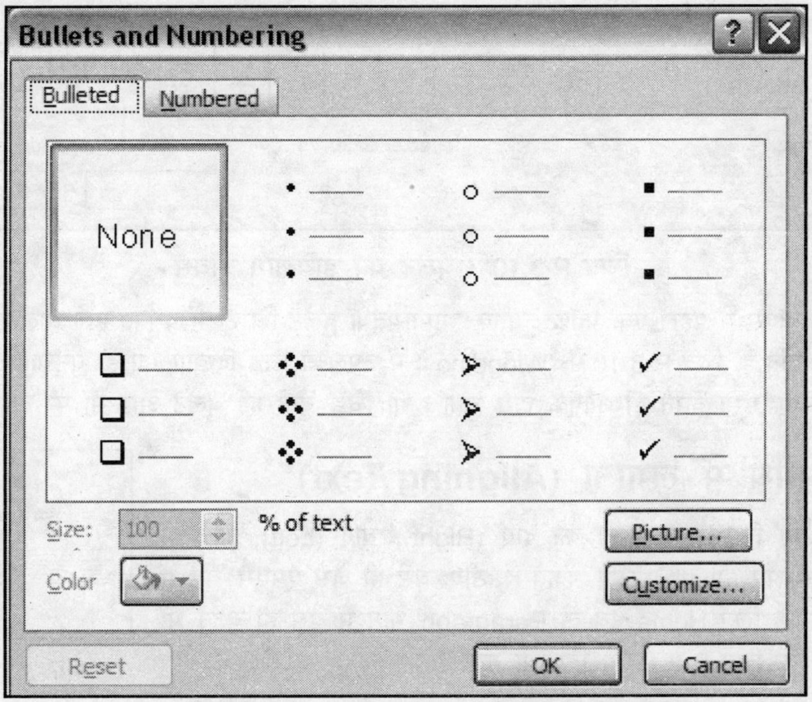

चित्र P-3.9 : बुलेट तथा नम्बरिंग का डायलाग बॉक्स

के निशान पर क्लिक कीजिए और खुलने वाली Bullet Library में से अपना मनचाहा बुलेट चिह्न चुन लीजिए. 'Bullets and Numbering...' आदेश देने पर आपको (चित्र P-3.9) की तरह बुलेट तथा नम्बरिंग का डायलाग बॉक्स दिया जाएगा. इस डायलाग बॉक्स में बुलेटों के कई नमूने दिए गए हैं, जिनमें से किसी को भी आप क्लिक करके चुन सकते हैं, जो 'OK' बटन को क्लिक करते ही वह नमूना आपके द्वारा चुने हुए बुलेट आइटमों पर लागू हो जाएगा.

यदि आप इन नमूनों से संतुष्ट न हों तो दूसरे बहुत से चिह्नों के लिए इस डायलाग बॉक्स (चित्र P-3.9) का 'Customize...' बटन क्लिक कीजिए, जिसके उत्तर में आपको चित्र P-3.10 की तरह बुलेट का डायलाग बॉक्स दिया जाएगा.

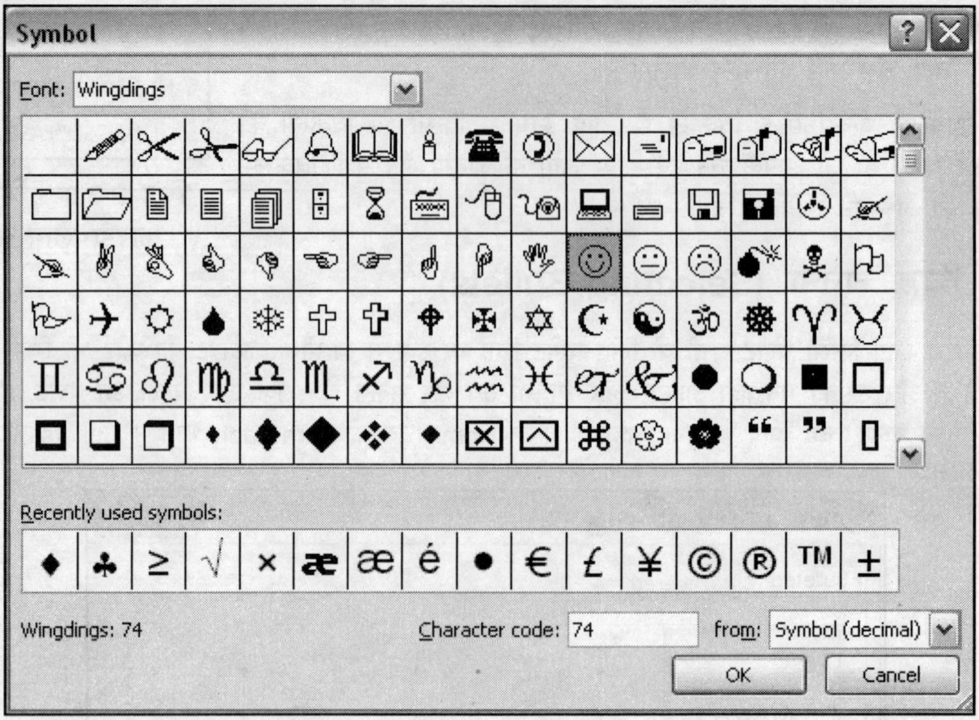

चित्र P-3.10 : बुलेट का डायलाग बॉक्स

इस डायलाग बॉक्स में पहले एक फॉण्ट चुनिए. सामान्यतया बुलेट लिस्टों में प्रयुक्त होने वाले चिह्न 'Wingdings' फॉण्ट में उपलब्ध होते हैं. चित्र P-3.10 में 'Wingdings' में उपलब्ध चिह्न दिखाए गए हैं. मनचाहा चिह्न चुनकर 'OK' बटन क्लिक कीजिए. ऐसा करते ही आपके द्वारा चुना हुआ चिह्न चुनी हुई बुलेट आइटमों पर लागू हो जाएगा.

पाठ्य को सीध में लगाना (Aligning Text)

पावर पॉइंट में आप किसी भी पाठ्य को दाएं (Right), बाएं (Left), बीच में (Center) या दोनों ओर (Justify) लगा सकते हैं, ठीक वैसे ही जैसे एमएस-वर्ड में किया जाता है. इसके लिए Home टैब के Paragraph भाग में वैसे ही बटन भी उपलब्ध हैं, जैसे कि चित्र P-3.11 में दिखाया गया है.

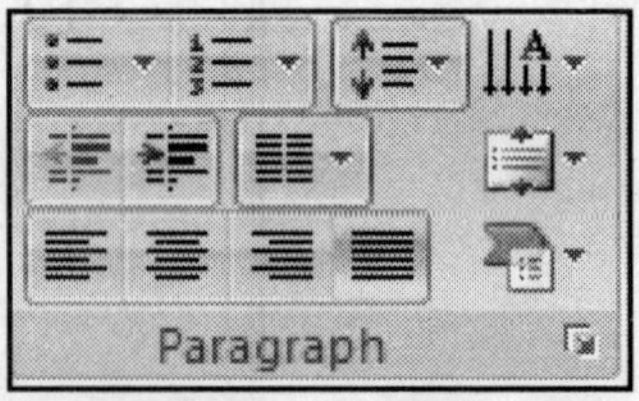

चित्र P-3.11 : Home टैब का Paragraph भाग

किसी पाठ्य को चुनकर इनमें से कोई विकल्प देने पर वह पाठ्य उस विकल्प के अनुसार सेट कर दिया जाता है. यहां यह सावधानी रखना आवश्यक है कि इस प्रकार सेट करने से शब्दों के बीच में अनावश्यक खाली स्थान न हो जाए. इससे बचने के लिए या तो शब्दों को हाइफन करके बड़ा बनाइये या फिर केवल 'Left' विकल्प को चुनिए.

पावर पॉइंट में ग्राफिक्स
(Graphics in PowerPoint)

सामान्यतया आजकल कोई भी प्रस्तुतीकरण चित्रों के बिना पूरा नहीं होता. विषय को अच्छी तरह समझाने तथा श्रोताओं को प्रभावित करने के लिए भी स्लाइडों में विभिन्न प्रकार के चित्र सम्मिलित करना आवश्यक होता है. पावर पॉइंट में हमें यह सुविधा मिलती है कि हम न केवल एमएस-ऑफिस के सभी प्रोग्रामों बल्कि बाहर के सभी प्रमुख पैकेजों जैसे कोरेल ड्रा, पेण्ट, फोटोशॉप, फोटोपेण्ट, मैकिन्तोष, माइक्रोग्राफिक्स डिजाइनर, कोडाक फोटो इमेज, एचपी ग्राफिक्स आदि द्वारा तैयार किए गए चित्रों, ग्राफों, फोटो आदि सामग्री को अपने प्रस्तुतीकरण में शामिल कर सकते हैं. यहां हम इसकी विधियों के बारे में बताएंगे.

बाहरी वस्तु पावर पॉइंट में डालना (Inserting Objects in PowerPoint)

पावर पॉइंट में बाहर के किसी प्रोग्राम द्वारा बनायी गयी सामग्री को किसी स्लाइड पर जोड़ने की क्रिया बहुत सरल है और सभी प्रकार की वस्तुओं के लिए लगभग एक ही विधि है. यह कार्य निम्न प्रकार किया जाता है–

1. अपने प्रस्तुतीकरण की फाइल को खोलिए.
2. उस स्लाइड को चुनिए या नयी स्लाइड जोड़िए, जिसमें आप कोई वस्तु लगाना चाहते हैं.
3. 'Insert' टैब के Text भाग में 'Object' बटन पर क्लिक कीजिए. ऐसा करते ही आपकी स्क्रीन पर चित्र P-4.1 की तरह 'Insert Object' का डायलाग बॉक्स दिया जाएगा. इस डायलाग बॉक्स में दो रेडियो बटन हैं– 'Create New' तथा 'Create From File'. पहला रेडियो बटन सेट करने पर यह डायलाग बॉक्स चित्र P-4.1 की तरह दिखायी पड़ता है. इसका प्रयोग तब किया जाता है, जब हमें वह वस्तु पावर पॉइंट की स्लाइड पर ही तैयार करनी होती है.

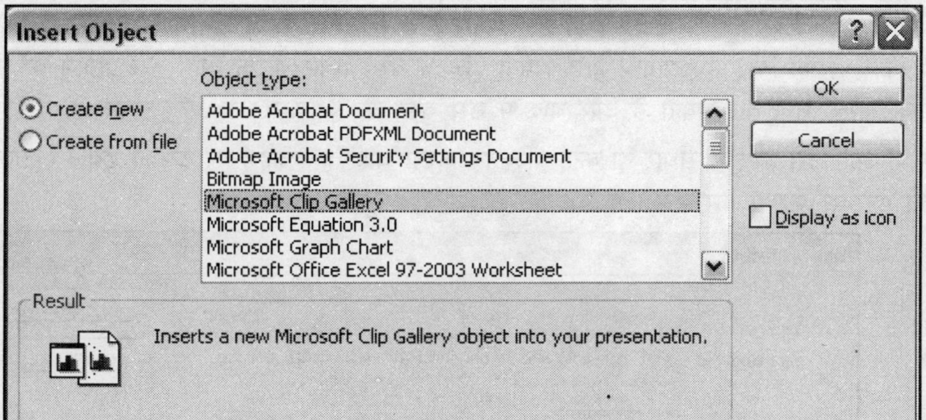

चित्र P-4.1 : इंसर्ट ऑब्जैक्ट का पहला डायलाग बॉक्स

4. इस डायलाग बॉक्स के 'Object type' लिस्ट बॉक्स में उन कई प्रकार की वस्तुओं के नाम दिए होते हैं, जिनमें सामग्री तैयार करके आप स्लाइड पर जोड़ सकते हैं, जैसे बिटमैप इमेज, मीडिया क्लिप, क्लिप आर्ट गैलरी, एक्सेल वर्क शीट, वीडियो क्लिप आदि. आप इस सूची में से अपनी पसन्द की वस्तु का नाम चुनकर 'OK' बटन को क्लिक कीजिए. ऐसा करते ही वस्तु के लिए स्लाइड पर जगह बन जाती है और उसे तैयार करने वाला प्रोग्राम पावर पॉइंट में ही प्रारम्भ हो जाता है. उदाहरण के लिए, यदि आप 'Bitmap Image' को चुनकर

'OK' बटन को क्लिक करते हैं, तो स्लाइड पर चित्र P-4.2 की तरह प्रोग्राम प्रारम्भ होता है. यह प्रोग्राम वास्तव में पेण्ट (Paint) प्रोग्राम ही है, जिसके बारे में आप विंडोज के अध्यायों में विस्तार से पढ़ चुके हैं. इसकी सभी सुविधाएं भी यहाँ उपलब्ध होती हैं, जिनका उपयोग करके आप कोई चित्र आदि बना सकते हैं.

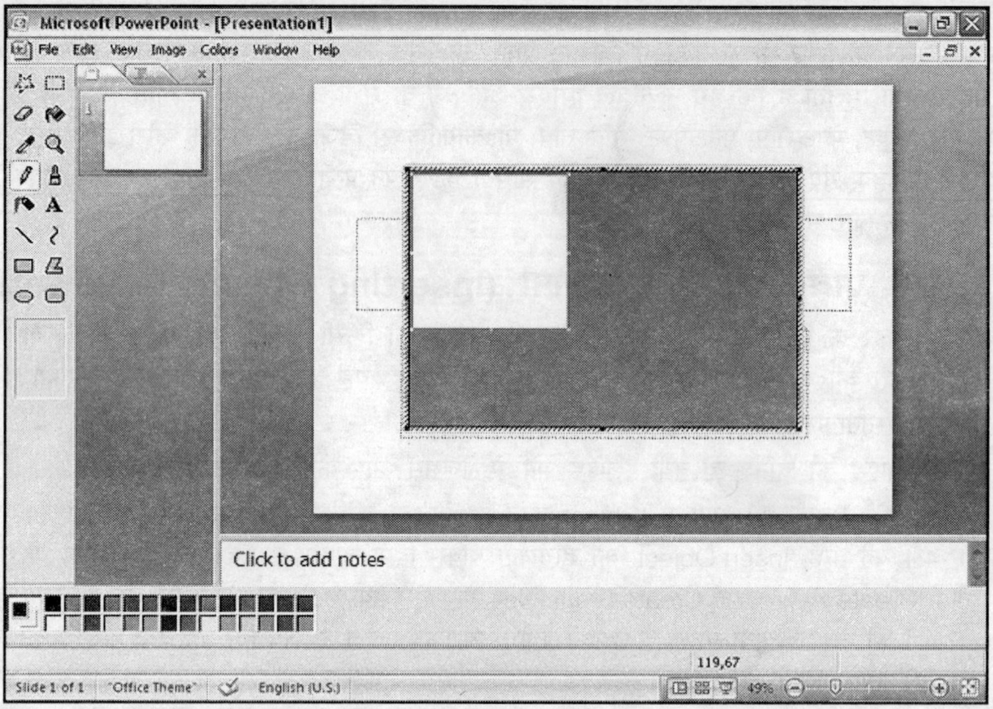

चित्र P-4.2 : स्लाइड में बिटमैप इमेज बनाना

इस प्रकार प्रारम्भ किए गए प्रोग्राम द्वारा अपनी इच्छित वस्तु तैयार करके आप उस प्रोग्राम को स्लाइड पर कहीं और क्लिक करके बन्द कर सकते हैं और बाद में उस वस्तु का आकार घटा-बढ़ा सकते हैं.

जब भी आप उस वस्तु में सुधार या कोई परिवर्तन करना चाहें तो स्लाइड पर उसको डबल क्लिक करके संबंधित प्रोग्राम को फिर से प्रारम्भ कर सकते हैं.

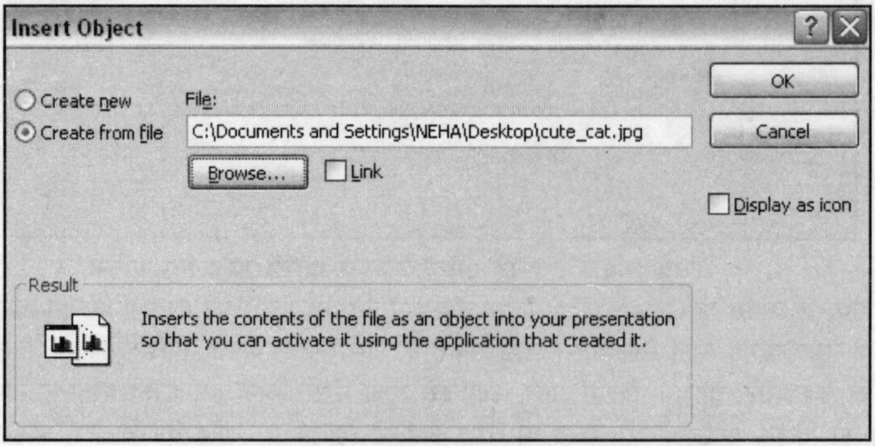

चित्र P-4.3 : इंसर्ट ऑब्जैक्ट का दूसरा डायलाग बॉक्स

इंसर्ट ऑब्जेक्ट आदेश के डायलाग बॉक्स के दूसरे रेडियो बटन 'Create From File' का प्रयोग तब किया जाता है, जब आपको बाहर के किसी प्रोग्राम द्वारा पहले से तैयार कोई वस्तु अपने प्रस्तुतीकरण की किसी स्लाइड में जोड़नी हो. यह रेडियो बटन सेट करते ही यह डायलाग बॉक्स चित्र P-4.3 की तरह हो जाता है.

इस डायलाग बॉक्स में 'File' के टैक्स्ट बॉक्स में उस फाइल का नाम उसके पथ सहित भरा जाता है. यदि आपको उसका पथ सही-सही ज्ञात न हो तो 'Browse...' बटन को क्लिक करके अपने कंप्यूटर पर विभिन्न फोल्डरों में उसको ढूंढ़ सकते हैं. किसी भी तरह फाइल का नाम भरने के बाद 'OK' बटन क्लिक कीजिए. ऐसा करते ही आपकी स्लाइड पर उस वस्तु की एक नकल बन जाती है, जिसका आकार आप अपनी इच्छा से तय कर सकते हैं.

यदि आप यह चाहते हैं कि मूल फाइल में कोई सुधार या परिवर्तन होने पर वह परिवर्तन आपके प्रस्तुतीकरण की स्लाइड में अपने आप ही हो जाए, तो उसके लिए आपको उस फाइल से स्लाइड की वस्तु को लिंक करना होगा. इसके लिए ऊपर के डायलाग बॉक्स में 'Link' चेक बॉक्स को सेट किया जाता है. ऐसा करने पर जब भी आप अपने प्रस्तुतीकरण की फाइल को खोलेंगे, तो आपसे पूछा जाएगा कि आप लिंक की हुई वस्तुओं को सुधारना चाहते हैं या नहीं. आपका उत्तर हां में होने पर वस्तु सुधार दी जाएगी.

वैसे आप लिंक की हुई वस्तु को डबल क्लिक करके कभी भी उस फाइल को खोल सकते हैं. ऐसा करके उसमें किए हुए सभी बदलाव या सुधार स्लाइड की वस्तु के साथ ही मूल फाइल में भी दिखायी देंगे.

बाहरी चित्र स्लाइड में जोड़ना (Inserting Pictures in PowerPoint Slides)

ऊपर बतायी गयी प्रक्रिया साधारण चित्रों सहित सभी प्रकार की बाहरी वस्तुएं पावर पॉइंट की स्लाइडों में जोड़ने के लिए है. लेकिन यदि आप केवल बाहरी चित्र स्लाइड पर लाना चाहते हैं और उसको लिंक भी नहीं करना चाहते, तो इसकी एक दूसरी विधि भी है, जो निम्न प्रकार है-

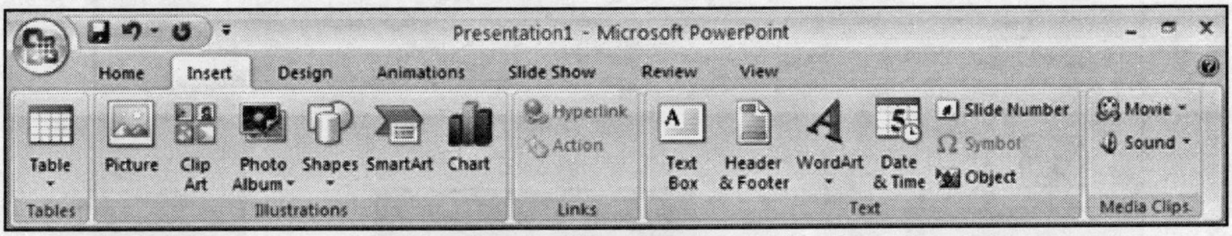

चित्र P-4.4 : इंसर्ट टैब

1. अपने प्रस्तुतीकरण की उस स्लाइड को चुनिए, जिसमें आप चित्र जोड़ना चाहते हैं.

2. Insert टैब (चित्र P-4.4) के Illustrations भाग में Picture बटन को क्लिक कीजिए. इससे आपकी स्क्रीन पर चित्र P-4.5 की तरह डायलाग बॉक्स दिया जाएगा.

3. इस डायलाग बॉक्स में आप किसी भी फोल्डर की किसी भी फाइल में भरा हुआ चित्र ढूंढ़ सकते हैं. मिल जाने पर 'Insert' बटन क्लिक कीजिए, जिससे आपका चुना हुआ चित्र आपकी स्लाइड पर जुड़ जाएगा, जैसा कि चित्र P-4.6 में दिखाया गया है. इस चित्र के चारों ओर बने हुए हैंडिलों की सहायता से आप इसे मनचाहे आकार में ढालकर अपनी स्लाइड पर किसी भी स्थान पर लगा सकते हैं.

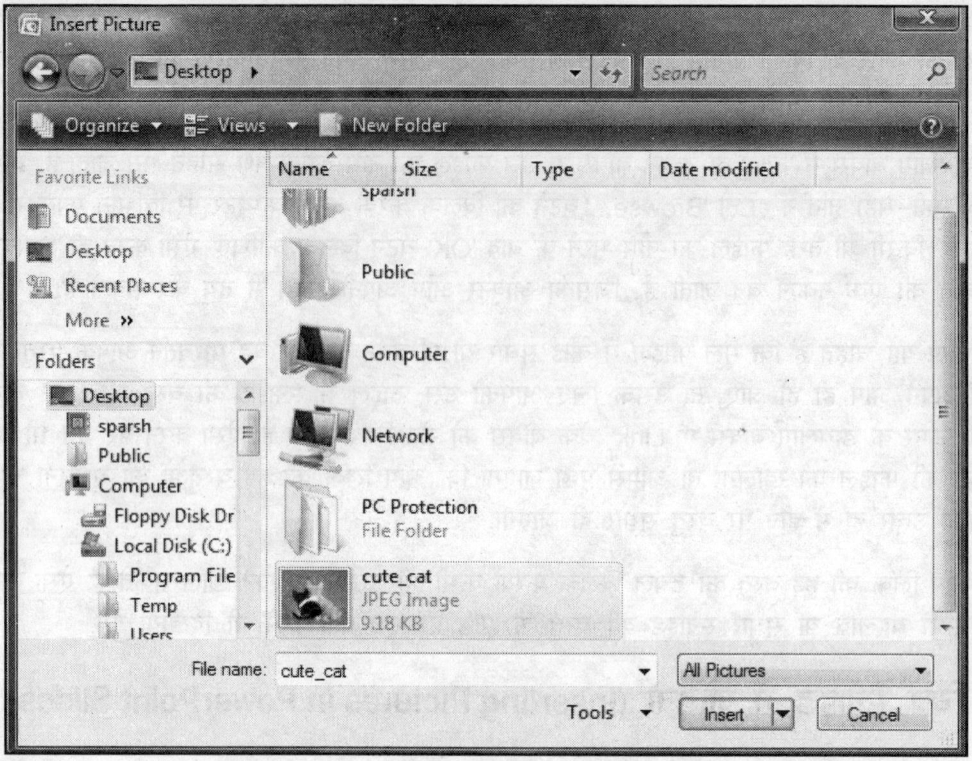

चित्र P-4.5 : इंसर्ट पिक्चर डायलाग बॉक्स

चित्र P-4.6 : इंसर्ट पिक्चर द्वारा स्लाइड पर जोड़ा गया चित्र

क्लिप आर्ट गैलरी (The Clip Art Gallery)

पावर पॉइंट की क्लिप आर्ट गैलरी में बहुत से चित्र उपलब्ध होते हैं, जिन्हें आप अपने प्रस्तुतीकरण की किसी भी स्लाइड पर कहीं भी चिपका सकते हैं. इसके लिए पहले स्लाइड व्यू में उस स्लाइड पर आइये और चित्र के लिए जगह बनाइए. अब क्लिप आर्ट गैलरी खोलने के लिए Insert टैब के Illustrations भाग में Clip Art बटन पर क्लिक कीजिए.

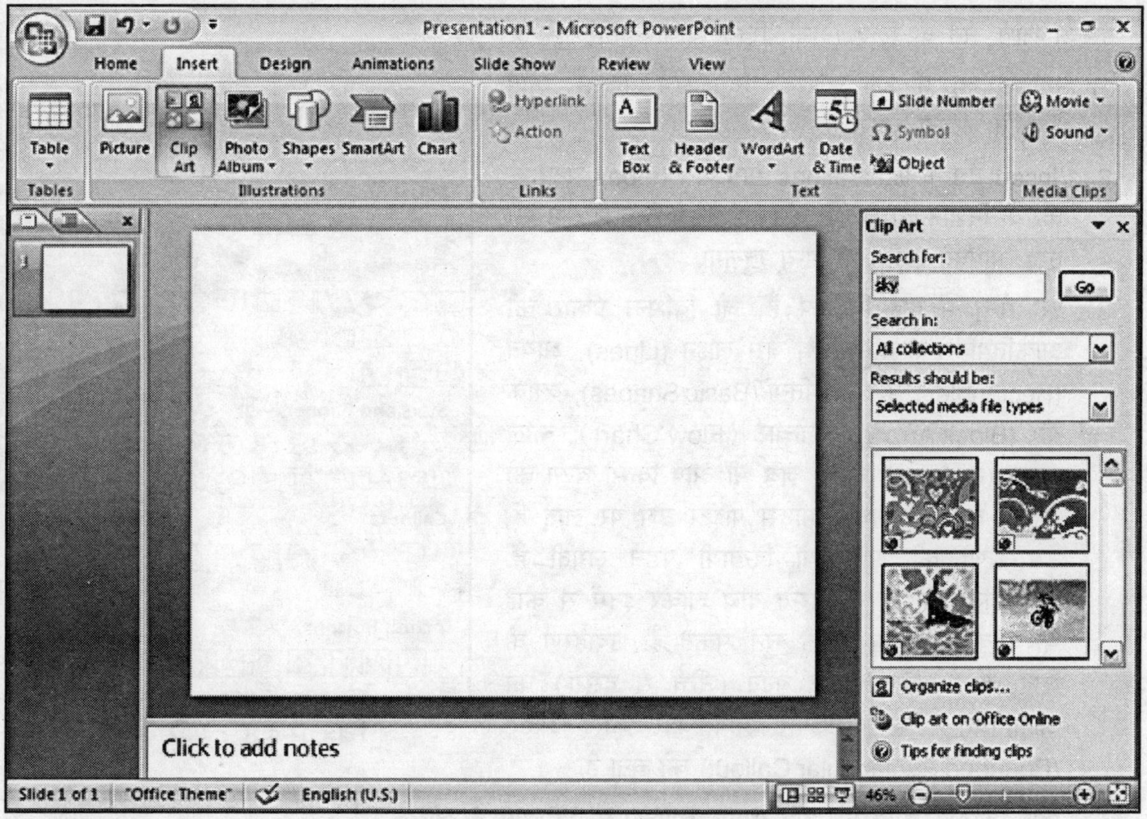

चित्र P-4.7 : क्लिप आर्ट गैलरी

इससे स्क्रीन पर चित्र P-4.7 की तरह माइक्रोसॉफ़्ट क्लिप आर्ट गैलरी का डायलाग बॉक्स दिखायी देगा.

इससे आगे की पूरी क्रिया एमएस-वर्ड की क्लिप आर्ट गैलरी की तरह ही है, जिसके बारे में आप पिछले अध्यायों में विस्तारपूर्वक पढ़ चुके हैं.

पावर पॉइंट में चित्र बनाना (Drawing in PowerPoint)

एमएस-आफिस के अन्य सभी प्रोग्रामों की तरह पावर पॉइंट में भी ड्राइंग बनाई जा सकती है. पिछले अध्यायों में आप एमएस-वर्ड में विभिन्न प्रकार की आकृतियां, रेखाएं आदि खींचने और उनका रंग बदलने या उनमें रंग भरने के बारे में पढ़ चुके हैं. पावर पॉइंट में ठीक उसी तरह आप मनचाहे रेखाचित्र बना सकते हैं. इतना ही नहीं, दूसरे प्रोग्रामों में बनाए गए चित्रों को आप पावर पॉइंट की स्लाइडों पर भी उतार सकते हैं, जिसकी विधि पीछे बतायी जा चुकी है. इस कार्य में आप क्लिप बोर्ड (Clip Board) की सहायता भी ले सकते हैं.

शेप्स (Shapes)

पावर पॉइंट में प्रतिदिन काम आने वाली आकृतियों को बनाने की एक विशेष सुविधा उपलब्ध है. ऐसी बहुत सी आकृतियों के साथ पाठ्य जोड़ने की सुविधा भी उपलब्ध है, जिससे हमारा बहुत सा समय बच जाता है. इस सुविधा को 'शेप्स' कहते हैं.

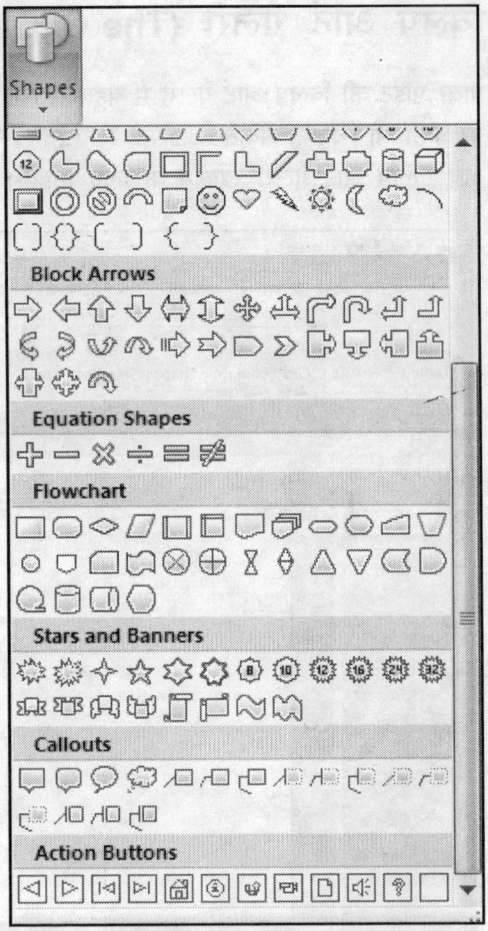

चित्र P-4.8 : शेप्स मेन्यू

इसका लाभ लेने के लिए निम्नलिखित क्रियाएं कीजिए–

1. स्लाइड व्यू में उस स्लाइड पर आइये, जिसमें आप आकृति जोड़ना चाहते हैं.
2. 'Insert' टैब के Illustrations भाग के Shapes बटन के तीर के निशान को क्लिक कीजिए. इससे चित्र P-4.8 की तरह आपकी स्क्रीन पर मेन्यू खुलेगा.
3. इस मेन्यू में कई विकल्प हैं, जो विभिन्न प्रकार की आकृतियों से सम्बन्धित हैं, जैसे लाइन (Lines), आयत (Rectangles) मूल आकृतियां (Basic Shapes), ब्लॉक तीर (Block Arrow), फ्लोचार्ट (Flow Chart), कॉल आउट (Callouts) आदि. जब भी आप किसी बटन को क्लिक करते हैं अथवा माउस पॉइंटर उस पर लाते हैं, उस श्रेणी की आकृतियां दिखायी पड़ने लगती हैं. आप माउस पॉइंटर को तुरन्त नीचे लाकर इनमें से कोई भी आकृति क्लिक करके चुन सकते हैं. उदाहरण के लिए, हमने कॉल आउट बटन (नीचे से दूसरा) की आकृतियों में से गोलाईदार आयताकार कॉल आउट (Rounded Rectangular Callout) को चुना है.
4. कोई आकृति चुनते ही आप वापस स्लाइड में आ जाते हैं और माउस पॉइंटर एक धन चिह्न (+) में बदल जाता है. अब आप माउस बटन एक स्थान से दबाकर दूसरे स्थान तक खींचते हुए इच्छित आकार की चुनी हुई आकृति बना सकते हैं.
5. आकृति बनाकर माउस बटन को छोड़ते ही माउस पॉइंटर एक धसान बिन्दु (I) में बदल जाता है और आकृति के बीच में जाकर रुक जाता है, यहां आप वह पाठ्य टाइप कर सकते हैं, जो आप आकृति में भरना चाहते हैं.
6. बाद में आप आकृति के चारों ओर बने हैंडिलों की सहायता से उसको सही आकार में ढाल सकते हैं, और चाहें, तो आकृति अथवा पाठ्य का रंग भी बदल सकते हैं. चित्र P-4.9 में आप शेप्स द्वारा बनाया गया कॉल आउट और उसमें भरा गया पाठ्य देख सकते हैं

चित्र P-4.9 : शेप्स द्वारा बनायी गयी आकृति और उसमें भरा गया पाठ्य

05

प्रदर्शन का समय
(Show Time)

कोई प्रस्तुतीकरण तैयार कर लेने के बाद सबसे महत्त्वपूर्ण समय तब आता है, जब श्रोताओं के सामने उसे प्रदर्शित किया जाता है. यह प्रदर्शन सामान्यतया बड़े पर्दे पर दिखाने के उपकरणों, जैसे एलसीडी (LCD) को अपने कंप्यूटर से जोड़कर किया जाता है. यदि श्रोताओं की संख्या बहुत सीमित है, तो अपने मॉनीटर की स्क्रीन पर भी उसका प्रदर्शन किया जा सकता है. दोनों ही विधियों में मूलत: कोई अन्तर नहीं है. केवल पर्दे के छोटे अथवा बड़े होने का अन्तर है. यहां हम यही मानकर चल रहे हैं कि आपको प्रदर्शन अपने कंप्यूटर के मॉनीटर पर ही करना है.

प्रस्तुतीकरण की सामग्री को प्रस्तुत करने का क्रम (Sequence) सामग्री से कम महत्त्वपूर्ण नहीं होता. आपको पहले से ही यह तय करना पड़ता है कि स्लाइडों को किस क्रम में प्रस्तुत करना अधिक प्रभावी रहेगा. आप अपने कंप्यूटर पर ही प्रस्तुतीकरण का अभ्यास कर सकते हैं और उन्हें अलग-अलग क्रम में प्रस्तुत करने का प्रयास करके यह जान सकते हैं कि कौन सा क्रम अधिक प्रभावी है.

यदि किसी कारणवश आप स्लाइडों का क्रम बदलना चाहते हैं, तो स्लाइड सॉर्टर व्यू में आइये और साधारण कट (Cut) तथा पेस्ट (Paste) आदेशों से स्लाइडों को उचित क्रम में लगा दीजिए. यदि आवश्यक लगे तो फालतू स्लाइडों को Delete बटन द्वारा हटा दीजिए, ताकि आपका प्रस्तुतीकरण ठोस रूप में तैयार हो जाए.

स्लाइड शो टैब (Slide Show Tab)

पावर पॉइंट का प्रस्तुतीकरण प्रारम्भ हो जाने के बाद स्लाइड शो से सम्बंधित सभी प्रकार की सेटिंग तथा विशेष प्रभाव उत्पन्न करने जैसे कार्यों के लिए सभी आवश्यक आदेश पावर पॉइंट के रिब्बन में स्लाइड शो टैब में उपलब्ध हैं, जो कि चित्र P-5.1 में दिखाया गया है.

चित्र P-5.1 : स्लाइड शो टैब

इस टैब के बटनों को ध्यान से देख लीजिए, क्योंकि आगे की चर्चा में हम जगह-जगह पर इनका सन्दर्भ देंगे.

प्रदर्शन प्रारम्भ करना (Starting the Show)

वास्तविक स्लाइड शो करने के लिए अथवा उसका अभ्यास करने के लिए किसी भी व्यू में पहली स्लाइड पर आइये और स्लाइड शो प्रारम्भ करने के लिए या तो 'View' टैब के Presentation Views भाग में 'Slide Show' बटन पर क्लिक कीजिए या स्क्रीन के निचले बाएं कोने (ज़ूम स्लाइडर के बाईं ओर) पर बने व्यू बटनों में से 'Slide Show' बटन को क्लिक कीजिए अथवा 'Slide Show' टैब में 'Start Slide Show' भाग में From Beginning बटन पर क्लिक कीजिए. ऐसा करते ही स्क्रीन की समस्त सामग्री छिप जाएगी और प्रदर्शन प्रारम्भ हो जाएगा.

स्लाइड शो टैब के Start Slide Show भाग में From Beginning बटन द्वारा प्रदर्शन प्रारम्भ करने पर वह हमेशा चुनी हुई स्लाइडों में से पहली स्लाइड से प्रदर्शन प्रारम्भ होगा, चाहे आप उस समय किसी स्लाइड पर हों. इसके विपरीत

From Beginning बटन के बगल में दिये गये From Current Slide बटन को क्लिक करके प्रारम्भ किया गया शो वर्तमान स्लाइड से प्रारम्भ होता है.

प्रदर्शन के समय एक स्लाइड से दूसरी स्लाइड पर जाने के लिए निम्नलिखित क्रियाएं कीजिए-

- अगली स्लाइड पर जाने के लिए माउस के बायें बटन से क्लिक कीजिए अथवा एण्टर, स्पेस बार (Space Bar), N, दायां तीर (Right Arrow), निचला तीर (Down Arrow) तथा पेज डाउन (PgDn) कुंजियों में से किसी को दबाइये.
- एक स्लाइड पीछे जाने के लिए बैक स्पेस (Back Space), P, बायां तीर (Left Arrow), ऊपरी तीर (Up Arrow) या पेजअप (PgUp) कुंजी दबाइये.
- यदि आप किसी विशेष स्लाइड पर जाना चाहते हैं, तो उस स्लाइड का नम्बर टाइप करके एण्टर कुंजी दबाइए. जैसे, यदि आप चौथी स्लाइड पर जाना चाहते हैं, तो 4 टाइप करके एण्टर दबाइए.
- स्लाइड शो बीच में ही समाप्त करने तथा पिछले व्यू में लौटने के लिए या तो Esc कुंजी या डैश (–) कुंजी दबाइए या कंट्रोल कुंजी के साथ ब्रेक (Break) बटन दबाइए. सभी स्लाइडें प्रदर्शित हो जाने पर अगली स्लाइड पर जाने का कोई बटन दबाने से भी शो समाप्त होकर आप पिछले व्यू में लौट जाते हैं.

शो को सेट करना (Setting Up Show)

पावर पॉइंट में शो प्रारम्भ करने से पहले आप उसके लिए कई प्रकार की सेटिंग भी कर सकते हैं. इसके लिए 'Slide Show' टैब के Set Up भाग में 'Set Up Slide Show' बटन पर क्लिक कीजिए, जिससे आपकी स्क्रीन पर चित्र P-5.2 की तरह सेट अप शो का डायलाग बॉक्स दिया जाएगा.

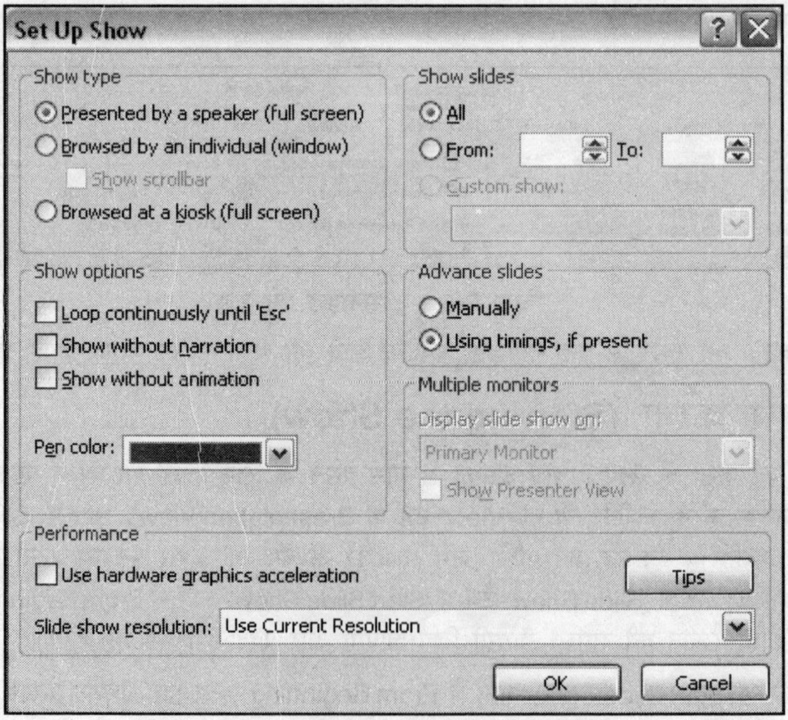

चित्र P-5.2 : सेट अप शो का डायलाग बॉक्स

इस डायलाग बॉक्स के शो स्लाइड्स (Show Slides) भाग में आप प्रदर्शन के लिए या तो सभी स्लाइडों को ले सकते हैं, जो डिफॉल्ट मान है, या फिर उनकी किसी रेंज को चुन सकते हैं. इसके 'Advance Slides' भाग में दो रेडियो बटनों में से पहले विकल्प 'Manually' को सेट करने पर एक स्लाइड से दूसरी (अगली) स्लाइड पर जाने के लिए आपको स्पेस बार, एण्टर, बायां माउस बटन, P, PgDn आदि बटनों में से कोई दबाना होगा, जैसा कि ऊपर बताया जा चुका है. इसके विपरीत दूसरे विकल्प 'Using Timings, if present' चुनने पर एक स्लाइड से अगली स्लाइड पर जाने का कार्य निश्चित समय बाद स्वयं हो जाएगा. आप प्रस्तुतीकरण की किसी भी स्लाइड के लिए उसे स्क्रीन पर रखने का समय पहले से सेट कर सकते हैं, जिसके बारे में आगे बताया जाएगा. प्रत्येक स्लाइड के लिए समय अलग-अलग हो सकता है. वैसे समय पूरा होने से पहले ही आप माउस बटन दबाकर या अन्य बटनों के द्वारा अगली स्लाइड पर कभी भी पहुंच सकते हैं.

सेट अप शो डायलॉग बॉक्स के शो टाइप (Show Type) और शो ऑप्शन्स (Show Options) भाग में भी कई रेडियो बटन तथा कुछ चेक बॉक्स हैं, जिनका प्रयोग विभिन्न प्रकार के प्रभाव उत्पन्न करने के लिए किया जाता है. उदाहरण के लिए, 'Loop continuously until Esc' चेक बॉक्स को सेट करने पर स्लाइडों का प्रदर्शन बार-बार तब तक चलता रहता है, जब तक आप एस्क (Esc) कुंजी न दबा दें.

सभी आवश्यक सेटिंग करने के बाद 'OK' बटन क्लिक कीजिए, जिससे आपके द्वारा की गयी सेटिंग प्रभावी हो जाएगी. प्रदर्शन प्रारम्भ करके आप उसका परीक्षण कर सकते हैं.

इलैक्ट्रॉनिक पेन (Electronic Pen)

टेलीविजन पर कोई बड़ा क्रिकेट मैच देखते समय आपने स्क्रीन पर हाथ से बनायी गयी रेखाएं देखी होंगी, जो मैदान में खिलाड़ियों की स्थिति को स्पष्ट करने तथा ऐसे ही अन्य कार्यों के लिए खींची जाती हैं. ये रेखाएं इलैक्ट्रॉनिक पेन द्वारा बनायी जाती हैं. पावर पॉइंट में अपना प्रस्तुतीकरण प्रदर्शित करते समय आप भी इलैक्ट्रॉनिक पेन द्वारा स्क्रीन पर ऐसी रेखाएं खींच सकते हैं. इसमें आप अपने माउस से ही पेन का काम लेते हैं. इस पेन को सक्रिय करने की विधि नीचे बतायी गयी है.

सामान्यतया जब आप कंप्यूटर की स्क्रीन पर प्रस्तुतीकरण प्रदर्शित करते हैं, तो बायीं ओर निचले कोने पर कुछ बटन दिखाई देते हैं. इनमें से दूसरे बटन को पॉइंटर (Pointer) कहा जाता है (चित्र P-5.3 में यह बटन दिखायी पड़ रहा है). जैसे ही आप इसको क्लिक करते हैं, तो स्क्रीन पर एक पॉप अप मेन्यू (Pop up menu) उभर आता है, जैसा कि चित्र P-5.3 में दिखाया गया है.

इस पॉप अप मेन्यू में Ballpoint Pen/Felt Tip Pen/Highlighter आदेश को क्लिक करने पर इलैक्ट्रानिक पेन सक्रिय हो जाता है. ऐसा होने पर आप माउस बटन को दबाकर खींचते हुए स्क्रीन पर कहीं भी रेखाएं खींच सकते हैं, ठीक वैसे ही जैसे किसी स्लेट पर चाक (Chalk) से लिखा जाता है. ये रेखाएं अथवा लिखावट पूरी तरह अस्थायी होती हैं, क्योंकि स्लाइड बदल जाने पर या 'E' कुंजी दबाने पर ये रेखाएं गायब हो जाती हैं.

आप अपने इलैक्ट्रॉनिक पेन का रंग भी चुन सकते हैं. इसके लिए पॉइंटर के पॉप अप मेन्यू में 'Ink color' विकल्प पर क्लिक करने से वही परिचित रंग पट्टी खुलती है. इलैक्ट्रानिक पेन का रंग आप इसमें से चुन सकते हैं, जहां इसके लिए एक ड्राप डाउन लिस्ट बॉक्स दिया गया है. सामान्यतया यदि स्लाइड की पृष्ठभूमि (Background) का रंग हलका हो, तो पेन गहरे रंग का और यदि स्लाइड गहरे रंग की हो, तो इलैक्ट्रॉनिक पेन हलके रंग का अच्छा रहता है.

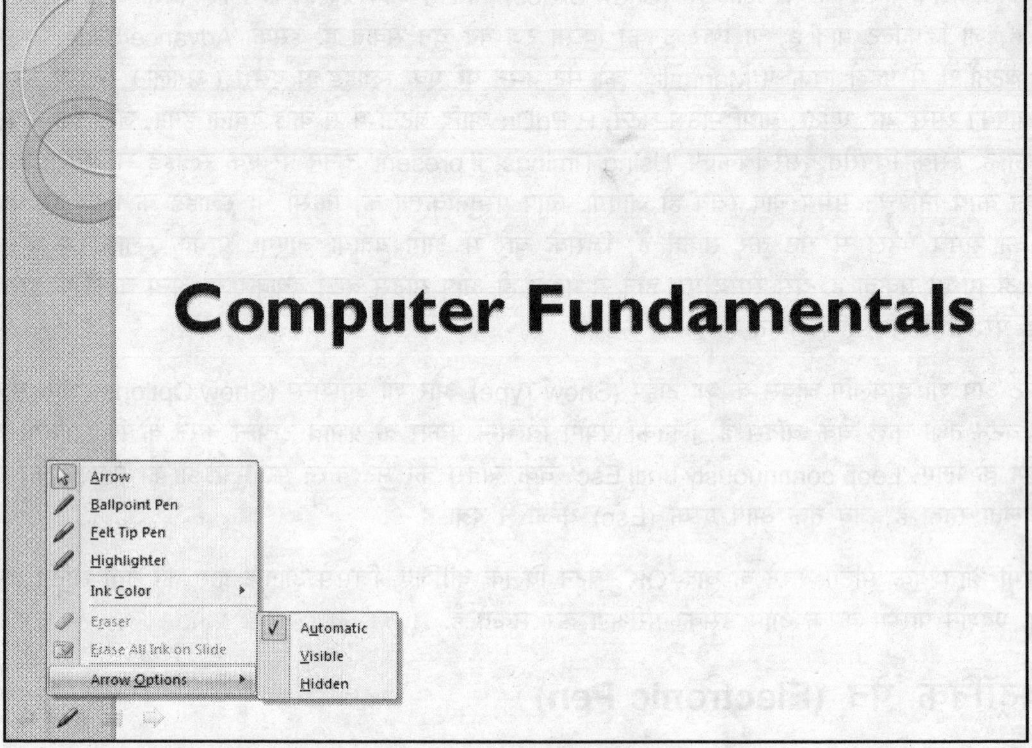

चित्र P-5.3 : स्लाइड शो के समय स्क्रीन पर पॉइंटर बटन तथा पॉप अप

यदि आप स्क्रीन के बाएं निचले कोने पर दिखायी पड़ रहे बटनों को भी छिपाना चाहते हैं तो 'Arrow options' के झरना मेन्यू में Hidden विकल्प चुनिए.

प्रस्तुतीकरण का पूर्वाभ्यास (Rehearsal of Presentation)

आप अपने कंप्यूटर पर ही प्रस्तुतीकरण का पूर्वाभ्यास कर सकते हैं. इसके साथ ही स्लाइडों को स्क्रीन पर रखने का अनुमानित समय भी ज्ञात कर सकते हैं, ताकि आपको उपलब्ध या दिए गए समय के अनुसार आप अपना प्रस्तुतीकरण तैयार कर सकें. पूर्वाभ्यास करना तथा स्लाइडों का समय तय करना इन दोनों ही कामों के लिए स्लाइड शो टैब (चित्र P-5.1) के Set Up भाग में 'Rehearse Timings' बटन पर क्लिक कीजिए. ऐसा करते ही स्लाइड शो प्रारम्भ हो जाएगा और इसके साथ ही स्क्रीन के किसी कोने पर चित्र P-5.4 की तरह रिहर्सल का छोटा सा डायलाग बॉक्स खुल जाता है, जिसमें कई बटनों के साथ एक घड़ी (Clock) भी बनी होती है.

चित्र P-5.4 : रिहर्सल डायलाग बॉक्स

पहली स्लाइड स्क्रीन पर आते ही घड़ी शून्य से प्रारम्भ हो जाती है जब एक स्लाइड पर्याप्त समय तक स्क्रीन पर रह चुकी हो और आप अगली स्लाइड पर जाना चाहते हों, तो इस डायलाग बॉक्स में बने तीर के बटन को क्लिक कीजिए. इससे वर्तमान स्लाइड का समय नोट हो जाएगा और अगली स्लाइड स्क्रीन पर आते ही घड़ी फिर से प्रारम्भ हो जाएगी. यदि किसी कारणवश आप बीच में थोड़ा रुकना चाहते हों, तो इस डायलाग बॉक्स के बीच के हाल्ट (Halt) बटन को क्लिक कीजिए. यदि किसी स्लाइड का समय फिर से सेट करना हो तो 'Repeat' बटन को क्लिक कीजिए.

इस प्रकार प्रस्तुतीकरण की सभी स्लाइडों का समय सेट करने के बाद शो समाप्त होने पर पावर पॉइंट आपको चित्र P-5.5 की तरह डायलाग बॉक्स देकर कुल समय (Total time) बताएगा और पूछेगा कि आप इन समयों को सुरक्षित (Save) करना चाहते हैं या नहीं.

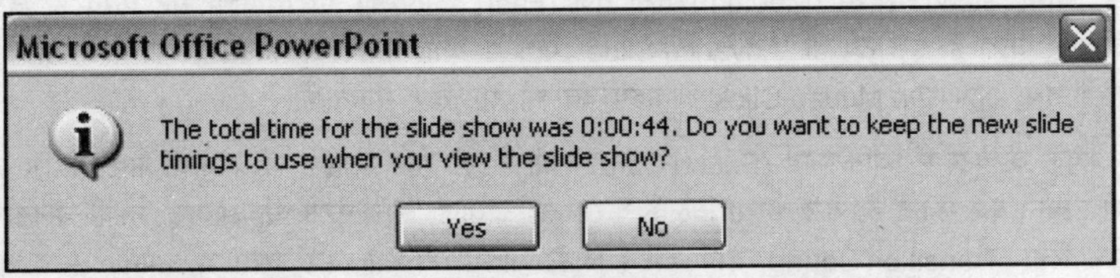

चित्र P-5.5 : स्लाइड समय सुरक्षित करने का डायलाग बॉक्स

यदि आप समयों को सुरक्षित करना चाहते हैं, तो 'Yes' बटन को क्लिक कीजिए, नहीं तो 'No' बटन को क्लिक कीजिए. यदि आपने समय सुरक्षित कर लिये हैं, तो इनका प्रयोग स्लाइड शो के समय किया जा सकता है. यदि आप स्लाइड शो के समय स्लाइड बदलने के लिए इन समयों का प्रयोग करना चाहते हैं, तो सेटअप शो के डायलाग बॉक्स (चित्र P-5.2) में 'Advance slides' भाग में 'Using timings, if present' विकल्प को सेट कर दीजिए, नहीं तो 'Manually' को सेट कीजिए. वैसे आप समय विकल्प को सेट करने पर किसी स्लाइड का समय पूरा होने से पहले माउस बटन दबाकर या अन्य प्रकार से अगली स्लाइड पर आ सकते हैं.

स्लाइड परिवर्तन (Slide Transition)

आपने टेलीविजन पर दृश्य बदलने के अनेक रूपों को देखा होगा. कभी नया चित्र बीच में से पैदा हो जाता है और चारों ओर फैलता हुआ पूरी स्क्रीन पर छा जाता है, तो कभी चारों ओर चौखटे के रूप में शुरू होता है और चौड़ा होता हुआ पूरी स्क्रीन को ढक लेता है. कभी बायीं ओर से सरकता हुआ प्रकट होता है, तो कभी दायीं ओर से, कभी एक तरफ से उड़ता हुआ आता है, तो कभी धुंधला होता हुआ बदल जाता है. ऐसे सभी प्रभावों को स्लाइड परिवर्तन के प्रभाव (Slide transition effects) कहा जाता है. आप अपने प्रस्तुतीकरण में भी ऐसे प्रभाव उत्पन्न कर सकते हैं.

इसके लिए स्लाइड व्यू में आइए और जिस स्लाइड के लिए आप परिवर्तन प्रभाव सेट करना चाहते हैं उसे वर्तमान स्लाइड (Current Slide) बनाइए. अब Animations टैब में Transition to This Slide के नीचे की ओर तीर के निशान वाले बटन को क्लिक कीजिए, जिससे आपकी स्क्रीन पर चित्र P-5.6 की तरह स्लाइड ट्रांजीशन का मेन्यू खुल जाएगा.

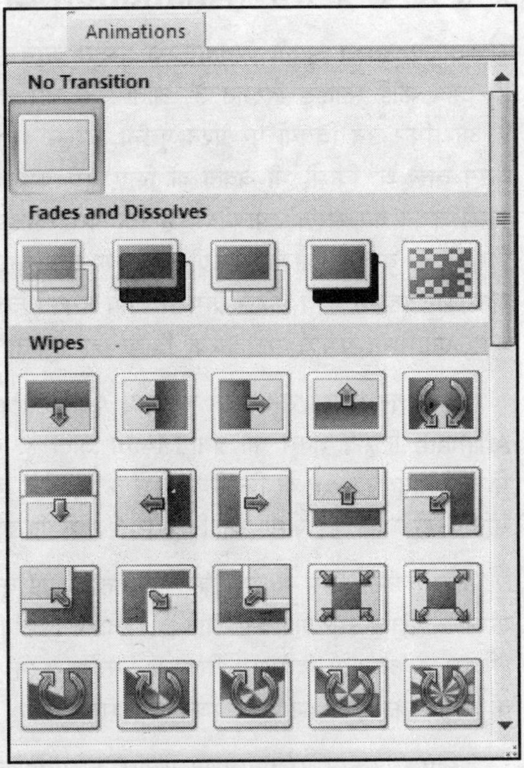

चित्र P-5.6 : स्लाइड ट्रांजीशन पुल-डाउन मेन्यू

इस मेन्यू में दिये गये नमूनों से आप स्लाइड परिवर्तन का प्रभाव चुन सकते हैं. जैसे ही आप कोई विकल्प चुनते हैं, उसका नमूना आपको स्क्रीन में दिखायी पड़ता है. यदि आप उससे संतुष्ट न हों, तो दूसरा प्रभाव चुन सकते हैं.

इसी भाग में Transition Speed बटन से आप स्लाइड बदलने की गति भी सेट कर सकते हैं. इसमें तीन विकल्प उपलब्ध हैं: धीमा (Slow), मध्यम (Medium) तथा तेज (Fast). आप जो भी विकल्प सेट करते हैं, उसका नमूना तत्काल दिखाया जाता है. इस टैब के 'Advance Slide' भाग में स्लाइड बदलने का समय भी सेकेण्डों में सेट किया जा सकता है तथा आप 'On Mouse Click' विकल्प को भी सेट कर सकते हैं.

यदि आपके कंप्यूटर में ध्वनि कार्ड (Sound Card) लगा है, तो आप स्लाइड परिवर्तन के समय विभिन्न प्रकार की ध्वनियां भी उत्पन्न कर सकते हैं, जैसे कैमरा क्लिक करने की आवाज, कांच टूटने की आवाज, गोली चलने की आवाज आदि. इसके लिए 'Transition Sound' ड्राप-डाउन लिस्ट बॉक्स को खोलकर उसमें से अपनी पसन्द चुन लीजिए.

सभी आवश्यक सेटिंग करने के बाद वर्तमान (Current) स्लाइड पर आते समय वे प्रभाव उत्पन्न होंगे. यदि आप एक जैसा प्रभाव प्रस्तुतीकरण की सभी स्लाइडों पर लागू कराना चाहते हैं, तो सेटिंग करने के बाद 'Apply to all' बटन को क्लिक कीजिए.

किसी या सभी स्लाइडों पर परिवर्तन के प्रभाव समाप्त करने के लिए चित्र P-5.6 के मेन्यू में '[No transition]' विकल्प चुनना चाहिए और ध्वनि का प्रभाव समाप्त करने लिए 'Transition Sound' ड्राप-डाउन लिस्ट बॉक्स में '[No sound]' विकल्प को सेट करना चाहिए.

एनीमेशन प्रभाव (Animation Effects)

श्रोताओं के समक्ष अपना प्रस्तुतीकरण प्रस्तुत करते समय प्राय: ऐसा होता है कि जैसे ही आप कोई स्लाइड दिखाते हैं, श्रोता एक बार में ही पूरी स्लाइड को पढ़ डालते हैं और फिर उन विषयों पर प्रश्न पूछना प्रारम्भ कर देते हैं, जिनकी चर्चा आप आगे करने वाले थे. किसी भी वक्ता के लिए ऐसे प्रसंग चिढ़ उत्पन्न करने वाले होते हैं. इससे बचने का सरल उपाय यह है कि पूरी स्लाइड को एक बार में ही स्क्रीन पर दिखाने के बजाय उसकी सामग्री को एक-एक करके उस क्रम में स्क्रीन पर लाया जाये या दिखाया जाये, जिस क्रम में आप उनकी चर्चा कर रहे हैं. पावर पॉइंट में यह कार्य एनीमेशन प्रभाव सेट करके किया जा सकता है.

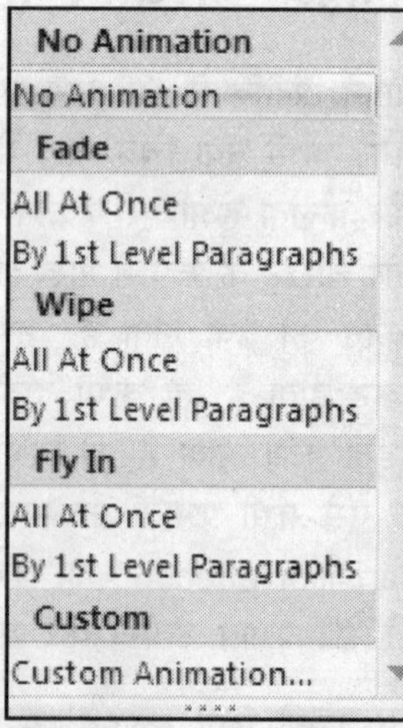

चित्र P-5.7 : एनीमेट लिस्ट बॉक्स

एनीमेशन प्रभाव सेट करने के लिए Animations टैब के Animations भाग में Animate लिस्ट बॉक्स का प्रयोग किया जाता है. स्लाइड व्यू या स्लाइड सॉर्टर व्यू में कोई पाठ्य (Text) या किसी स्लाइड का शीर्षक (Title) चुनने पर यह लिस्ट बॉक्स सक्रिय हो जाता है, जैसा कि चित्र P-5.7 में दिखाया गया है.

इस लिस्ट बॉक्स में कई विकल्प होते हैं, जो कुछ विशेष चुने हुए प्रभाव उत्पन्न करने के लिए उपयोग किए जाते हैं. उदाहरण के लिए, कोई पाठ्य चुनकर Fly in शीर्षक के अन्तर्गत दिये गये विकल्प क्लिक करने पर स्लाइड के पाठ्य के शब्द उड़ते हुए आते हैं. इन सभी बटनों के प्रभाव का निरीक्षण आप स्वयं कर सकते हैं.

आपकी स्क्रीन पर एनीमेशन प्रभाव का पूर्वदर्शन (Preview) भी दिखाया जाता है.

Animate लिस्ट बॉक्स का अन्तिम विकल्प 'Custom Animation' होता है, जो सभी प्रकार की एनीमेशन सेटिंग के लिए प्रयोग किया जाता है. इस बटन को क्लिक करते ही आपकी स्क्रीन पर दाईं ओर चित्र P-5.8 की तरह कस्टम एनीमेशन का डायलाग बॉक्स दिखायी पड़ता है.

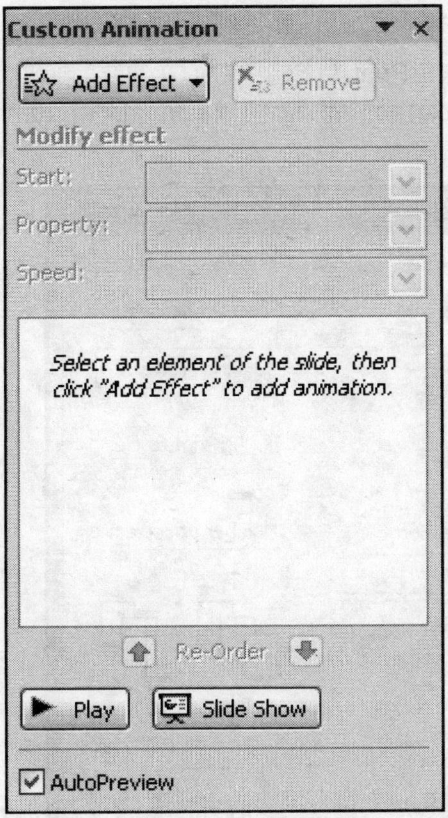

चित्र P-5.8 : कस्टम एनीमेशन डायलाग बॉक्स

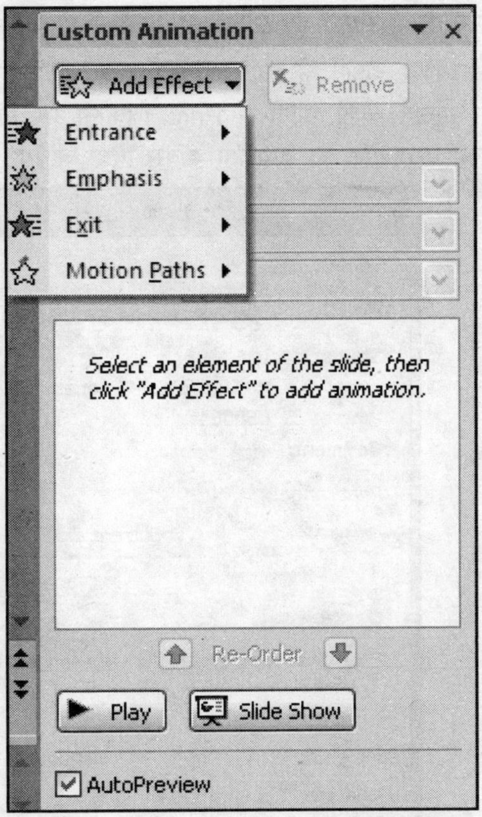

चित्र P-5.9 : एड इफेक्ट झरना मेन्यू

इस डायलाग बॉक्स के Add Effect लिस्ट बॉक्स (चित्र P-5.9) के जरिये आप अन्य आवश्यक सेटिंग कर सकते हैं. इनका अध्ययन आप स्वयं कीजिए और आवश्यकता पड़ने पर हेल्प सुविधा की मदद लीजिए.

स्लाइड को छिपाना (Hiding Slide)

पावर पॉइंट में यह सुविधा उपलब्ध है कि आप अपनी प्रस्तुतीकरण फाइल में कोई स्लाइड शामिल कर सकते हैं, लेकिन उसे स्क्रीन पर दिखाने से रोक सकते हैं. इसके लिए स्लाइड, स्लाइड सॉर्टर या आउटलाइन व्यू में उस स्लाइड को चुनिए और 'Slide Show' टैब के Set Up भाग में 'Hide Slide' बटन पर क्लिक कीजिए.

06 प्रस्तुतीकरण को छपवाना (Printing the Presentation)

आप पावर पॉइंट में तैयार की गई किसी प्रस्तुतीकरण सामग्री जैसे स्लाइड, हैंडआउट, नोट्स आदि को अपने प्रिंटर द्वारा कागज पर छपवा सकते हैं, ताकि वह श्रोताओं में बांटी जा सके.

प्रिंट आदेश चलाने के लिए ऑफिस बटन को क्लिक करके Print विकल्प पर माउस पॉइंटर लाइये. इसके बाद दाईं ओर खुलने वाली पट्टी में Print विकल्प पर क्लिक कीजिए. यह आदेश देते ही आपकी स्क्रीन पर चित्र P-6.1 की तरह प्रिंट का डायलाग बॉक्स दिया जायेगा.

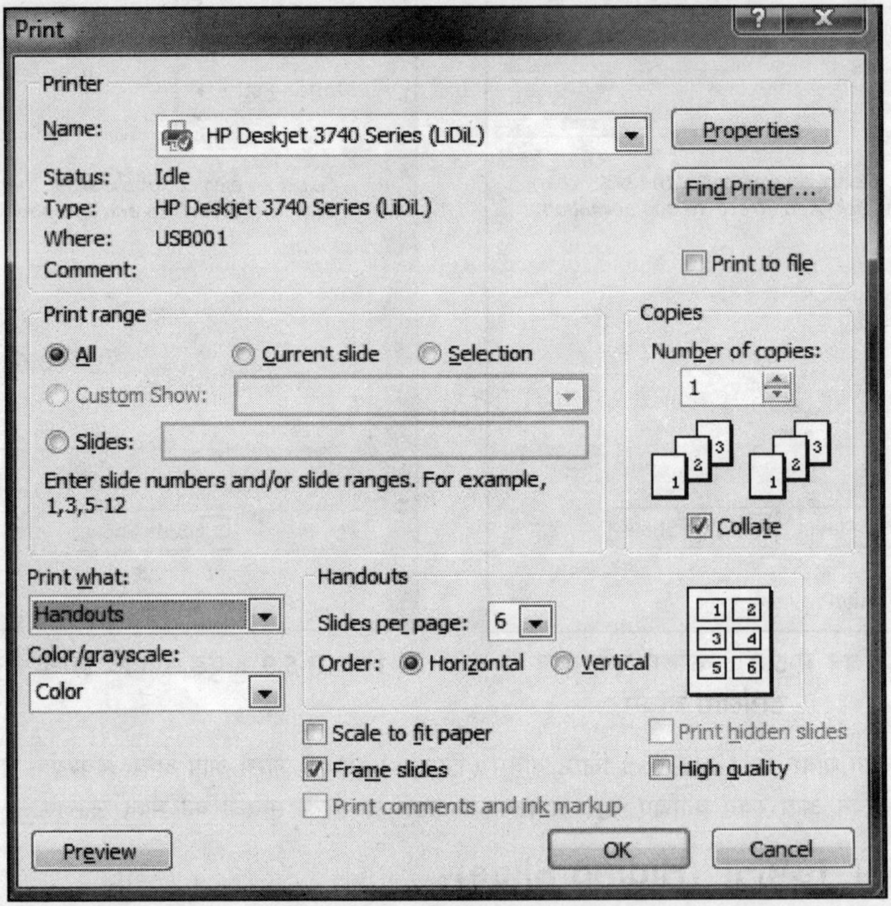

चित्र P-6.1 : पावर पॉइंट में प्रिंट आदेश का डायलाग बॉक्स

यह डायलाग बॉक्स मूल रूप में एमएस-आफिस के अन्य प्रोग्रामों जैसे एमएस-वर्ड तथा एक्सेल के प्रिंट आदेशों के डायलाग बॉक्सों जैसा ही है, लेकिन इसमें प्रस्तुतीकरण की दृष्टि से अन्य विकल्प भी हैं. इस डायलाग बॉक्स के 'Print Range' भाग में आप छापी जाने वाली स्लाइडों को बता सकते हैं. यदि आप सभी स्लाइडों को छापना चाहते हैं, तो 'All' रेडियो बटन को सेट कीजिए, यदि वर्तमान स्लाइड को छापना चाहते हैं, तो 'Current Slide' को क्लिक कीजिए और यदि कुछ चुनी हुई स्लाइडों को ही छापना चाहते हैं, तो या तो उन्हें चुन कर 'Selection' विकल्प दीजिए या 'Slides' रेडियो बटन को सेट करके उसके टैक्स्ट बॉक्स में उन स्लाइडों की क्रम संख्या दीजिए.

इस डायलाग बॉक्स के 'Print What' ड्राप डाउन लिस्ट बॉक्स में उस सामग्री का नाम चुना जाता है, जिसे आप छापना चाहते हैं, जैसे स्लाइड, हैंडआउट, नोट्स, आउटलाइन आदि. यदि आप स्लाइडों का हैंडआउट छापना चाहते हैं, तो पहले 'Print What' ड्राप डाउन लिस्ट बॉक्स में 'Handouts' विकल्प को चुन लीजिए. इससे इसके दाएं भाग में 'Handouts' भाग सक्रिय हो जाएगा. आप हैंडआउट के एक पेज पर एक, दो, तीन, चार या छः स्लाइडें छाप सकते हैं, जिनके लिए 'Slides per page' ड्राप डाउन लिस्ट में विकल्प दिए होते हैं. एक पेज पर छः स्लाइडों का विकल्प सबसे अच्छा है, क्योंकि इससे कम कागज में अधिक स्लाइडें अच्छी तरह छापी जा सकती हैं. आप इसमें स्लाइडों की छपायी का क्रम भी तय कर सकते हैं.

इस डायलाग बॉक्स में सबसे नीचे कई चेक बॉक्स दिए गए हैं, जो विभिन्न प्रकार के प्रभाव उत्पन्न करने के लिए हैं. इनमें 'Frame Slides' चेक बॉक्स सेट करने पर स्लाइडों के चारों ओर सीमारेखा छापी जाती है और 'Scale to fit paper' को सेट करने पर स्लाइडों का आकार कागज के अनुसार सेट करके छापा जाता है. इनके अलावा शेष विकल्प स्वयं स्पष्ट हैं. सभी आवश्यक सेटिंग करने के बाद 'OK' बटन क्लिक कीजिए, जिससे स्लाइडें छपना प्रारम्भ हो जाएंगी.

यदि आप स्लाइडों, आउटलाइन या नोट्स आदि की छपाई की विधि या उनके बीच का हाशिया आदि सेट करना चाहते हैं तो Design टैब के 'Page Setup' भाग में Page Setup बटन को क्लिक करके इसका डायलाग बॉक्स खोलिए, जो कि चित्र P-6.2 में दिखाया गया है.

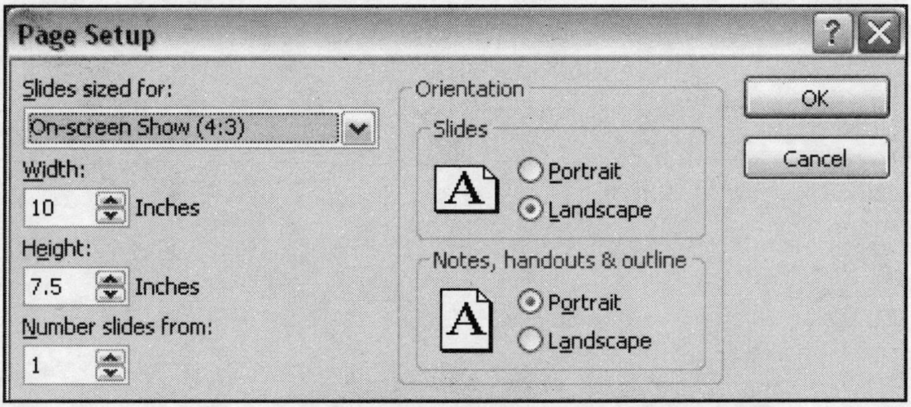

चित्र P-6.2 : पावर पॉइंट का पेज सेटअप डायलाग बॉक्स

इस डायलाग बॉक्स में 'Slides sized for' की ड्राप डाउन लिस्ट में 'On-screen Show' के अलावा 35 mm स्लाइडों तथा विभिन्न आकार के कागजों का भी विकल्प होता है, जिन्हें चुनकर आप इच्छित आकार में स्लाइडें छाप सकते हैं. कागज के अनुसार ही स्लाइडों की चौड़ाई (Width) तथा ऊंचाई (Height) भी सेट कर सकते हैं.

सामान्यतया स्लाइडों को लैंडस्केप (Landscape) में और हैंडआउट आदि को पोर्ट्रेट (Portrait) में छापा जाता है. लेकिन पेज सेटअप डायलाग बॉक्स में आप यह सेटिंग बदल भी सकते हैं. इस डायलाग बॉक्स में उचित सेटिंग करके 'OK' बटन क्लिक कीजिए और अपनी सेटिंग का प्रभाव देखिए. यह सेटिंग आप Page Setup बटन के बगल में दिये गये Slide Orientation बटन द्वारा भी बदल सकते हैं.

रैपिडैक्स®
कंप्यूटर
कोर्स
भाग-6
इंटरनेट तथा ई-मेल
(Internet & E-mail)

इंटरनेट क्या है?
(What is Internet?)

आजकल इंटरनेट एक बहुप्रचलित शब्द है. प्रत्येक व्यक्ति, जो कंप्यूटर के बारे में थोड़ी भी जानकारी रखता है और जिसकी किसी कंप्यूटर तक पहुंच है, इंटरनेट से जुड़ना चाहता है. समाचार पत्रों में आने वाले लगभग प्रत्येक विज्ञापन में आजकल टेलीफोन तथा फैक्स नं. के साथ ही अपना वेब पता भी दिया जाता है, जिनमें **'www'** शब्द जुड़ा होता है. इतना ही नहीं, लोग अपने विजिटिंग कार्ड पर ई-मेल पता भी छपवाने लगे हैं. **'www'** तथा ई-मेल **(E-mail)** इंटरनेट से जुड़े हुए शब्द हैं.

इंटरनेट कोई एक संगठन या संस्था नहीं, बल्कि दुनिया-भर में फैले हुए छोटे-बड़े कंप्यूटरों का एक विराट नेटवर्क **(Network)** या जाल है, जो टेलीफोन लाइनों के माध्यम से एक-दूसरे से सम्पर्क करते हैं. यह इस समय संसार का सबसे बड़ा और लोकप्रिय नेटवर्क है. संसार-भर के लगभग सभी नेटवर्क इंटरनेट से जुड़े हुए हैं. इस प्रकार यह नेटवर्कों का भी नेटवर्क है.

इसमें मुख्यत: **ई-मेल (E-mail), वर्ल्ड वाइड वेब (World Wide Web), एफ.टी.पी. (FTP)**, **ई-कामर्स (E-Commerce)** आदि सुविधाएं उपलब्ध हैं.

इंटरनेट के माध्यम से आप अपने कंप्यूटर पर बैठे हुए दुनिया भर की सूचनाएं मिनटों में प्राप्त कर सकते हैं, जैसे किसी कम्पनी और उसके उत्पादों **(Products)** के बारे में जानकारी, विभिन्न समाचार पत्रों के इंटरनेट संस्करणों में छपे समाचार, किसी बीमारी का इलाज, फिल्मों के बारे में जानकारी, किसी खेले जा रहे मैच का नवीनतम स्कोर आदि.

विभिन्न प्रकार के इंटरनेट कनेक्शन (Types of Internet Connections)

यह निर्णय करने से पहले कि कौनसा इंटरनेट कनेक्शन आपके लिए सही है, आपको उनके बीच के अंतर को अच्छी तरह जान लेना चाहिए. आजकल लैपटॉप, डेस्कटॉप, मोबाइल फोन, गेमिंग कॉन्सोल्स, ई-रीडर्स एवं टैबलेट्स को इंटरनेट से कई प्रकार से जोड़ा जा सकता है. कुछ अधिक प्रयोग किए जाने वाले इंटरनेट कनेक्शनों के बारे में नीचे बताया गया है.

1. **डायल-अप कनेक्शन (Dial Up Connection)**

   डायल अप कनेक्शन में इंटरनेट से जुड़ने के लिए यह आवश्यक होता है कि उपभोक्ता अपने कंप्यूटर को फोन लाइन से जोड़े. इस विशेष प्रकार के कनेक्शन को एनालॉग भी कहा जाता है. इस प्रकार के कनेक्शन का उपयोग करते समय उपभोक्ता सामान्य टेलीफोन सेवाओं का उपयोग नहीं कर सकते. इस प्रकार के कनेक्शन में इंटरनेट की गति धीमी होने के कारण आजकल इसका प्रयोग नहीं किया जाता है.

2. **ब्राडबैण्ड कनेक्शन (Broadband Connection)**

   इस उच्च गति वाले इंटरनेट कनेक्शन की सुविधाएं केबल एवं टेलीफोन कंपनियां उपलब्ध कराती हैं. यह सर्वाधिक तीव्र गति का इंटरनेट कनेक्शन है. इसमें भारी मात्रा में सूचनाओं को भेजने के लिए एक से अधिक डाटा चैनलों का प्रयोग किया जाता है. ब्रॉडबैंड 'ब्रॉड बैंडवीड्थ' (Broad Bandwidth) का

संक्षिप्त रूप है. डी.एस.एल. एवं केबल जैसे ब्रॉडबैंड इंटरनेट कनेक्शन उच्च स्तर के ब्रॉड बैंड कनेक्शन माने जाते हैं.

3. **डीएसएल कनेक्शन (DSL Connection)**

डी.एस.एल. का विस्तृत रूप है- 'डिजिटल सब्सक्राइबर लाइन' (Digital Subscriber Line). इसमें आपके घर में उपलब्ध दो तारों वाली टेलीफोन लाइन का इस्तेमाल किया जाता है. अत: इस कनेक्शन की सेवा लैंड-लाइन टेलीफोन सेवा के साथ ही उपलब्ध होती है. उपयोगकर्त्ता इंटरनेट पर काम करते समय सामान्य टेलीफोन कॉल की सुविधा का भी लाभ उठा सकते हैं.

4. **वायरलेस कनेक्शन (Wireless(WiFi) Connection)**

इसमें केबल या टेलीफोन नेटवर्क के स्थान पर रेडियो तरंगों (Radio Frequency) का प्रयोग किया जाता है. वायरलेस इंटरकोट कनेक्शन का एक सबसे बड़ा लाभ यह है कि इसमें इंटरनेट कनेक्शन हमेशा ऑन होता है. नेटवर्क क्षेत्र के भीतर कहीं और किसी स्थान पर हम इंटरनेट से जुड़ सकते हैं. वायरलेस कनेक्शन मोडेम के प्रयोग से संभव हो पाता है जब मोडेम में एण्टिना जुड़ा हो. यह इंटरनेट सिग्नल को प्राप्त करता है और उसे अन्य उपकरणों तक भेज देता है.

5. **मेबाइल कनेक्शन (Mobile Connection)**

जी.एस.एम.(GSM), 3-जी (3G) एवं 4-जी (4G) जैसी नई तकनीकों की मदद से आप अपने मोबाइलफोन, स्मार्टफोन एवं टैबलेट पर भी इंटरनेट की सुविधा प्राप्त कर सकते हैं. मोबाइल इंटरनेट में इंटरनेट की गति तीव्र होती है और यात्रा करते समय भी आप इंटरनेट सुविधा का उपयोग कर सकते हैं.

ऊपर दिये गये कनेक्शनों के अतिरिक्त और भी कई प्रकार के इंटरनेट कनेक्शन होते हैं.

इंटरनेट सेवा प्रदाता (Internet Service Provider : ISP)

अपने कंप्यूटर को इंटरनेट से जोड़ने के लिए हमें किसी इंटरनेट सेवा प्रदाता **(Internet Service Provider** या **ISP)** कम्पनी की सेवाएं लेनी पड़ती हैं. इनसे इंटरनेट की सेवा लेना ठीक वैसे ही है, जैसे टेलीफोन का उपयोग करने के लिए हमें उसका कनेक्शन टेलीफोन विभाग के किसी एक्सचेंज से लेना पड़ता है या गैस कनेक्शन गैस एजेंसी से लिया जाता है. इंटरनेट कनेक्शन लेने के लिए हमारे पास ऐसी कम्पनी के अलावा एक टेलीफोन लाइन या ऐसा ही कोई दूसरा साधन भी होना चाहिए.

भारत में इंटरनेट सेवाएं प्रारम्भ में मुख्यत: **विदेश संचार निगम लि. (VSNL)** द्वारा अगस्त, 1995 से उपलब्ध करायी जा रही थीं. अब इस नेटवर्क का संचालन **भारत संचार निगम लि. (Bharat Sanchar Nigam Ltd.** या **BSNL)** द्वारा किया जा रहा है और प्राय: प्रत्येक शहर और कस्बे में इंटरनेट सुविधा उपलब्ध करायी जा रही है.

VSNL और **BSNL** के अतिरिक्त महानगर टेलीफोन निगम लि. **(MTNL),** सिफी **(Sify),** एयरटेल **(Airtel),** टाटा इंडिकॉम **(Tata Indicom),** रिलायंस **(Reliance)** आदि कम्पनियां भी भारत के विभिन्न शहरों में इंटरनेट सेवाएं उपलब्ध करा रही हैं.

इंटरनेट सेवा लेने का शुल्क इंटरनेट से जुड़ने के समय के अनुसार होता है जो घंटों में नापा जाता है. जितने समय आप इंटरनेट से जुड़े रहते हैं, उतने समय तक टेलीफोन लाइन व्यस्त रहने का खर्च इसमें शामिल नहीं किया जाता. उसका बिल आपको अलग से भरना पड़ता है. इसलिए इंटरनेट का सदुपयोग ही करना चाहिए. बेकार में

साइटें देखते रहना अपने समय और धन की बर्बादी करना है.

इसके अतिरिक्त अधिकांश कम्पनियां एक निश्चित अवधि जैसे एक माह, तीन माह या एक वर्ष में इंटरनेट का असीमित उपभोग करने की सुविधा भी देती हैं, जो इंटरनेट के नियमित उपभोक्ताओं के लिए अधिक उपयोगी है.

इंटरनेट से जुड़े हार्डवेयर की स्थापना (Internet Related Hardware Installation)

एक डेस्कटॉप/लेपटॉप के अतिरिक्त ब्रॉडबैण्ड कनेक्शन स्थापित करने के लिए आपको आगे दिये गए उपकरणों की जरूरत पड़ती है जो आपको इंटरनेट सेवा प्रदाता (ISP) कंपनी प्राप्त करवाती है.

1. **स्प्लिट्टर (Splitter):** स्प्लिट्टर एक ऐसा उपकरण है जिसमें एक इनपुट पोर्ट होता है और दो आउटपुट पोर्ट. इंटरनेट सेवा प्रदाता कंपनी के कर्मचारी आपके घर या ऑफिस तक ब्रॉडबैण्ड इंटरनेट की तार ले आते हैं. फिर इस तार को स्प्लिट्टर के इनपुट पोर्ट से जोड़ने पर इंटरनेट का सिग्नल स्प्लिट्टर तक आने लगता है. इसके आउटपुट पोर्ट के द्वारा सिग्नल दो भागों में बंट जाता है-आवाज का सिग्नल और डाटा का सिग्नल. आवाज के सिग्नल की तार साधारण टेलिफोन उपकरण से जुड़ जाती है और डाटा के सिग्नल की तार कंप्यूटर मोडेम में.

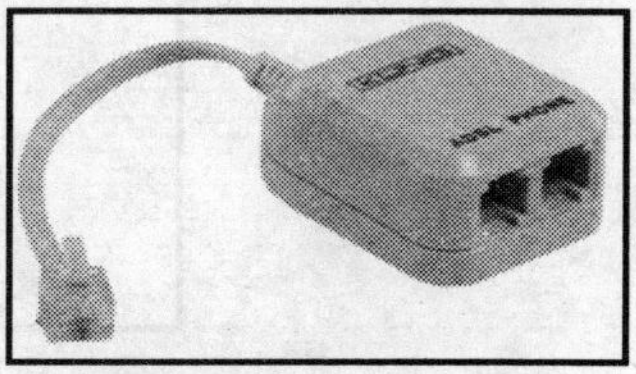

चित्र I-1.1 नेटवर्क स्प्लिट्टर (Network Splitter)

2. **मोडेम (Modem):** मोडेम **(Modem)**, जो **'Modulator-De-modulator'** का संक्षिप्त रूप है, एक ऐसा उपकरण है, जो आपके कंप्यूटर में भरे हुए अंकीय डाटा **(Digital Data)** को एनालॉग सिग्नलों **(Analog Signals)** में बदल देता है, ताकि उसे टेलीप. ोन लाइनों या ऐसे ही अन्य माध्यमों में होकर दूर-दूर तक भेजा जा सके. इसके साथ ही वह दूसरी ओर से प्राप्त होने वाले एनालॉग सिग्नलों को अंकीय डाटा में बदलकर आपके कंप्यूटर को भेज देता है.

चित्र I-1.2 इंटरनेट मोडेम (Internet Modem)

मोडेम को किसी खाली कम्यूनिकेशन पोर्ट **(COM1, COM2** आदि) से जोड़ा जाता है, ठीक उसी तरह जैसे आप कोई प्रिंटर जोड़ते हैं. यदि आपने सिस्टम यूनिट से मोडेम जोड़ दिया है और उसे स्थापित नहीं किया है, तो कंप्यूटर की बिजली ऑन **(On)** करते ही विंडोज उसे पहचान लेता है और आपको मोडेम की स्थापना करने की सलाह देता है.

3. **ईदरनेट की तार (Ethernet cable):** ईदरनेट की तार मोडेम और कंप्यूटर के बीच जोड़ी जाती है जिससे दोनों उपकरणों के बीच डाटा का आदान-प्रदान बना रहे.

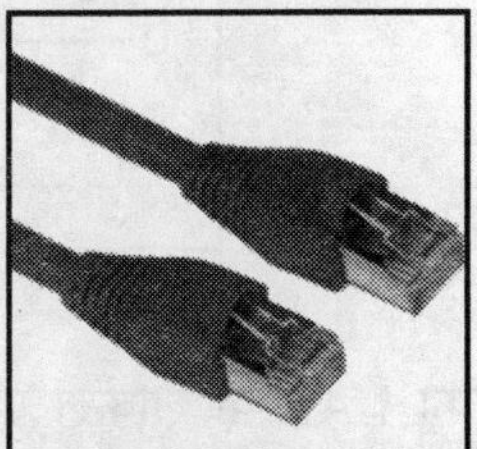

चित्र I-1.3 ईदरनेट की तार (Ethernet cable)

आने वाले चित्र में एक ब्रॉडबैण्ड कनेक्शन समझाया गया है.

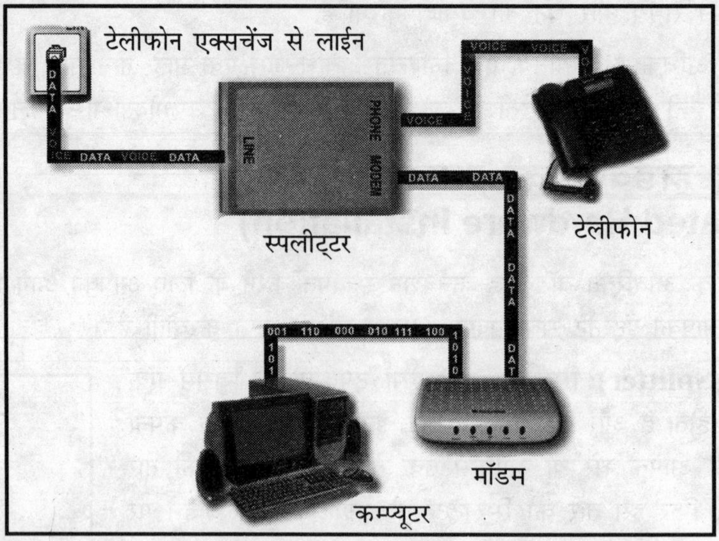

चित्र I-1.4: टेलिफोन लाइन द्वारा ब्राडबैण्ड कनेक्शन

मोडेम और राउटर में अंतर (Difference between a Modem and a Router)

मोडेम वह उपकरण है जो कंप्यूटर को इंटरनेट नामक नेटवर्क से जोड़ता है. इसकी तुलना में एक राउटर एक से अधिक कंप्यूटरों को किसी भी नेटवर्क (चाहे वह नेटवर्क कितना ही छोटा हो) से जोड़ता है. इस स्थानीय नेटवर्क

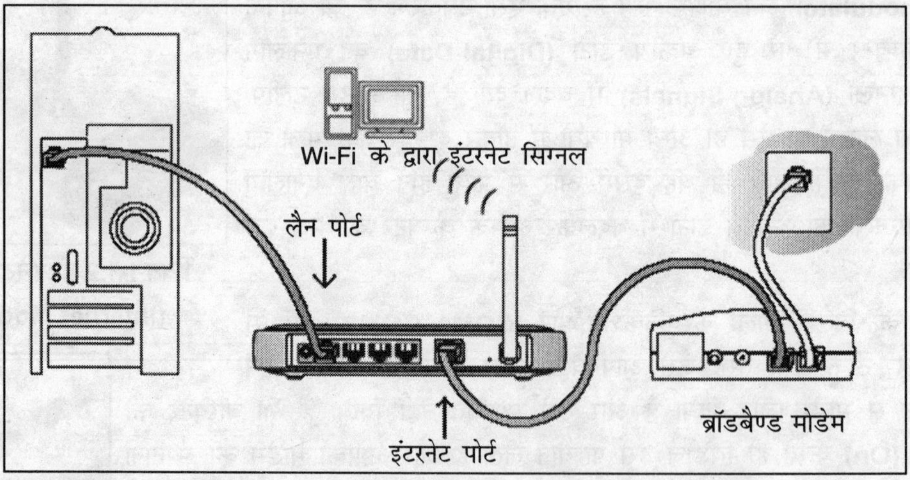

चित्र I-1.5: मोडेम और राउटर के बीच कनेक्शन

को LAN या लोकल एरिया नेटवर्क (Local Area Network) भी कहा जाता है. अगर कुछ कंप्यूटर राउटर से जुड़े हुए हों तो वे इंटरनेट सिग्नल केवल तभी प्राप्त कर सकते हैं जब राउटर स्वयं किसी मोडेम से जुड़ा हो.

आजकल सभी राउटरों में LAN पोर्ट के साथ 1 या 2 एन्टिना (Antenna) भी लगे आते हैं जो कंप्यूटरों को बेतार (Wi-fi द्वारा) ही इंटरनेट सिग्नल प्रदान कर देते हैं.

विंडोज में इंटरनेट से जुड़ना (Connecting to the Internet in Windows)

सभी हार्डवेयर जोड़ देने के बाद विंडोज में भी इंटरनेट कनेक्शन को स्थापित करना पड़ता है.

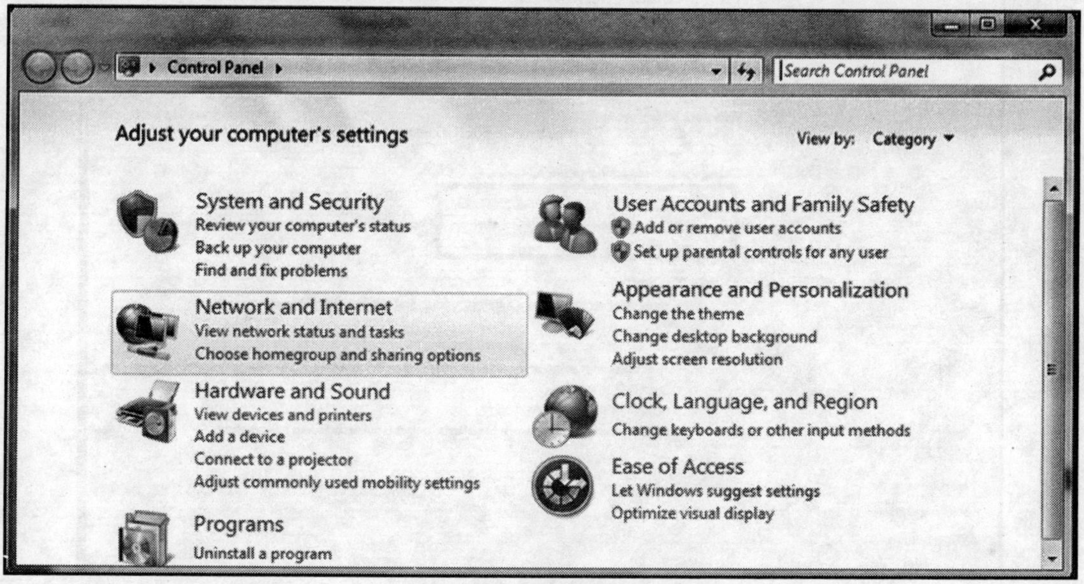

चित्र I-1.6: कंट्रोल पेनल

1. स्टार्ट बटन पर क्लिक करें जिससे स्टार्ट मेन्यू खुलेगा. इसमें कंट्रोल पेनल **(Control Panel)** विकल्प को चुनें.
2. कंट्रोल पेनल की विंडो में 'नेटवर्क और इंटरनेट' **(Network and Internet)** विकल्प को चुनें.
3. **Network and Internet** की विंडो खुलेगी जिसमें पहला विकल्प 'नेटवर्क और शेयरिंग सेंटर' **(Network and Sharing Center)** को चुनना होगा.

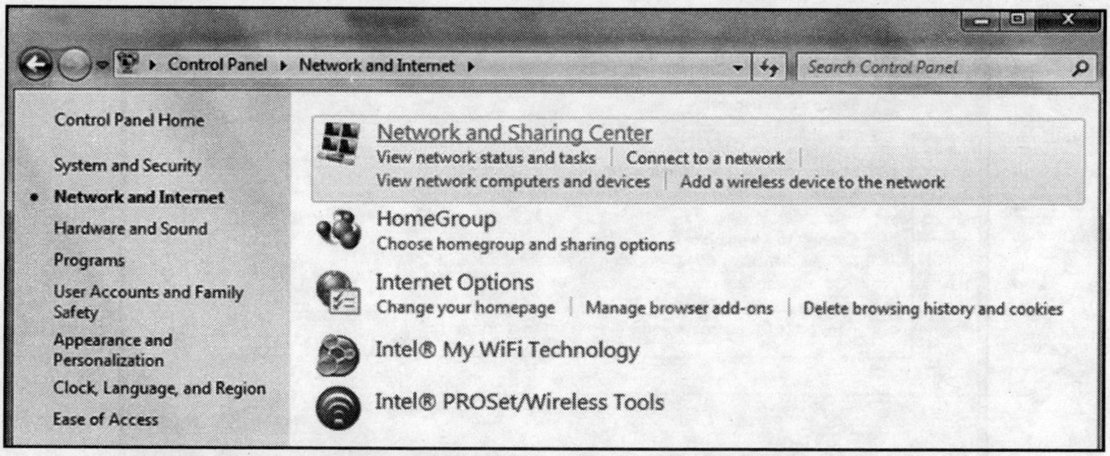

चित्र I-1.7: नेटवर्क और इंटरनेट की विंडो

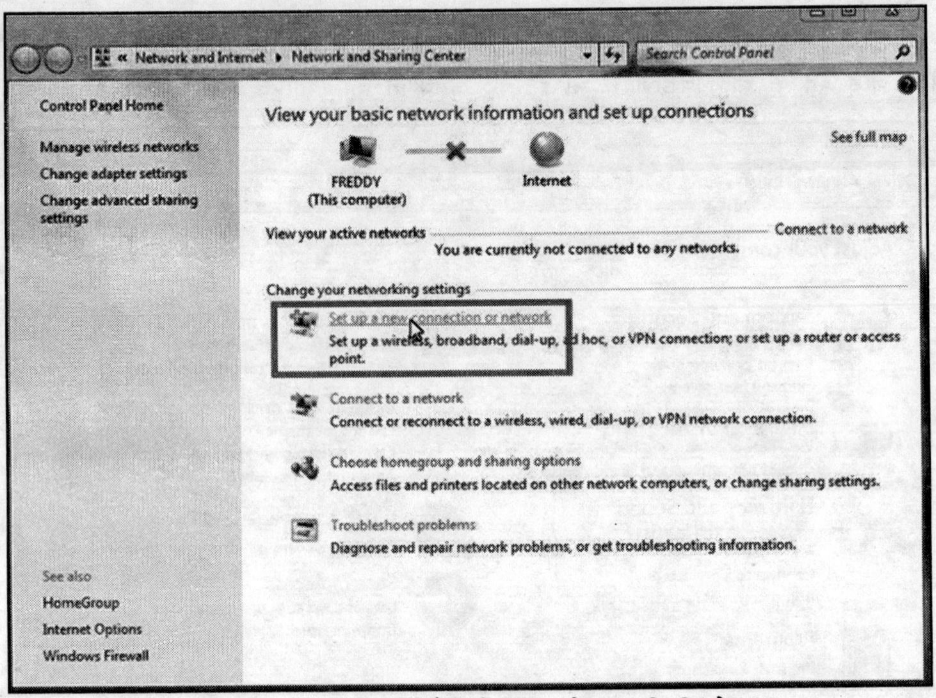

चित्र I-1.8: नेटवर्क और शेयरिंग सेंटर की विंडो

4. फिर **Network and Sharing Center** की विंडो में पहले विकल्प – **Set up a new connection or network** को चुनिए.

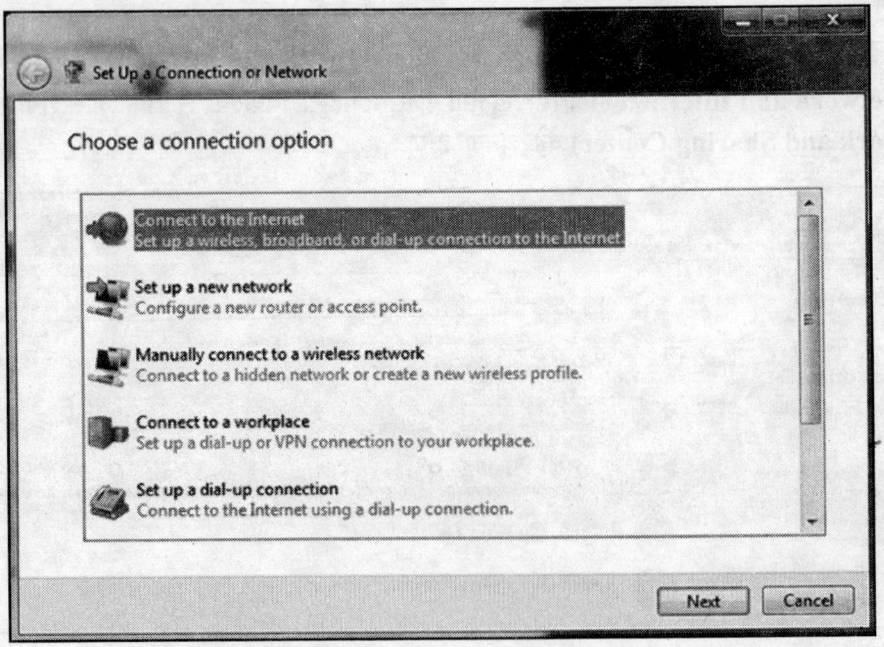

चित्र I-1.9: डायलॉग बॉक्स 'Set Up a Connection or Network'

5. डायलॉग बॉक्स **Set Up a Connection or Network** खुल जाएगा. इसके पहले विकल्प – **Connect to the internet** पर डबल क्लिक कीजिए.
6. एक नई विंडो खुलेगी जिसमें अलग-अलग तरह के इंटरनेट कनेक्शन दिखाई देंगे. इनमें से **Broadband** विकल्प को चुनें.

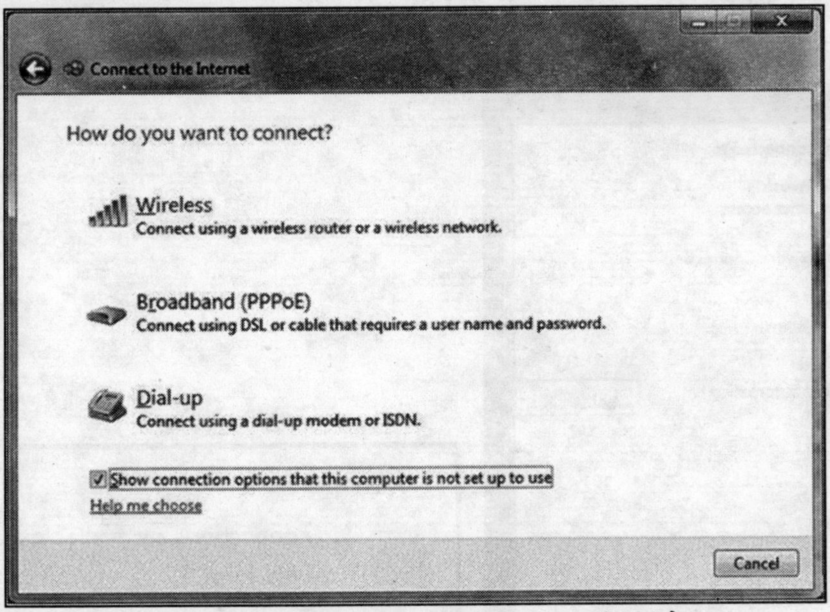

चित्र I-1.10: Connect to the Internet की विंडो

7. आखिर में विंडोज आपसे आपका यूजर-नेम और पासवर्ड पूछता है जो आपको **ISP** कंपनी द्वारा मिलता है. यह सभी जानकारी भरके **Connect** बटन दबाएं जिससे आप इंटरनेट से जुड़ जाएंगे.

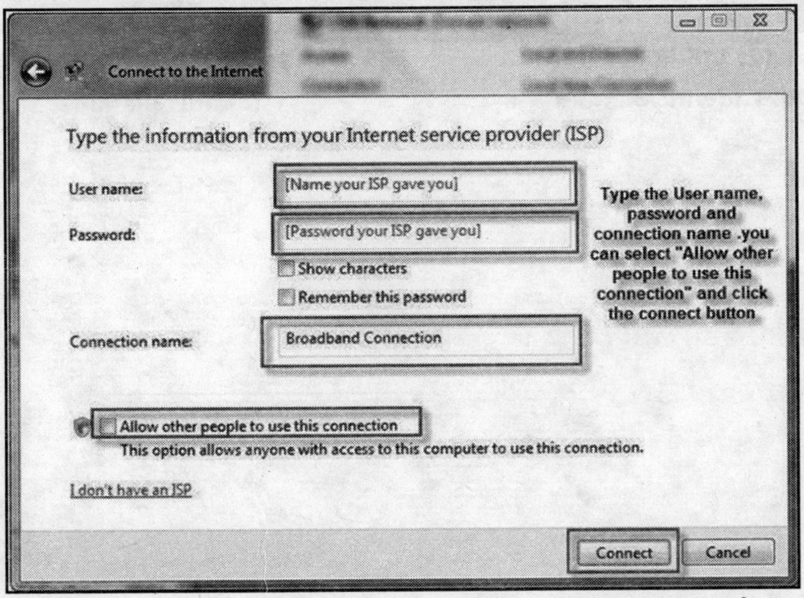

चित्र I-1.11: इंटरनेट का Username और Password टाइप करें

इसके बाद आप जब कभी कंप्यूटर चलाएंगे और मोडेम स्टार्ट करेंगे तब आपके कंप्यूटर पर इंटरनेट का सिग्नल आने लगेगा. डेस्क्टॉप के टॉस्कबार पर इंटरनेट का आईकॉन इस बात की पुष्टि करेगा. इस आईकॉन को क्लिक करने पर एक डायलॉग बॉक्स खुलेगा जो इंटरनेट कनेक्शन के बारे में संक्षिप्त में जानकारी देगा. किसी कारण अगर इंटरनेट नहीं आ रहा तब चित्र **I-1.13** के समान यह आईकॉन बदल जाएगा. तब आप इस आईकॉन पर दायाँ क्लिक करें जिससे '**Open Network and Sharing Center**' की विंडो खुलेगी जहां आप कनेक्शन टूटने का कारण समझ सकते हैं.

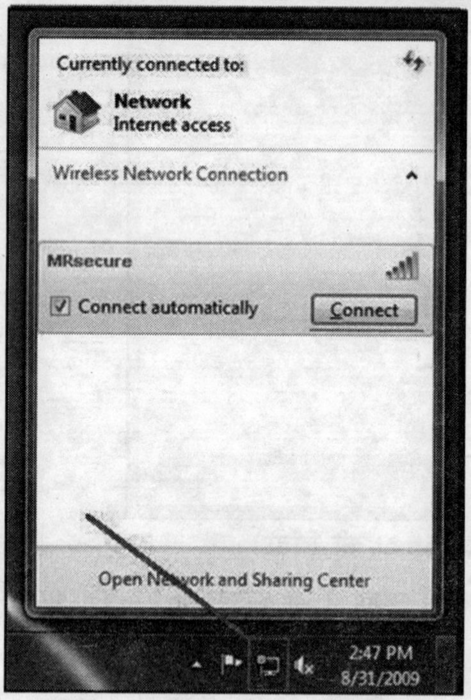

चित्र I-1.12: एक सफल इंटरनेट कनेक्शन दिखाता आईकॉन

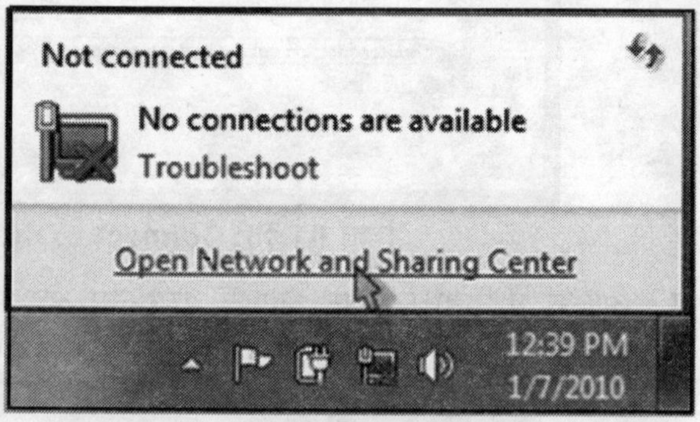

चित्र I-1.13: एक असफल इंटरनेट कनेक्शन दिखाता आईकॉन

इंटरनेट/वेब ब्राउसर
(Internet/Web Browser)

इटरनेट या वेब ब्राउजर एक सॉफ्टवेयर प्रोग्राम है. यह कंप्यूटर में स्थापित रहता है और उपभोक्ता को इंटरनेट द्वारा सूचनाएं ढूंढ़ने और उन्हें प्रदर्शित (Display) करने में मदद करता है.

यह सॉफ्टवेयर कई अलग-अलग कंपनियों द्वारा विकसित किया जा चुका है और आप इसे निशुल्क ही प्राप्त कर सकते हैं. उदाहरण के लिए-

- **माइक्रोसॉफ्ट** द्वारा बनाया गया **इंटरनेट एक्सप्लोरर**
- **गुगल** द्वारा बनाया गया **गुगल क्रोम**
- **मोजिला फाउंडेशन** द्वारा बनाया गया **मोजिला फायर फॉक्स**
- **एप्पल** द्वारा बनाया गया **एप्पल सफारी**

आगे बढ़ने से पहले हमें इंटरनेट से जुड़ी महत्वपूर्ण शब्दावली अच्छी तरह समझ लेनी चाहिए.

वर्ल्ड वाइड वेब (World Wide Web - www) : यह एक प्रकार का डाटाबेस है, जो पूरे संसार में फैला हुआ है. इंटरनेट से जुड़ा हुआ कोई भी व्यक्ति इस डाटाबेस से सूचनाएं प्राप्त कर सकता है. इसमें सूचनाओं को विषय के अनुसार शीर्षकों और उपशीर्षकों में बांटकर रखा गया है. इस डाटाबेस में सामान्य पाठ्य सामग्री के साथ ही चित्र, ध्वनि, वीडियो आदि भी उपलब्ध रहते हैं. कोई भी कम्पनी या व्यक्ति शुल्क देकर अपनी सूचनाएं, जिन्हें वेब साइट **(Website)** कहते हैं, इस पर डाल सकता है. बहुत से लोग इंटरनेट और वर्ल्ड वाइड वेब को एक ही चीज समझते हैं. ऐसा समझना सही नहीं है. इंटरनेट एक बहुत विस्तृत विषय है, जबकि वर्ल्ड वाइड वेब इंटरनेट का एक भाग या उसमें प्राप्त होने वाली एक ऐसी सेवा या सुविधा है, जिसके द्वारा हम विभिन्न विषयों पर सूचनाएं प्राप्त करते हैं. वास्तव में, इंटरनेट कंप्यूटरों को जोड़ता है और वर्ल्ड वाइड वेब उससे जुड़े कंप्यूटरों को सूचनाएं वेब पेजों के माध्यम से उपलब्ध कराता है. इस कार्य में इंटरनेट एक्सप्लोरर **(Internet Explorer)** या अन्य ब्राउजर **(Browser)** प्रोग्राम की सहायता ली जाती है.

वेबसाइट (Website): वेबसाइट इंटरनेट पर उपलब्ध किसी विषय / तथ्य से जुड़े पृष्ठ (Page) होते हैं, जो उपभोक्ता को सूचनाएं उपलब्ध कराते हैं. इंटरनेट पर विभिन्न विषयों से जुड़े लाखों वेब साइट उपलब्ध हैं. यह उपभोक्ता पर निर्भर है कि वह किस प्रकार की सूचनाएं प्राप्त करना चाहता है. वेबसाइट पर कई प्रकार की सूचनाएं उपलब्ध होती हैं, जैसे- समाचार, खेल, फिल्म, संगीत, मौसम, शिक्षा, स्वास्थ्य, व्यवसाय आदि.

वेब पेज एवं एच. टी. एम. एल. (Web Pages and HTML): एक वेब साइट पृष्टों के समूह (group of pages) से बना होता है, जिन्हें वेब पेज कहा जाता है. वास्तव में वेब पेज एक कंप्यूटर की फाइल होती है जो एच.टी.एम.एल. (HTML) भाषा में लिखी होती है. HTML एक उच्च स्तरीय प्रोग्रामिंग की भाषा है. जब आप इंटरनेट के माध्यम से किसी वेबसाइट पर होते हैं तब वास्तव में आप एक वेब पेज से दूसरे वेब पेज पर भ्रमण कर रहे होते हैं.

डोमेन नेम (Domain Name): इंटरनेट में ऐसी हजारों-लाखों साइटें हैं. उनमें कोई सूचना ढूंढ़ना बहुत समय खाने वाला कार्य है. प्रत्येक साइट का एक विशेष नाम होता है, जो उसका पता भी होता है. यदि आपको किसी साइट का नाम मालूम है, तो आप तुरन्त उस साइट तक पहुंच सकते हैं. वेबसाइट के नाम को डोमेन नेम कहा जाता है. उदाहरण के लिए, यदि आप **www.google.com** को खोलना चाहते हैं, तो **google.com** टाइप करने पर **google** की वेबसाइट खुल जाएगी. इससे आपका कंप्यूटर शीघ्र ही उस साइट तक पहुंचकर उसकी सूचनाएं आपकी स्क्रीन पर दिखा देगा. यहां पर **"google.com"** डोमेन नेम कहलाता है. दो वेब साइटों का एक जैसा नाम नहीं हो सकता. वेब साइट के नाम से ही उसके वास्तविक पते का ज्ञान होता है, जो संख्याओं से बना होता है. वेब साइट के नाम को उसके पते के साथ पंजीकृत कराना पड़ता है.

URL(Uniform Resource Locater): यू.आर.एल. (**URL**) किसी भी वेबसाइट के पूरे नाम को अंकित करता है. ये ब्राउसर प्रोग्राम के ऐड्रेस बार में लिखा जाता है.

उदाहरण के लिए नीचे दिये गए यू.आर.एल. को देखिए.

http://www.unicornbooks.in

वर्ल्ड वाइड वेब   डोमेन नेम

यू.आर.एल

यहां पर **http://** एक आचार संहिता है जो ये बताता है कि उपभोक्ता ने सूचनाएं प्राप्त करने के लिए जिस प्रकार की फाइल (वेबसाइट) की मांग की है वह फाइल HTML भाषा में बनी है.

यू.आर.एल. के अन्य उदाहरण :

http://www.google.co.in

http://www.timesofindia.indiatimes.com

http://www.yahoomail.com

http://www.irctc.co.in

इंटरनेट एक्सप्लोरर (Internet Explorer)

जैसा कि पिछले अध्याय में बताया गया है, जब आपका इंटरनेट कनेक्शन कंप्यूटर से स्थापित हो जाये तब आप डेस्कटॉप या स्टार्ट मेन्यू में उपस्थित इंटरनेट एक्सप्लोरर के आईकॉन को क्लिक करें. इंटरनेट एक्सप्लोरर माइक्रोसॉफ्ट द्वारा बनाया गया एक ब्राउजर प्रोग्राम ही है. यह प्रोग्राम विंडोज के साथ ही मिलता है अर्थात् उसी का एक भाग है. इसलिए हम आगे आने वाले विषयों में इंटरनेट एक्सप्लोरर का ही उपयोग करेंगे.

इंटरनेट एक्सप्लोरर की विंडो में कई टूल बार होते हैं, जिनका उपयोग विंडोज के अन्य प्रोग्रामों के टूल बारों की तरह ही किया जाता है. इंटरनेट एक्सप्लोरर की विंडो के मुख्य भाग चित्र **I-2.1** में दिखाए गए हैं.

मुख्य टूलबार (Main Toolbar)

इंटरनेट एक्सप्लोरर के टूलबार में कई बटन दिए होते हैं. इस टूलबार के मुख्य बटनों का उपयोग नीचे बताया गया है.

Back : इसको क्लिक करने से आप वर्तमान वेब-पेज से ठीक पहले दिखाई गई स्क्रीन या वेब पेज (यदि कोई हो) में आ जाते हैं. यदि आप और अधिक पहले के किसी वेब-पेज में जाना चाहते हैं, तो इस बटन के साथ

चित्र I-2.1 : इंटरनेट एक्सप्लोरर की विंडो और उसके मुख्य भाग

त्रिकोण बटन को क्लिक कीजिए. इससे सभी उपलब्ध वेब-पेजों की सूची दिखाई जाएगी. आप उनमें से किसी को भी क्लिक करके चुन सकते हैं।

Forward : इसको क्लिक करके आप वर्तमान वेब-पेज से अगली स्क्रीन या वेब-पेज (यदि कोई हो) में आ जाते हैं. आगे के किसी अन्य वेब-पेज में जाने के लिए इस बटन के साथ त्रिकोण का उपयोग कीजिए.

Refresh : इस बटन को क्लिक करने से आपके वर्तमान वेब-पेज की सभी सूचनाएं फिर से पढ़ी जाती हैं. यह बटन उस समय उपयोगी है, जब सूचनाएं बराबर बदलती रहती हों, जैसे किसी चल रहे क्रिकेट मैच का नवीनतम स्कोर या स्टाक एक्सचेंज के बदलते हुए रेट. इसके अलावा यदि आपकी स्क्रीन पर सामग्री आते-आते बीच में ही रुक गयी हो, तो आप इस बटन को क्लिक करके उसे फिर से पढ़ने का प्रयास कर सकते हैं.

Stop : इस बटन को क्लिक करने से कोई साइट खोलने का आपके द्वारा दिया हुआ अन्तिम आदेश रद्द हो जाता है. यदि उस समय आपका कंप्यूटर इंटरनेट से कुछ पढ़ने की कोशिश कर रहा होगा, तो वह कोशिश बन्द हो जाती है, ताकि आप कोई दूसरा आदेश दे सकें.

Favorites और **Add to Favorites :** इसके द्वारा आप उन मनपसन्द साइटों या वेब-पेजों की सूची बना सकते हैं, जिन्हें सबसे ज्यादा खोला जाता है, ताकि कभी आवश्यकता होने पर आप उसका नाम इस सूची से चुन सकें और उस वेब-पेज तक तुरन्त पहुंच सकें. Favorites

Home : इस बटन को क्लिक करने से आप अपने होम-पेज अर्थात् होस्ट साइट के मुख्य पेज में आ जाते हैं.

New Tab : इस बटन को क्लिक करके आप एक ही एक्सप्लोरर विंडो में अनेक वेब-पेज खोल सकते हैं, जैसा कि चित्र **I.2.2** में दिखाया गया है.

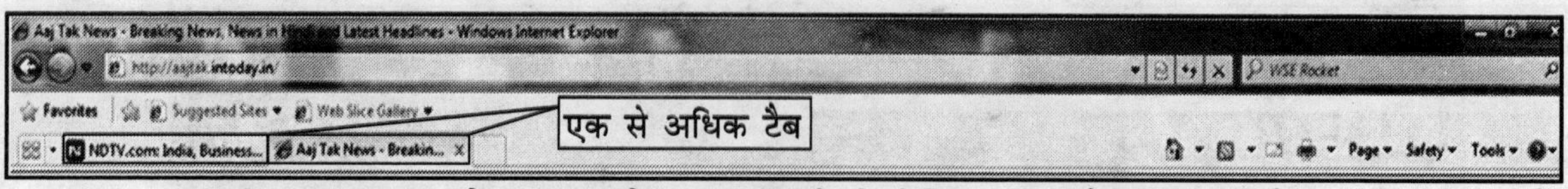

चित्र I-2.2: इंटरनेट एक्सप्लोरर की विंडो में ऐड्रेस-बार और विभिन्न टैब

Address Bar : ऐड्रेस-बार वह स्थान है जहां आप किसी वेबसाइट का पूरा नाम लिखते हैं. यदि वेबसाइट का नाम सही से ना लिखा जाए तो वेबसाइट खुलती नहीं है. चित्र I-2.2 में ऐड्रेस-बार ही दिखाया गया है.

इन बटनों का उचित उपयोग करके आप इंटरनेट से अधिक से अधिक सूचनाएं कम से कम समय में प्राप्त कर सकते हैं.

इंटरनेट एक्सप्लोरर बन्द करना (Closing Internet Explorer)

यदि आप इंटरनेट एक्सप्लोरर में आगे कार्य नहीं करना चाहते, तो उसकी विंडो में ☒ बटन को क्लिक करके आप उसे बन्द कर सकते हैं.

वेबसाइट खोलने की प्रक्रिया (Opening a Website)

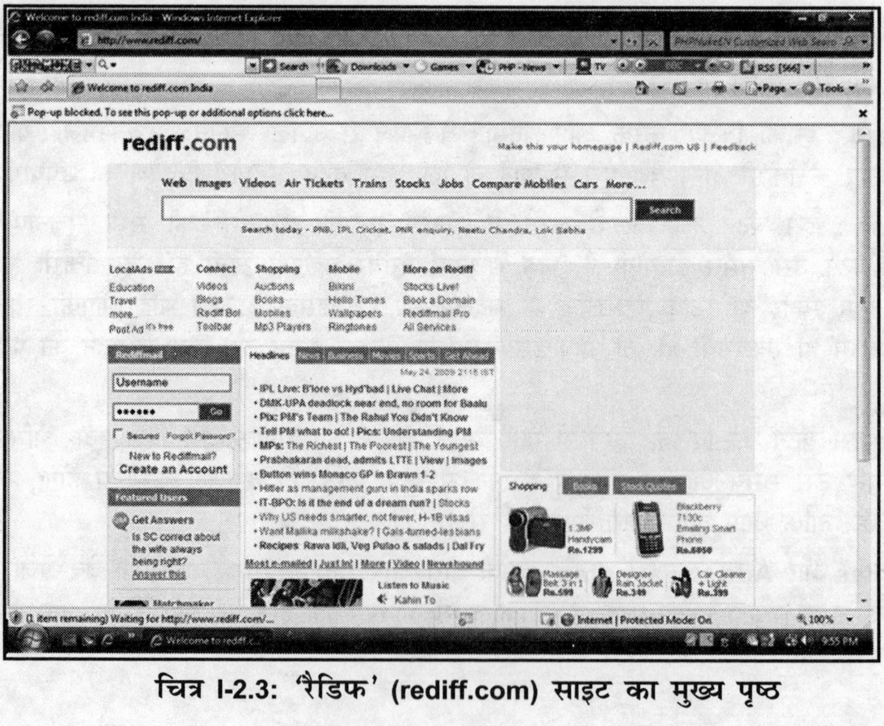

चित्र I-2.3: 'रैडिफ' (rediff.com) साइट का मुख्य पृष्ठ

किसी वेबसाइट को खोलने के लिए उसका पूरा नाम (**URL**) इंटरनेट एक्सप्लोरर के एड्रेस बार में लिखें और एण्टर कुंजी दबाएं. इससे वेबसाइट चित्र **I-2.3** के समान खुल जाएगी.

कोई वेब साइट खोलने की एक दूसरी विधि भी है, जिसमें एड्रेस बार का उपयोग करके उन साइटों का नाम चुना जा सकता है, जो आपकी हिस्ट्री फाइल में उपलब्ध हैं. इस विधि में इंटरनेट एक्सप्लोरर की विंडो में एड्रेस बार में **'Address'** के ड्राप डाउन लिस्ट बॉक्स को उसके तीर वाले बटन को क्लिक करके खोलिए, जैसा कि चित्र **I-2.4** में दिखाया गया है. अब इसमें से उस साइट का नाम क्लिक करके चुन लीजिए, जिसे आप खोलना चाहते हैं. ऐसा करते ही चुना हुआ नाम एड्रेस बार में दिखायी पड़ने लगेगा और वह वेब साइट खुलने की प्रक्रिया प्रारम्भ हो जाएगी.

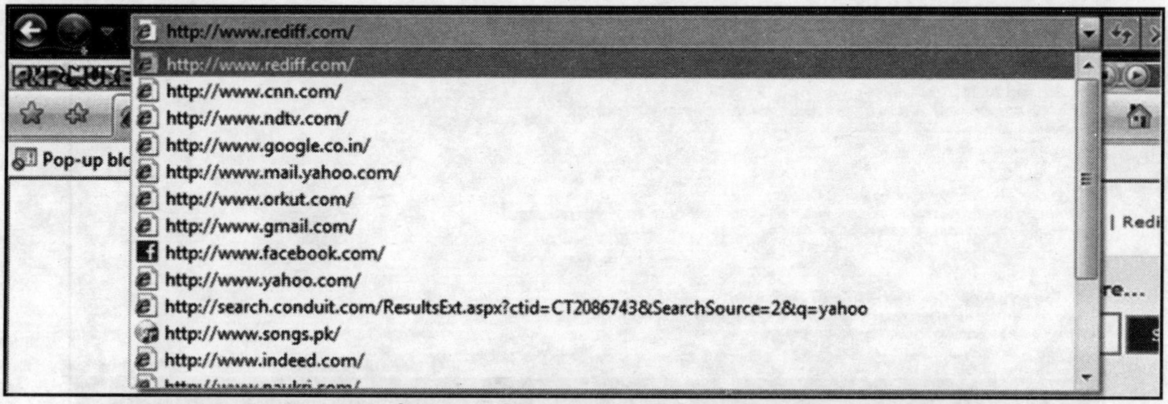

चित्र I-2.4: एड्रेस बार के लिस्ट बॉक्स में से साइट का नाम चुनना

किसी भी विषय पर इंटरनेट या वर्ल्ड वाइड वेब में से सूचनाएं ढूंढ़ने की सुविधा सभी ब्राउजर अथवा वेब साइटों, जैसे **yahoo.com, google.com, rediff.com** आदि में उपलब्ध रहती है. आप चाहें तो उनका भी

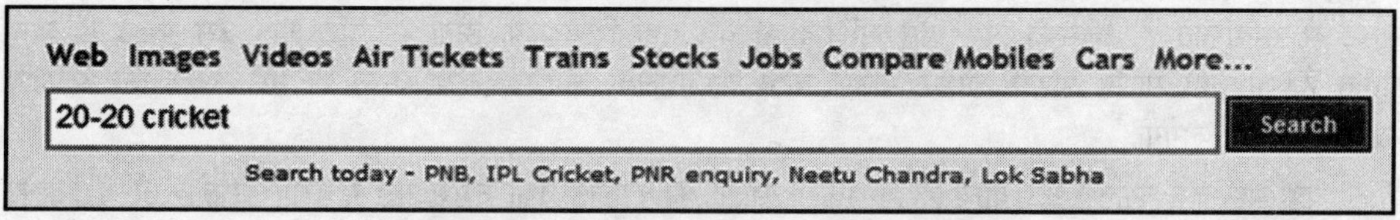

चित्र I-2.5: Search का डायलाग बॉक्स

प्रयोग कर सकते हैं. सबकी कार्यप्रणाली लगभग एक जैसी है, केवल स्क्रीनों और डायलाग बॉक्सों में अन्तर होता है. उदाहरण के लिए हम एक प्रचलित साइट **www.rediff.com** में इसकी विधि समझा रहे हैं.

1. सबसे पहले ऊपर बतायी जा चुकी विधि से रैडिफ की साइट को खोल लीजिए.
2. अब उसके मुख्य पृष्ठ में **'Search'** बटन के ठीक पहले बने टैक्स्ट बॉक्स में माउस पॉइंटर द्वारा क्लिक कीजिए, जिससे उसमें कर्सर आ जाएगा.
3. उस बॉक्स में ढूंढ़े जाने वाले शब्द या शब्दों को टाइप कीजिए, जैसा कि चित्र **I-2.5** में दिखाया गया है और **'Search'** बटन को क्लिक कीजिए.

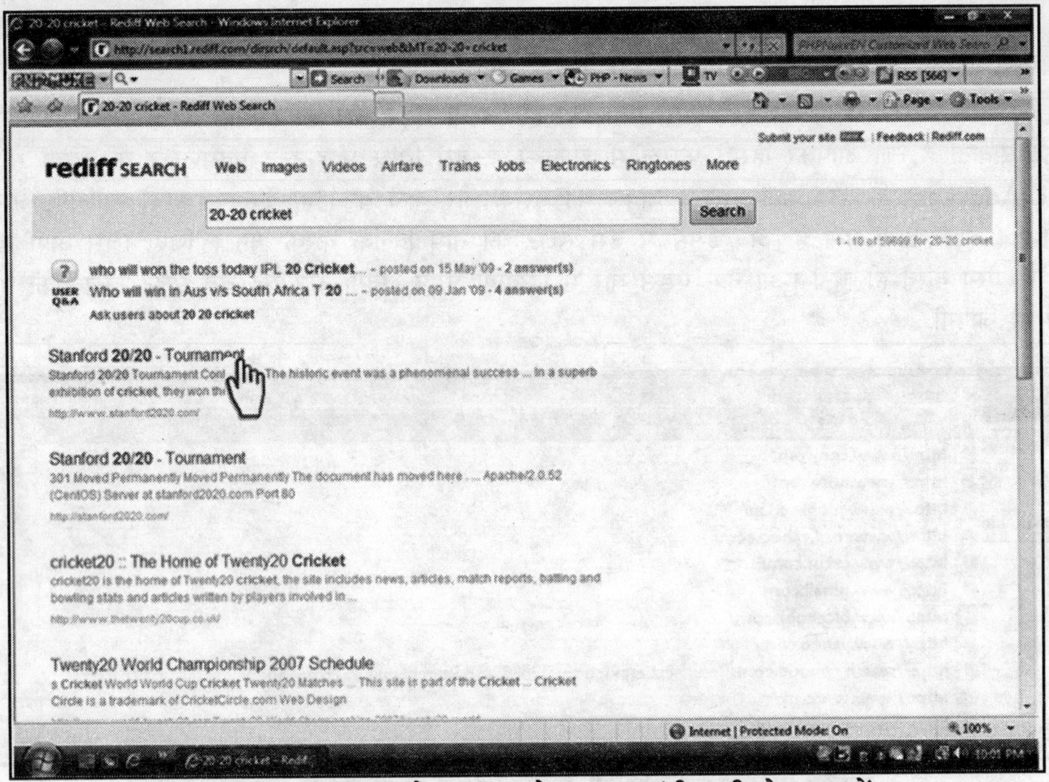

चित्र I-2.6: इंटरनेट एक्सप्लोरर द्वारा ढूंढी गयी वेब साइटें

इससे साइटों को ढूंढ़ने की क्रिया प्रारम्भ हो जाएगी और कई साइटों के नाम तथा संक्षिप्त विवरण उस विंडो में चित्र **I-2.6** की तरह दिखाये जाएंगे. जब आप माउस पॉइंटर को स्क्रीन पर इधर-उधर ले जायेंगे, तो कई जगह वह एक हाथ के चिह्न में बदल जाएगा.  इसका अर्थ यह है कि स्क्रीन का वह स्थान या बॉक्स किसी दूसरी साइट से सम्बन्धित है, जिसका नाम और संक्षिप्त परिचय वहां दिया गया होता है. यदि आप उस साइट में जाना चाहते हैं, तो वहां माउस पॉइंटर लाकर माउस बटन को क्लिक कीजिए. ऐसा करते ही उस साइट की सूचनाएं स्क्रीन पर आने लगेंगी.

यहां यह बात ध्यान रखने योग्य है कि किसी साइट को खोलने तथा उससे पूरी सूचनाएं प्राप्त करने में इंटरनेट एक्सप्लोरर को काफी समय लगता है और सूचनाएं धीरे-धीरे आती हैं. इसलिए धैर्य रखकर सूचनाएं आने की प्रतीक्षा करनी चाहिए. जब तक आपका कंप्यूटर इंटरनेट से जुड़ा रहता है तब तक सूचनाएं आती रहती हैं. यदि आप किसी कारणवश आगे की सूचनाएं नहीं लेना चाहते हैं, तो मुख्य टूल बार में **'Stop'** बटन को क्लिक कीजिए.

गूगल सर्च (Google Search)

वेब दुनिया भर में फैला हुआ एक विशाल नेटवर्क है. इसमें किसी इच्छित विषय पर वेबपेज ढूंढना जंगल में सुई ढूंढने के समान है. वेब-प्रयोगकर्ताओं की इसी समस्या को ध्यान में रखते हुए, सॉफ्टवेयर कंपनियों ने सर्च इंजन की सुविधा प्रदान की है. एक सामान्य सर्च इंजन में 'स्पाइडर' नामक एक तत्त्व होता है, जो वेब में घुसकर, वेबपेज ढूंढता है और उनकी सूची तैयार करता है. इस सूची में हर वेबपेज को एक विशेष पहचान नम्बर, वेबपेज का

URL अर्थात् पता, उससे जुड़े विशेष शब्द और लिंक दिये होते हैं. जब भी प्रयोगकर्ता किसी विषय पर जानकारी खोजता है, सर्च इंजन विषय सूची खोजकर प्रासंगिक **URL** स्क्रीन पर दिखा देता है. एक निश्चित अंतराल के बाद, स्पाइडर फिर से वेब में घुसकर अपनी सूची अपडेट कर देता है.

चित्र I-2.7: गूगल इंडिया का मुख्य पेज

आजकल गूगल सर्च इंजन सबसे अधिक लोकप्रिय है. गूगल का मुख्य पेज देखने के लिए एड्रैस बार में इसका **URL, www.google.com** टाइप करें. आप देखेंगे कि गूगल **www.google.com** से बदलकर **www.google.co.in** हो गया है. ऐसा इसलिए हुआ क्योंकि हम भारत में हैं और इसी कारण गूगल ने स्वयं ही 'गूगल इंडिया' का पेज खोल दिया है, जैसा कि चित्र **I-2.7** में दिखाया गया है.

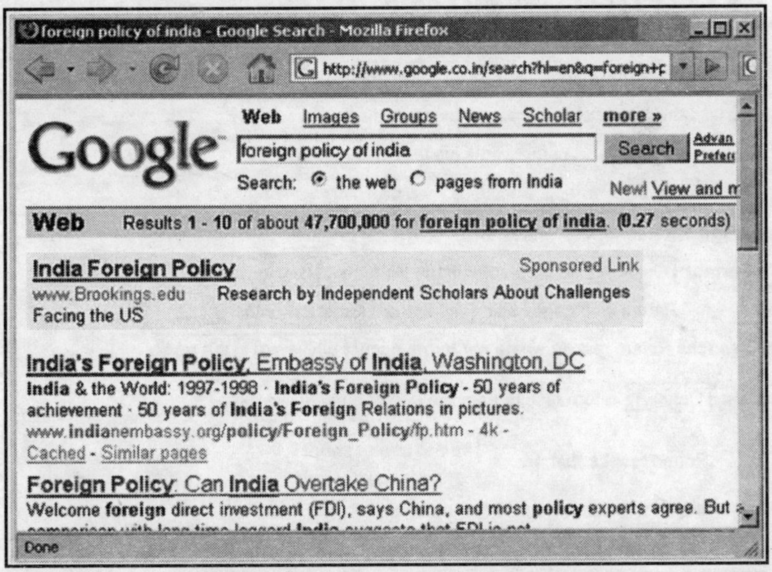

चित्र I-2.8: गूगल में सूचनाएं खोजना

आप देखेंगे कि गूगल के एडिट-बॉक्स के नीचे दो रेडियो बटन हैं – **'the web'** (जो डिफॉल्ट द्वारा सेट किया गया है) और **'pages from India'**. इन विकल्पों के जरिये गूगल आपसे पूछता है कि आपकी खोज विश्वव्यापी हो या भारत-व्यापी. आप अपनी आवश्यकतानुसार किसी भी रेडियो-बटन में क्लिक करके उसे सेट कर दीजिए.

अब मान लीजिए कि आप भारत की विदेश-नीति के विषय में जानकारी चाहते हैं. इसके लिए गूगल के एडिट-बॉक्स में केवल **'foreign policy of India'** टाइप कीजिए और **'Google Search'** बटन पर क्लिक कीजिए. (या एंटर कुंजी दबाइये). गूगल प्रासंगिक वेबपेज ढूंढकर उनके लिंकों की सूची आपकी स्क्रीन पर दिखा देगा, जैसा कि आप चित्र **I-2.8** में देख सकते हैं. आप इनमें से किसी भी लिंक पर क्लिक करके वह वेबपेज खोल सकते हैं.

यदि आप **'Google Search'** के बजाय **'I'm Feeling Lucky'** पर क्लिक करते हैं, तो गूगल खोज के परिणाम दिखाने के बजाय सबसे पहले दिया गया लिंक खोल देता है.

गूगल एडवांस्ड सर्च (Google Advanced Search)

आप गूगल में अपनी खोज को अधिक प्रासंगिक बनाने के लिए 'गूगल एडवांस्ड सर्च' का प्रयोग कर सकते हैं. यह विकल्प आप चित्र **I-2.8** में **'Search'** बटन के बगल में देख सकते हैं. **'Advanced Search'** लिंक पर क्लिक कीजिए.

इससे आपकी स्क्रीन पर चित्र **I-2.9** से मिलता-जुलता वेबपेज खुलेगा. अब मान लीजिए हमें भारत की विदेशी नीति **(foreign policy)** पर जानकारी चाहिए, जिसमें अमेरिका और रूस के संदर्भ में परमाणु करार पर रोशनी डाली गई हो. परन्तु हमें चीन और पाकिस्तान से जुड़ी कोई जानकारी नहीं चाहिए.

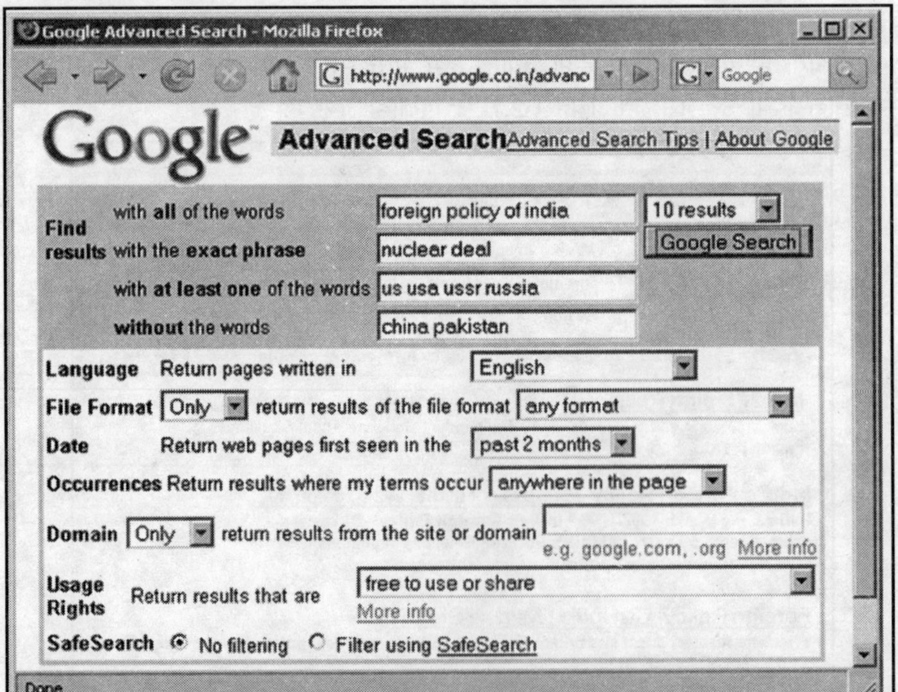

चित्र I-2.9: गूगल में एडवांस्ड सर्च

उचित जानकारी खोजने के लिए निम्नलिखित क्रियाएं कीजिए –

1. सबसे ऊपर के एडिट-बॉक्स (जिसके सामने **'with all of the words'** लिखा है) में **'foreign policy of India'** टाइप कीजिए.
2. दूसरे एडिट-बॉक्स में **'nuclear deal'** टाइप कीजिए.
3. तीसरे एडिट-बॉक्स में **'us usa ussr russia'** टाइप कीजिए.
4. चौथे एडिट-बॉक्स में **'china pakistan'** टाइप कीजिए.
5. **'Language'** के ड्रॉप-डाउन लिस्ट-बॉक्स में **'English'** भाषा चुनिये.
6. आगे की डिफॉल्ट प्रविष्टियों को न बदलते हुए **'Google Search'** बटन पर क्लिक कीजिए.
7. गूगल, जैसा कि आप देखेंगे, आपको केवल कुछ ही लिंक दिखाएगा, जिन्हें क्लिक करके आप अपेक्षित जानकारी प्राप्त कर सकते हैं (चित्र **I-2.10**). एडिट-बॉक्स में दिखाया गया पाठ्य होगा – **"foreign policy of india us OR usa OR ussr OR russia "nuclear deal" – china – pakistan"**.

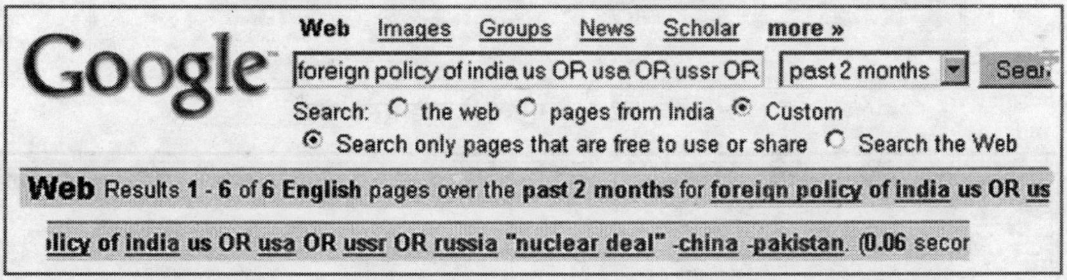

चित्र I-2.10: गूगल द्वारा एडवांस्ड सर्च के बाद दिखाये गये परिणाम

चित्र खोजना (Searching Images)

गूगल में चित्र खोजना भी बेहद आसान है. मान लीजिए आप प्राकृतिक आपदाओं **(natural disasters)** के चित्र चाहते हैं. इसके लिए चित्र **I-2.7** में दिखाये गये एडिट-बॉक्स में **'natural disasters'** टाइप कीजिए और **'Images'** लिंक पर क्लिक कीजिए.

जैसा कि आप चित्र **I-2.11** में देख सकते हैं, गूगल ने एक क्षण में ही प्राकृतिक विपदाओं के **9** लाख से भी अधिक चित्र दिखा दिये हैं.

लेकिन इन **93** लाख चित्रों को देखकर आवश्यक चित्र खोजना चित्र ढूंढने से कहीं अधिक कठिन है. आप गूगल के **'Advanced Image Search'** द्वारा आवश्यक चित्र आसानी से खोज सकते हैं.

1. चित्र **I-2.7** में दिखाये वेबपेज में **'Images'** लिंक पर क्लिक करने के बाद **'Search Images'** बटन के बगल में दिये गये **'Advanced Image Search'** विकल्प पर क्लिक कीजिए.
2. इससे आपक स्क्रीन पर चित्र **I-2.12** से मिलता-जुलता वेबपेज दिखाई देगा. चित्र में दिखाई गई प्रविष्टियां उचित एडिट-बॉक्सों में भरिये. इसके बाद **'Search Images'** बटन पर क्लिक कीजिए.

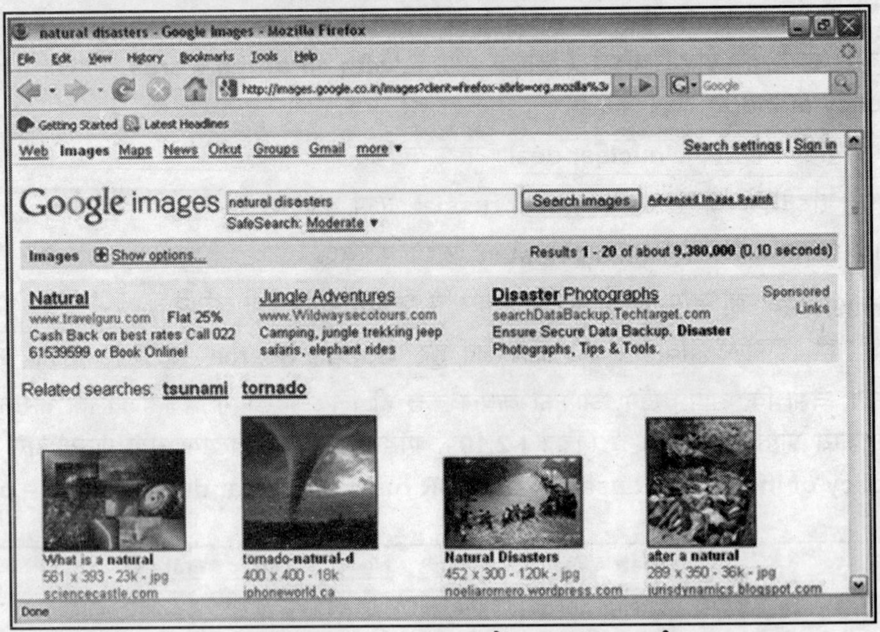

चित्र I-2.11: गूगल में एडवांस्ड सर्च

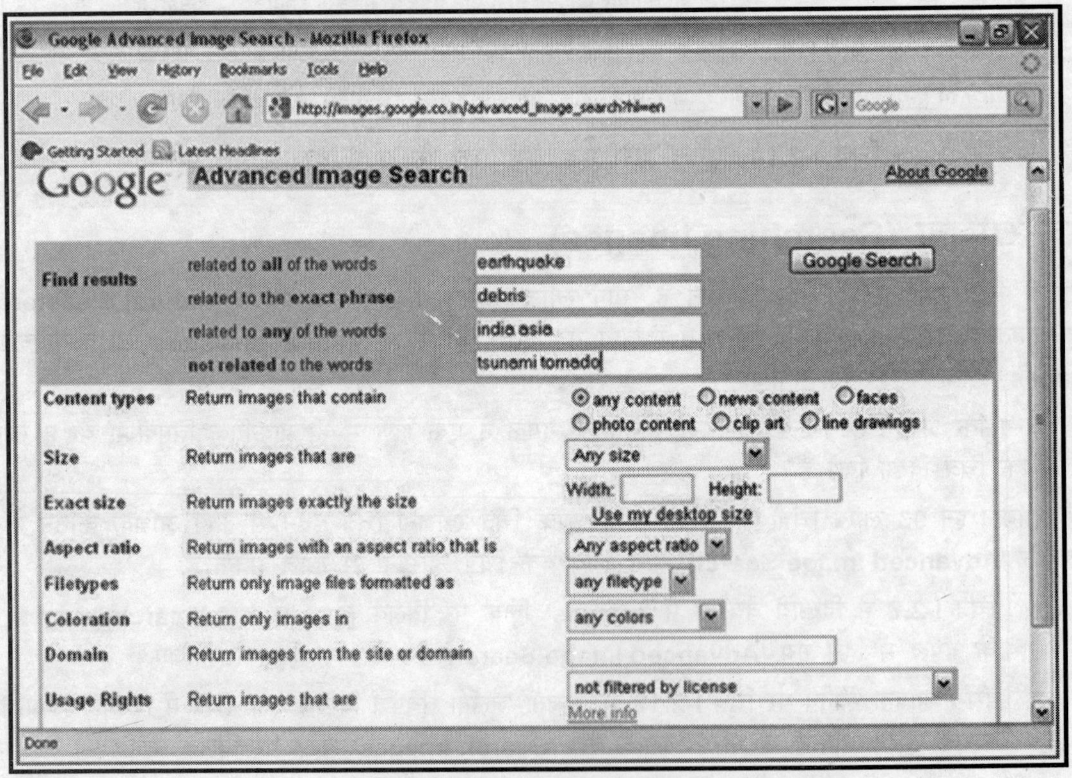

चित्र I-2.12: गूगल एडवांस्ड इमेज सर्च पेज

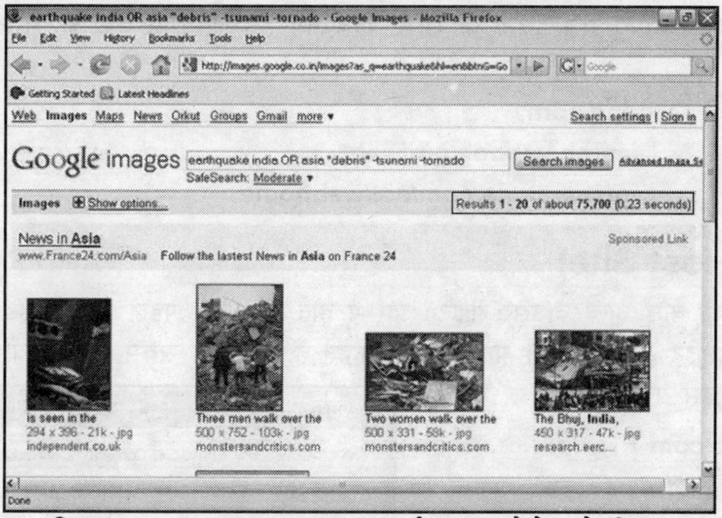

चित्र I-2.13: गूगल एडवांस्ड सर्च द्वारा खोजे गये चित्र

3. जैसा कि आप चित्र **I-2.13** में देख सकते हैं, गूगल ने अनावश्यक चित्र हटाकर **93** लाख में से केवल **75** हजार चित्र दिखाये हैं. एडिट-बॉक्स के दिखाया गया पाठ्य है– **'earthquake india OR asia "debris" – tsunami – tornado".**

अन्य सर्च इंजन (Other Search Engines)

गूगल के अतिरिक्त कई अन्य सर्च इंजन भी हैं, जिनके जरिये आप अपेक्षित जानकारी खोज सकते हैं. जानकारी खोजने का तरीका लगभग सभी सर्च इंजनों में समान है.

चित्र I-2.14: सर्च इंजन 'बिंग' का मुख्य पेज

नीचे कुछ अन्य लोकप्रिय सर्च इंजनों के **URL** दिये गये हैं, जिनमें से एक का मुख्य पेज चित्र **I-2.14** में दिखाया गया है.

Bing → **bing.com**
Yahoo → **search.yahoo.com/web**
AOL → **aolsearch.ao.com/aol/webhome**

होस्ट साइट (Host Site)

इंटरनेट एक्सप्लोरर (या कोई अन्य ब्राउसर साइट) प्रारम्भ होते ही सबसे पहले जिस साइट को खोलने का प्रयास करता है, उसे होस्ट साइट **(Host site)** या होम पेज कहते हैं. भारत में सबसे ज्यादा प्रयोग की जाने वाली कुछ होस्ट साइटों के नाम इस प्रकार हैं :

www.google.com
www.yahoo.com
www.indiatimes.com
www.rediff.com
www.msn.com

ये वेब साइटें आपके लिए सूचनाएं ढूंढ़कर ला देती हैं अथवा सूचनाएं ढूंढ़ने में आपकी सहायता करती हैं.

आप किसी भी ब्राउजर साइट को अपनी होस्ट साइट बना सकते हैं, जिसकी विधि निम्न प्रकार है :

1. स्टार्ट मेन्यू में **'Control Panel'** विकल्प को क्लिक करके अथवा **'My Computer'** की विंडो में **'Control Panel'** के आइकॉन को डबल-क्लिक करके कंट्रोल पैनल की विंडो को खोलिए.
2. इस विंडो में **'Internet Options'** के आइकॉन, जो दायीं ओर दिखाया गया है, को डबल-क्लिक कीजिए, जिससे इंटरनेट प्रापर्टीज का डायलाग बॉक्स खुल जाएगा. इस डायलाग बॉक्स की **'General'** टैबशीट को क्लिक कीजिए, जो चित्र **I-2.15** की तरह दिखायी देगी.

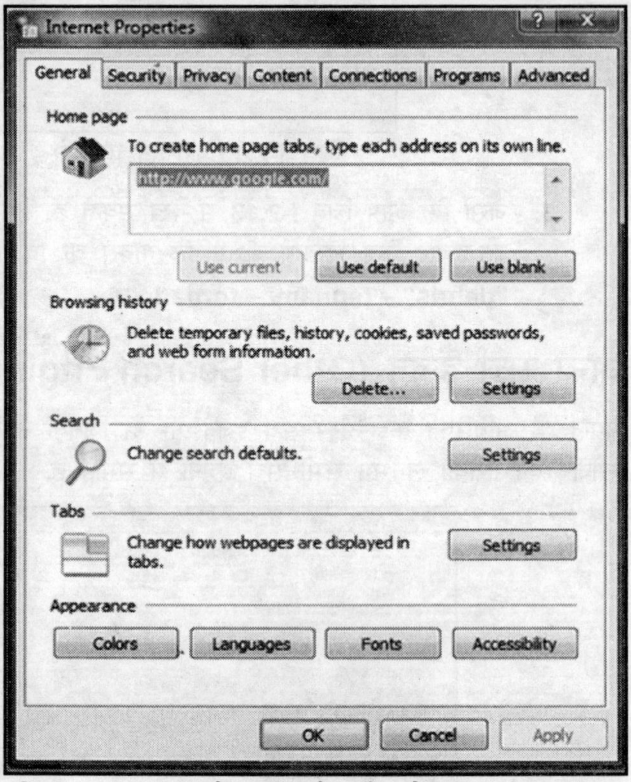

चित्र I-2.15: इंटरनेट की प्रोपर्टीज के डायलाग बॉक्स की 'General' टैब शीट

3. इस टैबशीट के **'Home page'** भाग में **'Address'** के टैक्स्ट बॉक्स में उस वेब साइट का पूरा नाम टाइप कीजिए, जिसे आप अपनी होस्ट साइट बनाना चाहते हैं.
4. अंत में **'OK'** बटन को क्लिक कीजिए. इससे आपके द्वारा की गयी सेटिंग प्रभावी हो जाएगी.

अगली बार जब भी आप इंटरनेट से सम्बन्ध जाड़ेंगे, सबसे पहले इसी साइट को खोलने का प्रयास किया जाएगा.

ई-मेल
(E-mail)

ई-मेल (ईलेक्ट्रोनिक मेल का संक्षिप्त रूप) एक ऐसा माध्यम है जिससे डिजिटल संदेश एक व्यक्ति से दूसरे व्यक्ति एवं व्यक्तियों तक भेजा एवं उनसे प्राप्त किया जा सकता है.

ई-मेल सॉफ्टवेयर दो प्रकार के होते हैं-

ब्राउसर आधारित ई-मेल (Browser Based Email) : इस प्रकार के ई-मेल में उपभोक्ता को पहले इंटरनेट से जुड़ना पड़ता है और फिर ई-मेल से. कई कंपनियां इस प्रकार के ई-मेल की सुविधा उपलब्ध कराती हैं. जैसे- Gmail, Yahoo Mail, Hotmail, Rediffmail इत्यादि.

इस प्रकार की ई-मेल सेवा में आपकी ई-मेल का डाटा सेवा प्रदान करने वाली कंपनी के सर्वरों में संग्रहित (store) हो जाता है. इस प्रकार के ई-मेल को वेबमेल भी कहा जाता है.

उपभोक्ता आधारित ई-मेल (Client Based Email) : इस प्रकार के ई-मेल में उपभोक्ता को ई-मेल सेवा प्राप्त करने से पहले कंप्यूटर में सॉफ्टवेयर स्थापित करना पड़ता है. कई कंपनियां इस प्रकार की ई-मेल सेवा उपलब्ध कराती हैं, जैसे- Outlook (माइक्रोसॉफ्ट ऑफिस सॉफ्टवेयर का भाग) Outlook Express (Windows XP के साथ निशुल्क), Windows Live Mail (Windows 7 के साथ निशुल्क), Lotus Notes इत्यादि.

इस प्रकार की ई-मेल सेवा में ई-मेल का डाटा आपके कंप्यूटर पर ही संग्रहित (Stored) रहता है. इस प्रकार के उपभोक्ता आधारित ई-मेल सुविधा में आप अपना वेब मेल अकाउंट का संरूपण (Configure) भी कर सकते हैं.

सबसे पहले यह देखते हैं कि वेब आधारित ई-मेल सेवा किस प्रकार कार्य करती है.

इंटरनेट में लगभग सभी ब्राउज़र या होस्ट साइटों, जैसे **yahoo.com, google.com, rediff.com, outlook.com** आदि में आप बिना कुछ खर्च किये अपना व्यक्तिगत ई-मेल खाता खोल सकते हैं. प्रत्येक ई-मेल खाते को आप एक पत्र-पेटिका **(Letter Box)** जैसा मान सकते हैं जिसमें आपके नाम आने वाली समस्त ई-मेल को सुरक्षित रख लिया जाता है. इस कार्य के लिए इन साइटों द्वारा आपको लगभग **10 - 15 GB** डिस्क स्पेस मुफ्त उपलब्ध कराया जाता है. अपनी पत्र-पेटिका को आप समय मिलने पर कभी भी खोल सकते हैं और उसमें आई हुई ई-मेल को देख सकते हैं. इतना ही नहीं, आप वहां से ई-मेल भेजकर उनका उत्तर भी दे सकते हैं तथा नई ई-मेल भेज सकते हैं. अपनी ई-मेल के साथ आप छोटी-मोटी फाइलें भी नत्थी **(Attach)** करके भेज सकते हैं.

ई-मेल खाता बनाना (Creating an E-mail Account)

व्यक्तिगत ई-मेल खाता बनाने या खोलने की विधि सभी साइटों में लगभग एक जैसी है. यहां हम **www.gmail.com** के माध्यम से यह विधि समझा रहे हैं. इसके लिए निम्नलिखित क्रियाएं कीजिए -

1. सबसे पहले अपने कंप्यूटर को इंटरनेट से जोड़ लीजिए. फिर एड्रैस बार में **www.gmail.com** टाइप करके एंटर कुंजी दबाइये.

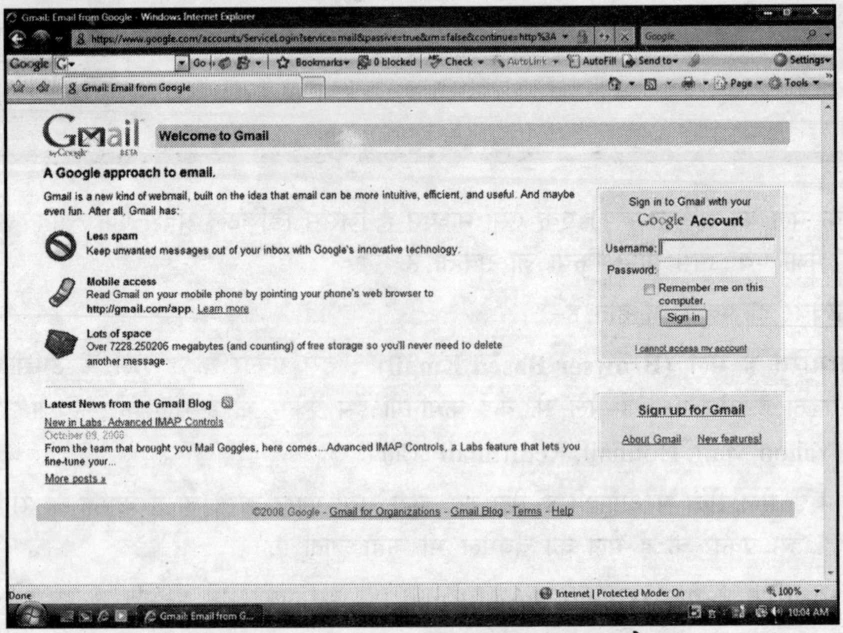

चित्र I-3.1 : www.gmail.com का मुख्य पेज

2. इससे **gmail.com** का मुख्य पेज चित्र **I-3.1** की तरह खुलेगा. नया खाता बनाने के लिए **'Sign up for Gmail'** लिंक पर क्लिक कीजिए.
3. **'Sign up for Gmail'** पर क्लिक करने से आपको चित्र **I-3.2** की तरह एक फार्म भरने के लिए दिया जाएगा.

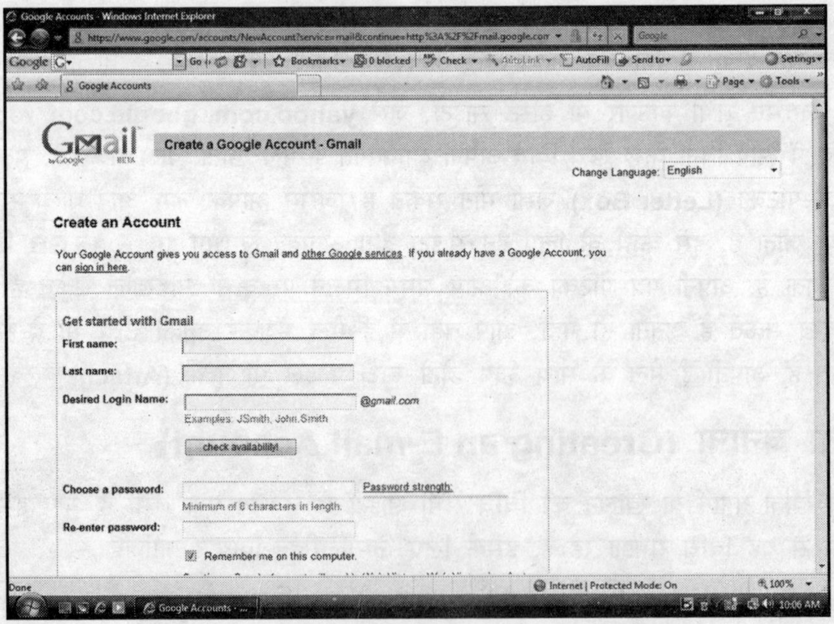

चित्र I-3.2 : www.gmail.com में व्यक्तिगत ई-मेल खाता बनाने का फार्म

4. इस फार्म में आवश्यक सूचानाएं भरिये. **'First name'** एडिट-बॉक्स में अपना पहला नाम (यहां, **Rajat**) टाइप कीजिए.
5. **'Last name'** एडिट-बॉक्स में अपना कुलनाम (यहां, **Mehra**) टाइप कीजिए.
6. अब **'Desired Login Name'** में अपना इच्छित यूजरनेम टाइप कीजिए. याद रखिये, जीमेल के दो खाता-धारकों के यूजरनेम एक-से नहीं हो सकते. आपका यूजरनेम अद्वितीय होता है. इसलिए **'Desired Login Name'** में इच्छित यूजरनेम टाइप करने के बाद **'check availability!'** बटन पर अवश्य क्लिक कीजिए. यदि यूजरनेम उपलब्ध, अर्थात् किसी अन्य धारक के यूजरनेम के समान नहीं होगा, तो आपको इसकी सूचना मिल जाएगी. अन्यथा, आपको कोई दूसरा यूजरनेम चुनना होगा. यहां हमने **'Desired Login Name'** में **'rajat.mehra'**. टाइप किया, परंतु **'check availability!'** बटन पर क्लिक करने से पता चला कि यह नाम उपलब्ध नहीं है. इसके बाद हमने **'rajatmehra1983'** टाइप किया, जो उपलब्ध था, जैसा कि आप चित्र **I-3.3** में देख सकते हैं.
7. इसके बाद आप अपना पासवर्ड **'Choose a password'** एडिट-बॉक्स में टाइप कीजिए. पासवर्ड दूसरों के द्वारा अंदाजा लगाने में कठिन होना चाहिए. सलाह दी जाती है कि अपना नाम/अपने परिवार के किसी सदस्य का नाम/अपनी जन्मतिथि/अपने फोन नम्बर आदि को पासवर्ड न बनाएं, क्योंकि यह जानकारी प्राय: दूसरों को ज्ञात होती है. पासवर्ड कोई अर्थहीन शब्द होना चाहिए. परंतु इतना कठिन भी नहीं होना चाहिए, कि आप स्वयं ही उसे भूल जाएं. जैसे, पासवर्ड **'amzplmnowy'** कठिन तो है, परंतु इसे स्वयं

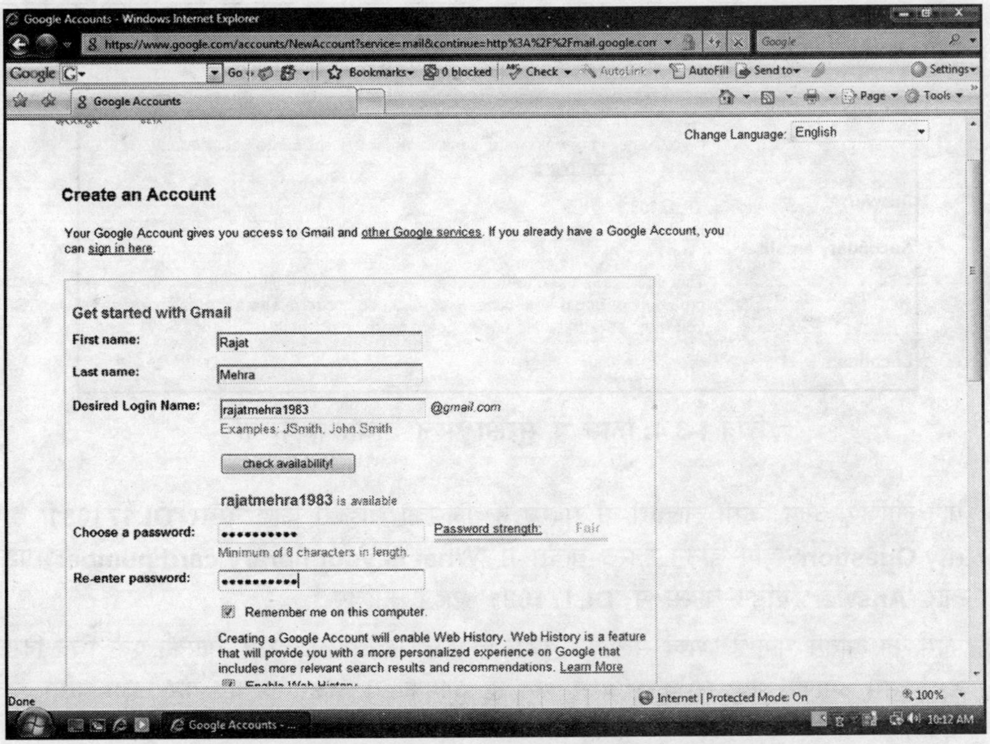

चित्र I-3.3: फार्म में आवश्यक सूचनाएं भरना

प्रयोगकर्ता द्वारा याद रखना भी बहुत मुश्किल है. इसलिए पासवर्ड ऐसा बनायें, जिसे आप स्वयं भी याद रख सकतें. गूगल की शर्त के अनुसार पासवर्ड में कम-से-कम **8** अक्षर होने चाहिए. सोच समझकर उचित पासवर्ड (यहां, **'whitehouse'**) **'Choose a password'** एडिट-बॉक्स में टाइप कीजिए.

8. **'Re-enter password'** एडिट-बॉक्स में अपना पासवर्ड दोबारा टाइप कीजिए. आप देखेंगे, कि जब आप पासवर्ड टाइप करते हैं, तो टाइप किये गये अक्षरों के बजाय बिंदुओं की कतार दिखाई पड़ती है. यह एक बचाव का साधन है, जिससे कि कोई आपका पासवर्ड न जान सके. पासवर्ड को गोपनीय रखना अति आवश्यक है.

9. **'Remember me on this computer'** चेक-बॉक्स डिफाल्ट द्वारा चेक किया गया होता है. इसे क्लिक करके इसमें से सही का निशान हटा दें. यदि यह निशान इसमें बना रह गया, तो पासवर्ड आपके कंप्यूटर की मेमोरी में सुरक्षित हो जाएगा. जब भी आप (या कोई अन्य प्रयोगकर्ता) आपके कंप्यूटर से अपने ई-मेल खाते में 'लॉग इन' करेंगे, तो कंप्यूटर स्वयं आपका पासवर्ड टाइप करके आपको आपकी पत्र-पेटिका तक पहुंचा देगा. ऐसा करना हानिकारक होगा, क्योंकि ऐसी स्थिति में कोई भी प्रयोगकर्ता आपके कंप्यूटर पर कार्य करते समय आपकी पत्र-पेटिका तक पहुंच सकता है.

10. अब बारी आती है, सुरक्षा प्रश्न **(Security Question)** की. यदि आप कभी अपना पासवर्ड भूल जाएं, तो आप अपनी पत्र-पेटिका नहीं देख पायेंगे. ऐसी स्थिति में सुरक्षा प्रश्न काम आता है. फार्म के निचले भाग में, जैसा कि चित्र **I-3.4** में दिखाया गया है, आप अपना सुरक्षा प्रश्न निर्धारित करते हैं. यह एक ऐसा प्रश्न होता है, जिसका उत्तर केवल आपको ज्ञात होता है. जब आप पासवर्ड भूल जाते हैं, तो आपसे यह प्रश्न पूछा जाता है. यदि आपका जवाब सही है, तो आपको एक नया पासवर्ड दिया जाता है, जिसके जरिये आप अपना ई-मेल खाता खोल सकते हैं.

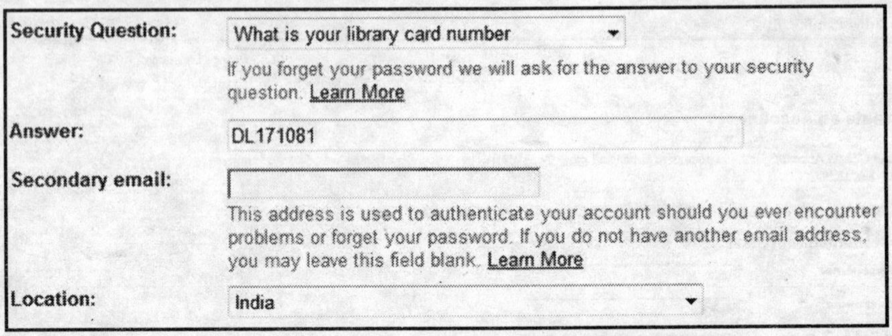

चित्र I-3.4: फार्म में सुरक्षा प्रश्न निर्धारित करना

मान लीजिए, आप किसी लाइब्रेरी के सदस्य हैं, जिसका लाइब्रेरी कार्ड नम्बर **'DL171081'** है. **'Security Question'** ड्रॉप-डाउन लिस्ट-बॉक्स में **'What is your library card number'** प्रश्न चुनिये, और **'Answer'** एडिट-बॉक्स में **'DL171081'** टाइप कीजिए.

11. फार्म का अंतिम भाग है 'शब्द सत्यापन' **(Word Verification)**. इसमें आपको एक चित्र दिखाया जाता है, जिसमें अंग्रेजी भाषा के कुछ अक्षर होते हैं. आपको वे अक्षर पहचान कर टाइप करने होते हैं. इस प्रक्रिया का उद्देश्य केवल यह सुनिश्चित करना है कि यह फार्म किसी मनुष्य द्वारा ही भरा जा रहा है, किसी ऑटोमेटिक मशीन द्वारा नहीं.

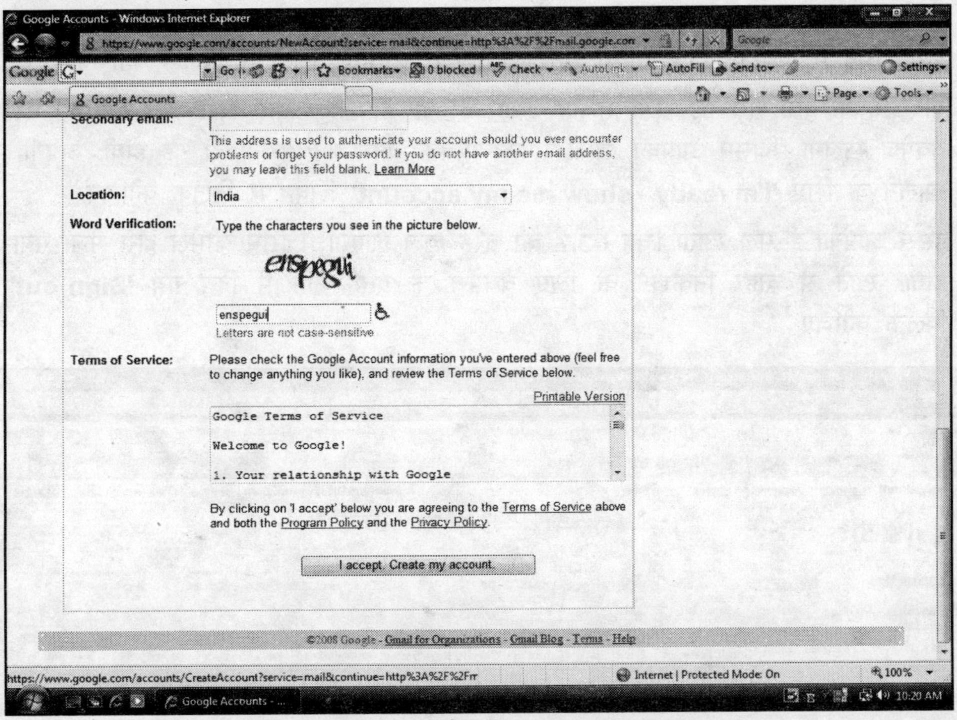

चित्र I-3.5: फार्म में शब्द सत्यापन करना

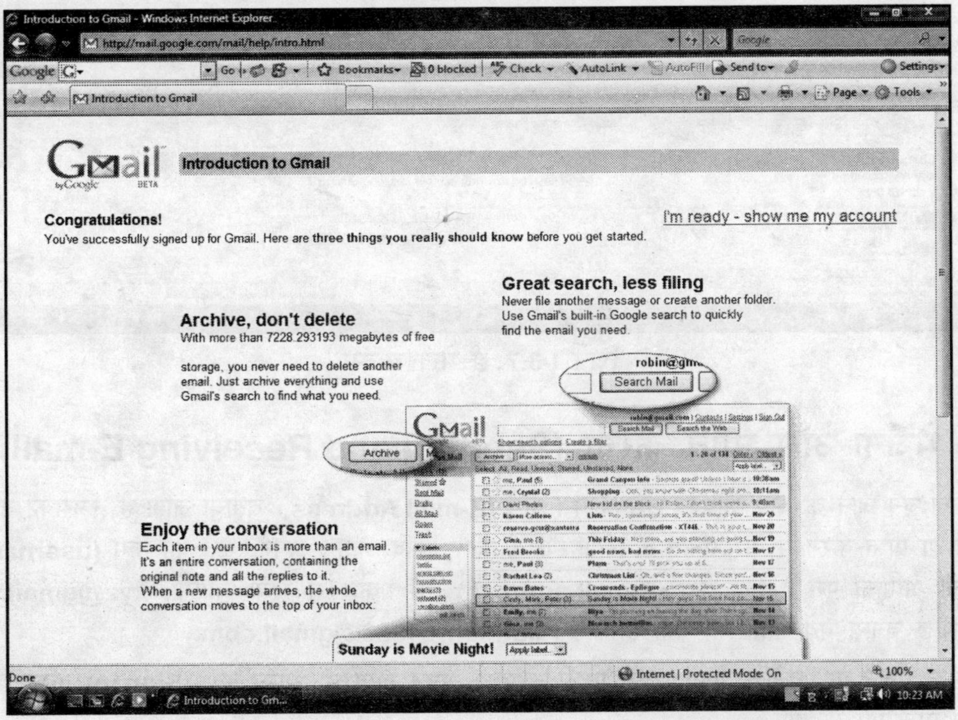

चित्र I-3.6: खाता सफलतापूर्वक बनने पर दिखाई गई सूचना

जैसा कि आप चित्र **I-3.5** में देख सकते हैं, यहां चित्र में दिया गया पाठ्य **'enspegui'** है. इसे टाइप करके अंत में दिये गये **'I accept, create my account'** बटन पर क्लिक कीजिए.

12. यदि आपके द्वारा भरी गई सभी सूचनाएं सही है, तो आपकी स्क्रीन पर चित्र **I-3.6** की तरह एक नया वेबपेज खुलेगा, जिसमें आपका खाता सफलतापूर्वक बनने की सूचना दी गई होगी. अपनी पत्र-पेटिका खोलने के लिए **'I'm ready - show me my account'** लिंक पर क्लिक कीजिए.

13. इससे आपका ई-मेल खाता चित्र **I-3.7** की तरह खुल जाएगा, जिसमें जीमेल द्वारा भेजा गया एक संदेश होगा. खाते से बाहर निकलने के लिए वेबपेज के दायें कोने में दिये गये **'Sign out'** लिंक पर क्लिक कीजिए.

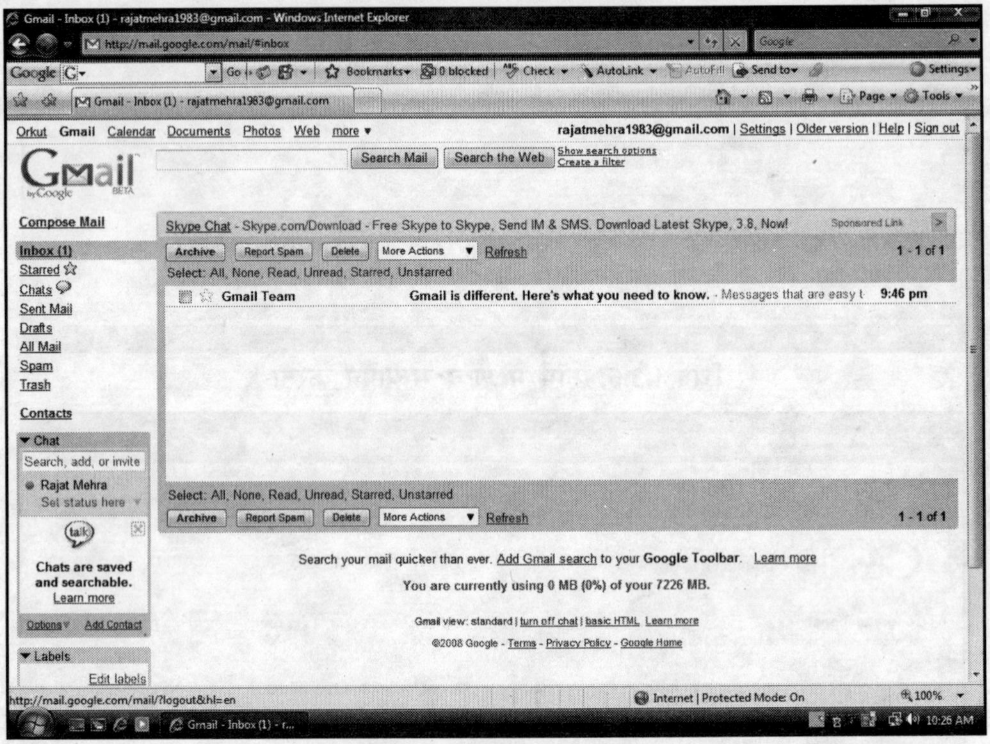

चित्र I-3.7: ई-मेल बॉक्स

ई-मेल भेजना और प्राप्त करना (Sending and Receiving E-mail)

ई-मेल खाता बन जाने के बाद आपको उसका पूरा नाम **(E-mail Address)** बताया जाता है, जिसका उपयोग आप मेल भेजने या प्राप्त करने में कर सकते हैं. उदाहरण के लिए, यदि आपने अपने खाते का नाम **(username) 'xyz'** दिया है, तो आपका पूरा ई-मेल पता **(E-mail address)** इस प्रकार से दिया जाएगा: **xyz@gmail.com**. इस प्रकार से पीछे बनाये गये खाते का पता होगा : **rajatmehra1983@gmail.com.**

ई-मेल भेजने या पढ़ने के लिए सबसे पहले आपको अपने खाते में 'साइन इन' **(Sign in)** करना होगा. इसके लिए निम्न प्रक्रियाएं कीजिए –

1. सबसे पहले अपनी ब्राउज़र विंडो के एड्रैस बार में **www.gmail.com** टाइप करके एंटर कुंजी दबाइये. इसके जीमेल का मुख्य पेज चित्र **I-3.1** की तरह खुलेगा.
2. इसके बाद यूजरनेम एडिट-बॉक्स में अपना यूजरनेम (यहां, **rajatmehra1983**) और पासवर्ड एडिट-बॉक्स में अपना पासवर्ड (यहां, **whitehouse**) टाइप कीजिए. इसके बाद **'Sign in'** बटन पर क्लिक कीजिए, जैसा कि चित्र **I-3.8** में दिखाया गया है.

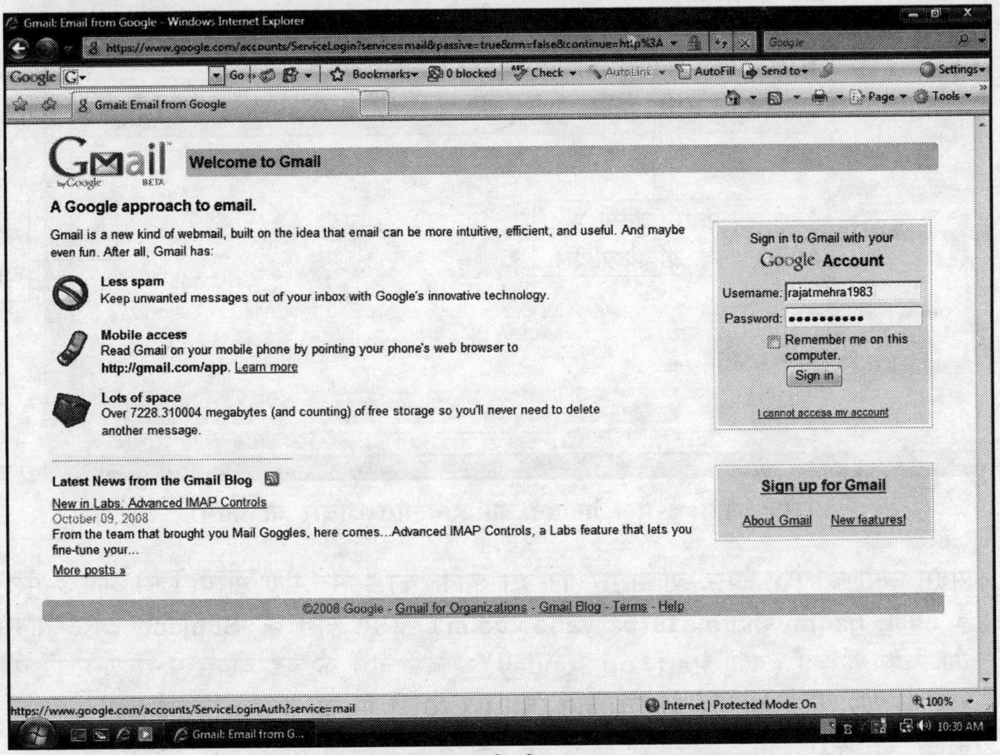

चित्र I-3.8: ई-मेल खाते में 'साइन इन' करना

3. ऐसा करने पर आपकी पत्र-पेटिका (जिसे इनबॉक्स **(Inbox)** कहते हैं), चित्र **I-3.7** की तरह खुल जाएगी.

नया ई-मेल भेजना (Sending a New E-mail)

मान लीजिए कि आप अपने मित्र, गौरव को, जिसका ई-मेल पता **gauravsharma1975@yahoo.co.in** है, एक ई-मेल भेजना चाहते हैं. इसके लिए निम्नलिखित प्रक्रियाएं कीजिए –

1. सबसे पहले अपना इनबॉक्स ऊपर बताई गई विधि से खोलिये. जब आपका इनबॉक्स चित्र **I-3.7** की तरह खुल जाए, तो बायीं ओर की पट्टी में **'Compose Mail'** विकल्प को क्लिक कीजिए, जैसा कि आप चित्र **I-3.7** में देख सकते हैं.
2. इससे ई-मेल लिखने का डायलाग बॉक्स या फार्म आपको चित्र **I-3.9** की तरह दिखा जाएगा.

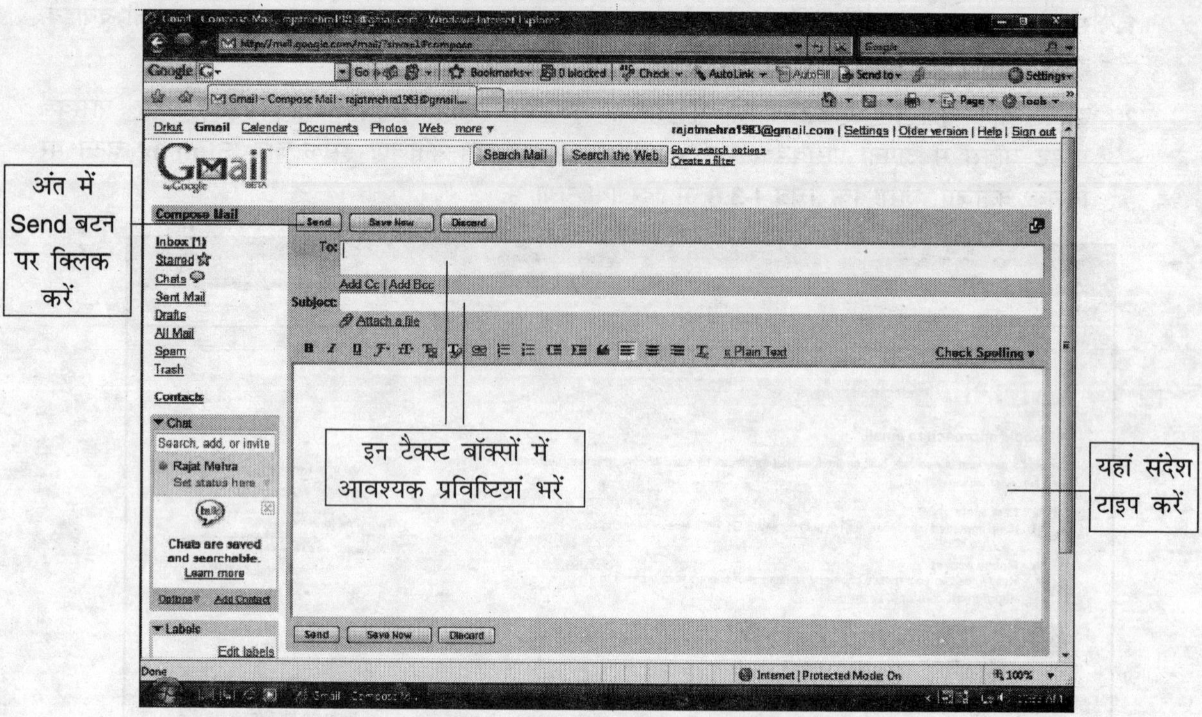

चित्र I-3.9: ई-मेल लिखने का डायलाग बॉक्स या फार्म

3. सबसे ऊपर के **'To'** टैक्स्ट-बॉक्स में आप उस व्यक्ति का ई-मेल पता भरिये, जिसे आप ई-मेल भेज रहे हैं (यहां, **gauravsharma1975@yahoo.co.in**). उससे नीचे के **'Subject'** टैक्स्ट-बॉक्स में पत्र का विषय दीजिए (यहां, **Party on Sunday**). सबसे नीचे के बड़े बॉक्स में संदेश टाइप कीजिए. ये सभी क्रियाएं करने के बाद ई-मेल फार्म चित्र **I-3.10** से मिलता-जुलता दिखाई देगा.
4. इसके बाद **'To'** शीर्षक के ठीक ऊपर दिये गये **'Send'** बटन पर क्लिक कीजिए. संदेश पहुंचाने की सूचना तत्काल आपकी स्क्रीन पर चित्र **I-3.11** की तरह दिखा दी जाएगी.

फाइल नत्थी करके भेजना (Sending Attachments)

आप अपने कंप्यूटर में सुरक्षित फाइलों को अपने ई-मेल के साथ नत्थी **(attach)** करके भी भेज सकते हैं.

मान लीजिए, आपने अपने कंप्यूटर की 'सी ड्राइव' में 'फाइल' के नाम से एक वर्ड दस्तावेज सुरक्षित रखा है, जिसे आप ई-मेल के साथ नत्थी करके भेजना चाहते हैं.

इसके लिए निम्नलिखित प्रक्रियाएं कीजिए –

1. सबसे पहले अपना ई-मेल चित्र **I-3.10** की तरह तैयार कर लीजिए, अर्थात् प्राप्तकर्ता का ई-मेल पता, विषय, संदेश आदि टाइप कर लीजिए.
2. अब **'Send'** बटन क्लिक करने से पहले, **'Subject'** टैक्स्ट-बॉक्स के नीचे दिये गये **'Attach a file'** लिंक पर क्लिक कीजिए, जिसे आप चित्र **I-3.10** में देख सकते हैं.

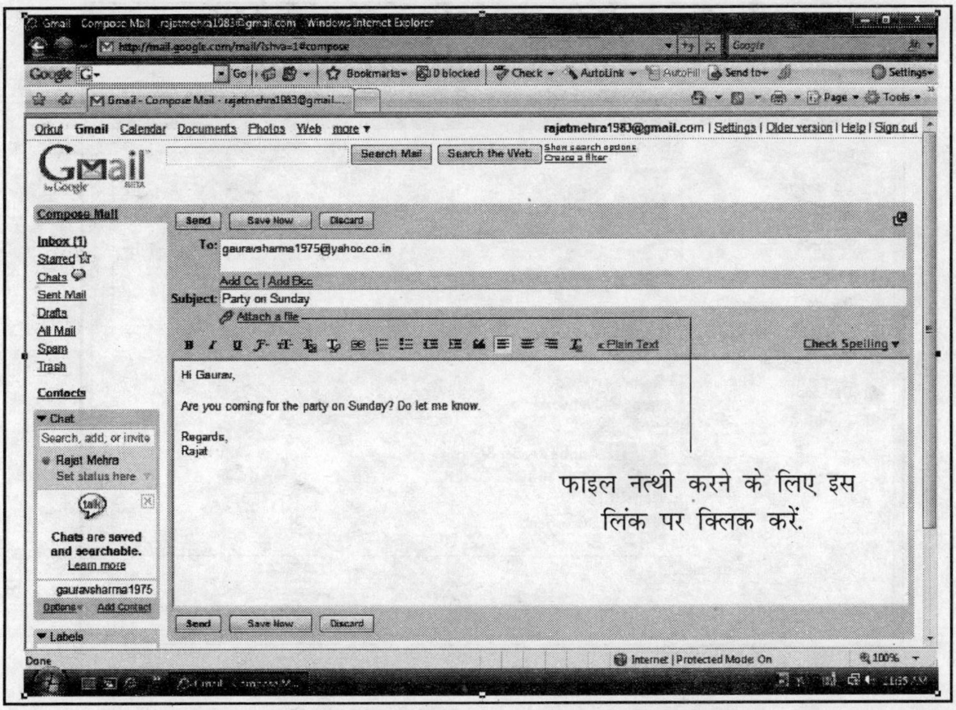

चित्र I-3.10: ई-मेल फार्म में टाइप किया गया संदेश

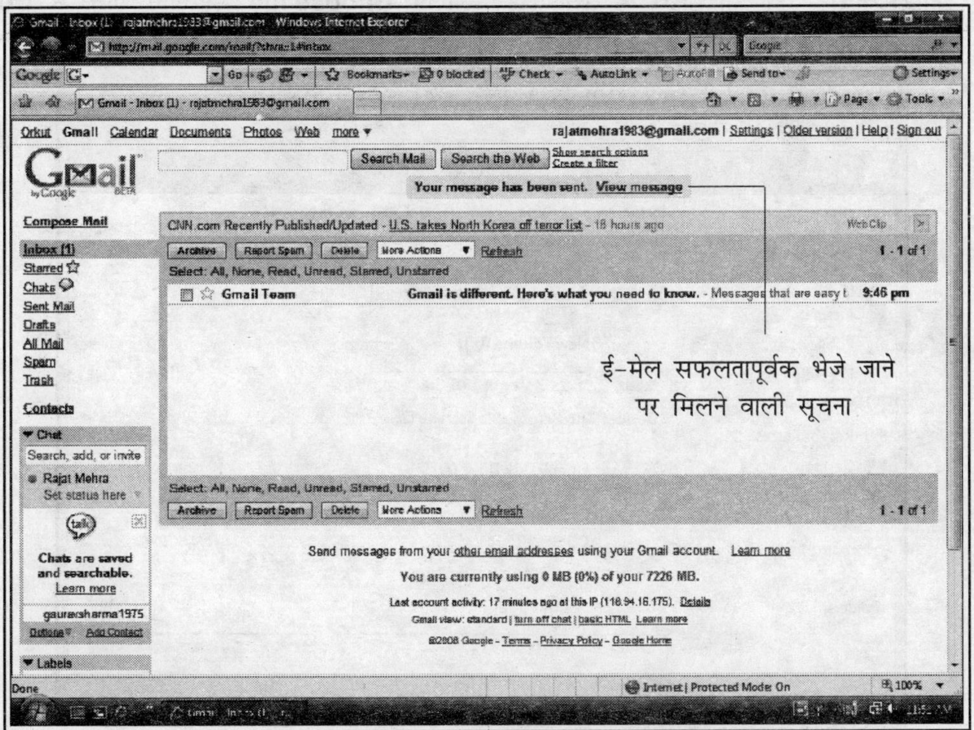

चित्र I-3.11: ई-मेल भेजे जाने पर मिलने वाली सूचना

चित्र I-3.12: 'Choose file' का पहला डायलाग बॉक्स

3. इससे आपकी स्क्रीन पर **'Choose file'** का डायलाग बॉक्स चित्र **I-3.12** की तरह खुलेगा.
4. फाइल कंप्यूटर की 'सी ड्राइव' में सुरक्षित है, इसलिए **'Choose file'** डायलाग बॉक्स में **'Computer'** विकल्प पर क्लिक करके **'Open'** बटन पर क्लिक कीजिए.

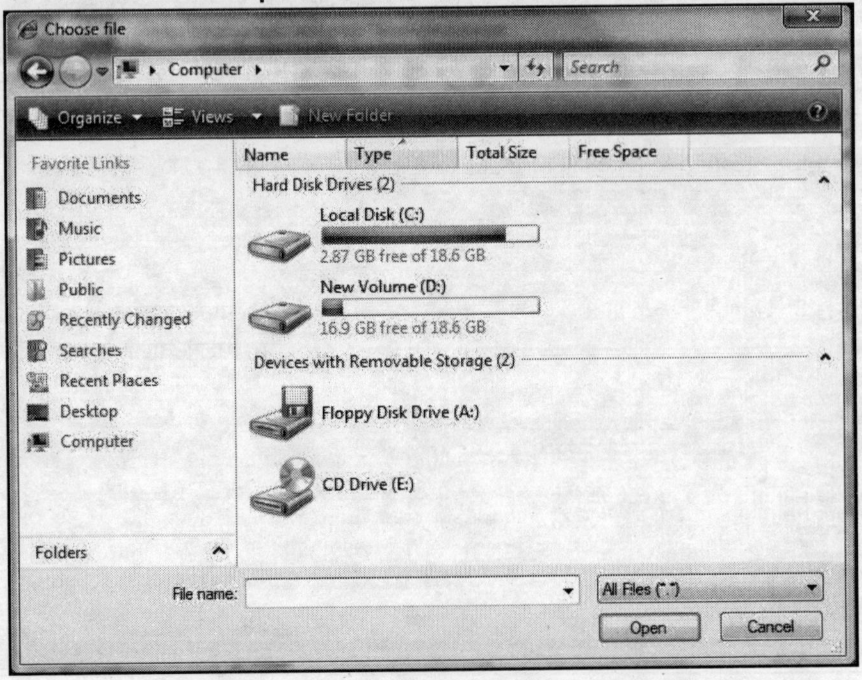

चित्र I-3.13: 'Choose file' का दूसरा डायलाग बॉक्स

5. इससे **'Choose file'** का दूसरा डायलाग बॉक्स चित्र **I-3.13** की तरह खुलेगा. **'C Drive'** पर क्लिक करके **'Open'** बटन पर क्लिक कीजिए.
6. इससे **'Choose file'** का तीसरा डायलाग बॉक्स चित्र **I-3.14** की तरह दिखाया जाएगा. इसमें 'सी ड्राइव' में सुरक्षित डाटा दिखाया जाएगा. **'File'** पर क्लिक करके **'Open'** बटन पर क्लिक कीजिए.
7. **'Open'** बटन पर क्लिक करते ही आप ई-मेल फार्म पर वापस आ जाएंगे, जैसा कि चित्र **I-3.15** में दिखाया गया है. आप देख सकते हैं कि **'Subject'** टैक्स्ट-बॉक्स के नीचे इच्छित फाइल नत्थी हो गई

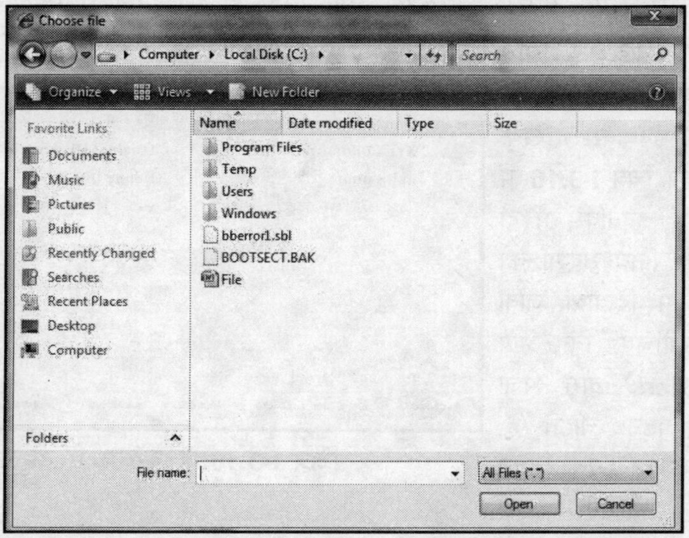

चित्र I-3.14: 'Choose file' का तीसरा डायलाग बॉक्स

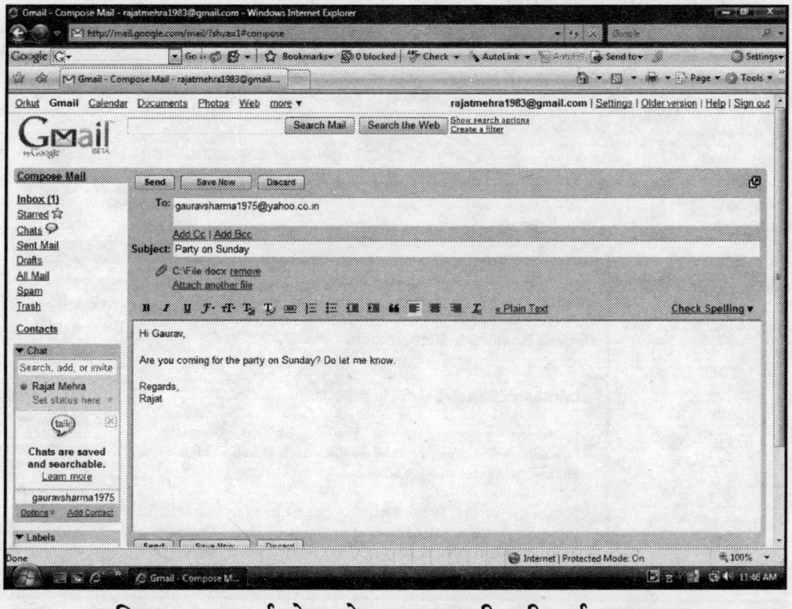

चित्र I-3.15: ई-मेल के साथ नत्थी की गई फाइल

है. अब ई-मेल भेजने के लिए **'Send'** बटन पर क्लिक कीजिए. चित्र **I-3.11** में दिखाई गई सूचना आपके कंप्यूटर स्क्रीन पर दिखाई जाएगी.

सूचना से यह ज्ञात होता है कि संदेश प्रेषिती को नत्थी की गई फाइल के साथ भेज दिया गया है. भेजा गया संदेश तुरंत **'Sent Mail'** फोल्डर में सुरक्षित कर दिया जाता है, जिसमें भेजे गये संदेश रखे जाते हैं.

ई-मेल पढ़ना (Reading E-mails)

ई-मेल पढ़ना माउस को एक बार क्लिक करने जैसा आसान है. इसके लिए निम्नलिखित प्रक्रियाएं कीजिए–

1. सबसे पहले बताई गई विधि से अपने खाते में **'Sign in'** करके अपना इनबॉक्स देखिये. जैसा कि आप चित्र **I-3.16** में देख सकते हैं, इनबॉक्स में दो नये संदेश हैं. (नये संदेशों को मोटे अक्षरों में दिखाया जाता है.) मान लीजिए, कि आप **'XYZ Builders'** द्वारा भेजा गया संदेश पढ़ना चाहते हैं, इसके लिए केवल इसके विषय पर क्लिक कीजिए. इससे संदेश चित्र **I-3.17** की तरह खुल जाएगा.

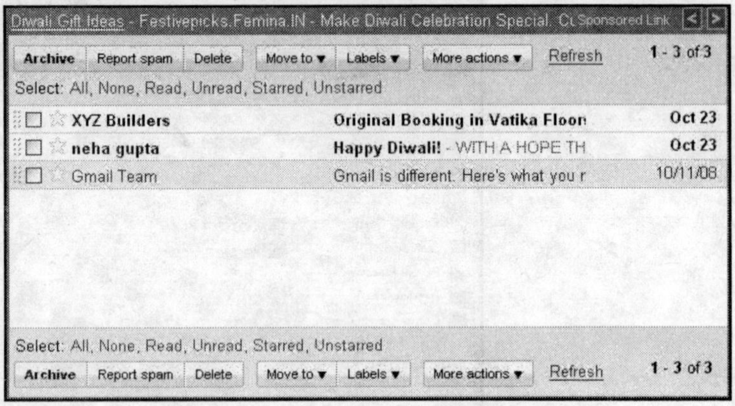

चित्र I-3.16: इनबॉक्स में दो नये संदेश

2. पूरा संदेश पढ़ने के लिए नीचे स्क्रॉल कीजिए.

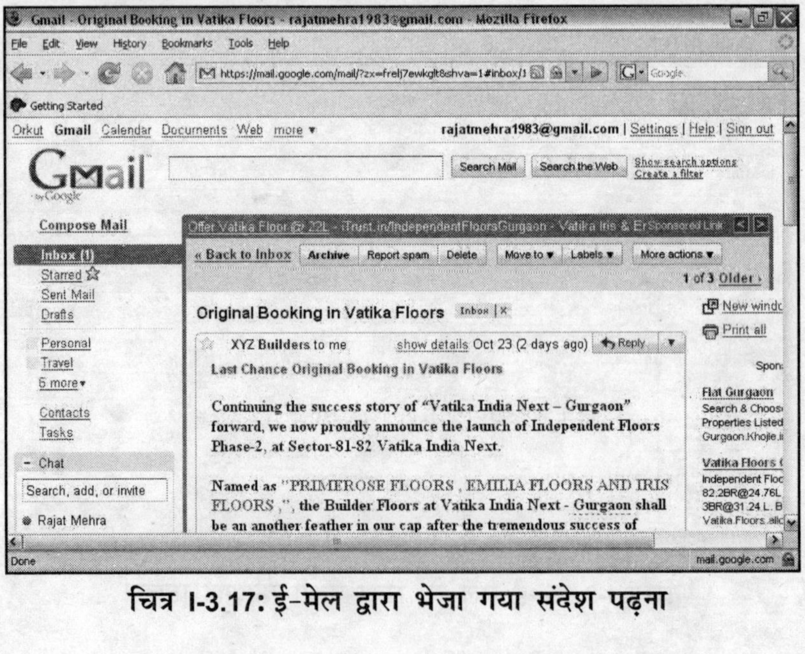

चित्र I-3.17: ई-मेल द्वारा भेजा गया संदेश पढ़ना

ई-मेल का जवाब देना (Replying to E-mails)

ई-मेल का जवाब देना भी बेहद आसान है. इसके लिए निम्नलिखित प्रक्रियाएं कीजिए–

1. सबसे पहले बताई गई विधि से अपने खाते में **'Sign in'** क्लिक करके अपना इनबॉक्स देखिये. जैसा कि आप चित्र **I-3.18** में देख सकते हैं, इनबॉक्स में तीन नये संदेश हैं.

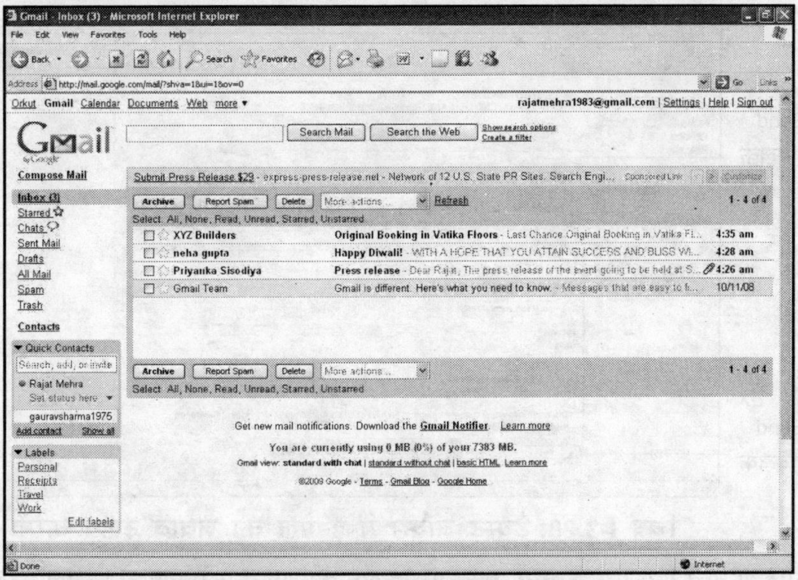

चित्र I-3.18: इनबॉक्स में तीन नये संदेश

2. मान लीजिए, आप प्रियंका सिसोदिया द्वारा भेजा गया ई-मेल पढ़कर उसका जवाब देना चाहते हैं. इसके लिए आप संदेश के विषय पर क्लिक कीजिए. इससे संदेश चित्र **I-3.19** की तरह खुल जाएगा.

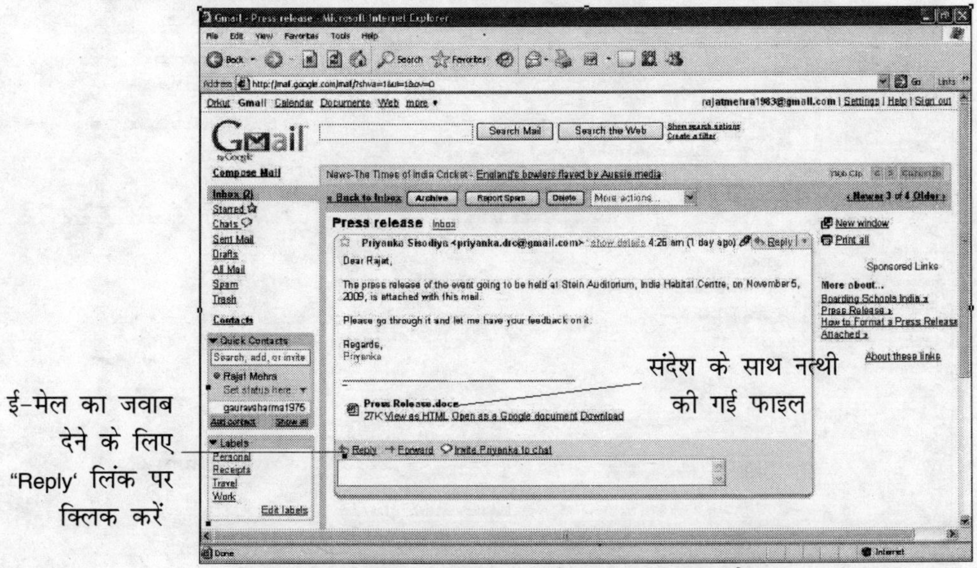

चित्र I-3.19: ई-मेल का जवाब देना

3. अब संदेश के नीचे दिये गये **'Reply'** लिंक पर क्लिक कीजिए. इससे जवाब टाइप करने के लिए टैक्स्ट बॉक्स नीचे की ओर खुलेगा. आप इसमें अपना इच्छित उत्तर टाइप कर सकते हैं. जवाब टाइप करने पर आपकी विंडो चित्र **I-3.20** से मिलती-जुलती दिखाई देगी.

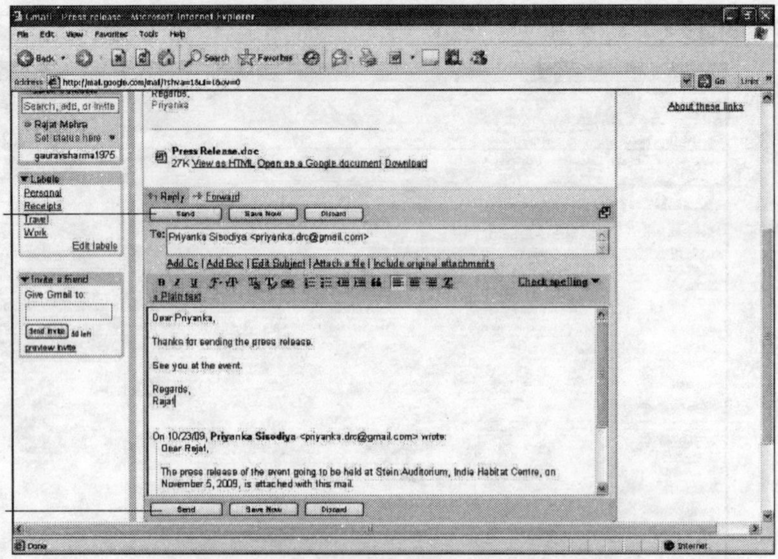

चित्र I-3.20: टैक्स्ट बॉक्स में ई-मेल का जवाब टाइप करना

4. अब ऊपर या नीचे दिये गये **'Send'** बटन पर क्लिक कीजिए. इससे आपको ई-मेल पहुंचने की सूचना चित्र **I-3.21** की तरह दिखाई जाएगी.

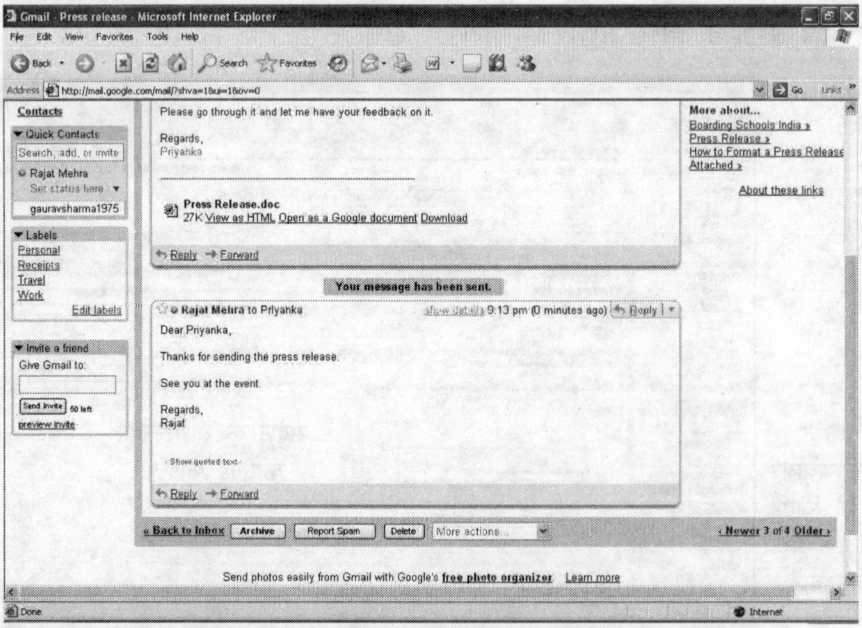

चित्र I-3.21: ई-मेल का जवाब पहुंचने पर दिखाई देने वाली सूचना

नत्थी की गई फाइल डाउनलोड करना (Downloading Attachments)

जैसा कि आप चित्र **I-3.19** में देख सकते हैं, प्रियंका सिसोदिया ने संदेश के साथ-साथ एक फाइल भी नत्थी करके भेजी है. यह फाइल एक वर्ड दस्तावेज है, जिसका शीर्षक **'Press Release'** है. इसे डाउनलोड और अपने कंप्यूटर में सुरक्षित करने के लिए निम्नलिखित प्रक्रियाएं कीजिए –

1. फाइल के बगल में तीन विकल्प होते हैं– **View as HTML, Open as a Google document** और **Download. 'Download'** विकल्प पर क्लिक कीजिए, क्योंकि डाउनलोड की गई फाइल को आप कभी भी अपनी सुविधानुसार देख सकते हैं.
2. **'Download'** विकल्प पर क्लिक करते ही आपकी स्क्रीन पर **'File Download'** डायलाग बॉक्स चित्र **I-3.22** की तरह खुलेगा.

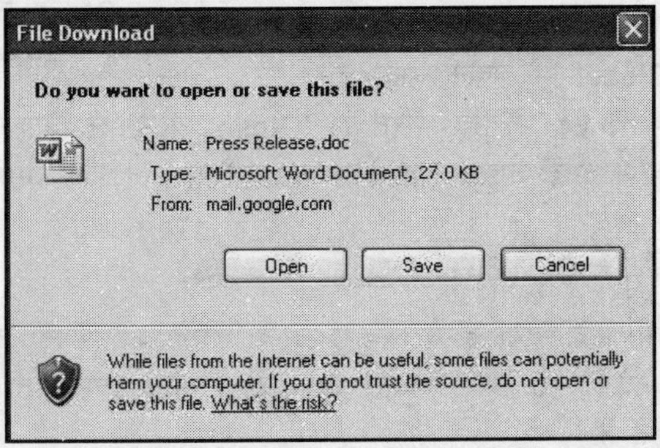

चित्र I-3.22: फाइल डाउनलोड करने के लिए दिया गया डायलाग बॉक्स

3. **'File Download'** डायलाग बॉक्स में **'Save'** बटन पर क्लिक कीजिए. इससे **'Save As'** डायलाग बॉक्स चित्र **I-3.23** की तरह आपकी स्क्रीन पर दिखाई देगा. फाइल का नाम डिफाल्ट द्वारा **'Press Release'**

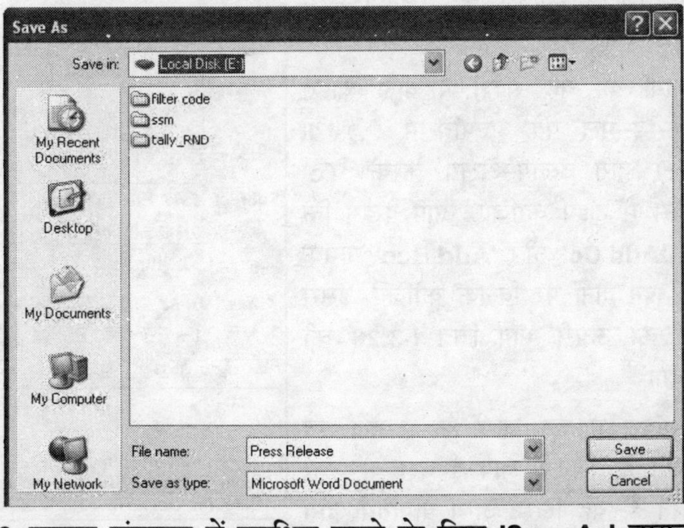

चित्र I-3.23: फाइल कंप्यूटर में सुरक्षित करने के लिए 'Save As' डायलाग बॉक्स

होगा. आप इस डायलाग बॉक्स के **'Save'** बटन पर क्लिक कीजिए.

4. **'Save'** बटन पर क्लिक करते ही एक छोटा डायलाग बॉक्स, जो फाइल डाउनलोड की प्रक्रिया दर्शाता है, स्क्रीन पर प्रकट होगा. इसमें तीन बटन दिखाई देंगे **Open, Open Folder** और **Cancel**. पहले दो बटन – **Open** और **Open Folder** निष्क्रिय होते हैं. आप **'Cancel'** बटन पर क्लिक करके डाउनलोड प्रक्रिया को बीच में ही रोक सकते हैं. जब फाइल सफलतापूर्वक डाउलोड हो जाती है, तो **'Cancel'** बटन **'Close'** में बदल जाता है, जैसा कि आप चित्र **I-3.24** में देख सकते हैं. **'Close'** बटन पर क्लिक कीजिए. इससे यह डायलाग बॉक्स गायब हो जाएगा और फाइल आपके कंप्यूटर में सुरक्षित हो जाएगी.

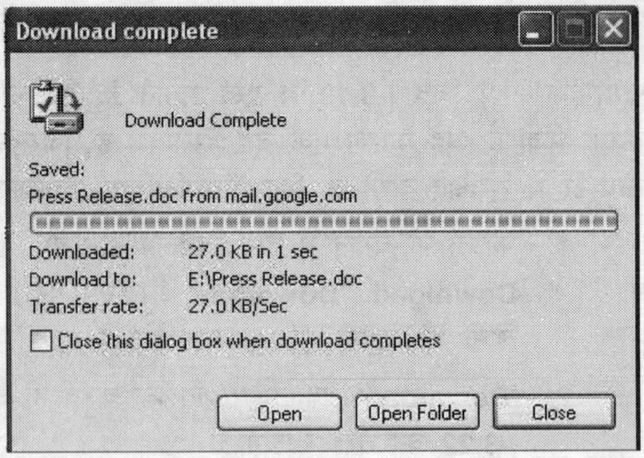

चित्र **I-3.24:** डाउनलोड की प्रक्रिया दर्शाता डायलाग बॉक्स

ई-मेल आगे पहुंचाना (Forwarding E-mails)

मान लीजिए, आप प्रियंका द्वारा भेजा गया ई-मेल कुछ अन्य लोगों को भेजना चाहते हैं. इसके लिए आपको **'Compose Mail'** विकल्प चुनकर, पूरा संदेश दोबारा टाइप करने की आवश्यकता नहीं है, आप उसी संदेश की प्रति अनेक लोगों को भेज सकते हैं.

इसके लिए निम्नलिखित प्रक्रियाएं कीजिए –

1. आगे भेजा जाने वाला संदेश बताई गई विधि से खोलिये. जब संदेश चित्र **I-3.19** की तरह खुल जाए, तो **'Reply'** विकल्प के बगल में दिये गये **'Forward'** विकल्प पर क्लिक कीजिए.
2. इससे आपकी विंडो का ऊपरी भाग चित्र **I-3.25** की तरह दिखाई देगा.
3. आप जिन लोगों को यह संदेश पहुंचाना चाहते हैं, उन सबके ई-मेल पते अल्पविराम (,) या अर्द्धविराम (;) द्वारा अलग-अलग करके **'To'** के एडिट-बॉक्स में टाइप कीजिए. आप देखेंगे कि **'To'** के नीचे **'Add Cc'** और **'Add Bcc'** नामक दो विकल्प हैं. इन दोनों पर क्लिक कीजिए. इससे आपकी विंडो का ऊपरी भाग चित्र **I-3.26** की तरह दिखाई देगा.
4. **'To'** टैक्स्ट बॉक्स में उन लोगों के ई-मेल पते टाइप किये जाते हैं, जिनसे आप ई-मेल के उत्तर की आशा रखते हैं. यह लिस्ट अन्य प्रेषितियों द्वारा देखी जा सकती है.

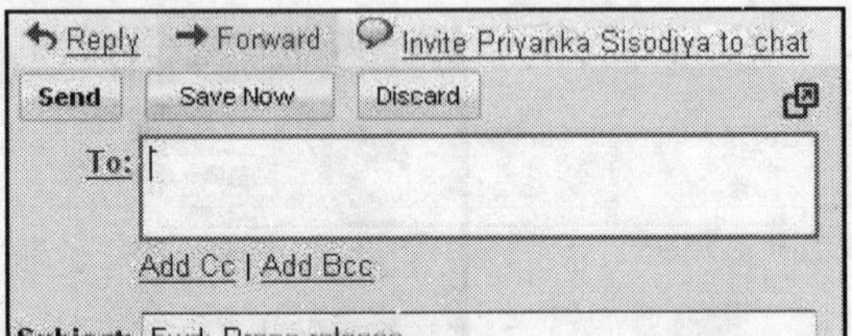

चित्र I-3.25: ई-मेल आगे पहुंचाना

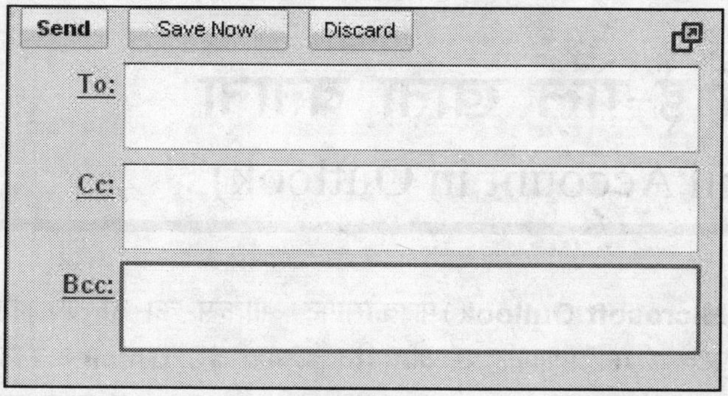

चित्र I-3.26: 'To' के साथ 'Cc' और 'Bcc' टैक्स्ट बॉक्स

'Cc' टैक्स्ट बॉक्स में उन लोगों के ई-मेल पते टाइप किये जाते हैं, जिनसे संदेश का उत्तर अपेक्षित नहीं है. ई-मेल केवल उनके द्वारा देखे जाने के लिए भेजा जा रहा है. इस टैक्स्ट बॉक्स में टाइप की गई सूची भी सभी प्रेषितियों द्वारा देखी जा सकती है.

'Bcc' टैक्स्ट बॉक्स में टाइप किये गये ई-मेल पते अन्य प्रेषितियों द्वारा नहीं देखे जा सकते. यदि आप ई-मेल पते गुप्त रखना चाहते हैं, तो सभी पते **'Bcc'** टैक्स्ट बॉक्स में टाइप कीजिए.

चित्र **I-3.27** में दो-दो ई-मेल पते **'To', 'Cc'** और **'Bcc'** टैक्स्ट बॉक्सों में टाइप किये गये हैं. इसका अर्थ है कि संदेश कुल छः लोगों को भेजा जा रहा है, परंतु **'Bcc'** में दिये गये दो पते गुप्त रहेंगे.

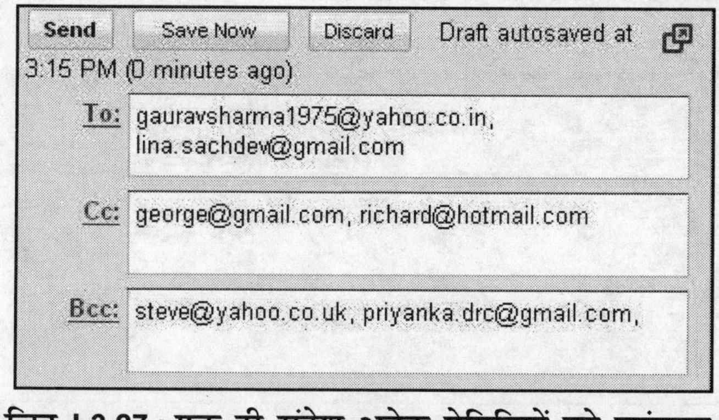

चित्र I-3.27 : एक ही संदेश अनेक प्रेषितियों को पहुंचाना

5. इस प्रकार ई-मेल पते टाइप करके ऊपर दिये गये **'Send'** बटन पर क्लिक कीजिए. ई-मेल इच्छित लोगों तक पहुंच जाएगा.

ई-मेल हटाना (Deleting E-mails)

कभी-कभी आपको फालतू संदेश भी प्राप्त होते हैं. ऐसे संदेशों को 'इनबॉक्स' फोल्डर से हटाने के लिए उनके सामने दिये गये चेक-बॉक्सों को (जिन्हें आप चित्र **I-3.18** में देख सकते हैं) क्लिक करके चुन लीजिये और **'Delete'** बटन पर क्लिक कीजिए. इससे वे सभी संदेश कूड़ेदान **(Bin/Trash)** में चले जायेंगे. व्यक्तिगत, ई-मेल खाते से बाहर निकलने के लिए दायें कोने में दिये गये **'Sign Out'** विकल्प पर क्लिक कीजिए.

आउटलुक में ई-मेल खाता बनाना

(Setting E-mail Account in Outlook)

माइक्रोसाफ्ट आउटलुक (**Microsoft Outlook**)माइक्रोसाफ्ट ऑफिस का ही एक हिस्सा है और क्लाइंट ईमेल (**Client email**) के साफ्टवेयर की प्रणाली पर आधारित है. यहाँ हम **Gmail** अकाउण्ट के व्यक्तिगत खाते का **Microsoft Outlook 2007** में खाता बनाना सीखेंगे. इससे आपको **E-mail** देखने के लिए बार-बार **Gmail** के एकाउंट में **Log in** करने की आवश्यकता नहीं पड़ेगी.

1. स्टार्ट बटन पर क्लिक करें और **All Programs** मेन्यू में **Microsoft Outlook 2007** पर क्लिक कीजिए.
2. **Outlook** की मुख्य विंडो में **Tools** विकल्प पर क्लिक कीजिए, जिससे एक झरना मेन्यू खुलेगा. मेन्यू में **Account Settings** पर क्लिक कीजिए. इससे **Account Settings** डायलाग बॉक्स चित्र **I-4.1** की तरह खुलेगा.

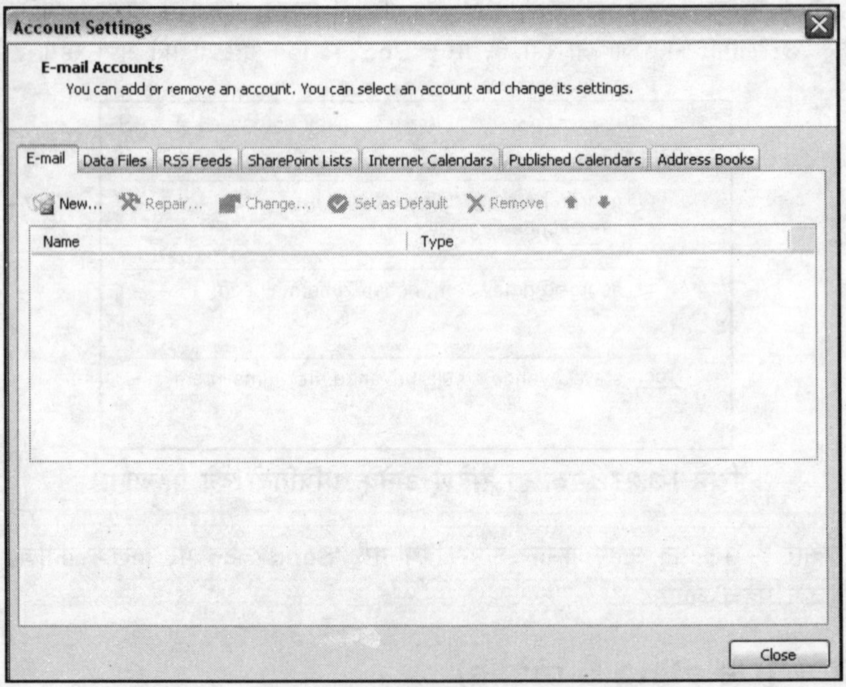

चित्र I-4.1 : इंटरनेट एकाउण्ट्स का डायलाग बॉक्स

3. नया ई-मेल खाता बनाने के लिए इस डायलाग बॉक्स में **'New'** बटन क्लिक कीजिए, जिससे **Add New Email Account** का पहला डायलाग बॉक्स चित्र **I-4.2** की तरह मिलेगा. **Manually configure server settings or additional server types** बॉक्स को चेक करें.

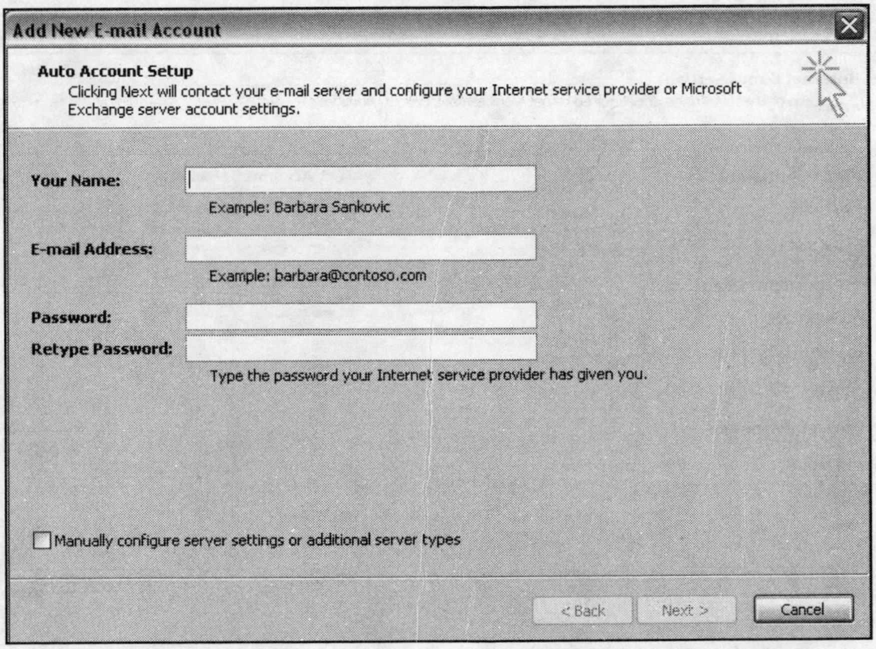

चित्र I-4.2: Add New E-mail Account का पहला डायलाग बॉक्स

4. **Next** क्लिक करें. **Choose E-mail Service** डायलाग बॉक्स में **Internet E-mail** रेडियो बटन को क्लिक करके पुन: **Next** क्लिक करें. इससे **Internet E-mail Settings** डायलॉग बॉक्स चित्र **I-4.3** की तरह दिया जाएगा.

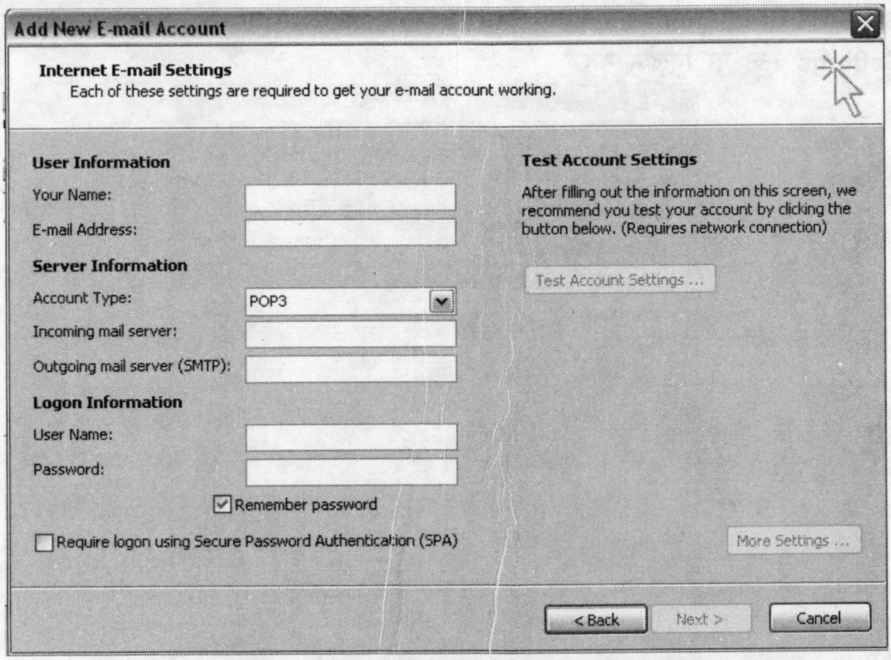

चित्र **I-4.3: Add New E-mail Account** का दूसरा डायलाग बॉक्स

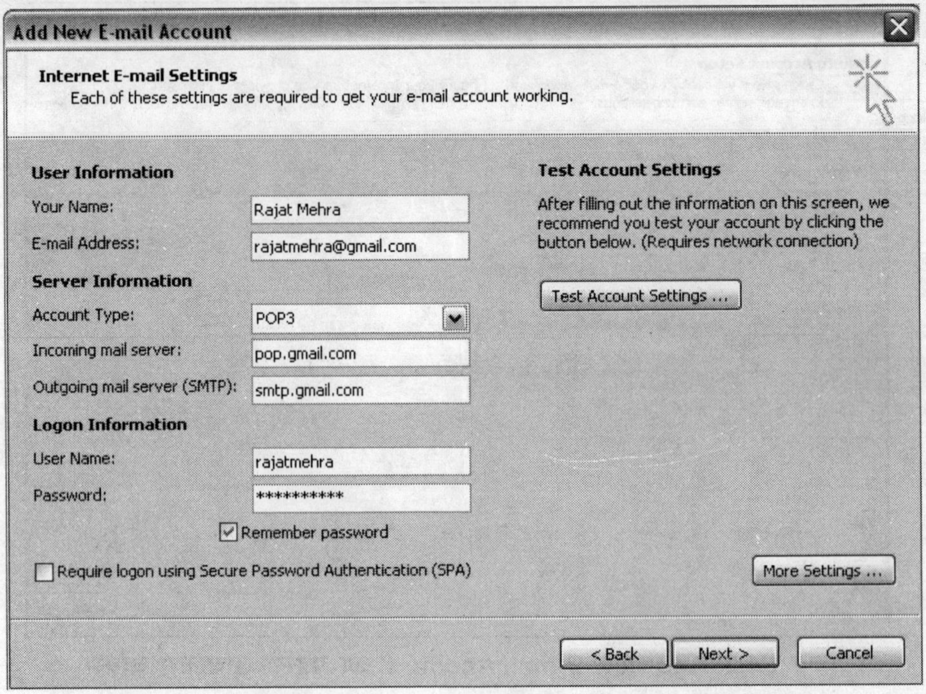

चित्र I-4.4: Add New E-mail Account का तीसरा डायलाग बॉक्स

5. इस डायलाग बॉक्स में **Your Name** में अपना नाम, **E-mail Address** में अपना **Gmail Address, Account Type** में **POP3, Incoming Mail Server** में **pop.gmail.com** और **Outgoing Mail Server** में **smtp.gmail.com** टाइप करें. **Username** और पासवर्ड भी टाइप करें. इसके बाद **More Settings** बटन पर क्लिक करें.

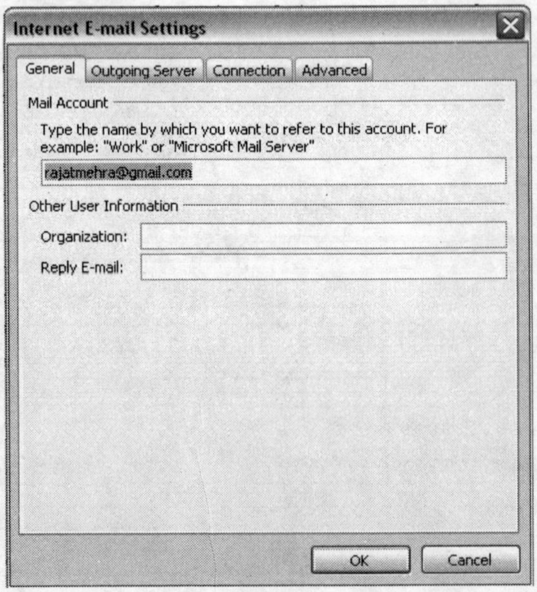

चित्र I-4.5: Internet E-mail Settings में General टैबशीट

6. **More Settings** बटन पर क्लिक करने से **Internet E-mail Settings** डायलॉग बॉक्स के चित्र **I-4.5** की तरह खुलेगी. **Outgoing Server** टैब पर क्लिक करें.

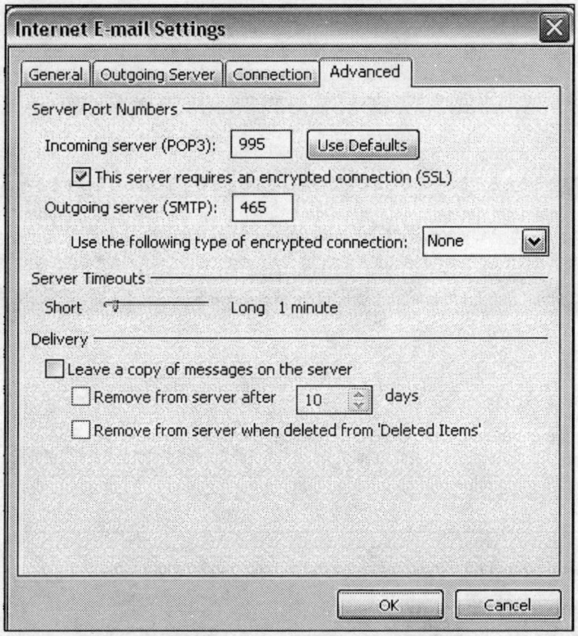

चित्र I-4.6: Internet E-mail Settings की Advanced टैबशीट

7. **Outgoing Server** टैब में **'My Outgoing...'** चेक-बॉक्स को क्लिक कीजिए. अब **Advanced** टैब में **Incoming Server (POP3)** में **995** और **Outgoing Server (POP3)** में **465** टाइप करें. **'This Server...'** चेक-बॉक्स को क्लिक कीजिए. **OK** क्लिक कीजिए.

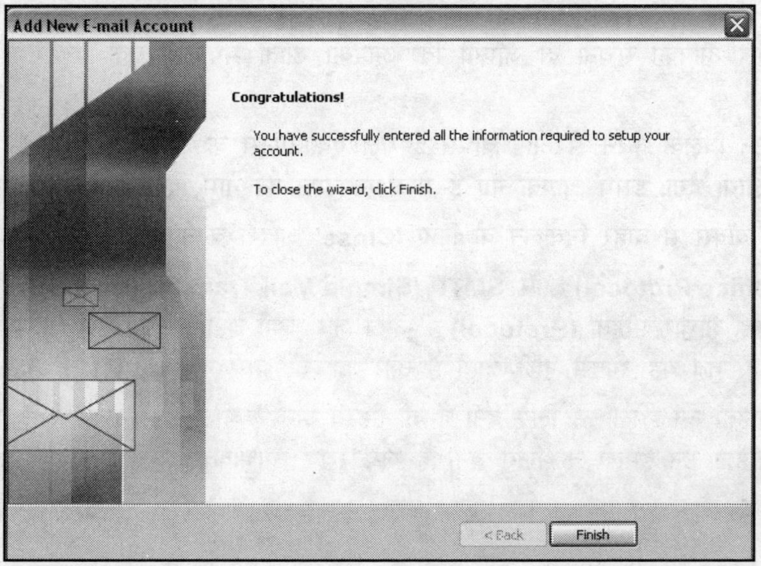

चित्र I-4.7: Add New E-mail Account का अंतिम डायलाग बॉक्स

8. **OK** क्लिक करने पर आप वापस **Internet E-mail Settings** डायलॉग बॉक्स में आ जाएंगे. **Next** क्लिक कीजिए.

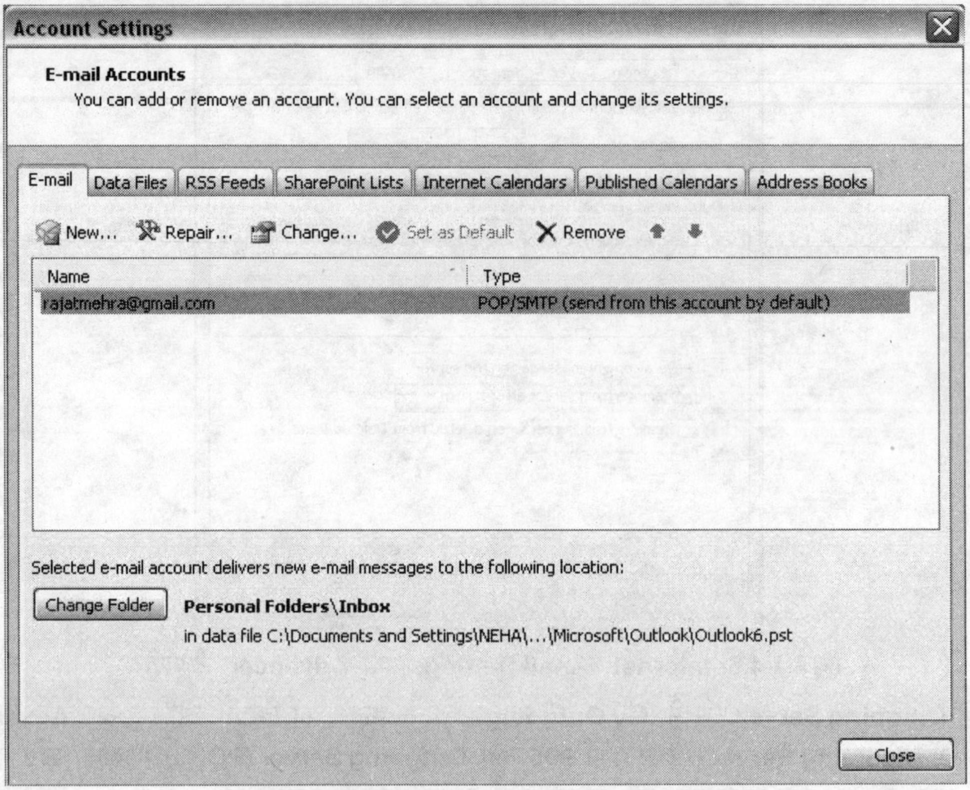

चित्र I-4.8: E-mail Accounts डायलाग बॉक्स

9. इसके बाद आपको सूचना दी जाएगी कि आपका खाता सफलतापूर्वक बन गया है. **Finish** क्लिक कीजिए.

'Finish' बटन क्लिक करने से आप वापस ई-मेल एकाउण्ट्स के डायलॉग बॉक्स में आ जाएंगे, जो चित्र **I-4.8** की तरह दिखायी देगा. इसमें आपके नए ई-मेल एकाउण्ट का नाम दिखायी दे रहा होगा.

इस डायलाग बॉक्स से बाहर निकलने के लिए **'Close'** आदेश बटन को क्लिक कीजिए.

POP 3 (Post Office Protocol) और **SMTP (Simple Mail Transfer Protocol)** इंटरनेट पर आधारित ईमेलिंग से जुड़ी हुई आचार संहिता **(Protocol)** हैं. आप जब कभी **क्लाइंट आधारित ईमेल** को अपने कंप्यूटर में स्थापित करते हैं, तब यह आपसे पूछी जाती है और आपको इनसे जुड़े कंप्यूटर के पोर्ट बताने होते हैं.

POP 3 आचार संहिता उन ईमेलों के लिए बनी हैं जो किसी अन्य एकाउण्ट से उपभोक्ता को प्राप्त होती हैं और **SMTP** आचार संहिता उन ईमेलों के लिए बनी है जब स्वयं उपभोक्ता अपने एकाउण्ट्स से अन्य लोगों को ईमेल भेजता है.

माइक्रोसाफ्ट आउटलुक 2007 (Microsoft Outlook 2007)

05

माइक्रोसॉफ्ट आउटलुक सॉफ्टवेयर के द्वारा आप इंटरनेट से जुड़े दूसरे व्यक्तियों से इलेक्ट्रॉनिक मेल का आदान-प्रदान कर सकते हैं. आप अपने सन्देशों को फोल्डरों में व्यवस्थित करके रख सकते हैं और भेजे जाने वाले सन्देशों में अपने हस्ताक्षर भी कर सकते हैं. साथ ही आप आए हुए सन्देशों की सूची देख सकते हैं तथा उनकी सामग्री भी एक नजर में देख सकते हैं.

इन सॉफ्टवेयरों में पता-पुस्तिका **(Contacts)** की सुविधा भी उपलब्ध है, जिसमें आप उन लोगों के ई-मेल पते स्टोर कर सकते हैं, जिनके साथ आपका इलेक्ट्रॉनिक पत्र-व्यवहार होता है और उस पुस्तिका के पते चुनकर सन्देशों में भर सकते हैं. पतों की पुस्तिका से आप कोई सन्देश भेजने से पहले उनके नाम की पुष्टि भी कर सकते हैं. इन सभी सॉफ्टवेयरों की कार्यप्रणाली लगभग एक ही जैसी है. आउटलुक की स्थापना हो जाने पर जब कोई उपयोगकर्ता इसे स्टार्ट मेन्यू या डेस्कटॉप से चलाता है तो इसकी मुख्य स्क्रीन नीचे दिये गए चित्र **I-5.1** के अनुसार खुलती है.

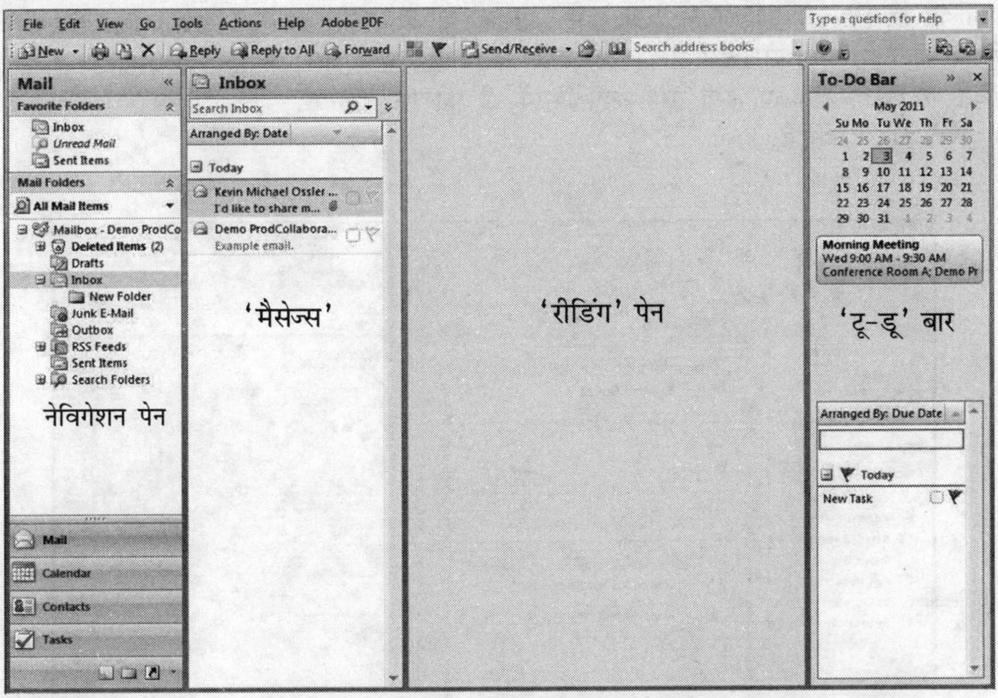

चित्र I-5.1: आउटलुक 2007 की मुख्य स्क्रीन

इसी चित्र से जुड़े बटनों और फोल्डरों का विवरण आगे दिया गया है.

New Message : नया संदेश तैयार करने के लिए **New** बटन पर क्लिक कीजिए. इससे चित्र **I-5.2** की तरह ड्राप-डाउन मेन्यू खुल जाएगा. इस मेन्यू में **Mail Message** पर क्लिक कीजिए.

इस विंडो के टूल बार में ई-मेल से सम्बंधित सभी आवश्यक बटन उपलब्ध हैं, जिनका उद्देश्य स्वयं स्पष्ट है. इसकी विंडो में दूसरे बटनों के साथ कई फोल्डरों के भी बटन या शॉर्टकट होते हैं, जिनका उपयोग निम्न प्रकार है–

Deleted Items : इसमें उन सन्देशों को रखा जाता है, जिन्हें हटाया जा चुका है.

Drafts : इस फोल्डर में ऐसे सन्देश रखे जाते हैं, जिन्हें भेजने के लिए तैयार किया गया है, लेकिन अभी भेजे नहीं गए हैं.

Inbox : इस फोल्डर में बाहर से प्राप्त होने वाले सन्देशों को रखा जाता है.

Junk E-mail : इसमें अवांछित संदेशों को रखा जाता है.

Outbox : इसमें आपके द्वारा भेजे जाने वाले सन्देश रखे जाते हैं.

Sent Items : इस फोल्डर में भेजे जा चुके सन्देश रखे जाते हैं.

इनमें से किसी फोल्डर की सामग्री देखने के लिए उसके बटन पर क्लिक कीजिए जिससे उस फोल्डर में रखी गयी सामग्री (अर्थात् संदेशों) की सूची दी जाती है. उनमें से किसी संदेश को देखने के लिए उसके नाम वाली पंक्ति पर क्लिक कीजिए. इसी तरह आप किसी भी फोल्डर में रखा कोई भी संदेश देख सकते हैं.

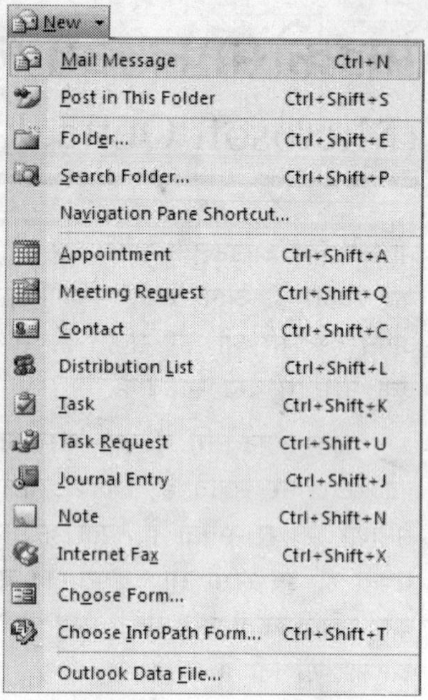

चित्र I-5.2: New का ड्राप-डाउन मेन्यू

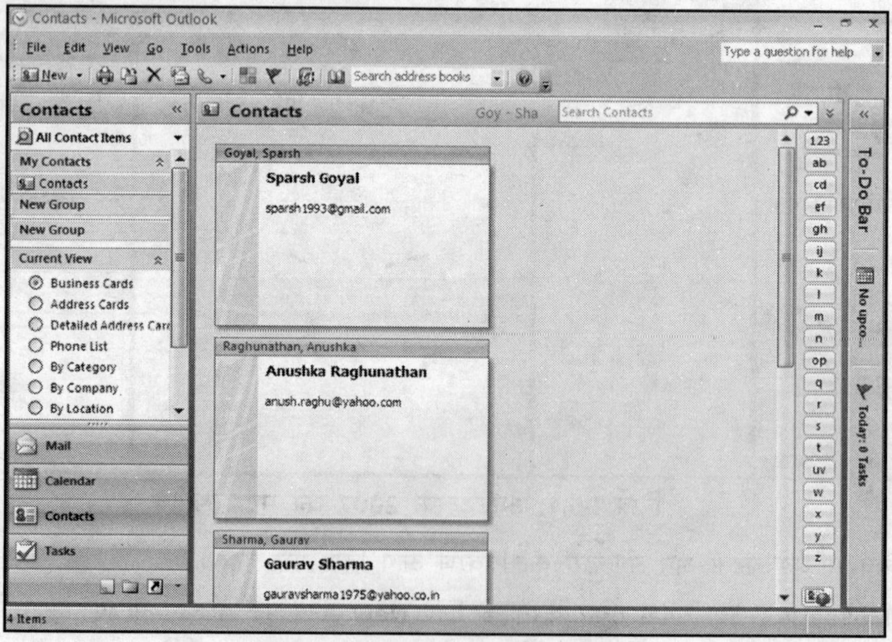

चित्र I-5.3: Contacts की विंडो

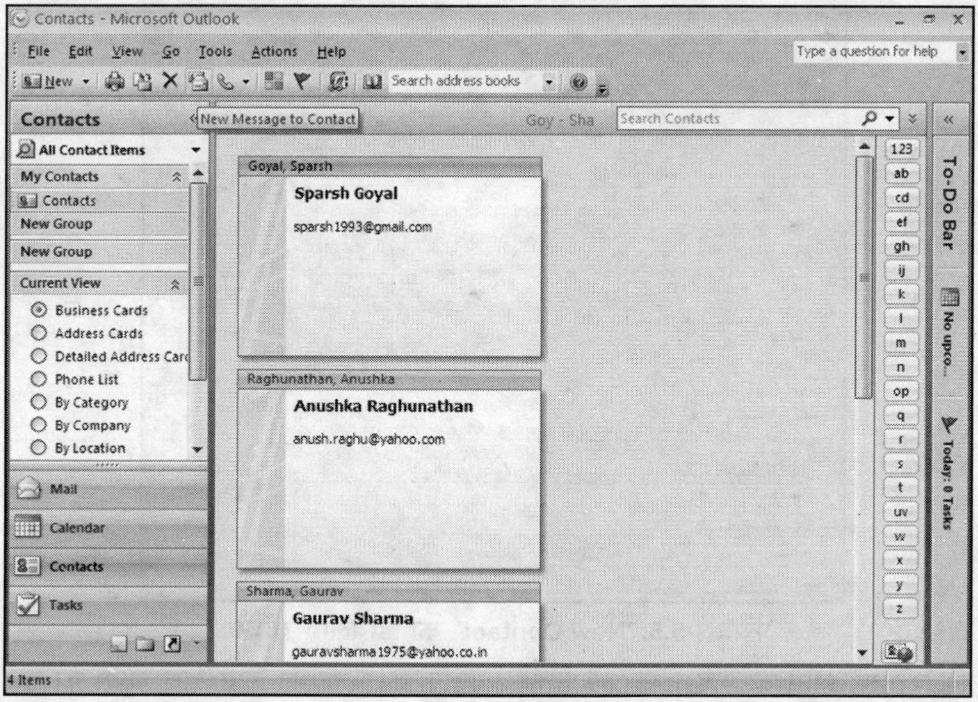

चित्र I-5.4: Contacts में स्टोर किये गये पते पर ई-मेल भेजना

कॉन्टैक्ट्स (Contacts)

आप पढ़ चुके हैं कि माइक्रोसॉफ्ट आउटलुक में पते की पुस्तिका **(Contacts)** की सुविधा उपलब्ध है. इसमें आप अपने सम्पर्क के सभी ई-मेल पते भरकर स्टोर कर सकते हैं और कभी भी आवश्यकता पड़ने पर उसमें ले सकते हैं. एड्रेस बुक देखने के लिए माइक्रोसॉफ्ट आउटलुक की विंडो में **'Contacts'** को क्लिक कीजिए. ऐसा करते ही आपकी स्क्रीन पर चित्र **I-5.3** की तरह **Contacts** की विंडो दिखाई देगी.

इस विंडो के मुख्य भाग में एड्रेस बुक के सभी पते आपके द्वारा बताए गए क्रम **(Order)** में दिखाए जाते हैं. यदि आप इनमें से किसी को ई-मेल भेजना चाहते हैं, तो उसे क्लिक करके **New Message to Contact** बटन क्लिक कीजिए, जिससे ई-मेल भेजने का डायलाग बॉक्स खुल जाएगा और उसमें सम्बंधित ई-मेल पता भरा होगा. इस तरह आप एड्रेस बुक सुविधा का उपयोग करके ई-मेल पता याद रखने और बार-बार टाइप करने से बच सकते हैं.

एड्रेस बुक में नया पता जोड़ने के लिए इसकी विंडो के टूल बार में **New** के ड्राप-डाउन मेन्यू में **'Contact'** विकल्प को क्लिक कीजिए. इससे आपको चित्र **I-5.5** की तरह **'New Contact'** का डायलाग बॉक्स दिया जाएगा, जो शुरू में खाली होगा.

इस डायलाग बॉक्स में व्यक्ति का नाम और ई-मेल पता टाइप कीजिए. सभी आवश्यक सूचनाएं भरकर **'Save & Close'** बटन को क्लिक कीजिए. ऐसा करने से वह पता एड्रेस बुक में शामिल हो जाएगा.

यदि आप किसी पहले से भरी हुई सूचना में सुधार करना चाहते हैं, तो **Contacts** की विंडो में उस पर

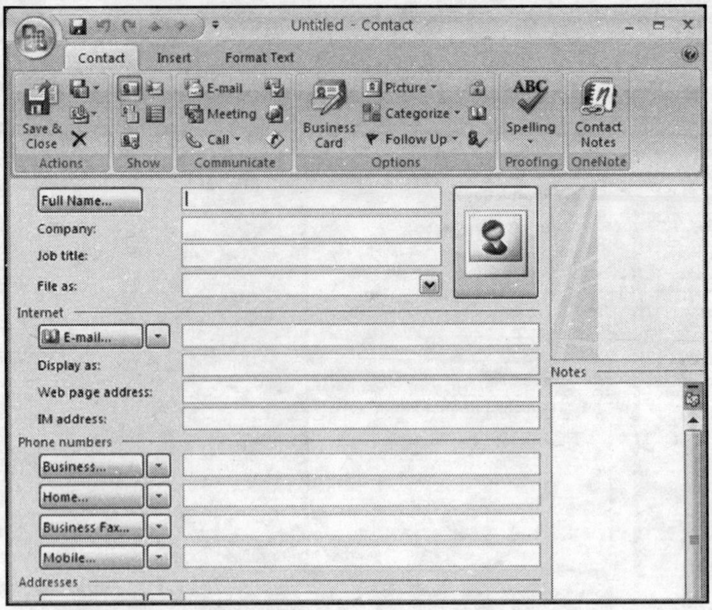

चित्र I-5.5: 'New Contact' का डायलाग बॉक्स

डबल-क्लिक कीजिए. इससे उस एड्रेस की प्रापर्टी का डायलाग बॉक्स लगभग ऊपर वाले बॉक्स की तरह ही खुल जाएगा. इस डायलाग बॉक्स में आप उस पते तथा उससे सम्बन्धित किसी भी सामग्री में सुधार कर सकते हैं.

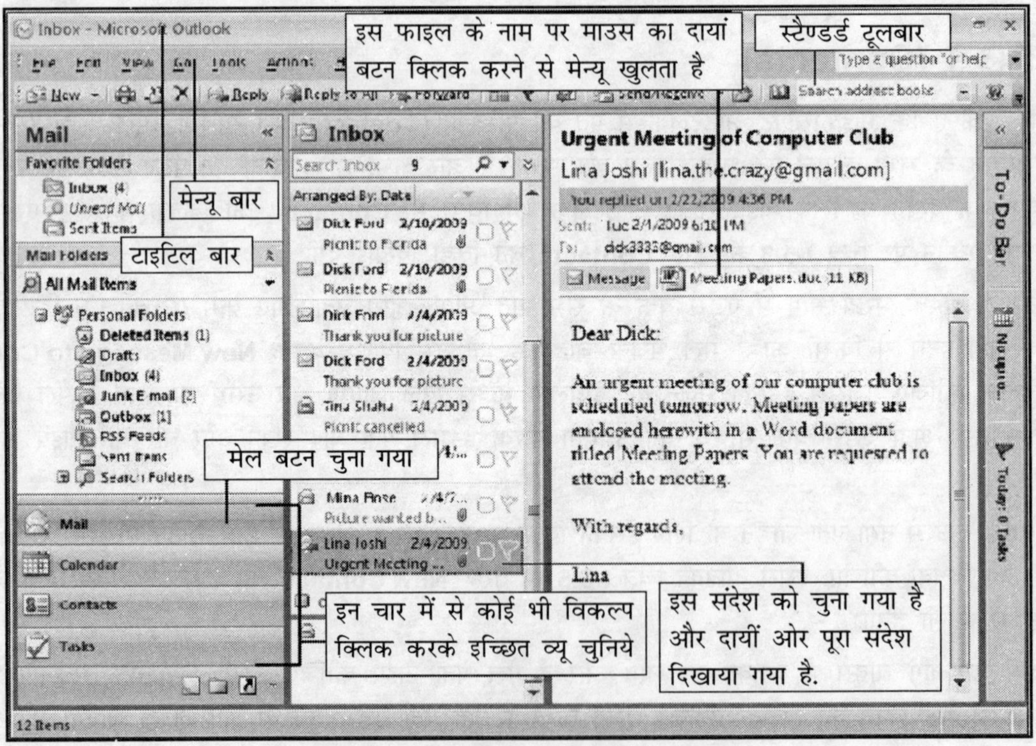

चित्र I-5.6: आउटलुक में संदेश पढ़ना

संदेश पढ़ना (Reading a Message)

आउटलुक में जी-मेल के समान संदेश पढ़ना बहुत आसान है. **Inbox** फोल्डर को क्लिक करें और इच्छित संदेश (यहां, **Lina Joshi : Urgent Meeting**), पढ़ने के लिए उसे क्लिक करें जिससे वह संदेश खुल जाएगा.

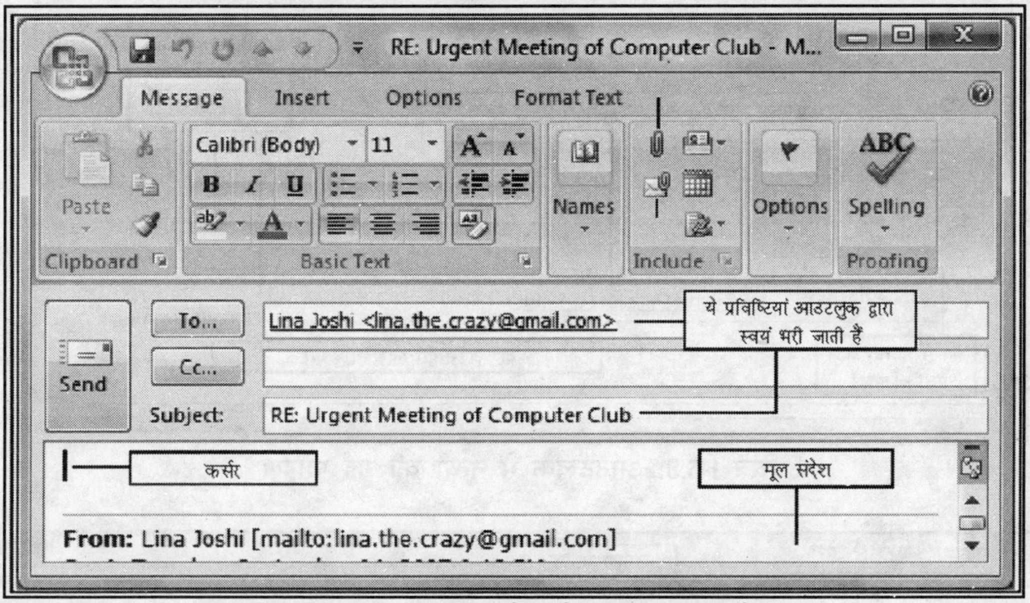

चित्र I-5.7: आउटलुक में संदेश का जवाब देना

संदेश का जवाब देना (Replying to a Message)

किसी संदेश का जवाब देना भी उतना ही आसान है. संदेश को खोलने पर उसके रिब्बन में **Reply** बटन दिखाई पड़ता है. इसे क्लिक करें और अपना जवाब टाइप करके **Send** बटन दबा दें.

संदेश के साथ फाइल नत्थी करके भेजना (Sending Attachments with Message)

एक नए संदेश को खोलकर उसके रिब्बन में पेपर-क्लिप से दर्शाये गए **'Attach File'** बटन पर क्लिक करें. इससे **'Insert File'** का डॉयलाग बॉक्स खुलेगा जहां से आप इच्छित फाइल खोल सकते हैं. फाइल चुनने के बाद **Insert** बटन दबाकर उसे **Attach** कर दें और फिर ई-मेल भेज दें.

कैलेण्डर का प्रयोग (Using Calendar View)

आउटलुक में आपकी सुविधा के लिए एक बना-बनाया कैलेण्डर उपलब्ध होता है, जिसे आप अपने मुख्य कार्यक्रम और मीटिंग आदि दर्ज करने में प्रयोग कर सकते हैं. इसके लिए निम्नलिखित प्रक्रियाएं कीजिए –

1. सबसे पहले आउटलुक की मुख्य विंडो में बायीं ओर दिये गये **'Calendar'** बटन पर क्लिक कीजिए. इससे आपकी स्क्रीन पर चित्र **I-5.9** की तरह कैलेण्डर विंडो खुलेगी.

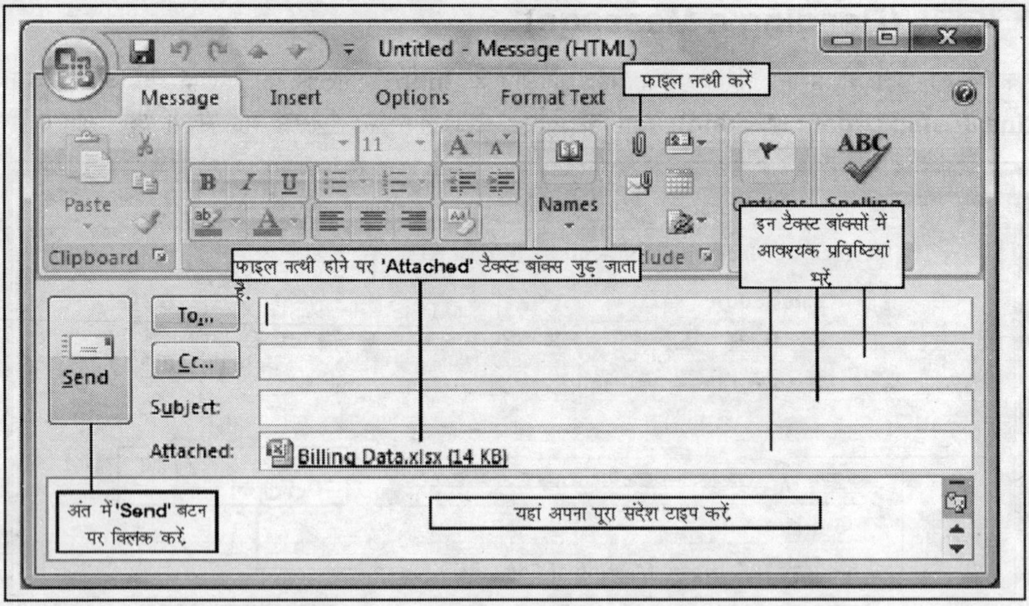

चित्र I-5.8: आउटलुक में नत्थी की गई फाइल

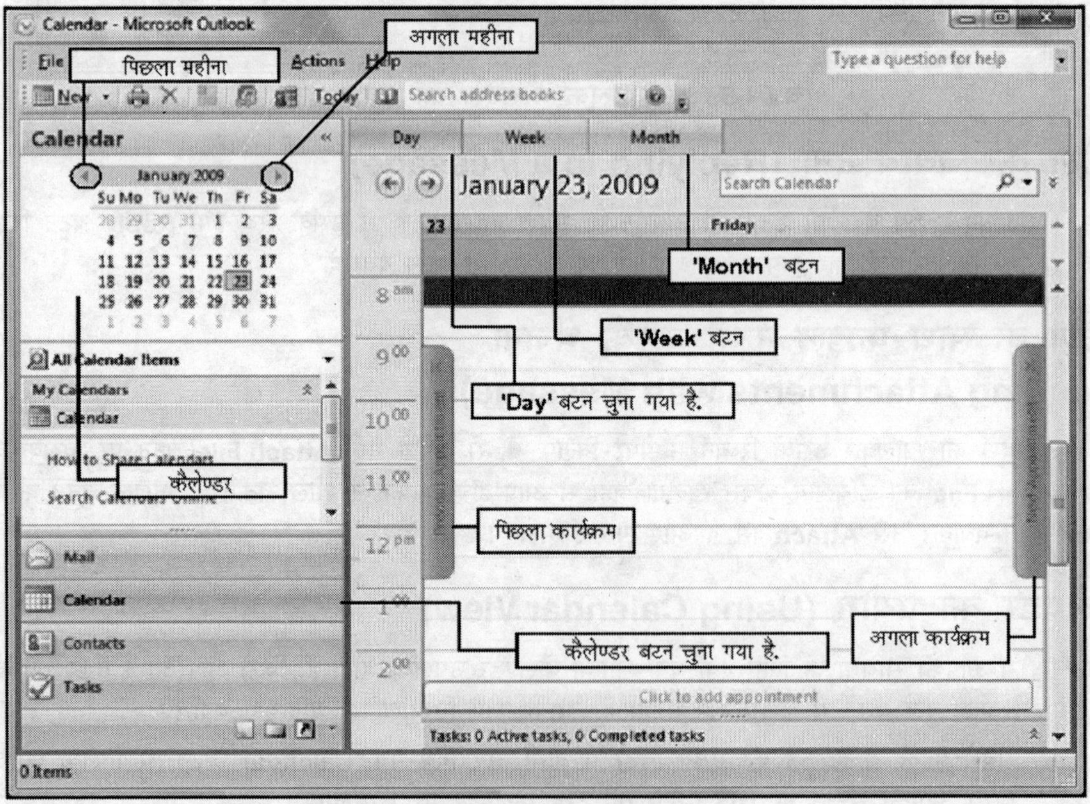

चित्र I-5.9: आउटलुक में कैलेण्डर व्यू

2. जैसा कि आप चित्र में देख सकते है, कैलेण्डर व्यू को तीन अन्य व्यू में विभाजित किया गया है–
   - **दैनिक व्यू (Day View) : 'Day'** बटन पर क्लिक करके **'Day View'** को सेट कीजिए. इसके जरिये आप अपने दैनिक कार्यक्रम दर्ज कर सकते हैं.
   - **साप्ताहिक व्यू (Week View) : 'Week'** बटन पर क्लिक करके **'Week View'** को सेट कीजिए. इसके जरिये आप अपने साप्ताहिक कार्यक्रम दर्ज कर सकते हैं.
   - **मासिक व्यू (Month View) : 'Month'** बटन पर क्लिक करके **'Month View'** को सेट कीजिए. इसके जरिये आप अपने मासिक कार्यक्रम दर्ज कर सकते हैं.

डिफाल्ट द्वारा वर्तमान दिनांक चुनी गई होती है. आप बायीं ओर दिये गये कैलेण्डर में कोई भी दिनांक क्लिक करके चुन सकते हैं. अगले या पिछले महीने में जाने के लिए क्रमशः **'Next Month'** बटन और **'Preceding Month'** बटन पर क्लिक कीजिए.

3. यदि आप किसी ऐसी दिनांक पर जाना चाहते हैं, जो वर्तमान दिनांक से दूर है, तो उसके लिए मेन्यू बार में **'Go'** बटन पर क्लिक कीजिए. इससे नीचे की ओर एक पुल-डाउन मेन्यू खुलेगा. मेन्यू में **'Go to Date'** विकल्प पर क्लिक कीजिए. इससे आपकी स्क्रीन पर चित्र **I-5.10** की तरह **'Go to Date'** डायलाग बॉक्स खुलेगा.
4. आप इस डायलाग बॉक्स में कोई भी दिनांक सेट कर सकते हैं. चित्र **I-5.10** में जनवरी **23,1609** की दिनांक दिखाई गई है. उचित दिनांक सेट करके **'OK'** बटन पर क्लिक कीजिए.

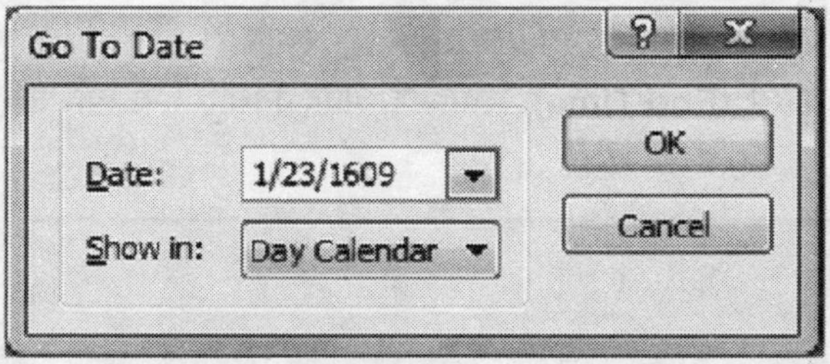

(अ) चार सौ साल पुरानी दिनांक निर्धारित करना

(ब) इच्छित-व्यू चुनना

चित्र I-5.10: आउटलुक में दिनांक निर्धारित करने के लिए 'Go to Date' डायलाग बॉक्स

5. पिछली दिनांक से वर्तमान दिनांक पर आने के लिए केवल **'Go'** मेन्यू में **'Today'** विकल्प पर क्लिक कीजिए.
6. मान लीजिये, आप अपने कैलेण्डर में दो कार्यक्रम दर्ज करना चाहते हैं –
   - नवम्बर **10, 2009** को दोपहर **2** बजे होने वाली पार्टी, जो कनॉट प्लेस में आयोजित की जाएगी और शाम **6** बजे तक चलेगी. आप चाहते हैं कि निर्धारित समय से एक घंटे पूर्व आपको याद दिलाया जाए.
   - दिसम्बर **1, 2009** से हर सुबह प्रातः **6:15** बजे भ्रमण पर जाना, जिसके लिए आप चाहते हैं कि आपको निर्धारित समय से **15** मिनट पूर्व याद दिलाया जाए.
7. पार्टी **2** बजे शुरू है, इसलिए **2oo** शीर्ष वाली पंक्ति पर डबल-क्लिक कीजिए.

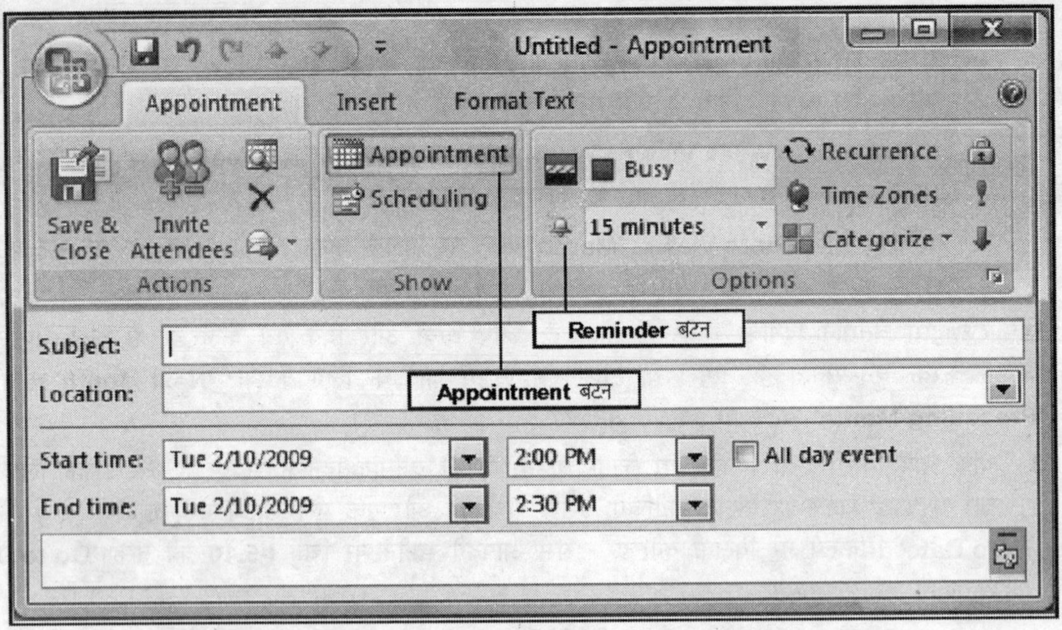

चित्र I-5.11: आउटलुक में कार्यक्रम दर्ज करने के लिए खाली विंडो

8. इससे आपकी स्क्रीन पर **'Untitled – Appointment'** विंडोज चित्र **I-5.11** की तरह खुलेगी.
9. अब चित्र **I-5.12** की तरह सभी अपेक्षित प्रविष्टियां, जैसे विषय **(Subject)**, स्थान **(Location)**, शुरू होने का समय **(Start Time)**, अंत होने का समय **(End Time)**, रिमाइंडर आदि निर्धारित करके **'Save & Close'** बटन पर क्लिक कीजिए.

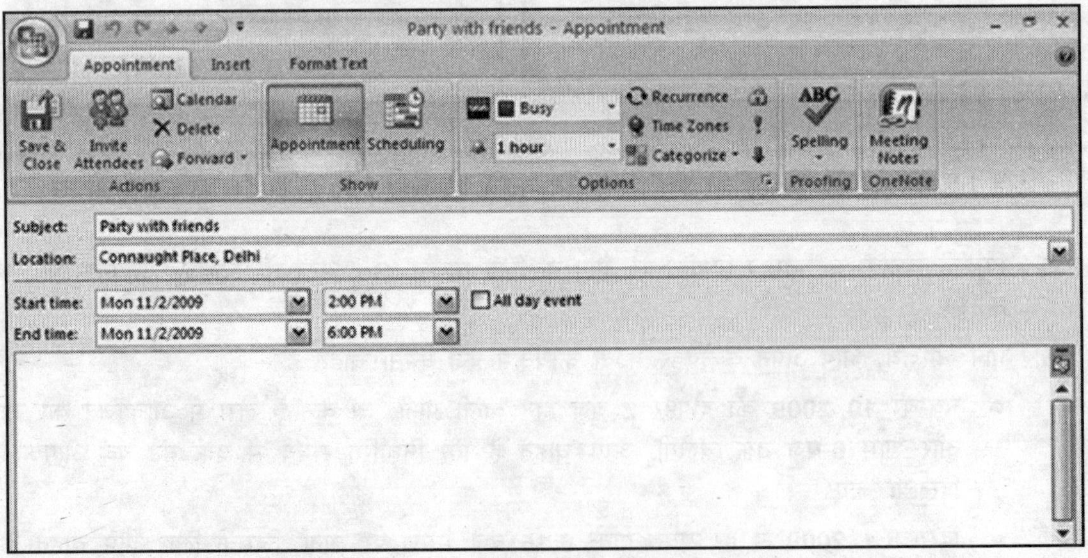

चित्र I-5.12: आउटलुक में कार्यक्रम दर्ज करना

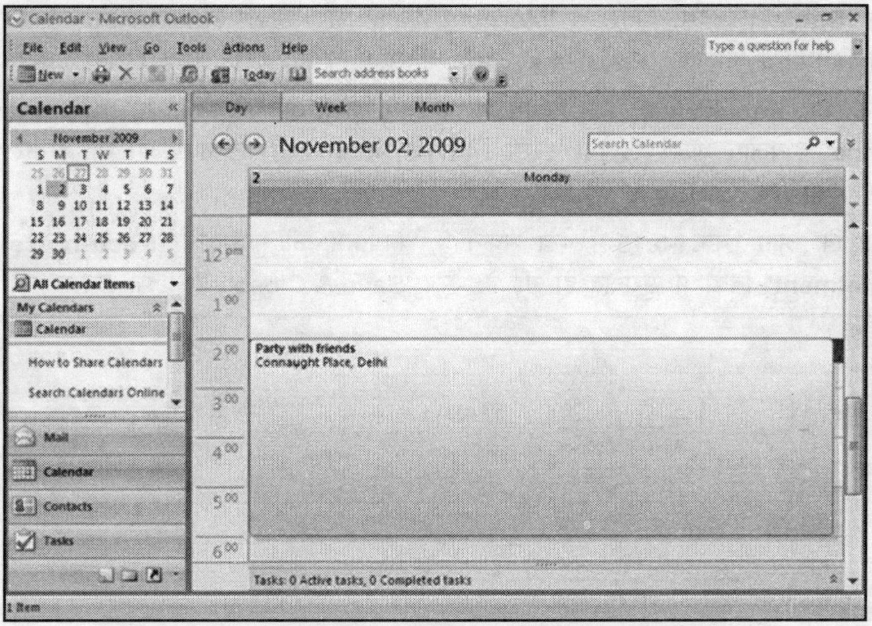

चित्र I-5.13: आउटलुक में दर्ज किया गया एक कार्यक्रम

10. दर्ज किया गया कार्यक्रम निर्धारित दिनांक की विंडो में चित्र **I-5.13** की तरह दिखाई देगा. निर्धारित समय आने पर आउटलुक अलार्म बजा देगा.

11. दूसरा कार्यक्रम दर्ज करने के लिए पहले दिसम्बर **1, 2009** दिनांक निर्धारित कीजिए. इसके बाद **6am** पंक्ति को डबल-क्लिक करके **'Untitled–Appointment'** डायलाग बॉक्स खोलिये.

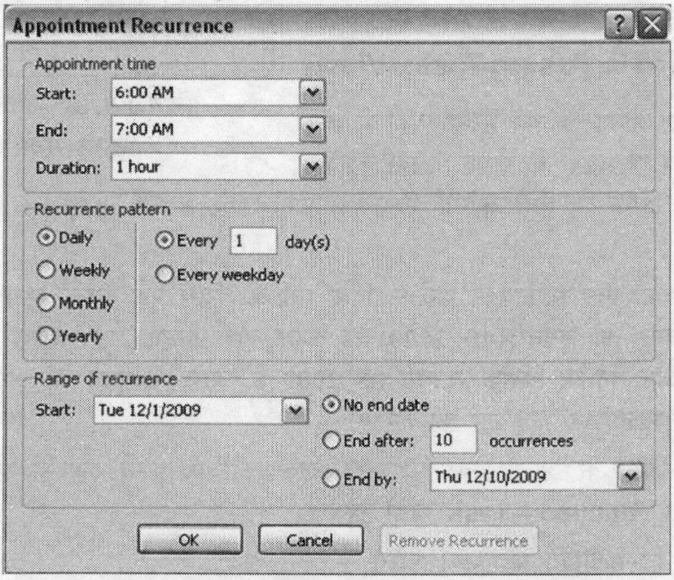

चित्र I-5.14: आउटलुक में 'Appointment Recurrence' डायलाग बॉक्स

12. अब **'Subject'** टैक्स्ट बॉक्स में **'Morning Walk'** और **'Start Time'** टैक्स्ट बॉक्स में **'6:00 AM'** समय निर्धारित कीजिए. **'End Time'** टैक्स्ट बॉक्स में **'7:00 AM'** समय निर्धारित कीजिए.

13. इसके बाद **'Recurrence'** बटन पर क्लिक कीजिए. इससे आपकी स्क्रीन पर **'Appointment Recurrence'** डायलाग बॉक्स खुलेगा. इसमें चित्र **I-5.14** की तरह उचित प्रविष्टियां भरकर **'OK'** बटन पर क्लिक कीजिए.

14. जैसा कि आप चित्र **I-5.15** में देख सकते हैं, कार्यक्रम की पुनरावृत्ति **(Recurrence)** आपकी **'Appointment'** विंडो में सुरक्षित हो गई है. अब **'Save & Close'** बटन पर क्लिक कीजिए.

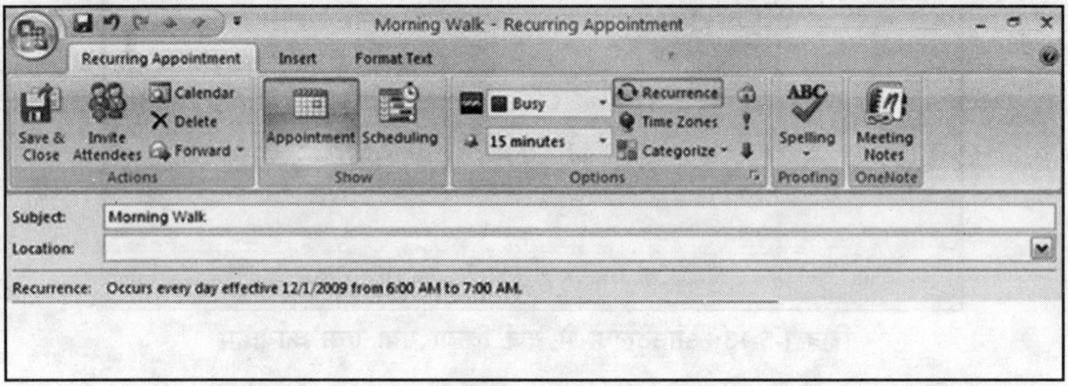

चित्र **I-5.15:** आउटलुक की **'Appointment'** विंडो में कार्यक्रम की पुनरावृत्ति सुरक्षित करना

15. अब दिसम्बर **1, 2009** की विंडो देखिये. इसमें आपको चित्र **I-5.16** की तरह कार्यक्रम दर्ज किया गया दिखाई देगा.

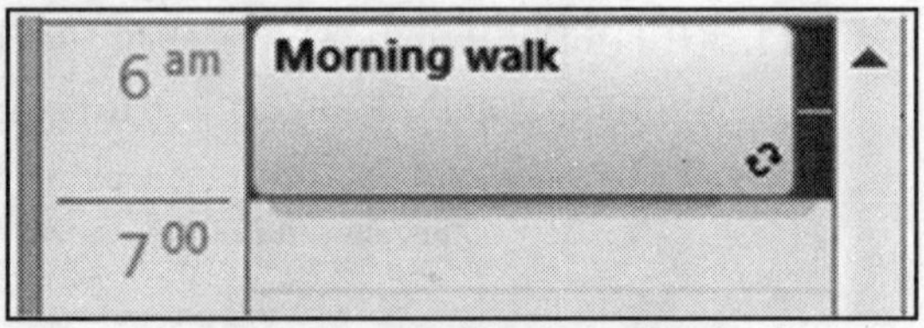

चित्र I-5.16: आउटलुक में दर्ज किया गया कार्यक्रम

टास्क व्यू का प्रयोग (Using Tasks View)

टास्क व्यू देखने के लिए आउटलुक की मुख्य विंडो में बायीं ओर सबसे नीचे दिये गये **'Tasks'** बटन पर क्लिक कीजिए. इससे आपकी स्क्रीन पर टास्क व्यू खुल जाएगा, जिसमें आपको **'There are no items to show in this view'** संदेश दिखाई देगा.

मान लीजिये, आपको एक सॉफ्टवेयर प्रोजेक्ट दिया गया है, जिसे पूरा करके आपको **'Infotron, Inc'** को देना है. आपने इस प्रोजेक्ट को जनवरी **10, 2009** को करना शुरू किया. इसे समाप्त करने की अंतिम तारीख जनवरी **30, 2009** है, और वर्तमान दिनांक जनवरी **23, 2009** है. आप इस काम को आउटलुक में सुरक्षित करना चाहते हैं. इसके लिए निम्नलिखित प्रक्रियाएं कीजिए –

1. टास्क व्यू में बीच के खाली क्षेत्र में डबल-क्लिक कीजिए. इससे आपकी स्क्रीन पर चित्र **I-5.17** से मिलती-जुलती **'Untitled – Task'** विंडो खुलेगी.

2. इस विंडो में निम्नलिखित प्रविष्टियां भरिये –

- **Subject : Software project of Infotron, Inc.**

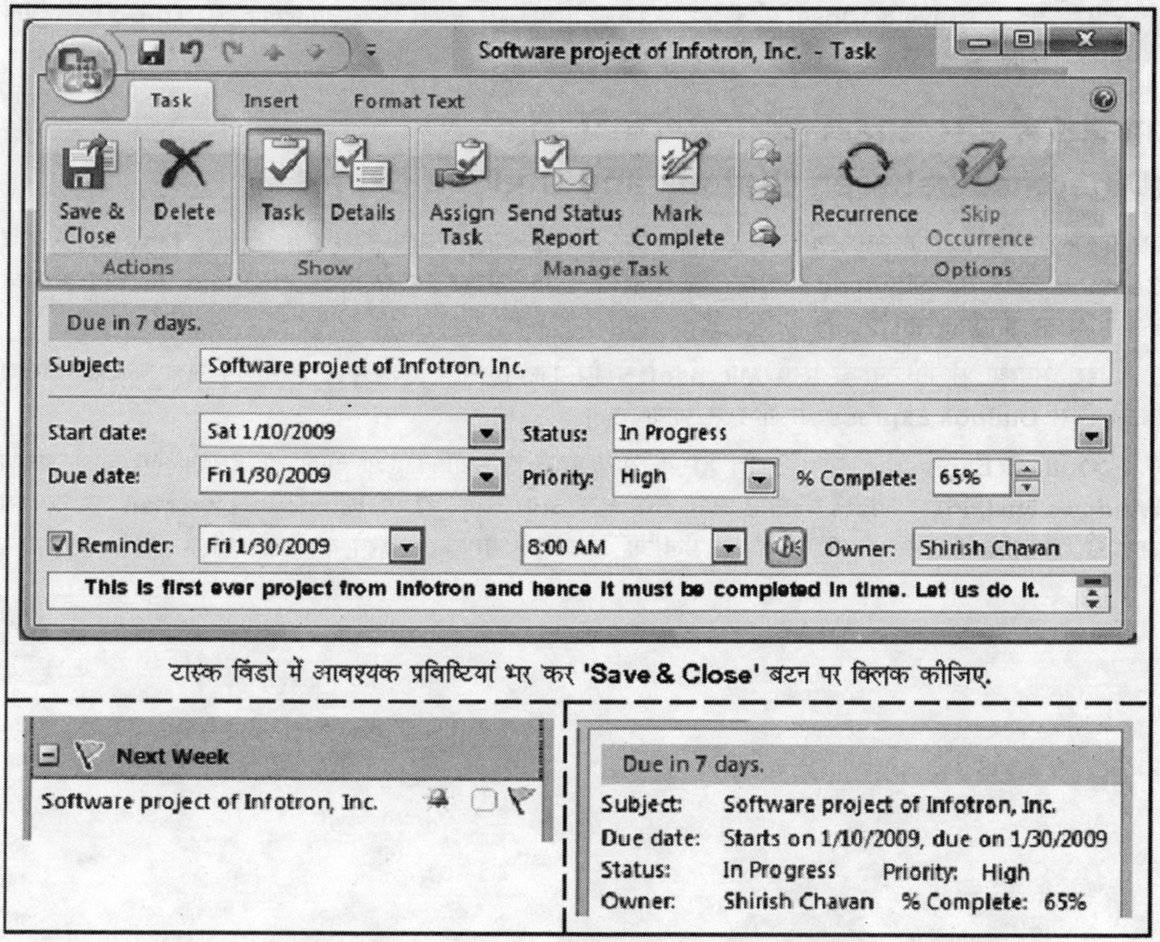

चित्र I-5.17: आउटलुक में सुरक्षित किया गया टास्क

- **Start Date : 1/10/2009**
- **Due Date : 1/30/2009**
- **Reminder (checked) : 1/30/2009, 8.00 AM**
- **Status : In Progress**
- **Priority : High**
- **% complete : 65%**

अब टास्क विंडो में टाइप कीजिए –

"This is first ever project from Infotron and hence it must be completed in time. Let us do it."

इसके बाद आपकी विंडो चित्र **I-5.17** की तरह दिखाई देगी.

3. अंत में **'Save & Close'** बटन पर क्लिक कीजिए. इस प्रकार आप आउटलुक में **'To-Do List'** बना सकते हैं.

आउटलुक और आउटलुक एक्सप्रेस में अंतर (Difference between Outlook and Outlook Express)

इस प्रकार आपने पढ़ा कि आउटलुक में ई-मेल भेजने की सुविधा के साथ-साथ **Calender**, **Task View** और **Contacts** बनाने की सुविधा भी है. परन्तु आप जानते हैं कि आउटलुक **Microsoft Office** का भाग होने के कारण बाजार में मुफ्त नहीं मिलता.

इस समस्या से निपटने के लिए **Microsoft** ने विंडोज के साथ एक मुफ्त ई-मेलिंग सेवा का भी निर्माण किया जिसे **Outlook Express** के नाम से जाना जाता है.

Outlook Express ई-मेल विंडोज **XP** के साथ पहले से स्थापित हुआ आता था. इसके आगे का संस्करण **Windows Mail,** विंडोज **Vista** में पाया जाने लगा और अब विंडोज **7** में **Windows Live Mail** के नाम से आता है. इन सभी पर काम करना ठीक जी-मेल या आउटलुक पर काम करने के समान ही है.

इंटरनेट के जरिये लोगों से जुड़ना
(Connecting to People through Internet)

आज के युग में इंटरनेट जनसंचार के एक अभिन्न माध्यम के रूप में उभर कर आया है. पारंपरिक माध्यम, जैसे समाचार पत्र और टेलीविजन में, आप केवल एक पाठक या दर्शक की तरह जानकारी प्राप्त कर सकते हैं, परंतु अपना दृष्टिकोण दूसरों तक पहुंचाने के लिए आपके पास सीमित साधन उपलब्ध होते हैं. इंटरनेट में ऐसा नहीं है. आप ब्लॉगिंग और सोशल नेटवर्किंग साइटों के जरिये अधिक-से-अधिक लोगो से जुड़ सकते हैं और अपनी आवाज़ उन तक पहुंचा सकते हैं. इतना ही नहीं, आप इन साधनों के जरिये अपने पुरान मित्रों से भी संबंध बनाये रख सकते हैं.

इस अध्याय में हम ब्लॉगिंग और कुछ प्रमुख सोशल नेटवर्किंग साइटों, जैसे लिंक्ड-इन, फेसबुक, ट्विटर, इत्यादि के विषय में पढ़ेंगे.

सोशल नेटवर्किंग साइट (Social Networking Sites)

सोशल नेटवर्किंग साइटों का मुख्य उद्देश्य ऑनलाइन समुदाय बनाना है, जिससे समान रुचियों के लोग एक-दूसरे से जुड़ सकें. अधिकांश नेटवर्किंग साइटें वेब-आधारित होती हैं, और प्रयोगकर्ताओं को आपस में संपर्क बनाने के लिए तुरंत संदेश **(Instant Messaging)** और ई-मेल जैसे अनेक विकल्प प्रदान करती हैं.

इन नेटवर्किंग साइटों के जरिये आप अपने स्कूल-कॉलेजों के पुराने सहपाठियों और मित्रों से संपर्क बना सकते हैं और कार्यक्षेत्र के लोगों से भी जुड़ सकते हैं.

दुनिया भर में सबसे अधिक लोकप्रिय सोशल नेटवर्किंग साइट फेसबुक **(Facebook)** है.

फेसबुक (Facebook)

फेसबुक, और अन्य सभी नेटवर्किंग वेबसाइटों में, अपना खाता बनाना लगभग ई-मेल खाता और ब्लॉग बनाने के ही समान है. यह वेबसाइट खोलने के लिए अपनी ब्राउज़र विंडो के एड्रैस बार में **www.facebook.com** टाइप करके एंटर कुंजी दबाइए. इससे आपकी स्क्रीन पर चित्र **I-6.1** की तरह एक वेबपेज खुलेगा. अपना खाता बनाने के लिए **'Sign Up'** फॉर्म का प्रयोग करें.

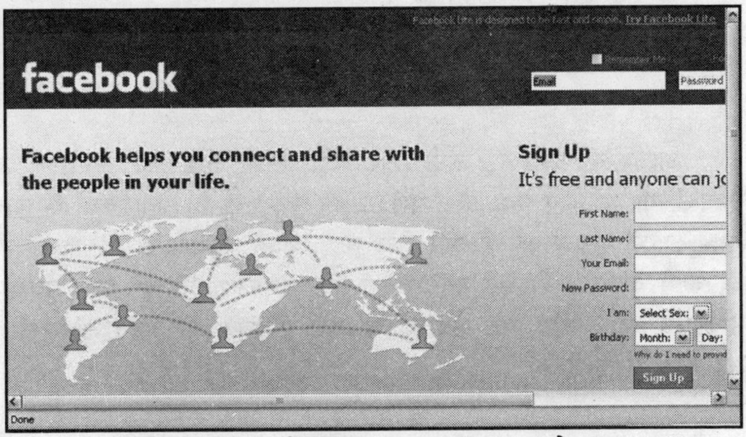

चित्र I-6.1: फेसबुक का 'लॉग इन' पेज

वास्तव में, यह एक विश्वव्यापी वेबसाइट है, जिसके जरिये आप नये मित्र बना सकते हैं, पुराने मित्रों से जुड़ सकते हैं, उन्हें संदेश भेज सकते हैं, और अपने व्यक्तिगत प्रोफाइल (जिसमें

प्रयोगकर्ता अपने विषय में जानकारी देता है) में आवश्यकतानुसार परिवर्तन करके अपने मित्रों को सूचित कर सकते हैं.

किसी भी प्रयोगकर्ता के व्यक्तिगत खाते का मुख्य पेज चित्र **I-6.2** से मिलता-जुलता होता है, जिसमें उस प्रयोगकर्ता और उसके मित्रों की हाल ही में की गई गतिविधियों (जैसे नये मित्र बनाना, किसी ऑनलाइन समुदाय का सदस्य बनाना, प्रोफाइल में नये चित्र जोड़ना आदि) का वर्णन होता है. **'What's on your mind?'** एडिट-बॉक्स (चित्र **I-6.2**) में आप उचित पाठ्य टाइप करके **'Share'** बटन पर क्लिक करके अपने मित्रों को अपनी मनोस्थिति बता सकते हैं. यह जानकारी उन्हें अपने खाते के मुख्य पेज **(Wall)** पर दिखाई देगी. इसके अतिरिक्त आप **'Share'** बटन के बाईं ओर दिये गये **Attach:** विकल्प के अंतर्गत दिये गये अन्य विकल्पों द्वारा अपने प्रोफाइल में चित्र, वीडियो, हाइपरलिंक आदि भी जोड़ सकते हैं, जिनके विषय में भी आपके मित्रों को सूचित कर दिया जाएगा. इसी प्रकार से जब भी आपके मित्र इससे मिलती-जुलती कोई भी क्रिया करेंगे, तो उसकी सूचना आपको मिल जाएगी.

इस तरह, फेसबुक के जरिये आप अपने पुराने मित्रों से संपर्क बनाये रख सकते हैं.

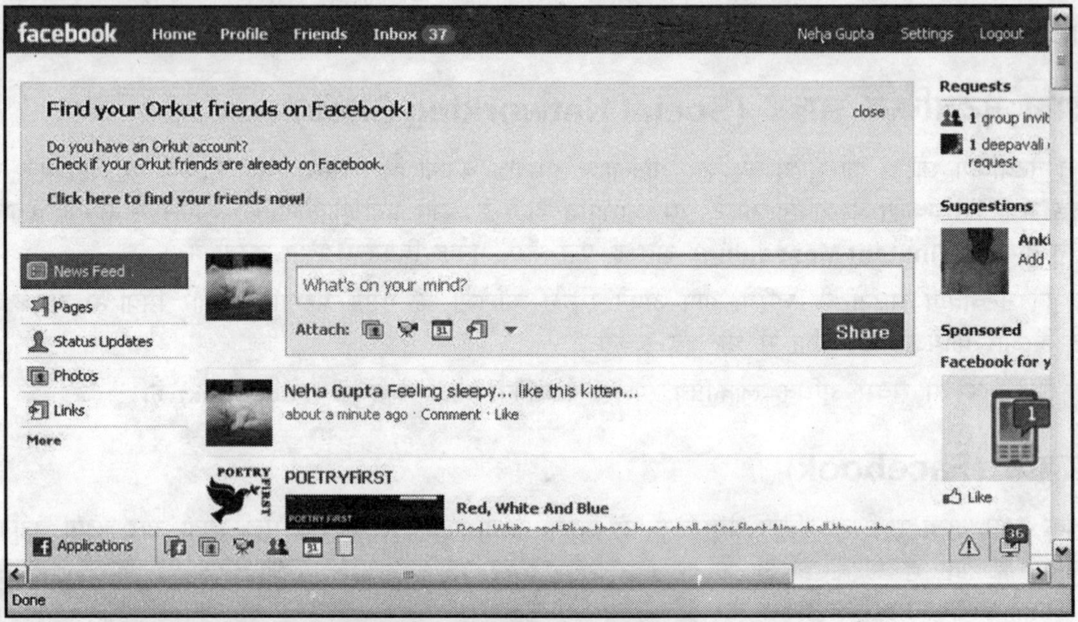

चित्र I-6.2: फेसबुक में बनाया गया एक प्रोफाइल का मुख्य पेज

आजकल फेसबुक, छोटी और बड़ी, सभी तरह की कम्पनियों के लिए भी प्रचार और विज्ञापन संबंधी गतिविधियों के लिए एक महत्वपूर्ण साधन बन गया है. प्रयोगकर्ता समुदाय बनाने की तरह अपनी कम्पनी का पेज **(Page)** भी बना सकते हैं और फिर वहाँ अपनी कम्पनी के उत्पाद या सेवा **(Products or Services)** से जुड़ी जानकारी दे सकते हैं-जैसे नए उत्पादों की जानकारी, विभिन्न छूट संबंधी योजनाओं की जानकारी, आदि. इन सभी सूचनाओं को तस्वीरों और वीडियों के द्वारा फेसबुक पर बहुत खूबसूरती से दिखाया जा सकता है जिससे कम्पनी की छवि बनती है.

चित्र I-6.3: फेसबुक में बनाया गया कम्पनी का पेज

ट्विटर (Twitter)

ट्विटर को प्रयोग करना फेसबुक की अपेक्षा अधिक सरल है. इसमें आप केवल निजी और सामूहिक संदेश, जिन्हें ट्वीट **(tweet)** कहते हैं, भेज सकते हैं. ट्वीट की लंबाई **140** अक्षरों तक सीमित होती है.

इस वेबसाइट को खोलने के लिए ब्राउज़र विंडो में एड्रैस बार में **www.twitter.com** टाइप करके एंटर कुंजी दबाएये. इससे ट्विटर का मुख्य पेज चित्र **I-6.4** की तरह खुल जाएगा. प्रोफाइल बनाने के लिये **'Sign up now'** बटन पर क्लिक कीजिए. यदि आप पहले ही इसमें खाता बना चुके हैं, तो वेबपेज के ऊपरी दायें कोने में दिये गये **'Sign in'** लिंक पर क्लिक कीजिए.

चित्र I-6.4: ट्विटर का मुख्य पेज

ट्विटर में प्रयोगकर्ता के खाते का मुख्य पेज चित्र **I-6.5** से मिलता-जुलता होता है. **'What are you doing?'** एडिट-बॉक्स में इच्छित संदेश टाइप करके **'Update'** बटन पर क्लिक कीजिए. संदेश आपके सभी मित्रों और अनुयायियों **(Followers)** तक पहुंच जाएगा. किसी मित्र को व्यक्तिगत संदेश भेजने के लिये मुख्य पेज में दायीं पट्टी में **'Home'** शीर्षक के अंतर्गत दिये गये लिंक **'Direct messages'** का प्रयोग कीजिए.

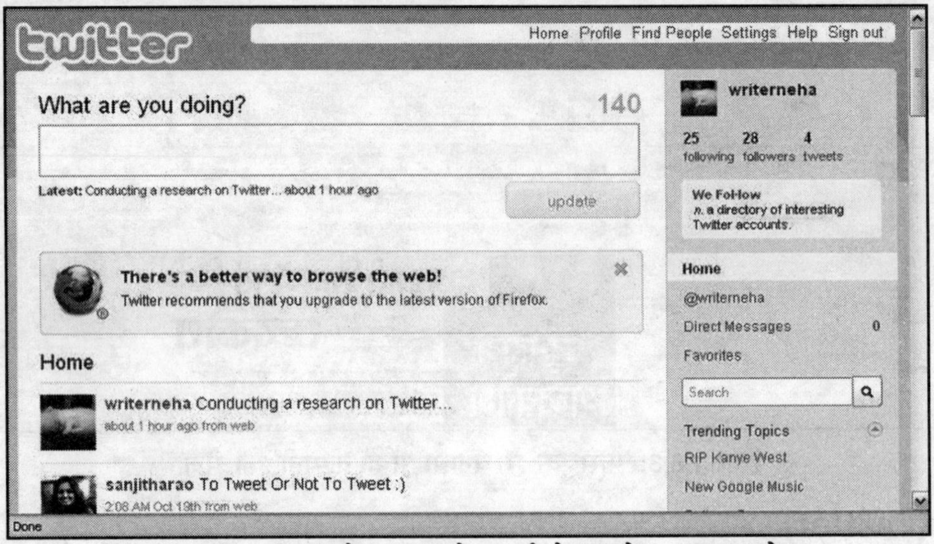

चित्र I-6.5: ट्विटर में एक प्रयोगकर्ता के खाते का मुख्य पेज

इस वेबसाइट की लोकप्रियता विश्व भर में तेजी से बढ़ रही है. इसका उपयोग प्रचार, विज्ञापन-संबंधी गतिविधियों, लोक प्रसिद्धि, राजनीति एवं अवलोकन में किया जा रहा है. अमेरिका के राष्ट्रपति बराक ओबामा ने भी चुनाव के समय अपनी पार्टी का प्रचार करने में ट्विटर का प्रयोग किया था. आजकल नेता-अभिनेता भी इस वेबसाइट का उपयोग प्रचार-संबंधी गतिविधियों में करते हैं.

लिंक्ड-इन (Linked-In)

लिंक्ड-इन एक व्यवसायी उन्मुख **(Professionally oriented)** सोशल नेटवर्किंग साइट है. 200 से अधिक देशों के लगभग 26 करोड़ लोग इस साइट के उपयोगकर्ता हैं. यह साइट 20 भाषाओं में उपलब्ध है.

चित्र I-6.6: लिंक्ड-इन का 'लॉग इन' पेज

चित्र I-6.7: लिंक्ड-इन में बनाया गया एक प्रोफाइल का मुख्य पेज

मुख्य विशेषताएं (Main Features)

लिंक्ड-इन की बुनियादी विशेषता है कि यह उपयोगकर्ताओं को एक-दूसरे की प्रोफाइल से जुड़ने **(Connect)** की अनुमति देता है. उपयोगकर्ता एक कनेक्शन बनाने के लिए किसी को भी आमंत्रित कर सकते हैं.

- प्रयोगकर्ता अपने नेटवर्क से सम्पर्क में आये लोगों के द्वारा नौकरियां और व्यापार के अवसर खोज सकते हैं.
- नियोक्ता **(Employers)** नौकरियों की सूची तैयार करके उन्हें पोस्ट कर सकते हैं और संभावित उम्मीदवारों को खोज सकते हैं.
- नौकरी तलाशने वाले उपयोगकर्ता नियोक्तों **(Employers)** की प्रोफाइल की समीक्षा **(Review)** कर सकते हैं और उन मित्रों (या मित्रों के मित्रों) **(Common Contacts)** को खोज सकते हैं जो नौकरी की सिफारिश करने में सहायता करेंगे.
- उपयोगकर्ता विभिन्न कम्पनियों के पेज को **'Follow'** कर सकते हैं और समय से नौकरी से जुड़ी सूचनाएं प्राप्त कर सकते हैं.
- उपयोगकर्ता एक-दूसरे की उपलब्धियों को (जैसे की नई नौकरी मिलना या तरक्की होना) **'Like'** और **'Congratulate'** कर सकते हैं.
- उपयोगकर्ता देख सकते हैं कि उनकी प्रोफाइल की खोज और समीक्षा किन और अन्य उपयोगकर्ताओं ने की है.

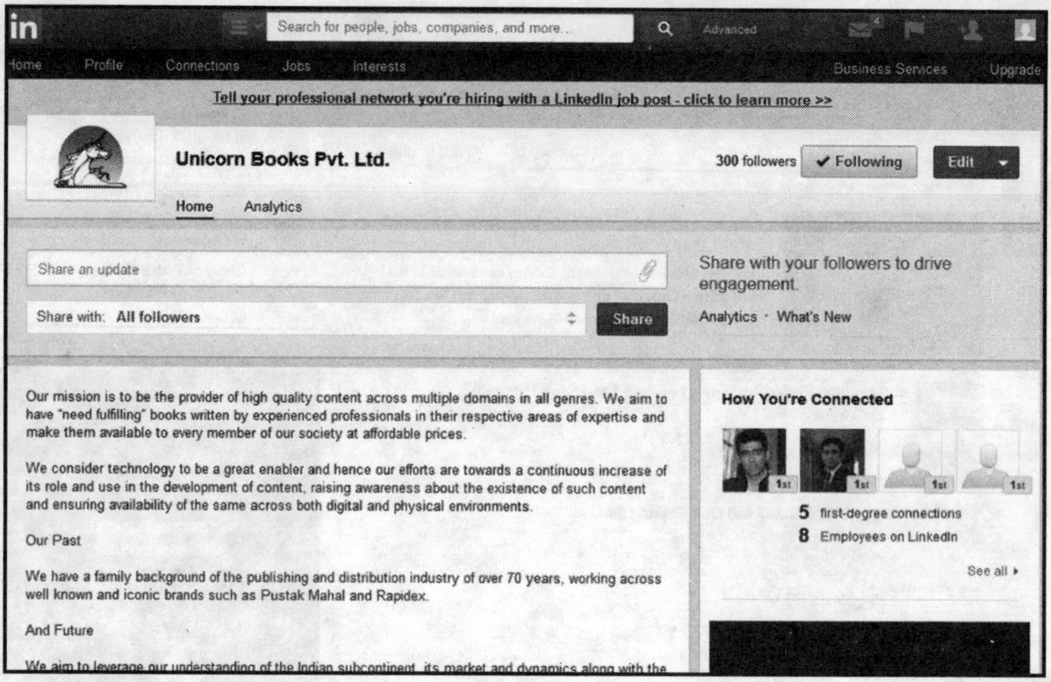

चित्र I-6.8: लिंक्ड-इन में बनाया गया कम्पनी का पेज

इसके अतिरिक्त लिंक्ड-इन में व्यवसाय या अन्य रुचियों से जुड़े विभिन्न समुदाय होते हैं जिनके उपयोगकर्ता सदस्य बन सकते हैं.

ब्लॉग किसे कहते हैं? (What are Blogs?)

ब्लॉग **(Blog) web log** का लघुरूप है. इंटरनेट से जुड़ने और वेब में संदेश, जिसे दूसरे पढ़ सकें, लिखने की प्रक्रिया को ब्लॉगिंग कहते हैं. ब्लॉगिंग किसी भी पाठक को अपना दृष्टिकोण, टिप्पणी **(Comment)** के रूप में दूसरों तक पहुंचाने का अवसर प्रदान करती है. चूंकि ब्लॉग किसी के द्वारा नियंत्रित नहीं किये जाते, आवश्यक है कि पाठक टिप्पणी करते समय अपनी निष्पक्ष राय सामने रखें.

ब्लॉग बनाना (Creating a Blog)

ब्लॉग बनाना बेहद आसान है. यह प्रक्रिया लगभग ई-मेल खाता बनाने जैसी है. ब्लॉग बनाने के लिए सबसे प्रसिद्ध वेबसाइट **www.blogger.com** है. इस अध्याय में हम इसी वेबसाइट द्वारा ब्लॉग बनाना सीखेंगे.

ब्लॉग बनाने के लिए निम्नलिखित क्रियाएं कीजिए –

1. सबसे पहले अपना वेब ब्राउज़र (जैसे इंटरनेट एक्सप्लोरर, मॉज़िला फायरफॉक्स, ओपरा इत्यादि) खोलिये.
2. अब एड्रैस बार में **www.blogger.com** टाइप करके एंटर कुंजी दबाइये.
3. इससे **Blogger** वेबसाइट का मुख्य पेज चित्र **I-6.9** की तरह खुलेगा. **'Username'** एडिट-बॉक्स में अपना जीमेल यूज़रनेम (यहां, **dick3333@gmail.com**) और **'Password'** एडिट-बॉक्स में पासवर्ड

चित्र I-6.9: 'ब्लॉगर' वेबसाइट का मुख्य पेज

(यहां, **guessmehahahihihuhu**) टाइप कीजिए. इसके बाद **'Sign In'** बटन पर क्लिक कीजिए.

4. **'Sign In'** बटन पर क्लिक करते ही आपकी स्क्रीन चित्र **I-6.10** की तरह दिखाई देगी. **'Display Name'** एडिट-बॉक्स में आप अपने ब्लॉग में जो नाम देखना चाहते हैं (यहां, **Dick**), उसे टाइप कीजिए.

चित्र I-6.10: 'डिस्प्ले नाम' भरना

5. इसके बाद चेक-बॉक्स **'I accept the Terms of Service'** को क्लिक करके सेट कीजिए और **'Continue'** बटन पर क्लिक कीजिए.
6. **'Continue'** बटन पर क्लिक करते ही आपकी स्क्रीन पर **'Create Your Blog Now'** का बटन आएगा जिस पर क्लिक करना होगा. इसके बाद आप अपने ब्लॉग का नाम और डिजाइन चुनेंगे. इससे आपका ब्लॉग तैयार हो जायेगा.
7. इसके बाद आपकी स्क्रीन पर चित्र **I-6.11** जैसा वेबपेज दिखाया जाएगा. यहां आपको कुछ पाठ्य टाइप करना होगा. **'Title'** एडिट-बॉक्स में अपने लेख (जिसे ब्लॉगिंग भाषा में 'पोस्ट' कहते हैं) का शीर्षक (यहां, **Forum for Rapidex Readers**) टाइप कीजिए. अब पाठ्य क्षेत्र में अपना लेख टाइप कीजिए.
8. आप देखेंगे कि **'Save Now'** बटन पर **'Now Blogger saves your drafts automatically'** का संदेश दिखाई दे रहा है. **Close** बटन दबाकर **X** इस संदेश को बंद कीजिए. अब **'Labels for this**

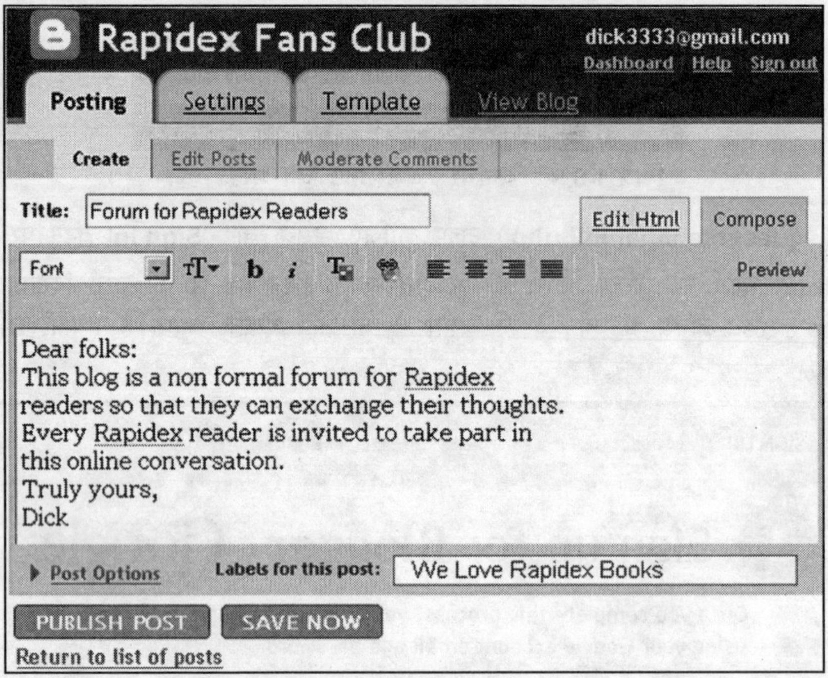

चित्र I-6.11: ब्लॉग में लेख (पोस्ट) छापना

post' एडिट-बॉक्स में उचित पाठ्य टाइप करके इस पोस्ट को एक लेबल (यहां, **We Love Rapidex Books**) दीजिए.

9. अब **'Save Now'** बटन पर क्लिक कीजिए. इससे आपकी पोस्ट सुरक्षित हो जाएगी. इसे छापने के लिए **'Publish Post'** बटन पर क्लिक कीजिए. अब यह पोस्ट वेब में छापी जा चुकी है. कोई भी इसे पढ़ सकता है. याद रखें, जब तक आप **'Publish Post'** बटन पर क्लिक नहीं करेंगे, तब तक आपकी पोस्ट वेब पर छापी नहीं जाएगी.

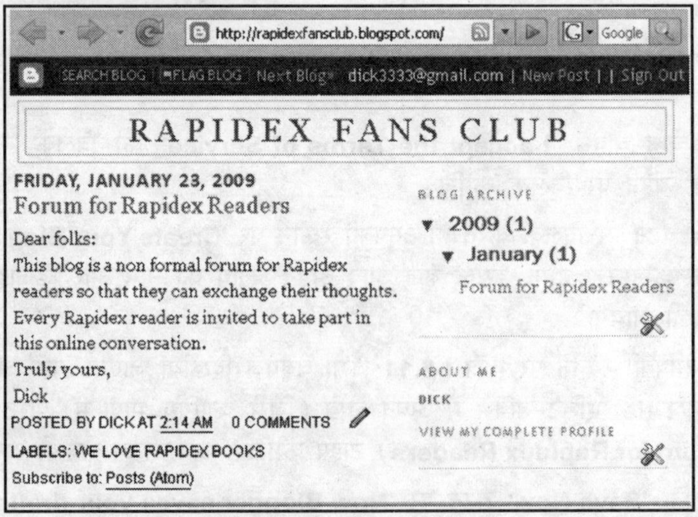

चित्र I-6.12: पोस्ट को वेब पर सफलतापूर्वक छापे जाने पर प्राप्त होने वाला संदेश

10. अब अपना ब्लॉग देखने के लिए **'View Blog'** लिंक पर क्लिक कीजिए. आपका ब्लॉग चित्र **I-6.12** की तरह दिखाई देगा.

टिप्पणी करना (Posting Comments)

जैसा कि हमने पहले बताया, आप किसी के भी ब्लॉग में प्रकाशित किसी भी पोस्ट पर टिप्पणी कर सकते हैं.

1. सबसे पहले अपना वेब ब्राउज़र खोलिए और एड्रैस बार में इच्छित ब्लॉग का एड्रैस (यहां, **rapidex-fansclub.blogspot.com**) टाइप कीजिए.
2. इससे आपकी स्क्रीन पर चित्र **I-6.12** से मिलता-जुलता वेब पेज दिखाई पड़ेगा.
3. मनचाही पोस्ट (यहां, **Forum for Rapidex Readers**) के नीचे दिये गये **'Comments'** लिंक पर क्लिक कीजिए. इससे एक नया वेबपेज चित्र **I-6.13** की तरह खुलेगा.
4. पाठ्य क्षेत्र में अपनी टिप्पणी टाइप कीजिए. इसके बाद **'Username'** एडिट-बॉक्स में अपना ई-मेल पता (यहां, **lina.the.crazy@gmail.com**) और **'Password'** एडिट-बॉक्स में अपना पासवर्ड (यहां, **iwillnottellyyoumypassword)** टाइप कीजिए.
5. अब **'Publish Your Comment'** बटन पर क्लिक कीजिए. इससे आपकी स्क्रीन पर एक नया वेबपेज खुलेगा, जिसमें आप देखेंगे कि आपकी टिप्पणी प्रकाशित हो चुकी है.

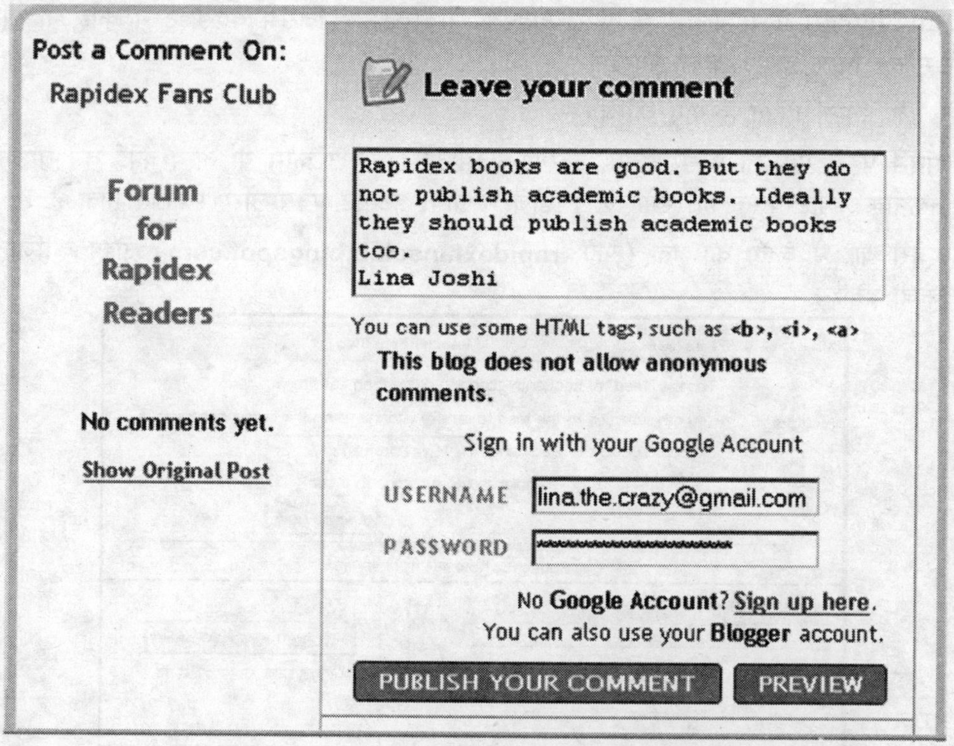

चित्र I-6.13: छपे हुए ब्लॉग पर टिप्पणी करना

इसके बाद जब भी कोई प्रयोगकर्ता यह ब्लॉग खोलेगा, तो उसे इस पोस्ट के नीचे **'0 Comments'** के स्थान पर **'1 Comment'** लिंक दिखाई देगा. इस लिंक पर क्लिक करके वह प्रकाशित टिप्पणी पढ़ सकता है और **'Leave your comment'** भाग के जरिये स्वयं भी टिप्पणी कर सकता है.

इस प्रकार आप ब्लॉगिंग द्वारा अधिक-से-अधिक लोगों से जुड़ सकते हैं.

आर.एस.एस./एटम/एक्स.एम.एल. फीड (RSS/Atom/XML Feed)

आरएसएस/एटम/एक्सएमएल फीड नई तकनीक के द्योतक हैं. जिस वेब ब्राउज़र में यह तकनीक होती है, वह आपकी पसंदीदा वेबसाइट या ब्लॉग में कोई भी परिवर्तन होने पर, आपको सूचित कर देता है.

ब्लॉगिंग के संदर्भ में 'एटम' शब्द का प्रयोग किया जाता है, जबकि समाचार के संदर्भ में 'आरएसएस' शब्द का. एक्सएमएल **(XML – Extensible Markup Language)** उस भाषा का नाम है, जिसे यह तकनीक बनाने में उपयोग में लाया जाता है.

आप देखेंगे कि हर ब्लॉग के पेज के अंत में **'Subscribe to : Posts (Atom)'** लिखा होता है. इसके अतिरिक्त एड्रैस बार में दायें कोने पर चिह्न होता है. (चित्र **I-6.12**), जो यह दर्शाता है कि वेबसाइट आरएसएस/एटम/एक्सएमएल फीड को सपोर्ट करती है.

याद रखें, यह तकनीक सिर्फ कुछ ही वेब ब्राउज़रों में होती है, जैसे मॉज़िला फायरफॉक्स, इंटरनेट एक्सप्लोरर, आदि.

अब हम 'रैपिडैक्स फैन्स क्लब' में एटम फीड को सबस्क्राइब (जिससे वेबसाइट में कोई भी परिवर्तन होने पर आपको सूचित किया जाए) करना सीखेंगे.

इसके लिए निम्नलिखित क्रियाएं कीजिए –

1. सबसे पहले मॉज़िला फायरफॉक्स, इंटरनेट एक्सप्लोरर, गूगल क्रोम या अन्य कोई वेब ब्राउज़र, जो यह तकनीक सपोर्ट करता हो, खोलिए. विंडोज में प्राय: इंटरनेट एक्सप्लोरर स्थापित होता है.
2. एड्रैस बार में ब्लॉग का पता (यहां, **rapidexfansclub.blogspot.com**) टाइप कीजिए और एंटर कुंजी दबाइये.

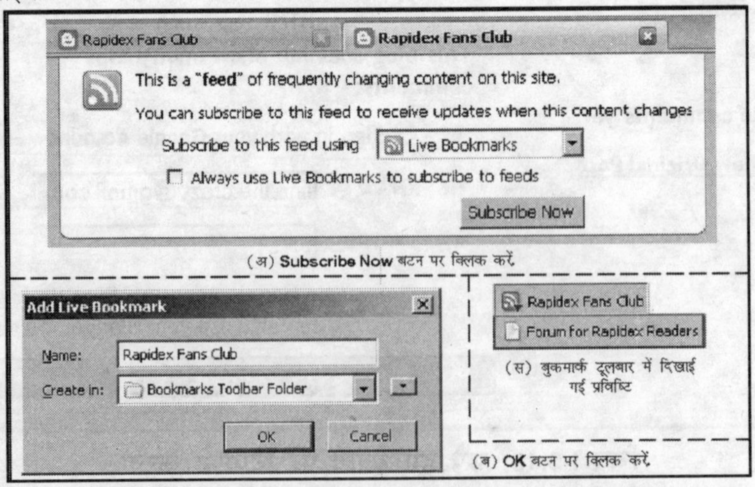

चित्र I-6.14: ब्लॉग में आरएसएस/एटम/एक्सएमएल फीड सेट करना

3. इससे चित्र **I-6.12** की तरह वेबपेज खुलेगा. **'Posts (Atom)'** लिंक पर क्लिक कीजिए. इससे एक नया वेबपेज एक अलग टैब में चित्र **I-6.14** (अ) की तरह खुलेगा. **'Subscribe Now'** बटन पर क्लिक कीजिए.

4. अब आपकी स्क्रीन पर चित्र **I-6.14** (ब) की तरह डायलाग बॉक्स दिखाई देगा. इसकी डिफाल्ट प्रविष्टियों को न बदलते हुए, OK बटन पर क्लिक कीजिए.

5. इसके बाद बुकमार्क टूलबार में आपको 'रैपिडैक्स फैन्स क्लब' की प्रविष्टि दिखाई देगी. इस पर क्लिक करने से एक लिस्ट नीचे की ओर खुलेगी, जिसमें सभी पोस्टों के नाम होंगे. चित्र **I-6.14** (ख) में आप केवल एक 'लिस्ट-आइटम' - **'Forum For Rapidex Readers'** - देख सकते हैं. जब भी इसमें नई पोस्ट डाली जाएगी, ब्राउज़र स्वयं ही उसे इस लिस्ट में जोड़कर हमें सूचित कर देगा.

इंटरनेट से जुड़ी अन्य सेवाएं (Other Internet Based Services)

1. **बातचीत (Chatting)** : इंटरनेट से जुड़े किसी कंप्यूटर पर कार्य कर रहे व्यक्ति द्वारा ऐसे ही किसी दूसरे कंप्यूटर पर कार्य कर रहे व्यक्ति के साथ बातचीत की जा सकती है. इस सुविधा को ही चैटिंग कहा जाता है. इसमें दोनों व्यक्ति एक ही समय एक ही वेब साइट पर लॉग-इन करते हैं और अपने सन्देश अपने-अपने कंप्यूटर पर टाइप करते हैं, जो दूसरे कंप्यूटर पर भी दिखायी पड़ता है. इसी का

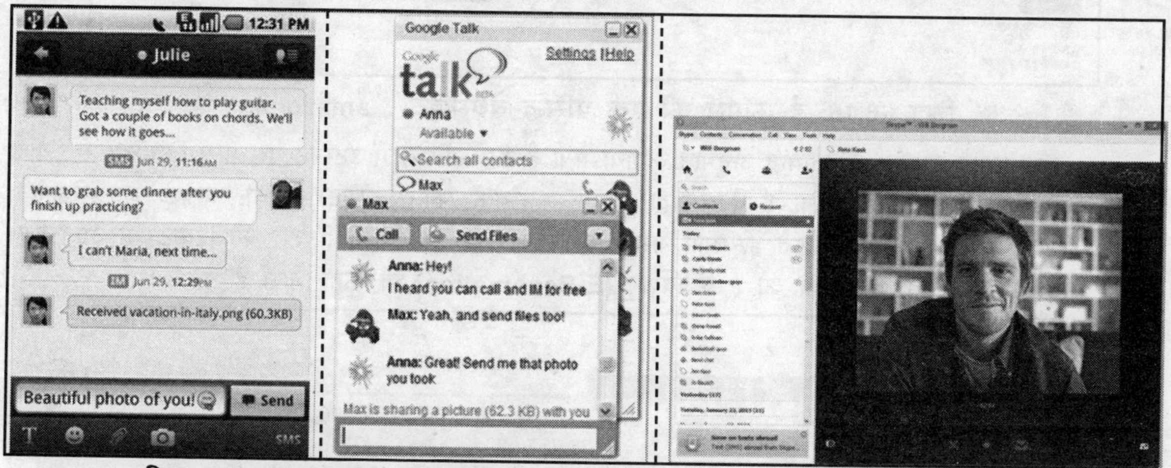

चित्र I-6.15: G-Talk, Yahoo Messenger और Skype के माध्यम से चैटिंग

सुधरा हुआ रूप **वॉयस मेल (Voice-Mail)** होता है, जिसमें माइक तथा स्पीकर द्वारा दूर-दूर बैठे दो व्यक्ति इस प्रकार बात कर लेते हैं, जैसे टेलीफोन पर कर रहे हों. इन सेवाओं को प्रदान करने के लिए कई निशुल्क सॉफ्टवेयर उपलब्ध हैं जैसे गूगल द्वारा **जी-टॉक (G-Talk)** और याहू द्वारा **याहू मैसेंजर (Yahoo Messenger)**. इसी सेवा का एक और विकसित रूप है विडियो चैटिंग **(Video Chatting)** जहां आप बात करते हुए एक-दूसरे का विडियो भी देख सकते हैं. मॉइक्रोसॉफ्ट का सॉफ्टवेयर **स्काईप (Skype)** इसका एक प्रसिद्ध उदाहरण है.

2. **ई-कामर्स (E-commerce)** : दूर-दूर स्थित व्यक्तियों या कम्पनियों द्वारा इंटरनेट के माध्यम से आपस में सम्पर्क करके वस्तुओं और सेवाओं की खरीद-बिक्री तथा लेन-देन करना ई-कामर्स कहलाता है. यह इंटरनेट का

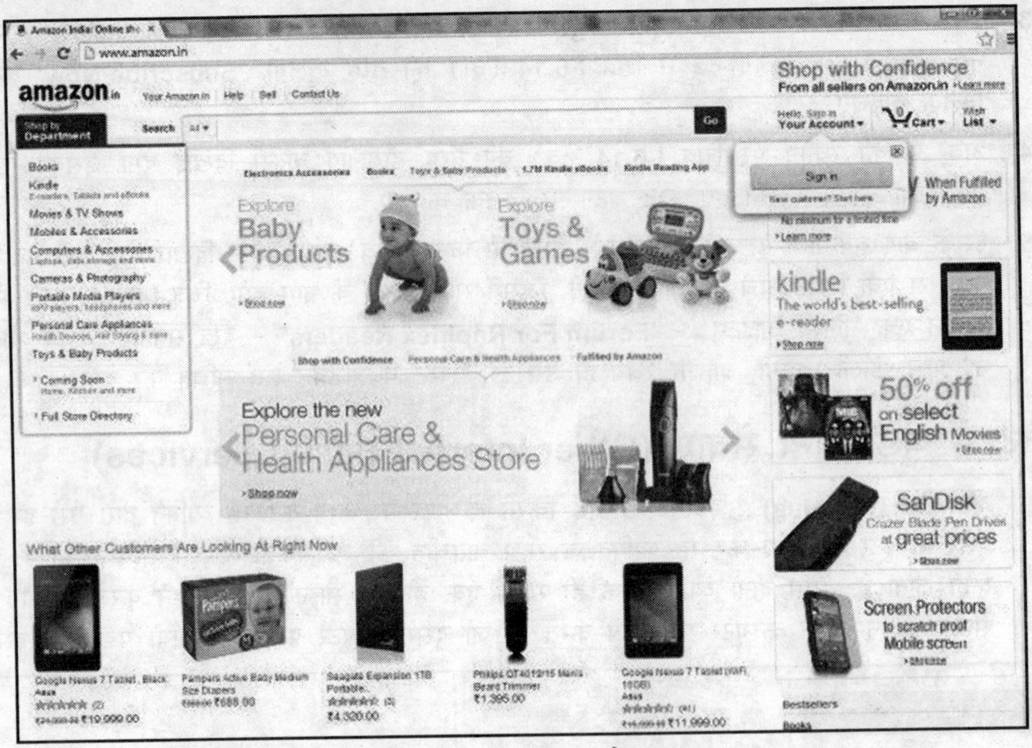

चित्र I-6.16: ई-कॉमर्स की एक प्रसिद्ध वेबसाइट - amazon.in

एक नवीन उपयोग है, लेकिन अनुमान लगाया गया है कि भविष्य में इंटरनेट पर अन्य क्रियाओं से ज्यादा ई-कामर्स ही किया जायेगा. ई-कामर्स द्वारा आप - पुस्तकें, फोन, कंप्यूटर, टी.वी., कपड़े, जूते, खिलौने, आदि कुछ भी खरीद सकते हैं. आप बस / ऐरोप्लेन / ट्रेन या किसी फिल्म की टिकट भी ऑनलाइन खरीद सकते हैं. इस सेवा को ई-रिजर्वेशन **(E-Reservation)** भी कहा जाता है.

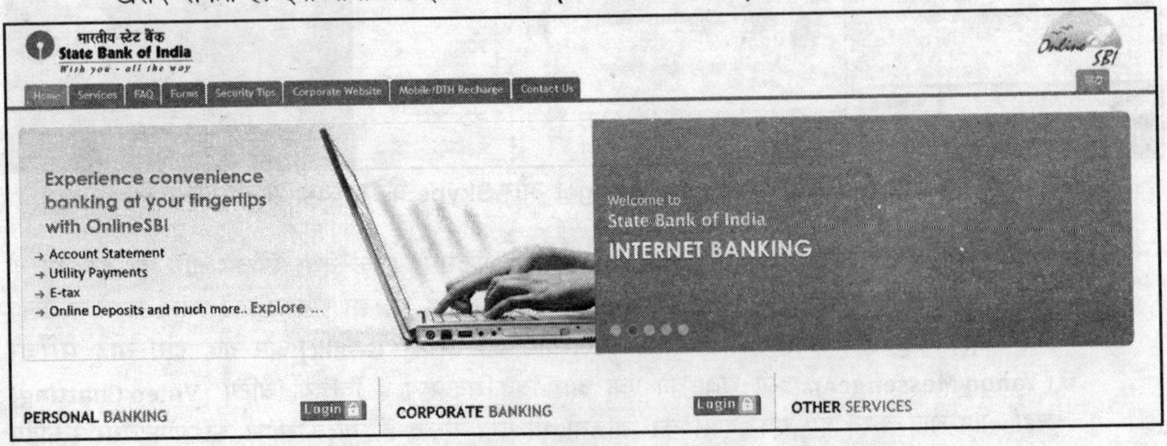

चित्र I-6.17: ई-बैंकिंग के लिए SBI बैंक की वेबसाइट

3. **ई-बैंकिंग (E-Banking) :** ई-बैंकिंग की साईटों द्वारा ग्राहक अपने बैंक से जुड़ सकते हैं और अपना खाता देख सकते हैं, खाते में पैसे डाल अथवा निकाल सकते हैं, योजनाओं में निवेश कर सकते हैं,

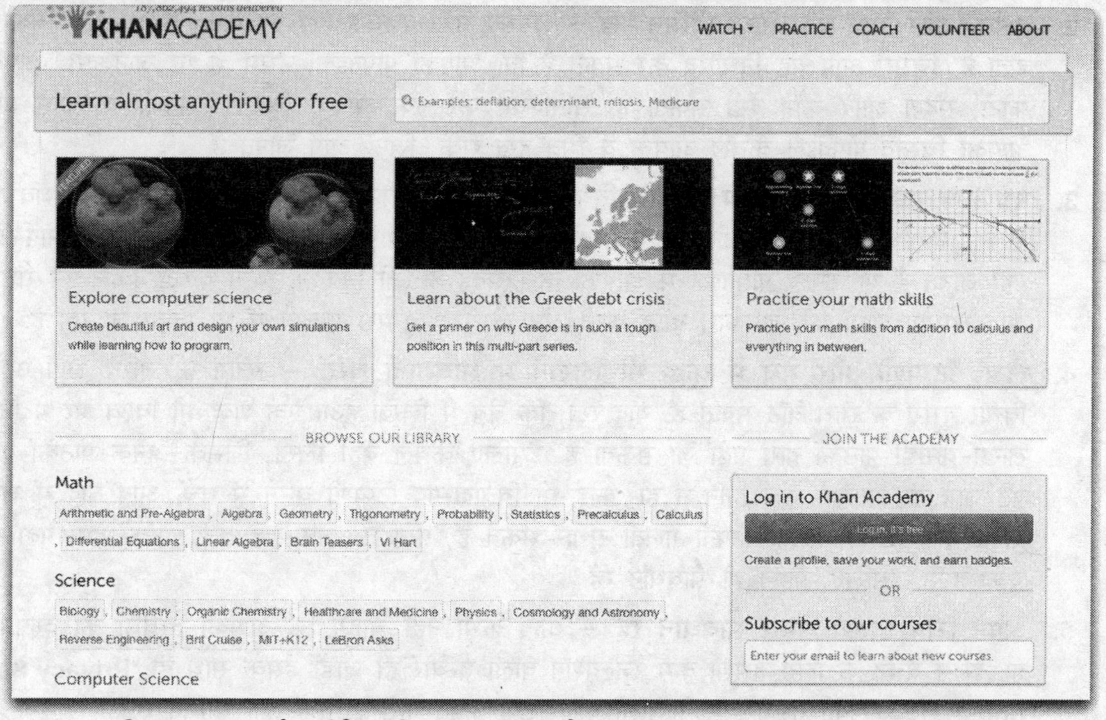

चित्र I-6.18: ई-लर्निंग की एक प्रसिद्ध वेबसाइट - KHANACADEMY.COM

टैक्स जमा करवा सकते हैं, आदि. इन साइटों का यूजर-नेम और पासवर्ड गुप्त रखना चाहिए.

4. **ई-लर्निंग (E-Learning) :** ई-लर्निंग का अर्थ है इलेक्ट्रॉनिक माध्यम के द्वारा शिक्षा प्रदान करना. शिक्षा प्रदान करने के लिए - पाठ्य, चित्र, ऐनिमेशन, ऑडियो और विडियो का सहारा लिया जाता है. यह तकनीक सबसे ज्यादा वहाँ उपयोगी पाई गई है जहाँ किसी कारणवश अभी तक विद्यालय स्थापित नहीं हो पाये या जहाँ अच्छे शिक्षकों की कमी है.

इंटरनेट के जरिये जुड़ने में बरती जाने वाली सावधानियां
(Precautions to be taken while connecting through Internet)

जैसा कि हमने पढ़ा, इंटरनेट के जरिये हम दुनिया भर में फैले व्यक्तियों से जुड़ सकते हैं और सभी के सामने अपना दृष्टिकोण रख सकते हैं. परंतु इंटरनेट के जरिये लोगों से जुड़ने में कुछ सावधानियां बरतनी आवश्यक हैं, जिससे कि कोई आपकी व्यक्तिगत जानकारी का दुरुपयोग न कर सके. आपके द्वारा बनाये गये ब्लॉग और सोशल नेटवर्किंग साइटों में बनाये गये प्रोफाइल केवल आपके मित्र ही नहीं, अजनबी भी सीमित या असीमित रूप में देख सकते हैं. ज़ाहिर है आप नहीं चाहेंगे कि आपकी व्यक्तिगत जानकारी गलत हाथों में पड़े और आपको कोई हानि हो.

ऐसी संभावनाओं से बचने के लिए निम्नलिखित सावधानियां बरतें -

1. **निजी जानकारी न दें -** निजी जानकारी, जिसका दुरुपयोग हो सकता है, जैसे अपना फोन नम्बर, घर का पता, ऑफिस का पता, आदि न दें.

2. **दर्शकों और मित्रों की संख्या सीमित रखें –** लगभग सभी वेबसाइटों में **'Privacy Settings'** विकल्प होता है, जिससे आप यह निर्धारित कर सकते हैं कि आपका प्रोफाइल, उसमें दी गई जानकारी, आपके फोटो, संदेश आदि कौन देख सकता है. सुनिश्चित करें, कि आपके विषय में निजी जानकारी और आपका विस्तृत प्रोफाइल केवल आपके वे मित्र देख सकें, जिन्हें आप जानते हैं.

3. **नये मित्र सावधानी से बनायें –** अजनबियों और नये मित्रों के साथ सावधानी से पेश आयें. जब भी आपको कोई मित्रता के लिए निवेदन भेजे, तो उस व्यक्ति के प्रोफाइल को ध्यान से देखें. यदि आप उसे नहीं जानते हैं या उसके प्रोफाइल में आपको कोई संदेह हो, तो निवेदन ठुकरा दें. आजकल इन साइटों का दुरुपयोग लोगों की जानकारी प्राप्त करने और कंप्यूटर वायरस फैलाने में भी किया जा रहा है.

4. **लेख, टिप्पणी और वेब में कुछ भी लिखने में सावधानी बरतें –** ब्लॉग के जरिये आप अपने विचार दूसरों के साथ बांट सकते हैं. याद रखें, कि वेब में लिखा हुआ एक शब्द भी विश्व भर में फैले लाखों-करोड़ों पाठकों द्वारा पढ़ा जा सकता है. इसलिए केवल वही लिखें, जिसके अनेक पाठकों द्वारा पढ़े जाने पर आपको कोई हानि न हो. कोई भी विवादास्पद टिप्पणी करने से बचें. आप बाद में लेख या टिप्पणी डिलीट करके अपनी गलती सुधार सकते हैं, परंतु तब तक यह कई पाठकों द्वारा पढ़ा जा चुका होगा. इसलिए, पहले ही सावधान रहें.

5. **अपने चित्र डालते समय सावधान रहें –** आप कभी नहीं चाहेंगे कि आपकी तस्वीरों का दुरुपयोग हो. इससे बचने के लिये हमेशा कम रेज़ल्यूशन वाली तस्वीरें ही जोड़ें. इसके साथ ही **'Privacy Settings'** द्वारा आपकी तस्वीरें देखने वालों की संख्या अपने करीबी मित्रों तक सीमित रखें.

कंप्यूटर का बचाव
(Protecting Your Computer)

इंटरनेट वायरस, वर्म और ट्रॉजन हॉर्स का घर है. ये इंटरनेट का प्रयोग करते समय आपके कंप्यूटर सिस्टम में प्रवेश कर जाते हैं और उसे अनेक प्रकार से हानि पहुंचाते हैं. इस अध्याय में हम इनसे बचने के उपायों पर चर्चा करेंगे. सबसे पहले जानते हैं कि आखिर ये वायरस, वर्म, ट्रॉजन हॉर्स क्या होते हैं.

वायरस (Virus)

वायरस एक सॉफ्टवेयर प्रोग्राम या कंप्यूटर कोड का टुकड़ा होता है, जो आपके कंप्यूटर में आपकी अनुमति के बिना प्रवेश कर जाता है और आपके सिस्टम को क्षति पहुंचाता है. जब भी आप कोई इन्फेक्टिड प्रोग्राम या ई-मेल अटैचमैंट खोलते हैं, तो वायरस आपके कंप्यूटर में फैल जाता है. वायरस फाइलें डाउनलोड करने, वेबपेज खोलने और इंटरनेट के जरिये फाइलों के आदान-प्रदान से भी फैलता है.

ये वायरस आपके कंप्यूटर से महत्त्वपूर्ण फाइलें डिलीट करके आपकी हार्ड डिस्क को नुकसान पहुंचा सकते हैं. कुछ वायरस पूरे कंप्यूटर में फैलकर डिस्क स्पेस घेर लेते हैं और आपके कंप्यूटर की गति को धीमा कर देते हैं.

वर्म (Worm)

वर्म वह कंप्यूटर प्रोग्राम होता है, जो अपनी अनेक प्रतियां बनाकर आपके कंप्यूटर की सामान्य प्रक्रियाओं को बाधित करता है. वायरस के समान, वर्म स्वयं को अन्य फाइलों या प्रोग्रामों से नहीं जोड़ता. यह वायरस से भी अधिक तीव्र गति से फैलता है और कंप्यूटर खुलते ही सक्रिय हो जाता है. वर्म एक कंप्यूटर से जुड़े अन्ये कंप्यूटरों में भी फैल जाता है और आपकी डाटा फाइलों को डिलीट कर देता है. प्रायः वर्म आपके कंप्यूटर की रैण्डम एक्सेस मेमोरी घेरकर कंप्यूटर की गति को धीमा कर देते हैं.

ट्रॉजन हॉर्स (Trojan Horse)

ट्रॉजन हॉर्स उस प्रोग्राम को कहते हैं, जो एक लाभदायक प्रोग्राम के रूप में आपके सामने आता है और धोखे से आपके सिस्टम में घुस जाता है. ऐसे प्रोग्राम प्रायः मुफ्त इंटरनेट खेलों के रूप में आते हैं. कुछ ट्रॉजन हॉर्स एंटी-वायरस प्रोग्राम के रूप में आते हैं जो आपके कंप्यूटर से वायरस हटाने का वायदा करते हैं, परंतु इसके विपरीत आपके कंप्यूटर में अनेक प्रकार के वायरस डाल देते हैं.

वायरस तथा वर्म के समान, ट्रॉजन हॉर्स अपनी अनेक प्रतियां नहीं बनाते. वे आपकी फाइलों और हार्ड डिस्क को नुकसान पहुंचाते हैं, और आपके कंप्यूटर से आपकी व्यक्तिगत जानकारी गलत लोगों तक पहुंचाते हैं.

बचाव के उपाय (Preventive Measures)

अपने कंप्यूटर सिस्टम और इसमें सुरक्षित फाइलों को वायरस, वर्म और ट्रॉजन हॉर्स से बचाने के लिए, निम्नलिखित सावधानियां बरतें :

1. उपयोगी एन्टी-वायरस प्रोग्राम को स्थापित करें. जब भी हम इंटरनेट से जुड़ते हैं, वायरस, वर्म और ट्रॉजन हॉर्स का खतरा बढ़ जाता है. जब तक हम एक अच्छा एन्टी-वायरस प्रोग्राम प्रयोग नहीं करेंगे, तब तक यह खतरा बना रहेगा. इसलिए आवश्यक है कि आप अपने कंप्यूटर में एक अच्छा एन्टी-वायरस प्रोग्राम स्थापित करें. एन्टी-वायरस प्रोग्रामों के विषय में विस्तृत जानकारी आगे दी गई है.
2. अपनी आवश्कता के अनुसार कंप्यूटर में फायरवॉल स्थापित करें. फायरवॉल आपके कंप्यूटर से अन्य कंप्यूटरों में होने वाले डाटा का आदान-प्रदान नियंत्रित करता है. इस विषय में विस्तृत जानकारी आगे दी गई है.
3. कोई भी फाइल या प्रोग्राम, जिसका प्रेषक संदेहात्मक हो, न खोलें.
4. ई-मेल अटैचमेन्ट के फाइल एक्सटेंशन को ध्यान से देखें. यदि एक्सटेंशन **exe, pif, bat, bas, cmd, com, cml. inf, js, lnk, msi, scr** या **vbs** है, तो उस फाइल को वायरस-स्कैन किये बिना न खोलें.
5. ई-मेल जो आपको एक बड़ा ईनाम मिलने की सूचना देते हैं और अधिक जानकारी के लिए किसी लिंक पर क्लिक करने या ई-मेल अटैचमेन्ट खोलने के लिए कहते हैं, ऐसे ई-मेलों से बचकर रहें.
6. 'पैच ट्यूज़डे' नामक सेवा का लाभ उठायें. इसके जरिये माइक्रोसॉफ्ट हर महीने के दूसरे मंगलवार को उन सभी प्रोग्रामों की सूची बनाता है, जो आपके कंप्यूटर को नुकसान पहुंचा सकते हैं. इसमें उन प्रोग्रामों से बचने के उपाय (जिन्हें 'पैच' कहते हैं) भी प्रदान किये जाते हैं. इन 'पैचों' का प्रयोग करें और अपने कंप्यूटर को वायरस से बचाएं.

एन्टी-वायरस प्रोग्राम (Anti-Virus Programs)

आजकल बाज़ार में अनेक एन्टी-वायरस सॉफ्टवेयर उपलब्ध हैं, जिन्हें खरीद कर आप अपने कंप्यूटर में स्थापित कर सकते हैं. नॉर्टन एन्टी-वायरस एक प्रचलित सॉफ्टवेयर है. परंतु बाज़ार में मिलने वाले एन्टी-वायरस सॉफ्टवेयर प्रायः महंगे होते हैं. आप इंटरनेट से भी अनेक उपयोगी एन्टी-वायरस सॉफ्टवेयर डाउनलोड कर सकते हैं. यहां हम कुछ लोकप्रिय एन्टी-वायरस सॉफ्टवेयर पर चर्चा करेंगे, जिन्हें आप इंटरनेट से निशुल्क डाउनलोड कर सकते हैं.

1. **एवीरा एन्टी-वायरस (AVIRA-Antivirus)** ः एवीरा **(AVIRA)** अलग-अलग किस्म में वायरसों और ट्रॉजन हॉर्सों को स्कैन करने की क्षमता रखता है. एक बार ढूंढे जाने के बाद, आप तय कर सकते हैं कि आप दूषित फाइलों को डिलीट या उनको सुधारना चाहते हैं.

   आप एवीरा को उसकी वेबसाइट **http:/www.avira.com/en/index** से डाउनलोड कर सकते हैं.

2. **एवीजी फ्री (AVG Free)** ः एवीजी फ्री एक जाना-माना बचाव उपकरण है. इसे प्रयोग करना बहुत ही सरल है. छोटा आकार होने के कारण यह सॉफ्टवेयर न तो अधिक स्थान घेरता है और न ही आपके कंप्यूटर की गति को धीमा करता है. इसकी वायरस खोजने की क्षमता ने इसे दुनिया भर में फैले हुए कंप्यूटर प्रयोगकर्ताओं में काफी लोकप्रिय बना दिया है.

   इस सॉफ्टवेयर को आप **http://www.free.avg.com/in-en/homepage** से डाउनलोड कर सकते हैं.

एन्टी-वायरस प्रोग्राम का प्रयोग करना (Using an Anti-Virus Program)

चित्र **I-7.1** में एवीजी फ्री की मुख्य विंडो दिखाई गई है. इस प्रोग्राम के जरिये आप पूरे कंप्यूटर या कुछ चुने हुए भागों को (जैसे एक विशेष फोल्डर या फाइल) स्कैन कर सकते हैं. आप इंटरनेट कनेक्शन के जरिये इस प्रोग्राम को अपडेट भी कर सकते हैं.

यदि आप अपने पूरे कंप्यूटर को स्कैन करना चाहते हैं, तो इस विंडो में **'Scan Computer'** विकल्प पर क्लिक कीजिए. स्कैनिंग तुरंत शुरु हो जाएगी. यदि आप कुछ विशेष भागों को स्कैन करना चाहते हैं, तो **'Scan Selected Areas'** विकल्प पर क्लिक कीजिए. इससे चित्र **I-7.2** की तरह एक विंडो खुलेगी. ऊपर दिये गये एडिट-बॉक्स में फोल्डर का नाम टाइप कीजिए या विंडो में चेक-बॉक्सों को सेट करके उचित फोल्डर चुनिये. इसके बाद **'Scan Selected Areas'** बटन पर क्लिक कीजिए. चुना हुआ फोल्डर तुरंत स्कैन हो जाएगा.

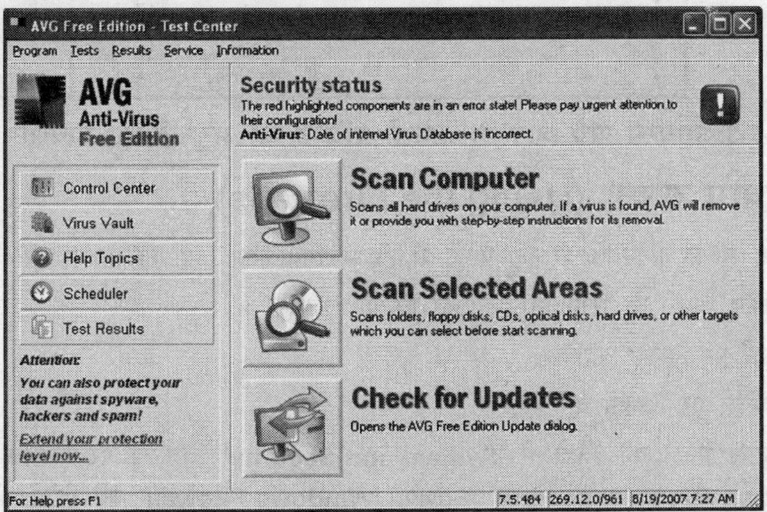

चित्र I-7.1: एवीजी फ्री की मुख्य विंडो

प्रोग्राम को अपडेट करने के लिए **'Check for Updates'** विकल्प पर क्लिक कीजिए.

जब भी स्कैनिंग के दौरान कोई वायरस, वर्म या ट्रॉजन हॉर्स पाया जाता है तो आगे की प्रक्रिया के लिए एवीजी आपसे अनुमति लेता है. इसके लिए चित्र **I-7.3** की तरह एक छोटा डायलाग बॉक्स खुलता है. वायरस मिटाने के लिए **'Heal'** बटन पर क्लिक कीजिए या इन्फेक्टिड फाइल को 'वायरस वॉल्ट' में पहुंचाने के लिए **'Move to Vault'** बटन पर क्लिक कीजिए. वायरस वॉल्ट एक प्रकार का स्टोर होता है, जिसमें सभी दूषित फाइलें सुरक्षित होती हैं.

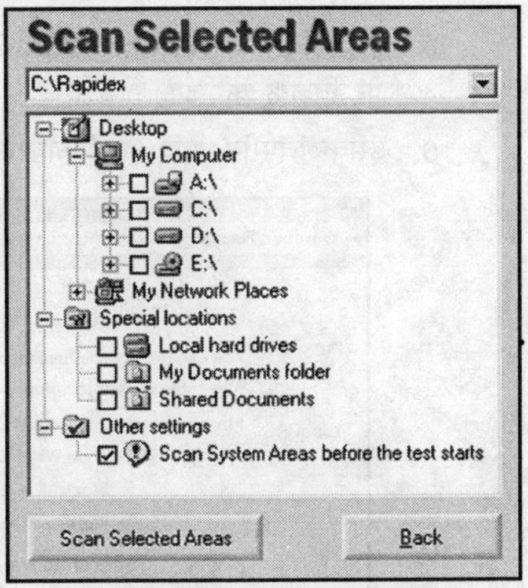

चित्र I-7.2: चुने हुए भागों का स्कैन करना

फायरवॉल (Firewalls)

फायरवॉल आपके कंप्यूटर को अनेक अनाधिकृत हमलों से बचाता है. यह आपके कंप्यूटर और इंटरनेट के बीच होने वाले आदान-प्रदान पर निगरानी रखता है. इसके दो मुख्य उद्देश्य होते हैं-

- बाहरी साधनों द्वारा आपके कंप्यूटर तक अनाधिकृत रूप से पहुंचने से रोकना.
- आपके कंप्यूटर से डाटा या प्रोग्रामों को बाहरी साधनों तक आपकी अनुमति के बिना पहुंचने से रोकना.

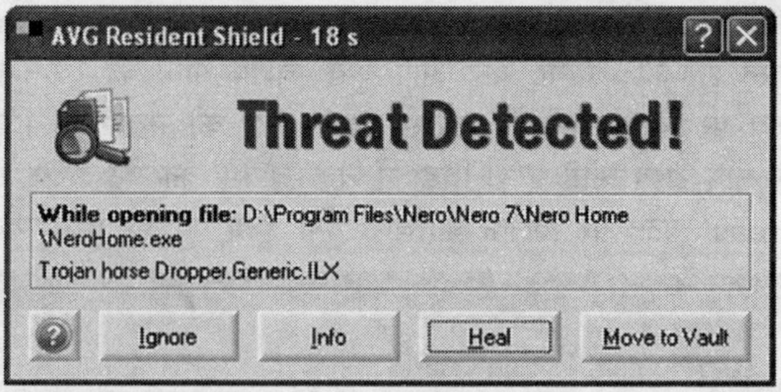

चित्र I-7.3: वायरस पाये जाने पर अगली प्रक्रिया की अनुमति का डायलाग बॉक्स

फायरवॉल प्रयोग करना (Using the Firewalls)

विंडोज के सभी नये संस्करणों में फायरवॉल पहले से ही स्थापित होगा. आपको केवल उसे 'ऑन' रखना होगा.

फायरवॉल 'ऑन' करने के लिए निम्नलिखित क्रियाएं कीजिए :

1. स्टार्ट बटन पर क्लिक कीजिए.
2. कंट्रोल पैनल पर क्लिक कीजिए.
3. अब कंट्रोल पैनल की विंडो में **'System and Security'** विकल्प पर किलक कीजिए, और फिर **'Windows Firewall'** पर क्लिक कीजिए. **'Windows Firewall'** की विंडों में बाईं ओर दिये गये **'Turn Windows Firewall on or off'** लिंक पर क्लिक करें.
4. इसके बाद आपकी स्क्रीन पर चित्र **I-7.4** की तरह विंडो खुलेगी.
5. इस विंडो में **'Turn on Windows Firewall'** रेडियो बटन में क्लिक कीजिए और फिर **'OK'** बटन पर क्लिक कीजिए.
6. इसके विपरीत, यदि आप फायरवॉल को **'Off'** करना चाहते हैं (जो कोई दूसरा फायरवॉल स्थापित करने

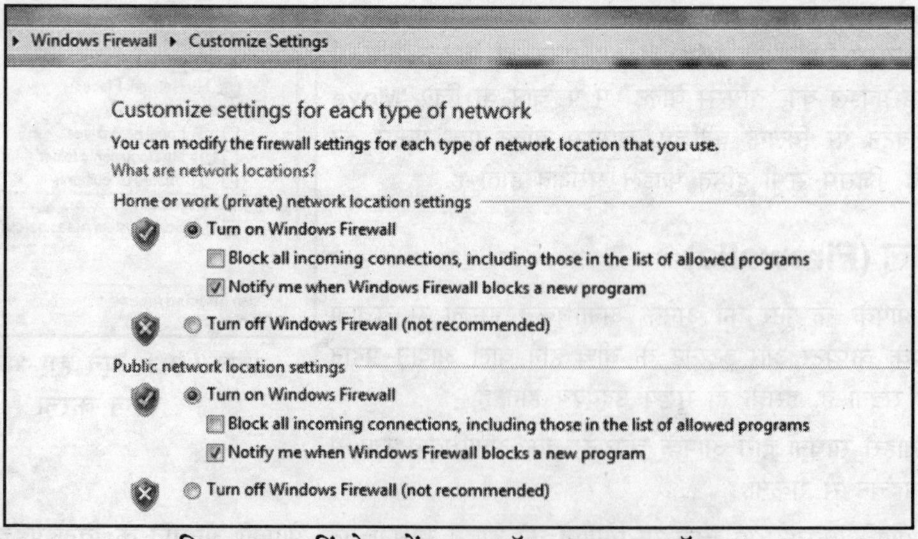

चित्र I-7.4: विंडोज में फायरवॉल डायलाग बॉक्स

की स्थिति में किया जाता है), तो **' Turn on Windows Firewall'** के बजाय **' Turn off Windows Firewall (not recommended)'** रेडियो बटन पर क्लिक करके **'OK'** बटन पर क्लिक कीजिए.

मुफ़्त फायरवॉल (Free Firewalls)

विंडोज फायरवॉल आपके कंप्यूटर को सीमित सुरक्षा प्रदान करता है. यह वायरस आदि से तो कंप्यूटर को दूर रखता है, परंतु कंप्यूटर में पहले से ही स्थापित प्रोग्रामों को, जो इंटरनेट तक सूचनाएं पहुंचा सकते हैं, नियंत्रित नहीं करता.

इसलिए कुछ प्रयोगकर्ता कंप्यूटर में एक अन्य फायरवॉल स्थापित करना पसंद करते हैं, नीचे ऐसे ही कुछ फायरवॉल की सूची दी जा रही है, जिसे आप मुफ़्त में इंटरनेट से डाउनलोड कर सकते हैं –

1. ज़ोन-अलार्म एक मुफ़्त फायरवॉल है, जिसे आप इसकी वेबसाइट **http://www.zonealarm.com** से डाउनलोड कर सकते हैं.
2. केरियो पर्सनल फायरवॉल एक सॉफ्टवेयर है, जो आपके कंप्यूटर और इंटरनेट के बीच मध्यस्थ का काम करता है. यह कंप्यूटर को इंटरनेट और नेटवर्क से जुड़े हए अन्य कंप्यूटरों के जरिये होने वाले हमलों से बचाता है. यह **http://www.kerio.com** पर उपलब्ध है.

विंडोज में सुरक्षा उपाय (Security Measures in Windows)

विंडोज वायरस और घुसपैठियों के खिलाफ बेहतर सुरक्षा प्रदान करती है. इसमें पहले से ही एन्टी-फिशिंग फिल्टर, विंडोज डिफेंडर, फायरवॉल आदि स्थापित हैं. यहां हम इन विशेषताओं के विषय में चर्चा करेंगे.

1. **एन्टी-फिशिंग (Anti-Phishing)** ‍% विंडोज में इंटरनेट एक्सप्लोरर स्थापित होता है, जो एन्टी-फिशिंग फिल्टर के साथ आता है. फिशिंग उस प्रक्रिया को कहते हैं, जिसके जरिये प्रयोगकर्ता की व्यक्तिगत जानकारी (जैसे क्रेडिट कार्ड नम्बर) निकलवाने का प्रयास किया जाता है. इंटरनेट एक्सप्लोरर ऐसे धोखेबाजों को पहले ही पकड़ लेता है और आपको सूचित कर देता है.
2. **विंडोज डिफेंडर (Windows Defender)** % विंडोज डिफेंडर विंडोज का ही एक अंग है. यह स्वयं कार्य करता है और कोई भी अनाधिकृत प्रक्रिया की सूचना आप तक पहुंचा देता है.
3. **फायरवॉल (Firewall)** % जैसा कि आपने पढ़ा, विंडोज में पहले से ही फायरवॉल को स्थापित किया गया है, जो आपके कंप्यूटर को वायरस आदि से बचाता है.
4. **सुरक्षा सेटिंग (Security Settings)** % आप विंडोज की सुरक्षा विशेषताओं को कभी भी **'Action Centre'** (चित्र **I-7.5**) के जरिये शुरू या बंद कर सकते हैं. इस प्रकार आप विंडोज डिफेंडर, अपडेट, आदि को अपनी इच्छानुसार नियंत्रित कर सकते हैं.

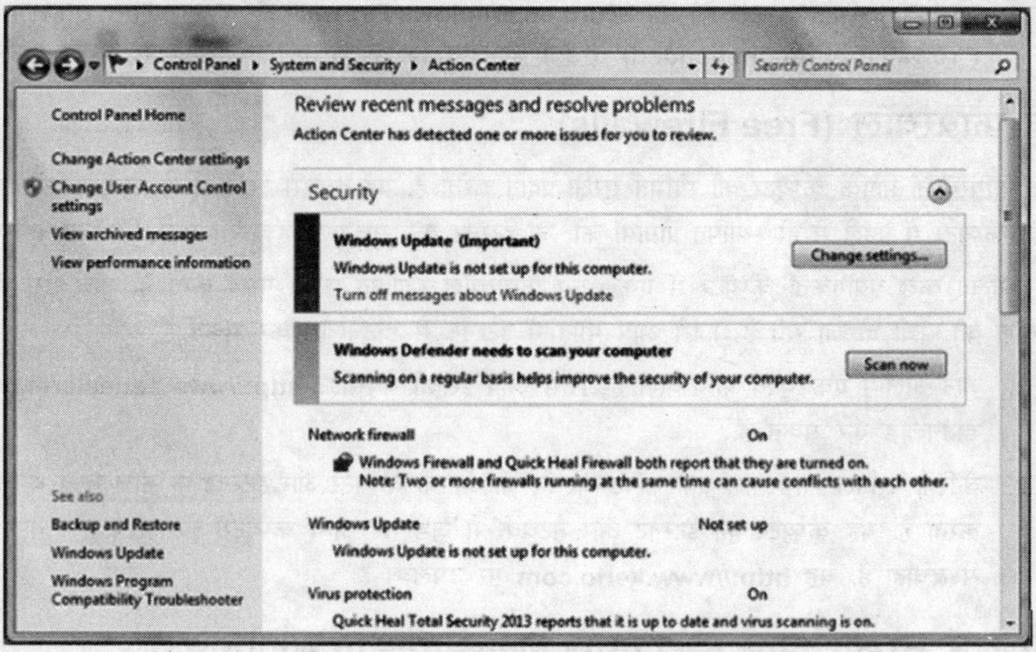

चित्र I-7.5: विंडोज 7 का ऐक्शन सेंटर

वायरस आने पर क्या करें? (What to do if virus infects your machine?)

मान लीजिए, कि ये सभी सुरक्षा-संबंधी सावधानियां बरतने के बावजूद आपके कंप्यूटर में वायरस आ जाता है. ऐसी परिस्थिति में निम्नलिखित उपाय कीजिए –

1. यदि आपके कंप्यूटर में एन्टी-वायरस प्रोग्राम है, तो उसके जरिये अपने पूरे सिस्टम को स्कैन कीजिए.
2. यदि यह कोई नया वायरस है, तो अपने एन्टी-वायरस सॉफ्टवेयर को अपडेट करके सिस्टम को स्कैन कीजिए.
3. यदि आपको अपने एन्टी-वायरस सॉफ्टवेयर की गुणवत्ता पर संदेह है, तो **http://security.symantec.com** नामक वेबसाइट के जरिये अपना कंप्यूटर स्कैन कीजिए. इस वेबसाइट की मदद से आप मुफ़्त में कंप्यूटर स्कैन कर सकते हैं.
4. यदि आपका वर्तमान एन्टी-वायरस नये वायरसों को खोजने में असमर्थ है, तो उसे हटाकर कंप्यूटर में नया एन्टी-वायरस स्थापित कीजिए.
5. यदि वायरस आपके डाटा और सिस्टम को अधिक हानि पहुंचा चुका है, तो डाटा वापस पाने और कंप्यूटर ठीक कराने के लिए किसी विशेषज्ञ से संपर्क कीजिए.

रैपिडैक्स® कंप्यूटर कोर्स

भाग-7

डेस्कटॉप पब्लिशिंग
(Desktop Publishing)

डेस्कटॉप पब्लिशिंग
(Desktop Publishing)

इंटरनेट के इस युग में इलेक्ट्रॉनिक मीडिया से भारी चुनौती के बावजूद छपी हुई सामग्री का महत्त्व जरा भी कम नहीं हुआ है. पुस्तकें और समाचारपत्र आज भी संवाद के प्रमुख माध्यम बने हुए हैं. किसी संदेश या सामग्री को बड़ी संख्या में लोगों तक पहुंचाने के लिए उसे कागज पर छापना **प्रकाशन** या **पब्लिशिंग (Publishing)** कहा जाता है.

प्रकाशक हमेशा से ऐसी प्रणाली की खोज में रहे हैं, जिसमें छापने की सम्पूर्ण प्रक्रिया में कम से कम समय और धन खर्च हो तथा साथ ही वह देखने में भी बेहतर लगे. कंप्यूटरों ने प्रकाशकों को वह सुविधा उपलब्ध करा दी है कि वे अपनी मेज पर बैठे हुए ही छापने के लिए सामग्री तैयार कर सकते हैं, छपाई की डिजायन बना सकते हैं और सीधे-सीधे शब्दों में कहा जाय तो, उस सामग्री को छापकर दे सकते हैं. कंप्यूटर आधारित इस प्रणाली में आप न केवल पाठ्य को सेट कर सकते हैं, बल्कि पृष्ठों पर पाठ्य, चित्र, शीर्षक, बॉक्स तथा अन्य सभी प्रकार की सामग्री चिपका या लगा सकते हैं.

प्रकाशन की इस प्रणाली को डेस्कटॉप पब्लिशिंग (Desktop Publishing) या डीटीपी (DTP) कहा जाता है.

डीटीपी क्या है? (What is DTP?)

डेस्कटॉप पब्लिशिंग (संक्षेप में डीटीपी) का शाब्दिक अर्थ है–छापी जाने वाली सामग्री को अपनी मेज पर ही तैयार करना. अर्थात् अपनी मेज पर रखे उपकरणों द्वारा ही प्रकाशन का कार्य करना. इसका व्यावहारिक अर्थ है - कंप्यूटर और उससे जुड़े उपकरणों द्वारा प्रकाशन का कार्य करना. दूसरे शब्दों में, इस प्रणाली में पाठ्य कम्पोज करने, चित्र आदि बनाने से लेकर उन्हें विभिन्न पृष्ठों पर स्थान देने अर्थात् सेट करने तक का सारा कार्य अपनी मेज पर रखे कंप्यूटर में ही किया जाता है. संक्षेप में, अपने डेस्कटॉप कंप्यूटर की सहायता से पूरी तरह छापने योग्य दस्तावेज तैयार करना ही डेस्कटॉप पब्लिशिंग कहा जाता है. इसके लिए कई प्रकार के प्रोग्राम उपलब्ध हैं, जिनके द्वारा आप टुकड़ों में बंटी हुई सूचनाओं और सामग्री को आपस में जोड़कर एक सम्पूर्ण दस्तावेज बना सकते हैं.

वर्ड प्रोसेसिंग तथा डीटीपी में अंतर
(Difference between Word Processing and DTP)

यद्यपि डीटीपी भी एक प्रकार की वर्ड प्रोसेसिंग ही है और वर्ड प्रोसेसरों द्वारा भी छोटे-मोटे प्रकाशन तैयार किये जा सकते हैं, फिर भी वर्ड प्रोसेसिंग और डीटीपी में एक मौलिक अंतर यह है कि वर्ड प्रोसेसिंग का मुख्य जोर पाठ्य सामग्री पर होता है, उसमें ग्राफिक्स आदि की उतनी सुविधाएं नहीं होती, जबकि डीटीपी का मुख्य जोर पेज लेआउट तैयार करने पर होता है और उसमें ग्राफिक्स के मनचाहे उपयोग की कहीं अधिक सुविधाएं होती हैं.

डेस्कटॉप प्रकाशन के चरण (Steps of Desktop Publishing)

डेस्कटॉप प्रकाशन की विधि में सामान्यतया निम्नलिखित चरण होते हैं :

- **पाठ्य तैयार करना (Creating Text)** : इस चरण में सामान्यतया किसी वर्ड प्रोसेसर द्वारा पाठ्य सामग्री

तैयार की जाती है, जिसमें टाइप करना, प्रूफ देखना, वर्तनी (स्पेलिंग) की जांच करना, सम्पादन करना, संशोधन करना आदि शामिल होता है.

- **चित्र तैयार करना (Creating Illustrations)** : यह कार्य सामान्यतया दो प्रकार से किया जाता है : या तो किसी ग्राफिक सॉफ्टवेयर द्वारा आवश्यक चित्र बना लिये जाते हैं या पहले से बने हुए अथवा छपे हुए चित्र को किसी स्कैनर द्वारा इलैक्ट्रॉनिक डाटा में बदलकर कंप्यूटर में स्टोर कर लिया जाता है. इस विधि में स्कैनर की क्षमता अधिक महत्त्वपूर्ण होती है. आवश्यकता के अनुसार इन दोनों विधियों का उपयोग करके सभी प्रकार के चित्र, रेखाचित्र, फोटो आदि तैयार कर लिये जाते हैं.
- **पेज की डिजायन बनाना (Designing Page)** : इस चरण में प्रत्येक पृष्ठ का खाका तैयार किया जाता है. इसमें पृष्ठ की लम्बाई, चौड़ाई और चारों ओर छोड़े जाने वाले हाशिए तय कर लिये जाते हैं. यह कार्य डीटीपी सॉफ्टवेयर द्वारा करना कहीं आसान है, क्योंकि उसमें आप विभिन्न प्रकार की डिजायनें मिनटों में बनाकर देख सकते हैं और तय कर सकते हैं कि कौन सी डिजायन आपके लिए सर्वश्रेष्ठ रहेगी.
- **पेज तैयार करना (Making the Page)** : यह चरण सबसे अधिक महत्त्वपूर्ण होता है. वास्तव में यही डीटीपी का मुख्य चरण है. इसमें समस्त तैयार की हुई सामग्री को इलेक्ट्रॉनिक पृष्ठ पर अच्छी तरह लगाया जाता है. इसमें पाठ्य के फॉण्ट आकार तथा चित्रों के आकार के बारे में निर्णय लिये जाते हैं और उन्हें इस प्रकार लगाया जाता है कि प्रत्येक पृष्ठ अधिक से अधिक सुन्दर और उपयोगी बने. डीटीपी सॉफ्टवेयर द्वारा ऐसा करना बहुत सरल होता है, क्योंकि इसमें आप अपने कंप्यूटर की स्क्रीन पर ही किसी पेज को कई प्रकार से लगाकर देख सकते हैं कि कौन सा प्रकार सबसे अच्छा रहेगा.
- **प्रकाशन को अंतिम रूप देना (Finalising the Publication)** : इस चरण में दस्तावेज को एक बार पुनः भली प्रकार देखकर उसके खाके और सामग्री में यत्र-तत्र संशोधन किए जाते हैं और अंतिम बार छाप कर वह प्रति प्रिंटिंग प्रेस में छपाई के लिए दे दी जाती है.

डीटीपी क्यों? (Why Use DTP?)

परम्परागत प्रकाशन प्रणाली की तुलना में डीटीपी का उपयोग करना इसलिए सुविधाजनक है कि परम्परागत विधि में प्रकाशन की सामग्री तैयार करने का कार्य मुख्यतः बाहरी व्यक्तियों जैसे चित्रकारों, डिजायनरों, कम्पोजीटरों और प्रूफ रीडरों पर निर्भर करता है, जबकि डेस्कटॉप प्रकाशन प्रणाली में यह कार्य प्रायः एक ही व्यक्ति के अपने हाथ में होता है. बाहरी व्यक्तियों पर निर्भरता के कारण परम्परागत विधि में कोई प्रकाशन अपने अंतिम रूप में तैयार होने तक बहुत समय ले लेता है, जबकि डीटीपी में यह कार्य बहुत कम समय में सम्पन्न कर लिया जाता है.

इसलिए इससे कोई भी सामग्री अपना महत्त्व खो देने से पहले ही छापकर सम्बंधित व्यक्तियों तक पहुंचाई जा सकती है. इससे प्रकाशन का उद्देश्य भी सफल होता है. डीटीपी विधि से प्रकाशन करने में समय और साधनों की भारी बचत होती है, जिससे प्रकाशन का मूल्य कम होता है और उसको अधिक से अधिक व्यक्तियों तक पहुंचाया जा सकता है.

डीटीपी के उपयोग (DTP Applications)

प्रिंट मिडिया प्रकाशन से जुड़े कुछ उदाहरण :

- पत्रिका • विज्ञापन • ब्रोषर (विवरण पुस्तिका) • सूची • विसिटिंग कार्ड

न्यूजलेटर : एक ऐसी साप्ताहिक/मासिक/वार्षिक छपने वाली पत्रिका जिसे प्रकाशक व्यापार प्रचार हेतु ग्राहकों को भिजवाता है.

विज्ञापन : विज्ञापन का उद्देश्य होता है ध्यान आकर्षित करना. विज्ञापन विभिन्न स्थानों पर दिये जाते हैं जैसे कि पत्रिका में, समाचार पत्र में, इंटरनेट पर आदि.

ब्रोषर : ब्रोषर किसी कम्पनी के उत्पादों या सेवाओं के बारे में जानकारी देता है.

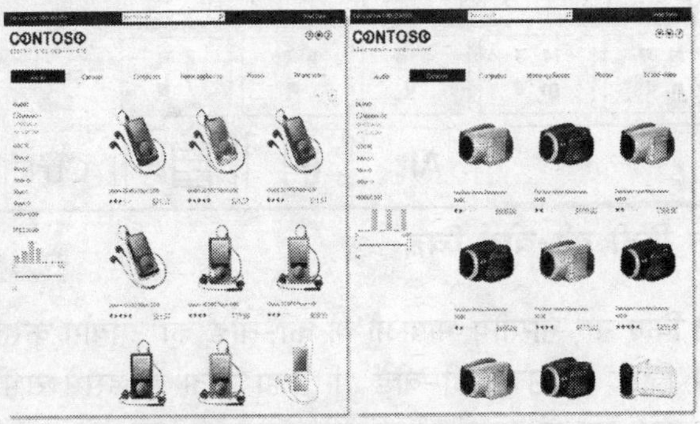

कैटेलॉग : ब्रोषर के समान ऐसी सूची जो कम्पनी की सेवाओं तथा उत्पादों की विस्तृत जानकारी देती है जैसे उत्पाद का मूल्य, चित्र आदि.

विसिटिंग कार्ड : छोटे आकार का पहचान पत्र जो किसी व्यक्ति और उससे जुड़ी कम्पनी के बारे में जानकारी देता है जैसे–नाम, पद, पता, फोन नम्बर तथा ईमेल आई डी.

चित्र DP-1.1 : डीटीपी के उपयोग

डीटीपी में हार्डवेयर आवश्यकताएं (Hardware Requirements in DTP)

डीटीपी प्रणाली में मुख्य रूप से एक छोटे कंप्यूटर तथा डीटीपी के पैकेज की आवश्यकता होती है. आप किसी पर्सनल कंप्यूटर के विभिन्न भागों अर्थात् हार्डवेयर और सॉफ्टवेयर के बारे में इस पुस्तक के भाग-1 'पर्सनल कंप्यूटर परिचय' में पढ़ चुके हैं. उनके अतिरिक्त डीटीपी में जिस हार्डवेयर का विशेष उपयोग किया जाता है, उसके बारे में यहां बताया जा रहा है.

हिंदी की-बोर्ड (Hindi Keyboard)

डीटीपी के कार्य में हमें अंग्रेजी के साथ-साथ हिंदी में भी सामग्री भरने की आवश्यकता होती है. की-बोर्ड हर भाषा के कार्य के लिए एक ही होता है, परन्तु भाषा के अनुसार फॉण्ट बदल जाते हैं और फॉण्ट बदलने के साथ ही की-बोर्ड के मुख्य भाग की कुंजियों का अर्थ भी बदल जाता है. उदाहरण के लिए, जब हम किसी हिंदी फॉण्ट जैसे चाणक्य या अर्जुन का उपयोग करते हैं, तो मुख्य की-बोर्ड की 'J' कुंजी को दबाने पर 'र' टाइप होता है. इसी प्रकार अन्य बटनों के बारे में भी समझा जा सकता है.

दुर्भाग्य से हिंदी के सभी फॉण्टों द्वारा उपयोग किया जाने वाला कुंजीपटल एक समान नहीं है. अधिकांश फॉण्ट रेमिंगटन टाइपराइटर के की-बोर्ड का उपयोग करते हैं, जो चित्र DP-1.2 में दिखाया गया है. हिंदी में टाइप करना जानने वाले व्यक्ति इस तरह के फॉण्टों का उपयोग करके डीटीपी के कार्य के लिए हिंदी में पाठ्य सरलता से तैयार कर लेते हैं. इसमें टाइप करने की गति भी अपेक्षाकृत अधिक होती है.

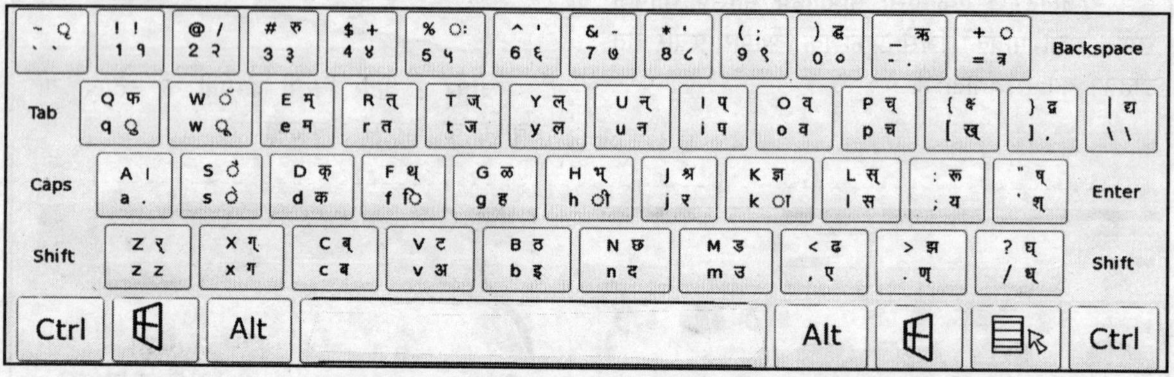

चित्र DP-1.2 : रेमिंगटन हिंदी की-बोर्ड चिह्न

अन्य बहुत से फॉण्ट सी-डैक (C-DAC) द्वारा विकसित किए गए भारतीय भाषाओं के की-बोर्ड का उपयोग करते हैं, जो चित्र DP-1.3 और DP-1.4 में दिखाया गया है. इसे जिस्ट (GIST) की-बोर्ड भी कहा जाता है. इसमें सभी मात्राएं और स्वर एक तरफ तथा सभी व्यंजन दूसरी तरफ लगाए गए हैं. इसमें अक्षरों की बारम्बारता (Frequency) का ध्यान नहीं रखा गया है, इसलिए इसमें पाठ्य सामग्री टाइप करना बहुत समय खाने वाला कार्य है.

इनके अतिरिक्त बहुत से फॉण्ट इन दोनों की-बोर्डों की जगह ध्वन्यात्मक (Phonetic) की-बोर्ड का उपयोग करते हैं, जिसमें हिंदी के शब्दों को रोमन लिपि में टाइप किया जाता है. उदाहरण के लिए 'राम' टाइप करने के लिए हमें अपने साधारण की-बोर्ड पर 'rAm' टाइप करना होगा. इसमें छापे के छोटे और बड़े दोनों प्रकार के अक्षरों का अर्थ भिन्न होता है. बहुत से लोगों को यही सुविधाजनक लगता है, क्योंकि उन्हें हिंदी का की-बोर्ड याद नहीं

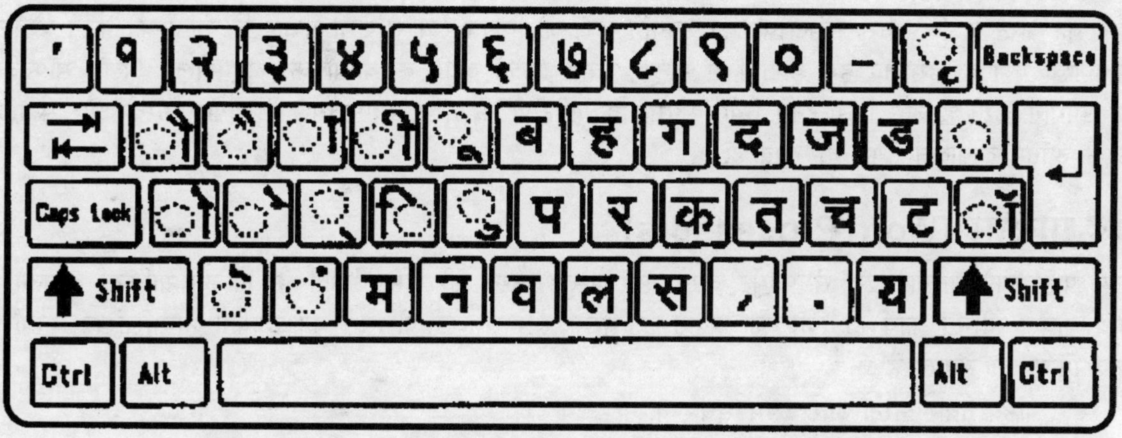

चित्र DP-1.3 : सी-डैक हिंदी की-बोर्ड चिह्न (शिफ्ट के बिना)

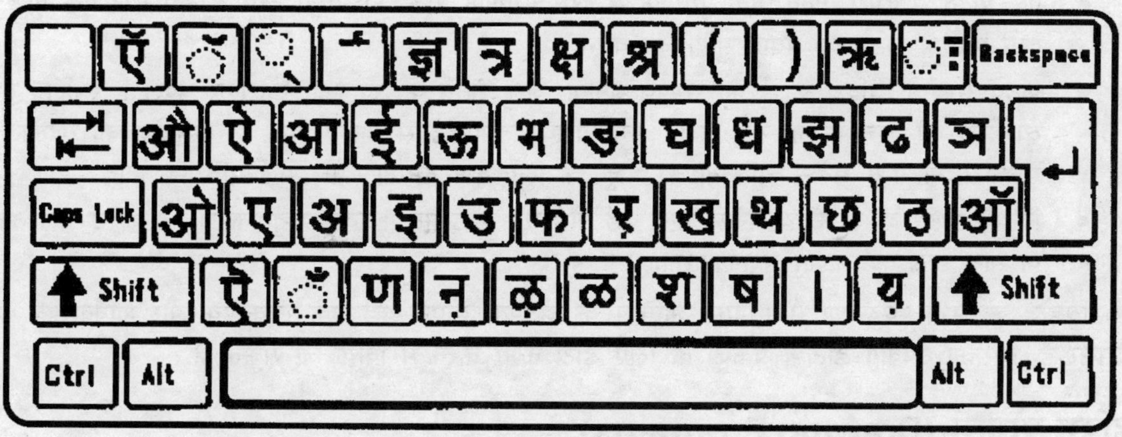

चित्र DP-1.4 : सी-डैक हिंदी की-बोर्ड चिह्न (शिफ्ट के साथ)

रखना पड़ता. लेकिन इस की-बोर्ड में टाइप करने की गति पहले बताए गए दोनों की-बोर्डों की अपेक्षा बहुत ही कम होती है और गलतियां होने की सम्भावना अधिक होती है, क्योंकि इसमें शिफ्ट के उपयोग का विशेष ध्यान रखना पड़ता है.

सॉफ्टवेयर आवश्यकताएं (Software Requirements)

कंप्यूटर के हार्डवेयर से कोई काम कराने के लिए जो प्रोग्राम लिखे जाते हैं या उस पर चलाए जाते हैं, उन्हें सॉफ्टवेयर कहा जाता है. सॉफ्टवेयर के बिना हार्डवेयर ऐसा ही है, जैसे बिजली के बिना टेलीविजन या डायल टोन के बिना टेलीफोन. डीटीपी के लिए न केवल अच्छी क्षमता के कंप्यूटर और सहायक उप्रकरणों की आवश्यकता होती है, बल्कि उसके लिए विशेष प्रकार के सॉफ्टवेयर पैकेज की भी व्यवस्था करनी पड़ती है.

मुख्य रूप से हमें पाठ्य डाटा तैयार करने, रेखाचित्र तथा रंगीन चित्र बनाने, चित्रों तथा फोटो आदि को प्रोसेस करके उनमें विशेष प्रभाव डालने तथा इन सबको एक में संयोजित करके अंतिम दस्तावेज तैयार करने के लिए

विशेष सॉफ्टवेयर की आवश्यकता पड़ती है. उच्च श्रेणी के प्रकाशन के लिए यह आवश्यक होता है कि आप किसी कार्य को करने के लिए उस सॉफ्टवेयर का उपयोग करें, जो विशेष रूप से उसी प्रकार के कार्यों को करने के लिए ही लिखा गया है. इसलिए हम डीटीपी में पाठ्य, चित्रों, फोटो आदि के कार्यों के लिए अलग-अलग सॉफ्टवेयर का उपयोग करते हैं और फिर उनमें तैयार सामग्री को डीटीपी के मुख्य सॉफ्टवेयर में आयात करके और संयोजित करके अंतिम दस्तावेज तैयार कर लेते हैं.

वर्ड प्रोसेसर (Word Processors)

इनमें पाठ्य को मनचाहे ढंग से फॉर्मेट करने और प्रस्तुत करने की क्षमता होती है, लेकिन ग्राफिक वस्तुओं के साथ केवल सीमित कार्य ही किए जा सकते हैं. मुख्य रूप से वर्ड प्रोसेसरों का उपयोग निम्नलिखित कार्यों के लिए किया जा सकता है-

- पाठ्य तैयार करना और उसमें सुधार करना
- पाठ्य डाटा को प्रविष्ट करना और उसकी प्रोसेसिंग करना
- एक पंक्ति से दूसरी पंक्ति, एक पैराग्राफ से दूसरे पैराग्राफ, एक कॉलम से दूसरे कॉलम तथा एक पृष्ठ से दूसरे पृष्ठ में पाठ्य का प्रवाह सुनिश्चित करना
- पाठ्य सम्बंधी विविध कार्यों को सम्भव बनाना, जैसे पाठ्य को खोजना, खोजकर बदलना, स्पेलिंग तथा व्याकरण की जांच करना, रूप रेखा, अनुक्रमणिका तथा इंडेक्स बनाना, एक ही दस्तावेज को बदली हुई सूचनाओं के साथ अनेक व्यक्तियों को भेजने के लिए तैयार करना (मेल-मर्ज सुविधा) आदि
- विविध प्रकार के सॉफ्टवेयरों जैसे अन्य वर्ड प्रोसेसरों, स्प्रैडशीट पैकेजों, प्रस्तुतीकरण पैकेजों, ई-मेल आदि के साथ डाटा का आदान-प्रदान करना

विंडोज के सभी संस्करणों में एमएस-ऑफिस के अंतर्गत एमएस-वर्ड एक लोकप्रिय और शक्तिशाली वर्ड प्रोसेसर है, जिसका उपयोग डीटीपी पैकेजों के लिए डाटा तैयार करने में किया जा सकता है.

ड्रॉइंग प्रोग्राम (Drawing Programs)

इस प्रकार के प्रोग्रामों का उपयोग मुख्य रूप से चित्र बनाने वाले कलाकारों द्वारा किया जाता है. इनकी सहायता से विभिन्न प्रकार की नियमित तथा अनियमित ज्यामितीय आकृतियों की सहायता से रंग बिरंगे चित्र अथवा रेखाचित्र बनाए जा सकते हैं. ये प्रोग्राम मुख्य रूप से निम्नलिखित कार्यों को करने में उपयोग किए जाते हैं-

- जटिल चित्र बनाना और उनमें सुधार करना
- अनेक प्रकार के फॉर्मेटों में चित्र-फाइलों का आयात-निर्यात करना
- पेंट तथा फोटो चित्रों को तैयार करने वाले प्रोग्रामों के साथ समन्वय करना
- पाठ्य को चित्रों के रूप में संभालना और उपयोग करना
- चित्रों पर विविध प्रकार के विशेष प्रभाव उत्पन्न करना और रंगों आदि का उपयोग करके उनमें सुधार करना

इन कार्यों को करने वाले प्रोग्रामों अथवा पैकेजों की एक बड़ी संख्या प्रचलन में है. लेकिन मुख्य रूप से फोटोशॉप (PhotoShop) तथा कोरलड्रॉ (CorelDraw) का उपयोग इनके लिए किया जाता है. फोटोशॉप तथा कोरलड्रॉ में कार्य करने के बारे में विस्तार से जानने के लिए **'रैपिडैक्स डीटीपी कोर्स'** पुस्तक की सहायता लेनी चाहिए, जो **'यूनीकॉर्न बुक्स'** द्वारा ही प्रकाशित है.

एडोब फोटोशॉप (Adobe Photoshop)

फोटो चित्रों पर अनगिनत प्रकार की क्रियाएं करके उनको मनचाहे रूप में बदल देने वाला एक विलक्षण प्रोग्राम है, यह एडोब नामक कम्पनी द्वारा विकसित किया गया है. यह दुनिया में अपनी तरह का सर्वप्रथम और सबसे अधिक लोकप्रिय पैकेज है. इसके कई संस्करण प्रकाश में आ चुके हैं, लेकिन संस्करण 5.5 तथा 6.0 सबसे अधिक प्रचलित हैं. उसका नवीनतम संस्करण फोटोशाप 15.0 है, जो धीरे-धीरे अन्य संस्करणों का स्थान लेता जा रहा है.

फोटोशॉप की मुख्य विंडो (Main Window of Adobe Photoshop)

चित्र DP-1.5 में फोटोशॉप 7.0 की मुख्य विंडो दिखाई गई है और उसके विभिन्न भागों की ओर नाम से संकेत किया गया है. इस विंडो के मुख्य भागों का परिचय निम्न प्रकार है :

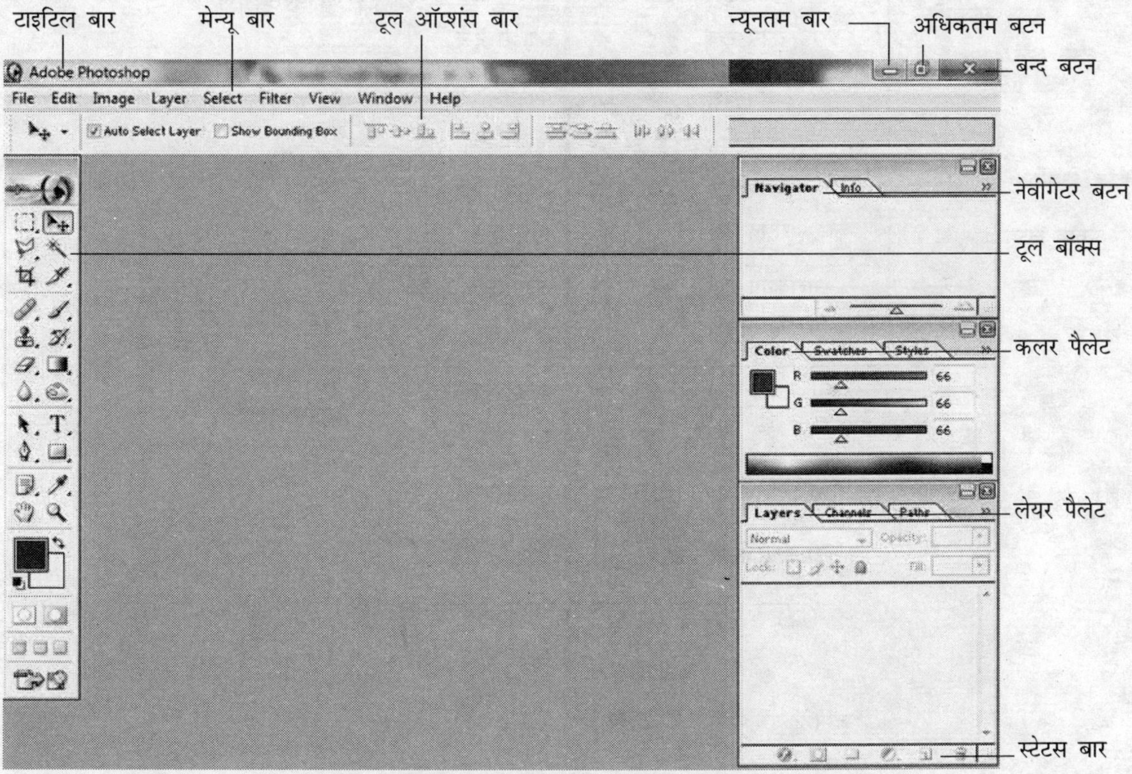

चित्र DP-1.5 : फोटोशॉप 7.0 की मुख्य विंडो

टूलबॉक्स (Toolbox) : यह फोटोशॉप का प्रमुख टूल पैलेट होता है, जिसमें फोटोशॉप में उपलब्ध सभी कार्यों पर सुविधाओं के लिए टूल उपलब्ध होते हैं. किसी भी समय इनमें से एक टूल चुना हुआ होता है.

पैलैट (Palettes) : फोटोशॉप में आपके कार्य को प्रभावी रूप से करने में सहायता पुंचाने के लिए कई पैलेट होते है. इन्हें **फ्लोटिंग पैलेट (Floating Palettes)** भी कहा जाता है. टूल बॉक्स (Toolbox), नेवीगेटर (Navigator), कलर (Color), स्टाइल्स (Styles), हिस्ट्री (History), लेयर (Layers) और पाथ (Path) कुछ प्रमुख फ्लोटिंग पैलेटों के नाम है.

फोटोशॉप के टूलों को चार प्रमुख समूहों में बांटा जाता है, जो निम्न प्रकार है :

- सलेक्शन टूल (Selection Tools)
- पेंटिंग टूल (Painting Tools)
- टाइप, मीज़र तथा ग्रेडिएंट टूल (Type, Measure and Gradient Tools)
- व्यूइंग टूल (Viewing Tools)

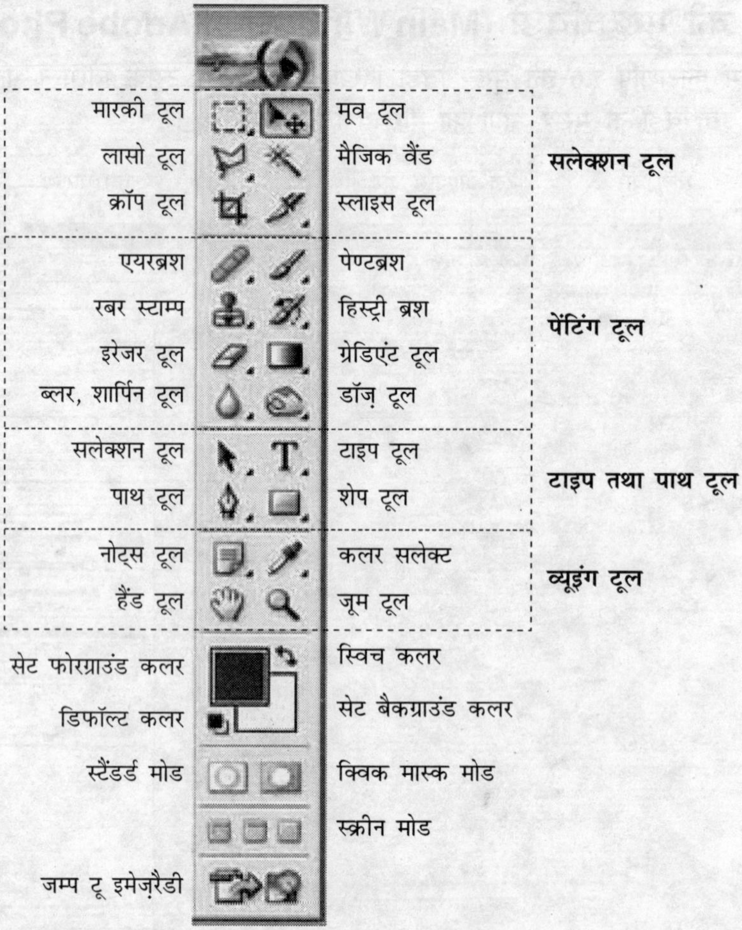

चित्र DP-1.6 : फोटोशॉप का टूलबॉक्स

सलेक्शन टूल (Selection Tools) : इस समूह के टूलों का उपयोग किसी चित्र को पूरा अथवा उसके किसी भाग को चुनने में किया जाता है. किसी चित्र का चुना हुआ भाग जगमगाती हुई सीमा से दिखाया जाता है. आप किसी सलेक्शन टूल को क्लिक करके माउस पॉइंटर को चित्र के ऊपर माउस बटन दबाकर खींचते हैं, तो टूल के अनुसार चित्र का निर्धारित आकार का भाग चुन लिया जाता है. इस समूह के मैजिक वैंड टूल से आप रंग के अनुसार चित्र के भाग चुन सकते हैं.

चित्र DP-1.7 : लासो टूल द्वारा चुनी हुई आकृति

चित्र DP-1.8 : मैजिक वैंड टूल द्वारा चुना हुआ एक रंग का भाग

पेंटिंग टूल (Painting Tools) : इस समूह के टूल चित्र में रंग भरने के लिए उपयोग किये जाते हैं. इसमें कई प्रकार के ब्रश, पेंसिल, इरेजर आदि होते हैं, जिनकी सहायता से आप ठीक उसी प्रकार रंग भर सकते हैं, जिस प्रकार वास्तविक रंगों के साथ किया जाता है. इसके ग्रेडिएंट टूल द्वारा आप बैकग्राउंड को एक या अंधिक रंगों की छाया में तैयार कर सकते हैं.

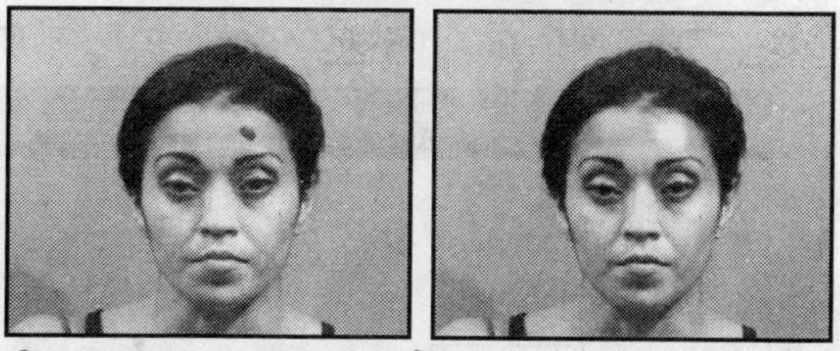

चित्र DP-1.9 : बायीं ओर मूल फोटो तथा दायीं ओर माथे का धब्बा हटाने के बाद

टाइप तथा पाथ टूल (Type and Path Tools) : इस समूह के टूलों द्वारा आप रेखाचित्र और आकृतियां बना सकते हैं. किसी रेखा को फोटोशॉप में पाथ कहा जाता है. आप किसी पाथ के किसी भी भाग को चुनकर उसे मनचाहे रूप में बदल सकते हैं. पाथ टूलों का उपयोग चुनने और बनाने, दोनों कार्यों में किया जा सकता है.

चित्र DP-1.10 : 'पाथ टूल' द्वारा पाठ्य को घुमाना

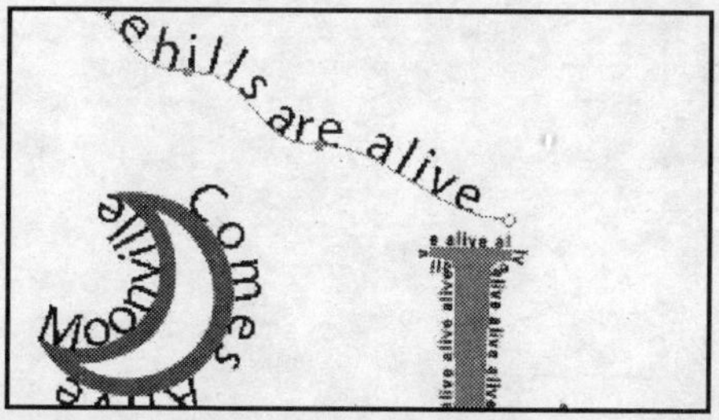

चित्र DP-1.11 : 'पाथ टूल' द्वारा पाठ्य को घुमाना

व्यूइंग टूल (Viewing Tools): इस समूह में दो मुख्य टूल है : जूम टूल और हैंड टूल. जूम टूल के द्वारा आप अपने चित्र को इच्छानुसार छोटा या बड़ा करके देख सकते हैं और हैंड टूल के द्वारा आप चित्र को किसी भी दिशा में सरकाकर उसके छिपे हुए भागों को देख सकते हैं, क्योंकि स्क्रीन का आकार छोटा होने के कारण कभी-कभी वह किसी चित्र को पूरा नहीं दिखा सकती.

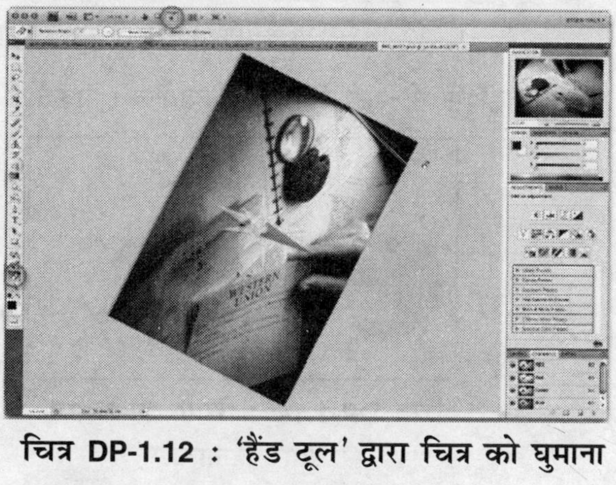

चित्र DP-1.12 : 'हैंड टूल' द्वारा चित्र को घुमाना

कोरलड्रॉ (CorelDRAW)

कोरलड्रॉ एक वेक्टर आधारित ड्रॉइंग प्रोग्राम है, जिसके द्वारा आप साधारण रेखाचित्रों से लेकर पेशेवर कलाचित्र तक तैयार कर सकते हैं. कोरलड्रॉ में ऐसे बहुत से टूल और प्रभाव उपलब्ध हैं, जिनकी सहायता से आप उच्च कोटि के ग्राफिक्स तैयार कर सकते हैं. इसके कई संस्करण प्रचलन में हैं. उनमें से संस्करण 5 बहुत अधिक समय तक प्रचलन में रहा है. इसका नवीनतम संस्करण 17 है.

कोरलड्रॉ पर अच्छी तरह कार्य करने के लिए उसकी मुख्य विंडो के विभिन्न भागों और तत्वों को समझ लेना आवश्यक है.

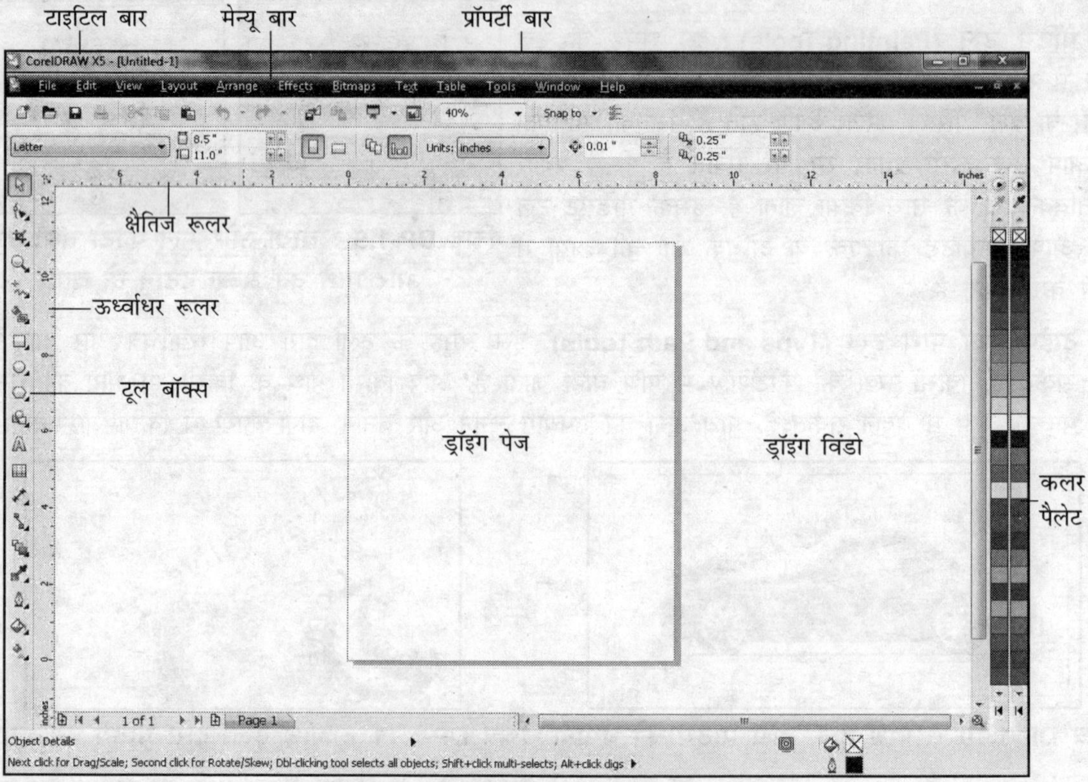

चित्र DP-1.13 : कोरलड्रॉ की मुख्य विंडो

कोरलड्रॉ में भी आप विभिन्न क्रियायें कर सकते हैं जैसे कि :

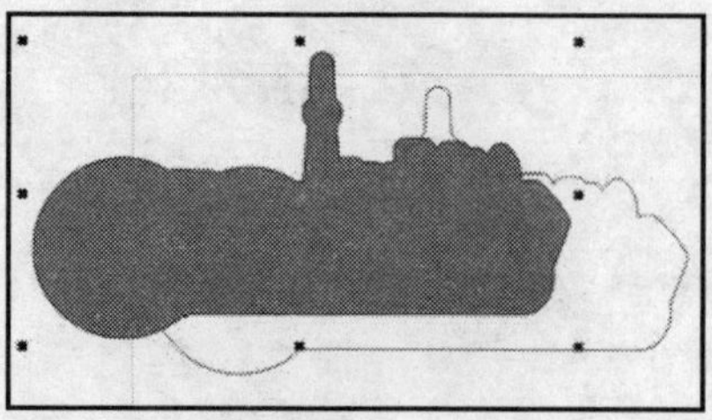

चित्र DP-1.14 : चित्रों को घुमाना और हिलाना

चित्र DP-1.15 : चित्रों में रंग भरना और उन्हें रेखांकित करना

चित्र DP-1.16 : वस्तुओं को सीध में करना तथा समूह बनाना

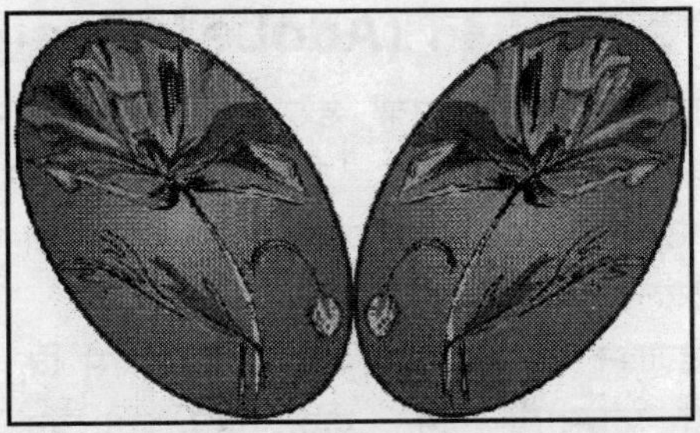

चित्र DP-1.17 : वस्तुओं को स्केल करना, घुमाना या उलटना

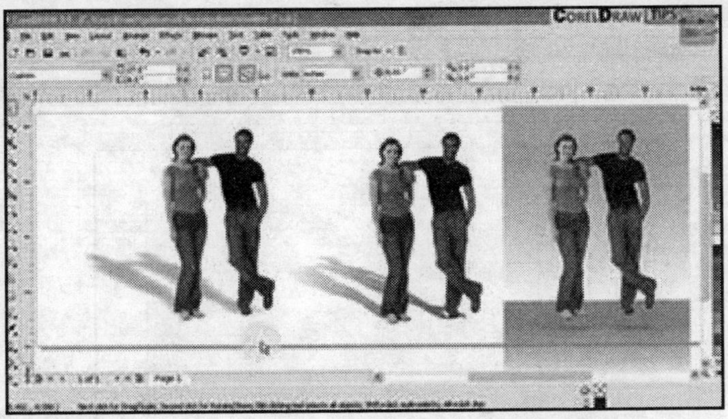

चित्र DP-1.18 : पारदर्शिता या प्रतिबिम्ब जैसे प्रभाव बनाना

डीटीपी पैकेज (DTP Package)

इस प्रकार के पैकेजों का उपयोग किसी प्रकाशन के पृष्ठों को तैयार करने और छापने के लिए किया जाता है. किसी डीटीपी सॉफ्टवेयर के मुख्य-मुख्य कार्य निम्नलिखित होते हैं-

- बाहरी वर्ड प्रोसेसरों तथा ड्राइंग प्रोग्रामों द्वारा तैयार की गई सामग्री को आयात करके उसको अपने उपयोग में लाने योग्य रूप में परिवर्तित करना.
- पाठ्य तथा चित्रों का स्क्रीन पर खाका तैयार करना और उन्हें फॉर्मेट करना.
- पाठ्य तथा चित्रों को पृष्ठों पर उचित स्थान पर सेट करना.
- सामग्री के आकार, फॉण्ट, स्टाइल आदि पर नियंत्रण करना.
- लम्बे दस्तावेजों, जैसे पुस्तकों, डायरेक्टरियों, शब्दकोषों, रिपोर्टों आदि को व्यवस्थित करना और उनके लिए विविध आवश्यक सूचनाएं जैसे अनुक्रमणिका या सामग्री सूची (Table of Contents), इंडेक्स आदि तैयार करना, पृष्ठ संख्याएं डालना आदि.
- लम्बे दस्तावेजों में विभिन्न भागों के फॉर्मेट, स्टाइल, फॉण्ट आदि में एकरूपता सुनिश्चित करना.

एडोब इनडिजाइन (Adobe InDesign)

एडोब इनडिजाइन एक डेस्कटॉप प्रकाशन सॉफ्टवेयर (Publishing software) है जो एडोब कम्पनी द्वारा विकसित किया गया है. 'इनडिजाइन' पेजमेकर सॉफ्टवेयर से ज्यादा विकसित है. एडोब इनडिजाइन आपको किसी पृष्ठ का खाका डिजाइन करने में मदद करता है जिसके द्वारा आप पाठ्य को किसी भी माध्यम-प्रिंट, इंटरनेट अथवा टेबलेट पर छाप सकते हैं.

इनडिजाइन सॉफ्टवेयर विभिन्न भाषाओं जैसे कि अरबी, ब्राजीली, पोर्तगाली, चीनी, चैक, डैनिश, डच, इंगलिश, फिनलैन्डी, फ्रान्सीसी, जर्मन, ग्रीक, हिब्रू, हंगेरियन, इटैलियन, जापानी, कोरियन, पोलिश, रूसी, स्पेनी, स्वीडनी, तुर्की, यूक्रेनियन, आदि का समर्थन करता है.

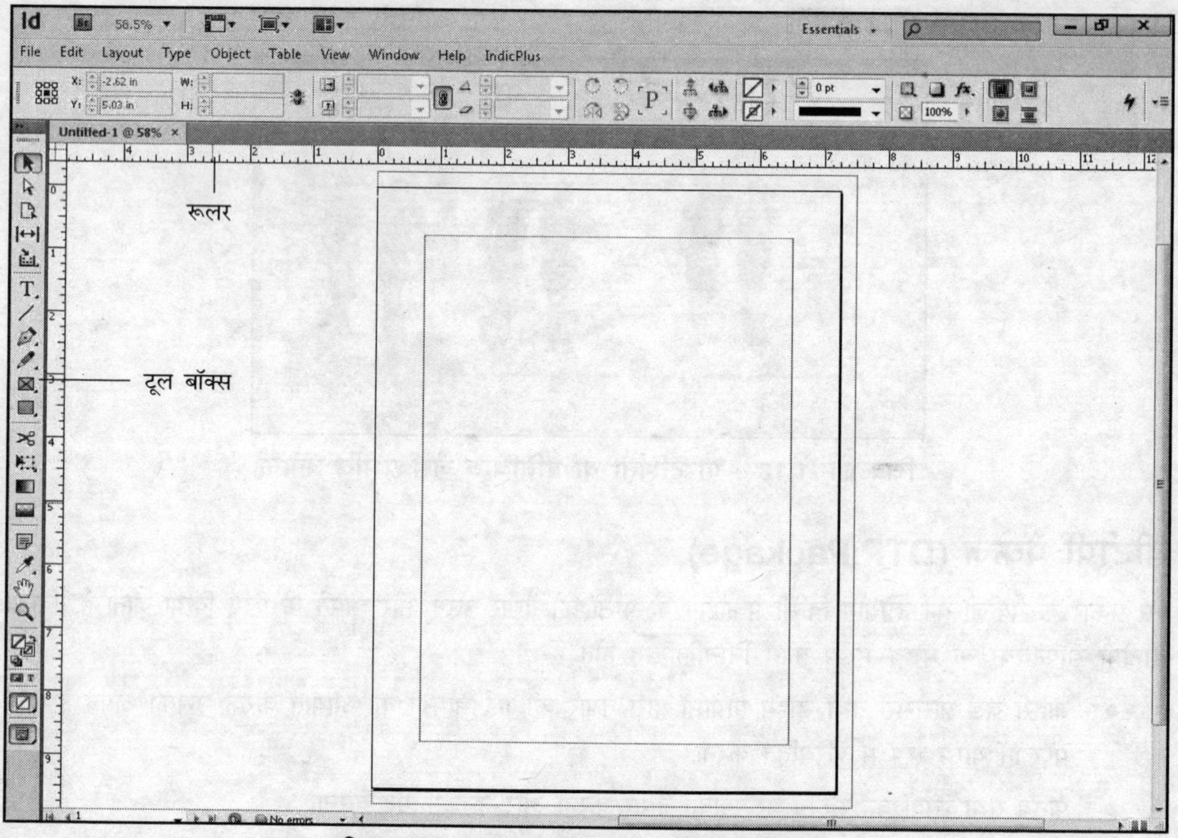

चित्र DP-1.19 : इनडिजाइन की मुख्य विंडो

पेजमेकर के बाद, इनडिजाइन के विभिन्न संस्करण आ चुके हैं जैसे कि :

- इनडिजाइन 1.0 • इनडिजाइन 1.5 • इनडिजाइन 2.0 • इनडिजाइन CS
- इनडिजाइन CS2 (4.0) • इनडिजाइन CS3 (5.0) • इनडिजाइन CS4 (6.0)
- इनडिजाइन CS5 (7.0) • इनडिजाइन CS6 (8.0)

इनडिजाइन के नवीनतम संस्करण, C9.2 को जनवरी 2014 में लाया गया था. एडोब इनडिजाइन एक बहुत ही शक्तिशाली प्रकाशन सॉफ्टवेयर है. जिसमें विभिन्न टूलों की सहायता से आप एक समय पर कई कार्य कर सकते हैं. इनमें से कुछ टूल हैं :

चयन उपकरण (Selection Tools)

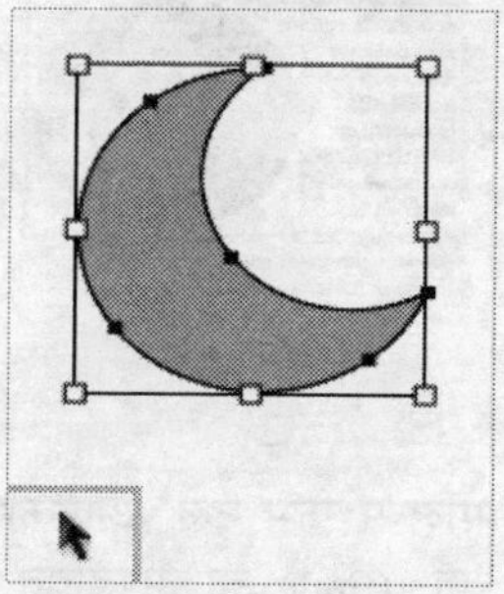

'सलेक्शन टूल' आपको पूरी वस्तु को चुनने की क्षमता देता है.

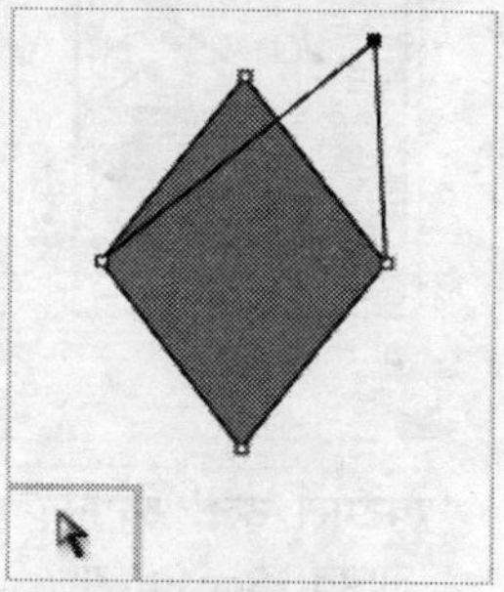

'डाइरेक्ट सलेक्शन टूल' पथ के किसी बिन्दु को या फ्रेम के किसी भी अनुक्रम (Contents) को चुनने की क्षमता देता है.

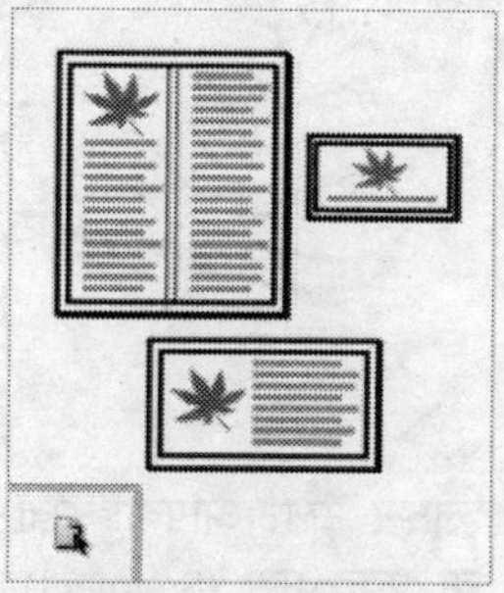

'पेज टूल' आपको दस्तावेज (Documents) में बहुविधि (Multiple) पृष्ठों के आकार को बनाने में सहायता करता है.

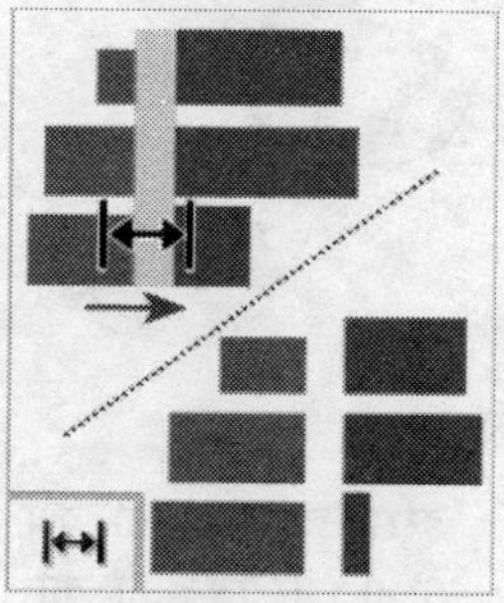

'गैप टूल' आपको दो वस्तुओं के बीच के स्थान को व्यवस्थित करने में मदद करता है.

ड्राइंग और टाइप उपकरण (Drawing and Type Tools)

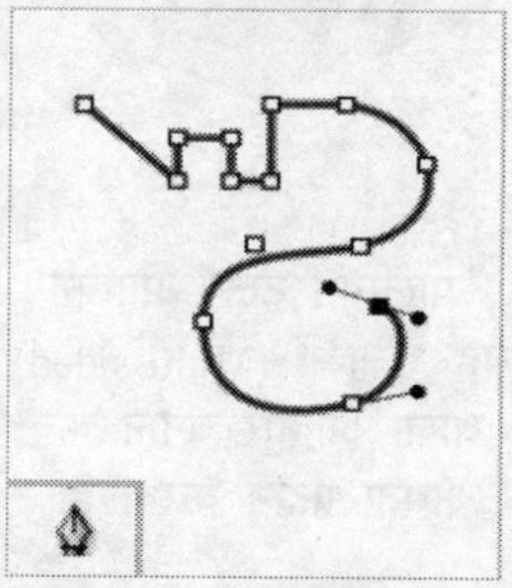

'पैन टूल' द्वारा आप रेखाएं तथा वक्र खींच सकते हैं.

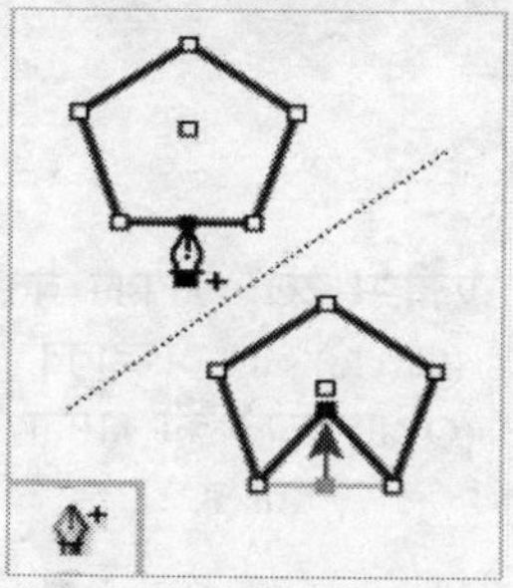

'एड एंकर प्वाइंट टूल' आपको किसी भी स्थान पर एंकर (लंगर) बिन्दु डालने की सुविधा देता है.

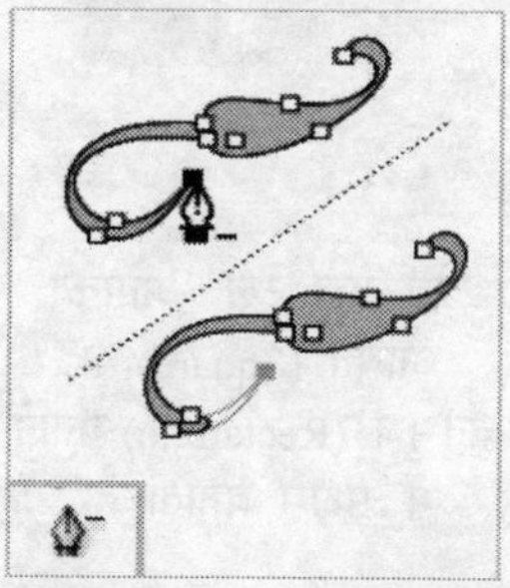

'डिलीट एंकर प्वाइंट टूल' पथ (Path) से किसी भी एंकर (लंगर) बिन्दु को हटाने में सहायता करता है.

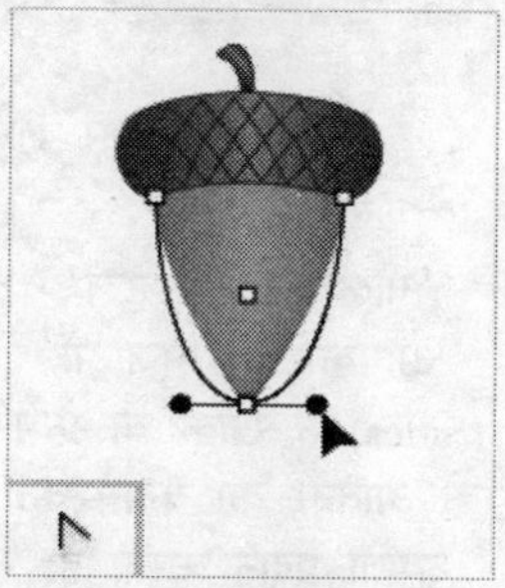

'कन्वर्ट डाइरेक्शन प्वाइंट टूल' आपको कोने के बिन्दु और चिकने बिन्दु (Smooth Points) को बदलने की क्षमता देता है.

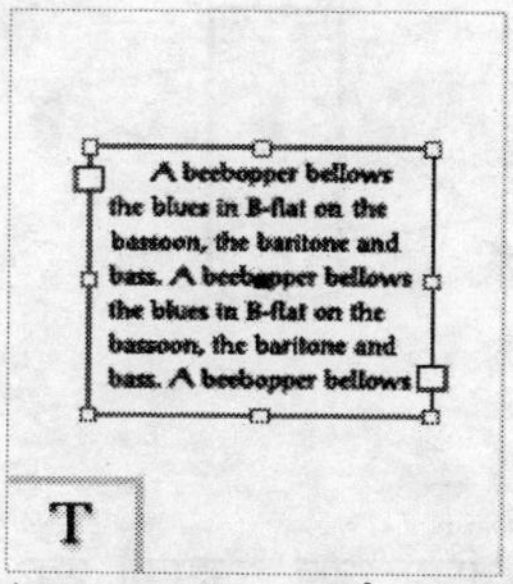

'टाइप टूल' आपको पाठ्य का खाका बनाने और पाठ्य चुनने की क्षमता देता है.

'टाइप ऑन ए पाथ टूल' आपको पथ (Path) को बनाने और सम्पादित करने में आवश्यक मदद देता है.

'पेन्सिल टूल' आपको पथ (Path) पर रेखाएं खींचने की क्षमता देता है.

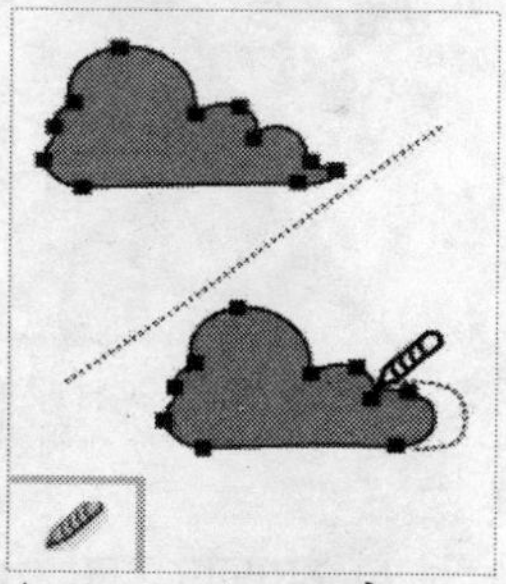

'स्मूथ टूल' आपको पथ के अतिरिक्त कोणों (Exess Angles) को हटाने (Delete) की क्षमता देता है.

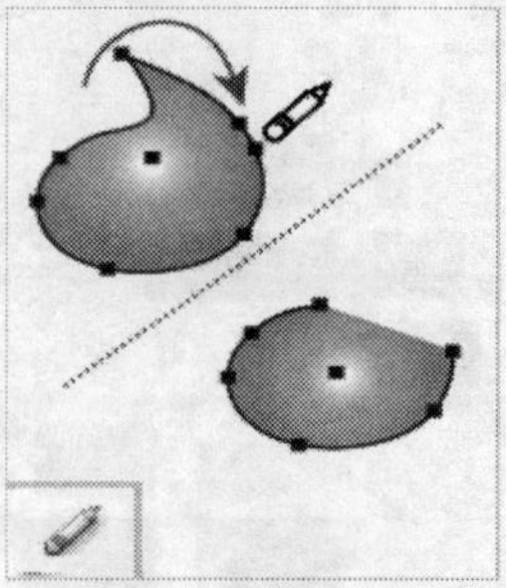

'इरेस टूल' आपको पथ (Path) पर बिन्दुओं को मिटाने (Delete) में सहायता देता है.

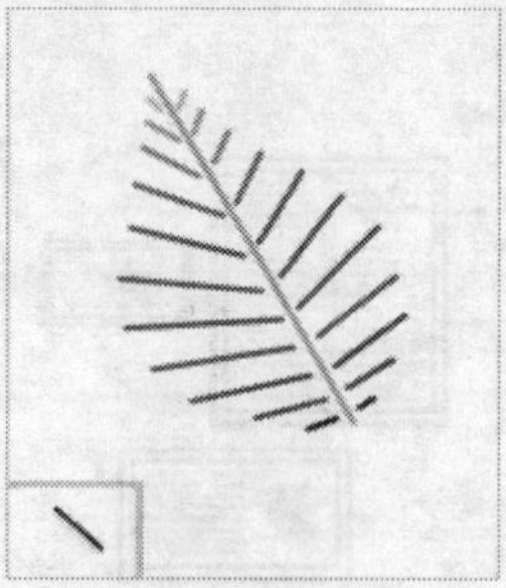

'लाइन टूल' आपको रेखा के एक अंश (Segment) को बनाने की क्षमता प्रदान करता है.

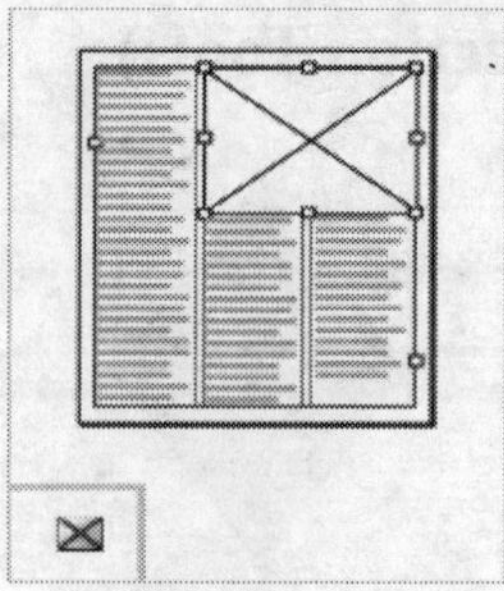

'रेक्टेंगल टूल' आपको आयत (Square) या चर्तुभुज के खाके या फ्रेम को बनाने में सहायता करता है.

'ऐलिप्स फ्रेम टूल' आपको वृत (Circle) या अण्डावृत के खाके या फ्रेम को बनाने की क्षमता देता है.

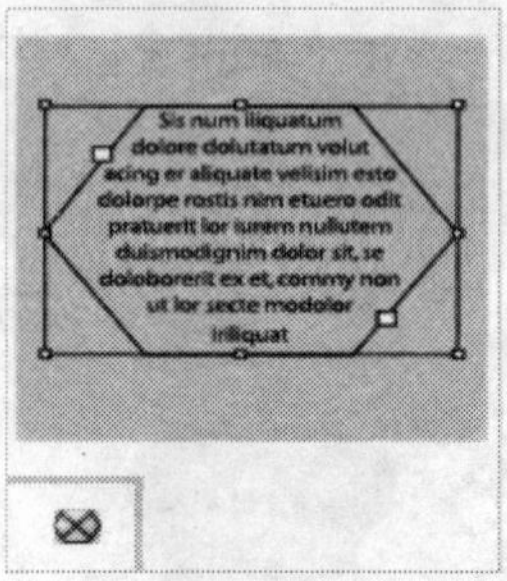

'पोलीगन फ्रेम टूल' आपको कई भुजाओं (Sides) के खाके या फ्रेम के आकार को बनाने की क्षमता प्रदान करता है.

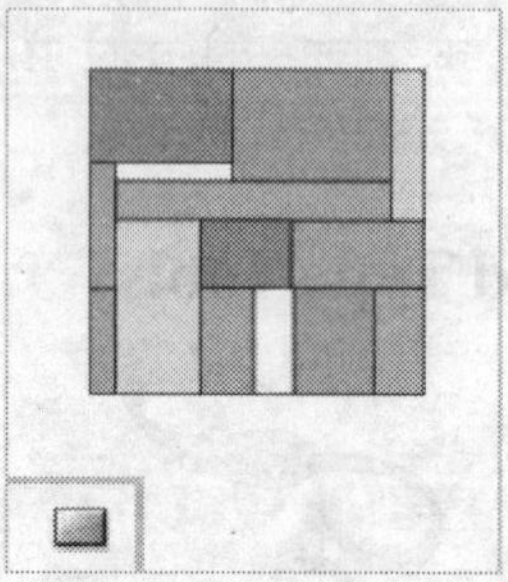

'रेक्टेंगल टूल' आपको आयत (Square) या चर्तुभुज (Rectangle) बनाने में सक्षम बनाता है.

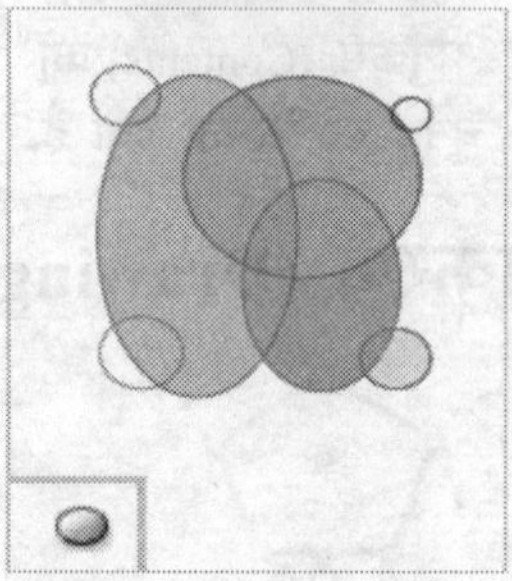

'एलीप्स टूल' आपको वृत (Circle) और अण्डावृत (Oval) बनाने की क्षमता देता है.

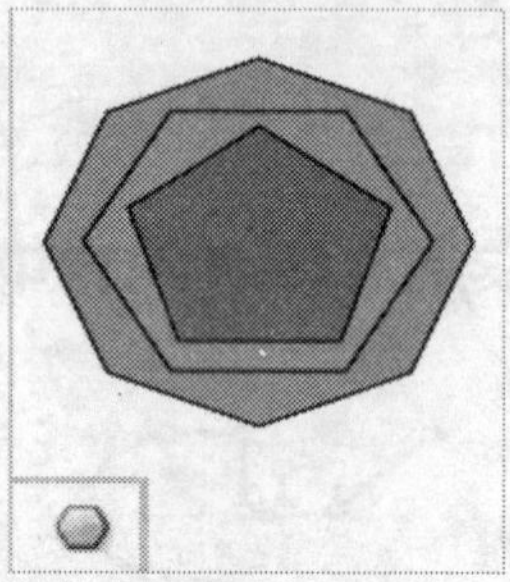

'पोलीगन टूल' आपको बहु भुजाओं (Multi-sided) वाला आकार बनाने की क्षमता प्रदान करता है.

प्रपांतरण उपकरण (Transformation Tools)

'फ्री ट्रांसफ्रोर्म टूल' आपको किसी वस्तु या आकार को घुमाने, नापने और कतरने (Shear) की क्षमता देता है.

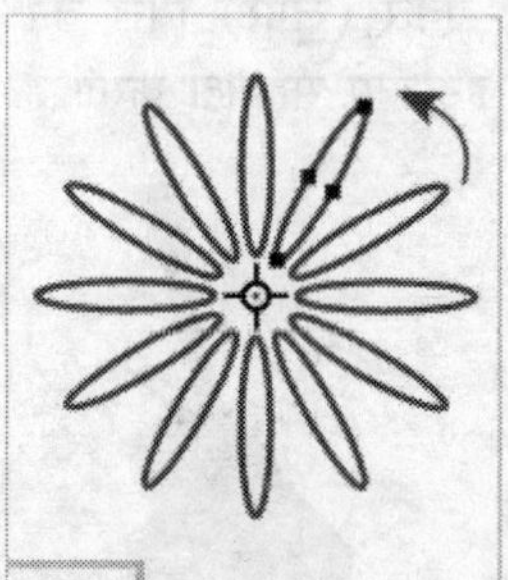

'रोटेट टूल' आपको एक वस्तु को स्थिर बिन्दु के चारों ओर घुमाने की क्षमता प्रदान करता है.

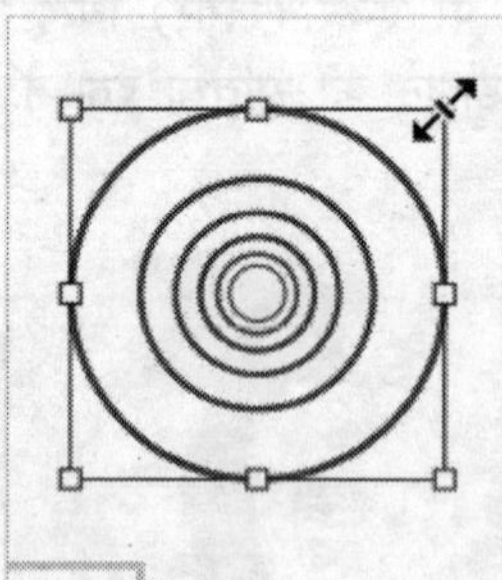

'स्केल टूल' आपको एक वस्तु को एक स्थिर बिन्दु के चारों ओर आकार नियंत्रित करने में सहायता देता है.

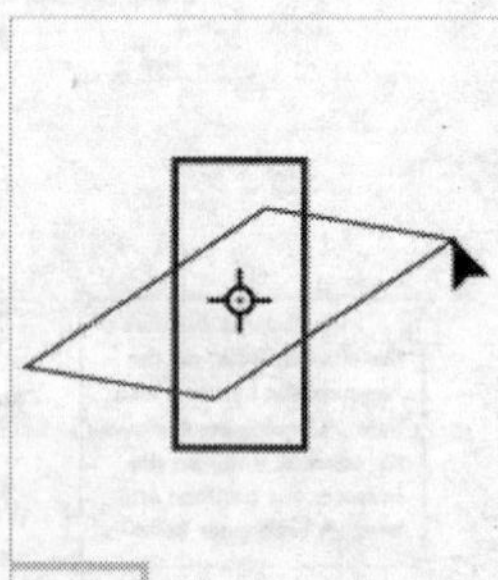

'शियर टूल' आपको एक वस्तु को एक ही स्थान पर झुकाने में सहायता देता है.

परिवर्तन और नैविगेशन उपकरण (Modification and Navigation Tools)

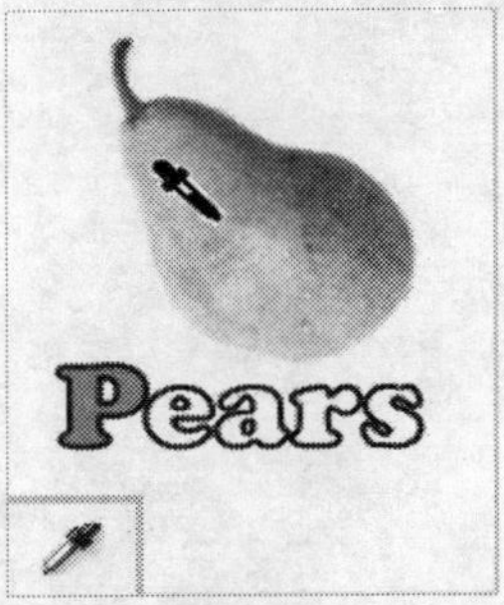

'आई ड्रौपर टूल' आपको रंगों के नमूनों की सूचना देता है.

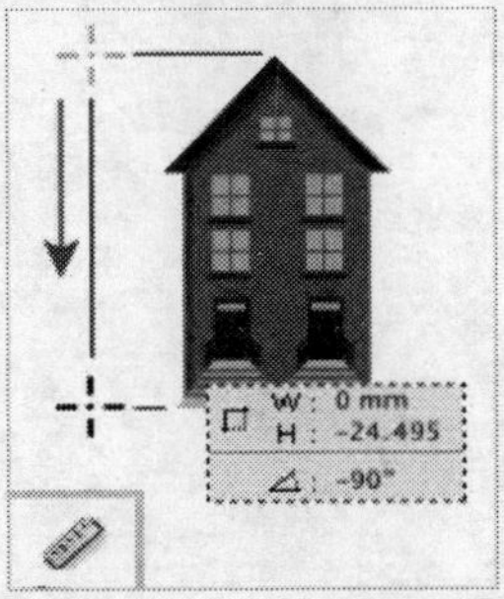

'मैजर टूल' दो बिन्दुओं के बीच की दूरी नाप देता है.

'जूम टूल' (Zoom Tool) दस्तावेज विंडो (Document window) में पाठ्य को बड़ा करके दिखाता है.

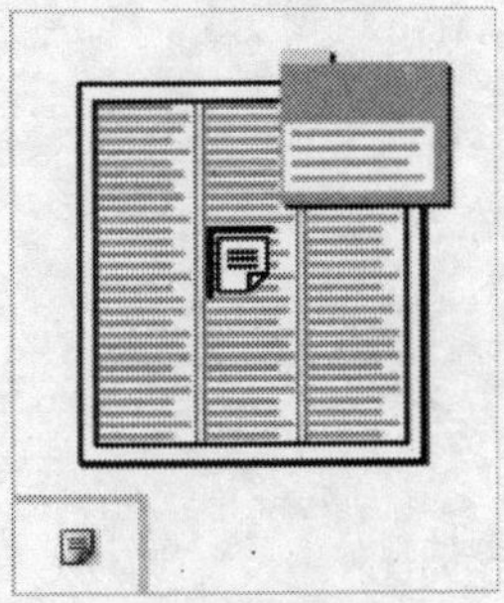

'नोट टूल' द्वारा आप पाठ्य में टिप्पणियां (Comments) डाल सकते हैं.

रैपिडैक्स®
कंप्यूटर
कोर्स
भाग-8
टैली
(Tally)

टैली क्या है?
(What is Tally?)

कंप्यूटर के इस युग में हमारे अधिक से अधिक कार्यों का कंप्यूटरीकरण होता जा रहा है. तब बहीखातों का हिसाब-किताब रखना अथवा एकाउंटिंग करना इससे अछूता कैसे रहता? वह भी तब, जब उसमें भारी मात्रा में डाटा रखा जाता है और गणनाएं करनी पड़ती हैं. वास्तव में एकाउंटिंग कंप्यूटरों के प्रारम्भिक उपयोगों में से एक है. इस कार्य के लिए टैली नामक सॉफ्टवेयर का उपयोग प्रारम्भ से ही किया जाता रहा है. यों तो टैली एक एकाउंटिंग सॉफ्टवेयर का नाम है, परन्तु आजकल यह एकाउंटिंग का पर्यायवाची बन गया है, क्योंकि हमारे देश में एकाउंटिंग के कार्यों में सर्वत्र इसी का प्रयोग देखने में आता है. इस भाग में आप टैली पर कार्य करना सीखेंगे.

टैली के कई संस्करण उपयोग में आ चुके हैं. इसके प्रारम्भिक संस्करणों में केवल एकाउंटिंग का ही कार्य किया जा सकता था. लेकिन आजकल के नवीन संस्करणों में आप एकाउंटिंग के साथ ही इन्वेंटरी कंट्रोल भी कर सकते हैं और अपने डाटा को इंटरनेट पर भी भेज सकते हैं. टैली का नवीनतम संस्करण Tally ERP 9 है, लेकिन यह अभी अधिक प्रचलित नहीं है और आजकल संस्करण 7.2 का सर्वाधिक उपयोग किया जाता है. इस पुस्तक में हम इसी संस्करण के माध्यम से टैली पर कार्य करना सिखाएंगे और इसी को टैली कहेंगे. वैसे टैली के विभिन्न संस्करणों की कार्य प्रणाली समान है और एक संस्करण में कार्य का अनुभव होने पर आप सरलता से उसके अन्य संस्करणों में कार्य कर सकते हैं.

टैली एक एकाउंटिंग सॉफ्टवेयर पैकेज है. इस पर सुचारु रूप से कार्य करने के लिए खातांकन (या एकाउंटिंग) का ज्ञान होना आवश्यक है. लेकिन इसका अर्थ यह नहीं है कि टैली का उपयोग करने के लिए आपको बी.कॉम. या एम.कॉम. करना होगा. वास्तव में आप एकाउंटिंग का सामान्य ज्ञान रखते हुए ही टैली पर भली प्रकार कार्य कर सकते हैं. जो एकाउंटिंग से बिल्कुल परिचित नहीं हैं, उनके लिए एकाउंटिंग के मूल सिद्धान्तों की जानकारी होना बहुत आवश्यक है. ऐसे व्यक्तियों की सुविधा के लिए हम यहां एकाउंटिंग का परिचय दे रहे हैं.

एकाउंटिंग क्या है? (What is Accounting?)

किसी संगठन या कम्पनी की व्यापारिक बहीखातों से सम्बंधित गतिविधियों को मुख्यतः दो श्रेणियों में विभाजित किया जा सकता है –

- वित्तीय खातांकन (Financial Accounting)
- इन्वेंटरी प्रबंधन (Inventory Management)

प्रारम्भ में सॉफ्टवेयर निर्माताओं ने इन दोनों कार्यों के लिए अलग-अलग सॉफ्टवेयर तैयार किए थे. लेकिन उपयोगकर्ता एक ऐसा सॉफ्टवेयर चाहते थे, जिसमें ये दोनों कार्य एक साथ किए जा सकें, ताकि यदि कोई इनवॉइस (Invoice) प्राप्त हो, तो वह बहीखातों के साथ-साथ इन्वेंटरी को भी सुधार सके. टैली ऐसा ही एक सॉफ्टवेयर पैकेज है. इसमें कार्य करने अर्थात् अपने बहीखातों को कंप्यूटर पर डालने के लिए उक्त दोनों कार्यों का मौलिक ज्ञान होना आवश्यक है. हम यहां इन दोनों प्रकार के कार्यों का संक्षिप्त परिचय दे रहे हैं.

वित्तीय खातांकन (Financial Accounting)

किसी खातांकन प्रणाली के सफल क्रियान्वयन के लिए बहीखाते रखने के कार्य की स्पष्ट जानकारी होना अनिवार्य है, ताकि वे हाथ से किए जाने वाले कार्यों का सम्बंध कंप्यूटर में किए जाने वाले कार्यों से ठीक-ठीक जोड़ सकें और उसके अनुसार कार्य कर सकें.

खातांकन (Accounting) व्यापार की एक ऐसी भाषा है, जिसमें किसी व्यापार की आर्थिक गतिविधियों को पहचानने, मापने और प्रस्तुत करने का कार्य इस प्रकार किया जाता है कि उनसे व्यापार की स्थिति का ज्ञान हो, उसके निष्पादन (Performance) का मूल्यांकन किया जा सके और उसके बारे में निर्णय लिये जा सकें. सरल शब्दों में, किसी व्यापार के आर्थिक लेन-देनों का हिसाब-किताब रखने की प्रणाली को खातांकन कहा जाता है.

किसी व्यक्ति या कम्पनी के लेन-देनों को विभिन्न प्रकार के खातों में लिखा जाता है. किसी व्यापार में ऐसे प्रत्येक व्यक्ति या फर्म का अलग-अलग खाता खोला जाता है, जिससे व्यापारी का लेन-देन चलता है. इसके अतिरिक्त विभिन्न प्रकार के खर्चों तथा आमदनियों के भी अलग-अलग खाते होते हैं. ऐसे प्रत्येक खाते के दो स्तम्भ या कॉलम होते हैं. एक कॉलम में उन लेन-देनों को लिखा जाता है, जिससे खाते में वृद्धि होती है और दूसरे कॉलम में उनको लिखा जाता है, जिनसे खाते में कमी होती है. इन पक्षों को क्रमशः जमा (Credit) और नामे (Debit) कहते हैं. प्रत्येक प्रकार के खाते में लेन-देनों को जमा अथवा नामे करने के विशेष नियम होते हैं, जिनके बारे में आगे बताया जाएगा. खातों में लेन-देन की प्रविष्टि (Entry) करते समय अर्थात् लेन-देन को लिखते समय लेन-देन की रकम के साथ ही उसका संक्षिप्त विवरण भी लिखा जाता है और जहां आवश्यक हो अन्य दस्तावेजों या खातों का सन्दर्भ भी दिया जाता है, ताकि आवश्यक होने पर प्रविष्टि को सत्यापित और उसका मिलान किया जा सके.

व्यापारिक सूचनाओं का हिसाब-किताब रखने का पूरा लाभ तभी उठाया जा सकता है, जब उसे समय-समय पर एक निर्धारित अंतराल के बाद सुधारा जाय। सूचनाओं के समेकन (Compilation) की दृष्टि से सभी मौद्रिक घटनाओं को लेन-देन (Transanction) कहा जाता है और इन लेन-देनों को विभिन्न नामों (Account Heads) वाले खातों में वर्गीकृत किया जाता है. सम्बंधित खातों को विभिन्न समूहों में बांट कर उनका सारांश निकाला जाता है, ताकि उनकी स्थिति को ठीक प्रकार से समझा जा सके.

किसी व्यापारिक संगठन के लिए खातांकन करने से अनेक लाभ प्राप्त होते हैं. खातांकन से सभी लेन-देनों का भली प्रकार रिकॉर्ड रखा जा सकता है, जिससे उनका सारांश निकाला जा सकता है. इन सारांशों से उस व्यापार की स्थिति स्पष्ट होती है.

परम्परागत रूप से हाथ से किए जाने वाले खातांकन में किसी व्यापार द्वारा रखे जाने वाली खाता बहियों को मुख्यत: तीन वर्गों में रखा जाता है- रोकड़ बही (Cash Book), जर्नल (Journal) तथा सामान्य बही (General Ledger). इनका संक्षिप्त परिचय निम्न प्रकार है-

रोकड़ बही (Cash Book) : इसमें नकदी अथवा चेक आदि द्वारा होने वाली सभी प्राप्तियों (Receipts) तथा भुगतानों (Payments) का विवरण लिखा जाता है. सामान्यतया व्यापारिक संगठन द्वारा बैंक खातों में जमा की गई, उनसे निकाली गई तथा चेक द्वारा भुगतान की गई राशियों को भी रोकड़ बही में ही लिखा जाता है. जो रोकड़ बही नकदी तथा बैंक दोनों प्रकार के लेन-देनों को दर्ज करने के लिए प्रयोग में लाई जाती है, उसे दो-कॉलम रोकड़ बही कहा जाता है.

रोजनामचा या जर्नल (Journal) : इसका उपयोग रोकड़ बही में न लिखे जाने वाले सभी लेन-देनों को दर्ज करने के लिए प्राथमिक बही के रूप में किया जाता है. दूसरे शब्दों में, सभी गैर नकदी लेन-देनों को जर्नल में लिखना आवश्यक है. सुविधा की दृष्टि से किसी जर्नल को उसकी सहायक कई बहियों में बांटकर व्यवस्थित किया जाता है. किसी जर्नल में सामान्यतया निम्नलिखित बहियां शामिल की जाती हैं-

1. खरीद बही (Purchases Book)
2. खरीद वापसी बही (Purchases Return Book)
3. बिक्री बही (Sales Book)

4. बिक्री वापसी बही (Sales Return Book)
5. प्राप्य बिल बही (Bills Receivable Book)
6. देय बिल बही (Bills Payable Book)
7. खास रोजनामचा या जर्नल (Journal Proper)

सामान्य बही (General Ledger) : इसमें किसी व्यापारिक संगठन के सभी खातों को रखा जाता है. वास्तव में यह एक ऐसा साधन है, जिसमें रोकड़ बही तथा रोजनामचे में लिखी गई समस्त सूचनाओं को फिर से वर्गीकृत करके सारांश रूप में लिखा जाता है.

व्यावहारिक रूप में रोकड़ बही तथा रोजनामचा की सभी प्रविष्टियों को सामान्य बही में उचित खातों में प्रविष्ट किया जाता है. इस प्रकार सामान्य बही ही समस्त गतिविधियों का सारांश प्रस्तुत करती है. किसी व्यापारिक संगठन अथवा व्यापारी द्वारा हिसाब-किताब रखने की इस पद्धति को चित्र T-1.1 में दिखाया गया है.

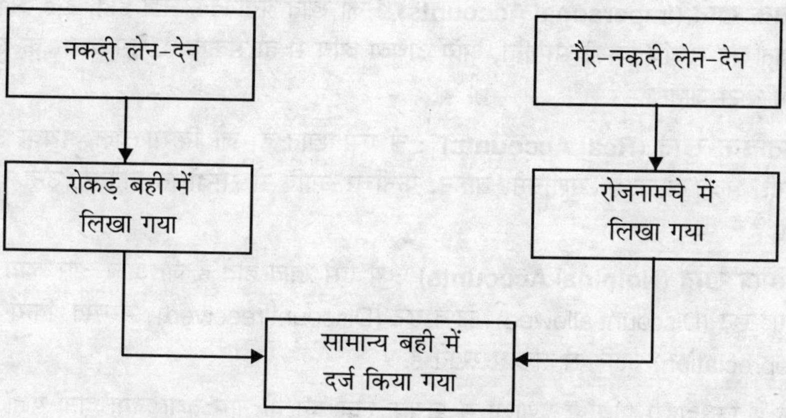

चित्र T-1.1 : व्यावहारिक खातांकन प्रणाली

कंप्यूटर द्वारा व्यापारिक खातांकन में भी हम मोटे तौर पर इसी पद्धति का पालन करते हैं. इसमें सभी लेन-देनों को **दोहरी-प्रविष्टि विधि (Double-entry System)** से लिखा या रिकॉर्ड किया जाता है. इस पद्धति के अनुसार सभी लेन-देनों के दो पक्ष होते हैं : एक लेने वाला और एक देने वाला. इसलिए प्रत्येक प्रविष्टि को दो जगह अर्थात् दो खातों में लिखा जाता है, जिनमें एक में नामे (Debit) पक्ष में और दूसरे में जमा (Credit) पक्ष में दिखाया जाता है. दोनों पक्षों में लिखी जाने वाली रकम या राशि समान होती है. लेन-देन को नामे और जमा करने के निश्चित नियम होते हैं, जिन्हें हम आगे बताएंगे. मोटे तौर पर कोई भी राशि लेने वाले के नामे और देने वाले के जमा पक्ष में दर्ज की जाती है. दोहरी-प्रविष्टि विधि बहीखाते रखने की एक सटीक, व्यावहारिक, वैज्ञानिक और पूर्ण विधि है.

आजकल लगभग सभी व्यापारी अपना हिसाब-किताब इसी विधि के अनुसार रखते हैं. कंप्यूटरीकृत खातांकन प्रणालियों में भी इसका पालन किया जाता है. इससे हमें निम्नलिखित लाभ होते हैं-

1. इससे खातों की वैधता की जांच करना संभव और सरल होता है, क्योंकि किसी भी समय सभी खातों के नामे पक्षों का योग सभी खातों के जमा पक्षों के योग के बराबर होना चाहिए.
2. इस विधि में लाभ-हानि खाता खोला जाता है, जिससे यह पता लग जाता है कि व्यापार में कितना लाभ अथवा हानि हुई है.

3. इस विधि से व्यापार की वित्तीय स्थिति की सटीक जानकारी प्राप्त हो जाती है, जिससे भविष्य के लिए उचित निर्णय लेना संभव होता है.
4. इस विधि से खातांकन करने में धोखाधड़ी से बचाव करने में सहायता मिलती है, क्योंकि अशुद्धियों और गड़बड़ियों को सरलता से पकड़ा जा सकता है.

खातों के भेद (Types of Accounts)

सामान्य बही (General Ledger) में रखे अथवा व्यवस्थित किए जाने वाले खातों को मुख्य रूप से दो श्रेणियों में बांटा जाता है–

- **वैयक्तिक खाते (Personal Accounts)** : किसी व्यक्ति या कम्पनी के खातों को वैयक्तिक खाते कहा जाता है. उदाहरण के लिए, ग्राहकों, आपूर्तिकर्ताओं, मालिकों, लेनदारों तथा देनदारों के खाते वैयक्तिक खाते होते हैं.
- **अवैयक्तिक खाते (Impersonal Accounts)** : जो खाते वैयक्तिक नहीं होते, उन्हें अवैयक्तिक खाते कहते हैं. इन खातों का सम्बंध किसी सम्पत्ति, आय अथवा व्यय से हो सकता है. इस प्रकार के खातों को भी मुख्यतः दो वर्गों में बांटा जाता है–
    1. **वास्तविक खाते (Real Accounts)** : ये ऐसे खाते हैं, जो किसी चल अथवा अचल सम्पत्ति, जैसे नकदी, भवन, फैक्टरी, मशीनरी, वाहन, फर्नीचर आदि से सम्बंधित होते हैं, उन्हें वास्तविक खाते कहा जाता है.
    2. **नाममात्र खाते (Nominal Accounts)** : ये ऐसे खाते होते हैं जो आय और व्यय, जैसे बिक्री, खरीद, दी गई छूट (Discount allowed), प्राप्त छूट (Discount received), मरम्मत, किराया, वेतन, ब्याज, ह्रास (Depreciation) आदि से सम्बंध रखते हैं.

आप पढ़ चुके हैं कि दोहरी प्रविष्टि प्रणाली में प्रत्येक लेन-देन के नामे तथा जमा दोनों पक्षों को खातों में रिकॉर्ड किया जाता है. लेन-देनों को दर्ज करने के कुछ मानक नियम बनाए गए हैं, जिनका पालन करना आवश्यक है. ऊपर बताए गए प्रत्येक प्रकार के खाते को नामे और जमा करने के सुनहरे नियम (Golden Rules) निम्न प्रकार हैं–

वैयक्तिक खाते : प्राप्त करने वाले के नामे (Debit the Receiver)
देने वाले के जमा (Credit the Giver)

वास्तविक खाते : जो आता है उसे नामे (Debit what Comes In)
जो जाता है उसे जमा (Credit what Goes Out)

नाममात्र खाते : सभी खर्च और हानि को नामे (Debit all Expenses & Losses)
सभी आय और लाभ को जमा (Credit all Incomes & Gains)

प्रायः प्रतिदिन अथवा प्रत्येक माह के अंत में अथवा किसी अन्य निर्धारित समय अंतराल पर हम सभी खातों का अवशेष (Balance) निकालते हैं. अवशेष से हमारा तात्पर्य किसी खाते के सभी नामे और जमा लेन-देनों का अंतर निकालना होता है. यदि किसी खाते में जमा की कुल राशि नामे की कुल राशि से अधिक है, तो अवशेष को जमा अवशेष (Credit balance) कहते हैं और यदि नामे की कुल राशि जमा की कुल राशि से अधिक है, तो अवशेष को नामे अवशेष (Debit balance) कहा जाता है.

व्यापारिक दस्तावेज (Business Documents)

व्यापारिक खातांकन में ऊपर बताई गई बहियों के अलावा अनेक लिखित दस्तावेजों का उपयोग किया जाता है, जिनसे लेन-देन को प्रमाणित किया जाता है. इन दस्तावेजों में से एक को **वाउचर (Voucher)** कहा जाता है. कोई वाउचर किसी लेन-देन का पहला अथवा मुख्य लिखित प्रमाण होता है. प्रत्येक लेन-देन को एक वाउचर द्वारा प्रमाणित किया जाता है. बही खातों में प्रविष्टियां इन्हीं के आधार पर की जाती हैं. वाउचरों को हमेशा सुरक्षित रखा जाता है और कोई विवाद होने पर यह प्रमाण का कार्य करता है. कर निर्धारण (Taxation) और अंकेक्षण (Audit) के समय अन्य दस्तावेजों के साथ इनको भी प्रस्तुत करना अनिवार्य होता है. वाउचर के आधार पर ही यह तय किया जाता है कि किस खाते को नामे और किस को जमा किया जाएगा.

आप जानते हैं कि प्रत्येक लेन-देन के दो पक्ष होते हैं - एक लेने वाला और एक देने वाला. इसीलिए वाउचरों के भी दो भाग होते हैं - नामे (Debit) तथा जमा (Credit). नामे भाग में उन खातों के नाम और रकम लिखी जाती है, जिन्हें नामे किया जाएगा और जमा भाग में उन खातों के नाम और रकम लिखी जाती है, जिनमें जमा किया जाएगा. वाउचर में लेन-देन के समर्थन में पर्याप्त जानकारी भी दी जाती है. दोनों भाग एक पन्ने पर भी हो सकते हैं और कई पन्नों पर अलग-अलग भी हो सकते हैं. किसी भी स्थिति में दोनों भागों की राशियों का योग समान होना अनिवार्य है.

कई बार सुविधा के लिए ऐसे दस्तावेजों को भी वाउचर की मान्यता दी जाती है, जिनमें केवल नामे अथवा केवल जमा वाला भाग प्रत्यक्ष होता है। लेकिन ऐसे दस्तावेजों के लिए दूसरा पक्ष पूर्व परिभाषित और स्पष्ट होना आवश्यक है, ताकि बहियों में दोनों पक्षों की प्रविष्टि की जा सके. इस प्रकार आवश्यकता के अनुसार वाउचरों के भी कई रूप होते हैं. जिन दस्तावेजों को वाउचर माना जाता है, ऐसे कुछ मुख्य दस्तावेजों का परिचय नीचे दिया गया है-

कैश मेमो (Cash Memo) : यह नकद लेन-देनों के लिए प्रयोग किया जाता है. जब किसी वस्तु या माल की बिक्री नकद की जाती है, तो व्यापारी उसके प्रमाण के रूप में कैश मेमो देता है, जिसकी दूसरी प्रति सुरक्षित रखी जाती है. इसी प्रकार जब किसी वस्तु या माल की नकद खरीद की जाती है, तो विक्रेता से कैश मेमो प्राप्त किया जाता है. रोकड़ बहियों में प्रविष्टि इन्हीं के आधार पर की जाती है.

बिल और इनवॉइस (Bill and Invoice) : यह किसी माल की उधार खरीद और बिक्री का प्रमाण होता है. उधर बिक्री के समय माल का बिल (या बीजक) तैयार किया जाता है. इस बिल में ग्राहक का नाम, बेचे गए माल का विवरण, बिक्री की राशि, छूट (यदि कोई हो) आदि लिखे जाते हैं. इस बिल की मूल प्रति ग्राहक को भेजी जाती है और दूसरी प्रति को बिक्री के भावी संदर्भ तथा रिकॉर्ड के लिए सुरक्षित रख लिया जाता है. इसी प्रकार उधार खरीद के समय विक्रेता से प्राप्त हुआ बिल इस खरीद का प्रमाण होता है, जिसे इनवॉइस कहते हैं.

जमा एवं निकासी पर्ची (Deposit and Withdrawal Slip) : जब कोई ग्राहक किसी बैंक या फर्म में नकद राशि जमा करने जाता है, तो उसे एक फार्म भरना पड़ता है. इस फार्म के दो भाग होते हैं, जिनमें से एक भाग को बैंक या फर्म अपने रिकॉर्ड के लिए रख लेते हैं और दूसरे भाग को हस्ताक्षर करके रसीद के रूप में ग्राहक को लौटा देते हैं. यह रसीद ही जमा पर्ची कही जाती है. इसी प्रकार किसी बैंक या फर्म से रुपया निकालते समय जो मांग पर्ची भरी जाती है, उसे निकासी पर्ची कहते हैं. ये दोनों पर्चियां लेन-देन का प्रमाण और वाउचर भी होती हैं.

चेक (Cheque) : यह एक लिखित दस्तावेज होता है, जो किसी खाताधारी द्वारा अपने या किसी अन्य के पक्ष में अपने बैंक को लिखा जाता है. इसके प्रस्तुत करने पर बैंक द्वारा चेक लिखने वाले के खाते से बताई हुई रकम निकालकर प्रस्तुतकर्ता को उसकी मांग के अनुसार या तो नकद दे दी जाती है या उसके खाते में जमा कर दी जाती है. यह इस लेन-देन का दस्तावेजी प्रमाण होता है. इस पर दिनांक और खाताधारी के सही हस्ताक्षर होना अनिवार्य है. बैंक द्वारा

भुगतान किया गया कोई भी चेक या ड्राफ्ट या ऐसी ही कोई अन्य वस्तु बैंक के लिए वाउचर भी होती है. इसीलिए बैंक इस लेन-देन के लिए कोई अलग वाउचर नहीं बनाता.

डेबिट और क्रेडिट नोट (Debit and Credit Notes) : जब किसी विशेष कारण, जैसे खरीदे हुए माल को लौटाना आदि, से किसी खाते को डेबिट किया जाता है, तो उसके लिए एक दस्तावेज तैयार किया जाता है, जिसे डेबिट नोट कहा जाता है. इसमें डेबिट का कारण और राशि लिखी जाती है. इसकी एक प्रति सम्बंधित ग्राहक को उसकी सूचना के लिए भेज दी जाती है. इसी प्रकार जब किसी ग्राहक को कोई राशि क्रेडिट करनी होती है, तो क्रेडिट नोट तैयार किया जाता है.

सभी प्रकार के वाउचरों के आधार पर रोजनामचे (Journal Book) में प्रविष्टियां की जाती हैं, जिसमें प्रत्येक लेन-देन को उचित खातों में नामे तथा जमा किया जाता है. प्रत्येक प्रविष्टि के नीचे लेन-देन का संक्षिप्त विवरण भी लिखा जाता है. रोजनामचे के आधार पर ही विभिन्न खाता बहियों में प्रविष्टियां की जाती हैं और ऐसी प्रत्येक प्रविष्टि के लिए रोजनामचे में खाता बही की और खाता बही में रोजनामचे की पृष्ठ संख्या निर्धारित खाने या कॉलम में लिख दी जाती है, ताकि आगे संदर्भ लेना और प्रविष्टि की जांच करना सरल हो.

वित्तीय विवरणियां (Financial Statements)

किसी व्यापार की स्थिति जानने और उसके लेखाओं की जांच करने के लिए विभिन्न प्रकार के दस्तावेज तैयार किए जाते हैं, जिन्हें वित्तीय विवरणी कहते हैं. इनमें से मुख्य विवरणियों का परिचय नीचे दिया गया है :

ट्रायल बैलेंस (Trial Balance) : आप पढ़ चुके हैं कि सभी मौद्रिक लेन-देनों या घटनाओं को विभिन्न प्रकार के खातों में वर्गीकृत किया जाता है. निश्चित समय अंतरालों के बाद इन खातों का सारांश (Summary) निकाला जाता है. इसी सारांश को ट्रायल बैलेंस कहा जाता है. यह सभी वित्तीय खातों का एक निर्धारित तिथि को अंतिम अवशेष (Closing Balance) बताता है. इसमें तीन स्तम्भ होते हैं : खातों के नाम, नामे पक्ष का अवशेष (यदि खाते में नामे की राशि अधिक हो), जमा पक्ष का अवशेष (यदि खाते में जमा की राशि अधिक हो). आप जानते हैं कि दोहरी प्रविष्टि प्रणाली में नामे पक्ष और जमा पक्ष हमेशा बराबर होते हैं. इसीलिए ट्रायल बैलेंस में भी सभी खातों के नामे अवशेषों का योग और जमा अवशेषों का योग बराबर होना चाहिए.

ट्रायल बैलेंस के आधार पर ही किसी व्यापारिक फर्म की अन्य वित्तीय विवरणियां जैसे बैलेंस शीट और आय-व्यय विवरणी (अथवा लाभ-हानि विवरणी) बनाई जाती है.

लाभ तथा हानि विवरणी (Profit & Loss Statement) : इस विवरणी में किसी निश्चित अवधि में व्यापार की सभी आयों और खर्चों का उल्लेख होता है. आय और व्यय के अंतर से व्यापार के शुद्ध लाभ अथवा हानि का ज्ञान होता है. गैर-व्यापारिक संगठनों के लिए इसी विधि से आय-व्यय विवरणी (Income-Expenditure Statement) तैयार की जाती है.

बैलेंस शीट (Balance Sheet) : यह एक ऐसी विवरणी है, जिससे किसी निश्चित तिथि पर व्यापारी की सभी सम्पत्तियों (Assets) और देयताओं (Liabilities) का उल्लेख किया जाता है. इससे किसी व्यापार की वास्तविक वित्तीय स्थिति का ज्ञान होता है और एक प्रकार से यह किसी व्यापार की सबसे महत्त्वपूर्ण विवरणी है.

इस अध्याय में हमने खातांकन के मूल तत्वों का ही उल्लेख किया है. टैली पर कार्य करने के लिए इनको भली प्रकार समझ लेना आवश्यक है. अगले अध्याय में आप टैली पर कार्य करने के बारे में पढ़ेंगे.

टैली पर कार्य करना (Working with Tally)

02

टैली पर काम करने के लिए उसको अपने कंप्यूटर में स्थापित कर लेना चाहिए. Tally ERP 9 मूलत: एक Windows Base प्रोग्राम या पैकेज है, इसलिए इस पैकेज की फाइलों को किसी फोल्डर में कॉपी करने से ही यह स्थापित हो जाता है. स्थापित हो जाने के बाद आप इसका शॉर्टकट अपने डेस्कटॉप पर बना सकते हैं.

टैली प्रारम्भ करने के लिए इसके शॉर्टकट को डबल-क्लिक कीजिए. इससे इसकी पहली और मुख्य स्क्रीन चित्र T-2.1 की तरह आपके मोनीटर पर खुल जाएगी.

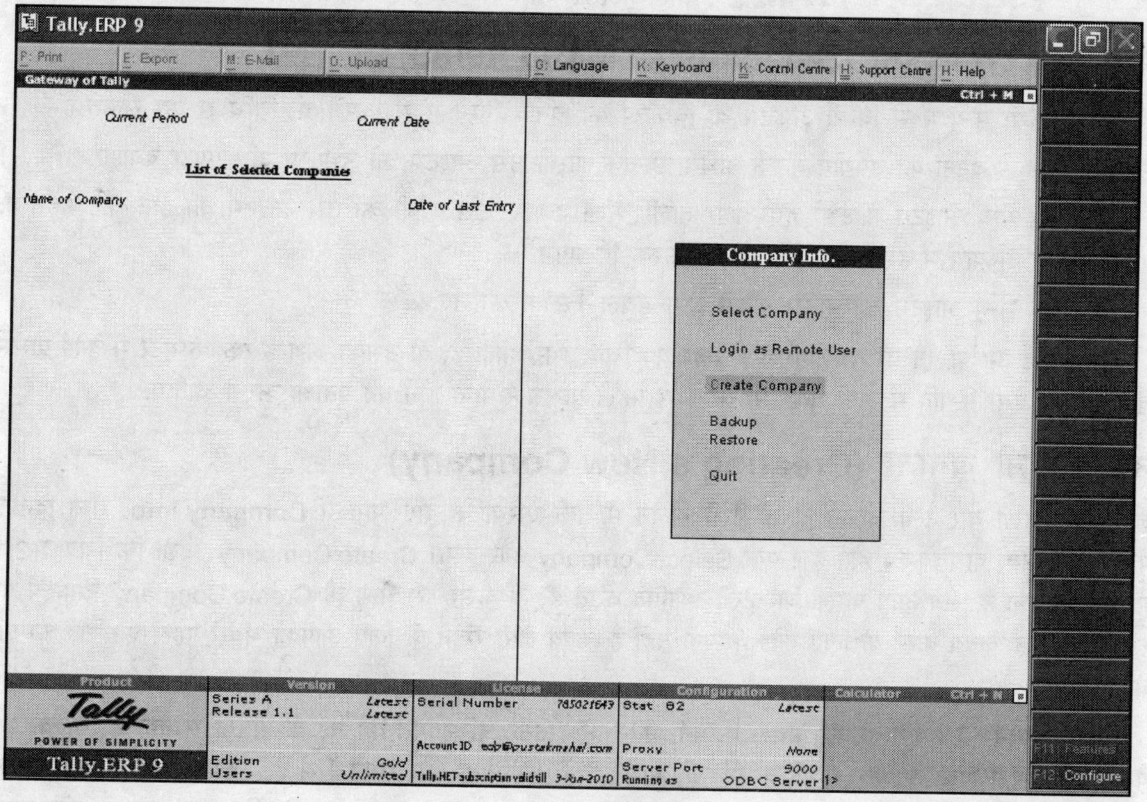

चित्र T-2.1 : टैली की मुख्य स्क्रीन

इस स्क्रीन के तीन प्रमुख भाग हैं – वर्क एरिया (Work Area), कैलकुलेटर (Calculator) तथा बटन (Buttons). ये सभी भाग ऊपर चित्र में दिखाए गए हैं. वर्क एरिया में आप मेन्युओं, मास्टरों, रिपोर्टों आदि पर कार्य करते हैं, कैलकुलेटर भाग में आप गणनाएं करते हैं और बटन भाग में विभिन्न कार्यों और विकल्पों के लिए बटन दिए जाते हैं. ये बटन आपकी स्क्रीन के अनुसार बदलते रहते हैं. सामान्यतया आप मेन्युओं और बटनों पर ही कार्य करते हैं.

गणना की आवश्यकता पड़ने पर कैलकुलेटर भाग में जाने के लिए कंट्रोल के साथ N (CTRL+N) दबाइए. इससे कर्सर कैलकुलेटर वाले भाग में आ जाएगा. वहां आप संख्याओं के साथ गणितीय चिह्न (+, –, *, /, और %) टाइप करके मनचाही गणनाएं कर सकते हैं. एण्टर दबाते ही गणना का परिणाम अगली पंक्ति में दिखा दिया जाता है, जैसा कि

चित्र T-2.2 में दिखाया गया है. यहां ध्यान रखने की बात यह है कि गणना के लिए आपके द्वारा भरी गई मुद्रा गणितीय दृष्टि से वैध होनी चाहिए, अन्यथा एण्टर दबाने पर आपको 'Error!' संदेश प्राप्त होगा.

कैलकुलेटर से वापस वर्क एरिया अथवा बटनों में जाने के लिए कंट्रोल के साथ M (CTRL+M) दबाइए.

चित्र T-2.2 : कैलकुलेटर भाग में गणनाएं करना

मेन्यू आइटम चुनना (Selection of Menu Items)

आप किसी मेन्यू में से किसी आइटम या विकल्प का चुनाव निम्न में से किसी भी विधि से कर सकते हैं-

1. तीर के बटनों का उपयोग करके अथवा क्लिक करके उस आइटम को उभारिए और एण्टर दबाइए.
2. उस मेन्यू आइटम में उभरे हुए अक्षर वाली कुंजी दबाइए. इस कुंजी को उस आइटम की हॉट-की कहते हैं. इस अध्याय में हम उसे गहरा (Bold) करके दिखाएंगे.
3. उस मेन्यू आइटम को माउस पॉइंटर द्वारा डबल-क्लिक कीजिए.

यदि कोई आदेश देने पर वर्क एरिया में घड़ी का चिह्न उभर आता है, तो उसका अर्थ है कि कंप्यूटर में कोई प्रोसेस चल रही है. ऐसी स्थिति में आगे कुछ भी करने से पहले प्रोसेस समाप्त होने की प्रतीक्षा करनी चाहिए.

नई कम्पनी बनाना (Creating a New Company)

जब आप पहली बार टैली चलाते हैं, तो टैली स्क्रीन में वर्क एरिया के दाएं भाग में **Company Info.** मेन्यू दिखाई पड़ता है, जिसमें दो विकल्प होते हैं : एक **S**elect Company और दूसरा **C**reate Company, जैसा कि चित्र T-2.1 में दिखाया गया है. जब आप पहली बार टैली स्थापित करते हैं, तो कर्सर इस मेन्यू के **C**reate Company विकल्प पर रुकेगा, क्योंकि चुनाव करने के लिए कोई कम्पनी नहीं है. कार्य जारी रखने के लिए आपको सबसे पहले एक नई कम्पनी बनानी होगी.

यहां कम्पनी से हमारा तात्पर्य केवल कम्पनी एक्ट के अंतर्गत परिभाषित की गई कम्पनियों से नहीं है, बल्कि इस पैकेज में कम्पनी शब्द उन सब फर्मों, कम्पनियों, साझेदारियों, व्यक्तियों और संगठनों से है, जिनके लिए आप खातांकन का कार्य करना चाहते हैं. टैली में प्रत्येक कम्पनी के लिए अलग-अलग खाता बहियां आदि बनाए जाते हैं और उनमें स्वतंत्रता से कार्य किया जाता है.

नई कम्पनी बनाने के लिए **Company Info.** मेन्यू में **C**reate Company विकल्प को चुनिए. इससे आपकी स्क्रीन पर चित्र T-2.3 की तरह Company Creation की स्क्रीन दिखाई देगी. इस स्क्रीन के पहले भाग में आप उस कम्पनी के बारे में साधारण सूचनाएं भरते हैं और दूसरे भाग में मूल मुद्रा (Base Currency) के बारे में जानकारी दी जाती है, क्योंकि टैली में आप किसी भी मुद्रा में खातांकन कर सकते हैं.

इस स्क्रीन द्वारा मांगी गई सूचनाएं क्रमशः टाइप कीजिए. प्रत्येक बार अगले फील्ड पर जाने के लिए एण्टर तथा पिछले फील्ड पर जाने के लिए शिफ्ट के साथ टैब कुंजी दबाइए. पता, आयकर तथा बिक्रीकर खाता संख्या वाल फील्डों को आप खाली छोड़ सकते हैं, क्योंकि इन्हें बाद में भी भरा या सुधारा जा सकता है.

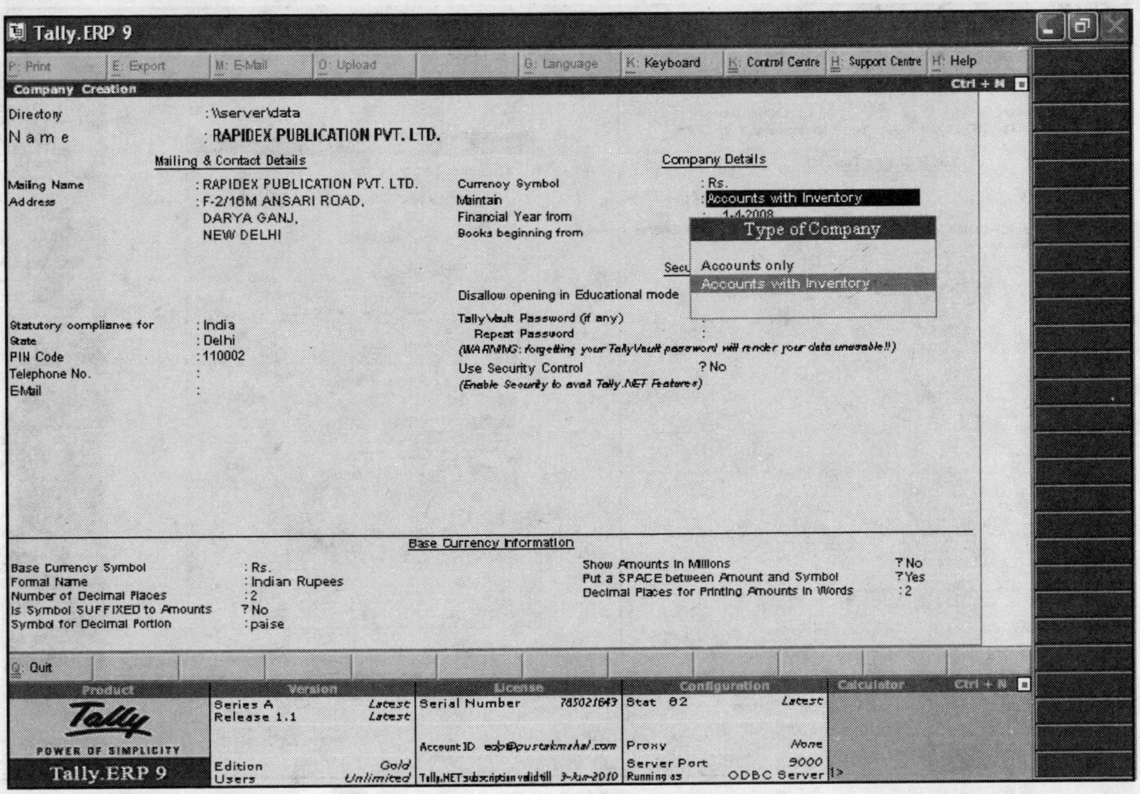

चित्र T-2.3 : टैली में नई कम्पनी बनाना

इस स्क्रीन में सूचनाएं भरते समय जैसे ही आप Maintain फील्ड पर आते हैं, आपको उसके पास एक छोटा सा मेन्यू दिखाई देता है, जिसमें आप यह विकल्प चुनते हैं कि आप केवल खातांकन करना चाहते हैं, या इनवेंटरी करना चाहते हैं या दोनों. मुद्रा चिह्न के रूप में आपको Rs (रुपया) सेट कर देना चाहिए.

एक भाग की सूचनाएं भर देने के बाद कर्सर स्वत: ही दूसरे भाग में आ जाता है. अंतिम फील्ड के बाद एण्टर दबाते ही आपको एक छोटा सा मेन्यू देकर पूछा जाता है कि इन सूचनाओं को स्वीकार किया जाय या नहीं. इसके उत्तर में आपको **Yes** चुनना चाहिए. ऐसा करते ही वह कम्पनी खोल दी जाएगी.

गेटवे ऑफ टैली (Gateway of Tally)

कार्य आगे जारी रखने के लिए आपको पहले कम्पनी का चुनाव करना पड़ता है. यदि आपने केवल एक ही कम्पनी बनाई है, तो वही अपने आप चुनी हुई होगी, अन्यथा आप एक या अधिक अन्य कम्पनियों का चुनाव कर सकते हैं, जिनमें से कोई एक कम्पनी सक्रिय कम्पनी होगी.

कम्पनी का चुनाव करते ही आपको चित्र T-2.4 की तरह गेटवे ऑफ टैली की स्क्रीन दिखाई देगी. इस स्क्रीन में बायीं ओर चुनी हुई कम्पनी के बारे में सूचनाएं दी जाती हैं और दायीं ओर **Gateway of Tally** मेन्यू दिया जाता है. यह टैली पर कार्य करने का मुख्य बिंदु है, जहां से आप टैली के विभिन्न भागों में प्रवेश करते हैं.

गेटवे ऑफ टैली मेन्यू में अनेक विकल्प होते हैं. इन विकल्पों से विभिन्न प्रकार के कार्य किए जाते हैं. इनमें से मुख्य विकल्पों का संक्षिप्त परिचय नीचे दिया गया है–

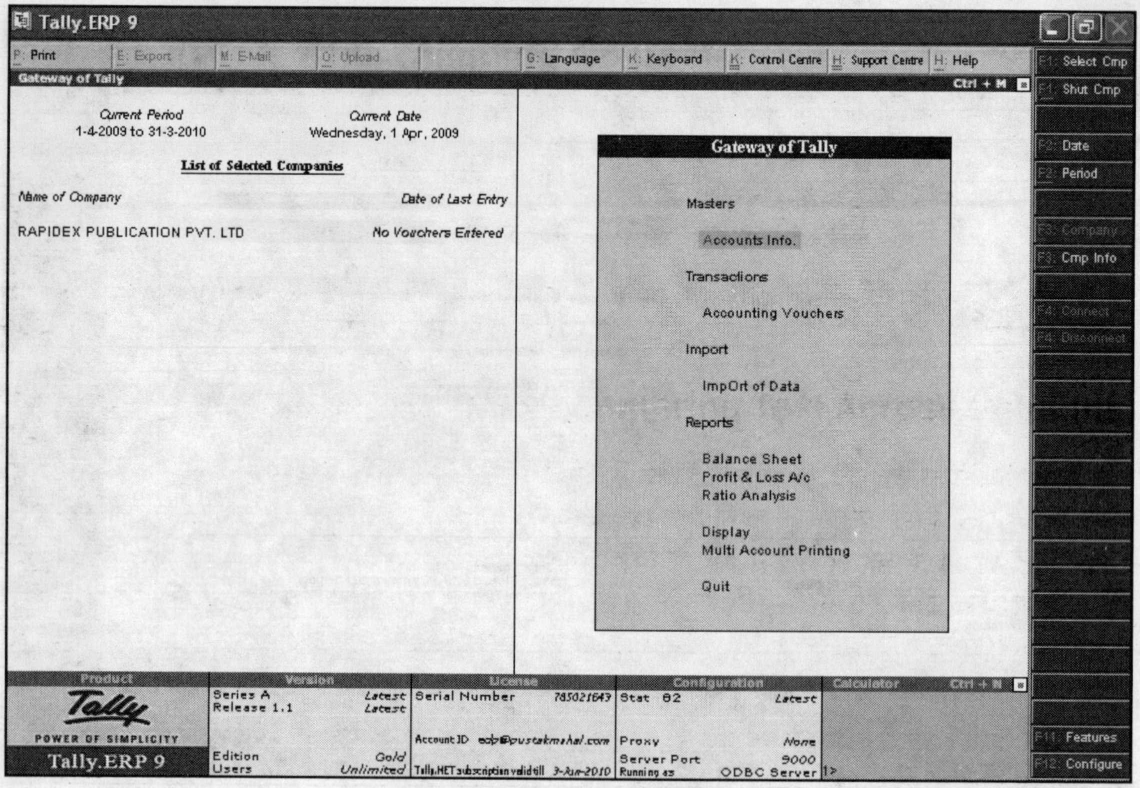

चित्र T-2.4 : गेटवे ऑफ टैली

Accounts Info. : इस विकल्प से आप खातों के समूह, खाते, वाउचर टाइप आदि बना सकते हैं, देख सकते हैं और बदल (तथा हटा)सकते हैं.

Inventory Info. : इस विकल्प से आप स्टाक की वस्तुओं के समूह, स्टाक की वस्तुएं, गोदाम आदि इन्वेंटरी की चीजों को बना, देख तथा बदल (और हटा) सकते हैं.

Voucher Entry : इस विकल्प से आप खातों तथा स्टाक की वस्तुओं के सभी लेन-देनों को प्रविष्ट कर सकते हैं.

Balance Sheet : इस विकल्प से आप खातों की बैलेंस शीट तैयार कर सकते हैं और छाप भी सकते हैं. इसके साथ ही आप वाउचरों को जोड़, सुधार और हटा सकते हैं.

Profit & Loss A/c : इस विकल्प से आप व्यापार का लाभ-हानि खाता तैयार कर सकते हैं और छाप भी सकते हैं. इसके साथ ही आप वाउचरों को जोड़, सुधार और हटा सकते हैं.

Stock Summary : इस विकल्प से आप स्टाक की वस्तुओं का विवरण तैयार कर सकते हैं और छाप भी सकते हैं.

Display : इस विकल्प से आप व्यापार और स्टाक से सम्बंधित बहुत सी सूचनाएं और रिपोर्ट अपनी स्क्रीन पर देख और छाप सकते हैं.

Quit : इस विकल्प से आप टैली पर कार्य समाप्त करके इससे बाहर निकल सकते हैं.

खातों का संगठन (Accounts Organisation)

टैली में खातांकन का कार्य किसी कोड के बिना किया जाता है. इसको गलतियों से मुक्त रखने के लिए आपको कुछ मानक नियमों या परम्पराओं का पालन करना आवश्यक है. टैली पर आपके कार्य की सफलता मुख्य रूप से इस बात पर निर्भर करती है कि आप अपने हाथ से किए जाने वाले खातांकन के कार्य को टैली में करने के लिए उसकी आवश्यकताओं के अनुसार किस प्रकार योजना बनाते हैं. इसके लिए खातों के संगठन का ज्ञान होना अनिवार्य है.

हस्तचालित खातांकन में ट्रायल बैलेंस के बाद खातों और बहियों को समूहबद्ध करके अंतिम खाते अर्थात् लाभ-हानि खाता तथा बैलेंस शीट तैयार किए जाते हैं. इसलिए जब तक आप ट्रायल बैलेंस न बना लें, तब तक अंतिम खाते तैयार नहीं किए जा सकते. लेकिन टैली में कोई खाता बनाते समय ही उसको उचित **खाता समूह (Account Group)** में रख देते हैं. खाता समूहों की सहायता से आप अपने खातों को वर्गीकृत कर सकते हैं और आवश्यक रिपोर्टें तत्काल प्राप्त कर सकते हैं. बाद में कभी आवश्यकता होने पर आप खातों के इस संगठन को सुधार भी सकते हैं.

उदाहरण के लिए, आप किसी खर्च खाते को निम्न प्रकार समूहों और उप-समूहों में भी बांट सकते हैं-

- खर्च खाता (Expenditure Account)
  - कार्मिक खर्च (Emplyee Expenses)
    - वेतन और मजदूरी (Salaries & Wages)
      - वेतन (Salaries)
        - प्रबन्धकों का वेतन (Managers' Salary)
        - तकनीशियनों को वेतन (Technicians' Salary)
      - मजदूरी (Wages)
        - स्थायी मजदूरों की मजदूरी (Permanent Workers' Wages)
        - अस्थायी मजदूरों की मजदूरी (Temporary Workers' Salary)
    - बोनस (Bonus)
      - वैधानिक बोनस (Statutory Bonus)
      - अनुकम्पा बोनस (Ex-gratia Bonus)
    - प्रलोभन (Incentive)
      - उत्पादन प्रलोभन (Production Incentive)
      - उपस्थिति प्रलोभन (Attendance Incentive)
  - प्रशासनिक खर्च (Administrative Expenses)

यह आवश्यक नहीं है कि आप इतने खाते बनाएं ही और उन्हें इसी प्रकार वर्गीकृत करें. समूहों और खातों की संख्या आपकी आवश्यकता के अनुसार कम या अधिक भी हो सकती है. समूह बनाने का लाभ यह है कि आप जिस प्रकार से समूह बनाते हैं, उसी प्रकार से समूहों और उपसमूहों के अनुसार खातों का योग प्राप्त कर सकते हैं, ताकि उनसे अन्य रिपोर्टें बना सकें.

यह भी स्पष्ट रूप से समझ लेना चाहिए कि वाउचरों में दिखाया जाने वाला लेन-देन केवल खातों के साथ होता है, किसी खाता समूह के साथ कभी नहीं. खाता समूह केवल खातों को संगठित करने की विधि है.

टैली स्वत: ही प्रत्येक कम्पनी के लिए कुछ सुरक्षित खाता समूह बना देता है. आप इन समूहों को हटा नहीं सकते, केवल उनका नाम बदल सकते हैं. ऐसा इसलिए किया जाता है कि परिसम्पत्तियों, देयताओं, आय और व्यय के सम्बंध में खातांकन की परम्पराओं का पालन सुनिश्चित किया जा सके.

टैली द्वारा बैलेंस शीट में दिखाए जाने वाले सुरक्षित खाता समूह निम्नलिखित हैं :

देयताएं पक्ष (Liabilities Side)

- Capital Account
  - Reserves & Surplus [Retained Earnings]
- Loans (Liabilities)
  - Bank OD Accounts [Bank OCC Accounts]
  - Secured Loans
  - Unsecured Loans
- Current Liabilities
  - Duties & Taxes
  - Provisions
  - Sudry Creditors

परिसम्पत्तियां पक्ष (Assets Side)

- Fixed Assets
- Investments
- Current Assets
  - Bank Accounts
  - Cash-in-hand
  - Deposits (Asset)
  - Loans & Advances (Asset)
  - Stock-in-hand
  - Sundry Debtors
- Branch/Divisions
- Misc. Expenses (Asset)
- Suspense Account

इसी प्रकार, टैली द्वारा लाभ-हानि खाते में दिखाए जाने वाले सुरक्षित खाता समूह निम्नलिखित हैं-

आय पक्ष (Incomes Side)

- Sales Account
- Direct Income [Income Direct]
- Indirect Income [Income Indirect]

व्यय पक्ष (Expenses Side)

Purchases Account
Direct Expenses [Expenses Direct]
Indirect Expenses [Expenses Indirect]

ऊपर दी गई सूचियों में बड़े कोष्ठक में लिखे हुए नाम मूल खाते के उपनाम (Alias) हैं.

टैली द्वारा प्रत्येक कम्पनी के लिए केवल दो खाते अपने-आप बनाए जाते हैं-

1. नकदी (Cash), जो Cash-in-hand समूह में रखा जाता है.
2. लाभ और हानि खाता (Profit & Loss Account), यह प्राथमिक खाता है.

इन दो खातों के अतिरिक्त सभी खाते आपको बनाने पड़ते हैं और उन्हें उचित खाता समूह में रखना पड़ता है. खाते बनाने के बारे में आगे बताया गया है.

खाते बनाना (Creating Accounts)

टैली में खातांकन के कार्य का प्रारम्भ नए खाते बनाने से किया जाता है. नए खाते बनाने के लिए चित्र T-2.4 में दिखाए गए Gateway of Tally मेन्यू में **A**ccounts Info. विकल्प को चुनिए. ऐसा करते ही टैली की स्क्रीन के दाएं भाग में चित्र T-2.5 की तरह Accounts Info. का मेन्यू दिखाई देगा.

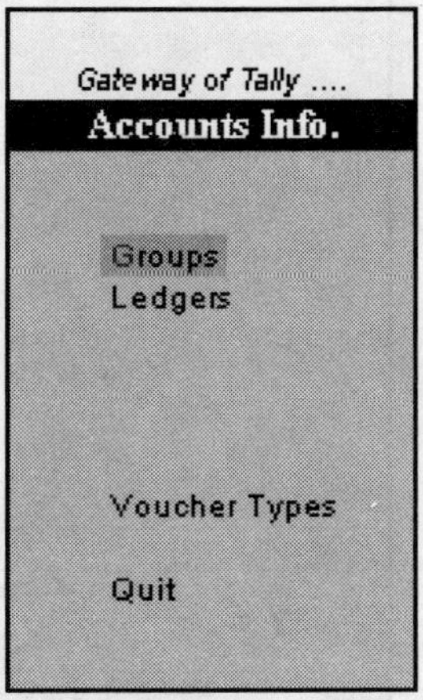

चित्र T-2.5 : एकाउण्ट्स इन्फो मेन्यू

इस मेन्यू के विकल्पों का परिचय और उपयोग निम्न प्रकार है-

Groups : टैली में पहले से ही परिभाषित अनेक खाता समूह उपलब्ध हैं, जिनके बारे में ऊपर बताया जा चुका है. फिर भी आवश्यकता होने पर आप इस विकल्प से नए खाता समूह बना सकते हैं और उन्हें पहले से उपलब्ध समूहों में से किसी में भी रख सकते हैं या कोई स्वतंत्र समूह बना सकते हैं. इससे आप पहले से बने हुए खाता समूहों में सुधार कर सकते हैं और उन्हें हटा भी सकते हैं.

Ledgers : इस विकल्प से आप नए खाते (Accounts) बना सकते हैं और उन्हें उचित खाता समूह में रख सकते हैं. पहले से बने हुए खातों को इस विकल्प के द्वारा आप सुधार सकते हैं अथवा हटा सकते हैं.

Voucher Types : टैली में पहले से परिभाषित कई वाउचर टाइप उपलब्ध हैं, जो सामान्य स्थिति में सभी प्रकार के लेन-देनों को रिकॉर्ड करने में सक्षम हैं. फिर भी आवश्यकता होने पर इस विकल्प से आप नए वाउचर टाइप बना सकते हैं.

Quit : इसे चुनने से आप वापस गेटवे ऑफ टैली मेन्यू में पहुंचते हैं.

नए खाते बनाने के लिए **A**ccounts Info. मेन्यू में **L**edgers विकल्प को चुनिए. इससे आपको चित्र T-2.6 की तरह Ledgers का मेन्यू दिया जाएगा.

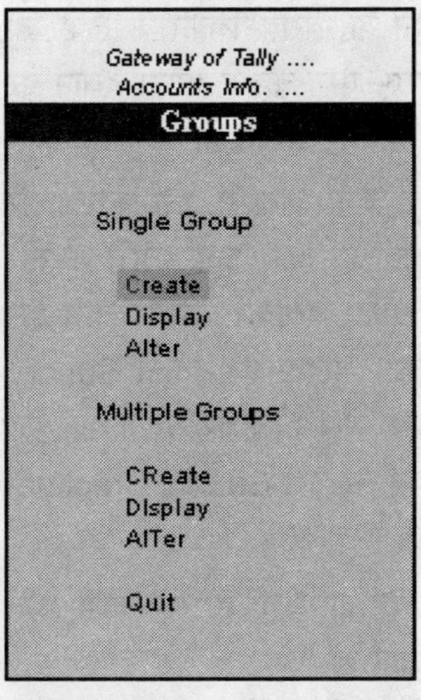

चित्र T-2.6 : लेज़र मेन्यू

इस मेन्यू के विकल्पों द्वारा आप एक या अधिक खाते बना सकते हैं, पहले से बने हुए खातों मे सुधार कर सकते हैं और चाहें तो उन्हें समाप्त भी कर सकते हैं.

अकेला नया खाता बनाने के लिए लेजर मेन्यू में Single Ledger विकल्प के अन्दर **C**reate विकल्प को चुनिए. इससे आपको चित्र T-2.7 की तरह नया खाता खोलने की स्क्रीन दी जाएगी. नए खाते के बारे में सभी आवश्यक सूचनाएं इस स्क्रीन में भरी या चुनी जाती हैं.

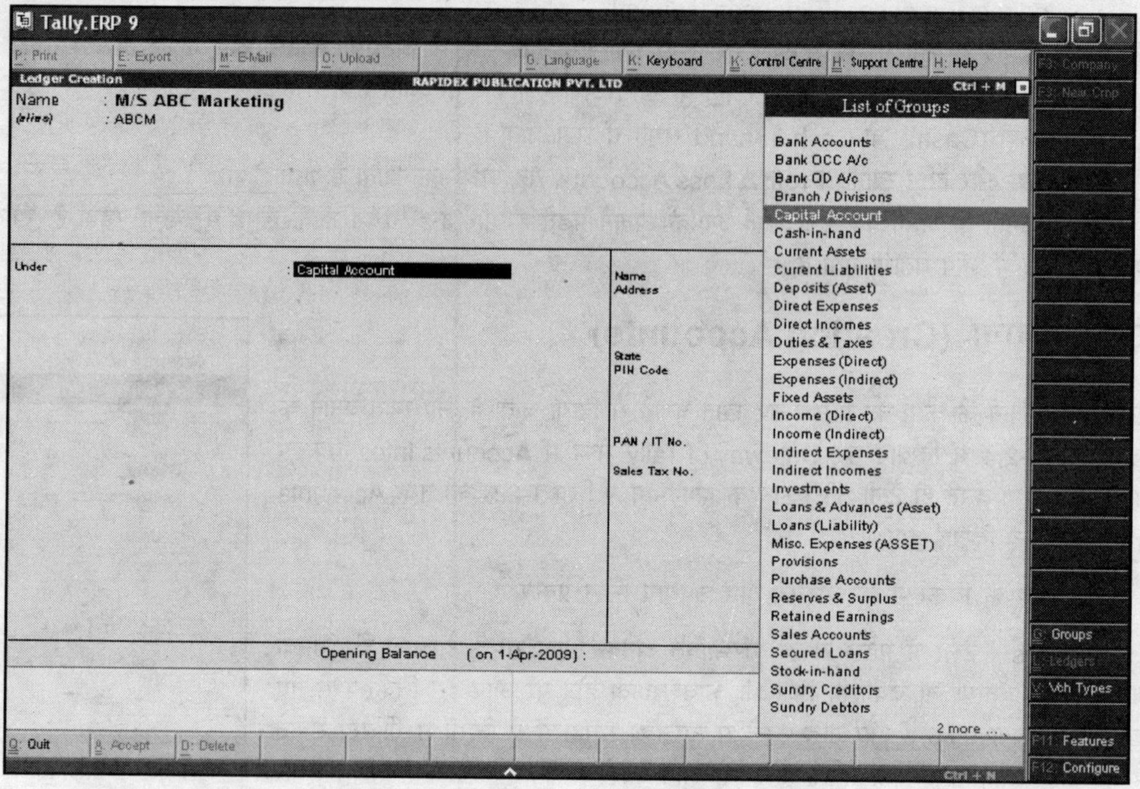

चित्र T-2.7 : टैली में नया खाता खोलना

उदाहरण के लिए, मान लीजिए आप मै. एबीसी मार्केटिंग नामक कम्पनी से लेन-देन या खरीद-बिक्री करते हैं, तो उसका खाता खोलने के लिए ऊपर की स्क्रीन में Name फील्ड में उसका पूरा नाम भरिए. ऐसा करके एण्टर दबाने पर आप (Alias) फील्ड में पहुंचेंगे. इसमें आप खाते का दूसरा या छोटा नाम अथवा कोड भी भर सकते हैं.

फिर एण्टर दबाने पर कर्सर Under फील्ड पर आएगा, जिसमें खाता समूह का नाम चुना जाता है. इस फील्ड पर कर्सर आते ही इस स्क्रीन के दाएं भाग में सभी परिभाषित खाता समूहों की सूची खुल जाती है. आप ऊपर-नीचे के तीर के बटनों का उपयोग करके इसमें से किसी भी समूह तक पहुंच सकते हैं और फिर एण्टर दबाकर उसका नाम इस फील्ड में भर सकते हैं. जिन कम्पनियों या व्यक्तियों से आपका लेन-देन या क्रय-विक्रय चलता है, उनको Sundry Creditors या Sundry Debtors समूह में रखा जाता है. वास्तव में तो ये दोनों समूह एक जैसे ही हैं. अंतर केवल यह है कि इनमें से किसी समूह में रखे गए किसी खाते का जमा बैलेंस (Credit Balance) होने पर उसे Sundry Creditors में और नामे बैलेंस (Debit Balance) होने पर उसे Sundry Debtors में जोड़कर दिखाया जाता है.

इसके बाद आपको खाते का प्रारम्भिक अवशेष (Opening Balance) भरना होगा. यह शून्य भी हो सकता है. अंत में खातेदार का पता और उसके आयकर और बिक्रीकर खातों के नं. भरे जाते हैं, यदि ज्ञात हों.

अंतिम फील्ड पर एण्टर दबाने के बाद आपको एक छोटा सा मेन्यू देकर पूछा जाएगा कि इन सूचनाओं को स्वीकार किया जाय या नहीं. इसके उत्तर में आपको **Yes** देना चाहिए. इससे खाता खोल दिया जाएगा. इसी विधि से आप अन्य आवश्यक खाते खोल सकते हैं.

वाउचर बनाना (Voucher Creation)

आप जानते हैं कि वाउचर एक ऐसा दस्तावेज है, जिसमें किसी लेन-देन का विवरण दिया होता है. प्रत्येक लेन-देन के लिए आप एक वाउचर बनाते हैं. वाउचर बनाने अर्थात् प्रविष्ट करने के लिए Gateway of Tally मेन्यू में **V**oucher Entry विकल्प को चुनिए. ऐसा करते ही आपको चित्र T-2.8 की तरह Voucher Creation की स्क्रीन दी जाएगी.

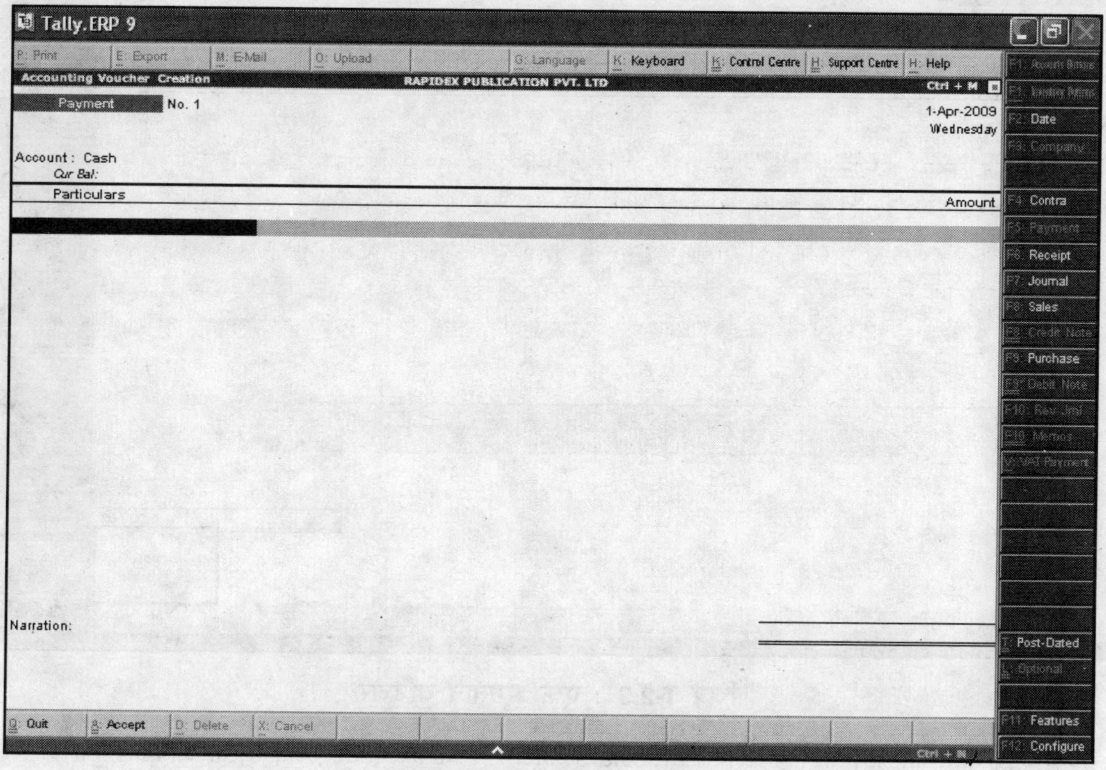

चित्र T-2.8 : वाउचर बनाना

इस स्क्रीन में दायीं ओर कई बटन दिखाई पड़ते हैं, जिनसे विभिन्न प्रकार के कार्य किए जाते हैं या वाउचर टाइप चुने जाते हैं. टैली में सामान्यतया निम्नलिखित वाउचर टाइप उपलब्ध होते हैं-

F4 : Contra
F5 : Payment
F6 : Receipt
F7 : Journal (**Debit Note** तथा **Credit Note** भी, यदि सक्रिय हों)
F8 : Sales
F9 : Purchase
F10 : Memorandom (**Reversing Journal** भी, यदि सक्रिय हों)

आपको अपने लेन-देन के अनुसार उचित वाउचर टाइप चुनने के लिए सम्बन्धित बटन दबाना या क्लिक करना चाहिए. उदाहरण के लिए यदि आपने कोई नकद भुगतान किया है, तो आपको **F5** दबाना चाहिए या बटन पट्टी में उसे क्लिक करना चाहिए, जिससे आपको भुगतान वाउचर की स्क्रीन मिल जाएगी. उसमें वाउचर के दोनों पक्षों को प्रविष्ट किया जाता है. नामे पक्ष की प्रविष्टि के लिए खाते का नाम चुनने से पहले By को चुना या टाइप किया जाता है और जमा पक्ष की प्रविष्टि के लिए To को चुना या टाइप किया जाता है. आप By वाली एक या एक से अधिक और To वाली भी एक या एक से अधिक प्रविष्टियां कर सकते हैं, लेकिन दोनों पक्षों का योग समान होना चाहिए.

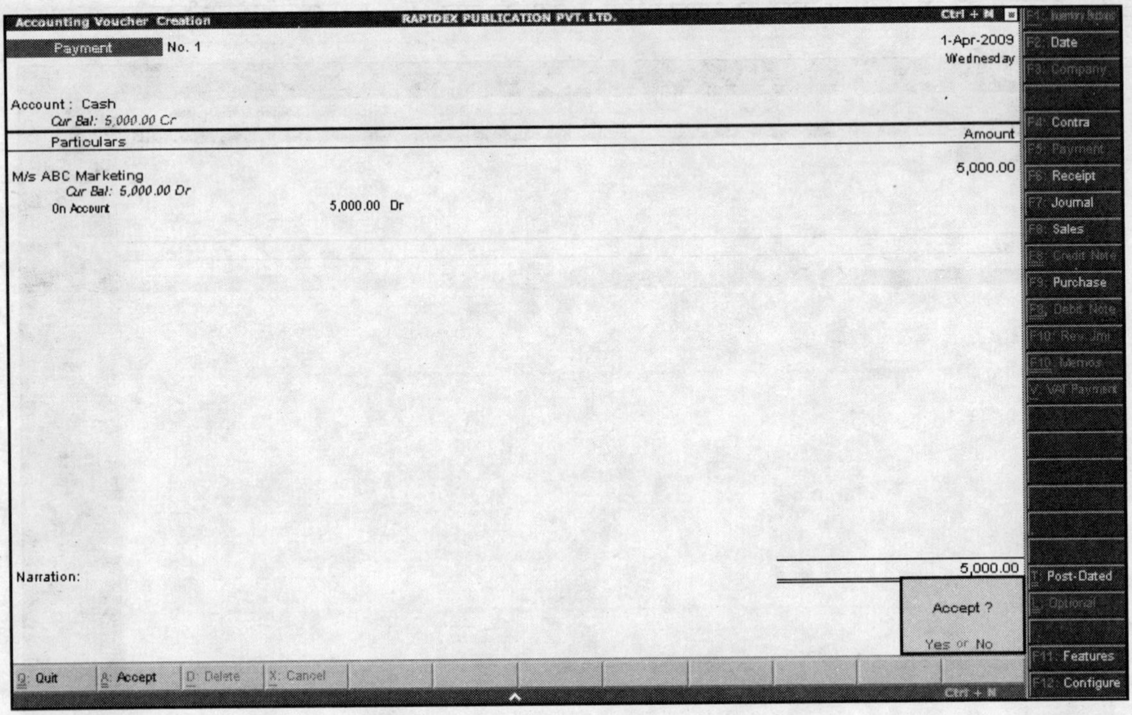

चित्र T-2.9 : एक भुगतान वाउचर

जब आप खाते का नाम भरने के लिए Particulars कॉलम में आकर एण्टर दबाते हैं, तो आपको दायीं ओर सभी सम्बन्धित खातों की सूची दिखाई देती है. इस सूची में से आप उचित खाते का नाम चुन सकते हैं. फिर उसके सामने नामे या जमा राशि चुन सकते हैं. इसी प्रकार उसका दूसरा पक्ष भी भरा जाता है. अंत में Narration भाग में उस लेन-देन का संक्षिप्त विवरण दिया जाता है. इसके बाद आपको एक छोटा सा मेन्यू देकर उस वाउचर को स्वीकार करने की पुष्टि की जाती है. इसके लिए आपको Yes देना चाहिए, जिससे वाउचर रिकॉर्ड या सुरक्षित हो जाता है. चित्र T-2.9 में एक भुगतान वाउचर दिखाया गया है.

यदि आप वाउचर को छापना चाहते हैं, तो उसे सुरक्षित करने से पहले Alt के साथ P दबाइए. यदि आप किसी पिछले वाउचर को सुधारना या छापना चाहते हैं, तो PageUp बटन को दबाइए. इसी प्रकार PageDown बटन को दबाकर आप अगले वाउचर पर पहुंच सकते हैं. यदि आप किसी वाउचर को हटाना चाहते हैं, तो उसको स्क्रीन पर लाकर Alt के साथ D दबाइए. इससे वह वाउचर गायब हो जाएगा.

बैलेंस शीट देखना (Displaying Balance Sheet)

आप कभी भी अपनी बैलेंस शीट को देख सकते हैं. इसके लिए Gateway of Tally मेन्यू में **B**alance Sheet विकल्प को चुनिए या B दबाइए. ऐसा करते ही आपकी स्क्रीन पर बैलेंस शीट दिखा दी जाएगी. यदि आप इस बैलेंस शीट के किसी खाता शीर्ष (Account Head) का विस्तृत विवरण देखना चाहते हैं, तो तीर के किसी भी बटन या बटनों का प्रयोग करके कर्सर को उस खाता शीर्ष पर ले जाइए अर्थात् उसे उभारिए और एण्टर दबाइए. इससे उस खाता शीर्ष का पूरा विवरण सामने आ जाएगा. यदि आप बैलेंस शीट को विस्तार से देखना चाहते हैं, तो Alt के साथ F1 दबाइए. स्क्रीन पर दिखाई दे रहे किसी खाता शीर्ष के विवरण या पूरी बैलेंस शीट को छापने के लिए Alt के साथ P दबाइए.

लाभ-हानि खाता देखना (Displaying Profit & Loss Account)

बैलेंस शीट की तरह ही आप कभी भी अपने लाभ-हानि खाते को देख सकते हैं. इसके लिए Gateway of Tally मेन्यू में **P**rofit & Loss A/c विकल्प को चुनिए या P दबाइए. ऐसा करते ही आपकी स्क्रीन पर लाभ-हानि खाता दिखा दिया जाएगा. यदि आप इस रिपोर्ट को विस्तार से देखना चाहते हैं, तो Alt के साथ F1 दबाइए. इसके विवरण को छापने के लिए Alt के साथ P दबाइए.

विभिन्न रिपोर्टें देखना (Displaying Various Reports)

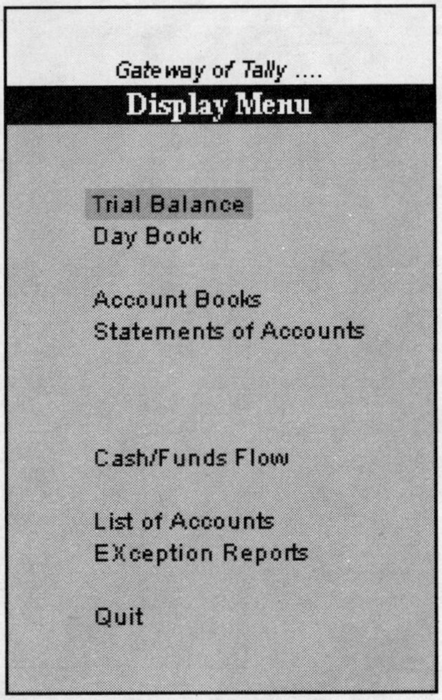

चित्र T-2.10 : डिस्प्ले मेन्यू

बैलेंस शीट तथा लाभ-हानि खातों के अलावा अन्य प्रकार की रिपोर्टों को देखने के लिए Gateway of Tally मेन्यू में **D**isplay विकल्प को चुनिए या D दबाइए. ऐसा करते ही आपकी स्क्रीन पर चित्र T-2.10 की तरह Display Menu खुल जाएगा, जिसमें विभिन्न रिपोर्टों के विकल्प दिए होते हैं.

आप इनमें से जिस रिपोर्ट को देखना चाहते हैं, उसके विकल्प को चुनिए या की-बोर्ड पर उस विकल्प की हॉट-की का बटन दबाइए. इससे वह रिपोर्ट दिखाई पड़ने लगेगी. यदि आप किसी रिपोर्ट को छापना चाहते हैं, तो उसके लिए Alt के साथ P दबाइए.

रिपोर्टों को छापना (Printing Reports)

टैली में आप किसी रिपोर्ट को दो प्रकार से छाप सकते हैं. पहली विधि में सबसे पहले रिपोर्ट को अपनी स्क्रीन पर देखा जाता है. फिर Alt के साथ P दबाकर उसको अपने कंप्यूटर से जुड़े प्रिंटर पर छाप दिया जाता है.

दूसरी विधि में गेटवे ऑफ टैली मेन्यू का उपयोग किया जाता है. इसके लिए Gateway of Tally मेन्यू में **M**ulti-Account Printing विकल्प को चुनिए या M दबाइए. ऐसा करते ही आपकी स्क्रीन पर चित्र T-2.11 की तरह Printing Menu खुल जाएगा, जिसमें विभिन्न रिपोर्टों को छापने के

दूसरी विकल्प दिए होते हैं. इनमें से किसी विकल्प को चुनने पर कई अन्य विकल्प भी खुल सकते हैं. अंत में किसी रिपोर्ट का विकल्प चुनने पर उस रिपोर्ट को छापने के लिए एक छोटा सा बॉक्स देकर पुष्टि की जाती है. इसके उत्तर में Yes देने पर रिपोर्ट को छाप दिया जाता है.

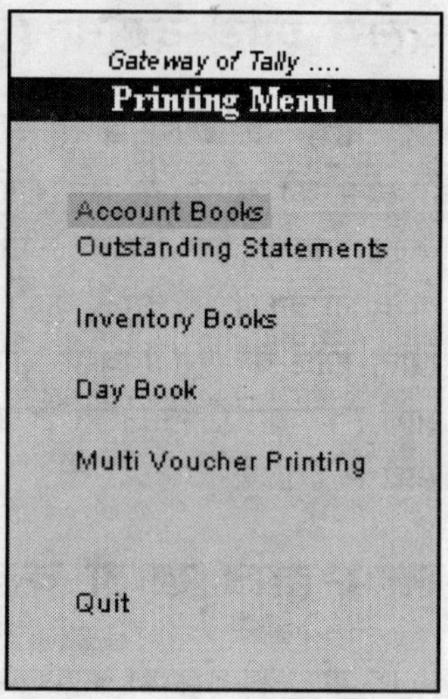

चित्र T-2.11 : प्रिंटिंग मेन्यू

टैली से बाहर निकलना (Quitting Tally)

यदि टैली पर आपका कार्य समाप्त हो गया है और आप इस प्रोग्राम से बाहर निकलना चाहते हैं, तो Gateway of Tally मेन्यू में **Q**uit विकल्प को चुनिए या Q दबाइए. यदि आप गेटवे ऑफ टैली के अलावा किसी अन्य मेन्यू में हैं, तो क्रमशः Q दबा-दबाकर पीछे आते हुए गेटवे तक पहुंचिए और एक बार फिर Q दबाकर टैली से बाहर आ जाइए.

यहां हमने टैली की मुख्य-मुख्य बातों की ही चर्चा की है. वास्तव में तो टैली बहुत शक्तिशाली सॉफ्टवेयर है और उसमें असंख्य विशेषताएं हैं. यही कारण है कि लम्बे समय से टैली लोकप्रियता के शिखर पर है. इसकी अन्य विशेषताओं के बारे में जानने के लिए आपको टैली पर ही केन्द्रित किसी अच्छी पुस्तक का अध्ययन करना चाहिए.

रैपिडैक्स®
कंप्यूटर
कोर्स
परिशिष्ट
(Appendices)

कंप्यूटर शब्दावली (Computer Glossary)

परिशिष्ट 'क' (Appendix 'A')

एक्सेस पॉइंट (Access Point) : एक नेटवर्किंग कनेक्शन उपकरण जिसे बेस स्टेशन (Base Station) भी कहा जाता है. यह एक वायरलेस हार्डवेयर कनेक्शन उपकरण है, जो तार लगे हुए नेटवर्क से जुड़कर वायरलेस ऑपरेशन का निर्माण करता है. इसका एक्सेस बिंदु Local Area Network (LAN) होता है.

ऐरो (Aero) : ऐरो विंडोज़ 7 के नए ग्राफ़ीकल इंटरफेस का नाम है, जो उपयोगकर्ता के डेस्कटॉप को एक नया रूप प्रदान करता है. वास्तव में ऐरो (Aero) Authentic, Energetic, Reflective, Open का लघुरूप है. जीवंत लघुचित्र, पारदर्शी प्रभाव इत्यादि इसके मुख्य तत्व हैं.

ऐप्लीकेशन (Application) : काई भी प्रोग्राम जिसे कोई विशेष कार्य करने के लिए बनाया गया है, ऐप्लीकेशन कहलाता है. माइक्रोसॉफ्ट वर्ड, माइक्रोसॉफ्ट एक्सेल, अडोब फोटोशॉप, इंटरनेट एक्स्प्लोरर आदि कुछ लोकप्रिय ऐप्लीकेशन हैं.

बैकअप (Backup) : किसी फाइल को किसी अन्य स्रोत अथवा माध्यम में कॉपी करने की प्रक्रिया को बैकअप लेना कहते हैं. ऐसा करने से असली फाइल सुरक्षित रहती है.

बैंडविड्थ (Bandwidth) : डाटा को किसी कनेक्शन के जरिये भेजने का मापन बैंडविड्थ कहलाता है. सामान्यत: इसे bits per second में मापा जाता है.

बाइनरी (Binary) : एक मूलभूत संख्याकन प्रणाली, जिसमें केवल 0 और 1 होते हैं.

बिट (Bit) : बिट (Bit) Binary Digit का लघुरूप है. यह एक अंक संख्या है, जो 0 या 1 हो सकती है. बिट कंप्यूटरीकृत डाटा की सबसे छोटी इकाई है.

बिटमैप (Bitmap) : डिजीटल चित्रों के लिए प्रयोग में आने वाला फाइल फार्मेट. कुछ प्रमुख फाइल फार्मेट हैं– BMP, GIF, JPEG, PCX, PNG, TGA, TIFF आदि.

ब्लूटूथ (Bluetooth) : रेडियो तकनीक जिसकी मदद से इलेक्ट्रॉनिक उपकरणों को तार के बिना जोड़ा जा सकता है. इस तकनीक द्वारा उपकरणों को तार द्वारा जोड़े बिना भी दस मीटर की सीमा के अंतर्गत डाटा का आदान–प्रदान किया जा सकता है.

ब्राउज़र (Browser) : वेब पर पृष्ठ देखने के लिए प्रयोग में लाये जाने वाले सॉफ्टवेयर प्रोग्राम ब्राउज़र कहलाते हैं. माइक्रोसॉफ्ट इंटरनेट एक्स्प्लोरर, मॉज़िला फायरफॉक्स, नेटस्केप नेवीगेटर आदि ब्राउज़र के कुछ उदाहरण हैं.

बफ़र (Buffer) : (प्राय: रैम में) डाटा के अस्थायी स्टोरेज के लिए स्थान जो विभिन्न क्रियाकलाप, जैसे प्रिंटिंग, डिस्क एक्सेस आदि, की गति बढ़ाने में मदद करता है. जिस स्थान से बफ़र ने डाटा प्राप्त किया, उसकी अपेक्षा बफ़र से डाटा प्राप्त करना अधिक सरल और तेज़ होता है.

बाइट (Byte) : बाइट डाटा ट्रांसफर या डाटा स्टोरेज का माप है. एक बाइट में 8 बिट होते हैं.

केबल मॉडम (Cable Modem) : केबल मॉडम एक प्रकार का इंटरनेट कनेक्शन है, जिसे केबल द्वारा प्रसारित किया जाता है. इस तकनीक से आपको केबल कनेक्शन द्वारा तेज़ इंटरनेट सुविधा प्राप्त होती है.

कैश (Cache) : कैश एक गतिशील मेमोरी है, जो रैण्डम एक्सेस मेमोरी (रैम) के समान है. रैम और कैश में यह अंतर है कि कैश मेमोरी सर्वर में स्टोर होती है, जबकि रैम को कंप्यूटर सिस्टम में स्टोर किया जाता है. हालांकि

दोनों का उद्देश्य समान ही है. कैश मेमोरी का उपयोग हाल ही में देखे गये वेबपेजों को याद रखने में किया जाता है.

सीडी-रॉम (CD-ROM) : यह एक सस्ता, टिकाऊ, गोलाकार स्टोरेज उपकरण है, जिसे भारी मात्रा में डाटा स्टोर करने के लिए प्रयोग में लाया जाता है.

सीजीए (CGA) : सीजीए (CGA) Color Graphics Adapter का लघुरूप है. IBM द्वारा प्रचालित यह उनका पहला माइक्रोकंप्यूटर कलर स्टैण्डर्ड है. इस ग्राफिक कार्ड में अधिकतम चार रंग 320×200 के रेज़ल्यूशन में अथवा दो रंग 640×200 के रेज़ल्यूशन में संभव हैं.

क्लाइंट (Client) : क्लाइंट उस प्रोग्राम या प्रक्रिया को कहते हैं, जो अन्य प्रोग्रामों अथवा प्रक्रियाओं से जानकारी की मांग करता है. वेब ब्राउज़र तथा ईमेल क्लाइंट आउटलुक एक्स्प्रैस इसके कुछ उदाहरण हैं.

क्लिपबोर्ड (Clipboard) : अस्थायी डाटा स्टोरेज सुविधा, जिसके द्वारा डाटा (पाठ्य और चित्र) को एक स्थान से दूसरे स्थान पर ट्रांसफर करते समय अस्थायी रूप से स्टोर किया जाता है.

सीपीयू (CPU) : सीपीयू (CPU) Central Processing Unit का लघुरूप है. इसके द्वारा हमारे दिये गये आदेशों अर्थात् प्रोग्रामों का पालन किया जाता है. वास्तव में सीपीयू कम्प्यूटर का दिमाग है, जिसका मुख्य कार्य उपयोगकर्ता द्वारा दिये गये आदेशों को समझ कर उनका ठीक-ठीक पालन करना, जोड़ना, घटाना आदि गणितीय क्रियाएं करना, दो संख्याओं की तुलना (Comparison) करना तथा किसी विशेष बात या शर्त (Condition) की जांच करना आदि है.

कर्सर (Cursor) : कर्सर वह टिमटिमाता हुआ सूचक है, जो दस्तावेज में पाठ्य का वह स्थान दर्शाता है, जहां उपयोगकर्ता कार्य कर रहा है.

डाटा (Data) : कम्प्यूटर में स्टोर जानकारी को डाटा कहते हैं.

डाटाबेस (Database) : अधिक मात्रा में एकत्रित जानकारी को डाटाबेस कहते हैं. समाचारपत्रों का ढेर भी डाटाबेस है. कम्प्यूटर डाटाबेस में डाटा को हेरफेर करने की क्षमता होती है. डाटाबेस में कोई ऐप्लीकेशन जोड़कर विषय-वस्तु की खोज आसानी से की जा सकती है.

डिमॉड्यूलेशन (Demodulation) : यह टेलीफोन कंपनियों द्वारा प्रयोग में लाई जाने वाली वह प्रक्रिया है, जिसके जरिये एनालॉग सिग्नल को कंप्यूटर के उपयोग के लिए डिजीटल सिग्नल में बदला जाता है.

डेस्कटॉप (Desktop) : कंप्यूटर की मुख्य स्क्रीन, जिस पर आप प्रोग्रामों में आइकॉन, टास्कबार, साइडबार इत्यादि देख सकते हैं.

डेस्कटॉप विंडो मैनेजर (Desktop Window Manager) : विंडोज़ का नया विजुअल स्टाईल इसके डेस्कटॉप विंडो मैनेजर का कमाल है. इस स्टाईल को ऐरो ग्लास कहा जाता है. ऐरो ग्लास को देखने के लिए एक वीडियो कार्ड की आवश्यकता होती है, जो Longhorn Display Drive Model (LDDM) को सपोर्ट करता है.

डायल-अप लाइन (Dial-Up Line) : डायल-अप लाइन उस टेलीफोन लाइन को कहते हैं, जिसे सर्वर से जोड़ा जाता है.

डायल-अप नेटवर्किंग (Dial Up Networking) : यह विशेषता विंडोज 95, 98 और यूनिक्स ऑपरेटिंग सिस्टम में प्रयोग की जाती थी. इसके जरिये अनेक कंप्यूटर सिस्टमों को टेलीफोन लाइन द्वारा मॉडम से जोड़ कर इंटरनेट से जोड़ा जाता है.

डिजीटल (Digital) : डिजीटल वह सिस्टम होता है, जो डाटा को विशिष्ट, नॉन-एनालॉग (non-analogue) और संख्यात्मक ढंग से परिभाषित करता है. यह बाइनरी सिस्टम के समान होता है.

डायरेक्टरी (Directory) : कंप्यूटर की भाषा में फाइल सिस्टम के अलग-अलग तत्त्वों को डायरेक्टरी कहते हैं. एक डायरेक्टरी में हज़ारों फाइलें और फोल्डर हो सकते हैं, जिन्हें डाटा जोड़ने और अपडेट करने के माध्यम के रूप में प्रयोग किया जा सकता है.

डॉस (DOS) : डॉस (DOS) Disc Operating System का लघुरूप है. यह एक कमाण्ड लाइन ऑपरेटिंग सिस्टम है, जिसे बिल गेट्स ने तैयार किया था.

डोमेन (Domain) : डोमेन वह कंप्यूटर, वेबसाइट या नेटवर्क होता है, जो इंटरनेट से जुड़ा होता है. एक साधारण डोमेन नाम कुछ ऐसा होता है: www.yahoo.com इसमें 'www' यह दर्शाता है कि यह वर्ल्ड वाइड वेब से जुड़ा हुआ है. 'yahoo' कंपनी का नाम दर्शाता है और 'com' से यह ज्ञात होता है कि यह एक कमर्शियल वेबसाइट है.

डोमेन नेम (Domain Name) : डोमेन नेम इंटरनेट से जुड़ी कंपनी की विशेष पहचान है. डोमेन नेम के जरिये वेबसाइट का नाम याद रखना उसके IP (Internet Protocol) एड्रेस याद रखने की अपेक्षा अधिक सरल है.

डीपीआई (DPI) : डीपीआई (DPI) Dots Per Inch का लघुरूप है. यह चित्र को नापने का पैमाना है, जो चित्र के रेज़ल्यूशन को एक वर्ग इंच में पिक्सलों की संख्या से जांचता हैं. जितने अधिक पिक्सल, उतनी ही बेहतर चित्र उत्कृष्टता. लेजर प्रिंटर से लगभग 300 dpi का रेज़ल्यूशन प्राप्त होता है.

डीटीपी (DTP) : डीटीपी (DTP) Desk Top Publishing का लघुरूप है. कंप्यूटर और उससे जुड़े उपकरणों द्वारा प्रकाशन का कार्य करने को डीटीपी कहते हैं. अपने डेस्कटॉप कंप्यूटर की सहायता से पूरी तरह छापने योग्य दस्तावेज तैयार करना ही डेस्कटॉप पब्लिशिंग है.

ईमेल (Email) : ईमेल (Email) Electronic Mail का लघुरूप है. यह इंटरनेट के जरिये संदेशों को एक इंटरनेट प्रयोगकर्ता से दूसरे को पहुंचाने की प्रणाली है.

एथरनेट (Ethernet) : एक नेटवर्किंग सिस्टम जिसकी मदद से तारों के जरिये गतिशील डाटा संचार संभव होता है. एथरनेट नेटवर्क सिस्टम TCP/IP, AppleTalk, Novell Netware एवं अन्य नेटवर्क प्रोटोकॉल को सपोर्ट करता है.

एग्ज़ीक्यूटेबल फाइल (Executable File) : एग्ज़ीक्यूटेबल फाइल का एक्स्टेंशन .EXE होता है. यह एक प्रकार की बाइनरी फाइल होती है, जिसे कंप्यूटर सिस्टम द्वारा कार्यान्वित करने के लिए बनाया जाता है. अन्य फाइलों के समान, एग्ज़ीक्यूटेबल फाइल मनुष्यों द्वारा नहीं खोली जा सकती. इसे प्रोग्राम की तरह समझने के लिए बनाया जाता है.

एक्सपेन्डिड मेमोरी (Expanded Memory) : एक्सपेन्डिड मेमोरी को एक्पेन्डिड मेमोरी स्पेसीफिकेशन (Expanded Memory Specification) या EMS भी कहा जाता है. डॉस-आधारित सिस्टम में 1 मेगाबाइट (1MB) का एड्रेस स्थान मुख्य मेमोरी में उपलब्ध होता है. मेमोरी की क्षमता बढ़ाने के लिए डॉस सिस्टम में इस तकनीक का प्रयोग किया जाता है. 384K उच्च मेमोरी और 640K साधारण मेमोरी के लिए होता है.

एक्सपेंशन कार्ड (Expansion Card) : यह एक सर्किट कार्ड होता है, जिसे मदरबोर्ड के एक्सपेंशन स्लॉट में लगाया जाता है. एक्सपेंशन कार्ड के प्रयोग से सिस्टम की व्यवहारिकता अतिरिक्त उपकरणों से जुड़ने के कारण कई गुणा बढ़ जाती है.

एक्सटर्नल मॉडम (External Modem) : एक्सटर्नल मॉडम वास्तविक कंप्यूटर सिस्टम से अलग होता है. इसे आसानी से एक कंप्यूटर से निकालकर दूसरे में लगाया जा सकता है.

फाइल शेयरिंग (File Sharing) : यह इंटरनेट की मुख्य विशेषता है. इसके जरिये आप सर्वर द्वारा एक ही फाइल को अनेक प्रयोगकर्ताओं तक पहुंचा सकते हैं.

फाइल सर्वर (File Server) : किसी नेटवर्क में एक ऐसा कंप्यूटर या फाइल स्टोरेज उपकरण जो नेटवर्क से जुड़े अन्य कंप्यूटरों के बीच जानकारी आदि का आदान-प्रदान संभव कराता है.

गेटवे (Gateway) : गेटवे सॉफ्टवेयर का वह टुकड़ा, जो दो मदों के बीच संचार संभव करता है. इसका प्रयोग कंप्यूटरों और उनके अंदर सिस्टमों को जोड़ने के लिए किया जाता है.

जिफ (GIF) : जिफ (GIF) Graphical Interchange Format का लघुरूप है. यह कॉम्प्यूसर्व द्वारा तैयार किया गया चित्र की फाइल का फार्मेट है.

गीगाबाइट (Gigabyte) : 1 गीगाबाइट (GB) में कुछ 1024 मेगाबाइट (MB) अथवा 1,073,741,824 बाइट होते हैं.

जीयूआई-ग्राफ़ीकल यूज़र इंटरफेस (GUI–Graphical User Interface) : यह एक प्रोग्राम इंटरफेस है, जो कंप्यूटर की ग्राफीकल योग्यताओं का लाभ उठाकर प्रोग्राम को सुगम बनाता है. अच्छे ग्राफीकल यूज़र इंटरफेस के जरिये प्रयोगकर्ता कठिन कमाण्ड भाषाएं सीखने से बच सकता है.

हार्डवेयर (Hardware) : कंप्यूटर संबंधित सभी भौतिक वस्तुएं, जैसे मॉनीटर, कीबोर्ड, फ्लॉपी डिस्क आदि, हार्डवेयर कहलाती है.

एचटीएमएल (HTML) : एचटीएमएल (HTML) Hyper Text Markup Language का लघुरूप है. यह स्ट्रक्चरिंग और फार्मेटिंग टैग का संग्रह है, जिसे वेब पेज बनाने के लिए प्रयोग में लाया जाता है.

एचटीटीपी (HTTP) : एचटीटीपी (HTTP) Hyper Text Transport Protocol का लघुरूप है. यह प्रचलित प्रोटोकॉल है, जो वर्ल्ड वाइड वेब सर्वरों के बीच संचार बनाने में प्रयोग किया जाता है.

आइकॉन (Icon) : आइकॉन किसी प्रोग्राम अथवा कंप्यूटर के किसी फोल्डर का लघुचित्र होता है, जिस पर क्लिक करके आप मनचाहे प्रोग्राम आदि को सक्रिय कर सकते हैं.

इंटिग्रेटिड सर्किट (Integrated Circuit) : माइक्रोचिप का अन्य नाम. इंटिग्रेटिड सर्किट एक छोटा इलेक्ट्रॉनिक उपकरण होता है, जिसे अर्धचालक (Semiconductor) सामग्री से बनाया जाता है.

इंटरफेस (Interface) : यह एक प्रकार का अंतराफलक होता है, जो दो तत्वों को पास लाने का काम करता है. सामान्यतः इस शब्द का प्रयोग विंडोज़ OS/2 जैसे प्रोग्रामों के लिए किया जाता है, जो आपको आपके कंप्यूटर से जोड़ता है. जो आपको अपनी कंप्यूटर स्क्रीन पर दिखाई पड़ता है वह आपके और आपके कंप्यूटर के बीच अंतरापृष्ठ होता है.

इंटरनल मॉडम (Internal Modem) : इंटरनल मॉडम आपके कंप्यूटर में एक्स्पेंशन कार्ड में स्थापित होता है. इसके विपरीत एक्स्टर्नल मॉडम एक डिब्बेनुमा उपकरण होता है, जिसे तारों के जरिये कंप्यूटर से जोड़ा जाता है.

इंटरनेट (Internet) : इंटरनेट दुनिया भर में फैले हुए छोटे-बड़े कंप्यूटरों का एक विराट नेटवर्क या जाल है, जो एक-दूसरे से संपर्क करते हैं. ऐसा करने के लिए कंप्यूटरों को कुछ समान संचार नियमों का पालन करना होता है. इन नियमों को प्रोटोकॉल कहते हैं, और इंटरनेट TCP/IP नामक प्रोटोकॉल के समूह का उपयोग करता है.

आईएसपी (ISP) : आईएसपी (ISP) Internet Service Provider का लघुरूप है. आईएसपी उस कंपनी को कहते हैं, जो आपको इंटरनेट सुविधा मुहैया कराती है. एक मासिक शुल्क के बदले में यह कंपनी आपको सॉफ्टवेयर पैकेज, यूज़रनेम और पासवर्ड प्रदान करती है, जिसके जरिये आप इंटरनेट से जुड़ सकते हैं.

आईएसडीएन (ISDN) : आईएसडीएन (ISDN) Integrated Services Digital Network का लघुरूप है. यह डाटा को वर्तमान टेलीफोन लाइनों द्वारा भेजने की प्रक्रिया है. आईएसडीएन लगभग 128,000 बिट प्रति सेकण्ड की गति से फोन लाइनों द्वारा डाटा स्थानांतरित कर सकता है. आईएसडीएन विभिन्न स्थानों को जोड़ने में प्रयोग में लाया जा सकता है, जिसके लिए दूसरे स्थान पर भी आईएसडीएन का होना आवश्यक है.

इटैलिक (Italics) : यह एक फॉण्ट स्टाईल है, जिसमें चुने हुए शब्दों की ओर ध्यान आकर्षित करने के लिए उन्हें तिरछा कर दिया जाता है. माइक्रासॉफ्ट वर्ड 2007 में इटैलिक विकल्प रिब्बन के होम टैब के फॉण्ट भाग में *I* अक्षर से प्रदर्शित है.

जेपैग (JPEG) : जेपैग (JPEG) Joint Photographic Experts Group का लघुरूप है. यह एक चित्र फार्मेट है.

किलोबाइट (Kilobyte) : 1 किलोबाइट में 1000 बाइट का स्थान होता है.

लैन (LAN) : लैन (LAN) Local Area Network का लघुरूप है. एक छोटे क्षेत्र में फैले कंप्यूटर नेटवर्क को लैन कहते हैं. लैन प्रायः एक इमारत या कुछ इमारतों के समूह तक सीमित होता है. हालांकि एक लैन को टेलीफोन लाइनों द्वारा अन्य लैनों से जोड़ा जा सकता है. ऐसे नेटवर्क को वैन (WAN – Wide Area Network) कहा जाता है.

एलसीडी (LCD) : एलसीडी (LCD) Liquid Crystal Display का लघुरूप है. इस प्रकार का डिस्प्ले डिजीटल घड़ियों और कंप्यूटरों में प्रयोग किया जाता है. एलसीडी डिस्प्ले तरंगित (polarising) सामग्री वाली दो शीटों का उपयोग करता है, जिनके बीच तरल क्रिस्टल द्रव होता है. विद्युत करंट प्रवाहित करने पर ये क्रिस्टल एक सीध में आ जाते हैं, जिसके कारण प्रकाश उनके बीच से नहीं गुजर पाता. इस प्रकार से हर क्रिस्टल एक शटर का काम करता है, जो प्रकाश के प्रवाह को नियंत्रित करता है.

एलईडी (LED) : एलईडी (LED) Light Emitting Diode का लघुरूप है. यह एक इलैक्ट्रॉनिक उपकरण होता है, जो विद्युत प्रवाहित करने पर जल उठता है. एलईडी प्रायः लाल रंग के होते हैं. ये चित्रों के डिस्प्ले में उपयोगी होते हैं, क्योंकि छोटे होने के कारण ये जल कर खराब नहीं होते. परंतु इन्हें एलसीडी से अधिक ऊर्जा की आवश्यकता होती है.

लॉग इन (Login) : कंप्यूटर या इंटरनेट से जुड़ने के लिए आपको प्रायः अपना प्रयोगकर्ता नाम (Login name) और पासवर्ड डालना पड़ता है. इस प्रक्रिया को लॉग इन करना कहते है.

मेनफ्रेम (Mainframe) : मेनफ्रेम को सर्वर या सीपीयू भी कहा जाता है. यह बड़ा और अधिक शक्तिशाली होता है.

मेगाबाइट (Megabyte) : 1 मेगाबाइट में लगभग दस लाख बाइट का स्थान होता है.

मेमोरी (Memory) : ये कंप्यूटर के आंतरिक स्टोरेज क्षेत्र होते हैं. 'मेमोरी' शब्द डाटा स्टोरेज के लिए प्रयोग किया जाता है, जो माइक्रोचिप के रूप में आते हैं. 'स्टोरेज' शब्द मेमोरी के लिए प्रयोग किया जाता है, जो टेप या डिस्क में उपस्थित होती है. हर कंप्यूटर मेमोरी के साथ आता है, जिसे रैम (RAM) कहा जाता है. आवश्यकता पड़ने पर आप रैम को बढ़ा भी सकते हैं.

मॉडम (Modem) : मॉडम (Modem) MOdulation DEModulation का लघुरूप है. इन शब्दों का अर्थ है– डाटा को डिजीटल (कंप्यूटर भाषा) से एनालॉग (फोन लाइन भाषा) और एनालॉग से डिजीटल में बदलना. मॉडम का उद्देश्य भी यही परिवर्तन करना है.

मदरबोर्ड (Motherboard) : मदरबोर्ड माइक्रोकंप्यूटर का मुख्य सर्किट बोर्ड है. इसमें अतिरिक्त बोर्ड जोड़ने के लिए कनेक्टर लगे होते हैं. एक सामान्य मदरबोर्ड में सीपीयू, रैम चिप, रॉम चिप, डिस्क ड्राइव कन्ट्रोल कार्ड, आउटपुट

एडैप्टर कार्ड, स्पीकर, टाइमर आदि पुर्जों के लिए स्थान होता है. इसके अलावा मदरबोर्ड में और भी कई छोटे-छोटे पुर्जे लगाने का स्थान बना होता है.

एमपी 3 (MP 3) : एमपी 3 (MP3) MPEG (Moving Picture Expert Group) Audio Layer 3 का लघुरूप है. यह दबाव का मानक है, जिसे छोटी ऑडियो फाइल बनाने के लिए प्रचलित किया गया था. बेहतर ध्वनि गुणवत्ता और छोटा फाइल आकार इसे इंटरनेट से डाउनलोड करने और स्थानांतरित करने में उपयोगी होता है.

एमपी 4 (MP 4) : एमपी 4 (MP4) MPEG (Moving Picture Expert Group) Audio Layer 4 का लघुरूप है. इसे कम बैंडविड्थ के मल्टीमीडिया ऐप्लीकेशन प्रदान करने के लिए बनाया गया था.

एमपेग (MPEG) : एमपेग (MPEG) Moving Picture Expert Group का लघुरूप है. यह डिजीटल ऑडियो और वीडियो फाइलें बनाने, देखने और स्थानांतरित करने का फार्मेट है.

नेटवर्क (Network) : यह डाटा भेजने और प्राप्त करने का सिस्टम है.

न्यूज़ग्रुप (Newsgroup) : एक ऑनलाइन परिचर्चा समुदाय जिसे USENET सिस्टम में पाया जाता है. ये समुदाय हज़ारों-लाखों विषयों पर जानकारी संग्रहित करते हैं, जिसे मुफ्त में प्रदान किया जाता है.

ऑपरेटिंग सिस्टम (Operating System) : ऑपरेटिंग सिस्टम कंप्यूटर का सबसे अधिक महत्त्वपूर्ण प्रोग्राम है, जिसे कंप्यूटर में चलाया जाता है. हर कंप्यूटर में कोई-न-कोई ऑपरेटिंग सिस्टम होना आवश्यक है, जो अन्य प्रोग्रामों को चलाने में मदद करे। ऑपरेटिंग सिस्टम कंप्यूटर से जुड़े मुख्य कार्य करते हैं, जैसे कीबोर्ड से दिया गया इनपुट पहचानना, स्क्रीन पर आउटपुट भेजना, डिस्क में उपस्थित फाइल और डायरेक्टरी का रिकॉर्ड रखना, और पेरिफेरल उपकरण, जैसे डिस्क ड्राइव, प्रिंटर आदि को नियंत्रित करना है. पर्सनल कंप्यूटरों के लिए सर्वाधिक प्रचलित ऑपरेटिंग सिस्टम विंडोज है. डॉस, लिनक्स आदि कुछ अन्य ऑपरेटिंग सिस्टम हैं.

पीडीएफ (PDF) : पीडीएफ (PDF) Portable Document Format का लघुरूप है. यह अडोब द्वारा तैयार की गई तकनीक है, जिसके जरिये आप दस्तावेज को, सभी तत्त्वों सहित, चित्र फाइल में बदल सकते हैं. ऐसा करने से दस्तावेज चित्र में बदल जाता है, और गलती से कहीं भी क्लिक हो जाने पर, दस्तावेज में दिया गया पाठ्य या चित्र अपने स्थान से नहीं हिलते. पीडीएफ फाइल को आसानी से प्रिंट किया जा सकता है और ई-मेल के साथ नत्थी करके भेजा जा सकता है. पीडीएफ फाइल देखने के लिए आपके कंप्यूटर में एक्रोबेट रीडर ऐप्लीकेशन होना आवश्यक है, जिसे आप इंटरनेट से मुफ्त डाउनलोड कर सकते हैं.

पेरीफ़ेरल (Peripheral) : कोई भी बाह्य उपकरण जिसे कंप्यूटर से जोड़ा गया हो, पेरीफ़ेरल कहलाता है. प्रिंटर, डिस्क ड्राइव, डिस्प्ले मॉनीटर, कीबोर्ड, माउस आदि पेरीफ़ेरल उपकरणों के कुछ उदाहरण हैं.

फिशिंग (Phishing) : फिशिंग (Phishing) Password Harvesting Fishing का लघुरूप है. प्रयोगकर्ता से गुप्त जानकारी जैसे, पासवर्ड और अन्य निजी जानकारी निकलवाना फिशिंग कहलाता है. इस प्रक्रिया में प्रयोगकर्ता से धोखे से यह जानकारी प्राप्त की जाती है. इनके मुख्य शिकार ऑनलाइन बैंकिग सर्विस और ebay आदि जैसी नीलामी वेबसाइटें होती हैं.

पिक्सल (Pixel) : पिक्सल (Pixel) picture element का लघुरूप है. ग्राफ़िक मॉनीटर चित्रों को स्क्रीन पर हज़ारों-लाखों की संख्या में पिक्सलों में बांटकर दिखाते हैं. वास्तव में पिक्सल चित्र का एक छोटा बिंदु होता है. ये पिक्सल पंक्तियों और कॉलमों में लगे होते हैं. एक-दूसरे से चिपके होने के कारण, चित्र में अनेक बिंदु होने का आभास नहीं होता.

पोर्ट (Port) : मदरबोर्ड में लगे हुए खांचे, जिनके जरिये कंप्यूटर में पुर्जे जोड़े जाते हैं, पोर्ट कहलाते हैं.

पोर्टल (Portal) : वेबसाइट, जिनका उद्देश्य वर्ल्ड-वाइड वेब में प्रवेश करना होता है, पोर्टल कहलाती है, ये साइटें मुख्यत: सर्च इंजन का काम करती हैं या समाचार व अन्य सेवाएं प्रदान करती हैं. ये सेवाएं इस आशा में मुफ़्त प्रदान की जाती हैं, कि प्रयोगकर्ता वेबसाइट को बार-बार देखेंगे. याहू और रेडिफ़ कुछ प्रमुख उदाहरण हैं.

रैम (RAM) : रैम (RAM) Random Access Memory का लघुरूप है. यह मेमोरी सैलों का कॉनफिगरेशन है, जो डाटा को सीपीयू द्वारा संशोधन हेतु सुरक्षित रखते हैं.

रीबूट (Reboot) : रीबूट का अर्थ है– कंप्यूटर को रीस्टार्ट करना.

रीफ्रेश (Refresh) : पुराने डाटा को नए डाटा से अपडेट करना रीफ्रेश करना कहलाता है. अधिकतर वेब ब्राउज़रों में रिफ्रेश बटन होता है, जिस पर क्लिक करने से खुले हुए वेबपेज नए डाटा से अपडेट हो जाते हैं. इस प्रक्रिया को रीलोड भी कहते हैं.

रेज़ल्यूशन (Resolution) : रेज़ल्यूशन किसी चित्र की स्पष्टता का बोध कराता है. इस शब्द को मॉनीटर, प्रिंटर और बिटमैप चित्रों के संदर्भ में प्रयोग किया जाता है. डॉट मैट्रिक्स और लेज़र प्रिंटर में रेज़ल्यूशन बिंदु (dots) प्रति इंच का बोध कराता है. उदाहरण के लिए, 300 dpi (dots per inch) का अर्थ है कि प्रिंटर में 1 इंच लंबी रेखा में 300 बिंदु छापने की क्षमता है.

रिब्बन (Ribbon) : माइक्रोसॉफ्ट ऑफिस 2007 में ऑफिस 2003 के टूलबारों और मेन्युओं को हटाकर एक रिब्बन दे दिया गया है, जो विभिन्न कार्यानुसार टैबों में विभाजित है. इन टैबों के जरिये हम किसी भी विकल्प पर आसानी से पहुंच सकते हैं और बार-बार मेन्यू खोलकर विकल्प खोजने से बच सकते हैं.

रॉम (ROM) : रॉम (ROM) Read Only Memory का लघुरूप है. यह अर्धचालक-आधारित मेमोरी सिस्टम है, जिसमें जानकारी स्थायी रूप से सुरक्षित की जाती है, और कंप्यूटर के बंद करने पर लुप्त नहीं होती.

आरएसएस (RSS) : आरएसएस (RSS) Really Simple Syndication का लघुरूप है. यह एक एक्सएमएल (XML) फॉर्मेट है, जिसे वेब पर समाचार हेडलाइन वितरण में प्रयोग किया जाता है.

सर्वर (Server) : मेनफ्रेम कंप्यूटर जिससे अन्य कंप्यूटर जुड़े होते हैं, सर्वर कहलाता है.

शीट टैब (Sheet Tab) : स्प्रैडशीट ऐप्लीकेशन (जैसे, माइक्रोसॉफ्ट एक्सेल) में वर्कशीट के नीचे दिये गये टैब, जो वर्कबुक में अलग-अलग शीटों का बोध कराते हैं, शीट टैब कहलाते हैं.

सॉफ्टवेयर (Software) : प्रोग्राम या कोड, जिसे कंप्यूटर पढ़ता है, सॉफ्टवेयर कहलाता है.

स्पैम (Spam) : अवांछनीय संदेश भारी मात्रा में लोगों को ईमेल द्वारा पहुंचाना स्पैम कहलाता है.

सिस्टम (System) : हार्डवेयर, सॉफ्टवेयर और फर्मवेयर के समावेश को सिस्टम कहते हैं, एक सिस्टम में कई तत्त्व या पुर्जे होते हैं, जिन्हें कोई विशेष कार्य करने के लिए जोड़ा जाता है.

टीसीपी/आईपी (TCP/IP) : टीसीपी/आईपी (TCP/IP) Transmission Control Protocol/Internet Protocol का लघुरूप है. यह संचार प्रोटोकॉलों का सेट है, जिसे इंटरनेट के होस्ट से जुड़ने में प्रयोग किया जाता है. टीसीपी/आईपी में अनेक प्रोटोकॉल होते हैं, जिनमें से टीसीपी और आईपी प्रमुख हैं.

टर्मिनल (Terminal) : टर्मिनल आपकी कंप्यूटर स्क्रीन है, जैसी वह इंटरनेट से जुड़ने पर नज़र आती है.

टॉगिल (Toggle) : टॉगिल उस फंक्शन (मुख्यत: मेन्यू में दिये गये बटन) को कहते हैं, जिसे आप एक बार क्लिक करने ऑन और दूसरी बार क्लिक करके ऑफ कर सकते हैं.

ट्रोजन (Trojan) : यह एक प्रकार का कंप्यूटर वायरस होता है, जो प्रयोगकर्ता के सिस्टम पर होस्ट प्रोग्राम (जैसे, मुफ्त गेम) के जरिये आक्रमण करता है. एक बार सक्रिय होने पर यह कंप्यूटर सिस्टम को अनेक प्रकार से नुकसान पहुंचा सकता है.

अपलोड (Upload) : लोकल कंप्यूटर से नेटवर्क या वेब सर्वर में फाइलें स्थानांतरित करने की प्रक्रिया को अपलोड करना कहते हैं.

यूपीएस (UPS) : यूपीएस (UPS) Uninterrupted Power Supply का लघुरूप है. यह एक ऐसा उपकरण है, जिससे बिजली की लगातार आपूर्ति की जाती है. इसमें एक बैटरी भी होती है, जो बिजली चले जाने पर कुछ समय तक कंप्यूटर को बिजली देती रहती है, ताकि उतने समय में आप कंप्यूटर पर चल रहे प्रोग्रामों को बन्द करके कंप्यूटर को शट डाउन कर सकें. यूपीएस की मदद से अचानक बिजली चले जाने से डाटा और प्रोग्राम खराब होने से बच जाते हैं.

यूआरएल (URL) : यह Universal Resource Locator का लघुरूप है. यह इंटरनेट एड्रैस का ही दूसरा नाम है.

यूएसबी (USB) : यूएसबी (USB) Universal Serial Bus का लघुरूप है. यूएसबी पोर्ट सीपीयू में आगे या पीछे होता है. इसमें आप कोई भी पेरीफ़ेरल उपकरण, जैसे माउस, मॉडम, प्रिंटर या पैन ड्राइव लगा सकते हैं.

यूज़र (User) : सर्वर या होस्ट से जुड़े प्रयोगकर्ता को यूज़र कहते हैं.

वीजीए (VGA) : वीजीए (VGA) Visual Graphics Adaptor का लघुरूप है. यह एक निम्न कोटि रंगीन मॉनीटर होता है.

वाइरस (Virus) : कोई प्रोग्राम जो आपके कंप्यूटर में आपकी इच्छा के बिना स्थापित किया जाता है और वह आपके कंप्यूटर को अनेक प्रकार से क्षति पहुंचाता है.

डब्ल्यू.डब्ल्यू डब्ल्यू (WWW) : WWW World Wide Web का लघुरूप है. यह एक प्रकार का डाटाबेस है, जो पूरे संसार में फैला हुआ है. इंटरनेट से जुड़ा हुआ कोई भी व्यक्ति इस डाटाबेस से सूचनाएं प्राप्त कर सकता है. इसमें सूचनाओं को विषय के अनुसार शीर्षकों और उपशीर्षकों में बांटकर रखा गया है.

वैन (WAN) : वैन (WAN) Wide Area Network का लघुरूप है. एक ऐसा नेटवर्क जो एक बड़े क्षेत्र में फैले हुए कंप्यूटरों को टेलीफोन लाइनों अथवा सैटेलाइट संचार के जरिये जोड़ता है, वैन कहलाता है.

वेब क्लाइंट (Web Client) : जब वेब ब्राउज़र को वेब सर्वर द्वारा होस्ट किये गये वेब पेजों को देखने के लिए प्रयोग किया जाता है, उस समय आपका कंप्यूटर वेब क्लाइंट की भूमिका निभाता है.

वेब सर्वर (Web Server) : कंप्यूटर, जो एक विशेष सॉफ्टवेयर चलाकर इंटरनेट पर वेब पेज प्रदान करता है, वेब सर्वर कहलाता है.

विंडोज़ मीडिया प्लेयर (Windows Media Player) : माइक्रोसॉफ्ट कॉरपोरेशन द्वारा तैयार किया गया, यह एक ऑडियो-वीडियो प्लेयर है, जो MP3 फाइलों पर कार्य करता है. विंडोज़ मीडिया प्लेयर के जरिये आप अपना मनपसंद संगीत, वीडियो, चित्र आदि स्टोर कर सकते हैं.

वर्कग्रुप (Workgroup) : कंप्यूटर प्रयोगकर्ताओं का समूह जो आपस में फाइलों और डाटा का आदान-प्रदान करते हैं, वर्कग्रुप कहलाता है.

वर्कस्टेशन (Workstation) : इंटरनेट से जुड़ा हुआ कंप्यूटर वर्कस्टेशन कहलाता है.

एक्सएमएल (XML) : एक्सएमएल (XML) Extensible Markup Language, एचटीएमएल की तरह, एक मार्कअप भाषा है. परंतु, यह केवल वेब दस्तावेज बनाने तक सीमित नहीं है. एक्सएमएल के जरिये वेब डिज़ाइनर टैग का निर्माण स्वयं कर सकते हैं, जो एचटीएमएल के अपेक्षा जानकारी सुव्यवस्थित और प्रदान करने के लिए बेहतर विकल्प है.

ज़िप (ZIP) : ज़िप (ZIP) Zone Information Protocol का लघुरूप है. यह ऐप्लीकेशन अन्य ऐप्लीकेशन फाइलों के दबाव (Compression) के लिए प्रयोग में लाया जाता है.

परिशिष्ट 'ख' (Appendix 'B')

आस्की कोड (ASCII Codes)

अंतिम चार बिटें	पहली चार बिटें							
	0000	0001	0010	0011	0100	0101	0110	0111
0000	NUL	DLE	b̸	0	@	P	`	p
0001	SOH	DC1	!	1	A	Q	a	q
0010	STX	DC2	"	2	B	R	b	r
0011	ETX	DC3	#	3	C	S	c	s
0100	EOT	DC4	$	4	D	T	d	t
0101	ENQ	NAK	%	5	E	U	e	u
0110	ACK	SYN	&	6	F	V	f	v
0111	BEL	ETB	'	7	G	W	g	w
1000	BS	CAN	(	8	H	X	h	x
1001	HT	EM	)	9	I	Y	i	y
1010	LF	SUB	*	:	J	Z	j	z
1011	VT	ESC	+	;	K	[	k	{
1100	FF	FS	,	<	L	\	l	|
1101	CR	GS	-	=	M	]	m	}
1110	SO	RS	.	>	N	^	n	~
1111	SI	US	/	?	O	_	o	DEL

नोट :

1. **इस सारणी में पहले दो कालमों के 32 चिह्न तथा अंतिम कालम का अंतिम चिह्न कन्ट्रोल चिह्न (Control Characters) हैं. इन्हें छापा नहीं जा सकता.**

2. **चिह्न b̸ खाली स्थान (Blank) को व्यक्त करता है.**

रैपिडैक्स®
कंप्यूटर
कोर्स
वस्तुनिष्ठ कंप्यूटर
प्रश्नोत्तरी
(MCQs on Basic Computer
Knowledge)

वर्तमान समय में लगभग सभी प्रतियोगी परिक्षाओं में कंप्यूटर संबंधी प्रश्न पूछे जाते हैं। यह परिशिष्ट

- IBPS PO (Probationary Officer)
- IBPS Clerk
- IBPS SO (Specialist Officer)
- IBPS RRB
- IBPS RRB PO (Regional Rural Bank PO)
- IBPS RRB Clerk (Regional Rural Bank Clerk)
- RBI Assistant
- LIC HFL (Housing Finance Limited)
- NIACL Assistant
- NIACL AO (Administrative Officer)
- NICL
- FCI Manager
- RRB JE (Junior Engineer)
- RRB NTPC (Non-Technical Popular Categories)
- SSC CGL (Combined Graduate Level Exam)
- SSC CHSL (Combined Higher Secondary Level Exam)

जैसी सभी परिक्षाओं के अंतर्गत आनेवाले MCQs को देखकर बनाया गया है। आशा है की इस परिशिष्ट से सभी अभ्यार्थियों को कंप्यूटर सेक्शन में 100% सफलता मिलेगी।

कंप्यूटर परिचय (वस्तुनिष्ठ प्रश्न)

1. वी॰ डी॰ यू॰ एवं की-बोर्ड के बीच सम्पर्क .... स्थापित करता है? **(SBI Clerk 2016)**

(a) प्रिंटर (b) माउस
(c) सी॰ पी॰ यू॰ (d) टर्मिनल

2. .... एक इलेक्ट्रॉनिक डिवाइस है जो डाटा को इन्फर्मेशन में कनवर्ट करते हुए प्रोसेस करता है। **(SBI Clerk 2016)**

(a) प्रोसेसर (b) कंप्यूटर
(c) केस (d) स्टाइलस

3. इनपुट का आउटपुट में रूपान्तरण किया जाता है– **(IBPS RRB 2016)**

(a) मेमोरी
(b) पेरिफेरल्स द्वारा
(c) सी॰ पी॰ यू॰ द्वारा
(d) इनपुट तथा आउटपुट द्वारा

4. डेटाबेस में .... फील्डस, कैलक्युलेशन करने के लिए प्रयुक्त नंबर स्टोर करते हैं। **(IBPS Clerk 2016)**

(a) नेक्स्ट (b) की
(c) अल्फान्यूमैरिक (d) न्यूमैरिक

5. मदरबोर्ड के कंपोनेन्ट्स के बीच इन्फार्मेशन .... के माध्यम से ट्रेवल करता है। **(SBI PO 2017)**

(a) फ्लैश मेमोरी (b) CMOS
(c) बेज (d) बसेज (Bus)
(e) पेरिफरल्स

6. इलेक्ट्रानिक कंपोनेन्ट वाले थिन पलेट या बोर्ड को .... कहते हैं। **(SSC MTS 2017)**

(a) हार्ड डिस्क (b) स्कैनर
(c) RAM (d) ROM
(e) सर्किट बोर्ड

7. कंप्यूटर की घड़ी की स्पीड की गणना .... में की जाती है। **(IBPS RRB 2017)**

(a) गीगाबाइट
(b) बिट
(c) मेगाहार्ट्ड
(d) गीगीहार्ट्ज

8. कीओस्क (Kiosk) क्या है? **(RBI Grade B 2018)**

(a) पर्सनल कंप्यूटर
(b) प्राइवेट कंप्यूटर
(c) पब्लिक कंप्यूटर
(d) 1 तथा 2 दोनों

9. एक्सपैंशन कार्ड .... इन्सर्ट किए जाते हैं। **(IBPS RRB 2018)**

(a) स्लॉट (b) पेरीफेरल डिवाइस
(c) CPU (d) कंप्यूटर के पीछे

10. .... डिस्क को पढ़ने के लिए प्रयोग में आने वाला हार्डवेयर है। **(SBI Clerk 2018)**

(a) फ्लॉपी डिस्क
(b) हार्डवेयर
(c) सॉफ्टवेयर
(d) डिस्क ड्राइव
(e) CPU

11. कंप्यूटर से आने वाले डाटा को .... कहते हैं। **(SSC MTS 2015)**

(a) आउटपुट (b) एल्गोरिथ्म
(c) इनपुट (d) कैलक्युलेशन्स

12. सीपीयू (CPU) का मुख्य घटक है– **(IBPS Clerk 2015)**

(a) कंट्रोल यूनिट
(b) मेमोरी
(c) अर्थमेटिक लॉजिक यूनिट
(d) ये सभी

13. कंप्यूटर में .... सिस्टम यूनिट का भाग है। **(IBPS Clerk 2017)**

(a) मॉनिटर (b) CPU
(c) CD-ROM (d) फ्लॉपी डिस्क

14. .... CPU के लिए सामान्य गणित कार्य परफार्म करता है। **(IBPS Clerk 2017)**

(a) ALU (b) DIMM
(c) BUS (d) Register

कंप्यूटर का विकास (वस्तुनिष्ठ प्रश्न)

1. निम्नलिखित में से प्रथम गणना यंत्र (Calculating device) कौनसा है– **(SSC MTS 2017)**

(a) घड़ी (b) डिफरेंस इंजन
(c) अबैकस (d) कैलकुलेटर

2. निम्नलिखित में से कौन सबसे बड़ा, सबसे तेज और सबसे महँगा कंप्यूटर है? **(IBPS Clerk 2017)**

(a) पर्सनल कंप्यूटर (b) सुपर कंप्यूटर
(c) लैपटॉप (d) नोटबुक

3. सुपर कंप्यूटर अन्य कंप्यूटरों से किस संदर्भ में भिन्न होते हैं? **(SBI RRB 2017)**

(a) बहुत अधिक कीमत
(b) वातानुकूलन की समस्या
(c) परिकलन क्षमता एवं वृहत स्मृति भंडार
(d) बहुआयामी उपयोग

4. निम्नलिखित में से किसे 'कंप्यूटर का पितामह' कहा जाता है? **(IBPS RRB 2017)**

(a) हरमन होलेरिथ (b) चार्ल्स बेबेज
(c) ब्लेज पास्कल (d) जोसेफ मरी

5. भारत में निर्मित प्रथम कंप्यूटर का क्या नाम था? **(IBPS RRB 2017)**

(a) आर्यभट्ट (b) सिद्धार्थ
(c) बुद्ध (d) अशोक

6. सर्वप्रथम पंच कार्ड का प्रयोग किसने किया था? **(RRB Grade B 2018)**

(a) ब्लेज पास्कल (b) हावर्ड एल्केन
(c) जॉन मॉकले (d) जोसेफ मरी

7. टेलीविजन के आकार का कंप्यूटर निम्नलिखित में से कौन होता है? **(RRB Grade B 2018)**

(a) प्रकाशीय (b) माइक्रो
(c) सुपर मिनी (d) जोसेफ मरी

8. स्विचों के हजारों .... से माइक्रो चिप्स बनती है। **(SBI Clerk 2018)**

(a) इलेक्ट्रॉन्स (b) चार्जेज
(c) रेसिस्टर्स (d) एचेज
(e) ट्राजिस्टर्स

9. निम्न में से किसे पोर्टेबल कंप्यूटर माना जा सकता है? **(IBPS RRB 2018)**

(a) मिनी कम्प्यूर (b) मेनेफ्रेम कंप्यूटर
(c) डेस्कटॉप (d) वर्क स्टेशन
(e) PDA

10. निम्न में से कौन-सा एक छोटा माइक्रोप्रोसेसर आधारित कंप्यूटर है जो एक समय में एक व्यक्ति द्वारा प्रयोग में लाया जाता है? **(IBPS Clerk 2016)**

(a) नोट बुक
(b) सुपर कंप्यूटर
(c) ऑल-इन-वन
(d) लैपटॉप
(e) पर्सनल कंप्यूटर

11. एकीकृत परिपथ (I.C.) के आविष्कार में किस पीढ़ी का जन्म हुआ? **(SBI Clerk 2016)**

(a) प्रथम पीढ़ी (b) द्वितीय पीढ़ी
(c) तृतीय पीढ़ी (d) चतुर्थ पीढ़ी

12. प्रथम पीढ़ी के कंप्यूटर में .... दोष था। **(IBPS RRB 2017)**

(a) छोटा आकार
(b) बड़ा आकार
(c) ऊष्मा की उत्पत्ति नहीं होना
(d) 2 तथा 3

13. सर्वप्रथम आधुनिक कंप्यूटर की खोज कब हुई? **(SSC CPO CGL 2017)**

(a) 1946 ई॰ (b) 1950 ई॰
(c) 1960 ई॰ (d) 1965 ई॰

14. कंप्यूटर के आई॰ सी॰ चिप्स के उत्पादन हेतु निम्नलिखित में किसकी आवश्यकता होती है? **(SBI Clerk 2017)**

(a) क्रोमियम की
(b) सिलिकॉन की
(c) प्लैटिनम की
(d) सोने की

कंप्यूटर हार्डवेयर और इनपुट-आउटपुट डिवाइस (वस्तुनिष्ठ प्रश्न)

1. 'कंट्रोल' व 'शिफ्ट' किस प्रकार की कुंजियां है? **(RBI Grade B 2017)**
(a) एडजेस्टमेंट (b) फंक्शन
(c) मोडिफायर (d) अल्फान्यूमरिक

2. L.C.D. का पूरा नाम क्या होता है? **(SSC MTS 2017)**
(a) Lead Crystal Device
(b) Light Central Display
(c) Liquid Central Display
(d) Liquid Crystal Display

3. निम्नलिखित में किस समूह में केवल इनपुट डिवाइस होते हैं? **(SSC MTS 2018)**
(a) माउस, की-बोर्ड, मॉनीटर
(b) माउस, की-बोर्ड, प्रिन्टर
(c) माउस, की-बोर्ड, प्लॉटर
(d) माउस, की-बोर्ड, स्कैनर
(e) इनमें से कोई नहीं

4. निम्न में से कौन-सी कुंजी कर्सर के बाई ओर के करैक्टर्स को डिलीट करने के लिए प्रयोग की जाती है? **(IBPS Clerk 2018)**
(a) ऑल्ट डिलीट (b) शिफ्ट
(c) Esc (d) डिलीट
(e) बैकस्पेस

5. कंप्यूटर जॉयस्टिक किस प्रकार की डिवाइस है? **(IBPS Clerk 2018)**
(a) इनपुट (b) आउटपुट
(c) सॉफ्टवेयर (d) प्रोसेसर

6. .... प्रिण्टर एक समय में एक से अधिक करैक्टर प्रिण्ट नहीं कर सकता है। **(IBPS RRB 2018)**
(a) लाइन (b) डेजी व्हील
(c) लेजर (d) डॉट मैट्रिक

7. जॉयस्टिक का प्राथमिक तौर पर प्रयोग .... के लिए होता है। **(IBPS RRB 2018)**
(a) स्क्रीन पर ध्वनि नियन्त्रण
(b) कंप्यूटर गेमिंग
(c) टेक्स्ट एण्टर
(d) पिक्चर बनाने

8. टेक्स्ट की पंक्ति के आरम्भ में जाने के लिए .... कुंजी (Key) दबाएँ। **(IBPS RRB 2018)**
(a) होम (b) a
(c) पेज अप (d) एण्टर

9. OMR तकनीक का उपयोग मुख्यत: किस काम में होता है। **(RBI Grade B 2018)**
(a) बैंक के काम में
(b) प्रतियोगिता परीक्षाओं में उत्तर पुस्तिका जाँचने के काम में
(c) फोटो लेने में
(d) खेल के काम में

10. .... अधिकाश कंप्यूटर का स्टैण्डर्ड इनपुट डिवाइस है। **(RBI Grade B 2018)**
(a) स्कैनर
(b) जॉयस्टिक
(c) स्पीकर
(d) माइक्रोफोन
(e) कीबोर्ड

11. स्कैनर .... स्कैन करता है। **(SSC CPO CGL 2016)**
(a) पिक्चर्स (b) टेक्स्ट
(c) पिक्चर्स और टेक्स्ट दोनों (d) न पिक्चर्स न टेक्स्ट

12. कंप्यूटर की-बोर्ड में कितने ऐरो के बटन होते हैं? **(IBPS Clerk 2017)**
(a) एक (b) दो
(c) तीन (d) चार

13. कंप्यूटर प्रिंटर किस प्रकार का डिवाइस है? **(SSC MTS 2017)**
(a) इनपुट (b) आउटपुट
(c) सॉफ्टवेयर (d) स्टोरेज

14. किन कुंजियों से नंबर जल्दी टाइप किए जा सकते हैं? **(SBI Clerk 2017)**
(a) कंट्रोल, शिफ्ट एवं आल्ट
(b) फंक्शन कुंजियां
(c) न्यूमरिक की पैड
(d) ऐरो कुंजियां

कंप्यूटर मैमोरी (वस्तुनिष्ठ प्रश्न)

1. एक निबल में .... बिट्स होते है। **(SSC CHSL 2017)**
(a) 4 (b) 8
(c) 16 (d) 32

2. मैमोरी इकाइयों में बड़े से छोटे के क्रम में निम्नलिखित में से कौन-सा लिस्टेड (listed) है? **(SSC CHSL 2017)**
(a) TB, MB, GB, KB
(b) GB, TB, MB, KB
(c) KB, GB, MB, TB
(d) TB, GB, MB, KB

3. आठ डिजिट की 0 और 1 की स्ट्रिंग को .... कहते हैं। **(IBPS RRB 2017)**
(a) मेगाबाइट (b) किलोबाइट
(c) गीगाबाइट (d) बाइट
(e) इनमें से कोई नहीं

4. वह टेम्पॉररी स्टोरेज मैमोरी चिप क्या हैं जो कम्प्यूटर्स का प्राथमिक कार्य स्थल बनाती है? **(IBPS Clerk 2018)**
(a) आउटपुट्स (b) विण्डोज
(c) रोज (d) हार्ड ड्राइव मैमोरी
(e) रैम

5. 'डीवीडी' निम्न में से किसका एक उदाहरण है? **(IBPS Clerk Main 2018)**
(a) ऑप्टिकल डिवाइस
(b) आउटपुट डिवाइस
(c) हार्ड डिस्क
(d) सॉलिड स्टेट स्टोरेज डिवाइस

6. CD-RW का पूरा रूप है ....। **(SBI Clerk 2018)**
(a) Compact Drum, Read, Write
(b) Compact Diskette, Read, Write
(c) Compact Disk, Read Only then Write
(d) Compact Diskette with Random Write Capability
(e) Compact Disk-Rewritable

7. निम्न में से क्या स्टोरेज डिवाइस का उदाहरण नहीं है? **(SSC CPO CGL 2018)**
(a) CD (b) फ्लॉपी
(c) हार्ड डिस्क (d) Ram
(e) DVD

8. जब इसमें बिजली बन्द हो जाती है, तो मेमोरी का डाटा नष्ट नहीं होता– **(IBPS Clerk 2018)**
(a) रोम (b) EPROM
(c) EEPROM (d) उपरोक्त सभी

9. हार्ड डिस्क डिवाइसों को .... स्टोरेज समझा जाता है। **(RBI Grade B 2018)**
(a) फ्लैश (b) टेम्पॉररी
(c) वर्थलैस (d) नॉन-वोलेटाइल

10. वह तकनीक जो मेन मैमोरी के वास्तविक साइज को बढ़ा देती है, क्या कहलाती है? **(IBPS RRB 2018)**
(a) मल्टीटास्किं (b) वर्चुअल स्टोरेज
(c) मल्टीप्रोसेसिंग (d) मल्टीप्रोग्रामिंग

11. मैमोरी (Memory) शब्द किससे संबंधित है? **(IBPS RRB 2016)**
(a) लॉजिक से (b) कंट्रोल से
(c) इनपुट से (d) स्टोरेज से

12. किस मैमोरी में रखा डाटा बिजली जाते ही समाप्त हो जाता है? **(IBPS RRB 2016)**
(a) डिस्क (b) रैम
(c) फ्लापी (d) सी॰ डी॰

13. सेकंडरी स्टोरेज मीडिया से हार्डडिस्क में सॉफ्टवेयर प्रोग्रामों को कॉपी करने की प्रक्रिया को क्या कहते हैं? **(IBPS PO Main 2017)**
(a) कानफिगरेशन (b) डाउनलोड
(c) स्टोरेज (d) अपलोड
(e) इनस्टॉलेशन

14. एक बिलियन मैमोरी किसको रिप्रेजेण्ट करती है? **(SSC MTS 2018)**
(a) किलोमीटर (b) बिट
(c) गीगाबाइट (d) मेगा बाइट

कंप्यूटर साफ्टवेयर और प्रोग्रामिंग भाषाएँ (वस्तुनिष्ठ प्रश्न)

1. ब्रोशर, पोस्टर और न्यूजलेटर बनाने के लिए किस प्रकार का सॉफ्टवेयर सबसे ज्यादा उपयोगी है? **(IBPS RRB 2016)**

(a) स्प्रेडशीट सॉफ्टवेयर
(b) वेब ऑथरिंग सॉफ्टवेयर
(c) मल्टीमीडिया ऑथरिंग सॉफ्टवेयर
(d) डेस्कटॉप पब्लिशिंग सॉफ्टवेयर

2. हार्डवेयर और सॉफ्टवेयर के बीच सम्बन्ध बनाने की तकनीक या सुविधा को क्या कहा जाता है? **(SBI Clerk 2017)**

(a) इण्टनेट (b) इण्टरफेस
(c) इण्टरकॉम (d) EPROM

3. कंप्यूटर प्रोग्राम में एक एरर क्या कहलाता है? **(IBPS PO 2017)**

(a) क्रैश (b) पावर फेलियर
(c) बग (d) वायरस

4. ऑपरेटिंग सिस्टम और युटिलिटी प्रोग्राम सॉफ्टवेयर के उस वग्र के हैं, जिन्हें .... कहा जाता है? **(IBPS RRB 2017)**

(a) एप्लीकेशन सॉफ्टवेयर (b) सिक्वेन्शियल सॉफ्टवेयर
(c) सॉफ्टवेयर स्वीट्स (d) BIOS सॉफ्टवेयर
(e) सिस्टम सॉफ्टवेयर

5. आपके कंप्यूटर का प्रत्येक घटक या तो ....। **(SBI PO 2018)**

(a) एप्लीकेशन सॉफ्टवेयर होता है या सिस्टम सॉफ्टवेयर
(b) सॉफ्टवेयर होता है या CPU/RAM
(c) हाईवेयर होता है या सॉफ्टवेयर
(d) इनपुट डिवाइस होता है या अउटपुट डिवाइस

6. .... सॉफ्टवेयर कोड में त्रुटियाँ ढूँढने की एक प्रक्रिया है। **(IBPS Clerk 2018)**

(a) कम्पाइलिंग (b) टेस्टिंग
(c) रनिंग (d) डिबगिंग

7. निम्न में से कौन-सी एक कंप्यूटर की प्रोग्रामिंग भाषा नहीं है? **(IBPS RRB 2018)**

(a) बेसिक (b) फॉरट्रान
(c) लेजर (d) पास्कल

8. सिस्टम के .... में प्रोग्राम या इन्स्ट्रक्शन होते हैं। **(IBPS RRB 2018)**

(a) पेरिफेरल (b) सॉफ्टवेयर
(c) इन्फॉर्मेशन (d) आइकन
(e) हार्डवेयर

9. निम्न में से हाई लेवल लैंग्वेज कौन-सी है? **(IBPS RRB 2018)**

(a) कोबोल (b) फॉरट्रान
(c) बेसिक (d) पास्कल
(e) ये सभी

10. कंप्यूटर किसी भी डाटा को कैसे स्टोर करता है? **(RBI Grade B 2018)**

(a) हाँ या ना में
(b) 0 एवं 1 के रूप में
(c) जैसा दिया जाता है वैसा ही
(d) उपरोक्त सभी

11. कंप्यूटर सिस्टम का वह भाग है जिसे कोई छू नहीं सकता। **(SSC MTS 2016)**

(a) हार्डवेयर (b) प्रिण्टर
(c) माउस (d) स्कैनर
(e) सॉफ्टवेयर

12. कंप्यूटर में कोई विशेष काम करने के लिए किस सॉफ्टवेयर का प्रयोग किया जाता है? **(IBPS RRB 2017)**

(a) सिस्टम (b) एप्लीकेशन
(c) प्रोग्राम (d) पैकेज

13. एम एस-वर्ड (MS-Word) .... का उदाहरण है। **(SSC CPO CGL 2018)**

(a) ऑपरेटिंग सिस्टम (b) एप्लीकेशन सॉफ्टवेयर
(c) प्रोसेसिंग डिवाइस (d) इनपुट डिवाइस

14. .... का प्रयोग करते हुए पहले के कंप्यूटर प्रोग्राम लिखे जाते थे। **(IBPS Clerk 2018)**

(a) असेम्बेली लैंग्वेज (b) मशीनी लैंग्वेज
(c) सोर्स कोड (d) ऑब्जेक्ट कोड

ऑपरेटिंग सिस्टम (वस्तुनिष्ठ प्रश्न)

1. एक डिस्क की मुख्य डायरेक्टरी को .... डायरेक्टरी कहते हैं। **(SSC CPO CGL 2016)**
(a) नेटवर्क (b) फोल्डर
(c) रूट (d) सॉफ्टवेयर

2. कौन-सा प्रोग्राम ऑपरेटिंग सिस्टम को मेन मेमोरी में लोड करता है? **(SBI PO (Main) 2017)**
(a) बूट रिकॉर्ड
(b) Command.com प्रोग्राम
(c) MS-DOS प्रोग्राम
(d) उपरोक्त में से कोई नहीं

3. यूनिक्स का पूरा नाम क्या है? **(IBPS PO 2017)**
(a) यूनिप्लेक्सड इन्फॉर्मेशन कम्प्यूटिंग सिस्टम
(b) यूनिप्लेक्स इण्टर कंप्यूटर सर्किट
(c) यूनियन इन्फॉर्मेशन कंप्यूटर सिस्टम
(d) यूनियन इन्फ्रो करैक्टर सिस्टम

4. निम्न में से कौन-सा ऑपरेटिंग सिस्टम नहीं है? **(SSC CPO CGL 2017)**
(a) एम एस-डॉस (b) एम एस-वर्ड
(c) लाइनक्स (d) विण्डोज

5. यूज़र और ऑपरेटिंग सिस्टम के मध्य होने वाले इण्टरेक्शन के तरीके को निम्न में से कौन कण्ट्रोल करता है? **(SBI PO 2018)**
(a) यूज़र इण्टरफेस (b) लैंग्वेज ट्रांसलेटर
(c) प्लेटफार्म (d) स्क्रीन सेवर

6. यूनिक्स की मुख्य भाषा कौन-सी है? **(SBI PO 2018)**
(a) कोबोल (b) बेसिक
(c) असेम्बली (d) जावा

7. एप्पल (Apple) का ऑपरेटिंग सिस्टम कौन-सा है? **(IBPS PO 2018)**
(a) मैक (b) लाइनक्स
(c) यूनिक्स (d) विस्टा

8. निम्नलिखित में से कौन-सा मल्टीटास्किंग ऑपरेटिंग सिस्टम है? **(IBPS PO Main 2018)**
(a) लाइनक्स (b) विण्डोज विस्टा
(c) विण्डोज NT (d) यूनिक्स
(e) उपरोक्त सभी

9. गूगल द्वारा प्रस्तुत मोबाइल ऑपरेटिंग सिस्टम कौन-सा है? **(IBPS RRB 2018)**
(a) IOS (b) ब्लैकबेरी
(c) सिम्बियन (d) एन्ड्रॉइड

10. C भाषा में कौन-सा ऑपरेटिंग सिस्टम लिखा गया है? **(IBPS RRB 2018)**
(a) डॉस (b) विण्डोज
(c) यूनिक्स (d) जावा

11. 'एम एस-डॉस' .... ऑपरेटिंग सिस्टम है। **(IBPS PO 2015)**
(a) यूज़र फ्रैण्डली ग्राफिकल
(b) ग्राफिकल यूज़र इण्टरफेस
(c) रियल टाइम जीयूआई
(d) कमाण्ड लाइन इण्टरफेस

12. एक समय में, एक से अधिक एप्लीकेशन चलाने वाले OS की क्षमता को .... कहते हैं। **(IBPS RRB 2015)**
(a) मल्टीटास्किंग
(b) टाइम शेयरिंग
(c) मल्टी यूज़र
(d) ऑब्जेक्ट ऑरिएण्टेड

13. ऑपरेटिंग सिस्टम का वह कौन-सा भाग है जो CPU में होने वाले कार्यों को निर्देशित करता है? **(SSC MTS 2016)**
(a) कर्नेल (Kernel) (b) फाइलन
(c) फोल्डर (d) BIOS

14. .prg एक्सटेंशन प्रयोग होता है। **(IBPS RRB 2017)**
(a) प्रोग्राम फाइल्स में
(b) प्रिण्ट फाइन्स में
(c) प्रेजेण्टेशन फाइल्स में
(d) वर्ड फाइल्स में

डेटा प्रतिनिधित्व और संख्या प्रणाली (वस्तुनिष्ठ प्रश्न)

1. कंप्यूटर डाटा स्टोर और गणनाएँ करने के लिए .... नम्बर सिस्टम का प्रयोग करते हैं। **(IBPS RRB 2016)**

(a) दशमलव
(b) हेक्साडेसीमल
(c) ऑक्टल
(d) बाइनरी

2. निम्न में से कौन-सा विकल्प सत्य है? **(IBPS Clerk 2017)**

(a) $(2487)_8$ (b) $(102)_2$
(c) $(FA10)_{16}$ (d) $(1010)_{10}$
(e) दोनों (c) और (d)

3. ASCII-8 में .... करैक्टर निर्मित किए जा सकते हैं। **(SBI Clerk 2018)**

(a) 255 (b) 1024
(c) 256 (d) 128

4. अक्षर A के लिए ASCII code है। **(SBI Clerk 2018)**

(a) 1100011 (b) 1000001
(c) 1111111 (d) 0010011

5. दशमलव संख्या 98 के बाइनरी तुल्य है। **(RRB Grade B 2018)**

(a) 1110001 (b) 1110100
(c) 1100010 (d) 1111001

6. इनमें से कौन बेसिक लॉजिक गेट्स नहीं है? **(RRB Grade B 2018)**

(a) NOT (b) AND
(c) OR (d) NAND

7. $(ABO5)_{16}$ के समतुल्य दशमलव संख्या कौन-सी है? **(IBPS Clerk Main 2018)**

(a) 32004 (b) 32005
(c) 32009 (d) 30456
(e) इनमें से कोई नहीं

8. कंप्यूटर पर सूचना को किस रूप में स्टोर किया जाता है? **(SSC MTS 2018)**

(a) एनालॉग डाटा (b) डिजिटल डाटा
(c) मॉडल डाटा (d) वाट्स डाटा

9. निम्नलिखित में से कौन $(1011010)_2$ के हेक्साडेसीमल समतुल्य है? **(IBPS RRB 2018)**

(a) $(B2)_{16}$ (b) $(10A)_{16}$
(c) $(5A)_{16}$ (d) $(50A)_{16}$

10. निम्न में से दशमलव संख्या $(896)_{10}$ के समतुल्य ऑक्टल संख्या है। **(IBPS RRB 2018)**

(a) 0061 (b) 6001
(c) 1006 (d) 1600

11. निम्नलिखित में से कौन-सा बाइनरी संख्या नहीं है? **(SBI Clerk 2015)**

(a) 001 (b) 101
(c) 202 (d) 110

12. बाइनरी सिस्टम में केवल .... डिजिट का प्रयोग होता है। **(IBPS RRB 2015)**

(a) 10 (b) 4
(c) 256 (d) 8
(e) 2

13. निम्न में से कौन-सा विकल्प कम्प्यूटर्स के साथ संलग्नित नहीं है? **(SSC MTS 2016)**

(a) बिट (b) बाइनरी
(c) पेन्सिल (d) माउस

14. एक हेक्सा डिजिट को कैसे निरूपित किया जा सकता है? **(SBI Clerk 2018)**

(a) तीन बाइनरी (लगातार) बिट्स
(b) चार बाइनरी (लगातार) बिट्स
(c) आठ बाइनरी (लगातार) बिट्स
(d) सोलह बाइनरी (लगातार) बिट्स

डेटा संचार और कंप्यूटर नेटवर्क (वस्तुनिष्ठ प्रश्न)

1. .... वह डिवाइस है जो दो या अधिक नेटवर्कों को जोड़ता है। **(IBPS RRB 2016)**

(a) गेटवे (b) पाथवे
(c) रोडवे (d) बस

2. टोकेन पासिंग भी एक अन्य प्रकार का एक्सेस मेथड है। इसके अंतर्गत किसकी मदद से शेयर्ड मीडियम में एक्सेस कंट्रोल होता है? **(IBPS PO Main 2017)**

(a) कोड (b) कंट्रोल टोकेन
(c) कनेक्टर (d) ट्रांसमीटर

3. OSI (ओपन सिस्टम इंटरकनेक्टिंग स्टैंडर्ड) के तहत कई लेयर होते हैं। खुले सिस्टम में मौजूद एप्लिकेशंस के बीच सेमांटिक आदान–प्रदान में कौन–सी लेयर मदद करती है? **(SSC CGL 2017)**

(a) एप्लिकेशन लेयर (b) प्रजेंटेशन लेयर
(c) फिजिकल लेयर (d) डाटालिंक लेयर

4. एक माइक्रो कंप्यूटर में ऐड आन कार्ड के रूप में किसे इंस्टाल किया जा सकता है? **(IBPS RRB 2017)**

(a) नेटवर्क इंटरफेस यूनिट (b) प्रोटोकॉल यूनिट
(c) डाटालिंक लेयर (d) ट्रांसमिशन लेयर

5. एक या अधिक संसाधनों का नियंत्रण करने वाला समर्पित कंप्यूटर क्या कहलाता है। जिसमे दोनों ही सॉफ्टवेयर और हार्डवेयर लगे होते है? **(IBPS RRB 2017)**

(a) मैनेजर (b) सर्वर
(c) सिस्टम एनलिस्ट (d) प्रोग्रामर

6. एक ही समय पर एक चैनल पर अनेक सूचनाओं का आदान–प्रदान किसकी मदद से संभव हो पाता है? **(IBPS Clerk 2018)**

(a) परप्लेक्सर (b) मल्टी प्लेक्सर
(c) कॉम्प्लेक्स डुप्लेक्स (d) उपरोक्त तीनों

7. सामान्यत: पर्सनल कंप्यूटर के साथ जोड़ा जाने वाला मोडम किस प्रकार का होता है? **(IBPS PO Main 2018)**

(a) सिन्क्रोनस (b) एसिन्क्रोनस
(c) ऑटो सिन्क्रोनस (d) उपरोक्त तीनों

8. आवृत्ति की मदद से सूचना भेजा जाना किस प्रकार के मॉडुलेशन के अंतर्गत आता है। **(IBPS PO 2018)**

(a) फ्रीकवेंसी मॉडुलेशन
(b) एंप्लीटयूड मॉडुलेशन
(c) फेज मॉडुलेशन
(d) उपरोक्त तीनों

9. कोएक्सियल केबल का उपयोग किसमें किया जाता है? **(IBPS RRB 2018)**

(a) टेलीफोन नेटवर्क (b) केबल टी॰वी॰ नेटवर्क
(c) न्यूज नेवटर्क (d) उपरोक्त तीनों

10. सूचना प्रसार के लिये रेडियो, माइक्रोवेव और सैटेलाइट चैनल खुले अंतरिक्ष में किसका उपयोग करते हैं? **(IBPS RRB 2018)**

(a) चुंबकीय प्रसारण (b) विद्युत चुंबकीय प्रसारण
(c) ध्वनी प्रसारण (d) उपरोक्त तीनों

11. .... एक नियमों का सैट है। **(SBI Clerk 2013)**

(a) संसाधन/रिसोर्स लोकेटर
(b) डोमेन
(c) हाइपरटेक्स्ट्
(d) यूआरएल (URL)
(e) प्रोटोकॉल

12. निम्नांकित में से कौन समान समूह का नहीं है? **(IBPS RRB 2014)**

(a) इंटरनेट (b) एप्पल टॉक
(c) बस (d) रिंग

13. सर्वर्स वे कंप्यूटर है जो .... से कनेक्टेड दूसरे कंप्यूटरों को रिसोर्सेस प्रोवाइड करते हैं– **(SBI Clerk 2015)**

(a) नेटवर्क (b) मेनफ्रेम
(c) सुपर कंप्यूटर (d) क्लाइंट

14. किसी टिपिकल नेटवर्क में सबसे महत्वपूर्ण या शक्तिशाली कंप्यूटर कौन–सा है? **(IBPS RRB 2015)**

(a) डेस्कटॉप (b) नेटवर्क स्टेशन
(c) नेटवर्क क्लाइंट (d) नेटवर्क सर्वर

इंटरनेट और कंप्यूटर सिक्यूरिटी (वस्तुनिष्ठ प्रश्न)

1. .... इंटरनेट का स्टेंडर्ड प्रोटोकॉल है। **(IBPS PO 2015)**

(a) TCP/IP (b) java
(c) HTML (d) फ्लैश

2. वेबसाइट का address निम्नलिखित में से कहलाता है– **(SBI Clerk 2016)**

(a) User ID (b) URL
(c) Time Stamp (d) उपर्युक्त सभी

3. .... का प्रयोग करते हुए वेब पेज का कोड लिखा जाता है। **(SBI PO 2016)**

(a) फिफ्थ जनरेशन लैंग्वेज
(b) विनजिप (Winzip)
(c) पर्ल (Perl)
(d) हाइपरटेक्स्ट मार्कअप लैंग्वेज (HTML)
(e) URL

4. शिक्षा संस्थान सामान्यतया अपने डोमेन नाम में निम्न का प्रयोग करेगा? **(IBPS Clerk 2016)**

(a) .org (b) .edu
(c) .inst (d) .com

5. वेब पेज में वह कौन-सा शब्द है जिसे क्लिक किया जाए तो दूसरा डाक्यूमेंट खुलता है? **(IBPS PO 2016)**

(a) एंकर (b) URL
(c) हाइपरलिंक (d) रेफरेंस

6. जब इंटनेट का उपयोग सन्देश प्रेषित करने में किया जाता है तो यह सुविधा कहलाती है– **(IBPS RRB 2016)**

(a) साइबर स्पेस (b) निकनेट
(c) E-मेल (d) आईनेट

7. एक पॉइंटर .... पर पोजीशन किया जाता है, तब इसका आकार हाथ जैसा होता है। **(IBPS RRB 2016)**

(a) ग्रामर एरर
(b) हाइपरलिंक
(c) स्क्रीन टिप
(d) स्पेलिंग एरर

8. कंप्यूटर को इंटरनेट में जोड़ने में मदद करता है– **(IBPS Clerk 2017)**

(a) ब्राउजर (b) नेट फिड
(c) विंडोज–95 (d) केबल

9. उस फाइल को क्या कहते हैं जो ई-मेल से जुड़ी होती है और ईमेल प्राप्त करने वाले को भेजी जाती है? **(IBPS RRB 2017)**

(a) एनेक्शर (b) एपैंडेज
(c) ऐड–ऑन (d) अटैचमेंट

10. दूर बैठे व्यक्ति इंटरनेट के द्वारा संपर्क करके वस्तुओं एवं सेवाओं की खरीद-बिक्री तथा लेन-देन का कार्य किस तरह से करते हैं? **(IBPS RRB 2018)**

(a) ई–कामर्स के माध्यम
(b) इंटरनेट के माध्यम से
(c) ई–मेल के माध्यम से
(d) वेबसाइट के माध्यम से

11. निम्नलिखित में कौन-सी सूचना प्रौद्योगिकी शब्दावली नहीं है? **(IBPS PO 2014)**

(a) साइबर स्पेस (b) अपलोड
(c) प्रकाश भण्डारण (d) मोडेम

12. ई-मेल का पूरा नाम क्या है? **(IBPS Clerk 2014)**

(a) इंग्लिश मेल
(b) इलेक्ट्रिक मेल
(c) इलेक्ट्रॉनिक मेल
(d) इसेन्सियल मेल

13. 'org' का सम्बंध किस क्षेत्र से है? **(IBPS RRB 2014)**

(a) शिक्षा (b) गैर–व्यावसायिक
(c) व्यवसायिक (d) संगठन

14. इंटरनेट रिसोर्सो की लोकेशन से कनेक्ट करने के लिए ब्राउजर निम्न में से किस का प्रयोग करता है? **(IBPS RRB 2014)**

(a) लिंकर (b) प्रोटोकॉल
(c) केबल (d) URL

माइक्रोसॉफ्ट ऑफिस (वस्तुनिष्ठ प्रश्न)

1. निम्नलिखित में से कौन-सा WORD संबंधी पद नहीं है? **(IBPS RRB 2016)**

(a) डिलीट (b) एडिट
(c) कॉपी (d) स्लाइड शो

2. वर्ड में रिप्लेस ऑप्शन .... पर उपलब्ध है। **(IBPS PO 2017)**

(a) फाइल मेनू (b) व्यू मेनू
(c) एडिट मेनू (d) फार्मेट मेनू

3. .xls एक्सटेंशन का प्रयोग .... फाइलों के लिए किया जाता है। **(SSC CPO CGL 2017)**

(a) विंडोज
(b) एक्सेस
(c) पावर पाइट
(d) वर्ड
(e) एक्सेल

4. प्रयोक्ता दस्तावेज को जो नाम देता है .... उसे कहते हैं। **(SSC MTS 2017)**

(a) फाइल नेम (b) प्रोग्राम
(c) रिकार्ड (d) डाटा

5. वर्कशीट पर होरिजॉण्टल और वर्टिकल लाइनें होती हैं, उन्हें .... कहते हैं। **(RRB Grade B 2018)**

(a) सेल्स (b) शीट्स
(c) ब्लॉक लाइन्स (d) ग्रिडलाइन्स

6. =SUM (B1 : B10) किसका उदाहरण है? **(RRB Grade B 2018)**

(a) फंक्शन (b) सेल एड्रेस
(c) फॉर्मूला (d) वैल्यू

7. एक बिलिंग अकाउण्ट के ट्रैक की देख-रेख के लिए आप किस प्रकार के सॉफ्टवेयर का प्रयोग करना चाहेंगे? **(IBPS Clerk 2018)**

(a) वेब ऑथरिंग
(b) इलेक्ट्रॉनिक पब्लिशिंग
(c) स्प्रेडशीट
(d) वर्ड प्रोसेसिंग
(e) पावरप्वॉइण्ट

8. .... एक टेक्स्ट है जिसे आप पेज के बॉटम में प्रिण्ट करना चाहते हैं। **(SBI Clerk 2018)**

(a) हेडर (b) एन्डनोट
(c) फुटनोट (d) फुटर

9. .... एक पूर्व डिजाइन किया हुआ दस्तावेज है जिसमें पहले से ही फॉण्ट, लेआउट एवं बैकग्राउण्ड होते हैं। **(SSC CPO CGL 2018)**

(a) गाइड (b) मॉडल
(c) रूलर (d) टेम्पलेट

10. इनमें से कौन-सा टॉगल बटन नहीं है? **(SSC CPO CGL 2018)**

(a) Bold
(b) Italic
(c) Underline
(d) दोनों (a) और (b)
(e) इनमें से कोई नहीं

11. किसी कॉलम में टेक्स्ट प्राय: .... अलाइन (Align) होते हैं। **(SBI Clerk 2015)**

(a) लेफ्ट (b) राइट
(c) सेन्टर (d) जस्टिफाइड

12. टेक्स्ट में आपकी पोजीशन कौन दिखाता है? **(IBPS PO 2015)**

(a) ब्लिंकर (b) कर्सर
(c) कॉजर (d) प्वाइंटर

13. वर्ड में यूजर द्वारा सेलेक्टेड टेक्स्ट के सेंटरिंग के लिए शॉर्टकट की क्या है? **(IBPS RRB 2015)**

(a) CTRL + A (b) CTRL + B
(c) CTRL + C (d) CTRL + D
(e) CTRL + E

14. ओपन, प्रिंट और सेव सभी बटन .... पर स्थित हैं। **(IBPS RRB 2016)**

(a) स्टेटस बार
(b) फारमैटिंग टूल बार
(c) स्टैंडर्ड टूल बार
(d) टाइटल बार
(e) स्टेटस एंड टाइटल बार

माइक्रोसॉफ्ट विंडोज (वस्तुनिष्ठ प्रश्न)

1. विंडोज ऑपरेटिंग सिस्टम में टेक्स्ट या इमेज कॉपी करने के लिए .... शॉर्टकट प्रयोग किया जाता है। **(IBPS RRB 2016)**

(a) Ctrl + X (b) Ctrl + C
(c) Ctrl + D (d) Ctrl + V

2. .... वर्ड प्रोसेसर विंडोज ऑपरेटिंग सिस्टम का पार्ट है। **(IBPS Clerk 2017)**

(a) नोटपैड (b) वर्डपैड
(c) माइक्रोसॉफ्ट वर्ड (d) एडोब फोटाशोप

3. किसी फाइल के पूरे डाटा को एक साथ सेलेक्ट करने के लिए .... शॉर्टकट की का प्रयोग किया जाता है। **(IBPS PO (Main) 2017)**

(a) Ctrl + S (b) Ctrl + A
(c) Ctrl + M (d) Window + A

4. Accessories में इनमें से कौन–सा ऑपशन होता है। **(IBPS PO 2017)**

(a) Notepad (b) WordPad
(c) Calculator (d) उपरोक्त सभी

5. डेस्कटॉप पर डाला गया डेटा सामान्य: इस ड्राइव में सेव होता है। **(IBPS RRB 2017)**

(a) C ड्राईव (b) D ड्राईव
(c) E ड्राईव (d) F ड्राईव

6. विंडोज ऑपरेटिंग सिस्टम में फाइल, फोल्डर, प्रोग्राम और अन्य आइटम को रिप्रेजेंट एक छोटी पिक्चर से किया जाता है। इसका इस्तेमाल कंप्यूटर पर कुछ करने के लिए किया जाता है। **(SBI PO 2017)**

(a) आइकॉन (b) टास्कबार
(c) साइडबार (d) उपरोक्त सभी

7. विंडोज ऑपरेटिंग सिस्टम में शॉर्टकट Ctrl + F ....के लिए इस्तेमाल किया जाता है। **(SBI Clerk 2018)**

(a) फाइल या फोल्डर को सर्च करने के लिए
(b) मिनिमाइज विंडोज को रिस्टोर करने के लिए
(c) My Computer ओपन करने के लिए
(d) कंप्यूटर सर्च करने के लिए

8. विंडोज के किस वर्जन में START बटन नहीं होता है। **(IBPS Clerk 2018)**

(a) WINDOWS 7
(b) WINDOWS 8
(c) WINDOWS VISTA
(d) उपरोक्त सभी

9. किसी फाइल को रीनेम करने का शॉर्टकट क्या है। **(IBPS RRB 2018)**

(a) F1 (b) F3
(c) F2 (d) F5

10. किसी Window के Title bar के Maximize option पर click करने पर Window .... हो जाएगी। **(IBPS RRB 2018)**

(a) Close (b) Minimize
(c) Restore (d) Full Screen

11. एम॰ एस॰ विंडोज किस प्रकार का सॉफ्टवेयर है– **(IBPS RRB 2014)**

(a) CUI (b) MUI
(c) LUI (d) GUI

12. टास्कबार .... होता है। **(IBPS PO 2014)**

(a) स्टार्ट मेनू पर
(b) स्क्रीन के बॉटम पर
(c) क्विक लांच टूल बार पर
(d) स्क्रीन के टाप पर

13. निम्न में से किस प्रकार के मीनू को ड्रॉप डाउन मीनू भी कहते हैं? **(IBPS RRB 2015)**

(a) फ्लाई आउट
(b) कैस्केडिंग
(c) पॉप–अप
(d) पुल–डाउन

14. किस कमांड के प्रयोग से प्रोग्राम से किसी भाग को हटाया जा सकता है? **(SBI Clerk 2016)**

(a) Delete (b) Save
(c) Load (d) Edit

डाटाबेस की धारणाएँ (वस्तुनिष्ठ प्रश्न)

1. किसी डाटाबेस में पंक्ति का दूसरा नाम क्या है? **(SBI Clerk 2016)**

(a) रिकॉर्ड (b) फील्ड
(c) रिलेशन (d) कॉलम

2. .... का प्रयोग एक फाइल से दूसरी फाइल का लिंक बनाने के लिए किया जाता है! **(SBI PO 2016)**

(a) फिजिकल कुंजी
(b) प्राइमरी कुंजी
(c) फॉरेन कुंजी
(d) लॉजिकल कुंजी

3. डाटाबेस सूचना को .... में संग्रहीत करती है। **(IBPS PO 2016)**

(a) पंक्तियाँ और स्तम्भ (b) ब्लॉक
(c) ट्रेक्स और सेक्टर्स (d) ये सभी

4. DBMS का पूरा नाम क्या है? **(SSC MTS 2016)**

(a) डाटाबेस मैनेजमेन्ट सिस्टम
(b) डाटाबेस मैनेजमेन्ट सॉफ्टवेयर
(c) डाटा मैनीपुलेशन सॉफ्टवेयर
(d) उपरोक्त सभी

5. निम्न में से कौन–सा DBMS सॉफ्टवेयर नहीं है? **(IBPS RRB 2016)**

(a) DBASE (b) FOXPRO
(c) ORACLE (d) SYBASE
(e) DATABASE 2000

6. एक प्रोग्राम, जिसका इण्टरफेस उपयोगकर्ता को DBMS प्रयोग करने में ज्यादा अनुकूल होता है, क्या कहलाता है? **(IBPS Clerk 2017)**

(a) फ्रण्ट एण्ड (b) बैक एण्ड
(c) रिपॉजिटर (d) फॉर्म

7. .... का अर्थ है कि डाटाबेस में संग्रहीत डाटा बिल्कुल सही और विश्वसनीय है। **(SBI PO 2017)**

(a) डाटा Redundancy
(b) डाटा Integrity
(c) डाटा Reliability
(d) डाटा Consistency

8. वह भाषा, जो डाटाबेस ऑब्जेक्टस की विशेषताओं को परिभाषित करती है, क्या कहलाती है? **(IBPS Clerk 2018)**

(a) DML
(b) DDL
(c) क्वैरी
(d) दोनों (a) और (b)

9. एक डाटाबेस में एक रिकॉर्ड के बारे में सूचना की सबसे छोटी इकाई को क्या कहा जाता है? **(IBPS PO Main 2018)**

(a) सेल (b) फील्ड
(c) रिकॉर्ड (d) क्वैरी

10. निम्न में से कौन–सा ऑब्जेक्ट प्रिण्ट आउटपुट के फॉर्मेट में होता है? **(IBPS RRB 2018)**

(a) सारणी (b) क्वैरी
(c) फॉर्म (d) रिपोर्ट

11. DML क्या है? **(IBPS RRB 2016)**

(a) डाटा मैजिक लैंग्वेज
(b) डाटा मैनीपुलेशन लैंग्वेज
(c) डाटा मॉर्फिंग लैंग्वेज
(d) डाटा मॉनिटर लैंग्वेज

12. इनमें से कौन–सा डाटाबेस का अवयव नहीं है? **(IBPS PO 2017)**

(a) सारणी (b) क्वैरी
(c) फॉर्म (d) रिपोर्ट
(e) ट्यूपल

13. डाटाबेस में एट्रिब्यूट क्या होता है? **(IBPS RRB 2017)**

(a) स्तम्भ (b) पंक्ति
(c) सारणी (d) वे सभी

14. सम्बन्धित फाइल्स का समूह क्या कहलाता है? **(IBPS PO 2018)**

(a) करैक्टर (b) फील्ड
(c) डाटाबेस (d) रिकॉड

उत्तरमाला

कंप्यूटर परिचय

1. (c)	2. (a)	3. (c)	4. (d)	5. (d)	6. (e)	7. (b)	8. (c)	9. (a)	10. (d)
11. (a)	12. (d)	13. (b)	14. (a)						

कंप्यूटर का विकास

1. (c)	2. (b)	3. (c)	4. (b)	5. (b)	6. (d)	7. (b)	8. (e)	9. (e)	10. (e)
11. (c)	12. (b)	13. (a)	14. (b)						

कंप्यूटर हार्डवेयर और इनपुट-आउटपुट डिवाइस

1. (c)	2. (d)	3. (e)	4. (e)	5. (a)	6. (d)	7. (b)	8. (a)	9. (b)	10. (e)
11. (c)	12. (d)	13. (b)	14. (c)						

कंप्यूटर मेमोरी

1. (a)	2. (d)	3. (d)	4. (e)	5. (a)	6. (e)	7. (d)	8. (d)	9. (d)	10. (b)
11. (d)	12. (b)	13. (e)	14. (c)						

कंप्यूटर साफ्टवेयर और प्रोग्रामिंग भाषाएँ

1. (d)	2. (b)	3. (c)	4. (e)	5. (c)	6. (a)	7. (c)	8. (b)	9. (e)	10. (b)
11. (e)	12. (b)	13. (b)	14. (b)						

ऑपरेटिंग सिस्टम

1. (c)	2. (a)	3. (a)	4. (b)	5. (a)	6. (c)	7. (a)	8. (e)	9. (d)	10. (c)
11. (d)	12. (a)	13. (a)	14. (a)						

डेटा प्रतिनिधित्व और संख्या प्रणाली

1. (d)	2. (e)	3. (c)	4. (b)	5. (c)	6. (d)	7. (e)	8. (b)	9. (c)	10. (d)
11. (c)	12. (e)	13. (c)	14. (b)						

डेटा संचार और कंप्यूटर नेटवर्क

1. (a)	2. (b)	3. (a)	4. (a)	5. (b)	6. (b)	7. (b)	8. (a)	9. (b)	10. (b)
11. (e)	12. (b)	13. (a)	14. (d)						

इंटरनेट और कंप्यूटर सिक्यूरिटी

1. (a)	2. (b)	3. (d)	4. (b)	5. (c)	6. (c)	7 (b)	8. (a)	9. (d)	10. (a)
11. (c)	12. (c)	13. (d)	14. (d)						

माइक्रोसॉफ्ट ऑफिस

1. (d)	2. (c)	3. (e)	4. (a)	5. (d)	6. (c)	7. (c)	8. (d)	9. (d)	10. (e)
11. (a)	12. (b)	13. (e)	14. (c)						

माइक्रोसॉफ्ट विंडोज

1. (b)	2. (b)	3. (b)	4. (d)	5. (a)	6. (a)	7. (a)	8. (b)	9. (c)	10. (c)
11. (d)	12. (b)	13. (d)	14. (a)						

डाटाबेस की धारणाएँ

1. (a)	2. (c)	3. (a)	4. (a)	5. (e)	6. (d)	7. (b)	8. (b)	9. (b)	10. (d)
11. (b)	12. (e)	13. (a)	14. (c)						